上海市知识青年历史文化研究会　上海通志馆　编

中国新方志

知识青年上山下乡史料辑录

金光耀　金大陆　主编

5

上海人民出版社　　上海书店出版社

中南卷目录

河南省

湖北省

湖南省

广东省

广西壮族自治区

河南省

《河南省志·总述》

河南省地方史志编纂委员会编纂,河南人民出版社1997年

在整党建党的同时,"斗、批、改"运行的重点转向精简机构、下放干部和动员知识青年上山下乡。11月省直机关机构精减方案出台,初步设立11个机构。全省各级革委会普遍进行了机构精简工作。同时开始机关干部下放工作。到1970年2月止,全省共下放干部8万余人,其中省直机关下放1.3万余人,随干部下放的家属1.1万余人。下放干部,被一些部门和单位当作改造老干部、打击排斥对立面的合法手段。为响应毛泽东"知识青年到农村去,接受贫下中农再教育"的号召,1968年—1976年,全省共有23万城市知识青年到农村插队落户,给农村造成了许多困难和遗留问题,也为以后安置就业、回城生活带来诸多麻烦。

(《现代》,第133页)

1974年1月,全国开始"批林批孔"运动,江青反革命集团为了巩固和扩大其在"文化大革命"中的既得权势,借机攻击周恩来等中央领导人,企图篡夺党、政、军最高领导权。江青等人借助唐河县马振扶公社初中二年级女学生张玉琴因未答英语考卷受到教师批评而自杀身亡一事,大作文章,制造了轰动全国的所谓"马振扶事件",使河南的广大教师和教育工作者受到批判,并且祸及全国教育系统(粉碎江青反革命集团后,中共河南省委于1977年11月30日,为受害的干部、教师平反,恢复名誉)。江青还打着"批林批孔"的旗号,以个人名义给郏县"广阔天地大有作为人民公社"知识青年写信,赠送"批林批孔"材料。中共河南省委错误地决定,把江青的信印发全省上山下乡知识青年和城乡基层党支部,要求认真学习贯彻。

(《现代》第134—135页)

《河南省志·大事记》

河南省地方史志编纂委员会编纂,河南人民出版社1994年

1964年8月26日,共青团河南省委召开下乡、回乡知识青年参加社会主义建设积极分子座谈会。自1963年春季以后,全省有5 200多名城市知识青年志愿下乡上山,参加国营农、林、牧、渔场的生产建设。

(第418页)

1965年全面完成经济调整工作,工农业生产有较大幅度增长。继续开展农村社会主义教育运动和城市"五反"运动。动员城市知识青年上山下乡。

(第422页)

1965年10月16日,中共河南省委召开动员城市知识青年上山下乡工作会议。号召城

市知识青年到农村去,到山区去,为建设社会主义新农村贡献力量。 （第 428 页）

1967 年 10 月 19 日,河南省革筹生产指挥部发出《关于贯彻执行中共中央、国务院、中央军委、中央文革小组〈关于上山下乡知识青年和其他人员必须坚持农村抓革命促生产的紧急通知〉的通知》,要求现在仍然逗留在城镇的上山下乡青年和支边人员、农场职工、退伍战士、精简下放人员、社来社去人员以及"文化大革命"期间动员下乡落户的人员,必须迅速回到农村去抓革命促生产。 （第 447 页）

1968 年建立各级革命委员会。开展以"清理阶级队伍"为主要内容的"斗、批、改"。大批机关干部下放劳动。"工宣队"("工宣队"即从工厂抽调老工人组成的毛泽东思想宣传队,简称工宣队)进驻大、中专学校和文化单位。城镇居民下放农村安家落户,知识青年大规模上山下乡。 （第 449 页）

1968 年 12 月 27—29 日,河南省革委召开全省工作会议,研究进一步搞好知识青年下乡、机关干部下放、城镇居民到农村安家落户问题。截至 1969 年 1 月 20 日,全省有 47 万名知识青年和 10 万名城镇居民下放到农村。 （第 455 页）

1973 年 6 月 16—26 日,中共河南省委召开全体委员会议(扩大),传达中共中央工作会议精神和中央领导同志讲话,讨论《中国共产党章程修改草案》。会议选举邓颖超、刘建勋等 24 人为河南省出席中共第十次全国代表大会代表,还研究了"批林整风"、国民经济计划和知识青年上山下乡工作。 （第 478 页）

1974 年 1 月 28 日,江青打着"批林批孔"的旗号,以个人名义给郏县"广阔天地大有作为人民公社"知识青年写信和送"批林批孔"材料。中共河南省委错误地决定将江青的信印发全省上山下乡知识青年和城乡基层党支部,要求认真学习贯彻。 （第 482 页）

1975 年 1 月 16—26 日,全省上山下乡知识青年积极分子代表会议在郑州召开。中共河南省委、省革委向先进集体、先进个人发奖。大会向全省 36 万上山下乡、回乡知识青年发出了倡议书。 （第 488 页）

1975 年 8 月 1 日,河南省革委在郑州召开有 6 万军民参加的大会,欢送 2 万多名知识青年上山下乡。 （第 490 页）

1977 年 6 月 21—27 日,中共河南省委召开全省知识青年工作会议,研究部署 1977 年知青安置工作任务。会议要求，在做好 1977 年 8 万名应届城镇中学毕业生和社会青年的安置工作的同时，切实把 28 万在乡知识青年的管理、教育、培养和使用工作做好。 （第 504 页）

1979 年 4 月 25 日—5 月 6 日，中共河南省委召开全省知识青年上山下乡工作会议，研究统筹解决城乡知识青年就业问题的方针政策和任务。 （第 525 页）

《河南省志·人口志》
河南省地方史志编纂委员会编纂，河南人民出版社 1994 年

第三阶段(1966—1976 年)。1966 年开始的长达 10 年之久的"文化大革命"时期，失去了农村人口向城镇流动的经济前提，加之城镇人口中自然增长的劳动适龄人口安置困难，广泛动员城镇知识青年和一部分其他人员迁往农村，形成人口迁移量在中华人民共和国成立后的最小的时期。 （第一章《人口总量》，第 51 页）

1980 年，河南知识青年到外省上山下乡的 1 282 人也陆续得到了安置。 （第一章《人口总量》，第 54 页）

1976—1980 年，河南省接收外省的城镇知识青年到农村插队或安置在青年队、青年场、国营农场、林场劳动锻炼的 1 445 人。 （第一章《人口总量》，第 55 页）

1968—1980 年河南省共动员上山下乡的城镇知识青年 67 万多人，平均每年动员上山下乡知识青年 516 万人。下放数量最多的是 1975 年，有 107 万人；次为 1971 年 801 万人；1976 年为 7.58 万人；1980 年为 2.7 万人。这些知青绝大部分迁移、安置在省内农村劳动锻炼，以后陆续安置了工作，回到了城镇。 （第一章《人口总量》，第 55—56 页）

《河南省志·共产党志》
河南省地方史志编纂委员会编纂，河南人民出版社 1997 年

1969 年 4 月 11—24 日，中国共产党第九次全国代表大会召开。5 月 11 日—6 月 1 日，河南召开全省党员干部大会，传达贯彻九大会议精神，决定继续开展斗批改运动。此后，斗批改运动的重点转向下放干部和动员知识青年上山下乡。1969 年 7 月 4 日—11 月底，省直共下放 1 300 余名干部和知识分子到"五七"干校(根据毛泽东 1966 年 5 月 7 日的指示精神兴办的学校。实际上成为各行业知识分子和领导干部接受劳动改造的场所)。与此同

时，全省各地也下放大批干部和知识分子到各种"五七"干校，或到农村"接受贫下中农再教育"。1968年底—1976年底，全省共有23万城市知识青年到农村插队落户，接受贫下中农再教育。

（第一章《发展历程》，第111页）

1974年1月28日，江青亲自派人以个人名义给河南郏县广阔天地大有作为人民公社知识青年送信、送"批林批孔"材料，使广阔天地大有作为人民公社成为全国"批林批孔"先进典型而受到广泛关注。《人民日报》、《文汇报》、《光明日报》、《中国青年报》、《河南日报》、中央人民广播电台、河南人民广播电台等多家新闻单位进行报道宣传，引起极大混乱。

（第一章《发展历程》，第116页）

1979年6月25日省委召开全省组织工作会议，强调对突击发展的党员"要力争做到，够条件的一个也不能出党，不够条件的一个也不能留在党内"。会议后，处理突击发展党员的工作有了明显的进展。但也出现了部分地区在处理突击发展党员时处理面过大的现象。11月中旬，省委召开了处理面较大的6个地、市委第一书记和组织部长座谈会，强调要把党的政策和本地区、本单位的实际情况结合起来，既要坚持党员标准，又要从实际出发，从有利于安定团结和有利于现代化建设出发，注意区别情况，适当扩大考察面，缩小出党面。重申了中央组织部和省委关于妥善处理突击发展党员的有关精神，并结合河南实际明确规定：突击发展党员主要集中在1969、1973年和1974、1976年4个年头。在部队入党的复员转业军人、消防民警和上山下乡知识青年在上述时间入党的，不属于突击发展的范围。处理突击发展党员，必须十分注意政策，坚持实事求是，从实际出发，不应机械地规定留党和出党的比例。

（第二章《组织建设》，第181—182页）

1971年3月，中共河南省委成立后，干部工作也逐步开展起来。1972年4月27日，中共河南省委批转省干部工作会议《关于选拔新干部的请示报告》等4个文件。要求各地积极慎重地、有计划有步骤地选拔吸收新干部，培养和造就无产阶级革命事业接班人。根据河南省实际情况，全省1972年要吸收干部1万名，其中女干部占20%左右，主要是充实和加强农村公社干部队伍。这些干部要着重从有基层工作经验的优秀工人、贫下中农、复员军人和经过劳动锻炼两年以上的知识青年中选拔。

（第二章《组织建设》，第221页）

1974年2月1—8日中共河南省第三届委员会第五次全体（扩大）会议在郑州召开。参加会议的有省委委员、候补委员，各地市县委的负责人，省军区、军分区、县人武部的负责人，省委各部、省直各单位的负责人和大型厂矿企业、大专院校的负责人，共1 004人。与会代表认真学习了毛主席的五次指示、中共中央转发的《林彪与孔孟之道》等有关"批林批孔"的文件和江青给郏县广阔天地大有作为人民公社下乡知识青年的信，部署在全省开展"批林批孔"运动,强调"批林批孔"要联系河南实际,同批判王新、曲光藻、郝明甫、高绍唐联系起来。

(第六章《重要会议》,第 420—421 页)

全省动员知识青年上山下乡工作会议 1965 年 10 月中旬,全省动员城市知识青年上山下乡工作会议召开,讨论城市知识青年上山下乡安置工作。会议要求:各级党委要认真做好城市知识青年上山下乡动员工作,鼓励他们响应党的号召,到农村去,到山区去,为建设社会主义新农村贡献力量。省委书记处候补书记、副省长王维群到会讲话。

(第六章《重要会议》,第 442 页)

《河南省志·政府志》

河南省地方史志编纂委员会编纂,河南人民出版社 1997 年

1973 年 1 月设立省劳动局。……8 月,设立省计划生育委员会(与省卫生局合署办公)、知识青年上山下乡办公室(与省民政局合署办公)。 (第一章《政府机构》,第 76—77 页)

1975 年 3 月,撤销省人事局、省直机关事务管理局。4 月,恢复设立省供销合作社,省知识青年上山下乡办公室与省民政局分开办公,为一级机构。 (第一章《政府机构》,第 77 页)

1979 年 11 月 29 日,省人民政府发出关于省政府工作部门设置的通知。报请国务院批准,河南省人民政府工作部门设置如下:……知识青年上山下乡办公室(与劳动厅合署办公)、计划生育办公室、参事室、环境保护办公室(省建委代管)、视察室、人民防空办公室、省标准局(省经委代管)、地方铁路局(郑州铁路局代管)、测绘局(省建委代管)、地震局(科委代管)、计量局、科学院、农林科学院、社会科学院。共 76 个机构,其中 5 个合署机构,6 个代管机构和 3 个科研机构。 (第一章《政府机构》,第 80 页)

1982 年,省外事办公室改为省人民政府外事办公室;省知青办并入省劳动厅。

(第一章《政府机构》,第 85 页)

省人委知青办主任:王重华(1964.1—1968.1)。 (第二章《政府官员》,第 158 页)

省革委知识青年上山下乡办公室主任:朱轮(兼,1973.8—1975.9)、任雷远(兼,1975.9—1977.1)、郝福鸿(兼,1977.1—6)。 (第二章《政府官员》,第 173—174 页)

省人民政府知青办主任:宋逸尘(1979.9—1980.2病故)。

(第二章《政府官员》,第 187 页)

（1967 年）10 月,省生产指挥部发出《关于贯彻执行中共中央、国务院、中央文革小组〈关于上山下乡知识青年和其他人员必须坚持农村抓革命促生产的紧急通知〉的通知》,要求滞留在城市里的农业人员返回农村抓革命促生产。　　　　(第三章《施政纪要》,第 485 页)

安排知识青年上山下乡　　1968 年 1 月,毛泽东发出"知识青年到农村去,接受贫下中农的再教育"的指示,全省掀起知识青年上山下乡的高潮。1968 年全省共组织动员城镇初、高中毕业生 6.5 万多人到农村安家落户。以后,省革委每年都组织动员全省城镇知识青年上山下乡。并且规定主要采取集体插队、个别插队和三结合的新建青年生产队(即由带队干部、贫下中农、学生组成)3 种形式。1969 年 3 月,省革委对知识青年上山下乡安置经费、物资补助作出具体规定。1969—1972 年全省共组织 24 万多初、高中毕业生上山下乡。1973 年,省委、省革委 3 次召开知识青年上山下乡工作会议,研究布置知识青年上山下乡工作,"统筹解决知识青年上山下乡的问题。"此后,全省每年都动员 6 万多名知识青年上山下乡。1973 年 8 月,成立省革委知识青年上山下乡办公室(简称省革委知青办)。1974 年 3 月,省革委知青办规定知识青年上山下乡对象为:凡年满 16 周岁、系城镇户口、吃商品粮的应届初、高中毕业生(按规定不动员下乡的几种人除外)。8 月,省革委财政局、知青办联合发出《关于城镇知识青年上山下乡安置经费开支标准的规定》。1975 年 6—7 月,省委召开知识青年上山下乡工作会议,强调安置知识青年以插队为主,提倡建立大队领导下的自然村为单位的青年点。1975—1976 年省革委知青办、劳动局等 6 个单位联合规定,清退回流城市当工人的知识青年,动员其下乡。并规定,以后不允许在城镇应下未下的知识青年中招工。1975 年,全省共清退和动员上山下乡城镇知识青年 10.7 万多人。1968—1977 年,全省共组织动员城镇知识青年和社会青年上山下乡 62 万多人。知识青年下乡期间的生活费用,第一年由国家供给,第二年起自食其力。1972 年在乡知识青年 10 万多人,生活能够自给的占31.6%;1974 年在乡知识青年 21 万多人,生活能够自给的占 59.22%。

(第三章《施政纪要》,第 488—489 页)

《河南省志·民政志》

河南省地方史志编纂委员会编纂,河南人民出版社 1993 年

1971 年 11 月,河南省计划委员会民政劳动组分出,成立河南省革命委员会民政局,内设办事、政工、民政、劳动、侨务五个组和知青安置、退伍安置办公室,分别管理原河南省民政

厅、劳动厅的全部业务和知识青年上山下乡工作。1973年6月,河南省民政局分为河南省民政局和河南省劳动局。河南省民政局内设机构为办公室、政工处、民政处、优抚处、退伍处（对外称河南省退伍军人安置领导小组办公室）、农村救济处、城市福利处、财务处、信访处。河南省知识青年办公室与民政局合署办公。1974年3月,河南省知识青年办公室从民政局分出。

（第一章《民政机构》,第16—17页）

《河南省志·劳动人事志》

河南省地方史志编纂委员会编纂,河南人民出版社1991年

1966—1976年"文化大革命"时期,全省劳动、人事机构被合并、撤销,有关劳动、人事的法令、制度、政策、规定遭到破坏。企业、事业单位大批招用农村劳动力,城镇知识青年上山下乡,造成城乡劳动力对流。

（《概述》,第3页）

1978年中共十一届三中全会后,全省劳动人事工作进入新的发展时期。贯彻执行中共中央提出的"劳动部门介绍就业、自愿组织起来就业和自谋职业相结合"的方针,大力发展集体经济,适当发展个体经济,开辟新的就业途径,城镇知识青年不再上山下乡。

（《概述》,第3—4页）

1966年"文化大革命"开始后,城乡劳动力大对流,一方面动员大批城镇青年上山下乡,一方面大量从农村招工。1967—1977年,从农村招工58万人,占同期招收职工总人数的61.7%。1970年4月,省革命委员会规定招工对象是:回城镇的复员退伍军人;因建工厂、铁路等被征用土地而少地的贫下中农;矿山井下、野外作业、从事重体力劳动的人员,可以从农村贫下中农中招收,可以从县城以下1970年应届毕业的初、高中学生中招收一部分(省、地辖市的初、高中毕业生不能招收);经贫下中农推荐的城镇上山下乡劳动满2年以上的知识青年。1972年招工对象增加了城镇吃商品粮的闲散劳动力中不属上山下乡对象者和经批准退学家居城镇的青年。矿山、井下、地质勘探单位,适当招收家居农村的职工子女。1978年招工对象是按政策批准留城的中学毕业生和城镇吃商品粮人口中上山下乡满2年以上的知识青年。1980年,对上山下乡和留城知识青年,实行"先下、先留、先招"的原则。招工单位可以适当照顾招收一部分本单位职工的子女。1981年,对1975年以前上山下乡的知识青年,在招工时免予文化考试。对上山下乡时间长的知识青年,在同等条件下优先录用。

（第三章《劳动力管理》,第48—50页）

1973年(技校招生)改为从城镇吃商品粮的上山下乡满2年以上,具有初中文化程度,

政治表现好,年龄在 18—23 周岁,身体健康,未婚的知识青年中招收,由学校所在地、市劳动部门统一组织,自愿报名,所在场队群众推荐,劳动部门批准,学校复审。1974 年招生是从具有两年以上实践经验的优秀工、农、兵青年中选拔,其中,选拔一些上山下乡知识青年。1976 年招生改为经过劳动锻炼满 2 年以上的城镇上山下乡知识青年,和招收 20%经过 2 年以上劳动实践锻炼的回乡知识青年,本人历史及家庭社会关系清楚,政治表现好,年龄在 17—24 周岁,未婚,身体健康,具有初中毕业以上文化程度。同年,学习上海机床厂的经验,全省 9 所技校在本系统、本地区的全民和集体所有制单位中招生,抽选正式学徒或青年工人进校学习。1979 年招收了批准留城符合招生条件的中学毕业生 50%,城镇下乡 2 年以上的知识青年 40%,回乡知识青年 10%。条件与办法和 1973 年相同。1978 年地、市劳动部门成立了招生办公室,招生单位派人参加。根据德、智、体全面考核的原则,由本人申请,持人民公社级介绍信,到县级招生点报名,并发给准考证,省劳动局统一命题,同一时间到规定考场参加考试。地、市招生办公室按成绩择优录取。……1981 年省劳动厅规定,在技校招生中,对办学单位、自筹办学经费单位职工直接供养的子女,录取时给予 50%的比例照顾。达到全省技校统考预选分数线的经政审、体检合格的有多少录取多少,达不到学校照顾比例的,录取分数线作适当放宽,但不低于录取最低分数线。对培训单位的职工子女和办过上山下乡手续并在社、队或知青场队参加生产劳动的,在分数上给予照顾,红军干部、华侨子女和独生子女在同一分数线以内,优先录取。 (第五章《工人技术培训》,第 89—93 页)

第六章 城镇知识青年上山下乡

全省知识青年上山下乡始于 1955 年,终于 1981 年。

1955 年中共中央毛泽东主席发出"一切可以到农村中去工作的这样的知识分子,应当高兴地到那里去。农村是一个广阔的天地,在那里是可以大有作为的"号召。从此,全省每年都有成批家居农村的中、小学毕业的知识青年响应号召,回乡参加农业生产。也有少量城镇户口,吃商品粮的青年,没有升学或就业的干部子弟,在家长的支持下,响应号召,奔赴农村安家落户。1963 年 12 月,"河南省安置大、中城市精简职工和青年学生领导小组"成立,开始有计划、有组织地动员城镇知识青年上山下乡。1963—1965 年,全省动员下乡插场、插队的城镇知识青年 3 万多人。

1968 年,毛泽东主席发出"知识青年到农村去,接受贫下中农的再教育,很有必要,要说服城里干部和其他人,把自己初中、高中、大学毕业的子女,送到乡下去,来一个动员。各地农村的同志应当欢迎他们去"的号召,全省掀起知识青年上山下乡的高潮,同年,全省共组织动员 1966 年和 1967 年初、高中毕业生 65 083 人,分别到信阳、洛阳、南阳、驻马店、许昌、周口、洛阳、开封、郑州等地、市的农村安家落户。1969—1972 年,全省累计下乡知青 243 277 人,除历年招生、招工、参军和其他原因调离农村的以外，1972年末在农村的知青仍有108598人。

1973年，为"统筹解决知青问题"，重新成立"中共河南省委知识青年上山下乡工作领导小组"。同年，中共河南省委、省革命委员会3次召开知青工作会议，研究布置知青上山下乡工作，此后，全省每年都动员6万多名知青上山下乡。从1968—1977年，全省共组织动员城镇知青和社会青年上山下乡621922人。

1978年后，全省调整城镇知青下乡政策，缩小下乡范围，扩大留城面，下乡人数大为减少。1978—1980年陆续动员知青下乡62558人，年均2万多人，较前10年每年减少60％。

1980年，城镇知青列入安置城镇待业人员就业的渠道，由动员知青到农村安家落户改变为安置就业。在工作上采取办好城镇郊区的知青场、队及知青农工商联合企业，提高经济效益，增加场、队收入，提高知青分配水平。办得好的经有关部门批准转为知青集体企业，知青的工资福利还可高于全民所有制企业。愿意在里面就业的下乡知青，转为集体所有制职工，从入场（厂）队之日起计算工龄。至1981年底，全省有知青场、队400多个，知青农工商联合企业64个，在其中就业的知青1万多人。

1981年12月，中共河南省委、省人民政府决定知青办与劳动部门合并。至此，全省有组织地动员城镇知识青年上山下乡工作结束。

1963—1981年，全省共组织动员知青712558人上山下乡，分布在全省20个地、市和工区的1961个人民公社、16851个生产大队、55978个生产队，分别占全省人民公社、生产大队、生产队的94％、40％和17％。1978年，全省接收安置下乡知青的市、县、工区和大市郊区138个，其中安置下乡知青在万人以上的1个，5000—10000的5个，3000—5000的16个，1000—3000的54个，千人以下的62个。

知青下乡期间的生活费用，第一年由国家供给，第二年起自食其力。1972年在乡知青108598人，生活能够自给的占31.6％；1974年在乡知青216798人，生活能够自给的59.22％。1978年在乡两年以上的184479人，收入180元以上，生活能够自给的占23.2％；收入在120—180元，基本自给的占31.4％；收入在80—120元，生活半自给的占25％；收入在80元以下生活有严重困难的占20％。

在知青下乡的高潮年份，全省各地、市、县、社共派出带队干部6026人。至1980年末，仍有带队干部1568人。1974—1980年先后调离农村的下乡知青443399人，占同期在乡知青的86.6％。至1981年仍在农村的下乡知青67445人。其中1975年以前的老知青8925人，已婚知青2758人。对仍在农村的下乡知青先后由原下放城镇在招工、招生中予以照顾，安排适当工作。

在城镇知青上山下乡的过程中，各级知青部门分别组织自学小组、文化补习班、电大班、函授班和各种科技学习班。1979年，参加各种学习的知青30558人，占当年在乡知青的15％。1963—1980年被发展为中国共产党党员的4312人，发展为共青团员的228822人，被选拔为国家干部的1099人，被选进各级领导班子的53980人，被选为省、地、市革命委员会委员、省政协委员和出席全国四届人大代表的 8 人。

下乡高潮时期,在下乡知青中曾一度出现打架斗殴,回流城市和受打击迫害的问题。1968—1975 年,共发生迫害下乡知青案件 2 063 起,其中妥善处理的 52.64%,对情节特别恶劣的罪犯,依法判处了死刑。下乡知青中也有犯罪的,1975 年在逮捕、拘留、劳教、强劳的人员中,下乡知青占 14.8%。

第一节 政 策 规 定
一、下 乡 对 象

1963 年,省人民政府规定大、中城市企业精简下来的职工和应届毕业未能升学或就业、年满 18 周岁、具有独立生活能力的青年学生以及社会闲散劳力,是动员上山下乡的对象。1964 年以后,全省城市精简职工结束。下乡的范围主要限于大、中城市不能升学和就业的高、初中毕业生,年龄扩大为 16 周岁。1972 年,下乡范围扩大到县以下小集镇的"五·七"干校、水库、农场职工子女和驻军子女中吃商品粮的应届初中毕业生,年满 17 周岁的,都要动员下乡,不足 17 周岁,只要身体健康升学有困难,要求下乡的,也允许下乡。1973 年和 1974 年,进一步规定病残不能参加农业劳动的、独生子女和群众公认的独养子女、多子女身边只有一个子女的、中国籍的外国人子女,不动员下乡,其余的中学毕业生除升学者外,都是动员上山下乡的对象。1975 年省知识青年上山下乡办公室、省劳动局等 6 个单位联合规定:清退 1972 届和以后各届的中学毕业生,1972 年元月以及中途退学进了工厂、不论是临时工或正式工统统清退动员下乡;当年已够上山下乡年龄的社会青年,按劳动部门规定,招进工厂当正式工的不清退,除此,统统清退动员下乡。并规定,以后不允许在城镇里应下未下乡的知青中招工。1975 年,全省共清退和动员上山下乡城镇知青 107 055 人。

1976 年重申 1975 年的清退政策,并将身边留一个规定为下大留小。父母双亡或一亡,父母双方或一方病残生活不能自理,并且弟妹年幼(13 周岁以下)家中无人照顾的,可留一个大的子女。还规定,下乡以后又招回父母所在市、县所辖区工作以及两个以上子女参加本省工作的,从父母身边参军、上大学、中专的,只要是城镇户口,均视为身边有子女,不予再留。经县、市医院检查证明患有严重疾病,暂时不能参加农业劳动的,可暂缓下乡。缓下期间,任何单位不得安排和使用。1978 年城镇知识青年上山下乡的范围和对象逐步缩小。1979 年 8 月规定,全省除 8 个省辖市和 8 个专辖市(镇)继续动员应该动员下乡的知青下乡之外,一般县、镇和矿区、林区、分布在农村的企、事业单位,不再列入下乡范围,少数知青多,安排有困难的县,经地、市委批准报省备案后,方可再列入上山下乡范围。列入上山下乡范围的省、地辖市,下乡的对象,也有放宽,多子女的家庭可以选留;家庭确有困难的可以照顾留城;对独生子女父母双亡、归侨学生、两个子女等不再列入下乡对象;有一个子女下过乡、而身边尚无子女工作的,现役军人、在高等学校学习的学生,均不视作身边有子女;同父异母、同母异父,其父母身边可各留一个子女;父母分居两地,子女也分别跟随父母居住两地的,其父母可各在自己的身边留一个子女。

二、生 活 补 贴

历年来全省对上山下乡知青每人补助布票 7.5 公尺,需要蚊帐的地方,另外补助买蚊帐的布票,棉絮 1.5 公斤。

口粮供应。头一年或下季分配以前,由国家统销供应,标准按每人每月 20—22.5 公斤成品粮,食油按市民标准供应。第二年吃参加集体劳动分配的粮食或知青场、队自产粮食。

三、招工、招生、征兵和迁回城市

1970 年省革命委员会规定,下乡知青家庭发生特殊困难,断绝经济来源,老少无人抚养,又不能全家下乡的,经群众讨论,市、县协商同意,可迁回城市。1971—1979 年,规定有严重疾病长期不能参加劳动的知青,经有关医院检查证明,县、市协商同意,可迁回城市。对群众公认的独养子女,已下乡的在招工时给予优先照顾。招工、招生、征兵必须在下乡二年以上的知青中选招,并经贫下中农推荐,下乡知青讨论,生产大队、公社审查批准。矿山井下、野外勘探、森林采伐等行业,补充减员或按国家计划增加工人时,可从退休职工或本单位职工已下乡的子女中招收。1977 年,根据工种情况,在下乡知青中招工增加了招收女知青的比例。并在同等条件下,优先招收其兄弟姐妹中只农无工、或多农少工的下乡知青。在农村招生、征兵都规定了招收下乡知青的数额。对批准迁回父母身边的知青,安排他们到城镇集体所有制单位工作。1979 年,在招工中照顾了下乡子女多、就业人口少的家庭和下乡时间长、家庭有困难的知青,并适当放宽招工年龄,扩大招收女知青的比例,对 1972 年以前下乡的知青,优先安排,指标专项下达。下到国营农、林、牧、渔场的知青,在国营农、林、牧、渔场有招工指标的前提下,把下在该场的知青转为农工,不再享受其他招工待遇。

1972—1980 年全省"三招"迁回城市和提干的知青情况　　　　　　单位:人

年　　度	合　　计	其　　中				
		招　工	招　生	参　军	提　干	其　他
1972 年以前	122 093	94 421	2 161	8 923	201	16 387
1973						
1974	11 133	1 467	3 872	2 961	2	2 831
1975	62 488	51 969	3 714	1 629	6	5 170
1976	55 183	33 448	2 399	15 813	108	3 415
1977	41 206	24 506	2 399	8 955	5	5 341
1978	96 601					
1979	91 768	56 377	7 431	9 061	529	18 415
1980	84 868	53 755	2 096	2 379	449	26 189

1981 年,对 1975 年以前分散插队的知青免予考试优先招工、近期不能招工的,把他们集中到条件好的知青场、队和农、工、商联合企业中去,有条件自谋职业的经有关部门批准迁回城镇自谋职业。对于在农村结婚的知青,就近就地安排有固定收入的工作。

四、招工、迁回城市后的待遇

1979年省劳动厅规定下乡知青被招工后分配到技术工作岗位的,仍实行学徒制:下乡满二年以上的,第一年执行学徒第二年待遇,第二年执行学徒第三年待遇;下乡满三年以上的,执行学徒第三年待遇;下乡满五年以上执行一级工待遇;对下乡时间较长,曾经从事技术工作并有一定的技术专长,与现任工作岗位技术对口的,在经过不少于一年的学徒期后,可提前考核转正。招工后分配到熟练工作岗位:下乡满三年以上,熟练期执行一级工待遇,下乡满二年以上分配作繁重体力劳动工作的,执行一级工待遇。

下乡后因病或其它原因迁回城镇后被招工的,下乡时间超过两年以上,按上述规定执行。迁回城镇后的待业时间和当临时工的时间,不计算为下乡时间。1980年省知青办规定,下乡已婚女知青,被招工或按政策批准迁回城市后,其配偶是非农业人口的,在乡期间所生15周岁以下的子女,可以同时迁入城镇,转为非农业户口。配偶是农业人口的,可将其学龄前的子女随母迁入市、镇。对终生只要一个,或两个子女,并已做节育手术的,子女虽已超过七周岁,亦可随母迁入市、镇,为非农业人口。已有三个子女,都已超过七岁,可批准两个随母迁入市、镇,转为非农业人口。

五、特 殊 规 定

1970年省革命委员会规定,下乡知青长期逗留城镇不归,或无故不参加集体生产劳动,经教育无效,不发给粮票和口粮;因病、因事请假回城的下乡知青,一个月内可带原伙食标准,一个月以后,可带居民标准,无故超假长期不归的,不再发给,剩余粮、钱,由小组集体保管使用。因病在农村死亡的下乡知青,埋葬费由公社、生产大队负责,社、队有困难时,由社会救济费中补助解决。下乡知青家属有困难者,城镇可酌情给予照顾。

第二节 安置形式

一、分 散 插 队

采用这种形式安置的,多属返乡(原籍在农村)知青和投亲靠友知青,少数系组织安置。1973年以前在乡知青中分散插队的占3.85%。1973—1980年,分散插队142 129人,占同期下乡知青总数的26.09%。

二、插 队 小 组

一是集体插入一个生产队,受一个生产队的领导,集体吃、住、学习,参加一个生产队的劳动;二是集体吃、住、学习,分别固定参加几个生产队的劳动。生产队对知青,实行记工到人,核算到人,经济分配到人,粮食分配到组或到人。在经济分配中抽一定比例作为小组积累。1972年共建知青小组10 455个,安置在乡知青52 245人,占在乡知青的51.84%。到1976年,知青小组发展为19 595个。安置下乡知青157 559人,占当年在乡知青的56.86%。从1973—1980年全省累计知青小组共安置下乡知青370 911人,占同期下乡知青总数的67.97%。

三、集体所有制知识青年农场、队

从1968年起,在全省范围内创办以城镇下乡知青为主,贫下中农、带队干部参加组成的三结合知青场、队。1975年达到1 550个,安置在场、队的知青94 101人,占当年在乡知青的35.93%。知青场、队有县办的、公社办的、大队办的,谁办谁领导。人员的组成:下乡知识青年占近85%,贫下中农占近15%,国家派的带队干部占近2%。贫下中农代表,由接收下乡知青的公社或生产大队选派苦大仇深,有生产经验,作风正派的人参加。知青场、队的带队干部,由动员城市和接收下乡知青的县、社各派1%,一年或二年交叉轮换1次。知青场、队,由带队干部、贫下中农代表和先进知青组成三结合的领导班子,负责场、队知青的生产、生活、学习和管理教育等。

四、国营农、林、牧、茶场

在下乡知青最多的1975年,全省在186个农、林、牧、茶场安置下乡知青9 388人,占当年下乡知青的8.77%。1973—1980年国营农、林、牧、茶场共安置下乡知青20 083人,占同时期下乡知青总数的4.76%。

五、知识青年农、工、商联合企业

1979年,为统筹解决下乡知青问题,多数知青场、队从单一务农转为农、工、商同时发展,开始建成一批以知青为主(知青占60%),具有一定规模的农、工、商联合企业。形式有知青部门自办的;知青部门与企业或公社、大队联办的;企事业单位自办的。谁办谁领导,同时接受知青部门的指导。联合企业实行统一领导,分级管理,以场(厂)、店为基本核算单位。这些企业在1985年以前除享受中央规定的"三不"政策,即不交税、不上交利润、不负担农、副产品统购、派购任务外,并允许在城市建店设点,资金不足的银行给予低息贷款,商业部门在知青企业进货时,给予享受批发价的优待等。至1981年,全省共发展农、工、商联合企业64个,企业网点362个。安置下乡知青就业15 656人。

第三节　经费、物资供应

一、经 费 管 理

为解决城镇下乡知青初期生产、生活上的困难,中央和省每年都拨出一定数量的经费给予扶持。1968—1981年,中央拨付全省知青下乡安置经费共35 234.95万元,全省各级地方政府拨付支农资金2 187万元。根据国家财政部门规定,1965年,省有关部门对知青下乡安置经费的管理使用规定:城镇下乡知青、退伍兵、闲散劳动力的经费开支标准,郑、汴、洛、新、安、焦作、鹤壁7市,单身插队的每人260元,成户插队的每人185元,返乡的每人50元;其他县、市单身插队的每人240元,成户插队的每人170元,返乡的每人50元。1968年经费标准略有改变。郑州、开封、洛阳、平顶山、新乡、安阳、焦作、鹤壁8市单身下乡,每人250元,成户下乡每人180元,新建知青场、队,每人400元。各地所需宣传动员费、业务费,由地方财政开支。1969年单身插队,跨地区、省辖市的每人240元,本地区县、市每人230元;成户插队,跨地区、省辖市的每人120元,本地区各县、市每人110元;新建三结合知青场队,每人400元。随知青下乡安家落户的带队干部,每人补助建房费100元。安置经费主要用于建房、学习材料、旅运、生活补助、生产、生活、工具、合作医疗等。1974年,城镇知青到农村插队和建立集体所有制的知青场、队的补助标准是,跨地区的每人510元,本地区的每人490元,到国营农、林、牧、茶场的,每人400元,其开支范围是:建房补助费,平均每人200元,由县统一掌握使用;生活补助费,平均每人200元,用于购买吃、穿、用等生活必需品;从安置费中抽出15元,作其它费用,由省、地、县和有安置任务的市,分别掌握,使用于下乡知青的特殊开支;其余部分用于下乡知青被服用品补助费、医疗补助费、学习费、小件农具、家具、炊具以及车旅费等项开支,由公社统一掌握使用。1975年,到农村插队(包括回老家落户)和办集体知青场、队,不论跨地区和本地区,每人一律500元,由县和公社统一掌握使用。1979年,对转为农业户粮关系,安置在知青集体场、队、点的新下乡知青,建房补助费每人250元,由县掌握,集体使用;生活补助费每人200元;特困费按实际安置人数,每人抽30元,由省、地、市、县分别掌握,用于处理知青重大工伤、疾病及死亡和天灾人祸造成的特殊困难。下乡到单程500公里地区的集体所有制知青场、队、点和分散插队的未婚知青,补助三次探望父母的路费,时间间隔不少于二年,由县知青部门批准,凭票报销普通长途车票费。到高寒地区的每人补助40元的冬装补助费,由动员地区列报。对已婚安家的下乡知青住房有困难,知青场、队、点确实解决不了的,每人补助300元建房费。由县掌握,酌情补助。到国营农、林、牧、渔、茶场和到机关、学校、部队、企、事业单位的农、林、牧、副、渔业基地并转为农业户粮关系的,每人补助400元。到山区绿化造林,连续1年以上,因特殊情况不宜转为农业户粮关系的,经省批准,每人拨给400元安置经费。1968—1981年共下拨下乡知青安置经费35 109.68万元。其中:建房补助费13 944.89万元,生活补助费13 944.89万元,"三具"补助费2 858.7万元,学习、医疗、车旅费以及其它费用4 361万元。1978年,各级知青和财政部门对有接收下乡知青任务的地、市、县下乡知青经费进行了清查,清查出27个县、市和地区,虚报下乡知青9 464人,冒领下乡知青经费466.5万元。

二、物 资 供 应

在城镇知青下乡过程中,全省各有关部门,在物资上给予大力支援,列入计划,单项下拨,由知青部门负责分配。1973—1980年,全省共支援下乡知青大拖拉机1 585台、手扶拖拉机1 445台、柴油机465部、架子车1 500辆、130汽车28部、发电机组5台、缝纫机2 700部、化肥13 242.4吨、木材132 500立方米、煤140 898吨。 (第六章《城镇知识青年上山下乡》,第104—113页)

1975年3月省革命委员会批转省劳动局《关于工人退休工作试点情况和安排意见的报告》附"工人退休后缺额补充来源"是:经过批准留城的和批准从农村回到城镇的知识青年;经过两年以上锻炼的上山下乡知识青年。退休工人子女属于上述情况之一,符合招工条件的,可优先招收。家居农村的工人退休回农村后,其子女符合招工条件,可招收当工人。自1974年10月开始试点办理至1977年底,优先照顾招收退休工人子女47 781人。1978年国务院《关于工人退休、退职的暂行办法》中规定:"工人退休、退职后,家庭生活确实困难的,或多子女上山下乡、子女就业少的,原则上可以招收其 1 名符合招工条件的子女参加工作。招收的子女,可以是按政策留城的知识青年,可以是上山下乡知识青年,也可以是城镇应届中学毕业生。"还规定:"家居农村的退休、退职工人,本人户口迁回农村的,也可以招收他们在农村的 1 名符合招工条件的子女参加工作。"河南省规定的招工条件是:本人政治、历史清楚,未婚,年龄 16—25 周岁,初中以上文化程度,身体健康,适合岗位工作需要。1979—1982 年全省招收退休、退职工人子女 188 786 人。为退休、退职工人解决了一些实际困难,缓解了子女就业的矛盾。　　　　　　　　　　　　　　　　　(第八章《保险福利》,第 211—215 页)

　　1984 年 7 月 2 日省劳动人事厅颁发《乡镇干部实行选举制和选聘合同制暂行办法》后,开始在全省实行乡镇干部聘用合同制。聘用的主要对象是农村基层干部、有一定技术专长的农民、知识青年、复员退伍军人以及农村中电大、业大、职大、函大、夜大毕业生和自学成才人员等。聘用人员必须政治表现好,热爱农村工作,具有高中或相当于高中以上文化程度,除"五大"毕业生外,其他人员一般在 30 岁以下。聘用办法是在中共县委和县人民政府的领导下,经组织、人事部门考核、考试,择优聘用,然后由用人单位与被聘人员签订《选聘干部合同书》,聘用期 1—3 年,合同期满后,哪里来回哪里去。如工作需要,本人表现好的,可以续聘。聘用期间如不能胜任本职工作,或者违犯有关规定的,乡、镇有权随时解聘。如本人有特殊情况,经组织同意,可以辞聘。　　　　　　　　　　　(第十章《干部管理》,第 270—272 页)

　　1979 年,由于人民生活水平逐渐提高,原定标准偏低,影响遗属的一般生活水平。12 月 20 日,省人事局、省财政厅、省民政厅下达《关于国家机关工作人员牺牲或病故后遗属生活困难补助问题的通知》,规定:遗属困难补助的对象是依靠死者生前赡养、抚养的父、母、配偶、未满 16 周岁或虽满 16 周岁,还在学校上学、留城待业、未安排就业的下乡知识青年或因身体残废而丧失劳动能力的子女,未满 16 周岁的弟妹,以及抚养死者自幼长大的养亲。补助标准改为:居住农村和城镇、市郊的农业人口及未安排就业的下乡知识青年,确无劳力或生活困难者,除全家收入外,每人每月另补助 8—10 元。居住县城和集镇的非农业人口,除家庭收入统筹安排外,还有实际困难者,适当确定补助对象,每人每月补助 15—17 元。居住城市的非农业人口,除家庭收入统筹安排外,还有实际困难者,适当确定补助对象,每人每月补助 18—20 元。对于 1937 年 7 月 6 日以前参加革命工作的牺牲或病故人员的父、母、配偶,每人每月在定期补助标准的基础上再提高 10—15 元。1945 年 9 月 2 日以前参加革命工作的牺牲或病故人员的父、母、配偶每人每月在定期补助标准的基础上再提高 7—10 元。孤老、独幼、单身的遗属,每人每月在定期补助标准的基础上,再提高 3—5 元。享受定期补助的遗属,无论有几口人,但全家每月享受定期补助的总金额不能超过死者生前月工资标准总额,死者生前参加革命工作未满 5 年的,一般不予定期补助。

　　(第十一章《干部离、退休及其他待遇》,第 341—342 页)

中华人民共和国成立以后,河南省先后建立的劳动、人事、知青工作机构,长期是分设的。至1981年底知青机构与劳动机构合并(对外保留知青机构牌子),1983年人事机构又与劳动机构合并,始成为一个劳动人事机构。　　　　　(第十二章《机构设置》,第345页)

1981年12月19日,河南省人民政府知青办公室合并到省劳动厅,厅内部机构除劳动局时期设置的处、室外,增设政策研究室、知青场队处、财务统计处、就业处、省劳动服务公司,此外原政治处更名为人事处。　　　　　(第十二章《机构设置》,第346—347页)

第三节　知青机构
一、省级机构

1962年底成立河南省安置大、中城市精简职工和青年学生领导小组,下设办公室。1964年更名为河南省知识青年上山下乡安置领导小组。1967年省革命委员会筹备组成立,在生产指挥部内设中学毕业生分配领导小组,下设安置办公室。1968年1月28日,省革命委员会成立后,在政工组内办公,对外称省中学毕业生分配安置办公室。1969年,在省计划委员会内办公,对外称省毕业生分配安置办公室。1972年在省民政局设安置组,对外仍称省毕业生分配安置办公室。

1973年8月23日成立"中共河南省委知识青年上山下乡领导小组",下设办公室,又称河南省革命委员会知识青年上山下乡办公室(系厅局级),和省民政局合署办公。1975年知识青年上山下乡办公室单独设立,不再和省民政局合署办公。1979年省革命委员会知识青年上山下乡办公室更名为河南省人民政府知识青年上山下乡办公室。下设四个处:综合处、宣传教育处、财务动员处、生产处。

1973—1981年省知青办主任、副主任任职表

职　务	姓　名	任　职　时　间
主　任	朱　轮	1973.8—1975.10
主　任	任雷远	1975.10—1977.1
主　任	郝福鸿	1977.1—1977.6
主　任	宋逸尘	1979.9—1980.2病故
副主任	杨朗樵	1973.8—1980.4.30
副主任	李寒青(女)	1973.8—1981.1(后改任顾问至1982年1月)
副主任	高冠英	1973.8—1981.12
副主任	王重华	1979.2—1981.12
副主任	崔泽东	1979.5—1980.2
副主任	魏汉英	1980.7—1981.12

省知识青年上山下乡办公室 1973—1981 年干部数字统计　　　　　　　单位：人

年　　度	1973	1974	1975	1976	1977	1978	1979	1980	1981
干部总数	30	24	24	25	27	30	36	33	31

说明：1973 年的 30 人为编制数。

1981 年 12 月省知识青年上山下乡办公室与省劳动厅合并。

二、专区、省辖市机构

1964—1965 年，各专区、市先后成立了安置城市下乡青年领导小组办公室。以后各专区、市名称多有变更。有招生安置办公室、上山下乡办公室等。直到 1973 年省知识青年上山下乡安置办公室建立以后，各专区、市也相继建立了知识青年上山下乡办公室，编制一般为 14—25 人。

1981—1982 年专区、市知识青年上山下乡办公室与劳动局合并，知识青年上山下乡办公室撤销。

三、县(市)机构

1973 年以前，县(市)知识青年工作一般没有专设机构。1973 年以后，全省各县(市)知识青年上山下乡办公室始先后建立。编制一般为 3—14 人。

1982 年县(市)知识青年上山下乡办公室先后与县劳动局合并。

(第十二章《机构设置》，第 356—358 页)

《河南省志·工人运动志》

河南省地方史志编纂委员会编纂，河南省人民出版社 1997 年

"文化大革命"期间，城乡劳力对流，知识青年下乡，农村青年进城。1967—1977 年全省从农村招工人 68 万人，占同期新工人总数的 61.7％。

1978—1981 年，新工人主要来自留城待业学生和城镇户口的下乡知识青年。

(第一章《工人状况》，第 13 页)

《河南省志·青年运动志》

河南省地方史志编纂委员会编纂，河南人民出版社 1993 年

1968 年开始，在"接受贫下中农再教育"的口号下，掀起了知识青年上山下乡的热潮。大批青年走向农村，接受贫下中农的再教育。　　　　　　　　　(《概述》，第 7—8 页)

1955 年 8 月,党中央在倡导知识青年回乡参加生产的同时,就发出动员城镇知识青年到农村去的号召。1961 年,国家在动员职工回乡的同时,再次提出动员城镇知识青年下乡,从此,全国开始动员城镇知识青年上山下乡,参加农业生产建设。河南大规模地动员和组织青年上山下乡工作从 1964 年开始。在此之前人数比较少,且多是到农场、林场和牧场。

1964 年 8 月 27 日,团省委发出《关于协助党动员安置城市知识青年参加农业建设的意见》,提出要动员 2.3 万多名未升学就业的知识青年下乡参加农业生产。截至 1966 年 1 月,全省知识青年 42 000 多人上山下乡,遍布全省 72 个市、县。其中到公社插队的 37 000 多人,到 130 个农、林、渔场插队的 5 000 多人,另有 7 000 多名青年单独组成 11 个良种繁殖场、牲畜繁殖场、林场和青年生产队。

1968 年,毛泽东主席发出"知识青年到农村去,接受贫下中农再教育很有必要"的指示。随后,全省掀起大规模知识青年上山下乡运动。8 月 23 日,郑州市召开 26 万人参加的大会,欢送第一批红卫兵上山下乡。9 月 22 日,省会中等学校第二批 2 400 多名红卫兵离郑赴农村插队。以后,每年都有一大批应届毕业生到农村安家落户。到 1975 年 1 月,全省有 36 万名城镇知识青年上山下乡,500 万名知识青年回乡。

上山下乡知识青年中有 3 254 人入党,58 354 人入团,1 184 人参加各级领导班子。这一大批知识青年,积极响应党的号召,在偏僻的山村过着艰苦的生活,从事繁重的体力劳动,为建设社会主义新农村作出了贡献。

1975 年 1 月 16 日—26 日,在郑州召开全省上山下乡知识青年代表会议,总结知识青年上山下乡的工作经验,解决存在的问题。出席会议的先进集体、个人代表共 1 442 人。

1979 年 8 月 17 日—19 日,薛喜梅、王老虎出席全国部分省、市、自治区上山下乡知识青年代表座谈会,受到中央领导接见。11 月 1 日—10 日,河南省知识青年先进代表座谈会在郑州召开,101 名代表出席会议。省委第一书记段君毅到会看望了代表,省知青领导小组副组长戴苏理到会讲话。1980 年,知识青年上山下乡工作基本结束。

(第三章《参加社会主义建设》,第 137—138 页)

《河南省志·邮电志》

河南省地方史志编纂委员会编纂,河南省人民出版社 1993 年

1983 年,为发展农村邮政通信,采取国家、地方、集体、个人一起上方针,一些邮电代办所由私人承包经营。当年 7 月 15 日,固始县三河尖乡蚌三村回乡知识青年赵国发自办邮政代办所,为河南第一个私人承包经营者。 (第一章《邮政通信网》,第 55 页)

《河南省志·城乡建设志》

河南省地方史志编纂委员会编纂,河南人民出版社1993年

郏县广阔天地大有作为人民公社……1976年建成二层知青住宅楼6幢,有120个房间。 　　　　　　　　　　　　　　　　　　　　　(第二章《房地产住宅建设》,第56页)

《河南省志·粮油贸易志》

河南省地方史志编纂委员会编纂,河南人民出版社1993年

1977年全省遭灾。1978年1月,省革命委员会规定对特重灾区、重灾区和郊区蔬菜队、下乡知青、经济作物区按政策一次将口粮安排到接新,保证供应,轻灾区和一般缺粮区,主要依靠自力更生及互助互借解决,国家不统销粮食。 　　　(第二章《粮食销售》,第85—86页)

1969年3月,省革委会通知,下乡知识青年食油由粮食部门按当地城镇居民供应标准,负责供应到当季或下季。1960—1969年包括各种用油在内,城镇年人均实际供应4.39公斤,供应品种主要是芝麻油和花生油;农民吃油实行产多吃多,产啥吃啥国家不供应的政策,1970年以后,油料产、购减少,供求紧张。 　　　(第三章《油脂购销》,第131—133页)

《河南省志·财政志》

河南省地方史志编纂委员会编纂,河南人民出版社1994年

1979年后,为鼓励街道企业安置城市待业青年知识青年,对安置待业知识青年占总人数的60%以上的,免征所得税2—3年。1959—1987年(缺1961—1963年和1967—1968年),共征街道企业所得税15 224万元。 　　　　　　　(第一章《财政收入》,第87页)

城镇青年就业经费

1962年精简城镇人口到农村和国营农场从事农业生产。下乡插队落户者由财政发给旅差费和生产、生活费,人均不超过100元。当年支出20.7万元。1969年大批城镇知识青年和居民、干部到农村安家落户和劳动锻炼,财政拨款对其补助。补助标准为凡单身插队,跨区的每人240元,本地区的每人230元;城户插队,跨地区的每人120元,本地区的每人110元;新建青年队每人400元,城镇户口吃商品粮的返乡人员平均每人50元,带队干部每人补助建房费100元。集体所有制单位下放人员安置费,由本人自理或从单位的公共积累

和股金中解决,不足部分由财政给予补助。当年共支出 3 700.8 万元,比上年增长 4.5 倍。1973 年提高补助标准,跨地区的每人补助 510 元,本地区的 490 元,并从补助费中每人提取 15 元作为机动,用于下乡青年特殊开支。当年共支出 3 189.4 万元,上年增长 2.1 倍。1974 年城市人口下乡安置经费改为下乡经费。同年 8 月对到国营农、林、牧、茶场的,每人补助 400 元,由场统一使用。1975 年不分跨地区和插队等,一律改为每人补助 500 元。1979 年对到全民单位办的农、林、牧、副、渔业基地的,每人补助 400 元;到集体青年场、队的,每人补助 600 元;到牧区的每人补助 800 元;在农村结婚安家的每人补助建房费 300 元,由县知青部门统一掌握使用。当年城镇下乡知识青年陆续回城就业,此项经费改用于城镇行业青年安置费。1989 年为解决城镇行业青年就业,各地先后建立了劳动服务公司,财政预算中增设城市劳动服务公司补助费,用于生产周转金和业务技术培训费,当年支出 92.9 万元,1981 年增加到 791.2 万元。1982 年改称城镇青年就业经费。1987 年全省共支出 1 213.2 万元,其中用于生产资金 546.9 万元,安置费 14.1 万元,培训费 376.3 万元,业务费 319.4 万元,其他 56.5 万元。1982—1987 年全省共支出城镇青年就业经费 8 926.2 万元,平均每年支出 1 488 万元。

(第二章《财政支出》,第 296—297 页)

1980—1984 年实行"划分收支,分级包干"的财政管理体制 中央对河南实行"划分收支,分级包干"的财政管理体制,也就是"分灶吃饭"的办法。新的体制规定河南财政收入范围是:地方企事业收入、各项价差补贴、盐税、农业税、工商所得税、其他工商税、税款滞纳金和补税罚款收入,以及上划中央的工业企业收入 20% 的分成等作为河南的固定收入;工商税为调剂收入;地方企业上缴的基本折旧基金列入地方预算,年终按中央核定计划单独结算上解。支出范围包括地方统筹安排的基本建设,企业挖潜改造资金,流动资金,新产品试制费,简易建筑费,支援农业支出,城市维护费以及各项行政事业费等。此外,中央专项拨款有:拨给地方的基本建设投资、特大自然灾害救济的防汛抗旱补助、贫困地区发展基金、企业挖潜改造资金以及棉花差价补贴等。根据上述规定,中央核定河南调剂收入分成比例为 75.4%;固定收入分成比例,1982 年为 82%,1983—1984 年为 78.8%(实际只执行了一年)。按照新的财政体制,确定省级财政收入的范围是:省属企业收入,上划中央的工业企业留归地方 20% 的收入,郑州、开封、安阳、商丘、许昌、漯河、新郑、南阳、驻马店、周口等 19 个烟厂的工商税收,粮食企业的亏损和粮油、棉花的价差补贴,猪皮补贴和云阳、济源、林县、渑池 4 个炼铁厂的百米高炉生铁亏损补贴等。支出范围是:省统一安排的基本建设拨款、企业挖潜改造资金、新产品试制费、知青安置费、特大抗旱防汛和救灾开支、人防工程费、新投产企业的流动资金、支援人民公社穷队投资,重点小型农田水利投资、抗震加固经费、民兵事业费以及其他一次性补助费和省级直属单位的有关经费等。(第三章《财政管理》,第 314—316 页)

1980—1984 年,省对地、市实行"划分收支,分级包干,增长分成,节约归己,一定五年"

的财政管理体制。地、市、县财政收入包括：所属的企业收入，工商税、农业税、盐税、其他收入，市场用煤价差补贴，省收回的纺织工业收入留给地、市的20％部分和地、市企业折旧基金上缴财政50％部分。财政支出包括：供销社企业简易建筑费，工交企业增产所需流动资金，一般自然灾害所需的抗旱防汛和救灾开支，面上的小型农田水利投资，扶持社办企业发展资金，农林水事业费、文教卫生事业费、抚恤和救济费，知青业务费，工交商事业费，城市维护费（包括郑州、洛阳市按工商利润5％提取的城市建设费），人防业务费，行政管理费，其他支出和地、市用增长分成安排的基建、企业挖潜改造等项支出。

（第三章《财政管理》，第328页）

1976年，由于受"四人帮"严重干扰，财政亏空极大。为了平衡财政收支预算，稳定市场物价，于11月对各单位、各部门在银行的存款紧急冻结，除计划内未完工程基建拨款、企业流动资金、当年提取的大修理基金和更新改造资金、当年安排的技术措施费、小型农田水利投资、优抚救济费、知识青年上山下乡经费和12月份人员经费不予冻结外，其余资金一律按银行帐面数冻结。

（第三章《财政管理》，第367页）

1974年新建的知青农场生产的粮食等农产品不能自能纳税有困难的经县（市）批准，给予减免照顾。1977年中小学新建的校办农场纳税有困难的，比照"五七"干校给予减免照顾。1979年县以上知青部门为安置知识青年举办的场（队），从1979年起到1985年，免征农业税。机关、部队、团体、学校、企事业单位以及国营农、林、牧、渔场等单位举办的生产队，凡安置知青在60％以上、财务上能单独核算的，比照1985年以前减免规定办理。

（第三章《财政管理》，第408页）

1979年3月为解决城市知识青年就业，对在农村专门举办、集中安置知青的集体所有制场、队，和以安置知青为主、知青占总人数60％以上的农副业生产基地，从当年元月份起至1985年底免征工商税和所得税；为安置知青在城镇新办的集体所有制企业，实现的利润免征所得税1年，纳税有困难的再给予减免照顾。1980年对民政福利生产单位安置病残人员占生产总人数35％者免征所得税，超过10％低于35％者减半缴纳，新办的免税1年后再按上述规定减免。同年5月对知青在城镇兴办的集体企业免征所得税由1年改为3年，新办工业企业生产的产品除烟、酒、鞭炮外，免征工商税1年；集体商业再免征工商税1年、所得税3年（后改为4年）。11月再次放宽安置待业知青减免政策，服务行业收入免征工商税和所得税3年；当年安置知青超过企业总人数60％的集体企业，享受新建企业优待照顾。1982年对老集体企业安置知青占上年末在册人数40％以上的，给予60％减免税照顾。

（第三章《财政管理》，第416—417页）

《河南省志·金融志》

河南省地方史志编纂委员会编纂，河南人民出版社 1992 年

城市信用合作社是吸收集体工商业、小型厂办家属工商业、知识青年商店和个体经营户的存款。
（第四章《存款》，第 133 页）

1964 年 7 月 2 日，农业银行总行下达《关于监督支付城市下乡知识青年和闲散劳动力安置经费的通知》，要求安置经费采取实拨资金办法管理，即由主管部门根据财政部门预算安排的经费指标，提出用款计划，报经同级人民委员会批准，再由财政部门将款拨给主管部门存入农业银行，由农业银行按计划监督支付，专款专用。　（第十章《金融管理》，第 330 页）

1979 年 11 月 10 日，农业银行总行、财政部颁发《农业拨款监督拨付试行办法》，自 1980 年 1 月 1 日起试行。规定拨款监督的范围是：列入国家预算的农业、农垦、农机（不包括制造业）、林业（不包括森林工业）、畜牧、水利、水产、气象、侨务办公室、知识青年办公室、劳改系统的国营企事业单位和国家支援农村人民公社的各项农业拨款；各级地方财政的预算外资金和农业各部门的自筹资金，经批准用于农业的各项支出。农业各部门的基本建设拨款，仍由建设银行监督支付。
（第十章《金融管理》，第 330 页）

《河南省志·计划志》

河南省地方史志办公室编纂，河南人民出版社 1995 年

"文化大革命"中，县计委的工作陷于瘫痪。1971—1972 年，各县在革命委员会内重新建立计划委员会或计划建设局，一般内设：民政、劳动、科技、基建、知青、计划统计、物价等组。
（第一章《计划机构》，第 35 页）

《河南省志·教育志》

河南省地方史志编纂委员会编纂，河南人民出版社 1993 年

1987 年中共十三大进一步坚持把发展教育事业放在突出的战略位置，使经济建设转到依靠科技进步和提高劳动者素质的轨道上来。继续坚持教育领域的各项改革，使教育工作紧密围绕经济和社会发展，培养有理想、有道德、有文化、有纪律的社会主义现代化建设者。全省……成人教育把开展岗位培训和职业技术培训作为重点，充分发挥企事业单位办学的

积极性,在农村重点抓好知识青年的实用技术培训,同时坚持大力开展扫除文盲工作。

(《概述》,第11—12页)

1980年,在各地小学教师(特别是小学民办教师)一般偏多的情况下,全省大多数生产大队从全日制普通小学抽出一名有组织工作能力、有一定业务水平的民办教师任扫盲专职教师;并从回乡知识青年中选拔一批业余兼职教师。 (第七章《成人教育》,第445—446页)

1979年11月,省工农教育委员会恢复下设办公室与省教育厅工农教育处合署办公。此后,各市、地、县(市)、公社(乡)陆续恢复和建立了工农教育委员会,由各级中共党委和政府分管教育工作的领导同志任主任委员,吸收教育、共青团、工会、妇联、计委、经委、建委、国防工办、财贸、农林、人武、宣传、文化、科协、出版、知青办[①]等部门负责人参加,组成各部门分工负责的工农教育领导管理体制。各部门的具体任务是:教育行政部门负责贯彻执行中共关于成人教育的方针政策,切实抓好文化基础知识的教育工作,负责编写文化基础课教材和各种教学资料,制定教学计划和教学大纲,进行教学研究和教学业务指导,搞好教师业务培训工作;共青团、工会、妇联、人武部和知青办动员学员参加学习,对学员进行思想政治教育工作,总结交流经验,表彰先进,帮助学员解决学习中的困难问题。

(第七章《成人教育》,第452—453页)

1959—1966年,业余高级中学学员中有不少回乡知识青年参加学习。"文化大革命"后期,回乡知识青年(高小、初中毕业生)中也有部分学员参加了县办"五七"农民学校的学习。1976—1981年,县办农民文化技术学校学员多为高、初中毕业的回乡知识青年,职工中等学校学员多为1968—1978年的初、高中毕业参加工作的知识青年。

1982年,全省成人中等教育工作开始把重点放在对青壮年的初中文化、技术补课方面(以下简称"双补")。参加"双补"的学员包括干部、工人和回乡知识青年,主要是工矿、企事业单位的青年职工。至1985年,全省4 187 661名职工中,参加初中文化补课的学员329 896人,参加高中文化补课的73 418人。初中文化补课,4年累计有752 676名学员取得合格证,合格率达78.8%;技术补课,累计有63 096名学员取得合格证,合格率达72.5%。至此,全省基本完成"双补"任务。 (第七章《成人教育》,第480—481页)

工会、共青团、妇联、人民武装部、知识青年办公室,组织工、青、妇、民兵和知识青年参加学习,对学员进行思想政治工作。 (第八章《教育行政》,第526—527页)

---

① 知青办:政府职能部门,负责知识青年上山下乡工作。——原书注

《河南省税务志》

《河南省税务志》编辑室编,中州古籍出版社1995年

1965年,将国营农场的计税产量由常年产量改为实际产量,因实产较评定的常产高,故将原税率8%改为6%;……"五七"干校和知识青年场队,比照国营农场的办法计征。

(第一章《农税　关税》,第71页)

1974年,对新建集体所有制知青农场(队)纳税有困难,经报县、市政府批准给予减免税照顾。1979年修改为:县以上知青部门安置知青举办的集体所有制农场(队),实行独立核算的,从1979—1985年免征农业税;对其他机关、部队、团体、企事业单位,以安置本单位上山下乡知青而举办的农、林、牧、副、渔生产基地,凡财务上实行独立核算自负盈亏,安置知青人数在60%以上,也比照上项规定从1979—1985年免征农业税。　(第五章《税政管理》,第453—454页)

对安置"知青"就业的税收优惠　1976年打倒"四人帮"后,党中央、国务院着手解决知青就业问题,责成财政部、知青办制定一系列照顾政策。据此,河南先后制定具体贯彻落实办法,促进知青就业。1978年10月开始,只对安置知青就业新办城镇集体企业,从经营月份起,所得利润免征所得税1年。1979年转发财政部通知,对安置上山下乡知青所办集体农场,不分原有和新建,一律从1979年元月起至1985年底,其生产经营的应税产品和业务收入,免征工商税和所得税;以安置知青为主举办的农、林、牧、渔基地(包括机关、团体、企事业单位)凡安置知青人数超过60%,也免交1985年前各税。只此政策因不能适应大批知青尽快就业,以后省税务局根据省委、省政府指示,先后在减免税的范围和时间上作了多次调整放宽。1989年6月,省税务局根据国务院《关于整顿税收秩序加强税收管理的决定》对安置待业青年减免税又作了规定,即:对安置待业知青企业除了不准减免税的产品和"八小"企业外,生产的其他产品,免征产品税、增值税1年,所得税3年;从事服务性行业业务收入,免征营业税2年,所得税3年;从事商业经营,免征所得税3年。原有集体企业当年安置知青占总人数60%(含60%)以上,按新办知青企业规定办理,不足60%不再减免税。对待业知青从事个体经营,按个体工商户起征点规定予以照顾。　(第五章《税政管理》,第464—465页)

《河南省粮食志(大事记)》

河南省粮食志编纂委员会编,中国商业出版社1997年

(1969年)6月2日,省革委生产指挥组发出《关于抓紧做好1969年夏粮征购工作的通知》。……具体政策仍按上年规定执行,另补充规定:一、夏季一次超额完成全年"定购"任务

的队,其超额部分按当地国家统购牌价加价百分之三十执行。二、去秋以来,下放农村生产队安家落户的知识青年和城镇居民的口粮,从七月起国家停止供应,改由生产队计购计销;由国家继续发工资的人员仍由国家供应口粮。三、国家机关、企事业单位举办的"五·七"干校和城镇下放知识青年集中办的场(队)征购办法和留量标准按国营农场执行;新建农场在口粮留量标准外,夏季每人再照顾5—7.5公斤。四、国营林场生产的粮食,按国营农场的办法计购计销。　　　　　　　　　　　　(第三章《中华人民共和国时期》,第190—191页)

(1973年)12月30日,省粮食局发出《关于城乡粮食统销粗、细粮、薯干供应比例的通知》。……二、农村缺粮:郊区蔬菜队缺粮和上山下乡知识青年,粗、细粮各30%,薯干40%;……　　　　　　　　　　　　　　　　　　(第三章《中华人民共和国时期》,第205页)

(1974年)12月9日,省革委生产指挥组发出《关于城镇上山下乡知识青年粮油供应的通知》规定:一、上山下乡知识青年(包括回老家落户)从下乡之日起,十二个月内的口粮和食油全部由国家供应,每人每月22.5公斤成品粮,粗细比例、食油数量和当地市民一样,按月供应。二、第一年口粮和食油在国家供应期间,知识青年应同社员一样参加生产队基本口粮、劳动工分粮、自留地粮和食油的分配,这部分粮食和食油作为知识青年的家底。三、吃粗粮和红薯干比例过大的,由当地粮食部门按当地市民粗细比例适当进行调剂。四、对知识青年要经常进行勤俭节约,计划用粮,备战备荒的教育,防止铺张浪费。　　(第三章《中华人民共和国时期》,第210页)

(1978年)1月20日,省粮食局发出通知,决定对特重灾区、重灾区和郊区蔬菜队、下乡知青、经济作物区,按政策一次将口粮安排到接新,保证供应;轻灾区和一般缺粮区,主要靠自力更生、互助互借解决,国家不统销粮食。　　(第三章《中华人民共和国时期》,第219页)

(1979年)6月19日,省粮食局、省知青办发出《关于知青农场队粮食征购有关问题联合通知》。从1979年夏季至1985年以前各地凡为城镇上山下乡知识青年举办的独立核算的知青场、队和安置下乡知识青年为主的农、林、渔业基地,一律不负担粮食和油料的定购任务,如自食有余,愿意卖给国家的,可按超购加价办法办理。

(第三章《中华人民共和国时期》,第229页)

(1979年)7月25日,省粮食局印发《地市粮食局长会议纪要》。提出:一、夏粮征购比例,安阳为62%,信阳为40%,郑州郊区为55%,其它地市一律按原夏秋比例不变,落实到队。粮食定购基数小于公粮数的队可以按定购基数计算超购加价;没有粮食定购基数队交售的粮食,加价部分不超过40%;二、夏季除菜农、知青等保证正常供应外,农村应该做到基本不销;……　　　　　　　　　　　　　　　(第三章《中华人民共和国时期》,第230页)

《河南省粮食志(周口地区县志简志)》

河南省粮食志编纂委员会编,中国商业出版社1994年

1969年,号召知识青年到农村接受贫下中农再教育,动员闲散人员到农村插队落户,当年下放3 000人,每月少供粮食5万公斤。 (第五章《周口市》,第145页)

《河南省粮食志(南阳地区县市简志)》

河南省粮食志编纂委员会编,中国商业出版社1995年

由于商品粮销价低于购价,非农业吃商品粮的人口迅速增加,为稳定销售量,采取"下放"城镇居民到农村,中学生"上山下乡"到农村插队,多次整顿销售漏洞,非农业粮食年销售一直在1.4亿公斤左右,1977年达到1.5亿公斤。 (《概述》,第12页)

《河南省粮食志(许昌市县市简志)》

河南省粮食志编纂委员会编,中国商业出版社1996年

"文革"初期,粮食补助和吃商品粮的人口又失去控制,70年代连续进行了多次整顿和精简职工,由于"左"的错误,下放到农村的职工、居民、学生遗留问题很多,给以后落实政策增加很大工作量。在此期间,定量中的薯干和杂粮的供应比例一般占总量的30%左右。

(第一章《魏都区》,第13页)

《河南工会志》

河南省总工会编纂,河南人民出版社1993年

"文化大革命"期间,城乡劳力对流,一方面大批城镇知识青年上山下乡,另方面大量从农村招工。1967年至1977年,全省从农村进城当工人的68万人,占同期新工人总数的61.7%。

1978年至1981年,新工人来源主要是留城中学毕业生和城镇户口的下乡知识青年。1985年,河南实行"从社会上择优招收劳动合同制工人或临时工"的规定,工人来源主要是经过就业前培训(包括职业学校)的城镇待业青年。同时一部分农民轮换工或合同工(不转户粮关系),被招入矿山井下、地质勘探、建筑、筑路、装卸搬运、纺织等企业。

(第一篇第一章《工人状况》,第17页)

《郑州市志(第1分册)》

郑州市地方史志编纂委员会编,中州古籍出版社1999年

(1964年)20日,郑州市各界1 000余人在市德化街礼堂集会,欢送首批郑州市下乡插队落户知识青年奔赴农业第一线。 （卷四《大事记·现代部分》,第130页）

(1965年)15日,郑州市各界群众一万余人在人民广场隆重集会,欢送420名街道知识青年下乡。 （卷四《大事记·现代部分》,第132页）

(1973年10月)12日,中共郑州市委知识青年上山下乡领导小组成立,张质彬任组长。
（卷四《大事记·现代部分》,第143页）

从1968年至1969年因知识青年上山下乡和动员城市闲散人口下乡,市区人口有所下降,1969年市区人口为106.93万人,比1968年减少0.1万人,1970年市区人口为106.69万人,比1969年又减少近0.3万人。 （卷五《人口·人口变化》,第345页）

《郑州市志(第5分册)》

郑州市地方史志编纂委员会编,中州古籍出版社1998年

城镇青年就业经费支出 郑州市从1964年起,开始设立城镇青年就业经费科目。1965年后,知识青年下乡人数大幅度增长。财政每年均支付一定数量的款项给予补助,另方面又要为城镇青年就业支出部分经费。至1990年底,全市共支出此项经费4 806万元,占财政支出总额的0.84%。其中:市区支出3 758.4万元。 （卷十八《财税金融·财政》,第368页）

1981年8月市知识青年上山下乡办公室与劳动局合并,内设10个科室,工作人员77人。 （卷十九《经济管理·劳动工资》,第561页）

《郑州市志(第6分册)》

郑州市地方史志编纂委员会编,中州古籍出版社1998年

1972年,一面招收下乡知识青年进郑州师范学校培训,少则3个月,多则一年半即分配到普通中学任教,一面从应届高中毕业生中选拔少量学生充当普通中学教师。
（卷二十《教育·综述》,第17页）

(1964 年)回乡知识青年和学龄儿童,根据自己的文化程度和实际需要分别参加政治理论班、农业技术班、会计珠算班、医务班、电工班、农业中学班、农业小学班和文盲识字班的学习。

(卷二十《教育·社会教育》,第 92 页)

《邙山区志》

郑州市邙山区志地方史志编纂委员会编,中州古籍出版社 1994 年

1987—1990 年全区回乡知青 4 813 人,实际培训 6 987 人,每年,均超额完成培训计划。经过培训后的回乡知青走上各种工作岗位,成为发展农村经济的一支生力军。

(第二十篇第一章《教育》,第 240 页)

《郑州市金水区志》

金水区地方史志编委会编,中州古籍出版社 1994 年

(1969 年)12 月 22 日,辖区初、高中毕业生响应毛主席关于"知识青年到农村去,接受贫下中农再教育"的号召,掀起上山下乡高潮。 (第二篇《大事记》,第 10 页)

党的十一届三中全会后,以经济建设为中心,实行改革开放搞活的政策,大批下放农村的知识青年,回城安排工作。1979—1990 年安排就业 28 014 人,介绍临时工、合同工 12 613人。其中,区劳动就业局为安排区直干部子女就业,办企业 6 家,安置干部子女 80 人。

1960—1990 年待业及安置情况表

年　　份	待业人数	安置人数	介绍临时工合同工数	年　　份	待业人数	安置人数	介绍临时工合同工数
......				1985	2 868	618	1 177
1979	—	1 660	4 428	1986	2 852	1 888	—
1980	—	1 606	4 456	1987	9 531	2 479	356
1981	6 960	1 945	278	1988	9 824	3 183	158
1982	23 737	5 081	1 250	1989	11 468	1 561	
1983	7 320	1 645	217	1990	9 543	1 753	—
1984	6 811	4 595	293	—			

(第十八篇第一章《劳动》,第 221 页)

第四节　上山下乡

1965年初,金水区动员城市居民一百多户,到社旗县、方城县参加农业生产劳动,不久,经过批准,返回城市。1965年3月,在"我们也有两只手,不在城市吃闲饭"的口号鼓舞下,动员一批社会闲散青年到农村插队落户。金水区知青下放到祭城公社的黄庄,还有一部分投靠亲友,安排到外地。1968年,毛主席发出号召"知识青年到农村去,接受贫下中农再教育,很有必要。要说服城里干部和其他人,把自己的初中、高中、大学毕业的子女,送到农村去,来一个动员。各地农村的同志应当欢迎他们去"。从此以学校或单位为主,每年把初中、高中应届毕业生全部动员到农村去。1973年11月金水区成立知青领导小组,下设办公室,主管知识青年下乡事宜。1975—1979年,区直单位动员672名知青到农村落户,其中集体到新郑县插队落户558人,回原籍投亲靠友114人。在贯彻上山下乡政策的同时,贯彻执行留城政策,办理父母身边留一人手续1375人次,病残知青留城安置247人。

知识青年上山下乡,由非农业人口转为农业人口,分到各个生产队,编成生产小组,与社员同吃、同住、同劳动。1971年到1973年郑州市根据中央文件精神,采取措施,变知青插队为组织集体农场。柳林、祭城、姚桥公社(乡)分别成立知青"五七"农场各一个,接收下乡青年9809人,建连队66个。其中:柳林公社设连队24个,祭城公社22个,姚桥公社20个。农场按连队建制,连长、指导员由国家干部担任,班长从学生中产生。学生连在哪个大队,由哪个大队按人均1—1.5亩拨给土地。市财政按人均300元给连队拨款,用于盖宿舍、办公室、仓库、畜圈和其他用房。1969—1980年,城市招工、征兵、推荐上中专、大学,都是从上山下乡劳动锻炼两年以上的知青中选拔招收。

1980年后,知青不再下乡。原下乡的知青,陆续回城安排工作,各青年连队相继解体,所剩人员越来越少。原下派干部调回原单位工作,各连的贫农代表回到生产队。到1982年各连队就只剩空房,土地被生产队(村)收回。　　　(第十八篇第一章《劳动》,第222—223页)

《郑州市中原区志》

郑州市中原区志编纂委员会编,中州古籍出版社1996年

(1969年)1月,区革委会召开全区动员大会,传达市革委会议精神,动员知识青年上山下乡。
　　　　　　　　　　　　　　　　　　　　　　　　　　　　(第一编《大事记》,第11页)

1968年2月成立中原区革命委员会,……1973年设劳动科、知青办、公安分局、民政科、工业科、交建科、财务科、物资科、文教科、卫生科。(第六编第三章《区人民政府》,第209页)

知识青年上山下乡。1968年12月22日毛泽东主席发出"知识青年到农村去,接受贫

下中农再教育,很有必要"的号召,郑州市动员 1966—1968 届中学毕业生到农村去插队,同时动员城市无固定职业的居民到农村落户。随着上山下乡任务量的增加,1973 年 9 月中原区成立知识青年上山下乡办公室。1975 年区"知青办"在荥阳县西史村和高村建立了下放知青点,集中安排区属单位的下乡知识青年。1980 年又在中原区农业公社牛奶场新建一个知青点。同年,国务院召开的全国就业工作会议上,明确提出了知青工作重点由上山下乡转为就业安置,根据这一精神,中原区从 1981 年停止动员上山下乡。区管知青点原下放的知青到 1983 年全部安排工作或迁转回城。

1975—1980 年区知青办下乡和留城人数统计

年　　份	下乡人数	留城人数
1975	250	75
1976	103	74
1977	60	181
1978	8	133
1979	10	107
1980	/	90

(第十八编第一章《劳动力管理》,第 414—415 页)

《郑州市上街区志》

郑州市上街区地方史志编纂委员会编,中华书局 1999 年

知识青年安置。1971 年成立上街区知识青年上山下乡办公室,组建上街区五七青年农场,先后下到农场的知识青年共计 1 984 人。1983 年返城知识青年全部安置完毕。

(第十六篇第五章《劳动工资管理》,第 393 页)

《管城回族区志》

管城回族区史志编纂委员会编,中州古籍出版社 1993 年

(1964 年)冬,区成立安置上山下乡知识青年领导小组。11 月 20 日,管城区首批下乡知识青年 43 人到农村插队落户。　　　　　　　　　　　　　　　(《大事记》,第 25 页)

(1965 年)8 月至 10 月,全区两批知青 222 人,到郑州郊区祭城公社落户。

(《大事记》,第 25 页)

(1973 年)6 月,区革委增设知识青年上山下乡办公室。 　　　　　　　(《大事记》,第 26 页)

　　1964 年开始,为缓和城市闲散劳动力过多压力,动员知识青年上山下乡,到 1980 年,累计上山下乡知识青年共 2 951 人,加上留城青年 197 人,全区共有待业人员 3 000 多人。

　　党的十一届三中全会以来,区政府遵照党和国家提出的多种经济长期并存的战略决策,认真贯彻在国家统筹规划和指导下,实行劳动部门介绍就业、自愿组织起来就业和自谋职业相结合的就业方针,根据生产发展和人民生活实际需要,大力发展集体经济,广开就业门路,使劳动就业呈现了前所未有的新局面。1980 年,根据全国就业工作会议精神,分期分批将历次下乡知青全部招回城市。到 1981 年,基本安置完毕。其中,绝大部分下乡知青被安置到全民和集体单位就业。 　　　　　　　　　　　(第十七章《社会生活》,第 387 页)

《二七区志》

郑州市二七区地方史志编委会编,中州古籍出版社 1994 年

　　(1964 年)12 月 1 日,二七区成立知识青年上山下乡办公室,完成市分配 300 名任务。
　　　　　　　　　　　　　　　　　　　　　　　　　(《大事记》,第 27 页)

　　(1968 年)8 月 24 日,省会军民 20 万人集会,欢送红卫兵上山下乡。(《大事记》,第 29 页)

　　(1969 年)12 月 22 日,毛泽东主席号召城市知识青年到农村去,接受贫下中农再教育。市内和郊区各校知识青年纷纷下放到郊区农村落户。 　　　　　(《大事记》,第 29 页)

　　(1976 年)6 月 10 日至 12 日,二七区在郑铁分局招待所召开上山下乡知识青年家长代表大会。 　　　　　　　　　　　　　　　　　　　　　　　(《大事记》,第 30 页)

《郑州劳动志》

郑州市劳动人事志编纂委员会编,中州古籍出版社 1990 年

第九章　知识青年上山下乡
第一节　概　　况

　　郑州市知识青年(以下简称知青)上山下乡是从 1957 年开始的。当时国家副主席刘少

奇发出号召，"应届中小学毕业不能升学和就业的学生，到农村去插队落户，建设社会主义新农村"。郑州市教育局、劳动局、共青团即于1957年8月7日组织郑州市首批李紫燕、焦冬安等33名中学毕业生到郊区古荥插队，参加农业生产。8月20日又组织了第二批应届中学毕业生和社会青年108人，也走上了农业生产岗位，这批下乡青年中有31%是省、市直机关和企事业单位的干部子弟。其中有贾心斋副省长的孙女贾红菊、省公安厅副厅长张华的弟弟张力、郑州市副市长李德新的妹妹李德英、省工会宣传部长齐若华的女儿李益明等，这一年共有2 986名应届毕业生上山下乡。此后，每年都有一定数量的中学毕业生和社会青年上山下乡，到1965年上山下乡的知识青年和社会青年已达6 207人，他们分布在信阳地区的息县和郑州郊区的祭城、古荥等地。其中有240名知识青年到西藏山南地区支援边疆农业建设。

1968年毛泽东主席发出了"知识青年到农村去，接受贫下中农的再教育，很有必要"的号召。郑州市动员了1966—1968年"三届"中学毕业生28 464人到农村插队，同时，在"我们也有两只手，不在城市吃闲饭"的口号下，动员有城市户口的居民2 026人，无城市户口的居民2 039人到农村落户。

1971年元月开始，郑州市在郊区试办"五七"青年农场，采取农场和工厂挂钩办法，集中安置知识青年下乡，到1979年在郊区、荥阳县、上街区、新密区共建"五七"青年农场41个，农场下建连队227个。以四对口（知识青年对口下，带队干部对口派，管理教育对口抓，支援农业对口帮）的形式，先后组织知识青年57 559人到"五七"青年农场参加集体劳动。同时，还按照省统一规划，将36 289名知识青年下放到信阳、周口、驻马店、许昌、开封五地区；39名知识青年到黑龙江逊克县的兴隆、东升两个大队落户。

1980年国务院召开了全国就业工作会议，明确提出知青工作的重点已由上山下乡转为就业安置，根据这种精神，一方面采用政治动员和经济吸引的办法，促使3 000多名城市待业青年和在乡知识青年到知青场队所办工业参加生产劳动，另一方面将办得好的小工业转为知青集体企业。吸收664名城乡青年到企业就业。1982年又组织了651名城市安置不了的青年，到知青场队去参加生产劳动（不迁户、粮关系），此后，就不再组织上山下乡了。

1957至1981年，全市共有124 845名知识青年下放到全省七个地区的48个县、区农村参加农业生产；279名知识青年到西藏山南地区和黑龙江省逊克县插队。还有4 000余名青年到全国27个省的农村投亲靠友，近7 600名知识青年返回农村原籍从事农业生产。总计郑州市共有136 783名知识青年上山下乡。

第二节　留城、回城政策演变

根据国务院规定"凡患有严重慢性病、传染病的知识青年，经医院检查证明，确属长期不能参加劳动者，暂不动员"，并采取了学校提出留城学生名单，报市批准的办法。1966至1968年有592名学生因病残被批准留城，1971年又批准了469名严重病残学生留城。1973年7月国务院召开了全国知青工作会议，根据当时的社会和群众的强烈愿望，决定："病残不能参加劳动者、独生子女,身边只有一个子女的中国籍的外国人子女,不动员下乡"。按照这项规定,批准了913人留城,并发给了留城证明。1974年又办理留城1 521人(含4名中国籍外国人子女),占上山下乡总人数的11%。1975年6月,根据省知青办公室、省教育局、省农林局、省公安厅、省民政厅下发的联合通知的补充意见,除原规定的"四种人"可以留城外,对盲、聋、哑、瘫、残生活不能自理的子女,不作为身边留一人的子女看待,允许再留一个健康子女,对严重病残知青的留城、回城从严掌握,还规定不准在这些人中招工、征兵、招生。他们之中有一定劳动能力的,可以安排在街道工商企业或民政部门办的生产单位。为了加强对留城审批工作的领导,市知青办公室、公安局、粮食局、教育局等单位抽出专人,组织留城审批组,还请市属医院拟定了14种38例常见病的处理意见,作为审批病留的参考。留城审批工作最初分两个渠道进行:社会青年按市划分的战线审批,应届毕业生留城,由学校按规定办理。1975年开始统由毕业生家长所在战线进行审批。根据政策规定,还制定了两种留城证明:①健康留城证明:凡属独生子女、身边只有一个子女、中国籍外国人子女,发给此证,持此证者,可根据本人条件,参加招工、招生、参军,独生子女还可优先安置就业;②病残者发给病残留城证明,持病残证明者,不准进全民所有制单位工作。这年批准9 407人留城,其中健康留城者8 149人,占留城总人数的86.7%。为了降低留城率,1976年将身边留一人的条件规定为"下大留小",不论几个子女,最后一个留身边,还规定在本省范围内工作的子女,均视为身边有子女,不能再留其他子女。这一年共批准留城5 294人,比上年减少43.8%。1977年留城政策作了适当调整,扩大了多子女身边留一人的范围,这一年批准留城人数增加到11 570人,占应届毕业生人数的47%。根据扩大留城政策精神,1979年又作了补充规定:归侨学生、红军子女、烈士子女,两个子女的都可留城,已有一个下过乡,身边没有子女工作的,因同父异母或同母异父,均可再留一个子女;父母两地分居,双方各有子女在身边的可各留一个子女;有独特技术和有名望的祖传老中医、老厨师、修脚师、理发师,经主管部门批准,除身边留一健康子女外,还可留一子女或孙子随同学徒。这一年批准留城13 815人,占应届毕业生的70%以上。1980年继续执行上述留城政策,留城人数12 409人,占动员上山下乡人数的86.5%。1981年不再大批动员上山下乡,也不再办理留城审批手续。十多年来共批准留城人数59 393人。

关于下乡后回城问题:1972年开始,按照留城政策,经家长申请,单位签署意见,市知青办公室会同安置地区协商同意后办理迁回手续,共办理迁回手续9 594人,其中病残人员4 710人,特困4 884人。

第三节 安置形式

一、分散插队。用这种形式安置上山下乡知识青年花钱少,速度快,安置效率高。1957年到1968年采用这种形式,将知识青年安置在信阳、南阳、周口、许昌地区和郊区的一些人民公社生产队参加劳动,每组2—3人、5—7人或10人以上不等。他们的住房,一般都是挤、借、租农民的房子,不建新房,有的住在农民家里,有的住在村头地边的旧房里,还有的安置在生产队的磨坊或饲养室里，条件较差。他们的口粮，头一年按国家供应标准，由知青所在辖区粮管所供应，购粮款从知青下乡安置费中支付。由于下乡知识青年同社员一样参加生产队劳动，评工记分，按劳取酬。所以从下乡的第二年开始，即改由所在生产队按社员分配口粮标准，分给知青口粮，经济核算也以生产队为一级核算单位，这一时期内共安置知识青年 34 671 名。

二、集体农场，是安置上山下乡知识青年的主要形式。农场实行军事编制，农场设场长、政委，连队设连长和政治指导员，连下设排，排下设班，排、班设正副排、班长。农场建立党总支，归公社党委领导。农场根据公社和生产队划拨土地多少，而确定规模的大小。大的农场设有二十多个连队，小的农场只有五、六个连队，每个连队的土地，有多有少，大的连队有土地二、三百亩，小的连队只有一百多亩，连队安置知青人数也和连队土地的多少有关，一般均在 100 至 200 人左右，知青参加农场集体劳动、集体食宿、集体学习。

农场是以连队为一级经济核算单位，知识青年吃粮第一年由国家按规定标准供应，第二年开始吃自产粮。

郑州市知青农场的 235 个连队与 40 条战线建立了对口关系，并派出带队干部 1—2 人，带队干部每两年更换一次，对口单位还负责在必要时酌情给予连队以物资、技术等的支援，农场所在的人民公社也从大队、生产队抽派贫农代表到农场连队，对知青进行思想教育，传授农业生产知识和技术，农场的每个连队都以带队干部、贫农代表、先进知青组成"三结合"的连队领导班子，负责管理连队知青的生产、生活、学习等事宜。

三、"三集中一分散"的安置形式。从 1976 年开始在荥阳县的二十里铺，广武等地人民公社试行，根据土地分散的特点，对已下乡的知识青年采用集中吃饭、集中住宿、集中学习、分散到生产队参加劳动的"三集中一分散"形式进行安置。在荥阳县共设"三集中一分散"点 13 个，参加劳动的知青 465 人。

四、投亲靠友。知识青年要求返回原籍农村和投亲靠友者，经当地生产大队、公社、县知青部门开具证明，到原籍或投亲靠友参加生产劳动。1968 年以来共办理返乡 7 600 人，投亲靠友 4 000 多人。

第四节 场队就业

1971 年元月，郑州市在郊区和上街区试办 10 个"五七"青年农场，按军事编制建立了 134 个连队，接收知识青年 2 万多人，在取得经验的基础上，郊区又增加 5 个农场，连队达到 196 个；荥阳县建立 24 个农场，24 个连队；新密区 1 个农场，1 个连队；上街区 1 个农场，6 个连队。到 1979 年共建农场 41 个，连队 227 个，先后安置知识青年 57 559 人，原在农村插队转点到农场的知识青年 9 795 人，返乡劳动、投亲靠友转入农场的 2 861 人。

知青农场的土地共有 30 611 亩，都是各人民公社地多人少的生产队拨给的，这些土地大都是贫瘠地或荒地。各农场建立之初，劳动条件十分艰苦，但广大知青发扬艰苦奋斗的创业精神，将十年九涝，号称"大锅底"的洼地，推土填平，在盐碱滩上挖沟排水，筑堤打埂，拉沙改土,平整深翻;将十年九旱,丘岭岗坡修成层层梯田;还把 1938 年国民党军队扒开花园口冲成的一块四岗三洼一道沟的荒地,挖掉土岗,填平沟洼,改造成为平整的良田。九年间他们先后改造平整土地两万多亩,打机井 700 多眼,建房屋 10 480 间,其中楼房 47 幢,1 000 多间。建造水塔 152 座,架设生活及农用电线 114 000 米。

在发展生产的基础上,各农场共购进汽车 87 部、大小拖拉机、收割机、播种机等农用机具 1 200 多台,架子车 3 021 辆,牲畜 833 头,逐步使农业生产实现了半机械化和机械化。粮食逐年增产,从 1971 年到 1985 年,仅郑州郊区的 27 036 亩耕地,共产粮食 10 699 万斤。1975 年到 1979 年为国家提供商品粮 580 多万斤,其中 1975 年 7 月 20 日和 1976 年 7 月 13 日,两次各组织百辆汽车向国家交粮 254 万斤。

在 1975 年到 1979 年间,知青场队在对口工厂的支援和帮助下,先后有 134 个知青连队办起了小工厂,8 个农场还建立了场办或联办小工厂,有各种专用设备 600 多台,3 000 多名知青脱离了农业生产到小工厂参加劳动,小工厂经营的主要项目有机械修配、零件加工、日用化工、纺织、印刷、木器家具等,生产的产品有 200 多种,主要有染布、皮鞋、纺织配件、电线、日用家具、家用电器、日光灯架、针织内衣、无线电元件等,有的产品如郊区花园口农场的纺织配件,行销全国 28 个省、市的纺织品生产单位,受到普遍的好评。场队工业总产值达到 9 431 万元,人均 300 多元,个别连队人均 400 元以上。

随着生产的发展,知识青年的物质文化生活也逐步得到改善,农场、连队共购进电影放映机 8 部、电视机 134 台、乒乓球台 131 个,还有 192 个连队修建了篮球场,各农场还都建立了图书馆,活跃了业余文化生活。各农场还和市内医院分别建立了对口关系,对口医院经常派出 2—3 名医生到农场为知青治病,并为每个连队培养 2—3 名卫生员。

在农场建设和工农业生产的活动中,大批知识青年成为社会主义建设的有用人才,有 37 468 名知识青年通过招工被输送到各个生产岗位,11 401 名知识青年参了军,7 611 名知青到各类大学、中专、技工学校学习,有 88 名优秀知识青年入了党,17 472 名优秀青年入了团,先后有 4 000 多名优秀团员担任过团支部书记、副连长职务,224 人担任过农场的领导职务,大批知识青年成为汽车司机、拖拉机手、医疗卫生人员和技术工人。

1980 年国务院调整了知识青年政策,大力发展集体经济,知识青年工作的重点也由上山下乡转向就业安置,在乡知识青年逐年减少。同年 4 月,根据郑革(1980)47 号文指示,省纺织器材厂、国棉二厂、油脂化学厂、供电局等单位,分别与对口的知青连队试办了农工商联合企业,这些企业属集体所有制,实行独立核算,自负盈亏。到 1982 年 6 月先后办起了 16 个农工商联合公司,一个总公司知青服务部,下属 36 个农业连队、19 个工厂、18 个商业网点,1981 年有职工 2 831 人,工业总产值 513 万元,净产值 267.5 万元,商业营业额 1 483.8 万元,利润 85.7 万元,全年粮食总产 775 万斤。1982 年夏季产粮 80 万斤,工业总产值304.9 万元,商业营业额 1 052.2 万元,职工总人数 4 096 人,其中在联合企业就业的 809 人。在 1981 年和 1983 年,对知青场队进行了两次整顿,对地多人少的连队逐步撤、并,农场的设备、财产逐步移交当地政府。在农场连队办的工业中,生产条件好的须水皮鞋厂、花园口纺织机械配件厂、姚桥面粉厂、侯寨缝纫厂、龙岗台板印花厂和南曹养鸡场都转为集体企业,安置知青 664 人。对 1972 年以前下乡的 174 名已婚老知青,分别就近就地转为城镇户口,并安置他们从事有固定收入的工作,有 40 名年龄较轻,身体好的知青安置在知青集体企业中就业。到 1985 年底,在乡知识青年基本安置完毕。

第五节　安　置　经　费

从 1964 年开始对下乡知青拨款扶植,到 1982 年拨下乡知青安置费 8 289.9 万元,加上省财政对 1972 年下乡的老知青拨的生活补助费 93 万元,计 8 382.7 万元,对口单位支援的经费和物资不在其内。

安置经费是按实际下乡人数的规定标准拨付,视地区情况适当给予补助的原则。1963 年到人民公社插队的知青,每人安置费用 100 元,1964 年平均每人 225 元;1965 年插队知识青年安置费(包括建房费、旅运费、生活补助费、小农具、家具购置费),单身插队的 250 元,成户下乡插队的平均每人 180 元,回乡人员 50 元,郑州市 240 名到西藏支边的知识青年,每人外加路费 40 元,寒衣补助费 30 元。1969 年单身插队、跨地区、省辖市每人 240 元,本省县市每人 230 元,插队跨地、市每人 120 元,本地区郊县的每人 110 元。1975 年对安置经费的管理和使用办法作了一些改进,到农村插队(包括回农村老家落户)和办集体所有制青年场队的,不论跨地区和本地区,每人一律补助 500 元。其使用方法:建房补助费每人 220 元,生活补助费每人 180 元,被服用品补助每人 3 元(重点使用),从安置费中抽出 15 元(省留 2 元、市留 3 元、县留 10 元),用作下乡知青的特殊开支,其余 82 元用于下乡知青的医疗、学费、车旅费、农具等。到外地插队的另加旅差费 20 元。

郑州郊区"五七"青年农场,从 1971 年建场到 1981 年上山下乡工作停止,市财政拨款 2 269 万元,并拨给支持场队资金 253.8 万元,加上对口单位支援物资折款 254.6 万元,共计 2 775.3 万元。用这些经费建房 9 263 间,购置床板 2 万多块,还购置了大批炊具、农业机械和工业设备。1975 年以后,有些场队用自办工业的积累又增添了一些工业设备,到 1979 年,场队固定资产近 3 000 万元。

1980 年 3 月全国知青经费工作会议提出,今后知青经费主要用于扶持知青场队的发展。省拨扶持生产资金 213 万元,把原来由县、区掌握的历年安置经费结余的 260.4 万元,全部转为扶持生产资金,共计 473.4 万元,这批扶持生产周转资金,由市掌握 188.3 万元,占总数的 40%;县、区掌握 285.1 万元,占总数的 60%。1980 年至 1982 年 6 月知青工作的重点转移到了协同对口单位组织知青场队搞工副业生产,发展集体经济,兴办知青农工商联合企业,为配合这一中心工作,投放扶持生产资金 160.6 万元,占市直接掌握资金的 85.3%。1982 年 7 月,根据市政府集体企业归口管理的决定,知青工作重点转移到办好知青场队和知青集体企业方面。原投放扶持资金到期的借款按时收回,未到期的借款,经过司法部门公证,重新办理借款手续。收回的资金,继续用于知青集体企业发展新项目。

附表：

一、郑州市历届知识青年上山下乡情况

二、留城、回迁情况统计表

三、郑州市郊区下乡知青就业安置情况

四、郑州市知青安置经费

一、郑州市历届知识青年上山下乡情况

单位：人

年度	下乡总人数	信阳	南阳	周口	驻马店	许昌	开封	西藏	黑龙江	郊区	荥阳县	上街区	新密区	投靠亲友
1957 年	2 986									2 986				
1964 年	2 173	1 900								273				
1965 年	1 048							240		607				201
1966—1968	28 464	6 711	6 192		4 298	3 489				386				7 388
1969—1970	1 583									1 583				
1971 年	21 554									20 747		807		
1973 年	14 782	6 682		2 770		2 394				98			136	2 702
1974 年	12 892			3 830	4 605	2 084	1 140		6	186	110	199	141	591
1975 年	15 841			1 203		2 719	1 219		19	5 033	4 807	519	174	148
1976 年	12 727	860				1 316	1 325		14	6 179	1 469	567	368	629
1977 年	15 440					2 560	1 540			8 608	1 460	1 068	204	
1978 年	2 187					7	35			960	135	1 027	23	
1979 年	2 534									1 569	52	752	161	
1980 年	2 368									1 930	61	377		
1981 年	204									204				
1982 年														
合计	136 783	16 153	6 192	7 803	8 903	14 569	5 259	240	39	51 349	8 094	5 316	1 207	11 659

二、留城、回迁情况统计表

单位：人

年 度	留城情况					缓下	回迁情况		
	合计	独子女	身边留一人	中外籍人	病残		合计	病残	困迁
1957 年									
1964 年									
1965 年									
1966—1969	592				592	260	751	578	173
1969—1971	700		231		469	323	430	90	340
1973 年	913	218	167		528	267	615	450	165
1974 年	1 521	304	746	4	467	405	340	148	192
1975 年	9 407	720	7 421	8	1 258	560	2 155	462	1 693

年　度	留　城　情　况					缓下	回迁情况		
	合计	独子女	身边留一人	中外籍人	病残		合计	病残	困迁
1976 年	5 294	520	3 880	3	891	784	1 016	826	190
1977 年	11 570	380	9 505	2	1 683	730	809	637	172
1978 年	3 172	52	2 317	12	791	50	1 305	1 005	300
1979 年	13 815	330	13 196	7	282	54	460	144	316
1980 年	12 409	350	11 778	5	276	34	379	121	258
1981 年							325	218	107
1982 年							202	31	171
1983 年							393		393
1984 年							131		131
1985 年							283		283
合　计	59 393	2 874	49 241	41	7 237	3 467	9 594	4 710	4 884

三、郑州市郊区下乡知青就业安置情况

单位:人

年度 项目 数目	下乡安置				各年招工征兵升学迁回及转出						
	合计	农场	插队	迁入	合计	招工	征兵	升学	病困迁回	死亡	转出
1957 年	2 986		2 986								
1964 年	273		273		743	743					
1965 年	607		607		320	320					
1968 年	386	386	178	178							
1969 年	1 583		1 583		415	305			110		
1970 年					1 084	516		134	420		14
1971 年	20 747	20 747			1 470	552	324	200	134		260
1972 年					2 634	540	1 469	367	78		180
1973 年	98	98			4 112	795	1 621	1 347	24		325
1974 年	186		186		3 037	236	411	1 021	1 234	42	93
1975 年	5 033	4 610	356	67	10 752	8 527	563	697	965		
1976 年	6 179	5 832		347	2 227	1 215	538	131	343		
1977 年	8 608	7 875		733	3 621	1 513	1 037	947	124		
1978 年	960	668		292	5 671	3 195	1 962	279	219	16	
1979 年	1 569	1 270		299	5 674	3 074	870	972	582	12	164
1980 年	1 930	1 270		660	4 738	4 170	142	189	230	7	
1981 年	204	172		32	2 925	2 698	86	71	65	5	
1982 年					317	317					
1983 年					366	366					
1984 年					433	433					
1985 年					593	338			255		
合计	51 349	42 542	6 377	2 430	51 310	30 031	9 023	6 355	4 783	82	1 036

四、郑州市知青安置经费

年度	市财政拨款（万元）	直接下放人数（人）	每人安置费（元）
1964	22.4		
1965	23.7		
1966	1.9		
1967	2.4		
1968	9.5		
1969	49.4	2 576	240
1970	0.5		
1971	793.5	20 747	500
1972	95.2		
1973	19.0		
1974	154.6	186	490
1975	183.6	5 033	500
1976	215.2	6 179	500
1977	527.7	7 875	500
1978	209.3	668	600
1979	74.9	1 225	585
1980	182.7	1 270	600
1981	267.1	172	600
1982	202.9		
合计	3 035.9	45 931	

（第九章《知识青年上山下乡》，第 289—301 页）

《荥阳市志》

荥阳市志编纂委员会编，新华出版社 1996 年

（1969 年 11 月）22 日，毛泽东发出知识青年上山下乡，接受贫下中农再教育指示，外地及本县知识青年，先后到荥阳农村插队落户（后，绝大部分回城）。（卷一《大事记》，第 42 页）

下乡知识青年安置

荥阳县对上山下乡知识青年的安置，采取"公开招收，择优录用"的办法。从 1969 年至 1982 年陆续安置就业 8 014 名。其中，招为全民固定工的 3 980 人，参军的 1 399 人，考入大、中专、技校的 761 人，自谋职业以其他形式就业的 1 831 人。对 1968 年以来下乡的大龄知青、已婚知青 43 人，也作了妥善安排。

中共十一届三中全会以后，知青停止上山下乡，开始留城镇待业。1985 年底，对全县 2 459 名待业人员全部登记建卡，并安排了 1 368 人到工厂做工。此外，组织服务网点 28 个，安置待业青年 312 人，向各单位输送临时工 142 人，个体经营 5 人。同时，有 3 个单位自设

基层劳动服务公司,为待业人员就业拓宽了道路。　　（卷三十第一章《劳动就业》,第 646 页）

《开封市志（综合册）》

开封市地方史志办公室编,北京燕山出版社 2004 年

是月（1963 年 5 月）,成立市安置城市知识青年下乡领导小组,下设办公室。是年,动员知识青年、退伍军人及社会闲散劳力共计 400 多名,到市郊及附近的尉氏、通许、兰考等县农、林、牧场当工人。　　　　　　　　　　　　　（《大事记·中华人民共和国》,第 140 页）

（1964 年 12 月 16 日）开封市动员首批知识青年到信阳专区的正阳、息县农村插队。连同次年 7 月所动员之中学毕业生、肄业生等,总数达 2 451 人。

（《大事记·中华人民共和国》,第 142 页）

是月（1965 年 4 月）,在郊区水稻公社建成青年农场。是年,安排千名知识青年到农场劳动就业。　　　　　　　　　　　　　　　　（《大事记·中华人民共和国》,第 143 页）

（7 月）20 日,自是日至 10 月 9 日,1 300 多名知识青年先后分四批到息县、正阳县和市郊区插队落户。　　　　　　　　　　　　　（《大事记·中华人民共和国》,第 143 页）

（12 月）21 日,开封市贫下中农代表大会第二次会议召开,郊区人民公社、生产大队及生产队的贫农、下中农代表、干部、知识青年共计 2 136 人参加会议。

（《大事记·中华人民共和国》,第 143 页）

（1966 年 9 月）10 日,全市动员 241 名社会青年和应届初高中毕业生赴西藏支援建设,于 10 月启行。　　　　　　　　　（《大事记·中华人民共和国》,第 145 页）

（1968 年 8 月）22 日,市革命委员会召开动员知识青年上山下乡大会。会议号召学生和学生家长响应毛主席的伟大号召,认识知识青年上山下乡的伟大意义。27 日,全市 10 万人集会,欢送首批知识青年上山下乡。继之,全市掀起知识青年上山下乡高潮。

（《大事记·中华人民共和国》,第 150 页）

（10 月）12 日,自是日起,市区的 1966 年、1967 年和 1968 年三届高、初中毕业生 15 631人,以学校为单位,分期分批到开封、周口、驻马店等地区的 28 个县的农村插队锻炼。

（《大事记·中华人民共和国》,第 150 页）

(1969 年 1 月)18 日,开封市首批城市居民和社会知识青年到尉氏、开封、兰考、新郑、巩县等县农村安家落户

(《大事记·中华人民共和国》,第 151 页)

是月(2 月),1969、1970 届中学毕业生,下到市郊和开封县的 84 个知识青年队进行劳动锻炼。

(《大事记·中华人民共和国》,第 151 页)

(12 月)在郊区水稻公社南北堤大队建立开封市第一个青年队,并下放 40 余名知识青年到该队劳动。

(《大事记·中华人民共和国》,第 152 页)

(1973 年 3 月)开封市革命委员会召开全市第一次知识青年上山下乡积极分子代表大会,有 476 人参加了会议。

(《大事记·中华人民共和国》,第 155 页)

是月(12 月),设市知识青年上山下乡领导小组办公室、环境保护办公室和化学工业局;复设劳动局、房地产管理局、市场管理办公室及科学技术委员会。

(《大事记·中华人民共和国》,第 156 页)

(1974 年 12 月)12 日,开封市革命委员会召开开封市第二次知识青年上山下乡积极分子代表大会。出席正式代表 510 人,特邀代表 20 人,列席代表 170 余人。会上选出了出席省知识青年积极分子代表会议的代表。

(《大事记·中华人民共和国》,第 158 页)

(1975 年 1 月)5 日,开封市组成有 66 人参加的代表团,出席河南省上山下乡知识青年积极分子代表大会。

(《大事记·中华人民共和国》,第 158 页)

《开封市志(第一册)》

开封市地方志编纂委员会编,中州古籍出版社 1996 年

是月(1963 年 5 月),成立市安置城市知识青年下乡领导小组,下设办公室。是年,动员知识青年、退伍军人及社会闲散劳力共计 400 多名,到市郊及附近的尉氏、通许、兰考等县农、林、牧场当工人。

(《大事记·中华人民共和国》,第 155 页)

(1964 年 12 月)开封市动员首批知识青年到信阳专区的正阳、息县农村插队。连同次年 7 月所动员之中学毕业生、肄业生等,总数达 2 451 人。

(《大事记·中华人民共和国》,第 157 页)

是月(1965年4月),在郊区水稻公社建成青年农场。是年,安排千名知识青年到农场劳动就业。

(《大事记·中华人民共和国》,第158页)

(12月)21日,开封市贫下中农代表大会第二次会议召开,郊区人民公社、生产大队及生产队的贫农、下中农代表、干部、知识青年共计2 136人参加会议。大会的主要任务是动员和组织郊区农业生产大会战,以实现粮食自给,明年亩产"上纲"(即平均亩产500斤)。会议于次年1月10日结束。

(《大事记·中华人民共和国》,第159页)

(1966年9月)10日,全市动员241名社会青年和应届初高中毕业生赴西藏支援建设,于10月启行。

(《大事记·中华人民共和国》,第161页)

(1968年8月)22日,市革命委员会召开动员知识青年上山下乡大会。会议号召学生和学生家长响应毛主席的伟大号召,认识知识青年上山下乡的伟大意义。27日,全市10万人集会,欢送首批知识青年上山下乡。继之,全市掀起知识青年上山下乡高潮。

(《大事记·中华人民共和国》,第167页)

(10月)12日,自是日起,市区的1966年、1967年和1968年三届高、初中毕业生15 631人,以学校为单位,分期分批到开封、周口、驻马店等地区的28个县的农村插队锻炼。

(《大事记·中华人民共和国》,第167页)

(1969年1月)18日,开封市首批城市居民和社会知识青年到尉氏、开封、兰考、新郑、巩县等县农村安家落户。　　(《大事记·中华人民共和国》,第167页)

是月(2月),1969、1970届中学毕业生,下到市郊和开封县的84个知识青年队进行劳动锻炼。　　(《大事记·中华人民共和国》,第168页)

(12月)在郊区水稻公社南北堤大队建立开封市第一个青年队,并下放40余名知识青年到该队劳动。　　(《大事记·中华人民共和国》,第169页)

6月(1970年6月)15日,开封市第二届活学活用毛泽东思想积极分子代表大会召开。历时10天,正式代表1 487人。其中,先进集体代表238人,活学活用毛泽东思想积极分子1 240名。驻汴部队、下乡知识青年等方面的代表69人应邀参加。

(《大事记·中华人民共和国》,第170页)

（1973 年 3 月）开封市革命委员会召开全市第一次知识青年上山下乡积极分子代表大会，有 476 人参加了会议。

（7 月）1 日，中共开封市委召开扩大会议，历时 7 天半。……会议还讨论了知识青年下乡工作问题并传达了中央及省委领导同志的讲话。

（《大事记·中华人民共和国》，第 173 页）

是月（12 月），设市知识青年上山下乡领导小组办公室、环境保护办公室和化学工业局；复设劳动局、房地产管理局、市场管理办公室及科学技术委员会。

（《大事记·中华人民共和国》，第 174 页）

（1974 年 12 月）12 日，开封市革命委员会召开开封市第二次知识青年上山下乡积极分子代表大会。出席正式代表 510 人，特邀代表 20 人，列席代表 170 余人。会上选出了出席省知识青年积极分子代表会议的代表。　（《大事记·中华人民共和国》，第 176 页）

（1975 年 1 月）5 日，开封市组成有 66 人参加的代表团，出席河南省上山下乡知识青年积极分子代表大会。　（《大事记·中华人民共和国》，第 176 页）

《开封市志（第三册）》

开封市地方志编纂委员会编，北京燕山出版社 1999 年

1963 年部分知识青年（简称知青）开始上山下乡。从 1964—1965 年 7 月，开封市动员知青 2 451 人，到正阳、息县插队。1968 年 10 月到 1969 年 1 月，知青上山下乡形成高潮，不论家庭有无困难，本人身体状况如何、中学毕业后一律都要下乡插队。1973 年开始对下乡对象根据家庭情况区别对待，部分留城。从 1963—1980 年，全市共下乡知青 54 975 人。1969—1981 年，招工和知青由农村返城（简称农回）21 495 人，留农场就业千余人。除少数知青在农村结婚安家落户外，基本上都陆续回城就业。

（第十四卷第四章《劳动力管理与保护》，第 698 页）

1981 年 6 月，撤销开封市知识青年上山下乡办公室，其业务并入市劳动局，局内增设知青科。　（第十四卷第四章《劳动力管理与保护》，第 700 页）

1966—1969 年，大批知识青年上山下乡，招工停止。1970—1978 年，每年都有数量不等的招工，对象主要是特困留城青年和下乡农回青年。……1979—1983 年，劳动就业工作逐

步走上了正轨,招收对象着重是上山下乡回城待业的知识青年和上年度的初、高中毕业生。

(第十四卷第四章《劳动力管理与保护》,第 703 页)

凡照顾招收(招工)对象必须具有本市户口、待业证及必要的证明,年龄为 17—25 周岁,属 1983 年前毕业的高、初中生。对于下乡回城青年,年龄可放宽到 28 周岁。

(第十四卷第四章《劳动力管理与保护》,第 705 页)

1979 年开封市共有待业青年 32 000 余人(全市待业人员 4 万余人),其中在城镇16 000余人,下乡 16 000 余人,待业率为 8.2%,就业任务相当繁重。为此,1980 年 9 月 12 日建立了开封市劳动服务公司。 (第十四卷第四章《劳动力管理与保护》,第 712 页)

这一年(1982 年),劳动服务公司系统计划安置待业青年 4 000 人,实际安置 4 885 人,为计划的122.12%,安置待业青年的总数达到了 8 164 人。

(第十四卷第四章《劳动力管理与保护》,第 712 页)

1984 年新建劳动服务公司 98 个,……其中安置待业青年 13 599 人。

(第十四卷第四章《劳动力管理与保护》,第 713 页)

知识青年上山下乡

知识青年上山下乡是从 50 年代开始的。当时,一方面是由于城市的迅速扩大和教育事业的滞后发展,陆续出现了一大批中、小学毕业生不能升学也不能就业;另一方面是农业合作化高潮中,农村需要大批有文化的知识青年支援。自 1955 年以后,中央曾连续发出指示,动员和组织城镇青年参加农村社会主义建设。根据上述精神,开封市于 1963 年春开始动员城镇知识青年上山下乡。

(一)1963—1965 年知青上山下乡

1962 年 11 月 22 日,中共中央、国务院在批转农林办公室《关于国营农、林、牧、渔场安置家居大、中城市精减职工和青年学生汇报会议的报告》中,提出把原来家居大中城市的多余劳动力转移到农业战线上去。据此,中共河南省委指示省内有关农、林、牧(国营)场到开封市招收全民农、林、牧工人。开封市于 1963 年 5 月成立了市安置城市知识青年下乡领导小组,下设办公室,并开始在全市区街动员家居城市吃商品粮的知识青年、退伍军人和社会闲散劳动力(包括高、初中、小学毕业生)到国营农林牧场就业。是年,共动员 400 多人到本省新安县、通许县、中牟县、兰考县、修武县、汲县、尉氏县、开封县、开封市郊区农、林、牧场当工人。

1964 年,中共河南省委要求开封市动员家居城市吃商品粮的知识青年、退伍军人和闲散劳力,以青年为主,兼顾有劳动能力的职工家属下乡插队。从 1964 年底至 1965 年 7 月,全市共动员中学毕业生、肄业生及部分小学生 2 451 人到正阳县、息县农村插队。主要采取集中联片安置的办法,编制青年小组,每组 7—8 人,在生产队里算一户,并由知识青年民主选举正副组长。还选派了 8 名干部带队。

1965 年,中共开封市委决定,在郊区水稻公社建立 1 个集体所有制的青年农场,安排大批青年就业。青年农场从 1965 年春节开始筹建,4 月份建成。是年,共安置知识青年 956 人。青年农场是按军事编制建场的,设总场及场部办公室,下辖桑园、双河铺、堤角、单寨 4 个分场(市内每 1 个区设 1 个分场),1 个分场安排知青 200 人左右。采用班、排、连编制。知青下乡第一年,由上级拨给每人每月 12 元生活费,一年后生活费由农场供给。这批知青下乡后,开荒种地,第一年种水稻亩产平均达 700 斤,达到粮食自足有余。"文化大革命"开始后,青年农场停办,除一部分有特殊困难的知青留城就业外,下余 813 人均下放到开封地区等农村插队。

(二)1966—1972 年知青上山下乡

1966 年下半年,开封市动员中学毕业生和社会青年 241 人(多系领导干部子女和学生骨干),于 10 月和 11 月分 4 批赴西藏建设兵团参加边疆建设。

1968 年下半年,在全市动员大批知青上山下乡。从 10 月至年底,以学校、区街为单位动员了 1966、1976 年的大部分高、初中毕业生(极少数留城就业)和社会青年,到开封地区所辖的开封县、荥阳县、新郑县、巩县、密县、登封县、尉氏县、通许县、杞县、兰考县、中牟县,周口地区的太康县、扶沟县、淮阳县、西华县、沈丘县、郸城县、项城县、鹿邑县、商水县,驻马店地区的新蔡县、汝南县、平舆县、泌阳县、上蔡县、西平县、遂平县、确山县的农村下乡。其中一部分到青年队、大部分到插队小组,并抽调 200 多名干部带队。

1968 年 12 月,开封市掀起动员知识青年上山下乡高潮。在政策上,对 1968 年的中学毕业生和 1966、1967 年应下未下的中学毕业生,不管本人条件、家庭情况如何,一律动员上山下乡。从 1968 年 10 月至 1969 年 1 月,全市共动员 15 361 名知识青年上山下乡,达到历史上的最高峰。1970 年底,城市开始招工,开封市各招工单位又到农村招收下乡知青回城就业。

1969 年底,在郊区水稻公社南北堤大队创办了 1 个青年队,安置了四五十名知青。他们改造了 200 亩沙窝茅草地,种植水稻,后被评为省、市先进单位。1970 年,在本市郊区创办了 72 个知青场队,在开封县办 10 个青年场队。同年 11 月 30 日,开封市革命委员会通知,撤销市安置知识青年下乡办公室,在开封市计划委员会内设安置小组,负责下乡工作。

1971 年春节后,开封市继续以学校、区街为单位动员 1969、1970 年的中学毕业生和社会青年 6 308 人下乡到郊区和开封县的 82 个知青场队,还有少部分知青到东郊公社的吴娘庄、前台、后台、十里铺、边村等大队插队。

1972 年 1 月 24 日,中共开封市委重新成立市知识青年上山下乡领导小组。是年又动员 1971 年的中学毕业生和社会青年 4 275 人下乡。

1973 年 3 月,中共开封市委召开全市第一次知识青年上山下乡积极分子代表大会,有 476 人参加。同年,又动员了 4 764 名知青下乡。年底,仅开封市郊区 8 个公社的下乡知青就有 1 万多人。

（三）1973—1977 年知青上山下乡

1973 年 10 月,成立开封市知识青年上山下乡办公室,内设秘书组、宣传动员组、带队干部组、安置管理组。

1974 年 5 月,开封市针对知青情况制定了身留和病留政策。规定独生子女、中国籍外国人子女、老红军子女及多子女的父母身边可留一个子女;患肺结核、高血压、心肺病、高度近视等 31 种疾病者通过评审允许留城（简称评留）,并发给评留证,作为就业证明。从 1973—1977 年共批准 15 506 人留城。同时,根据农回政策,对因身体问题不能在农村坚持劳动的知青办理农回手续,并发给农回证,作为就业证明。从 1974—1978 年,共为 7 816 名在乡知青办理了农回手续。

1974 年春,中共开封市委从各局委、各区抽调了 117 名中层以上领导干部,组成 17 个工作组,成立了整顿办公室,对 82 个知青场队进行全面整顿,充实了带队干部,健全了组织领导,加强了政治工作,兴办了工副业。还拨款 7 万元,补助困难队。同时,处理了迫害知青案件 23 起。是年,经中共开封市委研究决定,成立开封市知青工业办公室。从 1974 年开始,先后有 60% 的知青场队办起了小工业,每年由市财政拨出 15—20 万元作为无息贷款,利用大厂的边角余料和更新下来的设备,生产了近百种产品,年产值达 150—200 万元。所得利润除供知青生活费用外,每月还可给每个知青发 5—10 元的零用钱,经营好的场队每人每月可发 20 元。同时,在无条件办小工业的场队,组织知青进城做工,年进城做工人数达 4 000 多人。

根据河南省知识青年上山下乡办公室的统一安排,1974 年开封市仍以学校、区街为单位,动员 1973 年的中学毕业生和社会青年 4 912 人下乡到开封地区和商丘地区的 14 个县的青年队和插队小组。从 1975 年开始,由原来以学校、区街为单位动员下乡,改为厂社挂钩、知青对口下乡。带队干部对口选派,支援农业对口帮助。中共开封市委为加强对知青进行政治、文化、技术教育,从 1974 年底开始,每年投资近万元经费,购置政治、文化、技术书籍,发至各知青场队,供知青学习。1975 年夏,在银行、商业农场建立知青函授点,下半年开始在各场队相继办起了知青业余学习班。1976 年市知青办公室建立了中心图书室,在 10 个有条件的场队也建立了图书室,无条件的场队建立了流动图书箱。1977 年 4 月,会同市教育局、业余大学举办了知青辅导员学习班,为各场队培训了 400 多名辅导员,促进了业余教育工作的开展。同时,还为升学知青开办了辅导班,发给学习材料,帮助其复习。仅 1977 年就有 204 名知青考取了大、中专学校。

1975 年,对下乡两年以上的知青优先招工,是年招收 8 099 名回城就业。另外,从 1978 年起不再动员社会青年下乡。

（四）1978 年以后对知青的安置

1978 年底，开封市开始贯彻中共中央 1978 年 12 月 12 日发出的有关知青的文件及《国务院关于知青上山下乡若干问题试行意见》，对知青下乡政策作了进一步调整。对城市中学毕业生的分配实行 4 个面向（升学、上山下乡、支边、城市安排就业），缩小下乡范围，放宽留城政策。对家有兄妹两个以上下过乡的中学毕业生，不再动员下乡；对有安置就业条件的单位，其职工子女不再动员下乡。1979 年，仅动员 415 名知青下乡到郊区知青场队，按政策评留 5 682 人。同时，对年龄较大而又一时招不了工的知青，采用办农回手续，回城待业。仅 1979—1983 年就为 7 809 名知青办了农回证。

由于知青大批回城，1979 年、1981 年先后对郊区知青场队进行调整，保留了 20 个场队，其余撤销。1979 年在原来知青场队兴办小工业的基础上，对条件较好、领导力量较强的北郊社直一、二队，牛庄社直一队、鼓楼林场、二运公司农场、皮鞋厂农场和市政工程公司农场进行了重点扶持，为把知青场队办成就业基地奠定了基础。

开封市从 1981 年起不再动员知识青年上山下乡，并停办评留手续，主要采取大力办学和开办各种专业培训班安排就业。同时在郊区知青场队和市内有条件的单位，大办知青集体企业，为安排城镇知青就业开辟新途径。

1980—1983 年，共拨出知青安置经费 45.56 万元，在下乡对象中招收 936 名知青，开办了 7 个电视大学班，8 个就业前培训班进行就业前培训。学习 1—3 年，毕业后都及时安排了工作。

从 1981 年起，在知青场队兴办小工业的基础上，拨知青安置经费 63.82 万元，生产扶持资金 153.5 万元，办了 28 个知青工商集体企业，安排了 1 963 名知青就业。这些企业是在开封市知青办和挂钩单位的大力扶持下建立起来的。建立后，调入一批业务技术骨干，支援了一些设备，建立健全了各项规章制度，征购了土地，为一批在乡老知青办理了转集体固定工手续。本着因陋就简、拾遗补缺、为大厂服务、为市场服务、为人民生活服务的原则进行生产经营。

经过积极努力，全市新建起的知青集体企业 1981 年总产值 160 万元，获利润 17 万多元，到 1982 年，知青农工商企业总收入达 790 万元，利润 71.7 万元。其中工业总产值为 551.8 万多元，利润 63.23 万多元；商业营业额为 230 万多元，利润 10.4 万多元；农业收入 8 万多元。

（第十四卷第四章《劳动力管理与保护》，第 715—717 页）

《开封市志（第五册）》

开封市地方史志编纂委员会编，北京燕山出版社 2000 年

1973 年 3 月，开封市军管会被撤销，恢复开封市人民法院。1973 年 6 月成立开封市中级人民法院，五区成立人民法院，这以后到"文化大革命"结束。开封市两级人民法院的刑事审判

工作重点打击破坏知识青年上山下乡的犯罪。（第二十八卷第二章《刑事案件审判》,第 368 页）

随着"文化大革命"的开展,反革命分子和其他刑事犯罪分子借当时派性斗争之机破坏活动猖獗。……有的破坏知识青年上山下乡等。根据这一形势 1970 年 1 月在全国范围内开展一场打击反革命分子、反对贪污、盗窃、反对投机倒把、反对铺张浪费的"一打三反"运动。在这场运动中军管会在市革命委员会领导下,组织三个"战役",分三批共判处各种犯罪 116 件,201 人。其中,……破坏知识青年上山下乡、破坏生产等犯罪 15 人。

（第二十八卷第二章《刑事案件审判》,第 368 页）

对破坏知识青年上山下乡犯罪的刑事审判

1968 年以后,大批知识青年上山下乡,到农村去"接受贫下中农的再教育"。在知识青年上山下乡的热潮中,一些不法分子利用各种手段进行破坏活动。有的以法西斯手段残酷迫害知识青年,有的强奸、奸污女青年,有的教唆青年犯罪等,严重破坏了知识青年上山下乡的工作,残害了知识青年的身心健康。为此,中共中央先后发布了中发〔1970〕3 号、26 号、〔1973〕30 号、中发〔1978〕74 号等文件,要求加强社会主义法制,保护下乡知识青年的健康成长。对迫害下乡知识青年和强奸、奸污女青年等破坏知识青年上山下乡的犯罪活动做坚决斗争,坚决打击,依法惩办,对于罪大恶极,不杀不足以平民愤的,要举行公判,坚决杀掉。开封市军管会和开封市中级人民法院从 1968 年到文化大革命结束期间把破坏知识青年上山下乡犯罪作为大案要案来抓,给予了严厉的打击,先后判处破坏知识青年上山下乡案件 40 件。其中书写反动标语攻击上山下乡政策的 1 件,强奸、轮奸、奸污下乡女青年的 39 件,共判处 47 人,其中判处死刑的 2 人、死缓的 1 人,二十年以下、六年以上有期徒刑的 15 人,五年以下有期徒刑 23 人,免刑 2 人,有期徒刑缓刑的 4 人。

破坏知识青年上山下乡的犯罪中最为突出的是强奸、轮奸和奸污下乡女青年。1973 年 11 月 2 日,开封市中级人民法院在市人民体育场召开了由一万五千多人参加的宣判大会。依法判处奸污下乡女青年犯侯金生死刑,立即执行。侯犯利用贫宣队代表、新建队连长之职务,以叫入团、当骨干、早抽回城当工人为手段,对女知识青年×××、×××、×××进行了奸污,并对女知识青年×××、×××进行调戏,强奸未遂。侯犯犯罪后果严重,民愤极大,宣判后,广大知识青年满意,群众拥护。　　（第二十八卷第二章《刑事案件审判》,第 369 页）

《开封简志》

开封市地方史志编纂委员会编,河南人民出版社 1988 年

1981 年 6 月撤销开封市知识青年上山下乡办公室,业务并入劳动局管理,局设知青科。

（《经济篇·经济管理》,第 239—240 页）

1977 年底统计,全市有待业青年 33 000 人需要就业,成为建国以来第二个就业高峰。1979 年成立了开封市安置待业青年领导小组,下设办公室,负责待业青年的登记安置。

(《经济篇·经济管理》,第 241 页)

知识青年下乡及安置

知识青年(以下简称知青)上山下乡是在一定历史条件下发生和发展起来的。早在 1955 年,中央根据我国人口多、底子薄、就业难的国情,提出来作为解决就业问题的一种尝试。根据中央精神,开封市从 1963 年开始了这项工作。

从 1963 年 5 月到 1965 年共下了三批。第一批是下到本市郊区、开封县、尉氏县以及新安县等地的国营农、林场,共下 400 余人,这一批是作为全民工正式在这里就业的;第二批于 1964 年和 1965 年下到正阳、息县两个县,共下 2 451 人;第三批是于 1965 年的 4 月,下到本市水稻公社的青年农场近千人。这三批多数是知青。也有少量的复员退伍军人和社会上长期无固定工作的人员。

从 1966 年到 1973 年的上半年,上山下乡进入高潮。特别是 1968 年的 10 月到 1969 年的 1 月,短短 3 个月内就下乡 15 361 人,1966 年至 1968 年的三届高、初中毕业生几乎全部下到了农村。地点是开封、周口、驻马店 3 个地区的 28 个县。另外还有 241 人支援了西藏。这个期间,出现了"一刀切"的现象,在动员方式上采取了强制手段,主要是强迁户粮关系。1971 年以后始实行"评留"政策,情况才逐渐缓和。

1973 年到 1978 年,加强了此项工作的领导,政策和具体措施有所改进。一是对留城对象放宽了条件。1973 年规定独生子女和有 31 种疾病的知青以及加入中国籍的外国人子女,都可以留城。1978 年进一步放宽到父母双亡、归侨子女可以留城;家有两个子女以上的可以留城一个;同父异母或同母异父以及父母分居两地其子女也随之分居两地者,也可以留城一个。1979 年对计划生育好的也予以照顾。几年来,先后批准留城的共计 82 288 人。二是大抓了对下乡知青的政治、文化和技术教育。每年由市财政拨款近万元,购买大量书籍发到各知青场队去,并在各知青场队办业余学校。为知青提供升学条件和机会。还在 60% 以上的知青场队办工业,由市财政每年拨出 15—20 万元贷款给予支持。

从 1979 年到 1983 年,上山下乡的知青陆续允许回城就业。全市从 1963 年到 1980 年共计上山下乡 54 975 人,分三种情况陆续回城。第一种是通过历次下乡招工回城就业;第二种是针对下乡时间较长、年龄较大的知青允许先回城待业,然后通过招工陆续就业;第三种是把知青场队办成就业基地,知青原地就业。另在市内有条件的单位,也安置一部分知识青年。总之,除个别人在农村结婚安家落户外,至 1983 年底,绝大部分都先后回城通过各种方式安置了工作。

(《经济篇·经济管理》,第 249—250 页)

(1973 年)12 月开封宾馆改设接待处,设知识青年上山下乡领导小组办公室、劳动局、房

3337

地产管理局、化学工业局、市场管理办公室,成立科学技术委员会。

(《政治篇·政务机构》,第 298 页)

1980 年 10 月开封市第七届人民代表大会第一次会议根据全国五届人大会议决定,将开封市革命委员会改为开封市人民政府。……市政府所属机构为:办公室、人民防空委员会办公室、编制委员会、外事办公室、民族事务委员会、宗教事务处、侨务处、司法局、公安局、民政局、劳动局、知识青年上山下乡办公室……社队企业局等 54 个机构。

1981 年 6 月设立蔬菜联营公司,知识青年上山下乡办公室并入劳动局。

(《政治篇·政务机构》,第 299 页)

(1965 年)10 月,全市已有 1 300 多名知识青年分赴息县、正阳县和市郊青年农场落户。

(《大事记》,第 657 页)

(1968 年)8 月 22 日,市革委会召开动员知识青年"上山下乡"会议,掀起知识青年"上山下乡"高潮。

(《大事记》,第 657 页)

《开封市郊区志》

开封市郊区地方志编纂委员会编,(内部刊行)1999 年

(1957 年)7 月 20 日,郊区成立知青办公室,第一批接受下乡知青 27 人。

(《大事记》,第 15 页)

(1968 年)8 月,号召知识青年上山下乡,郊区建立一批知青新建队和插队落户知青学生。

(《大事记》,第 20 页)

郊区农民转为工人有临时工转为计划内的临时工、亦工亦农、占地工、乡镇企业工、复退军人和知青的安置。

(第十八篇第二章《劳动》,第 560 页)

《开封市南关区志》

开封市南关区地方史志编纂委员会,(内部刊行)1999 年

(1964 年)9 月—12 月中旬,动员组织知青、闲散劳力下乡插队。全区共动员 165 人。

其中投亲靠友的 14 户 46 人,返乡的 23 户 86 人,去正阳插队的 33 人。

(《大事记》,第 24 页)

(1965 年)6 月,南关区成立安置工作领导小组。全年共动员城市社会知识青年参加农业生产的 455 人,动员插队和返乡的群众 68 户 523 人,分别去正阳、息县的 220 人,去郊区南北堤和青年建设农场的 235 人,返乡或投亲靠友的 68 人。

(《大事记》,第 25 页)

1964—1976 年,以知识青年为主的大批劳动力上山下乡,暂时缓解了劳动就业问题。

(第六篇第二章《劳动》,第 196 页)

第三节　知识青年上山下乡

1963 年,党中央和毛泽东主席向全国城镇知识青年发出"面向工矿、面向农村、面向边疆"的号召。根据"以动员城市无业无学的知青为主,动员城市无固定职业闲散人员为辅"的原则,从 1964 年开始,在全区范围内有计划地组织动员城市知识青年和闲散社会劳动力参加社会主义新农村和林业建设。1964 年 9 月—12 月,全区组织 165 名知识青年和社会闲散人员下乡参加农业生产。其中,投亲靠友 14 户 46 人,返乡的 23 户 86 人,到正阳县 33 人。1965 年 6 月,南关区人民委员会成立安置工作领导小组,下设上山下乡办公室,并抽调专职干部进行具体工作。辖区全年组织 455 名知识青年参加农业生产,组织 68 户 523 名社会闲散人员下乡务农。其中,去正阳、息县的共 220 人,去郊区北堤和青年建设农场的 235 人,返乡或投亲靠友的 68 人。从 1966—1979 年,除符合规定身边留一个子女或因病留城的人员外,每年都有一批高、初中毕业生和社会闲散人员到农村插队落户。

"文化大革命"结束后,到农村去的知识青年和闲散人员相继回城。根据省委指示精神,把工作重点由动员上山下乡转向招收安排城市就业。对从农村返回的知识青年和下乡务农的闲散人员全部办理了回城手续,并对他们的工作作了适当的安排。

(第六篇第二章《劳动》,第 201 页)

《龙亭区志》

开封市龙亭区地方史志编纂委员会编,(内部刊行)1999 年

同月(1963 年 5 月),共青团区委动员全区知识青年下乡参加农业劳动,首批 49 名青年被批准到林场劳动。

(第一篇《大事记》,第 30 页)

同月(1964 年 10 月),首批安排社会知识青年、闲散劳动力下乡插队参加农业生产劳

动,批准奔赴正阳的知青 40 人。 （第一篇《大事记》,第 31 页）

是年,动员全区知识青年和社会闲散劳力下乡参加农业生产,共动员批准153 人。

（第一篇《大事记》,第 31 页）

(1966 年)1 月 25 日,动员城市知识青年下放农村劳动,市下达该区 250 名任务,截至 3 月 24 日,已动员 231 人,占 92.4％,其中男 110 人、女 121 人。（第一篇《大事记》,第 32 页）

(1981 年)12 月,撤销区知识青年上山下乡办公室。 （第一篇《大事记》,第 42 页）

第三节　知识青年上山下乡

知识青年(以下简称"知青")上山下乡是在一定历史条件下产生的教育和安排知识青年的一种形式。根据中央、省、市文件精神,本区知青上山下乡工作是从 1964 年开始,直至 1981 年结束的,据不完全统计,全区共下乡知青 2 486 人。

1964—1966 年,根据市委精神,该区成立"知青上山下乡领导小组"。1964 年 12 月,首届知青 61 人,到驻马店地区正阳县王勿桥公社黄庄大队插队落户。

1965 年 8 月,第一批知青 101 人到正阳县陆沟公社和铜中公社插队落户。1965 年,下到信阳地区息县的知青有 103 人。此外,1965 年有 70 名知青投亲靠友下乡落户。1965 年 10 月,到开封市郊牛庄公社插队的知青 24 人。1966 年到开封市郊水稻公社区知青农场劳动的有 43 名。1964～1966 年,全区共下乡知青共 412 人。

1968 年 12 月 22 日,毛泽东主席发表"知识青年到农村去接受贫下中农的再教育……"号召后,知青下乡运动走向高潮,截止到 1969 年 2 月,全区下乡知青达 493 人。

1975 年 8 月,该区遵照省、市委知青工作指示精神和 1974 年 1 月 12 日《人民日报》发表的湖南省株洲市厂社挂钩的知青工作经验,知青上山下乡实行对口下乡。龙亭区知青下乡对口是开封地区通许县。1975 年,知青下到通许县冯庄公社 49 人,下到通许县孙营公社 44 人,下到通许县朱砂公社 98 人。另外,返乡和投亲靠友的知青有 63 人。1975 年,为了适应形势发展和工作需要,区委决定,区成立"知青上山下乡办公室",统管知青上山下乡安置和管理工作。

1976 年,该区遵照省委(76)18 号文件精神,全区有应动员知青 341 人,截至 1977 年 3 月,已下乡知青 105 人,占应下乡 189 人的 55.6％。尚有应下未下知青、社青 84 人,占应下乡任务的 44.4％。1976 年知青下乡地点还是开封地区的通许县冯庄孙营、朱砂三个公社。

1977 年,该区遵照省委(77)20 号,市委(77)25 号和区委(77)19 号文件精神,全区应动员知青和社青共 346 人,截至 1977 年 12 月底,已下乡知青 109 人,尚有应下未下知青、社青 70 人,占总动员任务的 20.23％。占应下乡 179 人的 39.11％。1977 年,知青到通许县冯庄公社 29 人、孙营公社 21 人、朱砂公社 34 人。另外投亲靠友的 25 人。

1978 年,全区下乡对口地通许县、冯庄、孙营、朱砂三个公社、20 个青年农场、队、组有 240 名知青。其中有 49 人被评为各公社县、职代会代表,并有 1 名代队干部光荣出席了县积极代表会议。

1981 年,根据省、市委精神,上山下乡"知识青年"陆续收回安排工作。至年底,撤销大批知青点,此项工作告停。

1981 年 12 月 9 日,区委决定知青办公室与劳动人事科合并办公,有关知青办公室的一切工作均由劳动人事科办理。 (第十八篇第三章《劳动就业》,第 653—654 页)

《开封县志》

开封县志编纂委员会,中州古籍出版社 1992 年

(1959 年)11 月,县组织 3 525 名男女青年(两批),赴甘肃省平凉地区子午岭农垦区,支援边区社会主义建设。 (《大事记》,第 24 页)

(1969 年)1 月 5 日,县革委动员知识青年"上山下乡"、城镇居民及干部家属和部分中小学教师、机关干部下放回乡,简称"三下放"。 (《大事记》,第 30 页)

1970 年至 1972 年(招工)主要招收复员退伍军人、上山下乡知识青年和城镇待业者及工人子弟。1974 年至 1980 年重点招收上山下乡知识青年。

(第十九篇第二章《劳动》,第 499 页)

《开封市劳动志》

开封市劳动局编,河南人民出版社 1989 年

第九篇　知识青年上山下乡

知识青年上山下乡是早在 50 年代,根据我国人口多、底子薄、就业难的国情提出来的,是解决就业问题的一次尝试。当时,一方面是由于城市的迅速扩大和教育事业的迅猛发展,陆续出现了一大批中、小学毕业生不能升学也不能就业;另一方面是农业合作化高潮中,农村需要大批有文化的知识青年支援。正是这样,党和国家领导人毛泽东、刘少奇、邓小平同志,为在农村探索一条能够解决城镇知识青年就业的路子,曾作过一些调查和指示,自 1955

年以来,党中央曾连续发出指示,动员和组织城镇知识青年参加农村社会主义建设。根据上述精神,开封市于1963年春开始动员城镇知识青年上山下乡(以下简称知青)。

第一章　1962年至1965年的知识青年上山下乡工作

1962年11月22日,中共中央、国务院中发(1962)630号文件,批转农林办公室《关于国营农、林、牧、渔场安置家居大、中城市精减职工和青年学生汇报会议的报告》,把原来家居大、中城市的多余劳动力转移到农业战线上去。中共河南省委指示省内有关农林牧(国营)场到开封市招收全民农、林、牧工。据此,开封市于1963年5月成立了市安置城市知识青年下乡领导小组,市委副书记凌西平任组长,市人民政府秘书长桑海廷任副组长。领导小组成员有市民政局、劳动局、教育局、市总工会、市妇联、团市委等单位的领导组成。下设办公室,在市劳动局办公,由市劳动局局长铁森同志负责办公室工作。开始在全市区街动员家居城市吃商品粮的知识青年、退伍军人和社会闲散劳动力(包括高、初中、小学毕业生)到国营农林牧场就业。是年,共动员400多人,到河南省新安县、通许县、中牟县、兰考县、修武县、汲县、尉氏县、开封县、杏花营、开封市郊区农、林、牧场当工人。年底,市领导小组曾组织了慰问团,由领导小组成员带领,分别到各农林牧场慰问开封市下乡知识青年。

1964年7月,开封市安置城市知识青年下乡办公室(以下简称知青办),划归开封市人民政府直接领导,由王森同志任主任,并设专职干部十二、三人作具体工作。

1964年底,党中央、国务院发出《关于动员和组织城市知识青年参加农村社会主义建设的决定》及邓小平同志"安置城市知识青年下乡,要以插队为主"的指示,中共河南省委员会要求开封市动员家居城市吃商品粮的知识青年、退伍军人和闲散劳力,以青年为主,兼顾有劳动能力的职工家属下乡插队。1964年底、1965年7月开封市共动员中学毕业生、肄业生及部分小学毕业生2451人到正阳县、息县农村插队,主要采取集中联片安置的办法,编制青年小组,每组7至8人,在生产队里算1户,并由知识青年民主选举正副组长,同时,还选派了8名干部带队。

1965年,中共开封市委决定,在郊区水稻公社建立一个集体所有制的青年建设农场,安排大批青年就业。并决定由杨修同志任场长,段新民、李恒久任副场长,老红军李贵卿任顾问。同时还从各单位抽调70名干部带队。青年建设农场从1965年春节开始筹建,经过3个月的努力,于4月份建成。是年,共安置知识青年956人。

青年农场是按军事编制建场的,上边是总场,设场部办公室,下属桑园、双河铺、堤角、单寨4个分场(每个区设1个分场),1个分场安排知青200人左右,分场采取班、排、连编制。知青下乡的第一年,由上级拨给每人每月12元生活费,1年后生活费由农场供给。这批知青下乡后,开荒种地,第一年种水稻亩产平均达700斤,达到粮食自足有余。"文化大革命"

开始后,由于"左"的错误干扰,青年建设农场被迫停办,除一部分有特殊困难的知青留城外,下余813人均下放到开封等地区农村插队。

第二章 1966 年以后的知识青年上山下乡工作
第一节 1966 年至 1972 年的知识青年上山下乡工作

1966 年 9 月 10 日,中共中央、国务院指示:"动员知识青年上山下乡",中共河南省委员会下达动员支边任务,开封市动员中学毕业生和社会青年 241 人(多系领导干部子女和学生骨干),于 10 月和 11 月分四批赴西藏建设兵团参加边疆建设。

1968 年下半年,在全市动员大批知识青年上山下乡,从 10 月至年底,以学校、区街为单位动员了 1966 届、1967 届大部分高、初中毕业生(除极少数留城就业)和社会青年到开封地区(开封县、荥阳县、新郑县、巩县、密县、登封县、尉氏县、通许县、杞县、兰考县、中牟县);周口地区(太康县、扶沟县、淮阳县、西华县、沈丘县、郸城县、项城县、鹿邑县、商水县);驻马店地区(新蔡县、汝南县、平与县、泌阳县、上蔡县、西平县、遂平县、确山县)28 个县的农村下乡,其中:一部分到青年队,大部分到插队小组,并抽调二百多名干部带队。

1968 年 12 月,毛泽东同志发出"知识青年到农村去,接受贫下中农再教育,很有必要"的号召,开封市掀起了动员知识青年上山下乡高潮。在政策上,对 1968 届中学毕业生和 1966、1967 届应下未下的中学毕业生,不管本人条件,家庭情况如何,一律动员上山下乡。

从 1968 年 10 月至 1969 年 1 月,全市共动员 15 361 名知识青年上山下乡,达历史上的最高峰。1970 年底,城市开始招工,开封市招工单位又到农村招收下乡的知识青年回城就业。

1969 年底,在郊区水稻公社南北堤大队创办了一个青年队,安置了四、五十名知青,改造了 200 亩沙窝茅草地,种植水稻,该队曾被评为省、市先进单位。

1970 年,在本市郊区创办了 72 个知青场队,在开封县办了 10 个青年场队。同年 11 月 30 日,开封市革命委员会通知,撤销市安置知识青年下乡办公室,在开封市计划委员会内设安置小组,负责下乡工作。

1971 年春节后,开封市继续以学校、区街为单位动员 1969、1970 届中学毕业生和社会青年 6 308 人下乡到郊区、开封县的 82 个知青场队。还有一小部分知青到东郊公社的吴娘庄、前台、后台、十里铺、边村等大队插队。

1972 年 1 月 24 日,中共开封市委员会重新组成市知识青年上山下乡领导小组,由卢贤扬任组长,赵世荣、马德录任副组长,孙寿亭等八位同志为领导小组成员。2 月 21 日,开封市民政局成立,下设安置小组,专管上山下乡工作。是年又动员 1971 届中学毕业生和社会青年 4 275 人下乡。

1973年3月,中共开封市委员会,又重新调整了领导小组成员,由卢贤扬任组长,吕锡田、张文华、李健任副组长,孙寿亭等12位同志为领导小组成员。同时,召开了开封市第一次知识青年上山下乡积极分子代表大会,有476人参加了大会。会上表彰了先进,交流了经验。同年,又动员4764名知青下乡。年底,仅开封郊区8个公社的下乡知青达10000多人。

第二节　1973年至1977年的知识青年上山下乡工作

1973年10月20日,中共开封市委员会、开封市革命委员会召开了市知识青年上山下乡工作会议,贯彻国务院召开的全国知青工作会议精神,对统筹解决知青工作中的问题,进行了具体部署。

1973年10月,中共开封市委员会决定,由市委副书记张长江同志主管知青工作。在原市民政局安置小组的基础上于10月23日成立开封市知识青年上山下乡办公室。调王伯兴等五位同志组成领导小组,由王伯兴任主任(党的核心小组组长),张俊英、逯云青任副主任(党的核心小组副组长)。知青办公室由原来10人,增到25人,并设秘书组、宣教组、带队干部组、安置管理组。

1974年5月19日,制定了身留和病留政策,对独生子女、中国籍外国人子女、老红军子女及多子女的父母身边可留1个子女;患肺结核、高血压、心脏病、高度近视等31种疾病者进行评留,并发给评留证,作为就业证明,从1973年至1977年共批准15506人留城。同时,还制定了农回政策,对不能在农村坚持劳动的知青,按政策规定办理农回手续,并发给农回证,作为就业证明。从1974年至1978年为7816名在乡知青办理了农回手续。

1974年春,中共开封市委从各局委、区抽调了117名中层以上领导干部,组成17个工作组,成立了整顿办公室,对82个知青场队进行了全面整顿,充实了带队干部,健全了组织领导,加强了政治工作,兴办了工副业,拨款7万元,补助了困难队。同时,处理了迫害知识青年案件23起。

1974年,经中共开封市委常委研究决定,成立开封市知青工业办公室(在市知青办办公)。由开封市计划委员会主任赵甦任主任,市知青办副主任张俊英、郊区革委副主任王国一任副主任。并从有关局委抽调8名干部作具体工作。从1974年开始,先后有60%的知青场队办起了小工业,每年由市财政拨出15—20万元作为无息贷款,利用大厂的边角余料和更新下来的设备,生产了近百种产品,年产值达150—200万元。所得利润,除供知青生活费用外,每月还可给每个知青发5—10元的零用钱,经营好的场队每人每月可发20元。同时,在无条件办小工业的场队,组织知青进城做工,每年进城做工人数达4000多人。

1974年,根据河南省知识青年上山下乡办公室的统一安排,仍以学校、区街为单位动员1973届中学毕业生和社会青年4912人下乡到开封地区(兰考县、通许县、尉氏县、中牟县、新郑县、密县、登封县、杞县);商丘地区(民权县、宁陵县、睢县、商丘县、夏邑县、柘城县)14个县的青年队和插队小组。1974年7月,《人民日报》报导了株洲市厂社挂钩对口下放知识青年的经验后,开封市学习推广了株洲经验。从 1975 年开始,由原来以学校、区街为单位下放,改为学株洲,实行厂社挂钩,知青对口下,带队干部对口派,支援农业对口帮。

1974 年下半年,在各知青场队总结评比的基础上,开封市郊区各公社、开封县、开封郊区召开了知青积代会。开封市革命委员会于 1974 年 12 月召开了有 700 多人参加的开封市第二次知识青年上山下乡积极分子代表大会,自上而下的表彰奖励了先进,交流了工作经验。同时,还选出了 66 名出席省知青积代会的代表。并于 1975 年 1 月 5 日出席了河南省知识青年上山下乡积极分子代表会议。知青先进代表张巧玲在会上发了言。

加强对知青进行政治、文化、技术教育。从 1974 年底开始,每年拨近万元经费,购置大量政治、文化、技术书籍,发至各知青场队,供知青学习。1975 年夏,在银行农场、商业农场建立知青函授点,下半年开始在各场队相继办起了知青业余学习班。1976 年市知青办建立了中心图书室,同时,在 10 个有条件的场队建立了图书室,无条件的场队建立了流动图书箱。1974 年 4 月,会同市教育局、业余大学举办了知青辅导员学习班,为各场队培训了 400 多名辅导员,促进了业余教育工作的开展。同时,还为升学知青开办了辅导班,发给学习材料,帮助其复习,仅 1977 年就有 204 名知青考取了大学、中专。

对下乡 2 年以上的知青,实行优先招工的办法,仅 1975 年就招收 8 099 名知青回城就业。另外,从 1978 年起不再动员社会青年(未入过初中的青年)下乡。

第三节　1978 年以后的知青工作

1978 年底,开封市开始贯彻中共中央 1978 年 12 月 12 日发出的 74 号文件及《国务院关于知青上山下乡若干问题试行意见》,对知青下乡政策作了进一步的调整。对城市中学毕业生的分配,实行 4 个面向(升学、上山下乡、支边、城市安排就业),缩小下乡范围,放宽留城政策。对家有兄妹 2 个以上下过乡的中学毕业生,不再动员其他中学毕业生上山下乡;对有安置条件就业的单位,其职工子女,不再动员上山下乡。1979 年,仅动员 415 名知青下乡到郊区知青场队,按政策评留 5 682 人。同时,对在乡年龄较大而又一时招不了工的知青,采用办农回手续的办法,回城待业,仅 1979 年至 1983 年就为 7 809 名知青办理了农回证。

由于知青大批回城,根据开封市人民政府指示,1979 年、1981 年对郊区知青场队进行了调整,保留了 20 个场队,其余撤销。由市、郊区知青办、市财政局、市人民银行抽调干部,组成专门小组,对原知青场队的贫下中农代表和财产,均作了妥善处理。

1979 年,在原来场队兴办小工业的基础上,对条件较好,领导力量较强的北郊社直一队、二队、牛庄社直一队、鼓楼林场、二运公司农场、皮鞋厂农场、银行农场、市政农场进行了重点扶持,为把知青场队办成就业基地奠定了基础。

1980 年 8 月 7 日,国务院知青办发出《关于当前知识青年上山下乡的几点意见》,提出:"今后城镇中学毕业生的安排,总的指导思想,是从有利于解决劳动就业的原则出发,实行城乡统筹,把城乡两方面安排知识青年的工作,逐步统一起来。……能够作到不下乡的,可以不下乡,予以安排。"据此,开封市从 1981 年起,不再动员知识青年上山下乡,并停办评留手续。

历年来开封市知青上山下乡及评留情况见附表 2-3-1、2-3-2。

附表 2-3-1　开封市历年来知识青年上山下乡情况一览表

时　间	下乡人数	下乡地点	届　别	备考
1963 年	400 人	省内各国营农林场	各届中学毕业生、社青	
1964 年	2 451 人	信阳地区（正阳息县）	同　上	
1965 年	1 000 人	开封郊区青年农场	同　上	
1966 年	241 人	西藏建设兵团	应届中学毕业生、社青	
1968 年	15 361 人	开封、周口、驻马店地区	1966、1967、1968 届中学毕业生及社会青年	
1971 年	6 308 人	开封郊区、开封县	1969、1970 届中学毕业生及社会青年	
1972 年	4 275 人	开封郊区	1971 届中学毕业生、社青	
1973 年	4 764 人	开封郊区	1972 届中学毕业生、社青	
1974 年	4 912 人	开封、商丘地区	1973 届中学毕业生、社青	
1975 年	4 458 人	开封、商丘地区	1974 届中学毕业生、社青	
1976 年	3 411 人	开封、商丘地区	1975 届中学毕业生、社青	
1977 年	5 949 人	开封郊区	1976 届中学毕业生、社青	
1978 年	766 人	开封郊区	往届应下未下中学毕业生	
1979 年	452 人	开封郊区	本届中学毕业生	
1980 年	227 人	开封郊区	本届中学毕业生	
总　计	54 975 人			

附表 2-3-2　开封市历年来知识青年评留、农回情况一览表

时　间	评留人数	其中		农回人数	其中		备　考
		身留	病留		特困	病回	
1969 年	/	/	/	669	/	669	
1970 年	/				702		
1971 年	729	529	200	5 201	402	2 685	
1972 年	1 449	803	646		1 412		
1973 年	853	/	/	124	124		
1974 年	1 363	/	/	362	362		
1975 年	4 944	3 242	1 702	140	140		
1976 年	2 297	2 027	270	706	706		
1977 年	3 871	3 220	651	188	188		
1978 年	1 294	951	343	6 296	6 296		
1979 年	5 682	5 514	168	4 088	4 088		
1980 年	5 806	5 662	144	3 208	3 208		
1981 年	/	/	/	513	513		
总　计	28 288	21 948	4 124	21 495	18 141	3 354	

　　知青回城就业主要采取大力办学、开办各种专业培训班，经过培训，安排就业的办法。同时在郊区知青场队和市内有条件的单位，大办知青集体企业，为安排城镇知青就业，开辟新的途径。

　　1980 年至 1983 年，共拨出知识青年安置经费 455 600 元，在下乡对象中招收 936 名知

青,开办 7 个电视大学班,8 个就业前培训班,对其进行就业前培训。学习时间 1 至 3 年,毕业后都及时安排了工作。家长、知青、招工单位都比较满意。像托幼班,全部招收女知青,均按全民指标分配了工作,既解决了女青年就业难的矛盾,又解决了保教人员青黄不接的问题。其中表现好、业务能力强的已转为教师。教育局财会班的知青,全部分配到各中学担任会计、出纳,缓和了各中学财会人员紧缺的矛盾。知青各电视大学班毕业的 100 多名知青,均按大专毕业生分配到各工厂、学校、机关担任技术、教师、行政工作。另外,火柴厂、内衣厂、毛纺织总厂、一轻局、二商局等单位举办的就业前培训班,经过专业训练,就业后都能很快适应工作,在岗位上发挥积极作用。

开封市知识青年就业前培训情况,见附表 2-3-3、4。

附表 2-3-3　1980 年开封市知青办公室举办知青电视大学班情况一览表

名　称	招生人数	拨经费数（万元）	专　业	学制	分　配　去　向	备　考
黄校班	59 人	4.72	电子	3 年	全市各企、事业单位	其中:1 人被淘汰,1 人未达毕业水平
重工班	28 人	1.68	电子	3 年	同　上	其中:1 人未达毕业水平
建委班	18 人	1.08	机械	3 年	同　上	其中:1 人被中途淘汰
教育班	24 人	1.44	机械	3 年	同　上	其中:4 人被中途淘汰
财贸班	21 人	1.26	电子	3 年	同　上	其中:2 人被中途淘汰
化肥班	9 人	0.54	机械电子	3 年	同　上	/
轻工班	11 人	0.66	机械电子	3 年	同　上	其中:1 人中途停学
总计	170 人	11.38				

注:财贸班因条件差,中途停办,学员分别到其他班。

附表 2-3-4　1979 年至 1980 年开封市举办知青就业前培训班情况一览表

名　称	招生人数	拨经费数（万元）	专　业	学制	分配去向	办班时间	备考
市托幼班	213 人	12.14	幼儿教育	2 年	全市各系统	1979—1981 年	
一轻班	136 人	5.44	轻纺	1 年	本系统	1981 年	
二商班	235 人	9.4	商业会计	1 年	本系统	1981 年	
火柴厂班	55 人	2.2	火柴	1 年	本系统	1981 年	
内衣厂班	32 人	1.28	针织	1 年	本系统	1981 年	
毛纺总厂班	32 人	1.28	毛纺	1 年	本系统	1981 年	
烟厂班	21 人	0.84	卷烟	1 年	本系统	1981 年	
教育财会班	42 人	1.6	财会	1 年	各中学	1981 年	
总　计	766 人	34.18					

1981 年 6 月 10 日,开封市知识青年上山下乡办公室,并入开封市劳动局。对外保留开封市知青办名义,对内为劳动局的知青管理科。

从 1981 年起,在知青场队兴办小工业的基础上,拨知青安置经费 638 200 元,生产扶持资金 1 535 000 元,办起了 28 个知青工商集体企业,安排了 1 963 名知青就业。1981 年以来开封市知青就业情况,见附表 2-3-5。

附表 2-3-5　开封市一九八〇年以来建立知青工商集体企业情况一览表

企业名称	安置待业人数	拨安置经费数（万元）	拨生产扶持资金数（万元）	拨木材数（立方）	经营项目	备　考
空分板焊机械厂	166 人	4.98	8	108	机械加工	
阀门弹簧厂	158 人	4.74	18	105	弹　簧	
二运知青绒线厂	442 人	13.26	16	82	绒线、毛织品	
二运知青汽车队	65 人	2.6	9	146	运　输	
皮鞋厂农场	62 人	2.48	15	66	皮　鞋	
市政农场	96 人	3.84	10	63	养鱼预制构件	
市建钢窗厂	262 人	7.86	5	51	钢窗、预制构件	
科技知青印刷厂	52 人	1.56	5	3	印刷品	
知青豆制品厂	15 人	0.45	5.5	4	豆制品、汽水	
鼓楼林场	60 人	2.4	8	13	真菌、热合衬	
知青模具厂	60 人	1.8	3	8.24	缝纫机模具	
知青服装厂	80 人	2.4	10	14	服　装	
小汪屯青年队	62 人	1.86	2.5	/	纸　盒	
市供销社知青联营公司	220 人	6.6	1.5	5.6	商　业	建立七个商业点
禹王台知青门市部	3 人	0.09	/	3.5	百货、副食品	
百货知青门市部	20 人	0.6	3	/	百　货	
拖电知青门市部	40 人	1.2	2.5	/	电器、百货、交电	
银行印刷厂	30 人	1.8	11	/	印刷员	
知青电表厂	20 人	1.8	20.5	2.2	电　表	
龙亭公园知青食堂	20 人	0.6	/	/	食堂、绿化	
搪瓷厂门市部	30 人	0.9	/	/	食堂、搪瓷	
总　计	1 963	63.82	153.5	674.54		

这些企业是在开封市知青办和挂钩单位的大力扶持下建立起来的。建立后,首先整顿建立健全了领导班子,主办单位任命了书记、厂长、经理,并调入一批业务、技术骨干;支援了一些设备;建立健全了各项规章制度;实行了按劳分配原则;征购了土地;为一批在乡老知青办理了转集体固定工手续。并本着因陋就简,拾遗补缺,为大厂服务,为市场服务,为人民生活服务的原则进行生产经营。如空分厂知青机械加工厂,1981 年建成集体企业后,40 名在乡老知青转为正式集体固定工,空分厂派去 3 名技术干部、20 余名老技工,拨给 1.25 米立车 1 台,C620 车床 1 台,C618 车床 2 台,自动焊机 2 台,盖了新厂房,由原来搞维修、加工到生产化工大型反应罐、压力容器,还能承担安装冷库和大型防雨棚。到 1982 年产值达 400 000 元,创利润 127 800 元,知青平均月收入 60 元左右。阀门厂知青弹簧厂转为集体企业后,厂里派去了工程师,支援了近 20 台各种型号车床,建起冲天炉、电炉,能生产弹簧、安全阀、铜螺母,铸造出的铜螺母专供阀门厂用,其他产品远销 11 个省,弥补了市场不足,知青月平均收入达 70 元左右。二运公司为了解决女知青的就业问题,1981 年拨款 300 000 元,在原奶牛场的基础上建起了知青绒线厂,当年建成投产,安排 108 名知青就业,创年产值 375 000

元,利润 30 000 多元。1981 年仅建立了染整车间,1982 年相继建起了横机、驼绒、净布三个车间,先后共招收 442 名知识青年。

经过积极努力,全市新建起的知青集体企业 1981 年总产值达 1 600 000 元,获利润 170 000 多元,到 1982 年知青农工商总收入达 7 900 000 元,利润 717 000 元。其中:工业总产值为 5 518 000 多元,利润 632 300 多元;商业营业额为 2 300 000 多元,利润 104 000 多元;农业收入 80 000 多元。由于知青集体企业的建立与发展,已为安排知青就业开辟了新的途径。

历年来省知青办拨给开封市知青经费情况,见附表 2-3-6。

附表 2-3-6　1967 年—1983 年省拨给开封市知青经费一览表　　　　单位:元

时间 项目	省拨给经费数	其　中			备考
		安　置　费	业　务　费	扶持资金	
1967 年	14 000				
1968 年至 1972 年	3 873 000	3 873 000			
1973 年	2 300 000	2 300 000			
1974 年	200 000	200 000			
1975 年	420 000	420 000			
1976 年	484 000	440 000	44 000		
1977 年	1 395 000	1 340 000	55 000		
1978 年	601 000	546 000	55 000		
1979 年	672 000	397 000	80 000	195 000	
1980 年	1 950 000	1 500 000	50 000	400 000	
1981 年	150 000	100 000	50 000		
1982 年	960 000		50 000		
1983 年	380 000		50 000		
合　计	1 340 800	1 116 000	434 000	595 000	

（第九篇《知识青年上山下乡》,第 428—441 页）

《平顶山市志》

平顶山市地方史志编纂委员会编,河南人民出版社 1994 年

(1968 年)11 月,知识青年开始上山下乡。当年下乡两批共 615 人。此后,每年下乡一次。到 1981 年 10 月,先后有 14 批初高中毕业生和城镇知识青年 21 242 人(含 1978 年下矿的 2 299 人)上山下乡,分别到郾城、临颍、鲁山、叶县、宝丰、社旗、方城和市郊农村插队落户。1981 年后下乡"知青"绝大部分返城就业。　　　　　　（《大事记》,第 46—47 页）

1981 年后,按国家政策陆续安排城镇下乡知识青年回城就业。

(第十六篇《劳动人事》,第 402 页)

1967—1970 年招工 1 250 人,主要是城镇上山下乡知识青年、按政策留城的知识青年和部分复员退伍军人。

(第十六篇第一章《劳动力管理》,第 403 页)

1979—1986 年,职工全员培训达 35 万余人次,扫除青壮年文盲 13.6 万人,回乡知识青年实用技术培训达 13 万余人。

(第五十一篇《教育》,第 1100 页)

《平顶山市志(1987—1995)》

河南省平顶山市志编纂委员会编,方志出版社 1999 年

1981 年后,按国家政策陆续安排了下乡知识青年回城就业。

(《劳动和社会保障》,第 597 页)

《平顶山市郊区志》

平顶山市郊区志编纂委员会编,中州古籍出版社 1995 年

(1969 年)3 月 12 日,郊区接收第一批城市知识青年 240 人到农村插队落户。

(《大事记》,第 19 页)

(1974 年)4 月 3 日,根据市委指示,区委建立生产指挥办公室、秘书、计委、信访、行政、农林、水利、财税、农机电管理、民劳、蔬菜、文教、卫生、计划生育、知青办、供销社等 16 个委、办、科、室。

(《大事记》,第 21 页)

知青安置

郊区于 1969 年 3 月 12 日开始接收城市下乡知识青年,第一批 240 人。最初均以插队落户形式安置。后逐步建起 25 个知青新建队(其中:东高皇公社 8 个、北渡公社 7 个、焦店公社 5 个、薛庄公社 4 个、南顾庄公社 1 个),涉及到 90 个大队(其中东高皇 25 个、北渡 22 个、焦店 20 个、薛庄 22 个、南顾庄 7 个),大部分下乡知青安置在青年队,小部分以知青组、插队落户等形式安置。至 1980 年底,共接收安置下乡知青 13 142 人,知青队占地 3 789 亩。上级和社队抽调管理人员 635 人,其中:国家干部 75 人(国家干部采取轮换带队形式),带队干部 310 人,共计 385 人;另外还选派富有生产技术的老农 250 人。各青建队与社会上的

一、两个行政单位、厂矿挂钩合作,以求帮助解决思想和生活方面的实际问题。1971 年至1979 年间,用于知青安置工作的财政拨款共 564.7 万元,其中建房费用 223.9 万元。1981 年知识青年下乡活动停止,在乡知青分别以招工、招生、招兵、病退等原因全部回城。

1969—1980 年郊区接收安置下乡知青情况统计

项目 年份	接收安置 知青数(人)	安置经费 (元)	管理人员	
			干部(人)	老农(人)
1969	240	—	—	—
1970	—	—	—	—
1971	2 243	403 370	—	—
1972	452	302 570	—	—
1973	2 989	1 060 333	50	250
1974	2 974	1 441 418	—	—
1975	136	243 967	—	—
1976	2 840	86 533	92	—
1977	1 164	1 263 380	108	—
1978	63	31 500	80	—
1979	7	350	55	—
1980	34	—	—	—
合　计	13 142	5 647 171	385	250

(第十九篇第六章《劳动工资》,第 258—259 页)

1980 年以前,实行"推荐"招工办法,区劳动部门按照上级劳动部门下达的招工指标,同招工单位制定分配方案,由被招工所在社、队,根据下乡知识青年下乡早晚及表现,择优推荐,经劳动部门批准录用。1980 年开始公开招工,由劳动部门拟出招工简章,通过文化考核、政审、体检等程序,择优录用。　　　　　(第十九篇第六章《劳动工资》,第 259 页)

《新华区志》

平顶山市新华区地方史志编委会编,中州古籍出版社 1993 年

(1968 年)11 月,全市第一批知识青年上山下乡。　　　　　　(《大事记》,第 14 页)

(1974 年)2 月 5 日,中心区革委会撤销原属革委会的各职能小组,设置科室。设有办公

室(和区委办公室合署办公)、文教科、卫生科、民政劳动科、财政税务科、工商管理科、知识青年上山下乡办公室、计划生育委员会。 (《大事记》,第 18 页)

(1978 年)12 月 11 日,平顶山市郊区红旗公社李庄大队(包括大李庄、小李庄、邵庄、滕庄、知识青年点)划归新华区领导。 (《大事记》,第 21 页)

1979 年以前,待业青年由知识青年上山下乡办公室管理。1979 年 7 月,区劳动服务公司成立,负责待业青年的就业前培训和工作安置。 (第十九章《劳动人事》,第 301 页)

《卫东区志》

平顶山市卫东区地方史志编委会编,中州古籍出版社 1991 年

(1974 年)2 月 5 日,中心区革命委员会办事机构进行调整,撤销原各职能小组,设置科室。主要有办公室、文教科、卫生科、民事劳动科、财政税务科、工商市场管理科、知识青年上山下乡办公室、计划生育委员会、复员退伍军人安置领导小组。 (《大事记》,第 16 页)

本年(1978 年),区知识青年上山下乡办公室开始接收"文化大革命"中上山下乡的返城知识青年。至 1979 年末,全部安置完毕。 (《大事记》,第 19 页)

《舞钢市志》

舞钢市地方史志编纂委员会编,中州古籍出版社 1993 年

(1965 年)8 月 26 日,漯河市第一批知识青年下放到境内农村安家落户。到 1970 年 8 月,5 年中下放知识青年 1 379 人。 (《大事记》,第 31 页)

知识青年安置。 1973 年 3 月,成立平舞工区市政建设处知识青年上山下乡领导小组。1974 年 12 月,成立舞阳工区办事处知识青年上山下乡办公室。1982 年与区劳动局合并。

知识青年上山下乡的政策是:城镇中学毕业生,除病残不能参加农业劳动的、独生子女、多子女身边只有一个子女的,中国籍的外国人的子女不动员下乡外,其余都要上山下乡,接受锻炼。1979 年又规定,凡只有两个子女并保证不再生育的,其子女不作为下乡对象。1974 年舞阳工区下放知青安置经费标准是,跨地区下放的每人 510 元,本地区内下放的每人 490 元。1979 年知青下放安置费提高到 600 元。

知识青年上山下乡从 1963 年开始。1968 年,漯河市知青 1 024 名下放到境内。1974 年 5 月,舞阳工区首批 1 266 名知青下放到农村。1976 年底,在乡知青 3 224 人。从 1980 年起不再组织知青下乡,在乡知青陆续回城。到 1982 年底,在乡知青全部回城就业或待业。

(第八卷《行政事务·劳动人事》,第 293 页)

《平顶山市戏曲志》
周斌主编,文化艺术出版社 1991 年

(1973 年)冬,京剧演员浩亮到郏县"广阔天地大有作为"人民公社,给在该公社劳动的知识青年送来江青的信"坚持乡村的伟大胜利"。(《图表·大事年表》,第 22 页)

《洛阳市志(第 1 卷)》
洛阳市地方史志编纂委员会编,中州古籍出版社 2002 年

(1966 年 10 月)25 日,260 名知识青年离洛赴西藏支援边疆建设。

(《大事记·中华人民共和国》,第 422 页)

(1968 年 8 月)17 日,市革委举行有线广播大会,要求高中毕业学生除个别留城分配外,绝大多数都要上山下乡,接受贫下中农再教育。 (《大事记·中华人民共和国》,第 427 页)

(9 月)20 日,洛阳市革命委员会在东方红广场举行有 10 万人参加的欢送知识青年上山下乡大会。10 月 15 日又召开相同规模的上山下乡青年欢送会。12 月 26 日洛阳市又召开 20 万人参加的落实毛主席关于"知识青年到农村去,接受贫下中农再教育"指示大会。自此,全市掀起知识青年上山下乡高潮。 (《大事记·中华人民共和国》,第 428 页)

(1970 年 11 月)洛阳市从工矿企业中选派 100 余名有一定的文化程度和丰富实践经验的工人到中小学做专职教师。并从当年转业军人中和劳动两年以上的上山下乡知识青年各抽调 250 人为教师。 (《大事记·中华人民共和国》,第 434 页)

(1971 年 2 月)18 日,《河南日报》报道,从 2 月 9 日以来,洛阳市已有 8 000 名应届初中毕业生奔赴农村安家落户。 (《大事记·中华人民共和国》,第 435 页)

(1973 年 7 月)17 日,市委在《关于知识青年上山下乡工作情况报告》中指出:几年来,全

市有 2.9 万名知青上山下乡,其中 128 名入党,3 317 名入团,1 387 名出席省、地、市、县积极分子代表会,有 2 000 人被选进社、队领导班子。　（《大事记·中华人民共和国》,第 440 页）

(1980 年 8 月)28 日,市革委决定今后不再动员知识青年上山下乡,由各单位开办农工商联合企业安置本单位或本系统的知识青年。1963 年以来,洛阳市上山下乡知青总数为 55 000 余人。　　　　　　　　　　　　　　　（《大事记·中华人民共和国》,第 461 页）

《洛阳市志(第 4 卷)》

洛阳市地方史志编纂委员会编,中州古籍出版社 2001 年

从 9 月起,运动的重点转向下放干部和动员知识青年上山下乡。到 1969 年 1 月 8 日,全市共上山下乡知识青年 18 142 名。

（第 10 篇第一章《中国共产党洛阳地方组织》,第 36 页）

仅在当年(1973 年,市革委)就撤销了农林水利局……又成立了外事办公室、科学技术委员会、劳动局、知识青年上山下乡安置办公室、广播事业管理局等直属机构。

（第 10 篇第三章《人民政府》,第 369 页）

动员组织知识青年上山下乡　1968 年 9 月,市革委组织 10 余万名群众夹道欢送 380 余名城市知识青年到宜阳等地插队落户。这是市革委首次组织知青下乡。毛泽东主席关于"知识青年到农村去,接受贫下中农的再教育,很有必要"的指示发表后,市革委立即动员组织近 2 万名知识青年上山下乡。到 1978 年 3 月,全市共有 6 万余名知识青年上山下乡。1978 年 12 月,市革委决定,城市知识青年"多留城少下乡",并从当年起,对下乡知青进行回城安置。动员、组织知识青年上山下乡,锻炼了知青,密切了城乡关系,加强了工农联盟,加快了农业发展。据 1973 年 7 月的统计,全市 2.9 万名上山下乡知识青年中,128 名入了党,3 317 名入了团,1 387 名出席了省、地、市县积极分子代表大会,有 2 000 人被选进了社、队领导班子。但大批知识青年失去在学校接受正规教育的机会,造成人才断层,给全市现代化长远建设带来了困难,也使知识青年家长和部分农民加重了负担。　（第 10 篇第三章《人民政府》,第 391 页）

《洛阳市志(第 11 卷)》

洛阳市地方史志编纂委员会编,中州古籍出版社 1998 年

1979 年 3 月,根据中共中央〔1978〕76 号文件规定,洛阳市对留城、下乡的城市青年进行

一次"规划性"劳动力资源调查。据统计,市区留城青年9 573人,……市区在乡青年18 325人,其中在郊区的9 954人,在洛阳地区各县的8 144人,在其他地区的227人。

(第28篇第一章《劳动就业》,第102页)

1969年,市革命委员会规定:全民所有制单位招工,一律从农村招收,集体所有制单位招工,可以在城市招收。并规定"四不准",即应届中学毕业生不准招;符合上山下乡条件的社会青年不准招;在校学生和中途退学的不准招;做临时工的不准招。当年全民所有制单位从农村招收农民6 852人。私招乱招443人,主要是来自上海、北京、天津、安徽、开封、郑州、平顶山等地的上山下乡对象。……1971年,洛阳市开始招收上山下乡满2年以上的城市知识青年和返乡青年。……1972年,河南省下达给洛阳市招工指标6 702人,招工对象包括上山下乡满2年以上的知识青年……1973年市劳动局恢复建制后,重新调整了招工办法,……招工对象为:全民所有制企业招收下乡满2年以上的城市上山下乡知识青年;集体所有制企业招收按政策批准留城的青年和下乡的知识青年,按3%—5%的比例招收农村返乡青年。

(第28篇第一章《劳动就业》,第107—108页)

动员城市知识青年上山下乡,是在特定的历史条件下所采取的一种安置措施。洛阳市的这项工作开始于1963年。是年,动员市区社会青年参加山区农、林、牧业生产建设。首批上山下乡青年642人,为省分配市区下乡安置任务的107%。安置地区有嵩县、卢氏等11个县和市郊区。安置到农场5人,林场569人,牧场37人,园艺场31人。女青年占40.6%。1964年,根据中共中央、国务院《动员和组织城市青年参加农村社会主义建设的决议》,洛阳市组织动员城市青年和社会闲散劳动力663人安置到宜阳赵堡、洛宁长水、渑池笃忠三个公社。1966年5月,洛阳市动员市区知识青年支援边疆建设。省分配名额195人,实际动员支边198人,超省分配任务的1.5%,被安置到西藏建设兵团。

"文化大革命"中,洛阳市上山下乡知识青年安置的人数不断增加。1968年9月,根据《全国中学毕业生分配工作会议纪要》,1966年、1967年的两届中学毕业生分配实行支农、支工、支边、升学"四个面向"。洛阳市两届中学毕业生共10 336人,支农(上山下乡)5 775人,占55.87%;支工(招工)2 000人,占19.35%;初中升高中2 561人,占24.8%。12月22日,《人民日报》发表毛泽东"知识青年到农村去,接受贫下中农再教育,很有必要"的讲话。市革命委员会12月28日在东方红广场(现西工体育场)召开20万军民动员上山下乡誓师大会。河南省革命委员会副主任纪登奎到会作动员。市区掀起城市知识青年上山下乡高潮。到年底实际上山下乡知青1 757人,其中投亲靠友110人,家居农村的中学毕业生返乡164人,回原籍农村的中学毕业生443人,安置到许昌地区606人,洛阳地区405人,市郊区29人。1969年1月8日,在东方红广场召开20万军民欢送上山下乡知识青年、机关干部、学校教师大会。至年底市区共动员上山下乡22 536人,其中中学毕业生16 028人(含返乡中学毕业生 9 248 人),社会青年 1 578 人,机关干部 2 757 人(市直机关干部 604 人),学校教师 2 173 人。1972 年,洛阳市革命委员会规定,城市区动员上山下乡的重点对象是:应届高中毕业生,往届中学毕业生,年满 16 周岁的初中毕业生及社会青年。全年共动员上山下乡 4 473 人,全部安置在市郊区及孟津县。1973 年,洛阳市规定市区动员上山下乡对象为:应届高中毕业生,1957 年 1 月 17 日以前出生的初中毕业生,年满 16 周岁的往届初中毕业生和中途退学的中学生以及社会青年。安置地区为临汝、渑池等 8 个县。1974 年,根据周恩来总理的指示,规定了动员知青上山下乡,父母身边可以留一名子女和按政策留城的界限,从而改变了以往"连锅端"的上山下乡政策。当年洛阳市动员上山下乡知青 3 804 人,为上年度的 74.6%。安置地区调整到南阳地区的方城、社旗等 5 个县。1975 年,洛阳市革命委员会决定:动员城市知识青年上山下乡,实行归口动员的办法,即对口动员,对口管理教育,对口安置支援地区农业生产,对口派带队干部下乡。划定 11 个县与市区 40 个大厂和部门对口安置。安置原则为父母一方有工作,其子女随工作单位下乡安置;父母双方均有工作,其子女可自选一方单位下乡;无父母的知青,可随其哥或姐工作单位下乡;家中无人工作或父母在外地工作的知青,随所在地区、街道上山下乡。当年安置上山下乡知青 10 733 人。1976 年,洛阳市动员上山下乡的知识青年年龄改为 17 周岁。同时缩小归口安置地区,由 10 个县调整为 7 个县。

"文化大革命"结束后,城市知识青年上山下乡安置措施逐步被放弃。1979 年,洛阳市规定:从当年起,中学毕业生应放宽留城面,缩小下乡面,驻在郊区的单位、厂矿企业的职工子女和驻洛解放军随军家属子女及市区河南柴油机厂、棉纺织厂的职工子女不再动员上山下乡,由单位安置。1980 年上半年,洛阳市又批准 43 个市区单位的职工子女 8 900 余人不再动员上山下乡,也可按自愿原则由单位安置到郊区集体场、队,不转户、粮关系。8 月 28 日,市政府决定:市区今后不再动员知识青年上山下乡,由各单位开办农工商联合企业安置本单位或本系统的知识青年。至此结束了市区动员青年上山下乡安置工作。

1963—1980 年洛阳市区上山下乡知青人数与安置地区

年份	下乡人数	主 要 安 置 地 区(县、区)
1963	412	洛宁林场、牧场,新安县林场,宜阳县林场,偃师县林场,汝阳县林场,嵩县牧场,伊川县园艺场,孟津县农场,郊区林场,陕县林场,卢氏县牧场,灵宝县林场、牧场
1964	368	宜阳县赵堡,洛宁县长水,渑池县笃忠
1965	295	宜阳县赵堡,洛宁县长水
1966	198	西藏建设兵团
1968	1 757	新安县、偃师县、孟津县、伊川县、宜阳县、洛宁县、许昌县、鄢陵县、长葛县、临颍县、禹县、临汝县、渑池县、灵宝县、洛阳市郊区

年份	下乡人数	主 要 安 置 地 区（县、区）
1969	22 536	新安县、偃师县、孟津县、伊川县、宜阳县、汝阳县、嵩县、洛宁县、洛阳市郊区、灵宝县、渑池县
1971	8 046	新安县、偃师县、孟津县、伊川县、宜阳县、汝阳县、嵩县、洛宁县、洛阳市郊区、灵宝县、渑池县
1972	4 473	孟津县、洛阳市郊区
1973	5 096	新安县、偃师县、汝阳县、伊川县、嵩县、洛宁县、临汝县、渑池县
1974	3 804	邓县、唐河县、方城县、社旗县、孟津县、洛阳市郊区和各大厂在洛阳地区建立的知青农场
1975	10 733	新安县、偃师县、宜阳县、汝阳县、洛宁县、孟津县、临汝县、渑池县、洛阳市郊区
1976	6 809	孟津县、洛阳市郊区
1977	677	新安县、偃师县、伊川县、宜阳县、洛宁县、孟津县、洛阳市郊区、临汝县
1978	381	洛宁县、孟津县、洛阳市郊区
1979	181	洛阳市郊区知青集体场队
1980	375	洛阳市郊区知青集体场队
总计	55 199	

70 年代初洛阳市工矿企业在孟津县、郊区建立的知青农场

单　位	建　场　地　址	1972 年安置知青数
洛阳矿山机器厂	孟津县老城公社老城大队	30
洛阳铜加工厂	洛阳市郊区古城公社青杨屯大队	239
洛阳玻璃厂	孟津县老城公社邮西大队	70
洛阳耐火材料厂	洛阳市郊区辛店公社大营大队	75
洛阳机车工厂	洛阳市郊区白马寺公社杨湾大队	104
洛阳河南柴油机厂	偃师县寇店公社辛店大队	120
洛阳棉纺织厂	洛阳市郊区古城公社焦屯大队	78
中建 103 指挥部	洛阳市郊区龙门公社草村大队	300
洛阳地区建筑公司	洛阳市郊区辛店公社辛店大队	220
洛阳市园林处	洛阳市郊区兴隆寨大队	153
洛阳市"五·七"干校	洛阳市郊区辛店公社白营大队	162

1971—1983 年洛阳市区批准下乡返迁、留城知青统计表

年 份	批 准 留 城 知 青			批准下乡知青返迁
	合 计	其 中		
		按政策留城	病残留城	
1971		—	664	—
1972	850	—	850	289
1973	901	271	630	306
1974	1 246	562	684	167
1975	6 688	4 563	2 125	594
1976	2 521	1 554	967	177
1977	3 752	2 659	1 093	170
1978	1 147	993	154	120
1979	9 491	9 395	96	184
1980	13 306	13 306	—	—
1981	222	222	—	—
1982	—	5 718	—	—
1983	—	56	—	—
合计	40 122	33 523	6 599	8 445

(第 28 篇第一章《劳动就业》,第 118—121 页)

"文化大革命"结束后,洛阳市技工学校招生办法进行不断改革。1977 年,洛阳市技工学校招生实行限额文化考试制度。招收上山下乡知青和按政策留城知青,年龄 17—22 周岁的未婚男女青年,由生产队(居委会)、公社(街道办事处),按 1∶5 的比例推荐,市统一命题、统一考试,择优录取。　　　　　　　　　(第 28 篇第一章《劳动就业》,第 129—130 页)

《洛阳市志(第 12 卷)》

洛阳市地方史志编纂委员会编,中州古籍出版社 1995 年

根据毛泽东关于"知识青年接受贫下中农再教育"的指示,市内大、中学生掀起上山下乡高潮。初中毕业生和高中学生全部下乡,部分未毕业的初中生也随之下乡。不少中学实际上陷于停办状态。据统计,仅 1973 年年满 16 岁下乡的初、高中学生就达 5 000 多人。

(第 34 篇第十五章《思想政治教育》,第 233 页)

《洛阳市郊区志》

洛阳市郊区地方史志编纂委员会编，中州古籍出版社 1998 年

是月(1963 年 4 月)，洛阳市首次动员城市知识青年上山下乡。 （《大事记》，第 116 页）

(1968 年)8 月 17 日，市革委会举行有线广播大会，动员高中毕业生除少数留城外，大多数都要上山下乡，"接受贫下中农再教育"。郊区设立知识青年安置办公室，分批安置知识青年到生产队进行劳动锻炼，接受再教育。 （《大事记》，第 119 页）

(1972 年)12 月 18 日，全市发生"突击招工"事件。由当日下午起至次日凌晨一时左右，各公社车辆不断，知识青年拥作一团，持招工表争相让公社盖章，形成招工高潮。事后，市委对此次招工作出决定：凡在 1972 年 12 月 18 日以前办完招工手续进厂上班者予以承认，其它一律作废。 （《大事记》，第 122 页）

1969 年 2 月，开始组织知识青年上山下乡，接受贫下中农再教育。

（卷十五《政党·重大活动》，第 585 页）

洛阳县郊区人民政府系统机构沿革表

建立时间	上级领导机构	机构名称	成立地点	下辖办公机构	下辖一级政权	说　明
				……		
1968.3 至 1980.8	洛阳市革命委员会	洛阳市郊区革命委员会	中州中路 1975 年后迁凯旋东路	政工组办事组军管组生产组。公安分局人事科、民劳局、计委、二轻局、工交组(工交局)、农林局(农林牧管站)、市水利局(区代管)、区水电局、水电机管站、农机局、蔬菜办、财贸组、商业局、供销社、工商局、财政局、物资局(物资供应站)、粮食局(粮油管理站)、文教卫生领导小组(文教局)、卫生组(科、局)、知青办公室	关林、龙门、古城、安乐、李楼、红山、邙山、辛店、孙旗屯、白马寺、瀍河、工农、洛北共 13 个公社革委会。	此前，瀍河、工农、洛北分别属瀍河、涧西、老城三城市区管辖。
				……		

（卷十七《政府·人民政府办公机构沿革》，第 609 页）

1968 年成立革委会后，团的组织才逐步恢复，至 1973 年召开共青团郊区"三大"，郊区

团组织开展了以下工作：一是上山下乡；二是开展工业学大庆、农业学大寨活动；三是恢复团组织建设。

（卷十九《群团·共青团》，第 650 页）

《洛阳市西工区志》

《洛阳市西工区志》编纂委员会编，河南人民出版社出版 1988 年

　　"文化大革命"中，毛泽东主席提出"知识青年到农村去，接受贫下中农再教育"的号召，1976 年，全区有 305 名知识青年下乡。1977 年，有 480 名知识青年下乡。

　　1978 年，党的十一届三中全会以后，不再动员知识青年下乡，并开始安排上山下乡知识青年返城就业。1980 年，对全区 80 名仍留在农村的知识青年，全部办理了返城就业手续。

（十九《社会·劳动》，第 364 页）

《洛阳市涧西区志》

洛阳市涧西区志编纂委员会编，海潮出版社 1988 年

第三节　知识青年上山下乡

　　1963 年党中央和毛泽东主席向全国城镇知识青年发出"面向工矿、面向农村、面向基层、面向边疆"的号召，全区组织动员一批城市社会青年和闲散社会劳动力参加社会主义新农村和林业的建设。1963 年，组织待业青年 39 人，社会闲散青年 53 人，被精简职工 6 人，共 98 人，分别下放到宜阳、陕县、洛宁县当林业工人。1964 年，组织知识青年 20 人，社会闲散劳动力及其家属 34 人，共计 54 人，分别到渑池县或他们的原籍安家落户。1965 年，组织知识青年 39 人，社会闲散劳力 10 人，共计 49 人，分别到渑池县、洛阳市郊区兴隆寨或他们的原籍参加农业生产。

　　"文化大革命"中提出"知识青年到农村去"的号召，上山下乡遍及全国，形成高潮。1968 年至 1977 年，除符合规定身边留一个子女或因病留城的 754 人外，先后有 2 924 名高、初中毕业生到南阳、洛阳地区和许昌、禹县以及洛阳市郊区农村插队落户。下乡后因病或特殊情况经批准返城的 457 人。从 1978 年开始，招收安排上山下乡知识青年就业，到 1980 年全部返城，他们的工作都做了适当安排。（第十四篇第三章《劳动》，第 381 页）

《洛阳市老城区志》

洛阳市老城区志编纂委员会，河南人民出版社出版 1989 年

　　是年（1964 年），分两批组织知识青年和闲散劳力 137 人到渑池县笃忠公社、天池公社

插队参加农业生产。 （《大事记》，第 47 页）

（1980 年）8 月，上山下乡的知识青年全部迁返回城。 （《大事记》，第 52 页）

·知青工作· 知识青年上山下乡工作，从 1963 年开始至 1978 年结束。1968 年 12 月 22 日，毛泽东主席发出"知识青年到农村去接受贫下中农的再教育"的号召后，知识青年上山下乡运动掀起高潮。区建立了知识青年上山下乡办公室（简称"知青办"），专门负责此项工作。据不完全统计：1963 年至 1978 年，全区共下乡知青 3 179 人。知青上山下乡的主要地点除市郊区外，涉及偃师、孟津、临汝、嵩县、渑池、方城、唐河、邓县、伊川、尉氏、宜阳、新安等 11 个县。其中以郊区、孟津、邓县、偃师、临汝、新安等地较为集中。

1979 年至 1980 年，进行了知青返迁工作。下乡知青，除少数升学、参军外，其它分批陆续安排到国营和集体工矿企业工作。下乡时间短的有 1 年，长者达 5 年之久。1982 年 5 月，将知青办合并于劳动科。原知青农工商联合公司所属集体企业由劳动服务公司领导。

（《社会·劳动》，第 288 页）

《洛阳市粮食志》

洛阳市粮食志编辑办公室编，（内部刊行）1987 年

对一般缺粮队的粮食统销，……一九七八年又规定，知识青年缺粮每人每月按成品粮 45 斤计销。 （第四章《农村粮食征购与销售》，第 104 页）

一九八三年，国家给全民所有制企业单位职工普调工资，具体规定是：

……

4. 上山下乡插队满五年以上的原城镇知识青年，一九七九年一月一日后分配到调资单位工作，一九八三年九月三十日前已是国家正式职工的。

…… （第十三章《劳动管理》，第 299 页）

《杞县志》

杞县地方史志编纂委员会编，中州古籍出版社出版 1998 年

（1968 年）秋，县劳动部门将 68 名知识青年送到官庄公社 7 个知青点插队落户，后又扩大到 10 个点。 （《大事记》，第 67 页）

（1975 年）12 月 17 日，县召开知青积极分子代表会，出席代表 261 人。

（《大事记》，第 71 页）

是年（1978 年），对下放的知识青年采取"进校、下乡、支边、城镇安置"四种形式安排，放宽留城政策。至 1980 年全县共建知青场（队）25 个、农村插队（组）17 个。1984 年知青全部回城，其中招工 436 人、升学 110 人，评留城镇的 1 009 人也作了适当安排。　　（《大事记》，第 74 页）

第三节　知青工作

一、下放劳动

1965 年 8 月，杞县开始动员知识青年下乡，对象是城镇未能升学就业的知识青年和城镇闲散劳动，至次年 4 月共下乡 1 988 人，其中知识青年 489 人，闲散劳力 1 499 人。1969 年大批城镇居民也被强令下乡。1975 年，根据河南省关于在职工干部中清退 1972 年以来应下乡而未下乡的知识青年的文件精神，杞县县委成立了清退领导小组，对全县清退对象进行调查摸底，共查出应清退人员 87 人，经过学习培训，安排到农业第一线。1978 年底，中央召开全国知青工作会议，提出了城镇中学毕业生实行"进学校、上山下乡、支援边疆、城市安排"4 个面向原则，适当放宽了留城政策。1980 年又进一步调整知青下乡政策，下乡知青保留城镇户粮关系到知青农场劳动。其后随着农村经济体制改革和知青上山下乡政策的调整，大批下乡知青被招回城就业。

二、安置工作

知青下乡后的安置工作，主要分在乡知青和回城知青两项。在乡知青安置形式有青年场（队）、插队组和回原籍投亲、单身插队等形式。按照上述形式，从 1965 至 1980 年先后在知青场（队）、国营农林场和插队组安置 4 795 人（内开封市等外地的 1 443 人），建立了 25 个青年场（队），171 个插队组，分布全县 20 个公社 219 个大队，上级拨款 138 万元、木材 458 立方米，建房 1 109 间，发救济布证 9.15 万尺、皮棉 4 625 公斤，使下乡知青吃有粮、住有房、生活有用具、劳动有工具。

知青回城就业的安置办法分为招工、招生、参军和回城转市民自谋职业等形式，其中下乡满 5 年以上者招工后享受一级工待遇，满 2 年的享受学徒工第二年的工资待遇。1980 年 1 月，省公安厅、粮食局、知青办联合通知：下乡结婚女青年招回城镇后，在农村所生子女随迁回城。在实际工作中由于认真执行了这项政策，至 1984 年底，历年下乡知青都得到了妥善安置，其中招工 3 142 人（内含集体工 215 人），参军 436 人，升学 110 人（工伤车祸非正常死亡的 18 人除外）。对 1 099 名待业知青的评留工作也随着在乡知青的安置先后作了安排，或升学、参军，或被招入工厂当工人，或集体兴办企业，或自谋职业，使相当一部分待业青年走上了自食其力的道路，促进了社会的安定团结。

（第二十四篇第一章《劳动管理》，第 667 页）

《尉氏县志》

尉氏县志编纂委员会编,中州古籍出版社 1993 年

(1959 年)2 月 28 日,成立尉氏县支援边疆社会主义建设办公室,经动员全县有 2 163 名男女青年到甘肃省安家落户。

(《大事记》,第 37 页)

《新郑县志》

河南省新郑县地方史志编纂委员会编,陕西人民出版社 1992 年

(1969 年)12 月,新郑县成立知识青年、城镇居民和复员军人下放办公室,安置开封、郑州等地 800 多名下乡青年和 100 多个城镇居民到生产队插队落户,接受贫下中农再教育。

(《大事记》,第 38 页)

1976 年至 1977 年,在全县 13 个公社的青年(包括城镇下乡劳动满 2 年以上的知识青年)中,经贫下中农和社队干部推荐,由民政局审查批准,共招收全民固定工 116 人、集体固定工 368 人;外地在新郑县招收全民固定工 37 人。1978 年后,废弃推荐制度,实行"德、智、体"全面考核,择优录用的办法,至 1983 年全县共招收固定工 2 535 人;外地在新郑县招收固定工 1 695 人。招工对象以下乡知青、城镇待业青年和退休职工子女为主,兼收部分农村社会青年。

(第十八篇第一章《劳动》,第 415—416 页)

1963 年,农民业余教育对象以回乡知识青年为主,当年全县办业余高小 14 班,有学员 697 人;业余初中 94 班,有学员 2 719 人;业余高中 1 班,有学员 77 人。

(第二十篇第一章《教育》,第 456 页)

《登封市志》

登封市地方志编纂委员会编,中州古籍出版社 2008 年

是年(1973 年)冬,在雷村北地成立以开封下乡知青为主的青年队,大金店公社派干部负责知青工作,次年在马寺庄、迎山头等地设立 5 个"知青点",分别接受开封市和本县 400 多名知识青年上山下乡劳动锻炼。

(《大事记》,第 44 页)

知识青年上山下乡

1968年,中共中央国务院向全国城镇知识青年发出"面向工矿、面向农村、面向基层、面向边疆"的号召,知识青年上山下乡形成高潮。登封前后共安排开封、郑州和登封下乡知识青年514人。

1968年分别安排在马寺庄、王上、术村、阮村、海渚、峒头等大队,插队知青84人。

1975年,以"三集中一分散"办法(集中吃、集中住、集中学、分散劳动),全县共设有八个集中点,安排知青161人。至1980年,登封全县有514名知识青年上山下乡,建立了5个青年队。实行四集中(集中吃、集中住、集中学、集中劳动),雷村青年队:1974年下乡25人,1975年下乡16人,1976年下乡12人,1977年下乡4人,1978年下乡13人,1979年下乡12人,1980年下乡7人。马寺庄青年队:1974年下乡23人,1975年下乡34人,1976年下乡7人,1977年下乡2人,1978年下乡9人,1979年下乡9人,1980年下乡2人。茶庵岭青年队:1975年下乡53人。张村青年队:1974年下乡86人,1975年下乡5人,1976年下乡11人,1977年下乡8人,1978年下乡11人,1979年下乡13人,1980年下乡9人。迎仙头青年队:1974年下乡21人,1975年下乡22人,1976年下乡21人,1977年下乡23人,1978年下乡20人,1979年下乡14人,1980年下乡22人。对5个青年队队员,几年间陆续安排他们的工作:参军的120人,上大学的37人,招工365人。至1981年起知青不再下乡,劳动部门按照党的政策,根据条件陆续安排。

(卷二十六第二章《劳动》,第1408页)

《登封县志》

登封县地方志编纂委员会编,河南人民出版社1990年

待业人员安置

随着城镇人口逐年增加,每年需要劳动部门(知青办)帮助安排就业,近几年安排就业人员(不包括社、队办企业单位和自找职业人员)如下:

1974年至1975年安排103人。

1976年至1977年安排122人。

1978年安排34人。

1979年至1980年安排96人。

截至1982年底办理了待业证的计有503人。

(第二十四编第六章《劳动就业与劳保福利》,第773页)

第四节　知识青年上山下乡

1968年,党中央和国务院向全国城镇知识青年发出"面向工矿、面向农村、面向基层、面

向边疆"的号召,知识青年上山下乡形成高潮。安排开封、郑州、和登封下乡知识青年共514人。

1968年分别安排在马寺庄、王上、术村、阮村等大队,插队知青84人。

1975年,以"三集中一分散"办法(集中吃、集中住、集中学、分散劳动)全县共设有八个集中点,安排知青161人。

登封全县有514个知识青年上山下乡,建立了五个青年队。

雷村青年队:

1974年下乡25人。1975年下乡16人。1980年下乡7人。

1976年下乡12人。1977年下乡4人。

1978年下乡13人。1979年下乡12人。

马寺庄青年队:

1974年下乡23人。1975年下乡34人。1980年下乡2人。

1976年下乡7人。1977年下乡2人。

1978年下乡9人。1979年下乡9人。

任村青年队:

1975年下乡53人。

张村青年队:

1974年下乡86人。1975年下乡5人。1980年下乡9人。

1976年下乡11人。1977年下乡8人。

1978年下乡11人。1979年下乡13人。

五个青年队队员几年间陆续安排:参军的120人,上大学的37人,招工安排365人。至1981年起知青不再下乡,劳动部门按照党的政策,根据条件陆续解决。

（第二十四编第六章《劳动就业与劳保福利》第773—774页）

《兰考县志》

河南省兰考县地方史志编纂委员会编,中州古籍出版社1999年

(1956年)5月26日,兰考县首批600名青壮年,前往新疆维吾尔族自治区新源县参加生产建设兵团农建四师国营农场垦荒生产。　　　　　　　　（《大事记》,第44页）

(1960年)3月26日,兰考县支边建设委员会第二批组织动员1 900名青壮年赴甘肃定西专区民县、靖远县安家落户(服务人员30％,未婚男女各半)。　　　（《大事记》,第48页）

（1972 年）秋，第一批知识青年上山下乡插队落户，接受贫下中农再教育。

（《大事记》，第 55 页）

第二节　支　边

　　根据中共中央关于动员青年前往边疆和少数民族地区，参加社会主义建设的决定，1957 年 10 月，河南省委与湖北省委签订合同，由河南省组织青壮年劳力，支援湖北省兴修农田水利。兰考县分配 12 000 名，其中带有移民性质的长期工 3 000 名，带救灾性质的临时工 9 000 名。条件是自愿，身体健康的整劳力，参加湖北省东西湖围堤造田，荆州人民大园、黄岗县龙感湖等地农场工程。县委副书记孙跃堂为总指挥，张君墓、爪营、许河等乡长，分别带队前往，共 11 000 人；另有千人参加三门峡水库基本建设工程。

　　1959 年秋，县委副书记郭筱如、县长何志忠负责组织动员 2 206 名青年（男 1 746 人，女 450 人），去甘肃省洮江县（现逮曲县）开荒生产，支援边疆社会主义建设。为了便于组织领导好支边青年，同时都调派随迁脱产干部前往，并有一定数量的党团员。由于支边工作急迫，工作粗糙，宣传片面，对困难估计不足，后因气候、风俗、生活、生产条件困难，造成 883 人返回原籍，经教育有 740 人返回甘肃安西安置区。

　　1962 年 2 月，兰考县支边建设委员会办公室动员组织 1 900 人（包括 10% 的干部），其中：三义寨乡 184 人，堌阳乡 252 人，张君墓乡 287 人，红庙乡 277 人，共 1 000 人到甘肃定西专区民县；城关乡 101 人，爪营乡 308 人，仪封乡 143 人，南彰乡 348 人，共 900 人到靖远县；1 900 人中含 30% 的各行业服务人员，未婚男女各半，3 月 26 日登车启程前往。

　　1960 年 10 月，甘肃省慰问团，来兰考县慰问支边家属。兰考县派人员参加河南省慰问支边青年代表团，到甘肃自治州去慰问兰考支边青年。

　　1961 年 12 月，开封地区专署，拨给兰考县支边返籍青年和移民安置款 6 000 元，救济支边青年返籍，确有生活困难者，解决其棉衣、治病、住房等问题，使之安心建设家乡。

（第八篇第六章《其他工作》，第 288 页）

　　新中国成立后，全县的招工就业工作按照党和国家一系列劳动就业方针政策执行，大体上可分为二个阶段。第一阶段（1949 年—1980 年）实行"统包统配"劳动就业制度。劳动部门统一招收后，分配到全县的企业、事业单位。大学、中专毕业生和复员退伍军人也由国家统一分配。1958 年至 1965 年从农村大量招收劳动力大炼钢铁，职工人数大增。1961 年至 1962 年职工精简。1966 年至 1969 年知识青年上山下乡，走与工农相结合的道路，接受贫下中农再教育，招工停止。1970 年至 1980 年，每年都有数量不等的招工，对象主要是特困留城青年和下乡回城青年。

（第十编第五章《就业》，第 303 页）

　　徐有信（1943—　　），兰考堌阳西关人，自幼聪明爱动脑筋。中学毕业后回乡务农。当看到农村盖房子打地基几十个人轮班抬石夯,便萌发了研制机械代替繁重体力劳动的念头,他费了4年的时间,自费12 000元,经103次试验,终于制造成功了链条式动力打夯机,申请了国家专利。1985年初筹建了打夯机厂,产品畅销5个省,数十个县。后又研制成功了轻便举重车和补路工程车,他发明的三项专利项目收入1988年出版的《中国发明家》一书。1989年被推选为河南省劳动模范,并破格晋升为农民高级工程师。

(第二十五编《人物·简介》,第773页)

《中牟县志》

河南省中牟县地方志编纂委员会编,生活·读书·新知三联书店1999年

(1969年)1月8日,中牟县首批城镇知识青年(69人)奔赴农村接受贫下中农再教育。至1980年底,到中牟农村接受再教育的知识青年共5 242人。　　(《大事记》,第39页)

1969年元月开始接收安置中牟及郑州、开封的下乡知识青年(简称知青)。1973年10月,县委成立知青领导小组,负责安置知青,安置形式:一是分散插队,建立插队小组,同社员一样参加劳动;全县共建插队小组365个。二是建立知青场队,知青集中劳动学习,过集体生活;全县建知青场队20个。三是建立集中吃、住、学,分散到队参加劳动的知青点;全县共有"三集中一分散"的知青点13个。四是返回原籍或投亲靠友。

1969—1980年,共接收知青5 242人,上级拨付安置经费219.89万元。在接收知青下乡的同时,另一方面通过招工、参军、升学等方式使知青回城就业,到1983年,下乡知青全部得到了就业安置。

(第十二篇第四章《劳动》,第258页)

《密县志》

密县地方史志编纂委员会编,中州古籍出版社1992年

第二节　移民支边

1955年,中共中央向全国青年发出"开发边疆移民垦荒"的号召后,密县青年积极响应,纷纷要求到祖国边疆参加建设。

1956年2月,县委、县人民政府根据个人申请,批准150名男女青年到青海省海南地区进行边疆建设。参加支边青年中,来自超化25人,樊寨15人,苏寨10人,李堂10人,大庙25人,大隗20人,山头湾15人,城关15人,杨台15人。

1958年10月,根据支边青年要求,其家属又迁往青海省。

(第十一篇第二章《救济·移民支边》,第236页)

一、上山下乡知识青年安置

在五、六十年代,密县有少数知识青年下乡。到七十年代,知识青年下乡成为国家号召和任务。从1971年至1975年,密县接受郑州、开封城市下乡知青850人,密县城镇知青下乡410人。全县设5个知青队,72个知青点。1979年,密县的城镇青年不再下乡。

1970年起,开始对下乡知青的就业安置工作。安排原则是,先下乡先安置,后下乡后安置。下乡时间一般在两年以上者,由带队干部、贫农代表、知青代表共同评比推荐。安置的途径是招工、大中专院校招生、参军等。至1979年,全县仍有921名知青在农村。

1980年4月,县委根据中央和省委关于城镇青年安置工作精神,建立了知青安置工作领导小组,除对外地来密知青由原所在单位安排外,对密县下乡知青均逐步安置了工作。

二、待 业 安 置

待业安置包括:回城的上山下乡知青安置、经批准留城的青年安置,高、初中城镇毕业生安置,农业户口转城镇户口家属子女及其它城镇社会青年安置等。1979年前,安置就业任务不大,后由于知青下乡停止,待业安置成为党和政府劳动部门的一项重要工作。劳动管理部门根据上级精神,通过招工、大中专学校和各级各类技术专业学校招生、参军、办服务公司、动员自谋职业等多种渠道进行妥善安置。安置方法是对回城知青采取"先留、先下、先安排"的办法。以后,对应安排人员则通过文化知识考试、政审、体检的办法择优录取。从1979年至1985年,共安置待业人员2 608人,其中招工1 191人,大中专招生33人,技校招生145人,参军192人,其它1 047人。 （第十二篇第一章《劳动》,第240—241页）

《巩县志》

巩县志编纂委员会编,中州古籍出版社1991年

(1968年)11月,县城举行大会,欢送首批知识青年上山下乡,接受贫下中农再教育。至1982年下乡知青共2 441人。 （卷二《大事记》,第33页）

城镇知识青年(简称知青)上山下乡安置:1968至1980年,全县安置2 357名城镇知青下乡插队,其中外地知青583名。县知青农场和15个知青点皆配专职干部管理知青的学习、生产和生活。1968至1978年,县拨出专门经费、建房材料为知青建造住处。1973年,外地知青被招工返城224人。至1980年底,知青全部返回城镇。

城镇待业青年安置:1981年,县成立劳动服务公司,自办10个集体企业,并协助县直各局委、省市营企业,办起饮食、服务、化工等151家集体企业。1981至1985年,劳动服务公司系统安置待业青年4 021人就业,占应安置人数的80.7％。

（卷十七第二章《劳动工资管理》,第452页）

《新乡市志》

新乡市地方史志编纂委员会编，生活·读书·新知三联书店1994年

（1964年）6月9日，新乡市闲散劳力无业青年下乡插队安置领导小组成立。组织新乡市首批知识青年34人到汲县农村插队。 （第二卷《大事记》，上册第57页）

（1965年）3月，新乡市闲散劳力无业青年下乡插队安置领导小组，改为新乡市动员安置城市下乡青年领导小组。同年，动员490名城市青年到汲县、辉县和市郊农村插队。

（第二卷《大事记》，上册第58页）

（1966年）11月，新乡市210名知识青年支援边疆建设，到西藏落户。

（第二卷《大事记》，上册第60页）

（1980年）3月14日，市知识青年上山下乡办公室创办市农工商联合公司。此后，各区、局、国营大厂、街道相应成立劳动服务公司。通过城乡广开就业门路，缩小上山下乡范围，调整了安置形式，改变了知识青年上山下乡的作法。 （第二卷《大事记》，上册第69页）

知识青年上山下乡

1968年，毛泽东主席发出"知识青年到农村去，接受贫下中农的再教育，很有必要"的号召，全国立即掀起知识青年上山下乡的高潮。秋季，新乡市上山下乡知识青年办公室建立，动员城市的初、高中毕业生到农村插队落户。全市下乡知识青年除到本市郊区农村外，还奔赴新乡地区所属县镇。1968年至1976年，全市共有近4万名中学生和社会青年上山下乡。此后，随着招工、招生、征兵的进行，他们逐步回城市安置就业。至1979年此项工作停止。

（第五卷第二章《党的中心工作》，上册第227页）

《1950—1985年新乡市财政支出统计表》。（见本书第3370—3372页表）

1966年至1976年"文化大革命"中，全市动员38 879名知识青年上山下乡，劳动就业趋于停滞状态，待业人员就业成为严重的社会问题。（第五十二卷《劳动工资》，下册第130页）

1963年至1965年，对城市待业人员采取"统筹安排、城乡并举，而以上山下乡为主"的方针。对城市中学毕业生的安排实行"四个面向"，即升学就读、上山下乡、支援边疆、城市安排。3年全市全民所有制单位新增职工13 764人，其中招收城市青年8 611人，招收农民2 164人，安置复员军人1 424人。全民所有制工业新增职工7 471人，集体所有制单位新增职工24 267人，集体所有制工业新增职工2 990人。 （第五十二卷第一章《劳动就业》，下册第132页）

（本表上接本书第 3369 页）

1950—1985 年新乡市财政支出统计表

单位:万元

项目 年度	一 基本建设拨款类	二 企业挖潜改造类	三 科学三项费用	四 流动资金类	五 农林事业费类	其中 农业事业费	其中 小型农田水利费	六 工交商事业费类	七 城市维护费类	八 文教卫生事业费类	其中 文化事业费	其中 教育事业费	其中 卫生事业费	九 抚恤社会救济费类	其中 抚恤费	其中 社会救济费	十 城镇人口下乡安置费	十一 民兵防空经费类	十二 行政管理费类	十三 其他支出类	十四 财政价格补贴	十五 其他部门事业费	支出合计	上解支出	年终滚存结余	当年结余或赤字	调出资金	合计
1963	232.1				8.8	5.6	3.2	9.8	145.9	260.9	16.7	155.3	88.9	113.4	11.3	102.1			183.7	190.6			1 145.2	2 391.2	-498			3 486.6
1964	129.1				40.9	19.0	21.9	3.5	98.1	303.9	14.5	185.5	103.9	68.0	13.4	54.6	3.1		174.7	11.9			833.2	2 651.0	-121	-254		3 472.1
1965	350.3				27.6	9.1	18.5	3.6	158.7	350.8	19.6	228.5	102.7	40.4	12.8	27.6	16.5		163.4	3.1			1 114.4	3 334.2	826	649		4 531.2
三年调整小计	711.5				77.3			16.9	402.7	915.6				221.8			19.6		521.8	205.6			3 092.8	8 376.4				11 469.2
占支出的%	23.0				2.5			0.5	13.0	29.6				7.2			0.6		16.9	6.6								
1966	316.1		166.2		19.2	3.2	13.2	1.5	193.1	371.4	17.3	232.1	104.2	41.0	18.6	22.4	12.1		192.6	2.2			1 149.2	4 634.3	187.0	83.6		5 970.5
1967	187.5		149.5		14.1	6.0	3.1	1.0	75.6	352.2	13.8	235.3	92.1	32.9	17.3	15.6			180.1	2.5			995.4	4 688.4	33.8	40.7		5 717.6
1968	549.9		90.1		10.7	8.5	1.8		123.7	340.8		301.1		39.7			13.2		171.6	121.2			1 370.8	3 666.4	70.2	10.8		5 107.4
1969	1 165.3			40.0	14.0	2.5	10.0		130.5	279.5	26.2	201.0	73.2	101.6	20.0	81.6	95.0		131.5	180.7			2 228.2	6 010.4	186.3	41.0		8 224.9
1970	1 139.2			90.0	27.3	27.3		2.5	136.7	336.0		209.3	99.6	83.1	24.1	59.0	98.6		106.8	6.2			2 190.1	8 612.2	43.9	35.6		10 846.2
"三五"小计	3 358.0		405.8	130.0	85.3				659.6	1 679.9				298.3			218.9		782.6	312.8			7 933.7	27 611.2	521.2			36 066.1
占支出的%	42.0		5.1	1.6	1.1			0.03	8.3	21.1				3.7			2.8		9.9	3.9								
1971	880.1		298.7	70.0	14.0	14.0			130.5	353.7	18.2	225.4	101.2	75.3	46.3	29.6	192.3		139.1	0.6			2 154.9	8 700.8	93.6	64.2		10 949.3

年度	一 基建拨款类	二 企业挖潜改造类	三 科学三项费用	四 流动资金类	五 农林事业费	其中 农业事业费	其中 小型农田水利费	六 工交商事业费类	七 城市维护费类	八 文教卫生事业费类	其中 文化事业费	其中 教育事业费	其中 卫生事业费	九 抚恤社会救济费	其中 抚恤费	其中 社会救济费	十 城镇人口下乡安置费	十一 民兵防空经费类	十二 行政管理费类	十三 其他支出类	十四 财政价格补贴	十五 其他部门事业费	支出合计	上解支出	年终滚存结余	当年结余或赤字	调出资金	合计
1972	792.8		150.9	120.0	22.5	5.8	7.7	4.3	140.5	398.8	19.8	243.6	124.4	70.4	50.1	20.3	91.3		157.5	56.7			2005.7	7863.1	24.3	8.0		10084.1
1973	431.5		193.3	145.0	21.3	5.6	11.6	2.9	392.1	421.1	15.3	249.0	129.2	78.7	55.8	22.5	28.5		228.7	8.0			1951.1	6242.5	148.5	1.6		8342.1
1974	250.8		266.0	201.1	50.8	13.6	22.0	7.4	254.0	482.8	32.2	272.2	148.3	60.3	34.0	26.3	99.0		252.0	7.0			1931.2	6587.5	141.1	24.6		8659.8
1975	199.0		285.2	215.0	44.7	13.5	28.0	8.8	181.5	484.7	28.5	288.8	139.0	48.5	25.0	23.5	6.0	60.0	290.4	8.6			1832.4	7496.5	171.6	12.0		9500.5
"四五"小计	2554.2		1194.1	751.1	153.3			23.4	1098.6	2141.1				333.2			417.1	60.0	1067.7	80.9			9875.3	36890.4				46765.7
占支出的%	25.9		12.0	7.6	1.6			0.2	11.1	21.7				3.4			4.2	0.6	10.8	0.8								
1976	641.8	26.7	52.5	235.0	63.3	15.0	36.4	22.3	197.0	520.3	24.8	295.0	167.6	55.8	19.9	35.9	68.0	40.0	268.9	6.2			2197.8	4426.8	104.2	84.2		6728.8
1977	450.0	160.0	55.0	295.0	64.6	17.8	27.5	24.4	196.0	607.2	28.0	367.1	176.4	51.4	36.7	14.7	218.0	49.0	267.8	54.9			2493.3	5408.9	232.8	87.9		8135.0
1978	478.4	880.9	30.2	225.0	94.3	19.8	57.3	61.5	206.0	703.9	30.1	391.8	227.9	89.4	27.8	41.6	47.2	71.4	340.3	97.0			3305.5	9006.3	410.3	215.7		12722.1
1979	884.5	524.7	58.3	292.0	68.5	21.1	31.9	44.8	216.0	809.8	27.1	455.0	184.0	91.0	47.5	43.5	12.4	73.6	428.4	83.9			3587.9	10665.9	760.2	365.2		15014.0
1980	974.1	857.7	16.7	359.0	82.8	26.1	35.4	60.7	227.0	984.7	34.8	565.6	200.4	121.2	41.8	79.4	111.6	10.7	525.7	94.8			4426.7	9933.3	300.5	289.8		14660.5
"五五"小计	3428.8	2450.0	212.7	1406.0	373.5			213.7	1042.0	3625.9				388.8			457.2	244.7	1831.1	336.8			16011.2	39441.2				55452.4
占支出的%	21.4	15.3	1.3	8.8	2.3			1.3	6.5	22.6				2.4			2.9	1.5	11.4	2.1								

续表

年度＼项目	一 基本建设拨款类	二 企业挖潜改造类	三 科学三项费用	四 流动资金类	五 农林事业费	其中 农业事业费	其中 小型农田水利费	六 工交商事业费类	七 城市维护费类	八 文教卫生事业费类	其中 文化事业费	其中 教育事业费	其中 卫生事业费	九 抚恤社会救济费	其中 抚恤费	其中 社会救济费	十 城镇人口下乡安置费	十一 民兵防空经费类	十二 行政管理费类	十三 其他支出类	十四 财政价格补贴	十五 其他部门事业费	支出合计	上解支出	年终滚存结余	当年结余或赤字	调出资金	合计
1981	550.8	209.7	13.0	320.5	98.7	17.2	49.8	35.3	380.0	1012.5	45.6	549.6	211.0	112.7	39.0	65.0	132.5	1.0	578.9	73.6			3519.2	10813.1	173.5	103.0		14505.8
1982	610.8	165.5	23.3	125.0	117.5	49.4	39.0	42.5	674.2	1273.2	61.6	680.7	270.6	100.6	31.2	55.2	99.0	7.1	669.3	198.3			4106.3	9286.1	-322	-278.6		13360.2
1983	319.3	489.8	48.7	180.0	139.4	51.2	39.1	44.4	674.0	1442.5	64.2	770.0	335.7	115.7	32.0	62.5	35.8	10.7	696.3	224.1			4420.1	10290.6	297.8	312.4		15115.1
1984	443.2	375.3	75.7		195.0	79.8	56.8	100.8	674.0	1659.3	62.3	850.2	402.2	127.9	40.7	60.5	82.0	34.9	988.1	236.3			4993.0	12434.3	199.2	66.9		17576.5
1985	773.0	342.7	65.6	25.0	262.1	72.9	40.8	97.4	879.9	1946.8	86.7	1045.2	467.3	191.2	31.6	57.9	44.0	53.7	877.1	339.3	655.0	24.7	6528.8	10159.3	1974.1	1600.4	20.0	18677.2
"六五"小计	2697.1	1583.5	226.3	650.5	812.7			320.4	3282.1	7334.3				648.1			393.3	53.7	3809.7	1071.6	655.0	24.7	23563.0	52983.4	2562.4		20.0	76566.4
占支出的%	11.4	6.7	1.1	2.8	3.4			1.3	14.1	31.1				2.8			1.7	0.2	16.2	4.5								
1950—1985年总计	17253.1	4033.5	2038.9	2937.6	1961.2			1253.2	7307	18585.5				2107.5			1506.1	358.4	9852.6	2533.0	655.0	24.7	72407.3	196531.5	6270.8		20.0	275209.6
占总支出数的%	23.8	5.6	2.8	4.1	2.7			1.7	10.1	25.6				2.9			2.1	0.49	13.6	3.5	0.9	0.01						

（第四十六卷第三章《财政支出》，中册第 684—686 页）

1966 年至 1976 年，知识青年上山下乡累计 38 879 人。

（第五十二卷第一章《劳动就业》，下册第 133 页）

1980 年 8 月，开始贯彻执行"劳动部门介绍就业、自愿组织起来就业和自谋职业相结合"的方针，使大批知识青年和城市待业青年得到安置。

（第五十二卷第一章《劳动就业》，下册第 133 页）

1966 年至 1978 年，实行群众推荐、民主评议、领导同意、报劳动部门批准的招工制度。企业根据生产需要，经主管部门核准同意，报市计划委员会和市劳动局审批，然后把招工计划指标下达各区和知识青年办公室等单位推荐，企业审查同意接收，再由劳动局办理入厂手续。招收对象是城市复员退伍军人、批准留城的初中、高中毕业生、上山下乡满两年的知识青年和少数农村青年。

1979 年至 1985 年，实行德、智、体全面考核，择优录用的招工制度。招收对象是按政策留城、回城的中学毕业生，上山下乡满两年的知识青年和思想品质好、身体健康、年龄在 16 至 25 周岁的城镇未婚待业青年。 （第五十二卷第一章《劳动就业》，下册第 134 页）

第五章　知识青年上山下乡

从 50 年代起，即有不少城市青年自愿到农村、到边疆去工作。1964 年新乡市知识青年开始成批上山下乡。

第一节　机构沿革

1964 年 6 月，成立新乡市闲散劳力无业青年下乡插队安置领导小组，下设办公室，隶属市政府。1965 年 3 月，改名为新乡市动员安置城市下乡青年领导小组。

1968 年 7 月，成立新乡市革命委员会招生安置办公室。1972 年 6 月，改名为新乡市革命委员会知识青年上山下乡安置办公室。

1974 年 12 月，成立中共新乡市委知识青年上山下乡领导小组，下设市革命委员会知识青年上山下乡办公室。

1980 年 3 月，成立新乡市知识青年农工商联合公司，隶属市革命委员会知识青年上山下乡办公室。1981 年 8 月，市革命委员会知识青年上山下乡办公室，改为新乡市人民政府知识青年上山下乡办公室。1981 年 11 月，该办公室与市劳动局合并，劳动局内设知识青年工作科。

第二节　上山下乡

一、动员对象

1964 年，动员年满 16 周岁、城镇户口吃商品粮的青年学生和复员退伍军人、社会闲散劳动力上山下乡。1968 年动员对象是 1966 年至 1968 年三届中学毕业生(包括够年龄的高小毕业生自愿上山下乡的)、社会青年(含临时工)、愿意和孩子一起上山下乡的家长等。

1971 年规定,年满 16 周岁的中学毕业生(含中途退学、休学及转学不到校者)和社会无业青年上山下乡。上述对象因病残不能参加农业劳动(需经市指定医院体检),独生子女、多子女而身边只有一个子女和中国籍外国人子女,可以不动员下乡。1975 年规定,1972 年 1 月以来为逃避上山下乡而进工厂当正式工、临时工或合同工的,必须清退下乡。当年全市共清退 8 000 人。经动员仍不下乡的,将本人户、粮关系强迁农村,给家长以纪律处分。1977 年 8 月,子女留城政策适当放宽。凡符合父母双亡或一亡,父母双方或一方严重病残,生活不能自理;一个以上子女下乡,并仍在农村,身边子女无工作,家中有一定困难等条件之一者,多子女父母身边可留一个子女不下乡。

城市知识青年上山下乡后,有不少实际问题长期得不到解决,安置人数过多的地方增加了农民的负担,形成大批知识青年回流城市、城里应下乡的知识青年不愿下去的僵持局面。从 1980 年起,开始举办知识青年农工商联合企业,让知识青年自愿到企业中就业,不迁户、粮关系。

二、安 置 形 式

1964 年知识青年安置以分散为主。1968 年开始,安置知识青年上山下乡主要采取三种形式:一是插队,强调适当集中,建立知识青年点,有条件的鼓励回原籍或投亲靠友;二是以下乡知识青年为主,由带队干部和贫下中农参加,在人民公社里建立青年队;三是在土地比较多的地方,单独建立以下乡知识青年为主,由带队干部和贫下中农参加的集体所有制农场。

1975 年开始,实行厂、社挂钩,开办知识青年场、队,采取集体安置知识青年的办法。新乡市各区、局、国营大厂和驻新单位,分别与郊区或县的农村社队挂钩,对口安置知识青年,对口选派带队干部,对口管理教育在乡知识青年,对口支援农业生产。

1980 年 7 月,缩小上山下乡范围,调整安置形式,重点在城镇和郊区开办知识青年农工商联合企业,安置知识青年就业。这种以知识青年为主的集体企业,实行一业为主,多种经营,独立核算,自负盈亏。工资福利允许自己作主,可以高于全民所有制企业。其城市户口和粮食关系不变,留企业内就业的,计算工龄。新办知识青年企业自创办之日起,5 年内不交税利,不负担农产品的统购派购任务。

1964 年至 1981 年,全市共安置 46 440 名知识青年上山下乡。1970 年至 1979 年,全市累计有 6 482 名知识青年因病或因家庭困难返城。1971 年至 1978 年,全市有 7 527 名知识青年按政策留城,有 2 646 名知识青年因病留城。

1979 年后,对仍在农村的知识青年,本着国家关心、负责到底的精神,统筹解决,全部抽回市内,陆续给予安置。

三、安 置 经 费

国家每年为知识青年上山下乡拨付专项经费,截至 1981 年,全市共为此拨款 786.3 万元。其经费主要用于下乡知识青年的建房、生产补助、小件农具购置和搬迁费等。1964年每人不超过200元。1966年单身插队每人260元,成户插队每人185元,返回原籍者每人50元。1973年安置经费提高,城镇知识青年回农村安家落户、到农村插队或建立集体所有制青年场(队)的,跨地区每人补助510元,本地区每人补助490元。1980年安置经费再次提高,凡到知识青年农工商联合企业就业的,每人补助600元,此款作为扶持企业用,不再发给个人。

四、带 队 干 部

从1964年开始,新乡市按上山下乡人数的1‰,抽调带队干部。带队干部归接受地区统一领导,派出单位实行定期轮换,轮换期为一年以上。轮换时每批最多不超过二分之一。要有3个月的交换班时期。带队干部的口粮随同上山下乡知识青年,按每人每月45斤成品粮供应。其工资、医疗费、办公费、旅差费和生活困难救济,由工资发放单位解决。1965年至1978年,全市共派出带队干部1 820人。

五、安 置 去 向

1964年至1965年,新乡市知识青年主要安置在辉县、汲县和修武县农村。1966年11月,有210名知识青年支援边疆建设到西藏落户。1968年后,主要安置在新乡地区的新乡县、辉县、汲县、获嘉县、修武县、武陟县、沁阳县、博爱县、温县、原阳县、延津县、封丘县和市郊农村。1980年后,主要安置在市区各单位办的知识青年农工商联合企业就业。

(第五十二卷第五章《知识青年上山下乡》,下册第156—159页)

《新乡市郊区志》

新乡市郊区史志编纂委员会编,生活·读书·新知三联书店1993年

(1969年)1月29日,毛泽东主席发出了"知识青年到农村去"的号召,郊区开始接收从城市下放到农村"接受贫下中农再教育"的下乡知识青年。　　(第二章《大事记》,第27页)

知青

1969年1月29日,毛泽东主席发出知识青年到农村去的号召后,郊区开始接收城市上山下乡知识青年,为适应知青下乡工作的需要,做好下乡知青的安置、教育、生活安排和工作领导,1971年成立了郊区下乡知识青年安置办公室。1974年,又成立了知识青年安置领导小组,下设办公室,配备8名专职干部主抓知青工作。1982年区知青办公室与劳动局合并,对外保持知青办的牌子。

自1969年至1978年,共接收城市户籍的知识青年13 435人。开始接收知青下乡,采取了插队落户,同社员一样劳动计酬的分散安置办法。1971年起,实行了集体安置,以生产

队为单位建立组织,集体劳动、食宿。1974年逐步改为"三集中一分散"的安置方法,即住宿、学习、就餐集中于大队,劳动仍分散在生产队。1975年又采取厂、社挂钩,干部带队对口安置的办法,全区建设了30个"三集中一分散"形式的知青点。这样既便于管理,又有利于发挥城乡两个积极性。

为解决知青生产、生活方面的实际问题,国家按下乡知青人数拨给安置费,用以购置生产、生活用品。1969年每人安置费260元,1973年增加到490元,跨地区安置的每人510元,1980年又规定到农工商联合体就业的拨给安置费600元,以作为企业资金。历年累计共拨安置费469.69万元,其中用于建房232.25万元,建房3万多平方米,用于购置农具64.66万元,其他支付172.79万元。

从1971年开始知青陆续回城,城市招工、征兵、招生主要在下乡两年以上的知识青年中招收,到1980年下乡插队的知识青年已全部回城。（第十二章《经济综述》,第155—156页）

《红旗区志》

新乡红旗区史志编纂委员会编,生活·读书·新知三联书店1992年

是月(1969年1月),红旗区动员583名知识青年上山下乡,接受贫下中农再教育。

（第一章《大事记》,第36页）

是月(1978年10月),区委工作机构恢复,设立办公室、组织部、宣传部。区革命委员会撤销办事组、政工组、生产指挥部、文卫组,设立民政科、工商管理科、劳动工资科、城市建设科、财务科、文教科、卫生科、工业交通科、计划生育办公室、计划统计科、知识青年上山下乡办公室、三代店办公室。 （第一章《大事记》,第40页）

(1979年)7月—10月,按政策规定,区革委会两批共办理492名下乡知青回城手续,并安排170余人就业。 （第一章《大事记》,第40页）

知识青年的安置

1965年,毛泽东主席发出"知识青年到农村去,农村是一个广阔的天地,在那里是可以大有作为的"指示。区人民委员会积极动员16周岁以上的初、高中毕业生,中途退学尚未就业的青年上山下乡。到了"文化大革命"时期,初、高中毕业生不分配,大学停止招生。1968年,毛泽东主席又发出"知识青年到农村去,接受贫下中农的再教育,很有必要"的指示,绝大部分知识青年下放农村,少数留市进厂。以后年年动员,下乡形成制度。区革命委员会并指派干部带队和青年实行四同(同吃、同住、同劳动、同学习)。带队干部一年轮换一次。下放

地点有郊区、新乡县、辉县、获嘉、修武、武陟、原阳、封丘、延津等10多个县区。据统计,仅1973年至1980年红旗区共下放知识青年3 047人,留市596人。

1979年,区政府成立安排待业青年领导小组,解决上山下乡知青的就业问题。1980年全区共有待业青年8 208人。社会招工和退休顶替1 979人,技校招生365人,计划临时工解决1 795人,集体招工和顶替1 468人,办事处和街道厂组安排513人,劳动服务站系统解决1 009人,共计安排待业青年7 129人,为待业人数的86.9%。在此基础上,区政府经过努力,又办集体厂组38个,饮食服务业15个,安置待业青年782人。1980年以后,调整知青下放政策,缩小下乡范围。区为广开知青就业门路,成立了知青农工商联合公司,解决54名知青就业,并安排留市青年162人。

1982年,知识青年停止上山下乡。区政府对待业青年的就业问题非常重视,发动各单位、各办事处和街道大办"三代店","农工商"、"劳动服务公司"等第三产业,对待业青年所办的企业免征营业税1年、所得税3年。区集资创办的红旗商场大楼就是安排待业青年的集体企业。1983年,财贸系统66个商业网点总就业人数383人,劳动服务公司安排就业108人,工业系统安排就业人员44人。　　　　　　　　　　　　(第九章《经济管理》,第205页)

《北站区志》

新乡市北站区史志编纂委员会编,河南人民出版社1994年

(1968年)8月15日,新乡市革命委员会在市体育场召开欢送知识青年上山下乡大会。部分农村户籍中学生返乡。　　　　　　　　　　　　　　　　(《大事记》,第36页)

(1969年)1月,根据毛泽东主席关于"知识青年到农村去"的号召,全国各地开始把初中、高中毕业的城镇户籍青年送往农村插队落户。耿黄公社接受首批下乡知识青年。

(《大事记》,第36页)

《新华区志》

新乡市新华区史志编纂委员会编,中州古籍出版社1991年

"文化大革命"期间,生产力遭到严重破坏,闲散劳动力增多,大批劳力(以知识青年为主)上山下乡。1965年至1975年间,全区共下放知青6 000余人,随后逐年抽调回市安置就业4 500人。1979年以来,本着"国家关心,负责到底"的精神,将留乡知青全部抽回市内分批进行安置。从1980年起,改变了过去上山下乡的做法,市区举办知青农工商联合企业安

置就业,同时在区街办厂组及饮食服务业,安置了大批待业青年。

(第九章《经济管理与监督》,第200页)

《新乡县志》

新乡县史志编纂委员会编,生活·读书·新知三联书店1991年

同月(1968年3月),根据毛泽东主席"知识青年到农村去,接受贫下中农再教育,很有必要"的指示,全县城镇户口的高、初中毕业生首批到农村插队劳动。

(第二编《大事记》,第35页)

知识青年安置:根据毛泽东主席关于"知识青年上山下乡"的号召,城镇知识青年多下放农村插队落户。1968年至1978年底,全县共接收下放知识青年11 572人。从1974年起,下放知青陆续回城安置就业。1981年,全县已将所下放的知识青年安置完毕。

(第四编第三章《经济综述》,第124页)

《焦作市志》

焦作市地方史志编纂委员会编,红旗出版社1993年

(1965年)5月21日,焦作市首批198名知识青年下乡参加农业生产劳动。

(第一篇《大事记》,第64页)

(1968年)9月8日,焦作市革命委员会根据毛泽东关于"知识青年到农村去,接受贫下中农再教育"的指示,在东方红广场召开万人大会,欢送知识青年上山下乡。

(第一篇《大事记》,第67页)

1976年,焦作市革命委员会下设:生产指挥部、劳动局、民政局、知识青年上山下乡办公室……
(第八篇第一章《机构》,第335页)

1981年,焦作市革命委员会(市人民政府)下设:办公室、公安局、司法局、劳动局、人事局、民政局、民族事务委员会、宗教事务处、知识青年上山下乡办公室……

(第八篇第一章《机构》,第335页)

1966年起,大批知识青年上山下乡,大批农民进城,实行推荐招工制度,把招工指标按

地区划分,招工时由各区签署意见。1972 年,进行了突击招工,仅 12 月 19、20 日两天时间就办理招工手续 1 674 人,大批临时工转正。全年共招工 10 415 人,劳动计划再次失控。

(第三十二篇第七章《劳动工资》,第 1004 页)

知识青年安置 1965 年规定:知识青年上山下乡对象是 16 周岁以上的城市户口高中毕业生,无传染病和严重慢性病,能从事农业体力劳动者;未升入高中的初中毕业生及中途退学者;16 周岁至 20 周岁的无正式职业的社会青年。安置形式分为知青小组、全家落户、单身插队、投靠亲友、集体建队五种。1965 年有 198 名"知青"被集中安置到市区的魏村、许河、张庄三个大队。后又将 24 个插队小组分别安置到焦南、官庄、乔洼三个农场。1968—1973 年,共安置下乡"知青"8 778 人。分别安置到市郊区、修武、博爱、沁阳、济源、孟县、温县等地。

1974—1980 年,安置办法是厂社挂钩、城乡配合、集体安置。市直各委、办、局、大中型厂矿企业在市郊区、博爱、沁阳、孟县、济源、温县等地开设了集体所有制农场,集中安置本系统、本单位的"知青"。1974—1980 年,全市共安置"知青"20 673 人。

1981 年,城市知识青年停止了上山下乡。

1985 年底,上山下乡知识青年全部返城安置就业。

(第三十二篇第七章《劳动工资》,第 1006 页)

《焦作市郊区志》

焦作市郊区志编纂委员会编,红旗出版社 1993 年

(1968 年)9 月 14—18 日,郊区首批接收焦作市知识青年 221 名,分别安置到 5 个公社的生产大队或生产队,接受贫下中农的再教育。 (第一篇《大事记》,第 19 页)

1970 年,增加知识青年安置费。全年支出 88.56 万元。其中行政费占 43.96％,农林水事业费占 8.97％,国防费占 1.13％,知识青年安置费占 1.27％,教育事业费支出占 42.82％,卫生事业费占 1.85％。 (第十八篇第一章《财政》,第 358 页)

1965 年,郊区开始安置知识青年,198 名城市知识青年被安置在魏村、许河、张庄 3 个大队,分为 24 个插队小组。后又有部分知识青年被安置在焦南、官庄农场。

1968—1974 年,郊区 8 个公社以及焦南农场和林场青年队共安置知识青年 4 719 人。

1975 年,全区 8 个公社和焦南、青年农场安置下乡知识青年 1 941 名,并在生活安排上全部实现了住有房、睡有床、吃有粮。当年,返乡知识青年为 272 名。

1976 年,在知识青年生活安置上实行"区管建房补助费和生活补助费、公社管医疗补助费、学习费、小件农具、家具和炊具"等办法来安置知识青年。当年有 3 384 名知识青年、223 名返乡"知青"被妥善安置在郊区的 8 个公社以及林场青年队、五七农场等地。

1977 年,下乡到郊区的知识青年安置费为每人 490 元。

1977—1979 年,全区共安置下乡知识青年 248 人。1980 年"知青"大部分返城。1981 年城市知识青年上山下乡停止。 (第十九篇第二章《劳动工资》,第 385 页)

《解放区志》

焦作市解放区志编纂委员会编,红旗出版社 1993 年

(1968 年)12 月 6 日,区革委在新华影院召开大会,传达贯彻毛泽东主席关于知识青年上山下乡的指示,掀起知识青年上山下乡运动高潮。 (《大事记》,第 26 页)

(1969 年)5 月下旬,动员知识青年和城镇居民 17 户 130 人到农村落户。

(《大事记》,第 26 页)

知识青年上山下乡

1963 年,党中央和毛泽东主席向全国城镇知识青年发出"面向工矿、面向农村、面向基层、面向边疆"的号召,区动员组织了一批城市青年和闲散社会劳动力参加社会主义新农村和林业建设。1964 年,动员 47 户 13 人插社插队。1965 年动员 375 人走上农业第一线。"文化大革命"中,知识青年上山下乡遍及全国,形成高潮。1973 年 1 月,区成立知识青年上山下乡领导小组,下设办公室,积极动员区属单位的干部、职工子女和街道知识青年上山下乡。至 1977 年,本区除符合规定身边留一个子女或因病留城的知青外,先后有 650 名高、初中毕业生到博爱、沁阳、温县、济源、孟县和郊区农村插队落户。1978 年开始进行"知青"返城工作,下乡"知青"除少数升学、参军外,其他都先后安排了工作。

(第十七章《经济管理》,第 257 页)

《焦作市中站区志》

焦作市中站区志办著,中州古籍出版社 1995 年

对安置待业知识青年的企业、校办工厂、福利生产单位的优惠政策。……对城镇安置待业知识青年新办的集体工业企业,免征产品税(或增值税)1 年,所得税 3 年。

(第七章《经济管理》,第 264 页)

《卫辉市志》

卫辉市地方史志编纂委员会编,生活·读书·新知三联书店1993年

(1965年)全县上山下乡知识青年322人,建立王庄、大司马等9个青年队,4个青年组。

(《大事记》,第54页)

(1968年)9月10日,202名知识青年上山下乡。此后,每年的初、高中毕业生除少数升学和特殊情况外,全部上山下乡插队。1979年停止这一工作。 (《大事记》,第57页)

是月(12月),动员城关居民1 704户、6 512人上山下乡。1980年落实政策,大部分迁回县城。

(《大事记》,第57页)

1969至1979年工矿企业招工,除招收下乡知识青年、城镇待业青年外,也招收一定数量的农村劳动力。 (第四编第三章《人民政府》,第201页)

知识青年上山下乡

1964年,根据中央(64)75号文件精神,动员一批城镇闲散劳力和初、高中毕业生上山下乡,参加劳动。是年下乡4人,外地迁来16人,共20人,在小双村建立第一个青年队。1965年下乡322人,外地迁来6人,计328人,建立王庄、大司马等9个青年队和4个青年组。1966年下乡69人,外地迁来4人,计73人,建立东风林场和南关村等青年队。1968年,动员1966、1967、1968三届家居城关无业高、初中毕业生全部下乡。自此以后,初、高中毕业生除继续升学和极少数因特殊情况留城以外,其余全部上山下乡。1968年下乡979人,汲县973人,外地6人,建起25个青年队、1个知青组。1969年,全县有青年队58个,知青1 898人,是年招工73人。1971年,全县有39个青年队,有知青1 169人、插队青年250人。1974年,全县有33个青年场、队,22个知青组,年末共有知青2 001人。当年下乡649人。1975年,全县有33个青年场、队,有知青1 241人,1977年全县有73个知青场、队、点,有知青3 067人。当年下乡395人。知青中升学11人,参军143人,招工118人。1978年,全县有70个知青场、队、点,有知青2 413人。当年下乡298人。知青中升学58人,参军290人,招工150人。1979年,全县有70个知青场、队、点,有知青2 976人,知青升学21人,参军168人,招工225人。1980年上山下乡工作停止,除50人升学外,其余全部招工。历年下乡知识青年累计5 437人。 (第四编第三章《人民政府》,第202页)

1970至1975年间知青场、队进行一些场队间小型篮球、乒乓球赛。

(第十一编第六章《体育》,第607页)

《封丘县志》

封丘县志编纂委员会编,中州古籍出版社1994年

(1964年)9月21日,县举办社教工作队员训练班,参加286人,其中国家干部198人,贫下中农知识青年88人。 (《大事记》,第36页)

(1969年)2月7日,县发出"组织城镇知识青年下乡的通知"。 (《大事记》,第38页)

(1973年)11月3日,"封丘知青上山下乡领导小组"成立,张立华任组长。

(《大事记》,第40页)

(1982年)2月18日,封丘县知识青年办公室并入劳动局。 (《大事记》,第45页)

知青工作

从1968年11月组织第一批城镇青年下乡起,到1980年止,全县共下乡知青1 052人。同时接受新乡、郑州等外地知青5 301人,安置到19个公社,设知青点49个。至1981年底,通过招工、招生、参军、回城、安排知青5 740人;因病回迁或转迁610人。除因病死亡三人外,均已全部安排回城就业。 (第十三编第二章《劳动》,第506页)

《获嘉县志》

获嘉县志编纂委员会编,生活・读书・新知三联书店1991年

是月(1968年12月),城镇知识青年上山下乡掀起高潮。截至1976年,4 000余名知识青年先后被下放到本县农村参加劳动。其中除个别长期落户者外均陆续回城安置工作。

(《大事记》,第52页)

(1974年)5月22日至25日,县首届上山下乡知识青年代表大会召开。

(《大事记》,第55页)

1968年对城镇知识青年开展了上山下乡活动。1981年,县劳动局建立劳动服务公司,专门负责劳动就业工作。是年安排就业人员576人,占原有待业人员1 047人的55.1%。同时,各单位自筹资金,自找场地,办起许多小工厂和商业门市部,安排本单位的待业青年。

1985 年全县新办集体企业 40 个,安置待业人员 350 人。

(第十八编第三章《劳动管理》,第 477 页)

《温县志》

温县志编纂委员会编,光明日报出版社 1991 年

(1968 年)1 月,温县安置办公室建立,负责接待、安置下乡知识青年的劳动和就业。1972 年后改名为"知识青年上山下乡办公室"(简称"知青办")。　　(第二编《大事记》,第 36 页)

1969 年以后,温县工业是一个大发展阶段。化肥厂、磷肥厂、棉织厂、电器厂、造纸厂等相继建成并投产,原有县办工厂,亦纷纷改建或扩建。这些工厂企业,除招收农民进厂外,从 1971 年至 1980 年,还安置知识青年就业 2 048 人,并对老红军子女和社会孤儿全部作了就业安排。　　(第八编第五章《劳动管理》,第 591 页)

知识青年上山下乡

1968 年元月,温县设"知识青年安置办公室"(知识青年简称知青,为中学毕业之非农业户口青年。50 年代末,毛泽东提出:知识青年到农村去,接受贫下中农再教育的号召。"文化大革命"开始,学校停课,知青上山下乡劳动,成了一项制度)。1972 年改称"知识青年上山下乡办公室"(1982 年元月,撤销此编制,并入劳动局)。1968 年至 1979 年,温县共接收安置来自新乡、焦作等市及本县知青 2 350 人。全县共设知青下乡点 30 余处,其中主要的有:县农场、县林场、济钢农场(在黄庄)、后东南王、吕村、夏庄、前杨垒、黄庄、林肇耕读中学、辛庄、尹庄、东留石、大吴、宋村、西虢、后崔庄、南善台、苏王、东南徐堡、西张计、北平皋、南张羌、陈卜庄等。另外还有分散在许多村的投亲靠友的知青。

各村下乡知青,于 1980 年以前,陆续离开温县农村。计招工 2 048 人,占知青总数的 87.2%;参军 77 人,占 3.3%;升学 10 人,占 0.4%;病残返回城市 48 人,占 2%;迁往外地 164 人,占 7%;其它渠道就业的 3 人,占 0.1%。　　(第八编第五章《劳动管理》,第 594 页)

《济源市志》

济源市地方史志编纂委员会编著,河南人民出版社 1993 年

1970—1976 年间,县革委会机关及直属机构时有分合增撤。撤销的单位有:县革委教育革命组、县直机关斗批改领导小组。恢复和新建的有:县革委保卫组、计委、科委、电业局、文教局、卫生局、知识青年上山下乡领导小组办公室、外贸局、医药公司、体委、计划生育委员

3383

会办公室、基本建设管理办公室、畜牧办公室、社队工业局、公安局、广播站。

(第七编第二章《人民政府》,第 187 页)

知识青年上山下乡

1968 年 7 月,济源县革命委员会按照中共中央指示和毛泽东关于"知识青年到农村去,接受贫下中农再教育"的号召,建立了济源县知识青年上山下乡领导小组,并设办公室,具体负责办理知识青年上山下乡劳动锻炼的有关事宜。1968—1981 年,济源共接收安置年满 16 岁的城镇男女知识青年 3 513 人,其中焦作市知青 865 人,"531"工程知青 1 142 人,济源县知青 1 506 人,并有 195 名国家干部随同知青一起上山下乡,1968—1977 年,全县 12 个公社共建立知青农场 2 个,"三结合"青年队(即知识青年、带队国家干部、老农三结合)28 个,知青点、组 24 个。这些知青在农村经过劳动锻炼,先后有 2 651 人应招当了工人,196 人考入了大、中专院校,451 人参加了人民解放军,215 人按政策规定迁回城市。1981 年后,不再动员知识青年上山下乡。

(第九编第二章《劳动》,第 223—224 页)

《博爱县志》

博爱县志编纂委员会总编辑室编,中国国际广播出版社 1994 年

(1968 年)11 月,县知识青年下放到吉庄、南西尚、东马营、西碑等村,建立知识青年队。

(《大事记》,第 48 页)

(1969 年)10 月,县知识青年 55 人和焦作市知识青年 149 人,下放到阳庙公社的吉庄、南西尚和金城公社的东马营、西碑、张武村、薛村,建立 6 个知识青年队。之后,连续几年焦作市、新乡市每年都有一批知识青年来博爱建队或插队。

(《大事记》,第 48 页)

"文革"中,毛主席提出"知识青年要到农村去,接受贫下中农再教育"的指示,实行对知识青年下放农村的政策。1969 年 4 月,县成立"安置办公室"。1973 年 11 月,县又专门成立"知识青年上山下乡办公室",绝大部分知识青年到农村插队落户,后又把一部分知识青年集中起来办县知青农场。至 1978 年底共下放知识青年 3 632 人。1978 年 10 月国务院对知识青年政策作了新的调整,规定县以下知识青年不再作为上山下乡的范围,县对知识青年的安置就业工作采取了新的措施。根据 1980 年 11 月全国劳动就业会议精神,成立了"博爱县劳动服务公司",1981 年 12 月县知识青年安置办公室与劳动服务公司合并,对知青除招工、参军、考学外,还办了知青农工商联合企业公司等,帮助知识青年就业。到 1981 年全县共安排知识青年就业 3 482 人。

(第十编第一章《劳动管理》,第 251 页)

《辉县市志》

辉县市史志编纂委员会编，中州古籍出版社 1992 年

（1965 年）4 月 10 日，开始接收新乡市下放知识青年，至 10 月 5 日，计 3 批 404 人，安置在薄壁、占城、上八里、黄水 4 公社和五里河林场。 （《大事记》，第 45 页）

（1965 年）12 月 10 日，县人委召开第一届上山下乡知识青年积极分子代表会议，出席代表 166 人。 （《大事记》，第 46 页）

第四章 知识青年下乡

1964 年下半年，根据中共中央、国务院文件精神，成立辉县知识青年安置办公室，动员、组织知识青年上山下乡。1965 年 4 月至 10 月，先后接收新乡市 3 批知识青年 404 人（女 268 人）。主要安置在薄壁、占城两公社。1966—1978 年，安置下乡知识青年 3 700 名，其中本县 1 015 人，新乡市 2 404 人，外地 281 人。安置形式有建立青年小组插队（2 693 人），投亲靠友（803 人），返乡务农（204 人）3 种。插队知识青年分布 12 公社，73 大队。

知识青年下乡后，政府部门妥善解决口粮和经费。1965—1979 年，拨给各知青点经费 124.54 万元，其中标准经费 113.63 万元，生活补助费 5.7 万元，支农资金 5.2 万元，木材 258 立方米。17 个知青点，建房 340 间，5 504 平方米。

知识青年经过再教育后，450 名加入共青团，25 名光荣入党，4 名选入地、县、社领导班子，154 名担任大小队干部，42 名任民办教师，不少人成为各类专业技术人才。1965—1975 年，召开辉县知识青年积极分子代表会 4 次，参加新乡地区积极分子代表会代表 66 人次。

知识青年在农村经两年劳动锻炼，表现好的陆续安排就业。1968 年起，每年安排一批，1981 年全部安排完毕。到国家机关、厂矿、企事业单位 1 533 人，考入大中专院校 45 人、技工学校 28 人，参军 323 人。家有特殊情况返城 956 人，因病回城 390 人，农村落户 425 人。

（第二十五篇第四章《知识青年下乡》，第 634 页）

知识青年安置办公室 1964 年后半年，辉县人民委员会设立知识青年安置办公室，配干部 3 人，与劳动科联合办公，主管城镇知识青年上山下乡工作。1968 年 9 月，安置办公室改名县革委知识青年安置办公室，干部 7 人。1976 年 9 月改为知识青年上山下乡办公室，与民政局合署办公。1980 年，知识青年上山下乡办公室归口劳动局，单独办公。1981 年 8 月，改为辉县人民政府知识青年安置办公室，设在劳动局。同年 12 月，与劳动局合并。

（第二十五篇第五章《机构》，第 635 页）

《延津县志》

延津县志编纂委员会编，生活·读书·新知三联书店1991年

(1968年)9月3日,召开知识青年积极分子代表会,参加83人,号召知识青年上山下乡。

(《大事记》,第55页)

知识青年上山下乡　1968年秋,毛泽东主席发出"知识青年到农村去,接受贫下中农的再教育,很有必要"的指示。根据这一指示,县建立知识青年办公室,动员城镇初、高中毕业生到农村插队落户。到12月止,下乡知识青年2 745人(含外地来延知青)。知青下乡后,采取两种组织形式参加劳动。一是建知青农场,全县建17个;二是建知青队,全县建41个;由所在社队给知青农场和知青生产队划出一定数量的土地,国家拨给资金,用以购置生产工具。各场、队实行独立核算,多劳多得,按劳取酬。1970年以后,随着工厂招工、学校招生、部队征兵的进行,对知青逐步安置就业。到1981年底,全部进行了安置,据统计,回城当工人的1 846人,到大专院校学习的130人,参加解放军的195人,回城自谋职业的420人,病退154人。

(政治编《政事纪略章》第136—137页)

第二节　城镇知识青年安置

1968年成立知识青年上山下乡办公室,组织动员城镇知识青年,下乡插队落户,从事农业生产。全县先后办起知青农场17个,拥有耕地一千八百余亩,房屋五百多间,拖拉机三台。在经济条件较好的生产大队,建立知青队41个,以务农为主,兼搞工副业生产。以上两种形式均实行独立核算。先后安排本县及外市下乡知青2 745人。1983年底下乡知青全部得到了安置。其去向为:招工1 846人,参军195人,大、中专院校录取130人,回城自谋职业420人,病退154人。

1980年以后,城镇待业青年的安置工作,由县劳动服务公司负责。采取"劳动部门介绍就业、组织起来就业和自谋职业相结合的方针"。1981年,由各系统或单位组织青年工厂、门市部九个,安置待业青年248人。1982年,全民和集体工厂招收固定工22人(全民15人,集体7人),企业单位吸收临时工285人(全民78人,集体207人),自谋职业六人,共安置313人。1983年,全民单位招工35人,技工学校招生10人,集体单位吸收250人,全民单位吸收临时工68人,接班三人,自谋职业六人,共安置待业青年372人。1984年,全民单位招工125人(含合同工119人),技校招生25人,全民单位吸收临时工24人,集体企业安置121人,自谋职业一人,共安置待业青年296人。1985年,招收全民合同工84人,集体工122人,技工学校招生15人,全民单位吸收临时工142人,共安置待业青年363人。

1981年至1985年,安置待业青年1 592人,占待业青年总数的85.6%。

1972 年至 1985 年各项招工与安置情况一览表

年度 \ 项目数目	招收全民固定工	招收集体固定工	自然减员补充	招收双退职工子女	复退军人安置	外地招收固定工	冤假错案平反后安置	安置受株连子女
1972	2 116	84				475		
1973						200		
1974					3	150		
1975					1	100		
1976					19	147		
1977		213	19	113		329		
1978	6				26		23	
1979	150	118		151	5	95	6	
1980	121	48	15	360	36	12	40	9
1981	219	150	20	143	35		9	
1982	118			66	44	13	8	
1983	138	250	11	50	43		7	
1984	150	395	21	67	36		21	
1985		94	25	51	47	50		
合计	3 018	1 352	111	1 001	295	1 571	114	9

（社会编第三章《劳动就业》，第 672—673 页）

《原阳县志》

原阳县志编纂委员会编，中州古籍出版社 1995 年

是年（1968 年），根据毛主席"知识青年到农村去，接受贫、下中农再教育"的指示，大批城镇知识青年、干部家属下放到农村插队劳动。当年，本县接受来自全国各地的知识青年 446 人。至 1980 年，均又陆续返城。 （《大事记》，第 61 页）

（1970 年）3 月 1 日，成立原阳县知识青年上山下乡安置办公室。 （《大事记》，第 62 页）

（1973 年）9 月 28 日，成立原阳县知识青年上山下乡领导小组。下设办公室，与民劳局合署办公。 （《大事记》，第 63 页）

文教科卫事业费支出 文教科卫事业费是国家用于发展文化教育、科学技术、卫生事业

的费用。本项支出在县财政支出项目中所占比例最大,增长比例也最高。1949 年文教科卫事业费支出 8.76 万元,占财政总支出的 7.5％;"一五"期间支出 318.03 万元,占 16.1％;"三五"计划期间支出 603.9 万元,占总支出的 20.3％;"四五"计划期间支出 1 612 万元,占 36.4％;1981—1985 年支出 2 566.5 万元,占 36.5％。

1949—1985 年财政支出情况表　　　　　　　　单位:万元

| 年度 | 实际支出数 | 其中 | | | | | | | | | | | 上解支出 | 本年结余 |
		基本建设	五小企业补助	新产品试制	流动资金支出	支农	工交商业部门事业费	下乡安置费	文教卫生	抚恤救济	行政支出	其它		
							......							
1965	619.90	164.10				35.00		0.8	104.90	6.40	71.90	202.40		34.40
1966	597.20	195.40				32.50			107.80	5.10	73.40	80.00	52.70	50.30
1967	520.70	89.80				76.10			117.80	49.20	61.10	4.00	60.70	62.00
1968	500.10	86.00				42.00		2.3	115.40	27.50	63.30	3.20	88.00	72.40
1969	732.80	70.50				58.40		9.2	127.40	123.50	73.40	44.70	150.60	75.70
1970	627.70	74.10			10	56.60		2.5	135.50	40.30	64.60	26.90	178.70	38.50
1971	782.70	219.80			20	54.40		1.5	145.60	49.70	71.40	14.80	181.60	23.90
1972	814.70	120.40		1.5		123.80	0.2	0.9	175.20	41.80	74.50	33.00	214.90	28.50
1973	836.70	80.70		1.2	35	111.60	0.3	16.10	198.70	30.60	102.80	1.20	227.80	30.70
1974	853.20	28.80		9.9	17.6	186.80	0.9	13.4	223.90	24.80	114.10	2.90	239.60	−95.00
1975	665.70	17.60	85	0.1	30.5	133.10		26.8	228.10	32.30	110.10	40.80		−38.70
1976	758.60	20.70	5	5.2	27.0	158.10	3.5	12.0	247.80	31.20	124.20	3.00	101.20	19.70
1977	904.80	39.70		1	12.0	179.30	4.4	12.7	256.60	41.00	124.00	62.00	177.90	50.00
1978	846.80	16.50	22	0.7	13.0	234.70	0.7	6.3	299.80	102.40	134.00	16.70		
1979	1 031.50	47.10		2.2	27.0	278.70	1.0	4.3	378.30	112.70	155.60	24.60		
1980	889.70	51.40		19.5	14.0	164.50	0.8	5.1	429.50	67.30	182.60	10.40		−55.40
1981	1 033.60	79.40			7.0	204.80	0.3	16.9	447.60	69.60	208.10	249.00	15.80	−40.80
1982	1 335.30	207.30			1.0	210.40	0.8	4.8	504.00	96.40	170.60	86.10	23.00	30.90
1983	1 448.30	227.40		3.7		93.90	20.7	5.0	473.20	81.40	207.00	198.10	77.80	60.10
1984	1 419.00	161.90		1.6		130.90	20.0	3.9	550.80	79.30	249.30	118.20	105.00	16.10
1985	1 792.70	54.70		1.5		247.10	3.5	0.4	590.90	83.10	250.20	561.20		

（第二编第十四章《财政》,第 328—329 页）

1980 年 12 月,县革命委员会改为县人民政府,其工作机构随之作了调整。……知识青年上山下乡安置办公室并入劳动局。

（第三编第四章《人民政府》,第 424 页）

1968 年,毛主席发出"知识青年到农村去,接受贫下中农再教育"的指示,城镇知识青年上山下乡形成高潮。1970 年,原阳县成立知识青年上山下乡安置办公室,1968—1980 年先后接收来自全国各地的城市知识青年 2 500 名,分别予以插队安置或集中设点安排其参加劳动。到 1981 年,又安排下乡城镇知识青年回城就业,但随着初、高中毕业的待业青年逐年增多,组织劳动就业仍是社会重要课题。1981 年,县劳动局成立了劳动服务公司,1982 年,知识青年办公室并入。几年来,本县通过招工、招干、参军、升学、补员或组织个体经营、自谋职业等途径,使绝大部分青年有计划的走上劳动岗位。

（第六编第三章《劳动　就业》,第 621 页）

知识青年上山下乡

1955 年,毛主席为《在一个乡里进行合作社规划的经验》一文的按语中说:"农村是一个广阔的天地,在那里是可以大有作为的"。自此,即有部分城市青年主动到农村锻炼。1965 年,本县接收一名来自郑州的女知识青年张连枝,经县教育局安置到包厂乡赵厂大队插队,这是原阳县第一次安置下乡的知青。

1968 年,毛主席发出"知识青年到农村去,接受贫下中农的再教育"的号召,城镇知识青年上山下乡形成高潮。当年,本县接收来自全国各地的知识青年 446 人。此后每年都有成批城市知识青年到本县农村插队。

1965—1980 年接收知识青年下乡人数表

年度	1965	1968	1969	1970	1971	1972	1973	1974
人数	1	446	150	51	50	39	431	159
年度	1975	1976	1977	1978	1979	1980	合计	
人数	723	106	196	81	0	67	2 500	

为了妥善安置下乡知青,凡集体下乡的设立集中点,对返回原籍生产及插队劳动的按生产队管理,也称为零星点。几年来共建集中点 54 个,零星点 130 多个。各集中点均抽派国家干部职工分别作为领队。集中点分布在 19 个乡镇（公社）:

城关公社:牛井、宣化寨、镇林场。

葛埠口公社:大张寨、魏店、乡林场。

师寨公社:师寨、高庄、黑龙潭、赵清庄、新集、刘纪岗庄、曹杨庄、周庄、老杨庄。

祝楼公社:宋楼、东圈、新城、祝楼、玉村、农场二队。

桥北公社:盐店庄、马庄、范庄、农场一队。

原武公社:原武南街。

韩董庄乡:拾区、双井、乡林场。

黑洋山公社:下马头。

福宁集公社:西寨、东寨、乡林场。

包厂乡:包北、包西、乡林场。

靳堂公社:靳堂、姚寨、宣化堡、刘庄。

太平镇公社:西衙寺。

大宾公社:大宾、小庄。

郭庄公社:郭庄、乡林场。

陡门公社:陡东、乡林场。

齐街公社:孟寨、沙岗、马辛庄。

路寨公社:路寨。

阳阿公社:阳阿、乡林场。

王杏兰公社:王杏兰、甄杏兰。

1980 年以后,开始安排知识青年返城就业,到 1982 年 2 月,在本县下乡的知识青年,或升学、参军,或回城就业,全部得到了安置。 (第六编第三章《劳动 就业》,第 623—624 页)

《武陟县志》

武陟县地方史志编纂委员会编,中州古籍出版社 1993 年

(1969 年)10 月,城镇知识青年开始上山下乡;至 1980 年春,武陟县共接收 1 566 人。至 1982 年全部返城就业。 (《大事记》,第 34 页)

1980 年 3 月,武陟县第五届人民代表大会决定,撤销武陟县革命委员会,重新恢复武陟县人民政府名称。 (第五编第二章《行政机构》,第 131 页)

1982 年,知识青年上山下乡工作办公室并入劳动局;增设地方史志编纂委员会总编辑室;改供销合作社为供销合作联合社。 (第五编第二章《行政机构》,第 132 页)

第二节 知识青年安置

"文化大革命"期间,开始下放"知识青年"(城市里初级中学以上毕业生,到农村劳动锻炼)。1968 年 12 月到 1978 年底,郑州、新乡等城市知识青年 1 566 人(其中男 805 人,女 761

人),大部分在本县农村落户插队。1978 年 10 月,根据中共中央、国务院指示,对知识青年采取招工、参军、考学、办知青农工商联合企业公司等多种形式安置就业。1982 年知识青年全部安置完毕。

武陟县几个年份就业安置情况统计表

年份	安置人数（人）	其中			
项目		本县招工（人）	转业军人安置（人）	技校学生（人）	其他（人）
1966			43		
1974	290	271	19		
1975	633	575	58		
1976	374	318	56		
1977	343	324	19		
1978	239	230	9		
1979	695	677	18		
1980	578	542	36		
1981	851	785	66		
1982	465	388	64	13	
1983	534	416	102	16	
1985	600	98	33	3	466

（第九编第四章《劳动就业》,第 195 页）

《孟县志》

孟县志编纂委员会编,陕西人民出版社 1991 年

（1969 年）1 月,孟县革命委员会成立知识青年上山下乡办公室,开始安置知识青年到农村落户劳动。

（《大事记》,第 31—32 页）

是年（1982 年）,清退计划外用工 1 006 人,县知识青年上山下乡办公室撤销。

（《大事记》,第 36 页）

1978 年,县革委下设计划委员会、科学技术委员会、农林水办公室、工交办公室、财贸办公室、科学教育办公室、计划生育办公室、知青办公室……人民银行等。

（第二编第四章《县政府》,第 145 页）

1980 年,对老弱病残干部和离、退休干部,实行补充自然减员办法,将其子女进行了妥善安置。对退职退休的职工实行子女顶替,给予安置。对于上山下乡知识青年,经过德、智、体全面考核择优录取。　　　　　　　(第二编第七章《人事　劳动　民政》,第176 页)

城镇知识青年上山下乡工作

孟县的知青下乡工作,开始于1955 年,为数很少,也没有专设机构。1964 年大力宣传动员城市知青参加农村社会主义建设。1968 年成批接受焦作、新乡、开封等市知青来孟,中共孟县县委设专人办理接收安置。1969 年孟县革命委员会正式成立"知识青年上山下乡办公室",归属县革委生产组直接领导。1971 年归孟县计划委员会领导,1974 年成为独立机构,由县革委直接领导。下乡知青建立三结合(贫下中农、带队干部、知识青年)青年队,全县共建8 个青年队:曲村、赵改、罗状、城伯、落驾头、治成、化工农场、南临泉。集体插队组55 个,分布在9 个公社,17 个大队,62 个生产队。分散插队,返乡回原籍的遍布全县。青年队、组以社队为主,厂、社配合。安置形式是两集中两分散或三集中两分散:大队(村)集中学习、吃饭,分散到生产队住宿和劳动或集中大队(村)学习、吃饭、住宿,分散到生产队劳动和参加分配,知识青年队由公社、大队给宅基地,国家按下乡人数每人给200 元建房费,建筑房舍,集体吃、住、劳动。评工记分,按劳分配,多劳多得,生活上每人每月22.5 斤粮食标准,食油0.25 斤,吃菜由所在生产队计价供应。全县8 个知青队共建房401 间,有土地1 159 亩,大小牲畜39 头,购置大拖拉机6 部,小拖拉机5 部,各种农田机具38 台和各种生产、生活用具。插队组享受和社员同等权利与义务。1979 年知识青年由下乡转为待业,知青队、组相继撤销,所有财产折款归知青办公室。1981 年劳动服务公司成立,负责办理城镇知青待业、就业工作。　　　　　　　　(第二编第七章《人事　劳动　民政》,第179—180 页)

《沁阳市志》

沁阳市地方史志编纂委员会编著,红旗出版社1993 年

(1968 年)10 月,根据毛泽东主席"知识青年到农村去,接受贫下中农再教育,很有必要"的指示,从10 日开始,先后分期分批接收外地和组织县内知识青年到农村分散或集体插队,参加生产劳动,接受贫下中农再教育。　　　　　　　　　　　　　(《大事记》,第31 页)

1968 年7 月,遵照中共中央指示和毛泽东主席关于"知识青年到农村去,接受贫下中农再教育,很有必要"的指示,县革命委员会成立知识青年上山下乡领导小组,下设办公室,专门负责办理知青上山下乡锻炼事宜。当时,知青上山下乡有两种形式,一是零星插队,和群众同吃同住同劳动同分配;二是集体建队,吸收贫下中农代表参加,统一组织劳动,实行按劳

分配。从 1967 年至 1978 年 10 多年间,先后组织 4 856 名知识青年到 14 个公社 60 个大队插队、建队劳动。其中,沁阳知青 2 199 人,焦作知青 2 657 人。从知青上山下乡第二年起,开始陆续予以安置。到 1982 年底,下乡知青全部安排工作,其中,招为全民工 4 332 名。

(第十篇第二章《劳动》,第 207 页)

《修武县志》

修武县志编纂委员会编,河南人民出版社 1986 年

(1965 年)12 月 14 日,修武县第一次上山下乡知识青年积极分子代表会议在县城召开。

(《大事记》,第 742 页)

(1973 年)8 月 16 日,成立修武县知识青年上山下乡领导小组,下设知识青年安置办公室,各公社相继成立了知识青年再教育领导小组。

(《大事记》,第 47 页)

第三章　知识青年上山下乡

　　二十世纪五十年代,党中央和毛泽东主席发出城镇青年要"面向工矿、面向农村、面向边疆、面向基层"的号召,着重指出了"农村是一个广阔的天地,在那里是可以大有作为的"。此后知识青年上山下乡之风开始在全国兴起。1968 年,党中央和毛泽东主席再一次强调"知识青年到农村去"以后,知识青年上山下乡运动进入高潮。修武县的知识青年上山下乡工作,始于 1964 年。此后,每年都有一部分城市初、高中毕业生来修武农村安家落户,接受贫下中农再教育。

　　1970 年以后,部分知识青年经过劳动锻炼,分批回城就业。1975 年上山下乡运动进入低潮。至 1980 年,政府不再组织知识青年上山下乡,是年底在修武县下乡的知识青年,全部返回原户口所在地。随之知识青年上山下乡工作也告结束。

第一节　上山下乡的形式

　　从 1964 年到 1977 年的 13 年间,修武县共接收外地和本县下乡的知识青年达 5 055人。其中来自开封的 36 人,郑州的 65 人,新乡的 3 945 人,焦作的 222 人,本县城镇的787 人。

　　知识青年到农村务农,大体有四种形式:一是建立青年队,集体落户,集体生活,集体劳动,独立核算,按劳分配。全县先后共建 44 个青年队。二是把知青分散到生产队落户,在社员家中居住,或自立门户,随社员在队里劳动,与社员一样参加分配。三是到国营林场、农场落户。四是零星回原籍落户(主要是本县城镇的知识青年)。

3393

知识青年下放修武县建队插队情况表

年　份	建　队　地　址	插　队　地　址
1964 年	二十里铺。	
1965 年	马头山林场。	
1968 年	河湾、朱营、常庄、西刘庄、李屯、小营、中常村、北俎近、东俎近、南张。	小纸坊、小文案
1969 年	小泊、白庄、申国、北高村、大北张。	大位村、小位村、刘范村、薛延陵、史平陵、仇化庄、周流。
1971 年至 1979 年	分别安置在上述各场、队。	分别安置在上述各村。

第二节　组织管理

为了搞好知青上山下乡工作,1968 年底,成立了"修武县上山下乡知识青年办公室"。1973 年 3 月,成立了有 7 人组成的"知识青年领导小组",下设"知识青年安置办公室"。专门负责办理知识青年的分配和离队、回城以及有关事宜。各公社各大队均有一名副书记负责此项工作,多数大队还成立了"贫下中农再教育委员会。"政府还抽调 150 个国家干部带薪下放和知青生活在一起,做好知青的具体组织和领导工作。他们分别带队到各青年农场、队,负责组织领导知识青年的劳动生产和政治思想工作。

下乡的青年,经过劳动锻炼,分期分批离开农村,其去向有下列五个方面:①参加中国人民解放军;②考入大专学校;③被招工录取;④回城待业;⑤其它原因回城。

为了解决本县的知识青年就业安置,1980 年 1 月成立了"知识青年农工商联合公司"。1982 年知青安置办公室同劳动局合并,随将知识青年的安置工作交由劳动服务公司管理。此后,知青的安置形式有了改变:一是开办加工厂;二是组织开办商店、旅社、食堂等第三产业。以上两种形式,为集体性质,经营方式是自负盈亏。参加人员自愿者可以批准为集体工。三是有条件的单位将属本单位职工子女的知识青年,安排在本单位劳动就业或待业。

知识青年下乡安置和回城情况表

年份	安置情况			离队(场)回城情况					
	建队(场)		插队人数	参军	上大学	招工回城	回城待业	其它	合计
	队数	人数							
1964	1	142							
1965	1	36						2	2
1966								1	1
1967								3	3
1968	10	318	147					5	5
1969	5	123	323					6	6
1970						1 080		2	1 082
1971			74	5	7			1	13

年份	安置情况			离队(场)回城情况					
	建队(场)		插队人数	参军	上大学	招工回城	回城待业	其它	合计
	队数	人数							
1972			36	9	5			12	26
1973	15	910	53	15	14	79		8	116
1974	12	846	624	17	27	123		6	173
1975			967	66	39	396		9	510
1976			125	63	34	43		11	151
1977			258	45	82	123		7	257
1978			61	79	89	678	3	23	872
1979			12	88	17	857	7	2	971
1980						143	724		867
合计	44	2 375	2 680	387	314	3 522	734	98	5 055

(第八编第三章《知识青年上山下乡》,第 660—661 页)

(1971 年)2 月 11 日,全市 1969—1970 年两届中学毕业生,上山下乡到郊区 2 937 名。

(《大事记》,第 88 页)

是年(1973 年),贯彻"统筹解决"精神,试办"青年点"、"青年队"、"青年农场"安置知识青年。市委成立上山下乡领导小组,配备专职干部,设立"上山下乡办公室"。当年动员 4 700 余名知识青年上山下乡。

(《大事记》,第 91 页)

(1980 年)9 月 13 日,中共安阳市委召开知青工作会议,研究解决劳动就业问题。强调解放思想,放宽政策,广开门路,发展生产,实行在政府统筹规划和指导下,劳动部门介绍就业,自愿组织就业和自谋职业相结合的方针。今后不再搞"上山下乡"。12 月,安阳市成立劳动服务公司。

(《大事记》,第 99 页)

1969 年 1 月,市革委根据毛泽东"知识青年到农村去,接受贫下中农再教育很有必要"的指示,制定《关于上山下乡一些具体问题的处理意见》,在城市掀起知识青年上山下乡热潮。在接受再教育的思潮推动下,学生下乡到农村插队劳动,城市中小学教职工、机关干部、医务工作者、文艺工作者也多被下放农村,接受所谓再教育。

(第五篇第三章《新中国成立后重大政治活动》,第 284—285 页)

"文化大革命"时期,前期基本没有招工。对待业知识青年,采取大规模动员上山下乡的办法,从1965年到1980年共计动员知识青年上山下乡19 122人,办理留城15 000人。当时不准发展个体经济,发展集体经济也加以限制,城市劳动就业渠道被堵死,就业门路很窄。直到"文化大革命"后期,还有27 000多名待业人员。

中共十一届三中全会后,市委成立了安阳市待业青年安置领导小组和安阳市待业青年安置办公室,认真贯彻执行中共中央、国务院的劳动就业方针,有计划有步骤地解决城镇待业人员就业问题。主要通过调整经济结构,大力发展集体经济,适当发展个体经济,组织待业青年自谋职业。同时有计划地组织国营企业招工,大力兴办各级劳动服务公司,开展了就业前培训。1979年到1985年年底,共安排城镇待业青年就业78 000人,较好地解决了十年动乱遗留的就业难题,逐步达到了当年新增劳动力当年安排就业。到1985年底,全市城镇就业人员达353 614人(其中集体职工91 796人),占城镇人口总数的63.2%。

(第二十七篇第七章《劳动 工资》,第1553页)

《安阳市郊区志》

安阳市郊区志编纂委员会编,中国标准出版社1990年

(1971年)2月11日,中共中央发出"知识青年上山下乡"的号召。全市1969年、1970年两届中学毕业生一次下放到郊区2 937名。 (《大事记》,第40页)

第三节　知青安置

郊区知识青年的安置工作从1968年开始进行,1970年又专设"郊区上山下乡办公室"。安置对象主要为本市知识青年,安置工作贯彻"分散插队为主,集中安置为辅"的方针。安置办法有:1.插队。全区115个大队,接受安置任务的有105个大队;2.下放到国营农场。主要是中国科学院棉花研究所和安阳市农业试验场;3.按系统建立知青农场。1973年,市内各局委、大厂矿先后在龙泉乡、北郊乡建农场10所。

在知青安置工作中,国家和集体给予必要的扶助。在安置过程中各村队支援了大量劳力和建筑材料,为知青盖住房,并赠送各种劳动、生活、学习用品,市区派干部带队,加强对知青的具体领导,大队派干部帮助知青管理生产和生活。知青农场以务农为主,兼搞其它生产。

1978年10月,国务院对知青安置工作进行了调整,知青安置不再上山下乡,而是就地安排。下乡知青先后全部回城参加工作,各知青农场多于1979年停办,或改作它用,郊区上山下乡办公室也随之撤消(见表7-13,7-14)。

表 7-13　1968—1980 年郊区知青下放安置情况

下　　放		安　　置		下　　放		安　　置	
年　份	人　数	安置去向	人　数	年　份	人　数	安置去向	人　数
1968—1969	1 991	参军	844	1976	4 196	其它	201
1971	2 869	升学	216	1977	336		
1973—1974	1 393	招工	4 750	1980	15		
1975	566	回迁	5 355	合计	11 366	合计	11 366

表 7-14　知青农场基本情况表

筹办单位	农 场 场 址	建筑面积(亩)	耕地面积(亩)	知青人数(人)
市重工局	龙泉乡石岩村西南	25	618	227
市交通局	龙泉乡东上庄西北	45	833	110
市化工局	龙泉乡孟家庄东南	21	315	121
市轻工局	龙泉乡后庙村北	37	898	205
市二轻局	龙泉乡龙泉村西	20	201	119
市粮食局	龙泉乡羊毛屯村南岭	11	164	80
市建委	龙泉乡东平村东南	15	346	66
市一商局	龙泉乡大涧村南	15	157	47
市二商局	龙泉乡全林村北	25	384	110
纱　厂	北郊乡皇甫屯			
农试场	东郊乡七里店			200
棉研所	安阳县白壁			282

（第七编《社会保障志·劳动就业》，第 378—379 页）

《安阳市铁西区志》

安阳市铁西区志编纂委员会编，中州古籍出版社 2000 年

　　(1971 年)2 月 11 日，中共中央发出"知识青年上山下乡"的号召，全市 1969—1970 年两届中学毕业生一次下放到郊区，共 2 937 名。　　　　　　　（《大事记》，第 22 页）

《安阳市北关区志》

安阳市北关区地方史志编纂委员会编，国际文化出版公司 1997 年

　　是年(1974 年)，遵照毛泽东主席"知识青年到农村去，接受贫下中农再教育"的指示，共

有 86 名知识青年上山下乡。

（《大事记》,第 36 页）

（1980 年)1 月,成立待业青年安置办公室,负责安置城市待业青年就业。

（《大事记》,第 41 页）

60 年代末,号召知识青年上山下乡。1973 年设北关区上山下乡办公室,组织知识青年上山下乡,并负责招工工作。在知青安置中,由国家和集体对知青给予必要的扶助和照顾,如解决知青住房、赠送生活用品等。

1978 年 10 月,落实国务院规定,知识青年就地安排。原上山下乡知青陆续返回城区。1979 年,区知青上山下乡办公室并入劳资科,由劳资科继续负责安排知青就业,当年安排 36 人。1980 年安排 24 人。1982 年最后一批安排 24 人。　（第十三章《人民政府》,第 266 页）

《安阳市文峰区志》

安阳市文峰区地方史志编委会编,中州古籍出版社 2000 年

（1968 年)12 月 24 日,文峰区组织知识青年上山下乡,到 1969 年 2 月底,全区有 400 多名知识青年下放到农村。此后,每年都有几百名知识青年被下放到农村,一直延续到 1978 年。

（第二篇《大事记》,第 31 页）

第五节　安置知识青年和待业青年

1963 年,党中央、毛主席向全国城镇知识青年发出"面向工矿、面向农村、面向基层、面向边疆"的号召,全区一大批城市社会青年和闲散社会劳动力奔赴矿山、农村、边疆,参加社会主义新矿山、新农村、新边疆的建设。1969 年,毛主席又发出"知识青年到农村去,接受贫下中农的再教育,很有必要"的指示,全区大批初、高中毕业生和社会青年,走向农村。据统计,1972 年至 1978 年,除政策规定批准身边留一个子女和因病留城的 809 人外,仅文峰区的干部、职工子女就有 1 399 人上山下乡。这些知识青年有的到农村插队落户,有的到农场劳动锻炼。

1978 年 10 月,知识青年上山下乡工作终止,大批知识青年开始回城。1979 年以前,对知青安置的具体政策是:依据家庭出身、现实表现和下乡满二年以上,经贫下中农推荐,方可回城安置工作或升学、参军。凡符合上述条件回城的知青安置工作时,由劳动部门统一分配。1979 年以后,中共河南省委对知识青年的安置工作提出了新的要求和规定:"在今后三年内要积极开拓新的领域、新的行业,大力发展集体所有制企业,积极扩大大学、中专和技术学校的招生名额,为更多的知识青年升学、就业创造条件;集体所有制招工指标,可大部分用

于安排主办单位的留城和下乡的知青。"根据这一精神,到 1981 年底,文峰区的上山下乡知识青年全部安排就业。

1980 年 10 月,成立区劳动服务公司,大力发展城市集体企业。同时,国营、集体、个体一齐上马,几经努力,兴办待业青年生产网点 130 多个,安置待业青年 1 600 余人,使待业青年就业问题基本得到解决。1987 年据全区待业青年现状抽样调查结果表明:全区 99% 的待业青年得到安置,没有工作的占 1%。这个比例数字大大低于国家规定的 3% 的要求。

(第十五篇第三章《劳动》,第 370—371 页)

《安阳县志》

安阳县志编纂委员会编,中国青年出版社 1990 年

(1956 年)3 月 21 日,全县有 202 名青年男女被批准奔赴黑龙江省依兰县,参加支边垦荒队。

(《大事记》,第 75 页)

60 年代,国家号召城镇知识青年上山下乡务农,进行劳动锻炼。"文化大革命"期间,城镇所有初、高中毕业生,一度全部下放农村,插队劳动。安阳县于 1965 年 3 月成立知识青年上山下乡办公室,开始接受和安置工作。下放境内的知青大部来自安阳市,少数来自外省、市、县。

10 多年中,国家和农村社、队对下乡知青予以多方扶助。国家先后拨给安阳县知青安置经费 250 万元、木材 575 立方米;购置汽车 4 部、拖拉机 8 台、手扶拖拉机 3 台。境内农村拨出耕地 720 亩,建立知青总场 4 个,共拥有的固定资产折款 61.8 万元。

1978 年 10 月,中央对下乡知识青年政策作了调整。安阳县对原下乡知青进行统筹安排,截至 1982 年底,先后招工 5 403 人;成立农、工、商知青商店、组 17 个,安排 388 人;迁回城镇 2 341 人;个别已在农村安家落户。

安阳县 1965 年至 1980 年接受知识青年人数表

年 度	接受人数	年 度	接受人数
1965 年	275	1974 年	948
1969 年	2 279	1975 年	2 259
1971 年	70	1976 年	554
1972 年	383	1977 年	489
1973 年	497	1980 年	381

(社会篇第五章《劳动工资》,第 1040—1041 页)

《鹤壁市志》

鹤壁市地方史志编纂委员会编，中州古籍出版社 1998 年

(1969 年)1 月，鹤壁市城市知识青年 1 200 多人到郊区农村安家落户。

（第二篇《大事记》，第 96 页）

(1974 年)11 月 21 日，鹤壁市召开上山下乡知识青年积极分子代表会议。

（第二篇《大事记》，第 100 页）

1965 年—1978 年底，全市下放到农村的知识青年共 12 640 人除个别在农村成家者外，其余全部回城就业。

（第二篇《大事记》，第 104—105 页）

"文化大革命"期间，劳动人事管理机构被撤并，有关劳动人事的法令、制度、政策、规定得不到严格执行，把有些安全生产规章当作"管、卡、压"批判，劳动人事工作一度处于混乱状态。"以工代干"、亦工亦农人员激增，大批城市知识青年上山下乡造成城乡劳动力对流，"突击提干"造成干部队伍不纯。中共十一届三中全会后，劳动人事机构得到恢复和加强。为适应社会主义建设新时期的需要，建立健全各项管理制度，开始整顿工人、干部队伍，办理退休退职，向社会招工招干，安置上山下乡知识青年和城镇待业人员，对"以工代干"人员和政法民警进行转干。1984 年，进行机构改革，精简机构，任用一批知识分子和中青年干部到领导岗位上来，从而形成一支强大的干部队伍和劳动大军，为社会主义经济建设和改革开放贡献力量。

（第十一篇《劳动人事》，第 441 页）

1965 年，鹤壁市成立安置城市青年领导小组，安置城市知识青年上山下乡 200 人，到市郊生产大队集队插队劳动。1968 年，成立鹤壁市知识青年上山下乡办公室，有领导、有计划、有组织地全面展开知青下放安置工作。是年，下放知青 1 169 人，分别到郊区 31 个生产大队和 4 个新建青年队"安家落户"。1970 年—1977 年，下放知青 11 188 人，去向主要是郊区 4 个人民公社的生产大队、青年场(队)和鹤壁矿务局农场、林场。1978 年，下放知青 83 人。至 1978 年，全市共有 12 640 名知识青年先后上山下乡参加生产劳动。1979 年，市劳动部门根据有关文件精神，把知识青年返城安置当成劳动就业的重心，会同有关单位统筹安排，到年底安置回城知青就业 12 134 人。此后又陆续由各有关单位安置 506 人。

（第十一篇第一章《劳动力管理》，第 449 页）

其他支出为上述七类未包括的开支，包括兵役征集费、人民防空经费、看守所、审查站经费、城镇青年下乡安置费和就业费、其它部门事业费(主要有工商事业管理费，统计事业费，

劳改劳教事业费和其他事业费等）。

......

1957 年—1985 年其他支出情况　　　　　　　　　　单位：千元

年份	合计金额	人民防空和民兵经费	下乡安置费	城镇就业费	其他部门事业费	决算其他支出项下列支数	其他	备注
1957	6					6		
1958	3					3		
1959	3					3		
1960	12					12		
1961	21					21		
1962	23	5				18		
1963	318					318		
1964	159					17	142	其他列支数系水毁修复费
1965	31	1	13			17		
1966	24		7			17		
1967	26		1			25		
1968	65		132			65		
1969	222		204			18		
1970	46					46		
1971	403		376			27		
1972	774	561	183			30		
1973	1 094	539	527			28		
1974	1 334	500	793			41		
1975	1 715	600	1 073			42		
1976	1 021	203	652			166		
1977	1 304	420	805			79		
1978	1 040	552	292			196		
1979	925	493	140			292		系其他支数 预留调资款
1980	1 066	99	406			541		系其他列支数 预留调资款
1981	1 368	179	434			672	83	系其他列支数 缴回上年
1982	1 379	60		262	360	626	71	预留调资 应补未补数
1983	1 652	131		344	625	706	—154	系其它列支数 价格补贴支出
1984	2 030	140		414	607	869		
1985	5 002			120	637	1 265	2 980	
合计	23 198	4 483	6 058	1 140	2 229	6 166	3 122	

（第二十八篇第二年《财政支出》，第 1079—1080 页）

"文化大革命"10年间,不少教职工离开了教育战线。工厂派一些有一定文化水平的工人到学校任教,市教育局从工人家属和下乡知识青年中招收大量人员充实到中小学任教。

(第三十三篇第六章《教师》,第 1232 页)

《南乐县志》

南乐县地方史志编纂委员会编,中州古籍出版社 1996 年

1981 年撤销革命委员会,恢复人民政府,逐步恢复完善职能部门。人民政府设办公室、农业委员会、经济委员会、人事局、科教办公室、棉花办公室等。直属机关有公安局……知识青年安置办公室、计划生育办公室和编制委员会等。

(第十四卷第二章《人民政府》,第 430 页)

"文化大革命"中,号召城镇知识青年上山下乡。1970 年,"五小工业"上马,县内外一些厂矿陆续从知识青年、退伍军人或农村青年中招收工人。1973 年起,采取群众推荐,民主评议,领导同意,劳动部门审批的办法,对下乡知识青年、留城青年及社会青年中进行有计划的招工。

1980 年,招工制度进行改革,采取德、智、体全面考核,公开招工,通过考试择优录用的办法,招收年龄在 16—25 岁,家居在城镇的未婚男女青年就业。1981 年一年就招收固定工1 151 人。

(第十五卷第二章《劳动》,第 446 页)

第二节　知青安置

1968 年以后,知识青年陆续下乡插队,接受"贫下中农再教育",大部被安置到张浮丘,1973 年转到东侯。知青安置工作由县生产指挥部管理,后由县计划委员会负责。1973 年,成立知识青年安置办公室,专司其事。知识青年大规模下乡,分别到东侯、崔方、宋庄、操守、西韩固疃等村参加农业劳动。1974 年,在县东罗疃村建立知青场队,俗称"青年队"。1975 年 8 月,增设李家村、马耿洛两个知青点。1976—1977 年又在留胃村和梁村设立知青点。1978 年,最后一批知青被安置到罗疃青年队。11 年间,共拨知青安置经费 30 万元,盖房174 间,接受外地和本县知青 1 090 人。1979 年,知识青年停止下乡,已下乡知青先后通过招工、招生、征兵等形式,离开农村,参加工作。

1980 年 1 月,知青办公室与劳动局合并。劳动局下设劳动服务公司。1981 年底,知青在县直企事业临时待业。1983 年 9 月,劳动服务公司已安置城镇待业青年(含回迁城镇的下乡知青)共 1 055 人。

(第十五卷第二章《劳动》,第 448—449 页)

1949年,劳动工作由县行政科兼管。1958年10月,县人民委员会劳动科正式成立。1959年,根据精简机构的原则,劳动科与工会合并。"文化大革命"开始后,劳动人事机构陷于瘫痪。1968年9月,县革命委员会成立,劳动工作由生产指挥部代管。1970年改由计划组分管。1972年由计划委员会代管。1973年成立了下乡知识青年安置办公室。

（第十五卷第二章《劳动》第457页）

1988年办回乡知识青年培训班,累计349期,培训18 142人,其中初训9 480人,被评为省级"回乡知青培训先进县"。 （第十九卷第二章《教育事业》,第540页）

《范县志》

范县地方史志编纂委员会编,河南人民出版社1993年

(1968年)11月,全县知识青年下乡活动出现高潮。 （卷一《大事记》,第42页）

(1973年)7月,知识青年上山下乡办公室成立,1982年并入劳动局。

（卷一《大事记》,第43页）

本县知识青年上山下乡始于1968年。同年12月成立知识青年上山下乡安置办公室,接收外来知青150名。1973年7月,本县组织第一批143名知识青年下乡。到1980年底共有781名知识青年到高码头乡丁河涯村、颜村铺乡东于庄村、杨集乡马桥村、白衣阁乡临黄集和县知青农场五个知青场点和单个联系的村庄接受锻炼。知青场点由县委派干部实施领导,国家给一定数量的安置费和生活补助费。1980年10月成立劳动服务公司,负责待业青年的就业安置工作。1981年起,不再动员知识青年上山下乡,留在城里待业。1982年9月,下乡知识青年全部回城,均安置了工作。 （卷二十二第一章《劳动管理》,第507页）

《台前县志》

台前县地方史志编纂委员会编纂,中州古籍出版社2001年

(1968年)11月,全县知识青年到农村"接受贫下中农再教育"形成高潮,后陆续升学、参军、就业或回城。 （《大事记》,第53页）

1974年1月—1976年10月,办事处职能部门有:……知青安置办公室(1974.1—1976.10)、计划生育办公室(1974.1—1976.10)。 （第三编第四章《人民政府》,第213页）

知青安置

1968 年,毛泽东发出"知识青年到农村去,接受贫下中农的再教育"的号召。同年 12 月,范县革命委员会成立知识青年下乡安置办公室,并接受外来知青 150 人。1973 年 7 月,范县组织第一批 143 名知识青年下乡。知青下乡劳动锻炼 2 年以上,经贫下中农推荐,可考工、升学或参军。1978 年 10 月以后,根据国务院规定,县以下城镇知青不再下乡,原下乡知青陆续迁离农村回城待业。为搞好知青安置工作,台前办事处于 1974 年成立知青办公室,1974 年—1980年,共安置就业 480 人。1985 年,知青就业安置工作改由劳动服务公司负责,通过招工、参军、升学、接班等途径,县内知青全部安置就业。　　　　（第八编第八章《劳动工资》,第 625—626 页）

《滑县志》

滑县地方史志编纂委员会编,中州古籍出版社 1997 年

(1966 年)4 月,县委开始动员和组织道口镇知青、闲散劳力下乡支农。截至六月底,下乡、返乡者共 414 人。其中闲散劳力 245 人,退伍军人 17 人,单身插队 2 人,返乡插队 9 户27 人,知青集体插队 123 人。　　　　　　　　　　　　　　　　（《大事记》,第 56 页）

(1969 年)全县广大知识青年、机关干部、教师、城镇居民按照毛泽东主席"知识青年到农村去,接受贫下中农再教育,很有必要"的指示,积极报名"上山下乡"。截至 4 月底,全县共安排7 000 余名知青插队锻炼,1 000 余名城镇居民、职工家属到农村安家落户。　（《大事记》,第 59 页）

《浚县志》

浚县地方史志编纂委员会编,中州古籍出版社 1990 年

(1969 年)11 月,成立知识青年安置领导小组,下设办公室(下简称知青办)。12 月,第一批知识青年到大赉店公社崔庄大队安家落户,建立青年队。到 1979 年,全县下乡知识青年累计达 1 993 人,接收安阳市及外地知青 2 710 人。1980 年 10 月,下乡的知识青年开始回城,1984 年全部离村。　　　　　　　　　　　　　　　　　（《大事记》,第 64 页）

"文化大革命"期间,劳动就业采取"统包统配"制度。由于国民经济比例失调,发展缓慢,就业门路越来越窄,每年大批高、初中毕业生待业,就业问题越来越突出。最高年份待业青年近 2 000 人。1969 年,浚县贯彻"知识青年到农村去"的指示,成立知识青年安置领导小组和办公室,动员城镇待业青年"上山下乡"。是年,有 48 人下乡务农。其中 9 人随父母或投亲到农村插队,其余 39 人于大赉店公社崔庄成立青年队。安置经费由安阳专区拨发,青

年队每人 400 元,下乡插队者每人 240 元。之后,知识青年分批下乡。1976 年,全县共设知青点 60 个,其中场、队 16 个,落户大队 44 个,共计知青 4 703 人。下乡知青中本县籍的 1 993 人,安阳市及外地的 2 710 人。

1978 年,开始调整"上山下乡"政策,知识青年陆续回城安置就业。1980 年,贯彻全国劳动就业会议精神,实行劳动部门介绍、自愿组织起来就业或自谋职业"三结合"的就业方针,扩大就业门路,改善就业结构。城镇知识青年不再下乡插队,改为留城分配。至 1983 年,浚县陆续安排知青就业(包括招工、招生、入伍等)3 059 人,回迁、转迁 1 590 人。剩下的 54 名知青分布在新镇"五四"农场、王庄青年队、卫贤青年队、崔庄青年队、郭渡青年队 5 个知青点。1984 年底,全部返迁就业。1985 年,全县有城镇待业青年 190 人。

(第四篇第五章《劳动　工资》,第 254—255 页)

《淇县志》

淇县县志总编室,中州古籍出版社 1996 年

(1968 年)12 月 21 日,根据毛泽东指示,知识青年开始上山下乡,插队落户。以后通过招工、考学、参军逐步回城,直到 1979 年知青上山下乡才告结束。　　(《大事记》,第 48 页)

(1979—1983 年)在"知识青年"安置方面,全县接受"上山下乡知识青年"1 472 人,至 1982 年全部安排,其中升学 80 人、外地招工 735 人、参军 231 人、回城就业 331 人、转回原籍 75 人。全县原有留城、回城社会青年,农村知青和其它闲散人员等高中毕业生 870 人,1982 年已安置 589 人。　　　　(第十一篇第二章《劳动　人事》,第 362 页)

1968 年成立知青安置办公室,归县革委会政工组辖。1970 年由县计委管理,称知青小组。1973 年 8 月,改为知识青年上山下乡办公室。1980 年 10 月知青办并入劳动局。

(第十一篇第二章《劳动　人事》,第 367 页)

1991 至 1994 年,淇县把回乡知青技术培训工作列入重要议事日程。

(第二十四篇第三章《社会教育》,第 674 页)

《内黄县志》

内黄县地方史志编纂委员会编,中州古籍出版社 1993 年

(1968 年)8 月,县成立知识青年上山下乡安置办公室,开始实行知识青年上山下乡,接

受贫下中农再教育。 （《大事记》，第 44 页）

第二节　城镇知识青年下乡与安置

　　1968 年 9 月 10 日，毛泽东主席发出"知识青年到农村去，接受贫下中农再教育"的号召，城镇非农业户口的高、初中毕业生和少量的闲散青年，积极响应号召，纷纷报名下乡。县设立知识青年下乡安置办公室，专门负责这项工作，县城和各接收大队（农村）分别召开欢送、欢迎大会。下乡光荣，蔚成风气，形成制度。从 1968 年到 1980 年，先后安置内黄、安阳和全国各地零星返乡知识青年 3 250 人。国家为每人发放安置费 300 元（多数是接收单位集体使用），分别安置在生产条件好、土地面积大、领导班子强的 110 个大队。其中有集体建队，有小组插队，有个别插队和回原籍落户等几种形式。知识青年下乡接受"再教育"，受到了锻炼，发挥了聪明才智，促进了农业科技的开发；部分青年入党，入团，被选拔为农村干部。

　　1971 年始，下乡知识青年通过征兵、招工、招生等途径，陆续离开农村。到 1980 年底，共有 3 100 名迁回城镇。1981 年起，不再动员城镇青年下乡。1982 年，撤销知识青年下乡安置办公室，在劳动局设立知青股，负责处理遗留问题。到 1987 年，除 7 名下乡女青年在农村结婚成家外，其余全部回城就业。

　　内黄县的知青下乡安置和管理工作是全省的先进单位。二安公社的魏湾、胡庄、大寨，梁庄公社的长均寨，中召公社的西街，六村公社的刘邢固等为模范点。魏湾大队的党支部书记魏凤阁和魏湾、大寨的知青代表，多次出席省、地会议，交流经验，巡回报告。人民日报、河南日报、光明日报多次发表通讯报道。 （第十一篇第一章《劳动》，第 214—215 页）

《清丰县志》

清丰县地方史志编纂委员会编，山东大学出版社 1990 年

　　1968 年，毛泽东主席发出"知识青年到农村去，接受贫下中农的再教育"的号召，县文教局设立了安置知识青年下乡小组。1969 年春，首批接收来自安阳市的知青到吴菜园、武强镇、大岳村等地建立知青点。

　　1970 年，县"革委"正式成立了知识青年上山下乡办公室，组织全县初中、高中毕业的城镇青年去农村插队落户。到 1979 年，全县累计安置 2 700 多名知识青年，分别下到高堡、马村、大屯、韩村、纸房、固城等 12 个公社，40 多个大队劳动锻炼。安置形式大致分 3 种，一是集体在农场落户，二是在大队建立知青点，三是分散插队或回原籍。国家和社队对知青给予了必要的扶助，诸如经费、木材和人力等。知青下乡劳动锻炼两年以后，经贫下中农推荐，可考工、升学或参军，至 1979 年，先后有 1 116 名知青通过考工、升学等途径就业。

　　1978 年 10 月以后，根据国务院规定，县以下城镇知青不再下乡，原下乡知青先后迁离

社队。1980年以后,由县劳动服务公司统一管理,知青分别办理了留城证、待业证,并组织他们广开就业门路。1978至1985年,通过升学、考工、接班和创办企业等途径,知识青年累计就业人数达1584人。

历年知青就业情况表

项目 年份	知青人数			下乡数	留城数	待业数	就业数
	原有	新增	累计				
1968	170	40	210	210			
1969	210	87	297	297			
1970	297	92	389	127			260
1971	129	98	227	92			135
1972	92	85	177	92			85
1973	92	125	217	107			110
1974	107	175	282	202			80
1975	202	128	330	253	37		40
1976	290	249	539	329	120		90
1977	444	107	556	444	65		47
1978	509	183	692	427	142		123
1979	569	160	729	450	135		144
1980	585	168	753		407	166	180
1981	575	200	773		307	217	248
1982	524	283	807		278	256	273
1983	534	296	830		193	343	294
1985	58	634	692			370	322

(第七编第四章《劳动　工资》,第424—425页)

《濮阳市志》

濮阳市史志办编,中州古籍出版社2005年

(1966年)3月9日,安阳专署批转《关于1966年动员城市知识青年和闲散劳力上山下乡工作意见》。各县知识青年上山下乡活动逐年铺开,于20世纪70年代末终止。

(《大事记》,第89页)

（1968 年）11 月，濮阳、范县等地知识青年（城镇户口的中学毕业生）上山下乡活动形成高潮。知青下乡活动至 1976 年止，后知青陆续升学或回城就业。　　（《大事记》，第 92 页）

"文化大革命"时期，大批青年到农村安家落户，暂时缓解城镇青年就业困难。1970 年后，境内一些企业陆续从知识青年、退伍军人或农村青年中招收工人。1973 年起，采取群众推荐、民主评议、领导同意、劳动部门审批的办法，在下乡知识青年、留城青年中有计划地招工，至 1976 年年底，濮阳境内职工达到 8.69 万人，比 1966 年增加了 1.79 万人，平均每年增加1 795 人；临时工达 6.81 万人，比 1966 年增加 5.49 万人，平均每年增加 5 488 人。

（第四十三篇第一章《就业》，第 1857 页）

《濮阳县志》
濮阳县地方史志编纂委员会编，华艺出版社 1989 年

第四节　知识青年安置及劳动就业
为了安置知识青年及闲散人员劳动就业，1974 年 10 月，县委成立了"知识青年上山下乡办公室"。1982 年 2 月，根据上级指示精神，合并于县劳动局。

一、知识青年安置
知识青年下乡，有以下几种安置形式：（一）建立齐劝青年队一个，安置知识青年 223 名；（二）建立知青点九个，安置知青 125 名。（三）分散插队或回老家落户的有 339 名。

自 1974 年至 1977 年，全县下拨知青安置费 30.47 万元，调拨木材 221 立方米，以及大批砖瓦、水泥、石灰、元钉等建房材料。

1974 年至 1977 年知识青年下乡情况如下表

年　份	本县下乡人数	外地来本县下乡人数	小　计
1974	213	25	238
1975	161	3	164
1976	137	2	139
1977	156		156

二、下乡知青劳动就业状况
转为国家干部 40 名，占 5％。

考入大专院校和中专学校 125 名，占 18％。

参军 214 名，占 31％。

因招工、婚嫁，疾病等原因迁往外地的 85 名，占 12％。

统筹安排在全民所有制单位的 70 名,安排在集体单位的 104 名,共 174 名,占 25%。

因父母退休而顶替接班的有 48 名,占 7%。

至今尚未安排,自谋职业者 11 名,占 2%。　　　　(第九编第四章《社会福利》,第 474 页)

《长垣县志》

长垣县地方史志编委会编纂,中州古籍出版社 1991 年

(1968 年)冬,第一批 85 名城镇知识青年下乡劳动,"接受贫下中农再教育"。

(《大事记》,第 46 页)

第一节　知识青年下乡

1968 年长垣县动员组织城镇知识青年下乡插队务农,安置办法大体有两种:一是到国营农牧场,一是建立知青点,到生产大队集体劳动。1968—1981 年,共组织 12 次,1 588 人,分别到常村乡大后、丁栾乡关路西、满村乡单寨、丁栾乡粮种场(知青场青年队)、县畜牧场,参加农业生产劳动,1982 年知青下乡停止。

长垣县知识青年上山下乡情况表

年　　度	人　　数	去　　向
1968	158	知青点　知青场
1969	172	知青点　知青场
1971	110	知青点
1972	48	知青点
1973	116	知青点　知青场
1974	182	知青点　知青场
1975	167	知青点
1976	192	知青点
1977	152	知青场
1978	111	知青场
1980	130	知青场
1981	50	知青场

下乡知青补助费分三等级:①跨地区下乡的每人补助 510 元,②本地区下乡的每人补助 490 元,③到国营农牧场的每人补助 400 元。粮油:由粮所供给商品粮半年,以后由劳动单位供给原粮。

1977年,对原下乡知识青年实行统筹安排。至1981年,除一部分留在丁栾知青农场劳动外,大部已回城安置。

长垣县城镇劳动就业情况表

年底	知识青年下乡人数	安置数	其中		农工青年	备考
			知青人数	商品粮闲散人员		
1968	158					
1969	172					
1970						
1971	110					
1972	48					
1973	116					
1974	182					
1975	167					
1976	192					
1977	152	97	96	1	29	
1978	111	105	105		34	
1979		623	405	218		
1980	130	701	354	347		
1981	63	50	796	717	79	

第二节　城镇劳动就业

1967—1976年,按招工指标,除在社会上招收技工外,多从城镇户口的待业青年中招收一般工人。办法是统一分配招工指标,先由各单位自选后向上推荐,再由劳动局对政审、体检进行复核。1979年后,采取"张榜招工,德、智、体全面考核,择优录取"的办法。对历届下乡或留城的知识青年,按年限排次序,本着"三先"原则(即先下、先留、先招)招收,老知青在文化考核时可在考分中增加一定分数。

1968—1981年共安置城镇青年劳动就业2 322人。

从1979年起,由于认真执行了"劳动部门介绍就业,自愿组织起来就业和自谋职业相结合"的方针,城镇劳动就业人数大增,仅1982—1985年,就安置城镇待业人员2 253人,大大减轻了因待业人员过多而造成的社会压力。

为了打破"铁饭碗",调动劳动积极性,提高职工素质,从1984年起改革用工制度,试招全同制工人,并逐步向全部"合同化"过渡。到1985年底共招合同制工人205人。

1982—1985 年长垣城镇劳动就业情况表

年度	待业人数	安置数	其 中				就业百分比
			全民工	集体工	临时工	其他	
1982	1 193	529	25	482		22	44.3%
1983	1 453	542	104	118	280	40	37.3%
1984	1 218	554	177	377			45.5%
1985	1 349	628	188	400		40	46.7%

(第八编第三章《劳动工资》，第 532—534 页)

《商丘地区志》

商丘地区地方志编纂委员会编，三联书店 1996 年

是年(1964 年)，全区动员城市知识青年、闲散劳力下乡下场，其中到农村集体插队的 31 个小组 245 人，下放国营农、林、渔场的 359 人。 （第二篇《大事记》，第 90 页）

(1976 年)6 月 1 日，商丘市又有 1 000 余名知识青年上山下乡，接受贫下中农再教育。几年来该市先后共有万余名青年奔赴农业第一线。 （第二篇《大事记》，第 96 页）

中共十一届三中全会以后，党的工作重点转移到经济建设上来，妥善安置了下乡回城知识青年，同时吸收了大量待业青年就业，工人数量再度增长。

(第六篇《人事　劳动》，第 381 页)

对于学徒工系上山下乡知识青年的，招工以后的生活费补贴标准较之其他学徒工(练习生)稍高。1980 年规定，下乡满 2 年不满 3 年的，第一年执行一般学徒工第二年的生活补贴标准，第二年执行第三年的生活补贴标准；下乡满 3 年不满 5 年的，第一年执行一般学徒工第三年的生活补贴标准；下乡满 5 年以上的，第一年执行一级工的工资标准。

(第六篇第二章《工资　福利》，第 399—400 页)

商丘县于 1969 年 1 月一次下放城镇居民上万名，其中知青约有 2 000 名。1979 年上山下乡知青全部迁回县城。虞城县城于 1967 年一次下放居民近千名，其中约有知青 200 人，亦于 1979 年迁回县城。 （第六篇第三章《城镇知识青年工作》，第 406 页）

第二节　下乡知识青年回城就业

本区除按政策规定,下乡锻炼 2 年以上的高中毕业生即可升学外,从 1970 年开始,通过招工途径陆续招收下乡知青回城就业。是年,商丘市经由贫下中农对在农村锻炼 2 年以上的知青推荐,从民权、永城两县农村招回 400 名知青,分别安排到市纺纱厂、柴油机厂工作。各县随着小型工业的发展,亦于 1970—1975 年从下乡知青中多次招工。至 1976 年以后,大批知青回城就业,至 1978 年全区已有 2.1 万名下乡知青离开农村。除少数升入大学外,大部分安排在城市从事工业、商业和服务行业。1980 年河南省人民政府下达有关文件,规定年龄在 16—25 周岁的依照“先下、先回、先招”的原则,对下乡知青优先招工回城。至 1981 年底,全区下乡知青回城就业者达 2.55 万人,除到国营企业工作的以外,各地还办了集体工厂 65 家,商店 176 家,劳动服务公司 10 个,劳动服务站 21 个,吸收回城知青参加工作。

(第六篇第三章《城镇知识青年工作》,第 407 页)

1973 年 10 月,商丘地革委成立城市知青上山下乡办公室,至 1981 年完成了特定的历史任务,1982 年并入行署劳动局。　　　　(第六篇第五章《人事劳动机构》,第 416 页)

1969 年初,党中央号召“知识青年到农村去,接受贫下中农再教育”,向城镇居民提出“我们也有两只手,不在城里吃闲饭”的口号,动员知青上山下乡,插队落户,强制闲散居民下乡劳动。这一年全区非农业人口下降到 15.83 万人,比上年减少 8%。

(第二十一篇第二章《粮食统购统销》,第 1096 页)

1975 年元月 21 日至 2 月 1 日,省委宣传部在郑州召开高等院校教育工作会议,传达贯彻“学习辽宁朝阳农学院教育革命现场会议”的精神,提出“学朝农,迈大步,掀起教育革命新高潮”,接着地委宣传部、地革委教育局召开各县市委宣传部长和县市革委教育局长会议,贯彻落实省教育工作会议精神。是年 3 月 26 日,地革委发出《关于商丘师范分散办学几个问题的通知》,决定将商丘师范学校改为商丘师范学院。同年 3 月 27 日,地革委教育局党委制定出《商丘师范学院办学方案(草案)》,提出“培养能为无产阶级专政服务的有社会主义文化的有理论联系实际教学能力的初中以上师资”;“学生来源,一是从城乡广大民办教师中招收,二是从劳动锻炼二年以上的下乡和回乡知识青年中招收,学生毕业后实行社来社去,队来队往”。

(第二十七篇第六章《高等教育》,第 1368 页)

《商丘市志》

商丘市志编纂委员会编,三联书店 1994 年

(1968 年)12 月,全市知识青年 1 300 多人到农村插队落户,接受贫下中农再教育。至

1977年,每年都有中学毕业生和社会青年到农村或农林场插队落户,后分批回市安排就业。

(《大事记》,第 32 页)

(1970年)1月,商丘市第一次招收下乡知识青年回市就业。　　(《大事记》,第 32 页)

(1973年)5月5日,商丘市召开欢送知识青年上山下乡接受贫下中农再教育大会。

(《大事记》,第 34 页)

(1974年)4月24日,市革委下发《关于知识青年下乡对象不准在城市安排任何工作的通知》。

(《大事记》,第 34 页)

(1980年)1月,商丘市为 1976 年以前下乡的 1 526 名知识青年办理回城手续。

(《大事记》,第 38 页)

1965年8月,市科学技术委员会、科学普及协会和安置城市下乡青年领导小组(临时机构)成立。

(第十六编第一章《机构设置》,第 402 页)

1982年7月,市地方志编纂委员会总编辑室成立;市知青办公室撤销。

(第十六编第一章《机构设置》,第 402 页)

1965年7月,安置城市青年下乡领导小组成立,下设办公室。

(第二十七编第二章《劳动》,第 555 页)

1982年4月,知识青年上山下乡办公室并入劳动局。

(第二十七编第二章《劳动》,第 555 页)

第四节　知识青年上山下乡

1965年7月23日,商丘市安置城市下乡青年领导小组成立,下设办公室。当年秋,动员和组织初中毕业生和城市无业青年505人,分别到太康、鹿邑和水城3县农村落户。大部分以10至30人为一小组安置在生产队,少数被分配到集体农场。按照省和专区规定,给下乡青年每人发210元安置费,国家按每人每月20公斤的标准供应半年商品粮,半年后再参加生产队的分配。"文化大革命"开始后,安置工作停止。1968年12月,毛泽东发出"知识青年到农村去,接受贫下中农的再教育"的号召。市革命委员会根据上级指示,结合商丘市的具体情况,对六六届、六七届和六八届的初中毕业生制定了四个"面向"(面向工厂、面向农村、面向社会、面向基层)的分配方案。经过宣传动员,除少部分六六届、六七届学生进工厂、升高中、参军外,其余1 308人分别被安置在民权县、永城县和市郊的国营、社办农场或新建的知青场(队)。1969年和1970年,市内无中学毕业生,仅下放部分无业青年。1971年,开始执行病残留城政策,盲、聋、哑、残和患严重疾病生活不能自理者可以申请留城,其余高初中毕业生一律下乡。1971年至1972年,采取5至15人为一插队小组的形式,将3 284名中学毕业生全部安置到市郊各生产队,安置费每人230元,粮食标准每人每月22.5公斤,供应半年,每人补助布证2.3米,棉花350克,统一分配使用。1973年11月,市革命委员会知识青年上山下乡领导小组建立,下设办公室。同时在市郊创办运河、红旗、五七等7个知青农林场,把市郊原插队知青按照就近安排的原则,分别安置到各农林场。当年,推广湖南株洲市"厂社挂钩"的经验,实行对口下放,把应届毕业生下放到与父母所在单位或系统挂钩的社队,由单位派带队干部管理。1973年至1976年,全市共下放知青4 385人,除个别有特殊困难或郊区有直系亲属者照顾安排在市郊外,其余分别下放到永城、虞城、商丘县、民权、柘城、宁陵等县的社队和农林场。安置费每人490元,前半年月供口粮20公斤,每人补布证5米,棉花1.5公斤,木材0.3立方米。1977年,按照上级指示,缩小下乡范围,至1980年共下放知青1 749人,全部安置在市郊,安置费提高到每人600元。1980年后,知青上山下乡工作停止,原下放的知青自1971年起,通过招工陆续迁回城市。1982年2月,知识青年上山下乡办公室并入劳动局,改为知青场队工作科。1984年7月,场队工作科撤销。

(第二十七编第二章《劳动》,第564页)

《商丘县志》

商丘县志编纂委员会编,三联书店1991年

(1968年)12月22日,县城1966至1968届高中毕业生3 000多人,全部下放农村落户。

(第二编《大事记》,第48页)

第二节　城镇知识青年下乡及安置

本县城镇知识青年下乡始于1965年3月,这次组织243人,分别下放到李庄乡孙瓦房、平台乡平台林场和宋集乡田集林场,国家发安置经费10万余元,并由5名国家干部带队。1968年,全县城镇知识青年下乡1 127人,分别安排在条件较好的公社、大队、生产队,并由国家拨给安置经费,建房屋、起炉灶。1969年5月,经县委决定,成立商丘县安置领导小组,抽调9名干部办理知识青年上山下乡事宜。1973年9月成立商丘县知识青年上山下乡办公室,配专职干部6名。1975年,全县26个农村公社,先后建立"三结合再教育领导小组"251个,负责知识青年工作的社队干部和贫下中农代表781人。至1978年,全县共下放知

识青年 5 057 人,国家发安置经费 194 万元。公社、大队、生产队贴补的钱粮更多。与此同时,按下乡两年以上允许招工回城等规定,下乡青年陆续离开农村,回城就业,到 1979 年,已有 4 820 名下乡青年分别从事工业、商业或参军入伍。1980 年,本县陆续将下乡时间较长的 180 名青年安排到二轻工业系统及镇办集体企业。到 1982 年,全县下乡知识青年安置工作结束。

(第二三编第一章《劳动就业》,第 492 页)

《夏邑县志》

河南省夏邑县志编纂委员会编纂,河南人民出版社 1989 年

(1968 年)胡桥公社蔡河知识青年农场建立。至 1978 年底,全县 8 处知青农场先后接收开封和本县下乡知识青年 5 427 人。1978 年后调整知青政策,对原下乡知青陆续作了安置。

(《大事记》,第 32 页)

本县于 1968 年开始接收安置下乡知识青年。1973 年县委、县革命委员会成立知识青年领导小组,下设知识青年办公室,办理这项工作。安置形式一是建立知青场、队,二是分散插队,三是回乡落户。1968 年首先在胡桥公社蔡河大队蔡河村建立知青场。1974 年又在火店公社丁庄、胡桥公社新桥、北镇公社吴阁、会亭公社前随楼、济阳公社王大庄、郭店公社张楼等地建立知青场、队。至 1976 年底,本县共建知青场、队 11 个,辟耕地 1 706 亩,建房 314 间;下场、队知青 786 人,插队、组知青 375 人,回乡知青 142 人。

自 1968—1981 年,全县共拨发下乡知识青年安置费 85.10 万元,有关单位还赠送不少农具和医疗、文体器械。自 1973 年起,部分知青通过升学、从工等,开始返城,到 1981 年底,全部迁离农村。其中进厂当工人 590 人,入学 108 人,参军 454 人。

(第六编第四十六章《劳动》,第 487 页)

《柘城县志》

柘城县志编纂委员会,中州古籍出版社 1991 年

(1974 年)3 月,县革委为了安插知识青年上山下乡劳动,先后建立起台、陈集、牛城、安平、董路口、小吴、大仵 7 个知青场队,划出土地 1 277 亩,建房 296 间。5 月份,开封 400 名知识青年和县 120 名知识青年,分别到青年队或生产队插队落户。 (第二编《大事记》,第 31 页)

1971 年至 1979 年,共招收 940 人,其中县内招收全民固定工 325 人,集体固定工 388 人,为外地招收固定工 227 人,下乡知青全部得到安置。 (第八编第四十章《劳动》,第 451 页)

《睢县志》

睢县志编纂委员会编,中州古籍出版社 1989 年

　　"文化大革命"十年间,劳动就业的多种渠道被堵塞,待业者与日俱增,就业问题日趋严重。

　　中国共产党十一届三中全会以后,人民政府积极扶持集体和个体经济,支持待业青年组织起来,广开门路、自谋职业。县劳动部门会同县知识青年上山下乡办公室安排了一大批待业青年。1979 年 9 月后,商丘地区技术学校先后三次在睢县招生,经统一考试,共择优录取60 人。1980 年县成立劳动服务公司,安排待业人员就业。

(第十五编第五十五章《劳动》,第 436—437 页)

第五节　知识青年下乡

　　1966、1967 两年组织小批城镇青年下乡。1968 年底,组织大批城镇青年下乡。后来也包括城镇居民。下乡城镇知识青年(以下简称知青)或在公社、农场、林场集体劳动和食宿,或分散到农民家中食、宿,或在生产大队集体食、宿,同时注销城镇户口。下乡城镇居民,则各自为户。

　　知青回城的安置从 1968 年开始。采取招工、招生、参军和转市民回城自谋职业等办法。由劳动局会同招生或征兵临时办公室确定知青专用指标,把指标分到知青所在地区,根据先下乡先招的原则,由贫下中农和知青推荐,公社、县批准。

(第十五编第五十五章《劳动》,第 439 页)

《虞城县志》

虞城县志编纂委员会编,三联书店 1991 年

　　(1974 年)10 月,本县下乡知识青年植棉模范秦景云,出席全国棉油糖烟麻会议,被选为大会主席团成员,受到党和国家领导人的接见。　　　　　　　　　(《大事记》,第 60 页)

　　本县对夫妻长期分居两地的职工,给予调动,对退伍转业军队干部的随军配偶、子女给予安排工作,对下乡劳动的知识青年给予妥善安置就业。1970—1984 年底,从外地调入本县的职工和军队转业干部的配偶、子女 1 264 人,调出 815 人,安置下乡知识青年 2 400 人,回城自谋职业的知识青年 453 人。　　　　　(第三十七章《民政福利》,第 485 页)

《永城县志》

永城县地方史志编纂委员会主编,新华出版社 1991 年

是年(1958 年),组织青年 5 000 人去青海、甘肃,支援边疆社会主义建设。

(《大事记》,第 29 页)

(1959 年)5 月,县人委组织青年 2 500 人,分两批赴甘肃从事农垦。

是月,甘肃省慰问河南支援边疆青年家属代表团来永慰问,西北民族学院歌舞团在人民剧院作慰问演出。

(《大事记》,第 30 页)

是年(1967 年),商丘市第一批知识青年 210 人下放永城马桥公社的马庄埠、新桥公社的黄口、裴桥公社的黄楼等村落户。第二批 600 余人于 1968 年下放永城。1977 年至 1980 年,两批下放青年陆续回城就业。

(《大事记》,第 34 页)

1970 年,文化局、教育局、卫生科合为文教卫生局,工业交通科改称交通局,水利局改称水电局,财政科改为财政局,恢复商业局、工业局、计划建设委员会,设知识青年上山下乡办公室。翌年 11 月,恢复粮食局。

(政权政协篇第二章《行政机构》,第 333 页)

1966 年至 1968 年,城镇知识青年下放农村劳动锻炼。商丘市知识青年先后下放本县裴桥公社的大陈庄、黄楼、张店,新桥公社的黄口,马桥公社的马庄埠,条河公社的夏寺等地 800 余名;本县城镇的知识青年先后下放到双桥公社的老孙庄、侯岭公社的侯岭、马牧公社的卜子、马桥公社的李寨等地 300 余名。1969 年至 1980 年,下放知识青年陆续返回原籍。根据从知识青年中招工先下先招的原则,绝大部分知识青年安置了工作。从本县知识青年中所招工人计有:1979 年商丘技校招 40 人,纺纱厂招 24 人,永城师范招 4 人,县财贸系统招 56 人,建筑公司招 50 人;1980 年县直机关招 4 人,县属大集体工厂招 100 人;1981 年商丘地区农业银行招 6 人;1982 年县建筑公司、木器厂招 100 人,中原油田招 13 人;1983 年郑州铁路局招 2 人,县属大集体工厂招 180 人;1984 年县化肥厂招 60 人,公路段招 6 人;1985 年县劳动局为本县各企业单位招 166 人。

(劳动人事篇第三章《工人管理》,第 375 页)

《宁陵县志》

宁陵县地方史志编纂委员会,中州古籍出版社 1992 年

(1956 年 3 月)本县 1 036 名男女青年移居青海、甘肃,支援边疆建设。

(《大事记》,第 17 页)

1961 年,大批职工回到农业第一线;"文化大革命"中,部分城市居民下放到农村,知识青年也分批下乡,增加了农业劳动力的比重。1981 年后,知识青年回城就业,下放市民逐步收回,劳动力得以适当安置。　　　　　　　　　　　　　　(第九篇《劳动　人事　监察》,第 171 页)

《民权县志》

民权县地方史志编纂委员会编,中州古籍出版社 1995 年

(1968 年)15 日,县革委决定:第二批下放干部 114 名和六八届高中毕业生 80 名,到农村安家落户,接受贫下中农再教育。　　　　　　　　　　　　　　(《大事记》,第 38 页)

(1974 年)11 月 25 日,县革委会召开上山下乡知识青年积极分子代表会,出席代表385 人。　　　　　　　　　　　　　　　　　　　　　　　　　　　　(《大事记》,第 40 页)

民权县政府机构演变情况简表
(1948—1985)

时　间	机关名称	所属机构名称	机构演变情况
		……	
1967 年 10 月 至 1973 年 3 月	民权县革命委员会	工交服务组、群团服务组、财经服务组、无产阶级专政服务组、抓革命促生产指挥部、电信局、农林水局、人民银行、商业局、卫生局、工交局、财税局、民劳计划局、农机局、体委、法院、市场管理委员会、多种经营办公室、邮电局、知识青年办公室。	8 月县革委办公室改县革委办事组,撤销计委、统计科,设抓革命、促生产指挥部。1970 年 4 月设民劳计划局、工交局,5 月设农林水局。1971 年 4 月恢复商业局。1972 年 4 月设卫生局、农机局、体委,撤销文卫局,设文教局,5 月设财税局,10 月设法院。1973 年 1 月设市管会,多种经营办公室,3 月撤销民劳计划局、农林水局,设水利局、农林局,复设计划委员会,电信局改邮电局,设知识青年办公室。
1973 年 3 月 至 1981 年 2 月	民权县革命委员会	生产指挥部、革委会办公室、公安局、检察院、法院、司法局、人事局、民劳局、民政局、劳动局、知青办公室、计建委、物价局、工交办公室、工交局、工业局、二工局、交通局、邮电局、电业局、财贸办公室、财税局、财政局、税务局、农业银行、建设银行、市管领导组、工商局、商业局、供销社、外贸局、粮食局、农林水办公室、农委、农林水局、林业局、农业局、水利局、农机局、社队企业局、多种经营办公室、科教办公室、文委、文教局、文化局、教育局、体委、广播事业局、科委、地震局、卫生局、计划生育办公室、医药管理局、城建委。	1973 年 7 月恢复粮食局,撤销农林局、设林业局、工业局,恢复交通局,11 月设生产指挥部。1974 年 3 月设计划生育办公室、电业局。1975 年 3 月设二工局。1976 年 1 月设外贸局。1978 年 5 月撤销市管会设工商局,7 月设物资局,8 月撤销城建委,设地震局,10 月设广播事业局。1979 年 2 月设财贸办公室、农林水办公室、工交办公室,4 月恢复财政局,设建设银行,7 月设城建委,9 月设社队企业局,12 月恢复农业银行,撤销财税局。1980 年 4 月设医药管理局,5 月农林水办公室,改设农委,同时撤销财贸办公室、工交办公室,恢复财委,8 月设立物价局。

时　间	机关名称	所属机构名称	机构演变情况
1981 年 2 月 至 1985 年 12 月	民权县人民政府	政府办公室、公安局、司法局、人事局、民政局、劳动局、知青办公室、县志办公室、计建局、计委、建委、城建局、物价局、审计局、体改委、统计局、物资局、物资公司、经委、工业局、二工局、二轻公司、交通局、邮电局、电业局、电业公司、财委、财政局、税务局、人民银行、农业银行、建设银行、工商银行、保险公司、工商局、商业局、烟草管理局、烟草公司、供销社、外贸局、外贸公司、粮食局、农委、农业局、水利局、林业局、农机总站、农牧局、畜牧局、畜牧办公室、社队企业局、多种经营乡村企业局、乡镇企业局、农业项目办公室、县经联社、文委、教育体育局、文化局、广播事业局、广播电视局、科委、卫生局、计划生育卫生局、计划生育办公室、计划生育委员会、医药管理局、医药公司、档案局、信访办公室。	1981 年 10 月撤销工业局。1982 年 3 月设农业项目办公室。1983 年 11 月设烟草管理局。1984 年 5 月电业局、烟草管理局、外贸局、农机局、二工局、医药管理局、物资局改称电业公司、烟草公司、外贸公司、农机总站、二轻公司、医药公司、物资公司,撤销教育局,改称教育体育局;撤销广播事业局,改为广播电视局;撤销卫生局,改称计划生育卫生局;撤销社队企业局,改为多种经营乡村企业局,同时撤销文委,设经联社。1985 年 8 月设档案局。

（第四篇第二章《政府》,第 153—157 页）

民权县区、乡、公社机构沿革表

时　间	机关名称	职务、机构设置	区(乡、社)数	备　注
······				
1976 年 10 月 至 1981 年 2 月	公社革委会	正副主任、办公室、民政、农业、多种经营、教育、公安、卫生、林业、统计、水利、知青、工业办公室、武装部	17	
······				

（第四篇第二章《政府》,第 162—163 页）

　　1957 年支援湖北农业建设,动员组织 5 000 名青壮劳力,带队脱产干部 20 人,参加湖北东西湖围垦造田工程。工程结束,一部分人安置在荆州农场,多数返回原籍。

　　······

　　1959 年,全县动员支边青年 2 500 名。未婚青年 1 294 人,其中男 1 051 人,女 243 人;年龄 18—25 岁的 2 121 人,26 岁以上的 318 人,17 岁以下的 61 人;党员 91 人,团员 466 人;

各种技术人员 276 人；具有初高中文化程度的 91 人，小学文化程度的 1 018 人。随迁干部 8 人，其中县级 1 人，区级 4 人，一般干部 3 人。安置地点是，甘肃省甘南藏族自治州，德吾鲁市桑科农场，洮红县（现改逯曲县）阿木去乎农场。

1960 年第二次动员支边青年 1 900 名，随迁干部 5 人，安置在甘肃省平凉地区。

（第八篇第一章《民政》，第 222 页）

1979 年县劳动局建立后，劳动管理工作，开始走向正轨，招工办法，一般采取文化考试，择优录取。在政策允许情况下需要照顾的，经过政审，体检合格，然后将户口转为非农业户口。1984 年以前的招工，多面向下乡知识青年，先下先招，循序而进。

（第八篇第二章《劳动》，第 226 页）

从知识青年中招工。"文化大革命"期间，上山下乡劳动锻炼的知识青年共有 4 250 人，从 1975—1980 年陆续回城；招工单位是开封、商丘、民权县等。

（第八篇第二章《劳动》，第 227 页）

第五节　知青下乡

1964 年，党号召城镇知识青年上山下乡，接受贫下中农再教育，城镇高、初中毕业生（除留一名子女在父母身边外），被下放到农村各知青场点参加农业生产劳动。民权县建六个知青重点农场，分别在 17 个公社，172 个大队，240 个生产队建立了知青点。

为了加强对知青的管理，1973 年 11 月 6 日成立了县知青办公室，1983 年知青办公室撤销。截至 1979 年底，全县共有 4 643 名知识青年下放到农村（包括外地知青数），除重点建立 17 个青年场、31 个青年队外，同时在全县设立 240 个知青点，国家投资 60 多万元，作为知青下乡的安置经费。投资木材 500 立方米。建房 1 300 间，为知青场、队、点购置拖拉机、柴油机、脱粒机、水泵、大牲畜、马车、架子车等生产资料及生活用品。

民权县知青下乡情况一览表

年　度	人　数	入　党	入　团	建房(间)	备　注
1968—1975	3 761	5	756	400	人数包括外地的
1976	383	6	958	387	
1977	169	7	925	266	
1978	161	12	572	171	
1979	169			76	
合计	4 643	30	3 211	1 300	

广大下乡知识青年,经过劳动锻炼,从1975年开始,有的参军,有的升学,有的招工,有的当了亦工亦农工人。粉碎"四人帮"后,外地知青陆续返回原籍,本县知青于1980年基本上全部就业。

(第八篇第二章《劳动》,第234页)

《周口地区志》

周口地区地方史志编纂办公室编,中州古籍出版社1993年

(1966年)3月,专署动员城镇知识青年和闲散劳力3 510人下乡落户,其中船民1 600人。

(《大事记》,第39页)

(1968年)9月,城镇中、小学校相继进驻毛泽东思想工人宣传队,动员学生复课闹革命,开展阶级教育,动员学生上山下乡;农村学校进驻贫下中农宣传队,学校一切权利归宣传队,时称贫下中农管理学校。

(《大事记》,第41页)

11月,地革委动员208户城镇居民和3 385名青年到农村安家落户。

(《大事记》,第41页)

同年(1980年),从优秀青年工人中为政法系统录用书记员、侦察员38名;从待业知识青年中为金融系统录用干部208名;从优秀下乡知识青年中录用农业经济技术管理干部89人。

(第五卷第二章《政府》,第204页)

"文革"期间劳动管理混乱,一方面从农村招工,一方面城镇知识青年(简称知青)和居民下放,造成城乡劳力不合理对流,劳动计划管理、安全生产监察中断。

(第五卷第二章《政府》,第207页)

1964年动员城镇知青下乡,1980年停止。其间接收郑州知青4 500人,开封1 700人,商丘150人,上海300人,加区内知青32 879人,共39 529人。从1970年始,每年有知青回城就业,采取招工、招生、参军和转市民自谋职业等办法安置。由劳动局知识青年办公室会同招生或征兵办公室确定知青专用指标,分到知青所在地,根据先下先招的原则,由贫下中农代表、知青推荐,公社、县(镇)、地区批准执行。至1985年5月下乡知青全部安置。其中招收全民工23 700人,集体工6 000人,升学1 102人,参军4 669人,自谋职业2 840人,在农工商企业和知青农场就业1 218人。

1968年城市居民下放8 871户、35 485人。1978年根据有关政策全部返回城镇,按知

青政策安置 8 435 人,其余自谋职业。 （第五卷第二章《政府》,第 208 页）

1973 年把奸污、迫害下乡知识青年列入大案,做到快查快办,从严惩处。

（第六卷第一章《公安》,第 229 页）

"三五"时期,劳动工资仍实行集中管理和统包统配就业方法。计划部门每年下达企业招工、退伍军人安置、大中专技工学校毕业生分配计划。高等院校、中等专业学校和高中毕业生上山下乡后,再纳入分配计划。……

"四五"时期,全民所有制企业和事业单位临时工、轮换工实行从严管理。规定县办企业临时工改固定工必须经县革委提议,地区审核,报省批准后执行。严格控制从农村抽调劳动力和新增职工,确需增人单位从下乡知青中招收。……

"五五"时期,下乡知识青年需进城就业,"文革"期间下放干部、职工及子女按政策需要安排工作。 （第十六卷第一章《计划》,第 656 页）

《周口市志》

周口市地方史志编纂委员会编,中州古籍出版社 1994 年

(1974 年)3 月,镇委、镇革委召开知识青年上山下乡动员大会。 （《大事记》,第 58 页）

(1975 年)3 月 28 日,撤销周口镇中学生分配安置办公室,成立周口镇革命委员会知识青年上山下乡办公室。 （《大事记》,第 58 页）

(1966 年)1 月 10 日,将镇交通局改为交通运输管理局,设镇经济委员会、农村水利委员会、爱国卫生运动委员会、安置城市下乡青年领导小组办公室、计划生育委员会。

（《大事记》,第 53 页）

(1982 年)2 月 13 日,知识青年上山下乡安置办公室与劳动局合并。

（《大事记》,第 63 页）

知识青年下放农村。1964 年 11 月至 1979 年 11 月,共下放知识青年 8 506 人,分别下放到商水、西华、黄泛区农场、扶沟、郸城、市郊区参加农业生产劳动。通过劳动锻炼,绝大部分陆续被贫下中农推荐升学、招工、参军和因病等回城。1983 年 10 月,根据上级规定,对留在农村的知识青年全部回城,安排就业。 （第十四编第一章《劳动》,第 525 页）

周口市历年知识青年下放统计表

下放时间	下放地点	安置形式	下放人数
1964.11	商水县汤庄公社	个别插队	98
1965.4	商水县汤庄	个别插队	161
1966.1	周口康店	林场	101
1966.5	太康	红旗农场	113
1968.11—1969.1	郸城	插队小组	987
1968.11—1969.1	扶沟	插队小组	345
1968.11—1969.1	商水	插队小组	465
1968.11—1969.1	周口郊区	投亲靠友	37
1971.2	周口郊区	林场36、小组150	186
1971.2	西华	个别插队	103
1971.2	扶沟	农场	60
1971.2	泛区	农场	60
1971.2	泛区	农场	147
1972.2	泛区	农场	216
1972.2	西华	个别插队	81
1972.2	扶沟	农场	188
1972.2	商水	个别插队	98
1972.2	周口郊区	园林场	19
1973.6	周口郊区	园林场	193
1973.6	泛区	园林场	195
1973.6	西华	园林场	151
1974.4	西华	园林场	314
1974.4	商水	园林场	139
1974.4	黄泛区农场	园林场	27
1975.10	周口郊区	插队	2 543
1976.10	周口郊区	插队	638
1977.10	周口郊区	插队	407
1978.10	商水	园林场	217
1979.11	周口郊区	园林场	88
总计			8 506

（第十四编第一章《劳动》，第 526 页）

《商水县志》

商水县地方志编纂委员会编,河南人民出版社 1990 年

1973 年建立计划生育办公室、知青办公室,恢复公安局、人民银行、邮电局、工商局、交通局、水利局,并将文化、教育并为文教局。1975 年建立农机局。

（第五编第三章《人民政府》,第 272 页）

从 1965 年 10 月,城镇知识青年陆续在农村插队落户。该年成立的"商水县知识青年领导小组"和"商水县人民委员会安置城市上山下乡知识青年办公室",负责知识青年的接收与安置工作,先后在汤庄公社的大赵、张庄公社的杨湖、姚集公社的前刘、城关公社的刘楼和宋坡、固墙公社的赵吉、谭庄公社的大连湖和三李、张明公社的董范、邓城公社的前史、白寺公社的舒庄等处共建立了 12 个集体所有制的青年场,还在其他各社队建立了知识青年集体插队小组 105 个。知青场共有知识青年 1 138 人,土地 3 260 亩,住房 651 间。他们除了搞农业生产以外,还搞副业生产,实行独立核算,自负盈亏,多劳多得,按劳分配。1978 年后,党和政府多次调整知识青年下乡政策,先后招回大批知识青年回城就业,到 1983 年已经全部得到妥善安置。　　　　　　　　　　　（第十编第三章《劳动　福利》,第 419 页）

《鹿邑县志》

鹿邑县地方志编委会主编,中州古籍出版社 1992 年

(1959 年)3 月,县委动员 3 500 名青年赴甘肃省洮河林业局"支边"。

（《大事记》,第 35 页）

(1967 年)7 月,县设立知识青年上山下乡办公室,下放和安置城镇知识青年。

（《大事记》,第 44 页）

《淮阳县志》

河南人民出版社 1991 年

(1968 年)8 月起,城镇知识青年分批下放农村,接受贫下中农再教育。到 1980 年,全县下放知识青年 13 批,5 138 人(含外地 1 064 人)。后陆续返城,安排工作。

（《大事记》,第 58 页）

第四节　知识青年下乡与安置

50年代至60年代初,未升入高一级学校的城镇初、高中毕业青年,基本上由劳动部门统一安置就业。60年代中期,党中央号召知识青年上山下乡。1966年,县首次动员城镇知识青年60余人到盐场农场安家落户。1968年12月,动员城镇知识青年近千人到农村接受贫下中农再教育。到1981年,共下放知识青年5 138人(包括接收郑州市、开封市1 041人,北京市、上海市、江苏省、四川省等地23人),分布全县20个乡镇,132个生产大队,11个农、林场。

知识青年下乡后,党和政府在政治上给予关怀,经济上给予支持。从1968年至1982年,县为下乡知识青年拨放专款达220余万元,其中安置经费140万元,生产扶助资金44万元,生产救灾费3.24万元,困难补助款4.4万元,已婚青年困难补助款3.1万元;为帮助知识青年安家,县拨给木材264立方米,折款7万元,生活用煤3 200吨,折款12.8万元。

1970年后,县对下乡知识青年陆续安置就业。至1982年,先后招工3 902人、参军529人,推荐和考试上大、中专院校136人,自然减员招工174人、转外县安排就业95人,在知识青年场队安家落户35人。1983年后,通过开发第三产业,扩大就业门路,各企事业单位创办劳动服务公司,大大缓解了知识青年就业难的问题,至1987年底,全县共开办劳动服务公司及企业网点98家,累计安置待业青年9 904人。

1983年改分配推荐招工制度为面向社会公开考试择优录取的招工制度,当年考试招工157人。1984年招工72人,1985年招工100人,1986年招工80人,1987年招工340人(为周口棉纺厂代招)。待业率由1980年的7%降至2%。

(第二十三卷第五章《劳动管理》,第848—849页)

《沈丘县志》

沈丘县志编纂委员会编,河南人民出版社1987年

(1968年)12月,城镇居民大下放。全县共下放知识青年937人,居民2 739户,12 272人。

(第一编《大事记》,第46页)

(1974年)5月,莲池公社郑湖建立青年场,安置下乡知识青年。

(第一编《大事记》,第49页)

一、城镇居民下放与回城就业

1963年10月沈丘县开始动员知识青年下乡,到1966年共计下乡200人。1968年,毛

主席号召知识青年到农村去,接受贫下中农再教育。县革委组织工作组、宣传队、办学习班,层层动员,限期下放,迅速掀起下乡高潮。1969 年提出:"我们也有两只手,不在城市吃闲饭",下乡运动迅速扩展到城镇居民,许多居民被下放到农村。1975 年更把除残疾无劳动能力者外的城镇知识青年和社会青年都列入下放对象。还提出在职工中清退 1972 年以来所谓应下乡而未下乡的知识青年,把一些已在城镇就业的知青也清退下乡。他们中的许多人不安心在农村落户,私自返回城镇自谋职业。1969 到 1978 年县招收大批农村青年进城做工,给城镇劳动就业增加了压力。

1978 年底提出城镇中学毕业生的安排,实行"进学校、上山下乡、支援边疆、城市安排"的原则,放宽了留城政策。下放知青被招回城镇,下放的城镇居民和职工也陆续返回。到 1980 年 4 月,全县城镇待业青年已达 5 338 人,就业问题日趋严重。

1980 年以来根据上级部署,县内进一步调整政策,广开就业门路,对城镇待业青年妥善安排,采取劳动部门介绍就业、组织起来就业和自谋职业等办法安置待业青年。各乡、镇、县直各委、局积极组织本单位子女就业,街道办起了厂、社、店、组和商业摊点。截至 1983 年 6 月,全县 6 334 名待业青年已安置 5 603 人,接近待业青年的 90%。在安置的人员中,计建立生产厂、组 44 个,计 772 人;服务行业 84 个,计 516 人;商业网点 208 个,计 1 619 人;种植业四个,计 18 人;养殖业两个,七人;推荐招工 905 人;自谋职业的 1 200 人;输送临时工 342 人;其他方式就业的 224 人。只有 731 人尚未安置。

二、下乡与回城知青安置

知青下乡后的安置工作分在乡知青和回城知青两项:(一)下乡知青多安置在青年场、青年队或插入生产队组劳动,也有投亲单身插队的。1975 年当时全县在乡知青 1 424 人,安置在四个知青场 141 人;18 个知青队 221 人;三个国营农林场 222 人;插队组 71 个,779 人;回原籍零星插队 31 人。安置经费开始时每人 240 元,1973 年 420 元,1975 年 510 元,后增到 600 元。粮食每人每月 45 斤成品粮,国家供应半年,以后参加分配由生产队供应,1973 年后改为国家供应一年。集中安置的知青粮款统一使用。除当年下乡安置经费外,每年还要拨给支农金、困难补助款和大批物资。1968 年以来,共计拨款一百九十多万元,木材 489 立方,建房 755 间。使下乡知识青年吃有粮、住有房、生活生产有用具。(二)知青回城的安置采取招工、招生、参军和转市民回城自谋职业等办法。由劳动局会同招生或征兵临时办公室确定知青专用指标,把指标分到知青所在地区,根据先下乡先招的原则,由贫下中农代表、知青推荐,公社、县批准执行。

知青被招工后,其下乡年限计入工龄,下乡满五年的享受一级工待遇,满三年的享受学徒工第三年的工资待遇,满二年的享受学徒工第二年的工资待遇。下乡后结婚又招回城镇的女知青,其所生子女随迁回城。到 1983 年 4 月,历年下乡知青已得到了妥善安置。共计招工 2 346 人,升学 101 人,参军 366 人,回城自谋职业的 250 人,在知识青年场就业的 105 人。

附:历年下乡知青人数

1963—1966 年	200 人	1976 年	115 人
1968 年	72 人	1977 年	104 人
1969 年	768 人	1978 年	143 人
1970 年	6 人	1979 年	128 人
1971 年	149 人	1980 年	124 人
1972 年	15 人	1981 年	178 人
1973 年	314 人	1982 年	64 人
1974 年	490 人	合计	3 178 人
1975 年	308 人		

三、知青集体企业简介

（一）郑湖青年场

位于莲池乡郑湖,原是公社良种繁育站,有耕地 200 亩,房 199 间。1974 年开始接收下乡知识青年,后陆续安置 198 人(现有 73 人)。为县社两级管理,独立核算的知青集体企业。除经营农业外,兼营工业。现有日产 2.6 万斤的面粉加工厂、日产千斤的人造蛋白肉工厂、尼龙衫厂等。拥有汽车、40 拖拉机、手扶拖拉机各两部,大牲畜三头。还有柴油发电机组、30 瓩变压器、脱粒机等设备,固定资产达 23.76 万元。

该厂过去因底子薄、条件差,又以培育良种为主,经济长期亏损,到 1976 年已亏损 9.7 万元,欠外债 4.7 万元。下半年组织知青织手套,当年盈利 16 万元,还清外债后积累 10 万元。1979 年建小烟厂获利 34 万元,粮食产量由建场初的亩产 200 斤提高到 900 斤。1976 年到 1978 年为国家提供粮食良种 15 万斤,人均分配五百多元,成为全地区先进的知青场之一,1981 年 11 月出席了地区表先会,获锦旗一面,14 吋电视机一部。

（二）王湖青年场

该场设在石槽公社王湖大队。1969 年秋建场。是县社两级管理、独立核算的知青集体企业。经营有农业、酒厂、知青影剧院等,固定资产 200 万元。土地 300 亩,其中苹果园 100 亩,房 128 间,大牲畜 16 头,载重汽车两部,拖拉机六台,还有柴油机、电机组、播种机、收割机、脱粒机和粮油加工机械等。

1969 年秋建场时,从附近生产队拨土地 300 亩,抽调贫农代表 17 名,带领下乡知青 55 名,自力更生用土坯盖草房 22 间。该场土地瘠薄,地势低洼,四条沟、五个洼、两个高出地面三尺的"老龙腰",到处是荆条和槐草。300 亩地分成七十多块,粮食亩产几十斤。1972 年夏,房屋全被暴雨冲塌。全场职工不畏困难,艰苦创业,刨掉了荆条、槐草,削岗填洼,改修沟渠,把七十多块地建成了三块大面积机耕田。打了机井,修了硬面水渠,井渠双配套,旱涝保丰收。粮食产量逐年增加,1978 年亩产超千斤,为国家提供商品粮二十多万斤。1979 年大搞工副业,年获利润一百多万元,人均分配 600 元,成为全省先进知青场之一,多次出席省和地区先进代表会。

（三）青年影剧院

青年影剧院座落在槐店镇闸北街 35 号。西依体育场，东临大闸路，距沙河大闸约 500 米。总占地 10.02 亩，建筑面积 4 000 平方米。楼式建筑、钢筋混凝土结构。观众厅上下两层共设 1 745 个座位。厅内有空调设备，光线适中，音响和谐。左右配厅为观众休息厅。舞台布幕电动升降。舞台后楼高四层，设有化妆室、排演厅和演职员休息室。建筑造型美观大方，是沈丘县设备最好的影剧院。

该影剧院 1982 年 1 月动工兴建，历时一年竣工。共用款 150 万元，由王湖青年农场投资，其所有权属王湖青年场。

现有职工 38 人。1983 年投入使用以来，已演映四百多场次。

（四）农工商公司

1980 年 7 月于健康路建立农工商公司，下设百货烟酒门市部、针织厂、印刷厂、冰糕厂。固定资产 2.4 万元，流动资金九万元。共有职工 26 人。

（第七编第四章《劳动就业》，第 574—576 页）

《西华县志》

西华县史志编纂委员会编，中州古籍出版社 1993 年

是月（1968 年 12 月），全县 1 082 名高、初中毕业生，下放到农村或农场参加劳动。

（《大事记》，第 52 页）

"干部下放""知识青年上山下乡"　1969 年将持不同认识的千余名职工下放农村进行改造。1969 年 1 月，"县革委"遵照指示设立了"知识青年上山下乡办公室"，开始接待从郑州、开封、周口等地下放来的知识青年 1 082 名，除一部分插队落户接受教育外，其余的全部到设有知识青年场的地方接受锻炼，直到 1977 年才陆续返城安置就业。在接受教育的过程中，绝大多数青年表现是好的，也确有极少数青年干扰社会秩序，影响治安，给贫下中农留下了不好的印象。

（第五篇第一章《中国共产党》，第 147 页）

1975 年，知识青年办公室与民政分制。　　（第八篇第一章《民政》，第 191 页）

50 年代，党中央和毛泽东主席向全国城镇知识青年发出"面向工矿、面向农村、面向基层、面向边疆"的号召。着重指出"农村是一个广阔天地，在那里是可以大有作为的"。知识青年上山下乡遍及全国，以后又提出知识青年到农村去很有必要。各地要"欢迎"他们去。

至此上山下乡形成高潮。知识青年的安置，主要是到农村去。

西华县根据上级指示精神，1968 年建立知识青年上山下乡管理机构。随着人口的逐年增多，1975 年成立局一级专职知识青年上山下乡办公室。先后有开封、周口等地知识青年到西华县插队落户。逐步发展到组织知识青年队（场），实行单独核算。1974 年学习湖南株洲市经验，实行厂、社或系统挂钩，到农村办队（场）。1976 年先后在清河驿公社的大王、东夏亭公社的岳庄、西华营公社的孙董、来洼、聂堆公社的刘那、埠口、红花集公社的阎庄、黄庄、逍遥公社的西贾、奉母城公社的前邵等 25 个行政村，建立了知识青年队（场）住队（场）知识青年占下乡知识青年的 70%。农村社队拨给相应的可耕地，作为知识青年队（场）的生产基地，各公社配有专职国家干部和村干部到知识青年队（场）帮助管理生产和生活。另外，老家在农村的知识青年，可以回老家落户，享受知识青年待遇。1968 至 1980 年全县共下放知识青年 2 170 人，拨款 96.68 万元。

国家和社、队对知识青年作必要扶助，农村社、队支援大量的劳力和其它建筑材料，帮助建房和购置生产和生活用具，赠送各种书籍，对提高知识青年的生产技术，改变农村面貌起到了一定作用。

根据上级指示精神，知识青年上山下乡劳动二年之后，逐年分批按招工、上学、服役、回城就业安置。1980 年知识青年上山下乡办公室撤销，对尚未回城的知识青年作了一次性的安排。

（第八篇第三章《劳动管理》，第 208—209 页）

《太康县志》

太康县志编纂委员会编，中州古籍出版社 1991 年

（1968 年）8 月，根据毛主席关于知识青年到农村去，接受贫下中农再教育的号召，动员 1966—1968 年三届吃商品粮的中学毕业生到农村插队落户，同时接收安置了开封女子高中三届毕业生。以后每年均有知青下放。至 1981 年全县共有下放知识青年 4 468 人。

（第一篇《大事记》，第 41 页）

1976 年，革委会下设生产指挥部、公安局、民政局、计划委员会、知识青年上山下乡办公室、工业局、交通局、二轻工业局、邮电局、电业局、农业局、水利局、农机局、财政局、粮食局、供销合作社、商业局、市场管理委员会、中国人民银行太康支行、科学技术委员会、体育运动委员会、文教局、卫生局、计划生育办公室、广播站。

（第七篇第一章《政府机构》，第 164 页）

"文化大革命"期间，新建和扩建一部分工厂，不少单位招收农村劳动力和计划外工人，

下乡知识青年分批回城就业,加上退伍军人的安置,工人队伍不断壮大,1975 年全县共有各业工人 8 270 人。

粉碎"四人帮"后,原下放市民和下乡知识青年陆续回城就业,工人数量逐年增加,到 1980 年,全县共有 16 290 人。 (第九篇第一章《劳动》,第 183 页)

1965 年,县成立知识青年安置办公室,开始组织城镇青年和闲散劳力下乡务农。1968 年毛泽东主席号召"知识青年到农村去,接受贫下中农的再教育",迅速掀起下乡高潮。这年全县下放和接收开封市知识青年 446 人。1969 年提出"我们也有两只手,不在城内吃闲饭"的口号,动员城镇居民下乡安家落户。1975 年把残疾人以外的城镇青年都作为下放对象,并在职工中清查 1972 年以来应下乡而未下的知识青年一律下乡。从 1965 至 1981 年,全县共下放知识青年 2 132 人,接收商丘、周口、开封、郑州等地知识青年 2 336 人。这些人在乡下劳动几年后,有的通过参军、升学、招工等途径离开农村,有的则于 1980 年前后陆续回城;原下放市民也都自动回流城镇。 (第九篇第一章《劳动》,第 184 页)

《郸城县志》

郸城县地方志编纂委员会编,中州古籍出版社 1992 年

(1968 年)11 月 12 日,本县首批城镇知识青年 119 人下放农村劳动锻炼。同时接收郑州、开封、周口下放知识青年 1 842 人。此后,各公社先后接收下放青年 3 242 名。除升学、招工、参军者外,外地和本县青年分别于 1976 年、1980 年全部返城。 (《大事记》,第 41 页)

1968 年至 1978 年,先后有郑州、开封、周口等城镇知识青年 2 587 人下放来本县乡村插队落户,或进农场、林场参加生产劳动。1968 年迁入人数最多,为 1 842 人。

(第三编第一章《人口变迁》,第 140 页)

(1973 年)11 月,设立知识青年下乡办公室(1981 年 12 月撤销)。

(第十五编第二章《人民政府》,第 379 页)

1972 年 4 月,恢复民政局(次年改称民劳局)和计划委员会,共同负责招工事宜,其时,国务院下达 1971 年国民经济计划的通知附件中业已规定,招工来源主要是退伍军人、家居城镇的高中毕业生和经过劳动锻炼的上山下乡知识青年,一般不从农村招工;必须从农村招工时,要经省革命委员会批准。 (第十九编第二章《劳动就业》,第 432 页)

第二节 城镇青年安置

50 年代至 60 年代前期,本县非农业人口较少,城镇初、高中毕业生和闲散青年基本上全部及时安排就业。

1968 年至 1980 年,尤其是"文化大革命"中的 1968 年至 1976 年,对家居城镇的初、高中毕业生未被"推荐与选拔"进入高一级学校学习的青年,都要动员组织下放到农村插队务农,经过一定时期的劳动锻炼,方能由劳动部门安排就业。为此,1968 年 12 月专设知识青年工作办公室,办理城镇知识青年下乡与回城安置工作。

这 13 年中,先后接收郑州、开封、周口等城市和本县城镇知识青年共 3 242 人,分别下放到汲冢、吴台、虎头岗、汲水、张完集、白马、丁村、宁平、石槽、秋渠、巴集、钱店等公社插队或进农场、林场参加劳动,"接受贫下中农的再教育"。这些青年,除分期分批被推荐升学、招工、参军者外,郑州、开封、周口市下放来的知识青年,在 1978 年前先后全部回城;本县下乡的知识青年,在 1980 年前也都陆续返回。

1980 年以后,城镇初、高中毕业而未升上学的青年,不再实行下放,而是贯彻执行"在国家统筹规划和指导下,实行劳动部门介绍就业、自愿组织起来就业和自谋职业相结合"的方针,由劳动部门和知识青年工作办公室根据全县各企事业单位招工计划指标,经全面考查和文化考试合格,按毕业年限分批统筹安排就业。对暂时还不能就业的,在有关部门的指导扶助下,就地组织待业。

1981 年 12 月,知识青年工作办公室撤销,城镇青年安置工作全由劳动局办理。1982 年至 1985 年,全县共安置城镇青年 1 440 人,其中由劳动部门介绍就业的 770 人,自愿组织起来就业的 550 人,自谋职业的 120 人。

1968—1980 年下放知识青年统计

批数	时间		来自郑州			来自开封			来自周口			来自本县			合计
	年	月	小计	男	女	小计	男	女	小计	男	女	小计	男	女	
一	1968	11	492	240	252	380	205	175	970	420	550	119	50	69	1 961
二	1969	8	154	84	70							25	13	12	179
三	1971	9										26	12	14	26
四	1972	10										13	5	8	13
五	1973	8										25	13	12	25
六	1974	9										78	54	24	78
七	1975	9	408	227	181							68	34	34	476
八	1976	7	139	68	71							73	34	39	212
九	1977	9	15	9	6	20	9	11	5	3	2	101	60	41	141

批数	时间		来自郑州			来自开封			来自周口			来自本县			合计
	年	月	小计	男	女	小计	男	女	小计	男	女	小计	男	女	
十	1978	10	4	2	2							57	22	35	61
十一	1979											53	28	25	53
十二	1980											17	14	3	17
合　计			1 212	630	582	400	214	186	975	423	552	655	339	316	3 242

（第十九编第二章《劳动就业》，第 433 页）

《项城县志》

项城县地方志编纂委员会编，南开大学出版社 1999 年

（1970 年）5 月 24 日，在毛泽东主席关于"知识青年到农村去，接受贫下中农再教育，很有必要"的号召下，全县有 643 名城镇知识青年和 952 户、4 475 名城镇居民，下放到农村插队落户。1979 年后，知识青年先后回城就业；下放的城镇居民亦陆续返回，县进行妥善安排，恢复原城镇的户、粮关系。　　　　　　　　　　　　　　（《大事记》，第 41 页）

为响应支边移民的号召，1956—1959 年，全县先后向新疆、青海、甘肃、湖北等地移民 2 275 户、11 376 人，其中有回民 112 户、560 人；支援边疆建设的男女青年 2 500 人。

对于移出的民户、支边青年，为使其安家落户，积极参加垦荒事业，每年春节期间号召全县人民群众给移民户和支边青年写慰问信；县、区、乡每年定期或不定期召开支边青年家属会，移民户亲属代表会，总结报告相应的工作；1956 年县组织慰问团、1959 年参加省组织的慰问团两次赴移民地区慰问；1960 年，还迎接青海、甘肃两省派来的慰问团，到项城慰问了移民家属并进行参观活动。

1962 年由于严重的自然灾害，国民经济建设发生困难，青海西里河开荒停办，项城去的 1 000 名支边青年全部返回，县给予妥善安置。　　　（第二篇第一章《变迁》，第 121 页）

1983 年后，下放知青先后回城就业，招收为全民工的 1 250 人，招收为集体工的 850 人，参军退伍后安置的 387 人，推荐上大学和考取各类学校后就业的 96 人，自谋职业 330 人。到 1985 年，下放知青及在"文革"中积累下来的待业人员基本得到安置。

（第四篇第二章《政府》，第 180 页）

"四五"时期,全民所有制企、事业单位临时工和轮换工从严管理。规定县办企业临时工改固定工必须由县革委提议,经地区革委审核,报省批准执行。严格控制从农村抽调劳动力和新增职工,确需增人应从下乡知识青年中招收。……

"五五"时期,下乡知识青年回城就业,"文革"期间下放干部、职工子女按政策需要安置。

（第十四篇第一章《计划管理》,第 497 页）

《许昌市志》

许昌市地方志编纂委员会编,南开大学出版社 1993 年

知识青年安置

1963 年初,建立知识青年安置办公室。1965 年春,许昌、漯河二市首批动员城市青年 285 人,组成插队小组分别到许昌县、宝丰县、舞阳县农村落户;禹县城关镇动员 27 人下放到本县余王林场,并动员 80 名知识青年支援西藏建设。"文化大革命"开始后,工作停顿。1968 年底,动员大批城市青年到农村落户。许昌除安置本地知识青年外,还接收安置郑州、洛阳、平顶山三市的知识青年。先后共动员安置城市青年 3.7 万多人,耗资近 5 000 万元,木材万余立方米。1980 年,中共中央、国务院发布文件,知青工作纳入就业轨道,下乡知青先后招回城市就业。

为加强劳动力的管理,1980 年,许昌地区和各县市相继建立了劳动服务公司。

（《经济·劳动工资管理》,第 478 页）

《许昌县志》

许昌县志编纂委员会编,南开大学出版社 1993 年

新中国成立后,国营企业和供销合作企业有较大发展,为城镇知识青年就业提供了条件。到 1956 年,有 3 000 多名城镇知青（也有部分农村知青）安排就业。"文化大革命"中,劳动制度实行"统包统配",城镇劳力统一由国家安排。而当时国民经济失调,城镇每年都有一批高初中毕业生需要安排,知识青年就业困难。60 年代末,开始组织城镇知青上山下乡。70 年代初,县成立知识青年上山下乡领导小组办公室,专门处理知青事宜。各公社都办有知青场或知青队,还派有知青专干驻队管理。先后安置县内和接受上海、西安、武汉、洛阳、郑州铁路系统、平顶山市和许昌市等城市知识青年 1.1 万多名,大部安置在 7 个知青场、97 个知青队、105 个知青组,还有一部分知青投亲靠友分散插队。共拨知青下乡费 500 多万元,建房 7.5 万多平方米,调配给大型拖拉机 52 台,小型拖拉机 60 台,电动机、磨面机、榨油机 50 台,架子车 1 500 多辆。

3433

知青下乡,一般须劳动满两年以后才可安排回城就业,但为数不多。1978 年成批统筹安排,外地来县知青陆续全部迁离农村。同时县内 1 486 名下乡城镇知青,采取参军、升学、招工等办法,亦全部安排就业。原设各公社的知青场、队、组,于 70 年代末先后撤除。

1978 年后,全县每年都有 100 至 300 名城镇知识青年需予安排就业。到 1985 年,共安置 2 166 人。其中,全民工 463 人,集体工 1 132 人,合同工 31 人,计划内用工 343 人,参军、升学 193 人,招干 4 人。　　　　　　　　　　　　(第十八篇第三章《劳动工资》,第 582 页)

《漯河市志》

漯河市地方史志编纂委员会编,方志出版社 1999 年

"文化大革命"期间,从 1971 年起在下乡知识青年、农民、工人中吸收录用干部,干部人数仍为上升趋势。　　　　　　　　　　　　　　　　(卷七第三章《人事编制》,第 229 页)

1964 年 1 月,市安置城市闲散劳动力领导小组成立,设在市人委劳动科。同年 10 月更名为安置城市下乡青年领导小组办公室。1973 年 10 月成立漯河市革命委员会知识青年上山下乡工作领导小组办公室,编制 11 人,内设秘书组、动员组、安置组。

为解决知识青年的就业安置问题,1980 年 12 月,成立了知识青年农工商联合公司,为集体企业,隶属知青办公室,当年建立 4 个商店,1 个工厂,增设新的商业网点 15 个,安置知青 135 人,1981 年 10 月,市电工器材厂归属知青办。1982 年 8 月,知青办公室与市劳动局合并。　　　　　　　　　　　　(卷二十九第一章《机构设置》,第 756—757 页)

1971 年至 1979 年,就业安置主要是解决上山下乡知青回城就业问题。

中共十一届三中全会以后,漯河市安置就业的对象除一小部分知青外,主要是安置城镇待业青年。　　　　　　　　　　　　　　　(卷二十九第三章《劳动力管理》,第 761 页)

1971 年至 1979 年,漯河市招工工作主要是解决下乡知青返城就业。

(卷二十九第三章《劳动力管理》,第 762 页)

第七章　城镇知识青年上山下乡

漯河市知识青年上山下乡始于 1955 年,每年都有部分家居农村的中、小学毕业生和少量城镇户口的待业青年到农村参加农业生产。1963 年,开始有计划,有组织地动员城镇知识青年上山下乡。1963—1966 年市区共动员 1 294 名知识青年到郾城、舞阳两县插队劳动。

1968 年漯河市掀起知识青年上山下乡高潮,至 1980 年这项工作结束,市区共组织初、高中毕业生 13 463 人,分别到市郊、郾城、舞阳、叶县、临颍、鲁山、鄢陵等地农村安家落户。

第一节　下　乡　对　象

1963 年始,漯河市的下乡人员主要是企业精简下来的职工和应届毕业未能升学或就业,年满 18 岁具有独立生活能力的学生及社会闲散劳力。1964 年后,城市精简职工结束,漯河市的下乡范围主要限于城市不能升学和就业的高、初中毕业生,年龄扩大为 16 周岁。1971 年改为 17 周岁。1972 年规定,有严重慢性疾病已丧失劳动能力的残疾青年及独生子女,由学校、街道办事处上报,经市领导小组批准后可以留城。凡应下乡而未下乡的知青不发毕业证,不准升学,各单位不准将他们作为招工对象。1973 年和 1974 年进一步规定,病残不能参加农业劳动的,独生子女和群众公认的独养子女、多子女而身边只有一个子女的及中国籍的外国人子女不动员下乡。1975 年,省知识青年下乡办公室,省劳动局等六个单位联合规定:清退进厂的 1972 年以后的各届中学毕业生以及中途退学的青年。1976 年又规定父母双亡或一亡,父母双方或一方病残不能自理,并且弟妹年幼(13 岁以下)家中无人照顾的,可以留一个大的子女在身边,原则上是下大留小。下乡后又招回父母所在市,以及两个以上子女在本省工作的,从父母身边参军、上大学、中专的,只要是城镇户口,均视为身边有子女,不予再留。经县以上医院检查证明患有严重疾病,暂时不能参加农业劳动的,可暂缓下乡。缓下期间,任何单位不得安排和使用。1979 年 8 月开始,下乡对象有所放宽,多子女的家庭可以选留;家庭确有困难的可以照顾留城;对独生子女,父母双亡,归侨学生,两个子女等不再列入下乡对象;有一个子女下过乡而身边尚无子女工作的,现役军人,在高等学校学习的学生,均不视作身边有子女;同父异母,同母异父,其父母身边可各留一个子女;父母分居两地,子女也分别跟随父母居住两地的,其父母可各在自己的身边留一个子女。

下乡参加生产劳动的知青都给予一定的补助。1966 年前,凡到农村参加生产劳动者每人平均补助布票 5 尺、棉花 7 两、建筑木材 0.2 立方米。返回原籍参加生产的,家中有人,有住房的,其安置经费平均每人不超过 50 元;到农村插队或投亲靠友的每人平均不超过 170 元。1968 年后,每人补助布票 7.5 公尺,棉絮 1.5 公斤。口粮供应,下乡后第一年由国家统销供应。标准按每人每月 20—22.5 公斤成品粮,食油按市民标准统销供应。第二年开始自食其力,由生产队或农场等按工分分粮。

第二节　下乡数量及分布

1963 年,漯河市开始组织知青下乡。至 1966 年共组织动员 1 294 名知识青年到郾城、舞阳农村插队劳动,其中有 150 名支援西藏军垦农场,男女比例各占 50%。1968 年,知识青年上山下乡掀起高潮,漯河市共组织 1966、1967、1968 年三届高、初中毕业生 800 名,分别到舞阳、叶县等地农村安家落户。全市从 1968 年到 1979 年至农村插队的城镇知青共有

12 153人。分别安置在市郊和郾城、舞阳、临颍、叶县、鲁山和鄢陵6县。1980年下乡1 310人,全部安排在漯河郊区。

漯河市知识青年上山下乡情况表

项目 年份	数　量	安置地点	备　注
1963	278		
1964	500	郾城县	
1965	214	舞阳县	
1966	302	原籍　西藏军垦农场	另有900闲散劳力下乡
1968	800	舞阳县　叶县	
1969	1 896	舞阳县　叶县	
1970	673	郾城县	
1971	3 418	鲁山县　市郊	
1972	417	叶县　鄢陵县	
1973		临颍县　鄢陵县	数量不详
1974		舞阳县　叶县	数量不详
1975	1 189	郾城县　原籍	
1976	619	舞阳县　郾城县　市郊	
1977	1 693	市郊	
1978	800	原籍	
1979	248	市郊　舞阳县	
1980	1 310	市郊	

第三节　安置形式

一是集体插入一个生产队,受一个生产队的领导,集体吃、住、学习和劳动。二是集体吃、住、学习,分散到几个生产队劳动。生产队对知青实行记工到人,核算到人,经济分配到人,粮食分配到组或到人。从经济分配中抽出一定比例作为小组的积累。三是分散插队,采用这种形式的多属返乡知青(原籍在农村)和投亲靠友的知青。四是组建知识青年生产队,集体劳动、集体生活。由漯河市抽调干部带领,所在生产大队派老农协助。五是创办知青农场。知青农场有县办、公社办,也有大队办,谁办由谁领导。人员组成:下乡知青占85%,贫下中农占13%,国家带队干部约占2%。贫下中农由知青所在公社或生产大队选派苦大仇深,有生产经验,作风正派的人员参加。带队干部由市和接收知青的县、公社各派1%,一年或二年交叉轮换一次。三结合的领导班子负责知青的生产、生活、学习和教育管理。

第四节　招　收　安　置

1970年省规定,下乡知青家庭发生特殊困难,经济来源断绝,老少无人照管,又不能全家下乡的,经群众讨论,市、县协商同意,可迁回城市。1971—1979年规定,有严重疾病长期不能参加劳动的知青,经有关医院检查证明,县、市协商同意,可迁回城市。对群众公认的独养子女,已下乡的在招工时给予优先照顾。招生、招工、征兵必须在下乡二年以上的知青中选招,并经贫下中农推荐,下乡知青讨论,生产大队、公社审查批准。在农村招生,征兵都规定了下乡知青的数额。对批准迁回父母身边的知青,安排他们到城镇集体所有制单位工作。并在招工中照顾下乡子女多,就业人口少的家庭和下乡时间长,家庭有困难的知青,并适当放宽招工年龄,扩大招收女知青的比例。1979年,对1972年以前下乡的知青优先安排,指标专项下达。在有招工指标前提下,把下在农、林、牧、渔场的知青转为农工,不再享受其他招工待遇。

1981年,对1975年以前分散插队的知青免试优先招工,近期不能招工的,将其集中安置到条件较好的知青场、队和农、工、商联合企业中去。有条件自谋职业的,经有关部门批准迁回城镇自谋职业。对于在农村结婚的知青,就近就地安排有固定收入的工作。

下乡知青被招工分配到技术工作岗位的,实行学徒制,即:下乡满二年的,上岗第一年执行第二年学徒待遇,第二年执行学徒三年待遇;下乡满五年的执行一级待遇。对下乡时间较长,曾经从事技术工作并有一定专长且与现任工作技术对口的,在经过一年以上的学徒期后,可提前考核转正。招工后分配到熟练工作岗位的,下乡满三年以上,熟练期执行一级工待遇;下乡满二年不满三年分配重体力劳动工作的,执行一级工待遇。

1980年省规定,下乡已婚女知青被招工或按政策批准迁回城市后,其配偶是非农业人口的,在下乡期所生15周岁以下子女,可以同时迁入城镇,转为非农业户口。配偶是农业户口的可将其学龄前的子女随母迁入市、镇转为非农业人口。对终生只要一个或两个子女,已做绝育手术的,子女虽已过七周岁,亦可随母迁入市、镇转为非农业人口。已有三个子女且都超过七周岁,可以批准两个随母迁入市、镇转为非农业人口。

(卷二十九第七章《城镇知识青年上山下乡》,第779—782页)

《鄢陵县志》

鄢陵县地方志编纂委员会编,南开大学出版社1989年

(1968年)9月3日,洛阳400名知识青年来鄢陵县插队落户,被分别安置在陶城技校和南坞公社刘圪垱大队。　　　　　　　　　　　　　　　　　　　(《大事记》,第53页)

(1974年)12月15日,鄢陵县首届上山下乡知识青年积极分子代表会议召开,历时4

天,出席会议代表 350 人,禹县、鲁山、郏县的特邀代表列席了会议。 （《大事记》,第 57 页）

1973 年,县成立鄢陵县知识青年上山下乡再教育领导小组和知识青年安置办公室,专门负责知青安置。至 1978 年,全县共安置外地和本县知识青年 1 023 人,其中大部分人被安置到农村,参加农业生产劳动,少数选干、参军。1978 年以后,始在农村劳动的知识青年中择优招工、招生和征兵。1981 年,本县成立劳动服务公司,负责社会剩余劳动力和待业知识青年的安置工作。至 1986 年,安置待业青年 2 200 余人。

（第六编第二章《就业　工资　劳动保护》,第 481 页）

《鄢城县志》

鄢城县志编纂委员会编,中州古籍出版社 1997 年

(1970 年)3 月 16 日,鄢城县革命委员会知识青年安置办公室成立。（《大事记》,第 37 页）

《襄城县志》

襄城县史志编纂委员会编,中州古籍出版社 1993 年

是年(1967 年),县革命委员会根据毛泽东主席"知识青年到农村去,接受贫下中农再教育"的指示,动员城市知识青年上山下乡。次年 12 月全县又组成上千人的"贫下中农毛泽东思想宣传队"进驻县城,动员居民下乡。到 1980 年底,下乡城镇居民共 1 111 户、5 633 人,其中省、地、县知识青年共 4 009 人。1983 年底,除 15 名知识青年在农村落户外,其余已全部迁回城镇。

（《大事记》,第 44 页）

(1968 年)12 月,郑州市、许昌市部分知识青年下放襄城县农村落户,接受贫下中农再教育。

（《大事记》,第 45 页）

《鲁山县志》

鲁山县地方史志编纂委员会编,中州古籍出版社 1994 年

(1968 年)12 月,根据毛泽东主席提出的"知识青年到农村去,接受贫下中农再教育"的指示,动员大批知识青年(中学毕业生)和干部上山下乡。同时,下放城镇居民 460 户、1 913 人到农村落户。

（第一篇《大事记》,第 92 页）

1973 年 5 月至 1980 年 3 月,撤销工交局,设工业局、交通局;财税局更名财政局,卫生科更名卫生局;撤销农林局,设农业局、畜牧局、蚕业局、农机局、林业局;撤销水电局,设水利局、电业局;电信局与邮政局合并为邮电局;设人事局、民政局、第二轻工业局、知识青年工作办公室、计划生育委员会、供销合作社、广播站,恢复鲁山县人民法院和鲁山县人民检察院。

(第六篇第三章《民主政府、人民政府》,第 235 页)

第四节　知识青年上山下乡

1969 年 12 月,按照中共中央主席毛泽东关于"知识青年到农村去,接受贫下中农再教育很有必要"的指示,成立鲁山县知识青年上山下乡领导小组及其办公室。各公社、大型厂矿企业也相应成立机构。到 1978 年,共接收本县和外地城市中学毕业知识青年 3 412 人,先后组建 12 个青年队,173 个青年组。其中,有部分回原籍投亲,部分插队落户。国家拨发经费 143 万元,为知识青年建房 1 074 间,购大型拖拉机 5 部、小型拖拉机 8 部、电动机 24 部、缝纫机 11 部、粮食加工机械 24 部、大牲畜 33 头及小件农具、生活用品等。上山下乡的知识青年,与农民一起参加生产劳动,分配劳动果实。此后,城市知识青年上山下乡形成制度,每年都有大量知青到农村参加劳动锻炼。经过锻炼的知识青年,按照"先下先安排,大令先安排"的原则,到 1983 年全部安排就业。同年,撤销知识青年上山下乡领导机构和知识青年上山下乡制度。

(第十篇第二章《劳动人事》,第 277 页)

《郏县志》

郏县县志办公室编,中州古籍出版社 1996 年

(1968 年)8 月 24 日,在知识青年上山下乡高潮中,首批郑州市 71 名知识青年来广阔天地大有作为人民公社插队。之后,郑州、许昌、北京等地来插队的知识青年逐年增多。至 1980 年底,全县先后接收插队知识青年 2 389 人,其中广阔天地大有作为公社 815 人。至 1984 年底,有的被保送或考上中等、高等学校,有的安排了工作,全部得到安置。

(《大事记》,第 45 页)

(1975 年)9 月 12 日至 20 日,县革委副主任丁学敏和下乡知识青年薛喜梅出席全国第一次农业学大寨会议。

(《大事记》,第 48 页)

1980 年照顾安排退休干部子女 51 名,招收城镇下乡知识青年 76 名为固定工。

(第十七编第五章《劳动》,第 460 页)

《郏县志(1987—2000)》

郏县地方史志编纂委员会编,中州古籍出版社 2003 年

(1993 年)8 月 24 日,在大李庄乡举行庆祝知识青年上山下乡 25 周年及将大李庄乡更名为广阔天地乡(以下简称广天乡)大会。新华社河南分社记者、天津大邱庄、山西大寨代表、当年知青代表到会。 (《大事记》,第 13 页)

广阔天地乡是 1955 年毛泽东亲笔批示过的地方。它以 20 世纪 70 年代大批知识青年在这里下乡劳动锻炼而闻名全国。它的前身是大李庄乡,后来,几经嬗变,成了今天的广阔天地乡。 (第五编第一章《广阔天地》,第 109 页)

第二节 知识青年下乡

1968 年,知识青年上山下乡在全国城乡掀起高潮。毛泽东亲笔批示过的广天公社成了知识青年向往的地方。为动员省会郑州市的知青下乡,省、市革委会在省体育馆召开了上山下乡动员大会,特邀广天公社回乡知青代表卢忠阳与会作报告。卢忠阳向到会的数千名机关干部、学校师生讲了回乡知识青年在农村锻炼成长的情况,讲了广大农民迫切要求知识青年到农村去安家落户的心情,讲了郏县党政领导如何重视和支持知识青年下乡工作等。当时,卢忠阳的报告在省城引起反响,省城的广大初高中毕业生踊跃报名,到农村去,到广阔天地去。由于广阔天地范围太小,卢忠阳只向省领导要了 70 个名额。由于报名人数太多,省、市领导同学校领导一起经过挑选,最后从郑州市 1 中、4 中、6 中、9 中、11 中、12 中、18 中、24 中、28 中和郑铁 1 中 10 所学校确定了 70 人的下乡名单。

1968 年 8 月 24 日,省会召开 20 万人大会,欢送第一批知识青年到广天公社安家落户。省革委、省军区和郑州市的主要领导亲自陪同知青登车启程,并一直送出郑州市区。知青车队从郑州经许昌、襄城县到达郏县,沿途受到数十万群众冒雨夹道欢迎。河南日报在毛主席手笔"一切可以到农村中去工作的这样的知识分子,应当高兴地到那里去"的通栏标题下,报道了这一消息,并编发了《热风吹雨洒江天》的社论。

这一天,广天公社男女老少一大早冒雨等候在公社门口。知青们一下车他们便一拥而上,接过行李和挎包,送至知识青年小组。这批知青分为 8 个组,分别安置在大李庄大队 1 队(4 中)、4 队(6 中)、8 队(11 中),吴堂大队 1 队(9 中)、3 队(24 中)、5 队(12 中、18 中、28 中);杨庄大队 1 队(郑铁 1 中)、4 队(1 中)。

次日,公社举行盛大集会,欢迎省会首批下乡知识青年。许昌地区革委会、郑州市革委会和许昌军分区、郏县革委会负责同志参加了大会。

由于下乡名额严格限制,24 日当天随车又"偷偷"来了 8 人,广天公社群众同样热情接

待了他们。加上随后通过亲友关系、同学关系，又陆续来了数十人。总人数达到 115 人。后，又从许昌、郑州、北京来了数批知识青年到广天公社劳动锻炼。至 1972 年，总人数达 668 人。

广天公社新添了几百名有知识、有文化的城市青年，使这里出现勃勃生机。社队干部和群众政治上关怀他们，生活上关心他们，生产上手把手教他们。他们也积极投身于农村的物质文明和精神文明建设。

知识青年在农民手把手的指教下，经过艰辛努力，很快对炕烟、使牲口、扬场放磙等各样农活都能拿得起，放得下。他们积极投身到农业生产中去，平整土地，修筑汝河大堤，用汗水同农民一道改变着广天公社的自然条件。板场队青年组在队长薛喜梅带领下和群众一起苦干 4 个冬春，填平了两条大沟和两个深坑，使生产队增加耕地 40 多亩。他们在汝河滩上种植了 30 亩桃园，60 多亩苹果园，栽种 100 多亩杨、柳树，使往日的乱石滩变成了果树园。

知识青年和群众一起经过几年奋战，广天公社的农业生产条件有了很大改观，7 000 多亩耕地全部深翻平整一遍，实现了旱能浇，涝能排的机电灌溉双配套。粮食亩产在全县首先超过 400 公斤。

为了搞好科学种田，广天公社、大队、生产队三级都成立了干部、群众、知识青年三结合的科研组。拨出耕地，抽出专业人员成立科研队，从事农作物优良品种培育、病虫害防治、密植、施肥、浇水等各种试验。杨庄大队科研队知识青年与农民周万申一起经过几年实验，培育出"广杨 1 号""广杨 2 号"小麦良种，推广到湖北、安徽、四川等省和河南各地市，面积达 1 000 多万亩。他们还总结出科学炕烟、科学养猪、科学管理果园等许多有价值的先进经验，使广天乡的科学种田水平在全县处于领先地位。

知识青年在接受农民艰苦奋斗的传统教育和学会种田本领的同时，也把在城市见到学到的新思想、新观念、新文化带到农村。农村庙会演古装戏，有些内容带有一些封建迷信色彩，知识青年看到了，便组织起文艺宣传队，登台演唱新歌曲。劳动间隙，在田间地头给群众表演节目或教唱新歌、新戏。农村有婚丧事大操大办的陋习，遇到这样的事，知青们主动做思想工作，宣传新事新办。谁家女儿结婚，劝说她们不坐车，不坐轿，不要彩礼，自行组织迎亲送亲队，步行接送。后来，村里成立了"红白"事理事会，专门操办婚丧、嫁娶事宜。在农村，有些农活过去妇女不愿干，也"不能"去干，女知青便敢闯"禁区"，带头干起拉车卖豆腐、犁耙地、炕烟等活。一时广天公社处处呈现一派新机。

知识青年上山下乡，使他们认识了农村、认识了农业和农民。在改造客观世界的同时，也改造着自己的主观世界，一批人才在广阔天地里锻炼成长。下乡知青中，有 124 人加入了中国共产党，300 多人加入了共青团。回乡知青卢忠阳曾当选为中共第九次、第十一次党代会代表，"十大""十一大"中央候补委员。下乡女知青薛喜梅曾被选为第四届全国人大代表，曾任全国知青领导小组成员。女知青杜银娣曾被当选为中共"十大"代表。自 1974 年始，广天公社的下乡知青，有的被推荐参军入伍、上大学，有的被招工招干。至 1994 年底，除董梅枝、要建华、许冰、陈晓莉 4 名女知青因在广天乡结婚、招工、招干仍留在广天乡，其他人员均已招工、招干到各地工作。

1974 年 1 月 29 日，时任中共中央政治局委员、中央"文革"领导小组副组长的江青派浩亮及一名新华社记者到广天公社给下乡知青赠送亲笔信及《批林批孔》材料，对当时正在全国开展的《批林批孔》运动煽风点火，推波助澜。

（第五编第一章《广阔天地乡》，第 111—114 页）

1973 年，下乡插队知青创办了砂轮厂、造纸厂、面粉厂等社办企业。……赵花园村回乡知青雷领坡组织 14 户村民兑股 14 万元，从河南上蔡、湖南等地购进 20 多台制锅机，创办全县首家股份制企业——广天锅厂。　　　　（第五编第一章《广阔天地乡》，第 115 页）

1968 年后，下乡知识青年的新思想，新文化在广天公社得以传播，农村中的陈规陋习得到一定程度的遏制。　　　　　　（第五编第一章《广阔天地乡》，第 116 页）

知识青年下乡到广天乡劳动锻炼与广天乡的群众结下不解之缘，他们把广天乡当作自己的"第二故乡"。后虽然入伍、上学、招工、招干远走他乡，但经常与广天乡的群众书信相通，甚至结了婚，育了儿女，还要带上爱人、儿子回到广天乡与乡亲相聚。改革开放之后，他们为自己相处多年的广天乡干部群众传递经济信息，共商发展经济大计，甚至投资入股、推销产品，帮助广天乡发展乡镇企业。广天乡党委、政府利用这种关系数次在郑州及本乡召开原下乡知青座谈会、联谊会，开展活动。1993 年 8 月 24 日，为扩大对外联谊，加快经济发展步伐，广天乡党委、政府借首批知青下乡 25 周年纪念日之机，邀请曾在广天乡锻炼的知青回乡参加庆祝活动。当日，来自北京、深圳、海南、郑州、开封、洛阳等地的 200 多名原知青，有些还带上爱人和子女、重聚广天乡。久别重逢，再现了 25 年前迎接知青下乡时的情景。全乡上千名群众冒雨等候在政府大院里，知青一下车，他们一拥而上，有些知青和久别的老人拥抱在一起，用热泪表达着当年的深情。会上，知青为发展全乡经济提供了大量技术信息、项目和资金。杜银娣、张颖等知青为吴堂造纸厂集资 7 万元，帮助其发展生产，后该厂更名为"知青造纸厂"。1996 年 8 月 24 日，全乡举行纪念"毛泽东为广天乡光辉批示发表 41 周年暨知青上山下乡 28 周年"座谈会，邀请县、乡历任党政领导，回乡、下乡知青代表，部分本乡籍在外工作人员，新闻工作者及县直有关单位领导等 128 人出席会议。座谈会上，知青代表畅谈了对下乡劳动锻炼的"无怨无悔"的真挚感情，广天乡的干部群众追述了当年知青为广天乡两个文明建设所做的贡献。会议期间，举行了信息发布会，与河南农业大学签订了互帮协议。1998 年 8 月 24 日，在郑州市召开联谊会，庆祝知青上山下乡 30 周年，县乡主要领导、原在广天乡的知青代表百余人出席会议，会上知青代表提出倡议，号召工作在不同岗位上的原下乡知青捐资、捐物，提供项目、信息，帮助"第二故乡"更快走上富裕之路。原下乡知青,现省农科院研究员薛喜梅经常到广天乡指导粮食生产。郑州大学第一附属医院大夫申欣夫妇利用周六、周日休息时间到广天乡卫生院为群众义诊,以实际行动报答"第二故乡"父老们的深情。

(第五编第一章《广阔天地乡》,第116—117页)

《长葛县志》

长葛县志编纂委员会编,生活·读书·新知三联书店1992年

1962年,减少城镇人口,精减人员,城镇知识青年无法安置,开始组织下乡插队,至1981年,累计插队知识青年3 899人(其中省地下放长葛3 299人),分布在全县12个公社,组建5个农场,18个青年队,202个小组。在组织知识青年下乡插队工作中,县财政累计拨款204万元,调拨木材700立方米,配备大拖拉机7台,小拖拉机10台,柴油机5台,电动机2台,架子车325辆,缝纫机19部,物资折款121 636元,建房942间,划拨土地2 000亩,选派带队基层干部和农民代表435人。

1977年全县职工增至13 531人,1978年和1982年,两次进行整顿,清退计划外用工4 511人,以安置待业知识青年就业。1982年除保留一个知青农场、一个农工商联合公司外,其余场、队、组全部撤消,下乡插队青年,陆续安置,入伍88人,考入技校42人,其余通过招工、高招、接班、困难照顾等,全部回城镇安排就业。1975年至1985年,共安置城镇待业人员3 269人。

(第十七篇第一章《劳动》,第485页)

《舞阳县志》

河南省舞阳县志编纂委员会编,中州古籍出版社1993年

(1965年)8月,26日到1970年8月13日,先后有1 379名知识青年(本县51人,漯河市1 328人)到农村安家落户。

(《大事记》,第34页)

(1969年)1月,县知识青年上山下乡安置办公室改为"三下放"(干部、知识青年、城镇居民)办公室。先后接收漯河市和舞阳县干部、知识青年、居民4 834人,他们分别被下放于农村和县"五七干校"。后逐步回城安置。

(《大事记》,第35页)

1972年后,招工的主要对象是下乡锻炼和留城待业的知识青年。

(第八编第五章《劳动、工资管理》,第248页)

1976年，县革命委员会设办公室、……知识青年上山下乡办公室、计划生育办公室。

（第十编第三章《舞阳县人民政府》，第294—295页）

《叶县志》

叶县地方史志编纂委员会编，中州古籍出版社1995年

（1968年）10月，县上山下乡知识青年安置办公室成立，至1979年底共安置漯河、平顶山等地上山下乡知识青年3 361人，到农村"接受贫下中农的再教育"。

（《大事记》，第58页）

（1968年）12月23日，叶县首批城镇知识青年分期分批到农村人民公社插队，参加生产实践锻炼，以后由政府扶持建成独立的"青年队"，自负盈亏。　（《大事记》，第58页）

（1974年）2月3日上午，全县分15个点召开22万人参加的动员大会，传达中央有关文件和"江青给知识青年的信"，号召开展"批林批孔"运动。

2月3日下午，地、县、公社、大队四级共组织64人送信小组，到全县9个新建知青队分送"江青给知识青年的信"。

（《大事记》，第62页）

第七节　知识青年上山下乡

1968年，根据上级指示，组织城镇非农业户口的高、初中毕业生上山下乡参加劳动锻炼，"接受贫下中农再教育"。叶县于1968年10月26日首批下乡知识青年（以下简称知青）24人，12月22日又接收漯河市来叶锻炼的知青827人。当年全县建立10个知青队（又称新建队），每个知青队拨给100至150亩耕地，平均每个知青2亩地；由所在大队、生产队负责建房，并配耕畜、农具，由老农帮助耕作。知青下乡后，每人发给400元的生活、生产补助费和半立方米木材。

1969年，全县新建队除保留岗马、习楼、古路湾3个以外，其余知青分散插队。1969年7月从漯河市来叶594名下乡知青（后增加到1 622人），大都分散插队。1970年春，插队知青又都恢复和重新组合成新建队。1975年8月平顶山市共有1 356名知青来叶县。由于知青增加，叶县扩建、增建了知青场、队，总数达57处。知青下乡经费由原来的每人400元增加到580元，物资供应也有所增加。

1969年10月，知青工作机构称"安置办公室"。1974年秋改为"知青办公室"。1982年5月2日与劳动局合署办公。

1970年12月开始，国家在下乡知青中招收、录用人员，规定知青下乡锻炼2年后方有

资格参加招工、考大学或参军。1975 年到 1978 年叶县采取广开就业门路、大力促使知青就业的措施，把在乡下的 1 744 名知青安置就业 90% 以上。1979 年 3 月又对在乡已婚的老知青 14 人进行安置；留下的漯河、平顶山两市的知青 150 人经过协商，于同年秋全部迁回漯、平两市安置，至此叶县知青安置工作结束。

1980 年以后，根据上级指示，叶县着手筹办知青农工商联合公司，并对知青场、队进行财产清理。1981 年元月知青农工商联合公司正式建立，设有 2 个门市部和 1 个青年场，资金是原知青的经费。公司吸收待业青年参加，并聘请 3 名退休工人，配 1 名国家干部任经理；1982 年，3 名退休工人退离公司，保留职工 9 人。青年场设在坟台乡辛堂村，以农业为主要经济来源。场内有青年 20 名，老农 8 名，土地 20 亩。1982 年又招收 16 名待业青年，1984 年底场内保留 30 人。1985 年 5 月，辛堂青年场撤销。

（第十二篇第二章《劳动》，第 295—296 页）

《宝丰县志》

宝丰县史志编纂委员会编，方志出版社 1996 年

当年(1965)，成立县知识青年上山下乡领导小组办公室。至 1976 年，全县相继接纳安置许昌、郑州、平顶山、宝丰铁路地区及境区 2 000 多名上山下乡知识青年。

（《大事记》，第 55 页）

1965 年，成立县知识青年上山下乡领导小组办公室（简称知青办）。"文化大革命"期间，机构瘫痪，劳动知青工作由县革委会内务组管理。人事工作初由县革委会政工组管理，后由县委组织部兼管。1973 年 5 月，成立宝丰县民劳局，设劳资股分管劳资工作。同年 11 月，恢复知青办。1978 年 5 月，析民劳局为劳动局和民政局。1979 年 9 月，恢复县人事局。1984 年 5 月，县劳动局、人事局、知青办合并，建立宝丰县劳动人事局，内设工人调配股、工资福利股、干部调配股、任免奖惩股和办公室，下设劳动服务公司。

（第八编第二章《劳动人事》，第 295—296 页）

第六节　城镇青年安置

50 年代，境区城镇户口青年除参军和考取大、中专学校外，大部分安置到机关、厂矿工作，无职业者甚少。

1964 年，城镇知识青年开始上山下乡到农村锻炼，接受贫下中农再教育。以后明确规定：凡 16 岁以上城镇非农业户口的初、高中毕业生，除由父母选 1 人留在身边，或家庭特别困难，或本人残疾确需留城者外，都要到农村去参加生产劳动，户口及粮食关系转入参加劳

动的乡、队。

1965年，县成立知青办公室，各公社设知青专干，负责城镇青年的接收、安置和管理工作。当年，全县有139名知识青年下乡。

1968年，除县内城镇知识青年上山下乡外，还接收安置郑州、许昌、平顶山等市的城镇知识青年。安置的形式，一是直接到生产队插队劳动，和社员一样按劳动工分参加分配粮款；一是组建知青队，划给一定数量的土地，由知青队自己组织耕种，收入集体分配，多劳多得。知识青年上山下乡，由政府拨发一定数额的补助经费，有建房补助费、生活补助费、农具和家具补助费、学习材料费、医疗补助费、旅运费等。至1974年底，共接收安置知青1 872人，建房570间。

1974年始，有计划的在下乡城镇知识青年中征兵、招工、招干和选送到大、中专院校学习。当年，参军16人，招工480人，招干4人，上学13人。

1978年后，不再动员和接收城镇青年下乡劳动。至1981年，通过各种形式将下乡的城镇知识青年全部进行了安置。

1982—1987年，境区城镇青年转由县劳动人事部门负责登记、培训、安置直接就业。

1968—1977年接收安置下乡知青简况表

年　份	县　内	宝丰驻军	宝丰铁路地区	平顶山市	许昌市	郑州市	合　计
1968	36			168	232	27	463
1969	32			32	19	17	100
1970	26			73	20	13	132
1971			29	69		31	129
1972			27	56		52	135
1973			31	72		36	139
1974	104		32	264		205	605
1975	79		76	285		24	464
1976	46	16	67	14		13	156
1977	119						119

（第八编第二章《劳动人事》，第305—306页）

《禹州市志》

禹州市志编纂委员会编，中州古籍出版社1989年

中共十一届三中全会以后，招工的主要对象是上山下乡知识青年和按照政策留城的"知

青"。对凡是 1972 年底以前,在城镇吃商品粮的上山下乡知识青年,不论婚否,可招为集体工。其中,对已作临时工、合同工、亦工亦农的也予以招收。对伤残和患有慢性病不能正常劳动的,将其户粮关系转回城镇,由民政部门根据情况按照政策,分别组织就业。至 1978 年接收安置知识青年由 1973 年的 2 314 人增至 6 620 人。

1980 年以后,招工的主要来源是城镇待业青年,农民青年除极少数当兵、提干、考学外,大多务农。

1975 至 1985 年招工情况和工人分布状况,详见下表:

1975 年—1985 年招工情况统计表

年度	来源			性质			备注
	城镇	农村	合计	全民	集体	合计	
1975	54	100	154	147	7	154	招亦工亦农 374
1976	187	65	252	50	202	252	招亦工亦农 2 630
1977	20	154	174	172	2	174	招亦工亦农 93
1978	182	200	382	79	303	382	
1979	131	429	560	88	472	560	
1980	102	452	554	541	13	554	
1981	138	145	283	280	3	283	
1982	301	19	320	27	293	320	
1983	606	1 065	1 671	1 106	565	1 671	
1984	301	68	369	77	292	369	
1985	90	30	120	32	88	120	

(第四编第三章《人民政府及其工作》,第 208—209 页)

知青上山下乡

1968 年,禹成立知识青年、城镇市民和教师下放办公室(简称"三下放办公室")。1974 年成立禹县革命委员会知识青年上山下乡办公室,负责全县知识青年下放和安置工作。

禹下放的知识青年主要分布在当时的 15 个公社 102 个大队。其下放形式主要有建知青场(队)、设知青点、设知青插队小组和回原籍单独插队四种。全县共设知青场(队)130 个,知青点 19 个,插队小组 109 个。

自 1968 年至 1979 年,禹共接收安置本县和来自郑州、洛阳及许昌知识青年 6 620 人。他们当中有五人加入了中国共产党,846 人加入了共青团,271 人参加了地、县社、队领导班子,471 人成为民办教师、赤脚医生、农业技术员和拖拉机手,有的青年场(队)还办起了小型加工厂。

1979 年,知识青年停止上山下乡。知青办公室于次年与劳动局合并。下乡知青陆续回城就业,对个别不愿回城的青年也妥善作了安置。

附:

禹县接收安置知识青年统计表

年　度	接收安置知青数(人)	年　度	接收安置知青数(人)
1973 年以前	2 314	1977	251
1974	1 523	1978	222
1975	1 717	合计	6 620
1976	593		

(第四编第三章《人民政府及其工作》,第 210 页)

《驻马店地区志》

驻马店市地方史志编纂委员会编,中州古籍出版社 2001 年

(1969 年)1 月 3 日,地革委在驻马店镇二七广场召开有 4 万人参加的群众大会,欢送 513 名知识青年上山下乡,接受贫下中农再教育。止月底,全区共下放各类人员 3.39 万人。其中,知识青年 1.74 万人,教师 8 350 人,市民 3 740 人,干部 4 569 人,干部家属 831 人。

(《大事记》,第 142 页)

1979 年,在揭批查清理极"左"路线运动中,……全区抽调干部 2 060 人组成工作组、调查组,采取定任务,定人员,定时间,定质量,集中领导,集中时间,集中力量等措施办理信访案件,重点解决复员退伍军人、城镇下乡知识青年、城镇下放居民户问题。

(第三编第二章《党务工作》,第 355 页)

"文化大革命"开始后,劳动管理一时陷入混乱状态,一方面从农村大量招工,一方面又动员城镇中学毕业生上山下乡,到农村落户,致使城乡劳动力对流。

(第七编第三章《劳动》,第 556 页)

1966 年后,……城镇初、高中毕业生被动员上山下乡到农村落户,企事业单位又从农村招收工人,造成城乡劳力对流,劳动就业日趋困难。……1966—1976 年,……这一时期的招工办法是经过贫下中农和社队推荐,民主评议,领导同意并报劳动部门批准。招工对象是上山下乡知识青年、退伍军人、少数留城初、高中毕业生以及少数农村青年。……1978 年,根据国家招工也要"德、智、体全面考核,择优录用"精神,全区试行新的招工办法。由劳动管理部门统一组织全面考核,包括报名、命题、考核、评卷、择优录取等。招工对象主要是上山下乡知识青年。

(第七编第三章《劳动》,第 558—559 页)

根据中央和省委的统一部署,驻马店地区各县、镇于 1964 年开始,动员城镇初高中毕业生上山下乡到农村落户。是年全区下乡知识青年 1 182 人。1965 年,根据中共中央《关于动员和组织城市知识青年参加农村社会主义建设的决定》精神,地区专署设立"知识青年安置办公室"。1966 年后,教育学制缩短,大中专院校不准从中学毕业生中直接招生,大批中学毕业生提前进入社会,加上城镇就业渠道单一等因素,待业人员大增。1968 年,按照毛泽东关于"知识青年到农村去"的指示,全区掀起动员知识青年上山下乡高潮。对自愿报名上山下乡的知识青年,召开欢送大会,披红戴花,敲锣打鼓,夹道欢送。对不愿下乡的知识青年,采用办学习班的办法,先进行思想教育,教育不通的采取强制下放措施,规定招工、招生、招兵不在城镇而在上山下乡的知识青年中进行。1968—1969 年,全区下乡知识青年达12 320 人。

1973 年,中共中央、国务院对知识青年工作作出指示,规定"多子女者,身边可留一个"。1975 年,中央又颁布"病残免下,因病缓下"政策,使大规模的知识青年上山下乡运动趋于缓和。同时,全区对按条件应下乡而未下乡的知识青年,进行彻底清理。凡城镇非农业人口,年满 16—25 岁的初、高中毕业生,均属上山下乡对象。独生子女及父母双亡的知识青年和归侨、华籍外人的子女均不列入下乡对象。是年,全区下乡知识青年 5 760 人。

1978 年,国务院召开全国知识青年上山下乡工作会议,对知识青年上山下乡政策又作调整,动员城镇知识青年上山下乡转为广开就业门路,做好知识青年就业安置工作。根据《全国知识青年上山下乡工作会议纪要》精神,全区通过招工、招生、招干和自谋职业等途径,安置已下乡数年的知识青年回城镇就业,在农村已婚(其配偶是非农业人口)的知识青年,可将其 16 岁以下的子女转为非农业人口迁居城镇。是年全区 5 239 名下乡知识青年全部回城镇就业。同时,郑州市招回下乡在本区的知识青年 2 031 人。

1980 年,中共中央、国务院又调整知识青年上山下乡政策,根据中央"关于在城乡两方面扩大门路,并且朝着农工商联合企业的方向发展"的指示精神,开始在城镇郊区兴办知识青年企业,安置下乡知识青年就业。知识青年企业的形式有三种:一是知识青年上山下乡办公室利用原知识青年点的基础,直接办知青企业;二是地、县(市)直属单位和公社(镇)企业单位从实际出发,运用有利条件,自办知青企业;三是知识青年部门与企业单位联合办知青企业。1980—1981 年,全区有 6 个县、市成立了知识青年农工商联合公司,拥有商业综合门市部 40 个。

1964—1980 年,全区共有 50 434 名知识青年到农村落户。其中接收郑州市知识青年 4 547 人,开封市 3 361 人,外省、地 955 人,本区 41 571 人。1968—1980 年,回城就业知识青年 35 373 人。其中招工 23 367 人,招生 2 665 人,征兵 4 739 人,提干 129 人,因病回城2 319 人,其它 2 154 人。

全区上山下乡知识青年,分布于全区 189 个公社中的 188 个公社,2 599 个大队中的 1 316 个大队,31 114 个生产队中的 3 532 个生产队。全区带领知识青年下乡的干部有 166 人,其中城市干部 67 人,县社派出 99 人。

知识青年上山下乡的形式多样,主要是:由 3—5 人组成一个小组,安插到农村落户;由 20—30 人组成社办农场或林场,属公社领导;由 100 多人组成县办农场或林场,属县知识青年安置办公室领导;少数知识青年投亲靠友参加生产劳动。1979 年底统计,全区有较大知识青年场队 45 个,其中队办 4 个,社办 34 个,县办 6 个,企事业办 1 个。在场队的知识青年共 1 892 人,土地 16 443 亩,房屋 2 929 间,耕畜 523 头,各种机械 344 部,架子车 5 000 余辆,固定资产 489.4 万元。

1979 年驻马店地区主要知识青年场(队)一览表

县　　别	场(队)名称
确山县	黄山坡青年农场　古城青年农场
泌阳县	沙河店青年农场　梅林青年队
遂平县	褚堂新建队　东风公社林场 文城公社试验　车站公社知青
西平县	老王坡青年场
上蔡县	大路李公社新建一队　大路李公社新建二队 杨集公社新建三队
汝南县	陈冲知青场　舍屯林场　王岗林场
平舆县	万冢新建队　双庙知青队
新蔡县	蔡胡林场　宁庄林场　黄楼林场　龙口林场 佛阁寺林场　十里铺林场　城关林场　弥陀寺林场
正阳县	油坊店知青场　台天青年队　熊寨青年队
驻马店镇	五一新建队　烧山林场　马堰农场　李园大队青年场

知识青年上山下乡后,户口、粮食关系迁至所落户的乡村或场、队,国家按人拨发安置费。初始,每人每年安置费 240 元,1973 年增至 420 元,1975 年又增至 500 元,1976 年再增为 600 元。1968—1979 年,国家拨发全区安置费 1 298 万元,扶持知识青年场资金 350 万元。知识青年下放农村按规定供给半年或一年的商品粮,后转吃农业粮,与当地农民同工同酬,分配兑现,并与农民一样享受自留地。知识青年的日常生活得到较为妥善的安排。据确山县统计,全县为知识青年建瓦房 1 250 间;购置桌、椅、床生活用具 2 120 件,另外还重点配备了缝纫机、架子车等。1973—1977 年,全县出席驻马店地区先进知识青年代表大会的 115 人。1977 年出席省知识青年代表大会的 2 人,加入中国共产党 13 人,加入共青团 1 252 人,担任基层干部、民办教师、赤脚医生的 1 000 余人,受刑事处分的 14 人,被奸污 13 人,非正常死亡 13 人。

1981—1982 年,知青工作的重点放在农村老知识青年的就业问题上。对下乡多年的老知识青年,或安置在知青联合企业和城镇郊区的知识青年集体企业就业,为集体工;或安排在社队企业就业,转为城镇户口;或在县、市集体或全民企业招工时安置;也有的由下乡知识青年父母所在单位或系统负责安置。对因结婚愿意在农村落户的知识青年,政府给予鼓励和支持,已婚知识青年在农村知青企业就业后,若另一方是农村户口,并要求随同妻或夫一起劳动的,一般允许迁转,但农村户口关系不变。对不要求政府安置工作,愿意在农村落户的,经济上有困难,政府可给予一次性生活补助,以后不再当作知识青年对待。对于个别年龄大、身体差、外出工作有困难的知青,可安置一名成年子女顶替就业,或安置其夫或妻顶替就业,本人不再享受知青待遇。对接受安置知识青年就业的单位,政府从历年结存的知识青年经费中支付给补助款 500—700 元人民币。对因工致残,完全失去劳动能力的病残知识青年,安排力所能及的工作。对刑满释放知识青年,一般让回原城镇安置。1982 年底,全区下乡知识青年除通过国家招工、招生、征兵等途径回城外,剩余的全部回城镇就业。

1964—1980 年知识青年下乡回城情况统计

年　份	下乡人数	回城人数						
		总数	招工	招生	征兵	提干	因病	其他
1964	1 182	—	—	—	—	—	—	—
1965	2 009	—	—	—	—	—	—	—
1966	202	—	—	—	—	—	—	—
1967	1 317	—	—	—	—	—	—	—
1968	2 809	13 447	8 407	803	668	—	2 244	1 325
1969	9 511							
1970								
1971	2 097							
1972	1 047							
1973	2 727							
1974	6 868							
1975	5 760	1 754	1 398	222	11	—	—	123
1976	3 029	2 659	1 285	321	944	—	—	109
1977	2 721	2 843	1 220	347	851	—	—	425
1978	5 239	5 239	3 301	427	1 399	—	75	37
1979	683	4 073	2 941	419	669	44	—	—
1980	3 183	5 358	4 815	126	197	85	—	135
合计	50 434	35 373	23 367	2 665	4 739	129	2 319	2 154

（第七编第三章《劳动》,第 560—563 页）

城镇青年就业补助费　包括城市人口下乡、青年下乡安置经费。1965—1985 年共支出 2 626.6 万元,年均 125.1 万元。　　　　（第二十一编第二章《财政支出》,第 1215 页）

本期("五五"时期)下乡知识青年需进城就业,下放的干部、职工及其子女按政策需要安排工作,就业压力很大。为此采取如下政策措施:……七是计划内临时工优先安排户口在城镇的人员,不足者再从下放知青中选招。…… (第二十四编第一章《计划管理》,第1370页)

《驻马店市志》

河南省驻马店市史志编纂委员会编,河南人民出版社1989年

(1968年)12月22日,开始下放知识青年。截至1976年,共有6 732名知识青年上山下乡。1978年召回,陆续安排就业,至1982年全部安置。 (第一编《大事记》,第28—29页)

(1976年)12月12日,召开知识青年积极分子代表会议。 (第一编《大事记》,第31页)

(1981年)10月4日,马堰知青农场与确山顺河公社小陈庄大队管界楼东、西队发生土地纠纷,知青农场土地被强占,负责人被打伤。   (第一编《大事记》,第34页)

"文革"期间,先后动员6 000名知识青年上山下乡,同时却又由农村大量招工,造成城乡劳动力不必要的对流。尔后,上山下乡知识青年陆续回城,而新成长的劳力又须安置,城乡遂出现大批待业人员,劳动人口就业再度成为严重的社会问题。

(第三编第三章《人口与城市》,第75页)

1973年至1979年,城镇青年就业进入高峰阶段。市劳动局按照国家劳动政策,采取积极措施,6年安置……下乡知青785人,农村青年96人。 (第十五编第四章《劳动管理》,第459页)

1976年,市文教局从本市城市户口下放的知识青年中招收60名充实教师队伍。

(第十七编第四章《教师》,第491页)

《确山县志》

确山县志编纂委员会编,生活·读书·新知三联书店1993年

第二节 知青上山下乡

确山县知识青年上山下乡,始于1966年3月。当时,凡城镇非农业人口年满16岁至25岁的男女初高中毕业生,均属上山下乡对象。有疾病的青年和经批准留父母身边的一个子女可以免下。下乡知青户口,粮食关系随迁,农闲时享受探亲待遇。除麦收大忙,每月有

三至五天的学习日。知青劳动执行同工同酬,分配兑现。首批是城关镇知青 115 人分赴龙山口茶场和竹沟公社唐庄大队。同年 5 月,接受西平县城关知识青年 45 人到竹沟公社西王楼大队,新蔡县城关知识青年 109 人到高庄公社秦庄、塘坊庄大队插队。1968 年 11 月至1978 年,共下放、接收安置城市下乡知识青年 5 343 人。其中本县 3 375 人,接收郑州、开封、驻马店三市和西平、新蔡两县及其他省、市、县来确山投亲靠友的知识青年 1 968 人。

1973 年 10 月 30 日成立确山县革命委员会知识青年上山下乡领导小组,下设办公室。1975 年 7 月改称为县知识青年上山下乡领导小组。知识青年上山下乡的形式分为:小组插队、回原籍、投亲靠友、建立知识青年农场、林场、充实国营农场、林场等。1973 年 3 月县接收黄山坡国家电总五七干校所属房屋土地开办县知识青年农场。1974 年春,接管部队在古城公社康庄所办农场,扩建为县知识青年农场。同年,又在普会寺、竹沟、胡庙、城郊建立四个知识青年林场。这些农场、林场均属集体性质。其中以黄山坡知识青年农场规模最大,有知识青年、贫下中农代表、管理干部近 300 人,土地 600 余亩。农业机械、副业机械齐全,并办有中型纸厂一座,固定资产 600 余万元。在中央调整下乡政策、知识青年回迁后,1981 年4 月将黄山坡县办知识青年农场交任店公社接管。另外,5 个公社所办的知识青年农场、林场也相继撤销。1973 年春,国营乐山林场、王楼农场、马庄园艺场、黄山坡园艺场都曾接收过一批知识青年,经过一段劳动锻炼后,均被抽调回城安排工作。

知识青年下乡,国家按人拨发安置费。开始每人为 240 元,1975 年增至 500 元,1976 年再增至 600 元,从 1968 年至 1980 年国家共拨给确山县安置费 243.6 万元。为知识青年建筑瓦房 1 250 间,购置桌、凳、床等生活用具 2 120 件。另外,还重点配备了缝纫机、架子车等。下乡知识青年积极分子在劳动中大量涌现,仅 1973 年和 1977 年出席驻马店地区先进知识青年代表大会的就有 151 人;1977 年出席河南省知识青年先进代表大会的 2 人。历年来加入中国共产党的有 13 人,加入中国共产主义青年团的有 1 252 人,担任农村基层干部、民办教师、赤脚医生(农村卫生员)上千人。

1978 年,根据《全国知识青年上山下乡工作会议纪要》精神通过招收干部、工人、学生和自谋职业等途径,到 1981 年底全县上山下乡知识青年已全部得到了安置。在农村已婚的80 人内,将其中配偶系非农业人口的 16 以下子女转为城镇户口。

(第八编第二章《劳动》,第 246—247 页)

(1962 年后)在"两条腿走路"方针的指导下,大量发展民办学校,吸收回乡知识青年充任民办教师。

(第十七编第一章《教育》,第 476 页)

《西平县志》

西平县史志编纂委员会编,中国财政经济出版社 1990 年

是年(1956 年),组织 2 185 人分别迁移新疆军垦队、甘肃民乐青年垦荒队和青海化隆

县,其中回民 458 人,后多返回。　　　　　　　　　　　　　　　　（《大事记》,第 17 页）

1960 年 3 至 7 月,迁移青海 18—25 岁青年 2 500 人。　　　　　（《大事记》,第 18 页）

(1973 年)8 月 21 日,成立"知识青年上山下乡领导小组",组织知识青年上山下乡劳动锻炼,接受"贫下中农再教育"。　　　　　　　　　　　　　　（《大事记》,第 22 页）

(1974 年)7 月,在老王坡建"知识青年农场"。　　　　　　　　　（《大事记》,第 22 页）

1956 年团县委副书记杨文森带领 458 名青年支援边疆建设,至 1960 年,共组织 1.72 万名青年分赴青海、新疆、甘肃等地,支援边疆的社会主义建设。

（第十六编第二章《共青团》,第 341 页）

第二节　城镇青年安置

1950—1965 年,城镇青年除参军和考取大中专学校外,大部分参加工作,无职业者甚少。1966 年 4 月成立县安置城市知识青年下乡领导小组,下设办公室。凡 16 岁以上城镇非农业户口的初、高中毕业生,除父母选 1 人留身边及家庭困难或本人残废确须留城者外,均动员上山下乡,户口及粮食关系随人转入农村。是年 5 月有 54 名城镇知识青年(简称知青)到确山县竹沟公社西王楼大队"安家落户,接受贫下中农再教育"。1968 年,县内百余名知青下放到酒店公社月林和出山公社翟老庄,由县派干部带队劳动。1969 年起,开封、郑州两市知青来县务农,至 1972 年,来县知青 667 人,一部分到专探、吕店、权寨、人和、重渠、宋集等公社插队劳动,一部分进入专探、权寨公社林场及人和、盆尧公社农场。县内知青大多下放到杨庄、吕店、师灵、芦庙、二郎等公社插队,少部分插入亲友所在生产队。1973 年开办老王坡知青农场,安排本县部分知青。下乡知青每年农闲有探亲假 15 天。插队知青与社员同工同酬,所在队给予适当的粮食补贴。知青安置经费(后改称下乡经费)由上级主管部门拨给。1974 年,安置经费由 1969 年每人每年 200 余元提高到 353 元,包括衣、食、住及学习、医疗、车旅等费用。1968—1981 年,下乡知青共 3 116 人,其中来县知青 1 182 人,县内知青 1 934 人。70 年代中期,部分知青被推荐参加工作或入高等学校学习,有的应征参军。来县知青除少数由父母所在单位招工离县外,其余于 1978 年迁回原籍。本县知青至 1981 年经招工、招生、征兵基本上得到安置。

1981 年取消知青上山下乡政策,城镇待业青年逐渐增多。是年 4 月,县劳动局成立劳动服务公司,负责全县城镇待业青年的登记建档、发放待业证、就业前技术培训、协助就业等工作,县外技工学校也由以前的面向社会招生改为只招城镇青年。1981—1985 年,县劳动服务公司共培训待业青年 410 人,发放待业证 2 476 份,签订用工合同 894 份。县直属局、公司建劳动服务公司 40 个,开办集体所有制企业 78 个,其中经商的占 85%,共安置待业青年 522 人,发展个体户 105 个。至 1985 年底,全县尚有城镇待业青年 830 余人。

附:

老王坡青年农场

1973 年 7 月在老王坡建知识青年农场,吸收本县知青 13 人,由场干部和贫下中农代表指导劳动。全场土地 800 亩。是年秋,国家无偿拨给尿素 17 吨,播种小麦 750 亩。1974 年知青增至 50 人,国家拨给大、小型拖拉机 4 台,用知青安置经费建房 20 余间。干部、工人工资由财政部门发给,知青吃粮由原国家供应改为本场解决。因农场处于滞洪区,单季收获,国家免征农业税,场内积累渐增。1976 年购置联合收割机、扬场机、播种机等,基本实现机械化生产,小麦亩产由 1974 年的 105 公斤提高到 215 公斤。1978 年起每年向国家交售公粮 50 吨。70 年代后期,场内知青逐渐增加。1980 年全场职工 180 人,知青占 90%。1981 年由事业单位转为集体所有制企业单位,改称青年农场。是年,70 余名青年或进厂做工或应征参军。1984 年实行土地承包责任制,生产资料仍统一使用,当年小麦总产 190 吨。是年场内知青均就地转为集体所有制工人。1985 年全场 72 人,其中专门经商的 42 人,人均年收入 2 000 元;专事农牧业者 30 人,人均年收入近千元。职工平均生活水平高于县内一般职工。

(第十九编第三章《就业》,第 379—380 页)

《汝南县志》

汝南县地方志编纂委员会编,中州古籍出版社 1997 年

同月(1968 年 12 月),省、地、县大批知识青年上山下乡,接受贫下中农再教育,到农村插队落户。

(《大事记》,第 50 页)

"文化大革命"中,招工出现反常现象,大批城镇知识青年下乡务农,农村青年被招工进城做工。由于不讲文化程度,新招收的工人文化素质普遍偏低。1973 年,对招工对象进行了政策性调整,招收的工人大部分是上山下乡的知识青年,城镇居民中下放到农村去的初、高中毕业生及批准免于下乡的知识青年,复员退伍军人等,当年有工人 9 383 人。

(第八编第三章《劳动管理》,第 294—295 页)

知识青年安置

汝南县知识青年下乡情况表

下放时间	人　数	备　注
1965	219	
1966	118	

下放时间	人　数	备　注
1967	—	未下
1968	272	
1969	354	包括开封、郑州下乡知青
1970	8	
1971	267	
1972	81	
1973	362	
1974	822	包括郑州来汝南县知青
1975	163	
1976	373	包括驻马店来汝南县知青
1977	356	
1978	56	
1979	29	落实政策,按知青对待数
1980	156	落实政策,按知青对待数
1981	35	落实政策,按知青对待数
1982	41	落实政策,按知青对待数
合　计	4 612	

　　建国初期,一部分知识青年通过升学、招工或参军等形式解决就业问题。随着城镇人口的增长,初、高中毕业生的就业成为突出问题。1958 年,一部分城镇知识青年遵照毛泽东主席"上山下乡"的指示,去农村安家落户。1964 年首次进行政策性动员,共有 219 名男女青年下乡务农。1968 年,知识青年下乡达到高潮,自愿下乡者受到欢送。1972 年,动员县内青年下乡和接收外地知识青年 4 612 人。1978 年,开始安置下乡的知识青年回城就业。就业安置主要是通过招生、招工、参军和自谋职业等渠道进行。1980 年,县政府拨款 60 万元,在陈冲农场兴办淀粉厂,先后安置知识青年 197 人。同年,县劳动服务公司创建,各机关、企业也相继创建基层劳动服务公司数十个,为城镇知识青年广开了就业门路。1982 年,县知识青年中 3 165 名被招工,170 名升学深造,656 名参加人民解放军,150 名回城自谋职业,458 名因不同情况被安置。1983 年,汝南县知识青年安置工作结束。

(第八篇第三章《劳动管理》,第 295—296 页)

《新蔡县志》

新蔡县地方史志编纂委员会编,中州古籍出版社 1994 年

(1965 年)7 月 1 日,新蔡县安置城市下乡青年领导小组办公室成立。翌年更名新蔡县安置城市下乡知识青年和闲散劳动力领导小组办公室(简称"知青办")。10 余年间,采取插队、落户和建立青年队(场)等形式,有 3 937 名城镇知识青年(其中外地下放新蔡 942 人)和 1 084 户 4 691 名城镇居民下放农村。1981 年起,终止下放。1983 年底,通过招工、招生、参军等各种渠道,原下放"知青"全部安排就业,城镇居民除极少数自愿继续留农村者外,均先后回城。

(《卷首·大事记》,第 79 页)

(1969 年)8 月 25 日,黄楼林场下放知识青年因强摘农民瓜果、偷吃群众鸡鸭,与当地农民发生摩擦,形成武斗;继之,李桥公社发生同类事件,为首者俱被县公安机关逮捕。

(《卷首·大事记》,第 82—83 页)

1965 年 7 月,县设安置城市下乡青年领导小组(翌年 2 月改称安置下乡知识青年领导小组,1973 年易名知识青年上山下乡领导小组),下设办公室(简称知青办)。开始动员城镇知识青年(简称知青)下乡参加农业生产。按照规定,凡 16 岁以上城镇非农业户口的初、高中毕业生,除父母选 1 人留在身边及家庭困难或本人残废确须留城者外,其户口及粮食关系一律随人转入农村。是年至 1968 年,全县共有 640 名城镇知青先后到农村"安家落户,接受贫下中农再教育"。1969 年起,开始接收驻马店、开封、郑州 3 个城镇的下放知青。1980 年,全县共安置下放城镇知青 3 937 名(其中驻马名 4 名、开封 554 名、郑州 384 名)。对知青下乡安置,初以插队落户为主,后因增加生产队负担,且不便管理,改为建立青年队、场,先后建立城关东湖、余店红旗 2 个青年队和黄楼、余店后李庄、佛阁寺项寨、梅李庄、陈店、蔡湖、河坞宁李庄、砖店孙坡、十里铺草坡堂及李桥、龙口、韩集 11 个青年队、场。后经过招工、招干、征兵,全部安排就业。

1981 年取消知青上山下乡政策后,城镇待业青年逐渐增多。县劳动局成立劳动服务公司,负责全县城镇待业青年的登记建档、发放待业证等,协助就业。

(卷三十第三章《劳保 福利》,第 745 页)

《泌阳县志》

泌阳县地方史志编纂委员会编,中州古籍出版社 1994 年

1972 年后相继恢复和新建一些局委,至 1980 年底县革委下设革委办公室……知青办、

市管会、人民银行、民政局、人事局、公安局、劳动局、邮电局、计划生育办公室、统计局、档案局、物价局、司法局等单位。

（第七篇第一章《机构沿革》，第 156 页）

1965 年 9 月，县人委设城镇知识青年安置办公室。1967 年 11 月，劳动事务归县革委生产组，人事工作归政工组。1970 年 5 月，民政、劳动、知青安置并入县计划委员会。1972 年 10 月，民政、劳动又从计委析出，成立民政劳动局。1974 年 1 月，县革委设知识青年上山下乡安置领导小组办公室。1978 年 4 月设劳动局。次年 6 月设人事局。1982 年 12 月，知青办公室并入劳动局。

（第十一篇第一章《机构》，第 195 页）

1977 年后，为安置上山下乡城镇知识青年就业，集体所有制企业发展到 77 个。

（第十一篇第二章《劳动》，第 197 页）

1972 年后，招工对象主要转向城镇待业青年、上山下乡知识青年和复员退伍军人。

（第十一篇第二章《劳动》，第 198 页）

城镇知识青年安置　1965 年，组织县内城镇知识青年（简称知青）44 名和接收南阳市 95 名知识青年上山下乡，在农村安家落户，主要对象是非农业户口未升上学的高、初中毕业生和闲散青年。1968 年秋，根据毛泽东主席关于"知识青年到农村去，接受贫下中农的再教育"的号召，县组织城镇知识青年 267 名，下乡插入生产队和青年农场劳动。1969 年下乡知青增至 700 余名（包括接收外地知青）。之后，执行上级规定，凡未升学的初中毕业生和应届高中毕业生，除一人留父母身边外，其余一律下乡。至 1980 年，下乡知青共 3 325 名，其中接收郑州、开封、驻马店等地知青 1 417 名。1981 年后，县停止组织知青上山下乡。

（第十一篇第二章《劳动》，第 198 页）

1973 年 5 月由原来 3 个青年队合并建成，场址在沙河店南刘岗。到 1980 年共招收安置知青 622 名。有土地 890 亩，分 3 个农业队，大小动力机 30 余台，每年养牛百余头，生猪 250 多头，羊 300 余只，植树造林万余棵，开荒百余亩。办有副业、砖瓦、机械修配、副食加工等厂。每年生产商品粮 4 万余公斤。1983 年撤场，土地归还当地农民。

（第十五篇第七章《国营农牧场简介》，第 303—304 页）

行政管理费支出　建国 38 年来，全县行政管理费共支出 5 891.6 万元，占总支出的 16.5％。支出项目有：县、区（乡）党政机关经费，政法部门业务费，"文化大革命"中列入行政支出的"文化大革命"经费，干部下放劳动、县办"五七"干校、知识青年下放安置及待业青年安置就业等，均记入行政管理费用。

（第二十二篇第二章《财政》，第 474 页）

单位:万元

1950—1987 年泌阳县预算内财政支出总表

项目\年度	支出总计	基本建设投资	企业挖潜改造资金	简易建筑费	科技三项费用	流动资金	支农资金	工交商业支出	城市人口下乡经费	文卫科技支出	抚恤社会救济支出	行政管理费支出	预留调整工资	其它支出	合计	上解支出	调出资金
1964	637.0						91.3	1.8	5.9	162.1	95.1	84.4		31.0	471.6	165.4	
1965	546.6						115.2	1.5	4.2	156.1	49.7	97.1		7.9	431.7	114.9	
1966	550.2						104.9	9.5	5.0	175.1	45.3	102.6		2.9	445.3	104.9	
1967	660.8	12.6					143.9	14.1	2.2	198.6	63.2	91.6		2.4	528.6	132.2	
1968	692.4	74.5				6.0	99.7	45.7	10.8	168.5	13.0	109.1		10.6	537.9	154.5	
1969	946.2	250.6			1.0	8.0	58.1	0.6	32.7	169	42.8	120.7		4.6	688.1	258.1	
1970	825.0	100.5			0.2	32.0	126.2	0.3	10.8	179.6	31.7	95.0		9.6	585.9	239.1	
1971	680.0	157.5			0.5	18.0	76.8	0.5	0.2	203.8	23.0	91.3		1.1	572.7	107.3	
1972	764.6	102.2			2.7	4.0	87.1	0.6	6.4	259.8	56.7	103		3.3	625.8	138.8	
1973	897.7	167.2			2.7	6.0	114.3	0.6	13.6	263.2	76.4	128.7		1.7	768.4	129.3	
1974	928.6	162.5			3.6		186.9	0.8	9.7	273.2	21.3	141.4		3.4	808.8	119.8	
1975	1 545.3	33.7			64.8	33.5	189.7	1.0	10.6	336.9	816.5	173.6		5.7	1 666.0	−120.7	
1976	2 482.2	174.8			69.1	25.4	215.1	1.9	16.1	312.5	1 426.9	193.3		4.1	2 439.2	43	
1977	1 422.7	83.8	0.5		5.5	8.0	267.8	6.7	15.4	318.9	551.9	153.4		4.4	1 416.3	6.4	
1978	1 569.0	178.8	33.0	10.5	4.4	63.0	361.5	3.2	7.9	388.2	267.5	171.7		5.4	1 495.1	73.9	

项目\年度	支出总计	支出项目													合计	上解支出	调出资金
		基本建设投资	企业挖潜改造资金	简易建筑费	科技三项费用	流动资金	支农资金	工交商业支出	城市人口下乡经费	文卫科技支出	抚恤社会救济支出	行政管理费支出	预留调整工资	其它支出			
1979	1 500.6	9.5	67.0	6.7	5.7	19.0	344.8	1.7	3.4	483.5	350.8	191.6		16.9	1 500.6		
1980	1 396.9	72.6	6.5	3.5	3.5	4.0	280.9	0.4	28.1	557.8	143.4	245.8		37.6	1 384.1	12.8	
1981	1 574.3	94.8	10.0	4.5	1.6	5.0	292.6	0.4	16.2	633.9	62.0	275.1	15.0	29.9	1 441.0	80.3	53.0
1982	1 928.9	119.6		2.9	1.5	5.0	414.6	2.5	3.5	750.6	104.7	286.3	-0.7	42.8	1 733.3	174.1	21.5
1983	1 995.1	42.9	7.0		7.2		420.8	3.2	3.5	688.2	117.0	339.5	-8.0	22.9	1 644.2	350.9	
1984	2 299.2	217.9	53.9		7.4		384.8	2.9	7.0	721.6	83.8	394.4		49.6	1 923.3	368.7	7.2
1985	3 040.1	8.7	12.0		5.7		421.4	22.9	2.1	825.8	173.7	372.4		1 000.7	2 845.4	162.7	32.0
1986	3 024.8	3.4	247.0		7.1		577.9	28.7	0.6	1 014.5	194.5	482.9		341.6	2 898.2	126.6	
1987	3 257.9	13.5	130.0		2.1		538.9	37.6	7.6	1 081.5	146.3	576.2		386.2	2 919.9	338.0	
累计	42 765.2	2 244.8	566.9	28.1	196.3	236.9	6 883.5	226.9	223.5	11 723.2	5 320.0	5 891.6	6.3	2 130.1	35 678.1	6 993.4	113.7

（第二十二篇第二章《财政》，第 475—476 页）

《遂平县志》

遂平县志编纂委员会编,中州古籍出版社1994年

(1969年)2月,城镇知识青年开始下到农村,接受贫下中农再教育。(《大事记》,第42页)

根据中央关于"知识青年上山下乡接受贫下中农再教育"的指示,遂平县1967、1968届初、高中毕业生一律下乡上山接受贫下中农的再教育。河南省革委还规定在城市不招工、不招生、不招兵的政策。到1980年,全县共接收、动员知识青年下乡3 838人,其中有少数来自北京、上海、郑州、开封的知识青年。为了安置好知青的生产、生活,县成立知青办公室,局委和公社都有专人负责。县还建立了知青新建队①,把一部分知青安置新建队劳动,并调专职干部加强领导。凡有知青下放的生产队都为知青建了新房,安了锅灶。1978年后,允许知识青年返城就业,统筹安排,到1984年上山、下乡知识青年全部离开农村,得到工作安置。

(第四篇第一章《中国共产党》,第139页)

第二节　劳　动　就　业
一、知识青年安置

遂平县1966年始建知识青年(简称知青)领导小组,负责动员、组织、安置城镇知青在农村安家落户。1974年更名为遂平县知青上山下乡安置办公室。止1980年全县共接收、动员知青下乡3 838人,其中少数是北京、上海、开封、驻马店籍的知青,多数则是本县青年。知识青年下乡后,随时注销城镇户口,每人补助490元,作为知青安家建房购置农具等费用。

1973年起,通过招工、参军、升学、转市民待业,以及自谋职业等方式,逐步安置知青回城就业。当时一边安置,一边动员知青下乡。1978年已有843人先后回城,大量知青在农村。1978年后,对下乡知青开始统筹安排,到1982年,全县除11人外,其余均返城就业。对下乡已婚知青给予照顾,让其在农村所生子女随迁回城。于1984年上半年,下乡知青全部得到安置。

1973—1978年遂平县知青下乡和安置就业统计表　　　　单位:人

年度	下乡人数	安 置 就 业				
		合　计	参　军	招　工	升　学	自谋职业
1973	278	—	—	—	—	—
1974	753	20	7	3	10	—
1975	309	113	7	94	10	2

---

① 新建队:新建的生产队。——原书注

年度	下乡人数	安 置 就 业				
		合 计	参 军	招 工	升 学	自谋职业
1977	357	218	81	103	34	—
1978	153	492	124	320	48	—
合 计	1 850	843	219	520	102	2

二、城镇待业青年就业安置

"文化大革命"期间,上山下乡知青陆续返城待业。1979 年始改革劳动就业制度,1981 年 4 月,组建遂平县劳动服务公司(直属县劳动局),直接管理知识青年就业工作。由劳动部门介绍,组织起来就业和自谋职业相结合,采取归口安置,自愿结合,自筹资金,自寻单位的办法,安置待业青年就业。1981 年后,全县乡镇、局委共建劳动服务公司 52 个。止 1983 年,新建集体企业 10 个,招收集体工 125 人,新增个体经营者 30 人。招工、补充自然减员、退休顶替接班、复员退伍安置、劳动服务公司安置,以及大中专招生等途径,共安置城镇待业青年 3 222 人。

1981—1985 年遂平县城镇待业青年就业统计表

单位:人

类 别 \ 年 份		1981	1982	1983	1984	1985
本年待业人数	合 计	1 691	1 205	1 451	1 300	1 404
	上年结转	1 053	895	822	844	671
	本年新增	638	310	629	456	733
本年就业人数	合 计	515	370	454	602	703
	全民工	190	28	99	34	91
	集体工	39	119	69	147	140
	其它各类集体工	210	54	153	—	152
	个 体	27	27	42	24	—
	临时就业	49	142	91	400	320
其它去向人数	合 计	281	13	153	27	104
	参 军	190	—	87	20	70
	升 学	81	11	65	6	23
	其 它	10	2	1	1	11
年末尚有	待业人数	895	822	844	671	597

注:其它各类集体工,主要指知青商店、各部门组建的知青商业及服务行业网点以及自行组合的工商业中的待业青年。

(第十篇第一章《劳动》,第 246—247 页)

《上蔡县志》

上蔡县地方史志编纂委员会编,生活·读书·新知三联书店 1995 年

（1968 年）秋,开封市 542 名知识青年来蔡插队落户,接受贫下中农再教育。12 月,成立知识青年安置办公室。当年共有 616 名知识青年下乡落户。　　　　　　（《大事记》,第 41 页）

本年（1969 年）上半年,全县 1 031 名知识青年和 508 户共 2 122 名城市居民及 446 名机关干部（含医生、教师）到农村安家落户。　　　　　　（《大事记》,第 42 页）

7 至 8 月,知识青年下乡插队落户达到高潮,全县 206 人下乡插队,郑州市 272 名知识青年到上蔡县农村落户。

9 月,上蔡县第一届上山下乡知识青年先进集体和先进个人代表大会在县城召开,出席代表 240 人。　　　　　　（《大事记》,第 42 页）

（1974 年）4 月 10 日,郑州市九中、二十七中共 670 名知识青年分乘 40 辆汽车来蔡插队落户,受到 5 万多人的夹道欢迎。这批青年被安排在 22 个公社的 66 个大队接受贫下中农再教育。本年共接收安置知识青年 856 人。　　　　　　（《大事记》,第 45 页）

9 月,召开上蔡县第二次知识青年"双先"会,出席会议代表 280 人。

（《大事记》,第 45 页）

1966 年以后,城镇初、高中毕业的非农业知识青年逐步增多,就业问题日趋突出。为解决此一难题,对知识青年和城镇闲散居民采取先下放到农村劳动,然后再安排城镇就业的办法。虽年年安置,但"放多收少",就业问题实际并未解决。1978 年,拓宽了安置渠道,按照"进学校、上山下乡、支持边疆、城市安排"的原则,放宽了留城政策,下放的知识青年全部被召回城,下放的城镇居民也陆续返回,但均不能随时就业,压力仍然很大。（卷七第二章《工人》,第 202 页）

1970 年和 1972 年,开封市从本县招回该市下放知识青年 240 人,郑州市招回该市下放知识青年 200 人。　　　　　　（卷七第二章《工人》,第 203 页）

二、知识青年安置

知青安置前首先下乡锻炼,有进集体知青场（又叫新建队）,小组插队和投亲靠友插队三种形式。1974 年,郑州市九中、二十七中来上蔡县 670 人,被分别安排在全县 22 个公社（城

郊、百尺、杨集因设有知青场没分配任务)76 个小组插队。安置经费开始是每人 240 元。1973 年增加到 420 元,1975 年为 510 元,随后为 600 元,口粮铺底每人每月 45 斤成品粮,开初供应半年,1973 年后改为供应一年,以后按劳动参加分配,自谋生活。集中安置的知青粮款统一使用,除当年下乡安置经费外,每年国家还拨支农金、困难补助款和大批物资。自 1968 年到 1983 年,国家共拨款 180 多万元,木材 470 立方米,建房 740 间,使下乡知青吃有粮,住有房,生活有用品,劳动有工具。

知青回城就业的办法主要是招工、招生、参军。方法是由贫下中农推荐,社、县两级批准,办理安置就业手续。对于招收为工人的知青,根据中央(1978)74 号文件和 1979 年省劳动局的文件规定,下乡满 5 年以上的享受一级工工资待遇,满 3 年的享受学徒工第三年的工资待遇,满 2 年的享受学徒工第二年的工资待遇。为了鼓励知青在场就业,国务院知青领导小组(1980)2 号文件规定,在知青场就业的知青,从进场之日起计算工龄。1980 年元月,省公安厅、省粮食局、省知青办联合通知规定:下乡的女知青在当地与农村青年结婚的,回城安置后,其在农村所生子女可随迁为城镇户口。

到 1983 年底,历年下乡知青全部得到妥善安置。

上蔡县历年下乡知青人数

1965 年	22 人	1966 年	70 人
1968 年	617 人(其中开封市 542 人)		
1969 年	392 人(其中郑州市 272 人)		
1970 年	25 人	1971 年	68 人
1972 年	35 人	1973 年	185 人
1974 年	856 人(其中郑州市 670 人)		
1975 年	209 人	1976 年	187 人
1977 年	194 人	1978 年	183 人
1979 年	178 人	1980 年	334 人
1981 年	58 人	1982 年	24 人
总　计	3 637 人(其中郑州市、开封市 1 484 人)		

三、劳动服务公司

1980 年,建立上蔡县劳动服务公司。劳动服务公司是对城镇社会劳力进行组织、管理、调配、储备、培训的事业单位。

具体业务是介绍就业、组织起来就业和自谋职业相结合的方针,安置待业青年就业。从此,一批知青集体企业应运而生。1981 年以后 ,在整顿、巩固的基础上,会同有关单位举办就业前职业培训和文化补习,为就业创造条件。各局委、企事业单位也相继建立劳动服务公司(站)。到 1985 年底,共建劳动服务公司(站)14 个,成为劳动就业的一个重要渠道。

(卷七第二章《工人》,第 203—204 页)

《平舆县志》

平舆县史志编纂委员会编，中州古籍出版社 1995 年

是月（1966 年 3 月），县委、县人委组织 60 名 16 至 25 周岁的城镇知识青年在万冢公社成立新建队，参加农业生产。

（《大事记》，第 21 页）

（1973 年）6 月，建立前岗"五七"青年农场，接收郑州市下乡知识青年 500 人。

（《大事记》，第 25 页）

（1973 年）12 月 8 日，成立平舆县革命委员会知识青年上山下乡办公室。

（《大事记》，第 25 页）

第三节　知识青年上山下乡

1966 年初，平舆县人民委员会在万冢公社万寨大队拨地 400 亩，建立知识青年新建队。当时，凡属城镇户口年满 16 至 25 周岁的男女初中和高中毕业生必须到农村参加劳动锻炼后才能安置工作。是年 3 月 23 日，县人委将 60 名县直机关工作人员的子女安置到新建队，鼓励他们积极劳动，自食其力。新建队知识青年劳动执行同工同酬，分配兑现。1967 年至 1968 年新建队又接收安置两批知青，先后 3 批共接收安置 172 人。

1968 年，开始接收安置外地知识青年，是年 10 月，接收开封市下乡知青 800 人。不久，又接收郑州市下乡知青 1 000 余人。到 1977 年共接收外地知青 2 043 人。1966 年至 1977 年本县城镇户口下乡的知青有 1 080 人。

本县对下乡知青安置的形式有插队、回原籍、投亲靠友、去林场。插队，将知青分为小组，小组人数不等，一般是 3 至 5 人，插到各公社比较好的生产队。全县插队知青共 154 人。回原籍、投亲靠友的比较多，共 1 375 人，占全县知青总数的 44%。李屯、西洋店、万金店等公社办有林场，安置知青 200 多人。1973 年在前岗建立"五七"青年农场，安置郑州市下乡知青 626 人，是全县规模最大的知青点。

1973 年 12 月成立平舆县革命委员会知识青年上山下乡领导小组，下设办公室。各公社都有一名副书记或革委副主任抓知青工作，并配知青专职干部 1 名，负责解决知青的具体问题。县、公社、大队都把知青工作列入议事日程，经常召开知青工作座谈会，不断改进知青工作。平舆县知青工作是省先进单位，多次受到省、地的表彰。

知识青年下乡，国家按人拨安置费。1966 年每人 240 元，之后，逐年增多，1976 年前后每人 500 至 600 元。1966 年至 1980 年国家拨给本县知青下乡安置费 312.2 万元，其中建房补助费 211 万元，建房 1 341 间；生活补助费 74.2 万元；生产农具、生活用具补助费 21 万元；

3465

其它补助费 6 万元。

1978 年后城镇知识青年不再下乡,根据《全国知识青年上山下乡工作会议纪要》精神,下乡知青回城统筹安置。到 1981 年底,县内下乡知青以不同形式全部回城,其中通过招工到企事业单位工作的 2 361 名,占全县下乡知青的 75.6%,参加人民解放军的 212 人,占6.8%,考入高等院校和中等专业学校的 313 人,占 10%,顶替父母工作的 162 人,占 5.2%,以其它形式进城工作的 75 名,占 2.4%。　　　　　　　（第八编第二章《劳动》,第 194—195 页）

《信阳地区志》

信阳地区地方史志编纂委员会编,生活·读书·新知三联书店 1992 年

是年(1959 年),1 670 名青年知识分子下放基层锻炼。　　　（第二编《大事记》,第 96 页）

(1960 年)1 月 31 日,地委决定动员 2 万青年赴青海落户。（第二编《大事记》,第 96 页）

(1964 年)11 月 6 日,专区成立城市下乡青年领导小组。是年,动员城镇知识青年和闲散劳力 4 683 名参加农业建设,安置郑州、开封市知识青年 318 人,闲散劳力 62 人。

（第二编《大事记》,第 98 页）

(1965 年)6 月 14 日,开封、郑州市 1 700 名知识青年下放息县农村插队落户。

（第二编《大事记》,第 98 页）

(1968 年)9 月,动员知识青年和城镇居民上山下乡安家落户。到翌年 4 月下乡落户106 348 人,其中知识青年 20 126 人。　　　　　　（第二编《大事记》,第 100 页）

(1974 年)5 月 1 日,潢川县新里集公社和平大队部分干部、群众与下放到彭寨的知识青年发生械斗,知识青年死 5 人,伤 9 人,农民伤 2 人。　　（第二编《大事记》,第 102 页）

(1980 年)1 月 23—27 日,60 多名下放知识青年到潢川县委机关静坐绝食,抗议招工中"走后门"的不正之风。事后,县委对违背招工原则的 5 名当事人予以处理。

（第二编《大事记》,第 105 页）

"文化大革命"中,实行"群众推荐"办法,从工人、农民、复员退伍军人及知识青年中吸收少量干部,而以工代干人员大量增加。　　　　　（第四编第五章《人事》,第 300 页）

1983年1—9月，全区为国家机关、科研文教卫生等部门的部分职工调整工资。……10月1日起调整企业职工工资。范围是全民企业和未列入1981、1982年调整工资范围的事业单位。对象是：1983年9月30日前的在册职工中属于1978年底前参加工作的固定工，未列入1981年调整范围的属于1978年底前参加工作的中小学校和医疗卫生单位的部分固定职工，1971年底前参加工作的计划内长期临时工，上山下乡满5年以上的原城镇知青……

（第八编第七章《工资管理》，第688页）

1960年上半年，本区动员男女青年12 981名迁往青海省，其中男6 683名，女6 298名。但下半年以后，有半数人员返籍。1964年6月初迁支边青壮年家属，共223人，其中男88人，女135人。

（第十编第一章《人口》，第862页）

建国初期，劳动管理工作由民政和工商部门负责，重点是安置失业人员，到1956年基本解决失业问题，同时还试行劳动保险，劳动管理工作逐步就绪。1958年盲目招工，职工人数猛增。1961年大力压缩，1963年后逐步加强劳动力的计划管理，企业中推行多用临时工，少用固定工的制度。"文化大革命"开始后，一方面大量从农村招临时工，一方面城镇知识青年上山下乡，造成城乡劳动力不合理的对流。　　（第十编第二章《劳动》，第880页）

城镇上山下乡知识青年安置

1964年专区成立安置城市下乡知青领导小组，下设办公室。当年，林、渔、牧场安置青年950人。1966年全区下放知青2 828人。1969年全面动员知青下乡，扩大上山下乡范围。1976年实行对口下放、厂社挂钩，兴建知青农场，到1981年安置知青64 561人，建立知青场队94个，知青点277个，青年组257个，农工商联合企业1个。这批青年经过劳动锻炼，绝大部分返城就业，到1983年共安置知青67 389人。

信阳地区历年知识青年下放人数　　　　　　　　　　单位：人

年份 \ 县市别 \ 人数	息县	淮滨县	信阳县	潢川县	光山县	固始县	商城县	罗山县	新县	信阳市	合计
1966年前	935		188	600	393	210	336	165			2 827
1968—1972	3 849	1 059	2 422	4 827	1 874	3 640	1 678	2 977	904	1 212	24 442
1973	1 760	1 383	305	22 677	705	702	140	663	133	501	8 559
1974	341	219	710	683	409	203	383	432	298	653	4 331
1975	895	424	3 454	1 990	894	930	452	1 312	171	1 146	11 668
1976	451	297	804	704	1 125	625	429	564	170	478	5 647
1877	539	320	892	673	868	401	406	437	252	611	5 399

人数 \ 县市别 年份	息县	淮滨县	信阳县	潢川县	光山县	固始县	商城县	罗山县	新县	信阳市	合计
1978	162	182	112	371	224	180	279	126	139	92	1 867
1979	92	153	28	733			7	65	3	89	1 170
1980			1	250	160	400	15	87	50	250	1 213
1981						180	15		12	20	227

（第十编第二章《劳动》，第 882 页）

1969—1976 年，招工指标由省控制，招工来源是退伍军人和城镇青年、下乡年满 2 年以上的知识青年等。　　　　　　　　　　　　　　（第十编第二章《劳动》，第 885 页）

《信阳县志》

信阳县地方史志总编室编，河南人民出版社 1990 年

1958 年和 1962 年，境内一些城镇居民、干部被"精简下放"。"文革"中不少城镇知识青年到农村安家落户"接受贫下中农再教育"，部分城镇居民则以"我们也有两只手，不在城里吃闲饭"为由，下放农村。这些人员落实政策后，相继回城，需要安置。随着时间的推移，城镇初、高中毕业生日益增加，待业人员安置成为境内一大问题，县委、县政府先后设置了"知识青年上山下乡安置办公室"、"劳动就业办公室"，负责待业人员安置工作。1961—1985 年，全县从待业人员中共安排全民工 13 159 人，其余除自谋职业约 3 000 人外，均安排为集体工和临时就业。　　　　　　　　　　　　（第六编第二十八章《安置》，第 169 页）

《息县志》

息县志编纂委员会编，河南人民出版社 1989 年

（1969 年）2—3 月，城镇居民下放到农村。共下放城镇居民 6 190 人，知识青年 3 479 人。同时，安置郑州、信阳来息县农村的知识青年 1 957 人。　　（第一编《大事记》，第 43 页）

一、知　青

1964 年 11 月成立县安置城市下乡青年领导小组，副县长宋立斋任组长，下设知识青年上山下乡办公室（简称知青办）。安排对象是城市高中、初中毕业学生及社会闲散青年，到乡

村劳动锻炼。经批准的下乡青年,每人月供应贸易粮食 22.5 公斤,食油 2 两,至接夏季粮食分配为止。是年,安置郑州市知青 273 人,本县知青及闲散青年 313 人。继之,开封、信阳、潢川、上海、北京、广西、新疆等地知识青年来息县,有的到青年场(队、点),有的插队落户到城郊、项店、张陶、杨店、路口、孙庙、包信等公社,后按其在锻炼期间的表现,分批迁回原城市,安排就业,部分青年坚持边劳动锻炼、边复习功课,升入高等学校深造。

1975 年 7 月后,下乡知识青年,每人补助 500 元安置费(含建房、生活补助、被服品补助等),补助布票 23 市尺,絮棉 1.5 公斤,口粮每月 22.5 公斤,供应 12 个月。是年底,下乡知青实有 292 人,1976 年实有 241 人,1977 年实有 198 人。1978 年后,城镇青年多留城待业。至 1982 年外地及本县下放青年全部就业。

二、待 业

1981 年,县劳动就业领导小组成立,副县长张志荣任组长,由县计划委员会、劳动局、知青办组成劳动就业办公室。继之,建县劳动服务公司,组织待业青年就业训练,做好安置工作。经调查登记全县城镇有待业青年 5 433 人。至 10 月,已安排就业青年 721 人。

(第三编第八章《劳动 人事》,第 184—185 页)

《固始县志》

固始县志编纂委员会编,中州古籍出版社 1994 年

(1968 年)9 月,郑州市、信阳市 2 000 多名知识青年下放固始,接受贫下中农再教育。

(《大事记》,第 39 页)

(1969 年)2 月,县城掀起干部下放农村、知识青年走与贫下中农相结合道路、城镇居民到农村安家落户高潮。本年有 853 名干部、1 203 名知青、22 579 名居民下放到农村(干部、知青锻炼一段时间回城。城镇居民 1980 年落实政策后回城)。   (《大事记》,第 39 页)

下乡知识青年安置

1964 年 11 月 25 日,固始成立安置城市下乡青年领导小组,下设办公室,负责安置城镇下乡青年工作。年底,城关镇和郭陆滩 11 名高、初中毕业生,组成第一个下乡知识青年小组,居住郭陆滩公社仰山大队糟坊生产队。1965 年,下乡知识青年 46 名,组成 4 个小组。1966 年底,知识青年下乡总数为 242 人。1968 年,毛泽东同志发出"知识青年到农村去"的号召,形成知识青年上山下乡高潮,全县下乡知青人数达 3 343 人,其中固始 1 099 人,信阳市 756 人,郑州市 1 488 人。1975 年,形成第三次知识青年下乡高潮,下乡知青 2 852 人,到1981 年底,全县先后下乡知青总人数为 7 075 人,其中郑州、信阳等地 2 701 人,固始 4 374

人。此后,对知识青年安置不再采取"上山下乡"方式。1965—1981 年,县知识青年下乡建组 157 个,系统与队挂钩的下乡知青点 16 个,知青场(队)8 个。县、社、大队均配专职或兼职干部派驻队、组,做下乡知青的生产、生活安排及政治思想工作。

1970 年开始,郑州纺织机械配件厂、第四铁路工程局、五三一工程指挥部等 20 多个单位先后来固始招工,主要对象为郑州、信阳下乡知识青年,至 1978 年 11 月,郑州、信阳下放在固始的知识青年全部招回安排工作。是年 12 月,调整"上山下乡"政策,安置县内下乡知识青年就业,1978—1982 年共安置 2 214 人,其中 1978 年 550 人,1979 年 1 233 人,1980 年185 人,1981 年 246 人。

(第三十二《人事劳动·职工》,第 517—518 页)

1978 年底,固始有待业青年 3 817 人,其中下乡知青 2 089 人,原批准留城镇待业人员606 人,当年新增待业青年 1 122 人,劳动就业成为全社会关注的突出问题。1979 年,县成立劳动服务公司,广开就业门路,发展集体经济,实行行业归口负责,统一平衡调配的方法,共安置待业青年 1 667 人。1980 年,贯彻劳动部门介绍就业、自愿组织起来就业和自谋职业的"三结合"的方针,安置待业青年 1 242 人就业,其中自谋职业 672 人,占安置就业青年的54.1%。1981 年县贯彻省、地就业工作会议精神,克服重全民、轻集体、鄙个体的陈旧观念,实行全民、集体、个体"三门"一齐开,县、乡(镇)、厂一齐上,全民代集体,大厂代小厂的方法,在资金、场地、物资等方面为待业青年就业提供方便。是年,共安置待业青年 1 135 人。

(第三十二《人事劳动·职工》,第 518 页)

《潢川县志》

潢川县志编纂委员会编,生活·读书·新知三联书店 1992 年

(1956 年)6 月,成立潢川县移民委员会,组织动员青壮年支援边疆建设。7、8 两月,两次欢送城关和高庙、踅子等乡青壮年 611 人到新疆军垦农场参加生产。1958 年 9 月 4 日,县委派遣干部 3 人和医务人员 2 人,护送 252 名军垦队员家属到新疆军垦农场落户。

(第一编《大事记》,第 46 页)

(1968 年)11 月,动员知识青年和城镇居民上山下乡安家落户。中旬,全县初、高中毕业生 1 792 人,除家居农村回队参加劳动的 894 人外,其余 898 人分别下放到 6 个公社的 10 个知青队安家落户。

(第一编《大事记》,第 56—57 页)

(1973 年)5 月底,地区分配郑州市下放知识青年 1 934 人到黄湖农场落户。

(第一编《大事记》,第 59 页)

8月10日，县成立上山下乡知识青年领导小组。 （第一编《大事记》，第59页）

（1974年）5月1日，彭寨青年队少数知识青年和郑州来的市政工程公司工人到新里集公社和平大队强购大米，引起械斗。知识青年打伤农民2人，烧毁民房6间、草垛一个和一些家具；农民打死、打伤知青、工人14人，其中死5人，重伤7人，轻伤2人。

（第一编《大事记》，第59—60页）

（1980年）1月23日，60多名下放知识青年，为抗议招工"走后门"到县委机关静坐绝食，围观群众前后达数千人次。在省、地委的关注和帮助下，30日，静坐的知识青年撤离县委机关。事后，县委对负责招工搞不正之风的4名当事人予以处理。

（第一编《大事记》，第63页）

建国以来，潢川县先后两次组织规模较大的移民迁居、支援边疆建设活动。

第一次是1956年。6月县成立移民委员会，分别在城关镇和高庙、卜塔集、踅子3个乡动员群众移民垦荒，支援新疆生产建设。当时有2 500多人踊跃报名，申请去新疆。后选定611人，其中男481人，女130人，组成"青年垦荒队"，内有党员9人，团员67人，于7月和8月分两批到达新疆军区建设兵团的下属农场。1958年9月，潢川县委派3名干部、2名医生护送252名军垦队员家属去新疆与家人团聚，并发给补助费3 200元。

（第十七编第四章《支边　扶贫》，第425页）

1964年县建立城市下乡知识青年领导小组，下设办公室，组织和动员城镇闲散青年下乡，同时有少量招工，实行"两扇门敞开"安置就业。

从1968年起，先后组织16批城镇知识青年近1.2万人插队落户，劳动就业基本上转为先下乡、后安置的形式。

1969—1971年，新建的棉纺织厂和扩建的其它企业，从农村招收退伍军人和返乡知识青年，其中全民工2 162人。1972年招工对象改以城镇下乡知识青年为主，当年安置就业718人。1974年新建化肥厂与其它工厂，招亦工亦农工人378人，1975年县集体所有制企业，从城镇吃商品粮、不属上山下乡对象中招收集体工600人。

1976年后，劳动就业工作列入各级党委和政府的主要议事日程。1976—1979年，全县共安置3 082名下乡和留城青年就业。此后，人民政府在发展国营经济的同时，积极扶植集体、个体经济，就业门路越来越宽。1980年贯彻执行劳动部门介绍就业、自愿组织起来就业和自谋职业的方针，兴办各种待业厂（场）、店、组70多个，安置待业青年1 400人。至1981年6月，全县安置待业青年2 400多人，另有235人从事个体经营。

（第十八编第一章《劳动》，第427页）

第二节　知青安置机构

1964 年 10 月,成立县城市下乡知识青年领导小组办公室(简称安置办),开始有计划地组织城镇知识青年下乡。1970 年安置办的工作交县计建委代管,1973 年 12 月,安置办从计建委中析出,成立县革委知识青年上山下乡工作办公室(简称知青办)。1982 年 3 月,知青办与劳动局合并,成立知青股。1984 年 5 月,劳动局和人事局合并后,知青股撤销,其遗留工作,由劳动服务公司代办。　　　　　　　(第十八编第四章《机构》,第 437 页)

《新县志》

新县志编纂委员会编,河南人民出版社 1990 年

是月(1968 年 10 月),本县第一批知识青年下放到黄毛尖劳动。

(第一编《大事记》,第 48 页)

1968 年始,城镇知识青年上山下乡,到 1978 年,有 1 891 名城镇知识青年去农村插队落户。　　　　　　　　　　　　　　　　(第八编第二章《劳动工资》,第 589 页)

1968 年 10 月,本县第一次组织 819 名城镇知识青年(其中郑州知青 449 人)上山下乡。到 1978 年,全县先后分九批,将 2 067 名知识青年下放到农村社办、队办林场、茶场、农场,只有少数知识青年到生产队直接"插队落户"。知青上山下乡"接受贫下中农再教育"期间,户粮关系一律由城镇转到落户所在地,同农民同吃、同住、同劳动,实行同工同酬。为妥善解决其就业问题,各级党政部门和劳动管理机构做了大量工作,尽量提供其参军、升学、提干、招工的机会。从 1970 年起,分期、分批进行就业安置。到 1980 年冬,将下放知识青年全部收回城镇,恢复城镇户粮关系,并在 1982 年底全部安置完毕。

1968—1978 年知识青年上山下乡及安排就业统计表

年　份	下乡人数	历年安置就业情况			
		参　军	升　学	招　工	转　出
1968	687	1	3	233	
1969	60	5	6	47	1
1971	34	1	12	21	448
1972	52	4	13	35	
1973	127	1	10	126	2
1974	280	50	21	202	2

年　份	下乡人数	历年安置就业情况			
		参　军	升　学	招　工	转　出
1975	145	33	8	100	2
1976	165	26	3	128	2
1977	188	40	22	124	2
1978	153	20	5	128	2

（第八编第二章《劳动工资》，第 590—591 页）

《罗山县志》

河南省罗山县地方史志编纂委员会编纂，河南人民出版社 1987 年

（1966 年）冬，城镇知识青年开始上山下乡。十年中，全县共接收外地知识青年 2 800 多人；安排本县知识青年上山下乡 1 400 多人。至 1979 年底，除个别愿意继续留在农村的知识青年外，其他全部回城镇就业。

（卷二《大事记》，第 35 页）

1969 年，增设计划建设委员会（以下简称计建委）、工业交通办公室、知识青年上山下乡办公室（以下简称知青办），析邮电局为邮政局、电信局（电信局划属军管组）。

（卷四第五章《县（乡）人民政府》，第 116 页）

"文化大革命"期间，城镇每年都有大批中学毕业生等待就业。1966 年首批下放知识青年 160 名。1978 年全县上山下乡知识青年达 2 578 人。1979 年后通过招工、参军、升学、自谋职业、退休接班顶替等途径，2 587 名下乡知识青年全部就业。

（卷五第二章《劳动》，第 144 页）

1966 年秋，城镇知识青年上山下乡。东铺公社为此在王鳖凼盖房 3 间，安排罗山城关知识青年 10 人办林场。同年栽树 10 余亩。1967 年春，10 名知识青年全部回城闹"革命"，林场一时无人管理。

（卷十第四章《主要林场》，第 263 页）

来林场（王鳖凼林场）"接受再教育"的知识青年，先后有郑州、北京、上海、罗山等地的共 125 人，他们陆续来场，陆续调离，至 1984 年秋，知识青年全部离场。林场场员均换为本乡村民。

（卷十第四章《主要林场》，第 263 页）

罗山县"五·七"农业大学:学校教师由县从各局抽调技术人员担任,学员从工人或劳动锻炼两年以上的返乡和下乡知识青年、复员军人及农村各类技术人员中推荐选拔,年龄在20岁左右,毕业后返回原地。 （卷十八第五章《成人教育》,第444页)

《淮滨县志》

淮滨县志办公室编,河南人民出版社1986年

(1968年)11月10日,县内首批知识青年下乡插队落户。 (第一篇《大事记》,第32页)

(1973年)2月22日,郑州市及本县城镇知识青年1 059人下乡插队,进行劳动锻炼。

（第一篇《大事记》,第35页)

城镇知识青年安置

1968年,成立上山下乡办公室(1973年改称知识青年上山下乡办公室),开始在全县范围内,有计划地组织动员城镇知识青年下乡务农(包括城镇闲散人员)。1968年11月10日,首批上山下乡知识青年到马集公社龙泉、项园、芦圩、徐楼等大队落户。1969年2月,下乡知青307人(其中:成组263人;返乡11人;插队33人);城镇人口下放377户、1 687人,占市民总数的20％。1971年后,陆续办起了11个青年场(1981年撤)。大部分下放知青安置在青年场,小部分仍以知青组、插队、落户、回乡等方式安置。

部分年份知识青年上山下乡情况表

年　份	人　数	性　别		备　　注
		男	女	
1973	371	200	171	
1974	326	225	101	
1975	424	273	151	1973年下乡371人其中郑州市368人,信阳市3人。1979年信阳下放本县知青112人。
1976	252	171	81	
1977	269	153	116	
1978	182	127	55	
1979	151	121	30	

1970年6月上旬,从下乡知青中招收第一批工人。1978年,本县开始对下乡知识青年进行统筹安排,至1983年10月,除国营船队、航道队的22名知青(属地区辖)未解决户口,68名老知青未解决工作外(户口已迁回城),其余下乡知青分别以参军、招工、考学、病退全部回城。

（第二十二篇第二章《劳动》,第748—749页)

《商城县志》

商城县志编纂委员会编，中州古籍出版社1991年

（1967年）9月26日，下放第一批城镇知识青年345名，分别到鄢岗、双椿铺、上石桥3个公社27个生产大队插队落户。　　　　　　　　　　（卷二《大事记》，第41页）

是年（1968年）底，动员知识青年上山下乡，接受贫下中农再教育，首批下放360名高、初中毕业生；以后逐年下放，到1980年止。　　　　　　　　（卷二《大事记》，第42页）

（1973年）7月，信阳地区下放408名知识青年到商城劳动锻炼。

8月，报载《一份发人深省的答卷》，树立辽宁省下乡知识青年张铁生高考交白卷的"白卷英雄"，县教育界受到"读书无用论"冲击。　　　　　　（卷二《大事记》，第44页）

知识青年上山下乡

1961年，在精简职工、压缩城镇人口支援农业生产的5 467人中，含初中以上学生2 324名。1964年至1967年，下放青年学生、复员退伍军人及城镇闲散劳动力687人。其中，1966年9月26日下放的332名城镇知识青年组建27个青年组，1所农中，分别安置于县北部鄢岗、双椿铺、上石桥3个公社、27个生产队插队落户。1968年、1969年，知识青年上山下乡形成高潮，两年共安置下放人员1 315人。1975年，实行厂、社挂钩，按系统下放的方法。1979年，对应届中学毕业生采取自愿报名、不改变原户粮关系的性质、以转临时关系的形式组织青年上山下乡。

1968年至1979年，全县共安置上山下乡知识青年3 356人。先后设2个青年农场，4个青年队，347个青年点，安置经费2 292 520元。随着对下乡知识青年的重新安置，1980年，对全县仅存的鄢岗、河凤桥黄畈、白塔集等青年场、队逐步引导向农工商联合经营发展。1983年又将1968年至1979年由城镇下放的未婚知识青年迁回城镇安排就业。知识青年上山下乡安置工作至此结束。　　　　（卷十一《综合政务·职工管理》，第219—220页）

《光山县志》

光山县史志编纂委员会编，中州古籍出版社1991年

（1968年）12月23日，在全县城镇掀起向知识青年进行"再教育"和城镇居民"我们也有两只手，不在城里吃闲饭"的上山下乡高潮。全县城镇被迫下到农村的有1 292户，计5 552人。省、地下放到光山的知青近千人。　　　　　　　　（第一编《大事记》，第46页）

（1972 年）3 月，全县先后接收郑州、信阳和本县下乡知识青年 2 197 名，分别安置在 11 个公社、6 个青年队和 123 个青年组。 　　　　　　　　　　（第一编《大事记》，第 47 页）

是年（1984 年），南向店回乡知识青年阮正（女），自学成才，办起新法栽培天麻函授班，共接受学员 1.6 万余人（学员遍布全国 29 个省、市、自治区），使其家乡受益，亦增加了个人收入，多次受到中央、省、地、县领导的表扬。 　　　　（第一编《大事记》，第 60 页）

知青工作办公室（1974.3—1982.3）
主任　　　屈文锦
　　　　　谢长禄
　　　　　屈文锦
　　　　　谢长禄
　　　　　毛鸿远　　　　　　（第三编第四章《政权机构》，第 150 页）

“文化大革命”期间，建设性支出压缩，而“文化大革命”活动经费、知识青年上山下乡经费增加，10 年间财政支出 7 246.2 万元。 　　　（第五编第十六章《财税金融》，第 328 页）

知识青年

知识青年（下简称“知青”）上山下乡，从 1965 年开始，第一批是信阳市的 127 名知青来光山县杨墩乡插队落户，至 1968 年知青上山下乡进入高潮。为适应形势发展的需要，政府抽调国家干部组建青年队。1974 年，县成立“知青办公室”专门负责此项工作。

从 1965 年至 1980 年，全县共接收来自北京、上海、郑州、信阳等城市和本县知青 7 045 名，其中安排到青年队的 4 044 名，到农村插队落户的 3 001 名。为安置好下乡知青，1965 年至 1983 年，国家共拨给知青扶助款 472.85 万元，调拨木材 400 立方，钢材 300 吨，水泥 800 吨，汽油 800 吨，柴油 1 200 吨，煤炭 2 500 吨。至 1978 年，全县共建 14 个青年场（队），有汽车 5 辆，胶轮拖拉机 24 台，履带拖拉机 3 台，手扶拖拉机 20 台，柴油机 45 台，电动机 22 部。

全县知青场队一览表

场（厂）、队名	所在地	建场时间	撤场时间
郑堂青年队	孙铁铺镇	1968 年	
金洼青年队	孙铁铺镇	1974 年	1982 年
陈楼青年队	仙居多	1974 年	1982 年
东林青年队	寨河乡	1974 年	1982 年

场(厂)、队名	所在地	建场时间	撤场时间
王畈青年队	寨河乡	1966 年	
十里庙青年队	十里庙乡	1974 年	1982 年
椿树岗青年队	上官岗乡	1968 年	
横大路青年队	北向店乡	1974 年	1982 年
望成岗青年队	槐店乡	1968 年	1982 年
王南洼青年队	槐店乡	1974 年	1982 年
斛山青年队	砖桥乡	1968 年	1982 年
叶寨青年队	砖桥乡	1968 年	1982 年
大尖山青年林场	白雀园乡	1974 年	1982 年
王畈砖瓦厂	寨河乡	1974 年	

1968 年至 1978 年,下乡知青中有 333 名参加中国人民解放军,115 名进高一级学校深造,1 602 名安排进工厂。1978 年 12 月,根据中发〔2978〕74 号文件精神,县组织劳动就业小组,下设办公室,对原下乡的知青进行统筹安排,安置全民工的 480 人,集体工的 1 020 人,转回省地质队的 17 人,转回原籍待业或自谋职业的 27 人。对 1982 年保留下来的(郑堂、王畈、椿树岗青年队和王畈砖瓦厂)四个厂、队的知青,安排一次性就业。至 1983 年,下乡知青全部迁离农村。

(第七编第六章《社会福利》,第 510—511 页)

《南阳地区志》

南阳地区地方史志编纂委员会编,河南人民出版社 1994 年

(1968 年)12 月,根据毛泽东"知识青年到农村去,接受贫下中农的再教育很有必要"的指示,开始组织城镇知识青年上山下乡,至 1983 年 4 月,陆续通过招工、升学、参军、迁返等形式返回城镇。

(《大事记》,第 90 页)

1968 年 5 月地革委成立后……组织大批青年学生上山下乡,接受贫下中农"再教育"。

(第八卷第六章《人民政权》,第 527 页)

1982 年 2 月,南阳地区行署知识青年上山下乡办公室与地区劳动局合并,局内设人秘、工资福利、劳动力调配、劳动保护、锅炉安全监察、知青工作 6 个科。

(第九卷第一章《机构》,第 539 页)

1973 年 7 月,成立南阳地委知识青年上山下乡领导小组,同年 9 月,领导小组下设办公室。1979 年 6 月,地委知识青年办公室内设秘书、宣传教育、生产财务科。

1981 年 4 月,知青领导小组办公室由地委移交给行政公署,为南阳地区行政公署知识青年上山下乡办公室。1983 年 8 月,行署知识青年办公室归属地区劳动人事局,为劳动人事局知青工作科。

(第九卷第一章《机构》,第 539—540 页)

第二节　知识青年上山下乡

南阳地区城镇知识青年(简称"知青")上山下乡始于 1965 年,止于 1983 年,历时 19 年,共动员知识青年上山下乡 49 242 人。其中 1965—1968 年为 1 113 人,1969—1972 年为 17 131 人,1973 年—1977 年为 25 174 人,1978—1983 年为 5 824 人。这些知青分别安置在 2 001 个青年组,173 个青年场队和 18 个国营农、林、牧、渔场中。这一从"反修防修"、"缩小三大差别"为目的的运动,使大批处于青春年华时期的知识青年失去在学校正规教育的机会,给国家、地方和农民加重了负担,也成为社会不安定因素之一。但是,广大知识青年在农村和山区得到了锻炼,做出了贡献。他们中许多先进人物加入共青团、共产党组织,参加各级领导班子的 1 872 人;从事农业科学研究和技术活动做出贡献的 7 523 人;根据国家需要经招工、参军、招生离开农村的 32 932 人;1974 年开始,因病残不能从事农业劳动返迁回城的有 1 811 人;与农民结婚在农村安家落户的 673 人。截止 1983 年 4 月,将在农村尚未安置工作的知青 3 473 人全部迁回原居住城镇安排工作。自 1973 年开始至 1983 年,在城镇动员知青下乡中按照政策批准留城的知青 44 515 人。

一、下　乡　对　象

1965 年为家居城镇无固定职业与收入,但有劳动能力的非农业人口和企事业单位精简的职工。

1968 年 12 月,中共中央主席毛泽东发出"知识青年到农村去,接受贫下中农的再教育很有必要"的号召。1969 年 1 月 5 日,南阳地、县(市)联合召开有 11 万人参加的上山下乡动员誓师大会,要求 1966—1968 年毕业的初高中毕业生,除升学招工者外,全部上山下乡。

1972 年规定:凡年满 16 周岁的知识青年,包括社会青年、中途退学的学生等,都要上山下乡。

1974 年规定:知识青年可一部分下乡,一部分留城。留城对象是独生子女和群众公认的独养子女;多子女的父母身边可留一个子女;中国籍的外国人子女及严重病残不能参加农业生产的知识青年。批准留城的知识青年由县(市)知识青年上山下乡办公室办理留城证。

1979 年对留城政策再次调整,凡独生独养子女、父母双亡、归侨学生,不列入下乡范围;实行计划生育,只有两个子女,并不再生育的不下乡;多子女家庭未经知青部门办理留城手续的,可选留 1 人;多子女家庭过去已留 1 个子女,但确有困难的可再留 1 人;同父异母、同母异父要求各留 1 人者准予留城;父母分居两地、子女户粮关系也在两地者,各留 1 人。

二、下乡形式

（一）插队小组

即知青以小组为单位插入生产队中,与社员一样参加农业生产,享受社员待遇。住房、吃粮、烧柴由生产队负担。

（二）知青场队

以下乡知青为主,由带队干部和贫下中农代表组成独立核算的生产单位,一般由50名以上知青组成。从1966年到1983年,全区共建立青年场队173个,安置知识青年11 489人。1979年开始对知青场队进行整顿,撤并了一些选点不当、条件较差、无发展前途的场队。一部分生产条件好、有积累、有贡献的场队,经批准后转为集体所有制企业。

（三）国营农林牧渔场

从1968年到1982年农、林、牧、渔场共安置下乡知青4 587人。

（四）单人插队

由政府知青部门介绍或双方协商,自愿下乡投亲靠友或回原籍等,插入生产队进行农业生产劳动。

三、知青管理

下乡知青在吃、住、医、用各方面,以所在农村社队为主,城镇配合,国家补助。1965年规定,安置在社队的,国家补助每人200元至240元;安置在集体场的,每人补助400元。1973年规定,跨地区安置的每人补助510元;本地区安置的每人补助490元;国家粮食部门按城镇原定量标准供应到接上当季或下季新粮为止。穿衣方面,给以适当的棉布、棉絮补助,1973年以前为每人每年布票七市尺,棉絮0.35公斤;1973年以后为每人每年布票16市尺,棉絮1.5公斤。住房上尽量借用民房或公房。知青建房由国家适当补助,所需木材由物资部门供应。

各级知青办是上山下乡知青的主管部门,共青团、妇联会、工会和组织、宣传、教育等有关部门紧密合作,共同管理教育下乡知青。教育知青学会农业生产技术,学习农民勤劳节俭、忠厚善良的美德,鼓励他们扎根农村,在艰苦的劳动中锻炼改造自己,为建设新农村做出自己的贡献。

1974年11月7日,《河南日报》发表《坚持同工农相结合的好青年——记革命青年徐树国同志》的长篇通讯,报导了原郑州大学附中学生、方城县四里店公社余庄大队罗庄生产队下乡知识青年徐树国为保护群众、排除哑炮不幸牺牲的事迹。共青团河南省委、共青团南阳地委和中共南阳地委分别作出向徐树国学习的决定,号召全区共青团员和革命青年向徐树国学习。

1974年以后,及时吸收下乡知青中的积极分子加入共青团、共产党。表现好的,可吸收参加各级领导班子。

在知青中招工、招生、征兵,是知青管理中的一项重要工作,也是安置下乡知青就业的一条主要渠道。1971年至1982年,在历届下乡知青中共招工21 932人,招生2 686人,征兵5 894人。

1983年,停止动员知青下乡,对已在乡知青,采取多渠道安置,除社会招收外,部分知青安置到城郊集体所有制企业、知青场队和农工商联合企业,办理招工手续,享受城镇集体工待遇。

(第九卷第六章《劳动就业》,第563—565页)

《南阳市志》

南阳市地方史志编纂委员会编,河南人民出版社1989年

(1968年)12月,南阳地区、南阳市革命委员会在体育场召开6万人参加的誓师大会,动员知识青年、城市居民上山下乡。次年1月5日,又召开11万人参加的上山下乡誓师动员大会。到1969年3月13日,先后下乡居民2 184户,9 958人,知识青年5 743人。前此,于1968年10月,还动员知识青年642人,到邓县、新野、内乡等地农村安家落户。以后,下乡居民和知识青年大量返回,半年中居民返迁500多户。至1980年,下乡居民全部回城。

(《总类》第二卷《大事记》,第50—51页)

"文化大革命"中,主要是号召城市知识青年上山下乡。1970年前未招工,1972年12月,从下乡知识青年中,突击招工825人。当年起,停止从农村招收固定工。1973年,采取群众推荐、民主评议、领导同意、劳动部门审批的办法,对下乡知识青年、留城青年及社会青年进行有计划的招工,至1977年,共招收3 035人。

(《社会保障》第三十卷第一章《劳动就业》,第780页)

职工退休、退职、死亡造成职工队伍减员,按照国家规定,允许退休、退职或死亡职工的符合招工条件的子女顶替。……1975—1985年,南阳市共招收顶补子女2 826人。退休、退职、死亡职工没有子女或无符合招工条件的子女顶补时,可以从留城、回城的知识青年和应届高初中毕业生、城市户口的临时工中招收。

(《社会保障》第三十卷第一章《劳动就业》,第780页)

第四节　知识青年上山下乡

南阳市知识青年上山下乡始于1963年,主要为支援农业,安置闲散人员。当年,首批动员351人,分赴外县国营农、林、牧、渔场参加生产劳动。下乡对象主要是未升上学的初、高中毕业生,复员、退伍军人及社会闲散劳动力。1965—1966年,又组织下乡插队444人,分赴内乡、淅川、泌阳、南阳县等处安家落户。1968年12月21日,中共中央主席毛泽东号召

"知识青年到农村去,接受贫下中农的再教育",《人民日报》继而发表编者按:"我们也有两只手,不在城里吃闲饭"。12月23日,南阳地区、南阳市革命委员会召开有6万人参加的誓师大会,宣传、动员上山下乡。次年1月5日,又召开有11万人参加的"上山下乡誓师动员大会",至1969年3月13日,全市先后下乡居民2 184户,15 701人(含高、初中毕业生5 743人),分赴邓县、新野、方城、南阳县以及郊区农村插队生产或安家落户。由于"文化大革命"极左思潮的影响,下放面过大,上山下乡城市居民中有的丧失劳动能力,有的无依无靠或者是病残人员,半年中返迁577户,2 302人,自动回流247户,908人。1969年9月,根据这部分人的实际情况,又收回515户,2 014人。在以后的若干年里,大部分陆续回城,到1980年,在乡遗留居民全部收回。1972年根据上级指示,除知识青年、社会青年(初中以下程度者)外,其他人不再下放。家庭确有困难或本人有严重病残的知识青年、社会青年,亦不属于上山下乡对象。1974年,南阳市规定上山下乡对象主要是城市户口、吃商品粮、年满16周岁的高初中应届毕业生和16—20周岁的社会青年。并规定不准在应下乡而未下乡的青年中招工、招生、征兵。从1972—1980年,又先后组织安排上山下乡青年10 412人。凡在南阳地区各县插队或到集体青年场、队参加劳动者,每人补助490元,跨地区者补助510元,到国营农、林、牧场劳动者补助400元。1979年,提高补助标准,到知识青年场、队劳动者,每人补助600元。上述补助主要用于建房和购置农具以及医疗、旅差费等。从1971—1979年,全市共拨付安置经费、扶持生产资金、支农资金13 215万元。知识青年在场、队参加劳动,和农工、社员同工同酬,口粮第一年由国家每月供应22.5公斤,食油按城市居民标准供应,以后参加集体分配。安置形式:1975年以前,以小组插队为主,由公社、生产大队管理,集中食宿。后提倡建立专业知识青年场队。到1980年,全市先后办起白河"五·七"青年场、大庄"五·七"青年场、环城公社泥营青年场、陈棚青年队、红旗公社潘庄大队青年队、许庄知识青年队、十二里河知识青年队、七一公社和庄青年队共8个青年场、队。

1976年3月,学习湖南株洲实行厂、社挂钩,对口下放的办法。即城市工商企业把职工的子女下放到固定的青年场、队,企业支援各种物资,举办各类"小工厂",使知识青年亦农、亦工。南阳市郊区面积小,这种对口办的工厂,大部分设在外县。后来农村生产队强调对口企业支援,伸手要物资,甚至不接受或轰撵下乡知识青年,造成不良影响。1980年起,对知识青年不再采取下乡插队或组织场、队办法,主要采取举办集体经济的形式进行安排。当年,市成立农工商联合公司,以一业为主,开展多种经营。知识青年从加入农工商联合公司之日起,计算工龄,作为集体工人。1981年,市农工商联合公司下属有白河青年场和两个糖烟酒商店以及电器门市部、烧鸡馆,安排待业青年417人。生产、经营项目有炼油、刺绣、酿酒、加工粉丝、酱油,销售各类副食品等,当年总产值65万多元,利润4.8万元,年人均收入540元。此后,生产范围扩大,有服装、饮料、农副产品加工、家具制作及预制构件等。1985年,有职工219人,年产值165万元。

为加强对上山下乡知识青年的领导、管理,1963年,市成立知识青年上山下乡安置办公室。"文化大革命"开始后瘫痪,1968年5月复建,除动员、组织知识青年上山下乡外,同时协助计划、劳动、教育部门,作好知识青年参军、招工、招生工作,办理知识青年留城返迁等。1982年4月,知识青年上山下乡安置办公室与劳动局合并。1983年12月,下乡知识青年全部返城就业。　　　　　　　　　　　　(《社会保障》第三十卷第一章《劳动就业》,第782—783页)

知识青年招工后的工资待遇　从1978年起,对上山下乡知识青年,招工后分配在技术岗位的,实行学徒工制度。下乡满2年以上的,第1年执行学徒工第2年的待遇,第2年以后执行学徒工第3年待遇;下乡满3年以上的,执行学徒工第3年待遇;下乡满5年以上的,执行一级工待遇。对招工后分配作熟练工者,下乡3年以上的,熟练期间执行一级工待遇;对下乡时间较长、有一定技术专长、招工后分配的工种技术对口,可提前考核转正定级。

(《社会保障》第三十三卷第一章《工资》,第840页)

《南阳县志》

南阳县地方史志编纂委员会编,河南人民出版社1990年

(1956年)10月,县境回族青年近百人响应党的号召,去宁夏支援边疆建设。

(卷一《大事记》,第38页)

(1968年)10月20日,县开始城市知识青年上山下乡的安置工作。至1969年3月,全县共安排1 400余人。　　　　　　　　　　　　　　　(卷一《大事记》,第45页)

1968年10月,实行"三下放":……知识青年上山下乡,接受贫下中农再教育。1968年始,组织初中和高中毕业生下放劳动,接受贫下中农再教育。县及各公社均建立知识青年上山下乡办公室,全县共建青年场队38个。1968—1980年县共接收知识青年7 728人。先后通过招生、招工、征兵,大部分得到安置,1980年后少数未安置的返迁回城。"知青"下放,增加了国家经费开支(每个知青有三五百元安置费),增加生产队负担,知青本人也不安心于农业生产,没有起到"防修"作用。

(卷三第二章《中国共产党南阳县地方组织》,第110页)

知识青年安置　县自1968—1980年,共接收安置下乡知识青年7 728人。1971—1983年先后招工安排5 547人,征兵1 867人,升学314人。进入学校深造的只占上山下乡知识青年的0.4%。　　　　　　　　　　　(卷二十七第二章《社会保障》,第575页)

《南阳市劳动志》

河南省南阳市劳动人事局编,(内部刊行)1987年

第五章　知识青年上山下乡

第一节　上山下乡运动兴起

1958年,由于左倾思想的影响,加之连续三年自然灾害,造成国民经济发展中比例失调,1960年中央提出了"调整、巩固、充实、提高"的八字方针。根据上级"在国营农、林、牧、渔场安置家居城市的被精减职工,未升上学的学生以及闲散劳动力"的指示,以农业为基础,城市支援农业,动员他们上山下乡参加农业生产。

本市上山下乡运动始于1968年5月3日,市人民委员会下发了会(1963)劳字第25号文件,建立临时办机构,成立了"上山下乡领导小组",组长陶丕显(市长),副组长孟宪滔(副市长),并制定各项上山下乡规定和细则。号召家居城市,18—40岁、有劳动能力、无固定职业、吃商品粮、未升上学的学生、社会青年、复员退伍军人,以及社会闲散劳动力;家庭牵挂不大;历史清楚,身体健康,自愿报名,男女均可。

凡符合上述条件者,愿意全家下乡的,政府采取鼓励支持的态度(一般允许一个劳力可带2—3人,被带去下乡者不列入下乡指标,也不享受下乡待遇)。

意志不坚,年龄不符,患慢性疾病,劳改释放的政治犯以及有重大历史问题,投机倒把分子,惯偷,流窜犯等均不属上山下乡安置范围。

安置形式以小组插队为主,也有全家落户、单身立户、搭户、投亲靠友、组成生产队,独立经济核标等形式。

经费使用:单身插队每人补助240元,成户插队每人补助145元,主要用于建房和购置小型工具,余者做为个人生活补贴。

粮油供给指标均按当地农民和在场农工的标准供给。

本市下乡者,他们大部分是有文化的青年,也有会竹、木、泥、铁、砖瓦技术人员,为开发山区,农村普及文化科学知识增添了新生力量。

1963年首批动员351人,赴外县国营农、林、牧、渔场参加农业生产。

1964年至1966年又动员450人分赴内乡、淅川、泌阳、南阳县等安家落户。

第二节　社会性上山下乡(1968—1971)

1968年12月21日,中共中央主席毛泽东号召"知识青年到农村去,接受贫下中农再教育。要说服城里干部和其它人,把自己初中、高中、大学毕业的子女,送到乡下去,来一个动员。各地农村的同志们应当欢迎他们去。"《人民日报》继而发表编者按:"我们也有两只手,不在城里

吃闲饭"。12月23日,南阳地区革命委员会和南阳市革命委员会在市体育场召开有6万人参加的"誓师大会",宣传动员上山下乡。这次全市有500人参加了动员上山下乡的宣传队,工作组深入到机关、学校、街道、院户,举办800多次有40 000人参加的"上山下乡"学习班。

次年1月5日,地、市、县又联合召开有11万人参加的"上山下乡誓师动员大会"。3月13日,全市先后动员上山下乡2 184户居民,15 701人,包括城市居民、菜农、学生、文艺工作者、医务人员、教师和干部。其中:城市居民1 459户,4 355人;菜农290户,1 201人。1967年,1968年,1969年三届高、初中毕业生5 743人,其它4 402人,分赴邓县、新野、方城、南阳县以及市郊农村安家落户。

由于"文化大革命"左倾错误的影响,政策界限不清,上山下乡的城市居民,菜农以及其它人员中,有的丧失劳动能力;有的无依无靠;有的是病残人员。不到半年时间,返迁577户,2 302人,自动回流本市247户,908人。1969年9月,本市根据这部分人的实际问题,又收回515户,2 014人。以后"回城风"不断发生,频繁闹事。

1976年根据市革命委员会指示,知青青年上山下乡办公室不再管理此项工作,由民政部门管理。至到1980年在乡遗留居民、菜农和其它人员全部收回迁入市内。

附表:

南阳市上山下乡统计表 1969 年 3 月 13 日

项目 人员分类	总人数	应下乡		已下乡		备 考
		户数	人数	户数	人数	
闲散劳动力	4 579	1 519	4 573	1 161	3 671	
没户口的		876	1 442	636	999	
干部职工家属		89	329	89	329	
三届毕业生	6 897		5 766		5 743	除招生升学非农业人口
社会知识青年	350		344		277	
干 部			2 578		2 578	
卫生医务人员	408		36		36	
公办学校教师	1 205		683		683	
文艺工作者	98		98		98	
城镇农业人员(菜农)		350	1 500	329	1 445	
合 计		2 834	17 340	2 245	15 859	

第三节 知识青年上山下乡(1972—1980)

一、动 员 范 围

1972年根据上级指示,除知识青年、社会青年外(即文盲或小学毕业者),其它人员不再上山下乡。知青和社青中,家庭确有特殊困难,本人是严重病残,经过批准不列入上山下乡对象。

1974年本市根据上级精神,明确规定上山下乡的条件:凡年满16周岁,系本市户口,吃商品粮的高初中应届毕业生。应下未下的往届高、初中毕业生,年满16周岁—20周岁的社会青年都列入上山下乡对象(知青上山下乡时将户粮关系转往所下地方)。同时还规定,不准在往届应下而未下的知识青年以及社会青年中招生、招工、征兵。凡属动员对象为逃避上山下乡,中途退学,转学不到,休学不复,走后门进工厂的应一律动员上山下乡,违犯者(指家长),不仅退回他们进工厂的子女,并给予纪律处分或严肃批评教育。1979年本市对冤错假案中随父母迁下乡的受株连子女先后承认按知青对待的共114人。

附:历届上山下乡统计表

南阳市历年上山下乡人数统计表
1963—1981

年份	上山下乡人数	动员对象	安置下乡去向
1963	351	闲散劳力未升上学学生	内乡、泌阳、淅川
1964			
1965	384	闲散劳力未升上学学生	内乡、泌阳、淅川
1966	60	同上	南阳县
1967 1968 1969	5 743	三届高初中毕业生,社会青年277人。	新野、方城、社旗、邓县、南阳县、市郊等地
1970 1971	2 443	知青、社青	市郊区
1972	1 021	同上	南阳县、社旗、新野、方城
1973	1 226	同上	邓县、方城、新野、南阳县
1974	2 007	同上	同上
1975	2 176	同上	同上
1976	1 931	同上	同上
1977	1 268	同上	同上
1978	298	同上	市郊泥营白河青年场
1979	52	同上	同上
1980	433	同上	市农工商联合公司一次性安排
1981	364	同上	市农工商联合公司一次性安排216人
合计	19 816		

二、知 青 留 城

1974年本市根据上级精神,规定留城青年条件:

1. 严重病残不能参加农业劳动的,不动员上山下乡。(必须经市级以上医院检查确诊,证明确属丧失劳动能力,按病残规定标准留城)。

2. 独生子女和群众公认的独养子女,不动员上山下乡。

3. 多子女身边只有一个子女的,不动员上山下乡。

4. 中国籍的外国人子女,包括父或母一方是中国籍的外国人的子女,一般不动员上山下乡。

5. 特殊困难者不做为动员对象,即父母年迈、患严重疾病、卧床不起,虽有兄姐但在外地工作,其弟妹尚小。

1976年后留城规定放宽,以便照顾留城青年家庭中的实际困难增加了留大下小,归侨学生不属动员对象。

1979年又进一步放宽留城规定,增加了计划生育好的,一家只有两个子女,保证不再生育的;多子女家庭已留一个子女,确有特殊困难的;如父母患有严重疾病或父母死亡一方;多子女家庭(三个以上),其子女知青部门没办过留城证的;同父异母,或同母异父,本人提出各留一者;父母分居两地,子女户口也分居两地,本人申请要求各留一者。

确定动员上山下乡对象和留城青年对象的方法是:政策交给群众,使其人人明白,家喻户晓,层层办学习班,广泛宣传发动,让群众充分讨论,对照条件,分清该留该下对象,以基层为单位,张榜公布,让群众充分提意见,三榜定案。

办理留城证件时,对照政策,严格手续,由家长向所在单位提出申请留城理由,群众评议后,所在单位提出留城意见,报主管部门把关审查,然后报市知青办公室核准无误,发给留城证件(持留城证者以便本市招工时备用)。

1979年本市按照上级规定,对冤错假案纠正后受株连子女先办理留城26人(原属城镇户口)。

南阳市历年留城青年人数统计表
1969—1980

年份	留城总数	男	女	备考
1969	118	包括67、68两年		
1970	97			
1971				
1972	103			
1973	225			
1974	225			

年份	留城总数	男	女	备考
1975	964			
1976	828			
1977	590			
1978	2 061			
1979	2 479			
1980	2 967			
合计	10 657			

三、知 青 返 迁

本市从1974年起按照上级规定,凡符合返迁条件的已下乡知青,经家长或本人向所下生产队、大队、公社以及青年场、队提出要求,申请反迁的,单位出具证明,知青部门调查属实,方可准予返迁。严重病残青年,由下放所在县进行身体检查,县知青部门与本市知青办公室联系,经本市知青办审查,提出意见,定期集中报地区知青办公室审批同意后,方可迁入市内。从1969年至1979年本市先后对已下乡知青中的独生独养子女;多子女家庭中确有特殊困难的,中国籍的外国人子女;严重病残,不能参加农业劳动的对照政策共返迁816人。其中:男338人,女478人。

四、知 青 转 点

1974年到1978年,对知青的转点工作做了规定和补充规定。规定下乡不满一年的知青,一般不得转点,确有特殊困难者,需要转点的,经批准后把剩余生活补助费转往新点。同外县转点的,填表两份,报地区批准;跨省转点的,由地区报省批准,但必须经接受单位同意,方可办理手续。办理手续时要严格审查申请、证明以及知青本人档案,防止"飞过海的假知青"。

五、管 理、教 育

六十年代主要安置城市闲散劳动力,以及未升上学的学生上山下乡支援农业生产。1968年知识青年上山下乡动员安置工作逐步得到各级党委的重视。1973年7月中共南阳市委成立知识青年上山下乡领导小组,组长李思孝,副组长刘子廷、原锁庆、张艳梅,并相应成立了办事机构。全市配备专业干部近40人,城市居委会,农村生产大队、生产队也配备了专干和贫农代表。本市每年根据知青上山下乡人数,按1‰抽调带队干部到农村参加知青管理工作。

对于组成小组插队或到青年场、队的下乡知青帮助他们建立好生活管理制度,调剂好生活,储存保管好粮食、蔬菜。实行民主管理,具体分工,定期评比检查。小组插队的知青有2—3人结伴起灶,互为帮助,各得其利,伙食单位之大小,要有利于管理、劳动。

知青单身插队或小组插队,初到农村时多数住公房、牛屋、场房、磨房或民房。1974年本市强调给知青建新房,每人不得少于8—10 m。1972年以来,市郊共给知青建房1 152间,拨出建房木材800立方。但也有个别生产队迟不建房,将建筑材料挪做它用,使一些知青下乡后仍住阴暗、潮湿、简陋的险房里。

知青到农村参加农业生产,在老农的传授下,开荒种田、造林、搞水利建设;学习农业技术、搞副业生产、学科学种田,积极建设自己所下的场队。

市郊泥营"五七"青年场,1973年创建,到1976年先后下知青80余人,把白河故道上的160多亩荒沙改为良田。相继还办了酒厂、粉丝厂、酱油、制醋车间,新建房舍近百间,购置各种大型农具18件,人均产粮达14 000斤,固定财产10万余元,年平均个人分配220元左右。

知青下乡后利用农闲时间,组织学习政治,进行党的基本路线教育,国际主义和爱国主义教育,法制和文化科学教育,树立共产主义远大理想,条件许可的地方,还开展文化娱乐、体育等活动。

对知青的教育,管理本市城乡密切配合,总结经验,经常召开会议,互相交流,树立典型单位和个人,开展学先进活动。

各级党组织每年组织慰问下乡知青,关心他们衣食住行,广泛听取他们的意见,及时掌握解决存在的问题。

六、知 青 待 遇

知青下场队参加劳动,和在场、队社员、农工一样,同工同酬,按劳分配。特别女知青应和当地社员一样,做到分配兑现,不得克扣劳动工分和应分配的粮款,并和当地社员一样享受同等级数量的自留地的收益。

知青在场、队劳动个人收入多少不等。条件好的场、队,个人出勤率高,有的年收入达300多元,有的地方条件差,本人出勤少,收入微薄。

知青下乡第一年,口粮由粮食部门供应,每人每月45斤,食油按城市居民标准。

知青生病后和社员一样享受合作医疗,严重病残者,当地社队有困难的不能负起医疗费的,可有知青部门拨出专款诊治。

七、安 置 形 式

根据安置地方和下乡人员的情况不同,依照中央安置城市下乡青年领导小组1965年4月6日指示:"安置方式,要因地制宜,多种多样"。"不能千篇一律的精神"。1965年前本市上山下乡安置形式,以下组插队为主,也有全家落户、搭户、投亲靠友、组织生产队。第一种形式本市采用较多因组成小组插队,可直接受当地生产队管理,便于集中学习、劳动。

1972年后单纯知青、社青上山下乡仍然沿用,每小组8—10人,提倡建立大队领导下的,以自然村为单位,集中学习食宿,也可分组起灶,此形式是大集中小分数。

从七十年代初到1980年,本市先后举办了白河"五七"青年场、大庄"五·七"青年场、环城公社泥营"五·七"青年场、陈棚青年队、红旗公社潘庄大队青年队、许庄知识青年队、十二里河知识青年队、七一公社和庄青年队,共9个知识青年场、队。

知青场、队由市、公社、生产大队三级选点,举办知青场、队,安置好知识青年,选好场、队必须具备以下条件:

1.领导班子强。2.经济条件比较好。3.生产潜力较大,有利于知识青年扎根的一、二类生产队。

随着知青下乡人数增多,本市郊区面积小,人口密集,而知青下乡安置形式不断调整。1976年3月,本市学习株洲经验,试行厂社挂钩,带队干部对口派;教育管理对口抓;支援对口帮,以办青年点为主,也可举办知青场、队。

这些对口建的场、队大部分建在外县,知青场、队由公社大队管理。本市工厂、企业的子女对口下放,对口支援各种物资,办起机械、化工、印刷、面粉加工等各类"小工厂",使知青亦农、亦工。后来外县农村对口生产大队,强调支援成风,经常向工厂、企业要各种物资,否则不接受下乡知青,个别地方时有哄撵知青现象,造成不良印象。

1979年本市为解决好知青问题,提出必须认真贯彻省统筹解决知青问题的方针和六条措施:①逐步缩小上山下乡范围;②调整留城政策,逐步扩大留城面;③城乡都要积极的广开门路,安排知识青年;④切实办好知青场、队和各单位的农、林、牧、副、渔业基地;⑤切实加强对下乡知识青年的教育,培养、使用;⑥切实加强保护下乡知青的工作。

1980年本市提出大力发展生产,积极发展知青农工商联合企业。同时决定不再采取知青下乡插队的办法,以集体经济形式,举办知青农工商联合公司,为知青一次性就业创造了有利条件。

八、经 费 使 用

知识青年上山下乡,上级拨出专款,以利知青的安置,使知青下乡后劳动、学习、生活、医疗等得以妥善安排。

管好使用好经费,必须加强领导,配备各级专职财务人员,并坚持经常性的检查清理,建立健全管好经费的各项规章制度,依靠群众民主理财,做到收支清楚,帐物相符,去向明白。

按照上级规定:知青经费的标准是:六十年代单身插队每人按240元。1973年经费标准提高,下乡插队和去集体所有制的青年场队,地区内每人标准490元,跨地区每人标准510元,到本地内国营农、林、牧、渔、茶场每人标准400元。

1979年进一步提高,到国营农、林、牧、渔、茶场以及机关、学校、部队、企事业单位举办的各类基地每人补助400元,由单位包干使用。到集体所有制知青场、队、点的每人补助标准600元。

另从安置经费中按每个知青经费标准抽出15元,上级单位掌握5元做为机动款,本市掌握 10 元,用于知青的特殊开支。

知青经费主要用于建房,购置生产工具、炊具、学习、医疗、旅差等费用。

1980 年 2 月,市委、市政府决定从 1980 年至 1981 年春对本市知青场、队的财产,分期分批进行认真、全面、彻底的清理。

并规定对于挪用、哄抢、贪污知青物资及经费者,还规定了纪律,情节严重,性质恶劣者,视其认罪态度,必要时给予纪律处分和绳之以法。

附表:

南阳市知识青年上山下乡办公室 1971 年—1979 年拨付款项表

单位:元

项目 单位名称	经 费 类 别					备注
	安置经费	扶持生产资金	支农资金	业务费	其 它	
七一公社	384 571.35					
红旗公社	389 888.00					
靳岗公社	8 212.00					
环城公社	60 288.00					
大庄五七青年场	78 938.35		14 500.00			
白河园艺(青年场)	55 296.36	8 000.00	21 900.00			
泥营青年场	76 904.76	35 720.00	15 256.00	900.00		
陈棚青年场	55 095.38	7 200.00	10 200.00			
潘庄青年队	15 118.95		14 200.00			
许庄青年队	4 834.05		8 950.00			
和庄青年队	11 149.17			20 500.00		
十二里河青年队			12 000.00			
冯楼青年队			4 500.00			
独山园艺场	3 000.00					
黄石巷林场	4 235.00					
平顶山市	180.00					
合 计	1 147 706.52	50 920.00	122 000.00	900.00		

九、发 生 问 题

1. 1975 年 8 月,连日普降大雨,7 日晚暴雨成灾,位于白河故道上的泥营青年场,地势低洼,虽汛期有所准备,而洪水来势汹猛,冲塌房屋、猪圈各 7 间,淹没良田 160 余亩,秋作物绝收。冲走库粮 8 000 余斤,各种农业机械以及其它物资大部,共折价 45 000 多元。

地、市委领导对泥营知青场遭水灾非常重视,亲临抢险,住市部队以及附近工厂工人、农村社员大力参加抗洪抢险,与洪水搏斗四昼夜,保住了大部分财产。本市对该场救济4万元,以利重建家园,早日生产。

2. 在知青上山下乡锻炼过程中,特别是十年动乱年月里,少数地方管理不善,个别知青无政府思想严重,加之社会上一些坏人乘机而入,干扰破坏知识青年上山下乡。据统计:1971年至1981年下放市郊知青受各种迫害的50起(已立案处理)。

据1973年11月6日,市委组织部下发宛市组(73)114号文件"关于调查处理通报重大案件的情况报告"中指出:仅1972年1月至1973年9月,本市共发生奸污、调戏女知青85起,受害女知青33人。下放市郊的女知青占24起,受迫害者22人,占下放市郊插队女知青1 264人的1.74%。

十、选 拔 使 用

知识青年在下乡劳动锻炼过程中,对表现好的要经常树立典型,并表彰先进单位和个人。从1972年至1980年本市先后召开知青积极分子代表大会和座谈会共4次。其中出席市级157人,出席地区知识青年先进代表大会8人,出席省知青先进代表大会4人。

据1973年统计,市郊共有下乡知青2 475人;3人加入中国共产党;470人加入中国共产主义青年团;188人参加了中国人民解放军;779人分别担任生产大队、生产队、民办教师、会计员、保管员、棉花技术员等。

知识青年上山下乡满二年以上享受"三招",即:招工、招生、参军。"三招"在党委统一领导下,由本市计划、劳动、教育、征兵办公室以及知青办公室共同研究负责办理。

由于"三招"名额有限,采取民主评议,生产队、生产大队老农参加,争取带队干部意见,试行推荐办法,将表现好的知青优先推荐到不同的生产工作岗位,推荐办法从1970年一直延续到1980年,后招工办法改变,试行考试,择优录用,加之知青上山下乡政策调整,扩大留城面,缩小下乡范围,广开就业门路,为知青就业开辟新的领域、新的行业,本着国家关心,负责到底,使在乡遗留知青不留尾巴,到1982年本市全部收回下乡知识青年19 803人返城就业(除死亡、残废)。

(第五章《知识青年上山下乡》,第128—144页)

《方城县志》

方城县地方志编纂委员会编,中州古籍出版社1992年

(1968年)9月5日,召开首次知识青年上山下乡安置工作会议。是年底,安排方城县及郑州市初、高中毕业生1 168人到农村插队落户。以后逐年进行。至1979年,共安置4 623名知识青年上山下乡,其中郑州、洛阳、平顶山2 483人。县先后建知青农场6个、知青生产队10个和知青点多处。1971—1981年,县内上山下乡知识青年陆续被安排就业。

(《大事记》,第51页)

（1971年）3月12日，四里店公社余庄大队插队落户知青徐树国（郑大附中1968届高中毕业学生）在水利工地排哑炮时牺牲，省革委授予烈士称号。 （《大事记》，第52页）

"文化大革命"期间……团县委曾向全县发出《向坚持同工农相结合的好青年徐树国学习》的通知，组织团员和青年学习。 （第六篇第三章《共青团》，第204页）

1966—1979年，劳动就业实行了统包统配的办法，除招收全民所有制职工外，劳动就业的多种渠道被堵塞，城镇待业人员不断增加，先后下放城镇知识青年到农村劳动锻炼4 180人，其中有郑州、洛阳、平顶山、南阳市知青1 611人。组建起赵河公社的大召、博望公社的"五一"、何庄公社的"五四"、清河公社的向阳、杨集公社的红旗、古庄店公社的育红和杨楼公社的凤瑞7个知青农场，安置大部分知青从事农业生产，部分知青或单独到生产大队组建青年队，或插队与农民一起生产。 （第八篇第一章《劳动》，第229页）

《唐河县志》
唐河县地方史志编纂委员会编，中州古籍出版社1993年

（1963年）县成立城镇知识青年上山下乡领导小组，下设办公室。1968年，更名城镇知识青年上山下乡安置办公室。至1980年，共接收安置唐河及南阳、洛阳、郑州市知识青年5 440人。 （第一篇《大事记》，第50页）

城镇知识青年安置

1963年，县成立城镇知识青年（简称知青）上山下乡领导小组，下设办公室。"文化大革命"开始后，机构瘫痪。1968年5月，县革命委员会设城镇知识青年上山下乡安置办公室。1973年，改名城镇知识青年上山下乡办公室。

1965年春，省批下乡知青60人。其中安置城郊公社仝营大队20人，源潭公社袁楼大队40人。1968年12月，中共中央主席毛泽东号召"知识青年到农村去，接受贫下中农的再教育"。至1980年，采取编组定点、集体插队、投亲靠友等方法，全县共安置城镇知青5 440人（含1969—1976年接收的洛阳市知青840人，郑州市知青1 087人），分别安置在桐寨铺、桐河、源潭、郭滩、湖阳、黑龙镇、古城、毕店等16个公社的部分生产队和苍台、龙潭知青农场。

城镇知青下乡时由国家提供一次性经济补助，主要用于建房，购置生产、生活资料和学习用品等。全县累计发放补助款225.76万元。补助标准为县内知青每人490元，洛阳市、郑州市知青每人510元；安置在国营农、林场者每人400元。知青下乡一年内，由国家供应每人每月成品粮22.5公斤，食油0.25公斤。每人每年增发布证23尺（含蚊帐布证8尺）。

一年后取消粮、油供应，知青凭工分参加分配，生活自理。

1970—1984 年，通过招工、招生、征兵等途径，下乡知青陆续得到安置。其中招工 2 775 人，升学 313 人，参军 755 人，其他 1 597 人。

1980 年 7 月后，县劳动局对城镇待业知识青年进行登记，发给待业证（后改为劳力证）。待业知青持证参加招工、招生、征兵等考试或考核。 （第十篇第一章《劳动》，第 246 页）

1972 年，县组织部门通过考核，从农村基层干部和回乡知识青年中选拔录用干部 108 名。 （第十篇第二章《人事》，第 252 页）

《邓州市志》

邓州市地方史志编纂委员会编，中州古籍出版社 1996 年

(1965 年)6 月，成立邓县安置城市下乡青年领导小组办公室。 （《大事记》，第 43 页）

知识青年上山下乡办公室，1975 年 1 月设立，1981 年 8 月撤销。
（第四卷第一章《中国共产党邓州市地方组织》，第 128 页）

1973 年，招工对象调整为上山下乡知识青年；批准免予上山下乡的知识青年。
（第九卷第二章《劳动》，第 270 页）

1965 年，邓县一批知识青年响应国家号召，先后去农村安家落户，到 1966 年总数为 184 人。1968 年 12 月，毛泽东主席发出"知识青年到农村去接受贫下中农的再教育，很有必要……"的号召，知识青年上山下乡成为一种制度。1969 年初，郑州、南阳等市和邓县大批知识青年到农村插队落户。至 1980 年，全县插队落户青年共 6 876 人。分别安置在 24 个公社，340 个大队，1 690 个生产队。同贫下中农一起劳动，劳动工分参加分红，吃、住由大队或生产队统一安排。同时，办青年队 21 个，青年农场 2 个，由社、队调拨土地，独立经营农业和副业，配备专职干部和贫下中农代表领导与管理。

各级党委和政府对知识青年的生产、生活安排都非常重视。先后拨给邓县知识青年安置经费 336.7 万元，木材 650 立方米，煤炭 2 500 吨，化肥 120 吨。兴建房屋 3 465 间；购买拖拉机、柴油机、电动机等农业机械、机具 175 部；购置车床、磨床、磨面机等设备 49 台；建面粉厂、粉丝厂各一座。还购置了生产、生活所需的其他工具、用具。对口单位还支援木材、水泥、砖瓦、机械等物资，折款 4.5 万元。接受安置知识青年的社、队，在粮食和费用方面付出的代价更大。

知识青年到农村插队落户,暂时缓解了城镇青年就业的矛盾,多数受到锻炼,做出贡献。有 920 多人被评为学习或生产积极分子,3 人加入中国共产党,755 人加入共青团。但是,由于社会上少数坏人的破坏,知识青年中少数人受无政府主义思潮影响较深,加之农村干部和贫下中农缺乏管理教育知识青年的经验。因此,1968 年至 1977 年的十年间,发生重大案件 45 起,造成不良影响。

从 1973 年起,招工对象以上山下乡知识青年为主。至 1983 年,下乡知识青年被招工的 5 093 人,考入技校的 323 人,考入大专院校的 197 人,应征入伍的 864 人,共计 6 477 人,占下乡知识青年总数 6 876 人的 94.2%,其余 399 人转点或因病返城。

(第九卷第二章《劳动》,第 270—271 页)

1966 年,增加基本建设和青年就业经费,支出总额为 7 255 元。1966 年,增加青年就业经费支出。……自 1953 年至 1989 年底,预算内总支出 100 375 万元。其中……社会福利支出(含青年就业费、文教卫生费、优抚、社救费等)26 175 万元,占 44.6%……

1953—1989 年财政支出一览表。(见本书第 3495—3496 页表)

(第二十卷第一章《财政》,第 462—463 页)

《淅川县志》

淅川县地方史志编纂委员会编,河南人民出版社 1990 年

知青安置

1968 年 10 月,毛泽东主席号召"知识青年到农村去,接受贫下中农再教育"。至 1980 年,全县城镇知识青年共下乡 12 批 1 067 人,其中农村插队 291 人,组建青年农场 7 个,安置 776 人。1981 年知识青年停止下乡,此后通过扩大国营企业,发展部分集体企业等,至次年底,所有下乡知识青年全部返城安置了工作。其中安置全民工 350 人,集体工 500 人,推荐上工农兵大学 25 人,考入大、中专学校 45 人,参军 100 人,其他 47 人。同时,对外省市下放到淅川县农村锻炼的知识青年 20 人和平反、株连子女按知青对待的 207 人,也都安置了工作。

(卷十八第四章《劳动》,第 461—462 页)

《南召县志》

南召县史志编纂委员会编,中州古籍出版社 1995 年

(1968 年)12 月,动员知识青年上山下乡、城镇居民下农村落户。至翌年元月,共下放高、初中毕业知识青年 3 855 人,下放城镇居民 1 230 户、4 730 人。　　《大事记》,第 74 页)

（本表收于《邓州市志》，上接本书第 3494 页）

1953—1989 年财政支出一览表

单位：万元

年度	总计	上解支出	市(县)正常支出																	
			合计	基建支出	挖潜改造	科技三项费	支援农业	农林水事业费	工交商事业费	青年就业经费	文教卫生支出	其它部门事业支出	优抚社救	行政支出	公检法支出	支援不发达地区	环保支出	价格补贴	城市维护支出	其他支出
1966	1 375	540	835	94	2		206			6	228	8	87	154						50
1967	1 740	924	816	109	33		169			1	225	12	59	119						89
1968	1 537	885	652	57	20		110			9	225	4	46	137						44
1969	1 779	1 087	692	39	11		71			81	210	16	28	172						64
1970	1 838	1 081	757	116	29		110			9	219	30	57	115						72
1971	2 489	1 057	1 432	575	12		121			2	383	31	57	173						78
1972	2 474	1 362	1 112	165	11		135			1	450	17	55	138						140
1973	2 372	1 396	976	48	22		163			39	407	13	110	136						38
1974	2 621	1 669	952	47	30		173			40	425	26	49	152						10
1975	2 587	1 656	931		19		155			34	415	27	59	203						19
1976	2 420	1 493	927		19		222			26	405	24	51	175						5
1977	2 895	1 751	1 144		68		260			49	431	29	95	201						11
1978	3 117	1 630	1 487		127		347			6	634	37	68	208						60
1979	2 912	1 015	1 897		57		501			3	569	97	390	269						11
1980	2 796	1 000	1 796		70		332			7	819	61	194	279						34

年度	总计	上解支出	市(县)正常支出																		
			合计	基建支出	挖潜改造	科技三项费	支援农业	农林水事业费	工交商事业费	青年就业经费	文教卫支出	其它部门事业支出	优抚社救	行政支出	公检法支出	支援不发达地区	环保支出	价格补贴	城市维护支出	其他支出
1981	4 719	2 002	2 717	45	88		224	123	3	16	972	45	142	429					10	620
1982	4 707	2 113	2 594		145	23	377	85	3	6	1 027	44	145	578					29	131
1983	4 210	1 711	2 499	80	69	1	332	156	3	10	1 144	22	102	540					27	13
1984	4 744	1 803	2 941	74	22	4	315	128	8	2	1 225	38	107	630					120	268
1985	5 911	1 153	4 758	217	50	3	198	217	5	2	1 552	63	102	616				1 384	303	46
1986	4 995	1 116	3 879	129	107	2	223	177	10	3	1 553	143	156	716			27	334	217	82
1987	4 868	1 319	3 549		24	18	240	154	12	9	1 622	127	200	806			28		144	165
1988	6 853	1 563	5 290	10	188	10	190	105	2	6	1 786	78	118	967	261	2	37	1 329	133	68
1989	8 474	1 661	6 813			116	265	189	6	6	2 316	116	398	987	279	7	45	1 692	153	238
总计	100 375	41 679	58 696	1 805	1 482	177	6 849	1 334	52	373	21 447	1 359	4 355	10 272	540	9	137	4 739	1 136	2 630

(1973 年)2 日,中共南召县委召开知识青年上山下乡工作会议,鼓励知识青年继续上山下乡。

(《大事记》,第 78 页)

至 1976 年,全县计有……知识青年上山下乡办公室、计划委员会、财贸办公室、档案科等职能部门,直属县革命委员会领导。

(卷五第三章《人民政府》,第 265 页)

(1984 年)4 月实行机构改革……撤销知识青年上山下乡办公室和工业局。

(卷五第三章《人民政府》,第 266 页)

1968 年 10 月成立南召县知识青年上山下乡办公室,首批动员高、初中毕业生 142 人上山下乡。其后,每年都有一定数量的知识青年上山下乡。到 1980 年该项工作停止时,共有 3 265 人上山下乡。1972 年,少数下乡两年以上的知识青年抽调回城,通过企业招工、大专院校招生、参军等途径进行安置。在陆续安排回城就业的同时,仍大量动员下乡。1979 年以后,根据上级“缩小上山下乡范围、调整安置形式”精神,成立南召县知青农工商联合公司,采取多种方法,扩大生产经营项目,计有服务业、农副产品加工业、商业网点等 6 个企业,安排知识青年一次性回城就业。至 1982 年,城镇上山下乡知识青年已全部予以安置。

(卷七第三章《劳动就业》,第 311 页)

“文化大革命”运动开始后,青年学生停课“闹革命”,各级团组织瘫痪。1968 年 12 月,南召一中有 70 名学生分两批上山下乡,赴农村插队落户,接受贫下中农再教育。1969 年 1 月,又有高、初中毕业生 3 855 人上山下乡(包括农村知识青年返乡)。至 1973 年底,城乡非农业知识青年插队落户近 700 人,其中入党 6 人,入团 48 人,参加县以上领导班子 1 人,参加社、队领导班子 9 人,并有赤脚医生 2 人,民办教师 6 人,农业技术员 25 人,参加工业建设 134 人,参军 7 人,升学 1 人。

(卷十第三章《青少年团体》,第 396 页)

《社旗县志》

邱应欣主编,中州古籍出版社 1997 年

(1969 年)19 日,社旗县第一批知识青年 825 名下乡落户,接受贫下中农“再教育”。

(《大事记》,第 15 页)

1968 年 10 月,毛泽东主席号召“知识青年到农村去,接受贫下中农的再教育”。至 1980 年,全县城镇知识青年共下乡 12 批,4 747 人,其中农村插队 3 958 人;组建青年农场 5 个,

安置 789 人。1981 年,知识青年停止下乡,此后通过扩大国营企业,发展部分集体企业等,到 1983 年底,所有下乡知识青年全部返城安置了工作,其中安置全民工 1 997 人,集体工 1 578 人,推荐上工农兵大学 119 人,考入大中专院校 139 人,参军 744 人,其他 164 人。同时对冤假错案受株连子女按知青对待下放的 470 人,也都安置了工作。

(第八篇第二章《劳动》,第 171 页)

《桐柏县志》

桐柏县地方史志编纂委员会编,中州古籍出版社 1995 年

(1969 年)1 月,毛泽东发出知识青年上山下乡接受贫下中农再教育和城镇居民不在城里吃闲饭的指示,郑州、洛阳等地 600 多名知识青年及部分城镇居民首批下放桐柏。至 1975 年,共有 2 667 名知识青年陆续来桐柏插队落户,国家共开支安置费 144.67 万元。自 1971 年到 1983 年,国家通过招生、招工、参军等渠道,下放知识青年全部调离农村。下乡城镇居民亦全部返迁。 (第一卷《大事记》,第 66 页)

是月(6 月),召开桐柏县首届上山下乡知识青年先进代表大会,出席代表500 名。

(第一卷《大事记》,第 66 页)

是月(1977 年 10 月),全国高等院校停止招收工农兵学员,恢复高考制度。全县报名 4 200 人,考取本科、大专院校 23 名,中专学校 31 名。 (第一卷《大事记》,第 73 页)

《镇平县志》

镇平县地方史志编纂委员会编,方志出版社 1998 年

是月(1968 年 8 月),县成立"知识青年上山下乡办公室"。至 1980 年,全县共组织 2 327 名知识青年上山下乡,参加农业劳动。 (《大事记》,第 65 页)

(1971 年)10 月,县开始为上山下乡知识青年安置工作,至 1982 年,先后安置 2 927 人。

(《大事记》,第 67 页)

1973 年 5 月,经中共南阳地委批准,恢复了县委办公室、组织部、宣传部、农工部。其中,县委办公室和革委办公室仍为一个班子。此后,又恢复了县委党校和县直机关党委,成

立了县委知识青年上山下乡领导小组,并设立办公室。

(第五卷第二章《中国共产党镇平县地方组织》,第 189 页)

1968 年 8 月,从县到公社均成立知识青年上山下乡办公室,组织知识青年下乡插队落户,参加劳动,接受贫下中农再教育。到 1982 年全县下乡知识青年达 2 927 名。其后,通过招生、招工、征兵等大部分知识青年得到安置(少数未被安置的于 1980 年迁返城镇)。

(第五卷第二章《中国共产党镇平县地方组织》,第 212 页)

1966 至 1978 年间,实行群众推荐,民主评议,领导同意,劳动部门审批的招工办法,招收城镇高、初中毕业生,下乡两年以上的知识青年,退伍军人和少数农村青年。

(第十一卷第一章《劳动》,第 355 页)

1968 年上半年,根据上级精神,县动员城镇知识青年上山下乡。8 月,知识青年上山下乡安置办公室成立。12 月,毛泽东发出"知识青年到农村去,接受贫下中农再教育很有必要"的指示,知青上山下乡形成高潮。1969 年初,首批城镇知识青年被分配到农村、山区自然条件差,生产比较落后的社、队插队劳动。1971 年按照上级指示,将上山下乡知识青年调整到生产水平较高,自然条件较好的社队,或让其投亲靠友插队劳动。此期间共安排上山下乡知识青年 250 人。1973 年后,学习外地经验,先后在侯集、枣园、城郊、遮山、柳泉铺公社,建立 5 个青年农场,安排知青 317 人。1974 至 1978 年,全县建立集中食宿学习、分散劳动的青年队(组)191 个,安排知识青年 394 人;同时,有 88 人回原籍插队。1980 年,根据中央"缩小上山下乡范围,调整安置形式"指示,知识青年安置工作,开始以就业为重点。至 1981 年底,县在侯集的双庙、枣园的下户、城郊的大刘营、遮山的魏营、柳泉铺的向阳岗农场,安置知青 987 人,在农村生产队插队 288 人,留县城 2 233 人。以后,县通过招生、招工、参军入伍途径,使上山下乡知识青年先后全部回城就业。到 1983 年底,就业人数达到 2 874 人。

(第十一卷第一章《劳动》,第 355—356 页)

《内乡县志》

内乡县地方史志编纂委员会编,生活·读书·新知三联书店 1994 年

(1968 年)9 月 6 日,内乡县革命委员会转发河南省革委生产组《关于动员城市知青下乡上山工作中若干问题处理意见的通知》,动员知识青年上山下乡,全县城镇待分配知识青年和一批在校学生到农村插队落户。

(《大事记》,第 42 页)

1955 年 11 月至 1966 年 5 月,县人民委员会设⋯⋯知识青年上山下乡办公室⋯⋯

（第五编第四章《人民政府》,第 217 页）

1965 年 9 月,县成立安置城市青年办公室,首次组织城镇居民和知识青年上山下乡插队落户,到 1968 年,全县共组织 380 名知识青年到板场公社落户,县城 500 多户 2 000 余人到灌涨、马山口、王店、赤眉、大桥、城郊、赵店等公社落户。1960 年至 1965 年,全县有计划按比例招工 758 人。1966 年至 1978 年,招工政策是群众推荐,民主评议,领导审批,经劳动部门考核,进行招收。其范围是非农业户口的初、高中毕业生,上山下乡两年以上的知识青年,复员退伍军人及少数农村青年。

（第七编第二章《劳动》,第 259 页）

《西峡县志》

西峡县志编纂委员会编,河南人民出版社 1990 年

(1968 年)11 月,开始下放城镇居民。至次年 3 月,共下放知识青年 150 人,居民 112 户,431 人。

（《大事记》,第 43—44 页）

西峡县历年财政支出情况表　　　　单位:万元

年度	基本建设	工交商事业费	支援农业	文教科卫	抚恤救济	城镇人口安置	行政管理	其它支出	支出总额	上解支出
⋯⋯										
1964		10.9	30.1	100.2	20.2	0.8	75.2	7.4	244.8	98
1965		21.3	40.5	108.3	21.9	0.6	73.9	2.4	269.1	
1966		11.8	48.5	119.9	11.3		82.7	4.2	278.4	
1967		24.5	60.6	116.1	10.5		71.7	6.1	287.5	
1968	19.6	0.1	51.4	112	13.6	1.5	77.7	24.1	300	
1969	44.1	0.4	38.9	113.8	13.8	7.2	86.1	34.2	312.9	
1970	177.7	0.4	62.4	122.5	11.5	0.1	72.3	10.7	478.2	
1971	121.5	0.4	53	150	10	0.4	87.3	1.7	457	
1972	165.6	0.4	53	178.7	15	0.4	153.1	2.8	567.9	
1973		0.7	65.2	198.6	22.4	7.3	110.4	3.2	430.9	1.1
1974		0.7	89	198	14	7	99	2.4	446	
1975		0.7	90	211.5	11.4	11.3	113.4	4.9	471	49.9
1976		2.7	107.1	218	20.4	7.3	109.9	4.9	480	
1977		5.5	117	238.8	37.6	13.3	120.1	7.1	566	

年度	基本建设	工交商事业费	支援农业	文教科卫	抚恤救济	城镇人口安置	行政管理	其它支出	支出总额	上解支出
1978		1.6	232.8	274.3	30.5	1.7	141.2	3.9	715	
1979		2.3	246.6	324.9	53.2	3.3	158.3	10	820	
1980	16	1.9	156.8	383.1	35.9	4.2	203.3	15	833	
1981	4	2.2	202.3	387.1	30.7	4	257.9	23	925	
1982	54.5	17.5	257.7	435.8	39.9	8.5	285.8	35.8	1 186	
1983	10	4.5	277.3	562	77.9	5.7	300.6	98.9	1 429	124.7
1984		3.1	332.3	595.5	63.2	3.7	389.9	151.5	1 609.6	144.3
1985		5.5	297	748.2	101.6	0.5	395.8	195.3	2 022.2	34.4

注:1958 年前按部门数字,1958 年后按统计局数字(个别年份改正)。

(第十编第一章《财政》,第 317 页)

"文化大革命"中,劳动就业一度中断,待业者与日俱增,城镇知识青年分批下放劳动。1979 年县劳动部门开始办理下乡知识青年回城就业工作,统包统分,使一部分知青得到妥善安置。其后,待业青年增多,超过企业发展速度,劳动就业的矛盾日益突出。1981 年 12 月县劳动局成立劳动服务公司,指导基层组织安排待业人员。1982 年,贯彻"在国家统筹规划指导下,实行劳动部门介绍就业、自愿组织起来就业和自谋职业相结合"的劳动就业方针,通过多种渠道安排就业,使大批待业青年走上工作岗位。1984 年县劳动局试行"公开考核,择优录用"的招工办法,鼓励青年勤奋学习,掌握本领,参加社会主义现代化建设。至 1985 年底,全县已有 2 043 名待业青年被安排到全民和集体所有制企业就业,有 26 名青年自谋职业。

(第十七编第二章《劳动》,第 459 页)

待业青年登记管理。1981 年起,待业登记由知青办公室转交劳动服务公司办理,登记范围限于城镇吃商品粮的待业青年(16—30 岁),填写登记表,发给社会劳力证,以待安置。至 1985 年底有 2 846 名青年进行登记,安置 1 921 人,占登记总数 67%。

(第十七编第二章《劳动》,第 460 页)

《三门峡市志(第一册)》

三门峡市地方史志编纂委员会编,中州古籍出版社 1997 年

1968 年 12 月毛泽东发出"知识青年到农村去,接受贫下中农的再教育,很有必要"的号

召,全国立即掀起知识青年上山下乡的高潮。现市辖各县(市)立即发动和组织城镇知识青年上山下乡从事生产劳动。（第一卷第 7 篇第二章《建国后党的重大活动纪略》,第 193 页）

（1966 年后)招工对象为复员退伍军人、应届初、高中毕业生、城镇社会青年、上山下乡知识青年,以及从事矿山井下、地质勘探、农场、林场等行业的职工子女(包括农村户口子女)。　　　　　　　　　　　　　　（第二卷第 19 篇第二章《劳动就业》,第 682 页）

1968 年,现市辖区大规模的上山下乡运动开始。1966 至 1968 年 3 年的初、高中毕业生近 2 万人到农村接受贫下中农再教育。此次城镇初、高中毕业生上山下乡运动延续到 1978 年。1968 至 1978 年 11 年间,辖区城镇初、高中毕业生上山下乡共达 7 万余人,形成了潜在的待业高峰。

这一时期,企事业单位需要劳动力只能从农村招收,虽然也在城镇招收少量有特殊原因的城镇社会青年,但大部分是农业劳动力,形成了城乡劳动力大对流。1967 至 1976 年,辖区从农村招收的农业劳动力共 5.1 万人。1971 年初,按照国家政策,开始从农村表现好的上山下乡知识青年中招工。

1979 年,大批知识青年返城,辖区形成第一次城镇就业高峰。

1980 年,全国劳动工作会议提出“在国家统筹规划和指导下,实行劳动部门介绍就业,自愿组织起来就业和自谋职业相结合”的三结合就业方针。

1981 年,现市辖区各级劳动部门成立了以组织待业青年就业和创办集体经济为目的的劳动服务公司。城镇待业青年归属各级劳动服务公司管理。

1980 至 1985 年各级劳动服务公司在解决城镇待业青年就业,吞吐社会劳动力方面发挥了重要作用。共安置城镇待业人员 21 796 人,占同期全部待业人数 30 128 人的 72.3％,劳动服务公司集体安置人数 8 421 人,占同期安置总数的 38.6％。从事个体劳动人数 857 人,占 4％。“三结合”的就业方针初步得到贯彻落实。1985 年底,现市辖区的待业率为 2.07％,辖区第一次就业高峰基本缓解。　　（第二卷第 19 篇第二章《劳动就业》,第 684 页）

1966 至 1979 年,城镇新成长的劳动力主要是上山下乡的知识青年,经锻炼后由所在公社、大队及生产队评议推荐参加招工。　　（第二卷第 19 篇第三章《劳动力管理》,第 688 页）

《三门峡市志(第三册)》

三门峡市地方史志编纂委员会编,中州古籍出版社 1995 年

城镇青年就业经费:1962 年,精简城镇人口到农村或国营农场从事农业生产,下乡插队

落户者,由财政拨给旅差费和生产生活费。1969 年,大批城镇知识青年和居民、干部到农村安家落户和劳动锻炼,财政拨款对其补助。1970 年至 1973 年,各县(市)及义马矿区城市人口下乡安置费支出 150.9 万元,年均 37.7 万元。1974 年,城市人口下乡安置经费改为城镇人口下乡经费。当年此项支出 160.8 万元,比 1973 年增长 2.9 倍。1974 年至 1977 年,此项支出累计 528.5 万元,年均 132.1 万元,年均支出是 1970 年至 1973 年年均支出的 3.5 倍。1979 年,城镇下乡知识青年陆续回城就业,此项经费改用于城镇待业青年安置费。1978 年至 1981 年,此项支出累计 229.3 万元,年均 57.3 万元,年均支出比 1974 年至 1977 年年均支出下降 56.6％。1982 年至 1990 年,此项经费共支出 302.6 万元,年均 33.6 万元,年均支出比 1978 年至 1981 年年均支出下降 41.4％。1990 年城镇青年就业经费支出 33.4 万元。

(第五卷第 43 篇第二章《财政支出》,第 25 页)

《三门峡市志(第四册)》

三门峡市地方史志编纂委员会编,中州古籍出版社 1999 年

1966 年,开展"文化大革命",学校一度陷入一片混乱。1968 年底,因"侯(振民)、王(庆余)建议",教师被迫回原籍接受贫下中农再教育;工人、农民毛泽东思想宣传队进驻学校,领导斗、批、改;知识青年响应毛主席"知识青年到农村去,接受贫下中农再教育"的号召,上山下乡。

(第六卷第 53 篇《教育》,第 2 页)

(1968 年)8 月 21 日,三门峡市召开万人大会,欢送首批 117 名中学生回乡生产。其他各县也组织青年上山下乡。

(第七卷第 67 篇《大事记》,第 637 页)

12 月 24 日,洛阳地区召开电话会议,向各县(市)传达毛泽东主席关于"知识青年到农村去,接受贫下中农的再教育,很有必要"指示。各县市掀起知识青年上山下乡热潮,直至 70 年代前期。

(第七卷第 67 篇《大事记》,第 638 页)

《孟津县志》

孟津县地方史志编纂委员会编,河南人民出版社 1991 年

(1974 年)2 月,县成立知识青年上山下乡办公室。

(《大事记》,第 61 页)

7 月,全国高校招生,由报考择优录取改为推荐工农兵学员上大学。县、社推荐一批高中毕业回乡知识青年进入各地高等院校。

(《大事记》,第 61 页)

1968—1980 年,接受洛阳市及外地上山下乡的知识青年 8 662 人和全县历年毕业知识青年 650 人,共计 9 312 人。安置形式有三种:一是建立知青点、场、队,如知青农场等。二是建立知青小组,分配到生产队劳动。三是分散插队,投亲靠友或回老家落户。通过招工、参军、升学、顶班、户口迁回城市等方法,至 1980 年,9 310 名知青都安排了工作。

(政治编第十二章《劳动》,第 428 页)

《汝州市志》

汝州市地方史志编纂委员会编,中州古籍出版社 1994 年

(1969 年)1 月 3 日,临汝县革委发出《关于城市剧团演员、城镇居民、知识青年下放农村若干问题的暂行办法(草案)》。全县 5 000 多名城镇居民和 1 200 名知识青年下放农村插队落户。

(《大事记》,第 52 页)

70 年代,选拔干部强调要出身贫下中农,要有初中以上文化程度,着重从基层工作有经验的优秀工人、贫下中农、复员军人和经过劳动锻炼 2 年以上的知识青年中选拔。

(第五篇第二章《人民政府》,第 212—213 页)

1976 年主要招收上山下乡 2 年以上年满 21 岁的城镇知识青年。1979 年,招工对象是 1975 年以前上山下乡满 3 年以上和按政策批准留城、回城的待业青年,经德、智、体全面考核,择优录用。

(第十七篇第二章《劳动管理》,第 549 页)

《嵩县志》

河南省嵩县志编纂委员会编,河南人民出版社 1990 年

(1968 年 12 月)22 日,知识青年开始上山下乡。洛阳市第二十中学 200 多名学生被安排在嵩县农村锻炼,接受贫下中农再教育。

(《大事记》,第 45 页)

1986—1988 年,对 1979—1987 年回乡的 3.17 万名初、高中毕业生作为培训重点。全县成立成人教育和职业技术教育学校 16 所,村办文化技术班 268 个,办各种专业技术班 797 期,根据"实际、实效、实用"的方针,坚持以短期为主,业余为主,自学为主,举办加工、种植、养殖、林果、运输、机电、缝纫等 30 多种专业的技术培训班。已培训 2.09 万人,培训率 66%,获技率 90%,见效率 75%,70%以上的知识青年成了各行各业、各种岗位上的生产能手和致富行家。

(第二篇第十五章《劳动力》,第 155 页)

第五节　知青安置

1968年,毛泽东主席关于"知识青年到农村去,接受贫下中农再教育"的指示发表后,全国各地初、高中毕业生,掀起了到农村锻炼的热潮。同年12月22日洛阳市第二十中200多名学生,被安排在嵩县农村锻炼,始有知青安置工作。

知青安置,初由县革委办事组兼管,1971年交县计委负责,1973年转由民安局管理,1974年县成立知识青年上山下乡办公室(简称知青办)。同时,县、公社成立知青领导小组,有一主要领导分管。1980年10月,知青办与劳动局合署办公。同年县成立劳动服务公司,负责待业知青的就业安排。

1968—1978年的11年中,共接收安置上山下乡知识青年1 225人。其中洛阳市578人,和本县知青同时安排在公路沿线交通、经济条件较好的田湖、阎庄、城关等公社的生产队。由国家投资,拨给建房专用木材,在大队集中建房,名为知青点,同社员一样参加生产劳动,评工记分,参加分配。少数知青到农、林场参加劳动锻炼。洛阳下放知青,有的在当地应征入伍,极少数在当地安家落户,大部则逐年陆续回城安置。

1980年后,城镇知青不再上山下乡,毕业后离校留家,等待安排,称城镇待业知识青年。由劳动服务公司介绍,招工单位经过文化考试考核择优录用,或自愿组织服务性合作店组、自谋职业等多种渠道就业。1980—1984年全民单位招工206人,集体单位招工1 265人,自谋职业9人,应征入伍66人,全民和集体单位招临时工567人。1981、1982两年,随着国家改革开放搞活政策的贯彻实施,拓宽了知青安置的门路,集体企业投资办工厂、商店和服务性厂店5个,自找门路、自筹资金、自找场地、自愿结合、自负盈亏办知青集体企业11个。车村、纸房、黄庄3个公社和县联办商店3个,各系统筹集资金自办知青商店11个,理发店1个,服装剪裁加工厂、纺织厂、大理石工艺厂各1个,解决了一批知识青年的就业问题。

上述知青企业在初创时,得到有关单位的关注和大力赞助。县银行在贷款方面给予低息优惠;税务部门在一定期限内免收税款;到国营批发站进货享受批零差价;粮食部门给予必要的粮差补助;城建部门积极为知青厂店解决用房用地等。

1984年后,在用工制度上打破了"铁饭碗",改变了统包统配和能进不能出的弊端,停止招收全民固定工,全面实行劳动合同制,在重视待业青年文化补习、技术培训的前提下,经过文化考试和考核,择优录用,招收合同制工人。1984、1985两年,在待业知青中,由全民企业招收合同制工186人,集体工367人,临时就业335人,应征入伍69人,升学的8人。

(第十四篇第八十章《劳动》,第628页)

《栾川县志》

栾川县志编纂委员会编,生活·读书·新知三联书店1994年

县劳动服务公司成立于1981年,属县知青办公室。1984年知青办公室并入劳动局后,

为劳动局下设单位。公司运用经济手段和行政管理相结合的方法,统筹全县劳动就业。

安置城镇知青就业 1985 年前,城镇人口较少,待业人员当年即可安置。1985 年耕莘村居民全部转为城镇户口后,城镇人口骤增,实行由劳动部门介绍就业,自愿组织就业和自谋职业相结合的方法,平抑就业压力。至 1989 年,全民招工 3 764 人,集体企业从业 880 人,自谋职业 434 人,临时从业 1 086 人。 (卷三《政治·人事劳动》,第 190 页)

《灵宝县志》

灵宝县地方史志编委会主编,中州古籍出版社 1992 年

(1972 年)2 月 20 日,成立灵宝县知识青年再教育领导小组,并动员全县 400 名初、高中毕业生上山下乡。 (《大事记》,第 91 页)

劳动就业

劳动就业工作是我国当前以及今后相当长时期内的一个重大问题,从 70 年代开始,城镇大批青年待业,使这个问题变得更加突出。1980 年 8 月,中共中央批转了全国劳动就业会议制订的《进一步做好城镇劳动就业工作》的文件,按照文件精神,县成立了劳动服务公司,地营以上企业及县直各局委大都先后成立了劳动服务公司,公司担负的主要任务是:安排城镇待业青年就业,输送临时工,组织生产、生活服务,进行就业前的培训等。国家在税收、资金等方面给各级劳动服务公司提供方便,促进了这些公司的发展,至 1986 年,全县共有劳动服务公司 44 个,其中有些乡镇也成立了劳动服务公司。1981 年,全县各劳动服务公司自办企业 67 个,安排待业青年 974 人。到 1986 年,自办企业已发展到 104 个,安置待业青年 3 642 人。

此外,全县城镇待业青年中还有 103 人自谋职业,主要从事社会服务、修理、饮食等行业。 (第 12 篇第二章《劳动工资》,第 346 页)

第四节 知识青年安置
一 知识青年上山下乡

1964 年 1 月 16 日,中共中央、国务院曾经作出"关于动员和组织城市知识青年参加农村社会主义建设的决定(草案)"。但是,知识青年上山下乡运动的真正兴起却是在"文化大革命"中的 1968 年。当时的中共中央主席毛泽东发出了"知识青年到农村去,接受贫下中农的再教育,很有必要"的指示,全国便兴起了知识青年上山下乡的热潮。同年,灵宝县共组织和接收外地知识青年 880 人下乡插队,其中接收洛阳市知识青年 750 人,本县知识青年 130 人。到 1972 年,五年中共组织下乡知识青年 2 983 人。安置的方法有三种:一是分散插队,

二是由县组织知识青年办农场,三是建立知识青年队。当时在朱阳公社阎家驮大队建立了"五·七"青年农场,在朱阳公社寇家原大队建立了"五·四"青年农场,在阳平公社郎寨大队建起了知识青年队。这些场、队于1971年至1978年间先后撤销。

为了加强对知识青年上山下乡工作的领导,1973年8月,遵照中共中央指示,建立了县知识青年上山下乡领导小组(局级),下设办公室。1975年6月,办公室并入县计划委员会。1978年5月又独立办公。1982年2月隶属县劳动局。

二 知识青年安置

1979年,中共中央74号文件和河南省委164号文件要求各级政府积极稳妥地统筹解决知识青年问题。按照文件精神,全县不再组织知识青年上山下乡,并开始对已经下乡而未做安排的知识青年逐步进行安排。从1968年至1978年,全县共有下乡青年7 048人,其中,接收安置洛阳市、三门峡市及其它地区转来的青年共2 573人,本县青年4 475人。在此期间,参军615人,上大学、中等专业学校和技校的144人,招工6 023人。此外,死亡14人,其中因公死亡3人,因病死亡4人,非正常死亡7人。还有3名青年与农村青年结婚,对这3人,由县发给一次性生活补助费。

1982年,河南省劳动厅3号文件、河南省公安厅16号文件、河南省粮食厅62号文件联合通知,对分散在各场、队的下乡知识青年,在未安排工作前,先转为城镇户口。全县共转回知识青年652人,这批人由劳动服务公司陆续进行安排,到1984年全部安排结束。

在此同时,县里还遵照中央和省委文件精神,对知识青年上山下乡期间的经费和建房补助费、支农资金进行了回收清理,几年间国家共拨款210万元,应清理回收272 385元,实收回150 553元。

(第12篇第二章《劳动工资》,第348—349页)

《渑池县志》

渑池县志编纂委员会编纂,汉语大词典出版社1991年

1957年,全县有355人被错划为右派分子,除1962年平反20人、区划变动转义马市的31人外,尚有304人,1981年4月,全部予以改正。……对其中31个知识青年办理了知青待业证。

(第五篇第五章《党务工作》,第171页)

待业青年安置

根据中共中央关于"疏散城市人口"的精神,1964年渑池接受洛阳市下放知识青年1 320人,到笃忠、天池等地安家落户,同时渑池县果园青年队也应运而生,共有男女知青46人。1966年"文化大革命"开始,厂矿企业停产,招工极少,城镇待业青年逐年增多。毛泽东主席于1968年发出"农村是个广阔的天地,城镇初中、高中毕业的知识青年到农村去,接受

贫下中农的再教育"的号召后,渑池县安置下乡知识青年 3 140 人。这一时期全县共有知识青年 4 506 人,国家拨款 121.19 万元,为下乡知识青年建房、购置农具、家具、炊具等,全县共建房 1 219 间。招工就业的有 672 人。1979 年 3 月开始,在乡知识青年陆续迁回城镇。到 1980 年底,全县共有返城、留城和新增待业青年 3 934 人。

(第三十五篇第四章《劳动管理》,第 626 页)

《义马市志》

义马市地方史志编纂委员会编,中州古籍出版社 1991 年

知青安排 1968 年 10 月至 1974 年,义马矿区先后组织知识青年 923 人分别到霍村,三十里铺、二十里铺、马岭、付村、梁沟、河口等村下乡插队,接受贫下中农再教育。1979 年矿区在马岭筹建知青农场,安置知识青年 231 人,1975 年除在矿区范围内下乡插队外,部分知识青年返原籍插队落户,到渑池县西村、洪阳、段村、仁村、果园等地 258 人,到孟律县、宜阳县、焦作市乃至河北省等地 10 余人,原籍在义马而随父母到四川等地的知青也有回义马下乡的,1976 年知青出现就近下乡的趋势,两年之内下乡到常村公社的 355 人,到千秋乡公社的 207 人。

1979 年国务院调整知青政策,知识青年不再下乡插队,义马市于 1980 年至 1981 年将往年没有招工的下乡知识青年全部迁返回城。

历年知识青年上山下乡统计表

年　　　度	下乡人数	年　　　度	下乡人数
1964	2	1973	272
1968	72	1974	431
1969	26	1975	311
1971	71	1976	380
1972	92	1977	182
合　　计	263	合　　计	1 576
		总　　结	1 839

(《党政·劳动人事》,第 93 页)

《偃师县志》

偃师县志编纂委员会编,生活·读书·新知三联书店 1992 年

是年(1968 年),毛泽东主席发出"知识青年到农村去"的指示,全县掀起上山下乡,接受

贫下中农再教育高潮,共下放知识青年 4 817 人,干部、职工、文艺团体人员 905 人,小学教师 3 895 人,城镇居民 510 人。 （《大事记》,第 57 页）

(1973 年)7 月 5 日,县成立上山下乡知识青年再教育领导小组。 （《大事记》,第 59 页）

是年(1975 年),县要求广大党员、干部、下乡知青、学生继续学习无产阶级专政下继续革命的理论,积极评论《水浒》,批判"读书做官"、"下乡镀金"、"变相劳改"、"孔孟之道"等论点。 （《大事记》,第 59 页）

1968 年,知识青年上山下乡,接受贫下中农再教育,城镇招工从农村劳动力中招收。

（卷二十一第一章《劳动就业》,第 533 页）

第二节　知识青年安置

自 1968 年 12 月 22 日,毛泽东主席发出"知识青年到农村去,接受贫下中农再教育,很有必要"的号召后,城市和县城的高初中毕业生奔赴农村,参加生产劳动,接受贫下中农再教育。

1968 年,偃师县接受首批知识青年(简称"知青")965 人。至 1976 年,全县共接受知青 4 400 人,组成小组 405 个,分别到 310 个大队,710 个生产队参加劳动。经过锻炼,加入中国共产党的 20 多人,加入共青团的 750 人。在农村参加各级领导班子的 65 人,其中大队团支部正、副书记 34 人,大队正、副主任 9 人,民兵排长 43 人,会计 39 人,保管员 32 人,民办教师 57 人,生产队正、副队长 65 人。此外还有赤脚医生、农机人员等 370 人。

1974—1979 年接受知识青年情况表

年　份	1974	1975	1976	1977	1978	1979
知青数	782	1 309	490	490	353	290

注:各年份均包括县内知青

每年招工时,都有少数上山下乡的青年被招返城。1977 年后,恢复高招制度,在乡知青有的考上大学,有的参军。1980 年未被安排工作的知青,办理了证明,返城待业。

1975—1981 年被招工的知青情况表

年份	1975	1976	1977	1978	1979	1980	1981
人数	1	109	93	60	76	66	23

（卷二十一第一章《劳动就业》,第 534 页）

第一节 支 边

继团中央组织青年去北大荒后，省委指示洛阳地区组织 500 名青年赴青海省垦荒。偃师分配 100 名。1955 年冬，团县委在高龙火神凹召开动员大会，男女青年纷纷报名。经审批后，确定了 92 名。参加的青年都在 25 岁以下，大部分未婚，党团员占 65％。1956 年 2 月 6 日，垦荒青年到县城集中，由团委书记魏振云带领，在洛阳乘车开赴青海。到青海后成立了"青海省察罕乌苏青年集体农庄"，当年冬天有 50 对青年男女恋爱结婚，举行了集体婚礼。河南省和偃师县赴青慰问团参加了集体婚礼并赠送了礼品。1957 年经动员有部分垦荒队员把家属迁往青海，使农庄发展到千余人。1959 年青年农庄转为国营青年农场。1962 年农场撤销，所有人员返回原籍。

（卷二十二第四章《支边和移民》，第 552 页）

《偃师市教育志》

偃师市教育志编纂委员会编，中州古籍出版社 2001 年

1967 年开始，各学校革委会陆续成立，工宣队、贫宣队进驻学校，领导斗争"走资本主义道路的当权派"，批判"资产阶级反动路线"，改革"不合理的规章制度"，知识青年上山下乡接受贫下中农再教育。1968 年底，所有中小学教师回原籍接受贫下中农再教育，各级学校全部停课放假。

（《概述》，第 6 页）

本年（1955 年），在升学考试中，县选拔初中毕业生 157 名升入军事学校，升学考试后，又有 150 名毕业生志愿报名参加新疆建设兵团。

（《大事记》，第 28 页）

《伊川县志》

李耀曾主编，河南人民出版社 1991 年

是年（1968 年），洛阳、郑州、北京、天津、上海等地知识青年到伊川县插队。

（第一编《大事记》，第 20 页）

1971 年至 1972 年，从复员退伍军人、下乡知识青年及贫下中农中录用 76 名干部。1976 年从工人、农民中录用干部 5 人。

（第三编第一章《政党》，第 119 页）

知识青年安置

1968 年 10 月，县革委政工组设专人负责知青安置。1971 年 5 月，转由县计划委员

会负责。1973年2月,县委成立"知识青年上山下乡领导小组",下设办公室(简称知青办)。1981年4月,县成立劳动服务公司,主管待业青年安置。1982年2月,知青办并入劳动局。

自1968年起,洛阳、北京、上海、天津、郑州的部分初、高中毕业生,相继到伊川插队。至1978年,全县共接收知青6 300余人(包括伊川县城镇的初、高中毕业生),多安置在伊河两岸的城关、平等、鸣皋、彭婆、水寨、白元、酒后7个公社55个大队。同时,对地处丘陵的高山、葛寨、半坡、鸦岭、江左、吕店、白沙等7个公社中条件较好的35个大队也作了适当安排。先后建立窑湾、夏宝等9个知青队和谢庄、王庄、范村等15个知青点,以及分散在生产队中的150个知青组。1979年起,知识青年不再下乡,毕业后留城等待就业(称待业青年)。原有知青先后招工、参军、升学、回城待业等,到1981年底全部安排。

(第八编第四章《社会保障》,第768—769页)

《宜阳县志》

河南省宜阳县地方志编纂委员会编,三联书店1996年

是年(1965年),为响应毛泽东主席关于知识青年上山下乡的号召,成立了知识青年安置办公室,负责办理每年城市初、高中毕业生到本县上山下乡的安置工作。

(《大事记》,第57页)

(1974年)3月6日,县革委会成立知识青年上山下乡办公室。　　(《大事记》,第65页)

知青上山下乡

知识青年上山下乡开始于60年代初,1965年成立知识青年安置办公室,为响应毛泽东主席发出的"知识青年到农村去,接受贫下中农再教育,很有必要"的指示,1973年,成立中共宜阳县委上山下乡知识青年再教育领导小组,下设办公室,负责每年初、高中生下乡留城等安置工作,同时各公社、大队相继配备知青专干。1981年上山下乡知青办公室并入劳动局,其它知青机构随之撤销。上山下乡知识青年遍布全县19个公社,涉及到153个大队,765个生产队。知识青年安置形式为:集体插队、新建队、零散插队(返乡、投亲、靠友等),以建立5—6人的青年小组为主,全县共有青年小组524个,多数生产队都安排有青年小组,一般大队都有数十名知识青年,在高村公社建知青厂1个,在寻村公社龙王大队建知青队1个,在全县建知青点21个。据统计,1968—1979年全县共接收安置上山下乡知识青年3 336人。

知识青年上山下乡,由城市生活一下子改变为农村生活,无固定工资,川区的知青生活勉强可以自给自足,贫困山区的生活则难以维持。知青小组、零散插队和社员一样参加生产队劳动记工到人,实行同工同酬,但是社队应保证他们的基本口粮(单人插队每人每月45斤,成户下乡每人每月38斤,返乡青年按生产队平均数);知青点实行三集中(吃饭、住宿、学习)一分散(劳动);知青厂和知青队,吃饭、住宿、学习、劳动四集中,根据个人劳动好坏,队里收入多少,进行分配。

为鼓励上山下乡知识青年长期扎根农村走革命化道路,对于出身好,立场坚定,劳动积极,热爱集体,能联系群众的优秀分子,可以作为基干民兵,参加民兵训练或在学校任教,对经过一段劳动锻炼和阶级斗争考验的,根据工作需要,通过社员选举,让其担任大队、生产队干部。1978年以前,县革命委员会每年都要召开一次上山下乡知识青年积极分子代表会议,交流经验,表彰先进,并且评选出出席河南省及洛阳地区积极分子代表。

(《政治编》第六章《民政与劳动人事》,第263页)

《洛宁县志》

洛宁县志编纂委员会编,生活·读书·新知三联书店1991年

(1964年)6月9日,县成立"安置城市下乡青年领导小组"。先后安排550个知青到上戈、罗岭、小界、马店、长水、故县、兴华7个公社落户,参加农村生产劳动。

(卷一《大事记》,第31页)

(1968年)1月上旬,洛阳、三门峡及本县城镇大批知识青年到农村安家落户。

(卷一《大事记》,第33页)

(1981年)4月,成立劳动服务公司,专司城镇户口待业青年就业问题。

(卷一《大事记》,第38页)

待业者,主要有五个方面:一是农村剩余劳动力;二是返城的上山下乡知识青年;三是城镇待业青年;四是复员退伍军人;五是退职、退休、自然减员的子女接班。

上山下乡 1973年11月,县革委设知识青年上山下乡办公室,承办知青工作。先后接受安置县知青711名,洛阳轴承厂知青1 196人,洛阳地区建筑安装公司知青147人,共2 094人。1979年后,城镇知青不再下乡,已下乡的陆续回城就业。

(卷七《社会·社会福利》,第578页)

历年劳动就业人数表

项目＼年份	1975	1976	1977	1978	1979	1980	1981	1982	1983	1984	1985	1987	1988	合计
知青返城安置	134	170	599	181	20	110	377	400	467	497	1 004			3 999
知青就业安置							216	272	297	496	572	450	829	3 132
合　计	134	170	599	181	20	110	593	672	764	993	1 616	450	829	7 131

（卷七《社会·社会福利》，第 579 页）

《新安县志》

新安县地方史志编纂委员会编，河南人民出版社 1989 年

第二节　城镇知识青年上山下乡

1968 年，毛泽东主席发出"知识青年到农村去，接受贫下中农再教育"的号召，县成立了专门机构。1972 年成立知识青年再教育领导小组，1973 年设立知识青年上山下乡办公室管理此项工作。至 1979 年，共接收下乡知识青年 3 269 人，国家拨给公社、生产大队和下乡知识青年本人的经费共 136.6 万元，另拨给支农款 62 092 元。1980 年后，停止动员城镇知识青年上山下乡。已经下乡的知识青年，通过招工安置 2 809 人（本县安置 1 083 人，外地安置 1 726 人），其余转回城市安排就业。

第三节　劳　动　服　务

1980 年后，对城镇待业青年的安置，实行"劳动部门介绍就业，自愿组织起来就业和自谋职业相结合"的方针。1981 年，原知识青年上山下乡办公室和劳动部门合并，成立新安县劳动服务公司，统筹劳动就业，输送和管理临时用工，开展就业前技术培训，解决劳动就业问题。劳动服务公司成立后，兴办了知青工厂、知青商店，帮助城镇待业青年就业。1981—1984 年，共安置城镇待业青年 1 489 人，其中招收为全民固定工的 508 人，集体固定工的 208 人，全民合同制工人 115 人，其他方式就业的 658 人。此外，劳动部门还安排城镇退伍军人、军队转业干部家属 379 人。

（政治篇第七章《劳动　工资》，第 204—205 页）

湖北省

《湖北省志·大事记》

湖北省地方志编纂委员会编，湖北人民出版社 1990 年

630　动员青壮年赴新疆参加边疆建设
（1959—1960 年）

1959—1960 年，省人民政府根据中央的决定，先后分批迁送青壮年赴新疆参加社会主义建设。

为做好这项工作，特成立"湖北省动员青壮年支援边疆建设委员会"。省委常委、副省长陈一新为主任委员，张旺午、余益奄为副主任委员，委员 14 人。委员会下设办公室。第一批由黄冈地区迁送 5 万人，1959 年完成；第二批由武汉市、荆州和襄阳地区迁送 4.57 万余人，1960 年完成。两批共迁送 9.57 万余人。

由于生活习惯不适，重土怀乡观念难移等因，迁送人员大多先后自行返回故土。

（《中华人民共和国建国以来·在跃进、国民经济调整与社会主义教育运动》，第 657—658 页）

692　城市高、初中毕业生开始上山下乡
（1968 年 10 月）

1968 年 9 月 28 日，湖北省革命委员会遵照毛泽东的号召，发出了《关于大力组织高、初中毕业生上山下乡建设社会主义新农村的指示》。10 月 19—31 日，省革命委员会召开全省中学毕业生分配政治工作会议，提出组织高、初中毕业生上山下乡的具体意见：全省 1966—1968 年三届中学毕业生共计 41 万人，分两批分配到农村插队落户。

11 月 25 日，武汉市革命委员会举行全市首批 1 万余名知识青年上山下乡欢送大会。至 1969 年 3 月，全省已有 10 万中学毕业生上山下乡。此后，每年都有大批中学生去农村插队落户。1976 年粉碎江青反革命集团后，组织知识青年上山下乡的工作停止。各级政府对上山下乡的青年都重新作了安排，大部分进厂当工人，少数人进入高等院校学习和到机关学校等单位工作。

（《中华人民共和国建国以来·"文化大革命"》，第 698—699 页）

703　全省实行选送工农兵上大学制度
（1971 年初）

根据毛泽东主席关于从工人、农民中选拔学员上大学的建议，湖北于 1970 年在武汉大学开始试点；1971 年初在全省高校铺开，从工人、农民和下放劳动锻炼的知识青年中，招收第一届工农兵学员，实行"个人申请，组织推荐，学校复审，领导批准"的招生办法。学制 2 年或 3 年。

武汉大学首届招收的 1 004 名学员中，其个人成分，工人 66 人，农民 19 人，军人 32 人，

下放知识青年 887 人;其文化程度,高中 241 人,初中 698 人,高小 65 人。……

(《中华人民共和国建国以来·"文化大革命"》,第 707 页)

《湖北省志·地理(上)》

湖北省地方志编纂委员会编,湖北人民出版社 1997 年

  第二阶段(1958—1977)是城镇人口缓慢的、波浪式的发展时期。……1966—1977 年,由于经历了 10 年内乱,这个时期的经济建设特别是工业建设受到严重破坏,工业布局违背客观规律,强行"山、散、洞",使相当数量的非农业人口迁进了鄂西等山区,无法形成城镇聚落,同时又采取了下放部分城镇居民、部分干部到农村落户和大批城镇知识青年上山下乡的政策,因而城镇人口增长缓慢,有时停滞不前,甚至在 1969 年还趋于下降。

  第三阶段(1978—1982)是城镇人口稳步增长时期。由于下放农村的居民、干部、知识青年因落实政策而陆续回城,加之部分农民及外地人进城从事工商活动、人口自然增长与行政区划变动,城镇人口由 1978 年的 703.2 万人增加到 1982 年的 848.77 万人,净增 145.57 万人,平均每年增加 36.4 万人。

(三《人口》,第 123—124 页)

《湖北省志·农业(下)》

湖北省地方志编纂委员会编,湖北人民出版社 1999 年

  1958—1961 年,全省国营农场职工由 11 万余人增至 21 万人。这些人员有:……1958 年 5 月,国家动员组织上海知青 7 900 多人支援我省垦区建设……

  1962—1966 年,全省国营农场继续安置城市知识青年和转业军人就业。1962 年 12 月,招收武汉知识青年(含待业)2 100 多人,至市郊农场务农。1963 年,共安置 3 709 人,其中学生 2 343 人。

(《农垦·农场管理》,第 529 页)

  城镇知识青年下乡办企业   1961 年随城镇人口下放到农村的知识青年,有的安排在社队企业,有的安排在生产队副业队(组),参加工副业生产。1968 年 12 月,毛泽东主席发出"知识青年上山下乡到农村去接受贫下中农再教育"的号召。至 1979 年,全省 87.4 万城镇初高中毕业生先后下到农村。1975 年后,国家改进对上山下乡知识青年的管理办法,实行"厂社挂钩"、"厂队挂钩",即由知识青年的父母所在机关、工厂、事业单位无偿支援技术、设备、物资、资金,帮助社队兴办企业,知识青年则以社队企业为其劳动锻炼、生活、学习场所。据统计,全省共拨给安置知识青年经费 2.26 亿元,木材 13.7 万立方米,以及大量的机械设备和生产生活用具,扶持兴办社队企业 10 000 多个,并兴办独立核算的知青场(厂)、队和集体

企业 430 个。在办厂过程中,许多对口的机关、企事业单位派出工程技术人员和业务经销人员,指导企业的经营管理和疏通产品的产、供、销渠道,企业的经营管理水平和产品质量不断提高。1981 年 4 月,在全省上山下乡知识青年成果展览会上,有 143 个社队企业和知青场(厂)、队生产的农副土特产品、五金机电、针织服装、工艺美术、竹木器具、塑料皮革、玻璃陶瓷、儿童玩具等 400 多个品种参加展出,其中有 21 种产品进入国际市场,远销日本、美国、新加坡、香港等 13 个国家和地区。　　　　　　　　(《乡镇企业·概述》,第 564—565 页)

　　企业需用劳力时,除保证农业生产第一线需要外,社办企业由公社批准抽调,或从社辖镇的待业人员、下乡回乡知识青年中吸收,一定一年,不受国家招工指标、粮食供应、工资总额等限制。　　　　　　　　　　　　　　(《乡镇企业·企业管理》,第 644 页)

《湖北省志·财政》

湖北省地方志编纂委员会编,湖北人民出版社 1995 年

　　同年(1971 年),湖北各级财政部门经过调整编制,整顿财贸队伍,从复员军人、贫下中农、上山下乡知识青年和五七干校学员中补充了人员,财政工作得以加强。
　　　　　　　　　　　　(《人民共和国成立以后的湖北财政·综述》,第 385 页)

　　(1981 年)对上山下乡知识青年回城镇办的企业,按农村社队企业 20% 的比例税率和 3 000 元起征点的规定征收所得税。1982 年 3 月,国务院发布《关于调整农村社队企业工商税收负担的补充规定》,湖北相应改进工商所得税征收办法。……社队经营的饮食行业、城郊以外生产其他产品的农村社队企业和城镇知青企业仍按 20% 的比例税率和 3 000 元的起征点征收所得税。凡改按八级超额累进税率征税的社队企业、知青企业以及社队企业管理局所属企业、供销机构和专业公司,同时执行以 1981 年课税利润为基数,增长利润减额 30% 至 50% 征税的政策。(《人民共和国成立以后的湖北财政·工商税收(下)》,第 637 页)

　　(1985 年 1 月起)城镇集体工业企业接受外商、侨商和港澳商人来料加工,知青集体企业、集体福利工厂及食品和饲料加工集体企业,其减免税仍沿用执行工商所得税时的规定。
　　　　　　　　　(《人民共和国成立以后的湖北财政·工商税收(下)》,第 701—702 页)

《湖北省志·经济综合管理》

湖北省地方志编纂委员会编,湖北人民出版社 2002 年

　　1968 年以后,各级政府陆续成立了知识青年上山下乡办公室,动员城镇青年上山下乡。

截至 1978 年止,全省共动员 864 503 人上山下乡,其中到农村人民公社的 806 009 人,到新疆生产建设兵团和到农、林、牧、渔场的 58 500 人。上山下乡最多的是 1969 年(141 076 人)和 1974 年(134 093 人)。详见附表 40。

城镇知识青年上山下乡,1972 年以前,主要是到农村插队落户。1972 年后,凡属城镇非农业人口的中学毕业生,由县一级知青办公室统一分配上山下乡,具体形式有插队、适当集中、建立青年点,有条件的还可以回老家落户,但主要是以知识青年点为主,由带队干部和贫下中农共同参加管理。

由于大批城镇青年上山下乡,暂时掩盖了就业矛盾。从 1970 年开始,国家规定可从知青中招工、征兵,大批知青返城做工,同时还招收了一部分农村青年,形成了历史上少见的城乡劳动力大对流的局面。1976—1978 年,由于知青返城完全依靠政府安置,就业门路少,渠道单一,就业工作起色不大。

表 40　湖北省城镇知识青年上山下乡人数表　　　　　单位:人

年　　份	上山下乡总人数	其　　　　　中	
		到农村人民公社插队	到生产建设兵团农林牧渔场
总　　计	864 509	806 009	58 500
1967 年以前合计	42 585	31 519	11 066
1968 年	66 071	65 428	654
1969 年	141 076	137 972	3 104
1970 年	71 573	71 327	246
1971 年	45 675	39 673	6 002
1972 年	46 844	31 924	14 920
1973 年	45 972	44 574	1 398
1974 年	134 093	129 289	5 804
1975 年	94 976	89 377	5 629
1976 年	81 002	75 695	5 307
1977 年	75 552	72 306	3 246
1978 年	19 090	17 955	1 135

(《劳动管理·劳动力管理》,第 466—467 页)

1978 年年末湖北省城镇待业人员共有 200 324 人(其中按政策留城的 104 672 人,因病留城的 44 142 人)。在农村的知青尚有 218 941 人。1979 年中央调整了城镇知青上山下乡政策,下乡人数减少,留城人数增多,同时还有大批回城知青等待就业,劳动就业任务极为繁重。

(《劳动管理·劳动力管理》,第 467—468 页)

《湖北省志·政党社团》

湖北省地方志编纂委员会编,湖北人民出版社 2000 年

做好知识青年上山下乡工作,帮助青年学生走与工农相结合的道路

1954 年 4 月,团省委针对本学年升学率大幅度降低的情况,提出教育和处理中小学毕业生正确对待升学与参加生产的意见,要求各级团组织努力做好学生思想工作,使中小学生作好回乡生产的思想准备。团省委和地区团的组织在考试前协助教育行政部门,有计划地领导学生复习功课,端正学生对待升学与参加生产劳动的态度,做好社会宣传工作。

1959 年 4 月,团省委组织工作组,分赴荆州、沙市等地,调查研究知识青年上山下乡中的有关问题,并给中共湖北省委写了《关于在中学毕业生中加强劳动教育、动员参加农业生产问题的检查报告》。省委批转了这个报告。5 月,团省委召开了湖北省第一代有文化的青年农民汇报会议,24 名青年代表参加了会议。兰国候、陈兆坤、杨慕兰、袁尚忠、周有勋、聂光明、徐帮全、腾久林等受到表彰。省委书记赵辛初到会作了指示。

1960 年 4 月,团省委动员大批青壮年支援新疆社会主义建设。10 月,发出“热爱农业劳动,加强农业生产,建设美好幸福的农村人民公社”的号召。11 月,省委、团省委、省总工会、省妇联联合组织热爱农村、建设农村红旗报告团,王大万、刘振和、金凤山、李秀清、胡瑞香 5 位红旗手,到省直、武汉、黄石等单位和地区作了为期 1 个月的演讲报告,促进和推动了知识青年上山下乡的工作。

1968 年至 1973 年,全省共有 54 万余名城镇知识青年上山下乡,其中 1 625 人光荣地加入中国共产党,3.17 万人加入共青团,还有大批青年担任了饲养员、记工员、农业技术员、拖拉机手、赤脚医生等,涌现出一批先进集体,如蒲圻县独山公社建设五队武汉下乡知识青年小组,江陵县杨渊大队“高秀兰小组”等;先进个人为:浠水县十月大队下乡知识青年张克难、利川县五谷大队下乡知识青年潘学春等。

(《社会团体·中国共产主义青年团湖北省委员会》,第 345—346 页)

《湖北省志·司法》

湖北省地方志编纂委员会编,湖北人民出版社 1998 年

这一时期(1970—1978 年)还审理了在特定历史条件下产生的两类普通刑事案件:一是审判“文化大革命”中的武斗案(即在武斗中造成伤亡或致使人民财产遭受重大损失的案件,也称打、砸、抢案)862 件;二是审判“破坏知识青年上山下乡”案(即强奸、奸污或伤害、迫害在农村插队落户的城市知识青年)1 859 件。

(《中华人民共和国建立后的湖北司法·审判》,第 308—309 页)

《湖北省志·民政》

湖北省地方志编纂委员会编,湖北人民出版社 1994 年

  城镇人口"上山下乡"系指 60 年代中期至 70 年代中期动员组织城镇被精简的职工、闲散人员及知识青年等到农村安家落户,参加农业生产。1963 年国务院农林办公室对安置城镇精简职工和闲散学生到农、林、渔场下达了具体指标,1964 年国务院作出了《关于动员和组织城市知识青年参加农村社会主义建设的决定》(草案),随后又下达了建立安置机构的人员编制及经费等,1968 年毛泽东发出"知识青年到农村去接受贫下中农再教育,很有必要"的号召,自此,知识青年上山下乡便成为一项经常性的工作。

  湖北省从 1963 年开始,首批动员组织 2 000 人(职工及闲散居民 520 人,1961 年前毕业的学生 1 380 人)安置到部分农、林、渔场。1968 年至 1971 年,全省先后从 1966 年至 1968 年三届毕业生、城镇闲散居民、退休干部以及机关、团体和企事业单位的干部、教师、职工中,组织动员 993 880 人(其中知识青年 44.4 万人)到农村安家落户。中央和省为此投入了大量的资金和物资,仅据 1970 年至 1975 年统计,共拨经费 8 200 多万元,木材 49 000 多立方米。省直各单位以及各有关地、县、市投入的资金、物资更多,为加强对"上山下乡"工作的领导,湖北省从 1964 年起即成立了相应的领导机构与办事机构,并抽调大批干部专做此项工作。1975 年以后,随着全国政治、经济形势的变化,"上山下乡"人员开始返城。中共十一届三中全会后,全省各地对"上山下乡"人员均按不同情况分别作了返城或其他安排的处理。至此,历时十余年的上山下乡工作结束。

1968—1971 年湖北省城镇人口上山下乡情况统计表(一)

地　区	合　计	知识青年	社会青年闲散无业居民	无户口人员倒流人员	小商小贩独立劳动者	退休退职职工及其家属
合　计	993 880	444 841	263 279	27 594	6 556	15 700
武汉市	419 962	237 555	101 341	12 474		12 481
黄石市	17 903	9 181	2 923	3 248	49	200
黄　冈	70 205	38 345	21 887	575	856	368
孝　感	64 417	17 783	21 928	4 058	889	657
荆　州	164 124	47 495	51 348	3 983	2 038	245
恩　施	24 420	7 130	6 539	478	138	49
宜　昌	47 259	26 256	8 490	353	419	157
郧　阳	21 390	8 070	4 410	483	406	82
襄　阳	85 037	30 653	34 339	418	1 386	1 273
咸　宁	41 104	22 373	10 074	1 524	375	179
省直干部大专院校	38 059					

(《中华人民共和国成立后的湖北民政·移民》,第 386—387 页)

同年(1958 年)成立支援边疆办公室,动员青壮年支援新疆建设。

(《中华人民共和国成立后的湖北民政·民政机构与民政财务》,第 391 页)

至 1974 年底,全局共有干部 96 人,工勤人员 12 人,局内部机构设置为:办公室、政治处、优抚处、复员退伍军人安置办公室、民政处、移民处、侨务处、休干管理处、城镇居民上山下乡办公室、招待所等共 10 个单位。……1979 年城镇居民上山下乡工作结束,城镇居民上山下乡办公室撤销。

(《中华人民共和国成立后的湖北民政·民政机构与民政财务》,第 392—393 页)

《湖北粮食志》

湖北粮食志编写组编写,(内部刊行)1985 年

知识青年上山下乡,城镇户口、粮油关系性质不变。其定量转到知青场队,由主办单位集中管理,按当地集体所有制企业同工种口粮标准供应。

(第三章《农村粮食购销》,第 133 页)

(1973 年)7 月 9 日,湖北省革命委员会发出《关于进一步解决好上山下乡知识青年口粮问题的通知》规定:产稻区每人每月 40—45 市斤。对无钱购买粮油的,从安置费中解决。

(《大事记》,第 366 页)

(1980 年)10 月 5 日,湖北省粮食局发出《关于知识青年上山下乡粮油关系问题的通知》。

10 月 13 日,湖北省劳动局、公安局、粮食局、知青办发出《关于做好重灾区下乡知青年回城安排工作的意见》。

(《大事记》,第 371 页)

《湖北省电力工业志》

《湖北省电力工业志》编纂委员会编,水利电力出版社 1994 年

1974—1976 年,由农村社队推荐上山下乡知识青年,经学校(湖北省电业技工学校)审查合格录取入学。

(第七篇第一章《学校教育》,第 319 页)

1974 年—1976 年,(湖北省电力建设技工学校)招收上山下乡知识青年。

(第七篇第一章《学校教育》,第 320 页)

1979年,知识青年停止上山下乡后,需安置当年新增的待业知识青年以及历年上山下乡回城的知识青年,安置任务繁重,群众要求紧迫,省电力局根据国家有关规定组织和督促各单位抽调干部,调剂场地,调拨机具,筹集资金,配备技术骨干,开办集体企业。

(第九篇第二章《多种经营》,第 375 页)

(1980 年初)黄龙滩水电厂电石厂安排知识青年 100 人,后交给由十堰市劳动服务公司统一经营。

(第九篇第二章《多种经营》,第 376 页)

《湖北乡镇企业志》

湖北乡镇企业志编辑室编,新华出版社 1991 年

企业需用的劳动力由公社统一管理,在保证农业生产需要外,社办企业需用劳动力由公社批准抽调,或从社辖镇的待业人员、下乡回乡知识青年中吸收,一定一年,不受国家招工指标、粮食供应、工资总额等限制。

(第三编第四章《劳动管理》,第 322 页)

《湖北建设志·城乡建设》

湖北省建设厅,(内部刊行)1997 年

"文化大革命"初期,各级组织瘫痪,职工队伍没有发展,保持在 2 万人左右。1974 年大量知识青年回城,充实到城市建设队伍,职工队伍增加到 2.7 万人。

(十《城市建设管理》,第 198 页)

《湖北省商业简志·百货商业志》

湖北省商业厅主编,(内部刊行)1991 年

1966 年至 1970 年的几年内,先是"学校停课闹革命",后是知识青年上山下乡,因而学生用品、教育用品的社会消费量迅速下降。我省的铅笔纯销售量,1965 年为 270 000 万支,1967 年为 131 000 万支,1968 年为 145 000 万支,下降幅度高达 50%。

(四《百货行业经营的发展变化》,第 255 页)

干部下放劳动,知识青年上山下乡,三线工人大量增加,都需要挂锁。1973 年以前,挂锁经常脱销。

(五《主要商品经营情况》,第 293 页)

《湖北法院志》

湖北法院志编辑室编,人民法院出版社1995年

　　1968年9月28日,湖北省革命委员会遵照毛泽东主席的指示,发出了《关于大力组织高、初中毕业生下乡上山建设社会主义新农村的指示》,全省1966年至1968年三届城镇中学毕业生共计41万人,分两批分配到农村插队落户。此后,每年都有大批中学毕业生去农村插队落户,直到1977年,组织知识青年下乡上山的工作才停止。当时把严重侵犯下乡知识青年人身权利的犯罪,统称为"强奸、迫害下乡知识青年"案件。据1973年上半年全省八个地区的调查,自1968年开始下放城市知识青年以来,全省已判处此类罪犯453名。天门县的此类202件案件中,强奸、轮奸、奸污下乡女知识青年的有133件,占66.4%。京山县的19起案件中,下乡青年被打死的6人,被毒死的1人,被逼自杀的1人,被打伤打残7人,被强奸、奸污后怀孕堕胎的6人。大冶县刑满释放分子吴公卿,对一下乡女青年进行强奸后,又利用宗族房头的庇护,强迫受害人与其结婚。受害者的母亲、哥哥闻讯赶到当地,吴犯不让他们同受害者见面,并将其哥哥打伤。在大队干部的保护下,受害者随其母返回黄石市后,吴犯竟带一帮人去黄石企图抢走受害者,吴犯被判处死刑。襄阳县太平区安置下乡知识青年办公室干部琚道修,利用职权,先后强奸下乡女青年5名,猥亵11名,被依法判处死刑。

　　1973年6月,中共中央发出通知,要求各地严格检查上山下乡知识青年中的问题。全省法院对已判处的398件案进行了检查,发现其中有判刑畸轻的68件,判刑偏轻的44件。1973年8月23日至9月2日,湖北省高级人民法院根据省委的指示,召开了各市、地中级人民法院院长、刑庭庭长及部分县法院院长会议。省革命委员会副主任韩宁夫到会作了报告,要求各级人民法院要以高度对人民负责的精神,切实保护青年一代的健康成长,对迫害知识青年和强奸女知识青年的犯罪分子要从严打击,同时又要注意执行"扩大教育面,缩小打击面"的政策,注意对具体案件作具体分析。要把对知识青年管理教育方法的不当与施用残酷手段迫害知识青年加以区别,要把青年之间男女作风问题与强奸、奸污女知识青年加以区别,要把青年之间的正当恋爱与逼婚、诱婚加以区别,要把正当恋爱而发生性关系的错误与以恋爱为手段达到奸污女青年的犯罪加以区别。全省各级人民法院更加重视对这类案件的审理,从严惩办一批杀害、强奸、轮奸、奸污、毒打、打击报复、逼婚等迫害知识青年的犯罪分子。1973年,全省判处544名罪犯。1974年,判处了683名罪犯,其中:杀人犯17名,强奸犯96名,轮奸犯43名,奸污犯480名,打击报复、伤害犯21名,逼婚犯2名,其它24名;判处死刑(包括死缓)、无期徒刑的20名,判处有期徒刑566名,免于刑事处分57名,判处其它处罚的41名;案犯中农民303人,基层干部118人,工人102人,国家工作人员62人,其它99人。最为严重的是有的基层干部利用职权强奸迫害知识青年。如随县天河口公社雄峰大队生产队长闵兴运,为了强奸下乡女青年路某,于1970年12月借故派路的丈夫丁某出公差,深夜拨门入室将路某强奸;以后又企图强奸

时,被丁当场捉住,但丁不敢得罪闵犯,只好作罢。路受辱后,上吊自杀被救。路的父母得知后向随县有关单位揭发了闵的罪行,闵兴运则反诬丁某准备杀人,致使丁、路遭到非法捆绑、拘讯和批斗。1971年5月25日,丁、路被迫逃到襄阳县魏庄公社找了一间牛棚住下,靠流浪乞讨度日。1973年下半年,闵犯在案发后畏罪潜逃,1974年7月才被抓获归案,同时查明闵还犯有破坏军婚、盗窃等罪行。随县人民法院判处闵兴运有期徒刑15年。1975年,判处338名罪犯;1976年,判处294名罪犯;1977年,判处275名罪犯。1978年以后再无此类案件的统计,下放农村的知识青年除极少数在农村已成家就业者外,均在政府的统一安排下,陆续返回城镇就业。 （第三篇第十章《中华人民共和国成立后湖北的刑事审判》,第220—222页）

《武汉市志·总类志》

武汉地方志编纂委员会主编,武汉大学出版社1998年

1975—1979年,形成第二次人口发展高峰阶段。5年中,全市净增人口47.75万人。主要原因是由于"文化大革命"中上山下乡的知识青年和下放劳动的干部大量返城,同时带入约7万多的农村人口,迁移增长人口占净增人口的48.76%（《人口·人口规模》,第130页）

《武汉市志·大事记》

武汉地方志编纂委员会主编,武汉大学出版社1990年

(1965年10月)11日,中共武汉市委、市人民委员会召开干部大会,动员知识青年上山下乡。12月10日,支援边疆的财贸职工和知识青年3 000余人中的第一批人员离汉赴滇。

（《武汉解放及中华人民共和国时期》,第243—244页）

(1966年8月)2日,全市600多名知识青年赴新疆参加军垦建设。

（《武汉解放及中华人民共和国时期》,第247页）

(1968年11月)25日,武汉地区"文革"中首批1万多名知识青年奔赴农村,"接受贫下中农再教育"。省、市革委会召开欢送大会,并组织40万军民沿途迎送。

（《武汉解放及中华人民共和国时期》,第259页）

(1974年8月)8日,由湖北省7个地区的5名贫下中农和29名武汉下乡知识青年代表组成的巡回报告团在汉报告100余场,听众近10万人(次)。

（《武汉解放及中华人民共和国时期》,第272页）

（1977 年 6 月）中旬，中共武汉市委、市革委会召开会议，动员部署本年中学毕业生上山下乡工作。自 1968 年 12 月以来，全市先后有 40 万知识青年到农村插队落户。

（《武汉解放及中华人民共和国时期》，第 281 页）

（1980 年 8 月）25 日，中共武汉市委发出《全市知识青年工作会议纪要》，决定"从今年起，原则上以区、局和大型厂矿企业为单位，凡有安排能力的，不再动员知识青年上山下乡。"

（《武汉解放及中华人民共和国时期》，第 296 页）

《武汉市志·政党志》

武汉地方志编纂委员会主编，武汉大学出版社 1998 年

1964 年政府号召知识青年下乡，38 位社会人士的 39 个子女中，赴新疆 8 人、云南 2 人、下农村 12 人，分配就业 5 人，合计占总人数的 69.23%。

（《中国国民党革命委员会·活动》，第 158 页）

1961 年，市民革设家属工作组，对中上层成员中的无固定工作的家属开展工作。……1964 年动员中学毕业生参加农业生产时，家属们通过学习座谈，串连访问，稳定了情绪。其子女 15 人去新疆，7 人去云南，10 人下农村，14 人留城。

（《中国国民党革命委员会·活动》，第 159 页）

《武汉市志·政权政协志》

武汉地方志编纂委员会主编，武汉大学出版社 1998 年

1976.10—1979.12 市革委会委、办、局、处负责人一览表

机 构	职 称	姓 名	任 期
	……		
知识青年上山下乡办公室	主任	李赐恭（兼）	1976.10—1979.12
		张建之（女）	1979.2—1979.12
	副主任	张建之（女）	1976.10—1979.2
		王绍明	1976.10—1979.12
		王景山	1978.3—1979.12
	顾问	刘占彪	1978.10—1979.12
	……		

（政权志《新中国时期政权机关·市级国家行政机关》，第 260 页）

(21)（1965 年）10 月 13 日扩大会议，华煜卿传达知识青年下农村问题。

（人民政协志《会议·常务委员会议》，第 604 页）

《武汉市志·民政志》

武汉地方志编纂委员会主编，武汉大学出版社 1990 年

　　社会福利工厂还吸收一定数量的健全人，除早期安置的孤儿、改造好了的游民以及烈军属、复员退伍军人、城市贫民等 1 626 人外，1970 年还招收下放知识青年 200 人，又陆续安排本系统职工子女就业 500 多人，1985 年底共有健全人职工 5 018 人。

（《福利生产·企业和职工》，第 103 页）

《武汉市志·军事志》

武汉地方志编纂委员会主编，武汉大学出版社 1992 年

　　1973—1979 年，主要征集下乡知识青年、城市待业青年和初高中应届毕业生；对企事业单位青年职工及公社农场青年农民征集较少。

（《兵役·武汉解放和新中国时期》，第 153 页）

《武汉市志·工业志》

武汉地方志编纂委员会主编，武汉大学出版社 1999 年

　　70 年代以后，（建材企业）老职工逐步退休，招收了一批下乡知识青年和城市待业青年。

（《建筑材料工业·职工》，第 1462—1463 页）

《武汉市志·农业志》

武汉地方志编纂委员会主编，武汉大学出版社 1991 年

　　1974 年后，有的单位办了一些知识青年农场。　　　　　　（《综述·农场》，第 67 页）

　　武汉市农业学校于 1979 年 3 月开学，设在原"共大"校址内，招收高中毕业生和上山下乡知识青年 301 人。……1985 年 9 月，将蔬菜专业班分为蔬菜和园艺两个专业班，一个班

3528

为统一招收包分配，一个班招收初中毕业的知识青年，自费学习，不包分配。

（《综述·科技教育》，第 129 页）

《武汉市志·财政志》

武汉地方志编纂委员会主编，武汉大学出版社 1992 年

城镇青年就业经费

1962—1967 年，设"城镇人口下乡安置费"；1968 年，增列"城镇知识青年下乡经费"；1980 年，两项合并为"城镇青年就业经费"（含劳动服务公司补助费）。1962—1985 年，共支出 6 603.7 万元，占同期市财政总支出的 1.29%。

城镇人口下乡安置费，1962—1979 年，全市精简返乡的城市职工和到农村生产队插队的学生 96 197 人，共支出安置费 555.9 万元。主要用于下乡人员的基本建设投资、流动资金、职工工资差额补助、学生生活补助和家具补充等项目。

城镇知识青年下乡经费，1968—1981 年，全市下乡上山知识青年 452 964 人，支出经费 3 282.8 万元。主要用于建房补助、生活补助、农具家具补助、医疗补助、学习材料、车船旅费和其他费用。

（《新中国时期的武汉市财政·行政事业财务》，第 321 页）

《武汉市志·经济管理志》

武汉地方志编纂委员会主编，武汉大学出版社 1999 年

全民所有制职工仅 1971 年调整了一次工资。1966—1975 年，由于新工人增加，固定职工平均工资由 1965 年的 716 元降到 1975 年的 644 元，下降 10.1%。1968—1975 年城市知识青年上山下乡达 37.63 万人，给职工造成不少生活负担。

（《计划管理·国民经济和社会发展计划》，第 35 页）

1979—1980 年，安排 20.6 万城镇劳动力就业，到 1980 年累计共安置 53 万多人。历年上山下乡（包括知青和精减职工）返城人员基本得到安置。

（《计划管理·国民经济和社会发展计划》，第 42 页）

市政府采取发展街道集体企业和知识青年上山下乡的措施，逐渐缓解了城市就业的压力。1970 年后，进一步恢复和发展生产，扩大就业门路，广泛安置回城知青和城区待业人员，力求使劳动力供求平衡，就业形势又逐渐好转。

（《劳动管理·概述》，第 354 页）

1970—1978 年,实行群众推荐、民主评议、区、县知青办公室和劳动部门审查、市劳动局审批的招工办法。招工范围是退伍军人、被征用土地的社队贫下中农、按政策"留城"的初、高中毕业生、劳动锻炼满两年以上(1971 年前招 1 年以上)的上山下乡知识青年和少数农村青年。

(《劳动管理·概述》,第 360 页)

全民所有制单位可以招收按政策"留城"、"回城"的病残知识青年。

(《劳动管理·概述》,第 360 页)

1966—1969 年,贯彻知识青年上山下乡的方针(截至 1980 年止武汉市共约 42.48 万名青年到农村生产队或国营农场从事农业生产)。近 4 年的时间停止招工,暂时掩盖了劳动力大量过剩的问题。

1970 年,贯彻湖北省革命委员会发出《关于 1970 年招工通知》精神,在 1966、1967、1968 年度城市下放农村的知识青年中选招一部分。在全省招工指标中,武汉市下放的应占 85%—90%,各县城下放的应占 10%—15%。武汉市成立"接收新工人领导小组",李耕村、沈扬分任正副组长,1970 年全民所有制单位共招收 32 594 名工人。

1971—1972 年间,同时还选招一部分从城镇下放到农村劳动锻炼一年以上的知识青年。

(《劳动管理·劳动力》,第 362—363 页)

1974 年,省计委、省劳动局下达武汉地区招收 21 200 名新工人的指标,分别补充全民和集体所有制交通运输企业。在交通运输部门内,先采取"减一补一"、"先减后补"的方法补员,不足部分招收动员上山下乡的城镇中学毕业生以及独生子女和多子女父母身边无人的下乡知识青年。当年全民单位从社会招收 3 500 人,集体单位招收 3 130 人。

1975—1977 年,武汉地区招收城市下放劳动锻炼两年以上知识青年;中学毕业后,按政策规定批准留城的独生子女;多子女身边留一人;中国籍的外国人子女以及特殊困难留城知识青年。集体所有制单位招收"病残"留城知识青年。3 年中全民所有制单位招收 39 016 人,集体所有制单位招收 52 309 人。

(《劳动管理·劳动力》,第 363 页)

1978 年,全民单位招收 13 434 人,其中从农村招收武汉和县镇下放知识青年 10 722 人;集体所有制和街办集体单位招收 20 129 人,其中从农村招收武汉下放知青 9 248 人。

(《劳动管理·劳动力》,第 363—364 页)

1980 年上半年,对全民所有制单位招工实行统考统分,在 25 000 名待业青年和下放两年以上的知识青年中进行了招工考核,其中择优录取安置了 5 619 名,占招工指标 6 184 名的90.86%。下半年,由统考统分改为按单位各自考核,择优录取。将招工指标的 60%用于招工单位招收自己的职工子女,40%用于招收党、政、军、群、人民团体等单位的职工子女,指标互不占用。当年组织 3 次约 5 万名城乡待业青年、下放知识青年报名考核,共招收 4.2 万人。社会待业青年 73 人,此外安排临时(季节)工约 5 500 人次。

(《劳动管理·劳动力》,第 364 页)

知识青年上山下乡

概况 1963 年武汉市曾组织动员部分社会知识青年上山下乡到农村和农场落户,1968 年开展大规模的组织活动并形成高潮,至 1980 年后回城安置,历时 13 年,总人数达 42.48 万余人。

1968 年 9 月,成立武汉市革命委员会中学毕业生分配办公室,1973 年改建为市、区两级知识青年上山下乡领导小组及其办公室,各区相应设立领导小组办公室,县级以上单位党委均配专职干部一人。1975 年全市有 3 305 个单位中设置知识青年上山下乡办公室的有 624 个,配备专(兼)职干部 4 976 人。1974 年中共武汉市委成立知识青年上山下乡 3 人领导小组,伍能光任组长。1978 年市革委会上山下乡领导小组由 15 人组成,王克文兼任组长。

1978 年成立武汉市生产服务领导小组,大量安置待业人员和知识青年。1982 年 6 月,市知识青年上山下乡办公室及下属区局机构均与市劳动局及下属劳动部门合署办公。

动员与分配 1966—1968 年,全市共有高、初中毕业生 151 340 人,至 1969 年 2 月,实际分配数 127 742 人,其中上山下乡 125 123 人。(表 119)1968 年 11 月 25 日,根据中央部署,武汉市政府和中共武汉市委在汉口新华路体育场召开首批上山下乡知识青年欢送大会,动员组织应届高、初中毕业生 2 943 人分赴湖北省各地农村插队落户。12 月,毛泽东主席发表“知识青年到农村去,接受贫下中农的再教育,很有必要”的指示,知识青年上山下乡形成高潮。

1969—1975 年,全市 386 044 名高、初中毕业生中,除大专招生、招工、参军、郊区社来社去外,按政策应动员上山下乡的有 257 221 人,占 66.63%。至 1976 年 6 月,实际上山下乡者 227 751 人,占应动员人数的 88.5%,按政策不动员人数为 47 174 人,其中独生子女或多子女身边留一者 10 780 人,病残留城 32 798 人,特困 3 569 人,中国籍的外国人子女 27 人。

1976 年、1977 年两年实际下乡中学毕业生 58 814 人,占应动员人数的 85%。

1968—1977 年间,中学毕业生分配去向主要是上山下乡插队落户。1969 年和 1970 年为毕业生下乡人数最高年份,上山下乡学生占当年中学毕业生的 94%、90.8%。1978 年,逐步减少上山下乡人数,实行“进学校,上山下乡,支援边疆,城镇安排”四个面向的原则,当年实际下乡 2 753 人,只占应动员人数的 39%。1979 年,连同 1978 届毕业生,两年共下乡4 788人。

表119　1966—1968年武汉市高、初中毕业生分配情况表

区名	应分配总人数	实际分配人数	占应分配总人数比例(%)	已分配人数去向				征兵	场矿	其他	尚未分配人数
				上山下乡							
				插队	落户井去山区	回乡或投亲	入其他中学分配				
合　计	151 340	127 736	84.41	79 123	4 871	34 635	11 365	2 127	122	364	23 598
江岸区	31 419	27 153	86.42	17 650	1 230	6 533	2 501	430	23	16	4 266
江汉区	23 146	18 932	81.79	13 430	155	3 394	1 778	302	17	11	4 214
硚口区	27 139	22 202	81.81	15 839	373	3 547	2 286	491	20	19	4 937
武昌区	38 246	33 088	86.51	21 912	2 259	6 812	3 567	581	33	183	5 158
汉阳区	11 511	10 198	88.59	5 504	6	3 523	992	167	10	2	1 313
青山区	8 629	5 317	61.62	3 799	782	1 104	167	108	13	126	3 312
洪山区	5 466	5 362	98.10	446	17	4 869	29	13	2	3	104
汉桥区	3 600	3 327	92.42	543	49	2 698	45	35	2	4	273
东西湖区	2 178	2 157	99.04	—	—	2 155	—	—	2	—	21

1978年,留城范围扩大为在大学、中专、技校读书的学生、家中已有人上山下乡的其他学生、供养家庭平均生活费不足12元者。再婚家庭双方可各留一个子女。

1980年,湖北省政府下达武汉下乡人数占毕业生12.3%的比例。本着"既解决问题,又要稳定大局"的方针,同年6月止,市郊县19个单位自办知青农场安置知青1287人,办独立核算知青农场85个,安置4310人,合计5597人,占省下达指标的70.3%。

1968—1980年,全市共组织动员知识青年上山下乡总计424824人。1980年后实行全面统筹安置上山下乡知青回城工作,不再动员上山下乡。

安置形式 1968—1973年,动员安置以学校为单位,集体下放,区(市属区)区(地区)对口,校社挂钩;江岸区—襄阳地区;江汉区—黄冈地区;硚口区—孝感地区;汉阳区—先宜昌、后咸宁地区;武昌、青山区—荆州地区;洪山、汉桥、东西湖3个郊区,本区安置。安置形式绝大多数是分散插队落户,管理上实行集中食、宿、学习,分散劳动。

1974年,实行厂社挂钩,干部带队,集体安置到社队农、林、茶场,多数是户口分配在队,学习、劳动在场。这种安置形式,在解决知青的住房、生活和管理教育上,较初期校社挂钩、分散插队落户的安置形式优越。但是,生产队实行定额包工,定产计酬,农民反映落实了知青政策,违背了按劳取酬原则。

1978年,武汉市创办和发展了独立核算的知青场队,规模一般比较小。1979年底前后,全市尚有在乡知青43139人,分散在5个地区、37个县、3650个知青点上。其中,10人以下的点2621个,占知青总数的72%。这些知青点点小人少,下乡知青生活不能自给。动员单位年年忙于建新点,并在建点中忙于支援农村,动员安置不能落实。

1980年,调整布局,一般不跨地区安置,提倡兴办知青农场或企业,因地制宜,宜工则工,宜农则农,坚持一业为主多种经营,走农工商联合发展的道路。政府在知青办厂资金上给予扶持。

安置经费 国家财政用于知识青年上山下乡的经费,规定人均580元。1973—1981年湖北省共计拨款2187万元。其中安置费1911.5万元,业务费17万元,特殊费1.6万元,扶持知青农场资金48万元,建房费25万元,其他183.9万元(含1975年、1981年补拨上年费用167.9万元)。建房木材1850立方米。

开支标准1968年按省规定,安置经费每人230元,其中交通费和衣被补助费15元留市,余下215元交生产队掌握使用,由省直拨接收地区;动员费、旅差费30元由省直拨市掌握使用。

1969年,知青单身插队每人230元,其中15元为路费、困难补助费;回原籍或投亲,每人195元,其中15元为路费、困难补助费;对于农村没有住房的,每人补助木材0.4立方米,经费从"建房费"中列支。

1970年规定,随父母插队落户的70届中学毕业生的安置经费,每人平均130元。1971年贯彻财政部规定,对单身插队、成户插队、新建农场或生产队,分别每人平均发给230元、

130元、400元。1973年起,按湖北省新标准执行补助。城镇知青回农村老家落户的,到农村插队和建立集体所有制的场队,每人补助480元。具体分配为建房补助费200元(按每人8—10平方米);生活补助费180元;旅运费和下乡前生活困难补助费20元(由动员地区统一掌握使用);农具、家具补助费60元,主要用于解决小型农具和基本生活用具的购置;学习材料费5元;医疗补助费5元,由县统一掌握,用于合作医疗和本人解决不了的严重疾病费用的开支;机动费15元,由省统一掌握,用于下乡知青的特殊开支。到国营农(林、茶、渔)场,平均每人补助400元,除旅运费和下乡前生活补助费由动员地区按每人15元使用外,余385元由安置单位统一掌握使用。

重新安置 (含招工、招生、征兵)1973年后,对应届毕业中学生和已下乡知青,采取招工、招生、征兵及重点安置等形式作了重新安置处理。

1968—1975年,全市在应届毕业生和留城知青中共招收85 469人,其中在应届毕业生中招工12 532人,招生9 162人,征兵9 418人,顶职10 089;在留城知青中招工43 518人,顶职750人。招收中,优先招收66、67、68届毕业生和下乡锻炼两年以上的知青。1975年,扩大招工的对象为历届从农村转回的病残生;家庭特困、经批准留城的毕业生;71届以前(含71届)经批准留城的病残生。1978年6月至年底止,全市重点安置按政策留城和回城的知识青年(含招工、招生、征兵)32万人。

1979年,实行"广开门路"的方针,共安置留城知青67 910人,下乡知青25 000人(其中招收1974年以前下乡知青10 703人),至8月,优先招收1974年以前下乡的知识青年的工作基本结束。同期,在留城知青中招收集体职工24 085人。1979、1980两年合计安置215 921人,其中全民所有制单位83 990人,占安置总数的38.9%;集体所有制单位131 931人,占61.1%。此外,城区劳动服务公司和街道"五七"厂组过渡安置8 209人,自愿组合、自谋职业2 759人。至此,全市历年上山下乡以及经批准留城、返城知识青年基本上得到了安置。

(《劳动管理·专记》,第453—459页)

《武汉市志·教育志》

武汉地方志编纂委员会主编,武汉大学出版社1991年

1968年11月起,1966—1968届初、高中毕业生未经考试同时毕业,人数达11.7万人,其中2.5万人首批下放农村,后基本下放农村接受贫下中农再教育。1969—1976年毕业初、高中学生89.3万人,大部分学生未达到应有的文化程度。毕业学生中,除照顾病残、独生子女学生留城外,陆续下放农村的达80多万人。 (《中学教育·学生》,第144页)

1980年,……对未能升学的毕业生采取"归口安置"(即将学生转至家长所在工作单位

管理)的办法,但因原下放农村的毕业学生陆续回城就业,"归口"毕业生基本上不能当年安置就业。

(《中学教育·学生》,第 144 页)

支农支边。1957 年 4 月,开展以支援农业生产为中心的教育活动,着重教育毕业班学生热爱农村,热爱劳动,端正升学和就业的态度,积极地愉快地投入到生产劳动、特别是农业生产中去。年底,胡家炎等中小学毕业生 5 000 多人,响应党的号召,参加农业生产。1964 年,开展"志在四方,支援边疆"的教育活动,至 1965 年,两年间共有 1.6 万名中小学毕业生奔赴农村边疆。

(《中学教育·思想政治教育》,第 163 页)

1983 年,市政府规定企事业单位办职(农)业中学,可在知识青年安置费中拨款给予适当补助。此后,每年约有 30 万元知青费拨入办学经费。

(《职业技术教育·管理》,第 259—260 页)

《武汉市志·新闻志》

武汉地方志编纂委员会主编,武汉大学出版社1991年

1970 年,长江日报社招收本单位职工在农村插队落户的子女进印刷厂学习,这批青年都是高、初中毕业生,以后又多次招进具有高中文化程度的青年进厂。

(《新闻管理·新闻人员》,第 394 页)

《江汉区志》

武汉市江汉区地方志编纂委员会编,武汉出版社2007年

1975—1979 年,人口恢复增长。历年外迁的人口和上山下乡知识青年陆续返回城市,并伴有农村人口迁入。

(第三篇第一章《人口规模》,第 62 页)

1966—1971 年人口生育高峰,由于知识青年上山下乡得到缓解。

(第三篇第二章《人口变动》,第 64 页)

60 年代以后,因撤并工厂企业、精简下放职工、知识青年上山下乡,大批育龄人口随之迁出,机械增长为负值。

(第三篇第二章《人口变动》,第 65 页)

"文化大革命"期间,主要采取发展街道集体企业和知识青年上山下乡的措施,缓解城市

就业的压力。　　　　　　　　　　（第十篇《劳动、人事、社会保障·概述》，第389页）

上山下乡知识青年回城安置

1966—1975年，动员知识青年上山下乡，全区7万多名初、高中毕业生，安置到浠水、蕲春等25个县和湖北生产建设兵团的大沙湖等农场插队、插场，进行"再教育"。1970年起，开始陆续招收上山下乡的知识青年返城就业。至1980年，江汉区上山下乡知识青年绝大多数回城，并作了就业安置。　　　　　　　（第十篇第一章《劳动管理》，第391页）

(1964年)9月18日，掀起城市知识青年支援农业参加农业建设的高潮，全区有885人报名，经审查合格，批准707人下乡。同日，全区举行7000人集会，欢送知识青年下乡。至年底，共有2351人下乡和支援边疆建设。　　　　　　　　　　（《大事记》，第954页）

(1965年)3—4月，全区动员400名知识青年到沔阳县插队落户。

11月22日，区人委动员知识青年参加云南省边疆财贸工作。至12月10日，有540人报名赴滇；同时完成820名知识青年支援新疆建设的任务。　　　　（《大事记》，第955页）

(1973年)10月22日，区革委会制定工作规划，拟在1973—1980年期间，将4万名中学毕业生安置到黄梅、广济、蕲春、浠水、黄冈、新洲、麻城等7县农村插队落户。

（《大事记》，第956页）

《硚口区志》

武汉市硚口区地方志编纂委员会编，武汉出版社2007年

(1964年)6月1日，开展安置城市闲置劳动力及动员城市青壮年上山下乡工作。至年底有3263名知识青年和社会闲散劳动力参加农村、农场和新疆的建设事业。

（《大事记》，第18页）

(1966年)2月3日，全区动员和组织6277名知识青年支援云南、新疆等地建设。

（《大事记》，第18页）

(1968年)8月14日，区革委会组织宣传队，动员倒流回汉的3000余名支农、支滇、支疆人员，立即回到原地抓革命、促生产。　　　　　　　　　　（《大事记》，第18页）

（1968年）12月3日，全区24所中学95％的"老三届"（1966—1968年）毕业生报名上山下乡，4.3万余人参加欢送大会（1969年1月，全区有2.17万名毕业生上山下乡；1976年底，全区共有11.26万名知识青年上山下乡；1987年，全区除已在农村安家的极少数知识青年外，其余全部返回城市）。 （《大事记》，第19页）

1961年到1976年为稳定阶段。此16年间总人口稳定在41.2—42.5万人之间，其间由于压缩城镇人口、精简职工以及知识青年上山下乡和开展计划生育，故全区总人口数量变化不大。 （第一篇第三章《人口》，第33页）

1966年至1970年，境内大批机关干部下放劳动、知识青年上山下乡，此5年间，人口由42.59万人降至39.2万人，加上5年的人口自然增长2.3万人，共净迁出人口5.67万人，平均每年净迁出1.14万人。 （第一篇第三章《人口》，第37页）

1968年至1979年，全区共组织6.58万名知识青年到农村从事农业生产。同时采取群众推荐、民主评议，经区知青办公室和劳动部门审查、市劳动局审批的招工办法，招收劳动锻炼满两年以上的知识青年。1970年，招收2 633名（全民所有制单位招收1 598人、集体所有制单位招收1 035名）。1972年，招收2 719名（全民所有制单位招收1 771名、集体所有制单位招收948名）。1973年，全民单位停止招工，并结束计划内临时工转为固定工的工作。当年共招收500名工人，其中全民384名、集体116名。1974年，为解决武汉地区交通运输业劳动力不足，招收3 083人（含全民、集体街办）。1975年至1977年，招收15 739名工人，其中全民所有制单位招收10 295人、集体所有制单位招收5 444人，其中知识青年7 822人。1978年，继续招收知识青年回城安置。当年，全区招收工人4 609名，其中全民招收999人、集体招收2 250人、街办企业招收1 360人。1979年，全民单位招工制度进行改革，实行德、智、体全面考核，择优录取，统考统分。对安置到集体所有制的待业人员简化审批手续，改变过去由市劳动局审批为各区劳动局审批。当年，招收全民职工3 187人；集体所有制企业共招收按政策"留城"、"回乡"知识青年8 728人；各街办企业招收2 046人。全区全民、集体和街办企业共计招收13 961人，为历年招工的最高峰，其中招收上山下乡知识青年6 536人（其中全民2 334人，集体和街办企业4 202人），占当年招收人数的46.82％。 （第十一篇第三章《劳动管理》，第427页）

1968年后，随着下乡知识青年招工返城量的增多，劳动力调配工作量开始增大。

1969年至1978年，全区组织招收城市待业青年和上山下乡知识青年的就业安置工作，同时负责劳动调配，平衡调剂全区劳动力。 （第十一篇第三章《劳动管理》，第429页）

1964 年至 1966 年,全区先后动员组织 894 名知识青年支援新疆建设。

(第十一篇第三章《劳动管理》,第 430 页)

《武昌区志》

武汉市武昌区地方志编纂委员会编,武汉出版社 2008 年

1968—1973 年,全区共有 6.5 万知识青年下放到农村、边疆,其后绝大部分陆续返城工作。
(第二篇第二章《人口变动》,第 59 页)

"文化大革命"期间,学校停课,工厂停产,经济瘫痪,大批人口进入就业年龄,几年累积的大中专毕业生和社会青年的就业问题十分严重。根据当时中央的政策,全国掀起了一场声势浩大的知识青年上山下乡运动,成千上万的青年学生到农村插队落户,接受贫下中农再教育,城市就业压力暂时得到缓解。1968—1979 年,武昌区统一组织了 71 300 多名中学毕业生上山下乡参加农业生产。1970 年,武昌区开始从下乡知青和留城学生中招工,仅 1979 年安置待业青年就达 16 857 人。到 1979 年下半年,90％以上的知识青年都通过招工、招生、征兵及其他方式离乡返城。
(第十篇第七章《劳动与社会保障管理》,第 516 页)

"文化大革命"期间,劳动调配工作处于停顿状态。1972 年 7 月,武昌区设立劳动科,劳动力调配工作逐步恢复。1969—1978 年,是知识青年上山下乡的十年。在此期间,武昌区劳动调配工作主要是根据市劳动局统一计划部署,负责城市待业青年和上山下乡知识青年的就业安置工作;同时做好一般的劳动调配,平衡调剂全区劳动力。
(第十篇第七章《劳动与社会保障管理》,第 518 页)

1964—1966 年,武昌区还组织 735 名知识青年奔赴新疆,支援边疆建设。
(第十篇第七章《劳动与社会保障》,第 519 页)

(1968 年)11 月 25 日,武汉市欢送首批 1 万名知识青年"上山下乡"。武昌区 88 辆大卡车,满载着 1 500 名知识青年和 1 000 余名家长代表奔赴荆州地区 11 个县。
(《大事记·中华人民共和国》,第 1228 页)

《青山区志》

武汉市青山区地方志编纂委员会编,武汉出版社 2006 年

1970 年,随着大批知识青年上山下乡,青山区人口机械变动又出现负增长 5 930 人,机

械增长率为－30.13‰。 (第三篇第二章《人口变动》,第 58 页)

　　根据当时的政策,1963 年—1966 年,下放 660 多名知识青年到湖北省黄梅、圻春、沔阳、崇阳等县;1966 年—1973 年,组织 17 384 名知识青年"插队"湖北省恩施、天门、沔阳、潜江、汉南等地;1974 年—1977 年,单位对口下放到沔阳 1 870 名,投亲靠友参加农业生产的知识青年 334 名。

　　1978 年,国家调整知识青年上山下乡政策,上山下乡知识青年相继回城。1979 年,全区安置返城知识青年 9 400 人及待业人员 5 400 人就业。

　　1981 年—1994 年,全区共安置待业青年 1.64 万人,(其中全民所有制招工 0.36 万人,合同制 0.28 万人),自然减员招收职工 487 人,集体所有制招收 0.58 万人,从事个体经营 895 人,临时安置 0.57 万人。 (第十六篇第一章《劳动》,第 480—481 页)

　　(1965 年)10 月 16 日,中共青山区委、区人民委员会批准,组建青山区安置领导小组,下设人口管理办公室。当年组织 230 名知识青年上山下乡。 (《大事记》,第 942 页)

　　(1968 年)12 月 22 日,青山区革命委员会在青山公园广场召开 3 万人大会,贯彻落实中共中央主席毛泽东关于"知识青年到农村去,接受贫下中农的再教育,很有必要"的指示。自此,区内中学毕业生开始大规模"上山下乡"。至 1969 年 12 月,全区先后组织 8 302 名"老三届"(1966 年、1967 年、1968 年三届)毕业生"上山下乡"。还组织 147 户、458 名城区居民到农村落户;组织 1 587 户、4 086 名无户口人员返回农村,参加农业生产。

(《大事记》,第 943 页)

　　(1972 年)4 月,青山地区应届中学毕业生数千人赴武汉郊区农村和咸宁"五七"干校茶场插队落户。 (《大事记》,第 944 页)

《洪山区志》

武汉市洪山区地方志编纂委员会主编,武汉出版社 2009 年

　　(1969 年)11 月,洪山区知识青年上山下乡办公室成立。 (《大事记》,第 20 页)

　　(1971 年)1 月 15 日,洪山区革委会发出《关于高等院校在我区试点招生的通知》,要求做好招生工作,按照规定招收工人、贫下中农、青年干部以及下乡回乡知青入校就读。并成立区招生办公室。 (《大事记》,第 20 页)

1969年，区革委会成立知识青年上山下乡办公室，负责知青工作。

（第十六篇第二章《区人民政府施政纪略》，第475页）

《汉南区志》

武汉市汉南区地方志编纂委员会编，武汉出版社2006年

（1968年）4月，武汉市知识青年2000人到邓南区"安家落户"。至1978年，这些知识青年通过招工、招生、参军等渠道先后返城。　　　　　　　　　　（《大事记》，第630页）

《东西湖区志》

武汉市东西湖区地方志编纂委员会主编，武汉出版社2010年

知青队

位于农场西北角，距场部驻地慈惠墩12.5公里。1976年成立，因安置下乡知识青年而名。下辖3个生产队，共70多人。后农工陆续回原队，知识青年回城就业，土地荒芜。1983年，应城县迁来70多户在此落籍耕种。　　　　　　（第二篇第二章《农场》，第57页）

境内劳动力主要来源于"自然增长"，即境内从事农业、渔业、手工业及其他职业的居民子女成长起来的劳动力，其次是外地移民、上山下乡知识青年及调入的干部和招进的工人。

（第二十三篇第一章《劳动管理》，第678页）

（1970年）1月14—17日，东西湖农场革委会将1300多名中学毕业生分配到湖区农业队劳动。2月底前，全部分班完毕。　　　　　（《大事记·中华人民共和国》，第1067页）

（1970年）11月26日，东西湖农场革委会在东山农场召开下乡知识青年接受贫下中农"再教育"工作会议。会期4天。　　　　（《大事记·中华人民共和国》，第1067页）

《黄石市志》

黄石市地方志编纂委员会编，中华书局2001年

1968年9月25日，第一批城镇知识青年上山下乡插队落户当农民。至1978年下乡知青总计3.4万人。1980年前全部回城就业。　　　　　　　　　　（《大事记》，第57页）

1973年国家开始逐年下达招工指标。劳动就业工作开始接纳和安排经过劳动锻炼满两年以上的上山下乡知识青年,其中1973年750人,1974年630人,1975年12 533人,1976年8 421人。1977—1980年,知青回城就业处于高潮,4年共接收安置31 783人。

(第十一篇第一章《劳动就业》,第836页)

70年代末,国民经济进入"调整、改革、充实、提高",企业富余劳动力增多,招工少,上山下乡知识青年尚未全部安排,新成长的社会劳动力难就业。许多厂矿企业利用本身条件,组织待业青年从事各种形式的生产劳动,发展商业网点、拾遗补缺、修旧利废,或组建兴办小型集体性质的企事业单位,为生产服务、为社会服务,逐步发展成为综合性、多功能的劳动服务公司。1979~1980年,城市各区和大、中型企业相继成立劳动服务公司(站、队)27个,临时性安置待业人员6 000多人。

(第十一篇第一章《劳动就业》,第839页)

1964年,黄石动员和组织城市知识青年参加农村建设,当年安置费25.8万元。1964—1979年共安排经费1 595万元。1980年改为城镇青年就业经费,主要包括城镇青年就业经费和城市劳动服务公司补助费两个方面,至1985年共支出792万元。

(第十二篇第三章《财政支出》,第935页)

《石灰窑区志》

黄石市石灰窑区地方志编纂委员会编,(内部刊行)2003年

(1968年)9月25日,第一批城镇知识青年上山下乡安家落户,接受贫下中农再教育。

(《大事记》,第40页)

《铁山区志》

黄石市铁山区地方志编纂委员会编,湖北人民出版社1998年

(1968年)12月,城区知识青年(66届、67届、68届初、高中毕业生)开始上山下乡、插队落户、接受贫下中农的再教育。

(《大事记》,第256页)

《下陆区志》

黄石市下陆区地方志编纂委员会编,(内部刊行)1997年

(1973年)11月17日,中共郊区区委在红星大队召开现场会,交流知识青年上山下乡工

作经验。 （《大事记》，第 20 页）

是年(1974 年)，郊区 252 名知识青年被推荐到大、中专学校学习，其中大专生 36 名，中专生 216 名。 （《大事记》，第 20 页）

(1980 年)6 月，知识青年上山下乡办公室撤销，该办公室成立于 1972 年 8 月。

（《大事记》，第 23 页）

"文化大革命"期间(1966—1976 年)，城市知识青年分期分批上山下乡，少数街道居民也到农村落户。 （第二十二章《劳动　人事》，第 190 页）

1955 年，国家和地方工商业得到发展，吸收大批城乡青年就业；区民政办公室安置复员退伍军人。1960 年后，社队企业蓬勃发展，安置大批青、壮年农民。1975 年，郊区有 518 名插队落户的知识青年，经贫下中农评议及劳动部门、"知青"领导单位推荐，均返城就业。1978 年，全区又一批上山下乡知识青年被招工回城就业，计 131 人，其中男 69 人，女 62 人。1985 年 3 月，中共下陆区委在回乡知识青年中招聘干部，全区 75 名回乡知识青年大部分应聘为区、乡、村三级干部。 （第二十二章《劳动　人事》，第 191 页）

《大冶县志》

湖北省大冶县地方志编纂委员会编纂，湖北科学技术出版社 1990 年

(1968 年)9 月 25 日，第一批城镇知识青年上山下乡，插队落户，接受贫下中农再教育，至 1978 年初，全县计上山下乡 3.4 万多人。1980 年全部返城就业。 （《大事记》，第 24 页）

第四节　知识青年上山下乡

1962 年，动员城镇知识青年上山下乡。1964 年，在前进和殷祖公社创建青建林场和青年林场，在高河、南城、胜桥、西畈等公社设立下乡青年点，共安置知识青年 200 多人。1968 年冬，城镇初高中毕业生集体到队落户（少数回原籍投亲靠友，户口到队），七八人或一二十人为 1 户，口粮第一年由国家供应，第二年起由社队分给。1968—1973 年，全县共建立知青集体户 450 多户。1974 年，实行厂社挂钩，集中安置，全县知青集体户合并为 250 个点，由下放单位派干部，社队派贫下中农代表，共同管理。国家、下放单位和接收社队结合，兴建知青住房 4 522 间，计 99 490 平方米。1968—1978 年，全县社队共安置知识青年 4 万余人。1979 年秋，全县知青点减少到 209 个，之后，知识青年逐渐回城就业，知

青点亦随之撤销。 （第二十四篇第一章《劳动人事管理》，第 328 页）

《十堰市志》

十堰市地方志编纂委员会编，中华书局 1999 年

（1974 年）4 月 13 日，二汽临时党委召开大会，欢送首批 300 多名知识青年上山下乡。

（《大事记》，第 30 页）

（1983 年）12 月，市劳动局、人事局、知青办合并成立"十堰市劳动人事局。"

（《大事记》，第 43 页）

知识青年安置 1969 年十堰 186 名知识青年上山下乡。从 1969—1979 年的 10 年里，十堰市共组织十堰地区知识青年、外地回城知青和随职工调动的外地知青到本市各生产队、集体所有制单位共计 12 281 名。通过招生、征兵、招工、患病回城、随父母调动等离开知青点的共有 10 787 人，留下的知青只有 1 494 人。1979 年停止组织知识青年上山下乡，原留在知青点上的 1 494 名知青，在 1979—1980 年的时间里，通过劳动部门下达招工指标全部安置到全民企业和集体企业工作。 （卷十五《政务·劳动人事》，第 796 页）

1969 年，城市知识青年开始上山下乡，全市先后下放初、高中毕业生 11 906 人，建立知青下放点 247 个，其中建点在生产队 197 个，建点在国营集体农（林）场 50 个。

（卷十八《教育·概述》，第 922 页）

十堰市工业技工学校 筹建于 1974 年 10 月，规模为 300 人，以机电类专业为主，由十堰市工交办公室主管，地址在夏家店火炉沟。同年推荐招生上山下乡知识青年、高中毕业生 100 人，分 3 个专业 3 个班，学制二年。 （卷十八《教育·各类教育》，第 941 页）

《孝感市志》

湖北省孝感市地方志编纂委员会编纂，新华出版社 1992 年

（1968 年）9 月，全县第一批知识青年上山下乡、插队落户，"接受贫下中农再教育"。

（《大事记》，第 33 页）

（1970 年）5 月 4 日，成立"孝感县革委会上山下乡领导小组"，负责知识青年和城镇居民

上山下乡的安置工作。 （《大事记》，第 34 页）

是年（1971 年），上大学实行"推荐选拔"制度，从工人、农民、下放劳动锻炼的知识青年中招收学员，招生质量下降。 （《大事记》，第 35 页）

（1973 年）4 月 21 日，中共孝感地委、县委、城关镇委在体育场召开欢送城关地区应届高中毕业生上山下乡大会，到会数千人，欢送去农村插队落户的知识青年 280 人。

（《大事记》，第 35 页）

1949 年的城镇人口，约为 30 000 人。50—70 年代，城镇人口逐渐发展了，但是 1962 年城镇职工精减下放，1968 年后知识青年上山下乡和城镇人口下放，曾两度使城镇人口有所减少。 （卷三《人口·人口分布》，第 112 页）

知识青年上山下乡办公室　成立于 1973 年 2 月，1982 年 12 月撤销机构，其业务由劳动局负责办理。

（卷十六《政权·中华人民共和国成立以来的地方政权·行政机关》，第 592 页）

1969 年至 1972 年，为满足三线建设需要，招收城关知识青年（老三届毕业生）和农村社会知识青年（贫下中农）11 000 人。1966 年至 1976 年实行城乡劳力对流的政策，即城镇知识青年上山下乡，接受贫下中农的再教育，再从农村中选拔有一定文化素养的青年进厂进店进校担任"贫下中农宣传队员"或亦工亦农职工、学员。

（卷十七《政事·中华人民共和国成立以来的政事·劳动》，第 616 页）

1979 年始，对"文化大革命"中上山下乡的 10 500 余名知识青年，通过招工、参军、升学、顶替等途径，分期分批接收回城，至 1983 年全部安置完毕。

（卷十七《政事·中华人民共和国成立以来的政事·劳动》，第 616 页）

《龙店区志》

孝感市龙店区志编纂办公室编，（内部刊行）1988 年

（1975 年）3 月，武汉市建材系统 362 名知青下放大桥、毛陈、龙宫等大队，在下放所在点设知青点，建房安置。 （《大事记》，第 17 页）

下放知青安置 1969 年元月，在毛泽东"知识青年到农村去，接受贫下中农再教育"的号召下，县城东方红中学、二中、高中等学校 1965—1968 年的 250 名毕业生（亦称"老三届"），集体下放本区。其中郭铺公社 160 人，东山公社 10 人，毛陈、五龙、龙店、雨坛 4 公社各 20 人。郭铺公社安排联合大队（今双龙村）60 人，同欢大队 50 人，三窑大队 30 人，梁桥大队 20 人，由大队分插各小队。知青多由生产队安排队屋居住，少数住社员家。县知识青年办公室发给下放知青各 210 元安家费。知青同社员一道劳动，参加分配，自食其力。1971—1972 年，武汉铁路分局及城市厂矿企事业单位招走知青 160 名，至 1979 年，除在本区结婚安家 3 人外，均陆续返城。1974 年 10 月，武汉建材局所属二砖厂、八砖厂、油毡厂、采石厂、炼灰厂 362 名知青分 5 批陆续集体下放本区，分别被安置在焦湖、大桥、洪海、启安、五龙、双龙、雨坛、卫星等大队，设 14 个知青点，建材局耗资 10.3 万元，运送木料、砖瓦、油毡等，为下放知青建集体住房 135 间。1976 年，五龙砖厂、区砖厂建成，五龙、大桥等点知青，被安排砖厂就业，其它知青由所在大队拨田耕种，大队派老农 1 人传授生产技术。1979 年，除 3 人外均回城。

此外，1963—1974 年，武汉、孝感等城市下放本区投亲靠友知青计 342 名，其中 120 人成为大队文艺宣传队骨干，80 人为生产队政治夜校辅导员，45 人任生产队会计、记工员，至 1978 年均返城。1975 年，公社为了安置管理好知青下放工作，特设知青领导小组，配知青干事 1 名，专司其职，武汉建材局还派有带队干部在各知青点抓管理工作。

（卷七《政治·民政》，第 252 页）

1969—1971 年，孝感、武汉等城镇居民响应毛泽东"我们也有两只手，不在城里吃闲饭"的号召，3 年里下放到本区的城镇居民共 292 户，1 228 人（含知青 44 人），多为本人有历史问题或家庭阶级成份较高居民，1979 年，落实政策，全部返回城镇。

（卷七《政治·民政》第 253 页）

《黄陂县志》

黄陂县县志编纂委员会编，武汉出版社 1992 年

（1960 年）6 月 12 日，全县"支边"青壮年 7 024 名及随迁家属 1 417 名，分赴横店、祁家湾火车站乘车前往新疆。　　　　　　　　　　　　　　　　　（《大事记》，第 19 页）

（1975 年）9 月 28 日，城关举行宣判大会，依法判处流氓奸污妇女犯梅三毛死刑。该犯在任环城公社副主任、武装部长期间，诱奸、强奸下乡知识青年、农村未婚青年及军人未婚妻 50 余人。　　　　　　　　　　　　　　　　　　　　　　（《大事记》，第 23 页）

知识青年上山下乡 1963 年县农业办公室设城镇知识青年上山下乡小组。1968 年县知识青年上山下乡办公室成立，与县民卫科合署办公。1974 年分设。1983 年撤销。

1964—1980 年全县共接收安置上山下乡知识青年 27 587 人，其中武汉下放的 20 458 人，黄陂下放的 6 356 人，外地转点来县的 773 人。在接收安置总人数中，1964—1968 年下放的 2 669 人，占下放总数的 9.68％，年平均 534 人；1969—1973 年下放的 9 855 人，占下放总数的 35.72％，年平均 1 971 人；1974—1977 年下放最多，计 14 230 人，占下放总数的 51.58％，年平均 3 558 人，其中 1974 年下放 6 340 人（武汉下放 5 739 人，黄陂下放 512 人，转点来县 89 人）；1978—1980 年下放 833 人，占下放总数的 3.02％，年平均 278 人；1981 年以后无下放。

全县接收安置的知识青年中，属插队落户的 13 565 人，投亲靠友的 9 230 人，安置集体场、队、所的 3 953 人（包括知青企业的 422 人），安置国营农、林、牧、渔场的 839 人。1964—1979 年，全县用于知青建房的木材 2 696.6 立方米，共建房 2 279 间，总面积 44 766 平方米。由国家拨给知青安置补助费 950 万元，其中建房补助费 252.7 万元，生活补助费 333.8 万元，扶持生产费 158.7 万元，"三具"补助费 116.4 万元，其他各费 88.4 万元。

1965 年开始，上山下乡知识青年陆续调离农村或转为城镇户口。1965—1982 年，调离农村的知识青年共 27 587 人。其中招工 18 011 人，招生 2 781 人，参军 1 069 人，顶职 1 607 人，病转回城 838 人，转点外地 67 人，死亡 37 人，其他 3 177 人。在调离农村总人数中，1965—1974 年调离 7 348 人，占总人数的 26.6％，年平均 734 人；1974—1977 年调离 8 699 人，占总人数的 31.5％，年平均 2 174 人；1978—1980 年调离最多，计 11 068 人，占总人数的 40.1％，年平均 3 689 人，其中 1979 年调离 5 739 人（招工 4 393 人）；1981—1982 年调离 472 人，占总人数的 1.8％，年平均 236 人。　　　　（政事篇第一章《民政》，第 349—350 页）

1971—1979 年（干部来源有）公社拿工分加补贴干部转干 151 人，吸收"文化大革命"中"贫下中农毛泽东思想宣传队"队员 417 人，吸收上山下乡知识青年 18 人。

（政事篇第二章《人事》，第 357 页）

60 年代后半期，劳动就业安置工作较为平稳，主要是安置下放职工、下放居民和下放知识青年。进入 70 年代，劳动就业的重点转向下放知识青年的回城安置和招收新工人。从 1965 年开始，除 1973 年外，每年都要从下放劳动锻炼一年以上的知识青年中招收新工人。1965—1982 年，全县在下放知识青年中招工 18 011 人。1970 年和 1971 年为招工高峰时期，除招收下放知识青年外，还按招工名额的 10—15％招收部分农村青年，两年共招工 10 298人。　　　　（政事篇第三章《劳动》，第 359 页）

《汉川县志》

湖北省汉川县地方志编纂委员会编,中国城市出版社 1992 年

(1968 年)12 月,大批武汉中学毕业生下放本县农村插队落户。随后,本县亦下放城镇中学生毕业生到农村。截至 1977 年,全县共安排下放知识青年 20 160 人,其中武汉知青 12 788 人,本县知青 7 372 人。除中间招工、升学走一部分人外,大部分人在 1978 年 4 月至 1980 年 6 月返迁城镇就业;极少数与农村青年结婚的,则转为城镇户口就地安置。

(《大事记》,第 29 页)

知识青年下放安置 1962 年和 1968 年,本县开始承办和接受外地城市知识青年(以下简称知青)下乡参加劳动。1964 年,除安置外地知青外,并动员本县城关、马口、脉旺 3 镇知青到农村插队劳动和投亲靠友。1969 年,下放的城镇知青,分布在 21 个公社、252 个大队,多集中劳动和生活。截至 1977 年,全县先后安置外地和本县城镇下放农村的知青共 20 160 人,其中武汉知青 12 788 人,本县知青 7 372 人。国家拨款 3 099 793 元,为知青整修房屋 494 栋,2 420 间,计 50 322 平方米。1970 年起,一部分知青被招工进入城镇工作。1978 年 4 月至 1980 年 6 月,根据上级政策精神大部分知青逐步转回城镇安置。极少数与农村青年结婚者,则转为商品粮户口,就地安置。

(第十八编《政务·解放后的政务》,第 489 页)

《云梦县志》

云梦县志编纂委员会编,生活·读书·新知三联书店 1994 年

(1969 年)元月 7 日,县城第一批 1966 年—1968 年的中学毕业生知识青年(老三届)下乡落户务农。武汉市首批来云梦务农的东升中学毕业生已于上年 12 月初起陆续来县插队。

(《卷首·县事纪年》,第 21 页)

1964—1979 年,动员城镇青年学生下乡务农,本县各集镇累计下乡 1 251 人,来自武汉及其它城市的青年 3 000 多人,至 80 年代初,通过升学招工,全部离开了下放乡村。

(卷一《建置人口·人口》,第 47 页)

对下乡知识青年的安置。云梦城镇青年到农村插队落户,于 1964 年开始,当年下放 155 人,次年增加到 300 余人。1968 年成立云梦县上山下乡毕业生分配办公室,除负责本县知识青年下放外,开始接受安置外地城市下放知识青年。1973 年改称"知识青年上山下乡

办公室"。到 1979 年停止下放为止,云梦县农村共安置知青 4 200 人,其中来自武汉市和其它城市约 3 000 人。全县对下乡知青的安置形式有:(1)投亲靠友;(2)回老家;(3)插队落户;(4)建立青年队;(5)厂(单位)社(队)挂钩,集体安置到社、队的农、林、渔各单位。对每个下乡知青,国家发给一次性安置费和第一年的生活费及口粮供应指标。全县为下乡知青建房 146 栋、1 089 间,计 24 500 平方米;备置生产、生活用具 17 000 件。从 1971 年起,军队、学校、工厂等单位开始在下乡知青中征兵、招生、招工、招干。到 1980 年,下乡知青基本上都返回城镇就业。

(卷七《民政外事·安置》,第 173 页)

1964 年,开始下放城镇知识青年,文化大革命期间规模更大,1979 年停止。13 年间,共下放城镇青年 4 200 人,其中,云梦县 1 200 人,武汉及外地下放云梦农村 3 000 人。1974 年前,返回城镇就业 682 人,1980 年起,根据上级统筹解决的精神,逐步安排下乡知青全部返城就业。

(卷十七《经济管理·劳动管理》,第 415 页)

《应山县志》

湖北省应山县志编纂委员会编纂,湖北科学技术出版社 1990 年

知识青年下放安置

1963 年 6 月,53 名武汉知识青年下放到应山县中华山林场。至 1967 年,共有 661 名知识青年插队和下放到林场。1968 年下放 943 名,其中武汉知青 250 名。1969 年下放 884 名,其中武汉知青 384 名。1970 年下放 981 名,其中武汉知青 364 名。1971 年下放 983 名,其中武汉知青 25 名。1972 年下放 300 名。1973 年下放 187 名。1974 年,为了避免插队落户造成知识青年生活困难,便于建房及管理,改按父母所在系统设知识青年安置点,派干部带队下放,安置点一般是林场、茶场、养猪场、多种经营场。这年下放 1 389 名,其中武汉知青 584 名,1975 年下放 1 129 名,其中武汉知青 374 名。1976 年下放 731 名,其中武汉知青 350 名,1977 年下放 977 名,其中武汉知青 350 名。1978 年下放 242 名,其中武汉知青 2 718 名。1980 年停止下放。

1970 年,国营企业开始在上山下乡知识青年中招工。招工强调政治表现和阶级成分。1972 年,大、中、专学校用"推荐选拔"的形式在知识青年中招生。到 1973 年调离农村的知识青年共 2 015 人,其中招工 1 742 人,升学 118 人,参军 31 人,病残返城 124 人。后历年下放的,一般锻炼两年,即可招工离农村。1978 年调离农村 1 038 人,其中招生 225 人,参军 297 人,招工 299 人。1981 年调离农村 501 人。到 1982 年底,下放知识青年安置工作全部结束。

(卷十五《政事·劳动管理》,第 465 页)

《大悟县志》

湖北省大悟县地方志编纂委员会编,湖北科学技术出版社1996年

(1968年)9月,县革委会组织城镇高、初中毕业生上山下乡,"接受贫下中农再教育",到1979年共接纳本县和武汉市知识青年1 100人,到农村插队落户。后陆续回城安置就业,至1980年,全部安置完毕。 　　　　　　　　　　　　　　　　　　　　(《大事记》,第28页)

知识青年上山下乡安置　　1968年,开始动员城镇知识青年上山下乡,插队落户。1970年成立知识青年上山下乡领导小组,下设办公室。1973年改称知识青年上山下乡安置办公室,公社,大队相应设立领导小组,负责下放知识青年的安置工作。1968年至1973年,全县共接受上山下乡知识青年2 261人,其中武汉下放和外地来县投亲的1 895人。1974年后,知识青年下放改为按系统设置"知青点",并由所属系统派带队干部,帮助知识青年解决生活、学习等方面的具体问题。国家亦按下放知识青年人数拨给安置费、生活补助费及生产扶持资金。1977年后,停止下放知识青年,对已下放的陆续收回城镇。

(卷十七第一章《民政》,第483页)

支边　　1955年8月,本县选送12名初中毕业生支援新疆建设。1960年,武汉市分配本县支援新疆社会主义建设人员500名,县人民委员会根据本人自愿、政治可靠、身体健康、家庭无拖累等条件,确定支边人员558人。其中:男349人,女209人;青年514人,壮年44人;共产党员29人,共青团员85人;夫妻双双前往的117对。

(卷十七第一章《民政》,第484页)

该校(大悟师范学校)于1959年筹建,次年招生,1962年停办。1972年恢复,采取推荐与考试相结合的办法,招收回乡、下乡知识青年、复员军人、民办教师等学员222人。

(卷二十一第三章《解放后人民政府教育》,第591页)

《汉阳区志》

武汉市汉阳区地方志编纂委员会编,武汉出版社2008年

(1968年)12月至翌年1月底(春节前),全区共有8 942名中学毕业生奔赴宜昌等地区农村插队落户,时称知识青年上山下乡。 　　　　　　　　(《大事记》,第33页)

(1971年)2月3—28日,全区动员知识青年下乡2 140人,占应上山下乡毕业生总数

99.77%。此外,还动员下放前 4 届"应下乡未下乡毕业生"56 人,加上 71 届提前下乡生 31 人,当年实际下乡 2 227 人。其中到农村落户 1 157 人,到东西湖农场落户 1 071 人。

(《大事记》,第 34 页)

(1973 年)5 月 3—11 日,全区 800 余名知识青年赴宜昌地区插队落户,占当年毕业生人数 74%。

(《大事记》,第 35 页)

是年(1976 年),全区 1 352 名知识青年上山下乡,其中集体安置到武昌县 1 269 名,回原籍投亲靠友 83 名。

(《大事记》,第 36 页)

1968—1970 年,大、中学生到农村插队,机关干部下放农村,致使人口迁移,增长出现负值,总人口有一定减少。其中 1969 年比 1968 年总人口减少 7 141 人。1961—1975 年,大量人口外迁,全区迁出 61 599 人。

(第一篇第三章《人口》,第 100 页)

1965—1990 年,全区人口出生率在 7‰—19‰,大多数年份在 12‰以上。由于大批知识青年上山下乡,大量职工从城市迁入农村,人口出生率由 1964 年的 25.92‰降到 1971 年的 12.27‰,1972—1974 年,分别降至 9.47‰、8.18‰、7.73‰。

(第一篇第三章《人口》,第 100 页)

1972 年,因部分上山下乡知识青年陆续返城,全区人口迁移增长率达 24.7‰。

(第一篇第三章《人口》,第 102 页)

1967—1976 年,受"文化大革命"的影响,汉阳区新建企业少,吸纳社会劳动力就业的能力减弱,中学毕业生响应"上山下乡"号召到农村去"接受贫下中农再教育"。

(第十三篇第三章《劳动管理》,第 714 页)

70 年代初期各单位招工对象主要是推荐回城的上山下乡知识青年,以及经批准未上山下乡的中学毕业生。1975 年执行湖北省劳动局关于职工退休后可招收其子女(经过锻炼的上山下乡知识青年或应届高中毕业生)参加工作的规定,汉阳区许多单位职工办理"病退"等手续提前退休,让其于 60 年代末和 70 年代初上山下乡的子女回城顶职参加工作。"文化大革命"结束后,大量上山下乡知识青年按政策规定陆续返城,由劳动部门安排工作,其工龄从批准上山下乡之日开始计算。

(第十三篇第三章《劳动管理》,第 716 页)

在压缩城市人口过程中,全区组织社会青年上山下乡参加农业生产建设。1963 年下半年组织社会青年 661 人到国营农场、林场、养殖场参加劳动。1963 年底,连同下乡人数全区共有 108 户计 586 人到荆门县安家落户。截至 1964 年底,到国营农场、林场、养殖场和插队落户、返乡生产以及到新疆参加建设的知识青年共计 1 593 名。1965 年,汉阳区又有 270 名知识青年下乡插队落户。　　　　　　（第十六篇第二章《人民政府施政纪要》,第 860 页）

1966 年"文化大革命"开始后,由于大学停止招生,社会停止招工,1966、1967、1968 三届中学毕业生、结业生全部滞留在学校,构成严重的社会问题。1968 年 9 月,湖北省革委会发出《关于大力组织高初中毕业生下乡上山建设社会主义新农村的指示》后,区革委会采取全区动员、学校组织、集体下放的方式动员中学毕业生上山下乡,先后在灯光球场和钟家村广场分别召开 7 000 人和万人参加的欢送知青下乡大会。1968 年 12 月至 1969 年 1 月,全区共有 8 942 名中学毕业生赴宜昌地区农村插队。1970 年,汉阳区应届中学毕业生除参军、升学和病残留城的外,下乡的达 2 140 人,占应下乡人数的 99.77%。

1970 年 4 月 24 日,区革委会召开大会,欢送 232 名机关干部、教员、医务工作者等去宜昌农村插队落户,700 余名家属子女在"我们也有两只手,不在城里吃闲饭"的口号影响下也随同下放。10 月,区革委会召开城市人口上山下乡动员大会,动员城镇居民上山下乡。同年,区革委会组织 116 人的赴宜昌地区学习慰问团,对下放到宜昌地区 1 市 9 县的干部、知识青年、居民进行慰问,走访 31 个区的 105 个公社、402 个大队、1 961 个生产队,帮助解决一些下放人员的具体问题。

1971 年下放城镇居民 3 051 人。1973 年,又有 800 余名应届高、初中毕业生赴宜昌地区插队落户。1974 年,改以学校为单位下放为按战线下放,实行厂社挂钩,充实和调整区上山下乡工作领导小组,区直属各战线、各单位也相应建立知识青年上山下乡专门机构,层层选派下乡知青带队干部,随知青下乡,管理本区、本战线、本单位的知青。

（第十六篇第二章《人民政府施政纪要》,第 862 页）

1968 年,发动知识青年到农村去,接受贫下中农再教育。至 1972 年,全区下乡知识青年共有 14 281 人。　　　　　　　　　（第十八篇第三章《人民团体》,第 930 页）

《汉阳县志》

汉阳县志编纂委员会主编,武汉出版社 1989 年

(1969 年)春,武汉市第一批知识青年下放到汉阳县农村"安家落户"。汉阳县城镇青年也开始下放到农村。连续几年知识青年下放来县的 1.4 万多人。几年后,又连续招工、招生、参军、回城 9 700 多人。中共十一届三中全会后,全部返城。　　　（《大事记》,第 24 页）

1970—1972 年 11 月是全县大招工的高峰期，3 年共收新职工 3 688 人（其中下乡知识青年 3 515 人，农村青年 173 人）。

（劳动人事篇第一章《劳动》，第 139 页）

《汉阳县劳动志》

汉阳县劳动局编，（内部刊行）1987 年

第六节 上 山 下 乡

动员城镇人口上山下乡，是从 1964 年开始的，当年到本县农村落户的城镇中学毕业生有 600 人，其中武汉市的 300 人。从此，每年都有一定数量的城镇中学毕业生到本县农村安家落户。到 1969 年掀起了城镇知识青年上山下乡的高潮，当年到本县农村落户的城镇中学毕业生达到 5 385 人，其中武汉市 3 330 人。从 1975 年起，逐步缩小了城镇中学毕业生上山下乡的范围，特别是在 1978 年对城镇中学毕业生实行了"进学校，上山下乡、支援边疆、城市安排"四个面向的原则予以安置。而且对于"城市安排"的面逐步扩大：县及县以下集镇的中学毕业生不再列入上山下乡的范围；有安置条件的城市也可以不动员上山下乡。当年本县接收城镇的中学毕业生为 1 394 人，其中武汉市的 1 364 人。1980 年，来本县农村落户的武汉知识青年只有 82 人，到 1981 年，再也没有城镇知识青年来本县农村进行劳动锻炼了。

一、机构的设置与变化

动员，安置城镇人口上山下乡的工作机构是随动员、安置城镇人口上山下乡工作的方针、政策、规模和任务的变化而变化的。从 1964 年到 1967 年，本县安置知识青年上山下乡的工作由县安置办公室兼管。名区（镇）也有一名领导干部兼顾。从 1968 年起，本县成立了动员、安置、管理城镇人员上山下乡的工作机构。到 1984 年止，经历了 16 年的历史，这 16 年的机构演变过程是：

1. 县革委会中、小学毕业生分配办公室

（1968 年元月—1970 年 4 月）

为了搞好动员、安置中、小学毕业生上山下乡的工作，县革委会于 1968 年元月成立了"湖北省汉阳县革命委员会中、小学毕业生分配办公室"。

2. 县革委会上山下乡领导小组办公室

（1970 年 5 月—1971 年 2 月）

为了加强对上山下乡知识青年工作的领导，县革委会于 1970 年 5 月 11 日成立了"汉阳县革命委员会上山下乡领导小组"。由赵开祥、蒋子峰、吴冬青、葛声芳、郭庭华五人组成。赵开祥任组长，蒋子峰任副组长。下设上山下乡领导小组办公室，葛声芳任主任，郭庭华任副主任，各区（镇）、公社革委会都有一名副主任负责，并配备 1—2 名干部具体办公。

3. 县革委会城镇人口上山下乡办公室
县革委会中学毕业生分配办公室
（1971年3月—1973年3月）

为了便于领导,县革委会决定将"汉阳县革命委员会上山下乡领导小组办公室"的业务工作分别交给县文教科、县民卫科负责办理,中学毕业生的分配、安置和再教育工作由县文教科负责办理;城镇居民、退休职工上山下乡的动员、安置工作,由县民卫科负责办理。从1971年3月1日起,分别启用"湖北省汉阳县革命委员会中学毕业生分配办公室"和"湖北省汉阳县革命委员会城镇人口上山下乡办公室"的公章。

4. 县革委会知识青年上山下乡办公室
（1973年3月—1984年4月）

1973年3月6日,根据省革命委员会关于进一步做好城镇人员上山下乡工作的指示,切实抓好知识青年和城镇居民上山下乡的安置、巩固工作,决定调整县革命委员会上山下乡领导小组成员。由魏清甫、曹戈、李德龙、杨余斌、阎献庭、寇立金、郭庭华七人组成。魏清甫任组长,曹戈、李德龙、杨余斌任副组长。下设县革委会知识青年上山下乡办公室,寇立经任主任。办公地点设在县民卫科。同年9月,县委要求各个区、社都要建立上山下乡领导小组。确定一名副书记主管。团委书记具体负责,各生产大队建立再教育小组,层层都有办事机构。

1974年,县革委会知识青年上山下乡领导小组由9人组成。组长李子润,副组长陈浩然,成员有县计委、县公安局、县农办、团县委、县妇联等部门责任人。下设县革委会知识青年上山下乡办公室。配备专职干部6人。其中正、副主任、会计各1人,办事员3人,各公社也建立了知识青年上山下乡领导小组。由一名公社副书记和副主任分别担任正、副组长。并配备一名专职干部具体办理事宜,全县除消泗、成功两个公社外,其余14个公社都配有知青干事。各生产大队也有一名党支部委员主管这项工作。

"县知青办"担负着城镇知识青年的下乡安置。管理教育和招工就业等一系列的工作任务。直到1984年4月,由于下乡知识青年全部招工就业以后,该机构完成了历史使命,合并到县劳动局去了。

二、动　员、安　置

1964年11月10日,县安置办公室制订了《动员和安置城镇知识青年下乡插队的工作方案》,知识青年上山下乡的动员工作从此开始了。当年,下乡的知识青年600人,其中武汉市300人和蔡甸镇200人安排到邓南区,黄陵镇50人安排到军山公社,侏儒镇50人安排到成功公社。

1966年,本县要求对下乡人员的动员工作一定做到本人自愿、家长和接收单位同意,搭伙户（或住户）和本人及其家长满意,方能批准下乡落户。当年,全县动员、安置上山下乡知识青年100名,其中蔡甸镇50名和新农集10人安排到邓南区有关社、队。黄陵镇20人、侏儒镇 20 人。由本区自行安排到队。

1968 年,县革委会加强了对知识青年上山下乡工作的领导,在城镇中学毕业生下乡落户时,都组织欢送会和欢迎会。当年,县直企业和蔡甸镇办工厂,将私招乱雇的 100 余名城镇中学毕业生动员出厂,交给学校统一分配下乡,学校与生产队做到三对口,即毕业学生编组人数与生产队接收安置人数对口,男女学生人数与住户安置对口,生产队的管理干部与知识青年本人对口。这样,学校才将毕业生欢送到队落户。这年,全县安置下乡知识青年共 2 860 人,其中武汉市 1 621 人。

1969 年,本县农村还接收了城镇干部和职工的家属、闲散居民、退休工人及其家属下乡落户,到 1970 年 8 月底,下乡的退休工人及其家属有 408 人(其中家属 113 人);下乡的城镇居民 2 768 人(其中武汉市 420 人);下乡的船民 1 542 人。

1973 年 8 月,全县各级党组织对分散居住在社员家中的下乡知识青年进行调队、并点、集中,让下乡知识青年集中居住、集中开伙、集中学习和劳动。当时,公社、生产大队、生产队都办下乡知识青年集中生活的青年队(点),全县共办 237 个,其中公社办 3 个,生产大队办 152 个,生产队办 82 个。

1974 年秋,本县学习湖南株洲市的经验,实行"厂、社挂钩"的办法。将下乡知识青年安置在队办的农、林、茶、渔场或农科所。学习、劳动、吃、住集中,户口在队,分配在队。

从 1975 年起,城镇知识青年下乡一律不搞"自由挂钩,投亲靠友"。凡回老家的,一定要有直系亲属(祖父、母,父、母或外祖父、母一方的户口在农村)。有房子,社、队同意接受,三条缺一不可。凡自由挂钩的,动员他们按"厂社挂钩"的办法,归口下放,到这年年底,已有省公安系统,市教育、文化、卫生系统,硚口区属部分企业、汉阳纸厂、武汉烟厂、市木箱厂、市八砖瓦厂、市人防办公室以及县直属各个单位。同新农、张湾、大集、永安、多安、李集、侏儒、邓南、成功、沌口、黄陵、军山、蔡甸 13 个公社进行了挂钩,归口下放知识青年 3 108 人。还有下乡知识青年的带队干部 97 人。其中武汉市的带队干部就有 92 人。截至这年年底,全县安置下乡知识青年的形式有五种:

1. 建立了单独核算的青年队 18 个,共 467 人,其中规模最大的是邓南公社大咀青年队。有 106 名下乡知识青年,是 1974 年秋季由汉阳纸厂的下乡知识青年创建的。规模最小的是永安公社光明青年队,有 11 人,由历届下乡知识青年所组成,办得比较好的青年队有侏儒公社薛山大队青年队。侏儒公社百赛大队青年队,邓南公社南庄林场青年队,沌口公社农场青年队。

2. 集中生活,户口到队,劳动到场的青年点有 38 个,1 069 人,办得较好的青年点有李集公社蝙蝠大队青年点,沌口公社林场青年点,沌口公社红光大队青年点,邓南公社水洪农科所青年点,永安公社红旗大队青年点。

3. 集中生活,户口到队,劳动到队的青年点有 342 个,2 731 人,办得好的有邓南公社新沟大队青年点,永安公社向集大队青年点,永安公社先锋大队青年点,侏儒公社五公大队青年点,黄陵公社新团大队青年点。

4. 下放到国营农、林、渔、茶场的知识青年有 307 人,一般安置较好。

5. 回老家落户和投亲靠友落户的有 3 807 人,多数安置较好,个别的仍处于无人照管状态。

1975 届的中学毕业生有下列情况之一者不动员下乡,一是父母双亡,弟妹年幼不能独立生活者;二是父母一方因工致残或有严重疾病,生活自理确有困难,弟妹年幼者;三是父母一方死亡,另一方无正式职业,弟妹年幼者;四是已下乡知识青年因公死亡,其父母要求在应届毕业的子女中留城一个者;五是多子女的,父母身边只有一个子女者;六是生活没有依靠的孤儿;七是独生子女;八是中国籍的外国人子女;九是明显残废者;十是患有严重慢性疾病,久治不愈,确已丧失参加农业生产能力者。

1977 年,武汉市归口下放到本县的知识青年 179 人。按政策留城的 59 人,其中独生子女 4 人,多子女的父母身边只有一个子女的有 13 人,特殊困难户的子女 16 人,同年,效区和郊县三千人以下的集镇的高中毕业生就地安排。

从 1978 年起,年龄不满 17 周岁的初中毕业生不动员下乡,也不办理留城手续。同年 12 月,国务院规定,矿山、林区,分布在农村有安置条件的企事业单位和小集镇。一般县城及地区的非农业人口中学毕业生,不列入上山下乡的范围。由本系统或本地区自行安排,有安置条件的城市,也可以不动员知识青年上山下乡。对独立核算的知识青年场(队)和安置知识青年为主的农、工、林、牧、副、渔业基地。在 1985 年以前实行"三不政策",即不交税,不上交利润,不担负农产品统购、派购任务。

到 1979 年 9 月,全县还有下乡知识青年 6 117 人,其中农、副业生产基地有 187 人。独立核算的知识青年场(队)有 287 人,安置在社队的 413 人,三集中一分散的有 2 098 人,住房面积 29 122 平方米。

1981 年,本县就再没有接收、安置城镇知识青年上山下乡的工作任务了。

城镇知识青年上山下乡基本情况表
1980 年 12 月 30 日

年　度	本年接收安置人数合计	其　　中					在接收安置人数合计中		
		插队	回乡	集体所有制场队	国营农、林、牧、渔场	独立核算知青场队	外省的	武汉市的	省内其他地区的
64—67	783	760		23				265	
1968	2 860	2 839		21				2 493	
1969	5 385	5 335		50				4 872	
1970	3 063	3 009		17	37			2 018	

年 度	本年接收安置人数合计	其 中					在接收安置人数合计中		
		插队	回乡	集体所有制场队	国营农、林、牧、渔场	独立核算知青场队	外省的	武汉市的	省内其他地区的
1971	946	941		5				759	
1972	711	592		73	46			373	
1973	1 144	1 103		41				930	
1974	4 383	2 044	1 952	244	143		10	3 772	19
1975	2 135	900	1 066	116	53		34	1 824	22
1976	2 251	863	1 276	112			16	1 891	24
1977	3 452	1 105	1 951	396			20	3 309	10
1978	1 394	1 291	103				14	1 364	16
1979	595	216	2			377		595	
1980	82	41	5	36				82	
合计	29 184							24 547	

三、经 费 使 用

1964年11月,县安置办公室对下乡人员的经费使用作了明确规定:首先是用于解决下乡人员的住房问题,其次是用于生活补助、生产工具和生活用具的购置,旅差费和零用钱等。本着单身插队高于全家落户的原则,划分以下标准:

(1) 单身插队的,每人155元。

(2) 全家落户的,每人平均100元。

(3) 投亲靠友和回原籍的,根据不同情况,分别按照单身插队和全家落户的经费标准执行。

1966年4月,县人委会对下乡人员的经费,根据一年多使用情况,作了新的规定:

1. 经费标准:单身插队的,每人193元,其中房屋基建费85元,生产工具和生活用具购置费32元,生活补助费60元(以下乡之日起,前6个月48元,后6个月12元),医疗费6元(从下乡之日起到当年年终分配决算为止),零用钱10元。全家落户的,每人平均120元,回乡和投靠亲友的,每人平均55元。

2. 使用办法:经费使用范围,主要是解决下乡人员的房屋建筑、生活补助、生产工具和生活用具的购置。医疗费和个人的零用钱等,使用办法是:单身插队人员和全家落户人员的经费,除零用钱发给到人(或到户)外,其余全部拨给当地信用社,开立专户,计划使用,回乡和投靠亲友的人员,按规定的经费标准发放到人,包干使用,超过不补,节约归己。

3. 有动员下乡任务的城镇,按实际下乡人数(不包括回乡和投靠亲友的人员)领取动员经费(每人 10 元)。统一掌握使用,开支项目是:宣传训练费、缺衣、被、蚊帐的补助费,下乡途中的旅差费和伙食补助费,以及体格检查费等。

从 1970 年 12 月起,下乡人员的建房费一律交给各有关公社掌握,待建房时再下拨到生产队。

到 1973 年 11 月,全县拨给下乡知识青年的建房费 876 216 元,已用 284 776 元。建房 621 间,面积 13 645 平方米,解决了 1 091 人的住房问题,实存建房费只有 344 040 元,其余被挪用克扣(详情见附表)。

到 1975 年 1 月,全县农村尚有下乡知识青年 8 954 人,应建房 2 872 间,已建房 1 652 间。开支建房费 472 000 元,已有 2 023 名下乡知识青年集中并点,侏儒、沌口两个区的大部分下乡知识青年已经集中,其本解决了住房问题。仅 1974 年,全县拨生活补助款 11 万元,解决了 1 967 人的生活困难。

到 1975 年 12 月 25 日止。已经下乡知识青年建房 2 059 间,解决了 5 623 人的住房问题。实行"厂、社挂钩"。按归口战线集体下放的学生,基本上做到了有住房、有食堂、有学习室、有仓库、有厕所。同时,还对已婚的 360 名知识青年拨款 45 200 元,木材 249 立方米,建房 4 820 平方米。

从 1978 年 9 月起,本县只按实际下乡人数拨发建房费和生活补助费,不再拨旅差费,下乡人员的旅差费由动员单位发放。

下乡知识青年安置经费使用情况
1974 年 1 月 9 日

单位:人元

年　度	国家拨款	实　际　开　支					结存数
		合　计	其　　　中				
			建房费	工具费	生活费	其他	
1968 年前	22 180	19 441	7 660	3 930	6 490	1 331	2 769
1968	169 470	129 500	30 247	27 545	52 585	19 123	39 970
1969	954 777	700 938	138 262	160 327	310 606	91 743	253 839
1970	688 083	460 563	97 370	128 195	210 070	24 928	227 520
1971	246 856	215 906	85 897	59 007	70 297	705	30 950
1972	58 508	21 943	1 140	6 112	10 591	4 100	36 565
1973	223 453	178 758	75 985	39 668	60 187	2 918	44 695
合　计	2 363 327	1 727 019	436 561	424 784	720 826	144 848	636 308

注:国家拨款栏内有部分城镇下放居民的拨款在内。

下乡知识青年安置经费清理情况
1974 年 1 月 9 日
单位:元

年度	贪污、挪用克扣合计	贪污	其中 挪用克扣					
			区	社	大队	生产队	个人	计
1968 年前	1 830	80	1 000			700	50	1 750
1968	29 951		5 963			17 579	6 009	29 551
1969	156 979	40	21 900		13 878	104 448	16 712	156 938
1970	125 414		26 500	696	4 826	81 250	12 642	125 914
1971	28 475	160	1 100		17 144	7 887	2 184	28 315
1972	3 043		400			2 443	200	3 043
1973	36 843				602	35 892	349	36 843
合 计	382 614	280	56 863	696	36 450	250 119	38 146	382 354

注:县从 1972 年结存经费中挪用 125 000 元未计算在内。

四、管 理 教 育

管理和教育下乡知识青年,主要是在政治上有人抓,生产上有人教,生活上有人管。从 1969 年起,每年有大批的城镇知识青年到我县农村落户,在乡知识青年不断增加,管理教育工作也逐步加强。1970 年,县委对区、社、队的下乡知识青年工作的情况进行了四次检查,重点检查了六个区,18 个公社,64 个大队,170 个生产队,各区、社也相应地组织了 800 多人的检查组。通过检查进一步加强了领导,对 32 起侮辱女知识青年的案件立案审查,其中已经破案依法惩办的有 7 起;受到撤职、开除处分的有 7 起;调查落实报上级审批的 10 起,正在调查的 8 起。

1973 年 7 月,县委派出 9 个调查组,分别到社、队对下乡知识青年的情况进行了调查研究,并依靠社、队解决了一些问题。当时全县尚有下乡知识青年 4 164 人,存在的问题是:

1. 住房问题:有 1 900 人缺房居住,合丰公社有 50 个生产队接收了下乡知识青年,仅有 16 个生产队为他们盖了房子,其他生产队的大部分人住房不落实。

2. 同工同酬问题:有 329 人的劳动底分在 7 分以下,新农区铁铺大队 26 名下乡知识青年,大部分经过两年以上的劳动锻炼,还有 10 人的劳动底分在 7 分以下。

3. 口粮问题:有 167 名下乡知识青年的口粮标准(原粮)在 400 斤以下。

4. 菜地问题:有 3 000 名下乡知识青年没有分到菜地,已经分了的也是有名无实。一是被人侵占,二是生长的瓜菜被盗。

5. 生活不能自给:全县生活下能自给的下乡知识青年有 2 204 人,主要是缺柴、缺菜。

6. 治病问题:全县患病的下乡知识青年 262 人,其中无钱就医的有 139 人。

这些问题,逐步得到解决。到 1974 年,全县大部分下乡知识青年的劳动底分在 7 分以上,生活可以自给。新沟大队 52 名下乡知识青年在 1974 年决算分配时都是进款户,有的进款 280 元,吃粮标准,一般在 70 斤(原粮)左右。大多数人分了菜地,参加了合作医疗。

为了加强对下乡知识青年的管理,县知青办于 1974 年对下乡知识青年的档案进行了清理和登记,首先是收回分散的档案材料。县里组织专班子,深入到区、社、队进行清理,收回了分散的档案材料 2 260 份;对缺档案材料的人,补办档案材料 2 300 多份。其次是登记、立档,县知青办组织 10 名下乡知识青年的带队干部,采取边查看、边整理、边核对、边解决遗留、边登记卡片的办法,建立档案 7 000 余份。

到 1974 年底,下乡知识青年进城当工人、参军、升学共 10 443 人,尚在农村的 8 900 人。由于有些社、队,对下乡知识青年的管理教育工作不够重视,出了点问题,黄陵区有三名下乡知识青年于 1974 年自杀身亡,有三人下落不明。

从 1975 年起,本县为照顾下乡知识青年的家庭生活,实行了转点调动,转点调动的条件是:

1. 已经结婚,双方均在农村而不在一起生活者。

2. 父母在农村,而不在一起生活者。

3. 其他特殊情况(主要是指受迫害)需要转点者。

为了解决下乡知识青年过冬的困难,县知青办在 1975 年 12 月上旬派出了 93 人的检查组,分别在 16 个公社采取逐队检查询问情况、发现问题、解决问题的办法,对过冬有困难的下乡知识青年发给现金一万元。布票六千尺,絮花票三千斤,解决了 800 多人的过冬困难。

1980 年,本县由动员单位配备下乡知识青年的带队干部 156 人,平均每个带队干部管理下乡知识青年 29 人。

(第三章《劳动力管理》,第 58—73 页)

《应城县志》

湖北省应城市地方志编纂委员会编纂,中国城市出版社 1992 年

是年(1964 年),成立应城县知识青年上山下乡领导小组及其办公室,开始安置城镇下乡青年。至次年春,全县先后以集体插队和分散投亲靠友两种形式,安置下乡知识青年 236 名。

(《大事记》,第 34 页)

1984 年 4 月，人事局、劳动局、知识青年上山下乡办公室合并为劳动人事局，认真贯彻落实有关劳动人事的各项政策、法规、条例和规章制度，积极稳妥地进行劳动、人事、工资三大制度改革。 （卷十六第二章《人事劳动》，第 664 页）

知青安置 1964 年，中共中央、国务院《关于动员和组织城市知识青年参加农村社会主义建设的决定》下达后，本县即成立知识青年安置领导小组及其办公室，开展城镇知识青年上山下乡的动员工作。是年冬至次年春，城关、长江两镇的 236 名知识青年以集体插队和分散投亲靠友两种形式，分别下放到天鹅农场和陈河、杨岭、汤池等地的生产队参加生产劳动。1965 年下半年至 1967 年，又陆续动员 392 名城镇知识青年下乡落户。自 1968 年底起，开始接收外省和武汉市以及省、地驻应企、事业单位的下放知识青年。1974 年，学习湖南株洲的经验，改变下放知识青年的插队形式，采取战线包干、厂社挂钩的办法，将下放知青进行集中安排。至 1978 年，在全县 13 个公社直属场、所和 130 个大队场、所共办集体"知青点" 163 个，安置本县城镇下放知识青年 4 016 个，接收外省和武汉，地直知识青年 6 544 人。国家共拨出安置经费 372.22 万元，供应建房木材 6 000 余立方米，修建房屋 187 栋、1 042 间。为了做好知识青年的思想工作，各下放单位共派出带队干部 82 人，接受安置的社队也选派贫下中农 591 人与知识青年共同生活、共同劳动。通过劳动锻炼，全县有 81 名知识青年加入中国共产党，2 618 名知识青年加入共青团，还有 385 名知识青年被选进社队领导班子。盛滩公社高桥大队陈阮生产队的武汉知识青年王运生，1970 年 3 月 15 日在郑家河西干渠吊装渡槽施工中光荣献身。县革命委员会号召全县人民和知识青年向他学习。县政法部门对 14 起摧残迫害女知识青年的案件进行了严肃处理。1979 年以后，停止动员知识青年上山下乡。将下放的知识青年安排到城镇郊区的"知青"场、队和农工商联合公司，而城镇的户口、粮油关系不变。

从 1970 年开始，对下乡知识青年陆续收回安置就业。至 1978 年，共向工厂、机关、大、中专学校、部队输送知识青年 6 432 名。1979 年 3 月后，除 115 名在农村结婚的知识青年转为商品粮户口，并就地安排工作外，其余则通过技校招生、应征入伍、全民所有制单位招工和补充自然减员，以及兴办集体所有制企事业，开辟新的就业领域等多种渠道予以安置。至 1983 年 5 月，全县下乡知识青年安置完毕。 （卷十六第二章《人事劳动》，第 671—672 页）

《安陆县志》

湖北省安陆市地方志编纂委员会编，武汉出版社 1993 年

(1968 年)11 月 1 日，县革委会发出《关于认真贯彻省革委会〈关于大力组织高初中毕业生下乡上山建设社会主义新农村的指示〉的决定》。上旬，首次审批了 154 名城镇知识青年

到棠棣安家落户。至1979年,安陆下放城镇知识青年2 815人,接受、安排武汉市等外地下放知识青年7 388人。

(《大事记》,第36页)

"文化大革命"中,知识青年上山下乡,城镇居民到农村,安陆农村先后接受武汉及县城部分学生和居民落户。1976年以后,陆续返回城镇。

(卷三《人口·人口分布及迁徙》,第109页)

知识青年下放和安置 1968年,县革命委员会作出决定:1966、1967、1968年3届高、初中毕业学生,家住农村的,于当年11月5日以前,全部动员他们回到家乡参加集体农业生产;家住城镇的,动员、组织他们到农村插队落户,参加农村的社会主义革命和建设,接受贫下中农的再教育。同年,县成立知识青年上山下乡领导小组,负责城镇知识青年下放工作。

1969年,县革命委员会劳动(小)组按照每年的招工计划,开始招收已经过1年以上农村劳动锻炼的城镇下放知识青年当工人。

同年,安陆开始逐年下放城镇的高、初中应届毕业学生。

1973年,县革命委员会增设知识青年上山下乡办公室,专管城镇知识青年下放和安置工作。

1979年,城镇知识青年的下放工作结束。12年间,下放本县城镇知识青年2 815人,接收、安排武汉市等外地城镇下放知识青年7 338人。

动员、组织城镇知识青年到农村落户劳动锻炼,主要采用3种落户办法:一是把城镇下放知识青年分散安插到农村生产队落户;二是尊重城镇下放知识青年和其家长的意愿,让他们到农村的祖籍、农村的亲友住地插队落户;三是在土地宽阔、劳力缺乏的地方,单独建立城镇下放知识青年队、知识青年农(林、牧、渔)场,集体落户。

城镇知识青年下放,下放前的户口所在地分部门安排干部带队,负责城乡联系,配合接收地党政组织做有关城镇下放知识青年的工作。城镇知识青年到农村落户以后,其生活、生产均由接收地基层组织负责安排,县有关部门按落户知识青年人数,向接收地下拨建房补助费、生活补助费、生产工具和生活用具购置费等款项。初,每人215元,后增至580元,由当地基层组织集中掌管,单立帐户,专款专用。

在农村落户的城镇下放知识青年参加当地收益分配,凡是坚持正常出勤的人,当地基层组织保证其口粮不低于同队单身劳力的吃粮水平。若下放知识青年所在队吃粮水平过低,吃粮出现缺口,粮食部门根据实际情况,从统购粮中返销适量的粮食予以补助,购粮款用下放知识青年补助费支付。

1980—1984年,全县将省下拨的120万元城镇下放知识青年就业扶助款,扶持城关镇办起了3家集体企业,安置城镇下放知识青年825人。1984年底,城镇下放知识青年就业安置基本结束。

年度	下放知识青年总数	其 中		注 备
		本县知青	外地知青	
1968	618	618		
1969	2 326	137	2 189	
1970	927	130	797	
1971	1 150	110	1 040	
1972	1 050	150	900	
1973	606	210	396	
1974	1 303	350	953	
1975	910	305	605	
1976	573	353	220	
1977	569	331	238	
1978	102	102		
1979	19	19		
合计	10 153	2 815	7 338	

（卷十九《劳动、人事·劳动就业》,第 530—531 页）

《新洲县志》

新洲县志编纂委员会编,武汉出版社 1992 年

　　(1969 年)5 月 14 日,继续接收安置武汉、上海等城市知识青年累计 5 105 人。同时,下放城镇居民 320 户,1 070 人。　　　　　　　　　　　　　（《大事记》,第 36 页）

　　截至 1985 年止,全县先后安置复员退伍军人 5 243 人,下放知识青年 1.15 万人,离退休、退职职工干部子女 4 741 人。　　　　　　（第八篇第三章《劳动》,第 209 页）

《新洲区志(1979—2005)》

武汉市新洲区地方志编纂委员会编,武汉出版社 2010 年

　　1979 年,部分下乡知识青年回城待业,一度出现就业难现象。经兴办集体企业和鼓励自谋职业,就业难问题得以缓解。　　（第二十六篇第一章《劳动力资源管理》,第 424 页）

《麻城县志》

湖北省麻城市地方志编纂委员会编,红旗出版社1993年

(1970年)招工下达任务1955名,其中,下乡知识青年1075名,青年农民880名。至翌年11月,完成招工任务1007名,其中,下乡知青389名,农民618名。

(《劳动、人事·中华人民共和国成立后》,第313页)

1967年以前,县安置城镇下乡知识青年258人,其中,外地77人,县内181人。

1968年,毛主席关于"知识青年到农村去,接受贫下中农再教育很有必要"的指示发表,知识青年下乡当年有1761人,次年有1963人,1970—1972年有1597人。1973年6月14日,成立知识青年工作领导小组。1974年8月成立知识青年工作办公室,专门办理下乡知青安置工作。截止1975年底,全县共接收城镇下乡知青8991人。本着大分散,小集中的原则,安置在16个公社,419个生产大队,432个生产队落户。

1976年5月份起,知识青年上山下乡安置,实行"按战线下放,厂社挂钩,干部带队,集体安置"的办法,对口关系不变,粮油户口关系到队。当年,全县安置下乡知青941人,次年又安置下乡779人。

1978年起,对有安置条件的企事业单位、小集镇的非农业户口的中学毕业生,一般不再列入上山下乡的范围。当年,下乡知青只有21人,1979年又安置知青下乡插队32人。至1980年,全县先后共接收安置下乡知识青年插队10766人。其中,外地8225人,县内2541人。

随着国民经济的发展,通过一定时间锻炼的下乡知识青年,绝大多数又得到招工、招生、参军、提干、顶职、转城等安置。1968—1975年,计安置8686人,其中,外地的7360人,县内1326人。1978—1979年,招工时县主管部门对下乡知青优先照顾,安排在国营和集体企、事业单位的有332人。

1981年底,下乡知青安置工作基本结束。

每个下乡知青国家计划拨给安置费400元,1973—1982年,实拨经费计304.44万元。

(《劳动、人事·中华人民共和国成立后》,第314—315页)

《咸宁市志》

湖北省咸宁市地方志编纂委员会编,中国城市出版社1992年

(1968年)11月,1966—1968年的1046名高、初中毕业生陆续上山下乡、插队落户。

(《大事记》,第31页)

同月(1968年12月),黄石市近800名学生到本县城关、马桥两区农村插队落户。

(《大事记》,第31页)

（1973 年）7 月,县革委会成立知识青年上山下乡办公室,将知识青年上山下乡安置和教育工作纳入日程。 （《大事记》,第 33 页）

1974 年,城市知识青年上山下乡 1 933 人（其中武汉市 1 221 人）,1977 年后,分期分批返回城市。 （卷三《人口·人口变迁》,第 108 页）

1973 年 7 月,县成立知识青年上山下乡办公室,负责城镇知识青年"插队"和"安置就业"工作。 （卷二十《政务·新中国建立后的政务》,第 588 页）

1978 年后,贯彻执行劳动部门介绍就业,自愿组织起来就业与自谋职业相结合的方针。同年 7 月 1 日,废除"推荐"制度,录用全民所有制职工须经考试和审查,合格者凭计委劳动工资组填发的"录用新职工通知单",到用工单位工作。同年 9 月,县成立劳动局管理劳动调配。当年,知识青年上山下乡插队任务终止,并分批安置就业。工人退休、死亡可按政策办理子女顶职手续,各类技工学校恢复招生,允许自谋职业。1979 年,按照中央政策纠正历次政治运动中的冤、假、错案,收回职工 365 名重新安置就业。1980 年 1 月,湖北省人民政府决定,干部退休、退职后,可以吸收 1 名符合条件的子女参加工作。同年,全县自谋职业者达 185 名。在县知识青年安置办公室扶持下,县直各部门建立的"知青商店"共安排 727 名知青就业。1980 年县建立劳动服务公司,对城镇暂时不能就业的人员,采取行政管理与经济扶持相结合的方法组织起来,创造条件就业。凡属城镇吃商品粮的,持有高、初中毕业证的中、青年均可登记,并持劳动服务公司发给的"待业证",参加招工,也可到急需用工单位当临时工,待有招工指标时,择优录用,被招收的人员可免去试用期,并承认其做临时工的工龄。1981 年,下放知识青年安置工作全部结束。自 1965 年起,武汉市、黄石市以及咸宁县下乡插队落户知识青年累计共 11 612 人。除 7 人死亡外,其余的 11 605 人（含武汉、黄石市知识青年返回原籍就业的 128 人）,全部安置就业。 （卷二十《政务·新中国建立后的政务》,第 588 页）

1968 年在校学生一律毕业,农村学生回队生产,城镇毕业生上山下乡。
（卷二十三《教育·普通教育》,第 654 页）

《阳新县志》

湖北省阳新县地方志编纂委员会编纂,新华出版社 1993 年

（1973 年）8 月 23 日,县成立知识青年上山下乡领导小组。11 月,城关地区有 90 名中学毕业生上山下乡。 （《大事记》,第 39 页）

1969—1971 年,招收固定职工 4 717 人(女 597 人),其中招收下放知识青年 1 167 人,占招工总数 24.8%

(政治编《人事·新中国成立后的人事》,第 569 页)

城镇知识青年安置

1957 年秋,县一中 8 名初中毕业生到白沙区插队落户。1958 年,安置省农垦厅分配上海知识青年 696 人。去向:县麻场 300 人,荆头山农场 123 人,种畜场 83 人,军垦农场 24 人,七峰山林场 27 人,果园场 116 人,化肥厂 23 人。每人每月工资不低于 16 元,伙食费 7 元。余则多劳多得。1963—1967 年,安置知识青年 709 人,其中武汉知识青年 615 人。1968—1973 年,安排知识青年 2 350 人下乡插队落户,其中武汉知青 1 409 人,黄石知青 20 人,外省外县知青 21 人,本县知青 900 人。另在国营农、林、茶场安置 24 人。下乡插队知青,人均安置费 230 元(建房费 50%、生产工具费 20%、生活费 30%),交生产队掌握使用。

1973 年 8 月,县成立知识青年上山下乡领导小组,下设办公室。主要安置县内知识青年,实行定点插队,并增加安置费,人均建房补助费 200 元,生活补助费 180 元,农、家具补助费 60 元,医疗补助费 5 元,学习资料费 3 元。由县知青办公室掌握使用。至 1977 年,共安置 1 704 人(武汉知青 109 人),去向:集体农场 1 121 人,占总数 65.7%;回原籍 115 人,占 6.8%;国营农、林、牧、渔场 360 人,占 21.2%;插队 108 人,占 6.3%。1978 年,集中安置 257 人。1979 年,改上山下乡为就业安置,安置知识青年待业和下乡插队 665 人。1980 年,成立县城、富池、浮屠街 3 个农工商知青联合公司,安置知青 380 人。整顿巩固盆山垴、山下李、沿镇、钟山林场等 4 个知青点,安置 371 人。1981 年起,城镇知识青年不再上山下乡,各战线广开就业门路,安置知青就业。1983—1985 年,安置 6 445 人。

(政治编《人事·新中国成立后的人事》,第 569—570 页)

《通山县志》

《通山县志》编纂委员会编,中国文史出版社 1991 年

(1968 年)实行城镇知识青年(初、高中毕业生)下放到农村"接受贫下中农再教育"。

(《大事记》,第 27 页)

1964—1978 年,本县每年有一批城镇知识青年到农村"插队落户",同时也有一批先"插队落户"的知识青年升学、招工或参军。1978 年后,城镇知识青年不再到农村"插队落户",尚留农村的 189 名城镇知识青年,按招工指标逐年得到安置。

年份	上山下乡			回城安置				尚留农村
	总计	其　中		合计	其　　中			
		农村落户	"四场"落户		升学	招工	参军	
1964~1967	110	110		109		109		1
1968	200	200		200	10	190		
1969	25	25		25		25		
1970	15	15		15	2	13		
1971	268	268		268	20	248		
1972	57	57		57	8	49		
1973	213	143	70	213	40	173		
1974	630	480	150	627	50	552	25	3
1975	422	372	50	407	10	389	8	15
1976	388	283	105	333	20	298	15	55
1977	420	410	10	307	5	284	18	113
1978	162	162		160	7	138	15	2
合计	2 910	2 525	385	2 721	172	2 468	81	189

注:① 上山下乡总计人数内包括武汉市知识青年 1 110 人,其中 1971 年 218 人,1974 年 360 人,1975 年 212 人,1976 年 120 人,1977 年 200 人。

② "四场"指国营良种场、林场、茶场、畜牧场。

(第二十三卷第七章《劳动就业》,第 419 页)

《通城县志》

通城县志编纂委员会,(内部刊行)1985 年

本年(1965 年),动员城镇知识青年(初中、高中毕业生)上山下乡。到 1978 年,累计下放 2 108 人,其中武汉市下放的 464 人。从 1979 年起停止下放,已下放的陆续回城就业。

(《大事记》,第 25 页)

(1969 年)1 月 2 日,成立县革命委员会城镇人口上山下乡领导小组。1973 年 7 月撤销。

(《大事记》,第 26 页)

下放知识青年安置　1965 年起,动员城镇知识青年上山下乡,插队落户。1969 年 1 月成立县城镇人口上山下乡领导小组,下设办公室。1973 年 7 月,改名通城县革命委员会知识青年上山下乡领导小组,下设办公室。县直各系统和公社、大队均相应设立领导小组。

1974 年,改为按系统设知识青年安置点,派带队干部,帮助知识青年解决生活、学习等方面的具体问题。至 1978 年,全县拨给知识青年安置费 54.46 万元,生活补助费 5.51 万元,扶助生产资金 7 万元。1979 年停止下放知识青年,以前下放的陆续收回安置。

知识青年下放、安置情况统计表

年度	下放人数			安置下放				建房(间)	回城安置								
	合计	本县	武汉	合计	插队	家林茶场	企事业		合计	招干	招工	招生	参军	病回转城	外迁	死亡	其它
1965—1973	1 102	638	464	1 102	944	138	20	90	776		537	123	7	44	64	1	
1974	327	327		327	327			168	101		26	67	6	2			
1975	166	166		166	166			130	36		20	13		2		1	
1976	190	190		190	190			40	221	2	170	26	20	3			
1977	205	205		205	205			33	147		114	13		20			
1978	118	118		118	118				292		120	62	79	10	5		16
1979									472		156	11	24				281
1980									63								63
合计	2 108	1 644	464	2 108	1 950	138	20	461	2 108	2	1 143	315	136	81	69	2	360

(卷一四《政事·安置》,第 442 页)

《嘉鱼县志》

湖北省嘉鱼县地方志编纂委员会编纂,湖北科学技术出版社 1993 年

1956 年,共青团孝感地委组织一批青年到陆溪珍湖建立"共青农庄",1957 年鱼岳镇女知识青年左季冬、龙运珍、刘中道响应"建设社会主义新农村"号召,到陆码头落户,到 1960 年,全县有机关干部、职工、城镇居民、知识青年共 8 429 人落户农村。

1968 年动员城镇居民、社会青年、知识青年"上山下乡",县于 1970 年 4 月 8 日成立"上山下乡领导小组"负责安置。到 1973 年 6 月,全县共安置到农村的有 1 585 户,5 732 人,其中有武汉市下放的 177 户,583 人;县共拨付安置费 21.4 万元,建房费 39.4 万元,木材 190 立方米。1976 年 2 月,又拨付建房补助 13 840 元,木材 49.2 立方米;拨付 127 户、664 人在农村分配中的超支款 9 997 元,对 143 户、736 人生活困难予以定期补助,每月计 1 488 元。是年底大部分自动返回城镇,在农村的有 380 户、1 493 人,其中武汉市的有 80 户、289 人。

1978 年 8 月,省革委会通知收回下放农村的人员,1982 年底,收回及此前自动返回城镇的均予以安置,武汉市下放的亦全部返回武汉。 （卷六《民政·安置》,第 165 页）

1957—1973 年,县有城镇居民、知识青年 14 161 人到农村落户,1978—1982 年相继返回城镇。到 1985 年,两共投放安置费 516.32 万元,人均 364.61 元。

（卷二十四《财政·财政收支》,第 724—725 页）

(1968 年)12 月,因"文化大革命"滞留在校的共三届初中、高中毕业生毕业离校,其中城镇学生统一安排到农村落户,参加生产劳动,"接受贫下中农再教育",同时动员城镇居民、社会青年"上山下乡",到农村落户。是年共安置知识青年 839 人,居民 1 959 人,职工家属 149 人。1970 年 4 月 8 日县成立"上山下乡领导小组",到 1973 年 6 月,共安置 1 585 户,5 732 人。其中有武汉市安排到县的 177 户,583 人。7 月,县设"知识青年上山下乡领导小组办公室",具体处理安置事宜。1976 年底,除部分因招工、招生离开农村者外,大部分自动返回城镇,在农村的计有 380 户、1 498 人。1978 年 8 月省通知收回下放人员,到 1982 年底,落户农村人员全部返回城镇,武汉市到农村人员亦返回武汉。1983 年 12 月"知青办公室"撤销。

（《大事纪要》,第 1019 页）

《武昌县志》

武昌县志编纂委员会主编,武汉大学出版社 1989 年

(1964 年)10 月 31 日,县成立安置城市下乡知识青年小组。至 1980 年止,逐年共下放知识青年 21 273 人,共由国家拨发安置费 785 万余元。 （卷一《大事记》,第 24 页）

(1965 年)7 月 3 日,纸坊杨桐公社(后属土地堂)高潮一大队第四队武汉下放女知识青年崔燕华、徐士琴,为抢救失足落水的女社员而英勇献身。中共武昌县委作出《向崔燕华、徐士琴两同志学习的决定》,并追认崔燕华为中共正式党员,徐士琴为共青团员。

（卷一《大事记》,第 24 页）

城镇知识青年安置

1964 年,成立武昌县知识青年上山下乡领导小组,下设办公室。各公社(镇)、生产大队都相应配有干部兼办此项工作。

1964 至 1980 年,全县共有下乡知识青年 21 735 人,其中武汉市 17 573 人,县内 3 477 人,外地转来 685 人。1974 年以前,县内分别建立 154 个知识青年小组,安排下乡知识青年到舒

安、湖泗、山坡等14个公社插队落户。1974年5月,学习外地经验,实行厂社挂钩,扶持下放知识青年办厂(场),发展多种经营,共建188个知识青年点,先后派国家干部760人到各点带队(武汉市641人、武昌县119人)。同时,各公社、大队选派出1852名农民到知青点传授农、林、牧、渔等生产技术。在188个知青点中,达到农副产品和经济自给的57个,半自给的45个。知识青年在10余年中通过学习和劳动生产锻炼,先后参加共产党组织的44人,加入共青团组织的2953人,被提为国家干部的4人,担任生产大队、生产队干部的273人,担任农技员的62人,当民办教师的29人,当卫生员的10人,当广播员的6人。被评选出席县1975年和1980年两次知识青年表彰大会的先进个人215人,先进集体53个。详见表9-9。

表 9-9　知识青年安置情况表

单　位	安排人数	单　位	安排人数
湖泗公社	1 065	大屋陈公社	689
舒安公社	975	五里界公社	1 208
山坡公社	1 239	龙泉公社	766
保福公社	593	流芳公社	750
河埫公社	216	豹澥公社	1 014
安山公社	826	纸坊镇	6
法泗公社	1 288	金口镇	5
金水公社	1 447	县楠竹场	75
范湖公社	1 337	县株山茶场	93
土地堂公社	1 094	县青龙山林场	13
乌龙泉公社	988	乌龙泉武钢农场	1 526
郑店公社	1 007	五里界武圣农场	72
大桥公社	1 344	郑店生物研究所	12
宁港公社	866		

1964年至1980年,人民政府共拨下乡知识青年经费7 853 622元。其中,生产工具费718 967元,生活补助费2 677 681元,学习费52 753元,医药费18 061元,建房费4 386 160元,共建房屋3 047间,计62 462平方米。

先后安排知识青年21 397人回城工作。其中招工16 106人,招生1 293人,参军706人,提干5人,转回城镇安排的3 287人。1964年以前在农村落户的知识青年290人及其子女499人,也同时转为城镇户口,并作了妥善安排。　　(卷十《民政·安置》,第162—163页)

《鄂州市志》

鄂州市地方志编纂委员会编,中华书局2000年

(1973年)8月,成立鄂城县知识青年上山下乡办公室,负责城镇知识青年到农村插队落

户的安置工作。 （《大事记》，第 35 页）

1969 年 2 月，县革命委员会成立"上山下乡分配领导小组"，下设办公室，动员组织城镇人口到农村安家落户。1970 年 1 月，县革委会发出《关于进一步动员城镇人口上山下乡的指示》，对动员对象、安置方式、经费补助，都作了明确规定。上山下乡的城镇居民，每人发给路费和建房、生产、生活补助费 130 元，单独插队落户的知识青年、社会青年，每人补助 230 元。 （第十三篇第一章《中国共产党地方组织》，第 522 页）

同年(1973 年)8 月，手工业科改为轻工业科，气象站改为气象科，增设物资局、外贸科、知识青年上山下乡办公室。 （第十七篇第四章《人民政府》，第 599 页）

1980 年，市政府设有……知识青年上山下乡办公室、食品卫生领导小组办公室、供销合作社、中国农业银行鄂城市支行、中国人民建设银行鄂城市支行、水产局(与农业局合署办公)、沼气办公室(与科委合署办公)。 （第十七篇第四章《人民政府》，第 599 页）

1966 年，城关镇有 160 名知识青年上山下乡。 （第十八篇第二章《安置》，第 618 页）

文化大革命中期，职工人数超常增长，特别是在 1969—1971 年间招工人数多。1969—1970 年从农民中招工(含回乡知识青年)达 6 843 人。1970—1971 年，大批上山下乡知识青年返城就业，两年间招收返城知青 5 829 人。1972—1974 年，每年在下乡知青和城镇待业人员中招工 1 000 余人。1975 年招工 1 633 人，其中招收城镇待业青年 702 人、下乡知青 153 人，从农民中招工 430 人，安置复员退伍军人 41 人，"四场"职工自然增长 228 人，落实政策收回职工 79 人。另外，补充自然减员(含职工子女顶职)837 人。

（第十九篇第一章《职工来源》，第 633 页）

1970—1972 年，大批上山下乡知识青年回城就业，出现计划管理失控现象，职工人数不断增长。到 1972 年末，全县计有职工 36 109 人，比 1965 年增加 21 299 人，增长 1.43 倍。

（第十九篇第二章《职工管理》，第 639 页）

1970 年，在三江口办"师资培训班"，1972 年定名为"湖北省鄂城县师范学校"，主要招收城市下乡知识青年和农村回乡知识青年，截至 1976 年先后办小学教师进修班 9 个班，暑假教师培训班 16 个班，中等师范专业 10 个班，共培训小学教师 930 人。

（第二十二篇第三章《专业教育》，第 713 页）

《崇阳县志》

崇阳县志编纂委员会编纂,武汉大学出版社1991年

(1965年)5月,崇阳县知识青年(简称知青)上山下乡安置办公室成立。6月30日,下放崇阳的293名武汉市知识青年集中于香山,成立新建大队。7月,县首次下放知青58名,安置于跑马岭茶场。至1978年,累计下放知青1 943人。1979年停止下放,已下放的陆续回城就业。

(《大事记·中华人民共和国》,第27页)

(1976年)12月,县委书记李更生和南山知识青年队代表戴立克,赴京参加第二次全国农业学大寨会议。

(《大事记·中华人民共和国》,第32页)

下放知识青年安置　1965年,县成立知识青年上山下乡安置办公室,动员城镇知识青年上山下乡。当年,本县下放58人,安排在跑马岭茶场落户;接受武汉市下放知识青年293人,在香山成立新建队。1968年,县成立知识青年安置领导小组,将下放香山的知识青年重新安排到沙坪、白霓、路口插队落户。本县城镇的高、初中毕业生亦相继下放农村。1973年,知识青年上山下乡领导小组下设办公室,县直各系统和公社、大队均相应成立领导小组。次年,厂、社挂钩,按战线设立知识青年场、队,选派国家干部带队。同年,接受武汉市轻工业机械厂、电池厂、油脂厂、油脂化学厂等单位知识青年142人,增设华陂、大桥、白霓、桂花4个知识青年点。至1978年,知青点增至17个,本县累计下放506人,接受武汉市下放1 437人。为解决知识青年生产和生活上的困难,共拨经费107.9万元,建房440间,8 800平方米。在崇阳插队落户的武汉下放知识青年张岚、王婉珍,于1970年3月出席了湖北省首届活学活用毛泽东思想积极分子代表大会。下放华陂南山的知识青年,自己动手种粮养猪,效益显著,多次被评为省、地、县先进单位,队长戴立克1976年12月出席了第二次全国农业学大寨会议。1979年,停止下放,对原下放的知识青年陆续收回,由县劳动局和县知青办负责安置工作。

(卷二十三《劳动人事·劳动管理》,第488页)

省以上英模表(按获奖时间顺序排列)

姓名	性别	籍贯	出生年月	荣誉称号	主要事迹	获奖年月	授奖单位	备　注
				......				
戴立克	男	武汉市	1948.11	先进知识青年	南山知青点工作突出	1976.12	湖北省革命委员会	下放本县知识青年
				......				

(卷三十二《人物·人物表》,第775页)

《蒲圻志》

蒲圻市地方志编纂委员会编纂,海天出版社1995年

(1968年)12月1日,全县首批"老三届"(1966—68届)高、初中毕业生到农村插队落户,此后又有本县和武汉知识青年陆续插队农村,至1969年底全县有3 711人在本县农村插队落户。

(《大事记》,第22页)

【知识青年安置】 1963年,设置县城市下乡青年领导小组办公室,隶属县农业办公室。1968年,设置城镇人口上山下乡安置办公室,直属县革命委员会领导。各区镇均设立相应机构,配有1名专管干部。1971年,知识青年上山下乡办公室隶属文教局领导,内称"再教育股",管理上山下乡知识青年安置事宜,各区镇革命委员会亦设置相应机构,除原来专管干部外,文教组也兼管知识青年工作。1973年县革命委员会知识青年上山下乡办公室设立,直属县革命委员会领导,各公社、镇设立相应机构,并配备1名知识青年专职干部。1983年后,知识青年上山下乡安置办公室并入县劳动人事局。

1957年,县城关镇佘菊英(女)等3名知识青年响应党的号召,到车站公社插队落户,为本县知识青年上山下乡作出了表率。1963年,武汉市53名知识青年下放到黄盖湖农场落户。1964年,武汉市有一批知识青年到本县南港、茶庵、青峰、益阳等地插队落户。1968年后,知识青年上山下乡形成了热潮。本县1957—1979年共接受安置下乡知识青年11 935人,其中:武汉市8 693人,本县2 914人,外省、市、县328人,安置在全县各公社和茶场、林场、农场等单位,从事农业生产和农副产品加工等劳动。安置形式主要有:一是在生产队建立知识青年小组(生产队做到有住房、生产工具、生活用具、口粮、蔬菜基地),1971年,全县有知识青年小组1 347个;二是知识青年到农、林、茶场落户,成为农、林、茶场职工;三是组建知识青年新建队;四是按战线下放,干部带队,城乡配合,厂社挂钩。

国家为了做好知识青年上山下乡工作,每年有专项拨款。1968年,人平安置经费230元(即建房补助100元,工具费70元,生活补助费45元,其它15元),资金由县知青办公室集中掌握,统一使用。1974年后,提高知识青年上山下乡待遇,安置经费标准人平450元(建房补助200元,工具费115元,生活补助费100元,其余15元),仍由县集中使用。

为了促进知识青年上山下乡,鼓励表彰先进集体和典型,1969—1979年间,本县每年举行一次表彰大会,对上山下乡知识青年先进集体(小组或知青点)、先进个人、先进安置单位、模范家长和优秀带队干部进行表彰。在知识青年中有2 300人加入共青团,270人加入中国共产党,独山公社建设5队武汉下乡知识青年小组扎根农村,立志务农,参加农村开荒造田,

开渠修道,多次被评为省、地、县先进集体,知青小组组长杨冬云于1969年代表咸宁地区上山下乡知识青年到北京参加国庆20周年观礼。9月30日晚,应周恩来总理邀请,杨参加了在人民大会堂举行的国宴;10月1日,杨登上天安门城楼,见到了毛泽东主席。该组副组长姚建设多次拒绝招工回城,与农村女青年结为夫妻。1981年共青团湖北省委授予姚为青年突击手称号。望山公社望山三队知识青年王卫民勤奋学习农业技术,培育晚稻良种,在车站公社推广种植,比本地晚稻品种增产2—3成,多次受到省地表彰。1978年8月5日,为了保护国家财产光荣献身,共青团湖北省委追认他为"青年英雄",王的模范事迹,编入了《全国上山下乡知识青年先进人物选》。

1976年后,知识青年陆续招工回城。1970—1983年,按照国家计划,在本县知识青年中招收新工人10 107人,提干18人,参军283人,推荐或考试录取大、中专学校417人,病转回城379人,返城安置544人,留农村茶场职工174人,留农村1人,非正常死亡12人。

(卷二十二《政事》,第437—438页)

1976年12月,为培养有社会主义觉悟有文化的新型农民,在十里坪创办共产主义劳动大学,招收18岁以上的下乡、回乡知识青年,共有农技、水电、兽医、机械4班,学生200人,专职教师12人。

(卷二十六《教育》,第533页)

王卫民(1954—1978),官塘驿西湾畈人,出身店员家庭。少年时代,常给五保户挑水,帮工人推车。1965年,曾跳下急流的河中救起1名落水儿童。在校学习时,多次被评为"三好"学生。

1971年,王初中毕业,到车站公社望山大队插队落户。1973年加入共青团,1975年加入中国共产党,1977年担任公社农科所所长。下乡7年中,曾多次出席省、地、县、社积极分子代表会和劳模会,是下乡知识青年标兵。

王下乡后,从全国11个省、市、自治区引进60多个农作物优良品种,进行栽培试验,写下了40多万字的学习心得和日记以及20多万字的科研笔记。王从湖南省引进的20多粒水稻良种放在试管内,用体温催芽,秧苗出齐后,又一根一根地插到试验田里,精心培育管理。经过几年定向杂交、提纯复壮、比较鉴定,终于培育出适应当地土壤、气候的优良水稻品种"72—1"号,具有茎秆硬实、穗大粒多、饱满抗病、易脱粒等特点,在全公社推广。

1978年8月5日下午,车站公社上空突然刮起龙卷风,农科所房屋上盖的油毛毡有被狂风吹走的危险。王卫民连忙爬上屋顶,扑上去压住被风吹起的油毡。突然一阵更加猛烈的狂风卷来,将整座屋架连王一起抛到30多米远的后山上。王被沉重的屋架压住,伤势过重,于8月6日下午2时30分牺牲。

王卫民牺牲后,中共蒲圻县委于 1978 年 10 月 6 日授予他"模范青年"称号;共青团湖北省委于 1979 年 1 月 9 日授予他"青年英雄"称号,并号召全省团员、青年向他学习。

(卷三十二《人物》,第 667 页)

《西流河区志》

西流河区地方志编纂小组编,(内部刊行)1986 年

(1964 年)10 月,武汉市男女知识青年三百多名首批下放到区落户,分别安插到西圻乡的灯塔、三合;塘湾乡的芦白、太力、新垸;何口乡的车路、民主等村。 　(《大事记》,第 33 页)

(1965 年)秋,武汉知识青年第二批下放到区内,分别安插到何帮乡的中小、北口;菱排乡的义礼、邬家脑、永胜、菱排等村。1978 年后,全部招工回城。 　(《大事记》,第 33 页)

1968 年,在毛泽东主席发出的"知识青年到农村去,接受贫下中农再教育很有必要⋯⋯"的号召下,西流河区先后接受来至武汉等地知识青年 423 人。区(公社)由一副书记抓知青工作。分 47 个点安置,各点派有会计、队长各一人,管理知识青年的生产生活。全区点上共建平房 47 栋,423 间,总占地面积 12 690 平方米,造价 761 400 元。区(镇)自身也先后下放男女知识青年到生产队落户劳动 636 人,到 1980 年止,除外地 64 名女知识青年在区内结婚落籍外,其余外地、本地知识青年均已分批收回,由原地安排工作。

(第三篇第十九章《劳动及其他》,第 392—393 页)

《杨林尾区志》

湖北省仙桃市杨林尾镇《杨林尾区志》编纂领导小组办公室编,(内部刊行)1989 年

1971 年,全区中学大发展,原小学中的骨干教师调任中学教师。贫下中农管理学校后,各校都聘请老农、基层干部担任学校兼职教师,还从下乡知识青年中挑选了 20 多人为专职教师。

(第五编第二十五章《教育》,第 385 页)

《宜昌市志》

宜昌地方志编纂委员会编,黄山书社 1999 年

(1964 年)12 月 13 日,宜昌市召开万人大会欢送 332 名知识青年和 100 名闲散人员,到

当阳、远安两县插队落户。 （《大事记》，第 33 页）

（1968 年）12 月 26—31 日，宜昌市开始动员知识青年上山下乡，首批下乡 5 296 人，至 1977 年共下乡 3.5 万余人。 （《大事记》，第 35 页）

1973 年 1 月复退军人安置办和上山下乡知青办合并。

（第五篇第二章《宜昌市人民政府》，第 220 页）

1973 年全国知识青年工作会议以后，根据有关文件规定，招工对象主要是上山下乡的知识青年和按政策留城的待业青年。招工实行群众推荐，民主评议，领导同意并报市劳动局审批。至 1978 年共招收新工人约 5 万人，就业安置完全由政府包下来，安置渠道比较单一。

1979 年后，城镇知识青年不再上山下乡，就业安置成为当时社会经济发展中的一个突出矛盾。是年，共安置待业人员 7 878 人，占全市应安置对象的 93.6%。其中：安置下乡知识青年 3 174 人，安置留城青年 1 590 人。 （第十七篇第一章《劳动就业》，第 905 页）

知识青年上山下乡 1957 年，由市劳动局、共青团市委等有关单位，动员和组织应届中学毕业生 76 人到宜昌、宜都县参加农业生产。从 1962 年起，有组织、有计划地动员城镇知识青年上山下乡。对象为：16—30 岁未婚男女青年或已婚无小孩双方均无职业的；具有初中以上文化程度的；具有劳动能力而又无正式职业者。1968 年以后，除因病、家庭困难的暂缓动员上山下乡以外，凡年满 16 周岁的应届中学生均作为上山下乡的动员对象。

1968 年冬和 1969 年春，知识青年上山下乡形成高潮。仅 1969 年 1 月份就组织 3 批 8 190 名中学毕业生上山下乡，全市 17 所中学的 1966 年、1967 年、1968 年三届中学毕业生分别安置到宜昌地区各县农村插队落户。同年 4 月，又进行了一次上山下乡动员，这次动员对象为：上述三届毕业生中能够下乡而未下乡的；城镇居民中无户口和粮食关系的；城镇居民中的闲散居民。

1968—1978 年，全市共有 34 562 名知识青年上山下乡。知识青年在农村接受了教育和锻炼，增强了劳动观念，培养了同劳动人民的深厚感情。同时，在当时特定的历史条件下，缓解了就业矛盾。1979 年以后，通过贯彻"三结合"就业方针，广开就业门路，加强安置能力，全市上山下乡的知识青年陆续返回城市就业，并得到妥善安置。

（第十七篇第一章《劳动就业》，第 905—906 页）

为补充教师不足，1971 年，从工厂调进 36 名工人充任教师（后大多改行），从下乡知识

青年中招收 98 名到各级学校任教。 （第二十一篇第五章《教育管理》，第 1 078 页）

《宜昌市教育志》

宜昌市教育志编纂办公室主编，（内部刊行）1990 年

为补充教师队伍，1971 年从工厂抽调 38 名工人充当教师（后绝大多数均改行）。同时还从下乡知识青年中招回 98 名到各校任教（大部分不能胜任）。

（第二编第九章《教师》，第 347 页）

(1968 年)12 月 31 日，开始动员知识青年上山下乡。是年冬，下 5 296 人。至 1977 年共下 35 000 余人。 （第四编《大事记》，第 447 页）

《宜昌县志》

湖北省宜昌县地方志编纂委员会编纂，冶金工业出版社 1993 年

(1968 年)到 1972 年 11 月 5 日，全县共接收、安置上山下乡知识青年 5 026 名。

（《大事记》，第 40 页）

知识青年安置

1964 年起，动员知识青年上山下乡，并接受安置武汉、宜昌等市下乡知识青年。至 1967 年，全县动员和接受下乡知青 1 962 名，分别安置于 11 个区 27 个公社 481 个生产队。1968 年 12 月 22 日，毛泽东同志发出"知识青年到农村去，接受贫下中农再教育很有必要"的指示，知识青年上山下乡形成高潮。1970 年，县革命委员会成立"知识青年上山下乡领导小组"，下设"知识青年上山下乡办公室"，配备 5 名专职人员。1974 年，县革委会决定"知识青年下放改为战线对口，厂社挂钩，集体下放"，各知青点配备专职带队干部和贫下中农代表。是年，全县有集体知青点 160 个。1978 年，全县下乡知青 11 117 名。1979 年，根据国务院《关于知识青年上山下乡若干问题的试行规定》，对下乡知青和城镇待业人员实行"统筹兼顾，全面安排"。到 1980 年，全县共有下乡知青 13 259 名，其中，接受外地 8 044 名，县内 5 215 名，分别招工 10 482 名，顶职 387 名，招生 1 336 名，参军 568 名，提干 1 名，共计 12 774 名，占总人数的 96.34%。

1973—1981 年，支出知青安置经费 3 485 678 元。到 1982 年，基本结束知青就业工作。

（卷十八《政务·中华人民共和国建立后的政务·劳动人事》，第 575 页）

《远安县志》

湖北省远安县地方志编纂委员会编,中国城市经济社会出版社1990年

(1970年)1月5日,县知识青年上山下乡领导小组办公室(简称知青办)接受省、地下达的城市上山下乡人口安置任务,共安置知识青年506人、城市居民334人。(《大事记》,第37页)

知识青年 1964年起,动员城镇人口中的中学毕业生上山下乡,插队落户,从事农业生产劳动。当年10月,成立县安置城镇下乡知识青年领导小组,下设办公室。1968年5月,更名为县知识青年上山下乡领导小组,下设办公室,简称知青办。县直单位各系统和公社及部分大队,也相应设立领导小组,负责管理武汉市、宜昌市和本县下放知识青年安置工作。1970年始,在农村建新房,设立上山下乡知识青年集体安置点,并由当地农村派劳力和知青原单位派带队干部,帮助下乡知识青年解决生活、生产、学习等方面的具体问题。1976年,改为按战线归口,将下乡知识青年,安置到县办农、林、牧、渔四场。在下放知识青年安置工作中,由国家发给生活补助费、生产扶持费和住房修建费等。至1979年,全县拨给下放知识青年安置费183.2万元,生活补助费8.6万元,生产扶持费5万元,业务费和其他费用14.6万元,计211.4万元。先后修建房屋2 695间。1980年,停止下放知识青年。此前下放的,至是年底,陆续返城,安置完毕。(表22-2)

表22-2 远安县知识青年下放、安置情况统计表

年度	下 放 人 数				安 置 下 放				建房(间)
	合计	本县	宜昌	武汉	合计	插队	知青点	农林场	
1964	242		242		242	242			
1965	120		120		120	120			
1966	228	31	197		228	228			
1968	347	32	286	29	347	347			
1969	362	44		318	362	362			
1970	506	250	256		506		506		
1971	651		651		651		651		
1972									
1973	464	200		264	464		464		
1974	672	150	197	325	672		672		
1975	425	230	195		425		425		
1976	56	56			56			56	
1977	420	420			420			420	
1978	148	148			148			148	
1979	771	771			771			771	
1980									
总计	5 412	2 332	2 144	936	5 412	1 299	2 718	1 395	2 695

年度	回 城 安 置							
	合计	招工	招干	招生	参军	病转回城	外迁	其他
1964								
1965								
1966	112	59				9	42	2
1968								
1969	852	852						
1970	521	511				6	4	
1971	550	538				6	6	
1972	261	162		25		24	50	
1973	488	305		54	1	42	83	3
1974	28					18	10	
1975	423	373		23	1	23		3
1976	537	523			12	2		
1977	175	125			38	9	3	
1978	597	529	2		59	7		
1979	264	157		66	39		1	1
1980	604	506		91	4	1	2	
总计	5 412	4 640	2	259	154	147	201	9

（卷二十二《劳动人事·就业安置》，第 564—565 页）

《当阳县志》

当阳市地方志编纂委员会编，中国城市出版社 1992 年

  是年（1964 年），城市知识青年 264 人（包括宜昌市）下放本县农村，到 1979 年止，累计为 18 356 人。

（《大事记》，第 33 页）

知识青年上山下乡的安置

  1958 年上海知识青年 450 余人，到草埠湖农场就业，至今仍有 300 余人被安置在当阳各单位工作。1964—1979 年本县先后安置大批知识青年（见下表）。这些知青被安置在县内经济收入和生产条件较好的农村插队落户。1974 年以后，改为办知青点，集中居住，集体劳动，派干部带队，国家投资 97 万多元为知青建房，并发给生活补助费。农村干部和贫下中农手把手地帮助他们学农活、理家务等，1972 年 3 月，县里检查 3 254 名青年的情况，其中有

312 名加入共青团,有 6 人当生产队的干部,有 38 人当民办教师,不少人成为劳动模范。

当阳县知识青年安置情况表
(1964—1979)

年份 \ 数目	合计(人)	武汉(人)	宜昌(人)	当阳(人)	外省(人)
1964	264		147	117	
1965	214		137	77	
1966	116		11	105	
1968	573	436	32	105	
1969	4 177	1 488	2 269	420	
1970	2 079	967	990	122	
1971	419	107	126	186	
1972	861	1	295	565	
1973	1 277	258	679	340	
1974	1 936	22	1 379	535	
1975	999		999		
1976	2 805	23	2 408	366	8
1977	867		594	253	20
1978	1 421		1 042	379	
1979	343		343		
合计	18 351	3 302	11 451	3 570	28

(卷十九《民政、劳动、人事·民政》,第 599—600 页)

"文化大革命"期间,动员城镇初、高中毕业生上山下乡,到农村插队落户。1980—1985 年贯彻执行在国家统筹规划指导下,由劳动部门介绍就业,组织起来和自谋职业相结合的多渠道安置就业方针。逐步把本县下乡的 3 574 名知识青年,通过升学、参军、招工、招干和顶替、病退等途径得到安置就业。 (卷十九《民政、劳动、人事·劳动、人事》,第 615 页)

是年(1969 年),有 278 名基层干部、复员退伍军人和贫下中农、回乡知识青年被推荐为专职教师。 (卷二十一《教育·新中国建立后的教育》,第 672 页)

《宜都县志》

湖北省枝城市地方志编纂委员会编纂,湖北人民出版社 1990 年

(1968 年)12 月 22 日,全县动员城镇知识青年 1 000 余名上山下乡。

(《篇首·大事记》,第 28 页)

（1973 年)12 月 27 日至 30 日,召开宜都县第一次知识青年上山下乡代表会议,参加会议的代表 400 人。总结交流做好知青安置、教育工作的经验。

（《篇首·大事记》,第 30 页)

城镇知识青年上山下乡与安置

1964 年 1 月 16 日,中共中央、国务院作出《关于动员和组织城市知识青年参加农村社会主义建设的决定》。是年,在陆城、枝城两镇组织动员未能升学的初、高中毕业生及待业青年 72 人到南塝、肖家隘、全福河、猫子岩等地插队落户,由县农业办公室配 2 名干部管理。1968 年 12 月 22 日,中共中央主席毛泽东发出"知识青年到农村去,接受贫下中农的再教育"的指示后,县成立了城镇居民知识青年上山下乡领导小组,除动员城镇知识青年上山下乡外,还安置来自宜昌、武汉市的下乡知识青年。至 1979 年底,共有 8 708 名知识青年先后安排到 6 个区、38 个公社、219 个生产大队、805 个生产队参加农业生产。1973 年前下乡的知识青年,除少数到农村投亲靠友安家落户者外,均采取 3 至 7 人编为一组的办法,分散插到各生产队,作为生产队的一户,与社员同工同酬,先后共编组 750 个。1974 年则采取城乡挂钩,集中安置的办法,由下乡知识青年父母所在系统或生产单位与社队挂钩,选派 1 名干部带队,集体下乡到挂钩的社队,先后共组织 68 个知识青年队(场),为公社或大队自负盈亏的独立核算单位。共种植水旱田 1 916 亩,茶叶 2 885 亩,柑桔 2 124 亩,饲养少数家禽家畜。县供销社与姚店公社红旗大队(今中笔村)挂钩办队 8 年,有 30 名知识青年在队参加劳动。1975 年至 1978 年连续被评为湖北省下乡知识青年先进单位,1978 年 5 月至 1980 年 12 月曾在该处办县知识青年学校 5 期,先后有 558 人参加学习。

下乡知识青年经过一、二年劳动后,便被分期分批招收回城,安排就业,也有的参军、升学、提干。

在安置上山下乡知识青年过程中,国家每年按下乡人数下拨安置经费由县管理,专款专用。其标准是:每人补助建房费 200 元,生活费 200 元,工具家具费 60 元,学习费 10 元,医疗费 10 元,旅运费 30 元。除此,还有生产扶助、困难补助、业务活动经费等。至 1980 年国家共拨安置经费 318.3 万元。其中:支出建房费 123.3 万元,生活费 80.8 万元,工具家具费 42.8 万元,学习费 1.9 万元,医疗费 2.1 万元,旅运费 0.1 万余元,生产扶助 20.1 万余元,困难补助费 1.1 万元,因灾补助 0.5 万元,业务费 5.1 万元。另外,扶助城镇办"知青工厂"支出 29.6 万元。以上支出为上山下乡知识青年建房 267 栋,1 998 间,3.28 万平方米。购置拖拉机 15 台,加工机械 92 台(件),木床 2 105 张,书柜 109 件,桌凳 2 609 件,牲畜 91 头。这些财产,除中笔、仙帝庙、丰家店三处知青点移交县劳动人事部门办技工学校、财政部门办财政学校外,其余均于 1981 年 5 月按原拨款的 30%作价处理给各社队。

1964 年至 1981 年知识青年上山下乡与安置情况表

项目 年度	动员下乡 人数	招收回城 人数	年末在乡 人数	项目 年度	动员下乡 人数	招收回城 人数	年末在乡 人数
1964	72		72	1973	1 125	670	2 041
1965	41		113	1974	520	272	2 289
1966	38		151	1975	660	1 411	1 538
1967			151	1976	602	251	1 889
1968	1 610		1 761	1977	422	927	1 384
1969	2 053	50	3 764	1978	395	678	1 101
1970	359	1 100	3 023	1979	311	607	805
1971	368	1 537	1 854	1980		697	108
1972	132	400	1 586	1981		108	

（第十四篇第一章《民政》，第 477—478 页）

1964 年在陆城、枝城两镇动员未能升学的初、高中毕业生及待业青年 72 人到农村插队落户，并安排 203 名城镇待业青年从事临时工、合同工（去神农架林区的长期合同工 107 人）。"文化大革命"中，上山下乡知识青年达 8 708 人，除参军、升学、提干者外，招工回城的占 73.9％。

（第十四篇第二章《劳动人事》，第 484 页）

《枝江县志》

湖北省枝江县地方志编纂委员会编，中国城市经济社会出版社 1990 年

知识青年安置

1964 年 9 月，县政府成立安置城镇人口下乡领导小组办公室。开始有少量的知识青年到农村安家落户。

1964—1978 年，全县共接收安置 17 234 名知识青年到农村落户。其中，武汉市知识青年 3 957 名，宜昌地、市知识青年 8 379 名，本县下乡知识青年 4 898 名。

1964—1981 年，有关部门拨付知识青年安置经费 656.3 万元。其中，建房补助费 204.71 万元、生活补助费 234.06 万元、生产扶持资金 56.56 万元。全县为知识青年修建住房 2 861 间，总面积达 58 048 平方米。

1979—1981 年，国务院调整了知识青年上山下乡的政策，实行城乡广开门路，妥善安排。对 16 年来安置到农村的知识青年，通过国家招工、招生、参军等途径逐年离开农村，其余全部收回，多数就业于城镇集体单位和知青农工商联合企业。全县上山下乡知识青年招进工厂的有 14 793 名，入学 951 名，参军 399 名，回城 641 名，外迁 373 名，死亡 33 名，其他 44 名，共有 17 201 人脱离了原落户点。

（第十七篇第二章《人事劳动》，第 613 页）

《五峰县志》

五峰土家族自治县地方志编纂委员会编著，中国城市出版社 1994 年

是年（1964 年），本县 25 名城镇知识青年响应党中央上山下乡的号召，到农村插队落户。至 1978 年本县约 900 名、宜昌市近 300 名的城镇知识青年被动员在五峰农村插队落户。根据中共中央中发［1978］74 号文件关于"一般县城不列为上山下乡范围"的精神，1979 年知青转为城镇安置就业，到 1987 年对 1 186 名（本县 869 名、宜昌市 290 名，其他市县 27 名）下乡知识青年予以安置。　　　　　　　　　　　　　　（《大事记》，第 19 页）

1966 年 4 月成立知识青年上山下乡办公室，开始安排城镇知识青年上山下乡，至 1978 年全县下乡知青 1 159 人。1978 年后，不再动员知青下乡，并将仍在农村的城镇知青通过招工、招生和参军等形式调回城镇妥善安置（知青安置情况见表 17-8）。

表 17-8　五峰县知识青年上山下乡安置情况表

年份 ＼ 项目人数	下乡知青安置总数（人）	其中	
		本县籍（人）	宜昌市籍（人）
总计	1 159	869	290
1964	25	25	
1966	53	53	
1968	70	69	1
1969	72	66	6
1970	310	40	270
1971	64	64	
1972	35	35	
1973	156	154	2
1974	45	45	
1975	113	106	7
1976	96	92	4
1977	78	78	
1978	42	42	

（卷十七《政权·中华人民共和国成立后的地方政权·县人民政府》，第 406 页）

《长阳县志》

长阳土家族自治县地方志编纂委员会编纂，中国城市出版社 1992 年

同月(1968 年 11 月)，武汉汉阳区下乡知识青年响应号召，首批来县"接受贫下中农再教育"，被安置于南岸坪。　　　　　（卷首《大事年表·中华人民共和国建立以后》，第 28 页）

(1969 年)1 月 3 日，县革委决定成立城镇知识青年上山下乡安置领导小组。

（卷首《大事年表·中华人民共和国建立以后》，第 29 页）

"文化大革命"中，实行"斗、批、改"，县革命委员会下属机构大量减少，至 1976 年有 15 个，即：计划委员会（含知青办、安全办和科技、劳动、统计、物价等科）……

"文化大革命"后期，分行业的行政或行政、事业合一的机构一般都独立分设起来，至 1978 年，达到 34 个，即：政府办公室、公安局、民政局、司法局、劳动局、知青办……

（卷十六《政权机关·新中国建立后的长阳地方政权机关》，第 463 页）

1950 年以来，县民政、劳动部门的劳动组织管理工作均以城镇待业青年为重点。且从 1969 年起，相继建立了知识青年上山下乡办公室、劳动服务公司等专门机构，以加强劳动就业的统筹安置、临时工的输送和管理、劳动者就业前的教育、培训等日常工作，从而为全县工人队伍的建立、发展壮大和劳动生产率的提高发挥了积极作用。

（卷十七《民政、劳动、人事·新中国建立以后的长阳民政、劳动与人事》，第 492 页）

"文化大革命"初期的 1966—1968 年，在校学生无论毕业与否，一律留校参加"闹革命"。一时间学校学生爆满，给城镇造成巨大的变相待业的压力。1968 年秋，县始按"知识青年上山下乡"的要求，安置城镇知青上山下乡，插队落户。1970 年以后，高、初中毕业的非农业户口学生亦陆续安排下乡插队。1968—1978 年，全县共安置知青 1 863 人，其中县内 1 487 人，武汉市 176 人，宜昌市 200 人。同时，共拨专款 48.4 万元，建立知青点 25 处，建房 400 间，以解决其在乡生活、生产问题。其间，下乡知青又不断通过招工、招干和推荐升学、参军等途径，陆续离乡。至 1978 年末，留农村的仅 259 人。到 1979 年，除 5 人在农村结婚安家、不愿回城外，其余全部返回原籍作了重新安排。

从 1979 年起，城镇知青不再安排下乡劳动，全由县安置办公室安置就业。当年全县城镇待业青年达 1 348 人，是新中国建立以来全县城镇待业人员最多的一年。这些人员中，有回城待业的知青，有落实政策人员的子女，有当年城镇 16 岁以上未升学的初、高中毕业生，还有部分有劳动能力的家属及其他城镇闲散劳动力。至年末，共安置就业 951 人，占待业人

数的 70.5%。此后,为扩大就业门路,国家先后借出无息贷款 24.5 万元,扶持县办线毯厂 1 家,安置就业 110 人;集体兴办知青工商联合公司 1 家,安置就业 23 人;县劳动服务公司办商店门市部 3 个,安置就业 7 人。1979—1985 年,总计待业人员为 3 428 人,安置 3 198 人,占待业总人数的 93.3%。

(卷十七《民政、劳动、人事·新中国建立以后的长阳民政、劳动与人事》,第 492 页)

《长阳人口志》

闫洪南主编、吴开荣执行主编,湖北人民出版社 2009 年

同年(1968 年),武汉汉阳区 17 名下乡知识青年响应号召首批来县接受贫下中农再教育,被安置于磨市黄荆庄(南岸坪)。随后,都镇湾镇金福公社、竹园公社均接收大批来自武汉、宜昌等地的知识青年。

(第一篇《大事记略》,第 12 页)

《秭归县志》

湖北省秭归县地方志编纂委员会编,中国大百科全书出版社 1991 年

(1964 年)10 月 5 日,秭归县安置城镇下乡青年领导小组成立。　(《大事记》,第 31 页)

(1969 年)2 月 24 日,全县 438 名知识青年上山下乡插队落户。　(《大事记》,第 33 页)

共产主义劳动大学　1975 年 7 月 30 日,秭归县共产主义劳动大学(简称"共大")在马壕山创办。配行政人员 16 人,专职教师 4 人,兼职教师 5 人。设农业、林业、畜牧业、医药、水电五个系,当年招生 273 人,学制 1—2 年。学员是下乡、回乡知识青年,农村基层干部和退伍军人,具有高中、初中(少数是高小)文化程度,身体健康,年龄在 25 岁左右,由公社选送。学习期间实行半耕半读制度,由保送单位按同等劳动记工分,县财政每月拨给生活补助费,粮食局补助粮油,学习期满考试合格者发给毕业证书,社来社去。"共大"为社、队培养各种人才 850 人,于 1980 年 9 月撤销。

(卷十四《教育·中华人民共和国时期教育》,第 380 页)

下乡知识青年返城就业　1957 年夏,城关镇女知识青年彭洪秀、张先枝到水田坝区王家桥插队落户。同年 11 月,杜江南等 4 名女知识青年到水田坝区上坝插队落户。1964 年 10 月,城关、香溪、沙镇溪 3 镇组织 105 名知识青年到当阳县陈场公社插队落户。1966 年 11 月,县城组织 102 名知识青年到磨坪公社插队落户。1968 年成立县知识青年上山下乡领

导小组,1973 年建立知识青年上山下乡办公室。1974 年推广湖南株洲市"厂社挂钩,干部带队,集体安置"经验,全县分战线建立农村知青点 71 个。1957—1980 年,全县共有 2 843 名城镇知识青年到农村插队落户或集体落户。1981 年,城镇知识青年不再上山下乡,已下乡者逐步返城就业。遵照中共湖北省委关于"调整上山下乡政策,改变安置办法,因地制宜,发挥优势,广辟门路,把知青工作的重点转移到发展生产上来"的指示和"国家安排就业、集体组织起来就业、个人自谋职业三结合"的原则,对返城下乡知识青年实行优先安排。对集体组织起来就业和自谋职业的返城知青,省拨给 10 万元扶持周转金,按人均 500 元左右开支。对最后一批安置的 55 名,每人再追加 500 元。1968—1985 年,共开支知识青年上山下乡和返城安置经费 175.5 万元。(表 204)

表 204　1957—1981 年秭归下乡知识青年返城就业情况

年份	下乡知青	返城就业	其		中			年末在乡知青
			招工	参军、升学	街办企业	自谋职业	待业	
合计	2 843	2 843	1 824	540	38	20	421	—
1972 年前	1 161	718	637	81	—	—	—	443
1973	170	137	83	38	8	8	—	476
1974	392	47	34	10	3	—	—	821
1975	278	266	225	35	3	3	—	833
1976	265	556	495	44	10	7	—	542
1977	259	44	16	23	3	2	—	757
1978	286	343	118	221	4	—	—	700
1979	30	198	133	59	6	—	—	532
1980	2	224	68	28	—	—	128	310
1981	—	310	15	1	1	—	293	—

(卷二十三《劳动人事·劳动管理》,第 480—481 页)

1983 年,县内实行选聘干部制度。当年,在农村生产大队、生产队担任管理工作两年以上的干部,农村各种不脱产的技术员,高中毕业生回乡参加农业生产或从事其他农村工作两年以上的知识青年,回乡参加农业生产的社来社去的大、中专毕业生中,经考试、考核,择优选聘符合条件的 45 人。以后,又按条件选聘了一批乡镇干部和财贸干部。至 1985 年,全县共选聘干部 286 人。　　　　　　　　　　(卷二十三《劳动人事·人事管理》,第 484 页)

《秭归县志(1979—2005)》

湖北省秭归县地方志编纂委员会编,方志出版社 2010 年

知识青年安置　1980 年,县劳动局按照"调整上山下乡政策,改变安置办法,因地制宜,

发挥优势，广辟门路，把知识青年工作的重点转移到发展生产上来"的精神，通过安排到社队企业工作和自谋职业，安置上山下乡返城知识青年128人。至1983年，全县尚有上山下乡返城知识青年189人未安置，经宜昌地区劳动局批准，在留县自用的劳动就业扶持生产周转金中开支10万元，按人均500元作为一次性安置费发放到人。当年共安置134人就业。1986年3月，县劳动服务公司又追加劳动就业周转金2.75万元，按照"劳动部门介绍就业、自愿组织起来就业和自谋职业相结合"方针，于当年底，将其余55名上山下乡返城知识青年全部安置就业。

（第十五篇第一章《劳动与社会保障》，第485页）

《兴山县志》

兴山县地方志编纂委员会编，中国三峡出版社1997年

第二节　知识青年上山下乡

分散落户　1955年，毛泽东为《在一个乡里进行合作化规划的经验》一文所写的按语中指出："一切可以到农村中去工作的这样的知识分子，应当高兴地到那里去。农村是一个广阔的天地，在那里是可以大有作为的"。从此，知识青年（以下简称知青）上山下乡的由大、中城市开始。1963年宜昌市有35名知青到兴山，县委、县政府遵照上级指示精神，把他（她）们安排到较富裕的水月寺、黄粮坪、榛子岭等公社较富裕的村，住进贫农、下中农或大、小队干部家里，与农民同吃，同住、同劳动。知青的劳动与农民一样用工分计量，年终参加小队决算分配，知青从事劳动的年收入可用于口粮（知青口粮标准540斤，比当地农民高110—180斤）费用和部分零花钱。1964年宜昌市再次来兴山15名。1966年兴山高阳镇开始有16名知青下乡。上山下乡知青的安置国家在住房、医药、生产、生活用具、生活费用都有具体标准补贴。（住房180元、医药5元、工具费60元、生活费80元）下乡3年后不再补贴。大部分知青，年满两年的劳动时间后，由原住地需要用人单位，在知青下乡的地方择优选招。1963年至1968年先后三批下乡66名，招工回城50名，在乡16名。

插队落户　1969年至1973年下乡知青，自由组成小组，每组3—4人为一集体户，到生产队后为他们单独安排住房，划定菜地，指定专人指导知青种菜。有的生产队为了不违农时，知青未到菜已种好。知青到队后就交给知青管理食用。在以集体户为主要形式插队落户的同时，宜昌市一批27人的知青到兴山县坟塥坪林场落户，同林场工人一道绿化荒山。知青的生产工具、家具生活补贴费用由国家下拨生产队或知青所在的农、林场（1973年建房费人平200元，生活补助费180元分3年，第一年100元、第二年50元、第三年30元，农具家具费60元、学习费5元、医药费5元由县统一掌握）。1969至1973年下乡知青799人，其中武汉市271人，宜昌市166人，兴山362人，5年内招工、招生回城644人，1973年底在乡

155 人,国家拨付的安置经费 32.75 万元。

这种知青集体户每月集中学习两天时事政治。各队根据每个知识青年的情况安排做一些社会工作增加知青的社会知识和才干。

集中安置 中共中央中发〔1973〕30 号文件批转《国务院关于全国知识青年上山下乡工作会议的报告》中指出:"今后城镇知识青年上山下乡、插队,要适当集中,建立青年点;以下乡知识青年为主,由带队干部和部分贫下中农参加,在人民公社里建立集体所有制的青年队"。兴山县委、政府在贯彻执行这一精神时,县直机关以战线为单位,街道居民挂靠战线,由战线派出带队干部同知识青年一道插到集体所有制的果、茶场。各公社直属机关的知识青年由名公社统一组织,在集体所有的综合场内落户,用于知青安置的各项费用由兴山县知识青年办公室掌握,按人数下拨到知青点。除生活费用外,可以统筹为知青建集体宿舍、厨房、学习室、厕所、牛栏、猪栏等配套设施。1974 年至 1977 年下乡知青共 471 人,分布在峡口公社普安茶场知青点,茶场有茶园 40 亩。岩岭茶场知青点,有茶园 45 亩。南阳公社落步河知青点有旱田 10 亩、茶园 10 亩。古夫公社鄢家湾知青点在河滩上造田 11 亩。旱地 17 亩种植柑桔 1 000 株。榛子公社乌龟包知青点主要是开荒种苹果,有 45 亩粮田。黄粮公社金家坝知青点有旱田 40 亩,在荒坡上种油茶 60 亩。刘家坝知青点有旱田 6 亩,水田 12 亩。黄粮坪知青点,耕种 30 亩旱田,新开茶园 6 亩。三阳公社(今水月寺镇)界岭茶场知青点安置知青管理茶园 80 亩。党、政、群战线则在榛子公社河坪大队的瓦屋塅办起了独立核算的知识青年队。县、社派出带队干部 3 人,大队选派贫下中农代表 8 人,划归青年队的耕地 80 亩,可耕荒地 70 亩,山林 280 亩,薪炭林 40 亩。知青队以粮食生产为主逐步兼营工副业,建队第一年吃粮靠供应,劳动工分值 0.2 元。第二年办了养猪场,粮油达到自给,工分值 0.35 元,第三年卖余粮 3 500 斤,牲猪存栏 26 头,耕牛由 5 头发展到 11 头。在国家扶持下购置了拖拉机、柴油机等农机具,建起宿舍楼 1 000 平方米,猪栏 150 平方米,牛栏 80 平方米,4 年时间国家拨给知青点、队经费共 20.93 万元。

1976 年粉碎林彪、江青反革命集团后,党的工作重点转移到经济建设上,城乡兴办工业企业增多,就业门路拓宽,1977 年在乡知青 202 人,由劳动部门统一安排,一次招到各个企业、事业单位、各知青点的财产都折价交给当地集体经营。河坪知青队则全部交给兴山县榛子农业科学研究所。

(第二十三篇第一章《就业安置》,第 411—412 页)

"文化大革命"开始后,1967 年,中学停止招生,学校停课"闹革命"。1968 年春开始复课。中学招生废除文化考试制度,初中毕业生全靠推荐、选拔上高中,高中毕业生一律按回乡知识青年或上山下乡知识青年予以安置,参加农业生产劳动,通过两年的劳动锻炼,再经选拔推荐或应征、或招工、或进入高等院校学习。

(第二十四篇第二章《普通教育》,第 434 页)

《恩施州志》

恩施州志编纂委员会编,湖北人民出版社1998年

（1968年）10月9日,恩施地区革命委员会成立知识青年上山下乡安置办公室,安置高、初中毕业生到农村去接受贫下中农再教育。当年安置1748人。　　（《大事记》,第16页）

（1969年）7月20日,恩施地区及恩施县革命委员会在体育场召开欢送恩施城镇上山下乡知识青年大会,首批奔赴农村安家落户的初、高中毕业生300多名。（《大事记》,第16页）

同年（1971年）,省革委政工组分配恩施地区选青干部指标1060名,规定从农村基层干部、复员退伍军人、回乡知识青年中选拔表现好、有文化、有工作能力的青年人,录用为国家干部,补充干部队伍。

（卷十八《人事、劳动·中华人民共和国成立后·人事管理》,第751页）

1969年恢复招工,招工对象主要是城镇上山下乡知识青年和一部分农村复员退伍军人及部分被征用土地社队的农民。1975年恢复退休退职职工子女顶替制度。1970年至1976年,全专区共招收17223人,其中临时工3481人。1977年后,招工工作逐步实行面向社会、公开招收、全面考核、择优录用的办法,招工对象主要是上山下乡知识青年和城镇待业青年。　　（卷十八《人事、劳动·中华人民共和国成立后·劳动管理》,第756页）

1964年开始安排城镇知识青年上山下乡。到1978年,共有20193名城镇知识青年上山下乡,其中接收安置武汉知识青年2265人,本区知识青年17928人。安置的主要形式是插队落户、回乡、组织青年场队、到国营农林场圃等,国家给予建房、医疗、生活补助等待遇。1973年至1981年,全区实拨知青费786万元,其中安置费672万元。到1978年底,共建房3834间,51492平方米。知识青年上山下乡劳动锻炼两年以上,通过各种途径陆续返回城镇就业。全区知青安置招工8237人,招生2178人;发展知青企业55个,安置1566人;成立劳动服务公司和劳动服务站,大力兴办集体企业和饮食业,发展个体工商户,共安置待业人员4949人。此外还有部分知青因参军、招干、病残返迁等原因离开农村,到1982年,全区历年上山下乡知识青年全部恢复城镇户口,陆续回城安置就业。

（卷十八《人事、劳动·中华人民共和国成立后·劳动管理》,第756—757页）

1969年,掀起大规模城镇居民上山下乡运动。1月6日,成立施恩地区革命委员会城市人口上山下乡领导小组,下设办公室,根据省革委会指示,凡1966年后的中学毕业生、城镇

社会青年、无固定职业的城镇闲散人员、职工家属子女、小商贩及事业单位的精简职工等,实行上山下乡安置,城镇居民每人补助 130 元,社会青年单独落户者每人补助 230 元(路费 10 元,生活补助费 20 元,建房补助 200 元)。全区 8 县随之掀起动员上山下乡热潮。1970 年,全区安置上山下乡 11 548 人,其中知识青年 1 204 人,居民 6 202 人,职工家属 3 084 人,其他 1 058 人。省下拨安置费 150 万元,实际支出 1 275 353 元。此后,每年都有知识青年和城镇居民上山下乡。至 1975 年,全区上山下乡居民 5 681 户,18 840 人。建房 2 167 户。10 月,省再拨 36 万元,解决 1 528 户建房问题。

(卷十八《人事、劳动·中华人民共和国成立后·工资福利》,第 790 页)

《恩施市志》

湖北省恩施市地方志编纂委员会编,武汉工业大学出版社 1996 年

知识青年上山下乡安置 恩施县动员知识青年上山下乡始自 1968 年,到 1977 年止,共动员与安置下乡知识青年 6 580 人(含武汉等地来恩施落户的 257 人)。分年安置如下表:

恩施县(市)知识青年上山下乡安置情况一览表

年　度	全县下乡知青总数		安　置　情　况					调　离　农　村			
	合计	其中:外地	插队人数	回乡人数	到集体场队所人数	到国营农林牧渔场人数	到外省县人数	高考入学	应征入伍	招工提干	其他
总　　计	6 580	257	2 874	389	2 072	413	832	1 814	3	903	114
1968—1972 年	1 246	250	1 112				134	292			
1973	1 565		1 442				123	173			
1974	1 076	1	312	102	269	208	185	312	3		
1975	864			35	570	157	102	294		90	107
1976	829	3	8	166	454	48	153	356			
1977	1 000	3		86	779		135	387		813	7

至 1977 年底,在本县农村的知识青年还有 2 914 人,其中:插队的 855 人,回乡的 156 人,集体场队 1 556 人,国营农、林、牧、渔场 347 人。1978 年后,除高考、应征、招工提干、农村安家外,其余陆续转回城镇,此项工作基本结束。

(卷六第二章《中华人民共和国时期,第 137 页》)

《建始县志》

建始县地方志编纂委员会编,湖北辞书出版社1994年

(1968年)6月,县城首批知识青年上山下乡安家落户,接受"贫下中农再教育"。

(《大事记》,第26页)

同时(1979年),对全县下乡知识青年采取招工、升学、参军、提干等形式陆续安置就业。是年底,共安置2 616人,其中招工1 513人;升学717人;参军127人;提干4人;因病转回城镇的19人;顶替11人;其他安置225人。 (卷七《人事、劳动·劳动》,第203页)

《巴东县志》

《巴东县志》编纂委员会编,湖北科学技术出版社1993年

(1969年)1月16日,县城镇人口上山下乡工作领导小组成立。19日,城关镇初、高中毕业知识青年185名赴农村落户。 (《大事记》,第19页)

上山下乡知识青年安置

1964年,县动员城镇知识青年93人首批下乡插队,除1人去将军公社投亲外,其余均安置于石马公社的16个生产小队。同年12月21日下乡37人(其中单身插队青年30人,全家落户的2户7人),安置于耀英公社的4个生产小队。买房5栋21间,腾出公房3栋9间,装置101人,占两年总数的77%。安置费用标准、单身青年每人200元。

1968年,毛泽东主席提出"知识青年到农村去接受贫下中农再教育"的号召,本县掀起知识青年上山下乡插队落户的高潮,主要对象为城镇户口的初高中毕业生。到1979年,全县共下乡知识青年2 108人,其中入学、参军、招工、病转1 637人,其余均在落实知识青年上山下乡政策中才得到妥善解决。

(卷十五《政事·中华人民共和国成立后·安置》,第378页)

《鹤峰县志》

湖北省鹤峰县史志编纂委员会编纂,湖北人民出版社1990年

同月(1969年1月)20日,125名武汉知识青年来我县太平、走马插队落户。

(《大事记》,第19页)

第三节 知青上山下乡

1964 年,县成立"安置下乡青年领导小组",动员青年上山下乡和接待外地下放青年的工作。1969 年 4 月,128 名武汉知识青年分别到走马、太平、下坪、城郊 4 个区 13 个生产大队插队落户。同时有 138 名本县知识青年到全县 7 区 1 镇的 37 个生产大队插队落户。1970—1978 年先后有 594 名城镇知识青年分八批上山下乡,安排在 54 个生产大队和 19 个知青点。1974 年以后,独生子女和病残知识青年不再上山下乡。

国家对上山下乡知识青年拨给每人一次性安置费 200—380 元,下乡的第一年,口粮由国家统一供应,第二年劳动分配的口粮月平达不到 40 斤的,仍由所在生产队或国家补足 40 斤。知青点购买大型生产工具和新建住房的经费均由县拨款解决。同时,还给插队落户的知识青年适当补助建房费和房屋维修费。9 年中,全县共拨经费 269 664 元。

1979 年以后,县内不再动员城镇知识青年上山下乡,并对仍在农村的下乡知识青年进行妥善安置。1979 年 12 月,在农村的下乡知识青年全部转为城镇户口、恢复吃商品粮。全县 860 名下乡知识青年中,招生 269 名,招兵 64 名,招全民工 365 名,招集体工 103 名,提干 5 名。其余 54 名相继得到安置。　　　　　（卷二十一第五章《劳动　人事》,第 408 页）

《宣恩县志》

宣恩县志编纂委员会编纂,武汉工业大学出版社 1995 年

同年(1964 年),开始组织知识青年上山下乡,到农村落户,全县共安置知识青年 54 人。

　　　　　　　　　　　　　　　　　　　　　　　　　　（《大事记》,第 19 页）

(1969 年)2 月,全县安置 272 名知识青年上山下乡,其中武汉、黄石来本县的 141 名。同时城镇居民下乡 281 名。这批知识青年和居民,在党的十一届三中全会后,大多数先后返回城镇,并安排了工作。　　　　　　　　　　　　　　（《大事记》,第 20 页）

知青办公室　1973 年 4 月设立,1984 年 3 月并入劳动人事局。

　　　　　　（《政权·中华人民共和国建国后的宣恩政权·行政机构》,第 299 页）

1964 年开始知识青年上山下乡安置工作,至 1967 年,下乡 29 人,分别安置在城关区和沙道区。1968 年,毛泽东主席号召"知识青年到农村去,接受贫下中农的再教育",大批知识青年上山下乡。县成立知识青年上山下乡安置办公室,当年安置 49 名外地知识青年。1969年 1 月,接收武汉、黄石、恩施和本县机关干部子女 197 名,安置在高罗区的九间店、龙河、麻阳寨等 8 个小公社、14 个生产大队、39 个生产队落户。1970—1976 年,先后有 685 名知识

青年到农村落户。同时,县革命委员会根据统筹安排的原则,将本县的知识青年集中安排在国营场圃,人平拨给 400 元经费,修建住房和购置生产工具。1977 年,由于各场圃负担过重,改为以战线为单位在农村建立知青点,安置本战线的知识青年。1978 年下半年停止知识青年下乡落户。此后,在本县下乡落户的知识青年,除先后参军、升学者外,大部分于1978 年、1979 年招工到国家机关、企事业单位就业。

上山下乡知识青年接收安置一览表　　　　　　　　　　单位:人

年份	上山下乡人数	其　中		回城就业人数	其　　中				
		女性	外地知青		女性	招工	升学	参军	其他
1967 前	29	14		12	5				12
1968	49	23		44	12	29	5		8
1969	197	98	125	173	95	147	22	1	3
1970	45	24	18	34	17	14	15		5
1971	33	11		23	5		13		10
1972	46	18		9	4		8		1
1973	66	27							
1974	186		55	44		3	41		
1975	160		37	58		35	23		
1976	122		19	137		87	22	21	7
1977	131			56		37	19		
1978	31			291		74	157	50	10

(《政权·中华人民共和国建国后的宣恩政权·政务》,第 306—307 页)

《咸丰县志》

咸丰县志编纂委员会编,武汉大学出版社 1990 年

(1968 年)冬,知识青年上山下乡,"接受贫下中农再教育"。当年下放 446 名,其中武汉市学生 236 名,安排到 7 个区 42 个公社 97 个大队 163 个生产队。1970 年停止下放。

(《大事记》,第 25 页)

(1969 年)8 月 13 日,四川黔江知青 17 人,到大路坝供销社购买狗皮发生纠纷,导致武斗,打伤大路坝供销社职工 2 人。大路坝公社革委会动用民兵 200 人围山搜剿,打死黔江知青 3 人,打伤 13 人,公社革委会一副主任受到纪律处分。　　(《大事记》,第 26 页)

1964 年开始知识青年上山下乡安置工作。至 1965 年,两年下放 45 人,分别安置到城关区白水坝公社和杨洞区黄泥塘公社的 3 个大队 15 个生产队。1968 年,毛泽东主席发出

号召,"知识青年到农村去,接受贫下中农再教育",大批知识青年上山下乡。县成立知识青年上山下乡安置办公室,当年下放安置知识青年 430 人,其中武汉知识青年 236 人,分别安置在生产条件较好的 42 个公社 97 个大队 163 个生产队。1974 年至 1976 年,根据对下乡知识青年统筹解决的原则,本县下乡知识青年集中安排到国营农林场圃,计 199 人,政府给场圃按下放人员人平 400 元拨款,修建住房和购置生产工具。1977 年场圃负担过重,改为以战线为单位在农村建立知青点,安置本战线知识青年。党群战线在大沙坝公社前进大队药材场建点,文教战线在茶园公社林场建点,工交战线在丁寨公社农科队建点。农林水战线在小村公社农科队建点。点上修了房屋,派了带队干部。1978 年下半年停止下放,对在乡知识青年,除参军、升学者外,先后于 1978 年和 1979 年招工到各单位就业,仅有 5 名女知识青年因多种原因未予安排工作,只将她们转为非农业人口,武汉知识青年亦陆续返汉,因工作或成家留县 19 人,其中 1 人系四川重庆的知识青年。

(《政权·中华人民共和国建国后的咸丰政权·政务》,第 379—380 页)

　　1964 年后,先实行知识青年上山下乡,1978 年停止下放,同时通过推荐等办法,陆续招工到城镇就业。1970 年至 1972 年,从农村招收 1 600 名贫下中农出身的知识青年到机关、企事业单位就业,同时上调国家及省、地劳动力 813 名,大部分是知识青年和复员退伍军人。1978 年城镇待业达到高峰,1979 年底严格控制从农村招收劳动力,劳动指标主要解决城镇待业青年就业。

　　1977 年至 1985 年,共安置城镇待业人员和下乡知识青年 3 877 人,全民单位和集体单位从农村招收劳动力 1 858 人(大部分是职工退休子女顶替)。

(《政权·中华人民共和国建国后的咸丰政权·政务》,第 382 页)

　　1971 年 12 月 10 日设立咸丰县师范学校,借恩施地区咸丰师范学校部分校舍办学。次年 2 月首届招生,以自愿报名、群众推荐、领导批准、学校复审的办法,招收具有初中以上文化程度、年龄 25 岁以下、劳动锻炼 1 年以上、未婚的回乡、下乡知识青年、民办教师和复员退伍军人,招收两个班 90 名学生。

(《教育·中华人民共和国建国后的咸丰教育·师范教育》,第 448 页)

《利川市志》

湖北省利川市地方志编纂委员会编,湖北科学技术出版社 1993 年

　　知青安置　1964 年成立上山下乡知识青年安置领导小组,当年开始安置部分城镇知识青年到农村插队落户,到 1967 年,共安置 50 名。1968 年后,根据毛泽东同志"知识青年到

农村去接受贫下中农的再教育"指示,全县掀起上山下乡插队落户高潮。上山下乡的对象,是城镇户口的初高中毕业生。从 1964～1977 年的 13 年间,共安置 2 705 名知识青年上山下乡插队落户。其中接收安置武汉市知青 873 人,从外地转来利川安置 35 人,安置本县知青 1 797 人。知青下乡后,国家均按人补助一定数量的现金,作购置日常生活用具费用,同时所在生产大队也给予适当的安置费。对下乡知青在生活上确有困难者,县财政每年还给予一定的补助。从 1972—1977 年,全县共拨给知青生活困难补助费 14.79 万元;知青建房费 19.35 万元,建知青住房 5 494.18 平方米;知青工具补助费 6.25 万元;学习材料及医疗补助费 42.93 万元。1978 年底,开始调整上山下乡政策,不再动员知识青年上山下乡。1979 年后,给历年下乡的知识青年分期分批下达招工指标,优先安排 1972 年以前下乡的知青回城工作。1982 年,全县历年上山下乡知识青年全部恢复城镇户口,到 1984 年,全部安置就业。对下乡到农村三场的知青,本着自愿的原则,大多就地安置。

(第二十卷第五十四章《劳动人事》,第 370 页)

1981 年从农村大队、生产队干部、回乡知青和民办教师中吸收行政干部 76 名,国家教师 13 名。 (第二十卷第五十四章《劳动人事》,第 376 页)

1966—1977 年,学校招生实行推荐选拔制度,全县共毕业初中学生 43 530 人,这些毕业生回乡劳动生产,接受贫下中农再教育后,经推荐 771 人继续升学,占毕业生总数的 1.8%。

(第二十二卷第六十一章《建国后的教育》,第 414 页)

1971—1976 年,全县高中毕业生共计 8 918 人,这一阶段的初中、高中毕业学生,均先到农村劳动锻炼,接受贫下中农再教育,然后经过推荐选拔方能升学。

(第二十二卷第六十一章《建国后的教育》,第 415 页)

(1969 年)1 月,动员城镇知识青年上山下乡。此后陆续安置下乡,陆续推荐升学或就业,至 1977 年停止。 (第二十八卷《大事记·新中国建立后》,第 565 页)

《郧县志》

《郧县志》编纂委员会编,湖北人民出版社 2001 年

(1969 年)10 月 29 日,郧县知识青年上山下乡办公室成立。 (《大事记》,第 61 页)

1976 年 10 月,县革委会所属机构有……知识青年上山下乡办公室、工农青妇联合办公室

（1972年9月设立,后自行消失)等。（卷十七《地方政权·中华人民共和国成立后》,第669页)

1983年6月,县知识青年上山下乡办公室与劳动局合署办公。

（卷二十二《社会保障·机构》,第800页)

上山下乡知识青年安置

1964年,郧县开始动员和组织城镇知识青年上山下乡插队落户。至1978年,全县共安置知青4894人(其中接收武汉知青353人),建立知青点336个,拨付专项经费167万余元,以解决其在乡生产、生活问题。其间,下乡知识青年通过历年招工、招干,推荐参军、升学等途径,陆续离乡。至1981年,除在农村结婚的32名下乡知青,本着就近、就地安置到国营农、林、牧、渔场及有关单位就业外,剩余的156名下乡知青,全部返城安置就业。

（卷二十二《社会保障·职工劳保福利》,第805页)

《房县志》

湖北省房县志编纂委员会编纂,中国文史出版社1991年

(1968年)12月25日,全县各中学193名知识青年首次上山下乡。次年丹江口市182名知识青年,武汉市1242名知识青年到房县插队落户,接受贫下中农再教育,1979年后全部收回安置。

（《大事记》,第23页)

第三届妇代会于1973年2月23日至27日在房县电影院召开,到会代表857人。其中赤脚医生1人,民办教师12人,烈军属4人,少数民族2人,下乡知识青年5人,可以教育好的子女2人,营业员18人,话务员1人,医务人员12人,文艺工作者1人,技术员2人,"五七"战士1人,红卫兵代表2人,部队家属1人,城镇居民1人。

（《政党、社团·中华人民共和国时期的政党社团》,第124页)

1977—1978年清理流入城镇的下乡居民、知识青年和无户口人口,清理返乡165户,403人;收回外流劳力1200人;对城关镇户口、门牌重新进行编制。

（《公安、司法·公安》,第155页)

1974年,武汉下放知识青年、房县教育局职工陈玉平,舍己救人,在同杀人凶犯英勇搏斗中,光荣牺牲。中共房县县委追认其为共产党员。共青团房县委员会授予"模范共青团员"光荣称号。

（《政事·优抚》,第180页)

下乡知识青年　本县从 1964 年起,动员城镇知识青年上山下乡,插队落户。当年安置下乡 746 人。1968 年,成立"房县知识青年分配办公室",1971 年改称知识青年领导小组,下设办公室,具体办理下放知青的安置工作,至 1979 年,先后安置下放知识青年 2 642 名。其中,丹江口市 182 人,武汉市 1 242 人,本县 1 278 人。其安置办法是:县分配名额到指定社、队、场报到,分设安置点,派专职带队干部帮助解决生产、生活、学习等问题,至 1978 年,全县共拨给知识青年安置款 60.77 万元,人平 230 元。其中建房款 26.42 万元,生活补助款 13.21 万元,扶助生产资金 21.14 万元。1979 年停止知识青年下放,并陆续以招干、招工、参军、招生、外迁等方式全部收回安置。　　　　　　　　　　　　　　(《政事·安置》,第 184 页)

《竹溪县志》

竹溪县志编纂委员会编,(内部刊行)1992 年

本年(1968 年),城镇知识青年到农村插队落户,至 1978 年,上山下乡知识青年共 1 679 人,分别作了就业安置。　　　　　　　　　　　　　　　　　　　(《大事记》,第 28 页)

本年(1973 年),县成立知识青年上山下乡领导小组,下设办公室,具体抓好知识青年上山下乡的安置工作。　　　　　　　　　　　　　　　　　　　(《大事记》,第 29 页)

上山下乡知识青年的安置:1965 年至 1978 年,上山下乡知识青年共有 1 676 人,其中:1965 年 72 人,1963 年至 1978 年 1 604 人,1978 年,安置 1 209 人,这些人中:升学 151 人,招工 1 020 人,参军 33 人,提干 1 人,其它形式安置 4 人。1979 年,又先后安置了 438 人。其中:升学 12 人,招工 396 人,参军 3 人,其它形式安置 27 人,其余 29 人,已在农场安家落户。

　　　　　　　　　　　　　　　　　　(卷五《政事·安置》,第 159—160 页)

1968 年,"文化大革命"中,实行城镇、农村知识青年分别安置的方针。至 1980 年,通过升学、参军、招工、招干等途径,安置下乡知识青年 1 676 人。

　　　　　　　　　　　　　　　　　　(卷五《政事·劳动就业》,第 160 页)

《丹江口市志》

湖北省丹江口市地方志编纂委员会编纂,新华出版社 1993 年

(1968 年)12 月 14 日,均县一中 141 名毕业学生到农村插队落户,为本县首批知识青年上山下乡。同时接纳武汉下乡知识青年 857 名。　　　　　　(《大事记》,第 26 页)

(1969年)12月2日,动员城镇人口上山下乡,其对象为初高中毕业生、小商小贩等。

(《大事记》,第26页)

1968年,城镇知识青年上山下乡。至1969年,1 954名知识青年被下放到农村劳动,其中接收武汉市下放知识青年857名。为了加强对上山下乡知识青年的管理,1973年7月成立县知识青年上山下乡办公室,接管了原来由县教育局兼管的知识青年上山下乡工作。是年,上山下乡知识青年人数已达2 186人,其中武汉知识青年924人。1974年,县拨出专款283.9万元,木材150立方米,将全县分散插队落户的1 803名知识青年集中到76个知青点统筹安排。1978年,调整"上山下乡"政策,停止知识青年下放农村。对上山下乡的知识青年分期分批招工回城。1984年,将最后剩下的277名知识青年全部安排回城就业。是年,撤销"知识青年上山下乡办公室"。

(卷十八《政事·中华人民共和国成立后的政事》,第443页)

《竹山县志》

湖北省竹山县地方志编纂委员会编,方志出版社2002年

(1969年)1月23日,县革委根据上级指示,组织首批中学生下放农村插队落户,接受贫下中农再教育。
(《大事记》,第38页)

是月(1973年11月),增设竹山知识青年上山下乡办公室。　　(《大事记》,第40页)

60年代到70年代,有"上山下乡"知识青年434人从武汉等地迁入竹山接受再教育。
(卷四《人口·人口数量》,第126页)

1964—1978年,全县先后安置上山下乡知识青年1 927人(其中本县城镇知青1 493人),接受国家拨给的知青经费657 730元,为知青建房211.5间计6 768平方米,购置家具10 250件。
(卷十五《经济综合管理·劳动管理》,第450页)

1970—1976年,县属企事业招工1 995人,郧阳地区驻竹单位招工345人,省驻竹单位招工1 131人,中央驻竹单位招工608人。招工对象主要为下放知青、复退军人、参加"三线"建设的干部职工子女、贫下中农子女。……

1979年,……是年通过招工、招生、征兵共调离在乡知青280人。

1980年,招工对象主要为城镇待业青年,全年招工596人,农村青年仅15名。是年将

3597

53名在乡知青中的43名招为工人,其余10名回城镇待业。至此,全县除13名知青结婚留乡外,绝大部分被招工安置。 （卷十五《经济综合管理·劳动管理》,第451页）

1960—1965年,从农村和城镇知识青年中录用干部73人;从临时雇佣工中录用先进工作者29人;从农村招考86名回乡知识青年为"社教"专业队员,社教结束,大部分录用为正式干部。"文革"时期,按照革命接班人的条件,实行以工(人)代干(部)和上山下乡知识青年返城招干。 （卷十八《综合政务·新中国成立后的综合政务·人事》,第534页）

知识青年上山下乡安置 1964年,县人委动员城关镇待业青年上山下乡,插队落户。当年有11名年满16周岁的青年以3—5人为一组,到田家区峪口公社集中插队。至1973年,共动员县内和接收县外上山下乡知识青年965人,安置在东至文峰长坪,西至大庙桂坪,南至官渡小河,北至茅塔水坪的范围内。此间为知青建房35间,购置农、家具千余件。

1973年,县设知识青年上山下乡办公室(简称"知青办")。1974—1978年,较集中地安置知青845人到14个公社、32个大队兴办的39个社、队场和6个国营场。此间,为知青建房176.5间,购置农、家具9 250件。

1979年,知青回城安排就业。至1981年,除13名在乡落户外,其余全部安排回城和就业。翌年,县拨款0.97万元对13名散居农村的知青解决户口、住房等困难。1981—1982年,县拨出10.57万元,扶持回城知青就业、兴办集体企业。至1982年,全县共动员、接收和安置上山下乡知青1 927人。其中本县1 493人,武汉市433人,上海1人。国家计拨经费65.77万元,建房211.5间6 768平方米,购农、家具10 250件。县调配干部48人担任知青带队干部,与他们同吃同住同劳动。

（卷十八《综合政务·新中国成立后的综合政务·民政》,第539页）

《郧西县志》

湖北省郧西县地方志编纂委员会办公室编,武汉测绘科技大学出版社1995年

(1968年)12月底,全县贯彻落实毛泽东主席关于"知识青年到农村去,接受贫下中农再教育很有必要"的指示。至1973年8月止,全县共下放知识青年624名。

（卷二《大事记》,第28页）

1966年"文革"开始,1969年又将城镇居民及知识青年下放农村落户,减少国家粮油供应。1978年后落实政策,陆续收回下放居民并恢复粮油供应,收回知识青年并安排就业。

（卷五第三章《人口普查》,第97页）

1976年7月23日,观音公社群丰一队群众在一荒山沟里发现一具无名女尸。公安局闻讯急赴现场,经勘查验证,确认死者系下乡女知青郑××,因被歹徒拦路强奸后杀人灭口,抛尸荒野。侦察过程中,群众积极协助,提供情况,很快将罪犯傅德怀追捕归案,傅犯对其犯罪事实供认不讳。人民法院判处傅极刑。 (卷十第一章《公安》,第211页)

1970—1973年,从城镇下放知青和农村回乡知识青年中招收3批干部,计300余人。1981—1985年,又招收回乡知识青年150多人。 (卷十二第一章《人事》,第277页)

1964年,开始组织动员城镇知识青年上山下乡,接受贫下中农再教育,以缓解城镇就业难的矛盾。当年下放106人,其中学生94人,闲散人员5人,家属7人。下放地点为安家区八道河、三官洞各30人,观音区五顶、洞池、阎家依次为20人、13人、3人,上津区刘家6人,河夹区火车岭1人,六郎区王家1人,土门区双庙、茅坪各1人。每人年发生活费140元。随后又下放5人。

1965年7月,根据中南区安置工作会议精神,强调安置工作必须与农村三大革命和组织生产高潮结合起来,发挥青年的积极作用。但因县内主要党政领导忙于"社教",当年下放知青仅2人。

1966年夏末,"文革"开始,大批知青忙于回城"闹革命",下放工作处于瘫痪状态,只给在乡的知青79人每人每月发医疗费6元。

1968年,毛泽东主席号召"知识青年到农村去接受贫下中农再教育,很有必要"。县当年下放知青46人。1969、1970、1971年又分别下放7人、21人、9人。到1973年,全县共下放知青761人,其中当年下放214人;并从这年开始,根据知青在乡的时间长短,表现好坏,统一分期分批安排到企事业或行政单位就业,当年招回343人。1974、1975年分别下放194人、213人,招回237人、90人。

……

1975年在乡知青分布情况表   单位:人

公 社	在乡总数	其中女	其 中					
			不足一年		一年以上		两年以上	
			人数	其中女	人数	其中女	人数	其中女
合 计	498	241	196	91	140	65	162	85
城 关	32	16	3	1	4		25	15
土 门	15	6	3		1		11	6
茅 坪	1						1	
香 口	44	19	15	7	15	7	14	5
六 斗	8	4					8	4

公　　社	在乡总数	其中女	其　　　中					
			不足一年		一年以上		两年以上	
			人数	其中女	人数	其中女	人数	其中女
上　津	53	28	13	6	20	10	20	12
槐　树	2						2	
店　子	3	1			3	1		
庙　川	2	2	1	1	1	1		
景　阳	4	1	1		1		2	1
六　郎	1	1			1	1		
和　平	1						1	
黑　虎	14	8			14	8		
夹　河	21	8	21	8				
羊　尾	20	13	1		15	9	4	4
涧　池	18	4	3	1	7	1	8	2
观　音	32	22	5	3	6	5	21	14
五　顶	27	15	2	1	17	11	8	3
马　鞍	8	5	1	1	1	1	6	3
河　夹	32	13	6	1	14	4	12	8
童　袁	3				1		2	
安　家	43	16	9	3	18	5	16	8
茶　场	58	29	58	29				
林　场	43	22	41	21	1	1	1	
原种场	13	8	13	8				

1976年，下放知青275人，其中插队48人。集体所有制场队227人(外地来2人)。当年招回95人(招生24人，征兵19人，招工48人，其它4人)，自然流动6人，年末在农村672人。

1977年，下放知青203人(其中插队45人，集体场队60人，国营农林牧场98人)，招回知青210人(招生14人，招工196人)，其它原因回城8人。年末还有657人在农村。

1978年，下放知青239人(外省1人)，招工61人，招生22人(大专14人)，征兵24人，其它184人。年底在农村还有605人(1972年以前下放104人，1973年2人，1976年152人，1977年143人，1978年204人)。

1979年，下放知青停止，招回知青364人(招生85人，征兵25人，招工250人，其它4人)，年底在农村的仅有241人(副业工2人)。

1980年，安置城镇待业人员1125人，占应安置的78.5％，其中知青222人(余已在农村安家就业)，城镇待业青年627人，农村青年130人，其它146人。

下放知青经费由财政拨给。人平月生活费约15元，月学习费、医疗费各5元；月口粮40—45斤。

15年间，知青在乡发生犯罪案件5起(偷窃2起，斗殴3起)，案件定刑：无期徒刑2人，劳教1人，其它2人。

1973—1980 年下放知青经费统计表

年　份	拨款(万元)	年　份	拨款(万元)
1973	4.17	1977	10.43
1974	20.62	1978	8.71
1975	8.65	1979	5.50
1976	12.36	1980	13.50

注:财政拨款包括生活费、学习费、医疗费、建房费、差旅费等。

下放知青在乡受迫害处理情况表

单位:起

年度	案件总数	其中已处理数	案件类型				案件定刑			
			凶杀	强奸	奸污	猥亵	死刑	有期徒刑	记过	其它
合计	25	23	1	1	22	1	1	6	6	10
1973 年前	5	5			5			2	1	2
1974	4	4			4				1	3
1975	4	4			4			2		2
1976	6	6	1	1	3	1	1	2		3
1977	4	4			4				4	
1978	1				1					
1979	1				1					

（卷十二第二章《劳动》,第 286—287 页）

1980—1990 年安置就业统计表

单位:人

年份	当年待业人数	就业转待业人数	当 年 安 置				
			总人数	固定工	合同工	集体企业就业	临时工
1980	1 434		1 125	627		251	247
1981	327		185	185			
1982	386		478	63		178	237
1983	357		604	131	100	308	65
1984	453	17	680	306	172	202	
1985	1 124	16	925	287	9	374	255
1986	2 142	275	1 023	423	255	150	195
1987	2 289	133	1 095	390	260	180	265
1988	2 071	34	1 651	324	397	227	703
1989	1 974	58	1 657	331	7	619	700
1990	1 959	252	1 620	328	367	360	565

注:(1) 1980 年人数包括回城知青。

(2) 本表统计只是商品粮户口人数。

（卷十二第二章《劳动》,第 287 页）

1973 年,成立知识青年上山下乡办公室,专门负责知青下放安置一系列工作。

(卷十二第二章《劳动》,第 288 页)

1984 年 5 月,劳动局与人事局、知青办合并为劳动人事局。

(卷十二第二章《劳动》,第 288 页)

《襄樊市劳动志》

襄樊市劳动局编,(内部刊行)1986 年

安置上山下乡知识青年

安置知识青年分两个时期:1974 年至 1979 年期间,主要是安置上山下乡知识青年;1980 年至 1983 年期间,主要是安置城镇待业知识青年。

1958 年,全区开始有少量的知识青年下放到农村落户,截至 1981 年,共有 96 698 名知识青年到农村落户,其中接收武汉市知识青年 40 342 人,地、市、县知识青年 56 356 人。安置上山下乡知识青年分四个阶段:

(1) 1962 年至 1967 年,上山下乡 2 945 人;

(2) 1968 年至 1972 年,上山下乡 39 589 人;

(3) 1973 年至 1979 年,上山下乡 50 428 人;

(4) 1980 年至 1981 年,上山下乡 3 736 人。

1974 年至 1979 年期间,通过各种形式调离农村的知识青年 45 534 人,其中招生 7 862 人,征兵 5 401 人,招工 29 111 人,提为干部 21 人,顶职、病转 2 938 人,其他 201 人。

1980 年,国务院调整了知识青年上山下乡政策,根据中央关于"在城乡两方面扩大门路,并且朝着农、工、商联合企业的方向发展"的指示精神,由上山下乡改为在城镇郊区兴办"知青"企业。

1981 年底,共安置上山下乡知识青年 19 358 人。除通过国家招工、招生、参军等形式离开农村外,其余全部收回,多数就业于城镇集体单位和兴办的"知青"企业。

兴办"知青"企业有三种形式:

(1) 知识青年上山下乡办公室利用原"知青"点的基础,直接办"知青"企业;

(2) "知青"部门与企业单位联合办"知青"企业;

(3) 地、县(市)直属单位和公社(镇)企业单位从实际出发,运用有利条件,自办"知青"企业。

1980 年至 1983 年期间,随县各城镇兴办"知青"厂(场)、店 70 个。"知青"厂(场)生产的被面、床单、涤纶布、棉布、毛巾、衬衣、羊毛衫、布鞋、凉鞋、自行车等品种,畅销全国各地;

经营的旅社、餐馆、照像、停车场、小型机械维修、钟表无线电修理、冰棒冷饮等服务性项目，深受群众欢迎。这些厂(场)、店，到1983年底，共安置知识青年2 154人，其他城镇待业人员1 961人，创利润116万元。

1981年，谷城县拨款32.4万元，先后扶持兴办了盛塸镇知青印刷厂、石花镇知青干电池厂、城关镇知青童装厂等七个镇办"知青"企业，安置知识青年和其他待业人员855人。

襄阳县从1980年开始，拨款80余万元，扶持兴办了张湾知青童装厂、双沟知青塑料厂、黄集知青淀粉厂等23个企业，安置知识青年1 466人。

老河口市在1980年至1983年期间，共兴办"知青"厂(场)、店57个，安置知识青年1 284人。

在此期间，宜城县兴办了知青综合厂，枣阳县兴办了"知青"中西医药商店和青春商场等。

据统计，1980年至1983年期间，地、县(市)共兴办"知青"厂(场)、店177个，安置知识青年待业人员1 674人。发展了生产，搞活了经济，扩大了就业门路，促进了安定团结，还为国家创利润2 249.3万元。

(第二章《劳动就业》，第26—27页)

《枣阳志》

湖北省枣阳市地方志编纂委员会编纂，中国城市经济社会出版社1990年

(1968年)12月，全县各中学1966、1967、1968届(称老三届)初高中毕业生同时毕业，下乡和回乡接受贫下中农再教育。(《大事记》，第22页)

(1968年)12月，武汉首批上山下乡知识青年来本县插队落户。随之，县成立知识青年上山下乡办公室，组织县内城镇青年上山下乡。(《大事记》，第22页)

1969年1月，县成立城镇人口上山下乡工作领导小组，下设办公室。1970年5月，改称县革命委员会上山下乡领导小组，处理移民、城镇居民下放、知识青年上山下乡等业务。

(卷二十三《民政·安置》，第422页)

上山下乡知识青年安置

1957年，城关镇知识青年李秀清、王星南、熊仲英等7人首次下放到国光农业生产合作社(今环城鲍庄村)插队落户当农民。1969年4月，县革命委员会设立知识青年上山下乡办公室，专抓此项工作。1974年，改分散插队落户为按战线下放集体落户对口领导。至1980年，对口安置集体知青点384个，遍及全县各公社(镇)、农场、林场及大中型水库。上山下乡

知识青年原居住地的城镇和单位先后派来带队干部 987 人次,会同各级领导解决知识青年生活、学习等方面的具体问题。全县共支出上山下乡知青安置经费 677.4 万元,供给建房木料 6 427 立方米,修建住房、食堂、学习室、医疗室、仓库、牛屋等 4 970 间,购置拖拉机 24 台,缝纫机 11 部,耕牛 851 头,犁、耙、耖 909 件,板车 360 部,桌、柜、床等用具 98 987 件,电视机 6 部,收音机 35 部,图书 28 940 册,建球场 36 个,购体育器材 1 203 件,打水井 120 眼,建水塔 4 个。1957 年至 1980 年,共接收安置城镇下乡知识青年 22 325 人,其中武汉市 16 024 人,襄樊市 1 982 人,本县 4 319 人。1961 年至 1981 年,陆续收回城镇安排工作或待业。除死亡 25 人外,病转 563 人,招工 17 019 人,招生 1 924 人,参军 550 人,顶职 725 人,转回待业 1 519 人。1981 年后,知识青年上山下乡与回城安置工作结束。

(卷二十三《民政·安置》,第 423 页)

1957 年,随着城镇非农业人口的增加,本县除采取办街道集体企业,鼓励从事个体劳动,输送参军,介绍到厂矿做临时工外,还开始动员城镇知识青年到农村插队落户。1968 年 12 月,实行知识青年上山下乡参加劳动后由社队推荐招工到城镇就业。1979 年后,对上山下乡知识青年和下放居民陆续收回城镇,县人民政府加强了对城镇待业人员的管理与安置工作。

(卷二十三《民政·劳保就业》,第 426—427 页)

《老河口市志》

湖北省老河口市地方志编纂委员会编纂,新华出版社 1992 年

1966—1968 年三届高、初中毕业生 1 385 人全部到农村插队落户,接受贫下中农再教育。

(《大事记》,第 18 页)

1964 年 5 月县劳动局成立后,劳动就业由劳动局办理,按国家下达的招工计划统一招收。招收对象主要是城镇社会青年。有些特殊工种,如砖瓦、搬运、建筑行业则招收农村回乡知识青年。1968—1969 年为解决建设单位征用土地问题,招收 700 多名青年菜农和青年农民为固定工。1972 年后,主要招收城镇上山下乡知识青年。实行由贫下中农和知识青年小组推荐,公社同意,县知青办和劳动局审查、报地区劳动局批准的招工制度。

(卷二十一《劳动人事·劳动管理》,第 495 页)

1964 年社会主义教育运动中,从农村招考一批回乡知识青年为社教专业队员。社教结束,大部分录用为干部。

(卷二十一《劳动人事·人事管理》,第 503 页)

湖南省

《湖南省志·大事记》

湖南省地方志编纂委员会,湖南人民出版社1999年

(1967年)省革筹和四十七军发出联合通告,要求回城的上山下乡知识青年返回农村。本省自1963年以来,经动员下乡的城镇初高中毕业达8.3万人,他们对农村生产发展作出了一定的贡献,但在工作、生活及个人前途方面也确实遇到种种困难和问题。因此,自"文化大革命"开始以后约有5万多人(仅长沙就有2万多人)回城,强烈要求解决户口、粮食、工作及"革命经费"等问题,还组成了许多"造反兵团"。"联合通告"的效力并不大。 （第794页）

(1971年)8月14日,省革委召开知识青年上山下乡动员工作座谈会。经过1968年以来每年几次动员,全省城镇知识青年上山下乡总人数已达到了20多万人,其中有500多人加入共产党,1.3万多人加入了共青团,1.8万多人担任了大队或生产队的干部,还有许多人担任了民办教师、赤脚医生等。但知识青年在农村遇到的问题和困难也很严重。在一些地方,发生了迫害知识青年,污辱摧残女青年的事件以及贪污挪用国家给予的安置经费和木料,在政治上歧视"可以教育好的子女"等。座谈会对全省知青工作进行了分析。会后,省革委布置各地检查知青工作情况,强调妥善解决具体问题和严厉打击迫害知识青年的坏分子。 （第825页）

(1972年)3月13日,中共湖南省委转发《全省知识青年上山下乡工作会议纪要》。要求进一步加强知青工作,把倒流回城和本年度应当下乡的12万城镇中学毕业生都动员下去,政策也稍有变通。30日,省委决定成立知识青年上山下乡工作领导小组。 （第830页）

(1973年)8月10日,……关于知识青年上山下乡工作,已经下去的人达到28万人,下乡青年在农村困难多,有40%的人生活不能自理,许多人的住房未解决,安置经费被挪用,对摧残女青年的坏分子打击不力,政策不落实,在招生、招工、参军中走后门。上述问题严重影响动员工作,而今后每年仍需动员下去数万人。会议讨论了《湖南省知识青年上山下乡若干问题的试行规定(草案)》,在下乡对象上作了一些变通,安置经费也有所增加。 （第837—838页）

(1979年)3月20日,中共湖南省委在《关于贯彻执行中共中央(1978)74号文件的具体意见》中宣布:从1979年起,我省县城、小集镇,分布在农村的中央、省、地企事业单位和部队非农业户口的中学毕业生,均不动员上山下乡。长沙、株洲、衡阳、湘潭、邵阳、益阳、常德、岳阳、郴州、冷水江等10个城市,有安置条件的,不动员上山下乡;对回城知识青年的安置,要

根据统筹兼顾,全面安排的方针,有计划、有步骤地解决。1972年以前下乡的在两年内解决,1978年以前下乡的,三年内分期分批解决。 （第882—883页）

《湖南省志·党派群团志·共产党》

湖南省地方志编纂委员会编,湖南人民出版社1998年

知识青年上山下乡

1963年湖南即开始动员城镇初高中毕业生上山下乡,至"文化大革命"前夕,全省达8.3万余人。"文化大革命"开始后,有6万多人返回城市,要求解决城市户口、粮食、工作及"革命经费"问题。湖南省革筹小组和四十七军曾多次发出文件或《通告》,要求回城知识青年返回农村,但作用不大,多数人仍滞留城市,许多人还组织成立"造反兵团",形成一股较大的社会势力。

1968年12月22日,《人民日报》发表毛泽东关于"知识青年到农村去,接受贫下中农的再教育,很有必要"的指示,湖南省革命委员会一方面努力动员当时回城青年返回农村去,另一方面大张旗鼓地动员新毕业学生下农村,在全省掀起了知识青年上山下乡热。至1972年初,全省城镇知识青年上山下乡总数达20余万人。

组织动员城镇知识青年上山下乡,各级党政机关作出了巨大努力,花掉大量人力、物力、财力,但巩固率不高,大批人不久即倒流回城。1972年3月,中共湖南省委召开专门会议,总结经验教训,转发《全省知识青年上山下乡工作会议纪要》,就存在的问题提出解决办法。为进一步做好工作,省委专门成立知识青年上山下乡工作领导小组,充实专门办事机构,但收效甚微。知识青年上山下乡工作持续到1977年结束。

（第一篇第八章《开展"文化大革命"》,第221—222页）

1964年5月,由优秀知识青年瞿泰安、张国清、李劲等16人组成的"上山下乡知识青年巡回报告团",先后到长沙、湘潭、株洲、衡阳、邵阳、益阳、常德等地、市作报告,听众达7万余人。其中在长沙向中学生及其家长报告33场,听众达2.3万多人。

（第三篇第五章《典型宣传教育》,第669页）

《湖南省志·党派群团志·妇女团体》

湖南省地方志编纂委员会编,五洲传播出版社2002年

湖南省妇联专职干部队伍的主要来源:一是从基层妇女骨干中培养选择。……此后,在"社教"的政治学徒、"文革"中的女知青、女基干民兵、铁姑娘队、村妇代会主任,女党支部书

记及民办教师等骨干中分期分批选择了一些，从而构成这支队伍的主干。

（第三篇第五章《培养选拔妇女干部》，第 379 页）

《湖南省志·政务志·政府》

湖南省地方志编纂委员会编，湖南出版社 1993 年

安排知识青年上山下乡

1968 年 12 月，毛泽东主席发出"知识青年到农村去，接受贫下中农的再教育，很有必要"的指示以后，省革命委员会即在全省动员组织城镇知识青年上山下乡。至 1971 年底，全省已有 20 万名知识青年到农村插队落户。1972 年 1 月下旬，召开全省知识青年上山下乡动员工作会议。会议决定全省城镇 1971 届初、高中毕业生，除一部分继续升学外，原则上都上山下乡接受贫下中农的再教育。对各城镇去农村的知识青年要有计划、有组织地采取比较集中的方法进行安排，并配备一定数量的国家干部，注意配备一定的妇女干部带队，协助农村基层做好再教育工作。会后，省革委会有计划地安排知识青年到国营农、林场，集体农、林场集体落户。是年 7 月止，又有 4.1 万名城镇知识青年下放农村。

（第四篇第四章《湖南省革命委员会》，第 415 页）

关于投资、贷款与税收问题，规定对那些投资少、收效快、市场需要的短缺产品，特别是出口换汇率高的产品，所需资金国家可给予投资或贷款支持；对安排城镇知识青年的新集体企业和安排知识青年占企业人数 40% 以上的老企业，从举办之日起，实行优惠利率 2 年；新建的和批准改行转产的企业，除生产烟、酒、糖、棉纱、手表、鞭炮等高税率产品应按章纳税外，其余产品可免征工商税一年和所得税 2—3 年；对安置城镇知识青年从事劳务、修理、服务等业务的新办集体企业，除按上述规定免征税外，免征工商税 2—3 年；城镇劳动服务公司新办的企事业单位，从 1980 年起免征所得税 3 年。

（第四篇第五章《湖南省人民政府》，第 460 页）

《湖南省志·政务志·政治协商会议》

湖南省地方志编纂委员会编，湖南人民出版社 1998 年

召开上山下乡问题座谈会

1964 年 6 月 4 日，省政协与长沙市政协联合召开座谈会，邀请长沙市上山下乡参加农业生产劳动的知识青年李劲和瞿泰安与各界人士座谈。座谈会由省政协副秘书长刘崐林主持，参加座谈的有省各民主党派部分成员，省参事室参事、省文史馆馆员及其家属共 250 余人。

座谈中,李劲等畅谈了他们上山下乡参加农业生产劳动的收获和体会,受到与会者的欢迎和赞扬。

6月6日,继续召开的座谈会上,九三学社成员、湖南医学院讲师王齐家,民建成员冯建平等在会上也讲述了他们对子女参加农业生产劳动的思想转变过程及其子女在农业生产战线上健康成长的情况。

通过座谈,提高了与会人士对子女升学和劳动就业问题的认识。

(第二篇第二章《中国人民政治协商会议湖南省第二届委员会》,第193页)

《湖南省志·政务志·人事》

湖南省地方志编纂委员会编,湖南出版社1995年

1970—1977年,全省大中专院校从农村回乡知识青年和城镇上山下乡知识青年中招收了一批"社来社去"学员。这批学员毕业后,国家不作统一分配,仍回农村。中共中央十一届三中全会后的1978—1980年期间,为合理使用这批专业技术人员,中共湖南省委组织部、省人事局和省计划委员会3次通知,从全省"社来社去"大中专毕业生录用国家干部15 800人。并规定,地、市录用的,由中共地、市委组织部审批;省直录用的,报战线审批,未归口战线的,由主管局审批。

(第一篇第二章《公职人员选用》,第37页)

(1980年)6月,成立省知识青年上山下乡办公室、省沼气办公室。……

1981年1月,撤销省革命委员会直属的韶山区,设立韶山管理局负责领导管理韶山革命纪念地和纪念地的宣传接待工作,为省直一级机构,归口省委办公厅领导;省知识青年上山下乡办公室不再作为省直局级独立机构,改为在省劳动局内设知青工作处,对外仍保留省知识青年上山下乡办公室名义。

(第四篇第二章《机构设置与编制》,第639—640页)

《湖南省志·政法志·审判》

湖南省地方志编纂委员会编,湖南出版社1995年

1970年始,为保卫知识青年上山下乡运动,贯彻执行中共中央转发的国家计划委员会军代表《关于进一步做好知识青年下乡工作的报告》的精神,对强奸下乡女青年的犯罪分子,依法严惩。……1973年全省各级人民法院陆续恢复后,依照中共中央转发的国务院《关于全国知识青年上山下乡工作会议的报告》精神,严惩了一批强奸"上山下乡"女青年的犯罪分子。

(第二篇第三章《中华人民共和国成立后刑事审判》,第298—299页)

《湖南省志·综合经济志·劳动》

湖南省地方志编纂委员会编,湖南人民出版社1998年

1969年12月开始恢复招工,招收对象为城镇复员退伍军人和城镇上山下乡知青,矿山井下职工的农村子女和征用土地的农民以及城镇初、高中毕业生和社会闲散劳动力。1972年以后,招工对象主要是家居城镇的退伍军人,按政策批准留城的知青,劳动锻炼满两年的上山下乡知青。招收农村劳动力须报经省革命委员会批准。1969年至1978年,全民所有制单位从社会上招收固定工60.35万人,其中招收留城知青13.52万人,复员退伍军人4.48万人,上山下乡知青19.75万人,农村劳动力22.60万人。　　(第一篇第三章《城镇劳动力安置》,第48页)

知青场(厂)和农工商联合企业

1980年,为解决城镇待业青年的就业问题,利用原有条件较好的知青场(厂),增办工业项目,举办农工商联合企业,在农村和郊区试行一次性安置。是年,全省在13个地、市建立47个知青场(厂),新安置1 300人,其中湘潭地区的红旗、先锋、霞城、果木4个知青场,在11月份招收新工人时,择优录取450名。1980—1985年,通过在城镇郊区兴办知青场(厂)进行一次性安置,共安置城镇待业青年4.53万人。　　(第一篇第三章《城镇劳动力安置》,第52页)

1980年,湖南省人民政府规定,对于城镇集体企业,国家在财力上给予必要的扶持。……对于安排城镇知青组织的独立核算的新集体企业和安排城镇知青占该企业人数40%以上的老企业,从举办之日起,实行优惠利率2年……

与此同时,又将原用于知青上山下乡的经费改为扶持城镇待业青年组织起来就业和自谋职业。仅1980年,就从地方财政中拨出发展街道集体企业生产扶持金1 000万元,一次性安置费和生产扶持金900万元,劳动服务公司开办费和工作人员工资补助费35万元。从1979年至1989年,财政共拨出就业经费20 256.2万元,平均每年1 814.5万元,其中53.3%作为周转资金,贷给安置待业青年的集体企业(1988年1月以前为无息贷款),45.7%用于劳动部门组织就业训练,安置下乡知青和开展业务工作的费用。(第一篇第三章《城镇劳动力安置》,第55—56页)

1983年6月,湖南开始执行公安部、劳动人事部、农牧渔业部、教育部、商业部《关于犯人刑满释放后落户和安置的联合通知》。对服刑期间保留职工身份的,刑满释放后由原单位予以安置。对于开除或除名,但改造期间表现较好,经劳改单位提前3个月向原单位提出建议,原单位有增人或补员指标,又符合下列条件之一的同意接受并考核合格者,经劳动部门批准后可以录用:……④捕前系"支内"职工、"支边"青年或已经分配工作的下乡知青,家居三大城市(北京、上海、天津)但不符合回家条件的;……

(第一篇第三章《城镇劳动力安置》,第63—64页)

第四章 知识青年上山下乡

第一节 概 况

　　1955—1957年，中共中央和毛泽东、刘少奇等党和国家领导人多次提出，对于未能升学的中、小学毕业青年，应动员他们上山下乡参加农业生产，参加社会主义的伟大建设事业。1957年4月8日，《人民日报》发表《关于中小学毕业生参加农业生产问题》的社论后，在各级共青团组织的安排下，湖南兴起知识青年下乡的热潮。是年，据10个市、县不完全统计，有1 544名城镇青年学生下乡参加农业生产。其中长沙市有389人，分别下放到城步县和浏阳县大围山等地，高、初中毕业生占下乡人数的71%。1958年，"大跃进"中出现了劳动力"紧张"的现象，上山下乡工作中断。

　　"大跃进"后，湖南进入三年经济困难时期，大批职工精简回乡，城市就业矛盾尖锐。1961年，株洲、岳阳等城市又开始动员知青上山下乡。

　　1962年，在调整国民经济，大办农业中，中共中央决定，有组织有计划地动员和组织城镇知青到农村和边疆去参加生产建设。是年，湖南几个主要城市都进行了上山下乡和组织动员工作。长沙市动员下乡的人数最多，共有1 777名。

　　1963年8月，中共中央召开8大区的城市知青安置领导小组会议后，中共湖南省委在同年10月成立"中共湖南省委城市知青上山下乡领导小组"，下设办公室；各地（市）、县建立相应机构，大部分设在劳动局（科）内，从此，知青上山下乡工作在全省铺开。每年有计划地安排一批城镇知青到农村就业。上山下乡的动员对象为城镇不能升学、就业，本人愿意下乡的高、初中毕业生以及没有正式职业的城镇社会青年和闲散劳动力。1964年，中共湖南省委召开全省安置工作会议。根据中共中央精神，确定上山下乡采取的安置形式是：第一，新建集体林场、队；第二，插入国营农林场；第三，集体到农村人民公社插队；第四，投亲靠友到农村单个插队；第五，办共产主义劳动大学（以下简称"共大"）。

　　1962—1966年上半年，全省共动员78 136名知青上山下乡。1966年下半年"文化大革命"开始后，湖南的上山下乡工作被迫中止。

1962—1966年湖南省知识青年上山下乡安置情况表　　　　单位：人

年 份	小 计	新建队	插 队	插 场	共 大	回乡
合 计	78 136	23 216	37 881	13 176	2 372	1 437
1962—1964	48 536	11 852	25 735	9 613	1 316	20
1965	20 733	8 025	8 089	3 563	1 056	—
1966	8 867	3 339	4 057	—	—	1 417

说明：1967年未动员下乡。

　　1966年下半年至1968年夏季，上山下乡处于停顿状态。1966—1968年连续三届初、高中毕业生共十几万人因没有安置而留在城镇无事可干;"文化大革命"前下乡的7万多知青大部分回城参加"文化大革命",要求在城镇落户。

1967年10月8日,中共中央、国务院发出《关于下乡上山的知青必须坚持在农村抓革命促生产的紧急通知》。要求仍然逗留在城镇的下乡知青和其他下乡人员迅速返回农村就地闹革命,积极投入"三秋"战斗。下乡知青和其他人员建立的各种组织的联络站要立即撤销。根据中央精神,湖南省革命委员会筹备小组知青上山下乡工作服务站(简称知青服务站)和各地相应的机构开始动员返城知青回乡。

1968年4月,中共中央、国务院在转发《黑龙江省革命委员会关于大专院校毕业生分配工作报告的批示》中指出:毕业生的分配是个普遍的问题,不仅有大学,且有中小学。各地方、各部门、各单位、各大中小学校领导机关和负责人,应当按照"面向农村、面向边疆、面向工矿、面向基层"的方针,对大中小学学龄已到毕业期限的学生,一律作出适当安排。据此,湖南各地又开始恢复知青上山下乡工作。是年8月,知青服务站与高等院校毕业生分配办合并组成湖南省革命委员会"四个面向"办公室,负责大专院校毕业生分配及上山下乡知青的动员安置和组织管理工作(1973年9月后,由省委知青办负责处理全省知青上山下乡的日常工作)。到当年11月止,80—90%的返城知青陆续回到农村。同时,还动员2万多毕业生到农村安家落户。

是年12月,根据毛泽东关于"知识青年到农村去,接受贫下中农的再教育,很有必要。要说服城里的干部和其他人,把自己初中、高中、大学毕业的子女,送到乡下去,来一个动员。各地农村的同志,应当欢迎他们去"的指示,湖南省革命委员会立即作出决定:中学毕业生不再分配进工厂,一律动员下农村,接受贫下中农再教育;大专院校毕业生也一并下到湘西,进行劳动锻炼1年。在毛泽东指示发表后的20多天里,全省有12万人上山下乡(包括城镇知青、居民、干部和其他人员)。

1969年1月15日,《湖南省革命委员会上山下乡工作座谈会纪要》规定:上山下乡的对象从能够下乡的初中、高中、大学毕业生,扩大到干部、医务人员、教员、文化工作者,以及无固定职业的社会青壮年、个体经营者、合作小组人员,直接为农业生产服务的小型工厂、农副产品加工厂连人带厂迁往农村的人员,以及其他可以下乡的人员。至是年3月9日止,据不完全统计,境内上山下乡总人数已达51.57万人,其中下乡知青13.29万人。

1970—1972年,随着生产事业的恢复和扩大,城市开始恢复招工,新毕业的初、高中毕业生和历届未下乡的毕业生又大都开始在城镇就业,近8万下乡知青也通过招工回到城市,上山下乡人数急剧下降。1969年动员11.92万知青、1970—1971年每年动员1万人下乡。由于招工过多,全国出现职工总人数、工资总额、粮食销量"三突破"。1972年,湖南省加紧了动员工作,安置去向主要是国营、集体农林场,当年有4万多人下乡。1973年,在全国计划会议上,中央领导人提出三年不招工。据此,湖南城镇中学毕业生的安排又确定为以下乡为主。

1973 年 9 月,中共湖南省委在长沙召开全省知青上山下乡工作会议。会上肯定了株洲市采取"在生产队落户、分配,在社队举办的农林场劳动、学习、生活"和"厂社挂钩"的经验以及衡南县接观公社采取"以知青为主,由贫下中农带队,建立知青队,实行单独核算"的形式。同时针对知青在农村存在的许多困难,讨论制定《湖南省知青上山下乡若干问题的试行规定草案》和《湖南省 1973—1980 年知青上山下乡初步规划》,对上山下乡政策作了调整。

(一)城镇中学毕业生的分配,以上山下乡为主:

除根据有关规定和国家计划直接升学(包括外语、艺术、体育等特殊专业)以及不动员下乡的几种人之外,其余的(包括社会知青),年满 17 周岁的都应动员上山下乡;未满 17 周岁的,暂不动员下乡,由知青所在单位组织学习文化和技术,为下乡做好准备。任何单位不得擅自从中招工、招生(指大专院校、中等专业学校和技工学校)、征兵。年满 17 周岁的动员上山下乡。

(二)以下几种情况不再动员上山下乡:

1. 病残不能参加农业劳动的、独生子女、多子女身边只有 1 个子女的。这些人经群众评议,领导批准后方可留城。留城期间,可按国家规定升学或就业。

2. 中国籍的外国人子女。

3. 华侨学生。

4. 矿山井下、野外勘探、森林采伐等行业职工子女、集体所有制的渔民、船民的子女,如本单位不能安排时,也应组织上山下乡。

5. 烈属、职工遗属、因公死亡者、老红军、高级民主人士,如有实际困难,可给予适当照顾,其子女可以不动员下乡或暂缓下乡。

(三)提高插队经费的开支标准,从 230 元提高到 480 元。

(四)下乡知青,要和社员同工同酬,男女同工同酬,做到分配兑现,不得以任何借口克扣他们的劳动工分和应分配的钱粮及其他实物。

(五)因病、因伤不能参加重体力劳动的下乡知青,社队(场)均应安排他们力所能及的劳动或工作。要特别照顾女青年的生理特点,例假期间不要安排重活,不要下水,安排适当休息。

(六)按照国家计划,在下乡知青中招工、招生、征兵时,经知青小组评议,征求带队干部和贫下中农的意见,经县革委会或场领导批准,任何单位不得走后门。

1979 年 2 月 18 日至 3 月 10 日,中共湖南省委为贯彻落实全国知青工作会议精神,在长沙召开全省知青上山下乡工作会议,对湖南的上山下乡政策作了重大调整:从 1979 年起,湖南省的县城小集镇,分布在农村的中央、省、地企事业单位和部队非农业户口的中学毕业生,均不再动员上山下乡;长沙、株洲、衡阳、湘潭、邵阳、益阳、常德、岳阳、冷水江、郴州等 10 个城市,确有安置条件的,可以不动员上山下乡;没有安置条件的,还要继续动员,由地、市委研究确定。是年,全省大部分地区不再动员知青上山下乡。1980 年,湖南知青上山下乡停止。

第二节 知青下乡安置

一、国营农、林、牧、渔场安置

1961年,岳阳境内的屈原农场接收城镇知青27人;株洲市的株洲园艺场和果树园艺场共安置36名城镇青年和社会闲散劳动力。知青插入国营农、林、牧、渔、茶、园艺场,是上山下乡初期的主要安置形式。插入农林场的知青在生活上一般享受农场职工的待遇。1962—1963年,各地下到国营农林场的知青骤增,仅长沙市1962年就动员1777名高、初中毕业生和社会青年分赴君山、杨林寨、千山红、钱粮湖等9个国营农场落户,翌年又动员了3248名知青到衡山县柑桔试验场、零陵铜山岭畜牧场、湘阴东湖渔场落户。1964年,中央提出上山下乡安置形式"以插队为主",插场所占的比重逐年下降。据统计,1962—1964年,下乡知青中插入国营农、林、牧、渔场的9613人,占同期下乡知青人数的19.8%,1965年3563人,占17.2%,1966年境内各国营农、林、牧、渔场没有接受下乡知青。

1968、1969两年,根据湖南省革委会"以插队落户为主,少部分可安排到国营农林场"的安置原则,先后从长沙、株洲、衡阳、湘潭4市动员5000名知青在省内的11个国营农场(大通湖、千山红、北洲子、金盆、茶盘洲、西洞庭湖、东山红、黄盖湖、钱粮湖、君山、汨罗江等农场)落户。其中长沙市2500人,株洲市500人,湘潭市1000人,衡阳市1000人。1972—1973年又动员7488名初、高中毕业生到省内的11个国营农场集体安家。根据中共湖南省委和省革命委员会的要求,这批插场知青一律以团、营、连的组织形式编排,由干部带队。带队干部由动员城市负责抽调,并要求配备一定数量的女干部。带队干部按团3人、营3人、连3人安排,分别参加农场各级领导班子,配合场党委做好下乡知青的教育工作。团、营、连所需的一般干部由所在农场配备,副排以下干部挑选优秀知青担任。此外,1971—1972年期间,通过新扩建国营农林场安置31008人。

1974年以后,全省推广株洲"厂社挂钩,集体安置到社队农林茶场"的经验,每年下放到国营农林场的知青人数更少。1974—1978年,下放到国营农林场的知青11440人,平均每年2288人,其中1974、1975两年才1258人。到1982年,插场知青除大部分回城安置外,其余转为农场职工。

二、集体新建场队安置

1963年,由省下拨部分知青安置费至一些城市,用于兴办以安置下乡知青为主的集体所有制性质的农、林、牧、渔、茶、园艺场(队)。办集体农、林、牧、渔、园艺(队)场的形式主要有两种:一种是原国营场扩大其规模,新扩大的为集体场;另一种是在农村地多人少的地方(尤其是山区)划出空地,由国家与农村社队合作新建场队。是年,株洲市委决定扩大一部分国营园艺场的规模,采取国、社合营的办法,新扩部分为集体场,单独核算,按劳分配。经营以果树为主,间作杂粮,以短养长。凡是家居城市的知青、社会闲散劳动力以及复员军人,男性16—50岁,女性16—30岁的都可以安置,指标不作控制,能动员多少就安置多少,当年在集体园艺场安置 182 人。1963 年湘潭市动员城区知青 2 051 人,去市郊创办农林场 18 个,承担开发荒山和韶山到湘潭公路线一带的绿化建设。

1963—1966 年,全省共办集体农林场(队)489 个,安置知青 23 216 人,占同期安置知青总数的 29.7%。1967 年,知青纷纷回城闹革命,加上这些新办的场队条件艰苦,创业艰难,多数没有巩固下来。

1971 年,全省又恢复办集体场(队)。1971—1973 年,集体场(队)共安置下乡知青 22 816 人,占同期安置知青人数的 28.2%,安置能力接近"文化大革命"前的水平。1974 年,湖南省推广株洲"厂社挂钩、集体安置到社队农林茶场"的经验后,集体农林场(队)一跃而成为安置下乡知青的主要形式。1974—1978 年,集体场(队)累计安置下乡知青 204 365 人,占同期安置知青人数的 72.7%。

1979 年后,随着上山下乡政策的调整,下乡知青纷纷返城安置,大部分集体知青场(队)人走场散,剩下一部分除作为一次性安置城镇待业人员和老知青而转为城镇集体企业外,其余移交给农村社队。

三、插　队

1964 年以前,插入农村人民公社安家落户(以下简称插队)的知青占下乡人数的比重不大,插场是安置的主要形式。1964 年,中共中央提出上山下乡"以插队为主"后,插队落户人数明显增多。1962—1964 年,全省动员 25 735 名知青插队,占同期下乡知青人数的 53%,其中 1964 年插队的占绝大多数。

1964—1966 年,由于集体农林场(队)的迅速发展,插队与集体农林场安置的大致相等。插队的方式以各城镇委派带队干部,以知青小组形式集中安置为主,分散插队的占少数。

1968—1971 年,插队(以知青小组为主)又成为上山下乡的主要形式。4 年间插队的共有 16.57 万人,占同期下乡知青人数的 82.6%。由于插队知青生活颇为艰难,1972 年后,随着国营、集体农林场安置人数的增多,插队人数逐渐减少,1974 年推广株洲"厂社挂钩,集体安置"的经验后,插队人数更少。插队方式多以知青小组形式下放到知青点上,一些地方将原来分散插队的知青也进行转点安置,知青安置在知青点后,由于有挂钩单位的支持,生活条件有所改善。1975 年,境内动员 90 840 名知青下乡,插队的 23 106 人,占 25.43%。其中以知青小组形式安置在知青点上的 13 676 人,分散插队的 9 430 人。1977 年,全省下乡的 72 212 名知青中,插队的 4 512 人,占 6.3%。其中以知青小组形式插队的 3 550 人,分散插队的 991 人。

1979 年底,上山下乡政策调整后,下乡知青不再进行插队安置。

四、其他形式安置

1962—1978 年,上山下乡知青投亲靠友及回乡的共有 43 026 人。其中 1968—1978 年有 41 535 人,平均每年 3 775 人。

1964—1966 年,一部分城市办起半耕半读的"共大"或"劳动大学",推行两种教育制度。

学生来源和毕业分配实行城来社去,为农业生产培训专业技术人员。招收对象一般为城市高、初中毕业生,学习期限为5年,毕业后相当中等农业技校的学历。"共大"学生视同上山下乡知青,由国家拨给安置费。1966年2月,根据中共中央安置座谈会精神,安置和办学是两回事,不能把办学作为安置方式。此后"共大"不再招生。1964—1965年,全省通过"共大"安置2 372人。"文化大革命"开始后,"共大"学生又重新插队安置。

1972—1973年,湖南省还安排4 581名下乡知青至省内的福田、网岭、贯塘、草市、清水坝等"五七"干校的农林场。

1968—1980年湖南省知青上山下乡安置情况表

单位:人

年　份	合　计	国营农林场	集体农林场	插队	五七干校①	投亲靠友
1968	65 748	5 000	—	53 903	—	6 845
1969	114 244	—	—	95 080	—	19 164
1970	10 195	—	—	8 535	—	1 660
1971	10 494	—	1 133	8 184	—	1 177
1972	46 314	29 414	11 200	3 291	1 594	815
1973	23 988	4 497	10 483	5 894	2 987	127
1974	47 174	546	29 980	14 657	—	1 991
1975	90 740	612	60 999	23 106	—	6 023
1976	65 261	4 498	51 620	6 000	—	3 143
1977	72 112	5 555	58 550	4 541	—	3 466
1978	5 704	327	3 386	1 724	—	267
1979	2 484	1	2 470	13	—	—
1980	1 535	—	1 535	—	—	—
总计	555 993	50 450	231 356	224 928	4 581	44 678

第三节　经费与物资

1962—1980年,为了给下乡知青创造必要的物质和生活条件,国家财政共拨给湖南城镇知青上山下乡经费(以下简称知青安置费)3.175亿元,省下拨木材31.1万立方米,楠竹63.9万根,圆钉、铁丝780吨。利用这些经费和物资,为知青修建房屋38 105栋、328万平方米,添置各种农、家具374万余件。

知青经费主要用于下乡知青的建房、生活、农具和困难补助等,按每年上山下乡实际人数拨付。开支标准基本上按照中共中央规定执行,不同时期有所不同。

1963年,湖南省规定:安置到新建队和集体场(队)的每个劳动力的安置费为508元。

---

① 属"五七"干校的农林场。——原书注

其中第一年 400 元(建房费 200 元,生活补助费 120 元,生产和农具费 60 元,家具费 20 元);第二年补助 60 元;第三年补助 48 元。

1964 年,根据中共中央规定,插队安置费每人 185 元,原有国营农场平均每人增补安置费 400 元,农场扩建、新建安置的平均每人安置经费 900 元,跨省安置平均每人 1 000 元。建立小型农场,平均每人 700 元,林场增补安置平均每人 1 050 元;新、扩建林场安置平均每人 1 150 元,渔场增补安置平均每人 800 元,新扩建场(队)安置平均每人 1 500 元,水土保持专业队安置平均每人 1 327 元。

1965 年,根据财政部和中国农业银行总行的规定,对安置费的开支标准在 1964 年的基础上作部分调整:单身插队的每人 230 元,成户插队的每人 160 元,跨省插队的每人另加旅运费 20 元;上山下乡新建集体所有制的生产场(队),每人 400 元,回乡人员补助每人 50 元。

1966 年,湖南省规定以知青小组方式插队落户的安置费标准是:凡到外专区的每人 240 元,长沙、衡阳、株洲、湘潭、益阳、常德、邵阳等 7 市分配在本地的每人 200 元,其他 2 000 人以上城镇分配在本地区的每人 210 元(回原籍落户,又无任何亲属的,也执行上述标准)。成户下乡投亲靠友的(到非直系亲属家落户)每人 150 元,到直系亲属家落户的每人 50 元,回外省上山下乡的只给车船费和 15 元的生活补助费。

1972 年,安排到新建扩建的国营农林场安家落户的安置费,每人 390 元。

1973 年,根据中共中央规定,中共湖南省委颁发《湖南省知青上山下乡若干问题的试行规定草案》,对知青经费作以下新的规定。第一,1972 年以前在人民公社插队的知青,凡生活不能自给的,每人补助 100 元,用于解决吃、穿、用和医疗及少量生产工具购置等方面的困难。没有建房的,每人补助 200 元。所需经费,由县作出规划,先由国家拨付的经费结余中调剂解决,不足部分再由国家财政增拨。第二,从 1973 年起,到国营农林场的,每人补助安置费 400 元,到农村插队和建立集体所有制场(队)的,每人补助 480 元。并按下列标准开支:1.建房补助费 220 元。主要用于木材、砖瓦等基本材料的开支,每个知青的建房不少于 8—10 平方米。2.生活补助费 140 元。主要用于购买吃、穿、用等生活必需品。3."三具"补助费 50 元。主要用于购置农具、家具、炊具。4.学习资料费 15 元。其中由省掌握 10 元,主要用于购买编印学习宣传资料,县掌握 5 元,主要用于订报刊。5.下乡时的旅运费 5 元,由省统一掌握,调剂使用。6.其余 50 元左右由县掌握,主要用于 1973 年起下乡知青的合作医疗费、特殊医疗费、文体用品经费和第二年以后的生活困难补助等。

1979 年 9 月,湖南省知青办公室,湖南省财政局联合制定《湖南省知青经费管理使用暂行规定》,对列入上山下乡范围的市,从是年起:1.到国营农、林、牧、渔场和到机关、学校、部队、企事业单位举办的农、林、牧、副、渔基地和单位自办场、队的,每人补助 400 元,其中 335 元拨到场或主办单位包干使用,旅运费 5 元由动员市掌握使用,学习费 10 元,省、地各掌握 5 元。2.到集体所有制知青场、队和社队知青点的每人补助 580 元,其中建房费 300 元,生活补助费 160 元,工具补助费 5 元,旅运费 5 元,资料费 15 元,其他费用 15 元。

1963 年起,湖南省每年下拨一部分木材作为知青安家落户时建房和生活所需。1968 年以前,按每人 0.7 立方米的标准下拨;1968 年后改按每人 0.5 立方米的标准下拨。

是年 4 月,湖南省执行粮食部的规定,下乡知青的粮油供应办法是:第一,对于插队、插场的下乡知青,由原在城市的粮食部门,按本人原定量发给旅途和到达接收地点的第一个月所需的通用粮食。第二,插队知青到达后的第二个月,一直到接上当年或下季粮食和食油分配时止,由当地粮食部门按照所在生产队的一般社员的吃粮水平和国家统销价格,从统销粮中安排供应。第三,下到国营农、林、牧、渔场的知青,从到场后的第二个月起,由所在场按照本场职工和家属的粮油标准供应粮油。如系缺粮的场,由当地粮食部门从统销中供应。如所在场不产油料或者不留自食油料的,由当地粮食部门按照当地的定量标准供应。

1968 年 9 月,湖南省革命委员会规定:凡按规定能够开支安置费的下乡人员,城镇应将户口、粮食关系迁移至农村,并由城镇粮食部门按每人每月 35 市斤大米供应 1 年口粮;食油按当地社队定量供应 1 年,随同知青下乡的干部、教师,其在农村期间也按每人每月 35 市斤大米供应口粮。成户下乡人员的家属,按居民定量供应 1 年。对分配去省属国营农场的中学毕业生,其粮食供应按照在场同等劳动力的标准。供应的粮食在农场上交粮内解决。

1973 年 9 月,湖南省重新调整知青粮食标准:第一,下乡知青从下乡的第二月起,由国家供应 1 年的口粮,标准是每人每月 36—45 市斤大米。参加场(队)分配以后,既要体现按劳分配的原则,又要给予必要的照顾。正常出勤的,应不低于当地单身整劳力的实际吃粮水平。所在社队口粮水平过低的,应由国家统销给予补助。此项指标由地、县从机动粮中开支,不够部分报省粮食局解决。第二,到吃定销粮的经济作物场(队)的下乡知青口粮,从当地定销粮指标中解决,不够时报粮食局批准补拨。第三,下乡知青经批准到外地探亲和治病所需粮票,当地粮食部门应保证兑换。

第四节 知青回城就业

1978 年 12 月上旬,国务院召开全国知青上山下乡工作会议,总结上山下乡工作的历史经验教训,对上山下乡政策作了重大调整。

1979 年 2 月 28 日至 3 月 10 日,中共湖南省委在长沙召开全省知青上山下乡工作会议,贯彻落实全国知青工作会议精神,调整湖南的上山下乡政策。

是年初,全省尚有在乡知青 210 368 人,其中 1972 年前下乡的老知青 75 368 人。到1980 年底,共统筹安排下乡知青 204 731 人,占 1979 年初人数的 97.3%,在乡知青还有5 637 人。安置去向是:全民单位招工 32 403 人,县以上集体单位招工补员 117 112 人,大中专学校和技校招生 3 797 人,参军 3 065 人,街道企业、家属工厂和合作社组、个体工商户35 875 人,国营农林场、知青场(厂、队)就业 6 334 人,社队企业 6 145 人。

1982 年 11 月底,湖南省因各种原因尚未安置的在乡知青仅 390 人(其中 158 人已改变粮户关系)。12 月,湖南省劳动局要求各地坚决在年底将这 390 名知青安排完毕,不留尾巴,并写出下乡知青安置工作的报告,正式报省劳动局备案。

(第一篇第四章《知识青年上山下乡》,第 66—79 页)

1978 年以后,随着知青上山下乡政策的调整,城镇知青不再上山下乡,"文化大革命"中下乡知青也大批回城待业。为了把上述待业人员组织起来,开辟就业门路,1979 年 6 月,湖南省第一家劳动就业服务组织——株洲市劳动服务公司诞生。

(第一篇第五章《劳动就业服务》,第 80 页)

1973 年,中国人民解放军 5712 工厂技工学校和邵阳地区工业技校恢复招生,招生对象为上山下乡两年以上的知青,且主要是办校单位或其本系统的职工子女。采用"自愿报名、群众推荐、领导批准、学校复审"的办法。这种仿照招工的招生方法延至 1978 年。

(第三篇第一章《就业前培训》,第 190 页)

1981 年,省知识青年上山下乡办公室并入省劳动局。省劳动局增设知识青年工作处(对外仍保留省知识青年上山下乡办公室)、社会劳动力管理处(省劳动就业领导小组办公室的办事机构)。

(第七篇第一章《劳动管理机构》,第 504 页)

《湖南省志·财政志》

湖南省地方志编纂委员会编,湖南人民出版社 1987 年

城镇知识青年办的企业,不论设在城镇和农村,凡生产规定的 20 种产品和经营商业所得的利润,都按八级税率征收所得税。知青在农村举办的生产其他产品的企业和从事饮食、服务、修理业务等所得利润,继续免征所得税到 1985 年底;回城镇办的这些企业,在 1985 年底以前,仍按 20% 比例税率征收工商所得税。城镇为安置待业知识青年新办的这类集体企业,依规定从营业之月起,免征工商所得税二至三年。

(第一篇第二章《工商各税》,第 163 页)

《湖南省 1950—1985 年经济建设费支出统计表》。(见本书第 3621—3622 页表)

城镇青年就业经费

1962 年,贯彻国民经济调整方针,将精减的城镇人口安置到国营农场或机关农场,财政预算增设城市人口下乡安置经费。1963 年,继续压缩城市人口,将一部分待业青年和闲散劳力下放农村,全年安置 1.05 万人,安置经费比上年增加 237 万元。1969 年,全省有 60 多

（本表上接本书第 3620 页）

湖南省 1950—1985 年经济建设费支出统计表

单位：万元

年份	合计	基本建设投资	企业挖潜改造资金	简易建筑费	地质勘探费	科技三项费用	流动资金	农林水利气象等部门事业费	支援农村社队生产支出	工交商等部门事业费	城市维护费	城镇青年就业经费
1962	18 394.4	8 245.0				1 798.8	532.9	3 584.4	3 245.2	788.4		199.7
1963	24 372.9	11 665.1				2 925.2	688.1	4 004.2	3 758.8	641.7	253.2	436.6
1964	39 248.6	24 170.2				3 358.4	442.0	5 191.1	3 550.5	1 046.8	544.3	945.3
1965	41 246.0	28 584.7	215.2			2 942.4	1 259.8	3 840.8	2 011.6	1 130.0	585.4	676.1
1966	58 303.3	39 342.1	1 341.4			3 152.4	4 312.1	4 701.9	2 721.0	1 586.7	445.9	699.8
1967	50 673.8	37 325.8	103.3		486.9	2 399.8	2 487.8	3 717.3	2 228.0	732.9	776.0	416.0
1968	33 531.3	22 922.4			450.0	1 153.0	1 393.2	1 992.7	2 992.4	997.8	758.0	871.8
1969	62 680.4	44 358.6			1 005.0	1 387.3	3 154.8	1 908.6	4 496.7	807.1	985.3	4 577.0
1970	75 233.8	55 195.1			850.0	3 354.4	6 097.4	1 840.4	5 213.2	1 077.1	1 162.0	444.2
1971	83 465.7	54 234.0	3 657.4		3 710.3	4 301.0	7 412.0	3 210.1	4 807.9	906.6	947.9	278.5
1972	102 395.6	66 203.0	3 939.8		4 084.7	3 252.3	8 369.7	6 829.1	5 039.5	1 471.3	1 544.7	1 661.5
1973	101 479.4	59 032.0	3 292.3		4 471.9	2 921.0	11 094.2	7 966.2	7 145.9	1 860.4	1 985.0	1 710.5
1974	100 679.6	56 006.0	2 811.0		4 776.6	4 071.0	8 654.8	8 118.7	8 585.7	2 102.2	2 540.9	3 012.7
1975	103 809.4	53 235.6	3 630.2		5 434.7	5 970.2	9 137.0	8 108.4	8 455.1	2 263.7	3 029.0	4 545.5
1976	98 838.0	48 405.5	4 261.8		6 182.0	2 897.2	9 071.4	9 079.3	10 704.4	2 542.6	3 280.2	2 413.6

年份	合计	基本建设投资	企业挖潜改造资金	简易建筑费	地质勘探费	科技三项费用	流动资金	农林水利气象等部门事业费	支援农村社队生产支出	工交商等部门事业费	城市维护费	城镇青年就业经费
1977	102 786.6	46 938.9	8 689.1		6 348.2	3 087.4	10 661.4	9 205.2	8 186.6	2 740.3	3 455.9	3 473.6
1978	172 990.9	76 215.2	25 218.0	5 687.0	7 352.7	3 400.3	11 900.3	15 208.3	20 487.6	2 664.9	4 067.9	788.7
1979	164 612.2	70 114.0	24 286.5	4 080.5	7 720.1	2 853.5	9 481.0	17 945.1	19 251.9	3 340.2	4 596.3	943.1
1980	130 927.3	48 571.5	24 552.0	5 918.2	41.0	2 923.6	3 716.0	19 241.6	15 117.0	3 829.6	4 981.8	2 035.0
1981	98 772.9	30 039.0	16 116.8	4 297.4		2 185.1	3 579.8	18 069.0	12 593.9	3 866.5	6 283.8	1 741.6
1982	100 058.4	31 203.1	17 169.8	5 308.1		2 150.8	3 058.9	19 774.7	9 763.5	4 195.7	5 067.9	2 365.9
1983	107 322.8	34 775.3	17 770.4	4 820.2		2 998.5	588.0	22 135.3	10 451.8	4 723.9	6 862.2	2 197.2
1984	122 254.7	44 253.5	19 395.5	5 044.9		3 793.8	16.8	20 884.2	11 157.0	5 393.2	9 795.2	2 520.6
1985	142 002.9	45 972.4	16 752.6	5 898.4		3 851.9	25.0	23 310.7	16 771.6	7 545.0	19 731.7	2 143.6

说明：一、1951 年工交商等部门事业费中包括拨给企业的流动资金。

二、1961 年—1974 年支援农村社队生产支出包括赔退赔平调支出和水库移民支出。

三、1985 年城市维护费中包括环境保护补助资金 2 807.7 万元，城市水资源建设资金 34.6 万元。

（第二篇 第二章《经济建设费》，第 358—360 页）

万城镇知识青年、干部、居民到农村安家落户,安置补助费从财政安置经费专款中开支;合作企、事业等集体经济单位人员的家属下乡落户,安置经费由所在单位的公益金、公积金中解决,不足部分在安置经费专款中酌予补助。当年财政支付安置经费4 577万元。1974年,将城市人口下乡安置经费改为城镇人口下乡经费。从1979年起,下放人员先后回城就业,城镇人口下乡经费改为城镇待业青年就业的安置费用。1980年以后,有步骤地在城镇建立劳动服务公司,解决城镇待业青年的就业问题,财政预算中增设了劳动服务公司补助费,帮助那些安置了待业青年的集体所有制企业解决生产周转金和就业前的技术业务培训的费用问题。1982年,又将这项经费改为城镇青年就业经费,包括扶持生产资金、安置费、就业训练费、业务费、其他费用等项目,其中扶持生产资金(周转金)占总额的50%以上。1983—1985年,城镇青年就业经费平均年支2 280万元。　　(第二篇第二章《经济建设费》,第388页)

《湖南省志·人口志》

湖南省地方志编纂委员会编,湖南人民出版社1999年

城镇知识青年下放的人口迁移

　　1965年以前全省将7.8万知识青年下放到农村,其中到农村生产队插队落户的3.8万人,在集体所有制场队落户的2.3万人,国营农、林、牧、渔、茶场落户的有1.45万人。

(第一篇第七章《人口迁移》,第265页)

城镇知识青年下放

　　"文化大革命"中、后期,湖南城镇知识青年下放农村的迁移量较大。1968—1971年,全省城镇知识青年,插队迁移到40多个县的农村落户。1971—1973年,以学校为单位成建制地组织知识青年下放到国营农场、"五七"干校及省农科院等单位劳动锻炼。1962—1979年,全省上山下乡知识青年达63.58万人。　　(第一篇第七章《人口迁移》,第266页)

　　湖南省待业人员的高峰期是1979年,达62.55万人(其中下乡知识青年21.03万人),到1982年有51.5万人安排了就业。　　(第一篇第八章《人口与经济、社会和资源环境》,第296页)

《湖南百年志》

湖南省地方志编纂委员会编,(内部刊行)2000年

　　同日(1967年9月12日),省革筹小组和四十七军联合发出通知,要求回城的上山下乡知识青年积极返回农村。　　(第201页)

（1970 年）6 月 5 日，根据中央指示，湖南省决定部分大学和中专开始试验性招生。学生条件除师范学院须有高中文化程度外，其它理工农医只需有相当于初中以上程度即可。招生办法由"群众推荐，领导批准，学校复审"，不举行文化考试，学制 1—3 年。并规定工科只招现职工人，农科招社员，师范和医科招下乡知青、退伍军人、民办教师、赤脚医生，毕业后原则上哪里来哪里去。 （第 205 页）

（1973 年）8 月 10 日，中共湖南省委召开常委扩大会议，讨论经济工作和知青问题，通过《湖南省知识青年上山下乡若干问题的试行规定（草案）》。 （第 212 页）

《湖南省电力工业志》

湖南省电力工业局电力志编写组编，当代中国出版社 1995 年

1978 年起，随着下乡知青陆续返城和每年部分初、高中毕业生待业，湖南电力系统各单位职工子女就业难的问题日见突出。是年，长沙电业局建立集体企业，以安置返城知青和原"五七"工厂家属为主。 （第七篇第二章《多种经营》，第 323 页）

《长沙市志（第一卷）》

长沙市地方志编纂委员会编，湖南人民出版社 2004 年

60 年代，长沙市人口迁移主要因为工作调动，照顾夫妻关系及知识青年下农村。
（《人口》第二章《人口迁移与分布》，第 320 页）

"文化大革命"初期，1967 年一部分人"造反"回城，有 6 924 落户，后按规定户政部门注销 889 人的户口。1968 年冬—1969 年春，知识青年上山下乡，并有部分居民迁往农村，市区有 1 963 户 4 762 人转为农业人口。1968—1978 年，城区动员 10.31 万知识青年上山下乡。1978 年安置落实政策 14 015 人。1979—1987 年，安置知识青年和复员转业退伍军人 25.4 万人。 （《人口》第二章《人口迁移与分布》，第 321 页）

《长沙市志（第二卷）》

长沙市志编纂委员会编，湖南出版社 1995 年

（1957 年）3 月 17 日，刘少奇在长沙市向中学毕业生作关于升学和就业问题的报告，号

召中小学毕业生积极参加农业生产劳动。是年全市有 587 名中小学毕业生和社会知识青年响应号召下乡务农。

(《大事记》,第 389 页)

是年(1962 年),全市 1 777 名高、初中毕业生和社会青年,分赴君山、钱粮湖等 9 个国营农、林场插队落户。

(《大事记》,第 420 页)

(1963 年)8 月 27 日,市委、市人委举行欢送长沙市中学毕业生 300 多人赴江永、郴县农村安家落户大会。

(《大事记》,第 422 页)

(1964 年 1 月)长沙市知识青年上山下乡安置领导小组办公室成立。(《大事记》,第 424 页)

(9 月)13 日,长沙市欢送 1 300 多名知识青年上山下乡。至年底,全市下乡知青达 34 963 人。

(《大事记》,第 427 页)

(11 月)下旬,市妇联组织的市区上山下乡知识青年家长代表团去江永县慰问长沙市上山下乡知识青年。

(《大事记》,第 428 页)

是月(1968 年 12 月),长沙市动员知识青年和城市居民上山下乡。至 1971 年,全市有 43 982 名中小学毕业生上山下乡,1 410 户,4 574 名城市居民分赴常德、郴州、湘西等 7 个地区的 40 多个县、市农村安家落户。

(《大事记》,第 447 页)

(1974 年 3 月)21—27 日,市委召开知识青年上山下乡工作会议。邀请株洲市介绍建立知识青年点的经验。此后,全市各单位按株洲方式建立知青点,并配备专职人员管理知青点。

(《大事记》,第 463 页)

是年(1984 年),长沙市知识青年上山下乡工作停止。全市从 1962 年到 1980 年,共有 119 887 名知识青年上山下乡,分布于全国 24 个省、市、自治区的 244 个县,其中长沙地区农村安置 25 222 人。

(《大事记》,第 493 页)

《长沙市志(第三卷)》

长沙市地方志编纂委员会编,湖南人民出版社 2003 年

动员知识青年上山下乡

1962 年,全市共动员 1 777 名高、初中毕业生和社会青年上山下乡,分赴君山、钱粮湖等

9 个国营农、林场插队落户。1963 年 8 月 27 日,长沙市欢送长沙市中学毕业生 300 多人赴江永、郴县农村安家落户。至 1964 年底止,全市共动员 34 963 名知识青年上山下乡。1968 年 12 月,毛泽东主席发出"知识青年到农村去"的号召,长沙市掀起知识青年和城市居民上山下乡热潮。至 1971 年底止的三年时间里,全市共动员 43 982 名中、小学毕业生,分赴常德、郴州、湘西等 7 个地区的 40 多个县的农村安家落户和赴外省农村投亲靠友,参加农业生产。从 1962 年至 1980 年,全市共有 119 887 名知识青年上山下乡,分布于全国 24 个省、市、自治区的 244 个县,其中长沙地区农村安置 25 222 人。1980 年动员知识青年上山下乡工作停止。至 1982 年年底,历年来上山下乡到长沙地区农村的知识青年全部得到安置:进入县级以上全民、集体单位工作的 18 208 人,在国营农、林场转为正式职工的 2 124 人,提干、参军、升大学、转为教师的 3 821 人,安排街道、社队企业和个体经商的 1 495 人,其它安置的 1 501 人。 　　　　　　　　　　(《行政机构》第三章《长沙市解放后行政时期》,第 379 页)

上山下乡

　　1955 年 11 月,长沙市青年刘国祥等响应共青团中央"动员一部分城市未升学的初中、高小毕业生及其他失业青年参加垦荒工作"的号召,发起组织"长沙市青年志愿垦荒队",报名的达 1.08 万人。当年 12 月,团市委批准 120 人组成第一队;翌年 3 月,批准 180 人为第二队;加上浏阳青年志愿垦荒队 120 人,合计 420 人(学生 228,工人 37,转业建设军人 18,农民 13,其他 124),于 1956 年 4 月赴浏阳大围山垦荒。1957 年 10 月,在 22 名团员、青年带动和团市委支持下,有未能升学的长沙青年 370 人(应届毕业生 276、历届毕业生 94)分赴滨湖各县农村安家落户。1962—1965 年,陆续上山下乡的初、高中毕业生 1.5 万余人,分赴全省 11 个县和 19 个国营农场从事农业生产。他们在新农村中发挥了应有的作用,君山农场第六分场长沙学生队于 1965 年平均每人向国家交售粮食 4 450 公斤,该队连续三年被评为冬修水利红旗单位。零陵县前进人民公社的 200 多名长沙青年,开垦荒山 7 100 余亩,植果树 10 万株。长沙青年在江永县举办夜校 290 所,吸收 5 400 多农民学习文化。还开办图书室、俱乐部 120 多个。据下到长沙、江永两县的 6 788 名上山下乡知识青年的统计,被评为"五好青年"、"五好社员"的 1 629 人,出席省、市、县建设社会主义积极分子大会的 266 人,担任当地社、场、队领导干部的 845 人。 　　　　　　(《社会团体》第二章《青少年团体》,第 618—619 页)

《长沙市志(第六卷)》

长沙市志编纂委员会编,湖南人民出版社 1998 年

　　1963—1965 年设置实行临时工、合同工制度的(劳动工资)统计表。"文化大革命"期间取消,新增知识青年上山下乡统计表。 　　　　(《统计》第二章《统计报表》,第 115 页)

1980 年实行"划分收支，分级包干"（简称"分灶吃饭"）。……财政支出包括：工交商部门事业费、支援农业支出（不含小型农田水利和防汛岁修支出）、教科文卫事业费、行政管理费、优抚救济费、知识青年工作业务费、城市维护费、其他支出、总预备费。

（《财政》第二章《财政收支》，第 328 页）

城镇青年就业经费

1964—1985 年，市本级累计支出 3 121.3 万元。1964 年设城镇人口下乡安置经费，支出标准：插队或投靠亲友每人 185 元。新扩农场每人 600 元。至 1979 年先后安置城市知青和居民 59 236 人，支出 2 491.6 万元。1980 年起，下乡经费转用于安置城市青年就业补助，累计支出 629.7 万元。

（《财政》第五章《行政事业财务》，第 403 页）

《长沙市志（第七卷）》

长沙市地方志编纂委员会编，湖南人民出版社 2001 年

职工来源　主要是安置下放知识青年、城镇待业人员、复员转业军人。据 1985 年至 1990 年统计，城镇待业人员安排到工业单位招工补员总计 120 357 人。此外，从外地调进一部分，从农村招收一部分。　　（《工业综述》第五章《工业管理、体制和职工队伍》，第 116 页）

《长沙市志（第十一卷）》

长沙市志编纂委员会编，湖南出版社 1997 年

"文化大革命"初期，社、队林场普遍受到干扰，特别是长、望、郊于 1963 年为安置知识青年上山下乡兴办的 43 个国、社（队）合营林场，先后解散。

（《林业》第三章《森林经营》，第 209 页）

1974 年起，为安置城镇上山下乡知识青年，建设"知青点"，一些城市企业与本单位知青所在的大队实行"厂队挂钩，采取扩散产品，支援设备、技术、材料、资金"等办法，帮助社队兴办工厂，带动社队企业迅速发展。

（《乡镇企业》，第一章《体制》，第 463 页）

1974 年，集体安排城镇知识青年"上山下乡"，增建和扩建了一批社队种养企业。

（《乡镇企业》第二章《行业》，第 467 页）

《长沙市志(第十二卷)》

长沙市志编纂委员会编,湖南出版社1996年

    1970年2月,市卫生学校招收工人医生和赤脚医生2个班计100人,7月又招收城乡知识青年100名开办一年制"医护班"。   (《卫生》第五章《卫生行政》,第609页)

    1964年每个农村公社和部分大队以农村学校为阵地,修建篮球场,添置乒乓球桌,开辟天然游泳场。这时有一批知识青年和转业军人来到农村,成为开展农村体育的骨干力量。

(《体育》第五章《群众体育》,第733页)

《长沙市志(第十四卷)》

长沙市地方志编纂委员会编,湖南人民出版社2001年

    "文化大革命"期间,受极左思潮严重干扰,长沙市国民经济遭受破坏,劳动就业工作受到冲击,就业门路减少,大批青年动员上山下乡。据统计,1962—1978年,全市共动员10.31万名知识青年下放农村。到1978年底,除历年招工、升学、参军、提干、死亡和因各种疾病返迁回城的外,尚有在乡知识青年3.52万人,加上城镇历年积压的待业人员4万余人,共计有7万余人需要安排,待业率达12%,劳动就业成为一个十分突出的社会问题。

    ……1979—1987年,全市共安置上山下乡知识青年、城镇待业人员和复员转退军人共25.4万人,使"文化大革命"中遗留下来的大批待业人员和城镇新增的劳动力基本上得到安置。   (《劳动管理·概述》,第166—167页)

    1971年8月21日,恢复市劳动局职能部门,同时,市革委会下乡上山支援农业办公室的工作交由劳动局承担,两块牌子一套人马。1972年1月,正式开始办公,归口市计划委员会领导。2月,市支农办改为长沙市知识青年上山下乡领导小组办公室(简称"知青办"),与市劳动局分开。9月21日,市知青办与市劳动局合并,全局共39人,其中军代表4人,未分设科室。1973年8月20日,设办公室、计划调配科、劳动保护科、工资科。9月21日,市知青办与市劳动局再度分开。……1980年10月,撤销市"知青办",在市劳动局内设知青科,对外保留"知青办"名义,处理遗留工作。   (《劳动管理》第一章《机构》,第170—171页)

    "文化大革命"期间,动员知识青年上山下乡,成为这一时期安排城镇待业青年的主要渠道。

    1969—1983年,招收工人实行"群众推荐、民主评议、领导考核、择优录用"的原则,招工

对象主要是城镇复员、退伍军人及按政策批准留城和上山下乡劳动锻炼满两年以上的知识青年。……1969—1983 年的 14 年中,全市共招收工人近 30 万人,其中包括计划招工 18.23 万人,补充自然减员 6.8 万余人,临时工转为固定工 1.2 万余人,安置复员退伍军人 4 597 人,安置上山下乡知识青年 2.52 万人等。(《劳动管理》第二章《劳动就业》,第 180—181 页)

1978 年下半年—1979 年,全市举办全民带集体企事业单位 197 个,安置上山下乡知青和城镇待业人员 2.18 万人,占两年中全市安置总数 27％。

(《劳动管理》第二章《劳动就业》,第 185 页)

1978 年,城区和街道办的企业安置城镇待业青年 3 223 人,"五七"工厂安置 1 461 人。

(《劳动管理》第二章《劳动就业》,第 186 页)

1966 年—1976 年"文化大革命"期间,劳动力计划失去了控制。全市一方面动员了 8.69 万名城镇高、初中毕业生和城市居民上山下乡,另一方面,又从农村招雇大批农民进城做临时工,形成了城乡劳动力的对流。　　(《劳动管理》第三章《劳动力管理》,第 189 页)

1973 年,技工学校逐步恢复。1976—1979 年,共招生 5 725 人。招收对象主要是下乡两年和批准留城的知识青年,但矿山井下、野外勘探、森林采伐三个行业的技工学校招生则按指标的 70—90％招收本系统职工子女。　　(《劳动管理》第五章《培训》,第 219 页)

专记:知识青年上山下乡
一、基 本 情 况

长沙市知识青年(以下简称"知青")上山下乡始于 1962 年,至 1978 年底,全市共动员了 10.31 万名知青上山下乡。在此之前 1957 年,共青团长沙市委曾组织过数百名中学毕业生到浏阳大围山和城步、绥宁等县垦荒,这两批青年后来大都调回长沙,安排在商业或机关工作。

1962 年,在精简职工、压缩城镇人口的同时,全市首批动员 1 777 名中学生和社会青年上山下乡,分赴君山、杨林寨、千山红、钱粮湖等 9 个国营农场插队落户。至 1965 年,全市共动员 9 988 名知青上山下乡,其中下到江永县的知青 4 528 人。

1966—1968 年"文化大革命"初期,全市连续三届中、小学毕业生未能升学或就业。

1968 年 12 月,毛泽东主席发出"知识青年到农村去,接受贫下中农再教育,很有必要"的指示,长沙市取消了原定的中学毕业生"面向农村、面向工矿、面向基层、面向边疆"的四个面向,改为上山下乡一个面向。1968—1971 年底,全市动员了 4.4 万名中、小学毕业生和 1 410 户、4 574 名城市居民上山下乡,分到益阳、常德、岳阳、郴州、黔阳、湘西自治州等 7 个地区40多个县的人民公社生产队以及君山、千山红国营农场插队落户,也有一部分知青回原籍投亲靠友。

1972—1973年,全市1.1万多名中学毕业生按学校编成连排成建制地下放君山、钱粮湖等8个国营农场和网岭、草市、白泥湖3个"五·七"干校及省农学院等单位的农场落户,同时动员了2 039名知青参加建设"枝—柳"铁路。

1974年6月,《人民日报》报道了株洲市实行厂社挂钩、集体安置下乡知青的经验,中共长沙市委根据本市的实际情况,决定知青不再下放到外地、县,改为集体下放到本市所辖县和郊区农林场、公社,安置形式改为战线负责,单位包干办知青点。至1977年底,全市先后安置了3.58万名知青到长沙县、市郊的84个公社、1 041个大队、9 134个生产队插队落户,建立900多个知青点,开办了800多个社队的农、林、茶场。长沙市还规定,凡有知青下放任务的单位,均须派带队干部到知青点工作。全市共派出979名干部到各知青点带队,负责管理知青的政治思想和日常生活。

城镇知青在农村劳动锻炼,为农村作出了一定的贡献。据1974年对1.3万知青调查,有104人入党,3 946人入团,1 081人被选进各级领导班子,2 943人担任社队赤脚医生、民办教师、会计、出纳等工作。但从整体来看,国家花费了大量的人力、物力、财力,而且由于统筹兼顾的方针没有得到很好的贯彻落实,城乡劳力的安排缺乏整体规划,下乡知青中不少实际问题长期得不到解决,如收入低、生活条件差,有的连温饱都不能保证。并且安置人数多的地方增加了农民的负担,农民认为是城市"丢包袱",致使知青的路子越走越窄,知青上山下乡以及知青的出路成为一个十分突出的社会问题。

从1979年起长沙市停止动员知青上山下乡。5月,中共长沙市委批转市知青办、劳动局、公安局、粮食局四个单位《关于统筹安排一九七二年底以前下乡知青的意见的报告》,对于在生产、生活方面存在实际困难的下乡知青,尤其是下乡多年的老知青,本着"国家关心,负责到底"的精神,在城乡全民和集体所有制企事业单位,逐步安排他们从事有固定工资收入的工作。从1980年下半年开始,长沙市对1973年以后下乡的知青分战线进行清理、核对,逐人编号造册,逐步安排招工。

二、上山下乡和留城政策

1968年12月15日,市革命委员会"四个面向"办公室发出《关于上山下乡工作中有关投亲问题的通知》,拟定了以下处理意见:

1. 知青在农村有直系亲属的,动员回乡;原籍在农村,又有其他亲属的,回原籍插队落户;农村没有亲属的,有计划、分期分批组织上山下乡。

2. 长沙县、郊区人多田少,生产潜力有限,原籍在长沙县、郊区的,除经县、社、队同意接收安置外,其他一律不予介绍。

3. 毕业生去本省外地县投亲的,经当地生产队、大队、公社同意,方能有效。同时,投亲的地区有接收任务的,一律不抵任何指标。

4. 去外省农村投亲靠友,须取得当地县革委会四个面向办公室同意。

5. 去农场投亲靠友的须取得农场上一级机关革委会同意。

1969年1月15日,湖南省革委会《上山下乡工作座谈会纪要》规定:凡能下乡的初中、高中毕业生,干部、医务人员、教员、文艺工作者,以及固定职工、社会青年、个体经营者、合作小组人员等均动员上山下乡。

1971年4月,市革委会《关于七〇届中学毕业生分配和一九七一年招工、下乡有关问题的通知》,确定七〇届中学毕业生的分配原则是:升学、招工、下乡通盘考虑,全面安排,一次定妥,落实到人。首先满足升学的需要,对1971年3月21日之前满16周岁的学生,尽量使其升学。两届中学毕业生共计4.21万人,其中招工1.2万人,升高中1.54万人,上山下乡1.47万人。

1972年3月,中共长沙市委常委第23次办公会议研究决定:下乡知青因病、残或其他特殊困难申请回长落户,应有当地生产队、大队、公社、县四级单位签署的意见和县以上医院的检查证明,并经城市居委会讨论,街道革命领导小组和公安派出所调查提出意见,报区下乡上山支农办批准,方能办理返迁回城的手续。

1973年4月,市革委会和知青办就中、小学毕业生因病残和特殊困难要求照顾留城的问题,作出以下规定:

凡因残废、畸形、跛足等有功能障碍者及患有癫痫病、癔病、精神病、各种恶性肿瘤、严重慢性支气管炎、哮喘、胸膜炎、结核病、肝炎、高血压、心脏病、严重风湿性关节炎、肾下垂、结肠炎、贫血、脑膜炎后遗症、小儿麻痹后遗症、麻风或全身有严重皮肤病、高度近视者,可以不上山下乡。

对于已有多子女下乡又未招上来,身边仅此一个;已有子女下乡,但没有一个在全民企事业单位工作,家庭人均生活水平低于10元的;父母年老多病,生活不能长期自理,参加工作的子女均在外地,身边虽有子女,但年龄在12岁以下;生活完全靠社会救济;老红军、烈士、因公死亡、归国华侨、上层民主人士的子女,可不动员上山下乡。

1975年,中共长沙市委知青办拟定了《关于知识青年上山下乡动员工作中几个具体问题的规定》:

1. 凡确定上山下乡的对象,坚决动员上山下乡,任何部门单位不得给他们安排工作。已经安排了的,坚决辞退。

2. 独生子女和照顾留城的子女不动员上山下乡,但应经群众评议,领导批准,并发给不动员上山下乡的《临时证明》,有关部门或街道可有计划地安排他们的工作。

3. 病残不能参加农业生产的对象,系指断手断脚、鸡胸龟背、骨折致残、眼睛失明等明显残废和患有精神病、癫痫病等严重疾病。

4. 对于身边现有两个子女,其中一个患有双目失明、白痴、瘫痪、断手断脚、精神病等,另一个子女可不动员上山下乡。

5. 凡未满 17 周岁的青年,暂不动员上山下乡。

6. 凡随同父母工作调动迁入本市的干部、职工子女,半途退学、停学的学生以及社会青年,由其家长所在单位或街道办事处按政策同应届中学毕业生一道定向。应该上山下乡的,在未定向之前,均不得安排工作。

7. 国家根据需要招工时,从下乡劳动锻炼满两年以上的知青和按政策经过批准留城的对象中招收。

8. 关于为下乡知青所建房屋、所购农具家具、所拨安置经费的管理。

国家给上山下乡知青兴建的房屋,购置的农具、家具,归他们长期使用,并由所在社队和下乡知青管理,不得转让和出卖,任何单位和个人均不得占用,公社要建立房屋和财产登记,大队要建立保管制度。

下乡知识青年调离社队,不再返回原地时,节余经费由公社收回,交知青办统一掌握使用。住房、农具、家具,由生产大队造册登记,报县、社备存,留给新下乡知识青年使用,并顶抵新经费。新经费由县里掌握,留给知识青年维修房屋时使用。

1976 年 10 月,中共长沙市委知识青年上山下乡工作领导小组办公室发出《关于已下乡的独生子女身边无人要求迁回城镇的处理意见的通知》,对 1973 年以前下乡的独生子女和 1973 年底以前下乡的属多子女但父母身边无人,现在仍无变化,家中有实际困难,要求照顾的知识青年作出如下规定:

1. 没有结婚的,仍按国家有计划招工时(包括集体企业职工)给予照顾,个别不符合招工条件,家庭又有实际困难的,经批准可将户口迁回城镇。

2. 下乡知青已与本市和安置地区以外的职工、干部、居民结婚的,其父母确实需要子女回城照顾的,可允许迁回,如迁回的是女青年,所生小孩应随同迁入。

3. 同知识青年下放地区的职工、干部结婚的,可动员无工作的父母一起迁往职工、干部所在地入户,如确有特殊困难,非迁回不可的,也应该允许迁回。

4. 下乡知识青年在农村结婚的,为了不影响他们的夫妻关系,应尽量做好工作,动员他们安心农业生产。如果其父母确有特殊困难的,非子女回城照顾不可的,应经夫妻双方协商,写出意见一致的书面报告,可以迁回属于独生子女的本人,如果是女方,有子女需要哺乳的,应允许随同迁回。

5. 属于多子女父母身边无人照顾,其子女是下放知青已经在农村结婚的,一般不将其迁回。

6. 要求迁回城镇入户的,必须经知青本人和家长申请,家长所在的组织单位签出意见,街道办事处和公安派出所审查报区委知青办,并经知青安置所在县委知青办协商同意,批准后,送市公安局办理迁回入户手续。

1977 年 5 月,市委知青办发出《关于做好今年高中毕业生评议定向工作的意见》,对应届高中毕业生的留城比例,控制在 25% 左右,由各战线平衡掌握。全市从 1974 年 9 月开始实行办理留城手续,3年来,共批准发出临时留城证明 1 821 张,病残证明 7 098 张。

三、安置经费和粮油供应

国家拨付的安置费,主要用于城镇下乡人员的建房、生活安置、农具添置、困难补助等。

1968 年 12 月,省革委会就下乡人员安置经费作出以下规定:

青年小组集体下放插队落户,到外地、县的每人 240 元,到本地、县的每人 210 元;成户下乡和投亲靠友的每人 150 元,到直系亲属家落户的每人 50 元;回外省城镇或回外省上山下乡的,只给车船费。

1969 年 6 月,省革委会《关于城镇人员上山下乡安置经费问题的通知》规定:

(1) 城镇知青、社会青年、闲散劳动力统一安排插队落户的,平均每人 220 元;(2)城镇居民成户下乡落户的,平均每人 110 元,农村有家的平均每人 40 元;(3)城镇知识青年、社会青年到农村投亲靠友的平均每人 120 元,原籍有家可归,现回家落户,生活确有困难的,酌情补助,平均每人 40 元。

1964 年 3 月,国家粮食部门对下乡知识青年的粮油供应作出规定:下乡青年到农村人民公社生产队参加农业生产的,由原在城市的粮食部门,按照本人原定量发给旅途用的通用粮票和到达接收地点的头一个月所需的通用粮票,从到达接收的第二个月起,直接接上当季或下季的粮食和食油分配时止,由当地粮食部门供应粮油,供应标准按照所在生产队一般社员的实际吃粮水平和国家统销价格,从统销粮中安排供应。

1968 年 12 月起,按照全省统一规定,下乡知青头一年的口粮,由国家统销供应每人每月成品粮 20 公斤,食油 0.25 公斤。

1964—1983 年长沙市"知青"工作机构演变表

机 构 名 称	时 间
长沙市知识青年上山下乡领导小组安置办公室	1964.1—1968.5
长沙市中学毕业生分配领导小组办公室	1968.5—1968.9
长沙市革命委员会四个面向办公室	1968.9—1969.3
长沙市革命委员下乡上山支援农业办公室	1969.3—1972.9
长沙市革命委员会知识青年上山下乡领导小组办公室	1972.9—1973.9
中共长沙市委知识青年上山下乡领导小组办公室	1973.9—1980.10
长沙市革命委员会动员知识青年上山下乡指挥部办公室	1974.12—1975.12
长沙市劳动局知识青年工作科	1980.10—1983.7

(《劳动管理》第七章《劳动保护》,第 247—254 页)

本年度(1979 年)为给每个公社和相当公社一级的镇各配备专职计划生育人员 1 名,全市(86 个公社、6 个公社一级的镇)共招收录用 92 人。其中从雇请的计划生育专职人员中选招 71 人,从城镇待业知识青年和上山下乡知识青年中选招 21 人。

(《人事》第三章《录用与接收》,第 270 页)

《长沙市东区地方志》

湖南省长沙市东区地方志办公室编纂,(内部刊行)1990 年

(1963 年)9 月,为压缩城市人口、上山下湖领导小组成立,凡十八至四十岁的女性,十七岁至四十五岁的男性,由全民单位压缩回街道的干部、职工,未升学的初、高中毕业生,动员上山下湖,参加农业生产。

(《大事记》,第 16 页)

(1972 年)1 月 17 日,组织 109 名干部,工人的慰问团,由区革委会副主任张国辉带领分别到益阳、沅江,宁乡,常德,南县,芷江、岳阳等地,慰问上山下乡的知识青年,历时 25 天。

(《大事记》,第 20—21 页)

知识青年办公室

1962 年 9 月成立东区"上山下湖"领导小组办公室,负责知识青年上山下乡及居民下放工作,1970 年 12 月改为支农办公室,1971 年 1 月改为"四个面向"办公室。

1973 年 11 月 27 日改设"知识青年上山下乡"工作领导小组,下设办公室。1984 年 4 月下放知识青年和下放居民基本返迁回城就业,知青办撤销。

(第十一篇第一章《劳动》,第 269 页)

1962 年起开始动员知识青年响应中央号召,到农村落户;特别是 1968 年在毛泽东主席号召知识青年到农村去接受贫下中农再教育,掀起了上山下乡的热潮。1962 年至 1978 年全区(含省、市单位)上山下乡知识青年 7 039 人,以小组或个人插入农村落户的 6 028 人,安排到各国营农场的 828 人,下乡投靠亲友的 183 人。下放去向:长沙县 1 094 人,江永县 1 631 人,浏阳县 228 人,益阳县 675 人,宁乡县 402 人,郴州 176 人,芷江 723 人,麻阳 90 人,南县 654 人,沅江 355 人,钱粮湖农场 134 人,千山红农场 625 人,大通湖农场 100 人,白洲子农场 30 人,白泥湖农场 20 人,矾塘林场 70 人,杨林寨农场 82 人,修"三线"铁路 77 人,投亲落户 183 人。为解决下乡知识青年生活、学习、生产工具等问题,政府拨出专款作为安置费用。1972 年前每人均 220 元,后增至 480 元。1974 年以后增拨了知青建房费。知青专款由市财政按归口系统下拨,十六年里,国家拨给区属单位的知青经费 30 110 元,建立知青点 18 个,建房 18 栋。派带队干部 29 人。1978 年停止知青上山下乡,并根据中央和省市指示,统筹安排,解决上山下乡知识青年和下放居民回城安置问题,到 1984 年 4 月止,下放的

7 039名知青全部回城安置就业,427名下放居民回城落户,对其中有劳动能力者作适当安排。

(第十一篇第一章《劳动》,第270页)

《长沙市南区志》

长沙市南区志编纂委员会办公室编纂,(内部刊行)1994年

(1965年)3月15日,组织长沙市上山下乡青年春节慰问团南区分团,区、街负责干部10人,家长代表10人参加,慰问1964年8月至11月南区到江永县插队的805名知识青年。慰问团于2月28日回长沙。

(《大事记》,第22页)

(1971年)9月18日,区委召开战备动员大会。26日,研究战备疏散问题。次年1至3月,全区疏散1 359人,其中上山下乡知识青年826人。

(《大事记》,第24页)

1973年7月至9月,(区革委会下设)大组及小组相继撤销,改设秘书科、劳动工资科、计划财务科、城市建设科、文化科、教育科、卫生科、民政科、知识青年工作办公室、人民防空办公室、工业局、公安分局、工商行政管理所。

(卷三第二章《区人民政府》,第86页)

1955年,政府动员知识青年上山下乡,但未形成高潮。1958至1961年间,南区有12名知识青年下乡参加生产。1962至1967年,全区有3 038名知识青年下放到农村、林场。1968年,毛泽东主席发出"知识青年到农村去,接受贫下中农再教育"的号召,又掀起动员知识青年下放的高潮。1968至1977年南区有908名(未含驻区单位)知识青年上山下乡。广大知识青年下乡后,造成一些社会问题。除相继招工、招生或病退回城安置外,1979年对余下999人大部分作了招工安排,少数遗留问题亦已妥善处理。

(卷六第二章《劳动》,第158—159页)

《长沙市西区志》

长沙市西区志编纂委员会办公室编,(内部刊行)1989年

1974年,西区开始给知识青年发放留城证。

(第九篇第三章《劳动》,第302页)

动员下乡上山

1962年,西区成立了知识青年下乡上山安置领导小组,下设办公室,负责知识青年下乡上山的组织、动员、安置工作。当年有97名知识青年报名下乡。根据中央、省、市指示,1962

年以后,每年都动员了一批高、初中毕业生"到农村去插队落户"。

1962—1979年,西区(含岳麓区)共动员知识青年下乡上山10 024人。1963—1974年共动员成户下放农村208户、1 018人见附表(三十二)。安置形式大多数是集体到农场和集体插队,少数自己与农村挂钩。安置地区:长沙地区1 457人、株洲地区24人、湘潭地区337人、常德地区2 599人、益阳地区608人、郴州地区1 118人、零陵地区787人、邵阳地区76人、岳阳地区1 376人、衡阳地区26人、湘西自治区435人、黔阳地区405人、外省(河南、河北、广东、云南等省)142人,其余安排在农(林)场。为解决下乡上山知识青年生活、学习和生产工具等问题,政府拨出专款作为安置费用。从1964年起,每年在元旦以后,都组织对下乡知识青年进行走访慰问和召开家长座谈会。在全市统一安排下,以区为单位组织慰问团有8次,由市组织大型慰问团有2次。如1972年,西区组成112人的慰问分团,分赴汉寿、常德、桃源、安乡、临澧、慈利等8个县,深入70个公社、214个大队、80个生产队、18个农(林)场、42个工地进行慰问,历时40天。对因病和其他困难要求回城市入户的下乡知识青年,西区按中共湖南省委1972、1973年文件和1974年中共长沙市委文件,坚持生产队、大队、公社、县四级签出意见,并有县以上医院证明,经城市居委会讨论,街道办事处和公安派出所提出意见,由区知青办、区公安分局共同审批。同时对那些已下乡的独生子女、多子女身边无人以及生活特殊困难的知识青年,按上述手续,亦办理回城入户手续。西区1968—1979年,共办理2 409人,其中病退1 889人,独子女130人,多子女身边无人29人,困退17人,恢复户口8人,成户居民5人,随父母一道回城入户的知青331人。这些回城落户人员,除病退的经过了一段时间的治疗和23人有特殊情况不能安排外,其余的到1980年都先后安置到市、区、街工厂和企业。成户下放的先后回城154户、536人。其余大部分扎根农村,部分知识青年已招工。1979年1月,根据全国知识青年下乡上山工作会议纪要中"关于有安置条件的城市,也可以不动员下乡上山"的精神,从1980年起,长沙市停止了动员知识青年下乡上山工作。

附表(三十二)　西区历年知识青年下乡上山、成户下放人员统计表

年　份	知识青年下乡上山								成户下放	
	人　数			动员形式	落户地点			安置形式	户数	人数
	小　计	集体下乡	自己挂钩		地区	县	农场干校			
1962	97	97	—	区包干	—	—	—	集体农场	—	—
1963	518	518	—	区包干	2	—	11	集体农场	3	15
1964	647	647	—	区包干	1	1	—	集体插队	—	—
1965	563	563	—	区包干	1	2	—	集体插队	—	—
1968—1969	2 852	2 087	765	区包干	12	57	2	集体插队	}100	477
1970	520	413	107	区包干	11	37	1	集体插队		
1971	626	552	74	区包干	12	33	2	集体插队		

年 份	知识青年下乡上山								成户下放	
	人 数			动员形式	落户地点			安置形式	户数	人数
	小 计	集体下乡	自己挂钩		地区	县	农场干校			
1972	27	17	10	区包干	3	5	6	集体插队	—	—
1975	467	433	34	各系统包干	6	10	1	集体插队	—	—
1976	146	119	27	各系统包干	9	12	1	集体插队	—	—
1977	416	352	64	各系统包干	7	19	5	集体插队	—	—
1978	24	23	1	各系统包干	2	3	1	集体插队	—	—
1962—1974（岳麓区）	3 121	……	……	……	12	54	4	集体插队	105	526
合 计	10 024	5 821	1 082							1 018

（第九篇第三章《劳动》，第 306—307 页）

《长沙市北区志》

长沙市北区志编纂委员会编，(内部刊行)2005 年

（1964 年）12 月 9 日，区内知识青年去江永山区 4 个公社，20 个大队，104 个生产队插队落户。

（《大事记》，第 15 页）

1959—1963 年，精简下放职工和动员下乡落户。区劳动科除担负一年一度社会求职人员的调查登记外，还担负精简下放人员，下乡知青的调查与登记。

（第十篇第七章《劳动管理》，第 134 页）

1966—1977 年，区"知青"办公室负责动员青年上山下乡。区劳资科负责安置符合政策照顾留城知青，回城知青及平时需要安置的人员，参加街道工业生产。

（第十篇第七章《劳动管理》，第 134 页）

《长沙市郊区志》

长沙市郊区志编纂委员会编，(内部刊行)1994 年

（1957 年）7 月 12 日，自愿到农村落户的城市知识青年、岳北乡石岭塘农业社会计马良全被团省委授予湖南省知识青年参加劳动生产积极分子称号。《新湖南报》等省内 10 余种报刊杂志先后介绍了他的事迹。

（《大事记》，第 15 页）

1963 年郊区开始接受安置上山下乡的城市知识青年,在东方红农场、畜牧场、园艺示范场和雨花亭、岳麓山、东岸、望岳、大圫、洞井、黎圫等公社建立 13 个知青点。1973 年郊区成立知识青年上山下乡办公室,负责下放知识青年的管理和安置,至 1977 年,共接受安置知识青年 2 820 人,知识青年上山下乡,虽缓解了城市青年就业矛盾,但大多数青年因受劳动能力和生产条件的限制,生活不能自给,知识青年及家长、家长工作单位和农村社队都不满意,知识青年就业仍成为一个社会问题。1978 年上山下乡的知识青年大批返回城镇就业或自谋职业,1978—1980 年,郊区安置待业人员最多,其中下放知青占 80% 以上,仅 1980 年就安置 1 721 人,其中,全民企事业安置 498 人,集体企业 234 人,街道企业 419 人,其他安置 403 人,参军 94 人,考取大专院校 73 人,知识青年上山下乡工作到此结束。

(第九篇第二章《劳动》,第 180—181 页)

《长沙县志》

长沙县志编纂委员会编,生活·读书·新知三联书店出版 1995 年

　　是年(1963 年),全县农村开始接收长沙市和县级机关、县内集镇知识青年插队落户劳动锻炼。1969 年下半年起,开始安排插队知青回城工作,至 1980 年 7 月全部回城。

(《大事记》,第 26 页)

　　1978 年起,对城镇下乡上山知识青年实行统分制度,当时招工任务大,县劳动局根据上级下达的招工指标统一招收,统一分配到厂矿企业工作。

(第十三篇第一章《劳动管理》,第 256 页)

　　1971 年 2 月 24 日,县教育组在不超过 1967 年 8 月份的实际工资水平的前提下,补充自然减员 53 人。补充人员从全县农村复员退伍军人和经过两年以上劳动锻炼的城镇下乡上山知识青年中招收。……1975—1978 年上半年,全县减员补充 145 人,从城镇下乡上山知识青年中招收。1978 年 6 月 2 日,国务院颁发的《关于工人退休、退职的暂行办法》规定:"工人退休退职后,家庭生活确实困难的,或多子女下乡上山,子女就业少的,原则上可以招收其一名符合招工条件的子女参加工作。家居农村的退休退职工人,本人户口迁回农村的,也可以招收其一名符合招工条件的子女参加工作。"

(第十三篇第一章《劳动管理》,第 256 页)

　　全民带办集体也是广开就业门路、组织起来就业的重要途径之一。在全民招工指标紧缺的情况下,为了妥善安置大批下放知识青年及待业知识青年,长沙县从 1976 年起,采取全

民带办集体的形式,先后有财贸系统的供销、商业、粮食等部门及工业局的跃进氮肥厂、水泥厂、水利电力局的工程队、交通局的汽车队等单位招收大集体职工。

（第十三篇第一章《劳动管理》,第 258 页）

专记:知识青年下乡上山

为了做好知识青年安置工作,1968 年成立长沙县知识青年四个面向办公室(即面向农村、基层、工厂和边疆),1969 年改为下乡上山支援农业办公室。1973 年 10 月成立中共长沙县委知识青年下乡上山工作领导小组,下设办公室(简称知青办),1980 年 8 月,县知青办与劳动局合并。

下放知识青年(下称知青),是从 1963 年开始的,包括下放本县城镇知青和接收省、市及外地城镇知青到农村落户,至 1979 年底,共接收下乡上山知青 34 007 人。其中长沙市28 993 人,外市及外地转点 3 699 人,本县直接下放 1 315 人。

安置知青,曾经采取了多种办法。1963—1968 年,下放知青 922 人,分配到全县 33 个国社合营林场劳动锻炼。1969 年起,大批城镇知青下放农村,则以知青小组集体落户或投亲靠友单个插入社员家庭等形式,安置在全县 17 个区,79 个人民公社,988 个生产大队,7 628 个生产队。并按集体插队落户的每人 200 元、投亲靠友和回原籍的每人 100 元,城镇居民成户下乡落户的每人 100 元的标准拨发安置经费。省市还按安置人数下拨知青专用木材、布票、棉花等。全县共下拨知青安置费 723.76 万元,木材 1.7 万立方米。1973 年起,全县各生产大队普遍营建知青点,使下乡知青能集体生活、学习、劳动,并参加生产队的年终分配。1973—1975 年,全县共为知青建房 1 551 栋、9 093 间,建筑面积 15.45 万平方米。知青在下放期间,有不少人思想进步,工作扎实肯干。据 1977 年末在乡知青人数 20 402 人的统计:其中有 58 人入党,5 198 人入团;515 人进入公社、大队、生产队领导班子,成为农村基层骨干;335 人担任民办教师,126 人任赤脚医师,63 人当上农技员,93 人成为农机手。

1969 年 8 月开始招收下乡知青回城。1974 年起,曾规定下乡知青必须在农村劳动锻炼两年以上才允许招工,后又规定下乡知青在当地结了婚的就不再招工。但这些规定于 1978 年取消。至 1980 年 7 月,全县下乡上山知青中被招工 32 450 人,参军、升学 710 人,病退回城 795 人,死亡 10 人。剩下 42 人,大部分是 60 年代下乡的已婚老知青,孩子多,身体弱,还有个别的是半丧失劳动能力的病残人员。后经多方面协商,于 1980 年底全部由长沙县印刷厂接收安排工作,并由县知青办从知青经费中拨给该厂资金 100 万元,木材 90 立方米。

（第十三篇第一章《劳动管理》,第 262—263 页）

1971—1972 年经市委组织部批准,从有实践经验的工人、贫下中农、复员退伍军人以及下乡回乡知识青年中推荐选拔吸收干部 450 名,经短期培训后全部分到中、小学任教。

（第十三篇第二章《人事管理》,第 265 页）

1963年，为安置城镇下乡知识青年，在凤形山、景山、上杉市、麻林桥、福临铺、金星、沙坪、高岭、新华、跳马、烂泥冲、高岭寺、五美、湾塘、板桥、望新、黄花、青山、高丰、金塘、茶业等地试办22个国、社（公社、大队）合营林场。由社、队提供住房和生产场地，国家给予适当资金补贴。共有职工716名，其中知青694名。林场实行独立核算。

1969年9月，知识青年全部下放到生产队落户，国社合营林场停办。

（第十七篇第五章《林场》，第359页）

1972年大办"五七"教育网，全县增加公办和民办中、小学教师1520人（中学553人，小学967人），其中从有实践经验的工人、贫下中农、复员退伍军人以及下乡、回乡知识青年中推荐选拔，录用公办教师450人，选用民办教师1070人。　（第二十七篇第二章《教师》，第580页）

《株洲市志·总述、大事记、人口》

株洲市地方志编纂委员会编，湖南出版社1997年

（1964年）8月22日，市1964年第一批上山下乡的50多名城市知识青年奔赴农业第一线。　（卷2《大事记》，第135页）

（1968年）11月29日，市1700余名上山下乡知识青年奔赴浏阳老区，接受贫下中农再教育。　（卷2《大事记》，第141页）

12月24日，市革委会召开贯彻落实毛泽东主席"知识青年到农村去，接受贫下中农再教育"最新指示紧急大动员会。　（卷2《大事记》，第141页）

（1969年）1月8日，市500余名大、中学毕业生奔赴大通湖农场安家落户。

（卷2《大事记》，第142页）

（1973年）4月4日，市4000多名知识青年奔赴农村。　（卷2《大事记》，第146页）

10月，中共株洲市委召开知识青年上山下乡工作会议，确定"厂社挂钩，实行下乡安置、支农战备、疏散三结合"的安置形式。相继建立480多个知青点，集体安置知识青年2.8万余人。1978年，知识青年上山下乡运动结束。　（卷2《大事记》，第147页）

（1974年）6月12日，《人民日报》以《一个很好的典型》为题，发表株洲市厂社挂钩、集体

安置知识青年到社队农、林、茶场的调查报告,并于同日发表短评《大有希望的事业》,推荐株洲市厂社挂钩、集体安置知识青年到社队农、林、茶场的经验。 （卷2《大事记》,第148页）

(1976年)9月24日,市首批知识青年奔赴西藏工作。 （卷2《大事记》,第151页）

(1979年)4月4日,中共株洲市委召开全市知识青年工作会议,制订"统筹兼顾,全面安排"解决市知识青年问题的措施,力争两三年内逐步安排在乡知青从事有固定工资收入的工作。 （卷2《大事记》,第156页）

(1981年)5月4日,湖南省人民政府批准追认王伟为革命烈士。王伟是株洲市下到株洲县南阳桥公社桐山大队的知识青年。在1977年7月16日的"双抢"中,为抢救因镰刀与动力打谷机上破皮漏电的高压线而触电的女知青献出了宝贵的生命。牺牲时19岁。

（卷2《大事记》,第160—161页）

《株洲市志·工业》

株洲市地方志编纂委员会编,湖南出版社1996年

60年代末至70年代初,办起一批集体企业及"五七工厂",安排回城知识青年和城市待业人员3 862人。 （卷11第二章《工业结构》,第15页）

《株洲市志·农业》

株洲市地方志编委会编,湖南出版社1994年

1971年6月13日,省委将发展社队企业作为实现农业机械化,建设工业省的一项重要措施,要求各级党组织积极发展社队企业,从而进一步促进了社队企业的发展、各县先后建立机构主管这一事业。株洲作为一个新兴的工业城市,已经形成了工业支援农业的良好传统,在向农村安排下乡知识青年的过程中,采取"厂社挂钩,对口支农"的办法,城区一些厂矿企业对农村知青点给予资金、技术、设备等方面的支援,帮助农村发展社队企业。……株洲市"厂社挂钩"安排下乡知识青年,发展农村经济的路子,得到中央的肯定和推广,中共株洲市委、市革命委员会进一步号召组织城市企业大厂帮一社,小厂帮一队,对口挂钩支援农村。

（第八篇《乡镇企业》,第512—513页）

60年代中后期和70年代前期,在"厂社挂钩"安排城镇下乡知识青年的过程中,在城镇

厂矿企业和机关团体的对口支援下,知青点都建在大队,当时归株洲管辖的株洲县和郊区的队办企业得到大量发展。醴陵的烟花鞭炮和陶瓷生产,以及攸县的"五小"工业也发展很快。

(第八篇第一章《经营层次》,第 520 页)

60—70 年代,实行"厂社挂钩",安排知识青年,城市厂矿企业对社队企业对口支援一些生产设备。

(第八篇第三章《管理》,第 551 页)

《株洲市志·商业》

株洲市地方志编纂委员会编写,中国商业出版社 1995 年

1978 年 10 月 27 日,根据国务院文件规定,为安排城市知识青年,个体商业开始发展。

(第一篇第二章《所有制》,第 33 页)

1979 年,根据中共中央 43 号和国务院 244 号文件,株洲市各机关、部队、团体、学校和企事业单位,均办起了一批知青商店,属于集体所有制性质。1982 年,知青商店发展成为各单位安置富余人员和其他待业人员的场所,由各单位劳动服务公司所代替。

(第一篇第二章《所有制》,第 37 页)

《株洲市志·财政金融》

株洲市地方志编纂委员会编,中国商业出版社 1996 年

株洲市 1980 年市直党政群机关机构设置一览表①

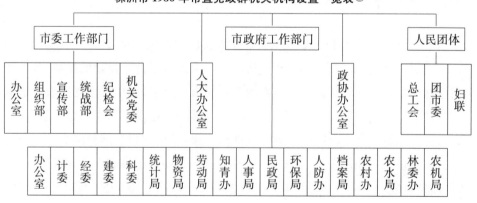

(第一篇第十三章《机构编制》,第 199 页)

---

① 本表内容为节选。——编者注

知识青年上山下乡　1968年,毛泽东发出"知识青年到农村去,接受贫下中农再教育"号召以后,市革委会成立领导机构,开始动员组织知识青年上山下乡工作。

1968年11月28日和1969年1月28日,市革委会2次在市体育广场召开群众大会,欢送6 118名知识青年到老苏区浏阳县和大通湖农场接受贫下中农再教育。1969—1972年,陆续又组织一批知识青年下放到株洲县和郊区插队落户。

(第一篇第十四章《重大政治活动纪略》,第221页)

下乡知青退伍军人安置　1975年起,城市下乡知识青年入伍的退伍军人陆续回乡,对他们的安置因无文件规定,致使他们滞留城市待分配。当年回乡的30名知青退伍军人,直到年底方全部安置就业。1978年,中共中央发出74号文件,规定下乡知青退伍军人可到父母所在地安置就业。至此,下乡知青退伍军人安置才得以完全解决。株洲市先后共安置下乡知青退伍军人200余人。

(第二篇第四章《民政》,第543页)

1966年"文化大革命"时期,也是第一个人口出生高峰期时出生的孩子进入劳动年龄的时期,加之受极"左"的影响,片面追求"一大二公",强调个体向集体转化,集体向全民过渡,限制集体经济,打击个体经济,使就业的门路越走越窄,终于形成1978年底和1979年的待业高峰。全市共积累的待业人员达4.14万人(含上山下乡返城知青),且以新成长劳动力为主,几乎每10个城镇人口就有1个待业的,成为一个严重的社会问题。

(第二篇第五章《劳动》,第606—607页)

第三节　上山下乡

一　办农林场

1961年,动员在城镇就业有困难,本身有条件且自愿上山下乡的知识青年和其他社会闲散劳动力上山下乡。至"文化大革命"前,组织动员了1 667人,其中学生和社会青年1 180人,社会闲散劳动力487人。除1962年有110人安置在国营林场,有9人落户插队,其余全部安置在城镇周围。其中,国营农牧渔场、果树园艺场安置157人,新办集体农林场23个,共计安置城市社会青年和闲散劳动力1 187人。据1965年11月对20个农场统计(不含财贸农场、工交农场、白马农场),共有荒山13 158亩,开垦了5 750亩。绿化造林4 875亩、种植各种作物2 570亩。对1964年前安置了劳动力的17个农场摸底,生活基本自给的有3个、半自给的有6个、自给三分之一的有8个。"文化大革命"中下乡青年都返回城市,加上这些新办场条件艰苦,创业艰难,因此多数被迫停了下来。

二　"共大"招生

1964年9月创办了"共产主义劳动大学",采取半耕半读、城来社去,为农业生产培训专业技术人员。当年录取学生100人,翌年又招收新生108人。"共大"学生视同上山下乡任务,从市安置经费中按标准拨付。1964年拨6万元,1965年拨2.38万元。1966年2月停止招生。后于1969年1月28日重新集体安置到大通湖农场插队。1975—1977年陆续收回城市,分散安置到集体企业。

三 插 队 落 户

1968年,恢复了中断2年的上山下乡工作。11月组织第一批知识青年到浏阳安家落户。12月22日《人民日报》发表毛泽东关于"再教育"的指示后,形成"上山下乡"热。至1969年3月31日止,2批共下乡毕业学生6118人、社会青年1847人。

随着生产建设的恢复,城市用人增加。1969—1970年共招工1.3万人,其中从农村招收8324人,只招回下乡知青142人,其余招收的全是农村青年。因此,在对六九、七〇届中学毕业生定向时,根据生产需要,除留城招工外,定向下乡488人,连同社会青年共计下乡746人。

1972年6月,省革委会批评株洲市下乡工作"人数不多,进展缓慢"。这年动员上山下乡1725人,其中参加三线铁路建设1157人。

四 厂 社 挂 钩

1973年10月在总结株洲县王十万公社党委将知识青年相对集中安置在公社林场、红湘江机器厂和株洲县大京水库采取厂社挂钩、干部带队、城乡配合、共同搞好安置、教育工作的经验后,确定了"厂社挂钩,实行下乡安置、支农、战备疏散三结合"的安置形式。这年,全市共动员下乡3791人。

1974年6月12日《人民日报》发表了《株洲市实行厂社挂钩、集体安置到社队农、林场的调查报告》和短评《大有希望的事业》。此后,各级党委对知青工作的领导进一步加强,市委除有一名书记主管知青工作外,还分工2名常委抓知青工作。县以上单位党委也都有1名书记主管知青工作,还增派了70名带队干部。因此许多问题都由各级党委直接予以解决。特别是各大工厂党委对挂钩社队知青点全力支援。

《人民日报》调查报告和短评的发表,扩大了株洲市知青工作在全国的影响。2月12日—7月25日,全国有25个省的部分地(市)县和企业单位派人到株洲市参观考察。调查报告发表后的1个月内到株洲市考察的就有5595人。至1976年5月总共接待参观考察人数达6.5万余人。

1974年8月26—31日市委召开知青上山下乡工作会议,重申了一些具体政策。对完善"厂社挂钩、集体安置"知青工作、统筹解决历届下乡青年的困难,建房问题、清理安置经费问题、落实同工同酬问题、解决生产门路和劳动场所问题、知青点菜地问题、带队干部问题以及保卫知青上山下乡工作、接待工作等都做了研究部署。这年应届毕业生共5625人,应动员上山下乡4805人,连同社会定向共有上山下乡青年5478人,年底下乡4663人。根据9月18日市委知青工作领导小组办公室的统计资料,全市安置知识青年的农林茶渔场276个,其中1972年前办场并接受知青的12个,1973年办场并接受知青的90个,1974年办场并接受知青的 174 个。共在场知青 9 551 人,实行单独核算的 1 637 人,在场基层干部 838 人,贫下中农社员 2 335 人,在乡带队干部 206 人,其中 1974 年选派的 167 人。共为知青点建房 265 栋 3 137 间计 119 920 平方米。

1975 年 1 月统一了病残留城的口径,根据统一标准病残留城 219 人,因病缓下 97 人,独生子女留城 97 人,多子女身边留人 90 人,特殊情况留城 29 人,共留城 532 人。定向上山下乡 4 827 人,占 90%,这年总计下乡知青 4 941 人。1976 年应届毕业生 4 713 人,按政策留城 1 108 人,缓下 46 人,定向下乡 3 559 人,占 75.51%,连同社会青年共下 3 650 人。1977 年定向下乡 4 523 人,动员下乡 4 576 人。

五　回城安置

1978 年按照实事求是、统筹安排的原则,调整了上山下乡政策,扩大了留城面,这年应届毕业生 3 694 人,定向下乡 739 人,实际只下乡 11 人。

1979 年 4 月,市委发出《关于统筹安排知识青年若干问题的规定》,要求各地大力发展生产,办好集体企业,广开安置门路,对于在农村的 6 000 多名知识青年要求在 2 年内逐步解决就业问题。号召他们听从党的召唤,服从党的安排。

至此,除硬质合金厂自办农工副商综合农场,安置 1979 年知识青年 200 人外,全部停止上山下乡动员工作。这年年初在农村的 6 779 名知青中,除回老家的 102 人外,其余全部收回城镇,各级知青办也全部撤销。历经 10 年的株洲市知识青年上山下乡工作宣告全面结束。

(第二篇第五章《劳动》,第 615—618 页)

《株洲市志·教科文》

株洲市地方志编纂委员会编,湖南出版社 1996 年

1980 年,农村开始出现个体图书户和图书联合体。鄯县沔渡乡回乡知识青年吴石牛创办的利民图书室和尹东明的东明书屋、茶陵县洣江乡大洲村彭雅笙的家庭图书室,醴陵市东富乡文发族等 3 名青年联合开办的芷江学社,都办得比较好。个体图书户藏书,多系连环画册、期刊、通俗小说,借阅方便,图书更新快,收费低廉,颇受农民欢迎。

(卷 36 第二章《图书馆》,第 357 页)

《株洲市东区志》

《株洲市东区志》编纂委员会编,(内部刊行)2002 年

1969—1978 年,城镇就业人员除少部分因病等原因留城外,均实行上山下乡锻炼,东区

范围主要到株洲县和浏阳县等地农村插队落户,只有达到锻炼年限或需要照顾的人员才能招工回城,由市劳动局统一分配指标,区劳动部门研究分配到具体单位,呈办入厂介绍手续,成为全民或集体固定制工人。1979 年,国家调整安置政策,各行业及厂矿在农村建立的知青点撤销,停止知识青年上山下乡,并有大批人员离乡返城等待安置。按行业部门的归口,没有全民增人指标的,则兴办集体企业(如"五·七"服务队)成批安置,有集体企业的则大量增人。至 1983 年,东区共安置约 1 万人。 (第十一篇第一章《劳动》,第 233—234 页)

《株洲市南区志》

株洲市芦淞区地方志编纂委员会编,团结出版社 2006 年

中共株洲市南区区委知识青年上山下乡办公室历年负责人名录

主 任:陈孝全 1973.11—1978.3
副主任:刘华钧 1978.3—1980.4

(第三篇第一章《中共株洲市南区地方组织》,第 93 页)

从 1969 年开始,逐年解决上山下乡知识青年和社会待业青年的就业安置问题。至 1979 年,通过招工、招干、招生等渠道,安排下放知识青年和社会待业青年就业 5 850 人,基本上解决了"文化大革命"遗留下来的待业人员就业问题。

(第六篇第一章《劳动》,第 219 页)

《株洲劳动志》

株洲市劳动局编,中国劳动出版社 1993 年

1966 年下半年至 1968 年夏季,正值"文化大革命"高潮,工厂基本不招工,学校停课闹革命,上山下乡也处于停顿状态。这三年的高、初中毕业生留在城市无事干。1968 年毛泽东关于"知识青年到农村去,接受贫下中农再教育,很有必要。要说服城里干部和其他人,把自己初中、高中、大学毕业的子女,送到乡下去,来一个动员。各地农村的同志,应当欢迎他们去"的讲话发表,这成了对上山下乡的政治动员。1968 年 8 月至 1969 年 5 月共下乡知青7 972 人,其中 66、67、68 三届毕业生 6 100 多人,社会青年 1 800 多人。此后,株洲市城市劳动力就业步入统配统分的强化阶段。 (第二章《劳动就业》,第 21 页)

1981 年根据湘劳社字 76 号和 254 号文件精神,除矿山井下、野外勘探、森林采伐三个行业在本单位有招工指标,可按规定照顾招收本单位符合条件的子女外,其它单位一律取消

内招。当年全市全民单位 1 212 名招工指标,都实行全市统考。其中适当照顾四种对象:一是多子女无一子女就业的,二是多子女无一人在全民单位的,三是下乡回城未安排的知青,四是老红军及离休干部子女、独生子女及港澳台胞子女。规定自然减员的补员只限于补充当年死亡、退职退休的自然减员缺额。对于本人无子女补充的缺额,可以招收本单位一名符合条件的待业青年或下乡知青。

（第二章《劳动就业》,第 25 页）

第三章 上山下乡
第一节 办农林场

株洲市上山下乡始于 1961 年,当时是和解决城镇就业困难及向农村输送有文化的青年紧密联系在一起的。动员对象主要是,在城镇就业有困难,本身有条件且自愿上山下乡的知识青年和其他社会闲散劳动力。1966 年"文化大革命"开始后,停顿了上山下乡工作。其间,株洲市有领导地组织动员 1 667 人上山下乡,其中学生和社会青年 1 180 人,社会闲散劳动力 487 人。因安置上山下乡人员同绿化荒山、美化城市、建立城市副食品基地改善城市供应紧密结合,所以,除 1962 年有 110 人安置在国营林场,有 9 人成户插队,其余全部安置在城镇周围。

一、国营农林牧渔场安置

开始,城镇青年和社会闲散劳动力的安置方向,主要是国营农、林、牧、渔场。1961 年下乡 36 人,安置在株洲园艺场 32 人,果树园艺场 4 人。1962 年下乡 153 人,倒流 29 人,巩固 124 人。安置在凤凰山林场 10 人、莽山林场 100 人、果树园艺场 7 人、畜牧场 5 人、水产试验场 2 人。1964 年农科所和水产试验场扩建又安置 107 人。总计安置 267 人,其中知识青年 263 人。

二、兴办集体农林场以扩大安置

1963 年湖南省分配株洲市安置上山下乡人员 500 人,拨给经费 25.4 万元,木材 350 立方米,主要安置方向是兴办集体农场,要求春节前全部完成。同年中共株洲市委批转市劳动局党组《关于加强城市闲散劳动力安置和管理工作的报告》,决定兴办农场,动员、组织一批闲散劳动力上山下湖。同时也指出兴办农场没有经验,必须有一段过程,要求各级党组织一齐动手,采取有效措施,切实做好工作。于 11 月经中共株洲市委研究决定适当扩大果树园艺场和五里墩果木园,安置 400—600 人。采取国、社合营办法,新扩大的为集体场,单独核算,按劳分配。经营以果树为主,间作杂粮,以短养长。凡是家居城市有劳动能力的失学学生、闲散人员、复员军人自愿下乡,年龄男性 16—50 岁,女性 16—30 岁的都可以安置。指标不作控制,能动员多少就动员多少。下乡人员生活待遇按省规定新建队和办集体场每个劳动力 508 元。其中第一年 400 元、内建房费 200 元、生活补助费 120 元、生产和农具费 60

元、家具费 20 元;第二年补助 60 元;第三年补助 48 元。木材按安置人数每人 0.7 立方米。经费和木材一律由农场集体掌握使用。是年实际动员人数 182 人,其中果树园艺场安置 132 人、五里墩果园安置 50 人。

1964 年通过各级党组织一齐动手,新建、扩建集体农场 20 个,安置 705 人。1965 年又新建工交农场、财贸农场、白马农场 3 所,安置 300 人。据 1965 年 11 月对 20 个农场统计(不含财贸农场、工交农场、白马农场),共有荒山 13 158 亩,开垦 5 750 亩。绿化造林 4 875 亩、种植茶(叶)树 250 亩、粮食作物面积 450 亩、油料作物 503 亩、棉花 160 亩、种植其他经济作物 962 亩、培育苗圃 245 亩、养鱼水面 200 亩、饲养牲猪 330 头。对 1964 年前安置了劳动力的 17 个农场摸底,生活基本自给的有 3 个、半自给的有 6 个、自给三分之一的有 8 个。“文化大革命”也冲击了这些新办集体农场,下乡青年“杀”回城市,加之这些新办场条件艰苦,不易办出成果。因此,多数被迫停办。参见表 3-1。

表 3-1　1961—1965 年株洲市上山下乡动员安置情况表

年　度	1961	1962	1963	1964	1965
安置下乡人数	36	146	183	855	474
巩固人数	36	124	182	855	474
其中按对象分:					
1. 学　生	32	18	75	222	450
2. 社会青年			69	314	
3. 退伍军人				2	
4. 闲散劳动力		106	38	317	15
5. 家　属					9
6. 职　工	4	7			
按安置方式分:					
1. 新扩建集体场队安置			※182	705	300
2. 共产主义劳动大学				100	108
3. 国营农业企事业单位安置	32	※124		50	57
4. 成户插队					9
新扩建集体农场(个数)				20	3
回乡人数					4

注:※其中莽山林场 100 人。※在果树园艺场 132 人。

第二节　“共大”招生

1964 年 9 月中共株洲市委根据省委安置工作会议精神,决定创办“共产主义劳动大学”,推行“两种教育”制度,实行半耕半读、城来社去,为农业生产培训专业技术人员。校址设白马垅原市硫酸铝厂(已停办)旧址。校长由副市长陈文玉兼任,副校长由罗立洲、钟湔雪担任。设林业班、经济作物班、果树栽培班三个专业,在城市五区、市郊四镇及淦田、昭陵、王十万、马家河等集镇吃商品粮的人口中招收,招收对象是本届及历届高中、初中毕业学生或具有同等学力的社会知识青年,年龄为 16—23 岁、身体健康、尚未升学和无正式职业的未婚男女青年。学习期限为 5 年,毕业后相当中等农业技校的学历。学生入学后,学杂费、伙食费第一年由国家补贴,第二年由学生收入中解决,不足部分国家适当补助,第三年后由劳动收入自给。录取 100 人,翌年又招收新生 108 人。"共大"学生视同上山下乡任务,由市安置经费中按标准拨给经费。1964 年拨 6 万元,1965 年拨 2.38 万元。1966 年 2 月 13 日中共湖南省委上山下湖劳力安置领导小组办公室函示,根据中央安置座谈会精神,安置和办学是两回事,不能把办学当做动员方法和安置方式。结合安置所办的学校,主要是巩固提高,总结经验,一律不再招生。

共产主义劳动大学开办初期接管原硫酸铝厂车间 2 栋,宿舍 1 栋,食堂厨房 1 栋及厕所浴室等,建筑面积 1 572 平方米,附近荒山千亩,能利用拖拉机开垦的有 250 亩。但终因自给困难,于 1965 年 9 月,迁往株洲县荷包洲与亭子农场合并实行场校结合,以场养校。1966年,"文化大革命"开始后,学校一切生产、教学活动全部停顿。1969 年 1 月 28 日重新集体安置到大通湖农场插队。1975—1977 年陆续收回城市,分散安置到集体企业,其中绝大多数成为企业骨干,有的成为企业领导成员。

第三节　插队落户

1968 年,株洲市根据"四个面向"(面向农村、面向边疆、面向工矿、面向基层)的指示精神,恢复了中断两年的上山下乡工作。同年 11 月组织第一批知识青年到浏阳县安家落户。由于工作十分仓促,粮食、户口、档案材料等都来不及办好。市革命委员会于 12 月 10 日发出《关于 12 月份"四个面向"工作安排的几点意见》,要求各单位认真检查总结首批城市知青下乡上山工作,认真负责地做好去浏阳安家落户的知识青年和家长的工作,处理好首批下乡上山后的遗留问题,并组织好第二批下乡上山动员安置工作。

1969 年 1 月 18 日市革命委员会《关于动员城市人口下乡上山支援农业的几点意见》,规定动员对象为①1966、1967 届高初中毕业生,按"四个面向"分配属于下乡上山的,②所有社会青年及 1968 届高、初中毕业生,③有劳动力、无固定职业的闲散人员及家属,还有干部、教师、医务人员等等。1 月 28 日株洲市革命委员会召开欢送五·七战士赴浏阳建设老苏区大会。至 3 月 31 日,两批共下乡毕业学生 6 118 人、社会青年 1 847 人,连同街道居民、无粮户人员、农村学生及干部、教师、文艺、医务工作人员号称 29 000 人到农业第一线。3 月7 日市革命委员会又发出 26 号文件,对进一步动员城市人口下乡上山支援农业有关政策做了补充规定,其中对工专学生(不含"文革"前已安排正式工作的)、重工、轻化、东风、财贸等工读学校学生全面动员到农村插队落户。7 月 7 日市革委会下乡上山支农指挥部转发省革委关于城镇人员下乡上山安置经费问题的通知,统一了下乡插队后的安置补助标准。其中城镇知识青年、社会青年、闲散劳动力统一插队落户的,平均每人 220 元,投亲靠友落户的平均每人 120 元,家在农村回原籍的平均每人 40 元,城镇居民成户下乡落户的平均每人 110元,农村有家的平均每人 40 元。

1970 年 7 月,按照中共中央转发国家计委军代表关于进一步做好知识青年下乡工作的报告,由市革命委员会政治部"四个面向"办公室与株洲县"四个面向"办公室组织 20 多人的调查组,到下乡青年集中的 24 个公社,走访了 90％的知青小组。调查组一方面肯定广大贫下中农对下乡青年的关怀与爱护,肯定广大下乡知识青年立志锻炼、维护集体的先进事迹。如均坝公社爱农青年组的知青,在 3 月份,冒严寒为生产队多次潜水堵塞涵洞,保证全队 80 多亩水田的灌溉;古岳峰公社班竹青年组两个青年,春耕时见生产队 3 头耕牛生病,立即主动背犁达 20 多天,保证队里春耕赶上季节。另一方面,调查组提出安置中存在的许多实际困难和问题,如 80％的青年组没有固定住房,口粮不落实,有的病残青年生产、生活困难无力自给。也有少数人引诱下乡知青早婚等等。有针对性地提出 5 条建议,强调妥善安排好下乡知青的生产生活,安置经费专款专用,抓紧解决住房问题,打击腐蚀迫害下乡知青的坏人,并且首次提出城乡配合加强领导,做好安置。

通过总结还指出上山下乡工作中存在着“一刀切”的简单做法,要求实事求是地对原规定应下未下的 1 468 名 25 岁以下青年进行逐个调查。经过群众评议,三榜定案,区别开思想问题和实际问题,做出妥善处理,其中有 368 人难于下乡又符合招工条件的招进工厂,确有病残不宜下乡的 592 人,由区县安排到集体单位,有 508 人继续动员下乡。同时,还从农村收回病残人员 246 人。对于家庭确有困难的回外省农村原籍的老红军、老干部、老工人子弟照顾收回 163 人,其中 36 人进了工厂,127 人组成民兵连参加三线铁路建设。

随着生产建设的恢复,城市用人增加,1969 年至 1970 年共招工 1.3 万人,其中,从农村招收 8 324 人,仅招回下乡知青 142 人,其余招收的全是农村青年。因此,对于 1969 届 2 202 名中学毕业生定向时,根据生产的需要,除留城招工 1 789 人外,安排下乡 320 人。连同社会青年共下乡 587 人。

1971 年 4 月株洲市革命委员会劳动局党的核心小组《关于下乡病残问题和个别特殊情况的处理意见的报告》指出,几年来全市有 7 000 多名知识青年和 1 000 多名城镇居民上山下乡,经过招工变动,仍在农村的还有 4 000 余人。其中有 5％,约 200 人身体有严重病残或其他特殊困难要求返城,其中浏阳县“四个面向”办公室已将株洲下乡的 100 多名病残人员转为吃国家粮,农村不供应口粮,反映十分强烈,有的病残青年要求返城报告已盖了 20 多个公章仍未批准。根据全省各地共同协商的意见对此是从严控制、慎重处理,注意收回对象的群众基础,边收边看,不成批处理。

对于 1970 届毕业生分配问题,除满足招工需要,及对病残、独生子(女)和多子女下乡确有实际困难的给予适当照顾外,对定向下乡的 168 人,历届应下未下的 244 人,倒流的 65 人,共 477 人要求做好工作于 9 月底坚决动员上山下乡。为了加强管理教育,要求组织青年小组下乡。这年实际下乡 159 人。

同年 8 月根据株洲市委常委指示,按照基干民兵条件组织第二批知识青年 107 人参加三线铁路建设。

1972 年,省革委会于 6 月 11 日至 17 日在大通湖农场召开的全省上山下乡工作现场会,省委常委,省上山下乡领导小组负责人罗秋月参加了会议。会议批评株洲的下乡工作是

"人数不多,进展缓慢,决心不大,措施不力"。"如果这次会议后还不抓紧动员下去,要考虑通报"。株洲市毕业生分配办公室对于贯彻会议精神提出 5 点意见:一是对应下未下的要采取坚决措施,做好动员,同时召开一次农场、下乡青年带队干部经验交流会;二是抓好新接受场再教育情况的检查和普遍走访;三是进一步研究病残青年问题,适当收回一些;四是下乡经费标准问题改按大通湖农场的办法,每人 390 元安置费,盖房子 200 元,添置家具农具 70 元,生活费 120 元(包括医药费 10 元),每人每月发 7 元。下放集体农场,头一年的 120 元,可不直接发给本人,由农场包干负责,第二年生活费由第一年的劳动所得解决;五是加强领导、健全机构。这年动员上山下乡 1 725 人,其中参加三线铁路建设 1 157 人。

1973 年 1 月组成湖南省上山下乡人员春节慰问总团株洲分团,分三个队分别到浏阳县、株洲县农村和大通湖农场,慰问株洲下放的 2 480 多名知识青年,先后到 19 个区的 81 个公社(镇)和四个分场,召开了有 1 340 多人参加的 213 个座谈会。这次春节慰问在下乡知青中反映十分强烈,认为是对下乡青年的最大关怀和爱护。这年,中共株洲市委由两名常委主管这项工作,并从有关部门抽调 5 名副局长以上干部负责抓这项工作,并且先后 5 次召开县以上单位主管这项工作的党委负责人会议,对上山下乡的思想工作、组织工作、安置工作进行统一安排部署,对动员任务实行"四包"(机关包干部、厂矿包职工、街道包家属、学校包学生),全党动手,各方配合,共同做好毕业生及家属的思想动员工作。

第四节 厂 社 挂 钩

1973 年 10 月 29 日中共株洲市委召开知识青年上山下乡工作会议,总结株洲县王十万公社党委将知识青年相对集中安置在公社林场,选派 9 名社队干部和 10 名贫下中农带领知青,较好地解决下乡青年生产和生活等方面的经验、及红湘江机器厂①和株洲县大京水库采取厂社挂钩、干部带队、城乡配合、共同搞好安置、教育工作的经验。确定了"厂社挂钩,实行下乡安置、支农、战备疏散三结合"的安置形式,要求 30～50 名下乡青年要配备一名带队干部。带队干部参加区、社、队的领导班子。对于上山下乡政策也做了相应调整:①因采取就近安置、集体生活,又有带队干部,动员下乡年龄改在 16 岁;②对于因病残不能参加农业劳动,以及独生子女,多子女身边只有一个子女的,经过群众评议,领导批准,不作动员下乡对象;③归国华侨、港澳台胞子女不作下乡对象。但要加强教育、妥善安排,由所在单位组织起来走"五·七道路",办"五·七工厂"、"五·七服务队"。同时对于纠正"走后门"、严肃处理迫害下乡知青案件、切实解决下乡知青生活问题、大力加强对下乡知青的培养教育问题,以及安置经费和建房材料不得挪用的问题等等,都分别提出具体要求。这年全市共动员下乡 3 791 人。

1974 年 1 月遵照中共湖南省委指示,株洲市组织 160 余人的慰问团,分成两个分团对全市 3 000 多名上山下乡知青进行全面慰问检查,历时 10 天。慰问团跑遍全市农村和城郊 9 个区、46 个公社和场镇,106 个大队,114 个青年点,逐点逐人进行慰问检查。召开各种座

---

① 红湘江机器厂、湘江机器厂、331 厂即南方动力机械公司。——原书注

谈会 195 次,参加人数共 2 312 人,组织报告会 11 场,广播会 6 场。并且统筹解决了知青生活中存在的一些问题。通过慰问,也了解到一些较普遍的问题,如:部分社队对知青住房、用具、伙食、疾病医疗、女青年例假等问题解决不够,同工不同酬,对腐蚀、迫害知青事件处理不及时。针对存在问题慰问团提出了解决的具体措施。

1974 年 2 月,《人民日报》记者对株洲市知识青年上山下乡进行调查采访,随之国务院知青办顾洪章等人来株洲检查工作。6 月 12 日,《人民日报》发表了株洲市实行厂社挂钩,将知识青年集体安置到社队农、林场的调查报告和短评《大有希望的事业》,将株洲经验向全国推广。在此期间,中共株洲市委多次召开知青上山下乡会议,市委书记高继唐,副书记刘海波、吴占魁多次深入知青点检查工作。7 月 19 日至 25 日又组织各级党委负责人 134 人,由市委常委李路、周素贞带队深入 35 个公社、276 个知青点进行检查。此后,各级党委对知青工作的领导进一步加强,市委除有一名书记主管知青工作,还分工两名常委抓知青工作,市知青办由 15 人增加到 20 人,县以上单位党委都有一名书记主管知青工作,还增派了 70 名带队干部。因此,许多问题都由各级党委直接予以解决。各大工厂党委对挂钩社队知青点全力支援。红湘江机器厂一分厂党委派出 100 多名职工到白关公社成家坝大队帮助知青点盖房,湘江氮肥厂党委指派厂基建办技术人员到知青点帮助勘测,派出推土机、汽车参加修路、平地基、运材料,动力车间派出 10 多名工人到知青点装电灯。支援工作由帮助社队建设知青点、修理农机具,发展到无偿帮助社队架电线,建排灌站,建立农机厂等等。市计委从 2 月至 7 月的 5 个月中也先后预拨木材 1 500 立方米,调拨钢材 30 吨、水泥 120 吨、油毛毡 10 000 米①、瓦 120 万块建设知青住房和生活设施。

《人民日报》调查报告和短评的发表,扩大了株洲知青工作在全国的影响。全国有 25 个省的部分地(市)县和企业单位派人到株洲参观考察。调查报告发表后的一个月内到株洲考察的就有 5 595 人,每天住宿人数达 700 多人,有的来自西北边疆,有的来自西双版纳,有的来自东海之滨。至 1976 年 5 月总共接待参观考察人数达 65 000 余人,每天派往知青点参观考察的汽车 2—4 部,最多时为 6 部。"知青办"抽调专干 1—2 人负责接待,介绍情况和陪同到各知青点参观。为满足外地参观考察需要,市"知青办"还总结了八个典型材料。这些材料是:①艰苦创业的潘家冲林场;②文家大队林场大搞林粮间种实行"三白给";③新民大队林场实行农、林、牧相结合,五十名知青两年达到自给有余;④龙凤公社茶场知识青年是怎样健康成长的;⑤前景灿烂的王家洲大队桔园;⑥生气勃勃的穿石大队药场;⑦市农业生产资料公司等单位挑穷队挂钩建点支农,一年办了六件大事;⑧边远山区棋盘大队发生了十大变化。

1974 年 8 月 26 日至 31 日市委召开知青上山下乡工作会议,重申一些具体政策:①凡确定为上山下乡对象而未走的,以及倒流城市的知识青年,应坚决动员他们上山下乡,任何部门、单位不得给他们安排任何工作(包括临时工、合同工、承包工、基建民工、家属工、临时

---

① 原件为米,不便折算为标准计量单位——平方米。——原书注

点工或厂外加工等），各区各单位都要认真组织一次清理，已经安排的应坚决辞退，否则，以破坏知识青年上山下乡论处；②独生子女和多子女身边只有一个子女的，不动员上山下乡，有关部门可根据国家规定有计划地安排他们的工作；③经群众评议、医院检查确因病不能参加农业劳动的不动员上山下乡。批准留城知青和因病按规定手续批准迁回城镇的下乡青年，招工招生均不予考虑；④凡因病确定暂缓下乡的青年，继续治病，病好后继续动员上山下乡，在治疗期间不得安排任何固定工作或临时工作；⑤凡不到上山下乡年龄的青年暂不动员上山下乡，任何部门任何个人都不准在这些人员中私招乱雇，年满后要及时动员上山下乡；⑥由外地调入干部、职工子女及批准退学、自动停学学生和社会青年，在未定向前均不得安排工作；⑦1968 年以来随父母下放，又随父母迁回城镇的未满上山下乡年龄的子女，达到上山下乡年龄后要重新定向，该下乡的继续动员下乡。已满下乡年龄的子女不再随父母迁回城镇，继续留在农村插队落户。同时对完善"厂社挂钩、集体安置"知青工作、统筹解决历届下乡青年的困难，建房问题，清理安置经费问题，落实同工同酬问题，解决生产门路和劳动场所问题，知青点菜地问题，带队干部问题以及保卫知青上山下乡工作、接待工作等都做了研究部署。这年应届毕业生共 5 625 人，应动员上山下乡 4 805 人，连同社会定向共有上山下乡青年 5 478 人，年底下了 4 663 人。根据 9 月 18 日中共株洲市委知青工作领导小组办公室的统计资料，全市安置知识青年的农、林、果、茶、渔场 276 个，其中 1972 年前办场并接受知青的 12 个，1973 年办场并接受知青的 90 个，1974 年办场并接受知青的 174 个。共在场知青 9 551 人，实行单独核算的 1 637 人，在场基层干部 838 人，贫下中农社员 2 335 人，在乡带队干部 206 人，其中 1974 年选派的 167 人。共为知青点建房 265 栋 3 137 间，计 119 920 平方米。

1975 年 1 月组成由中共株洲市委副书记吴占魁任团长，李路、邢连兴、周素贞任副团长，由各部门、各大厂矿负责人参加的 170 余人的春节慰问团，分成 9 个分团，赴 260 多个知青点，对 10 000 多名知青和带队干部进行普遍慰问，历时 10 天，召开各种座谈会 483 次，个别走访插队落户知识青年 472 人。

同时对当年应届毕业生抓紧定向动员工作，为统一病残留城的口径，于 1975 年 6 月和 7 月，中共株洲市委知识青年上山下乡动员指挥部分配组分别制定了《知识青年病残留城定向参考意见》和《目测标准》。标准规定：①根据目测有严重鸡胸、驼背、四肢残缺者，陈旧性骨折，有明显功能障碍、有精神病或癫痫病、夜游症病史者，脑膜炎后遗症或小儿麻痹症严重者，独眼或明显聋、哑者，可做留城处理；②有严重疾病不能参加农业劳动，根据体检医师意见，在短期内难以治愈的可做留城处理；⑧有病，暂时不能参加农业劳动，根据体检医师意见，在短期内可能治愈的，可做上山下乡定向，病愈后应即上山下乡。根据以上标准病残留城 219 人，因病缓下 97 人。连同独生子女留城（97 人），多子女身边留人（90 人），特殊情况留城（29 人），共留城 532 人。定向上山下乡 4 827 人，占 90%。于 7 月 12 日举行欢送晚会。7 月 14 日组织盛大的欢送队伍和游行队伍。上山下乡车队到达渌口时，由中共株洲县委组织迎送，经解放军驻地时，由解放军指战员迎送。知青到达目的地由公社组织干部欢迎。这年总计下乡知青4 941人。

1976年在中共株洲市委领导下,采取厂社对口的方式,共组织33个分团、511人对下乡知青进行慰问。6月召开市委知识青年上山下乡工作会议,市委副书记吴占魁代表市委作报告,书记高继唐做总结讲话。这年应届毕业生4 713人,按政策留城1 108人,缓下46人,定向下乡3 559人,占75.51%;连同社会青年共下3 650人。从1974年至1976年,株洲市累计上山下乡知青13 254人。而1975—1976年两年从农村招工5 773人(仅株洲市范围内各单位招工就有5 543人),招生516人,征兵42人。从农村招工招生条件都规定为下乡两年以上。因此,在知青中普遍存在着"两年"思想。这时,国务院"知青办"学习调查组和湖南省"知青办"、株洲市"知青办"共同对株洲市知识青年问题进行调查。写出《通过对八个知青点的调查看当前需要解决的几个问题》的调查报告,指出从上山下乡知青中招工招生是"春苗遭了霜打",是"拔根"、"掐尖"。

1977年中共株洲市委知识青年下乡工作领导小组办公室发出《关于城镇中学毕业生、社会青年定向、分配、动员安置等有关政策问题的意见》,对不动员上山下乡的五种对象又做了具体规定。如归国华侨学生,不是指华侨子女,而是指在国外念书毕业回国的学生;独生子女,按一家计算,凡再婚父母各方都带有一个子女在一起生活的,不能称独生子女。多子女身边只有一个子女,指凡在株洲范围内拿工资或城镇户口吃商品粮,及招收为大中专院校学生的均视身边有人。这年定向下乡4 523人,动员下乡4 576人。

第五节 回城安置

1978年根据全省知青工作会议和"知青办"主任会议精神,在肯定知识青年上山下乡安置工作中所做的大量工作的基础上,按照实事求是,统筹安排的原则,调整了上山下乡政策,一是扩大留城面,二是在安置中因有许多单位支农、支点(知青点)战线太长(如田心机厂[①]共48个知青点,红湘江机器厂40个知青点),因此不建新点或适当收缩。这年应届毕业生3 694人,定向下乡739人,实际只下了11人。

1979年4月中共株洲市委发出《关于统筹安排知识青年若干问题的规定》,指出"1962年以来,我市共有3.2万多名知识青年响应毛主席、党中央的号召上山下乡,他们在三大革命斗争中,经受了锻炼,增长了才干,提高了觉悟,作出了贡献。特别是为我市县、郊社队农林茶场的发展,做出了可喜的成绩。这些年来,许多知识青年在农村入了党,入了团,进了各级领导班子,担任了农村各项工作。经过下乡锻炼,被选、送到工交、财贸、文教等各条战线的2.6万多名知识青年,受到各方面的欢迎和赞扬,现在农村的6 000多名知识青年,也普遍成长很快很好……知青工作的问题,主要是'统筹兼顾'方针未能很好地贯彻落实,城乡劳动力未能全面安排。其根本原因是林彪、'四人帮'的干扰和破坏,由于他们破坏党的领导,破坏国民经济,破坏文教事业,结果,使知识青年就业和升学都很困难。"并且指出,要围绕党的

---

① 注:田心机厂、田心机车车辆修理工厂、株洲机车厂。现称株洲电力机车厂。——原书注

工作着重点的转移,按照统筹兼顾全面安排的方针,大力发展生产,办好集体企业,广开安置门路。同时规定了积极扶植发展集体经济的一些具体政策。对于在农村的6000多名知识青年要求在两年内逐步解决安置问题。号召他们听从党的召唤,服从党的安排。为了帮助待业青年创造就业条件,同年6月,市革命委员会劳动局、财政局、粮食局发出组织待业青年进行技术代培的通知,组织现场培训,培训期间发给生活补助费。

同年9月市委知识青年上山下乡领导小组办公室、市革命委员会财政局发出《关于清理知青经费和知青点财产的联合通知》,指出:"数年来,国家拨给我市的知青经费达千余万元……1973年实行厂社挂钩、集体安置知识青年到社队农林茶场的做法以来,县郊相继建了480多个知青点,仅建住房即达20多万平方米、还有12000多张床铺及近万件农具及其他财产……要求:①各公社、大队结余的知青经费,一律按八月底的帐面余额,全数上缴县(郊)财政局(科)列入知青经费专项,由所在'知青办'统一掌握使用。②各知青点的财产都要按'知青办'(79)03号有关文件规定办理清理移交手续。其中属挂钩单位支援的双方协商合理解决,属国家安置经费购置的,由县(郊)知青工作领导小组决定或作价出售,或交社队保管使用。⑧对知青经费要进行全面清理,结清帐目。按使用项目逐项填报,由县(郊)知青办、财政局(科)复查验收"。

1979年除株洲硬质合金厂自办农工副商综合农场安置1979年知识青年200人外,全部停止上山下乡动员工作。年初在农村的6779名知青,除回老家的102人外,其余全部收回城镇,各级"知青办"全部撤销。历经十年的株洲市知识青年上山下乡工作宣告结束。附表3-2、表3-3、表3-4、表3-5。

表3-2 株洲市知识青年定向、下乡情况　　　　　　　　　　　　　　　单位:人

| 年　度 | 定向人数 | 留城人数 | | | 缓下乡人　数 | 应下乡人　数 | 已下乡人　数 |
		小计	特留	病残			
1968	4 929					4 929	4 830
1969	3 242					3 242	3 135
1970	2 202	1 882	1 789	93		320	587
1971	2 988	2 771	2 600	171		217	159
1972	3 083	1 114	1 114			1 969	1 725
1973	4 627	826				3 801	3 791
1974	5 625	820				4 805	4 663
1975	5 359	435	216	219	97	4 827	4 941
1976	4 713	1 108	472	636	46	3 559	3 650
1977	5 572	1 003	327	676	46	4 523	4 576
1978	4 200	3 426	2 985	441	35	739	11
1979							200
1980							
合　计	46 540	13 385	9 503	2 236	224	32 931	32 268

表 3-3　株洲市知识青年上山下乡安置去向　　　　　　　　　　　　　　　　单位：人

年度	下乡人数	安置去向						安置形式及安置费
		浏阳县	大通湖农场	株洲县、郊	支援三线建设	五七干校等单位	回原籍和船民子弟上船	
1968	4 830	4 335	495					插队落户,人均220元
1969	3 135			3 135				
1970	587			587				
1971	159			52	107			
1972	1 725			97	1 157	471		插队落户,人均390元
1973	3 791			2 081	888	561	261	
1974	4 663			4 584			79	厂社挂钩,集体安置人均465元
1975	4 941			4 823			118	
1976	3 650			3 545			105	
1977	4 576			4 512			64	
1978	11			11				
1979	200					200		工厂自办农场
合计	32 268	4 335	495	23 427	2 152	1 232	627	

表 3-4　株洲市知识青年下乡安置经费收支情况

年度	省拨经费（万元）	支出数（万元）					滚存
		合计	知青安置费	居民安置费	路费	其它	
1969	25.70						
1970	5.00	13.10	10.00	2.40		0.70	
1971		2.00	1.90			0.10	
1972		23.00	22.70		0.20	0.10	
1973	140.00	122.94	122.85		0.09		
1974	235.00	215.34	213.16		2.18		
1975	260.80	238.32	236.12		2.20		
1976	100.00	164.86	164.84		0.02		
1977	222.10	209.85	209.81		0.04		
1978	14.80	15.89	11.00			4.89	
1979	14.50	7.00	3.00			4.00	
1980		4.20	4.20				
合计	1 017.90	1 016.50	999.58	2.40	4.73	9.79	1.40

表 3-5　在乡知青异动情况表

年　度	1970	1971	1972	1973	1974	1975	1976	1977	1978	1979
年初在乡知青数					5 974	9 771	10 415	11 066	13 406	6 779
本年安置人数	587	159	1 725	3 791	4 584	4 941	3 545	4 512	11	200
其中集体场队安置					4 451	4 509	4 823	3 509	7	200
本年调离农村人数					787	3 544	2 883	2 183	6 711	6 686
其中　招　工					514	3 107	2 666	2 124	4 419	3 555
征　兵					4		42		681	
招　生					269	406	110	1	363	
年底在农村人数					9 771	11 168	11 066	13 406	6 779	302
其中女知青人数					3 335	5 789	5 142	6 341	3 454	21
历年累计建房现有间数										7 495
合万平方米										23.65

注：根据《上山下乡知识青年年报表》整理。原表 1975 年年末数 11 168 人，1976 年核实为 10 415 人，相差 753 人。

（第三章《上山下乡》，第 62—82 页）

《株洲县志》

湖南省株洲县志编纂委员会编，湖南出版社 1995 年

（1968 年）11 月 29 日—12 月 5 日，县首批 279 名知识青年到农村插队落户。

（《大事记》，第 19 页）

（1970 年）7 月，红湘江机器厂与太湖公社春风茶场挂钩，集体安置 40 余名城镇知识青年到茶场劳动。　　　　　　　　　　　　　　　　　　　　　　（《大事记》，第 20 页）

（1973 年）年底推广"户口到队、劳动在场、回队分配"的厂社挂钩集体安置知识青年到社队农、林、茶场的经验。至 1977 年，全县建知青点 459 个，安置知青 2.7 万余名，1978—1979 年，下乡知青全部返城就业。　　　　　　　　　　（《大事记》，第 21 页）

（1974 年）11 月 25—31 日，上山下乡知识青年积极分子代表大会在渌口召开，出席会议代表 620 名。　　　　　　　　　　　　　　　　　　　　　　（《大事记》，第 21 页）

知识青年上山下乡

1968 年,县、区、社分别成立"四个面向"(面向农村、边疆、工厂、基层)办公室。年底,186 名城镇中学毕业生和 55 名社会知识青年到农村插队落户。翌年,全县共下放县内"老三届"(66、67、68 届)高中毕业生 1 449 名,接受安置株洲市区下乡知青 708 人,接受投亲转点和回原籍知青 662 人。至 1972 年底,县内下乡知青 4 194 人。1973 年,全县社、队普遍推广户口到队,劳动在场,回队分配和厂社挂钩,集体安置的办法,1974 年 6 月 12 日,《人民日报》以《一个很好的典型》为题报道,对株洲县集体安置知青的形式给予肯定。至 1977 年,全县共建知青点 456 个,房屋建筑总面积 22 万平方米,国家先后支付安置经费 900 多万元,安置下乡知青 27 044 人,其中市属知青 23 032 人。1978—1979 年,下乡知青全部返城就业。

(第四篇第一章《中国共产党》,第 90 页)

1973 年,教育组改为教育局,四个面向办改为知青办。

(第五篇第二章《人民政府》,第 114 页)

1981 年 1 月,知青办并入劳动局。　　　　(第五篇第二章《人民政府》,第 115 页)

1965—1967 年,城镇社会劳动力急剧增加。1968 年,县革命委员会成立四个面向办公室,组织知识青年上山下乡,先后两批共组织 241 名知识青年(简称知青)到农村落户。12 月 22 日,毛泽东主席关于"知识青年到农村去,接受贫下中农再教育,很有必要"的指示在《人民日报》发表后,城镇知青下乡落户,参加农业生产,在实践锻炼中增长才干。至 1969 年,全县共下放"老三届"(66、67、68 届)高中毕业生 1 449 人,接受安置株洲市区下乡知青 708 人和外地投亲转点、回原籍的 662 人。至 1972 年,全县下乡知青达 4 194 人。1973 年 9 月,成立中共株洲县委知识青年上山下乡工作领导小组,开始推广红湘江机器厂与太湖公社春风茶场挂钩安置知青和王十万公社集体安置知青的经验,采取厂社挂钩、集体安置办法,坚持户口到队,劳动在场,回队分配原则,安置城镇知青。是年,安置知青 2 049 人。1974 年 6 月,《人民日报》刊登《一个很好的典型》的调查报告和《大有希望的事业》的短评,号召学习株洲安置下乡知青的经验。随后,全国各地先后派代表团来县参观考察,计 5 万余人次。至 1977 年,全县共有下乡知青 27 044 人(其中市区下乡知青 23 032 人),先后下拨安置经费 900 余万元,建知青点 459 个,房子多为砖木结构平房,面积 21.67 万平方米,知青点由城市挂钩单位派出带队干部驻点,和当地场队干部一道参加对下乡知青的教育、管理。城市企事业单位新增职工,在下乡知青中选招。1978 年,中央调整下乡知青政策,知青不再下乡安置。至 1979 年冬,县内下乡知青全部返回城镇安置工作,下放农村期间计算工龄。

(第六篇第一章《劳动》,第 126 页)

1984 年始,推行乡(镇)干部合同制,选聘有一定的行政管理、组织工作能力、身体健康的村民委员会或村民小组干部、乡(镇)各种不脱产的专业技术人员、复员退伍军人、农村五大毕业生、农业广播学校毕业生、自学成才人员及高中毕业回农村参加生产劳动两年以上的优秀知识青年,采取组织推荐与自愿报名,考试与考核相结合,择优选聘,聘用期一般为2—3年。聘用期间享受同级干部的政治、生活待遇,但不转户口、粮油关系。合同期满后,根据个人表现和用人单位工作需要,决定去留。

(第六篇第二章《人事》,第 131 页)

《岳阳市志(第 1 册)》

岳阳市地方志编纂委员会编著,中央文献出版社 2005 年

(1968 年)5 月 11 日,地区召开为期 5 天的上山下乡工作会议。10 月 16 日,全区有 1 600 名知识青年去农村插队落户。至 1979 年,全区有 51 898 名城镇人员到农村落户,"接受贫下中农再教育"。

(《大事记》,第 163 页)

(1970 年)9 月 15 日,地区召开上山下乡知识青年积极分子代表大会,到会代表 410 人。

(《大事记》,第 167 页)

《岳阳市志(第 3 册)》

岳阳市地方志编纂委员会编著,中央文献出版社 2003 年

1984—1990 年,为乡镇选聘合同制干部 2 282 人。选聘对象为农村村委、村民小组长,乡镇不脱产专技人员,复退军人,农村自学成才青年,高中毕业在农村工作 2 年以上、年龄在 30 岁以下的优秀知青。通过考试考核、公开招聘、择优录用、签订合同,待遇与国家干部一视同仁。

(人事卷第一章《干部队伍》,第 15 页)

1961 年,城镇劳工出现饱和,开始组织知识青年上山下乡。到 1980 年,共动员 57 591 名知识青年上山下乡,延缓了就业困难,但也带来诸多矛盾。……60 年代末—70 年代初,境内有 150 多家地方国营工业及 3 家中央、省属大中型企业兴建投产,劳动用工逐渐增多。上山下乡的知识青年和部分农村复退军人、青年陆续得到安置。

(《劳动与社会保障卷》,第 92 页)

1962 年后,贯彻执行"统筹安排,城乡并举,而以上山下乡为主"的方针,少部分安排在城镇就业,大部分组织上山下乡。1961—1977 年,组织知识青年上山下乡 56 356 人。

1978—1980 年，大批上山下乡知青陆续返城，与城镇新成长的劳动力积聚形成前所未有的待业高峰，待业人员达 46 664 人，待业率 14％。

（劳动与社会保障卷第一章《劳动就业》，第 94 页）

第四节　知识青年上山下乡与回城安置

1956 年 1 月，中共中央在《1956 年到 1967 年全国农业发展纲要（草案）》中指出："城镇中、小学毕业的青年，除了能够在城市升学、就业以外，应当积极响应国家的号召，上山下乡去参加农业生产，参加社会主义建设事业。"1957 年，湘阴县安置长沙市 28 名下乡知青，到濠河、岭北、新泉 3 区插队落户。1961 年，各县动员 27 名知青上山下乡，安置屈原农场，作农技工对待。

1962 年，各县成立安置城市知青上山下乡领导小组和办公室，知青上山下乡开始有序进行。临湘、湘阴 2 县共动员 176 名知青上山下乡，安置在农、林场。1963—1965 年，境内共动员 2 840 名知青上山下乡，插队落户 2 053 人，插场落户 787 人。下拨安置经费 33.81 万元，插队每人 150 元，插场每人 400 元。为解决知青生产、生活困难，拨木材 497 立方，楠竹 2 100 根，生活用棉花 1 475 公斤，蚊帐 1 375 床，化肥 10 吨。至 1965 年，境内上山下乡知青创办夜校 32 所，图书馆 14 个，业余剧团 13 个，组织篮、排球队 13 个，2 人加入中国共产党，183 人加入共青团，605 人被评为生产劳动模范，202 人被选报担任各级领导干部，81 人担任政治夜校文化教员，12 人担任农机手，3 人成为农业技术员。

1966 年，动员城镇知青 1 825 人上山下乡，全部插队落户。知青小组集中安置的每人发给 240 元，下到本地区农村插队落户的每人发给 210 元，到非直属亲属家落户的每人发给 150 元，到直属亲属家落户的每人发给 50 元，家住外省回原籍农村的每人发给 15 元生活补助费和车船费。1966 年"文化大革命"初期，知青上山下乡工作处于停顿状态。少数下乡知青倒流回城。1967 年底倒流回城的知青达 1 014 人，占下乡知青总数的 21％。10 月 8 日，党中央发布《关于下乡上山知识青年和其他人员必须坚持在农村抓革命促生产的紧急通知》，规定下放人员不得倒流回城，不许成立单独组织。经分级负责，做耐心细致的思想工作，倒流回城的知青除 126 人确因患病等原因外，均返回农场参加农业生产。

1968 年，地区革命委员会成立，恢复知青上山下乡工作。12 月，毛泽东主席发出"知识青年到农村去，接受贫下中农再教育，很有必要"的号召。地区革命委员会于 12 月 26 日发出紧急通知，冻结当年招工指标，规定凡 1966—1968 届城镇初、高中毕业生，年满 16 周岁，能参加劳动的，一律动员上山下乡；因身体残废或患不易治疗的疾病，如跛足、精神病等，不列入动员范围。当年，动员知青 13 338 人上山下乡。

1969 年动员 9 948 人。1970 年动员 963 人。9 月，地区召开全区知青积极分子代表大会，与会代表 312 人。会上表彰成绩显著的下乡知青和支持子女扎根农村的家长，对安置工作做得好的农村社队和知青家长所在单位给予奖励。

1971年,由于工业生产急需补充劳动力,根据中共湖南省委指示精神,境内城镇初、高中毕业生大部分直接在城镇工业企业就业,当年动员知青389人上山下乡。1972年,动员知青4 499人上山下乡。

1971—1972年,下拨木材5 450立方米,楠竹1.6万根,用于知青住房修缮。各县共拨出6万元,解决知青中特困户的困难。

1973年,境内城镇知青上山下乡除原定的照顾对象外,对独生子女、多子女已经上山下乡身边只有1个子女的,不再列入动员范围;家庭特别困难,如父母双亡或均已丧失劳动能力及生活自理能力、弟妹年幼的城镇初、高中毕业生,可以照顾留城。各县兴建知青点29个,房屋176间,面积5 212平方米。当年下乡知青1 493人全部在知青点安置。对仍分散插队生活困难的知青,调粮食14万公斤,建住房502间。6月,岳阳地委先后抽调1 500名干部组成748个调查组,深入基层调查下乡知青情况,发现少数地方知青存在住房困难和受到侵犯人身权利问题,导致660名下乡知青长期逗留城市。9月,岳阳地委再次派调查组对迫害下乡知青情况进行专题调查,共查处各类案件247起。岳阳县黄沙街茶场184名下乡知青,受迫害的88人,占总数的47.8%,其中72人被批斗游行,22人遭捆绑吊打,16人被列入挨整对象。地委指示及时查处违法乱纪参加迫害知青的党员干部,对主要责任者移交政法部门追究刑事责任;耐心做好受迫害知青的思想工作,政治上予以彻底平反。至年底,结案102起,对违法迫害知青的2名首恶分子判处死刑,4名参与迫害知青者分别判有期徒刑。通过这次查处,知青的合法权益得到保护,倒流回城的660名下乡知青全部返回农村。

1974年,知青上山下乡的年龄由16周岁放宽到17周岁。是年,动员知青2 845人上山下乡,除3人插场落户外,其余全部安置知青点。全区先后派出87名国家干部驻点加强管理教育,所在社队也派出优秀农民代表驻点进行协助。下拨专项经费52万元用于解决历年下乡知青的生活和住房困难,调拨粮食14万公斤,新建知青点106个,房屋999间,原有插队落户住房困难的1 053名知青实行转点安置。从上山下乡知青中招工招干3 667人,参军67人,升学555人,迁回城镇452人。

1975年,动员知青6 708人上山下乡,安置钱粮湖农场落户14人,安置各知青点落户6 694人。下拨统筹经费100.4万元,用于解决老知青的生活困难。召开第二次知青上山下乡积极分子代表大会,表彰优秀知青。湘阴县城关镇曹小平等6名下放女知识青年一起饲养生猪,辛勤劳动,创造年人均向国家贡献猪肉3 550公斤的纪录。大会还评选85名积极分子出席省知青代表大会。

1976—1977年,动员知青11 304人上山下乡,其中知青点安置10 390人,农、林场安置914人。1978年,各县不再动员知青上山下乡,岳阳市(县级)所属单位的知青不列入动员范围,市区内的中央、省、地属单位非农户的中学毕业生和社会青年列为上山下乡动员范围,但单位和部门确有能力安置的,经批准也可以不动员上山下乡。当年仅动员城市知青 291 人上山下乡,其中安置农林场 100 人,安置市近郊知青场 191 人。对劳动锻炼 10 年以上的老知青和已婚知青放宽招工条件,点名下达招工指标,共招收老知青 2 258 人回城就业。

1979—1980 年,市区动员知青 917 名上山下乡,集中安置市郊洛王知青场落户。

1980 年,地区统筹安置下乡知青 2 031 人回城就业。年底在乡知青 995 人全部办理回城手续,由劳动部门分配工作。境内长达 23 年的知青上山下乡工作全面结束。

境内知青上山下乡工作,共动用经费 2 129.5 万元,下拨木材 33 380 立方米,铁丝 7 吨,元钉 26 吨,楠竹 94 120 根,共动员 57 591 名知青上山下乡。其中有 532 人加入中国共产党,15 620 人加入共青团,15 人被选进地、县(农场)领导班子,1 535 人担任社队领导职务,1 975 人担任农村政治夜校辅导员,5 621 人担任民办教师、赤脚医生和农业技术员(农机手)。上山下乡知青从农村直接安排参军 2 115 人,招工招干 41 321 人,升学 2 731 人,迁回城镇人员陆续得到妥善安置。　　　(劳动与社会保障卷第一章《劳动就业》,第 100—104 页)

1983 年,对企业职工调整工资。调整贯彻"调改结合"的方针,实行"两挂钩、一浮动"[①]的办法。调资范围只限于 1978 年底以前参加工作的固定职工;1977 年 12 月 31 日以前工作的计划内长期临时工;上山下乡插队劳动 5 年以上的城镇知青,1979 年 1 月 1 日以后分配到调资单位工作……　　　(劳动与社会保障卷第三章《工资》,第 129—130 页)

1974 年,化工部第四化工建设公司(以下简称四化建)筹办安装技工学校,主要为化工部所属各公司培训技术工人。翌年招生 50 人,招收对象为上山下乡锻炼 2 年以上的知识青年。　　　(劳动与社会保障卷第四章《职业培训》,第 138 页)

《岳阳市志(第 5 册)》

岳阳市地方志编纂委员会编著,中央文献出版社 2003 年

(1975 年)农业年报中的农业总产值按农、林、牧、副、渔及不同所有制分组,新增下乡上山知识青年人数和粮、棉、猪上纲要情况,耕地面积增设田园化指标。……劳动工资报表改由市劳动局承担统计,年报增加工业部门及施工单位的职工人数、劳动生产率表,取消临时合同工指标,增加知识青年下乡上山人数指标。(统计管理卷第一章《统计报表》,第 309 页)

---

① "两挂钩、一浮动"指调整工资与企业经济效益挂钩、调整工资与本人劳动成果挂钩,改固定升级为浮动升级。——原书注

城镇青年就业安置费　1964年,始列城镇人口下乡经费。知识青年下放到新建队的每人补助390元,插队落户的每人补助220元,当年支出38万元,用作下放人员建房、购置生产工具和生活补助。1969年为知识青年上山下乡高峰期,支出399万元。1979年,下放人员陆续回城就业,按每人40元给予补助,当年支出80万元。至此,城镇人口下乡经费改为城镇青年就业安置费。1980年,设劳动服务公司补助费,以帮助安置待业青年的集体所有制企业解决生产周转金和就业前的技术培训费用,当年此项支出15万元。1993年城镇青年就业安置费支出57万元。1964—1993年,累计支出3 598万元,其中下乡补助费2 310万元,就业培训费355万元,扶持生产资金706万元,劳动服务公司业务费及其他227万元。1994年停列。　　　　　　　　　　　　　(财政卷第二章《财政支出》,第418页)

《岳阳市志(第7册)》

岳阳市地方志编纂委员会编著,中央文献出版社2003年

70年代,工业发展较快,一批大、中型企业陆续建成投产。招收一批上山下乡知识青年和农村青年。　　　　　　　　　　　　　(工业综述卷第六章《职工队伍》,第37页)

《岳阳市志(第10册)》

岳阳市地方志编纂委员会编著,中央文献出版社2003年

70年代初,岳阳师专招收新生把家庭出身、政治表现放在首位。必须是有两年以上实践经验,具有初中以上文化程度的工人、贫下中农子女、回乡知识青年、民办教师、赤脚医生、复员军人和革命干部。　　　　　　　　　　　(教育卷第六章《高等教育》,第104—105页)

1987年后,在职人员报考(岳阳市电大)人数逐年下降,学生来源主要为城镇待业青年与回乡知识青年,以自费生为主。　　　　　　　　　(教育卷第六章《高等教育》,第105页)

《岳阳市人口志》

岳阳市计划生育委员会编,中国人口出版社1994年

(1969年)12月,开展知识青年上山下乡运动。平江县下放知青1 503人,干部、教师、职工1 467人。　　　　　　　　　　　　　　　　　(《大事记》,第28页)

《岳阳市劳动志》

岳阳市劳动志编纂委员会编写，黄山书社1993年

第四章　知识青年上山下乡

　　1955年12月，毛泽东同志号召："一切可以到农村去工作的这样的知识分子，应当高兴地到那里去。"1956年1月，中共中央在《1956年到1967年全国农业发展纲要（草案）》中提出："城镇中、小学毕业的青年，除了能够在城市升学、就业的以外，应当积极响应国家的号召，上山下乡去参加农业生产，参加社会主义建设事业。"从此，城镇知识青年下乡上山工作陆续在各大、中城市开展。1957年，湘阴县接受安置省会长沙市下放知识青年（简称"知青"）28人，这是境内知青上山下乡工作的开端。

　　1961—1966年，根据湖南省人民政府的安排，境内在精减职工和压缩城镇人口的同时，有组织、有计划地动员城镇知青上山下乡。五年中，共动员4 868人到农村安家落户。

　　1968—1977年，上山下乡是在"文化大革命"的特定历史背景下进行的。从1966年下半年到1968年夏季，境内学校基本停课，大专院校停止招生，致使城镇初、高中毕业生滞留社会。1968年12月，岳阳地区"革命委员会"贯彻落实毛泽东同志关于"知识青年到农村去，接受贫下中农的再教育，很有必要"的号召，进行紧急动员，掀起城镇知青上山下乡高潮。同时，境内还接受安置长沙市和湘潭市的部分下放知识青年的任务。1974年，建立知青点集中安置下乡知青，加强了思想政治教育和管理工作，依法惩处了侵犯下乡知青合法权益的违法分子，优先解决经费和物资，保障上山下乡知青的生活。

　　1978年12月，岳阳地区贯彻《全国知识青年上山下乡工作会议记要》和国务院《关于知识青年上山下乡若干问题的试行规定》精神，对城镇中学毕业生贯彻进学校、上山下乡、支援边疆、城镇安排的原则，规定矿山勘探、森林采伐、水上运输三大行业和县城以下的中学毕业生，不再列入上山下乡范围。有安置条件的单位，也可以不动员上山下乡。从1978—1980年，上山下乡进入收缩阶段，境内仅动员城镇中学毕业生1 208人到知青场、点安家落户。

　　从1957—1980年的20多年中，境内广大城镇知青奔赴农业生产第一线，增长了社会知识，经受了实际锻炼。他们当中，有532人加入了中国共产党；15 620人加入了中国共产主义青年团；15人被选进地、县（农场）领导班子；1 525人担任社队领导职务；有1 975人担任农村政治夜校辅导员；有5 621人分别担任了民办教师、"赤脚医生"和农业技术员（农机手）。

　　1979—1981年的三年中，大批下乡知青陆续返城，城镇累积性待业人员剧增，给就业安置工作带来很大压力。境内各级政府和劳动部门，贯彻执行"劳动部门介绍就业、组织起来就业和自谋职业相结合"的就业方针，拓宽就业渠道，到1982年先后得到妥善安置。

第一节 动　员

岳阳境内知青上山下乡动员工作,大体上经历了四个阶段:

第一阶段——1957—1961 年

1957 年,境内知青上山下乡动员范围仅限于县城内未就业的初、高中毕业生。当时动员政策较宽,基本上是靠宣传教育,思想通一个,走一个,不通就不走,至 1961 年共有 55 名知识青年上山下乡。

第二阶段——1962—1965 年

1962 年在精减职工、减少城市人口的历史条件下,知识青年上山下乡,开始在全国范围内有组织、有计划地进行动员。境内县以上党委和政府都建立安置城市知识青年上山下乡领导小组和办公室,当年动员 176 人上山下乡。

1963 年 8 月,中共中央、国务院在批转中央安置工作领导小组的报告时指出:今后十五年内动员城市青年学生下乡参加农业生产,是城乡结合,移风易俗的一件大事。中央要求"进一步下苦功夫,深入思想动员"。境内各级党政机关认真贯彻中共中央和国务院指示,大张旗鼓进行动员,从 1963—1965 年共动员 2 840 名城镇知识青年上山下乡。

第三阶段——1966—1977 年

1966 年,"文化大革命"爆发,大专院校停止招生,厂矿企业停止招工,是年动员城镇知青 1 825 人下放农村,这是 1957 年以来境内动员人数最多的一年。1967 年,由于"文化大革命"的冲击,各级党委、政府部门陷入瘫痪状态,知青上山下乡工作也停顿下来。1968 年 4 月,岳阳地区"革命委员会"成立后,根据中共中央、国务院对毕业生分配按照"四个面向"(面向农村、面向边疆、面向工矿、面向基层)的精神,重新恢复中断了一年的知识青年上山下乡工作。同年 12 月 22 日,《人民日报》引述毛泽东同志"知识青年到农村去,接受贫下中农再教育,很有必要"的指示。据此,岳阳地区"革命委员会"于 12 月 26 日发出紧急通知,冻结该年度的招工指标,凡办了招工手续尚未进厂的一律无效,应立即动员他们上山下乡。于是,当年动员知青上山下乡形成空前的高潮。次年元月 27 日,岳阳地区"革命委员会"召开各县、区、场负责人会议,部署动员知青上山下乡工作,并对动员范围作了具体规定:凡 1966—1968 届城镇初、高中毕业生,年满 16 周岁,能参加农业劳动的,一律动员上山下乡;属于动员范围的,未经过中央、省下达劳动计划和安排而招收为学徒工、固定工和临时合同工的,一律无效,重新定向,动员上山下乡;倒流城市的上山下乡知青、原规定面向农村的学校(如劳动大学)的学生,也应该动员上山下乡;因身体残疾或患不易治疗疾病,如跛足、精神病等,不列入动员范围。1968、1969 两年共动员 23 286 人上山下乡。1970 年和 1971 年由于工业生产急需补充劳动力,根据中共湖南省委的指示精神,境内城镇初、高中毕业生,大部分直接在城镇就业,安排到工业企业工作。两年中,仅动员 1 352 人上山下乡。

1973 年 8 月,中共中央转发国务院《关于全国知识青年上山下乡工作会议的报告》,岳阳地区"革命委员会"知青上山下乡工作领导小组根据全国知青工作会议精神作出决定,城镇知青上山下乡,除原定的照顾对象外,对独生子女、多子女已经上山下乡身边只有一个子女的,不再列入动员范围;家庭特殊困难,如父母双亡或均已丧失劳动能力及生活自理能力,弟妹年幼的城镇初、高中毕业生,可以照顾留城。次年11月,岳阳地区"革命委员会"还规定:知青上山下乡的年龄由原定的16周岁放宽到17周岁,患有各种慢性疾病的暂缓动员,待病愈后,再列入动员范围。外地迁入本地区城镇的知青和本地学校批准或自动退学的初、高中肄业生,符合下乡条件的,应动员上山下乡。上述各项规定,一直沿用到1977年。

第四阶段——1978—1979年

1978—1979年,岳阳地区根据中央、省知青上山下乡工作会议精神,缩小动员范围。各县不再动员知青上山下乡。据此,原中共岳阳市委(县级)拟定《关于知识青年上山下乡动员安置工作的意见》,要求市区范围内的中央、省、地企事业单位和机关、部队、学校非农业户口的中学毕业生和社会青年,列为上山下乡动员范围,上述部门和单位确有安置能力的,经市委批准,也可以不动员上山下乡;市属单位不列入动员范围;森林采伐、矿山井下、野外勘探不进行动员;集体所有制的船民子女比照上述三大行业对待。

1980年,境内各县、区没有动员城镇知青上山下乡,动员范围仍只限于岳阳市城区。

第二节 安 置

安置上山下乡知青形式,境内主要有:到国营农场落户、到农村插队或安排到知青场点。这三种安置形式,是在不同时期产生和发展起来的。1957—1962年,采用分散插队落户的安置办法;1963—1966年,动员知青去国营农场工作,有条件的兴办知青农垦场,或以知青小组形式集中安置下乡知青;1968—1972年,知青人数增加,国营农场和知青农垦场的安置(以下简称插场)容量有限,采取集中插场和分散插队并举的安置办法;1978—1980年,主要安置在农村知青点上,也有一部分集中安置,兴办知青场、厂。

一、插 场

境内先后围垦了钱粮湖、君山、屈原和黄盖湖等国营农场,各县还有林场、渔场、茶场、园艺场、芦苇场等。农垦场地多人少,急需补充劳动力,以满足生产需要,且劳动报酬实行工资制,因而知青一般都愿意到农垦场落户。从1961—1978年,境内有上山下乡知青56 646人安置在各农垦场。

1961年,屈原农场接受城镇知青27人,下到各生产大队,作农牧工对待。

1963年,岳阳、临湘、平江、湘阴四县安置城镇知青737人,其中安排到岳阳县湖滨园艺场、平江县时丰茶场落户的有447人,占全年下乡知青总人数的60.65%。

1964年,岳阳地区根据境内水面辽阔、山丘密布的特点,确定集中安置为主的指导思想,由各级知青主管部门组织开垦荒山,围湖造田,兴办农场、茶场、林场和渔场。是年,境内共有631名下乡知青插场安置。安置人数较多的有临湘县松阳湖农场100人,岳阳县湖滨园艺场91人,平江县时丰茶场155人。插场知青一般以小组形式开展活动。临湘县荆竹山知青林场的22名知青开垦苗圃28亩,开辟林道10华里,修筑防火线20华里,为封山育林创造条件。

1965年,境内动员938名知识青年上山下乡,一部分插队落户,一部分由各县知青部门统一分派到农、林场。其中屈原农场、时丰茶场安置知青200名;华容县塔市公社知青农场安置的35名知青,当年秋季开垦荒洲500亩,全部种上了麦子和其他经济作物。

1966年,岳阳地区仍采用集中安置为主的办法,妥善安置知青。平江县是年下放知青302人,有222人集体安置在该县东源农场和金坪农场。

1968年,岳阳地区插场的知青达1 408人,占全年上山下乡知青总人数的28.2%。其中,钱粮湖农场安置508人,君山农场安置191人,黄盖湖农场安置523人,鹤龙湖农场安置179人,屈原农场安置7人。

1969年,岳阳地区为减少农场职工增长过快的压力,让下乡知青去农村社队"接受贫下中农再教育",没有安置知青插场,这种状况持续到1971年。

1972年,岳阳地区有4 499名城镇知青上山下乡,其中2 546人插场。君山农场安置1 613人,钱粮湖农场安置305人,黄盖湖农场安置308人,鹤龙湖农场安置308人,湘阴茶场安置12人。

1975—1976年两年,境内农林场只安置知识青年187人。1977年,由于下乡知青人数多,受知青点的基本建设规模限制,岳阳地区知青办统一分配了741名下乡知青到国营农、林场落户,其中,岳阳县湖滨园艺场83人,钱粮湖农场366人,屈原农场180人,黄盖湖农场26人,君山农场86人。1978年以后,境内各农、林场再没有接受下乡知青。

二、插　　队

1957年,湘阴县接受安置28名长沙市知青,分别下到该县的岭北、濠河、新泉等地安家落户。1968年,根据湘潭专区的统一部署,临湘、湘阴两县安置下乡知青(含精简职工)176人,分散到社队安家落户。1963年,岳阳、临湘、平江、湘阴四县有353名城镇知青、闲散劳力和精简职工到农村插队落户。1964年,岳阳地区有762名城镇知青到各县农村插队落户。华容县下乡知青394人,全部分散到各公社插队落户;湘阴县有246人插队;平江县111人插队;岳阳县269名知青中,只有9人安排插队落户;临湘县也仅有2人插队。1965年,岳阳地区共下放知青938人,全部到各县农村插队落户。1968年,岳阳地区接受安置长沙市和湘潭市下放知青的任务,全年安置知青5 000人。当时,从照顾大中城市知青的角度考虑,优先安排外地知青插场。是年,本地知青8 338人全部分散插队(含投亲靠友),由于各农林场接受能力有限,外地知青3 300人也分散到各县插队落户。1969年,岳阳地区共安置上山下乡知青9 948人,除屈原农场安置18人外,其余均到农村插队落户。1970—1971年,岳阳地区上山下乡的1 352名知青中,有投亲靠友和安排在农村插队落户的595人。1973年以后,随着知青点的建设,岳阳地区不再安排知青插队落户,原分散插队的知青,于1975年底以前全部转到知青点上,统一管理。

三、知　青　点

1973年6月10日,中共中央21号文件传达了毛泽东给下乡知青家长李庆霖的复信全文,提出"统筹解决"知青工作中存在的问题。岳阳地区根据这一指示精神,确定建立知青点集中安置下乡知青。汨罗县提出"十里一个点,百里连成线,以线带面红一片"的口号,沿长岳公路线设点,集中安置知青。同年,岳阳地区兴建知青点29个,房屋176间,面积5 212平方米。当年下乡知青1 493人,全部安置在知青点上。

1974年,岳阳地区知青办拨出经费202万元,专门用于修建知青点。至年底,境内新建知青点106个,房屋999间,全年组织上山下乡知青2 485人进点落户。部分地方的社队利用原有房屋改建知青点,安置知青。是年,原有插队落户住房困难的1 053名知青实行转点安置。

1975年,境内动员6 708名知青上山下乡,除14人由钱粮湖农场安置外,有6 694人集中安置到各知青点。

1976年,境内又动员知青5 848人到知青点落户。是年,根据岳阳地区知青办的统一安排,各国营农场设点集中安置知青,安置下乡知青173人。据年底统计,境内在乡知青19 712人,在知青点的14 744人,占在乡知青总人数74.8%;当时,各县社队农、林、茶、渔场知青场发展到508个,安置知青9 650人,占在点总人数的65.5%。1977年,境内5 456名下乡知青中,有4 715人集中安置到知青点上。

1978年,岳阳地区知青办缩小动员上山下乡的范围,全年仅动员县城以上城市知青291人,其中安排在城市近郊知青场落户的191人。同年,全区压缩知青点50个,安置在知青点的还有3 532人。

1979年,境内各县、区、场知青点没有安置知青的任务,仅动员了家住岳阳市区的知青120人,全部集中到市郊洛王知青场落户。年初统计尚有在乡知青16 337名,年内招工安置14 169人。不符合招工条件的1 507人,也允许办理回城手续。1980年,岳阳市区初、高中应届毕业生797人上山下乡,全部安置到市郊的洛王等知青场上。

岳阳境内上山下乡知识青年安置情况统计表 单位:人

| 年度 | 上山下乡人数合计 | 其 中 | | | 就业安置及减少人数 | | | | | | |
		插队落户	国营农林茶渔场	安置在知青场点小组	合计	参军	招工招干	升学	转点	迁回城镇	其他
1957	28	28									
1961	27		27								
1962	176		176								
1963	737	353	384								
1964	1 165	762	403								
1965	938	938									

年度	上山下乡人数合计	其中			就业安置及减少人数						
		插队落户	国营农林茶渔场	安置在知青场点小组	合计	参军	招工招干	升学	转点	迁回城镇	其他
1966	1 825	1 825									
1968	13 338	11 638	1 700								
1969	9 948	9 930	18								
1970	963	493	470								
1971	389	102	287		10 996		10 813				183
1972	4 499	1 953	2 546								
1973	1 493			1 493	405	2	118	273			12
1974	2 845		3	2 842	6 660	67	3 667	555	1 053	452	866
1975	6 708		14	6 694	5 536	66	3 798	486	389	416	381
1976	5 848		173	5 675	3 694	181	2 539		829	134	11
1977	5 456		741	4 715	4 213	3	2 092	732	1 259	104	23
1978	291		100	191	8 778	1 567	5 917	481	202	595	16
1979	120			120	14 169	229	12 377	204	57	1 302	
1980	797			797	797					797	
总计	57 591	28 022	7 042	22 527	55 248	2 115	41 321	2 731	3 789	3 800	1 492

注:1. 在下放知青总数中,有外地、市知青和境内城镇居民 10 525 人;
　　2. 1971 年中的"就业安置及减少人数",是从 1969 年起,三年之和。

第三节　管　　理

一、人　　员

　　1957 年,在湘阴县落户的 28 名长沙市知青,得到湘阴县各级党委的关怀,他们思想稳定,劳动积极,生活愉快,在农业合作化运动中发挥了积极作用。

　　1961—1965 年,由于知青相对集中,便于统一管理,既能照顾青年人的特点,又能及时解决他们生产、生活上的实际困难。在各县知青部门的关心和支持下,社队党政加强领导,认真做好下乡知青的思想政治工作。至 1965 年底止,境内上山下乡知青创办政治夜校 32 所,图书馆 14 个,业余剧团 13 个,组织篮球、排球队 13 个,发挥了知青的特长,丰富了农村文化生活。经过农村火热生活的磨炼,下乡知青茁壮成长,他们当中先后有 2 人光荣加入了中国共产党,183 人加入了中国共产主义青年团,605 人被评为生产劳动模范,202 人被选拔担任各级领导干部,81 人担任政治夜校的文化教员,12 人担任农机手,3 人成为农业技术员,为社会主义建设做出了一定贡献。

1966—1967年,由于"文化大革命"的影响,少数下乡知青造户口反,倒流回城,有的甚至公开冲击各级党和政府机关,围攻工作人员。由于当时各级党委、政府处于瘫痪状态,无力组织人员进行行之有效的劝阻工作,到1967年底,倒流回城的知青达1014人,占下乡知青总数的21%。1967年10月8日,党中央发布《关于下乡上山的知识青年和其他人员必须坚持在农村抓革命促生产的紧急通知》,规定下放人员不得倒流回城,不许成立单独的组织。岳阳地区"四向办"派出调查组,对全区下乡知青的情况进行调查,然后采取分级负责的办法,做耐心细致的思想政治工作,倒流回城的下乡知青,除126人确因患病等原因外,均返回农村(场)参加农业生产。

1970—1971年,因为农业发展需要补充后备力量,从境内城镇初、高中毕业生中直接招收了一批工人,这对下乡知青冲击较大。为此,各级"四向办"对下乡知青进行扎根农村的教育。1970年9月,岳阳地区召开全区知青上山下乡积极分子代表大会。与会代表312人,会上表彰了成绩显著的下乡知青和支持子女扎根农村的家长,对安置工作做得好的农村社队和知青家长单位给予了奖励。这一时期,由于加强了思想政治工作,下乡知青思想稳定,安心农业生产。

1973年6月,根据毛泽东"统筹解决"知青问题的指示精神,中共岳阳地委抽调1500名干部组成748个调查组,深入基层,对下乡知青情况进行系统调查。调查发现,大部分地方对知青上山下乡工作是重视的,知青集中的社队配备有专人负责知青的管理工作,关心知青生活。但少数地方也存在住房困难和侵犯知青人身权益等问题,以致660名下乡知青长期逗留城市。同年9月,中共岳阳地委再次派出调查组,对迫害下乡知青情况进行专题调查研究,共查处各类案件247起。岳阳县知青办负责人率调查组深入黄沙街茶场等地调查,发现黄沙街茶场的184名下乡知青中,受迫害的88人,占总数的42%,其中72人被批斗游行,32人遭捆绑吊打,16人被整理材料列入挨整对象。岳阳地区知青办及时将调查结果向中共岳阳地委常委作了汇报。地委领导指示:对违法乱纪参加迫害知青的党员干部,有关部门要及时查处,对情况严重的给予党纪政纪处分,对大案要案的责任者,要移交政法部门追究刑事责任;对受迫害的知识青年,要耐心做好思想工作,政治上予以彻底平反。截至是年底,结案102起,对非法迫害知青的首恶分子2人判处死刑,其余4人参与迫害知青的也分别判处有期徒刑。通过这次查处,知青的合法权益得到保护,知青上山下乡工作引起全社会的关注和重视,在乡知青的环境得到极大改善,倒流回城的660名下乡知青全部返回农村。

1974年春节,中共岳阳地委组织了上山下乡知青慰问团,由地委副书记刘阳春、李朗秋任正、副团长,率队分赴各县慰问。各县组成慰问分团,由分管知青工作的副书记任团长。全区共有54个慰问组,干部393人,带着39个电影队,1个文艺宣传队,深入186个公社的734个大队、4071个生产队,看望了25117名下乡知青,组织350次座谈会,参加座谈的有3818人。春节期间,慰问团的各级干部与知青共度除夕,了解他们的疾苦,勉励他们坚定不移地走与工农相结合的道路,还向知青赠送了纪念品。同年,岳阳地委知青办根据当时的实际情况,要求各县加强知青点的管理工作。全区先后派出国家干部 87 人驻点,知青点所在社队派出优秀农民代表,协助驻点干部做管理教育工作。由于管理教育工作加强,绝大部分知青都比较安心。知青点上学习毛主席著作的人增多,出勤日增多,违反纪律的减少,倒流回城回家的人减少。

1975 年,境内在乡知青人数呈上升趋势,当时企业招收职工人数减少,一些下乡多年的知青情绪低落,有的倒流回城,有的盲流外地,有的随着年龄增长而为婚姻问题困扰。是年 3 月,中共岳阳地委召开第二次知青上山下乡积极分子代表大会,及时表彰了曹小平等优秀知青。曹小平系湘阴县城关镇下放到鹤龙湖农场的知识青年,她同其他 6 名女知青一起担任饲养工作,兢兢业业,认真负责,创造了每年人均向国家贡献 7 100 市斤猪肉的记录。大会并对张政清等驻点干部进行了表彰,还评选了 85 名积极分子出席省知青代表大会。

1977 年 7 月,中共岳阳地委派出调查组,调查知青工作情况。调查中发现个别领导干部子女走后门,劳动锻炼时间不到政策规定的年限,采取写条子、打招呼等手段,提前招工、招生、招干和参军。而这时在乡知青中已婚的达 3 379 人,他们当中有的家庭生活非常困难,却不能解决,群众对此意见很大。地委领导及时对"走后门"的领导干部进行了处理,并对知青的婚姻和生活困难等问题进行专题研究,采取各种措施帮助解决。

1978 年,岳阳地委召开知青工作会议,决定对下放 10 年以上的老知青和已婚知青,放宽招工年限,点名下达招工指标,优先解决就业问题。

1979 年,岳阳地委知青办有组织、有计划地招收下乡知青 14 169 人,并要求在乡知青服从安排,等待分配。

1980 年,岳阳地区知青办、劳动局共同配合,统筹安置下乡知青 2 031 人,年底在乡知青 995 人,全部办理回城手续,由劳动部门分配工作。对随同家庭下放的城镇人员,下放时年满 16 周岁的,一律改办为下乡知青,比照知青作了安排。至此,境内长达 23 年的上山下乡工作全面结束。

二、生　活

1957 年下放在湘阴县的 28 名长沙知青,开始安排在社员家里搭伙,次年,转入公社食堂开餐。他们当中,有的自己建了房屋,单独居住。

1961 年,屈原农场的下放知青 27 人,由农场统一安排在各分场场部附近居住,在食堂吃饭,生活上稳定。

1962—1963 年,临湘县的下乡知青,部分是投亲靠友落户的,生活上得到照顾;集中在知青小组的,由知青主管部门统一建房,集中居住,生活上采取集体开餐,轮流做饭;单个落户的知青,单独开伙。知青主管部门在生活费上给予了补助。

1968—1973 年,岳阳地区下乡知青人数增多,插场的分到各生产队,住房由农场统一安排,生活上单独开伙。口粮、食油和烧柴,所在社队给予供给。部分知青在吃菜和住房方面也存在一些困难。据 1973 年调查,岳阳地区在乡知青 16 192 人中,无房寄住公社房的有 7 302 人,占总数的 42%。

1973 年,知青点上的知青,实行"三集中一分散",即集中住宿、集中学习、集中开餐,分散到队参加劳动。知青农场、茶场、林场、园艺场的知青,则由场部统一安排劳动。当时仍有在乡的分散插队知青,个别社队歉收,造成生活困难。是年,岳阳地区调拨粮食 28 万斤,补助缺粮的知青,新建住房 502 间,帮助特别困难的知青解决住房问题。

1974 年,中共岳阳地委知青办派干部长驻知青点,加强领导,加强管理,知青生活进一步改善。由于贯彻"统筹解决"的指示精神,插队落户和插场知青的生活也明显改善。直至 1980 年知青全部返城,境内下乡知青的生活问题,始终得到各级党委知青办的高度重视,经常调查研究,发现问题及时予以解决。

三、经　　费

1957—1963 年,知青上山下乡经费没有单列,由各地主管部门适当给以知青生活补助和生产工具费。至 1964 年,岳阳地区拨给各县安置经费 18.03 万元,其中:岳阳县 6.04 万元,湘阴县 5.15 万元,临湘县 1.34 万元,平江县 2.25 万元,华容县 3.25 万元(含益阳地区划出时带来经费 3 万元)。岳阳地区安置办规定,安置经费的开支项目,包括下乡知青车船费、小农具购置费、房屋修建费和生活补助费;开支标准,插场知青每人 400 元,插队的每人 150 元。发放办法:插队的发给本人;插场的生活补助费、车船费发给本人,其余由农场统一掌握使用;到知青农垦场落户的,由所在单位统一掌握使用,只报销车船费。

1965 年,岳阳地区拨给各县知青安置经费 15.78 万元,作为当年 945 名上山下乡知青的安置费用。1966 年,岳阳地区安置办就知青上山下乡安置经费标准作了具体规定:知青小组集中安置的每人发给 240 元,下到本地区农村插队落户的每人发给 210 元,投亲靠友到非直系亲属安家落户的每人发给 150 元,到直系亲属落户的每人发给 50 元,家住外省回原籍农村的每人发给 15 元生活补助费和车船费。1968 年,省下拨岳阳地区知青安置费 95 万元。岳阳地区"四向办"仍按原开支标准发给知青生活补助费和其他费用,另拨给县、社"四向办"办公经费。1969 年,岳阳地区"四向办"拨给各县知青安置经费 415 万元。除用于下乡知青安置外,各县、社知青工作机构办公费用亦可从中列支。此项经费专款专用,不得挪作他用。1970 年,因下乡知青人数锐减,岳阳地区全年知青安置经费仅 50 万元。1971 年,岳阳地区"四向办"没有拨款给各县,下乡知青安置费用,从各县历年结余款项中开支。各县还另外拿出 6 万元,作为下乡知青中特困户、危房户的修缮费用。1972 年,岳阳地区"知青办"下拨各县知青经费 170 万元。1973 年,岳阳地区"知青办"贯彻中共中央(1973)30 号和中共湖南省委(1973)111 号文件精神,提高上山下乡知青安置经费标准,到国营农场的知青,每人补助 400 元;安置到集体农场,以知青小组形式插队或回老家插队落户、分散插队落户的,每人发给 480 元。同年,下拨知青安置经费 90 万元。是年,中共岳阳地委知青办还派调查组对社队使用知青经费情况进行调查,发现知青安置经费33万元被贪污,木材2 400立方米被占为私有,分别作了处理。1974年,中共岳阳地委"知青办"拨给各县知青安置经费202万元,其中150万元用于知青点建设和补助当年下乡知青,另外将52万元作为统筹费用,解决历年下乡老知青的生活和住房等困难。

1975年,中共岳阳地委知青上山下乡工作领导小组决定,为了"统筹解决"下乡知青的住房等生活问题,适当增加统筹费用,是年,拨给各县知青经费323.2万元,其中统筹经费为100.4万元,专门用于解决老知青的生活困难。下乡知青的补助费标准也适当进行调整,安置插场的知青按每人400元拨给,安置在知青点的按每人465元拨给。另按每人15元(学习费10元和车旅费5元)留县作统一调剂使用。实际发放时,只发给知青本人生活费140元和工具补助费50元,建房费每人220元交知青点统一使用。剩余的经费由各县知青办统一掌握,用于合作医疗、文体用品和困难补助。1976年、1977年,中共岳阳地委知青办分别下拨经费314.4万元、299.8万元,其中包括用于统筹解决老知青困难经费20万元,各县知青办业务费用21.1万元。

1978年,境内知青上山下乡进入收缩阶段,是年下拨各县知青经费压缩为30万元,其中20万元用于安置工作,另10万元作为县知青部门业务费用。1979年,中共岳阳地委知青办不再拨给各县安置费,当年下乡知青的补助费由各县结余费中开支,并拿出50万元资金,作为扶持知青场点生产周转资金;另外拨给各县知青办业务费9.2万元。1980年,岳阳地区知青办再次发放生产周转金74.9万元,扶持知青集体经济事业,另拨发县知青部门业务费6万元。

从1964—1980年,境内知青上山下乡工作经费达2 129.5万元,其中安置经费1 785.9万元。除部分作为知青生活费外,大部分用于住房等项目上。1981年,知青全部返城后,各县对知青财务进行清理,除收回原发放的知青生产扶持周转金216.5万元外,知青点归所在社队清点接收。

四、物　资

1963年以前,境内下乡知青人数少,各县均无专门办事机构,主管知青安置工作的农林部门,从农用物资中分配一部分给知青所在社队,用以安置下乡知青。1964年,岳阳地区安置办为解决下乡知青生活困难,分配各县棉布6 300市尺,棉花1 350市斤,共分给各县蚊帐490床。

1965年,为解决下乡知青建房问题,岳阳地区安置办拨给各县木材等物资,其中木材497立方米,楠竹2 100根。另外拨给生活用棉花1 600市斤、棉布7 469尺、蚊帐885床。同时为扶持有安置任务的知青集体场队,分配过磷酸钙肥料10吨。

1968年,岳阳地区"四向办"向各县分配了木材2 000立方米,楠竹13 000根。其他建房所需物资,如圆钉、铁丝等,由各县从生产资料部门自行解决。

1969年,岳阳地区"四向办"下拨木材8 000立方米,楠竹14 000根,这些物资除用于知青建房外,部分分配到有安置任务的社队,用于维修农具和库房。

1970 年,岳阳地区分配各县知青安置专用木材 2 000 立方米。1971 年,由于部分知青的住房是仓促修建而成,个别地方的社队干部将知青建房物资挪作他用或据为己有,故质量低劣。岳阳地区"四向办"全年下拨木材 1 800 立方米,楠竹 6 000 根,用于修缮知青危房和添置家具。1972 年,岳阳地区知青办拨给各县木材 3 650 立方米,楠竹 10 000 根。1973 年,岳阳地区知青办下拨木材 2 930 立方米,楠竹 5 300 根。同年,由于采用"厂社挂钩"的办法,中央、省属企事业单位的知青点的修建所需物资,由知青家长所在单位负责解决。1974 年,岳阳地委知青办下拨木材 3 400 立方米,楠竹 7 820 根,还调拨粮食 147 万公斤,解决缺粮食的下乡知青的生活困难。1975 年,中共岳阳地委知青办下拨各县木材 3 200 立方米,楠竹 10 000 根,圆钉 10 吨,铁丝 2.5 吨,用于知青点基建和知青住房修缮。

1976—1978 年,下拨各县知青安置专用木材 6 020 立方米,楠竹 19 000 根,圆钉 13 吨,铁丝 3.5 吨。

1979 年,境内知青上山下乡工作大幅度紧缩,是年没有下拨木材、楠竹,共分给各县圆钉 3 吨,铁丝 1 吨。

1968 年以来省拨知青经费、物资统计表

年度	省拨经费(万元)					省拨物资			
	总额	安置费	统筹费	业务费	扶持费	木材(M³)	元丝(吨)	元钉(吨)	楠竹(根)
1968	95	95				2 000			13 000
1969	415	415				8 000			14 000
1970	50	50				2 000			
1971						1 800			6 000
1972	170	170				3 650			10 000
1973	90	90				2 930			5 300
1974	202	150	52			3 400			7 820
1975	323.2	222.8	100.4			3 200	2.5	10	10 000
1976	314.4	284.3	20	10.1		2 900			8 000
1977	299.8	288.8		11		1 700	2	6	10 000
1978	30	20		10		1 420	1.5	7	1 000
1979	59.2			9.2	50		1	3	
1980	80.9			6	74.9	380			
合计	2 129.5	1 785.9	172.4	46.3	124.9	33 380	7	26	94 120

(第四章《知识青年上山下乡》,第 118—136 页)

《岳阳县志》

岳阳县地方志编纂委员会编,湖南人民出版社1997年

(1968年)10月16日,城关镇300余名知识青年(以初、高中学生为主的城市无业青年)首批去农村插队落户,接受贫下中农"再教育"。11月3日,又有800余名去农村插队。

(《大事记》,第37页)

知识青年上山下乡　自1957年起,县境开始动员城镇知识青年上山下乡。1968年12月毛泽东主席发出"知识青年到农村去,接受贫下中农的再教育,很有必要"的号召,大批城镇知识青年上山下乡。1969年设立"岳阳县城镇知识青年上山下乡管理办公室",负责知识青年上山下乡的安置工作。凡1966—1968年毕业的城镇初、高中生,年满16周岁,能参加农业劳动(病残青年除外)的一律动员上山下乡。当年全县动员2 400多名城镇知识青年到农村落户。此后,按政策每年都动员一批高、初中毕业生下乡。至1978年止,县内动员下乡和接受外地下放的知识青年共15 876人。从1968年开始,国家每年下拨知识青年上山下乡安置费和物资,并建立"知青点"和"知青场",至1980年,国家共拨发县境知识青年安置费626.02万元,木材7 534立方米,楠竹1.23万根。

从1971年起,县境通过企业单位招工、大中专院校招生、应征入伍、转干等途径,逐步安置下乡知识青年就业。1973年,下乡知识青年有23人参加中国人民解放军,5 476人招工进城,56人因病返城。1974年,招工2 533人,招干4人,参军18人,因病回城152人。到1978年停止动员知识青年下乡时尚有4 465人在农村。1979年起,在农村的下乡知识青年按政策陆续返城就业。

(第十五篇第三章《劳动》,第420—421页)

《临湘市志》

临湘市志编纂委员会编,湖南出版社1996年

(1968年)11月起至1970年,省、地、县三级先后将744名干部(其中县420人)下放到县境各地农村插队落户,动员并组织2 217名城镇知识青年,下农村"接受贫下中农再教育"。

(《大事记》,第27页)

是年(1968年)冬和1969年春,以贯彻毛泽东"五·七"指示为中心的"斗、批、改"形成高潮,2 217名知识青年上山下乡接受再教育,4 883名干部、教员、医务和文艺人员、城镇居民、个体经营者,合作小组成员、集镇小厂工人下放农村插队劳动,629所中小学校由6 350名工宣队员和贫管会成员管理。

(第十五篇第一章《中共临湘地方组织》,第382页)

城镇下乡知青安置

1963—1965 年,县内曾动员城镇知识青年 226 人下乡,参加农业生产。1968 年 12 月—1969 年,在毛泽东主席发出的"知识青年到农村去,接受贫下中农再教育,很有必要"的号召下,城镇动员知识青年 2 217 人下乡,同时还接收了长沙、湘潭等地知识青年来县插队落户。1973 年 7 月,根据国务院主持召开的全国知识青年工作会议和有关文件的规定,城镇中学毕业生,除独生子女可留城顶职外,其余均动员上山下乡。至 1978 年,全县安排下乡知青 8 109 人,其中本县的 6 304 人,外地 1 805 人。对他们的安排,主要是到农村人民公社生产队插队落户,其次是到国营农、林、茶场知青点落户。1979 年,下乡落户知识青年大多返回城镇。返城后,安置途径有升学、招工、招干、参军四种。到 1980 年底,除外地知青返回原单位安置外,本县知青安置就业情况是:留在国营农、林、茶场 68 人,升入大中专等各类学校的 522 人,招工 4 591 人,录用为干部的 27 人,参军 268 人,回城待业 580 人,转外地 241 人,其他 7 人。

临湘县县内下乡知识青年安置情况表　　　　　　　　　单位:人

年　度	动员下乡人数	年末实有人数	安　　置　　去　　向							
			招生	招工	招干	参军	回城待业	转外地	留农林场	其他
1963—1965	226									
1968—1969	2 217									
1970	137									
1971	54									
1972	161	1 281	11	1 243		8	91	161		
1973	177	1 268		164			15	10		1
1974	590	1 773		50			25	9		1
1975	1 001	2 279	114	352			4	25		
1976	920	2 939		219			19	21		1
1977	783	3 393		310	2			13		4
1978	38	2 038	61	1 030		247	53	2		
1979		159	334	1 134	25	13	373			
1980			2	89					68	
合计	6 304		522	4 591	27	268	580	241	68	7

说明:1972 年安置人数包括 1969—1971 年数。

(第十七篇第二章《劳动》,第 440—441 页)

"文化大革命"期间,中学下放到公社办,小学下放到大队办,教育事业盲目发展,教师缺乏。各地分别从回乡高初中毕业生、基层干部、复员退伍军人、下乡知识青年中补充了一大批民办教师。　　　　　　　　　　　(第二十篇第一章《教育》,第 521 页)

《汨罗市志》

汨罗市志编纂委员会编，方志出版社 1995 年

(1968 年)12 月，知识青年开始"上山下乡"，至 1978 年，县内下放到农村的城镇青年 4 580 人，接收外地下放的城镇青年 959 人。 （《大事记》，第 24 页）

50 年代起，人口迁入一般是大专院校毕业生分配、工作调入、婚姻迁入、复员退伍军人安置等。其中迁入较多的年份有：……1967 年接收城镇下放知青及投亲靠友者……

（第二篇第一章《人口发展》，第 89 页）

人口迁出较多的年份有：……1971 年后外地知识青年陆续返城……

（第二篇第一章《人口发展》，第 89 页）

1962—1965 年，境内下放城镇人口和知识青年 162 人，接受外地城市下放的知识青年 87 人。1968 年 12 月，毛泽东又发出"知识青年到农村去，接受贫下中农再教育，很有必要"的号召，知识青年"上山下乡"成为安置就业的政治性措施。境内城镇户口的初中、高中毕业生除生活困难、办理退学手续、且经劳动部门批准在国家劳动计划内安排就业外，一律"上山下乡"。1966—1978 年，全县先后下放城镇知识青年 4 580 人，接收外地下放的城镇知识青年 959 人。 （第四篇第四章《综合政务》，第 181 页）

《湘阴县志》

湘阴县志编纂委员会编，生活·读书·新知三联书店 1995 年

(1968 年)6 月 20 日，县成立四个面向(面向农村、边疆、工矿、基层)领导小组，下设办公室负责下放安置城镇知识青年。至 1969 年 5 月止，下放 7 592 人到农村落户。

（《大事记》，第 56 页）

1957 年 8 月长沙市 28 名知识青年响应毛泽东主席"上山下乡"的号召，被分配来湘阴农村落户。1961 年在"大办农业、大办粮食"的口号下，湘阴组织本县城镇初高中毕业生 103 名去农村插队，1968 年成立"四个面向(面向农村、面向边疆、面向工矿、面向基层)领导小组办公室"负责组织知青上山下乡。至 1978 年，本县先后下放知青 6 070 名，加上分配和挂钩来湘阴上山下乡的长沙、株洲、湘潭、邵阳、沅江、永兴、岳阳、汨罗等省内 11 县、市以及福建、四川、河北、广东、广西 5 省的 1 522 名知青，共有下放知青 7 592 名。1979 年停止组织知青

上山下乡，县委、县政府即着手其安置就业工作。　　　　（第十八编第三章《劳动》，第 690 页）

《华容县志》

华容县县志编纂委员会编，中国文史出版社 1992 年

（1968 年）12 月，根据毛泽东关于"知识青年到农村去，接受贫下中农再教育，很有必要"的号召，成立县革命委员会四个面向（面向工厂、面向农村、面向基层、面向边疆）领导小组办公室，掀起知识青年上山下乡高潮。　　　　　　　　　　　　（《大事记》，第 47 页）

1963 年起国家号召知识青年（简称知青）"下乡上山"，凡年满 16 周岁、身体好、具有劳动能力的男女知青，都动员其下乡从事农业生产；同时被精简人员和一些城镇闲散劳力，也被安排下乡务农，先后共 3 159 人。下乡人员都由国家拨给一定安置费和建房材料，分散"插队落户"（安插入各农、林、茶、渔生产队）。后来，为有利知青的锻炼成长，建立"知青点"，派国家干部当指导员，对下乡知青进行集中安置、管理。1963—1978 年 15 年中，共动员县内知青 5 227 人下农村安家落户。

1972 年后，城镇应届初、高中毕业生中的独生子女和本人或家庭有实际困难的，照顾留城安排就业。1974 年，在下农村满两年的知青中择优招工补员；对留乡知青实行困难补助。1978 年，停止动员城镇知青上山下乡，并分批对下乡知青作就业安置。1972 年前下乡的优先安排；下乡时间计算工龄，招工后待遇从优。到 1983 年全县共安置上山下乡知青就业 7 112 人（其中招工 5 615 人，招生 564 人，参军 307 人，其他 626 人），至此，县上山下乡知青回城安置工作全部完成。　　　　（第十七编第二章《劳动　人事》，第 569 页）

《湘潭市志（第一册）》

湘潭市地方志编纂委员会编，中国文史出版社 1997 年

（1963 年冬）五里堆镇以罗青青为首的 18 名知识青年，自力更生、艰苦创业，在荷花嘴的一座荒山上创办综合农场。11 月以来，全市共兴办 23 个综合农场，一所劳动大学，安置城市知青 2 370 人。一年来，开荒 9 100 余亩、造林 7 600 多亩、栽植果树 15 万多株、四旁绿化树 23 万余株。　　　　　　　　　　　　　　　　　　　　（《大事记》，第 223 页）

（1964 年）11 月 8 日，首批 81 名知识青年赴浏阳大围山，接着有 700 多人去浏阳山区安家落户。　　　　　　　　　　　　　　　　　　　　　　　　　　（《大事记》，第 226 页）

(1965 年 3 月)23 日,本市 473 名知识青年下放攸县新市农场。10 月,353 名知识青年下放市郊宝塔岭、先锋岭、板塘、长城一带农村社队安家落户。　　　　(《大事记》,第 227 页)

(1968 年 12 月)21 日,全市群众集会欢呼毛泽东关于"知识青年到农村去,接受贫下中农再教育"的最新指示。市区 1966—1968 年三届初、高中毕业生 1.09 万多人全部下放的西洞庭湖、钱粮湖农场和茶陵、鄀县、攸县等农村社队。　　　(《大事记》,第 241—242 页)

(1972 年 3 月)12 日,市区 600 名知识青年下放鄀县、茶陵、攸县。据统计,三年来湘潭地区有 4 万名城镇知青下放农村。　　　　　　　　(《大事记》,第 253 页)

(1979 年)10 月 3—13 日,全国安置下乡知青经验交流会第二阶段在湘潭市区进行。会议参观了市红旗农场、先锋农场、果木园艺场等 8 个农林场。会后,有 18 个省、市、自治区来市参观知青工作。同时还接待了大批外国友人。　　　　(《大事记》,第 279 页)

《湘潭市志(第四册)》

湘潭市地方志编纂委员会编,中国文史出版社 1993 年

1972 年 5 月 10 日,褒忠山林场下放知青徐梅君在八眼洞护林巡逻,发现太平公社和冲大队社员龚良材偷砍油桐树,当即上前拦阻,发生扭打,被龚推下悬岩身亡,罪犯被湘乡县人民法庭判处死缓,徐梅君为护林捐躯,被追认为中共党员。

(林业篇第四章《森林保护》,第 281—282 页)

《湘潭市志(第六册)》

湘潭市地方志编纂委员会编,中国文史出版社 1996 年

1961 年,国民经济进入调整时期,湘潭市劳动管理同步转入调整,企业停止招工,精减下放职工,同时动员城镇知识青年上山下乡。至 1965 年,湘潭市共精减职工 5.8 万余人,动员 6 000 余名知识青年上山下乡,统筹安排从事农业生产劳动。

(劳动管理篇《概述》,第 495 页)

1968—1969 年,湘潭市近 1.8 万名城镇知识青年上山下乡,以期缓解劳动力就业难的矛盾。

(劳动管理篇《概述》,第 496 页)

1963年,市区闲散劳动力达8 123人。市人民政府动员知识青年2 577人上山下乡参加农业生产,组织闲散劳动力2 570人进行生产自救,就业矛盾得到缓解。1964年4月,湘潭市成立社会闲散劳力安置领导小组,配备专职干部负责安置工作。1970年始,部分上山下乡知识青年陆续返迁回城。至1977年,市区累计留城和返迁的知识青年14 937人,其中12 122人先后安置就业,占留城、返迁知识青年总数的83.6%。1979年,市区待业人数增多,共有新成长的城镇劳动力、返迁回城的下乡知识青年和落实政策回城人员38 689人,待业与就业的矛盾较为突出。　　　　　　　　　　　(劳动管理篇第一章《劳动就业》,第507页)

(1981—1985年)全市兴建农工商联合企业2个,定点知青农场5个,增办知青场、厂、队23个,待业青年4 297人得到安置。　　　　(劳动管理篇第一章《劳动就业》,第508页)

下乡知识青年安置

1962年11月,湘潭市根据国民经济调整要求,开始压缩城市人口,首次动员50名市区知识青年去市郊国营果木园艺场参加农业生产。

1963年9月,中共湘潭市委上山下乡劳力安置领导小组成立,动员市区知识青年2 051人去市郊创办农林场18个。翌年3月,湘潭县城镇知识青年89人被安置到本县农村,兴办国家与人民公社合营林场7个。

1964年4月,湘潭市上山下乡劳力安置工作划归市社会闲散劳力安置领导小组管理,湘潭,湘乡两县均先后成立相应机构。是年冬,湘潭市、县共动员、组织847名城镇知识青年上山下乡(其中湘潭县132名),到浏阳张坊、上洪、小河、人溪、凤溪、大围山、东门、白沙、中岳9个公社插队落户。湘乡县237名城镇知识青年被安置在本县农村插队落户。1965年春,市区动员480名知识青年去攸县新市原种场参加农业生产。同年秋,在市郊昭山公社创办"劳动大学",学生来源和毕业分配实行城来社去,市区有155名应届高中毕业生入校半耕半读,成为农村社队后备技术人才。至1966年6月,湘潭先后动员城镇知识青年6 019人上山下乡,其中市区5 094人,湘潭县543人,湘乡县382人。

1968年10月,市社会闲散劳力安置领导小组更名为"四个面向"(面向农村、面向边疆、面向工矿、面向基层)领导小组,下设办公室,负责分流安置滞留学校的大、中专和城镇中学毕业生。面向农村、上山下乡仍为中学毕业生主要安置去向。12月,响应毛泽东"知识青年到农村去,接受贫下中农再教育"的号召,城镇掀起知识青年上山下乡热潮。1966—1968年,连续3届城镇中学毕业生全部安置去农村。市革命委员会常务委员(市一中1967届高中毕业生)谭石生带头响应号召,去鄱县农村落户。至1969年底止,市区累计有13 712名城镇知识青年上山下乡,主要安置在鄱县、茶陵、攸县农村及常德西洞庭湖、岳阳钱粮湖农场;湘潭、湘乡两县和韶山区有4 121名城镇知识青年到本地农村插队落户。

1973年10月,市、县"四个面向"领导小组办公室均更名为知识青年上山下乡领导小组办公室。是年,湘潭共安置1211名城镇知识青年上山下乡。

1974年,推广株洲市"厂社挂钩、集中办场"安置下乡知识青年的经验,制定和实施"统一规划、厂社挂钩、城乡配合、四级(市、区、社、队)办场"的方针,对城镇知识青年进行统筹安排,集中安置。至1977年,先后于市郊新建和扩建知青场、厂54个,实行"独立核算,自负盈亏,户粮到队,分配在场"的管理体制,这些场、厂接纳安置城市知识青年9942人。

1978年,市人民政府放宽知识青年留城政策,缩小其下乡范围,凡有条件安置就业的单位,其职工子女不再上山下乡;已下乡的知识青年,分别在城乡全民和集体所有制企事业单位安排就业。是年,仅有137名城镇知识青年上山下乡。

1979年,中共湘潭市委采取"城乡兼顾、统筹安排"的办法,分别情况,解决知识青年的问题。下乡知识青年占职工总数60%以上的市郊农林场或工厂,凡有生产条件,能独立核算、自负盈亏、生产自给的,均予保留,免除农副产品统购、派购任务,5年内免交税利;54个不具备条件的农林场、厂撤并为25个,集中安置在乡知识青年4321人;城市企事业单位承担本单位下乡知识青年统筹安置任务,计划增人时,80%的招工指标招收本单位的下乡子女。是年,全民和集体所有制单位招用下乡知识青年2425人,市郊知青场、厂的知识青年转为大集体工人776人,同时,市郊知青场、厂又新接收安置城区应届中学毕业生1668人。市郊兴办独立核算的集体所有制知青场、厂集中安置下乡知识青年的经验,获得国务院知识青年工作领导小组办公室的肯定,并被作为全国知识青年安置经验交流会的现场。

1980年9月,市人民政府停止动员和组织知识青年上山下乡,对已下乡包括在农村结婚成家的,均纳入城乡劳动就业安置规划,逐一进行安置。同年10月,市知识青年上山下乡领导小组撤销,与市劳动就业领导小组合并,湘潭、湘乡两县知识青年上山下乡办公室与劳动部门合并,负责包括知识青年在内的城镇待业人员的安置工作。

至1980年底,全市城镇知识青年共有55694人下乡去农村,其中42910人先后回城安置就业。1981年,余下12784人全部得到安置,其中,全民所有制单位和县以上集体所有制单位补员招工9893人,在国营农林场留场就业78人,提干、参军、升学1029人,去街道企业就业673人,知识青年场厂一次性安置930人,就地安置在社队企业47人,迁往外地安置134人。

1962—1980年湘潭城镇知识青年上山下乡情况表

单位:人

年 份	全市动员下乡人数	其 中			
		市区	湘乡县	湘潭县	韶山区
1962	50	50	—	—	—
1963	2 635	2 577	—	58	—
1964	2 373	1 832	237	304	—
1965	961	635	145	181	—
1966	—	—	—	—	—

年　份	全市动员下乡人数	其　　中			
		市区	湘乡县	湘潭县	韶山区
1967	—	—	—	—	—
1968—S1969	17 833	13 712	2 771	1 241	109
1970	1 370	738	430	149	53
1971	623	332	157	108	26
1972	3 668	3 060	304	251	53
1973	1 211	878	206	96	31
1974	3 633	2 072	733	701	127
1975	8 333	5 918	654	1 641	120
1976	5 936	4 623	491	721	101
1977	5 060	3 667	580	691	122
1978	137	46	32	56	3
1979	1 679	1 688	—	11	—
1980	192	192	—	—	—
合计	55 694	42 000	6 740	6 209	745

（劳动管理篇第一章《劳动就业》，第 511—515 页）

《湘潭市志（第七册）》

湘潭市地方志编纂委员会编，中国文史出版社 1997 年

　　1966 年 5 月"文化大革命"开始，政府人事机构先后瘫痪撤销。直到 1970 年，基本上未从社会上吸收录用干部。1971—1976 年间，从上山下乡知识青年和回乡知识青年中招收一部分干部充实农村区、乡、镇工作。　　　　（人事管理篇第二章《干部来源》，第 831 页）

《雨湖区志》

湘潭市雨湖区人民政府编，（内部刊行）1991 年

　　(1963 年)10 月，全区组织 180 名知识青年到郊区宝塔公社木鱼湖兴办雨湖园林试验场。

（《大事记》，第 24 页）

　　(1964 年)10—11 月，全区动员 239 名知识青年去浏阳县农村安家落户。

（《大事记》，第 24 页）

(1970 年)11 月,全区动员大批中学毕业生到农村插队落户。　　《大事记》,第 26 页)

是月(1976 年 10 月),区知识青年上山下乡办公室成立。　　《大事记》,第 28 页)

1968—1973 年间,全区将知识青年和部分居民,分批动员下到浏阳、茶陵、攸县、酃县、湘潭县和市郊区插队落户。几年后,知识青年和居民陆续返迁,加上城市自然增长的待业青年,安置倍感困难。　　(第四篇第三章《区人民政府》,第 182 页)

《湘潭市湘江区志》

湘江区志编纂委员会编,(内部刊行)1990 年

(1963 年)9 月 10 日—10 月,区组织 160 名知识青年上山下乡。　　(《大事记》,第 25 页)

(1964 年)10 月 21 日—11 月 20 日,区动员 259 名知识青年去浏阳县农村劳动锻炼。

（《大事记》,第 25 页)

(1965 年)4 月 20 日,区组织 210 名知识青年去攸县新市农场劳动锻炼。

（《大事记》,第 26 页)

(1970 年)11 月,区动员大批中学生去农村插队劳动锻炼,接受贫下中农再教育。

（《大事记》,第 28 页)

(1973 年)3 月 5 日,区动员一批高、初中毕业学生赴湘潭市郊长城公社插队落户。

（《大事记》,第 29—30 页)

(1975 年)5 月—年底,区给 1 833 名按政策留城和返城知识青年及部分社会闲散劳动力介绍、安排工作。　　（《大事记》,第 30 页)

1965 年至 1975 年,虽大量知识青年"上山下乡"去农村锻炼,但由于人口出生率不断增长,非农业人口除 1966 年略有减少外,其他年份逐年增加。全区 1970 年非农业人口有 68 586 人,1973 年有 72 459 人。1974 年,"上山下乡"知识青年逐步返城就业,非农业人口增加到 74 388 人,以后逐年增加。1978 年"上山下乡"知识青年大部返城就业,全区非农业人口增加到 82 102 人。　　(第三篇第一章《人口数量与分布》,第 76 页)

知识青年安置

1963年，区成立了上山下乡领导小组，动员知识青年上山下乡，1968年大批知识青年上山下乡，插队落户，接受贫下中农再教育。至1979年，全区（包括河西区）共动员4 024名知识青年，分别赴平江、临湘、岳阳、攸县、鄘县、茶陵、浏阳、常德等县农村、农场和湘潭市郊长城乡支农。1980年，撤销上山下乡领导小组。

从1974年起，通过企业招工、大、中专院校招生、应征入伍等途径，逐步安置上山下乡知识青年，至1982年基本安置完毕。 （第十二篇第二章《工人》，第341页）

《湘潭市郊区志》

湘潭市郊区志编纂委员会编，（内部刊行）1992年

（1963年）冬，以罗青青为首的五里堆镇18名知识青年，在荷花嘴荒山上创办综合农场。同年，全郊共办综合农场23个，劳动大学1所，安置城镇知青2 000余名。至1977年止，全郊共安置知青15 042人，除部分已于当地就业外，1979年底以前全部返城。

（《大事记》，第45页）

（1979年）10月，国家劳动总局局长康永和、国务院知青办公室主任许茂、副主任王广义、团中央书记韩英率领全国知青会议代表到郊区先锋农场、红旗农场、果木园艺场和板塘公社视察知青情况。 （《大事记》，第57页）

是年，红旗农场出席国务院召开的全国安置下乡知识青年经验交流会，并受到嘉奖。同年，共青团中央授予该场"新长征突击队红旗单位"称号。 （《大事记》，第57页）

1967—1977年，由于"文化大革命"人口生育失控，1977年底统计，人口增到140 261人，其中农业人口128 951人，非农业人口11 310人（但此期间有城镇知识青年下放在郊区7 343人），郊区实际人口为132 918人，比1966年净增27 315人，增长26%，10年间平均每年增长26‰，是新中国建立后郊区出现的第二次人口增长高峰。

1977年开始，计划生育工作逐渐走向正轨，到1982年6月底全国第三次人口普查止，总人口为128 282人，比1977年减少了11 988人。但在此期间下放在郊区落户的知识青年，已招工回城的有9 982人…… （地理篇第四章《人口》，第172页）

知识青年上山下乡

城市知识青年上山下乡是1963年开始的。首先是采取城市各区镇与郊区各公社合办

农场的办法,有昭山、雨湖、市直机关、先锋、湘江、江南等共办了 18 个综合农场。其中 16 个国社合办农场,2 个国营农场。共安置城市知识青年 2 051 人,其中男 834 人,女 1 217 人。由于当时办农场条件差、生活艰苦,到 1964 年末,返城的知识青年有 1 243 人,仍有在郊知青 808 人。

1965 年元月,湘潭市在昭山东麓,征收了山地面积 6 000 亩,创办了一所劳动大学,实行半耕半读。当年招生安置知识青年 300 人,开办了森林、果木、蔬菜、园艺、农业机械和水产 6 个班。

1966—1969 年"文化大革命"中,知识青年上山下乡及安置工作基本无人管理。这时,仅下放城镇青年 108 人,原有各农场的青年都"停产闹革命",农场一片混乱,知青生活费用无着落。其后几年,知识青年继续下放落户或插队。

1974 年起,湘潭市学习推广株洲市厂社挂钩,集体安置知青到社队、林、茶场办点与发展社队企业结合起来的经验,知青下乡、招工回城有来有去。从这以后,知识青年上山下乡工作起了很大变化。到 1977 年厂社挂钩,共办知青场、队、厂 67 个,共建知青点房屋 43 430.74 平方米,安排知青达 7 323 人,占在郊的知青总数 8 468 人的 86.5%。

湘潭市历年下放到郊区的知青总数为 15 042 人,1974 年至 1979 年,从知青场队招工进厂、回城达 11 993 人,占总人数的 79.7%。加上 1973 年前招工和返迁回城的 1 710 人,共回城 13 703 人,占总人数的 91.1%。

1980 年后,根据中共中央和湖南省的有关指示,城镇知识青年不再实行下乡的政策,由城市工厂企业用全民代集体的方式兴办小工业,发展第三产业,实行就地安置,对尚在农村的知青也应作妥善安排。至此,湘潭市结束了知青下放工作。对原在农村已婚的老知青也作了安置,将红旗农场、先锋农场、霞城公社综合农场的弹簧厂、板塘公社向阳林场的织布厂、昭潭公社果木林场的赤锋铸造厂、郊区一、二农机厂定为集体所有制企业,纳入国家劳动计划,下达劳动指标,将愿意在场就业的知青,招为企业职工。1981—1985 年,全民单位招去知青 218 人,其中招干的 212 人,补员的 6 人;集体单位招去的 489 人。到 1985 年末下乡知青已全部招工。

1963—1979 年知青下乡情况统计表

年份	本年增加人数			下乡形式	
	合计	当年下乡	外地转进	办农场	插队
1963	2 051	2 051		2 051	
1964					
1965	600	600		600	
1966	11	11		11	
1967					

年份 \ 人数	本 年 增 加 人 数			下 乡 形 式	
	合　计	当年下乡	外地转进	办农场	插　队
1968	14	14		14	
1969	103	103		103	
1970	54	54		54	
1971	22	22		22	
1972	61	58	3	61	
1973	233	151	82	156	77
1974	1 711	1 360	351	443	1 268
1975	4 251	4 037	214	3 793	458
1976	2 132	2 057	75	1 653	479
1977	2 388	2 318	70	2 309	79
1978	214	34	180	138	76
1979	1 197	955	242	633	564

（社会篇第二章《社会福利及优抚安置》，第 724—726 页）

罗青青　女，红旗农场干部。在知青工作和"农业学大寨"运动中成绩显著，1975 年、1976 年、1977 年连续 3 年被省革命委员会授予先进工作者称号。

……

陈跃文　男，原红旗农场知青。1979 年国务院知青办授予知识青年先进生产者称号。

（《人物篇·先进人物录》，第 802 页）

《韶山志》

韶山市地方志编纂委员会编，中国大百科全书出版社 1993 年

（1976 年）5 月 26—29 日，区委在竹鸡塅召开全区上山下乡知识青年积极分子代表大会。　　　　　　　　　　　　　　　　　　　　　　　　　　（《大事记》，第 23 页）

知识青年上山下乡与安置

1964—1968 年，韶山区共接收上山下乡知识青年（以下简称知青）764 人。为此先后设立竹鸡塅国社合营知青林场、如意知青综合场、大坪农科场知青点等 13 个知青场（点），拨款 33.4 万元修建 287 间住房。1978 年，开始对知青统筹安置。此时除中途已升学、招工、参军

离开者外,尚有在乡知青 212 人,到 1980 年,全部知青通过招工、补员和兴办企业等方法安置完毕。

(第六篇第五章《社会保障》,第 387—388 页)

《湘潭县志》

湘潭县地方志编纂委员会编,湖南出版社 1995 年

1968—1976 年,全县城镇知识青年、城镇居民,国家行政企事业单位的干部家属区 9 658 人,迁入农村插队落户。至 80 年代初,经落实政策陆续返迁城镇。

(卷五第一章《数量与分布》,第 98 页)

"文化大革命"期间,县内城镇知识青年大批上山下乡,1978 年后陆续返迁城镇。

(卷五第四章《劳动人口》,第 106 页)

1971 年,采取基层推荐、组织考察、集中训练、择优录用的方法,从具有初、高中文化,经过实际锻炼的农村大队干部和知识青年中,录用 155 名国家干部,其中 112 名后来成为县、区、乡党委的主要领导成员。 (卷六第一章《政党》,第 122—123 页)

1971—1976 年,县党政机关工作职能逐步恢复,干部需要量增多,共吸收录用干部 625 名,其中上山下乡知识青年 420 名,工人、农民 205 名。 (卷十二第二章《人事》,第 276 页)

1964 年,县人民委员会成立城市人口下乡安置办公室,同时成立安置城市下乡青年领导小组,开始动员知识青年上山下乡。当年,湘潭地区下拨安置经费 31.23 万元。从 1963 年冬至 1968 年 3 月,全县有 962 名城镇知识青年和社会闲散劳动力安置在农村劳动生产,除 240 人在茶陵、攸县等地农村安置外,其余均在县内安置。

(卷二十七第五章《劳动管理》,第 640 页)

1978 年,城镇知识青年停止上山下乡,就业安置转为主要解决回城知识青年和原有城镇待业人员的就业安置。1979 年 10 月,县成立城镇待业人员安置工作领导小组,下设办公室,负责具体工作。同时设立县劳动服务公司,名区、镇设立劳动服务站、组,发动群众广开就业门路,安置待业人员。

1979—1980 年,全县共安置待业人员 4 997 名,其中需作招工安置的下乡知识青年 2 286 名全部招工。上山下乡知识青年安置工作至此结束。

(卷二十七第五章《劳动管理》,第 641 页)

《浏阳县志》

浏阳县地方志编纂委员会编,中国城市出版社1994年

（1964年）10月,开始安置上山下乡知识青年,到1979年共接收安置下乡知识青年14 069人。

（《卷首·大事记》,第43页）

（1973年）7月15—25日,省、地、县联合调查组对县知识青年上山下乡工作进行调查。

（《卷首·大事记》,第48页）

另外,1964年2月,成立县知识青年上山下乡安置办公室,负责城镇知识青年下乡的动员、安置、管理工作。1968年9月,改名知识青年"四个面向"办公室（面向农村、边疆、工矿、基层）。1973年10月,改称中共浏阳县委知识青年上山下乡工作领导小组办公室。1979年11月撤销,其人员编制和工作任务并入县劳动局。

（卷三·劳动人事·第一章《机构》,第286页）

"文化大革命"初期,招工基本冻结。1967—1970年的4年中,除长沙、湘潭、株洲三市招回一批下放浏阳的知识青年外,本县未向社会招工。"文化大革命"后期至1977年,全民制单位共招工8 954人,其中由临时工、轮换工、合同工转为全民制固定工的3 025人,从上山下乡知识青年中招工的2 706人,复退军人中招工的2 577人,其他待业人员中招工的646人。

（卷三·劳动人事·第三章《劳动就业》,第294页）

"文化大革命"期间,先后有1 412人招工到集体所有制单位就业,其中有上山下乡知识青年419人,复员退伍军人524人,城镇待业青年469人。至1977年末,在集体所有制单位就业的总人数为7 462人。

（卷三·劳动人事·第三章《劳动就业》,第294页）

知识青年上山下乡

1964年2月,成立县知识青年上山下乡安置办公室,负责动员、安置城市知识青年的下放工作。至1979年,全县共下放知青14 069人。其中株洲市3 036人,长沙市662人,湘潭市710人,湘潭县131人,本县直接下放7 638人,外地转入1 892人。这些知青,安置到国营农林牧渔场526人,安置到社队企业629人,集体插队落户的8 023人,投亲靠友和分散落户4 891人。全县66个公社除岩前、山枣潭以外,都接收了知青插队落户。知青队、组共修建住房1 276栋、3 984间、5.6万平方米,国家共拨给经费370.32万元、木材2 841立方米,知识青年在下放期间,有不少人担任了民办教师、赤脚医生、农技员和农机手等。还有的

进入社队各线领导班子，成为基层的主要骨干。1964 年下放在大围山锻炼的女知青董敬芳，多次出席县、地、省和全国先代会。1976 年还参加全国人大代表团出访了阿尔巴尼亚和瑞士等国，成为下放知青学习的模范。

知青一边下放农村锻炼，一边收回城市安排。至 1981 年，全县下放知青回城安置总数达 14 057 人，其中招工 9 465 人，提干 73 人，招生 515 人，参军 364 人，病退和返迁回城待业的 3 640 人。剩下 12 人因已结婚成家，自愿扎根农村。

（《卷三·劳动人事·附录》，第 304 页）

《醴陵市志》

醴陵市志编纂委员会编，湖南出版社 1995 年

（1968 年）8 月，1966 年度至 1968 年度的三届高、初中毕业生离校，家住城镇者上山下乡劳动锻炼，家住农村者回乡参加生产劳动。一部分初中毕业生由贫下中农推荐上高中。至 1978 年 4 月，共下放城镇知识青年 9 084 人。1979 年开始陆续返迁城镇安置。

（《大事记》，第 36 页）

1963—1965 年，招收全民工 601 人、集体工 592 人。组织 711 名城镇知识青年上山下乡，参加农业生产。"文化大革命"中，全县共下放知识青年 9 084 人。时部分企业停产闹革命。政府一方面逐年将城镇待业人员下放农村"接受贫下中农再教育"，另一方面从农村招收贫下中农子弟充实工人队伍。城市全民、集体单位招工，接受家住城镇复员退伍军人和国家统一分配的大、中专院校毕业生，以及安排按政策留城的知识青年和部分劳动锻炼满两年以上城镇知识青年，其他城镇待业人员就业依然困难。

1978 年起，政府逐步将下放农村的知识青年和居民返迁城镇。1979 年，城镇待业人员达 9 124 人。劳动部门按统一分配办法，要求各厂矿企事业单位接收集体工，安置待业人员。1980 年，开始改革统分统包就业制度，贯彻"劳动部门介绍就业、自愿组织起来就业和自谋职业相结合"的方针。国营企业主办独立核算、自负盈亏的集体企业，安排本企业待业人员就业；城镇继续发展街道集体企业安排待业人员；以回城知识青年为主建立集体所有制知青场、厂以安排待业人员；政府扶持兴办各类型自负盈亏的合作社、组，接收待业人员；鼓励并扶持城镇个体经济的发展。

（第二十五篇第一章《劳动》，第 604—605 页）

1964 年，县委以"带政治学徒"形式，培养 51 名青年农民干部。1971 年，从下放农村知识青年中录用一批干部。1979 年 11 月，从农村知识青年和农民积极分子中录用 42 名计划生育专职干部。

（第二十五篇第二章《人事》，第 616 页）

《攸县志》

攸县志编纂委员会编,中国文史出版社 1990 年

(1968 年)12 月,县革命委员会组成"四个面向"(面向边疆、面向基层、面向工矿、面向农村)办公室,安排知识青年上山下乡,插队落户。至 1979 年,共安置知识青年 9 761 人(其中本县 2 998 人),安置费 335.4 万元。

(《大事记》,第 40 页)

其他支出,主要包括城镇知识青年上山下乡安置费,兵役征集费、财务费、税务费、农业税征收费等。1950—1985 年共计 847 万元,占财政总支出的 3.4%。

(第七篇第一章《财政》,第 353—354 页)

"文化大革命"期间,采取知识青年"上山下乡"的办法缓和就业矛盾,到 1978 年下放农村的知识青年共 9 671 名(包括外地的知青)。12 月以后,允许下放的知识青年回城,其中部分青年成为待业者。

(第十五篇第四章《社会保障》,第 670 页)

1969 年开始,逐年解决城镇上山下乡知识青年和下放的城镇居民返迁、就业问题,至 1981 年 4 月,下放在农村的知识青年,通过招工、招干、招生的办法,安排 8 503 人;通过其他途径就业的 1 146 人;历年来的下放知识青年除死亡 18 人外,还有 4 人没有安排就业。

(第十五篇第四章《社会保障》,第 670 页)

《茶陵县志》

湖南省茶陵县地方志编纂委员会编,中国文史出版社 1993 年

(1964 年)11 月 12 日,县城上山下乡知识青年 235 人赴虎踞创办茶场。1969 年转赴七地开办长岭茶场。

(《大事记》,第 19 页)

解放后,人口较集中的迁入有:……60—70 年代,先后兴办省属洣江茶场、湘东铁矿,迁入约 5 000 人;另安置湘潭等城镇下放知识青年 4 000 余人(后陆续返迁)。

(第三篇第一章《人口数量、分布》,第 84 页)

知识青年上山下乡

始于 1963 年,止于 1978 年,共下放 8 234 人。其中县内城镇知青 4 510 人,安置湘潭市和郴州锡矿山知青 3 424 人。管理机构曾三易名称,即上山下乡劳动安置领导小组办公室,

四个面向(面向边疆、基层、厂矿、农村)办公室,县委知识青年上山下乡工作领导小组办公室。知青上山下乡工作可分三个阶段:1963—1971年以插队落户为主,动员县内城镇知青和接受外地下放知青共2 721人,到田多劳少的山区与粮食产区插队落户,或在国营、集体农、林、茶场安家;1972—1973年以农、林、茶场(含虎踞"五·七"茶场)集体安置为主,安置外地知青2 531人;1974—1978年推广株洲市经验,实行厂社挂钩,在农、林、茶、果场安置境内的中央、省、市属厂矿知青及本县知青2 982人。国家先后拨款322万元,为下放县内的知青建房和给予生活补助。在人员逐年变动后的1977年,尚有在乡知青2 518人,其中下乡10年以上的206人,5年以上的912人,2年以上的1 270人。1978年贯彻中央关于妥善安置上山下乡知青的指示精神,至翌年,通过招工、招干、招生、应征入伍和返迁、转移外地等途径,全部安置就绪。1964—1979年,县境上山下乡知青总计招工6 380人,招生1 013人,参军106人,返迁507人,转移外地217人,就地落户3人,另死亡8人。

全县1963—1979年知识青年上山下乡及安置就业情况表

年度	下乡知青人数			下乡去向				安置就业及其他								上级拨经费(万元)
	合计	本县知青	外地知青	插队落户	集体农场	国营农场	自办农场	合计	招工	招生	参军	返迁	转外地	死亡	就地落户	
1963	148	48	100	148												
1964	235	235					235	14				14				
1965	238	195	43	238				104	65	30	5		4			
1966	300	300		80	220			183	120	40	14		9			
1967	440	240	200	240	200			200	130	68			2			
1968	420	420		420				123	50	40	15		18			11
1969	390	390				390		483	400	55			25	3		64
1970	350	350		350				610	480	110	20		25			
1971	200	200		200				600	340	220	15		25			
1972	1 451	200	1 251	200		1 251		434	332	5	3	65	27	2		74
1973	1 080	180	900	100		980		206	29	72	2	73	30			42
1974	910	110	800	910				798	581	95	17	104		1		24
1975	608	608		608				839	610	92		116	21			33
1976	770	770		770				1 122	940	32	15	99	34	2		19
1977	564	564		564				1 228	1 056	114		36	22			55
1978	130		130	130				950	910	40						
1979								340	337						3	
合计	8 284	4 810	3 424	1 990	3 388	2 621	235	8 234	6 380	1 013	106	507	217	8	3	322

(第十三篇第四章《劳动管理》,第335页)

《酃县志》

酃县志编纂委员会编，中国社会出版社 1994 年

(1963 年)11 月，开始接受和安置湘潭、醴陵等地上山下乡知识青年，到 1978 年止，共安置 7 198 人。　　　　　　　　　　　　　　　　　　　　　　（《大事记》，第 21 页）

1963 年起，先后接收醴陵官庄水库区移民 542 户，2 321 人；接收醴陵、湘潭"上山下乡"知识青年 6 765 人(后陆续迁回原籍)。　　　　　（第三篇第一章《数量与分布》，第 79 页）

知识青年上山下乡

1963 年 9 月，成立中共酃县县委安置办公室(后更名为县委知青上山下乡领导小组办公室)。1963—1971 年，动员县内城镇知识青年下乡及接受长沙、湘潭、醴陵知识青年共 4 239 人，分批下到田多劳动力少的山区与粮食产区插队落户或国营农林场安家，其中集体插队落户 4 071 人，安置到国营农林场的 168 人。1972 年安置知青 718 人，到 6 个国营农场。此后，陆续安排 997 人插队落户。1976—1978 年，推广株洲市厂、场挂钩，厂、社挂钩经验，分别在国营与集体农林场安置知识青年 780 人，插队落户 464 人。国家先后拨款244.13 万元，作知青建房和生活费用。至 1980 年，共招工招干和返迁回城 6 633 人，外迁 446 人，参军 71 人，升学 36 人。　　　　　　　　（第四篇第三章《综合管理》，第 118—119 页）

《湘乡县志》

湘乡县志编纂委员会编，湖南出版社 1993 年

(1964 年)开始动员城镇知识青年上山下乡，此后形成运动。

（《卷首·大事记》，第 42 页）

(1979 年)秋，开始统筹安置历年来下放农村锻炼的 2 738 名城镇上山下乡知识青年(至 1984 年基本安置完毕)。　　　　　　　　　　　　　　　（《卷首·大事记》，第 47 页）

1965 年、1968 年知识青年及部分城镇居民成批下放农村，城镇人口减少。1972 年后，下乡人员陆续迁回，城镇人口增加。　　　　　　　　　（第三卷第一章《人口总量》，第 105 页）

1966 年(县垦殖场)征收龙洞公社大乐大队荒山 11 亩作为生产基地，旱土面积达 71 亩，此时开始接受安置知识青年和干部家属。(第六卷附《国营种植业企业单位》，第 206 页)

1965 年 10 月，由县分配城市知识青年 55 人去林场（襄忠山林场）劳动。

（第八卷附《国营林业企业单位》，第 245 页）

1979—1986 年，在中共十一届三中全会精神指引下，严格控制人员超编，相继增加上山下乡知识青年安置、社会劳动力管理、待业青年培训就业、劳动保护监察、劳动争议仲裁、社会劳动保险事业管理、志愿兵和城镇退伍兵安置、技工学校招生和毕业生分配、乡（镇）合同制干部聘任、党政机关和事业单位干部岗位责任制等 10 多个方面的工作。……

37 年来共组织 4.668 万名职工投入社会主义革命和社会主义建设事业，其中包括安置大中专毕业学生 3 315 人、军队转业干部 1 300 人、复退军人 2 813 人、上山下乡知识青年 2 729 人。

（第廿七卷卷上《劳动人事》，第 723 页）

上山下乡知识青年招收　从 1970 年起，招收工人的工作与安置上山下乡知识青年紧密结合。至 1982 年止，共招收上山下乡知识青年 2 527 人。

（第廿七卷卷上第一章《劳动》，第 724 页）

《郴州地区志》

郴州地区地方志编纂委员会编，中国社会出版社 1996 年

（1975 年）1 月 11 日，地委要求以批林批孔、路线教育为纲，推动知识青年上山下乡工作。凡是 4 月底年满 17 岁的城镇知识青年，原则上都要在春插前下到农村去。

（《大事记》，上册第 88 页）

（1976 年）8 月 16—20 日，地委召开上山下乡知识青年代表大会，总结"经验"，表彰先进，鼓励知识青年到农村安家落户。　　　　　　　（《大事记》，上册第 90 页）

1970 年，地区革命委员会决定撤销专区七里坪农场和设在该场的烟糖试验站，将其职工合并到"五七"农场，接收下放知识青年 270 人，职工增至 540 人。

（第九编第六章《农场》，中册第 676 页）

1966 年，（资兴市鲤鱼江镇园艺场）改为直属镇政府管辖，职工以下放知识青年为主。1979 年 11 月，纳入县劳动计划，全体成员转为集体所有制工人。

（第九编第六章《农场》，中册第 676 页）

1970 年,区内开始大办"五小"企业,社会招工量大增。至 1977 年,全区招工 4.56 万人。其中从农村招收 3.67 万人(含下放知识青年),年末共有全民固定工 13.16 万人。1978 年,开始实行公开招工,进行文化考试,按德、智、体全面考核,择优录用。1978—1983 年,共招收全民固定工 4.75 万人,主要为上山下乡知识青年。

(第二十八编第二章《劳动管理》,中册第 1385 页)

1978 年起,国营企事业、供销合作社除招收全民工外,还招收一部分集体工,实行"混岗"作业。同时,地、县市劳动局和较大的企事业单位,相继成立劳动服务公司,开办集体企业,解决下放知识青年回城就业和城镇待业人员的就业问题。

(第二十八编第二章《劳动管理》,中册第 1385 页)

【上山下乡知识青年的安置】 1963—1965 年,全区动员城镇知识青年上山下乡插队落户 6 217 人。1968 年 12 月,遵照毛泽东主席关于"知识青年到农村去,接受贫下中农的再教育,很有必要"的指示,掀起城镇知识青年上山下乡高潮。除升学、参军、病残、家庭有特殊困难、独生子女和多子女家庭身边只有一个子女的,不列入动员对象外,其他凡城市户口、吃商品粮、年满 16 周岁的男女知识青年和社会青年,一律动员下乡。1969—1978 年,全区城镇初、高中毕业生和社会青年下乡上山插队、插场落户的达 46 498 人,办知青点 480 个,国家耗用知青安置补助费 2 378.53 万元。1979 年起,停止知识青年上山下乡动员工作。到 1980 年,上山下乡知识青年全部回城安排工作。 (第二十八编第二章《劳动管理》,中册第 1386 页)

《郴州市志》

郴州市志编纂委员会编,黄山书社 1994 年

(1963 年)10 月,全镇开展知识青年"上山下乡"活动。先后创办竹叶冲、南塔岭、奎马岭、北湖岭、高山背、许家洞等林场。至 1978 年,共有 15 139 人到农村和农林场落户。

(《大事记》,第 25 页)

《郴州市劳动志》

湖南省郴州市劳动局编,(内部刊行)1999 年

1966 年开始的"文化大革命",冲击着社会各个方面,前 4 年政府工作和企业生产基本处于瘫痪状态,城镇劳动力安置难以进行,社会招工停止,主要是号召城镇知识青年上山下乡。1969—1978 年,全区共动员城镇知识青年上山下乡 45 961 人。1970 年以后,生产工作

逐步恢复正常,随着生产建设事业的发展,需要补充的劳动力逐年增加,按照国家政策规定和国家下达的劳动计划,上山下乡知识青年陆续收回城镇安置就业,城镇新成长的劳动力通过"德、智、体"全面考核竞争就业。1970—1980 年,全区共安置 89 613 人就业(包括上山下乡知青)。其中社会招收 73 789 人(包括职工子女顶替),安置复员退伍军人 4 252 人,安置分配的大中专、技校毕业生 11 572 人。

(《概述》,第 6—7 页)

(1963 年)8 月,郴州地委成立上山下乡劳力安置领导小组,由王群生任组长,王荐贤任副组长,下设办公室、芦回春任办公室主任,开始有计划,有组织地动员、安置城镇知识青年上山下乡。是年,长沙知识青年瞿太安等 20 余名来到郴县板桥公社插队落户

(《大事记》,第 20 页)

(1964 年)10 月,地委上山下乡劳动力安置领导小组办公室改名为地委知识青年上山下乡安置办公室,自此,组织动员城镇知识青年上山下乡的工作全面展开。是年动员安置上山下乡知识青年 5 490 人。

(《大事记》,第 20 页)

(1968 年)4 月,郴州地区革命委员会上山下乡知识青年服务站成立,负责人高兆勋。9 月服务站撤销,在革命委员会政治部设立四个面向办公室,负责人王文章。四个面向办公室的工作任务,除管理知识青年上山下乡外,还负责大、中专毕业生的分配工作。

(《大事记》,第 21 页)

是年(1971 年),因生产建设需人增多,没有组织动员知识青年上山下乡,未升学的城镇高中、初中毕业生绝大多数留城就业。

(《大事记》,第 22 页)

新就业人员中,包括国家统一分配的大学、中专、技校毕业生和安置转业、复退军人在内,21 年累计达 20.32 万人。其中:从社会上招收 18.37 万人,占 90.40%。在社会招收中,从农村中招收 11.44 万人(包括上山下乡知青),占社会招收的 62.27%。

(第二章《劳动就业》,第 79 页)

1966 年下半年至 1969 年上半年,学校基本停课,大学不招生,工厂不招工,知识青年上山下乡也处于停顿状态。六六、六七、六八三届初、高中毕业生 2 万多人留在城镇无事可干,如何安置他们成了当时的紧迫任务。

1969 年,为了解决城镇知识青年的出路问题,毛泽东主席发表了"知识青年到农村去,接受贫下中农的再教育,很有必要。……"的指示,接着国务院颁布了关于大、中学校毕业生分配实行"面向农村,面向边疆,面向工矿、面向基层"的"四个面向"规定,恢复了中断 2 年多

的知识青年上山下乡工作,开始动员城镇知识青年上山下乡。1969 年,动员城镇知识青年上山下乡 9 278 人。

1970 年起,随着生产建设的逐步恢复与发展,企事业单位用人增多,应届毕业的初、高中毕业生和历届未下乡的毕业生大多留城就业,下乡人数减少。1970—1971 年,两年下乡仅 2 923 人。……

1973 年,不得不再次调整国民经济,精减职工,减少招工。于是,城镇中学毕业生的分配方向仍以上山下乡为主,上山下乡又成了城镇知识青年安置的主要方向。1973—1977年,全区累计下乡 30 196 人,平均每年下乡 6 039 人。这一时期,下乡知青通过招工、参军、招生等途径调离农村的人数也比过去多了。据统计:1964—1973 年的 10 年里,累计调离农村的下乡知识青年 9 453 人,平均每年 945 人;而 1974—1977 年,累计调离的 16 491 人,平均每年 4 123 人。到 1977 年底,1963 年以来上山下乡的 5.5 万人中,留在农村的尚有 2.7 万余人。

……

1978 年 12 月,国务院召开了全国知识青年上山下乡工作会议,总结了上山下乡工作的经验与教训,调整了上山下乡政策,缩小了上山下乡范围。同时,城镇积极开辟新的领域,新的行业,大力发展第三产业,举办职业技术文化培训,为更多的城镇待业人员创造就业和升学条件。1979 年,全区停止了上山下乡的组织动员工作,不再动员城镇知识青年上山下乡。在农村插队插场的知识青年,陆续就地安置就业和返城安置就业。1978—1983 年,就地安置与返城安置就业的下乡知识青年达 2.1 万余人。 （第二章《劳动就业》,第 86—88 页）

(二) 税收优惠。1979 年,对为安置上山下乡知识青年而举办的独立核算场队,不分原有和新办,对其生产经营的各项纳税产品和收入,免予交纳工商税 1 年;对其所得的利润免交工商所得税 1 年。机关、部队、企事业单位为安置本系统的上山下乡知青而举办的农、工、商基地,凡上山下乡知青占 60% 以上的,也照此办理。

……

(三) 资金扶持。除银行在贷款利率上给予优惠贷款外(低息),还将原用于安置知青上山下乡的节余经费,改为用来扶持城镇待业青年组织起来就业的扶持生产周转金。同时,地方财政每年还给劳动部门提供适当的补助费。…… （第二章《劳动就业》,第 90—91 页）

第三章　城镇知识青年上山下乡
概　　述

城镇知识青年上山下乡,是在一定历史条件下产生和发展起来的。

1955年12月,毛泽东主席从当时农业合作化的新形势需要出发,号召"一切可以到农村去工作的这样的知识分子,应当高兴地到那里去"。1960年,中国共产党中央委员会又发出了"大办农业,大办粮食"的号召。在毛主席和党中央的号召下,全国各大中城市不少知识青年,怀着建设社会主义新农村的满腔热情,自愿上山下乡,扎根农村,扎根边疆,建设山区,建设新农村。

1960—1962年,国民经济进行调整。全市(地区)在精简职工和压缩城镇人口时,动员了一部分中学生随户下放农村,或到国营、集体农林场(所)插队插场落户。

1963年8月,中共郴州地委为加强对城镇人口上山下乡的组织动员和安置工作,成立了"上山下乡劳力安置领导小组",下设办公室,开始有计划、有组织地动员安置知识青年上山下乡。是年,动员安置城镇知识青年上山下乡插队落户1 812人(其中安置长沙来郴插队落户的知识青年20余人)。

1964年1月,中共中央、国务院以中共[1964]40号文件颁发了《关于动员和组织城市知识青年参加农村社会主义建设的决定(草案)》。发出"动员和组织城市知识青年和其他闲散劳动力下乡、回乡参加农村社会主义建设工作"的指示。《决定》指出:"大批城市知识青年下乡,使城乡青年结合在一起,既有利于稳定农村青年从事农业生产,也有利于更快地形成一支有社会主义觉悟、有文化科学知识的新型农民队伍。同时,这样做,也为城市未能升学、就业的知识青年开辟了一条广阔的就业门路,使他们通过生产劳动和阶级斗争的锻炼,健康的成长起来,成为可靠的共产主义事业的接班人"。按照党中央的指示精神,全市(地区)于1964—1966年上半年动员安置城镇知识青年上山下乡6 190人。

1966年下半年至1968年,因"文化大革命"干扰,各级党政机构运作瘫痪,动员城镇知识青年上山下乡工作停止。原上山下乡的知识青年绝大部分返回城镇。

1968年12月,毛泽东主席根据当时"文化大革命"和生产建设的实际情况,再次发出"知识青年到农村去,接受贫下中农的再教育,很有必要"的号召,自此,动员城镇知识青年上山下乡的运动在全区掀起了轰轰烈烈高潮。至1978年,全市(地区)共动员安置城镇知识青年上山下乡55 041人。这些知识青年,除少数自愿回原籍农村落户外,绝大部分集中安置在本地区所属的12个县(市)农村(包括当时的耒阳县,该县于1984年划归衡阳市管辖)和国营、集体农林场所(含五、七干校)插队、插场落户。

广大上山下乡知识青年,在安置地的各级党组织、政府(革命委员会)和贫下中农的关怀教育下,为建设社会主义新农村,为开发山区、建设林区,作出了一定的贡献。涌现了如张国清、刘湘娥、邓乐享、李仙桃等一大批先进模范人物。先后有2 004人被评为省、地、县的先进生产(工作)者或积极分子;有279人加入了中国共产党;有10 920人加入了中国共产主义青年团;有1 998人被选拔为政府各级领导班子成员,其中参加地级及以上领导班子的5人,县级领导班子的24人,区、社、队级领导班子的1 969人;提拔为国家干部的 428 人(含民办教师转公办教师、计划生育专干);有 3 688 人分别担任了民办教师、赤脚医生、农业技术员、农机员、拖拉机驾驶员、政治学习辅导员、生产队会计和记工员等基层工作。

1976 年 2 月,毛泽东主席根据各省、市反映城镇知识青年上山下乡存在的一些问题,曾指示:"知识青年问题,似宜专题研究。先作准备,然后开一次会,给予解决"。由于"四人帮"的干扰,破坏了这次会议的筹备工作。

粉碎"四人帮"以后,中共中央、国务院根据国民经济发展需要,为照顾人民群众的实际问题,为全面系统地解决好上山下乡知青的问题,于 1978 年 10 月 31 日召开全国知识青年上山下乡工作会议,并以中发[1978]74 号文件批发了《全国知识青年上山下乡工作会议纪要》和《国务院关于知识青年上山下乡若干问题的试行规定》。对城市中学毕业生的安排,重申了"进学校、上山下乡、支援边疆、城市安排"四个面向的原则。规定矿山、林区和分布在农村有安置条件的企事业单位、小集镇和一般县城的非农业户口的中学毕业生,不再列入上山下乡范围;有安置条件的城市,也可以不动员上山下乡。按照中共中央、国务院的指示精神,全市(地区)从 1979 年起,停止了动员知识青年上山下乡的工作,并对原下乡的城镇知识青年,采取措施,分期分批地逐步收回城镇安排工作或就地安置工作。

第一节　工作机构

1961 年 6 月,中共郴州地委成立"压缩城市工矿人口领导小组",地委书记王实亲自挂帅,地委常委刘作主持日常工作,下设办公室,其主要任务是:贯彻落实国民经济"调整、巩固、充实、提高"的八字方针,负责全区企业的调整和职工精简;负责无固定职业的职工家属、城镇居民、社会青年、未继续升学的学生等社会闲散人员的下放与安置工作。

1963 年 8 月,为加强对城镇上山下乡劳力安置工作,成立"郴州地委上山下乡劳力安置领导小组",接替"压缩城市工矿人口领导小组"的工作。领导小组由王群生任组长,王荐贤任副组长,办公室设在专署农垦委员会,由芦回春任办公室主任。

1964 年底,地委上山下乡劳力安置领导小组更名为"地委知识青年上山下乡安置领导小组"。负责对城镇知识青年和其他社会闲散劳动力下乡、回乡的组织动员和安置工作。

1966 年"文化大革命"开始后,机构瘫痪。

1968 年 4 月,地、县两级革命委员会相继设立"上山下乡知识青年服务站",地区服务站负责人高兆勋。服务站的工作任务,主要是负责接待上山下乡知青的上访,帮助上山下乡知青解决各种实际问题。是年 9 月,地区上山下乡知识青年服务站撤销,在革命委员会政治部设立"四个面向办公室",地区四个面向办公室的负责人王文章。四个面向办公室的工作任务,除继续管理知识青年上山下乡外,还负责大、中专毕业生的分配工作。1970 年 8 月,四个面向办公室改属革委会生产指挥部领导,办公室内设宣传教育、分配、安置、调查研究 4 个小组。

1973 年 9 月,地区四个面向办公室撤销,成立"中共郴州地委知识青年上山下乡领导小组",地委副书记王润民任组长。下设办公室,肖子云任办公室副主任。工作人员有何立春、夏远鹏、余远月、李庆儒、何英如(女)、张莉(女)等。

1979年,地委知青领导小组进行调整,由地委副书记韩曙光任组长,孟照鹤(行署副专员)、陈仲时(地计委副主任)、卓志诚(地区劳动局局长)、肖子云(知青办主任)、张国清(知青代表)任副组长,刘祖新(地委宣传部副部长)、单连凯(地区财贸办主任)、康延宾(地区经委主任)、刘湘娥(女、团地委书记)、李富华(女、地区妇联主任)等为领导小组成员。办公室主任由肖子云兼任,何立春任副主任。工作人员有王敬才、夏远鹏、李主其、李际华、何英如(女)、皮明珍(女)等。

1981年1月,根据省委[1980]69号文件精神,地区知识青年上山下乡办公室撤销,其工作业务和人员编制并入地区劳动局,在劳动局机关内增设就业科,有关知识青年上山下乡的遗留工作,由地区劳动局负责处理。

第二节 组 织 动 员

1961—1962年国民经济调整时期,结合压缩城镇人口、精简下放职工,动员和安置了少量中学生随户下放农村插队落户。

1963年8月,瞿太安等20余名长沙市知识青年首批来到郴县板桥公社集体插队落户,为郴州地区正式拉开了有计划、有组织地动员、安置城镇知识青年上山下乡的序幕。是年,全区在中等学校里开展动员中学毕业生上山下乡的组织发动工作,动员、安置城镇知识青年上山下乡1812人。

1964年1月,中共中央、国务院以[1964]40号文件颁发了《关于动员和组织城市知识青年参加农村社会主义建设的决定(草案)》。3月,地委、行署召开会议传达贯彻,组织动员城镇知识青年上山下乡的工作全面展开。共青团、妇联、宣传、教育、统战等部门密切配合,组织召开各种类型的宣传动员会议,广造社会舆论,动员年龄在16周岁以上的城镇应届中学毕业生上山下乡参加农村社会主义建设。到1966年上半年,全区共动员、安置上山下乡知识青年6190人(其中接收来郴安置的长沙市知青1239人,衡阳市知青486人)。

1966—1967年,由于"文化大革命"影响,两届高、初中毕业生没有分配。原已下乡的知识青年,回留城镇的达90%以上。

1968年8月,湖南省革命委员会就1966—1968年三届毕业生分配问题和做好上山下乡工作问题发出《通知》,根据《通知》精神,地区革命委员会于9月召开"四个面向"工作会议,按照毕业生分配"面向农村、面向边疆、面向工厂、面向基层"的原则,立即开展了上山下乡的组织发动工作。一方面积极动员逗留城镇的原下乡知识青年返回农村"抓革命、促生产";同时,对六七届的840名大中专毕业生,依照"先当农民,先当工人"的精神,分别安置到农村和工厂。

1968年12月21日,《人民日报》发表了甘肃省会宁县"我们也有两只手,不在城里吃闲饭"的重要编者按,传达了毛泽东主席关于"知识青年到农村去,接受贫下中农的再教育,很有必要。要说服城里干部和其他人把自己初中、高中、大学毕业的子女,送到乡下去,来一次动员,各地农村的同志应当欢迎他们去"的指示。1969年2月9日,地区隆重的召开"高举毛泽东思想伟大红旗,紧跟毛主席的伟大战略部署,向农村进军誓师大会",动员城镇知识青年上山下乡的工作,在全区迅速掀起了高潮。之后,各级革命委员会、各个部门和街道居民委员会,纷纷召开各种类型的会议,进行大宣传、大动员。并组织力量,分工负责,对符合上山下乡条件的城镇知识青年,逐户逐人摸清情况,做耐心细致的思想动员工作。除病残者、家庭特殊困难者和独生子女等不列入下乡对象外,人民公社一级非农业人口中符合上山下乡条件的知识青年,也列入动员计划,由县(市)统一安排。城镇知识青年下乡前,由动员单位对其本人和家庭情况,建立登记卡与档案,移交安置县(市)的上山下乡办公室。到1970年底,全区共动员安置下乡、回乡知识青年10 599人。

1971年,因工业生产建设需要,城镇高、初中毕业生大部分留城就业,当年只动员801人下乡。

1972年,为便于管理教育上山下乡知识青年,凡安置在国营、集体农林场和"五·七"干校的知识青年,一律编成营、连、排建制,由动员单位选派国家干部带队。下乡知青200人以上的编成一个营,配备3名干部;100—150人的,编成1个连,配备2名干部。排级干部由农林场(所)配备,副排级以下干部,挑选知识青年担任。带队的营、连干部参加农林场(所)的领导机构,实行一元化领导。带队的国家干部,一年轮换一次。大中型矿山的职工子女,可以安排在自办的"五·七"农场,不给安置费;水上船工船民(未水运输公司)的职工子女,由水上运输单位自行安排搞水上运输。是年,全区动员上山下乡知识青年4 322人,占应动员数的95.4%。

1973年6月10日,中共中央中发[1973]21号文件转发了毛泽东主席给下乡知青家长李庆霖的复信和印发了李庆霖写给毛主席的信的全文。8月4日,中共中央又以30号文件转发了《国务院关于召开全国知识青年上山下乡工作会议的报告》。根据中央文件规定,上山下乡的动员对象,除国家计划直接升学、参军及病残、独生子女、多子女家庭身边只有一个子女的不动员外,其他都动员上山下乡,坚决纠正"走后门"的不正之风。同时,对已下乡知青的生活、住房、医疗等困难问题,开展调查,进行统筹解决。对各类破坏知识青年上山下乡案件,进行严肃处理。是年,全区动员下乡的知识青年3 659人,其中包括地委副书记王润民、黄仁峰、地委宣传部部长何广德等领导在内的领导干部(含县、处级干部)子女482人。并选派知识青年带队干部124人,组成工作小组,分驻下乡知青比较集中的区、社和农林场(所),抓点带面,带领上山下乡知识青年。

1974年3月1日,地委在永兴县召开全区知识青年上山下乡工作会议,会上由地委副书记王润民传达省委在株洲市召开的知识青年上山下乡工作会议精神和株洲市实行厂社挂钩、集中安置下乡知识青年的经验。会后,与会代表赴株洲参观学习。从1974年起,把知识青年上山下乡同工业支援农业结合起来,实行厂社挂钩,举办知青场队(点)集中安置,实行粮户到队,分配到队,劳动、学习、生活到场。为协助人民公社管理教育下乡知识青年,由动员单位抽调干部到挂钩公社带领下乡知识青年。1974—1975年,厂社挂钩的知青点418个,安置知识青年10 084人,占在乡知识青年的47.7％。厂社挂钩的场、队(点),在挂钩单位的支援下,按照"一种、二养、三加工"的社队企业方针,以一业为主,多种经营,以短养长,长短结合。除开荒种地、管理山林外,还兴办了一批农副产品加工厂、机械加工厂、铁木农具厂、石灰厂、砖瓦厂、养猪场和养鸡场。做到一年办场,两年自给,三年为国家作贡献。这种安置办法,既适应当时人民公社的体制,适应广大知识青年的特点与要求,有利于知识青年坚持乡村、建设乡村;又加强了工业支援农业、城市支援乡村,密切了城乡关系和工农关系。

1975年起,中学毕业生的分配和动员组织知识青年上山下乡的工作,采取由学校定向,单位定位,按系统归口的安置办法。

1978年,随着国民经济发展的需要和照顾人民群众的实际问题,全区扩大了留城面。父母双亡的子女不动员;老红军和二等以上革命残废军人允许再留一个子女;同父异母或异父同母的,双方可各留一个子女在身边;父母不在同一县市工作,允许身边各留一个子女;矿山、林区、国营农林牧渔场的职工子女,烈士子女,援外人员和支边工作的干部、工人子女,以及人民公社及其所属单位的非农业人口的子女,不再动员下乡。是年,动员下乡的知识青年仅203人。

据统计,从1963年起至1978年止,全区动员下乡回乡的城镇知识青年55 041人,年均3 410人,占历届城镇中学毕业生的87.2％。

1978年12月12日,中共中央74号文件批发了《全国知识青年上山下乡工作会议纪要》和《国务院关于知识青年上山下乡若干问题的试行规定》。《纪要》在充分肯定知识青年上山下乡成绩的基础上,指出了存在的问题,主要是"统筹兼顾的方针没有能够得到很好的贯彻落实,城乡劳动力的安排缺乏整体规划,知青工作的路子越走越窄,下乡知青的不少实际问题长期未能解决,安置人数过多的地方增加了农民的负担"。根据《纪要》中关于"有安置条件的城市,也可以不动员上山下乡"的精神,从1979年起,全区停止了知识青年上山下乡的动员工作。对原下乡的城镇知识青年,逐步就地或收回城镇安排工作。

第三节 安置形式

城镇知识青年上山下乡安置的形式,主要有三种:一是插队安置;二是回乡安置;三是农林场所(含五·七干校)安置。

一、插队安置

1963—1978年,全区先后插队安置的城镇知识青年达27 268名,占下乡知青的49.54％。他们一部分是由动员地区自行安置的,一部分是由省、地统一分配跨地区、跨县市安置的。插队知青一般每10人左右编为一个小组,集体插入生产队,在生产队建立"三集中一分散"(集中住宿、集中生活、集中学习、分散劳动)的知青点。也有单独建队的"知青场队",少数回原籍投亲靠友的单身插入生产队。据统计,插队安置的知识青年,分布在全区

12个县市(包括当时的耒阳县)、218个人民公社、1 373个大队、4 892个生产队。其中安置百名以上知青的人民公社有55个。安置到农村插队的,一般选择领导班子强、生产潜力大、收入比较稳定的社队。

二、农 场 安 置

1964年与1965年,全区有1 259名城镇知识青年安置在国营农林牧渔场和集体所有制场所,占上山下乡知青总数的22.8%。

1972年,根据国营和集体农林牧渔场的经营管理条件与需人情况,由地、县知青办统一安排计划,开始较多的安置上山下乡知识青年。截至1978年,先后安置到农林牧渔场的知识青年达26 312人(含五·七干校),占下乡知青的47.8%。安置在国营和集体场所的城镇知识青年,享受农林牧渔场工人同等的待遇。一些有条件的工矿企业、机关事业单位,还试办了集体所有制知青场队和农副业生产基地,采取按系统归口安置知识青年。在人民公社建立集体所有制的知青场队,一般安置知识青年80—100人,人均耕地1—2亩,各场队享受国家给予的优惠政策,三年内不纳税,不上交利润,不负担农副产品统购任务。插场的知识青年与插队知青一样,在劳动满两年以上的,可以招工、升学、参军、愿留场当农工的,经劳动部门下达招工指标,可以直接转为农工,并从进场之日起计算工龄。农林场的知青带队干部,由动员城镇和安置地区共同选派,并要求选配一定数量的妇女干部。据统计,先后安置知识青年的国营农、林、牧、渔场有60个(包括五·七干校),集体所有制队(包括兴办的知青点、社队茶场)418个。

三、回 乡 安 置

1969年起,城镇知识青年在原籍农村有父母或祖父母以及至亲的,经接收县、社、队同意,可以回乡安置。1969—1978年,全区回乡安置的知识青年1 461人。其中到外省、外地区的回乡知识青年174人,接收外省、外地区的回乡知识青年187人,区内回乡安置的知识青年1 100人。

第四节 安 置 经 费

知识青年上山下乡的安置经费,是国家安置城镇知识青年的专项补助费,本着精打细算、节约开支、严格管理、讲求实效的原则,实行专户存储,专款专用。由地区知青办、地区财政局与各县(市)知青办、县(市)财政局共同预算、审核、拨付和监督使用管理。

一、经费标准与使用范围

1963年,城镇知识青年上山下乡主要以自力更生和群众互助为主,国家帮助为辅。下乡、回乡知识青年的安置经费,一般用于住房、小农具购置,旅运费、生活补助等项开支。经费标准:采用一个平均数,下拨到安置县(市)统一掌握调剂使用。按照地委[1963]177号文件《关于认真作好上山下乡劳力安置工作的通知》规定,插场的下放学生(含闲散劳力)每人340元(其中用于生活补助费120元,建房费200元,小农具费12元,家具费10元);新建南泥湾场的每人 508 元,第一年补助 400 元(用于建房费 200 元,生活补助费 120 元,生产费 30 元,农具费 30 元,家具费 20 元);第二年补助 60 元;第三年补助 48 元。插队的每人 150 元(用于生活补助费 100 元,生产投资 50 元)。

1964 年 4 月 6 日,省安置办、精简办、财政厅、农业银行联合通知规定:安置到专、县农林牧渔场和农林其他事业单位的,每个劳动力 700 元;分散插入人民公社生产队的 250 元;随户下放的家属每人 150 元;新建队开垦或举办集体农林场的每个劳力 600 元。以上各种标准,在保证每个下乡学生 120 元、闲散劳力 96 元生活补助费的前提下,其余用于建房、生产费、农具费、家具费、旅运费以及其他困难补贴等项目。根据实际情况,对不同安置方式或同一方式的不同地区(场)可自行调剂使用。

1966 年 6 月,安置经费调整为:新建队的每人开支 400 元;成户下乡的每人 150 元;以青年小组集体插队到外专区安置的 240 元;在本地区安置的 210 元;回乡的 50 元。如家在外省回乡的,只给车船费和 3 个月的生活补贴费,安置费由接收地区按当地规定发给。

1969 年 6 月,知识青年安置经费又作了调整:插国营农林场安置的,每人 390 元,其使用范围:生活费以一年为期,平均每人每月 15 元,全年 180 元;房屋修建费 140 元;家具、农具费 50 元;文体学习费 8 元;医药费 12 元。插集体所有制农林场的参照上述标准开支,但生活费 180 元分作两年使用,头年每月开支 10 元,第二年开支 5 元。插队的每人 220 元,使用范围:生活费规定每人每月 9 元,全年 108 元;房屋修建费 60—70 元;农具、家具费 30—40 元;文体学习费 4 元;合作医疗费 8 元。回乡的 40 元。投亲靠友的 120 元。另外,下乡知青到单程 500 公里外的地区插队插场的,未婚的每二年补助一次探亲路费,已婚的补助三次探亲路费。1973 年,补助经费开支标准提高,到农村插队(知青小组)、回乡、五·七干校和集体所有制农林场的平均每人 465 元,到国营农林场的 400 元。1974—1975 年,从安置结余经费中拨出一部分专款作为统筹资金,对 1972 年以前下乡、回乡的老知青生活困难,没有建房以及特殊医疗等情况进行补助,先后共计补助人民币 128.14 万元。

1980 年,随着下乡知识青年收回城镇或就地安排工作,为扶持农工商企业安置下乡知青,从知青经费中专门拨出 167 万元作为扶持生产资金,扶持发展 26 个城镇集体所有制企业,一次性安置下乡知识青年和待业人员 1 758 人。

二、经 费 管 理

1972 年以前,人民公社和生产大队管理知青经费的财会人员配备不齐,大都是由公社、大队的行政会计人员兼管,他们既管钱、管物又管帐,还兼任其他行政事务工作。由于管理制度不健全,时有贪污、挪用、虚报、克扣和挥霍浪费等案件发生。如郴州镇许家洞大队出纳杨正瑶贪污二名知青的安置费 480 元。永兴县高亭司公社,1969 年挪用安置费 1 200 元。耒阳县克扣知青生活费,普遍每人只发给 50 元等等。1973 年以后,加强了财务管理,配齐了专职与兼职的财会人员。地区知青办与地区财政局会同有关部门,制订了《城镇知识青年下乡经费使用管理办法》，统一了全区的财务会计制度，并定期举办财务人员培训班，提高财会人员的业务工作能力，提高政策水平，增强财经纪律和工作责任感。每年召开一至二次财务经费工作会议，专题研究财务经费管理工作。不定期地开展财经纪律大检查，发现问题，及时纠正处理。通过加强管理，统一了财会制度、会计手续和会计报表制度。从1973年起，各县(市)知青办年初按计划动员安置人数和补助标准，编制出预算，经同级财政部门核定后，报地区知青办、财政局汇总，一次或分次将经费逐级下拨使用。年终各县市知青办与财政部门向地区知青办、财政局编报决算核销。属于标准内的结存款，允许跨年度继续使用，属于超拨部分由财政收回，少拨部分由财政补拨。国家拨付的知青下乡专项经费，除知青个人生活费按规定标准分月或分季发给知青个人外，其他安置费统由县市知青办或安置地的区、社、队统一掌握，调剂使用，专款专用，凭据报销。国家拨付的住房、生活等补助费，本着国家补助、社队扶持、群众帮助的精神，对其补助标准与补助期限，不得任意提高、降低或任意缩短期限。对下乡经费的机动数额，除按规定标准提高学习、特支费外，各县市一律不准留机动费或采取变相手段截留经费。下乡知青修建的房屋、购置的农具、家具，均应登记造册，建立财产保管制度，由知青保管使用。允许结婚的知青把家具、农具带到对方家中使用。知青在调离农村时，住房、家具、农具应如数移交所在的场、队，不准私自转让和变卖，但可酌情解决有困难的已婚知识青年使用。如要作其他处理，必须经县以上知青办批准。扶持生产资金拨付，采取由需要扶持的企业单位提出申请，1万元以下由县知青办、财政局审查批准；1万元以上、10万元以下由县(市)知青办会同财政部门审查，上报地区知青办和财政局批准；10万元以上的，由地区知青办、财政局报省知青办、财政厅批准。批准扶持的项目，由县市知青办和借款单位签订合同，办理借款手续，合同与借款手续应抄报同级财政部门和农业银行备查。

第五节　生产、生活安排
一、农　具、家　具

下乡、回乡知识青年的生产、生活用具，主要是靠群众互助或借用的办法解决，必须补充的酌情购置。1963年，地委《关于认真做好上山下乡劳力安置工作的通知》规定，在安置经费中，插场的下乡知青，可开支农具、家具费22元；新建南泥湾场的可开支50元。一般每人可购置锄头、镰刀、粪箕、木桶、扁担、绳索、碗筷、锅勺等简单生产生活用具。参加劳动后，根据需要，逐步过渡，自行添置。1969年后，上山下乡知识青年从安置经费中拨出人均50元，作为购置小农具、家具、炊具的补助费。各动员单位在欢送本单位职工子女上山下乡时，均礼赠一些简单的生产、生活用品。

二、粮　油　供　应

下乡知青的口粮，第一年由国家供应，从第二年开始，由社队和知青场队分配口粮。正常出勤的，不得低于当地单身劳力的实际口粮水平。

1964 年,粮食部门对下乡、回乡知识青年的粮油供应规定为:下乡到农村人民公社生产队参加农业生产的,由原城镇的粮食部门,按照本人原定量标准,发给当月和下 1 个月的通用粮票。从到达接收地点的第 2 个月起,直到下年度粮食分配时为止,由当地粮食部门按每人每月供应大米 35 斤。食油按原定量标准(包括定量外补助部分),一次发给3 个月的油票,从到达第四个月起,由安置地区粮食部门按当地粮油供应办法供应 1 年。

1972 年起,改为参加分配前,每人每月供应大米 40 斤,食油 0.4 斤。农林场(五·七干校)的按所在单位职工的供应办法和同工种定量标准执行(矿办农林场第一年的口粮每月每人亦为 40 斤供应)。插队的知识青年,坚持同工同酬,并分给一定的菜地。正常参加劳动,低于当地同等劳动力平均口粮水平的,在分配时,给予适当照顾。已婚知青所生的子女,都要在生产队计算人口,分配口粮。参加集体分配以后,所在队的口粮水平过低,达不到当地单身劳动力的实际吃粮标准的,其差额由国家统销补助。1972 年,插队知青 8 388 人,生活困难需要补助的 6 524 人,占插队知青人数的 77.78%。1973 年与 1974 年,全区拨出补助的粮食 214 020 斤。

三、住　房

按照国家规定,城镇知识青年下乡后,人均住房面积要达到 8—10 平方米。起初,生产队来不及新建住房,主要采取借私房、住公房等"借、挤、让"的办法解决,面积小、质量差。据 1970 年对 7 661 名在乡知青的住房调查统计,住新房的 533 人,占 7.2%;住公房的 2 422 人,占 31.5%;住私房的 4 129 人,占 53.9%;自有房的(回乡知青)469 人,占 6.11%;无房住的 97 人,占 1.29%。从 1969 年开始,由国家统一下达专项计划指标,拨给建房经费和木材(按人均 0.5 立方米标准拨给)、钢筋、水泥等物资,帮助下乡知青逐步建新房。在农村结婚安家的下乡知青,其住房先从知青空房中调剂,解决不了的,每人补助建房费 300元。截至 1976 年,共为下乡知青建房 2 179 栋,11 125 间,272 385 平方米,60% 的下乡知青住进了新房。1978 年以后,随着知识青年上山下乡停止,知识青年的新建住房分别作价处理。

四、医　疗

下乡知识青年,参加当地的合作医疗。1969 年起,从知青经费中按人均插队的 8 元,插场的 12 元拨给合作医疗费,由生产大队、农林场所的医疗机构掌握使用。知识青年因病、伤、残就医,其医疗费用由合作医疗解决。患有疑难重病的下乡知青,经公社医院转诊证明,可以到城市就医。如开支医疗费用较大,合作医疗确实负担不了的,从知青的安置费中补助。长期不能治愈,不能从事农业劳动的,由安置地区与动员城镇协商,可以回城。回城后的医疗费用,原则上由家长负担,因为治病家庭生活有困难的,家长所属单位予以补助,民政部门给予救济。治愈后,由劳动部门和街道负责安排适当工作。下乡知识青年因公负伤,其医疗费用和治疗期间的生活费,由所在单位负担,确有困难的,从知青的安置费中给予适当补助。若是被派出做临时工发生病、残、伤、亡时,其医疗、生活、抚恤、丧葬等全部费用,由用工单位按国家和地方有关部门规定办理。下乡知青死亡的丧葬费,每人不超过 150 元。因公死亡的由所在单位开支;因病死亡的从安置经费中开支。

第六节 返城安置

1970 年前,下乡回乡知识青年,少部分被推荐招工、升学、参军和提干而离开农村。还有少数的知识青年因多种原因经批准收回城镇。

1971 年后,国家每年下达招工指标,从下乡回乡知识青年中招收一定数量的工人。按照参加劳动满两年以上方可推荐招工、升学、参军的政策规定,1971—1979 年,全区从下乡回乡知识青年中招工 36 838 人,升学 3 316 人,参军 2 056 人,提干(包括民办教师转公办教师)425 人。有的知识青年在下乡前患有疾病,下乡后病情加重不能参加劳动,有的在下乡后受伤或患病,不能坚持农村,经安置地县以上医院检查证明,由安置县与动员城镇协商,征得知青家长同意,迁回城镇的 4 087 人。

党的十一届三中全会后,为了统筹解决好在乡知识青年的问题,根据中央〔1978〕74 号文件精神,大力压缩计划外用工,广开就业门路,对下乡、回乡知识青年"早安排、多安排"。在招收新工人时,优先招收下乡、回乡知识青年。从 1979 年起,把下乡、回乡知识青年全部收回城镇安置。少数 1972 年前下乡、回乡的老知青以及已婚在农村安家落户的知青,就地就近安排到工交、财贸、文教卫、社队企业工作,或转为国营、集体所有制农林场职工。安置在农林场作农工的,每人补助建房费 300 元。

知识青年调离农村后的回城待遇,根据 1979 年省劳动局《关于对下乡知识青年招工后待遇问题的通知》,下乡知青招工后的待遇:分配到学徒制岗位,在考核定级前,下乡满二年以上的,第一年享受学徒工第二年的待遇,下乡满三年以上的享受学徒工第三年的待遇,下乡满 5 年以上的,享受一级工待遇……。学徒期限和转正定级办法,仍按当时的有关规定执行。

1985 年 6 月 28 日,国家劳动人事部发出《关于解决原下乡知识青年插队期间的工龄计算问题的通知》指出:文化大革命期间下乡插队知识青年的工龄计算问题,是在特定历史条件下遗留下来的,需要从实际出发,给予妥善解决。并对这一问题作出具体规定:

(1)凡在"文革"期间由国家统一组织下乡插队的知识青年,在他们到城镇参加工作后,其在农村参加劳动的时间,可以与参加工作后的时间合并计算连续工龄(他们参加工作的时间,从下乡之日起计算)。返城后等待分配工作的时间,不计算工龄。

(2)已安排工作的原下乡插队的知识青年,按照文件精神,计算工龄后对于他们与工龄有关的福利待遇问题,过去的不再算老帐,今后的按新计算的工龄对待,与同工龄的职工一视同仁。

(3)在 1962 年至"文革"开始前,由国家统一组织下乡插队的知识青年,他们到城镇参加工作后,在工龄计算上依照上述办法处理。

郴州地区下乡知识青年先进典型名录

姓名	性别	出生年月	政治面貌	文化程度	下乡安置地	主要事迹
张国清	女	1944	中共党员	高中	郴县板桥公社和平大队	省妇联副主任,1975年出席第四届全国人民代表大会,被选为全国四届人大常务委员会委员
刘湘娥	女	1950	中共党员	高中	桂阳县仁义公社田岗大队	县委副书记、党的"十大"、"十一大"党代表,1976年随中国人民友好参观团出访阿尔巴尼亚
邓乐享	男	1943	中共党员	高中	郴县板桥公社塘溪大队	地区革命委员会委员、省贫协常委,1969年赴北京参加国庆二十周年观礼,见到了伟大领袖毛主席
李仙桃	女	1953	中共党员	高中	郴县马头岭公社太和大队	团地委委员、团省委副书记、作为民兵代表出席了中国人民解放军广州军区团代会
易林芝	女	1949	团员	初中	郴县华塘农场	1966年赴北京参加国庆观礼,见到了伟大领袖毛主席
李强英	女	1950	中共党员	高中	宜章奇石公社	1969年赴北京出席国庆20周年观礼,见到了伟大领袖毛主席

1963—1978年全区动员安置城镇知识青年上山下乡人数统计表　　　　单位:人

年度	上山下乡人数 合计	其中:转进	其中:转出	插队安置人数	回乡安置人数	农林场(所)安置人数 小计	其中 国营场所	其中 集体场所	其中 五七干校	其中 矿办五七农场	其中 知青点	备注
合计	55 041	2 803	474	27 268	1 461	26 312	5 965	15 380	818	282	3 867	
1963	1 812			1 812								
1964	3 607	1 725		2 890		717	170	547				
1965	1 886		1 344		542	215	327					
1966	697			697								
1967												
1968												
1969	9 278			9 012	266							
1970	1 321			1 260	61							
1971	1 602			801	18	783			591	192		
1972	4 439	117	225	769		3 670	3 261	409				
1973	3 659	178	99	1 604	10	2 045	961	767	227	90		
1974	5 391	729	20	2 468	151	2 772	58	2 714				
1975	7 929	54	130	2 211	316	5 402	32	2 145			3 225	
1976	6 772			1 186	297	5 289	591	4 056			642	
1977	6 445			1 214	342	4 889	677	4 212				
1978	203					203		203				

1964—1980 年知识青年调离农村人数表

单位：人

年度	合计	调离农村							其他		破坏知青案件数（件）	备注
		招工	升学	参军	提干	就地转为职工	迁回城里	迁往外地外省	死亡	判刑		
合计	51 790	38 564	3 425	2 094	428	2 307	4 087	885	58	1	56	
1964	46	17		4			25					
1965	31	24	5	2								
1966	3			3								
1967												
1968												
1969	51	347	73	7			83					
1970	1 322	1 074	31	25			49	143			41	
1971	1 516	1 234	136	43			103					
1972	3 206	3 014	80	3	15		94		8			
1973	3 659	2 834	500	4			222	99	19	1		
1974	4 912	2 321	605	122	7	1 520	153	184	14		15	
1975	3 012	2 308	510	23			171					
1976	5 125	4 308	402	190	1		89	135				
1977	3 442	3 038	235	79			90					
1978	6 115	3 271	727	1 276	11		546	324	17			
1979	18 587	14 510	121	316	391	787	2 462					
1980	264	264										

（第三章《城镇知识青年上山下乡》，第 124—143 页）

1968 年 2 月，郴州地区革命委员会成立。10 月，地区革命委员会生产指挥部下设"计划劳资组"，主管全区国民经济计划、统计、科技、劳动工资、物价、基本建设、知识青年上山下乡工作。有干部 5 人。

（第四章《劳动计划与统计》，第 147 页）

"文化大革命"结束后，通过拨乱反正，各项工作秩序渐趋恢复正常。1976 年，根据工业生产和其他事业发展的需要，扩大了"亦工亦农"人员和计划外用工的使用范围。……同时，在全民企业中兴办集体企业（即全民带集体），自筹资金、设备、厂房和单建班子，需要的劳动力由劳动部门在城镇人口和下乡上山知识青年中招收集体所有制身份的职工，保证新建、扩建项目所需要的劳动力，促进了生产的发展。……在"亦工亦农"人员和厂办集体职工急剧增加的同时，按照中共中央、国务院的决定，上山下乡知识青年全部收回城镇安置就业，5 年内共安置上山下乡知识青年 38 505 人。

（第四章《劳动计划与统计》，第 152—153 页）

《安仁县志》

安仁县地方志编纂委员会编,中国社会出版社1996年

(1964年)12月,县成立知识青年上山下乡安置领导小组,当年安排知识青年50名到农村落户。 （《大事记》,第26页）

(1968年)10月5日,成立四个面向办公室,负责城镇知识青年上山下乡安置工作。至1977年,全县上山下乡插队落户的知识青年1314人。 （《大事记》,第28页）

1963年,恢复统一计划、统一招收、统一分配的招工制度,贯彻"统筹安排,城乡并举"的招工方针,先后从城镇和农村吸收一批人员进入工矿、商贸企业,同时又动员一批城镇知识青年上山下乡。1968年,掀起城镇知识青年上山下乡高潮。此后,每年下放一批,至1978年,共下放城镇知识青年1330人。全县20个农村人民公社都设有"知青"劳动锻炼场所,国家拨款为知青建房,添置劳动工具、生产设备。下放的知识青年,除少数插队落户外,多数集中于场所锻炼。知识青年须在农村锻炼两年以上,才予招工或招干。

1980年,知青由"上山下乡"转为城镇安置。已在农村就业的知青大多数回城,加上滞留在城镇的知青,共有待业青年1000余人,出现待业高峰。

（第六篇第一章《劳动》,第189页）

1958年,"大跃进"中,增加不少民办小学,师资更为紧缺。县人委会先后从机关单位抽调一批干部,充实教师队伍,并从回乡知青、复员退伍军人中选拔民办教师共320余人。"文化大革命"期间,大专院校和中专一度停止招生,师资来源中断多年。县革委会先后选拔培训工人、贫下中农、复员军人、待业知青和兼职者共749人到中、小学任教。

（第二十三篇第六章《教师队伍》,第529页）

《永兴县志》

永兴县志编纂委员会编,中国城市出版社1994年

(1968年)10月,县"四个面向"(面向农村、面向基层、面向边疆、面向工矿)办公室成立,部署下放城镇人口。1973年3月,改称动员知识青年上山下乡领导小组办公室。到1977年止,全县下放知识青年6614人。 （《大事记》,第28页）

(1979年)开始安置上山下乡知识青年,至年底,共安置2580人。（《大事记》,第30页）

1966 年,……全县有 6 962 名城镇知识青年被动员"上山下乡"、"接受贫下中农再教育";同时,部分城镇居民响应"我们也有两只手,不在城里吃闲饭"的号召下农村劳动。1970年,县内恢复招工,1975 年出现部分下放人员自动返城现象。1978—1979 年,返城知识青年达 3 283 人,加上城镇新成长的劳动力,全县城镇待业人员达 3 925 人。1979 年,县委根据上级指示精神,采取果断措施,通过招工、招干、参军、升学等渠道,安置了 2 671 人。1980—1982 年又相继安置 3 633 人。 　　　　(第九篇第三章《经济综合管理》,第 266 页)

1969 年,在"清理阶级队伍"中,(邮电)部分职工被调出,缺员从邮局"军宣队"和"上山下乡"知识青年中招收补充。 　　　　(第十七篇第三章《管理》,第 451 页)

《资兴市志》
资兴市地方志编纂委员会编,湖南人民出版社 1999 年

(1968 年)11 月,县革命委员会根据上级指示,动员知识青年上山下乡插队落户,接受贫下中农再教育,全县先后下放知识青年共 7 963 人。至 1980 年,绝大多数知识青年回城安置了工作。 　　　　(《大事记》,上册第 37 页)

知青安置

1964 年 1 月,中共中央、国务院发出"在今后一个相当长的时间内,有必要动员和组织大批知识青年下乡参加农业生产"的指示,资兴随即开展城镇知识青年下放工作,县上山下乡安置领导小组办公室负责动员、组织安置。当年下放知青 98 人。1965 年又下放 93 人。1966—1967 年,知识青年上山下乡工作中断。1968 年 12 月,全国开展了"知识青年上山下乡,接受贫下中农再教育"运动,凡属商品粮户口,年满 16—25 周岁的未婚初中、高中毕业生和社会青年,除严重伤残、丧失劳动能力及独生子女和父母身边仅一子女者外,都要动员到农村插队落户。此项运动一直延续到 1977 年。1968—1969 年两年下放知识青年 1 570 人,接收外地知识青年 67 人。1970—1977 年,下放对象主要是本县当年的应届初中、高中毕业生,外县(市)转入资兴的较前减少。8 年共下放 6 115 人,其中本县 5 806 人,外地转入资兴的 309 人。其中,1975 年是下放高潮,全年下放 1 194 人。1978 年,资兴除外地转入 4 名知青外,本县再没有下放知青。同年 12 月,中共中央、国务院对知识青年上山下乡政策作了调整,中共湖南省委具体规定:"从 1979 年起,县城小集镇和分布在农村的中央、省、地企业单位的中学毕业生,均不动员上山下乡"。遵照上级指示,1979 年以后,除外地转入 66 人外,本县再没下放知青。

1964—1977 年,全县共安置下放知青 7 963 人,其中,本县直接下放 7 587 人,外地转入县内 376 人。

1968 年以前,对下放农村锻炼的知识青年,除部分病退和返迁者外,基本上没有正式招

工。从1968年冬起,每年有专项招工指标招收下放知青。1968—1980年,资兴下放知青回城安置总数为7 959人,其中招工、提干、招生、参军7 054人,病退、返迁、转移外地安置为900人,病退、死亡共5人。实际在农村安家落户的3人。至1980年,知青回城安置工作全部结束。

(第六篇第二章《劳动》,上册第273—274页)

【下放知识青年安置】 1964—1977年,资兴共接收下放知识青年7 963人,其中县内直接下放的7 587人,外地下放来资兴的376人。1968—1980年,全县共安置知识青年7 959人,其中招工、提干、招生、参军的7 054人,病退、转外地的905人。在农村落户的4人。

(第八篇第二章《优抚 安置》,上册第314页)

1971年,从工人、农民、复员退伍军人、下放知识青年中选取54人担任民办教师,还保送80人到郴州师范、耒阳师范师资训练班学习1年半后,充实到教师队伍。

(第二十二篇第六章《教师队伍》,下册第707页)

《桂东县志》

桂东县志编纂委员会编,湖南人民出版社1998年

(1968年)11月28日,16名1966、1967届高、初中毕业的城镇学生被下放到大地公社插队落户。
(《大事记》,第40页)

1968年10月,县革命委员会成立"四个面向"办公室,向城镇待业青年开展面向农村、面向边区、面向工厂、面向基层的教育,下放一些知识青年到农村插队落户。1970年,"四个面向"办公室改名为知识青年办公室(简称知青办)。1972年,下放59名知识青年到国营农林场所。1974年3月,县革命委员会成立知识青年上山下乡领导小组。至1974年底,全县265名知识青年被安置到农村或农林场插队落户。以后,改分散插队落户为集中安置,分别在东洛、沙田、新坊、大塘、寨前设立知青点。至1978年,314名下放知识青年陆续安置就业。

(第六篇第二章《劳动》,第196页)

《宜章县志》

宜章县志编纂委员会编,黄山书社1995年

是月(1968年10月),首批132名县城知识青年响应毛泽东主席"上山下乡"的号召,到农村安家落户,至1978年,全县有4 715名城镇知识青年"上山下乡"。 (《大事记》,第34页)

至1978年,全县新增工人4 965人,其中招收农民2 571人、复员退伍军人774人、上山下乡知识青年1 234人、应届高、初中毕业生386人。

1979年,城镇上山下乡知识青年全部返城,并对计划外临时工进行清理。当年安置回城知识青年1 573人、复员退伍军人26人。 （卷六第二章《劳动》,第185页）

[知识青年安置] 1968年初,县成立上山下乡知识青年服务站,安置未升学的城镇知识青年到农林场和生产队落户,两年后,经基层推荐方可回城安置。5月,县内第一批知识青年126人下放到城关、白石渡镇插队落户。至1978年,共下放知识青年4 715人。1979年,停止下放,原有上山下乡知识青年全部返城安置。

宜章县1968—1979年城镇上山下乡知识青年安置表 单位:人

项目 年度	上山下乡人数	安置人数合计	安置 去 向						
			招工	招干	升学	返城	参军	进国营农林场	其他
1968	265								
1969	1 327	410	356						54
1970	194	39	19		1	2	4		13
1971	81	260	217		15	4	2		22
1972	493	242	184		8	9	4		37
1973	224	113	25		63	5			20
1974	362	260	187		63		10		
1975	613	294	240		34	4			16
1976	648	414	322	1	50	4	16		21
1977	501	313	218	1	36	19	6		33
1978	7	494	141	16	156	25	134		22
1979		1 876	1 573		6	105	12	180	
合计	4 715	4 715	3 482	18	432	177	188	180	238

（卷六第二章《劳动》,第188页）

《临武县志》

临武县志编写组编,中南工业大学出版社1989年

(1964年)10月20日,城镇知识青年40余人上山下乡,到双溪公社禾鱼大队以集体户形式插队落户。 （《大事记》,第26页）

是年(1969年),大批城镇知识青年去农村插队落户,城镇部分职工和街道居民下放农村。1979年后,陆续回城就业。 (《大事记》,第29页)

1963年,为缓解当时就业紧张和城镇粮食供应紧张的状况,90名初、高中毕业生下放到五里堆农场、肖家坪农场、东山林场等国营农林场落户就业。1964年3月,县农林水系统成立知识青年上山下乡安置办公室。同年10月20日,40余名城镇知识青年到双溪公社禾鱼大队集体插队落户。1968年9月10日,毛泽东主席发出"知识青年到农村去,接受贫下中农再教育"指示。10月,县成立"四个面向(面向工厂、农村、矿山、边疆)办公室",安排城镇青年,初、高中毕业学生及闲散居民上山下乡。是年,共有1238人上山下乡插队落户。到1969年,共有知识青年5863人上山下乡,分布在县内各社队及农林场所。他们与生产队社员一样,实行劳动工分制。知识青年上山下乡缓解了当时劳动就业的紧张局面,但也带来了一系列的社会问题。1978年起,上山下乡知识青年陆续招回城镇并予安置,当年安置2329人,1979年安置576人,1980年安置2643人(三年中有166名升入大中专院校)。1981年底,上山下乡知识青年和城镇居民基本安置完毕。 (第十九编第三章《劳动》,第400页)

《嘉禾县志》

湖南省嘉禾县志编纂委员会编,黄山书社1994年

1963年,县全民职工精简到3202人。9月,县成立上山下乡劳动安置领导小组,先后安置下乡知识青年1725人。

1964年10月,县动员知识青年(简称"知青")到普满公社扒塘大队插队落户,首批31人。1965—1968年,动员368名知青下乡落户支农。1968年5月,县成立"上山下乡"知青服务站。1969年起下放到农村241人,安置工作164人。1972—1973年,安排541名知青到三个农林场所。1974年定向下放,建立盘江、石桥、普满、龙潭、龙泉、田心6个点,下放安置494人。对1972年以前下放的知青,人均补助220元。此后,每人补给安置费450元,至1977年,全县总共下放城镇知青1844人,7年共补助经费80万元。

1969—1979年,通过招工、招生、招干、参军,逐步安置下放知识青年957人,收转为城镇人口298人。 (卷三第三章《经济管理》,第113页)

《桂阳县志》

桂阳县志编纂委员会编,中国文史出版社1994年

1979年起,改革经济体制,调整企业结构,加强劳动计划管理和劳动服务工作,清退来

自农村的计划外用工2 113人,腾出岗位安置下乡知识青年和城镇待业人员。

(第七篇第一章《劳动》,第 209 页)

1962—1976年,又接受郴州、衡阳、长沙初、高中毕业生和从北京、上海、云南、福州等地转来的知青共4 027人,就业出现困难。中共桂阳县委(以下简称县委)和县人委按照上级精神,从1962年起,组织城镇知识青年"上山下乡",至1965年,包括外地下放到县的知青共1 140人,全部下放农村安家落户。"文化大革命"期间,经济、文化建设受到干扰,第三产业萎缩,就业更难。1968年,县革命委员会成立"四个面向"办公室,向城镇待业人员开展面向农村、面向边区、面向工厂、面向基层的教育,并通过办知青农场、插队落户和社会招工等渠道,至1978年,共安置3 354人就业。国家和集体为就业安置付出很大代价。其中仅安置知青一项,1962—1978年,县财政拨出191.56万元,修建住宅370栋,1 165间,计2.18万平方米。70年代初,办"五小"工业,由于缺乏统筹规划和恢复临时工制度,一些企业又从农村劳力(包括落户知青、复员退伍军人)中招工,致使城乡劳力对流,城镇就业矛盾加剧。

1979年起,虽多年来城乡积聚大批待业人员,劳力供大于求矛盾突出,但随着全党工作重心的战略转移,经济发展步伐加快,企事业用工增多,为解决城镇就业提供有利条件。

一方面,知青由"上山下乡"转为城镇安置,已在农村就业的大多回城重新安置。当年下乡知青多数返城,加上历年滞留城镇的,共有待业知青3 861人,出现待业高峰。为缓和矛盾,政府劳动部门设立劳动服务公司,采取战线负责,单位包干办法,广开就业门路,分期分批安置就业。

(第七篇第一章《劳动》,第 209—210 页)

《耒阳市志》

耒阳市志编委会编,中国社会出版社1993年

自1963年起,招用工人实行统一计划、统一招收、统一分配的招工制度,贯彻"统筹安排,城乡并举"的招工方针,并动员城镇知识青年上山下乡。1968年掀起城镇知识青年上山下乡高潮。至1978年,共下放城镇知识青年7 403人(其中包括从长沙等城市下放耒阳的知青168人)。下放知识青年,须在农村锻炼两年以上,才予以招工、招干;上山下乡对象而未下放及倒流城镇的知识青年均不得招收。相反,在这期间,却有大批农村青年被招进城镇各单位去当工人,形成城乡劳力倒流的现象。 (第十八编第一章《工人》,第 578 页)

到1980年,所有上山下乡知识青年全部得到安置,其中招工累计为3 019人(包括中央、省、地属单位招工)。 (第十八编第一章《工人》,第 581 页)

《衡阳市志》

衡阳市地方志编纂委员会编,湖南人民出版社1998年

（1974年）5月18日,衡阳市18岁下乡知识青年卜慧珍（女）为救落水女青年献出生命。中共衡阳地委号召"向卜慧珍学习"。

（《大事记》,第85页）

（1975年）2月27日,衡阳市3 324名知识青年"上山下乡",5万人欢送。

（《大事记》,第85页）

开展社会主义劳动竞赛

1965年,开展学大寨、学大庆活动,广泛开展"四田"（丰产田、试验田、种子田、改造低产田）、"四小"（小建议、小改进、小措施、小革新）、"四手"（技术能手、革新能手、优质能手、节约能手）活动,动员1 700多名城市青年上山下乡,支援社会主义新农村。

（第七编第三章《青少年团体》,第442—443页）

1964—1980年,城镇就业主要途径是"上山下乡",境内动员、安置城镇初、高中毕业生知识青年79 337人,上山下乡,"接受贫下中农再教育"。1978年,不再动员上山下乡,上万知识青年陆续回城,与城镇新成长的劳动力积聚成待业高峰。

（第二十二编第一章《劳动就业》,第1099页）

1979年,参军的上山下乡知识青年,退伍后不再回农村插队,由父母所在地分配工作。境内安置85人。

（第二十二编第一章《劳动就业》,第1102页）

1972年,补充（职工）自然减员,限于退休、死亡、法办而减少的人数,当年减员,当年补充,先减后补。补充来源:城镇复员退伍军人和社会劳动力;其次为农村复员退伍军人和经过两年以上劳动锻炼的上山下乡知识青年。

（第二十二编第一章《劳动就业》,第1102页）

1978年5月,贯彻《国务院关于工人退休、退职的暂行办法》,工人退休、退职后,家庭生活困难的,或多子女上山下乡、子女就业少的,原则上招收其一名符合条件的子女参加工作。下半年,自然减员限于补充当年死亡、退休、退职三项减员,省、市集中使用50%指标。是年,不再动员知识青年上山下乡,知青由父母单位所在系统自行安置。普遍形成"子女顶替"和"内招"职工子女制度。

（第二十二编第一章《劳动就业》,第1102页）

知识青年上山下乡与收回安置

1955 年 11 月,衡阳市城、郊青年刘金生、黄友复、李绍定、江祝芝、陈建华,闻北京市青年赴黑龙江北大荒开荒报道,联名倡议到本省荒地垦荒。12 月中旬,中国新民主主义青年团湖南省衡阳市委员会,组织衡阳市青年志愿垦荒队 61 人(第一队),赴湖南省道县千家洞垦荒(翌年 1 月 60 人,多为学生);下旬,第二队 115 人、第三队 81 人,分别往市郊区金叶乡、高沙乡垦荒。

1956 年 1 月,中共中央继续号召城镇中、小学毕业青年,"下乡上山"参加农业生产。3 月,衡阳市动员 300 人赴江永县三区三脉下乡垦荒,多为 18—30 岁的无职业或无固定职业的城市青年。

1958 年,盲目扩大基建,职工骤增,上山下乡停顿。

1964 年,贯彻中共中央、国务院《关于动员和组织城市知识青年参加农村社会主义建设的决定(草案)》。中共衡阳地委安置城市下乡青年领导小组办公室成立,采取自愿下乡原则,在境内动员、安置城镇知识青年参加农村社会主义建设,对象多为 16 周岁、身体健康、在城镇未能升学、就业的知识青年。至 1967 年,下乡 7 200 人,主要插入人民公社,其次插入国营、集体农、林、茶场。

1966 年,"文化大革命"运动开始,至 1968 年夏,学校基本停课,大学不招生,工厂也基本不招工,上山下乡处于停顿状态,初、高中毕业生闲置城镇。

1968 年 8 月,衡阳地区成立革命委员会四个面向办公室,知识青年上山下乡工作恢复。至 1969 年,境内下乡 12 306 人。

1973 年,国民经济调整,减少招工,上山下乡为城镇中学毕业生主要安置方向。9 月,中共衡阳地委知识青年上山下乡领导小组办公室成立,通过知识青年家长所在单位,动员上山下乡,是年,下乡 13 941 人。

1979 年,境内不再动员城镇知识青年上山下乡,少数没有安置条件的城镇,仍继续动员上山下乡,至 1980 年,境内仅下乡 3 229 人。

1980 年,境内仅 300 余名知识青年就地安置在农、林场、社办企业,或与当地农民结婚,而留在农村,其余通过招工、招生、提干、征兵、病退、困退等渠道,分期分批基本收回城镇安置。其中 1972—1978 年(不含 1974 年),收回安置 40 398 人:招工 21 703 人,招生 2 366 人,征兵 1 825 人,提干 14 人;病、困退回城 12 506 人;其他 1 984 人。衡阳铁路分局所辖站、段、厂,兴办集体所有制厂、队 21 个,安置在乡知识青年 1 201 人就业。

(第二十二编第一章《劳动就业》,第 1103—1104 页)

《衡阳市志·人口志》

衡阳市计划生育委员会编,(内部刊行)1993 年

1976—1978 年,落户到郊区的城市知识青年有 4 000 人。

(市郊区人口志第一章《人口变动》,第 459 页)

《江东区志》

衡阳市江东区地方志编纂委员会编，黄山书社 1999 年

（1969 年）1 月，一批知识青年上山下乡，"接受贫下中农再教育"。（《大事记》，第 32 页）

（1975 年）2 月 27 日，全区千余名知识青年"上山下乡"，万人欢送。

（《大事记》，第 35 页）

《衡阳市郊区志》

衡阳市郊区志编纂委员会编，湖南出版社 1997 年

（1968 年）10 月，一批城市知识青年到郊区插队落户，接受贫下中农再教育。

（《大事记》，第 18 页）

（1974 年）5 月 18 日，插队在新安公社（时属衡阳县）下乡知识青年卜慧珍，为救落水女青年献出生命，衡阳地区革委会作出《关于开展向下乡知识青年卜慧珍同志学习的决定》。

（《大事记》，第 21 页）

1978 年后，随着各项政策的落实，先后有知识青年、干部、职工 4 000 人迁出农村，返回城市。 （第二篇第一章《人口变动》，第 72 页）

上山下乡知识青年的安置 1955 年，城市知识青年 196 人下到金叶乡、高沙乡垦荒。1956 年，7 个老工人带领 84 名知识青年创办白渔潭果木园艺场。从 1966—1972 年，衡郊共接收上山下乡知识青年 961 人。分别安置在 6 个农、林、茶、渔场和各个公社。1973 年，由知识青年的家长所在单位与区内各公社、农林场挂钩，共安置知青 759 人。1974—1975 年，由知青家长单位负责，与区内部分生产大队协商建立知青点，或在农林茶场集中安置共 2 472 人。1978 年，城市不再动员知青上山下乡，并将招工重点转向下乡知青，衡郊的下乡知青被招工的 807 人，征兵 232 人，招生 51 人，招干 1 人。1979 年，上山下乡知识青年，改为城乡两方面统筹安排。至 1980 年，衡郊除安置在农、林、茶、渔场、社办企业或与当地农民结婚而留在农村的 300 多人外，其余通过招工、招生、征兵、招干等渠道，均分期分批全部收回城市安置。

（第十六篇第一章《劳动人事》，第 411 页）

《衡阳县志》

衡阳县志编纂委员会办公室编,黄山书社 1994 年

(1969 年)1 月,接收衡阳市首批上山下乡知识青年 9 000 余名。 (《大事记》,第 35 页)

1963 年起,县劳动部门根据用人计划,在城镇招收待业青年、复员退伍军人和少数农村青年。1969 年起,增招城镇下乡知识青年和一定数量的农村回乡知识青年。1970—1973年,全县大办"五小"工业,每年从农民中招收工人都在 800 人左右。1976 年以后,招工对象仅限于下乡知识青年、城乡退伍军人和待业青年。1986 年改革招工制度,实行面向社会公开招收城镇待业青年。 (第十八篇第二章《工人》,第 426 页)

《衡南县志》

湖南省衡南县志编纂委员会编,中国社会出版社 1992 年

(1965 年)5 月 25 日,中共衡南县委安置知识青年上山下乡领导小组办公室成立。全县开始接收安置长沙、衡阳等市下放知识青年。 (《大事记》,第 40 页)

(1973 年)11 月 29 日,县委召开上山下乡知识青年积极分子代表会议,要求他们扎根农村,虚心接受贫下中农再教育。 (《大事记》,第 43 页)

1973—1979 年,用于发展农林水气象事业,支援社队进行农田基本建设和"五小"企业技术改造,发展工、交、商事业,知识青年下乡安置和回城就业等项目,累计支出 3 288.81 万元,占同期财政支出的 44.35%。 (第十四篇第二章《财政支出》,第 322 页)

第四节 知识青年安置

1964 年,县成立知识青年安置机构,当年安置衡阳市城区下乡知识青年 314 名。1965年,下乡知识青年增加到 1 324 人,其中衡阳市城区 1 299 人,县内各城镇 25 人,一般寄住在亲友家。1968 年,毛泽东主席发出"知识青年到农村去,接受贫下中农再教育,很有必要"的号召,当年安置衡阳市和县内城镇下乡高、初中毕业生 1 150 人。之后几年,城镇下乡知识青年,累计达 16 064 人,分布在 50 个公社、10 个农林场(所)、1 206 个生产队。在此期间,全县建立知青农(林)场 265 个,建筑知青生活用房 693 栋,建筑面积 7.64 万平方米,国家和有关单位提供安置经费 651.3 万元。1969 年,在一面动员知识青年下乡的同时,一面招收下乡

多年的知识青年回城就业,当年,县劳动部门从下乡知识青年中招收 1 284 名为全民所有制工人,至 1975 年,先后安置 4 725 人。1976 年后,采取招工、顶职、补员、兴办集体企业和举办一次性安置知青场厂等办法,加快安置步伐,至 1980 年,共安置 11 252 人,余下 87 人亦在 1981 年作了妥善安置。（第二十六篇第一章《就业安置》,第 609 页）

《衡山县志》

衡山县县志编纂委员会主编,岳麓书社 1994 年

同月(1968 年 12 月),县城开会为 200 多名下农村的知识青年送行。(《大事记》,第 38 页)

从 1964 年至本年(1978 年),县先后收回安置原下放农村的城镇知识青年 3 861 人。

(《大事记》,第 42 页)

1963 年,成立上山下乡安置领导小组。"文化大革命"中,设"四个面向"(面向工厂,面向农村,面向基层,面向边疆)办公室,动员、安置 5 282 名知识青年上山下乡,其中县外 1 421 人。到 1979 年,上山下乡知识青年全部收回安排就业。

(第二十六篇第一章《就业　安置》,第 590 页)

《衡东县志》

衡东县志编纂委员会编,中国社会出版社 1992 年

1963 年成立上山下乡安置领导小组。"文化大革命"中衡东县革命委员会设立"四个面向"办公室,负责动员、安置城镇知识青年上山下乡工作,分三次动员 237 名城镇知识青年到农村插队落户。1963—1965 年、1969—1978 年,又先后动员 1 711 名城镇知识青年上山下乡,还接收安排长沙、衡阳、株洲等城市及其他城镇下放的知识青年 5 182 人。从 1979 年起,安置 1977 年以前下乡插队落户的知识青年和城镇居民回城镇就业。

(第十四编第三章《社会保障》,第 461 页)

《常宁县志》

常宁县志编纂委员会编,社会科学文献出版社 1993 年

是年(1969 年),城镇知识青年 2 402 人被下放到农村。　　(《大事记》,第 26 页)

从1984年，常宁县实行乡镇干部聘用制。采取组织推荐，自愿报名的办法，通过考试、考核，由用人单位从农村村组干部、复员退伍军人、乡镇不脱产的各种业务技术人员、农村"五大"毕业生、自费走读的大、中专毕业生、县农业广播电视学校毕业生、自学成才人员以及高中毕业回乡参加生产两年以上的优秀知识青年中选聘，报县人事局审批。

（第十九编第一章《人事》，第411页）

城镇下放知识青年安置

1964年，县内开始采取分散插队落户或安排到国营或集体农、林、茶场集中建立知青场等形式，动员城镇知识青年上山下乡，至1966年底，全县共下放城镇知识青年227人。1967—1968年共下放275人。1969年初，根据湖南省革命委员会上山下乡座谈会议精神，全县共下放干部、教师、知识青年、居民计5320人，其中城镇知识青年2523人。至1977年，全县共下放知识青年8275人；同时，下放城镇居民2489人。县革命委员会先后下拨资金400多万元、木材5000立方米、南竹7000根，修建房屋253栋、1280间、26777平方米。

1978年初，经过逐年招工、招干、参军和返城安置后，在农村的城镇知识青年还有3498人。其中国营农、林场475人，社队农、林、茶场2460人，插队落户563人。他们中参加基层领导班子325人，担任民办教师的522人。同年，按照中共中央、国务院和省、地委指示，不再动员城镇知识青年上山下乡，并采取多种渠道，有计划地、积极稳妥地逐步安排他们从事有固定工资收入的工作。当年3月，收回下乡知识青年安排工作1747人，其中安排在县属单位750人，省、地属厂矿94人。年底又安排870人。1979年初，全县在乡城知识青年和落实政策转为下放知识青年的共1530人，年底收回安排1410人。对已婚插队落户知识青年安排35户到国营农、林、牧场落户，参加工作。

（第十九编第二章《劳动》，第418页）

《祁阳县志》

《祁阳县志》编纂委员会编，社会科学文献出版社1993年

上山下乡知识青年安置

祁阳县知识青年上山下乡是1965年开始的。首批上山下乡知识青年524名，分配在文明铺公社192名，凼桥农场193名，白水园艺种植场55名，胜利公社84名。

1968年12月，毛泽东发出"知识青年到农村去，接受贫下中农再教育，很有必要"的号召以后，接着县革命委员会成立"四个面向办公室"（以后改名"知识青年上山下乡领导小组"），办理知识青年下放工作，兼办居民下放工作。1968年，动员知识青年上山下乡达1053

人，1969年达2564人。到1973年，知识青年上山下乡共9691名。政府给上山下乡青年每人发安置费220元。

自1973年起，陆续安排上山下乡知识青年就业，至1979年7月止，共安排就业或升学的9441人。其中招为全民工4534名，集体工3483名，升学610人，应征入伍245人，安置乡镇企业169人，自谋职业397人，在农村结婚安家的3人。中共十一届三中全会以后，祁阳对尚未安置好的上山下乡知识青年都作了妥善安置。

（第十六编第二章《劳动》，第403页）

《祁阳县志（1978—2004）》

祁阳县志编纂委员会编，湖南人民出版社2006年

"文革"时期，革委会动员城镇初、高中毕业生及城镇待业青年上山下乡。1978年2月，中央决定收回下乡知识青年，安置城镇待业人员。祁阳县劳动部门严格按照政策，采取"统筹兼顾，全面安排"的方针进行安置。1978—1980年，全县有应安置的城镇待业青年5739人，实际安置就业2766人，主要安排在全民所有制单位。以后几年，由于招工指标的限制，每年安置的待业青年数有所下降。

（第十八篇第一章《劳动》，第371页）

《祁东县志》

祁东县志编纂委员会编纂，中国文史出版社1992年

知识青年安置

1964年开始在全县动员城镇知识青年上山下乡，当年有3人到农村投亲靠友。1965年8月成立祁东县知青安置办公室，负责城镇知识青年下放安置工作。当年12月至翌年元月，动员213名城镇知识青年分别到四明山林场和丁字、鸟江、长安、三星、砖塘5个人民公社插队落户。1967年知识青年上山下乡停止。

1968年8月，毛泽东主席发出"知识青年到农村去，接受贫下中农再教育"的号召。祁东县知青安置办公室改名为四个面向办公室（1972年10月又更名为中共祁东县委知识青年上山下乡领导小组办公室），在全县大规模动员城镇知识青年上山下乡，当年全县共下放知识青年1273人，均分散落户。自此以后，城镇知识青年逐年都有下放，除病残等特殊情况外，很少有留城的。至1977年止，全县共计下放知识青年6838人，其中属本县的4945人，外省外县1893人。为做好城镇知识青年的安置管理工作，全县共配备知识青年专干15人，带队干部13人。

历年中城镇知识青年上山下乡的去向是：到农场、苗圃、四明山林场、五七干校等地

落户的 958 人;下到"知识青年点"的 3 895 人;下到"知识青年小组"的 1 278 人;插队和回原籍落户的 707 人。他们分布在全县 11 个区,85 个人民公社,284 个生产大队,1 950 个生产队。

1978 年 10 月,根据国务院"关于县以下城镇青年不再列入上山下乡范围"的规定,上山下乡知识青年逐渐收回城镇,统筹安置。到 1980 年底,基本收回安置完毕。其中转为国家干部的 8 人,考取高等院校、中等专业学校的 625 人(其中高等院校 284 人,中等专业学校 341 人),参加中国人民解放军的 444 人,进入全民或集体所有制企业的 5 408 人,因婚嫁、招工外迁的 140 人,因病收回未安排工作的 213 人。

(第二十编第一章《劳动》,第 344 页)

《零陵地区志》

零陵地区地方志编纂委员会编,湖南人民出版社 2001 年版

是年(1962 年),省地开始组织长沙、衡阳、冷水滩等城镇知识青年上山下乡,江永为全省知青下乡重点县,至 1966 年共安插知青 3 000 余人。1965 年 8 月,该县主管知青下乡工作的副书记出席了国务院在北京召开的知青安置工作座谈会。全区先后安插城镇下乡知青 3 万多人。"文化大革命"结束后,绝大多数知青返城就业。

(《大事记》,第 35 页)

1963 年,全区开始动员城镇应届初、高中毕业生及待业青年上山下乡。1978 年 2 月,中共中央决定,安置城镇待业人员,不再把上山下乡作为主要途径而转向城镇内部消化,有条件的城镇不再动员下乡。1979 年,全区各级政府采取"统筹兼顾,全面安排"的方针,安置22 138人,其中返城知识青年 11 171 人。1980 年,根据中共中央"在国家统筹规划指导下,实行劳动部门介绍就业,自愿组织起来就业和自谋职业"的就业方针,全区出现国家、集体、个人三结合的就业格局,全年安置待业青年 10 360 人,占待业人数的58.1%。1983 年,全区设知识青年一次性安置点 12 个,安置"知青"500 名。

(第十编第一章《劳动》,第 407 页)

第五节　知识青年上山下乡
一、动员下放

1963 年春,长沙、衡阳两市知识青年首批 769 人下放到江永。是年 10 月,专区上山下乡劳动安置领导小组成立,正式动员和组织知识青年上山下乡,当年全区共动员安置城市知青 1 690 人下乡插场插队劳动。

1964 年 1 月,中共中央、国务院发布《关于动员和组织城市知识青年参加农村社会主义

建设的决定(草稿)》,区、县成立了专门机构,采取上下结合、城乡结合、广泛动员的办法,选择群众基础、自然条件好的场地安置知青。全区除接收安置长沙知青3 459人(江永县3 159人,零陵县300人)外,动员区内城镇知青2 001人下乡(其中分散插队780人,集体插队888人,插农、林场333人)。至1965年,全区共接收安置长沙知青4 976人,安置区内知青5 148人。1966年"文化大革命"开始至1968年夏,上山下乡工作处于停滞状态。

1968年4月,中共中央、国务院在黑龙江省革命委员会《关于大专院校毕业生分配报告》上批示,要求按照"面向农村、面向边疆、面向工矿、面向基层"的原则安排大中专毕业生后,9月2日,地区上山下乡知识青年返社返场服务总站与地区大专院校毕业生分配办公室合并,成立零陵地区驻军支左领导小组四个面向办公室。同年12月,毛泽东主席发出"知识青年到农村去,接受贫下中农的再教育很有必要"的指示,区内进行大规模动员,对城镇高初中毕业生实行"四个面向"分配,以上山下乡为主,除升学、病残、未满16周岁和独生子女外,一律上山下乡。上山下乡掀起高潮,成为一种政治教育运动。

1969年3月,区内对已安置的知青进行调整。江永县桃川、凤亭,零陵县前进公社、何家坪4个国营农场1 552人全部调出到社队落户。对全区28个集体农场中的知青1 522人采取两种办法:对耕地面积多,各方面条件较好,有发展前途的18个农场763人采取"掺沙子"的办法下放给公社继续办;对田少人多,生产条件差的10个农场759人采取部分调出和全部调出插队落户。

1973年,区内对城镇应届高初中毕业生的分配采取区别对待政策,华侨子女原则上不动员下乡,烈属、老红军、高级民主人士子女可不动员下乡或暂缓下乡,对多子女大部分已下乡可留一个在城镇不再动员。1974年6月12日,《人民日报》报道株洲市"厂社挂钩"集体安置下乡知识青年的经验后,区内各县采取厂社、镇社、战线单位与社队挂钩的办法,由下乡知青单位与安置的生产队联系,建立知青点或者由农、林场集中安置,建立农、林、工、副基地,自负盈亏。是年全区动员下乡知青2 074人,除回老家落户的外,其余1 819人安置在51个社队和10余个农、林场。1975年继续采取株洲模式,全区动员下乡知青4 517人,建知青点337个,知青点由带队干部与贫下中农共同参与管理。1976年,全区动员下乡知青3 362人,除插队31人,回原籍66人外,其余3 265人均安排在国营、集体农林场。是年,全区下乡知青招工1 869人,参军71人,上大学68人,病退回城84人,迁往外省123人,年末统计,在乡知青13 756人。

1978年,国家对城镇知识青年的安置有较大的变化,不再把上山下乡作为安置城镇知青的主要途径,转为城镇内部消化。当年全区下乡知青仅323人,安置在集体所有场208人,国营农、林场98人,单位自办场17人。

自1963年以来,全区动员、安置上山下乡知识青年30 277人,实际安置29 917人,其中国营农、林、茶场4 733人,集体农、林场13 140人,知识青年小组359人,分散插队10 272人,回原籍落户450人,五·七干校农场954人,其他9人。

二、教 育 管 理

1963年安置下放知识青年伊始,地、县均成立安置办公室,具体负责对下放知青的安置和教育管理工作。凡有接收安置下放知青任务的公社、农林场和生产大队,相应建立"知青再教育领导小组",并确定1名党委副书记、大队副支书专管或兼管,组织有觉悟、有生产经验的农民以师带徒,对知青进行传、帮、带,妥善安排其生产、生活和学习;认真贯彻落实国家安置知青的各项政策,及时地按标准将国家补助的经费和物资下发知青,帮助他们解决生产生活上的困难,做到住房、农具、烧柴、自留地的落实;并对破坏上山下乡的犯罪分子进行打击,保护知青的正常劳动和生活。

1964年下放零陵县前进公社的知青,在长达10余里的不毛之地开荒造地造田两千多亩,种植水稻、柑桔、茶叶,为80年代初与澳大利亚合作建设零陵地区柑桔示范场项目打下了基础。1965—1976年,江永回龙圩农场向阳生产队37名长沙知青,除参加生产队集体劳动外,自建房屋459平方米,开垦水田100亩、旱地70亩,年均产粮1.6万公斤。江永高泽源林场长沙知青2 817人,在都庞岭上披荆斩棘造林16.2万亩,人均57.5亩;创办水电站1座、木材加工厂17个。下放江永的长沙知青杨立群、李劲、赵耘芬成为全省下放知青先进典型,1966年,杨立群曾出席北京国庆典礼。1978年末,在乡下放知青11 656人中,有共产党员91人,共青团员4 229人,参加区、社领导班子114人,县级班子3人,担任民办教师326人,赤脚医生302人,农业技术员369人,农机手140人,理论辅导员613人,获得县级先进积极分子荣誉的305人。

三、回 城 安 置

1978年国家对城镇应届高、初中毕业生和待业的知识青年,不再把上山下乡作为安置的主要手段,对有条件解决就业的城镇不再动员下乡,转为在城镇内部消化,是年全区只下乡323人。

1979年境内各级政府采取"统筹兼顾、全面安排"的方针,在发展生产的基础上,广开就业门路,采取多渠道、有计划有步骤、积极稳妥的办法,对1979年末在乡知青11 567人进行了统筹安排:全民和集体所有制单位招工补员3 711人,全民带集体企业单位安排2 240人,升学参军185人,发展街道和社办企业安排1 399人,国营农林场安置37人,江永、蓝山、永州镇举办独立核算的农工商联合企业安排50人,病困回城3 349人(其中已安排工作的2 162人,占病困回城知青的64.5%),396人因与当地农民结婚,拨给一定经费和木材作为农村安家落户,历时17年的城镇知识青年上山下乡运动到此结束。

(第十编第一章《劳动》,第421—423页)

1970—1977年,全区共吸收录用干部1 870人,其中工人188人,贫下中农683人,上山下乡知识青年577人,复员退伍军人81人,接收集体所有制转全民所有制干部91人,其他人员250人。

(第十二编第二章《人事》,第427—428页)

<h3 align="center">零陵地区 1949—1995 年录用国家干部统计表</h3>

年份	录用总数	录用对象									
		工人营业员	农民	知识(五大毕业生)青年	复员退伍军人	集体制职工	乡镇聘用干部	乡镇企业负责人	临时雇用计划生育专干	其他
1949	2 405									
1951	3 600									
1963—1965	976	351	625							
1966—1971	1 794	182	1 086	127	325	45				29
1972	394	1		356		37				
1974	80	57	5	7		11				
1975	140	25	8	48	8	30				21
1976	277	31	136	82		6				22
1977	695	3	387	51	48	6				200
1978	571	35	81	34		9				412
1979	974	96	369	509						
1980	3 279	169	1 163		12	23				1 912
1981										
1982	544	75		250		19				208
1983	650	504	101			45				
1984	690			529						151
1985	801	337		349		32				83
1987	592	220	168	52		32				119
1988	613	280	133	167		33				
1989	553	257	175	74		36				11
1990	378	115		38			110	6	80	29
1991	503						344	6		153
1992	510	195		4			260	6		45
1993	1 091	180	103				124	6		678
1994	690	125	105				275	10		175
1995	1 124	135	97				248	20		624

（第十编第二章《人事》,第 428—429 页）

《零陵地区志·人事志》

零陵地区人事局编,（内部刊行)1995 年

1970—1977 年,全区吸收录用干部 1 870 人,其中工人 188 人,贫下中农 683 人,上山下

乡知识青年 577 人。复员退伍军人 81 人和其他人员 250 人，接收集体所有制干部转全民所有制 91 人。 （第二章第一节《干部来源·构成·分布》，第 33 页）

《零陵地区志·税务志》

《零陵地区志·税务志》编写组编，北京出版社 1994 年版

1979 年 3 月，对集中安置城市上山下乡知识青年而在农村专门为他们举办的独立核算的集体所有制场、队，不分原有和新办，一律自 1979 年 1 月份起至 1985 年底止，免予交纳工商所得税；凡以安置城市上山下乡知识青年为主而举办的农、工、林、牧、副、渔基地的独立核算单位，城市上山下乡知识青年占该基地人数 60％以上的，也按上项规定，在 1985 年底前免予交纳所得税；为了安排城市青年就业，在城镇新办的集体所有制企业，从投产经营的月份起，免征所得税一年，一年以后，如企业仍有困难，还可再酌情给予适当照顾。

  ……

1980 年 10 月，适当调整了城镇集体企业所得税。规定对新建的城镇集体企业和批准改行转产的企业以及安置知青新办的城镇集体企业，从 1980 年起，除生产烟、酒、糖、手表、鞭炮等高税率产品应纳税外，生产其他产品的企业，免征所得税二至三年；从 1980 年起，在三年内，对企业年终实现的利润超过 1979 年实现的利润部分，所得税减半计征；凡采用九级超额累进税率计征的，从 1980 年 1 月起，一律采用八级超额累进税率计征。 （第三章《所得税类》，第 96 页）

零陵地区 1959 年—1991 年
城镇街道企业、知青企业所得税征收统计表

单位:元

年　度	纳税户数	征收税额	年　度	纳税户数	征收税额	年　度	纳税户数	征收税额
1959 年		63 000	1970 年	7	1 000	1981 年	121	191 000
1960 年		401 000	1971 年	11	1 000	1982 年	118	184 000
1961 年		63 000	1972 年	58	65 000	1983 年	167	238 000
1962 年		29 000	1973 年	114	43 000	1984 年	107	263 000
1963 年			1974 年	119	81 000	1985 年	170	84 000
1964 年		16 000	1975 年	127	135 000	1986 年	189	161 000
1965 年			1976 年	138	355 000	1987 年	281	474 000
1966 年			1977 年	141	158 000	1988 年	102	141 000
1967 年			1978 年	113	366 000	1989 年	98	368 000
1968 年			1979 年	158	330 000	1990 年	66	374 000
1969 年	13	3 000	1980 年	114	219 000	1991 年	62	486 000

（第三章《所得税类》，第 97 页）

《零陵地区志·计划志》

零陵地区计划志编纂办公室编,(内部刊行)1994年

在各个不同时期,地委、行署还决定成立一些非常设机构,归口地区计划委员会管理。它们是……零陵地委知识青年四个面向办公室、地区农业区划办公室、零陵地区规划办公室、机械化办公室等。 （第一篇第一章《计划机构》,第28页）

《零陵地区志·物资志》

零陵地区地方志编委会编,(内部刊行)1998年

零陵地区金属回收公司成立于1977年8月,属专营废金属的物资企业。……1978年12月以全民带集体从上山下乡知识青年中招收27名集体工,创办加工厂,进行废钢铁挑选加工。 （第一章《机构队伍》,第24页）

《零陵地区志·乡镇企业志》

零陵地区乡镇企业经济委员会编,(内部刊行)1994年

1968年开始,全区按照"在职干部职工也应分期分批下放劳动"和"知识青年到农村去安家落户"的规定,许多干部、知识青年到农村,帮助社队发展企业,有的成为社队企业的骨干。 （《概述》,第3页）

1966年后,社队企业劳动力根据各生产队人田比例从所在公社范围内抽调,同时照顾一部分干部家属、困难户、军烈属以及安排一些从城镇来农村插队的知识青年。

（第三篇第三章《专项管理》,第154页）

《零陵地区志·妇女志》

湖南省妇联零陵地区办事处编,(内部刊行)1995年

城镇女知识青年和男青年一道响应中共党的号召上山下乡,参加农村社会主义建设,走与工农相结合的道路。12月止,全区下农村的女知青6 042人,占知青总数12 431人的48.6%。 （第四章《妇女教育》,第157页）

《零陵地区志·福田茶场志》

零陵地区福田茶场志编纂委员会编,（内部刊行）1993年

1976年,场内第一次招收33名全民工（其中下放知识青年16名）,安排担任中队事务长、会计、打字员、拖拉机和汽车驾驶员等工作。　　　　　　　　（第六章《管理》,第103页）

1972年,省知青办批准福田五·七干校为下放知青点。1973年末,干校撤离,农场重办,有80余名知青留场。1974年—1979年,接收省民政厅、衡阳医学专科学校、零陵地区知青办等单位的下放知识青年。大部分安排在农机厂、茶厂,部分人安排从事财会、事务长、医务助理、代课教师、拖拉机和汽车驾驶员工作。每月发给生活费29.5元,享受公费医疗和同工种劳保待遇。1976年,从知青中招工16人。其余人员,或招工、抵职回城,或升学,或应征入伍。　　　　　　　　　　　　　　　　（第六章《管理》,第106—107页）

1972年,省知识青年上山下乡办公室确定福田五·七干校为安置下放知青点。3月开始接收长沙市下放知识青年,至年底,有1 000余人进校劳动锻炼。1973年10月,福田五·七干校迁移时,大部分知识青年分批回城或被异地安置处理,有80余人留场安置。
　　　　　　　　　　　　　　　　　　　　　　　　　　　（《附录》,第128页）

《零陵县志》

湖南省永州、冷水滩市地方志联合编纂委员会编,中国社会出版社1992年

知青就业

1964年,首次组织芝城镇、冷水滩镇及来自长沙等地的知识青年1 017人到农村插队落户,长期从事农业生产。此后,至1973年,下放4 800人;1974—1976年,又下放4 600人。"文化大革命"结束后,1978年,按中共中央部署,停止知青下放工作,对已在农村插队落户的知青,统筹安排,通过回城、招工、升学、参军、招干等途径,重新予以安置。80年代以来,待业知识青年逐渐增多,1980—1984年,县劳动服务公司平均每年安置1 600余人,介绍输出临时工3 000人。　　　　　　　　　　　　（第十篇第二章《劳动》,第213页）

《新田县志》

新田县志编纂委员会编,新华出版社1995年

（1969年）1月,"四个面向"（面向基层、面向农村、面向工厂、面向边疆）办公室,陆续下

放知识青年 1 278 名(含长沙下放到新田干部 300 名)到农村插队落户,接受贫、下中农再教育。同时下放城镇居民 774 户 1 889 人,至 1978 年均陆续回城。　　　（《大事记》,第 23 页）

1968 年下半年,县成立"四个面向"办公室,对城镇待业青年进行面向农村,面向边疆,面向工厂,面向基层的教育。1969—1978 年,通过办茶场,下农村插队落户等途径,全县下放知识青年 1 278 人。1979 年停止下放,当年在农村的下放知青尚有 439 人。此后,通过招工、招干、大、中专招生、应征入伍等途径,逐步安置。(第二十一篇第二章《劳动》,第 372 页)

1981 年,将原系下放知识青年的 51 名退伍军人,除 1 名患精神病送医院治疗外,其余 50 名均分配到各单位工作。　　　（第二十四篇第一章《优抚　安置》,第 415 页）

《新田县志(1978—2003)》

新田县志编纂委员会主编,湖南人民出版社 2008 年

(1978 年)2 月 26 日,新田县 16 个先进集体,38 名先进个人出席零陵地区青少年、上山下乡青年"四学"(学文化、学知识、学技术、学业务)积极分子代表大会,新田县农田基本建设专业队团支部、千山茶场团支部作大会典型发言。　　　（《大事记》,第 7 页）

《宁远县志》

湖南省宁远县地方志编纂委员会编,社会科学文献出版社 1993 年

(1968 年)12 月,县革命委员会成立"四个面向"(面向边疆、面向基层、面向工矿、面向农村)办公室,安排知识青年上山下乡,插队落户。至 1980 年止,先后 9 批,共下放 1 932 人,全部予以安置。　　　（《大事记》,第 26 页）

1952 年全县非农业人口为 8 517 人。1979 年增加到 20 922 人,年均增加 460 人。随着城镇人口的增长,待业人员也随之增多。自 1964 年 11 月开始,采取知识青年"上山下乡"的办法缓和就业矛盾。到 1978 年 3 月止,先后 9 批下放知识青年 1 773 人(含接收外地知青 58 人)。1964—1968 年又下放城镇居民 2 653 人。1978 年开始,下放的城镇知识青年回城,回城以后都成为待业人员。1979 年起,下放的城镇居民收回城镇,大部分成为待业人员。对回城的知青和居民待业人员,通过招工、招干、考试升学及其它途径,至 1983 年止,共安置 1 932 人(其中居民 159 人)。对不符合招工、招干条件的回城居民,也按照政策因人制宜地作了适当安排。　　　（第九篇第三章《劳动就业》,第 177 页）

《蓝山县志》

蓝山县志编纂委员会编，中国社会出版社 1995 年

(1970 年)3 月 17 日，县革命委员会成立知识青年上山下乡领导小组办公室，先后动员 1 682 名城镇知识青年上山下乡插队落户。 （《大事记》，第 25 页）

(1979 年)9 月，县收回"文化大革命"期间上山下乡知识青年，另行安置。

（《大事记》，第 28 页）

同年(1971 年)，开始招收城镇上山下乡知识青年进入企事业单位工作，招收教师 230 人，职工 949 人（输送外地 283 人，县内全民单位 497 人，集体企业 24 人，亦工亦农 145 人），全县职工总数达 4 243 人。1978 年起，主要招用城镇待业青年，优先安排上山下乡知识青年。1963—1978 年，全县先后上山下乡知识青年 1 682 人，其中插队落户 615 人，社队农林场落户 884 人，国营农林场落户 97 人，"五七"干校落户 61 人，回原籍落户 25 人；收回累计安置1 596人。其中招干 28 人，招工 1 280 人，升学 204 人，参军 84 人。至此，98％的下放知青得到安置。 （第六篇第一章《劳动》，第 166 页）

1982 年，在县制鞋厂、针织厂一次性安置待业人员 172 人，并将上山下乡知青补助费改为支持城镇集体和个体经济安置待业青年周转金和就业训练补助费。1985 年，与广东英德华侨茶场合办湘粤华侨饮料公司，安置待业青年 106 名。当年，培训待业知青 1 502 名。同时，向广东输送待业青年和社会青年 950 名。1986 年 5 月，新建舜青商场大楼 1 栋，14 次，录用城镇待业知青 176 名，"社来社去"大中专院校毕业生 102 名，分配到公社和县直单位工作。1983 年，在以工代干人员中进行文化测试和思想作风、生活作风考察，然后张榜公布，为 205 名符合转干条件的以工代干人员办理转干手续。1986 年，在村干部、乡镇不脱产的各种专业技术人员、复员退伍军人、农村"五大"生（电大、函大、夜大、业大、职大）、高中毕业回农村参加生产两年以上知青中公开招干，录用 28 名。1987 年开始从农村聘用合同制乡镇干部，期限 3 年。迄至 1990 年，共聘用 133 名。 （第六篇第一章《人事》，第 169—170 页）

1959 年，县始设收容所于城东锦鸡岩附近，1962 年正式启用，至 1966 年共收容外流人员 1 311 人。其中有因天灾人祸、生活困难或不安心农业生产的 1 221 人，不安心本职工作职工 27 人，不愿上山下乡知识青年 54 人，顽劣儿童 9 人。经过审查，送回原籍安置 1 271 人，送农场劳动教养 25 人，交公安机关查处 15 人。1967—1976 年"文化大革命"期间，外流人员增多，收容外流人员 4 316 人，其中农民 3 867 人，职工 68 人，知识青年 159 人，顽劣儿

童 112 人,地、富、反、坏分子 42 人,解除劳改劳教者 33 人,其他 35 人。经过审查,送回原籍安置 4 127 人,送农场劳动教养 50 人,交公安机关查处 139 人。

(第七篇第三章《社会福利》,第 191 页)

1979 年起,随着改革、开放政策的逐步实施,县内上山下乡知识青年大批回城和对原小贩政策的落实,个体商业开始发展。1981 年,个体商业、饮食服务业突破百户。其中商业 77 户,饮食业 7 户,服务业 33 户,修理业 14 户。　(第十九篇第二章《经济成分》,第 430 页)

人物表

姓　名	性别	出生年月	职业或职务	何时出席何种会议	授予称号	授予单位
				……		
罗华成	男	1957.6	下放知青	1977 年出席省农业学大寨先进代表会议	省先进工作者	省革命委员会
王清秀	女	1955	下放知青	1977 年出席省农业学大寨先进代表会议	省先进工作者	省革命委员会
朱宣武	男	1952.5	回乡知青	1977 年出席省农业学大寨先进代表会议	省先进工作者	省革命委员会
				……		

(《人物》,第 713 页)

《江华瑶族自治县志》

湖南省江华瑶族自治县县志编纂委员会编,中国城市出版社 1994 年

同年(1969 年),知识青年"上山下乡",接受贫下中农再教育。1 100 名"知青"分别到码市、大路铺、白芒营、涛圩等区的生产队和知青点落户。1978 年大部分返城。

(《大事记》,第 28 页)

1956 年,县成立知识青年接待安置办公室,当年安置知识青年 131 人插队落户。"文化大革命"期间,号召城镇知识青年上山下乡,接受贫下中农再教育。1969 年,全县有 1 100 名知识青年,由干部带领在白牛山、邓家湾等地集体落户,办农场和茶场 6 个,伙食费用由政府按月支付。另有 174 人,直接插队落户住在社员家,与社员一样挣工分,参加分配,开始也由政府发给一定的伙食费。1970 年少部分"病退"回城。1973—1976 年下乡知识青年陆续被招入企事业单位工作,1979 年除个别外,全部返城,大部分安排了工作。

(第二十篇第三章《社会保障》,第 542 页)

《双牌县志》

《双牌县志》编纂委员会编，方志出版社 2008 年版

(1975 年)3 月 18 日，召开县内首次上山下乡、回乡知识青年积极分子代表大会。刘子云作《学好理论，扎根农村，为巩固无产阶级专政而斗争》的报告。　　　（《大事记》，第 24 页）

知识青年安置

1968 年 3 月，成立潇水林区管理局革命委员会生产指挥组安置办公室。11 月，建立潇水林区管理局知识青年上山下乡领导小组，开始安置知识青年上山下乡。12 月，更名为"潇水林区管理局革命委员会生产指挥组'四个面向'办公室"。是年，共接收安置衡阳市及其他地区知识青年 278 人，林管局知识青年、城镇居民 687 人，分别安置在 9 个公社，41 个大队 79 个生产队。分配安置经费 38 166 元，下拨木材指标 58 立方米。1968—1972 年，县内企事业单位职工及部分居民有 80 名子女到生产队插队落户。

1973 年，成立双牌县知识青年上山下乡领导小组办公室，对上山下乡知识青年的安置采取一部分安排到国营林场、茶场，一部分到农村插队落户，一部分集中安排到几个知青点。茶林公社联合大队林场安置 26 人，何家洞公社天光坳林场安置 11 人，江村公社光明大队农林场安置 17 人，县良种场安置 43 人。是年，知识青年中有 12 人被选入生产队领导班子，4 人被选送上大学和中等专业学校，9 人被聘请为民办教师，5 人为生产大队赤脚医生。

1978 年 7 月，对下放在农村的知识青年分期分批回收，安置城镇就业。县知青办公室和劳动部门，通过招工、顶补、入学、参军等渠道回收安置下放知识青年 124 人。1981 年，县知识青年上山下乡领导小组办公室与县劳动局合署办公，对外保留知青办公室。1983 年，上山下乡知识青年安置工作完成。　　　（第八篇第一章《劳动》，第 234—235 页）

《江永县志》

江永县志编纂委员会编，方志出版社 1995 年

(1973 年)12 月，县委召开首届上山下乡知识青年代表大会。　　　（《大事记》，第 29 页）

1961—1965 年，精简机构，干部、城镇知识青年上山下乡，迁入人口 16 036 人。尔后，下放知青参军和回城就学就业，又迁出人口 4 272 人。

（第三篇第一章《数量　分布　变迁》，第 95 页）

第二节　知识青年上山下乡　收回安置

一、动　员　下　放

1963年初,长沙、衡阳两市知识青年首批769人下放到江永。是年8月,成立县安置城市上山下乡知识青年领导小组,下设办公室,具体负责安置知青工作,并动员、组织城关、桃川两镇知识青年75人下放农村插队落户。至1966年6月,县内动员下放知青132人,接收长沙、衡阳知青3458人。1968年,毛泽东主席发出"知识青年到农村去,接受贫下中农再教育"的号召,全县再度掀起知青上山下乡热潮。是年10月,安置办改名"四个面向"办公室,管理知青下乡工作。至1972年底,县内421名知青下农村劳动,接收衡阳市知青88人、零陵地区知青933人,共计1442人。1973年,除病残、独生子女、华侨、港澳同胞和统战对象子女、多子女而身边只有一个子女的不再动员下放外,其余均动员下放到农村。当年县内183名知识青年下乡,接收零陵地区知青76人。1974年,采取"领导带头、层层发动、各级包干、负责到底"的办法,鼓励家长送子女务农,动员知识青年立志务农。1978年8月,知青下放停止。

1963—1978年8月,全县共动员县内知青上山下乡2591人,接收长沙市知青4173人、衡阳市知青142人、零陵地区知青1921人,共计8827人。其中分散插队落户或投亲靠友3071人,安置在国营农、林、渔场的4767人,安置在12个知青场(点)的989人。

二、教　育　管　理

1963年开始县安置办主管下放知青工作,各公社、农林场及大队相应建立"知青再教育领导小组",由1名副书记、副支书专管,组织老贫下中农以师带徒,对知青进行传、帮、带,妥善安排生产、生活和学习,做到住房、农具、烧柴、自留地四落实。1963—1968年,国家给知青下拨生活补助费、医药费、农具费等共计51万元,并对破坏上山下乡的犯罪分子进行打击,保护知青的正常劳动和生活。1974年起,下放知青实行集体插队,集中吃住,集体或分散劳动,统一管理。至1978年,全县拨专款399万元,办知青场(点)12个,修建房屋88栋、580间,配置大小型拖拉机12台,成立食堂274个,并派带队干部(教师)负责管理。知青下放第一年由国家每月人均供应大米19公斤,第二年参加所在社队(场)统一分配。

知青上山下乡,为建设社会主义新农村作出过贡献。1965—1976年,回龙圩农场向阳生产队37名长沙知青,除参加生产队集体劳动外,自建房屋459平方米,开垦水田100亩、旱地70亩,年均产粮1.6万公斤,人均增收69.1元。1975年,五星公社(城下乡)曙光(宋村)知青场108人,种水田300亩,池塘养鱼30亩,养猪100头,年终人均收入300多元,高于当年全县人均社会总产值20%;井边公社杉木冲知青场150人,自办农场、林场、塑料厂、锯木厂和瓦厂,年总产值达93.2万元,人均产值6213元。高泽源林场长沙知青2817人,在荒山野岭造林16.2万亩,人均57.5亩;创办水电站1座、木材加工厂17个,年均产值67.8万元。女知青杨立群,年年出色完成生产任务,13次荣获省、地、县劳动模范称号,1966年出席北京国庆观礼，1971年加入中国共产党。到1978年底，全县上山下乡知识青年中，有2 784人加入中国共产主义青年团，占知青总数的31.54%；42人加入中国共产党，占0.48%；619人参加地区、县、社队领导班子，占7%；116人担任赤脚医生、民办教师，占1.31%。

三、收 回 安 置

1963年，从上山下乡知青中征兵，当年参军3人。1965年，开始从知青中招工、招干，是年招收74人。1973年，从知青中招生，是年招收86人。1963—1979年，知青参军169人；入大中专学校学习357人；招收全民固定工2 351人，其中招干619人；集体工2 202人；转点外县373人，返回原城镇安置3 373人。

江永县1963—1979年知识青年下放接收和安置去向情况表　　　　　　单位：人

年份	下放接收					安置				返城	转外县	死亡
	人数	其中				招工(干)		招生	参军			
		江永	长沙	衡阳	零陵	全民	集体					
1963	844	75	715	54					3			
1964	3 198	83	3 115						4			
1965	343		343			74			7			
1966	49	49										
1968	86	86							10			
1969	1 066	113			933				28			
1970	157	69		88								
1972	133	133				30			33			
1973	259	183			76			86	12			
1974	630	244			386	209		29	17			
1975	1 068	542			526	480		50	16			
1976	400	400				82		41	10			1
1977	450	450				57		51	14			1
1978	144	144				246	280	100	15	627	373	
1979						1 173	1 922			2 746		
合计	8 827	2 591	4 173	142	1 921	2 351	2 202	357	169	3 373	373	2

（第二十二篇第一章《劳动》，第482—484页）

义国良(1954—1977)，出生于江永县上江圩乡甘益村的一个农民家庭，从小立志学雷锋，做一个有益于人民的人。他在日记中写道："为共产主义事业，为祖国和人类的和平幸福死去，这将是我最光荣的一天。"

1975年，义国良高中毕业回乡参加农业生产，劳动中他总是吃苦在前，抢重活干。1976

年冬,大队决定修建石拱桥,义国良第一个报名。在工地上,不论是挖土清基,还是放炮抬石,他总是抢着干。时间长了,他的手脚都冻开了坼,裂开一道道血口子。母亲心痛地劝说:"实在抵不住,就跟队长说声换换班吧。"他说:"不要紧的,我抵得住。"修桥的社员换了一批又一批,他却自始至终干到大桥落成。

1977年3月3日傍晚,村后山上的国营林场突然起火。义国良带头冲上后山,拼命扑打烈火,衣裤挂烂,手、脚、脸划破,头发烧焦,汗水流入伤口,就像刀割一样痛,他全然不顾,经过4小时紧张战斗,山火基本被扑灭。正当大家准备喘息的时候,义国良发现半山腰一股死灰复燃的烈焰越过防火线,重新施虐。他不顾一切地拼命扑向山腰,再次裹身于火海之中。当他竭尽全力扑打火苗时,一阵旋风卷着火苗向他袭来,他被严重烧伤,滚下山沟。人们在沟底找到义国良时,只见他体无完肤,奄奄一息,弥留之际,还在断断续续地问:"火⋯⋯打熄了⋯⋯没有?"3月5日,义国良经医院抢救无效而牺牲。

根据他生前的愿望,共青团江永县委追认他为共青团员。中共江永县委授予他"雷锋式青年"的光荣称号,并作出了"关于开展向义国良同志学习活动的决定",号召全县人民向义国良同志学习。

（第三十四篇第一章《传记》,第 777—778 页）

《道县志》

湖南省道县县志编纂委员会编,中国社会出版社 1994 年

(1969 年)1 月,长沙、衡阳一批知识青年下放来道县农村插队落户。同时动员道江镇565 户居民下到农村落户。

（《大事记》,第 33 页）

第六节　知识青年上山下乡及城镇居民下放

一、机　　构

1963 年,县委设立精简下放安置办公室,由县劳动局兼管。1964 年 7 月,成立县知识青年上山下乡领导小组安置办公室(简称安置办),负责知识青年上山下乡安置工作。1966年,中共中央发出《关于城镇中学毕业生实行面向农村、面向边疆、面向工厂、面向基层的通知》后,于 1968 年 12 月成立县革命委员会生产指挥组四个面向办公室,取代原县安置办的职能。1973 年 7 月,成立县知识青年上山下乡领导小组办公室(简称知青办),代行原四个面向办公室工作职能。1981 年,县委知青办与县劳动局合署办公,实行两块牌子,一套班子,原知青办改为县劳动就业领导小组办公室(简称县就业办),原知青办一切工作由县就业办承担,1983 年 12 月,县就业办被撤销。

二、动　员　对　象

1963 年,开始动员城镇闲散劳力、干部家属、毕业学生共 106 人下放农村劳动。1964 年

10月,开始动员城镇知识青年上山下乡。1969年,遵照湖南省革命委员会179号文件规定"今年上山下乡的主要对象是知识青年。闲散劳力、脱离劳动的城市居民,除老、弱、病、残者外,都可以下去。"全县当年下放1 658人(包括少数老、弱、病、残)。1973年,根据中共湖南省委45号文件规定,患有严重疾病不能参加农业生产劳动的、只有一个子女的、年龄未满16周岁的、个别家庭有特殊困难需要照顾的以及华侨学生,可以不动员下乡和暂缓下乡。1978年,中共湖南省委64号文件规定,对矿山、井下、森林采伐、野外勘探的职工子女和集体所有制的专业渔民子女,不动员上山下乡;县城以下(不含县城)集镇的知识青年,原则上不动员下乡。这年全县只下放71名知识青年。1979年,中共湖南省委30号文件规定,"从1979年起,我省县城小集镇,分布在农村的省、地属企事业单位和部队非农业户口的中学毕业生,均不动员下乡。"至此,全县下乡动员工作停止。

三、安置形式

自办农场 1963年下放40名城镇社会青年到寿雁区自办大塘湖农场。

集体插队 1964年10月,道江镇四个居民委员会知识青年184人,以居民委员会为单位分别安置到下蒋公社的大井、下蒋、土坝头、香花庙大队集体落户;长沙和衡阳的下乡知识青年,则分散安置到祥霖铺、新车等公社插队落户。

集体安排到国营农、林、渔场 1965年大坪铺国营农场安排上山下乡知识青年69人。

集体插队到公社、大队的农、林、茶场和自办知青点 1974年11月,安排到社、队、农、林、茶场和柑桔场143人;"五七"知青农场104人。

据1979年1月统计,全县有34个公社,233个大队,559个生产队,3个国营农林场,33个社队农、林、茶场,1个"五七"干校,历年接受上山下乡知识青年3 419人(含外地)和城镇居民的安置任务,其中有5个公社安置100人以上。

四、经费和建房

为了解决上山下乡知识青年和居民下放人员的生活、学习、生产等具体问题,1963年,县安置办规定了经费标准:1963年2月18日以前插场和集体插队安置人员,每个劳动力190元,其家属120元。1963年8—12月安置到国营农、林场的学生每人每年342元;城镇闲散劳力318元,带工资职工652元,其家属110元;集体插队508元;分散插队150元,家属100元。1964年以后插队的每人每年240元,到国营农、林场的210元(1973年后提高到465元),1964—1972年,对下乡知识青年实行定额补助,每人每月补助生活费15元,定期1年,1年后仍有困难的由县酌情补助。1974年,下乡知识青年经费开支标准为465元。1975年,到国营农、林场的每人每年安置费400元,除省里掌握15元外,其余358元由场包干使用;到集体农、林、茶场和插队落户的每人每年安置经费480元。全县15年内财政拨款149.4万元。

为解决下乡知识青年的住房问题,县革命委员会根据上级提出的"自筹、群帮、公助"原则,分期分批地给有关社、队、场一定数量的建房经费和专用木材指标。1973年,从下乡插队知青人平220元的安置经费中提取60—70元作为房屋修缮费。1975年,拨给安排知青的大队知青点 11.56 万元,木材指标 267.5 立方米,修房 154 间,面积 4 920 平方米。1973—1978 年,全县下乡知识青年(包括全家下放中的知识青年)共建房 63 栋、548 间、22 760 平方米。1974 年,为减轻下乡知识青年分散插队所在大队的负担,从每人下放经费 465 元中提取建房费 220 元,拨给所在的公社掌握使用,私人已建房的则由私人领取。自 1969 年起,县下乡知识青年陆续"三招"(招工、招生、参军)离队(场),到 1978 年底,全县下乡知识青年空余房屋 30 间 1 040 平方米。

五、收 回 安 置

1969 年,县四个面向办公室根据湖南省湘革发[1969]90 号文件《关于今年从城镇已下放农村的知青中招收部分人员当工人的通知》精神,结合道县具体情况,零陵地区在道县筹建棉纺厂,一次招收 60 人。此后,逐年安置一些上山下乡知识青年和下放居民中的知识青年就业,至 1979 年底,全县共收回安置上山下乡知识青年 2 884 人,其中,迁往外地城镇就业和因病退回城 461 人,招工 2 061 人,招生 271 人,参军 81 人,因病因公死亡 10 人。招工招生占上山下乡知识青年 3 419 人的 68.2%。除 43 人已结婚等原因在农村外,其余 492 人返城,1980 年后都得到妥善安置。

城镇居民下放 1 278 人,县民政局于 1979 年 7 月收回安置 401 户、1 151 人,在农村安家 24 户、127 人。

(第九篇第二章《劳动》,第 268—270 页)

《东安县志》

东安县志编纂委员会编,湖南出版社 1995 年

1959 年后,部分工业下马,工人回乡务农,城镇知识青年下放农村,非农业人口又逐年下降。1971 年非农业人口 19 341 人,仅占全县人口 4.6%。1972 年后,城镇下放人员陆续回城,非农业人口回升。1988 年非农业人口 41 653 人,占全县人口 7.7%。1990 年非农业人口 43 600 人,占全县人口 7.96%。　　　　　(卷三第一章《人口发展与分布》,第 105 页)

知识青年上山下乡领导小组办公室　1973 年设,1981 年撤。

(卷十七第一章《中国共产党东安县地方组织》,第 434 页)

《邵阳市志》

邵阳市地方志编纂委员会编,湖南人民出版社 1997 年

是月(1979 年 2 月),邵阳市城区 800 多名上山下乡知识青年陆续返城,得到安置。

(《大事记》,第 1 册第 171 页)

1963 年,境内开始城镇居民和知识青年上山下乡工作。1965 年末,境内全民职工比 1960 年减少 44%。

1966—1976 年的 10 年间,境内有近 48 000 名城镇居民和知识青年上山下乡;从农村招收 29 400 余名工人满足"三线"建设的需要;沿海和内地大城市成建制地调进一批技术骨干,职工队伍增加很快。1976 年末,境内全民职工比 1965 年增长 76.5%,其中邵阳市区增长 135.9%。"三线"建设的发展,促进城市街道企业的发展;各企业纷纷办起"五·七"生产组织,安置一批人员就业。大批城镇青年"上山下乡",城镇就业难的矛盾出现暂时缓和状态。
（卷九第四篇《劳动管理·概述》,第 3 册第 694 页）

1968 年开始,为满足"三线"建设的需要,境内招收职工较多。国家下达招工计划时,规定招工来源为复员退伍军人（含农村复退军人）,贫下中农子弟,上山下乡满二年的知识青年,留城的上届高、初中毕业生,城镇社会闲散劳动力等 5 个方面。

1978 年,停止城镇知识青年上山下乡,境内尚有 13 000 名下乡青年等待返城安置。1979 年,中共邵阳地、市委为统筹解决上山下乡知识青年和城市待业人员的就业问题,实行"党委领导、战线负责、单位包干,统筹安排"的原则,由企业包干安置职工子弟。邵阳市提出:对招收上山下乡知识青年"思想要解放,行动要迅速,不搞政审,不搞体检,婚否不限,年龄放宽,集体办理,一次审批"。
（卷九第四篇第一章《劳动就业》,第 3 册第 701 页）

创办知识青年企业

1979 年起步的城镇知识青年企业（简称"知青场厂"）,开始主要是安置返回城镇的下乡知识青年。1980 年 8 月,国家提出"三结合"就业方针后,也安置城镇待业青年。集体企业,只要招收一定数量的返城知青和待业青年,便可呈报省劳动厅批准定点为"知青场厂",国家按原下乡知青补助费标准拨给企业补助费,无息借贷生产周转金重点扶持,享受国家减免税优待。西区童服厂、城西烟花材料厂、保宁化工厂、四公司综合厂、邵阳市毛纺厂、原邵阳市知青建筑公司（今建材建筑公司）,原高崇山知青农工商联合公司（1982 年改体）,都是主要或部分利用这种资金建立和发展起来的。

武冈县劳动服务公司于 1979 年 6 月,创建知青建筑队,以有泥、木技术专长的下乡知识青年为骨干,安置 56 人。1983 年,该建筑队配套发展成为拥有采料场、预制购件厂、制砖厂、机械修配厂和运输队,集建筑、建材、产供销、修配、安装为一体的综合性企业,共安置 690 多人。1983 年 8 月,武冈县劳动服务公司出席全国"发展集体和个体经济安置城镇待业青年就业"表彰大会,并在大会上作书面发言。

定点为"知青场厂"的企业,有劳动服务公司办的,有街道办的,也有主管局办的;有老企业,也有新建企业。到 1987 年,境内"知青场厂",不再作为容纳安置知青的场所,完成了"知青场厂"这一历史使命。

境内知青场厂 1979—1987 年基本情况

单位：厂场：个，人数：人，金额：万元

年　份	知青厂场个数	年末人数	其中当年安置青年数	生产经营总额	上交总税金	免交税金	实现利润
1979	1	56	56	48.00		0.14	1.20
1980	6	146	4	75.83	0.23	0.26	2.13
1981	12	663	182	165.87	0.47	1.56	2.79
1982	32	2 298	1 839	640.58	10.16	8.56	34.84
1983	53	3 352	1 085	909.78	14.38	21.90	37.90
1984	76	3 769	690	2 666.61	20.10	33.16	57.20
1985	63	3 853	526	1 991.91	80.81	39.91	89.18
1986	55	3 251	40	1 698.30	104.00	98.63	50.24
1987	45	2 726		2 053.62	132.95	8.94	128.63

（卷九第四篇第一章《劳动就业》，第 3 册第 710—711 页）

第四节　城市居民和知识青年上山下乡

一、下　乡

新中国成立后，境内共有 48 000 人上山下乡，国家财政开支 2 700 万元以上。其中邵阳市区共有 18 000 余人下到农村，国家财政开支 1 000 多万元。

青年志愿垦荒队　1955 年，毛泽东号召："一切可以到农村中去工作的这样的知识分子，应当高兴地到那里去。农村是一个广阔的天地，在那里是可以大有作为的。"1955 年 11 月下旬，邵阳市召开全市青年社会主义建设积极分子大会，颜运生、钱恩山、王菊英等 6 名（党员 4 名、团员 2 名）积极分子在大会上发出志愿垦荒倡议，广大青年踊跃响应，积极报名，是年 12 月，共有 284 名城市青年与邵东县的 120 名青年农民到城步的土桥建立"邵阳专区第一青年农庄"。

1956 年 3 月，共青团湖南省委和邵阳地委，从长沙市、邵阳市、邵东、新邵、武冈、隆回县等组织第二批青年志愿垦荒队员 1 379 人，建立 4 个青年集体农庄，即邵阳专区第二青年集体农庄（城步南山）、第三青年集体农庄（新宁九龙山）、隆回第一农庄、新化第一农庄。

这两批志愿垦荒队既有城市社会青年、学生，也有少数企业、事业及机关单位的青年职工。后来，由于农庄生产发展不够景气，生活也出现困难。1956 年 3 月，一下拥到城步南山的垦荒队员有 758 人（其中市区 320 人），均住到用竹子作架、茅草盖顶的临时棚屋里。南山气候多变，雨多风大，蚊子多，结果 90％的垦荒队员染上疾病，很多人不安心。当时流传着一首顺口溜："白天生产披蓑衣，晚上睡觉打雨伞，身上虱子有半升，手上血泡数不清"。垦荒队员激情逐步衰减。1956年7月8日，不得不进行缩编：土桥农庄留下201人（大多是城市青年），南山留下126人（农民占多数），新宁九龙山农庄和隆回、新化农庄撤销。原属城市户口的社会青年由省、地另行介绍工作。

1958年3月，全国开展知识青年上山下乡参加农业生产运动，邵阳市区第三次组织500人奔赴南山农场开荒。

农业社招收社员　1957年由邵阳市劳动科协助"中小学生升学就业指导办公室"，动员中、小学毕业生参加农业生产。由郊区15个农业高级社联合发出招收社员广告，到街道办事处招收。申请报名者共184人，批准70人。其中男51人，女19人。共补助1 308元。1958年开展"大跃进"运动后，这批人均返城工作。

城市人口上山下乡　60年代，境内城市人口下乡安置共历4次：1963年8月专署和邵阳市成立"城市人口下乡安置办公室"。当年境内共动员1 521人下乡。其中市区动员495人，内有精简下放职工48人，家属118人。去向是：集体插场154人，集体插队89人，分散插队252人。

1964年，境内城镇人口批准下乡和回乡者共2 412人。其中市区1 583人，去向是：到绥宁、城步、新宁、洞口、武冈等县插队的1 037人，到茶铺农校的135人，到市郊开荒的192人，回乡的183人。市区下乡人员中属于居民219人；属于知识青年1 364人，其中，男602人，女762人；工农子弟占40%，剥削阶级子弟占60%。

1965—1966年，境内共下乡3 510人。其中市区下乡1 012人，内有居民3人，其余均属"知识青年"。

1968—1969年，对高、初中毕业生开展"四个面向"（升学、上山下乡、支援边疆、城镇安排四个方面定向，下同）。在居民中，开展"我们也有两只手，不在城里吃闲饭"的活动，动员所谓脱离劳动的居民下乡。这两年，境内共下放12 797人。其中市区下放4 640人，内有知识青年3 234人，居民1 406人。到绥宁、城步、新宁、武冈、洞口、邵阳、隆回插队落户的2 794人，到邵阳市郊插队落户的233人，回原籍的1 640人。

1970—1977年，境内共动员城镇知识青年25 706人上山下乡。其中市区10 345人。到绥宁、城步、新宁、武冈、洞口、隆回、邵阳等县插队8 162人，到邵阳市郊（当时8个公社）插队122人，回原籍1 161人，1972年参加修建湘黔、枝柳铁路的814人，1974年去大圳灌区的86人。

二、返　　城

知识青年返城安置主要是通过直接从下乡知识青年中招工。1969年8月12日，邵阳地革委发出"今年从城镇下乡知识青年中选送部分人员当工人的意见"。选送的程序是：知青小组评选，贫下中农推荐，大队、公社革委逐级审查，县革委招工领导小组批准。到10月底止，专以上厂矿共从下乡知青中招工2 318人（含今娄底地区），其中男1 573人，女745人。出身劳动人民家庭的占97.5%；所谓"可以教育好的子女"占2.5%。1973年7月，贯彻中共中央《印发毛主席批复和李庆霖同志写给毛主席的信要认真学习的通知》以后,对一些病残和其他特殊原因不能继续在农村生产的,注意作返城落户处理。到1974年底境内返回城镇的1068人,其中市区520人,内有病退的394人,困退的126人(独生子女77人,父母身边无人40人,其他9人)。其后每年都有一批病、困下乡青年返城。

1978年底,境内仍下乡在农村的知识青年约13000人。其中市区有7200人。1979年,中共邵阳市委采取统筹安排的原则,指令市区各单位安排返城知青和留城待业人员11090人。1983年上半年,境内下乡知识青年基本上安置完毕。50年代的青年志愿垦荒队员尚在农村的57人(男34人,女23人),加上他们在农村生育的儿女94人,合计151人。经省劳动局批准,比照下乡知识青年待遇作返城落户处理。其后仍留在南山牧场的23名老垦荒队员,在他们办理退休手续时,照顾招收1名子女到县城工作。

(卷九第四篇第一章《劳动就业》第3册第712—714页)

1973年初,城镇下放知识青年和下放居民工作交由民政部门管理。1974年,邵阳行署从民政、公安、粮食、商业、轻工和知识青年上山下乡办公室抽调140多名干部组成联合调查组,逐县、逐社、逐队进行调查,至是年底,全区共计下放城镇居民9273户、34455人,分布在全区467个公社、3677个大队。 (卷十三第一篇第四章《救济与扶贫》,第4册第654页)

《邵阳市郊区志》

湖南省邵阳市郊区志编委会编著,中国文史出版社1996年

知识青年安置 1963年8月起,中共邵阳市委、市人民政府多次动员和组织年满16岁、能独立生活、未能升学或就业的城镇知识青年上山下乡,到农村落户。1963—1978年,境内各公社、大队共接收安置知识青年1393人,以分散插队落户为主,集体安置为辅。集体安置:江北共青团园艺场175人,鸡笼公社园艺场70人,城南园艺场40人,市园艺场29人,大坡岭茶场69人,市鱼苗场6人,合计389人,占安置总数的27.93%。对集体安置人员,按每人400元的标准由政府向接收单位拨给安置补助费,由接收单位给知识青年提供食宿及劳动场地,组织知识青年劳动,参加所在单位收益分配。分散插队落户:共计1004人,按每人250元的标准,由政府向接收大队或生产队拨给安置补助费,由队提供食宿方便,组织参加所在队的劳动与分配。1969年起,上山下乡知识青年陆续返城,到1982年有1281人被安排就业,其中由政府统筹安置622人,全民所有制企业招工51人,集体所有制企业招工485人,高考录取23人,参军37人,顶替补员57人,外地安置6人。其他自谋职业的112人。

(第三篇第五章《劳动管理》,第82页)

《冷水江市志》

冷水江市志编委会编,中国城市出版社 1994 年

(1963 年)冬,城镇知识青年开始上山下乡。 （《大事记》,第 13 页）

(1973 年)7 月上旬,市委召开知识青年上山下乡工作会议,传达贯彻中共中央(1973)21 号文件(即中央转发毛泽东同志给李庆霖的一封信),会后对各单位执行知识青年上山下乡政策情况进行检查落实,解决知青的住房及其他待遇问题。 （《大事记》,第 18 页）

1962—1969 年,由于市的建制撤销,加上城镇知识青年上山下乡,大批青年去新宁、茶陵等地插队落户,境内总人口骤减至 126 200 人,比 1949 年总人口少 500 多人。

（第二篇第一章《人口变化及分布》,第 71 页）

1970—1978 年,市内兴建金竹山电厂、利民煤矿、资江氮肥厂等一批大中型企业,需要大批职工,9 年,全市共招职工 1.99 万人,安置复员退伍军人 981 人,落实政策收回人员 315 人,安置下放知识青年 5 343 人。 （第十二篇第二章《劳动管理》,第 368 页）

《新邵县志》

新邵县志编纂委员会编,人民出版社 1994 年

(1964 年)11 月 5 日,县首批下乡上山知识青年 35 人,到岱山和龙山林场安家落户。

（《大事记》,第 19 页）

是月(1969 年 1 月),成立"县革委上山下乡支农指挥部"。动员城镇知识青年、居民等 4 530 人上山下乡落户。1975 年后陆续回城。 （《大事记》,第 21 页）

1977—1989 年,除陆续收回酿溪镇于"文革"期间下放农村落户的 93 户、281 名居民和 242 名知识青年到酿溪镇落户外,还有 746 户、2 349 人由农村户口转为城镇户口。

（第八篇第一章《公安》,第 154 页）

城镇知识青年上山下乡

50 年代,新邵县城镇知识青年少,经招工、招干均获得安置。

60 年代,城镇知识青年增多,实行上山下乡安置。1964 年 11 月 5 日,县人民委员会劳

动科组织知青 35 人到岱山林场和龙山林场安家落户。以后形成制度,安置地点扩大到园艺场、农科所和人民公社的部分大队、生产队。下乡知青在接收单位参加生产、分配。1967 年 3 月,成立中共新邵县委安置城市下乡青年领导小组,1968 年 9 月改为新邵县革命委员会四个面向(农村、边疆、工矿、基层)办公室,1973 年 11 月再改为中共新邵县委知识青年上山下乡工作领导小组,负责组织知青下放和管理教育。县对下放知青,给予一次性经济补助,回农村老家或集体场所落户的每人 480 元,到国营场所落户的每人 400 元,到生产队落户的每人 250 元。

　　1969 年始,在继续组织知识青年上山下乡的同时,陆续在下乡两年以上的知识青年中招工。1964—1977 年,全县累计下放知识青年 1 419 名,先后招收进厂当工人的 764 人,考入大学、中专 150 人,因病返迁城镇的 50 人。1978 年始,不再动员城镇知识青年上山下乡,对尚在乡的 455 名知青,由劳动部门与各单位共同负责,于 1985 年前全部收回城镇,安排适当工作。　　　　　　　　　　　　　　　　　　　　　　(第十篇第二章《工人》,第 184 页)

《涟源市志》

涟源市志编纂委员会编,湖南人民出版社 1998 年

　　(1963 年)冬,城镇知识青年开始上山下乡。　　　　　　　　　　(《大事记》,第 40 页)

　　1963 年 5 月,县人民委员会在桥头河镇举办下放城镇闲散人员到农村去务农的试点。此后,每年都要动员城镇知识青年上山下乡。至 1978 年,全县共下放 9 474 人去农村务农。1979 年,下放人员陆续返回城镇,加上历年部分留城知青和每年新增的城镇社会劳力,全县有 15 万多待业人员要求就业。针对上述问题,县革命委员会对安置返城知青举办的或以知青为主办的农、林、牧、副、渔知青场队和生产基地,实行不交税、不上交利润和不负担农产品统、派购任务的"三不"政策。1979—1982 年,先后确定桥头河保温杯厂、蓝田镇皱纹纸厂和瓷厂作为安置待业青年的基点,安置待业人员 555 人。县内 28 个国家部、省、地属单位中,有 12 个带办集体企业,共安排待业人员 1 745 人。　　(第十编第四章《劳动管理》,第 287 页)

《双峰县志》

双峰县志编纂委员会编,中国文史出版社 1993 年

　　是年(1964 年),首次动员城镇知识青年 120 名下放农村。　　　　(《大事记》,第 28 页)

　　知识青年上山下乡工作办公室　1968 年 11 月设立县"四个面向"办公室,1973 年 9 月

为县知识青年上山下乡工作办公室,1981年3月并入县劳动局。

(第十八编第二章《县人民政府》,第401页)

城镇知识青年安置

1961年,县内各厂矿企业事业单位压缩的职工中,中学以上文化程度的城镇青年工人1873人。次年,又精简235人回城镇待业,城镇知青安置问题便开始突出起来。

1963年,开始动员城镇户口、中学毕业、年满16周岁以上的男女知识青年到农村去劳动锻炼,接受贫下中农教育。1964年,县委成立安置城镇人员领导小组,首批动员下放知青120名,安置在耕地较多的单家、金城、十竹等人民公社的农、林、茶场所,也有少数在生产队落户。每人发放建房、生活费150元,参加所在场所、队的集体生产劳动与收益分配。1965年,下乡知青达676人,安置地点扩大到甘棠、茶冲、东华、朝阳等10多个人民公社。由于有些知青的生产收入不能自给,不适应艰苦的农村生活,1967年只下放21人,倒流城镇的竟达78人。1968年,双峰县革命委员会成立四个面向(即面向农村、边疆、工矿、基层)办公室,提出"我们都有一双手,不到城里吃闲饭"的口号,1968—1969年下放知青2129人。1971年,将四个面向办公室改为知识青年上山下乡领导小组办公室(简称"知青办"),并改变过去知青一律下放的做法,允许独生子女、病残知青留城,父母年老体弱的也可留一子女在城待业。同时,开始对下放两年以上的知青,经下放所在单位推荐,由县劳动部门招收分配到企事业单位工作。此后,每年均进行知青下放与招收安置工作,其下放安置费人均提高到465元。到1978年止,全县共下放知青6025人,安置在44个人民公社的328个生产队和5个国营农林场所,国家共计发给知青安置费184.85万元,拨给木材3072立方米。同期,得到招收安置的知青达4973人。至此,尚未回城的知青1052名(下乡10年以上的占40%)。

1979年起,不再动员知青上山下乡,并对尚未回城和留城、返城的知青分批招收安置。是年,安置737名到全民、集体所有制企业工作。1980年,除安排243名到国营、集体企事业单位就业外,还创办永丰电风扇厂、中心阁食堂等集体所有制企业,安置58名。1982年又创办县劳动服务公司综合服务部、城西旅社、朝晖日杂商店、县教育印刷厂等集体所有制企业,安置249名。至此,知青得到全部安置。此外,还对50名病残知青每人拨给一次性生活补助费565—1200元。

(第十九编第一章《工人》,第414页)

《邵东县志》

邵东县志编纂委员会编,中国城市出版社1993年

(1969年)11月,城镇知识青年上山下乡,"接受贫下中农再教育"。

(《大事记》,第20页)

1970年,根据企业发展的需要,从农村退伍军人、下乡知识青年和农村青年中招收工人。

(第十一篇第三章《劳动管理》,第282页)

第三节　知识青年安置

1964年起,开始动员城镇知识青年上山下乡。11月8日,县城两市镇首次动员48名知识青年下乡,安置于两市镇应山大队落户。1968年12月25日,邵东县"四个面向"办公室建立,管理城镇知识青年上山下乡工作。1969年,城镇知识青年上山下乡形成高潮。初、高中毕业的青年,父母在城镇工作,除留一名在父母身边外,其余采取动员,组织下乡。当年,县内下放知识青年332人,接收外地和县境内省地属厂矿下放者665人,均在公社插队落户,增加了农村负担,农民颇有意见。1971年,在下放知识青年中开始招工。

1972年起,改插队落户为集体下放。下放对象分别在县"五·七"干校、县农科所、分水坳园艺场、黄草坪林场、三都铺和天台山水库管理所落户,各场所派干部管理。1973年,推广株洲经验,实行厂社挂钩,在全县各有关社队建立427个知青点,安置知识青年945人。县属各战线固定下放点,由战线或人数较多的厂矿企业派干部驻场管理。至1978年,全县共下放城镇知识青年2691人,接收外地下放知青1393人,拨知识青年安置费145万元,木材1000立方米,社队知青点建房费17万元,工具费4.7万元,生活补助费14.5万元。1979年,停止城镇知识青年上山下乡。1981年始,对下放在农村的知识青年,分批回城,转为城镇商品粮户口。有的通过推荐、统考,进大专院校读书。招工当工人的,下放期间计算工龄。至1986年,所有下乡知识青年全部安置回城。　　(第十一篇第三章《劳动管理》,第283页)

《新宁县志》

新宁县县志编纂委员会编,湖南出版社1995年

(1963年)10月,县首次动员城镇知识青年"上山下乡",至1973年,共下放知识青年1692名,分别安排在22个公社、4个国营农、林场插队落户。　　(《大事记》,第40页)

1966年,"文化大革命"开始后,高等院校和中等专业学校不从初、高中毕业生中直接招生,一大批未达到劳动年龄的中学毕业生提前进入社会,城镇待业人员骤增。1968年,根据中共中央主席毛泽东发出"知识青年到农村去,接受贫下中农再教育,很有必要"的指示,组织其上山下乡,插队落户。此后连年下放,一些城镇居民亦随同知识青年下乡落户。1968—1977年,上山下乡知识青年总数达1139人,全家下放的城镇人员1821人。1978年,根据中共中央《关于全国知识青年上山下乡工作会议纪要》和国务院《关于知识青年上山下乡若干问题的试行规定》精神,对原下乡知识青年进行统筹安排,由生产队、大队、公社和县知青

办推荐,报县劳动工资局审查批准,安置就业。至 1980 年,共安置 1 137 人在全民或集体单位工作。

(第十九篇第一章《劳动》,第 492 页)

第四节　返城知识青年安置

　　1968 年,县革委设上山下乡支农指挥部,动员城镇知识青年上山下乡支农。次年,通过企事业单位招工、大专院校招生、应征入伍等途径,逐步返城安置。至 1973 年,下乡知青 581 人,返城安置 343 人。1974 年,县委建立知识青年上山下乡工作领导小组,下设办公室,处理下乡返城工作。至 1978 年,除已婚住农村,生男育女,本人愿留农村,政府支持其就地安家外,返城安置 1 620 人,占下乡知青 1 692 人的 95%。

(第二十篇第二章《安置》,第 512 页)

《新宁县志(1978—2004)》

新宁县志编纂委员会编,方志出版社 2009 年

　　1978 年,全县知青除少数在农村结婚,生儿育女,本人愿意继续留在农村,政府支持就地安家的知识青年外,返城知青共安置了 1 620 人,占上山下乡知青总人数的 95%。……1981 年后,全县上山下乡知识青年和下放居民基本返城,政府给予了妥善安置。

(第十七篇第一章《民政》,第 437 页)

　　1984 年 1 月,县劳动工资局、知青办、安全办合并成立县劳动人事局。

(第十七篇第二章《人事》,第 443 页)

　　1978—1979 年,上山下乡知识青年返城安置就业工作由县政府设置在县劳动工资局的"四个面向办"负责。　　(第十七篇第三章《劳动和社会保障》,第 453 页)

《武冈县志》

武冈县志编纂委员会编,中华书局 1997 年

　　1949 年 10 月至 1993 年底,全县共安置城镇社会劳动力 36 990 人就业,其中,城镇上山下乡知识青年招工、招干 5 734 人;城镇退伍军人和待业人员安置 25 370 人;城镇临时工、合同工转为国家固定工 2 055 人;私营工商业户过渡到国营、集体单位的 3 831 人。

(第四篇第九章《劳动管理》,第 272 页)

1963—1978 年,全县安置到农村落户参加农业生产的城镇知识青年共 5 738 人,其中男 3 269 人,女 2 469 人。接收外县 12 人、外省 4 人、转认知青 22 人。1966—1978 年,先后从农村上山下乡城镇知识青年中招工、招干、升学、参军的 2 236 人,占知青总人数的 38.9％。1979 年,按照统筹安排的指示,全县一次性收回城镇下乡知识青年 2 994 人,由县劳动部门分别全部安排就业。此外,对 1975—1978 年因病回城的下乡知识青年 508 人,病愈后逐年得到妥善安置。

(第四篇第九章《劳动管理》,第 273 页)

《城步县志》

城步苗族自治县志编纂委员会编,湖南出版社 1996 年

1963 年 10 月—1977 年,邵阳地区四批知识青年计 1 084 人和本县八批城镇知识青年 1 058 人下放安置到县内农、林场及农村社、队劳动锻炼。1979 年前后,有的被录用为国家干部或职工,有的被选送上了大、中专院校,大部分返回原籍安置工作。

(第三篇第二章《综合管理》,第 96 页)

1962 年,县人民委员会根据中共中央指示,压缩城市人口,下放居民,特别是将有"历史问题"的城镇人口遣送农村,其家属子女也随之上山下乡。1969 年,县内首批知识青年下放到农村参加农业生产。1962—1973 年,全县共接收安置长沙、邵阳等市知识青年 1 481 人,动员组织县内城镇知识青年下乡 1 106 人,下放遣送城镇居民 268 户(其中邵阳市下放到县的 57 户),924 人。

1962 年,县人民委员会对压缩城市人口到农村落户者每人发下放生活费 60 余元。1963—1971 年下放的知识青年,县人委或县革委给每人发下放生活费 200 元。1972 年以后,每人发下放费 390 元。由县拨给接收知青的社、场掌握,开支范围为建房费、下放第一年的生活费、生产生活用具费、下乡生活用品补助费,医药、学习资料费。城镇居民全家下乡插队落户的,每人发给 110 元安家费。城镇"五类分子"(地、富、反、坏、右分子)由单位或公安部门遣送农村,也发给少量的生活补助费。

上山下乡知识青年经过锻炼,有的被推荐招工、招干或升学,有的因病或丧失劳动能力而被批准返城。1978 年以后,下放知青全部返城,政府予以安排工作。被下放或遣送到社队的 285 户(包括邵阳市下放的 57 户)城镇居民,共 1 071 人(包括下放居民在农村所生子女 147 人),收回 185 户、602 人,给其中 53 户、193 人发给建房费 6 800 元。未收回的予以就地安置,给其中 71 户、245 人发给建房费 8 000 元,木材指标 11 立方米。

(第十七篇第三章《安置》,第 410 页)

《城步苗族自治县志(1978—2002)》

城步苗族自治县地方志编纂委员会编,方志出版社 2009 年

1979 年,根据上级指示精神,全县一次性收回"文化大革命"期间下放的知识青年720 人,由劳动部门和县知青办统一安置到国营企业和城镇集体企业,已在农、林、牧、渔场结婚生育的 150 人,作为场里职工就地安置。

(第十七篇第二章《劳动与社会保障》,第 307 页)

《绥宁县志》

绥宁县志编纂委员会编,方志出版社 1997 年

是年(1969 年),接受上山下乡知识青年 984 人。至 1978 年,共接收 4 307 人。1979 年起,下放知识青年陆续回城安排工作。

(《大事记》,第 45 页)

至 1978 年,陆续接收长沙、邵阳、冷水江上山下乡知识青年 3 194 人,这些人锻炼若干年后陆续迁回原城。

(社会篇第四章《人口》,第 702 页)

上山下乡知识青年安置

1957 年 12 月 5 日,《新湖南报》刊登中共绥宁县委书记王西林在全省党代会上的发言稿《青山翠谷的呼唤》,呼吁知识青年赴绥宁县协助开发建设。长沙女知识青年杨桂英、易素芝率先响应,当月即奔赴绥宁县安家落户。翌年 2 月,又有 108 名长沙知识青年抵达绥宁,被安置在县境南部各乡村插队落户。1963 年,成立知识青年上山下乡办公室。1968 年 12 月,毛泽东主席发出"知识青年到农村去,接受贫下中农再教育"的号召,大批知识青年积极响应。翌年,绥宁县接受安置知识青年 984 人,居历年之首。至 1978 年,累计接受长沙市、邵阳市、冷水江市及本县知识青年 4 307 人(其中女知识青年 2 015 人,本县知识青年 1 113 名),安置在各公社或农林场插队落户,累计开支安置费 110 余万元。1979 年起,下放知识青年陆续回城安排工作。至 80 年代中期,绝大部分知识青年返回原地;极少数因已婚而留居绥宁的,由绥宁县安排工作。

(社会篇第六章《社会保障》,第 721—722 页)

70 年代后期,陆续安排返城的上山下乡知识青年和社会青年 1 376 人就业,占待业总人数的 54.3%。

(社会篇第七章《劳动》,第 727 页)

《洞口县志》

洞口县地方志编纂委员会编,中国文史出版社 1992 年

同年(1963 年),县开始下放城镇知识青年,到农村去插队落户,劳动锻炼。至 1977 年止,共下放知识青年 5 410 人。这批知识青年一部分先后就业,其余在 1979 年以后分批回城。

(《大事记》,第 31 页)

下放农村落户安置经费支出 618.3 万元,占总支出的 2.6%。其中 1968 年和 1969 年城镇居民下放安置经费 183.2 万元,占这项支出的 29.6%;1968 年和 1969 年干部下乡插队落户安置经费 36.2 万元,占 5.9%;城镇知识青年下乡上山安置和返城就业安置费 398.9 万元,占 64.5%。

(第十六篇第二章《财政收支》,第 383 页)

知识青年安置

自 1963 年起,开始动员城镇知识青年(以下简称"知青")上山下乡。1964 年除继续动员县内城镇知青外,还接收省、市及外地区下放知青来县农村安家落户。到 1977 年,城镇知青在农村插队落户的共 5 410 人,其中县内城镇知青 4 264 人,省、市及外地区的知青 1 146 人。1979 年 10 月,停止动员城镇知识青年上山下乡。

从 1971 年起,通过企业单位招工、大专院校招生和招干等途径,逐步安置下乡知识青年。当时,一面安置,一面仍动员城镇知青下乡。故至 1979 年初在农村的下乡知青尚有 4 865 人。1980 年起,分别不同情况安置就业。

鼓励知识青年上山下乡,立志务农,对申请终身务农的知识青年每人补助安家费 400 元,住房有困难的,补助建房费 300 元,全县共有 15 名知识青年申请长期在农村安家落户。全民所有制单位招收新工人时,在考分上优先照顾下乡知识青年;集体单位招工时,对本系统的下乡知识青年包干安置就业;无归属单位的,由劳动部门统招统配,年龄放宽到 35 周岁,由劳动部门介绍安排到国营园艺场、国营林场、国营渔场当工人。从部队复员、退伍的下乡知识青年,由劳动部门安置就业。省、市和外地区的下乡知青,原则上回动员地安置。对无法招工就业的,允许回城待业。提倡知识青年自谋职业,对有专长的已婚下乡知识青年,支持他们就近开业,其户口转为城镇居民户口。在乡镇企业中安置已婚下乡知识青年,政府给予适当补助,户口转为城镇居民户口。少数犯罪判刑或劳动教养的知识青年,刑期满后,一般不回农村,由动员地接收安置。

通过采取上述措施,到 1984 年,全县下乡知识青年基本安置完毕。

(第二十三篇第二章《劳动管理》,第 531—532 页)

《隆回县志》

隆回县志编委会编著,中国城市出版社1994年

第二节　城镇知青安置

　　1962年精简下放干部、职工时,开始动员城镇闲散人员与知识青年到农村落户。1964年起,有计划、有组织地动员城镇知识青年上山下乡。是年从桃洪、滩头、六都寨3镇下放127人到农村。此后除1967、1968年两年中断外,连年坚持。1969年在"不在城里吃闲饭"口号的鼓动下,出现城镇人员去农村落户高潮,包括闲散人员,当年城镇去农村落户的893人,集中安置到大队,分散劳动到生产队。1971年后,由分散插队落户,改为户口落实到队,劳动、生活集中到场(点)。全县知识青年劳动点先后分布在8个国营农、林场和38个社、队集体茶场、经济场。

　　下放青年,由湖南省、邵阳地区按照实际离城人数拨给安置补助经费。1962年开始时,一次性补助人均40元,以后逐有增加。1978年人均400元,加上医药费等零星补助,人均总额485元。补助经费主要用于建房、购置"三具"(生产工具、家用具、炊具)和生活、医药补助;同时供应下放青年当年一年的商品粮指标。

　　适龄城镇知识青年中,病、残不能参加农业生产劳动的,独生子女和多子女身边仅留1个子女的,经群众评议,领导批准,发给留城证,不予下放。下放后在农村劳动2年以上,年龄又在25岁以下的知识青年,均可作为招工、招干和升学对象。符合征兵条件的,也可参军入伍。对象由当地群众评议、推荐,择优录取。

　　1978年中央规定,县以下城镇知识青年不再列为上山下乡对象;原下放尚留农村的,分期调离农村,收回城镇落户,并逐人安置就业。全县至1980年,除11人因特殊原因,只解决商品粮仍留农村外,余均收回城镇,并先后安排工作。此后,城镇未升学的高初中毕业生和其他待业人员,年均增加500人左右,亦逐年安置就业;一时难于安置好的,鼓励其自谋职业,或由劳动服务公司(站)介绍,从事季节性临时工,组织自学,跟师学艺,或暂留城待业。

(第二十编第三章《劳动就业》,第486页)

《隆回县志》

隆回县志编纂委员会编,团结出版社2006年

　　城镇知青返城就业　隆回自1964年首次动员城镇知青下乡至1978年停止城镇知青下乡,全县共有城镇下乡知青2 952人。1969年起,每年要从知青中招收一批工人和大中专学生。至1978年底,已有近2 000名被陆续招工或参军、上学。1979年,是知青返城就业高峰

期,当年招收 856 名知青为全民或集体工人。至 1980 年,除 11 名自愿留农村外,其余下乡知青全部返城安置就业。　　　　　（第六编第四章《劳动和社会保障》,第 152—153 页）

《新化县志》
新化县志编纂委员会编,湖南出版社 1996 年

1962—1978 年上山下乡知识青年和下放农村的城镇居民 18 970 人,全县非农业人口继续减少。70 年代中期,年均在 5.5 万人左右。1979 年以后,各项建设事业迅速发展,从农村招收人员增多,加上为各类错处理的人员落实政策,下放知识青年、居民全部返城,部分科技人员农村家属转为城市户口,因而非农业人口又迅速增长。　　（第三篇第二章《人口构成》,第 150 页)

知青安置

1962 年 8 月起,动员初、高中毕业的城镇知识青年上山下乡,参加农业劳动;"接受贫下中农再教育"。大部分"知青"被安插在国营农、林、牧、渔、茶场及社队落户,到 1978 年止,全县累计上山下乡知识青年 8 591 人(含外地来新化的)。1979 年,停止动员"知青"上山下乡。

1971 年起,通过企业单位招工、顶职、大中专院校招生参军等渠道,逐年安置一批上山下乡"知青"。与此同时,又有新的"知青"下乡。到 1979 年,全县仍有 2 945 名下乡"知青"在农村。

从 1980 年起,分别采取措施进行安置:

1. 全民所有制企事业单位招工时,优先照顾"下乡知青",并适当放宽年龄限制;集体单位招工时,对本系统的"下乡知青",实行包干安置就业;无统属单位的"下乡知青",由劳动部门统配解决。

2. 拨专款扶持和发展镇街企业以安置"下乡知青"。1980—1981 年,全县共拨款 45.76 万元,安置"知青"803 人。

3. 鼓励"下乡知青"扎根农村。对个别已与农民结婚生儿育女,或户口虽回城镇,但仍在农村的"老知青",给予一次性补助包干安置。

4. 凡外地下放来新化的"知青",动员回原地安置;个别困难者,作待业青年安置。

5. 凡参军后复员退伍回来的"知青",由劳动、民政部门联合优先安置就业。

6. 提倡和鼓励"知青"自谋职业;从事个体经营者,在贷款、税收上均给予适当优惠照顾。

7. 对体弱病残的下乡"知青",实行一次性医疗和生活补助,包干安置。

至 1981 年底,全县上山下乡"知青"全部安置完毕。（第二十一篇第三章《劳动》,第 747 页)

由于"文化大革命"期间,就业门路严重阻塞和相继而来的上山下乡知识青年大批回城就业,造成 80 年代城镇待业人员与日俱增的局势。1979 年,全县有待业人员 2 996 人。

待业安置的途径是：全民制单位招工招干，集体单位招工、补员，参军，技校招生，街道办企业，个体经营，做临时工等。 （第二十一篇第三章《劳动》，第747页）

《黔阳县志》

黔阳县地方志编纂委员会编，中国文史出版社1991年

(1969年)6月21日，首批城镇知识青年去农村插队落户，接受贫下中农"再教育"。到1976年止，全县共下放知青11 544人。1979年后陆续回城就业。 （《大事记》，第33页）

1968年冬开始对城镇居民和知识青年实行"下放农村"的政策，到1976年止，共下放居民1 767户，下放知识青年11 544人。为安置下放居民和知识青年，县金库支付389万元，机关团体补贴44万元。下放居民和知识青年，大多不适应农业生产，给当地农民增加负担。1978年后，除个别已在农村成家者外，其余全部收回城镇安置。

（卷二《政治综述·党政重大活动》，第120页）

1969年生产秩序趋向正常，用工恢复计划管理，新招工人由县劳动部门统一办理手续，再分配到需要用工单位。至1976年，共招收工人8 118人，其中全民工6 334人，集体工1 784人；安排城镇待业青年1 898人，上山下乡返城知识青年3 896人，复员退伍军人674人，农村知识青年1 650人。 （卷五第二章《职工》，第187页）

优抚救济及安置费支出1 301万元，占累计支出的8.3％，其中1951年支出金额占当年总支出的1.47％，1978年占4.3％，1985年占4％，最多的1969年占当年支出的30.67％，其中上山下乡知识青年安置经费103万元，1985年支出金额为1953年的11.6倍，主要用于对烈军属和残废军人的抚恤及其他社会救济。 （卷一六第一章《财政》，第480页）

黔阳县1951—1985年财政预算内支出统计表 单位：万元

年度	企业挖潜	科技费用	工交商业支出	农业支出	城市建设	文教卫生事业	优抚救济	安置经费	行政支出	其它支出	合　计
					......						
1964	4.89			27.13		64.63	38.10	10.46	60.60	6.88	212.69
1965	1.00			95.90	12.41	68.51	13.72	5.19	65.14	8.75	270.62
1966	3.85			54.59	11.65	60.18	12.96	17.44	67.27	13.47	261.42
1967	4.55			76.75	10.00	91.52	11.24	2.58	60.24	17.97	274.85

年度	企业挖潜	科技费用	工交商业支出	农业支出	城市建设	文教卫生事业	优抚救济	安置经费	行政支出	其它支出	合　计
1968	8.81			28.15	1.20	79.11	12.82	24.50	59.52	9.50	223.61
1969	38.72		0.30	40.74	13.00	91.80	13.60	103.78	70.65	10.12	382.71
1970	58.63		1.35	34.31	7.06	98.62	14.60	5.00	77.71	11.56	308.84
1971	82.57		4.33	48.78	0.16	129.94	12.80	0.51	114.85	1.37	395.31
1972	66.59			84.52	9.40	151.78	15.50	24.49	95.63	1.85	449.76
1973	15.00	0.48		98.57	9.15	171.28	25.70	54.00	98.79		472.97
1974	58.61	0.98		89.20	9.40	183.62	18.30	48.03	99.55	1.96	509.66
1975	85.50	0.90	2.49	90.77	6.35	184.35	17.34	41.70	104.96	1.05	535.41
1976	37.74		0.90	119.41	6.00	202.20	19.00	31.75	88.00	2.50	507.50
1977	73.70		1.67	74.57	6.00	214.30	24.50	44.53	93.04	1.80	534.10
1978	122.30		2.05	236.96	10.00	253.37	23.36	9.87	112.46	3.45	773.82
1979	11.10	1.00	1.93	272.32	8.00	274.69	63.99	4.47	127.98	32.52	798.00
1980	0.68		0.90	174.06	37.00	384.49	35.32	13.52	165.19	104.42	915.58
1981	14.40		1.00	131.72	8.48	376.20	50.92	27.08	155.45	52.87	818.12
1982	19.00		2.01	116.55	12.94	470.76	29.50	3.25	153.07	46.08	853.16
1983	28.00	2.70	1.91	151.98	9.77	503.95	55.17	25.36	257.01	35.60	1 071.45
1984	29.40	0.70	6.94	145.31	11.54	522.29	99.30	7.23	289.82	45.44	1 157.97
1985	40.14	0.90	17.90	198.10	62.30	750.50	66.00	3.70	367.50	232.25	1 739.29
累计	1 118.72	7.66	45.68	2 820.40	261.81	6 021.84	793.08	508.44	3 417.27	660.61	15 655.62

（卷一六第一章《财政》，第 480—481 页）

第二节　下乡知识青年安置

全县动员城镇知识青年上山下乡始于 1964 年，1966—1968 年形成高潮，县设立四个面向办公室，专理其事。1964—1978 年，全县共下放高初中毕业生、闲散社会青年 10 702 人，采取 3 种安置形式，即：到国营农、林、牧、渔场落户；到大队、生产队集体插队落户，建立知青小组；分散插队或投亲靠友。

1970 年以前下放的 5 900 名知识青年，集中安置在龙船塘、深渡、岩垅、岔头等经济困难的山区公社。知识青年困难多，农民负担重，意见大。1971 年以后，下放知识青年多安置在国营农林场和经济较富裕、条件较好的江市、沙湾、托口等公社以及其亲友家。同时县人民政府先后下拨知青安置款 239.34 万元，其中建房费 43.94 万元，木材指标 2 636

立方米,以及铁丝、元钉、砖瓦、石灰、水泥、玻璃等建筑材料,建筑知青住房面积 3.34 万平方米。办起 102 个知青点,7 个知青园艺场。此外,县政府还拨下放知青专项困难补助款 36.35 万元,补助粮 4.7 万公斤、布票 2 170 米、棉票 2 000 公斤、蚊帐 2 707 顶。1970—1978 年,全县召开了 5 次上山下乡知识青年积极分子代表大会,出席代表共 1 659 名,评选先进知青小组 164 个,先进个人 274 名,其中 144 名出席了黔阳地区知识青年积极分子代表大会。

　　1979 年起,国家改变知识青年下放农村的政策,至 1981 年底,下放在农村的知识青年全部收回城镇安置,其中录取在高等院校及中等专业学校的 331 人,参军 134 人,招工 5 141 人。知青与农村社员结婚的,成户安排到八面山农场、雪峰山林场、农科所就业的 120 户、348 人。

(卷二二第三章《安置　收容》,第 652—653 页)

《辰溪县志》

辰溪县志编纂委员会编,三联书店 1994 年

　　1980 年开始实行劳动制度改革,成立"辰溪县劳动服务公司",贯彻"在国家统筹规划和指导下,实行劳动部门介绍就业,自愿组织起来就业和自谋职业相结合"的方针,到 1984 年底,全县累计安置城镇待业人员 11 318 人(含知青 7 674)。

(《劳动人事卷·劳动》,第 269 页)

　　下乡知青安置　1964 年,县成立城镇知识青年上山下乡领导小组,动员城镇知识青年上山下乡。至 1965 年,有 521 名知识青年到农村插队落户。1968 年起,对城镇高、初中毕业生,实行定位定向,"统一规划、城乡配合、厂社挂钩、集体安置"的办法组织上山下乡,至 1978 年,全县上山下乡知识青年达 7 674 人,开支安置经费 300.37 万元。

　　从 1971 年起,通过企事业单位招工、补员、大中专学校招生、应征入伍、招干等途径,分期分批安置一批下乡知青。1979 年后,不再动员城镇知青上山下乡。并对仍在农村的 3 437 名知识青年进行统筹安置,对 112 名申请扎根农村的已婚下乡知识青年,每人补助安置费 480 元,住房有困难的,优先供应建房物资,安置在农村安家落户;全民所有制单位招工、补员安置 906 人,集体企业招工、补员安置 661 人;国营农、林场的下乡知识青年,转为正式职工 146 人;劳动部门扶持生产资金 50.2 万元,创办水泥制品厂、羽绒制品厂、知青水泥厂、炼油化工厂,安置下乡知青 464 人;大力提倡和扶持知识青年自谋职业,对 392 名有技术专长的已婚知识青年,每人补助 150 元,从事个体经营;下乡知识青年收回吃商品粮后,就地安置 224 人;长沙、洪江、吉首、泸溪等外地下放来县的知识青年 502 人,原则上回动员地安置。下乡知识青年参军,复员退伍后,原则上由父母所在单位安置,无归属单

位的,由劳动部门统一分配工作。对少数犯罪判刑或劳教的知识青年,刑满释放后,一般不回农村,由动员地待业安置。对极个别在下放期间患严重疾病不能胜任工作的,每月发生活补助费 20—30 元。1984 年底,全县下乡知识青年,基本安置落实。

(《劳动人事卷·劳动》,第 270—271 页)

《沅陵县志》

沅陵县地方志编纂委员会编,中国社会出版社 1993 年

(1964 年)11 月,动员县城知识青年 226 名到农村安家落户。 　　(《大事记》,第 37 页)

知识青年安置

1964 年,县城镇闲散劳力安置领导小组改为城镇知识青年上山下乡领导小组,动员县城中学毕业生和社会知识青年 228 人,到农村安家落户。1968 年 4 月,城镇中学毕业生实行"进学校、上山下乡、支援边疆、城市安置"四个面向分配原则,10 月,县内城镇中学毕业生300 人上山下乡,到农村安家落户。1968 年开始动员城镇高初中毕业生上山下乡"接受贫下中农再教育",以后每年秋冬动员一次,每次 200—600 人。1969 年起,安置在农村劳动两年以上的知识青年就业(招工、招干、参军)。1973 年规定,对下乡的独生子女在"三招"中予以照顾。1974 年起,独生子女不再动员上山下乡,已经下乡的办理回城手续。1975 年规定,凡家有 3 个以上子女在农村的,招收一名符合条件的安排工作。1978 年后,知识青年不再安排上山下乡。到 1982 年,县城历年上山下乡的知识青年和接受长沙市下放的知识青年共5 517 人,除迁移和死亡的 292 人外,都给予安置就业,上山下乡时间计算工龄。

(第七篇第二章《劳动》,第 212 页)

《溆浦县志》

溆浦县县志编纂委员会编,社会科学文献出版社 1993 年

(1969 年)2 月,大批城镇知识青年下放农村插队落户,接受贫下中农再教育。

(《大事记》,第 33 页)

知识青年安置　　1963—1965 年曾动员一部分城镇知识青年去农村安家落户,3 年下放约 300 人。1968 年,毛泽东主席发出"知识青年到农村去,接受贫下中农再教育"的号召,县设置知识青年"四个面向"(面向农村、面向边疆、面向厂矿、面向基层)办公室,采取"统一规划、城乡配合、厂社挂钩、集体安置"的办法,组织城镇初、高中毕业生上山下乡,

至 1977 年,全县共下放知识青年 8 000 余人。其中大部分安置在生产队落户,少数安置在国营林场和集体农、林场。对下放知识青年,开始每人发生活费、"三具"(家具、工具、炊具)费和其它费 150 元,1973 年增至 420 元。从 1970 年起,对下放满两周年、劳动表现好或有特殊困难的知识青年,根据国家劳动计划,招收为国家干部、职工(包括全民、集体),或推荐到大专院校读书和参军。其余的从 1978 年起,转回城镇安置就业。至 1981 年,共有回城知识青年 2 795 人,除 61 人因病不能工作和外迁 101 人外,其中招干 5 人,录用为全民职工 1 569 人,集体职工 733 人,考入大专院校 163 人,参军 163 人。

(第四编第一章《劳动》,第 170 页)

《会同县志》

湖南省会同县县志编纂委员会编,三联书店 1994 年

(1969 年)春,县革委动员知识青年上山下乡,接受贫下中农再教育,同时动员城镇居民到农村去插队落户。至 9 月,全县下放知识青年和城镇居民 2 600 多人。1978 年停止下放,并陆续收回县城就业。 (卷一《概述、大事记·大事记》,第 42—43 页)

"文化大革命"开始后,动员城区居民、知识青年到农村去插队落户,城区人口急剧减少。1969 年下降到占总人口的 3.25%。此后又陆续回升。1978 年后,逐步落实党的各项政策,收回下放城镇居民和知识青年。 (卷四第一章《人口变化》,第 138 页)

"文化大革命"期间,上山下乡知识青年逐渐返回城镇"闹革命"。至 1979 年初,全县待业人员增至 1 300 余人。通过招工,当年安置 1 205 人,其中全民企业招工 210 人,集体单位招工 906 人,省、地单位招工和参军以及考入大中专院校等 89 人。

1980 年,中共会同县委知识青年上山下乡领导小组,改为会同县劳动就业领导小组。1981 年,县内企事业单位共建立劳动服务公司(站)17 个,为待业安置广开门路。

(卷九第二章《劳动》,第 353 页)

1964 年,首批城镇居民 115 人下放农村落户。此后,每年下放一批。至 1978 年,全县共下放 4 465 人,其中县内下放农村的 2 933 人,长沙、洪江、安江等地下放会同农村的 1 532 人。下放人员中,有知识青年 3 216 人,干部、教师、医生和城镇一般居民 1 249 人。他们在农村插队插场落户期间,政府共计拨发安置经费 130.85 万元。

1978 年 12 月,根据中共湖南省委有关文件精神,县委、县革命委员会开始办理下放人员的收回安置工作。次年 4 月,第一批收回安置 428 人。此后,下放的知识青年,通过招

工、招干、大中专院校招生和参军等途径，分批返回城镇安置，下放的一般居民仍收回为城镇居民。

（卷三十三第二章《安置》，第 885 页）

《靖州县志》

湖南省靖州苗族侗族自治县县志编纂委员会编，三联书店 1994 年

（1965 年）9 月 9 日，长沙市第一批知识青年下放来靖接受再教育。

（《大事记》，第 39 页）

1964 年后，为控制城镇人口增长，一般招工只安置城镇待业人员。1965 年起，全县陆续动员 2 284 名城镇知识青年上山下乡，同时动员城镇居民 1 295 人去农村，缓解城镇人口的就业问题。

（第十八编第二章《劳动》，第 569 页）

知识青年安置

1963 年首批 33 名城镇知识青年"上山下乡"。1964 年 88 名洪江"知青"下放到靖县。1965 年 373 名长沙"知青"下放到靖县。下放人员由政府发给一定的下放经费，生产队安排住房。1969 年以后，下放知识青年不断增多，城镇一部分闲散劳力也下放到农村安家落户。从 1963—1980 年，在靖插队落户"知青"共 5 629 人。其中，长沙"知青" 1 776 人，洪江"知青" 2 220 人，靖县"知青" 1 633 人。

1969 年起，通过招工、升学、参军等途径，开始安排下放农村两年以上、思想品德好、身体健康，年龄在 16—25 周岁的未婚男女知识青年及按政策批准留城的青年。安置办法为群众推荐、民主评议，社队领导审查，报劳动部门批准。1977 年开始，下放农村知识青年陆续回城安置就业。至 1978 年，已安置下放知识青年 1 995 人。其后，全民所有制单位招收新工人时，优先照顾下乡"知青"；集体单位招工时，对本系统的下乡"知青"包干安置就业；无归属单位的，由劳动部门统招统配，年龄放宽至 35 岁。同时，鼓励和扶持开办"知青商店"、"知青厂（场）"以及个体经营。"知青"参军从部队复员、退伍后，由劳动部门安置就业。至 1980 年，回城知识青年基本上得到妥善安置。

（第十八编第二章《劳动》，第 569 页）

《通道县志》

湖南省通道侗族自治县县志编纂委员会编，民族出版社 1999 年

1965 年开始，动员城镇知识青年上山下乡，到农村参加农业生产，接受贫下中农再教育。到 1969 年，全县共有下乡知识青年 193 人，拨给安置金 43 100 元。中共通道县委设置

"知青上山下乡安置办公室"，专抓此项工作。为了加强领导，县委还从县直机关和企事业单位抽调一批干部，到下乡知青集中的社队，与他们同吃、同住、同劳动。1978 年，下乡知青达686 人。1979 年后，除在农村已婚的知青外，其他陆续回城并安排了工作。

（第三十三章《民政》，第 614 页）

下乡知青安排 1964 年，县成立城镇知识青年上山下乡领导小组，动员城镇知识青年上山下乡，参加农业生产，接受贫下中农再教育。至 1978 年，全县共有 686 名知识青年到农村插队落户。1979 年后，不再动员城镇知青上山下乡，并对仍在农村的知识青年进行统筹安置。对申请扎根农村的已婚下乡知青，发给安置费，住房有困难的给予物资帮助；其他在乡知青，通过招工、招干、招生和参军，全部得到妥善安置。

（第三十四章《人事 劳动》，第 631 页）

《新晃县志》

新晃侗族自治县地方志编纂委员会编，三联书店 1993 年

是月（1969 年 3 月），3 202 名社会青年、知识青年及居民下放农村插队落户。

（《大事记》，第 23 页）

知青安置

1964 年 2 月成立上山下乡劳动办公室。9 月，动员第一批城镇知识青年 88 人到方家屯公社小洪溪大队插队劳动锻炼。同时，组织 25 名城镇知识青年，在城郊开办县林业试验场。1965 年 8 月成立安置城镇下乡青年领导小组。1966 年在方家屯公社冷风坡新建茶场，安置知识青年 60 人从事茶叶生产。1968 年 3 月，成立上山下乡知识青年服务站，至 1969 年 5 月，动员知识青年 715 人，下放农村插队落户，接受贫下中农再教育。1973 年，成立知青办公室，城镇知识青年定位，定向下放，"统一规划，城乡配合，厂社挂钩，集体安置"，并派出 13 名干部带队，与贫下中农代表一起，帮助下放知识青年解决生产、生活上的问题和进行思想教育工作。1964—1978 年，共下放城镇高、初中毕业生 2 287 人，分布在全县 18 个农村人民公社 85 个大队，456 个生产队。

1976—1978 年，县财政拨款 20 万元，作为修建知青点住房经费和生产、生活补助。1979 年停止下放城镇知青，对在乡插队的知青进行了统筹安排，通过招工、招生、参军、提干等途径，到 1983 年底，全部安置就业。

（卷九第二章《劳动》，第 253—254 页）

1971—1989 年招工人数和个体从业人数表

年份	招工人数	其 中				招 工 对 象				个体从业人数
		全民		集体		复员退伍军人	上山下乡知识青年	农村知识青年	城镇待业青年	
		固定工	合同制工	固定工	合同制工					
1971	627	547		80		156	38	327	106	
1972	432	406		26		31	35	315	51	
1973	34	18		16				16	18	
1974	296	134		162				104	192	
1975	298	195		103			87	87	124	150
1976	388	280		108		50	187	66	85	
1977	221	144		77		17	72	36	96	115
1978	262	160		102		16	72	49	125	
1979	1 183	359		824		13	804	45	321	
1980	877	604		273		52	74	218	533	
1981	596	357		239		116	65	41	374	
1982	356	163		193		94	5	26	231	
1983	173	134		39		25	1	25	122	
1984	239	132		107		17		14	208	
1985	407	118	130	83	76	14		16	377	
1986	476	106	231	72	67	23		21	432	801
1987	508	26	210	261	11	33		58	417	1 283
1988	347	12	279	56		10		153	184	
1989	287	100	71	80	36	11		69	207	211

（卷九第二章《劳动》,第 254 页）

《芷江县志》

芷江侗族自治县县志编纂委员会编,三联书店 1993 年

（1968 年 9 月）22 日,开始下放城镇知识青年到农村插队落户,到 1977 年上半年止,全县下放农村的知识青年共达 3 342 人,1979 年后大部分返城就业。 （《大事记》,第 58 页）

"文化大革命"开始后,4 年没有招工。1968 年,动员城镇高初中毕业生上山下乡插队落

户,至 1977 年共下放知识青年 3 332 人,同时动员城镇无固定职业的闲散居民 1 300 余户 7 300 余人下放农村。

1971 年后,开始从上山下乡两年以上的知识青年中择优安置就业,至 1978 年,约有 1 800 余名知识青年通过企业单位招工、大中专院校招生、参军、转干等途径得到安置。1979 年,根据上级有关精神,将下放农村的知识青年和居民陆续收回城镇就业,是年全县企业招工和顶职补员安置知识青年就业 867 人。 　　　　　　　　　　　(卷一七第二章《劳动》,第 461 页)

《怀化地区志》

湖南省怀化地区地方志编纂委员会编,三联书店 1999 年

(1971 年 12 月)28 日,成立黔阳地区知识青年上山下乡工作领导小组,富亚范任组长。 "文化大革命"期间,全区上山下乡知识青年共 34 268 人。 　　　　(《大事记》,第 127 页)

70 年代初期,党政机关干部、城镇居民下放基层,大、中城市知识青年上山下乡,湘黔、枝柳铁路建设,铁路职工相继迁入。1972 年,迁入者达 102 926 人,迁入率 29.75‰;迁出为 81 100 人,迁出率 23.44‰。70 年代后期,铁路竣工,铁路职工外迁;绝大部分下放干部和知识青年返回原处,迁出量超过迁入量。1979 年,迁出最多,达 121 499 人,迁出率 31.49‰;迁入 115 961 人,迁入率 30.06‰。 　　　　(卷三第一章《人口变化》,第 379 页)

1977 年从贫下中农、上山下乡知识青年中吸收新干部 450 人。

　　　　　　　　　　　　　　　　　　(卷七第三章《人事》,第 606 页)

1968—1970 年,城镇初、高中毕业生均安排到农村插队落户。同时接收一批长沙市下放知识青年,安置到沅陵县、辰溪县、麻阳县、芷江县、怀化县、靖县、会同县落户,共 19 131 人。至 1970 年底,全区下乡人员达 68 939 人,其中知识青年 19 699 人。1970—1978 年,全区实行群众推荐、民主评议、领导同意、劳动部门审批的办法招工。招工对象是退伍军人,符合留城条件的待业青年、劳动锻炼满 2 年以上的上山下乡知识青年及部分农村青年。

　　　　　　　　　　　　　　　　　　(卷七第四章《劳动》,第 616 页)

1981—1982 年,全区 13 个县(市)成立劳动服务公司 25 个,劳动服务站 29 个,自办企业 41 个,安置一大批待业人员。是年底,经多方努力,全区回城知识青年待业问题基本得到解决。

　　　　　　　　　　　　　　　　　　(卷七第四章《劳动》,第 617 页)

《怀化市志》

怀化市志编纂委员会编,三联书店 1994 年

(1965 年)9 月 9 日,长沙市 192 名知识青年下放到石门、盈口两公社插队落户。

(《大事记》,第 22 页)

(1969 年)1 月,县首批知识青年下放农村插队落户。同时,接受安排长沙下放的一批知识青年。1978 年以后先后回城。

(《大事记》,第 23 页)

知识青年安置　　1964 年 11 月,成立城镇知识青年上山下乡安置领导小组,开始动员城镇知识青年去农村安家落户。1968 年,根据毛泽东主席关于"知识青年到农村去,接受贫下中农再教育"的指示,县设置知识青年"四个面向"(面向农村、面向边疆、面向厂矿、面向基层)办公室,采取"统一规划、城乡配合、厂社挂钩、集体安置"的办法,组织城镇初、高中毕业生上山下乡。到 1976 年,全县共下放知识青年 2 400 余人,其中接收安置长沙市知识青年192 人。

(卷二二第二章《劳动管理》,第 621 页)

1966 年"文化大革命"初期,一次处理教师 76 人出队。之后,公办小学下放到大队办,从下放知识青年和回乡高初中毕业生中吸收一大批民办教师。

(卷二四第五章《教师　教研》,第 678 页)

《麻阳县志》

麻阳苗族自治县志编纂委员会编,三联书店 1994 年

(1968 年)7 月,全县城镇中学应届毕业生下放农村,插队落户,"接受贫下中农再教育"。至 1978 年,共下放知识青年 1 730 人(含省地)。

(《大事记》,第 39 页)

其它支出

新中国成立后,列入其它支出项目的有知识青年和城镇居民"上山下乡"安置费、物件补贴费、兵役征集费、税务费、农业税征收费。1964 年,首批城镇知识青年 84 名下放至农村和国营农林场落户,支出安置费 43 400 元。次年,又下放 114 人,支出安置费 23 940 元。"文化大革命"期间,知青"上山下乡"人数增多,部分城镇居民亦被下放至农村落户,安置费增加。1969 年,下放城镇居民 4 596 人,支出安置费 10.8 万元。1975 年支出知青安置费16.67万元。据统计,1964 至 1977 年,支出"上山下乡"人员安置费 109.1 万元。1978 年后,下放

的知青、城镇居民相继回城,又增加就业安置费支出。1981—1989 年,支出城镇青年就业安置费 123.6 万元。1987—1989 年,支出城镇居民肉食、粮食、煤炭等物价补贴 275 万元。此外,1950—1989 年,支出兵役征集费、税务费、农业税征收费、"文化大革命"费 1 455.98 万元。

(卷十五第三章《财政支出》,第 420—421 页)

1968 年 2 月,根据上级指示,把一批城镇知识青年下放至拖冲、大桥江、尧市、郭公坪等公社插队落户当农民,"接受贫下中农再教育"。1969—1977 年,恢复就业安置工作,招收职工 716 名,其中复退军人 193 名,上山下乡 2 年以上知青 523 名。1978 年以后,随着经济体制改革的进行和多种经济成分的发展,扩大就业门路,秉着"在国家统筹规划和指导下,实行劳动部门介绍就业,自愿组织起来就业和自谋职业相结合"的方针,至 1988 年,共安置待业人员 5 624 名。其中全民工 1 585 名,集体工 2 835 名,临时工 1 204 名。至此,城镇的待业人员和下乡回城知识青年基本得到安置。

(卷二十一第一章《劳动》,第 554—555 页)

第三节 知 青 安 置

1964 年,由县知识青年上山下乡办公室(后改名四个面向办公室)负责安置知识青年到农村插队落户。至 1966 年春,共安置 217 人。一部分在文昌阁公社,一部分在县园艺场、茶场。1968 年下半年,又安置 46 名分别至毛家滩、盘田生产劳动。1969—1971 年 3 月,包括安置长沙下放的知青者在内,共安置 383 人。4 月统计:全县上山下乡知青 610 人,有的集体编组,有的插队落户,主要分布于保家岭、拖冲、土洞、大溪、堆子丘、下角村、破敌书、红冬潭、杨柳坡、毛家滩、盘田、洞塘溪、沟水溪、张公坡、晃坳等地及西晃山林场、县农场。1978 年,所安置的上述知青按照党的政策回城就业或升学。(卷二十二第二章《安置》,第 567 页)

1968、1969 年,动员毕业生上山下乡,"接受贫下中农再教育",下放农村,"扎根务农"。

(卷二十五第四章《普通中学教育》,第 622 页)

《麻阳县志(1978—2005)》

《麻阳县志》编纂委员会编,中州古籍出版社 2008 年

1978 年后,开始改革用工制度,在国家统筹规划和指导下,实行劳动部门介绍就业、自愿组织起来就业和自谋职业相结合的方针,至 1988 年,全县共安置待业人员 5 624 人。其中,全民工 1 585 人,集体工 2 835 人,临时合同工 1 024 人。至此,城镇待业人员和下乡回城知识青年基本得到安置。

(第十三篇第三章《劳动》,第 415 页)

《湘西州志》

湘西土家苗族自治州地方志编纂委员会编,湖南人民出版社1999年

(1968年)1月11日,全州又一批知识青年5 000多人到农村落户,接受贫下中农再教育。

(《大事记》,第68页)

(1969年)3月20日,又一批城镇青年及一家一户的城市居民到农村落户。全州先后有2万多名机关干部、文艺工作者、医务工作者、城镇知识青年和城镇居民,插队落户农村。

(《大事记》,第69页)

(1976年)12月18日,全州第一次上山下乡知识青年积极分子代表会议在吉首召开,参加代表500多人。

(《大事记》,第74页)

至1967年,从工人中招干746人,农民中招干958人,乡镇基层干部中招干565人,城镇知青招干231人,安置军队转业干部1 838人,大中专毕业生分配6 099人,回乡知青招干125人,社会招干78人,全州干部总数17 172人,其中少数民族4 275人,占24.9%。……1978—1988年,从工人中招干466人,上山下乡知识青年招干40人,城镇待业人员招干602人,分配大中专毕业生3 376人,"社来社去"大中专毕业生招干979人,"五大"毕业生招干208人,回乡知青招干200人,民办教师转公办教师1 135人,不脱产社镇干部招干625人,"赤脚"医生(乡村大夫)招干35人,"以工代干"人员中招干6 211人,安置军队转业干部3 101人,文化站半脱产干部和计划生育雇请干部招干384人,社会招干571人。

(卷八第三章《人事》,第449页)

《吉首市志》

吉首市志编纂委员会编,湖南出版社1996年

(1972年)2月2—5日,县委、县革委会召开知识青年上山下乡先进个人和教育管理先进单位代表大会。

(《大事记》,第59页)

(1973年)1月4—22日,县委上山下乡知识青年春节慰问总团到各公社慰问上山下乡知青。

(《大事记》,第59页)

1969—1978年,城镇居民下放农村和知识青年上山下乡,城镇人口减少;1979、1980

年,下放居民和知青回城,城镇人口增加。　　　　（第三篇第一章《源流·变动》,第151页）

城镇青年就业经费

1962—1967年,压减城镇人口下乡,1964—1967年,财政支出"城市人口下乡安置费"13.9945万元,占同期财政支出2.03%,年平34 986元。1968年下半年,县革委会贯彻毛泽东主席关于"广大干部下放劳动"和"知识青年到农村去,接受贫下中农的再教育,很有必要"的"最新指示",在全县掀起干部、城镇知青和居民上山下乡的热潮,支出73 539元。1969年,动员1 028名知青和社会青年、4 159名城镇居民到农村插队落户,支出安置费41.7832万元,占当年财政支出18.16%。此后至1979年每年都有城镇知青上山下乡,截至1981年,共支出城市人口下乡安置经费135.673 8万元,占同期财政支出2.03%,年平11.306 1万元。1982年,下乡知青回城就业,"城镇人口下乡经费"改称为"城镇青年就业经费",包括扶持生产资金(有偿周转使用)和安置、就业训练、业务等经费。1982—1988年,支出45.704 1万元,占同期财政支出0.4%,年平65 292元。

（第十二篇第三章《支出》,第500页）

《永顺县志》

永顺县志编纂委员会编,湖南出版社1995年

(1968年)9月,永顺县知识青年上山下乡领导小组成立,至1978年,下放知识青年共2 653人(包括外地知青来县境落户的)。　　　　（《大事记》,第29页）

60年代初,企业调整,下放职工,加上初、高中毕业生未能升学者增多,城镇就业就突出起来,组织他们上山下乡。1964年秋,县设"知青安置办公室",1969年元月,改称"四个面向办公室",1972年9月15日,又改称"知识青年上山下乡办公室(简称知青办)",负责知识青年上山下乡的安置和管理工作。1964年至1978年,全县上山下乡知识青年2 082人,或下到县办场队,或投亲靠友,或集体插队落户。其间共发放安置费114.8万元。1979年后,知识青年不再上山下乡,并陆续办理知识青年回城手续,下放居民亦收回城镇,加之农业人口转非农业人口和进入劳动年龄人口的增长,使就业一度成为严重的社会问题。为了解决就业安置,1980年的11月,县成立了劳动就业领导小组,下设办公室。随着经济体制改革的深入,相应地进行劳动制度的改革。改革"固定工"制度,实行劳动合同工制;改革"子女顶职"、"内部招工"制度,实行面向社会公开招工制度。招工时均进行文化考试、政治考核、体格检查,择优录取,并进行就业前的培训。　　（第五篇第一章《劳动》,第173—174页）

《桑植县志》

桑植县史志办公室编，海天出版社 2000 年

知识青年安置

1965 年，开始动员城镇高、初中毕业生上山下乡，当年下乡 16 人。1969 年起，动员大量城镇知识青年上山下乡，至 1979 年停止，全县城镇知识青年下乡 1 312 人，省、州等外地下放桑植支农、支边知识青年 25 人，总共 1 337 人。1969 年，在动员城镇知识青年下乡的同时，开始在下乡知识青年中进行招工，当年安置 12 人。1972 年起，按以下办法逐年增加安置人数：

鼓励志愿终身务农　凡自愿终身务农的补给安家费，有住房困难的，另补助建房费。女知青志愿终身务农的，其子女全部转为城镇户口。照此安置的前后共 39 人。

优先招工招干　各系统对下放知识青年包干安置；无归属单位的，由劳动部门统招统配。年龄放宽到 35 岁。至 1979 年，全县招工 694 人，招干 10 人。

优待推荐上大中专学校　恢复高考前的 1972—1976 年，共推荐 96 名。恢复高考后，放宽分数考入大中专学校的 76 名。

鼓励参军　参军复员、退伍后，由劳动部门安置就业。

外地下乡知识青年，原则上由动员地安置。至 1978 年，全部返回原动员地。另外，还有部分下乡知识青年自愿到城镇蔬菜队落户或去了外地。

经采取上述各种措施，至 1980 年底，全县下乡知识青年，除陆续回城养病的 41 人另作安置外，全部安置完毕。　　　　　　　　　　　　（第十九篇第三章《劳动工资》，第 544 页）

《大庸县志》

大庸县地方志编纂委员会编，生活·读书·新知三联书店 1995 年

（1958 年 1 月）21 日，永定镇居民经整风，掀起下乡上山运动。3 月 2 日，永定镇隆重欢送 20 名青年赴邢家巷农村落户和 59 户居民 194 人，上山下乡当农民。

　　　　　　　　　　　　　　　　　　　　　　　（《大事记》，第 30 页）

（1968 年 10 月）24 日，县革委把第一批干部 240 人分到袁家界"五·七"干校劳动。下放干部 232 人到公社、大队劳动。下放永定镇居民 4 666 人到农村落户（其中知识青年 1 078 人）。　　　　　　　　　　　　　　　　　　　　　　　（《大事记》，第 37 页）

（1975 年 3 月）28 日，县委要求进一步做好知识青年上山下乡的动员与安置教育工作。4 月 7 日召开上山下乡知青积极分子代表会。　　　　　　　　（《大事记》，第 40 页）

1980 年后落实党的各项政策,通过顶职、招工、招干,对回城知识青年和待业青年作劳动就业安置。仅 1985 年需要安置劳动就业的共 869 人,当年采取大办第三产业等办法,全县实际安置 712 人。

(第十一篇第五章《人事·劳动》,第 509 页)

知青安置:知识青年在升学名额有限,不能入学时,党和政府号召他们回乡参加劳动生产。1956 年农村知识青年回乡参加农业合作化运动,任会计、出纳和记工员,发挥了积极作用。1958 年永定镇 20 名青年带头上山下乡,在邢家巷乡落户当农民、受到全镇人民的欢送。

1964—1966 年,县设立知识青年安置办公室。先后在禾家山水果场、罗塔坪双峰岩大队和袁家界茶场安排三批城镇知识青年落户。

1968—1969 年,"文化大革命"中,强调"知识青年到农村去,接受贫下中农再教育",城镇知识青年都要上山下乡。全县动员知识青年 941 人到农村去落户。国家为了安置知识青年,成立知青办,派专干加强教育与管理。拨给安置费 13.13 万元,除购买生产、生活用具外,还解决生活困难,拨木材为知青新建和整修住宅。1978 年中共十一届三中全会以后,城镇知识青年先后参军、招生、招工、招干,绝大多数都已收回城镇,重新安置。

(第十一篇第五章《人事·劳动》,第 510 页)

《古丈县志》

《古丈县志》编纂委员会编,巴蜀书社 1989 年

(1978 年)全县城镇知识青年上山下乡达 703 人(1963 年以来)。 (《大事记》,第 22 页)

城镇知识青年,也采取上山下乡,走面向农村的道路。1964 年,县设"四个面向办公室",1972 年,改称"知青办公室",具体负责城镇待业人员,主要是待业知识青年的安置、教育和管理工作。1963 年至 1978 年,城镇待业知识青年先后上山下乡 702 人。安置方式:一、集体办场,全县共办 10 个知青专业场、队;二、回乡落户或投亲靠友;三、插队落户。"文化大革命"后,逐步缩小上山下乡的范围,1979 年后不再搞插队落户,并陆续办理知青回城手续,采取回家安排、招工、或自谋职业等方式就地安置。 (第二编第七章《劳动·人事》,第 108 页)

《泸溪县志》

湖南省泸溪县志编纂委员会编,社会科学文献出版社 1993 年

(1968 年)9 月 4 日,第一批 180 名知识青年下放农村。次日,县成立"四个面向(面向边疆、农村、工矿、基层)"办公室,专管其事。 (《大事记》,第 21 页)

（1979年）11月，收回城镇下放人员共计1 497户、4 610人，其中知青1 000多人，基本上安排就业。 　　　　　　　　　　　　　　　　　　　　　　　　　　（《大事记》，第25页）

1968年9月5日县成立"四个面向办公室"，开始有组织地动员城镇知识青年和居民下乡当农民。至1969年底，全县下放务农的城镇知青和居民共5 088人，同时还下放家在农村的干部和工人946人。 　　　　　　　　　　　　　（第四篇第一章《劳动》，第149页）

从1979年始，对下乡知识青年陆续收回，进行统筹安置。是年安置就业995人，去全民所有制单位57人、大集体单位499人、小集体单位80人、国营农林场16人、街道企业120人、各公社企业42人、两镇基建队及浦市鞭炮厂130人、自行开业51人。

1980年12月21日，原"县委知青上山下乡领导小组"改为"泸溪县劳动就业领导小组"。1981年，又安置知青就业584人。 　　　　　　　　　（第四篇第一章《劳动》，第150页）

1970年抽调80余名农村知识青年和基层干部参加农村工作队，通过实际锻炼，从中吸收54名为国家干部，充实到各公社（镇）基层单位。……1979年，从社会知识青年和"上山下乡"知识青年中招收了18名干部，分配到各公社担任计划生育专干。 　　　　　　　　　　　　　　　　　　　　　　　（第四篇第二章《人事》，第152页）

1973年兴隆场公社建立起一支以党员、团员、知识青年为主体的通讯报导队伍。全年共写稿178篇，及时反映本地区的情况。八什坪的欧溪大队下乡知青成立一个报道组。他们一手拿锄头，一手拿笔杆，积极写稿，一年内为各级报社、电台写稿103篇。 　　　　　　　　　　　　　　　（第十二篇第二章《广播　电视　报刊》，第469—470页）

《凤凰县志》

凤凰县志编纂委员会编，湖南人民出版社1988年

（1968年）春季开始，将1966年至1967年初、高中毕业生621人，以及社会知识青年148人，下放到农村插队劳动。与此同时，又下放城镇居民1 202户、3 516人到农村落户。其中有367户390人系老弱病残，致使生产队增加负担。 　　　（《大事记》，第21页）

（1978年）在落实政策的同时，对1969年下放的城镇居民及知识青年进行了全面检查，将不宜下放或者不宜在农村落户的居民全部收回城镇落户，并将一批下放的知识青年收回城镇安排就业。 　　　　　　　　　　　　　　　　　　　　（《大事记》，第23页）

知识青年上山下乡

60 年代,中共中央和毛泽东主席作了"知识青年到农村去接受贫下中农再教育"的指示后,本县立即贯彻执行。1964 年在腊尔山区成立"青年建设农场",安置城镇待业知识青年 108 人。到 1968 年,知识青年上山下乡形成高潮,下放的对象为城镇的高初中毕业生、闲散社会青年。1968—1978 年止,全县上山下乡的知识青年共 1 779 人(不含居民下放)。其中下放到城郊区 358 人,阿拉区 492 人,吉信区 235 人,山江区 168 人,腊尔山区 123 人;腊尔山知青队、两林农场、黄合农场、农科所等集体户 403 人。知识青年下乡的第一年,因没有经济收入,每人每月由国家付给生活费 7 元,还发给农具费、房屋修建费。

知识青年上山下乡的安置方式:一是到国营农场和林场落户;二是建立知青点集体户;三是家住农村的干部子女一般回籍落户;四是分散插队落户,参加生产队劳动分配。由于知识青年来自城镇,不适应农村生活,劳动效率低,增加了农民负担,而知识青年本人又不安心农村,经常倒流城镇,城镇的压力依然存在。

1979 年国家开始将知识青年收回城镇安置,到 1981 年底止,除原已招工招干、升学及已在农村安家的外,其余全部收回城镇就业。　　(第八篇第二章《社会福利》,第 308—309 页)

《花垣县志》

花垣县志编纂委员会编,生活·读书·新知三联书店 1993 年

知青安置

自 1964 年起,开始动员城镇知识青年上山下乡,第一批动员 64 人,在离城 4 公里的塔里办知青农场。1968 年 9 月,毛主席发出"知识青年到农村去,接受贫下中农再教育"的指示后,年年动员大批知青下农村。开始,实行分散插队落户。后来,按系统集中办知青场,由干部带队管理。先后在三角岩、茶洞、道二等 15 个公社办 22 个知青农、林、牧、渔、茶场。到 1978 年底,全县上山下乡知识青年共 1 976 人。

从 1971 年开始,城镇知识青年一面继续下乡,一面安置返城,通过国家招工、招干、大中专院校招生、应征入伍等途径,安排部分知青。到 1978 年底,共安置 918 人。1979 年,停止动员城镇知识青年上山下乡,并将余下的 1 058 名下乡知青,大都收回城镇,采取多渠道、有计划、有步骤予以安置,除全民所有制单位按计划招收一批职工外,各行各业积极开辟新门路,发展集体所有制工、商企业安置知青就业;对少数与农民结婚的下乡知青转为居民户口,尽量在农村就地安置;对病退回城的知青,由街道企业负责安排。1981 年春,全县下乡知青安置工作结束。

(第十四篇第二章《劳动》,第 413 页)

《保靖县志》

保靖县征史修志领导小组编，中国文史出版社 1990 年

组织知识青年"上山下乡"

1962 年，城镇知识青年开始下放农村。1968 年冬，动员 66、67、68 届高初中毕业生 492 人，分别下放到大妥、比耳、水田等 18 个公社插队落户。至 1977 年止，全县共有下放知青 2 073 人。中共十一届三中全会后，停止下放，并对已下放知青统筹解决就业问题。

(《大事记》，第 20 页)

1978 年后，农村不招工，统筹安排下乡知青。一般对象是 16—25 周岁的男女未婚青年。对炊事员、勤杂工、集体单位人员的年龄适当放宽，不受婚否限制，一般不超过 35 周岁。……1979—1980 年，统筹安排知青时，县采取各战线职工子女由各战线负责安排。党政群、文教卫战线的子女由其它战线分摊任务，进行安置。 (社会编第三章《劳动、工资》，第 384 页)

统筹安排下放知识青年

县城镇知识青年，从 1962 年起开始下放农村。1968 年 9 月 14 日，中共中央主席毛泽东发出"知识青年到农村去，接受贫下中农再教育"的指示后，县革命委员会动员 1966、1967、1968 年三届高初中毕业生下乡插队落户。至 1977 年止，共动员知识青年、社会青年 2 073 人，下放到大妥、复兴、昂洞、龙溪、梅花、仙仁、涂乍、水银、清水、卡棚、簸箕、比耳、黄连、拔茅、水田、中心、葫芦等 24 个公社插队落户，参加农业生产或集体办场。

1978 年中共中央文件下达后，知识青年不再下放农村，对已下放的进行统筹安排。从 1978—1980 年，招工 1 436 人，升学 133 人，参军 38 人，因病回城镇 214 人，招干 13 人，就地就近在农村人民公社社队企业安置 81 人，迁出外县安置 132 人，除劳改 13 人，死亡 12 人，1 人在农村劳动致富安家落户外，其余全部得到妥善安置。

(社会编第三章《劳动、工资》，第 385 页)

《龙山县志》

龙山县修志办公室编，(内部刊行)1985 年

(1969 年)12 月，县自上年 8 月 9 日开始的"下放劳动"，至此已下放农村安家落户的城镇知青六百多名，城镇居民、干部职工家属八百多户三千三百多人，还接受安置了外地下放我县的城镇居民一百多户二百二十多人。

(《大事记》，第 43 页)

城镇知青上山下乡

　　龙山知识青年上山下乡于 1964 年开始。当年上山下乡 69 人,分别到城郊、华塘、石羔、白羊、新城、桶车、三元、石牌、洗洛、兴隆街、农车、茅坪、塔泥、茨岩塘、凤溪、猛西、长潭、八面、里耶、贾市等公社插队落户。1965 年起,对上山下乡知识青年的安置,改为插队落户和下场落户两种形式。当年上山下乡 51 人,在大安公社药材场落户 36 人,在里耶公社插队落户 15 人。1967 年,因“文化大革命”的开展,知识青年上山下乡中断。1968 年,毛泽东同志关于“知识青年到农村去,接受贫下中农再教育,很有必要”的指示发表,县内出现了知识青年上山下乡热潮。这一年,全县上山下乡知识青年 267 人,全部到各公社插队落户。1973 年以后根据上级指示,先后办起了桶车、兴隆街、白羊、三元、中南等知青场,国家和集体划拨了部分田土、山林、水面,作为上山下乡知识青年的生产基地。1964 年至 1979 年,全县共上山下乡知识青年 1 673 人,其中到农村插队落户的 862 人,安置到国营或集体农、林、牧、茶、果场的 811 人。

　　知识青年上山下乡,国家花费了大量资金,1969 年至 1983 年,全县共开支经费 720 993 元。最多的 1974 年开支 152 997 元。

　　在知识青年上山下乡的同时,又对其逐年分批收回城镇安排就业。1970 年起至 1980 年止,全县共收回城镇上山下乡知识青年 1 558 人,最多的 1979 年收回 969 人,除 115 人转为居民户口国家供应粮油在农村安家落户自谋职业外,其余全都安排就业。所接收县外的上山下乡知识青年,除极少数在龙山成家定居外,亦全部回原籍安置。

(第七编第一章《社会福利及救济》,第 575 页)

《常德地区志·大事记》

魏胜权主编,中国科学技术出版社 1993 年

　　本月(1965 年 10 月),常德地区城镇知识青年开始下放农村“接受贫下中农再教育”。中共十一届三中全会后,下放知青全部回城镇就业。　　　　(《中华人民共和国》,第 108 页)

　　(1974 年 1 月)10 日,常德地区召开上山下乡知识青年积极分子代表大会。与会 560 人,代表全区下放知青 37 000 人。　　　　　　　　　　(《中华人民共和国》,第 122 页)

《常德地区志·人口志》

常德市计划生育委员会编,(内部刊行)2000 年

　　安乡 1961、1962、1968、1969 年四年共安置下放人员 10 562 人,且 60％以上人

员来自长沙、常德、津市三城市。从 1962 年 7 月常德地区首次在万金障农场和德山两地安置知识青年共 595 人垦荒生产起，至 1978 年共动员城市知识青年 17 146 人"上山下乡"到农村安家落户。汉寿县农村接受城镇知识青年 11 844 人（包括外地知青）。1968—1979 年安乡县共下放知识青年 6 237 人，安置常德、长沙、津市等地知识青年 7 340 人，1981 年又全部（除个别特殊原因外）从农村返迁城市。常德地区知识青年上山下乡人数见表 1-3-2。

表 1-3-2　常德城区知识青年上山下乡人数表　　　　　　　　单位:人

年　份	人　数	年　份	人　数	年　份	人　数	年　份	人　数	年　份	人　数
1962	191	1963	490	1964	1 895	1965	2 203	1966	1 958
1968 — 1971	7 311	1972	1 872	1973 — 1975	186	1976 — 1978	1 035		
总　　计:17 146									

1966—1976 年常德地区总迁移量为 104.85 万人，年平均迁移量为 10.49 万人，年平均迁移率为 3.39％，高于 3.03％全省水平。迁入人数为 67.61 万人，年平均迁入率 1.81％，迁出人数为 59.36 万人，年平均迁出率为 1.53％，净迁移人数为 8.25 万人，净迁率为 0.28％。60 年代中、后期，正常迁移被迫停止进行。70 年代初，开始恢复正常工作秩序，迁移也随之开展。1973 年全区迁移人口 221 243 人，其中迁入 133 351 人，迁出 87 892 人，为 1966—1976 年 10 年平均迁移量的 2.11 倍。其中 1973 年安化、新化两县向西湖移民 3 万人。其时，继续有一大批知识青年从长沙、常德、津市等城市迁往农村"接受贫下中农再教育"；一部分城镇居民在"我们也有两只手，不在城里吃闲饭"口号的动员下，迁到农村。全区共下放城镇居民 69 000 多人，占全省下放城镇居民的 21.7％，居全省之最。以后又陆续迁回城市。1974—1975 年，全区平反了 948 名不应开除清洗和 389 名不应作退职处理的干部，他们从农村或其他地方迁回原单位。

（上篇第一章《人口变动》，第 29—30 页）

1980 年全区非农业人口迁入 37 541 人，农业人口转为非农业人口（简称"农转非"）42 043 人，其中下放收回 11 439 人，知识青年因病困迁回城市 3 319 人，招工 14 858 人。1982 年收回下放农村的工商业者（"资方人员"）及民主党派成员及其家属子女近千人。汉寿县由于落实政策从农村迁回城镇的人有 6 917 人。

（上篇第一章《人口变动》，第 31 页）

是年（1963 年）动员 490 名知识青年上山下乡参加农业生产；1964 年安乡县首次动员 256 名知识青年到农村落户，并接受常德市、津市 267 名知识青年集体到农村插队参加农业生产,县委动员 65 名知识青年到东山峰茶场安家落户。

（上篇第三章《人口分布》,第 87 页）

1968 年常德地区革命委员会成立"四个面向"(面向农村、面向山区、面向边疆、面向工厂)领导小组办公室,专门负责知识青年上山下乡及大中专毕业生的工作分配,1968—1971年全区有大批知识青年下放到农村参加农业生产。1969—1970 年,仅常德市就有 6 151 名知识青年下放到地区内各县农村插队落户;1969 年下放 1 692 名干部、教师、医生、工人、居民到桃源、慈利、石门、临澧、澧县、常德县等县山区农村安家落户,"接受贫下中农再教育"。1966—1971 年全区下放数万知识青年到农村。安乡县 9 年时间共下放知识青年 6 237 人,还接受安置长沙、常德、津市等城市下放的知识青年 7 340 人。石门县共有 5 414 名知识青年下乡落户,其中接受安置外地知识青年 2 065 人。1969 年 6 月,湖南省革命委员会发出《关于从城镇下放农村的知识青年中招收工人的通知》后,各县开始在知识青年中招收少量工人,以后逐年有部分知识青年陆续因招工、上大学、参军、转干、迁移等原因离乡回城。

（上篇第三章《人口分布》,第 87—88 页）

《常德地区志·经济综合志》

常德市地方志编纂委员会编,(内部刊行)1995 年

1963 年至 1977 年,执行知识青年"上山下乡"方针,全区 17 146 名城镇青年到农村插队落户或到国营农场从事农业生产。从 1978 年开始,为缓解知青返城和城镇待业青年自然增长快造成的就业压力,贯彻执行由劳动部门介绍就业、自愿组织就业和自谋职业的"三结合"就业方针,广辟就业门路。到 1988 年止,全区共安置城镇待业青年 15 万多人,其中全民、集体、个体安置分别占安置总数的 25.7％、67.9％和 6.4％,使全区待业率稳定在 0.8％,低于全国和全省水平。

（第四篇《劳动工作》,第 209 页）

第二节　知识青年上山下乡

1962 年 7 月,湖南省垦殖工作会议以后,常德地区在万金障农场安置常德市知识青年493 人,组织地专直属机关团体干部、居民到德山开荒,安置知识青年 102 人。从此,全区知识青年上山下乡拉开序幕。

1963 年 10 月,专署成立城镇人口安置领导小组办公室,年底,共动员 490 名知识青年下乡参加农林牧副渔业生产。

1964 年,地委安置办公室、地区财政局、地区农业银行联合发出通知,补拨各县市 11.45万元,给到集体插队的知识青年用于购置部分生活工具和雨具。

1968年9月,地革委成立"四个面向"(面向农村、面向山区、面向边疆、面向工厂)领导小组办公室,负责安置知识青年上山下乡及大中专毕业生的分配工作。

1969年,对1964、1965年下放知识青年中的弱、病、残人员治病问题,按省革委文件规定,和当地老社员、老职工一样按照有关制度进行办理。

1970年10月,地革委规定,给每个单身投亲靠友插队的知识青年250—270元的安置费。

1973年5月,地革委成立知识青年上山下乡领导小组办公室。

1979年8月,地革委知青办改为常德地区知识青年上山下乡领导小组办公室。1981年6月,经常德地编委批准,地区知青办撤销,历时18年之久的知识青年上山下乡工作结束,安置工作亦随之结束。 （第四篇第二章《就业安置》,第221—222页）

1978年,地区劳动局、地区退伍军人接待安置办公室规定:入伍前系下放知青的,复退后原则上回下放所在地安置…… （第四篇第二章《就业安置》,第223页）

1975年,全区对集体企业增加职工作出规定:集体企业在新增职工时,除安排家居城镇的退伍军人外,70%的从按政策留城的知青中招收,30%从已上山下乡的独生子女和多子女父母身边无人的知青中招收。

1977年以后,由于大量安置上山下乡知识青年,且处于人口的就业高峰,加之国民经济稳定地向前发展,全区职工人数增长较快。1977年,全区职工人数达到217 801人。

（第四篇第三章《劳动力管理》,第229页）

《常德地区志·邮电志》

瞿新辉主编,中国物价出版社1993年

是年(1969年)年底常德地区邮电局邮、电分设,加上常德境内辟设三个微波站,电信员工缺编。1970年,先后四次招收知识青年共114人,其中1970年4月招收的知识青年中,地方干部和军队干部子弟占80%,并按军人的招收条件录取。1971年元月,湖南省电信局下达常德80名指标,提出"三要""三不要"及"三见面"的原则。"三要三不要"即:要山区青年,不要湖区青年;要回乡青年,不要知识青年;要贫下中农子女,不要上中农以上成分子女。"三见面"即:档案材料见面、本人见面、父母见面,进行招收录用。同时各县邮电局按此办法招收。1974年,根据部、省精神,招收新工人可实行顶替父母退休的缺额指标,常德邮电系统职工在这段时期内退休的其子女达到招收条件的均可接班,大部分下放在农村的知识青年在父母退休后,采取这种顶替的办法被招收回城入局,至1986年方废除。

（第四篇第二章《劳动人事管理》,第232页）

《常德地区志·国营农场志》

《常德地区志·国营农场志》编写组编,中国物价出版社1993年

1960—1965年,全区农场职工人数变动不大,每年在13 000上下波动。期间,除部分招工外,安排常德市棉纺厂、电机厂等企业因精简机构下放人员300余人到农场务农,安排城市知青人员近100人到农场就业,从省外调入统一分配的学生500余名,复退军人40余名。

……

文化大革命中,全区农场职工全部转为正式职工,不准请临时工,这期间,先后有长沙市、常德市、湘潭市、津市市、湘西金矿等城市下放5 000余名知识青年到农场锻炼就业。

(第三篇第三章《劳动管理与生产责任制》,第215—216页)

《常德市志》

常德市志编纂委员会编,中国科学技术出版社1993年

(1974年)2月28日,全市3万多人集会,欢送600多名高、初中毕业生上山下乡,参加农业生产劳动锻炼。 (第二篇《大事记》,第39页)

1960年12月起到1963年,又大力清退农村劳动力、精减职工、压缩城市人口,共压缩城市吃统销粮人口1万多人。这其中,有270名中学毕业未能升学的知识青年,下放到郊区德山青年园艺场。 (第十二篇第二章《劳动管理》,第362页)

1964年,市委、市人委贯彻中央政策,成立下乡青年领导小组,开始下放高、初中毕业生中未能继续升学的知识青年到农村参加农业生产锻炼,当年全市有759名中学毕业的知识青年,集体下放到市郊区、汉寿县和安乡县的4个农场、渔场及12个公社的72个生产队落户。1965年又有626名知识青年上山下乡到桃源县的天台山林场;常德地区劳动学校有526名知识青年,组成41个小组,分别下放到汉寿县、安乡县、常德县、石门县的8个公社41个生产队落户。对集体下乡插队落户的知识青年,给每人发安置费205元,对分散下乡投亲靠友的知识青年,每人发安置费130元。 (第十二篇第二章《劳动管理》,第362页)

1968年冬,中共中央主席毛泽东向全国号召:"知识青年到农村去接受贫下中农的再教育,很有必要"。常德市掀起"知识青年上山下乡运动"高潮,到1969年底,全市有5 794名"三届"高、初中毕业生上山下乡到常德市周围各县农村插队落户。对集体下放者给每人发安置费220元,对自己投亲靠友者给每人发安置费120元。此后每年春季,动员高、初中毕

业生中未继续升学的知识青年(除因病和家庭特殊困难者外)上山下乡。

上山下乡的知识青年不能适应农村劳动和生活,劳动所得难以养活自己,每人每年约需家里补贴生活费 60—100 元;同时增加了农民负担。从 1972 年起,上山下乡的这些知识青年由城里每年招工、部队征兵、大学、中专学校招生离开农村,有的因病或家庭特殊困难而陆续返城就业。1974 年起,采取"厂社挂钩"办法,即由知识青年家长所在单位的行业,按工业、城建、财贸、文教等系统归口,由各系统派出干部,统一带领知识青年下放到"厂社挂钩"的农村公社。这年全市有 888 名知识青年,分成 36 个小组,分别下放到桃源县、临澧县、安乡县的几个公社、茶场、林场。市属各行业系统共派出 323 名作风好的干部带队下乡,次年轮换。这年对集体下放的知识青年每人发安置费 400 元,对自己投亲靠友者发 480 元。

1978 年,奉中央统一指示,常德市停止知识青年上山下乡工作。

1979 年,常德市对尚在农村的 3 542 名"上山下乡"的知识青年,分期分批将他们从农村招回城市,安置在各工厂、商店等处就业。同时,对少数已在农村结婚安家的知识青年,为照顾其夫妻关系,将他们就地安排工作,恢复城镇户口和商品粮供应。要求回城者,也接收回城安置就业。

1963—1977 年,常德市共下放知识青年 15 421 人,其中安置在郊区 1 176 人。国家共发安置费 568 670 元,木材 396 立方米,楠竹 2 050 根,钢材 18 吨;城内各工厂、商店、机关团体学校等单位,给各自"挂钩"的公社、大队、生产队、农场、林场、茶场、渔场、无偿供给钢材、木材、电动机、抽水机、柴油、汽油、农药、化肥等物资数以千万元计。这 15 年中,上山下乡的知识青年中,因病和家庭特殊困难,经批准提前回城的有 1 849 人。

(第十二篇第二章《劳动管理》,第 363 页)

《常德市志》

常德市地方志编纂委员会编,湖南人民出版社 2002 年

(1968 年)12 月底,贯彻毛泽东主席有关指示,全区开始动员 1966—1968 年初、高中毕业生和部分城市居民下放农村,接受贫下中农再教育。 (《大事记》,第 46 页)

关于认真学习和贯彻"中共中央转发国家计委军代表关于进一步做好知识青年下乡工作的报告"的通知[①]

我们伟大领袖毛主席亲自批发的中共中央中发[70]26 号文件,是上山下乡的一个极其

---

① 为"中共常德地区核心领导小组文件常发[70]052 号",正文前有四条"最高指示":"知识青年到农村去,接受贫下中农的再教育,很有必要"。"各地农村的同志应当欢迎他们去"。"团结起来,争取更大的胜利"。"全世界人民团结起来,打败美国侵略者及其一切走狗!"——原书注

重要的方针、政策性的文件,是毛主席、党中央在新形势下对我们和广大知识青年的又一极大关怀、教育和鼓舞;是进一步做好上山下乡的强大武器,也是促进我国社会主义革命和社会主义建设迅猛发展的一件大事,其意义是极其深远的。为此,地区核心领导小组特作如下通知:

一、各级党组织和革委会必须闻风而动,雷厉风行,认真组织学习,深刻领会,坚决贯彻执行。为了迅速将中央文件精神,宣传贯彻下去,各地要组织干部和群众举办毛泽东思想学习班,认真学习,全面落实,并根据中央文件精神,对照前段工作,进行检查,找出差距,制订措施,把我区上山下乡工作做得更好。

二、根据中央指示精神,望各县立即组织力量对上山下乡工作进行一次全面检查,认真总结经验,并切实解决当前存在的各种实际问题。学习贯彻和检查情况请于六月上旬报告地区。

中共常德地区核心领导小组

一九七〇年五月二十五日

(第三十一编第一章《文存》,第 1535—1536 页)

《常德县志》

常德县志编纂委员会编,中国文史出版社 1992 年

(1964 年)10 月,第一批城镇知识青年下放农村,插队落户。至 1979 年止,共下放知识青年 3 619 人(包括部分外地青年),至 1980 年全部收回安置。　　　　(《大事记》,第 37 页)

(1968 年 7 月)县革委第四次全体会议作出决议,精简机构,下放干部,成立面向工厂、农村、基层、边疆的四个面向办公室,全县下放干部职工 3 344 人,近万名集镇知识青年和居民下放农村安家落户,"接受贫下中农再教育"。　　　　(《大事记》,第 39 页)

1964 年 4 月,县内动员城镇青年上山下乡,插队落户,"接受贫下中农再教育"。1974 年后,实行厂社挂钩,集中安置。到 1978 年,全县共动员上山下乡的城镇青年 3 619 人,接受长沙市等外地城镇青年 7 016 人,共建"知青点"107 个。1969 年起,对劳动锻炼 2 年以上的"知青",由贫下中农推荐,可以招工、招干、招生,到 1980 年底,全县下乡"知青"10 635 人全部安置完毕,其中,招工 6 929 人,因病和生活困难迁回城镇 2 076 人,参军 281 人,升学 433 人,转出县外 778 人,其他 138 人。

1950 年至 1987 年,安置农村复员、退伍军人、待业知识青年 3 221 人到矿山井下、野外勘探、建筑等行业就业。　　　　(卷八第一章《劳动》,第 208 页)

1970—1978 年（县政府）从上山下乡知识青年、农民、工人、复员军人中录用1 200名。

（卷八第二章《人事》，第 210 页）

《临澧县志》
临澧县史志编纂委员会编，中国社会出版社 1992 年

知识青年安置

从 1964 年起，开始城镇知识青年下放农村劳动的安置工作。当年县内三镇共下放 63 人；次年，县内下放 112 人，并相继接收安置津市、常德市、长沙市的知青；到 1978 年，除 1966、1967 两年无新的知青下放安置任务外，其余各年均有，以 1968—1969 年最多，达 2 712人，1978 年最少，为 27 人。到 1978 年，全县累计下放安置知青 6 705 人。其中长沙市知青 697 人、常德市知青 2 287 人、津市知青 1 578 人、县内知青 2 022 人、省内其他地方来 94 人、外省转来 27 人。县安置城市下乡知识青年领导小组办公室（后改称四个面向办公室、上山下乡工作领导小组办公室）根据有关精神，联同各公社、场、队对这些知青进行妥善安置，被安置到社办场（厂）的 1 339 人，分布 53 个场，队办场 1 449 人、90 个场，县属场校 220 人、7 个场，集体插队 711 人。分为 104 个知青小组回原籍分散插队的 2 986 人。先后派 148 名干部带队，负责知青的上下联系、教育、管理、帮助解决具体问题等项工作。1968—1976 年，共下拨安置经费 176.54 万元，下拨木材 4 955 立方米，共修知青住房 258 栋、1 262间、44 034 平方米。知识青年通过接受贫下中农再教育，先后有 159 人被接收为中共党员、1 573人成为共青团员、32 人成为生产队长或厂长以上骨干、172 人成为队委干部。下放知青共开垦荒山 5 万多亩，营造各种经济林（含茶、果）4.8 万多亩，兴办工副业厂 34 个。到 1979 年，下放知青中，升学 284 人、参军 72 人、转点出县 138 人、病退回城 357 人、死亡及其他 11 人，其余 5 843 人均在历年招工及 1979 年统筹安排中，先后被招收为国家或集体职工，陆续返回城镇。其中 1979 年，就统筹安排知青 1 828 人。　　（第二十编第五章《劳动就业》，第 654—655 页）

《澧县志》
澧县地方志编纂办公室编，社会科学文献出版社 1993 年

回城知识青年安置

1967—1978 年，全县动员和组织城镇知识青年 6 199 人上山下乡，插队落户。其间，还接收长沙、常德、津市等地下放知识青年 500 多人。1969 年起，从分配的下乡知识青年招工安置专项指标中，逐年招收两年以上劳动锻炼的知识青年。至 1980 年，全县城镇下放的知识青年，全部得到安置。

（第十七编第二章《职工队伍》，第 490 页）

《安乡县志》

安乡县志编纂委员会编,新华出版社 1994 年

（1964 年）12 月,县内首批城镇知识青年 74 人到农村插队落户。 （《大事记》,第 35 页）

（1969 年）9 月下旬,工人代表余斌、农民代表李孝来、下放知识青年代表高金莲（女）晋京参加国庆观礼。 （《大事记》,第 37 页）

下乡知识青年安置

1964—1969 年,提出"我们也有两只手,不在城里吃闲饭",多次组织知识青年、城镇居民到农村安家落户。70 年代末至 80 年代初,下乡知识青年收回城镇,共安置 4 669 人。

（《政治军事》第二十五章《劳动》,第 215 页）

《汉寿县志》

汉寿县志编纂委员会编,人民出版社 1993 年

1979 年,下乡知青返城,待业人员骤增,招工 2 450 人,786 人继续待业。

（第十七篇第五章《社会保障》,第 435 页）

上山下乡知识青年安置

1964—1978 年,全县下放县内知青和接受外地知青 5 579 人,安排到生产队落户,或集体插队。1972 年开始,在下乡知识青年中招生、招工、征兵,至 1976 年共招工 1 452 人,招生 97 人,参军 24 人。次年起,下乡知青陆续回城待业。1981 年,安置县内知青 1 537 人,外县知青大多回原籍就业。 （第十七篇第五章《社会保障》,第 435 页）

《桃源县志》

桃源县地方志编纂委员会编,湖南出版社 1995 年

（1968 年）全县下放干部、教师、医生、知识青年共 22 000 人到农村安家落户,接受贫下中农"再教育"。 （《大事记》,第 31 页）

1963 年,中共县委、县人民委员会根据中共中央关于城镇知识青年（简称知青,下同）上

山下乡的指示,动员知青到农村安家落户,从是年起至 1979 年,全县下放到农村的知青有 12 700 人。从 1969 年 8 月起,开始从上山下乡知青中招工。后由于大部分上山下乡城镇居民和知青被收回城镇,加上青年人数自然增长,1979 年,全县城镇待业人员达 8 604 名。县革命委员会按照全民、集体、个体多渠道就业的方针,设法拓宽就业门路,同时清退在城镇就业的农村劳动力和计划外临时工共 910 名,办理职工退休手续 636 名,以腾位给待业人员,是年,全县共安置待业人员 5 577 名,其中回城知青 2 853 名。至次年底,上山下乡知青除担任基层干部和与农民结婚的 37 人外,其余全部回城安置。 （第十二篇第二章《政府》,第 387 页）

《桃源县志(1978—2002)》

湖南省桃源县地方志编纂委员会编,方志出版社 2009 年

1978—1983 年,桃源县历年累积的城镇待业人员和下乡回城知青达到 10 000 余人……1979 年全县安置待业人员 5 577 人,其中回城知青 2 853 人。到 1980 年底,上山下乡知青除担任基层干部和与当地农民结婚的 37 人外,全部回城安置。

（第十七篇第一章《劳动》,第 442 页）

《慈利县志》

慈利县志编纂委员会编,农业出版社 1990 年

第三节　知识青年安置

城镇知识青年,从 1962 年开始动员上山下乡,到 1978 年止共 4 276 人。其中,去国营农场 219 人,社队农、林、场 1 247 人,组合知青小组集体插队 1 842 人,分散插队 968 人。知青收回安置工作从 1965 年开始,当年收回安置 257 人,到 1979 年底全部安置结束。其中,招干 4 人,全民单位招工 2 739 人,集体单位招工 316 人,社镇企业安排 66 人,考入大中专院校 324 人,参军 157 人,外迁 504 人,病残退 166 人。

（第十五编第五章《劳动就业》,第 448 页）

《石门县志》

石门县地方志编纂委员会办公室编,中国文史出版社 1993 年

(1968 年)冬,精简、下放干部、职工(包括城镇居民、知识青年)9 840 人到农村落户,其中省、地下放石门 3 180 人。

（《大事记》,第 38 页）

从 1964 年起，组织知识青年上山下乡，当年 11 月，动员 65 名待业青年下放东山峰农场。到 1978 年底止，全县共有 5 414 人下放（含随户下放成长的 666 人），分别安置在国营农、林场、社、队厂（场），或集中到生产队插队，或回原籍投亲靠友落户等。全县下拨安置经费 160 万元、木材 1 600 立方米，建房 25 200 平方米。60 年代末到 1979 年底，下放知青陆续回城重新安置，其中招工、招干 3 496 人，招生 342 人，征兵 118 人。

从 1978 年 12 月起，城镇青年不再上山下乡。城镇待业人员急剧增加。由统包统配变为按照劳动部门介绍就业、自愿组织起来就业和自谋职业的"三结合"就业方针安置待业青年。劳动部门在城关镇确定一次性安置知青共 142 人办"知青"厂（店），通过贷款、减税对其进行扶持。1979 年，全县待业人员 1 817 人，除招工、招干、升学、参军外，安置在全民单位、集体企业以及社、队、街道企业共 1 579 人。80 年代，个体经济发展成为安置待业人员的重要渠道。

（第二编第十五章《综合管理》，第 321—322 页）

《石门县志（1978—2002）》

湖南省石门县地方志编纂委员会编，方志出版社 2007 年

（1979 年）9 月 27 日，成立石门县招工委员会。是年，全县共安置下放农村知青和社会待业知青 1 100 名。

（《大事记》，第 8 页）

1978 年 12 月起，全县城镇知识青年不再上山下乡，城镇待业人员急剧增加。为解决城镇待业问题，县劳动部门改变原来统分统配向用人单位安排招收职工的做法，按照劳动部门介绍就业、自愿组织起来就业和自谋职业"三结合"的就业方针安置待业青年。当年，县劳动部门在城关镇一次性安置 157 名待业人员兴办知青厂（店）。

（第十八篇第二章《劳动》，第 379 页）

《益阳地区志》

湖南省益阳地区地方志编纂委员会编，新华出版社 1997 年

（1969 年 12 月）长沙、衡阳市一批知识青年下放大通湖等国营农场。区境各城镇也有一批知识青年下放农村。

（《大事记》，第 44 页）

（1972 年）6 月 12 日至 17 日，全省上山下乡知识青年工作经验交流会于国营大通湖农场召开。

（《大事记》，第 45 页）

(1975年)1月13日,中共益阳地委发出《关于认真做好知青上山下乡接受安置工作的通知》,强调往后的知青下放,不再分散插队落户。 (《大事记》,第47页)

1966年至1977年,区境人口迁移减少。其中1966、1977两年,迁移人口仅为746 700人(缺1967—1970年资料)。主要是城镇知识青年下放农村,及随后的陆续返城。此一时期,有长沙、衡阳市及区境益阳市的大批知识青年,下放到国营大通湖等农场。70年代初,通过招工、招生等途径,一部分农村青年(包括下放知识青年)返回到城镇。全区人口迁移出大于入。 (第一卷第三篇第三章《人口机械变动》,第137页)

1984年后,又通过考试考核,从回乡知识青年、退伍军人中,选聘715名合同制干部到乡、镇任职(聘任期一般2至3年);此种干部在聘用期间,享受国家干部的政治、生活待遇,合同期满解聘,表现好的继续聘用。 (第三卷第二篇第四章《人事》,第361页)

1963年后,全区城镇劳动就业的重点,是动员社会知识青年(包括应届初、高中毕业生和部分社会闲散劳动力)"上山下乡"。凡下放人员,均由国家发给一次性安置费,统一分配到农、渔、林场或农村社队。1963年,全区下放702人;以后每年均超千人。1968年,毛泽东主席发出"知识青年到农村去"的号召,全区每年下乡人数增至4 000以上,其中1968年至1970年,每年接近万人。至1978年底,全区累计下放知识青年和城镇闲散人员51 270人,其中知识青年36 460人,闲散人员14 180人;共发放安置费1 840.62万元,人均359元。另一方面,也有计划地招收一部分下乡知识青年、城镇复员退伍军人、社会闲散劳动力和贫下中农子弟为国家职工。1967年至1978年,全区共招收全民所有制职工17 954人,其中,驻益中央、省属企业招收8 322人。还招收集体职工15 794人,使用计划内临时工5 097人。此一时期,全区人口迅速发展,待业人数逐年增加,国家招工数量有限,加上原下放的知识青年要作重新安置,待业与就业的矛盾日益突出。1979年,全区需作安置的城镇待业人员高达43 225人,其中下乡知识青年16 740人,留城知识青年7 710人,当年新增待业青年9 605人,大中专毕业生、城镇复员退伍军人9 170人。

1979年起,各级政府贯彻"在国家统筹规划和指导下,实行劳动部门介绍就业、自愿组织起来就业和自谋职业相结合"的方针,开始改革以往劳动就业的"统包统配"制度,试行多形式、多渠道、多层次的就业。另一方面,又采取发展县市属集体企业、扶植发展乡镇企业的办法,扩大待业人员的安置途径。对原下放的知识青年,按照上述原则分别作出回城(镇)安置,此项工作已于1981年底全部结束。……通过以上途径,1979—1985年,全区累计安置城镇待业人员和下乡知识青年92 980人,其中全民招工补员18 415人,集体企业安置57 483人,个体就业4 815人,安置一年以上的临时工12 267人。待业率由1979年的

5.98％，下降到 1985 年的 1.71％。城镇人口的就业面由 54.9％扩大到 65.7％。

（第十卷第三篇第二章《劳动管理》，第 856—857 页）

《益阳地区劳动志》

益阳地区劳动局编,（内部刊行）1991 年

是年(1969 年)，共下放知识青年 9 782 人。 　　　　　　　　《大事记》，第 12 页）

是年(1970 年)，下放知识青年 9 542 人。 　　　　　　　　《大事记》，第 12 页）

(1972 年)4 月 6 日,成立益阳地区革命委员会知识青年上山下乡工作领导小组,下设办公室。主要管理区内知识青年上山下乡工作。 　　　　　　　　《大事记》，第 13 页）

(1973 年)9 月,益阳地区革命委员会知识青年上山下乡领导小组改为中共益阳地委知识青年上山下乡领导小组。 　　　　　　　　《大事记》，第 13 页）

(1980 年)10 月 17 日,中共益阳地委知识青年上山下乡领导小组改为益阳地区劳动就业领导小组,中共益阳地委知识青年上山下乡办公室改为益阳地区劳动就业工作办公室,原知青办编制并入劳动局编制内。 　　　　　　　　《大事记》，第 16 页）

　　1963 年后,劳动就业的重点是动员社会知识青年、应届初、高中毕业生和部分社会闲散劳动力"上山下乡",参加农业生产。凡下放人员,由国家发给一次性安置费,统一分配到国营、集体农、渔、林场或农村社队。1963 年下放 702 人,后每年增至 1 000 余人。1968 年,毛泽东主席发出"知识青年到农村去"的号召后,年下乡人数增至 4 000 人以上,最多的 1968—1970 年每年接近 1 万人。至 1978 年底,全区共下放知识青年和城镇闲散人员 5.13 万人,其中知识青年 3.65 万人,闲散人员 1.48 万人。发放安置经费 1 840.62 万元,人平均 359 元。与此同时,有计划地招收部分下乡知识青年、城镇复员退伍军人、社会闲散劳动力以及贫下中农子弟为国家职工。1967—1978 年,共招收全民职工 1.80 万人,其中区外中央、省属企业招收 8 322 人;区内招收集体职工 1.58 万人;使用计划内临时工 5 097 人。这一时期,由于人口的迅速发展,待业人数逐年增加,但国家每年招工有限,加上下放的城镇青年有待重新安置,使区内待业与就业的矛盾日益突出。1979 年,全区需要安置的城镇待业人员高达4.32 万人,其中下乡知识青年 1.67 万人,留城知识青年 7 710 人,当年新增待业青年 9 604人,大中专毕业生、城镇复员退伍军人和其他待业人员 9 170 人。

中共十一届三中全会以后，……针对大量下乡知识青年返城的突出问题，优先安置下乡知识青年就业，实行"先下乡知识青年，后其他待业人员，先72年前下乡老知识青年，后75年再78年前下乡知识青年"及"就地就近"的安置办法。当年安置下乡知识青年13 251人，占年初在乡知识青年的80%，其中安置72年以前的下乡老知青5 297人，占年初在乡老知青的95.8%。至1981年底止，全区下乡知识青年除5名病残者不能工作外，其余均得到了妥善安置，其中有84%以上的下乡知青就地就近安排在农村财贸、教育、供销战线以及乡镇企业。这一时期，区内劳动服务公司(站)发展到37个，安置待业青年128人，创办知青场厂(店)19个，安置下乡知识青年及待业人员1 568人；发动全民单位办集体企业540个，安置2.25万人。三年全区共安置待业人员5.25万人，其中集体经济安置3.21万人，占同期安置总数的61.2%，成为区内就业安置的一个主要方面，涌现出了一批依靠集体经济解决就业问题的小城镇，如益阳县赫山镇、安化县的江南镇、沅江县的草尾镇、南县的明山镇，从而，做到了待业青年当年增长、当年"消化"。 （第二章《劳动就业》，第32—34页）

1968年2月，成立益阳地区革命委员会生产指挥组，取代了劳动科的职能。1972年4月6日，益革发(72)14号文件通知，成立"知识青年上乡下乡工作领导小组"，原"四个面向办"改为"知青办"，主要管理区内知识青年上山下乡工作。1973年，地区革命委员会计划委员会内设立"劳动工资组"，负责管理全区劳动业务工作。 （第九章《组织机构》，第111页）

1963—1978年，劳动就业的重点是动员社会知识青年和应届初高中毕业生上山下乡，参加农业生产。1968—1977年，全县农村共接收下乡知识青年1.1万余人。同一时期，根据国家有关政策和下达的招工指标，招收了部分下乡知青和城镇复退军人及贫下中农子弟，至1979年底，凡符合安置政策的下乡知识青年全部安置完毕。

（第十一章《县市局简介》，第179页）

"文化大革命"期间，劳动工作的重点是动员知识青年上山下乡和改革用工制度。南县知识青年下放农村始于1957年，由共青团南县委员会负责组织，两年共下放42人。1962—1966年，又下放城镇知识青年596人。1968年县革委成立"知识青年上山下乡办公室"后至1978年十年间，全县共下放知识青年5 718人。此外，接受外地下放知青6 573人。其中益阳市4 460人，长沙市2 061人，京、津、沪等地52人，总计全县共安置下放知识青年1.23万人。

（第十一章《县市局简介》，第197页）

同一时期(1971年11月—1972年底)，对返城知识青年进行安置。外地大中型厂矿企业在南县共招收下乡城镇知识青年4 500余人。1976年开始，下乡知青大量返城，本县下乡知青绝大部分安置在县属全民、大集体企事业单位。仅1979年，就安置了4 008人。到

1980 年底,下乡知青基本安置完毕,其中招工 9 152 人,大、中专院校录取 1 027 人,因病返城的1 203人,参军的 861 人,招干 6 人,迁往外地 481 人。

(第十一章《县市局简介》,第 198 页)

《益阳市志》

益阳市志编纂委员会编,中国文史出版社 1990 年

同年(1962 年),全市 87 名知识青年首次下放农村劳动锻炼。至 1978 年,累计下放 18 327 人。其中,陆续有部分知青升学或就业,余均于 1980 年前回城安置或升学。

(《大事记》,第 20 页)

从 1962 年开始至 1979 年停止的知识青年"上山下乡",前后共下放城市知识青年 1.82 万人。70 年代从外地迁入,加上落实下放人员和知识青年回城政策,人口复有增加,仅 1978—1979 年即净增 1.44 万人。　　　　(第三篇第一章《人口发展和分布》,第 54 页)

1962—1978 年,益阳市先后组织 4 次城镇知识青年下放农村,共下放 18 327 人。其中,第一次于 1962 年缩减城镇人口时,下放 87 名;第二次于 1963 年开始,动员知识青年上山下乡参加农业生产;第三次 1966 年,提倡"下乡光荣"、"务农光荣"、"新风",大规模地组织知识青年上山下乡,将 1966—1968 年的 3 届中学毕业生和社会知识青年 3 322 人全部动员到农村劳动;第四次 1969 年下放 5 115 人,之后又连续下放 8 082 人,共开支各种经费 12.8 万元。1979 年,停止知识青年上山下乡,并把工作重点转到安排就业上来,采取系统负责、分局包干办法,广开就业门路,通过全民带集体、充实发展二轻工业、做好全民所有制单位的招工和退休补员工作,清退农村劳动力等多种途径,安排返城知识青年。是年内,98.15% 的下乡知识青年得到安置。1980 年后,转入处理遗留问题。1980—1984 年,湖南省财政厅、益阳地区财政局拨给益阳市知识青年就业的生产扶持周转金、安置费、培训费、劳动服务公司经费等共计 84.95 万元。　　　　(第七篇第一章《劳动》,第 144 页)

《益阳县志》

益阳县地方志编纂委员会编,湖南人民出版社 1999 年

是年(1968 年),长沙、益阳市等城镇知识青年下放县内农村"插队落户"。至 1977 年,全县接收"上山下乡"知识青年 1.1 万人。　　　　(《大事记》,第 45 页)

50—70年代，劳动就业纳入国家经济发展计划，国家每年下达招工指标，由县劳动部门统一安排，主要招收城镇待业青年、复员军人、上山下乡知识青年和农村优秀青年。

（第十篇第一章《职工》，第 307 页）

知识青年上山下乡和就业

1962 年，在精简下放干部职工、压缩城镇人口的同时，动员部分城镇中学毕业生首次下放农村插队落户。1968 年，毛泽东主席发出"知识青年到农村去，接受贫下中农再教育，很有必要"的号召，城镇知识青年形成上山下乡热潮。1968—1977 年，全县农村接受县内和益阳市、长沙市等城市的下放知识青年 1.1 万多人，分别安排在各个公社和部分国营农场、渔场，其中以沙头、兰溪区安置最多。安置方法为：建立知青点集体户，在社队茶场、林场、养殖场劳动；分散插队落户；到国营农场、渔场当职工；家住农村的干部职工子女一般回原籍落户。县成立知识青年上山下乡办公室主管此项工作。知识青年下放的第一年，由国家发给房屋修建费、农具费、生活费等。从第二年开始，知青通过劳动参加下放单位的分配。在当地党和政府、贫下中农的教育关心下，不少下放知识青年做出一定成绩。据 1974 年统计，全县下放知识青年中，有 59 人加入共产党，801 人加入共青团，622 人进入基层领导班子，166 人担任民办教师、"赤脚医生"和农业技术员、农机手。但下放知识青年生长在城镇，大多不适应农村生活，不安心农业生产，经常倒回城镇。1970 年，开始对下乡知识青年安置就业，县劳动部门根据国家下达的招工指标，由社队推荐，每年招收一些下乡知识青年为全民所有制单位或县属集体所有制单位的职工。1980 年 1 月，对尚未安置的下放知识青年，除 14 人因身体条件不适合招工，由政府发给每人 5 000 元和 0.5 立方米木材指标自行安家外，全部招收为县属集体所有制单位职工。全县在安置知识青年上山下乡和就业工作中，国家共耗用 239.13 万元，下乡知识青年人均 217 元。

（第十篇第一章《职工》，第 307 页）

1964 年，挑选一批农村回乡知识青年参加社会主义教育运动（时称"政治学徒"），后多转为干部。1970—1972 年，从工人和知识青年中选拔 1 516 人分批到县"五·七干校"培训，吸收为干部或教师。

（第十篇第二章《干部》，第 311 页）

《沅江县志》

沅江县志编纂办公室编，中国文史出版社 1991 年

（1964 年）1 月 4 日，共青团沅江县委召开首届知识青年代表大会。会后，县城 39 名知识青年首批下农村插队落户。

（《大事记》，第 28 页）

是年(1968年),长沙、益阳及本县城镇知识青年成批下放农村。1964—1978年,全县共有下放知识青年 18 927 人。至 1980 年安置返城完毕。 （《大事记》,第 29—30 页）

《宁乡县志》

湖南省宁乡县志编纂委员会编纂,中国大百科全书出版社 1995 年

同年(1964年),首批城镇知识青年 178 人,下放到双江口、回龙铺等人民公社插队落户。
（《大事记》,第 25 页）

1962 年,精简下放职工,1968 年,下放城镇居民和知识青年,1971 年动员干部、教师复员回农村,非农业人口减少到 3.842 5 万人。1972 年以后,中央、省、市(地)驻宁单位的职工人数增加,原复员回农村的干部、教师返回工作,到 1976 年,非农业人口增加到 4.880 5 万人,占总人口的 4.38%;农村人口 108.47 万人,占总人口的 95.62%。1978 年以后,下放居民和知识青年返城,冤假错案平反的人员复职,民办教师转正,招工、招干,部分科教人员和部分煤矿工人家属农转非,非农业人口逐年增加,1990 年非农业人口增到 10.09 万人,占总人口的 7.76%。 （卷三第二章《人口结构》,第 89 页）

1964 年起,城镇知识青年下放农村,城镇待业人员减少。1970 年起继续招工,至 1973 年共招收工人 7 371 人(包括临时工转正 1 742 人),其中来自农村(包括下放知青)的占 89.10%,城镇的 10.90%。随着城镇人口增加,待业人员增多,1979 年,实行劳动部门介绍就业,自愿组织起来就业和自谋职业相结合的就业方针。招工以安置城镇待业青年(包括下放知识青年)为主。1980—1989 年,年均安置 1 542 人,占年均待业人数的 65.2%。1990 年,待业人员 4 716 人,其中由劳动部门安置就业的 2 189 人,占 46.42%。

（卷十第二章《工人》,第 210 页）

附:城镇知识青年上山下乡

1964 年,根据中共中央"动员城镇知识青年上山下乡锻炼"的指示精神,首批下放城镇知青 178 名,组成"知青"小组,到双江口、回龙铺等 4 个人民公社的 13 个大队插队落户。1968 年 12 月,毛泽东关于"知识青年到农村去,接受贫下中农再教育,很有必要"的指示发表后,凡属城镇户口,年满 16—25 周岁,有劳动能力的未婚初、高中毕业生和适龄男女青年,除独生子女和父母身边留一子女外,都要到农村插队落户,劳动锻炼两年以上,方可升学、安排工作。至 1970 年,共下放城镇"知青"5 420 人。安置方式为建立"知青"点、到社队农林牧渔场参加集体劳动或插队落户。1971—1978 年相继下放应届初、高中毕业生

1 000 人,1979 年停止。

1969 年县成立知青办公室,各知青点由各系统和单位派干部带队,国家先后共拨给安置经费 74 万元和木材等物资,为"知青"建房 2 001 间。1971 年起,采取边下放边安置就业的政策,至 1985 年,所下放的知青除 1 人自愿在农村落户外,都得到安置就业。其中,担任行政职务的 534 人,担任民办教师和医生的 456 人,全民和集体所有制单位招工就业的 5 607人。

(卷十《劳动人事》,第 216—217 页)

《安化县志》

安化县地方志编纂委员会编,社会科学文献出版社 1993 年

(1964 年)10 月 24 日,县城首批城镇知识青年 200 人响应毛泽东关于知识青年"上山下乡"的号召,到农村插队落户。

(《大事记》,第 34 页)

此(1965 年末)后至 70 年代,动员城镇知识青年和居民上山下乡,同时,在城乡择优招收部分职工,安排下放知识青年就业。

(第五篇第一章《职工》,第 157 页)

第三节　城镇知识青年下放

1964 年 10 月,首批城镇知识青年自动报名上山下乡。以后,每年下放一批,持续至 1978 年。据 1968—1978 年统计,全县共下放知识青年 4 897 人。其中最多的 1968—1969 年,下放 1 375 人。最少的 1978 年为 18 人。下放知识青年中,有的到国营或集体农、林、茶场安家,有的到社、队插队落户或定点集中居住。知青下放后,每年都有一部分因招工、升学、征兵、外迁、病退返城。至 1978 年末,全县尚有在乡下放知青 1 959 人,其中女 1 034 人。分布在 13 个国营场、所,55 个公社的 1 218 个生产队。其中集中居住的劳动点 71 个。知青下放时,由财政拨给专项经费,交由主管单位用于建房、生产、生活补助。1975—1978 年间,县财政共拨款 88.82 万元,由接收社、队帮工帮料为知青修建专用房屋 230 栋,1 916 间,29 319平方米。

知识青年下放农村期间,有的加入了中国共产党和共青团,有的担任基层干部,成为生产骨干。但给下放知青在学习、生产、生活等方面,带来不少困难,也增重了接收单位的负担。1979 年,对下乡知青进行统筹安排,除已在农村结婚安家者外,余由各级机关,企业事业单位安排 1 590 人,其中提干 37 人,招工 1 266 人,征兵 53 人,升学 24 人,外迁 3 人,病退回城 270 人。到 1980 年末,下放知青先后招工招干达 3 926 人。

(第六篇第三章《移民　城镇居民与知识青年下放》,第 189 页)

《桃江县志》

桃江县志编纂委员会编,中国社会出版社1993年

　　1978年以后,主要安置城镇待业人员和上山下乡知识青年,农村招工停止。到1980年,收回安置全部下放的城镇知青4217人。

(第三篇第二章《人大　政府　政协　县人民政府》,第94页)

《望城县志》

望城县地方志编纂委员会编,生活·读书·新知三联书店1995年

　　(1963年)10月,首批35名长沙市知识青年下放到国营乔口渔场落户。至1980年底止,全县共有下放知识青年13508人,在1969—1981年期间,知青陆续参军、招工、升学、转点、病退,全部返城或就地安排就业。　　　　　　　　　　(《大事记》,第34页)

　　"文化大革命"时期,城镇待业人员下放农村劳动锻炼,只对1971年以前参加工作的临时工、合同工、轮换工、留城待业人员、上山下乡知识青年已经锻炼两年以上的以及城镇复员退伍军人招工。　　　　　　　　　　　　　　(第十卷第二章《劳动》,第258页)

安置上山下乡知识青年

　　1963年10月,长沙市首批35名知识青年下放到国营乔口渔场落户。当年,共有1240名知识青年下放到境内33个国社合营林场或社办林场劳动锻炼。1964年2月,长沙县上山下乡知识青年安置办公室成立,负责全县知青下放安置工作。1968年8月,县安置办公室改为四个面向办公室。从1969年下半年起,一面安置知青下乡落户,一面招收下乡劳动两年以上知青回城就业。当年,安置回城就业81人。1970—1976年,境内各镇、社、大队普遍建立知青点,建房455栋,建筑面积35万平方米,使大多数下乡知识青年集体生活、学习、劳动,参加所在队、场的收益分配。同一时期,境内知青陆续参军、招工、升学、转点、病退返城就业的达3000余人。1978年后,加快知青返城就业工作。至1980年底止,全县先后共有下放知识青年13508人(共拨付安置经费653.2万元),除30名病残者外,其余全部返城就业或就地安排就业。1981年5月,由县拨付20万元安置经费给县盲人工厂,将30名病残青年安置到厂,从事力所能及的劳动。

(第十卷第二章《劳动》,第259页)

《娄底地区志》

娄底地区地方志编纂委员会编,湖南人民出版社1997年

1963年,涟源县首批动员96名城镇知识青年上山下乡。

(第五卷第二篇第四章《劳动管理》,第523页)

"文化大革命"期间,城乡劳动力相互逆向流动。组织大批城镇中学毕业生到国营农、林场或农村插队落户。至1978年,上山下乡的知识青年2.78万人,安置经费达797万多元。为填补工矿企业劳动力不足,1966—1973年,从农村招收4.3万人。1978年底,国家取消知识青年上山下乡政策,原下乡的返城安置。1979年,返城知青和城镇新增劳力共3.3万多人,待业率高达15%。1980年,贯彻"在国家统筹规划和指导下实行劳动部门介绍就业、自己组织起来就业和自谋职业相结合"的就业方针。至1984年底,共安置59 490人。其中全民21 334人,集体35 800人,个体2 356人。待业人数减至5 333人,待业率降为2.8%。

(第五卷第二篇第四章《劳动管理》,第524页)

《娄底地区财贸志》

娄底地区财贸志编纂委员会编,(内部刊行)1992年

城镇青年就业经费

1964年始压缩城镇人口,一部分待业青年和闲散劳力下放农村,列城市人口下乡安置费,至1968年共支出92.2万元。1969年大批城镇知识青年、居民到农村安家落户,安置费达142.9万元。次年减为5.7万元。1974年及以后每年安置费又增长到110万元以上。从1979年起,下放人员先后回城就业,城市人口下乡安置费改为城镇待业青年就业安置费。1985—1989年共支出333.1万元,平均年支66.6万元,其中扶持生产资金占47.8%,就业培训费占20.7%,业务及其他费用占26.1%,安置费占5.4%。

(上卷第一篇第二章《财政支出》,第67—68页)

1979年起,落实政策,大批下放农村的知识青年及其他人员陆续返城,加上新建娄底地区,干部职工家属从邵阳迁入,是年增加非农业人口3.42万人,净增定量口粮178.5万公斤。

(下卷第三篇第一章《粮油购销》,第331页)

《娄底市志》

湖南省娄底市志编纂委员会编,中国社会出版社 1997 年

是年(1964 年),娄底镇下放知识青年 80 人去漆树公社插队落户。到 1976 年止,境内共下放知识青年 2 191 人(其中下放在茶园、万宝、西阳等公社的 2 111 人),1978 年后陆续返城就业。   (《大事记》,第 49 页)

是年(1974 年),涟钢选定在茶园公社办知青点,配备专职干部驻点。全厂先后下放知识青年 520 名到茶园公社知青点参加劳动生产,1978 年后,陆续返厂就业。(《大事记》,第 53 页)

第四节 安　置

1966 年 8 月,县境首批 222 名城镇知识青年下放到东源、金坪两个集体茶场。1968 年起,人民政府号召广大青年"面向农村、面向边疆、面向矿山、面向工厂"。1970 年,县革命委员会成立"四个面向"办公室,先后在官塘农场、时丰茶场、芦头林场、长寿采育场等单位设立 64 个"知青点",开始大规模的知识青年下放运动。到 1978 年 6 月,先后有 6 710 名城镇知识青年下放到 53 个公社 7 个农林茶场的知青点或直接插队落户。1974 年开始,对下放知识青年进行安置工作。到 1981 年止,全部作了安排。其中招工、招干、招生 5 709 人,因病返迁 794 人,与农民结婚,给予一次性补助,定居农村的 88 人,死亡 19 人。1981 年,对 113 名因各种原因未收回城镇的老知青,办理一次性安置手续,发放安置经费 40 475 元,人均 358 元。   (第十四编第四章《民政》,第 467 页)

1963 年,把中学毕业、年满 16 周岁以上的城镇男女青年列为"知识青年",动员他们到农村去锻炼。自 1964 年起,全面开展知识青年上山下乡运动。下乡对象除知识青年之外,还有职工和城镇闲散劳动力,其中部分安置在生产队插队落户,大多数安置在公社、大队办的茶场、园艺场和其他社队企业。1968 年,万宝经济场接收知识青年 334 人;娄底镇与磨子石镇下放居民 224 户,859 人。1974 年后,采取厂社挂钩办"知青点"的办法,下乡人员被安置在"知青点"。1974—1976 年,涟源钢铁厂在茶园公社投资 12 万余元,办"知青点"12 个,安置知识青年 520 人。自 1963—1977 年,境内共动员 3 050 人下乡,其中知识青年 2 191 人,安置经费达 63 万余元。1978 年,不再动员知识青年上山下乡。下放的知识青年,经两年锻炼后,大部分得到安置。1979 年,没有安置的历届下放知识青年及其他城镇居民全部返回城镇落户,城镇待业人员激增至 3 769 人。

1980 年后,贯彻中央提出的"在国家统筹规划和指导下,实行劳动部门介绍就业、自愿组织起来就业和自谋职业相结合"的就业方针。1980—1984 年,兴办羊毛衫厂、食品厂、水

泥厂、纸箱厂等厂（店）8 家，一次性安置知识青年 498 人；由各全民企事业单位带办集体企业，安置待业人员 556 人；自愿组织起来就业者 386 人；发展个体经济自谋职业者 332 人；加上大中专和技校招生等途径，共安置待业人员 7 411 人，占待业人员总数的 87.18%。

（第十八编第一章《劳动》，第 542—543 页）

《洪江市志》

洪江市志编纂委员会编，生活·读书·新知三联书店 1994 年

（1968 年）10 月 22 日，镇革委会欢送第一批知识青年下农村，接受贫下中农再教育。至 1978 年共下放知识青年 7 483 人。

（《大事记》，第 38 页）

下乡知青安置

1964 年，市委根据中共中央、国务院《关于组织城市知识青年参加农村社会主义建设的决定》，开始动员组织城镇知识青年下农村。1968 年镇革委成立"四个面向"办公室，组织知识青年成批下放农村，分散插队。1969 年起，集中安置知青到农林场站，建立知青场和知青点。1973 年以后，"四个面向"办改为知青办公室，按照中央《关于知识青年上山下乡若干问题的试行规定》（草案），继续开展城镇知青下放工作。至 1978 年全镇共下放知青 7 483 人，绝大部分分配在镇内和黔阳、会同、靖县、溆浦的 37 个乡、79 个村和 28 个农、林、场、站，共拨出安置经费 156.2 万元。历年下放知青除从农村直接招工、招干、参军、升学和少数在农村安家落户的外，其余已于 1980 年回城，并安排适当工作。

（第十六篇第二章《劳动》，第 465 页）

《津市志》

津市志编纂委员会编，教育科学出版社 1993 年

（1964 年）10 月，首批知识青年 405 人下乡。

（《大事记》，第 20 页）

知识青年安置

1964 年，为精简城镇人口，号召城市知识青年上山下乡，劳动锻炼。是年，首次安置 405 名知识青年下放澧县、安乡、常德农村或农场务农。次年，第二批知识青年 289 人赴澧县、临澧县乡村插队落户。1968 年，毛泽东主席发出"知识青年到农村去，接受贫下中农再教育很有必要"的号召，全市高、初中毕业生积极响应，镇革命委员会成立"四个面向办公室"，负责知青下放工作，城镇劳动就业遂被大规模上山下乡运动所取代。是年 10 月，"红卫兵大寨兵

团"29 人,奔赴石门县南镇药场落户。同年 11 月,第二批知识青年赴临澧县 8 个公社插队。1969 年,在"我们也有两只手,不在城里吃闲饭"口号影响下,动员城镇居民、社会闲散人员以及在职干部、职工等下放农村。1964—1978 年,全市安置下放各类人员共 11 251 人。其中知识青年 5 938 人(1964 年下放 405 人,1965 年 289 人、1968 年 1 810 人、1971 年 1 870人、1972 年 480 人、1973 年 373 人、1974 年 394 人、1975 年 689 人、1976 年 550 人、1977 年705 人、1978 年 55 人),干部 729 人,职工 1 137 人,家属 514 人,居民 2 933 人。

1969 年开始,下放各地知识青年通过招工或病残返回津市 1 411 人,其余知青或被外地招工,或升学,或参军,仅 36 人在农村成家立业,由当地政府就地安置。至 1979 年,下放干部、职工、家属、居民全部收回。　　　　　　　　　　　　(第十五编第一章《劳动》,第 472 页)

广东省

《广东省志·大事记》

广东省地方史志编纂委员会编,广东人民出版社 2005 年

(1964 年)8 月 11—17 日,省下乡回乡知识青年代表会议在广州召开,共 1 400 名代表参加。陶铸、赵紫阳等党政负责人出席会议,并勉励知识青年坚决走革命化、劳动化的道路。

(第 575 页)

(1968 年)10 月 25 日,广州市高、初中毕业生 7 万人举行上山下乡表忠誓师大会。11 月 5 日,广州军民集会欢送到农村去的首批中学生。 (第 602 页)

12 月 22 日,毛泽东发出"知识青年到农村去"的指示。至 1970 年止,全省知识青年上山下乡达 40 余万人。 (第 603 页)

(1969 年)3 月 4 日,省革委会发出《关于一九六九年知识青年上山下乡有关问题的通知》,省统一安排 15 万人,其中到农场 3.5 万人,到农村插队落户 11.5 万人。并规定每人给安置费,最高 230 元,最低 50 元。 (第 604 页)

12 月 11—18 日,省革委会召开上山下乡知识青年活学活用毛泽东思想经验交流大会。会上通过了给全省知识青年的倡议书,表彰一批先进单位和个人。 (第 607 页)

(1971 年)12 月 22—28 日,省革委会召开全省知识青年上山下乡工作会议,总结交流经验,研究今后工作。全省 40 万名知青中,有 4 300 人入党,4.4 万多人入团,2 000 多人参军,800 多人上大学,1.3 万多人担任生产队以上领导,3 万多人当教师、"赤脚医生"等。 (第 613 页)

(1973 年)7 月 23—28 日,省革委会召开全省中级人民法院院长座谈会,讨论从法律上保护上山下乡知识青年问题。 (第 618 页)

8 月 15—29 日,省革委会召开知识青年上山下乡工作会议。 (第 618 页)

(1975 年)8 月 5—10 日,全省知识青年上山下乡积极分子代表大会在广州召开。

(第 623 页)

(1976 年)8 月 3 日,省、广州市革委会召开广州地区 1976 年知识青年上山下乡动员誓师大会。 (第 625 页)

（1979 年）7 月中旬，省革委会召开全省知识青年上山下乡工作会议，研究统筹解决知青问题和加强对知青的思想教育工作。 （第 638 页）

（9 月）省委第一书记、省革委会主任习仲勋，省委第二书记、省革委会副主任杨尚昆接见本省参加全国部分省、市、自治区上山下乡知识青年先进代表座谈会的下乡知识青年、南海县小塘公社五星大队党支部书记招汉铨、广州市机械化养鸡场副场长戴彩润。 （第 640 页）

（1980 年）1 月 30 日，省委向中央报告：去年全省共安置城镇待业人员 47 万人，为全省待业总人数（包括下乡插队知青）的 51％。今年计划再安排 40 万人。 （第 644 页）

9 月 5—11 日，省政府召开全省劳动就业工作会议。会议决定调整现行政策，广开就业门路。知青就业不搞"定向"分配，尽量在城镇安排。10 月 6 日，省政府印发《全省劳动就业工作会议纪要》，逐步解决下乡青年回城就业问题。 （第 648 页）

（1984 年）2 月 14 日，《南方日报》报道，中共十一届三中全会以后，全省已安置城镇待业人员 192 万人，其中包括近百万下乡知识青年，从而使这一历史遗留问题基本得到解决。 （第 683 页）

《广东省志·地理志》

广东省地方史志编纂委员会编，广东人民出版社 1999 年

在这十年动乱中，城镇经济陷入崩溃的边缘，动员大批知识青年上山下乡，加上广大干部下放和部分干部、职工以及其家属因受政治迫害及牵连等原因被遣送回乡等，造成大规模的人口从城镇倒流农村。从 1968 年至 1979 年，即中共十一届三中全会宣告知识青年上山下乡运动结束止，全省上山下乡的知识青年共有 87.32 万人。 （第十章《人口》，第 374 页）

中共十一届三中全会以后，各项政策得到全面落实，上山下乡的知识青年、下放劳动锻炼的干部和被遣送回乡的干部、群众及其家属，绝大部分从农村返回城镇，加上由于经济的迅速发展，又一次出现农村人口向城镇迁移的高潮。因此，这一时期全省城镇人口增加较快，1978 年全省市、镇非农业人口为 901 万人，到 1987 年达 1 432 万人，增长了 58.9％，平均每年增加 59 万人。 （第十章《人口》，第 374 页）

《广东省志·测绘志》

广东省地方史志编纂委员会编，广东人民出版社 1996 年

(1975 年)3 月,省测绘局抽调第一测量队经过短期培训的人员和行政、技术干部组成第二测量队、第四测量队(大地测量队),在英德一带施测 1/1 万航测外业工作和水准测量准备工作。同时招收上山下乡知识青年充实第一、四测量队,成立第三测量队,后又招收下乡知识青年成立综合大队(航测内业和制图),并分别进行短期专业培训,然后开始作业。

(《大事记》,第 22 页)

1974 年 7 月起,从省内调集测绘技术人员,招收退伍军人 100 人和上山下乡知识青年,在韶关市河边厂组建第一地形测量队,培训测量人员。到 1975 年 3 月,从第一地形测量队抽调大部分人员组建第二地形测量队和大地测量队,后又招收第二批上山下乡知识青年充实第一地形测量队和大地测量队,并成立第三地形测量队。先后投入一等水准测量和 1/1 万比例尺地形图航测外业工作。

(第一章《测绘机构和队伍》,第 54 页)

《广东省志·人口志》

广东省地方史志编纂委员会编,广东省人民出版社 1995 年

"知识青年上山下乡"是导致城市人口大批向农村迁移的一个方面。知识青年上山下乡,建国后就已开始,但数量不多。1964 年后,数量不断增多,而大规模的上山下乡,是发生在"文化大革命"期间,即 1967 年冬开始,1968 年是最多的一年,达到 17.6 万人,随后一直延续到 1979 年,先后共约 100 万人。直至 1978 年,大规模的知识青年上山下乡运动告一段落。

1962—1979 年广东省知识青年上山下乡人数　　　　单位:万人

年　份	人　数	年　份	人　数
1962—1966	10.68	1971	1.60
1968	17.60	1972	2.07
1969	8.60	1973	4.91
1970	6.00	1974	6.48
1975	17.18	1978	1.07
1976	11.50	1979	0.37
1977	9.94		

(第二章《建国后人口数量变动》,第 67—68 页)

1978 年底中共十一届三中全会以后,上山下乡的知识青年、下放劳动的干部和被遣送回乡的干部、群众及其家属,相继返回城市。　　　　（第二章《建国后人口数量变动》,第 68 页）

1978 年改革开放后,……为适应新形势需要,广东对户口管理进行了相应的改革。

一是调整部分户口迁移政策。……对"文化大革命"期间以及历史遗留的城镇知识青年上山下乡回城镇落户就业,冤假错案平反后有关人员回城复户复职等作了相应的规定,使这部分人能顺利返回城镇落户,消除了一些可能引起的不安定因素。

（第十章《户口管理》,第 245 页）

《广东省志·华侨志》

广东省地方史志编纂委员会编,广东人民出版社 1996 年

"文革"期间,广州归国华侨学生中等补习学校和暨南大学相继被迫停办,归侨学生被动员上山下乡。下放到广东各华侨农场和国营农垦农场的归侨学生共有 1 300 多人,其中小部分来自北京、厦门等地。归侨学生下乡期间,政治上受歧视,生活上得不到适当照顾,1973年国务院发出指示,指出华侨学生回国主要是为了求学,应当根据"来去自由"的精神,凡有正当理由要求出国的,应予批准,并对他们存在的问题,加以妥善解决。但当时没有得到认真贯彻,至 80 年代才得到妥善安置。　　　　（第三章《广东侨务》,第 230 页）

《广东省志·宗教志》

广东省地方史编纂委员会编,广东人民出版社 2002 年

1958 年有几十位回族青年穆斯林响应"知识青年到农村去"的号召,上山下乡务农。

（第三章《伊斯兰教》,第 260 页）

《广东省志·中共组织志》

广东省地方史志编纂委员会编,广东人民出版社 2001 年

1968 年 11 月 22 日,毛泽东发出"知识青年到农村去"的指示。广东省革委会于同日发出通知,号召广大知识青年上山下乡,接受贫下中农再教育。至 1970 年止,全省上山下乡的知青达 40 余万人。　　　　（第三章《建国后的重大决策和活动》,第 296 页）

《广东省志·青年工作志》

广东省地方史志编纂委员会编,广东人民出版社 2007 年

(1955 年)12 月 6 日,广州市青年志愿垦荒队第一队出发海南岛垦荒。5 日,广州市各界举行盛大欢送会。中共广东省委书记陶铸接见垦荒队全体队员。 (《大事记》,第 20 页)

(1968 年)10 月 25 日,广州市高、初中毕业生 7 万人举行上山下乡表忠誓师大会。

(《大事记》,第 23 页)

(1969 年)12 月 11—18 日,广东省上山下乡知识青年活学活用毛泽东思想经验交流大会在广州召开。 (《大事记》,第 23—24 页)

至(1970 年)年底止,广东知识青年上山下乡达 40 余万人。 (《大事记》,第 24 页)

(1971 年)12 月 22—28 日,广东省知识青年上山下乡工作会议在广州召开。

(《大事记》,第 24 页)

(1973 年)8 月 15—29 日,广东省召开知识青年上山下乡工作会议。

(《大事记》,第 24 页)

(1975 年)8 月 5—10 日,广东省知识青年上山下乡积极分子代表大会在广州召开。

(《大事记》,第 24 页)

(1979 年)7 月中旬,广东省召开知识青年上山下乡工作会议。 (《大事记》,第 25 页)

《广东省志·妇女工作志》

广东省地方史志编纂委员会编,广东人民出版社 2007 年

(1973 年)9 月 17 日,省妇联发出关于进一步抓好上山下乡知识青年工作的通知,要求各级妇联要配合有关部门做好知青的思想教育工作,特别要关心女知青的特殊问题。要严肃处理摧残、迫害上山下乡知青的犯罪分子,协助有关部门落实党对知识青年上山下乡的各项政策。

(《大事记》,第 34 页)

《广东省志·劳动志》

广东省地方史志编纂委员会编，广东人民出版社2003年

是年（1961年），广州市动员保留城市户口的知识青年200多人到省属珠江农场参加农业生产。 （《大事记》，第23页）

（1963年）1月14日，广东省成立"国营农场、林场、水产养殖场安置家居大中城市精简职工、青年学生和城市闲散劳动力领导小组"（简称"省安置领导小组"），罗天副省长任安置领导小组组长。1964年4月24日，该领导小组改名为"广东省人民委员会安置城市下乡青年领导小组办公室"（简称"省安置办"）。 （《大事记》，第23页）

是年（1964年），中共中央、国务院颁发《关于动员和组织城市知识青年参加农村社会主义建设的决定（草案）》，提出动员"知识青年上山下乡，接受贫下中农再教育"的口号，广东省掀起知识青年上山下乡热潮，动员大中城市及2000人以上集镇非农业人口中的18周岁以上的应届、历届中小学毕业生到农村去。 （《大事记》，第23页）

至是年（1966年）底，全省共动员10499名知识青年上山下乡。 （《大事记》，第24页）

（1968年）10月，《人民日报》引述毛泽东主席"知识青年到农村去，接受贫下中农再教育，很有必要"的号召，广东省掀起知识青年上山下乡高潮。 （《大事记》，第24页）

（1972年）12月，省人民委员会安置城市下乡青年领导小组办公室划归省劳动局革命委员会代管。 （《大事记》，第25页）

（1973年）6月，中共广东省委决定：成立省知识青年上山下乡工作领导小组。

10月23日，省委决定将省知青上山下乡工作领导小组改为中共广东省委知识青年上山下乡工作领导小组，省革委会副主任张根生任组长，程里等任副组长，并设立"广东省革命委员会知识青年上山下乡工作办公室"。 （《大事记》，第25页）

8月29日，省委颁发《关于印发〈广东省知识青年上山下乡初步规划和实施办法试行草案〉的通知》，规定城镇中学毕业生分配，以上山下乡为主。 （《大事记》，第25页）

10月23日，省委第一书记赵紫阳主管省知识青年上山下乡工作。

（《大事记》，第25页）

（1980 年）5 月，"省知青办"合并于省劳动局，对外仍保留"省知青办"名称，程里任劳动局局长兼"省知青办"主任。全省知青工作遗留问题统一由省劳动局负责处理。

（《大事记》，第 26 页）

至是年，全省上山下乡知识青年共达 100.543 4 万人。是年，全省安置回城上山下乡知识青年 45.6 万人，比原计划多安置 5.6 万人。

（《大事记》，第 27 页）

1972 年，广东省人民委员会安置城市下乡青年领导小组办公室（简称"省安置办"）划归省劳动局代管。1973 年，省劳动局不再代管省安置办。1980 年，省劳动局与广东省革命委员会知识青年上山下乡工作办公室（简称"省知青办"）合并，一套领导班子挂两个牌子。

（第一章《管理机构》，第 57 页）

"文化大革命"期间，除广州市劳动局经市革命委员会批准保留下来之外，其他市劳动行政管理机构均被撤销，劳动业务工作由市革命委员会生产组属下的劳动知青办公室或劳动工资办公室负责。1972 年，各市先后恢复劳动局，并将上山下乡知识青年办公室合并进去，一套人马两块牌子。汕头市于 1973 年 9 月又将市劳动局与市上山下乡办公室分开，佛山市则于 1974 年在市上山下乡知识青年办公室内设置宣传教育科和动员安置科。

（第一章《管理机构》，第 57 页）

自 1972 年起，各地方开始逐步恢复设立县（市、区）劳动局（科）。各地劳动局（科）大多曾经一度与当地上山下乡知识青年办公室合并办公。　（第一章《管理机构》，第 58 页）

第五、第六个五年计划时期（1976—1985 年）至 1987 年，是广东人口增长较快时期，随着对外开放、对内搞活方针的贯彻，城镇广开就业门路，限制农村人口进城的政策有所调整，全省容纳了约 350 多万转移到城镇的农村劳动力（包括"农转非"和自理口粮进城、务工经商的农民），加上新建了一批市、镇以及近百万城镇知识青年上山下乡后又回到城市，广东城镇人口从 1976 年的 772.76 万人增加到 1987 年的 1 309.92 万人，平均每年增加 44.8 万人，年递增率达到 4.5%，城镇人口比重从 1976 年的 15.7% 上升到 1987 年的 22.5%。

（第二章《劳动力》，第 63 页）

根据国务院规定精神，（1973 年）同年，省劳动局制订了《关于职工退休、死亡后实行子女顶替或照顾吸收问题的解答》，并会同省知青办，印发了《关于矿山井下、野外勘探、森林采伐和盐场补充自然减员问题的通知》，允许上述行业补充其从 1973 年以来发生的自然减员，其他全民所有制企事业单位也按有关规定实行子女顶替。　（第三章《劳动就业》，第 84 页）

1975 年 4 月，省政府规定复员退伍军人的安置，继续贯彻"从哪里来回哪里去"的原则，对复员干部和城镇退伍军人，优先安置到重点建设的企事业单位工作；入伍前是上山下乡知青的，退伍后由入伍原在市按城镇复退军人安置就业。　　（第三章《劳动就业》，第 86 页）

由于"统包统配"就业制度及大量上山下乡知识青年（简称"知青"）回城的影响，"文化大革命"结束时，广东省城镇积累了大量的待业人员。全省城镇待业人员从 1977 年末的 19.6 万人增加到 1978 年的 36 万人，1979 年又增加到 67 万人，加上回城的知青，全省城镇待业人员达到 92.8 万人，待业率高达 7.9％，劳动就业成为困扰千家万户的社会问题。……1979 年至 1982 年全省城镇共安置 162.9 万人就业，年末尚未安置的待业人数逐年大幅度下降，由 1979 年末的 45.8 万人，下降到 1980 年的 28.3 万人，1982 年又下降到 14.2 万人。历年上山下乡的近百万知青得到了妥善安置。1982 年末，全省城镇待业率下降到 1.7％

（第三章《劳动就业》，第 91 页）

第四章　城镇知识青年上山下乡
第一节　机　　构

1963 年 1 月 14 日，广东省人民委员会批准成立"国营农场、林场、水产养殖场安置家居大中城市精简职工、青年学生和城市闲散劳动力领导小组"（以下简称"安置领导小组"），负责全省城镇知识青年和其他社会闲散劳动力下乡、回乡参加农村社会主义建设工作。副省长罗天任安置领导小组组长。安置领导小组下设办公室，由农林水办公室代管，所需干部从农林水办公室、农垦厅、林业厅、水产厅等单位抽调。1964 年 4 月 24 日，省安置领导小组改名为"广东省人民委员会安置城市下乡青年领导小组办公室"（以下简称"安置办"）。1969 年，广东省成立省战备疏散安置办公室，同省安置办合署办公。1972 年 6 月 17 日，省战备疏散安置办公室划归省革命委员会保卫组，省安置办即独立办公。同年 12 月，"省安置办"归省劳动局代管。1973 年 6 月 6 日，中共广东省委决定：成立"省知识青年上山下乡工作领导小组"，由省革委会副主任张根生等 16 人组成。张根生任领导小组组长，程里等任副组长。同年 6 月 26 日，省委决定，省安置办改为独立单位，归省计委领导，编制为 30 名。同年 9 月 25 日，省委决定程里任省安置办中共党的核心小组组长。10 月 23 日，省委决定，将"广东省知识青年上山下乡工作领导小组"改名为"中共广东省委知识青年上山下乡工作领导小组"，由省委第一书记赵紫阳主管此项工作，并对领导小组成员进行补充调整，由 16 人增加到 20 人，张根生、程里仍任领导小组正、副组长。领导小组下设"广东省革命委员会知识青年上山下乡工作办公室"（简称省知青办）。10 月 25 日省知青办由省农林水办公室代管。12 月 13 日，省编委同意知青办内设行政秘书、计划、政策研究和宣传教育 4 个处，增加编制

5 名。1976 年 2 月,省知青办再增加编制 5 名,共 40 名。同年 11 月,政策研究处改为安置处。1980 年 5 月,省知青办与省劳动局合并,一套班子,两块牌子。程里任省计委副主任、计委中共党组成员兼省劳动局局长、知青办主任、党组书记。合并后知青工作遗留问题统一由省劳动局负责处理,并在省劳动局内增设社会劳动力管理处,具体负责管理城镇劳动就业和处理上山下乡知识青年工作遗留问题。

第二节 动　员

广东省动员城镇知识青年(以下简称"知青")上山下乡,历经两个时期。一是 1961 年至 1966 年,主要是动员包括城镇知青在内的城镇闲散劳动力下乡安置,作为解决劳动就业的一个出路;二是从 1968 至 1980 年,是在毛泽东主席发出"知识青年到农村去,接受贫下中农再教育,很有必要"的号召后,响应党中央、毛泽东主席号召,动员知青上山下乡,接受贫下中农再教育。

60 年代初,广东贯彻国民经济"调整、巩固、充实、提高"的八字方针,企业精简、压缩职工。同时,城镇多年积累下来的待业人员和新成长的劳动力需要解决就业问题。根据当时的形势和中共中央的要求,组织了大批城镇闲散劳动力到农村,其中包括城镇不能升学的历届和应届中学毕业生及其他城镇青年。

1961 年,广州市动员保留城市户口的知青 200 多人到省属珠江农场参加生产。1962 年、1963 年,全省共动员保留城市户口的知青 1.205 4 万名到国营农、林、牧、渔场参加生产。

1964 年,中共广东省委、省人民委员会贯彻中共中央、国务院关于动员和组织城镇知识青年参加农村社会主义建设的指示,动员城镇知青上山下乡的运动在全省全面展开。各级党委、人委以及有关部门密切配合,广泛宣传,组织召开各种形式的宣传动员大会和欢送会,大规模地动员知青上山下乡参加农村社会主义建设,动员地点以大中城市为主,适当照顾小城镇,凡拥有非农业人口 2 000 人以上的集镇,均列入动员范围。动员对象是家在城镇的 18 周岁以上不能升学的历届、应届中、小学毕业生。1965 年 5 月广东省人民委员会颁发《广东省动员和组织城市知识青年上山下乡参加农村社会主义建设工作条例(试行草案)》,将动员对象的年龄改为年满 16 周岁以上的不能升学的毕业生。到 1966 年底,全省共动员下乡、回乡青年 1.049 9 万人。

1968 年 10 月,城镇知识青年上山下乡运动在全省再次掀起高潮。非农业人口 2 000 人以下的城镇也列入动员范围,这部分知青就地安排,参加农业生产劳动,转为农业人口。1967 年至 1972 年,全省动员上山下乡、回乡的城镇知青 34.967 万人,其中到广州军区生产建设兵团的有 11 万人。

1972 年 7 月,省革命委员会生产组在《关于 1972 年动员城镇知识青年上山下乡的通知》中规定,除根据国家有关规定和国家计划继续升学、患严重疾病或残废者,独生子女、多子女家庭身边只有一个子女以及家庭有特殊困难的不作为动员上山下乡对象以外,其余都动员上山下乡。归侨学生下乡的,主要安排到华侨农场。1973 年 8 月,省委发出通知,适当扩大了知青的留城面:中国籍的外国人子女不动员上山下乡。矿山井下、野外勘探、森林采伐、盐场等行业的职工退休时,可由其子女顶替;补充减员或按国家计划增加工人时,可从本单位符合条件的职工子女中招收。1973 年以前,动员安置上山下乡知青工作主要由文教和安置部门负责,其他单位配合。1973 年起,实行按知青家长所在单位、系统归口包干负责动员,并与安置地区定点挂钩定向安置上山下乡的办法。1973 年至 1978 年,全省动员下乡、回乡的城镇知青 54.382 7 万人,平均每年近 10 万人。从 1979 年起,调整政策、逐步缩小上山下乡的范围,进一步扩大留城面:病残留城子女,其照顾不了父母的允许多留一个子女;孤儿、归侨学生以及夫妇只有两个子女的不动员;符合晚婚条件的出嫁女,不能照顾父母的,允许再留一个子女;同父异母或同母异父的,允许父母各留一个子女;下乡知青升学、招工、参军和病退等回城的,不作身边有子女看待;矿山、林区、分布在农村的有安置条件的事业单位,小集镇和一般县城非农业户口的中学毕业生,不列入上山下乡范围。1978 年至 1979 年,全省下乡 1.446 万人。1980 年,下乡的政策做了较大的调整,留城范围更加扩大,要求大中城市想方设法发展生产,广开就业门路,逐渐减少上山下乡的范围和人数,有安置条件的城市,也可以不动员知青上山下乡。这一年,全省仍有 3 217 名城镇知青上山下乡。1968 年至 1980 年,全省累计上山下乡 90.043 8 万人。1981 年起,停止动员知青上山下乡,对已上山下乡的城镇知青由政府就近就地安排或回城安排工作。

第三节 安 置
一、形 式

1961 年至 1980 年,全省上山下乡知青共达 100.543 4 万人。对城镇上山下乡知青的安置,原则上由动员地区自行调整安置,但部分大中城市自行安置有困难的,例如广州市、汕头、湛江地区的知青除本地区可安置部分外,还有部分由省统一安排。广州市的知青主要安排到海南、佛山、惠阳、肇庆地区;汕头地区的知青主要安排到海南、惠阳地区。

知青上山下乡主要以插队、插场和回乡的形式予以安置。1973 年以前,主要安置在国营农、林场,安置到社队的多数是分散插队。1973 年以后主要是集体插队为主。

（一）插队安置

1961 年至 1980 年,全省历年累计插队知青约 45 万人,占全部下乡知青的 46%。知青插队一般是 5—7 人组成知青小组,集体插入农村生产队,或由知青单独组建知青生产队,也有部分是分散插队的。知青插队安置,多选择地多人少、生产潜力较大、社员收入水平较高、群众基础较好、领导力量较强的社队。1965 年底以前,插队知青分布在全省 94 个市、县,314 个人民公社,855 个生产大队,4 737 个生产队。

（二）插场安置

1961 年至 1980 年,全省安置在国营农、林、牧、渔场,集体所有制场队和生产建设兵团的知青共 53.8 万人。安置在国营场和生产建设兵团的知青,属全民所有制职工,享受所在单位职工同等待遇。从 1973 年起,各地人民公社、生产大队为安置知青,创办了许多集体所有制农、林场,由动员地城市选派干部带队,插入县、社、队创办的农、林场和知青场中集中安置,并与农、林场工人同工同酬,享受农场工人同等待遇。到1979年,全省社、队办知青场,队3 200多个,安置11.2万人。动员地城市选派的下乡知青带队干部参加县、社领导班子,协助社队做好知青安置工作,并作为干部下放劳动的一种形式,实行轮换制。1979年,全省在农村的带队干部有4 300多人。1964年至1972年,安置到国营农林茶场及广州军区生产建设兵团的知青共计12.251 1万人(兵团于1969年4月组建,其前身为省农垦局的国营农、林、茶场,1974年8月结束)。安置对象主要是由省统一安排的广州、汕头、湛江、佛山、海口、梅县等大中城市的知青和汕头专区内人口稠密农村地区的应届初、高中毕业生。

(三)回乡安置

原籍农村有直系亲属,并取得亲属同意,能解决住房等问题,并经接收县同意的知青,可回原籍农村家乡安置。1964年至1979年,在本省或外省有亲属的回乡知青全省共计1.793 4万人。其中到外省回乡的知青883人,接收外省广东籍回乡的716人。

二、待　遇

1964年,城镇知青下乡时,粮食部门按本人原粮食定量发给1个月的粮票,原定量每月不足30斤大米的,补足30斤。插队的下乡知青,从到达生产队后第二个月起至下季粮食分配前,这期间由当地粮食部门按所在生产队一般社员的实际吃粮水平,按国家统销价格安排供应。在新粮分配后因各种原因所分配的口粮达不到所在生产队一般社员吃粮水平的,当地粮食部门对其不足部分可延长供应时间。插场知青在按规定带粮期满后,由国家按所在场职工吃粮标准供应。下乡知青的食油供应,如接收单位没有油料生产或不留自用食油的,由当地粮食部门按当地定量标准供应。1973年,插队知青的口粮改为:第一年,按照每人每月35斤大米标准由国家统销供应;知青参加所在地收入分配后,对其能正常出勤的,每月口粮低于45斤原粮的,由国家统销给予补助。插场知青按所在场同工种职工口粮标准供应。下乡知青的食油、食肉,第一年按照当地非农业人口标准由国家供应,一年以后,主要依靠自力更生解决。

城镇知青下乡的生活,主要依靠本人参加集体生产劳动后的分配所得。但因知青下乡后,对生产劳动要有一个熟悉过程,所以,国家在一定时期内给予购置基本生活用品和购买口粮等生活补助。1964年,省规定插场知青的生活补助费为每人每月11元,补助期1年,插队知青的口粮补助费每人每月5至6元,补助期为4至8个月(1965年调整为10个月至1年)。1973年后,国家对下乡知青统一给予1年半的生活补助费,第一年为100元,第二年补助为30元(半年),共计130元。

知青下乡插队、插场初期,住房问题主要由接收单位采取挤、借、让等办法解决。随后,由国家拨经建房费和木材、水泥、钢材、玻璃等物资,逐步建起新房。1964年,插场知青建房费按每人5平方米拨给,每平方米造价:农林场30元,渔场40元。插队知青的住房由所在生产队负责解决。国家要求,拨给生产队的知青安置费应首先用于解决插队知青的住房问题。1973年,省对下乡知青按每人0.4—0.5立方米供应木材,力求使下乡知青人均居住面积达到8—10平方米。1973年,下乡知青有48%未解决住房问题,到1978年有75%已住上了知青房。1979年,仍在农村的53万知青中,9%未建新房。到1981年底,历年累计建房22.921 2万间,减去变价处理房,仍有9.840 3万间,面积为228.486 2万平方米。

知青下乡后,通过参加当地社队的合作医疗来解决其卫生医疗问题,医药费从插场、插队安置费中划出10元作为第一年的医疗费,用于支付参加当地合作医疗和医治疾病的费用。同时,各级卫生部门为每个知青点培训赤脚医生和卫生员。下乡知青有重病、重伤的,经县知青办或所在团、场领导机关批准,持当地医院的转诊证明,可以到城市就医。下乡知青探亲期间,可以持探亲证明到所在的城市医院治病。

1973年起,从知青经费中人均拨出70元(同年稍后调整为80元)作为下乡知青购置小农具和家具补助费,此费用拨付接收单位统一购置,主要用于配备锄、镰、扁担、尿桶、粪箕等小农具以及给每个知青点购置锅碗、缸盆、桌椅、床板等。农具和家具的购置,仅限于解决下乡知青生产和生活上最低限度的需要,以后随本人劳动收入的增加,再自己逐步添置。

1964年,省人民委员会规定,知青安置经费中包括了对知青下乡前的困难补助费,但此项开支人均最多不得超过20元,补助的原则是困难大的多补助,困难小的少补助,无困难的不补助。困难补助主要用于部分知青下乡时缺少蚊帐、被子、棉衣、草席、铁桶等物资,而家庭经济困难又确实无法解决的。1973年,国家对1972年以前下乡的知青,凡是生活长期不能自给或住房没有解决的给予一次性困难补助。困难补助的标准:由于安置不当,生活长期不能自给,需要转点安置或结婚没有住房的,每人补助300元;没有建房的,每人补助建房费200元。其余生活不能自给的,每人补助100元。全省为1972年前下乡的6万多名知青补助了建房费769万元,给生活困难的9 100多名知青发放困难补助费400多万元。

1965年,省人民委员会要求1965年以前下乡的知青在秋收分配时,每人一年总收入应达到120元以上,以此作为搞好知青生活自给的标准。插队知青生活自给情况,在地区之间,县、社之间很不平衡。生活能自给或大部分能自给的地方,一般生产水平比较高,分配政策比较落实,实行同工同酬,劳动日工值一般在5角以上;生活不能自给的地方,生产水平低,集体收入少,劳动日工值只有两三角,甚至1角多。1973年,在插队知青中,生活能够自给有余的,约占31%;生活能够大部分自给(即伙食能够自给,但穿、用还要父母贴钱的)约占33%;生活不能自给的占36%。广州、佛山、惠阳、海南自治州、韶关、湛江、梅县自给或大部分自给的占60%—70%,汕头地区仅占26%。

三、经　费

1963年,省安置办成立后,在财政、银行等部门配合下,对知青经费的管理制定了一系列管理制度。1964年9月,制定了《城市下乡青年安置经费管理暂行规定》;1973年9月,制定了《关于知识青年下乡安置经费的使用管理办法》(试行草案);1979年10月又制定了《知青经费中的扶持资金使用管理办法》。这些规定,对安置经费的使用原则和范围,开支项目和标准,管理和使用办法做出了具体的规定。知青安置费的使用,由主管安置部门会同财政部门和银行,按省下达的安置计划和经费指标,编制安置费支出预算,报同级政府批准后执行。动员城市在年终时,按实际下乡人数和规定的标准,向原拨款的主管部门和财政部门办理结算,并把余额全部缴回财政部门。1973年,省知青办组织全省知青系统对1973年以前的安置经费使用情况进行了一次清理,同时完善会计手续和会计报表,充实加强财务人员。从1974年起,省知青办每年召开一次财务经费工作会议,专题研究知青经费的财务管理问题,并定期举办专职财会人员培训班,提高财会人员业务工作能力。

国家拨给的安置经费,主要使用范围是:(1)安置费。凡列入上山下乡范围的城市知青,上山下乡并转为农业户粮关系的,按照规定的标准拨给安置费。(2)扶持生产资金。知青经费中的扶持生产资金,用于扶持独立核算的集体所有制知青场队,发展生产。(3)业务费。用于补助县以上知青行政部门为开展知青业务活动而支出的经费。

知青经费中的安置费,主要用于修建住房,购置小农具和家具,旅运费以及下乡第一年的医疗、生活补助费等项开支。安置费按实际下乡、回乡人数计算,划拨到安置县统一掌握,包干使用。1965年,省规定的知青安置费的标准是:插场安置费,农场安置的每人360元,林场安置的872元,水产养殖场安置的567元。插队安置费,本专区内安置的每人180元,跨区安置的185元。1965年,经国家财政部同意,省安置办会同省财政厅从安置经费结余中拨出139万元,专项处理1964年以前插队安置的遗留问题。到1965年底,国家分配给广东的安置经费共计2 673.8万元,实际支出2 261.6万元。1973年,根据中央的规定和广东省的实际,提高了安置经费的标准,调整了部分开支项目,对插队、回乡和建立集体所有制场队的知青每人为480元,其中:建房费250元,主要用于木材、水泥等建筑材料的购置;生活补助费100元,用于知青下乡后第一年的生活补助费;小农具、家具补助费80元,主要用于购置生产劳动必需的小农具和基本生活用品。以上3项费用拨给公社掌握使用。旅运费及下乡前困难补助费30元,由动员城市掌握,用于知青下乡的旅运费和下乡前的困难补助;特殊困难补助费10元,由安置知青的县掌握,用于全县范围内某些知青的特殊困难补助;学习资料费10元,作为编印、购买供下乡知青学习用的书籍,其中省掌握5元,地区3元,县2元。知青到国营农、林、牧、渔场和生产建设兵团的每人为480元。墟镇知青,上山下乡跨社队插队的每人为400元(1975年1月1日起调整为480元)。1979年后,随着下乡知青的逐步减少以及安置形式的转变,对下乡知青的安置主要是办好集体所有制知青场队、农副业生产基地,由国家从知青经费中借出生产扶持资金给予扶持。1973年至1981年,国家拨给广东省的知青安置经费为5.329 94亿元,实际支出3.952 15亿元(不包括1973年国家拨给广东省"统筹解决"经费2 730万元和1976年另拨的业务费210万元,生产扶持资金800万元)。1980年后,省政府决定,列入地方财政包干使用的知青安置经费,作为城镇安置就业的基金使用,历年有结余也不冻结,继续用于解决下乡知青的困难和城镇待业青年的就业。

1962—1980 年广东省知识青年上山下乡安置经费决算表　　　　单位:万元

年份	预算	决算	年份	预算	决算
1962	411.0	184.8	1972	1 973.8	525.5
1963	1 345.0	1 046.4	1973	2 202.9	2 180.9
1964	1 143.9	830.8	1974	5 825.3	5 585.1
1965	1 494.7	887.3	1975	7 989.4	5 662.8
1966	1 882.1	786.1	1976	5 266.8	4 625.8
1967	1 099.1	127.7	1977	4 560.7	4 556.0
1968	2 584.1	1 375.7	1978	480.8	2 673.4
1969	6 294.3	3 853.7	1979	662.3	619.9
1970	4 547.3	2 469.5	1980	124.4	386.7
1971	3 129.5	1 143.4	合计	53 299.4	39 521.5

第四节　回　　城

　　1964 年,为适当解决企事业单位在劳动计划内补充人员的需要,广东省委同意在不超过工资总额和职工人数的情况下,从经过两年以上劳动锻炼的下乡知青中挑选一批人补充职工队伍。1964 年底至 1971 年,陆续有少数下乡知青被推荐招工,另有少数因其他原因回流城镇。

　　从下乡知青中较大数量的招工是从 1971 年开始的。这一年,根据国家计委的指示,广东省下达计划从下乡知青招工 1.4 万人回城。招收对象是由国家统一分配到农村插队的知青,在国营场和生产建设兵团的下乡知青,已成为国家职工,不作为招工对象。1972 年,国家计委不再同意从下乡知青中招工,但经省革命委员会同意,广东省仍从下乡知青中招工 1.5 万人。1975 年,省革命委员会规定,全民所有制单位按照劳动计划,需要补充工人时,也可以有计划有组织地在国营农林牧渔场的下乡知青中抽调。1975 年,全省从下乡知青中招(调)工 8.5 万人。1971 年至 1975 年,全省从下乡知青中共计招(调)工 21.2 万人,占 1975 年底在乡知青 74 万人的 16.2%。下乡知青除招工回城外,另有一部分知青因升学、参军、提干(包括当教师)等原因离开农场、农村。还有的知青下乡前就患病或有残疾,有的下乡后患有严重疾病,不能参加农业劳动,经安置地区县、市以上医院检查证明,经县、市安置办批准,由动员城市收回。下乡知青中,如家庭确有实际困难,或遇特殊情况,经批准后,可照顾回城。1973 年至 1978 年,全省离开农村的知青共 46 万人,其中招(调)工 25 万人。到 1978 年底,全省在农村的知青仍有 40 万人。从 1978 年起下乡知青大幅度减少,省委决定广开门路,积极为知青创造升学和就业条件。企事业单位有计划地招收知青替换进城农民工和计划外用工。到 1980 年,对 1972 年前下乡的老知青,除已与当地青年结婚的就地就近安排工作外,其余未结婚的,基本回城。

第五节　解决知青遗留问题

1981年,全省停止动员知识青年上山下乡,但同年年底,仍有2.835 9万名下乡知青留在农村,其中已结婚的有1.247 1万人。本着"国家关心,负责到底"的精神和"统筹兼顾,全面安排"的方针,对这部分仍留在农村的知青,逐步收回城市安排工作;对已在当地结婚安家落户的知青,就地就近招工安置;对在国营农林牧渔场和原生产建设兵团的知青,则分期分批抽调回城安置。

在广东省劳动部门的统筹安排下,留在农村的知青逐步被安排回城。1982年,留在农村的知青尚有1.871 8万人,其中已婚的知青有1.021 9万人。

1982年调离农村的上山下乡知识青年人数表

单位:人

调离方式	招生	征兵	招工	知青随场、队就地转为集体所有制职工	提拔为国家干部	其他
数量	7	6	4 906	27	3	4 957
合计	9 906					

1983年5月,广东省根据国家劳动人事部关于抓紧处理插队知青遗留问题的指示精神,由省劳动局、知青办、公安厅、民政厅、财政厅联合颁发《关于进一步解决好下乡插队知青遗留问题的通知》,要求各地在当年之内努力解决好知青遗留问题,不再留尾巴。并确定了解决下乡插队知青遗留问题的若干政策:

(1)下乡插队的未婚知青(含集体办的知青场、队),包括本人已回城镇、户口仍在农村的,一律由原动员城镇收回。对已回城镇入户的下乡知青,要按照中央"三结合"就业方针和本人的具体情况,积极帮助他们就业。各级劳动服务公司(站)举办的生产服务、劳务网点,应优先吸收安排回城的待业青年。对于组织起来就业和自谋职业资金有困难的,可给予适当扶持。本人愿意留在农村的,要给予支持,住房有困难的,可一次性给予建房补助费,但要办妥手续,今后不再作下乡知青处理。

(2)对已婚下乡知青的处理:与农村青年结婚的,由安置地区就近就地安排工作;本人愿留农村的,经本人申请,家庭同意,县知青办或劳动局批准,办妥手续,今后不再作下乡知青处理。住房有困难的,可从知青建房补助费中一次过给予适当补助。其中配偶已死亡或出国、往港澳,经法院判决离婚,定居农村确有困难,要求回城的,经原动员城镇审查核实,准予回城入户。知青与知青结婚,不同一城市下乡的,一般由男方城市为主收回;下乡知青与城镇职工结婚的,由职工所在城镇安排。

(3)下乡未婚知青申请出国或往港澳的,各级公安部门要抓紧审理。不具备条件的,由原动员城镇办理回城入户手续。

(4)下乡插队病残知青的处理。对因公致残,完全丧失劳动能力的,按民政部门已有的有关规定执行。对非因公病残丧失劳动能力的,要逐个落实安置去向,已婚的由配偶负责,未婚的由家长负责,无父母的应由兄弟姐妹负责。兄弟姐妹负担后生活有困难的,兄弟姐妹属职工的由所在单位福利费给予补助;无固定职业属社会救济对象的,由民政部门给予社会救济。对无家可归无依无靠的,由原动员城镇收回落户安置。其生活困难,由当地民政部门给予社会救济,当地有社会福利院的,本人愿意,也可送去收养。对这些人,可根据知青家庭经济等情况,一次过给予适当的经济补助。此项经费从历年知青结余经费中开支;县经费有困难的,报地(市)解决。要与知青本人及其家长、配偶及接收单位办妥接收手续,今后不再作下乡知青处理。

(5) 下乡插队未婚知青已在安置地转为城镇户口,而本人已回原动员城市,长期未安排工作的,本人和家庭有实际困难,要求户口迁回原动员城市的,经审查属实,可以办理入户手续。

(6) 下乡插队知青中,已证实外逃港澳或死亡的,应注销户口。经清查仍下落不明的,原则上应注销户口。如注销后返回的,按迁入重新登记户口。对犯罪判刑或劳教的,刑满释放或解除劳教后,已婚的应送回配偶所在地落户;未婚的送回原动员城镇或父母所在地落户。过去已留场就业并已在场结婚安家的,一般可不再变动;如本人坚决要求而又有回原城镇条件的,也可回原城镇落户。

(7) 凡在农村社队企业和知青场、队就业,并已转为城镇户口的,以及在农村结婚已明确不再作下乡知青处理的,今后不要再统计为下乡知青。

(8) 对为安置城镇上山下乡知青而在农村举办的集体所有制的知青场,知青人数占总人数 60% 以上的,其税收问题,仍按当时中共中央和国家以及省政府的有关文件规定执行。

各地认真贯彻落实上述规定,广东省知青遗留问题基本上得到了解决。1984 年 10 月,省劳动局对下乡插队知青的遗留问题作了一次普遍大检查,除检查知青政策落实情况外,还对新出现的问题采取符合地方实际的特殊措施和变通办法处理,以便妥善解决遗留问题。检查表明,知青遗留问题基本得到了解决。省知青办完成了它的历史使命,其机构人员并入省劳动局内,遗留的尚未解决的个别问题由省劳动局处理。

(第四章《城镇知识青年上山下乡》,第 101—110 页)

同时(五五时期),在全民所有制企业中兴办集体企业,自筹资金、设备、厂房,实行独立核算,需要的劳动力由当地劳动部门在城镇人口和城市上山下乡知青中招收为集体所有制身份的职工,保证了新建、扩建项目所需的劳动力。随着时间的推移以及劳动计划管理工作的松弛,"亦工亦农"人员的使用范围由企业扩大到事业、机关单位,并长期使用,不能轮换;厂办集体企业与全民所有制企业合并,招用的集体职工与全民职工混岗作业,同时,由于大量的城市上山下乡知青回城就业,这时期职工增加较多。

(第五章《企业劳动力管理》,第 115 页)

1979 年又较大幅度地给职工升级和增加副食品价格补贴。(五五时期)5 年中因生产建设需要和安置城镇下乡知青返城就业等共增加了职工 120.10 万人。1980 年全省城镇集体所有制单位职工工资总额为 11.24 亿元，比 1978 年的 8.28 亿元增长 35.7％，年均递增16.5％。

（第六章《劳动工资计划》，第 133 页）

"文化大革命"结束后，全省的生产得到恢复和发展，但由于(五五时期)5 年内有大批下乡知青回城镇安置就业，加上接收安置大、中专和技校毕业生、军队转业干部以及家居城镇的复员退伍军人，增加职工较多，5 年中，全省工业企业的平均人数增加了 28.61 万人，因而影响了劳动生产率的提高。

（第六章《劳动工资计划》，第 140 页）

1978 年，国务院规定，退休职工可继续享受公费医疗待遇，退休职工家庭生活困难或多子女上山下乡，子女就业少的，可招收其一名子女到退休职工原单位工作；家居农村的退休职工，本人户口迁回农村的，可招收其一名子女到退休职工原单位工作。

（第九章《社会保险和职工福利》，第 211 页）

《广东省志·农垦志》

广东省地方史志编纂委员会编，广东人民出版社 1993 年

(1966 年)2 月 28 日，省人民委员会批转给农垦企业的城市下乡青年安置计划共 8 100人。当年，实际安置达 8 339 人。

（《大事记》，第 20 页）

是年(1968 年)，广东垦区安置上山下乡的城镇知识青年 46 071 人。

（《大事记》，第 21 页）

是年(1969 年)，安置城镇知识青年 29 452 名。

（《大事记》，第 22 页）

(1970 年)5 月 22 日，省革命委员会发出"通知"，动员 8 万人到广州军区生产建设兵团(包括城镇知识青年、社会青年、农村青年和退伍军人。)

（《大事记》，第 23 页）

10 月 20 日，在 6 师 2 团(晨星农场)养猪场工作的 22 名知识青年，因台风暴雨，山洪暴发，全部遇难殉职。

（《大事记》，第 23 页）

是年(1970 年)，安置城镇知识青年 27 178 人，参加生产建设兵团工作的现役军队干部达 2 893 人(含 1969 年的 701 人)。

（《大事记》，第 23 页）

(1971 年)5 月,生产建设兵团安置了知识青年 9 416 人、退伍军人及其家属 8 868 人。

(《大事记》,第 23 页)

是年(1972 年),安置城镇知识青年 1 372 人。   (《大事记》,第 24 页)

(1975 年)4 月 3 日,经省委经济工作小组批准,省农垦总局调出 3 667 名 1970 年以前上山下乡的知青回城和到工矿企业工作。   (《大事记》,第 26 页)

是年,安置城镇知识青年 306 人。   (《大事记》,第 27 页)

是年(1976 年),安置城镇知识青年 2 350 人。   (《大事记》,第 27 页)

是年(1977 年),……安置城镇知识青年 1 846 人。 (《大事记》,第 28 页)

是年(1978 年),安置城镇知识青年 282 人。   (《大事记》,第 30 页)

广东农垦机构设置演变

机构名称	级别	内设部门	编制	直属或附属单位	说　明
		……			
广州军区生产建设兵团(1969 年 4 月—1974 年 9 月)	军级	司令部:办公室、参谋处、机要处、管理处 政治部:秘书处、组织处、干部处、宣传处、保卫处、直政处、巡视团、文教处、群众工作办公室 生产部:政委办公室、计划处、生产处、机械工业处、基建处、农牧办公室、机务办公室、科研办公室 后勤部:政委办公室、财务处、供给处、供销处、运输处、卫生处、工资福利处	现役干部 200 人,地方干部及战士按需要配备。	直属单位:兵团湛江办事处、兵团热作学校、兵团海口机械厂、兵团学习班、兵团海口医院、兵团知识青年接待办公室、兵团战士报社、兵团文工团附属单位:幼儿园、招待所(1—5 所)、兵团中学、警通连、文化站	(1) 编制人数是根据中央军委 1969 年 7 月 13 日下达的兵团机关编制为依据,多配的首长、地方干部,战士不计编制,按需要配备。(2) 据 1973 年统计,兵团机关共配备干部、战士 346 名,其中现役军人 235 人,非现役职工 111 名。警通连、汽车队、机关食堂、通讯站等单位的人员未统计在内。
		……			

(第一章《建置》,第 44 页)

截至 1987 年底止,广东农垦职工人数达 65 万余人。其中,复员退伍军人 5 万人,占 7.6%;并队农民和水库移民 12 万余人,占 18.3%;来自各地农村的农民 16 万余人,占 24.4%;城镇知识青年仍留在农垦工作的 6 000 余人,占 0.9%;归侨 3.3 万人,占 5%;自然增长劳动力 24 万人,占 36.5%;大中专毕业生 8 000 余人,占 1.2%;其他来源 4 万多人,占 6.1%。

(第九章《经营管理》,第 296 页)

同年(1978 年)4 月 18 日又制定《关于农垦系统工人调动问题的暂行规定》,对工人的劳动分配、内外调动手续、上山下乡知识青年回城工作,以及职工退休或死亡、其子女顶替等问题,作了具体规定。

(第九章《经营管理》,第 298 页)

生产建设兵团时期,主要在上山下乡的知识青年和退伍军人工人中发展党员。

(第十章《党的工作》,第 334 页)

这一时期,思想教育工作总的是贯彻中共第九次、第十次代表大会精神,进行中共基本路线教育和开展"认真看书学习,弄通马列主义"的理论教育。

一是对职工和上山下乡知识青年进行"安定团结"和知识青年要走与工农相结合道路的教育。使原来在"文化大革命"中分裂成两派的群众,消除派性,实现"革命大联合",集中力量"抓革命、促生产";使知识青年经受锻炼,成为各条战线的突击力量。因而涌现出许多先进人物:有 7 200 人加入中国共产党,5.5 万人加入共青团,2 400 人担任基层干部和进入农场领导岗位;1 名被选为出席中共第十次全国代表大会的代表。

(第十章《党的工作》,第 344 页)

1969 年 4 月至 1974 年 9 月,各级团组织协助各级党组织,团结、教育上山下乡知识青年,使青年积极向上,有 2 739 人入了党,3.54 万人入了团,2 117 人上了中专学校,1 018 人上了大学,66 人成了师、团党委委员,11 人提任团职干部,1 329 人担任连职干部,1.8 万人担任班排长。

(第十三章《群众团体》,第 389 页)

《广东省志·乡镇企业志》

广东省地方史志编纂委员会编,广东人民出版社 2006 年

广州市白云区江高镇江丰实业有限公司,是全省最早实行产业化经营的一家村办集体企业。它的前身是广州郊区江村养鸡场,原来是一个不足 10 人的小型农业企业。1975 年,江村村委会委派民兵营长谭巨添和七八名从广州下放到江村的知识青年,开办养鸡场。谭

巨添率领广州知青白手起家,刻苦钻研饲养技术,逐步掌握了一整套肉鸡饲养、良种孵化、饲料配制、疫病防治等技术,实行科学管理,降低成本和销售价格,使该场的肉鸡以质优、价廉、供货及时而闻名广州,成为广州市郊较早出现的按"订单"生产的农业企业。

(第二章《农业企业》,第 61 页)

《广州市志·大事记》

广州市地方志编纂委员会编,广州出版社 1999 年

是年(1963 年)第二批参加农业生产的 1 100 多名广州市应届中学毕业生和街道社会青年,是日(9 月 12 日)起陆续到中山县和市郊 15 个农场落户。第一批已在 8 月 27 日出发。

(第 441 页)

(1964 年)8 月 5 日,是日至 8 日,广州市知识青年参加农业生产积极分子会议召开。自 1957 年以来,广州市有 3 万多名知识青年回乡、下乡参加农业劳动。7 日晚,举行下乡知识青年向全市人民汇报的广播电视大会。

(第 447 页)

(1965 年)5 月 25 日,广州市参加建设海南的务农知识青年先遣队 280 人出发,数千人到码头欢送。

(第 453 页)

(1968 年)7 月 8 日,省、市革委会联合召开第八次常委扩大会议,10 月结束。……会议研究贯彻毛泽东主席批发的中央"七三"布告,通过《广东省革命委员会布告》和《告外地来广州市人员书》,要求一切外地人员和倒流城市的上山下乡青年立即返回本地区、本单位。

(第 476—477 页)

9 月 6 日,市革委会批转市革委会政工组《关于贯彻省革委会〈关于中学招生和毕业生分配问题的决定〉的意见》。……毕业生分配主要是面向农村,插队落户,少数安排到企业单位。

(第 478 页)

10 月 25 日,市革委会发出关于认真做好动员知识青年上山下乡工作的指示。从 10 月中旬起至 12 月下旬,广州市共有 8.4 万名初高中毕业生、街道知识青年到农村安家落户。

(第 479 页)

(1969 年)4 月 21 日,市革委会印发市革委会动员上山下乡工作会议纪要,决定 1969 年

动员 10 万知识青年和闲散劳动力上山下乡。广州市 1968 年已动员知青 10 万人到农村安家落户。

（第 482 页）

（1973 年)2 月 27 日,是日至 3 月 1 日,广州市上山下乡知识青年家长代表会议召开。会议号召家长们积极支持子女下乡,并发出《倡议书》。全市共有 18 万多知青上山下乡,其中"文化大革命"以来有 14.4 万人。

（第 501 页）

6 月 7 日,广州市革委会知识青年上山下乡领导小组办公室成立。 （第 502 页）

7 月 10 日,是日至 14 日,市委召开广州地区知识青年上山下乡工作会议,决定从本届毕业生开始,改变以往知青的安置办法,采取按系统、按单位归口包干到底;并决定成立市知识青年上山下乡工作领导小组。

（第 503 页）

（1974 年)8 月 12 日,市委召开干部会议,14 日结束。会议根据中央关于"全国要稳定"的精神,部署今后工作……同时抓好财贸工作以及知识青年上山下乡、社会治安、卫生、战备等各项工作。

（第 508 页）

9 月 18 日,中共广东省委、广州市委在中山纪念堂联合召开广州地区知识青年上山下乡动员大会。市委第一书记焦林义在会上号召知识青年坚定不移地走与工农相结合的道路,到农村去,在革命实践中锻炼成为坚强的共产主义事业接班人。10 月 9 日,广州地区 40 万人分别在烈士陵园、中山纪念堂等 4 个会场欢送下乡的 7 000 名应届毕业生。

（第 509 页）

（1976 年)8 月 17 日,由 12 名应届中学毕业生组成的广州知识青年赴藏突击队乘火车出发。

（第 519 页）

《广州市志·地理卷》

广州市地方志编纂委员会编,广州出版社 1998 年

1974 年 12 月 9 日,广东省革委会文件(粤革发[1974]115 号)称,为发展广州市经济建设,改善农村产品供应,做好知青安置工作,决定 1975 年 1 月 1 日起将番禺、增城、新丰、龙门划归广州市管辖。

（建置志第二章《行政区划》,第 167 页）

1976 年广州人口突破 500 万。至 80 年代初期,因大量知识青年返城及经济建设发展需要,调入了一批各类专业人才与部分家属,使一些年份的人口增长率达 3‰以上。

（人口志第一章《人口总量》,第 278 页）

60 年代初国民经济困难时期,人口出生率下降。……特别是"文化大革命"期间,大批干部、知识分子下放农村,以及知识青年上山下乡,再加上当时搞备战人口疏散,导致了人口大迁出。1968—1970 年三年中机械减少 20 万人,60 年代人口机械增长为负值。

（人口志第一章《人口总量》,第 279 页）

从 1960—1970 年这 11 年间,除 1967 年外,有 10 年迁出人口多于迁入。10 年间,动员职工、干部、知识青年、被疏散人口以及科研单位搬迁等,共迁出 70 多万人。与迁入人口相抵后,净迁出 30 多万人,出现了迁出高峰期。

1976—1980 年知识青年陆续返城,出现了继 50 年代中期以来机械增长的第二个高峰期,机械增长超过自然增长,……净迁入人口以 20—34 岁的青壮年居多,占同年龄组人口的 26.6‰(其中多为回城知青)。……人口机械迁入剧增,是前期知青下乡、干部下放外迁过度的"补偿性"迁入,此项迁入约占迁入量的(1976—1982)三分之一。

（人口志第一章《人口总量》第 285—286 页）

《广州市志·城建卷》

广州市地方志编纂委员会编纂,广州出版社 1995 年

1972 年底,广州市城市规划委员会成立城建中等专业学校,设城市规划、工程测量、工程地质勘察 3 个专业。从 1973—1981 年共招收、培育了 5 届学生,其中前 4 届学制为 2 年,最后 1 届为 3 年。学生从上山下乡知识青年、社会青年(具有初中以上程度)、应届高中毕业生中招收,通过统一报考,共录取学生 274 人。学员毕业后分配到城建系统工作。

（城建勘测志第七章《勘测机构与队伍》,第 164—165 页）

《广州市志·交通邮电卷》

广州市地方志编纂委员会编,广州出版社 2000 年

1968 年,广州海运局开办汕琼线集体客运,专船运送赴海南岛的汕头地区知识青年。

（海洋运输志第四章《运输》,第 193 页）

1978 年广州铁路分局行政管理系统及基层站段表①

广州铁路分局
- 分局长办公室
- 总工程师室
- 安全监察室
- 运输科
- 客运科
- 机务科
- 车辆科
- 工务科
- 电务科
- 计划统计科
- 财务科
- 收入检查室
- 人事科
- 技术教育科
- 生活管理科(五、七办)
- 职工培训班
- 建筑工程队
- 装卸作业管理分所
- 科技研究室
- 卫生科
- 知识青年办公室
- 教育办公室
- 视察室
- 人民武装部
- 公安分处
- 林业地亩管理所

(铁道志第一章《机构》,第 482 页)

《广州市志·工业卷(上)》

广州市地方志编纂委员会编,广州出版社 1998 年

1979—1990 年,改革劳动工资管理体制。将原来单靠国家分配就业的办法,改为劳动部门介绍与自愿组织起来、自谋职业相结合的办法。通过组织全民企业带集体企业,开办劳动服务公司,吸收上山下乡知识青年回城就业等办法,至 1982 年共安排 9 461 人。

(纺织工业志(下)第十五章《管理》,第 301 页)

该校(广州市无线电中专学校)从 1973 年到 1977 年,学生的来源是上山下乡知识青年和系统内的青年职工,学制为 2 年。　　(电子工业志第八章《科技与教育》,第 697 页)

---

① 本表内容为节选。——编者注

《广州市志·经济管理卷(上)》

广州市地方志编纂委员会编,广州出版社 1999 年

　　这一时期(1949—1978 年计划经济时期),国家根据当时的历史条件,实行高度集中的计划经济体制。广州的劳动就业每年由国家下达计划,统一分配。……由于种种原因,劳动计划管理曾出现二度失控。一是三年"大跃进"期间(1958—1960 年),生产盲目发展,大量农村劳动力流入城市,仅 1958 年一年就新增职工 18 000 余人,比上年增加 17.96％,除此之外还有数以万计外来人员盲流于市区。二是"文化大革命"期间(1966—1976 年),劳动管理处于半瘫痪的状态,大专院校停止招生,企业基本上停止招工,大量新生劳动力滞留社会。针对以上两种情况,政府对第一次失控采取清理、精简农村劳动力的措施;对第二次失控采取动员40 万知识青年上山下乡等办法,缓和了广州市的就业矛盾。　　　　(劳动志概述,第 242 页)

　　1971 年 12 月,劳动局革命领导小组改为劳动局革命委员会,内设办事组、劳动调配组、劳保工资组、动员上山下乡办公室。……同年(1973 年)7 月,广州市动员上山下乡办公室从劳动局划出,成立广州市革命委员会知识青年上山下乡工作办公室。

　　　　　　　　　　　　　　　　　　　(劳动志第一章《管理机构》,第 246 页)

　　1981 年 9 月,广州市劳动局与广州市知识青年上山下乡工作办公室合署办公。

　　　　　　　　　　　　　　　　　　　(劳动志第一章《管理机构》,第 246 页)

　　根据中共中央、国务院关于"面向农村,面向边疆,面向工矿,面向基层"的号召,从同年(1968 年)11 月初开始,动员 16 岁以上的初、高中毕业生上山下乡,至 12 月上旬,共有 8.4万人到中国人民解放军广州军区生产建设兵团和农村安家落户。随后,全国出现了一个上山下乡的高潮。1968—1970 年,广州市知识青年上山下乡共 129 783 人。

　　1971—1972 年,广州市有 180 多项新建、扩建工程,另外一些行业人员老化需要补充,上山下乡人数减少。1973 年,广州市按照全国计划会议的精神和广东省的规定,再次精减职工,暂停招工。上山下乡又成了安置的主要方向。1966—1977 年,全市累计上山下乡约40 万人,期间由于招工、征兵、照顾回城和其他原因离开农村的约 13 万人。

　　1978 年 10 月,国家调整了知识青年上山下乡政策,决定缩小上山下乡的范围,明确有条件解决就业问题的城镇,可以不再搞上山下乡;已上山下乡的,进行统筹安置。1979 年,广州市停止了应届毕业生上山下乡,当年毕业留城学生和待业人员 15 万人,历年上山下乡仍在农村的知识青年 16 万多人。因此,广州市的就业压力很大。为此,广州市政府成立了安置工作领导小组,认真贯彻中共中央、国务院《关于广开门路,搞活经济,解决城镇就业问

题的若干决定》,在国家统筹规划和指导下,实行劳动部门介绍就业、自愿组织起来就业和自谋职业相结合的方针政策,采取了一系列措施,大力发展集体所有制企业,积极兴办多种类型的、自负盈亏的合作经济。在国民经济三年调整时期(1979—1981年),安置了412654人(包括统一分配人员),各年安置人数是:1979年161800人,1980年150520人,1981年100334人,平均每年安置近14万人。到1981年年底,全市历年积累下来的下乡知识青年的就业问题基本得到解决。全市职工人数达1633777人,其中全民所有制职工1210724人,集体所有制职工423053人。　　　　　　　　　　(劳动志第二章《劳动就业》,第251页)

　　"文化大革命"期间,广州市劳动计划第二次失去控制,劳动管理瘫痪,大学、中专、技校停止招生,企业停止招工。大批城镇知识青年、应届毕业生响应党和政府的号召,上山下乡,投身农业生产。而市内企业却又从农村招收大批农民工进城做工,形成城乡劳动力不正常对流。

　　1971年,为了保证动员1万名应届毕业生去广州军区属下各生产建设兵团,致使当年劳动计划全部暂停。　　　　　　　　　(劳动志第三章《劳动力管理》,第267页)

　　1976—1980年,子女顶替工作达到高峰,由于条件放宽,应届毕业生、社会青年、下乡知青不受工龄限制可回城顶替,刺激了职工提早退休或退职。同时,开始落实政策工作,"文化大革命"非正常死亡人员、战备疏散复工复职人员和历年冤假错案平反人员,其子女亦可获得顶替。5年来共顶替83000多人。详见下表:

年　份	顶替人数(人)	其　中 知青人数(人)	其　中	
			农场知青人数(人)	插队知青人数(人)
1976	4 433	1 709	1 559	150
1977	7 002	5 099	2 459	2 640
1978	11 364	9 218	3 547	5 671
1979	40 700	27 463	9 403	18 060
1980	19 596			

(劳动志第三章《劳动力管理》,第278页)

　　60年代初期和"文化大革命"期间,广州市有大批城市知识青年上山下乡务农。"文化大革命"后,大批知识青年回城。对回城工作知青的工资待遇,广州市革命委员会于1977年作出规定:凡1966年年底前插队的按二级工或相当于二级工的工资发给;1967年后插队的,时间满3年的一律按一级工或相当于一级工支付,以后再按本工种规定定级。1980年广州市劳动局规定:农场知青工人调到新单位工作(含困退、病退回市后由劳动部门分配工作的),在农场工作不满一年,分配一般工作,第一年为一级工,第二年定级。分配当学徒的第一年为一级,按规定时间转正定级。在农场工作一年以上的,不论分配当工人或学徒,均按二级工工资支付;已定农工三级的,可按所在工作单位同级工资执行。

1985 年,广州市劳动局规定,下乡知青回城工作后,其下乡时间算作工龄,以此重定工资。

据统计,广州市下乡知青共约 40 万人,已回城安排工作的约 37 万多人,占下乡知青的 93%。

(劳动志第四章《劳动工资》,第 303 页)

1973 年,执行国务院《关于复办中等专业学校的通知》,因生产部门的需要及大批知识青年通过招生回城,广州市政府批准复办和新设 33 所中专学校。

(劳动志第七章《职业培训》,第 355 页)

1973 年,根据国务院指示,技工学校复办招生,招收有相当初中文化程度的、经过一二年劳动锻炼的上山下乡回城知识青年或应届毕业生,以及在职学徒工,学制为二年。

(劳动志第七章《职业培训》,第 359 页)

《广州市志·经济管理卷(下)》

广州市地方志编纂委员会编,广州出版社 1999 年

1964 年开始专设科目,原称城市人口下乡安置支出,属经济建设费。用于知识青年上山下乡补助费,知青工作业务费和城镇青年就业补助等。建房补助、生活补助、小农具购置、家具补助、旅运费及国营农林场工资周转金等均包括在内。1974 年改称城镇人口下乡经费。1964—1974 年共支出 2 036.6 万元,年均 185.2 万元。1975 年起,城镇人口下乡经费下分设城镇知识青年和城镇居民下乡补助费两个项目,当年共支出 1 994.3 万元,接近于上年 5 倍。1976 年支出 2 351.5 万元,是支出最多的一年。1977 年起逐年下降,1979 年降为 123.4 万元。1980 年以后,不再安排知识青年下乡,已下乡的陆续回城就业或升学。1982 年改称城镇青年就业费,下分安置城镇青年就业补助费和劳动服务公司补助费两个项目。1982—1985 年共支出 784.5 万元,年均 196.1 万元。1985 年减为 63.6 万元,1990 年再减为 27.5 万元。

(财政税务志第六章《财政支出》,第 240 页)

《广州市志·政权政务卷》

广州市地方志编纂委员会编,广州出版社 2000 年

(1969 年)6 月,成立知识青年上山下乡安置办公室,归政工组领导,与劳动局合署办公。

(政府志第二编第三章《广东省广州市革命委员会》,第 186 页)

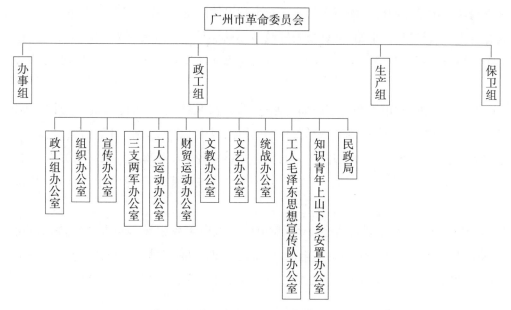

广州市革命委员会组织系统图(1969年12月)①

（政府志第二编第三章《广东省广州市革命委员会》，第187页）

（1973年)6月，市革委会知识青年上山下乡安置办公室改称广州市革命委员会知识青年上山下乡领导小组办公室。

（政府志第二编第三章《广东省广州市革命委员会》，第188页）

到1981年9月市革委会共设机构74个，其中合署办公两个，实际设置机构73个，并辖市属区人民政府6个、市辖县人民政府6个、计有：

......

12个办：市革委会财贸办公室、市革委会文教办公室、市革委会外事办公室、市革委会环境保护办公室、市革委会侨务办公室、市革委会知识青年上山下乡安置办公室、市革委会地震办公室、工农教育委员会办公室、计划生育委员会办公室、人民防空领导小组办公室、编制领导小组办公室、托幼工作领导小组办公室。

（政府志第二编第三章《广东省广州市革命委员会》，第190页）

1983年6月，市人民政府进行机构改革，在此次改革中，改称、撤销、重组、合并、成立的机构有：......撤销市人民政府文教办公室、市人民政府视察室、市人民政府知识青年上山下乡领导小组办公室。 （政府志第二编第四章《广州市人民政府(第七至第九届)》，第195页）

---

① 本系统图内容为节选。——编者注

知识青年上山下乡问题　除下乡知青要求顶替退休回城、病残回市复户者外,还有不少是反映知青下乡后被迫害、迫婚、强奸及安置政策不落实等。对这类问题,市人民政府有关部门分类、分级作了处理。　　　　　　　　　　（政府志第四编第三章《来信来访》,第 319 页）

"文化大革命"期间,市革委会信访部门通过《信访情况反映》、《信访摘报》等刊物,不定期向领导反映有关"阶级斗争"、落实政策、住房、教育、卫生、工业、农业、环境污染、知识青年上山下乡后受迫害、领导干部违法乱纪等问题,还介绍一些单位处理人民来信来访的经验。
　　　　　　　　　　　　　　　　　　　　（政府志第四编第三章《来信来访》,第 329 页）

1973 年,……成立市计划委员会、……知识青年上山下乡领导小组办公室,侨务办公室、广州港务局、公安局,水利局改为水电局,城市建设勘测处改为城市规划处,第一商业局、第三商业局和储运公司合并为第一商业局。　　（人事志第二章《机构与编制管理》,第 815 页）

1969—1972 年,广州市为适应教育、卫生事业发展的需要,经市革委会同意,市教育系统和卫生系统,分别从高中毕业生、贫下中农和上山下乡知识青年中选调培训一批教师、护士,享受中专毕业待遇。　　　　　　　　　　（人事志第六章《流动与调配》,第 884 页）

《广州市志·政党群团卷》

广州市地方志编纂委员会编,广州出版社 2000 年

此外,从 1979 年开始,市委逐步安排解决回城知识青年的就业问题。"文化大革命"期间,广州地区有 29 万多知识青年上山下乡,1980 年,广州市停止了"文化大革命"以来中学毕业生上山下乡的做法。1980 年 8 月 18 日,市革委会召开劳动就业工作会议,决定实行在政府统筹规划指导下,劳动部门介绍就业、自愿组织起来就业和自谋职业相结合的方针。此后,广州市广开就业门路,实行多渠道就业,1978 年—1986 年,全市共有 80 万人就业,基本解决了"文化大革命"以来遗留的待业青年问题。

（中国共产党广州地方组织志第三编第四章《社会主义现代化建设新时期》第 149 页）

如 1973—1975 年,市委从市、区、县、局机关共抽调 5 000 多名干部帮助、指导基层单位开展批林整风和当时在农村开展的党的基本路线教育运动,以及担任知识青年上山下乡带队干部,组织带领广州地区的知识青年上山下乡。

（中国共产党广州地方组织志第四编第一章《组织工作》,第 177 页）

《广州市志·政法卷》

广州市地方志编纂委员会编，广州出版社1998年

当时(1976年)，治安刑事案件亦被当作反革命案件审判，如……与女知识青年发生性关系，被认为是破坏"上山下乡"，被定为"反革命奸淫罪"。 （审判志第二章《刑事审判》，第226页）

《广州市志·教育科学卷》

广州市地方志编纂委员会编，广州出版社1999年

1973年，广州市第二师范学校开设二年制的幼儿师范班，招收下乡知识青年。

（教育志第二章《幼儿教育》，第24页）

1973年，贯彻中央和广东省关于恢复技工学校的指示，广州市复办技工学校，从在职职工、留城应届毕业生和上山下乡知识青年中招收学生。

（教育志第六章《中等职业技术教育》，第143页）

1973年，技工学校复办招生，根据国务院的规定，一般招收有相当初中文化程度的经过一、二年劳动锻炼的上山下乡、回乡知识青年或应届初中毕业生。

（教育志第六章《中等职业技术教育》，第145页）

1973年，技工学校复办招生，由全省统一组织，执行"自愿报名，群众推荐，领导批准，学校复审"的原则，招收有相当于初中文化程度的上山下乡，回乡知识青年或应届毕业生。

（教育志第六章《中等职业技术教育》，第148页）

1977年，广州高等学校恢复招生考试制度，招生对象以工人、农民、上山下乡和回乡知识青年、复员军人、干部具有高中毕业或相当于高中毕业者为主，应届高中毕业生只占招生总数的20%—30%。 （教育志第八章《普通高等教育》，第211页）

《广州市志·社会卷》

广州市地方志编纂委员会编纂，广州出版社1998年

在60年代后期至80年代，由于"文化大革命"的动乱和知识青年上山下乡，还造成了初

婚年龄的偏高。

（家庭志第二章《婚姻》，第 521 页）

到了"文化大革命"期间，大批知识青年上山下乡，更对婚姻择偶产生严重影响，有的在农村成家，有的为了回城、升学、就业、招工，将婚姻作为交换条件，感情遭到践踏。

（家庭志第二章《婚姻》，第 528 页）

在不同的年代结婚，择偶理想的实现程度不一样。总的看来，婚姻与择偶理想完全一样的比例随着结婚年代的推移而呈上升趋势，其中 1966—1979 年的比例明显下降，这与这个时期的大批上山下乡知识青年为了回城、就业、升学而被迫把婚姻作为交换条件，婚姻往往缺乏感情基础有关。

（家庭志第二章《婚姻》，第 532 页）

《广州市黄埔区志》

广州市黄埔区地方志编纂委员会编，广东人民出版社 1999 年

（1968 年）12 月 22 日，毛泽东发出"知识青年到农村去"的号召。外地"知青"纷纷到长洲、深井等地插队落户。黄埔人民公社也有 500 名"知青"、城镇居民被动员到省内各地插队落户。

（《大事记》，第 42 页）

1980 年，黄埔街道办事处劳动服务站建立后，认真贯彻省、市有关安置待业人员的指示精神。是年，街辖内待业人员共 1 044 人，其中"知青"回城和应届毕业青年 698 人，闲散待业人员 346 人。至 1981 年止，共有 528 人安排到工厂、企业单位就业，其余自谋职业，协助待业人员开办个体企业，就业基本得到解决。

（第三篇第一章《黄埔街》，第 102 页）

居委会工作……60 年代，主要工作是协助有关部门做好宣传计划生育、动员知识青年上山下乡、健全卫生管理制度等。"文化大革命"初期，居委会工作处于半瘫痪状态。

（第三篇第一章《黄埔街》，第 103 页）

1974 年，黄埔区财政收入固定留区比例 37％，上解 63％；1975 年，留区 34％，上解 66％。超收分成一律留成 20％。农业税附加留区 5％，基建拨款结余上缴，年终限额结余注销，除自然灾害、抚恤救济、城镇下乡经费（知青上山下乡经费）、支援农业、农田水利补助 5 项支出外，其余结余由地方统筹使用。

（第十二篇第一章《财政》，第 333 页）

为适应对外开放，对内搞活经济的需要，区对 1979 年 1 月 1 日以后新办的农村社队集

体企业,除糖、烟、酒、棉纱 4 项产品外,自投产之日起,免税 3 年。区、街新办集体企业纳税有困难的可申请减免,申请减免期限为一至二年。城市上山下乡知青办的场队生产基地,自 1979 年 1 月 1 日起至 1985 年底止,其各项营业收入均予免税。

(第十二篇第二章《税赋》,第 352—353 页)

黄埔第三次建区后的区革命委员会区人民政府的工作机构及其属下单位

黄埔区领导机构名称	工作机构及属下单位
黄埔区筹备领导小组 (1973.2—1973.11) 黄埔区革命委员会 (1973.11—1980.7)	区筹备领导小组办公室、革委办公室、计划生产办、财贸办、文教办、外事办、知青办、计生办、体委、劳动科、民政科、文化科、公安分局、检察院、法院、教育局、卫生局、商业局、供销合作社、粮食局、财政局、税务局、工商局、城建局、房管局、工业交通局、农林水利局、物资站、爱卫会、引进办、绿委办、环卫管理处、科委 黄埔人民公社、南岗人民公社、长洲镇、黄埔街、红山街
……	……

(第十六篇第二章《区人民政府》,第 467 页)

知识青年上山下乡是在 60 年代初至 70 年代末这一特定历史时期的一项工作。从 1963—1979 年止,黄埔区在知识青年上山下乡工作中,动员、安置上山下乡的知识青年共 3 804 人(其中 1973 年黄埔第三次建区前的 265 人和建区后的 3 539 人)。至 1983 年止,除 26 人暂留农村外,其余都已迁离农村。 (第十八篇第一章《劳动管理》,第 506 页)

第二节　知识青年上山下乡

知识青年上山下乡是在 60 年代初至 70 年代末这一特定历史时期的一项工作。1963—1979 年间,黄埔区在知识青年上山下乡工作中,动员、安置上山下乡的知识青年共 3 804 人(其中 1973 年黄埔第三次建区前的 265 人和建区后的 3 539 人)。至 1983 年止,除 26 人暂留农村外,其余都已迁离农村。

1973 年 3 月前,黄埔是广州市郊区辖下的公社级行政单位,未有专门管理知识青年上山下乡的机构,由公社党委办公室兼管。1963—1965 年,黄埔人民公社知识青年上山下乡与当时压缩城市人口相结合,多数分散回原籍插队落户,只接收回原籍落户的知青 265 人,有小部分安置到国营农场、林场。1968 年 12 月,毛泽东发出了"知识青年到农村去,接受贫下中农的再教育,很有必要"的指示,掀起知识青年上山下乡的高潮。1973 年 6 月,中共中央发出通知,传达了毛泽东给李庆霖的复信,要求各级党委对知识青年上山下乡工作进行检查,加强领导。区成立知识青年上山下乡办公室(简称区知青办公室,下同),上山下乡知识青年的安排从分散回原籍插队落户和部分安排到国营农、林场改为按系统、单位归口包干负责到底。当时动员、安置的知识青年上山下乡对象有 4 种人：一是区属各单位系统干部职工子女中的中学毕业生；二是父母双方都不在广州或没有工作单位的而户口属本区的毕业生；三是父母双方都是临时户口的属本区的毕业生；四是 1971 年前未下乡的户口属本区的历届毕业生。下乡的安置点主要是黄埔人民公社、南岗人民公社、良种场和长洲镇等 4 个单位。此外，还要接收安置厂社挂钩单位——黄埔港务局、4307 厂、4801 厂、广州石油化工总厂、广州汽车制造厂、广州机床总厂、广州市针织厂的部分下乡知识青年。

黄埔区历年动员安置知识青年下乡人数：1963—1966 年 265 人、1973 年 389 人、1974 年 621 人（其中属黄埔区知青 318 人）、1975 年 1 183 人、1976 年 685 人、1977 年 584 人。1978 年 12 月，中央召开全国知青工作会议，转发会议纪要和《国务院关于知识青年上山下乡若干问题的试行规定》，提出"调整政策，逐步缩小上山下乡的范围"的要求，知识青年上山下乡工作进入收拢阶段。当年，区安置知识青年下乡人数下降到 71 人，1979 年下降到 6 人。

区历年安置知识青年下乡补助费是按照调整后的规定发放的，到农村插队、回农村落户每人补助 480 元；到生产建设兵团和国营农、林场，每人补助 400 元。1973—1979 年，广州市知青办公室拨给黄埔区安置知识青年下乡经费 117.11 万元，到 1982 年底节余 2.64 万元。经费使用是按照国务院知青办公室和省、市知青办公室与省、市财政局有关规定标准和使用范围开支，实行专款专用的原则。

1982 年，根据知青工作的实际情况和上级指示精神，区知青办公室正式合并到区劳动科，区知青办公室撤销。

1979—1983 年，区知识青年工作重点由动员安置下乡转到做好按归口单位招工回城工作。直至 1983 年 12 月，黄埔区应该安置的下乡知青 3 804 人中，除 26 人暂留农村外，其余先后迁离农村。其中招工的 3 183 人、招生的 162 人、参军的 42 人；因患病或家庭有困难经过批准回城的 279 人；被批准出国、出港的 13 人；违法乱纪被判刑的 41 人，外逃的 44 人，死亡的 1 人；长期离开农村下落不明的 13 人。知青上山下乡工作就此结束。

（第十八篇第一章《劳动管理》，第 507 页）

《广州市芳村区志》

广州市芳村区地方志编纂委员会编，广东人民出版社 1997 年

是年（1964 年），有 100 多名城市知识青年到鹤洞公社各生产队插队落户。（1968 年设立知识青年办公室，1977 年撤销。总共接收 800 多名知青，"文化大革命"后绝大部分陆续回城）

（《大事记》，第 22 页）

第五节　知识青年上山下乡

1966—1978年,贯彻中央关于知识青年上山下乡接受贫下中农再教育的指示,动员城镇年满17岁以上的知识青年到农村去。芳村地区先后共有306人上山下乡,分赴海南岛、番禺县和广州市郊区插队落户。上山下乡知青每人一次性发给安置费230元。

知青上山下乡后,一开始多数尚能与贫下中农相结合,安心农业生产。随着时间推移,不安心在农村者日渐增多,1972年开始倒流回城,到1974年有296人回城安置就业。1979年停止知识青年上山下乡。

(第二十四篇第二章《劳动》,第388页)

《广州市荔湾区志》

广州市荔湾区地方志编纂委员会编,广东人民出版社1998年

(1955年)12月6日,西区第一批青年志愿垦荒队11人在区团委干部邵毓华带领下,出发到海南岛。

(《大事记》,第33页)

(1964年)9月13日,荔湾区在市第三工人文化宫召开"欢送街道青年下乡大会",欢送青年552人上山下乡。

(《大事记》,第39页)

是年(1968年)底,全区的66、67、68届初、高中毕业生(67、68届实未毕业)大部分上山下乡,接受"再教育"(此"老三届"上山下乡人员,小部分继续留在当地,小部分合法出境或非法越境,大部分已于70年代陆续返回广州)。

(《大事记》,第41页)

《广州市东山区志》

广州市东山区地方志编纂委员会编,广东人民出版社1999年

(1967年)12月,东山区军事管制委员会动员逗留东山区的上山下乡青年回农村抓革命,促生产。

(《大事记》,第41页)

是年(1968年),全区掀起知识青年上山下乡高潮,66届、67届、68届(称"老三届")的高、初中毕业生除极少数留城外,绝大多数都上山下乡。

(《大事记》,第42页)

区安排知识青年(简称"知青")下乡始于1955年,根据中共广州市委"关于加强城市管理及动员流入城市的农民回乡参加生产"的指标,共动员近1.1万人回乡参加生产,其中不

少是流入城市的"知青"。1964年1月16日,中共中央、国务院《关于动员和组织城市知识青年参加农村社会主义建设的决定》颁布后,知识青年上山下乡运动正式形成。1966年"文化大革命"开始,部分"知青"回城"闹革命",上山下乡工作暂时停止。1968年12月22日,毛泽东主席发出"知识青年到农村去,接受贫下中农再教育,很有必要"的指示,东山区的知识青年上山下乡再次掀起热潮。根据广州市的规定,凡满16周岁以上的社会青年(包括历年不服从分配的大学生、中专生、小学毕业生)和一切可以到农村去参加农业生产的社会闲散劳动力(包括街道劳动服务站员、消毒员、民办食堂服务员、民办中小学代课教师中不适合当教师者)均属动员对象。凡全家可以下乡的则动员全家下乡。在1968年的上山下乡高潮中,66届、67届、68届共三届(称"老三届")的高、初中毕业生除极少数留城外,绝大多数都要上山下乡。

东山区历年上山下乡的15 181人中,安排去农场的有1 675人;插社的有11 406人,分布在30多个县,以番禺、从化、海南岛、花县、增城为多;回原籍投亲靠友的2 100人,分布在全国各地。

1978年根据省知青办提出的调整留城政策的意见,大部分应届毕业生都经市知青办批准留城分配工作,并对以往的"知青"安置工作进行了检查,认真落实党的有关政策。1984年,东山区知识青年上山下乡办公室正式撤销,知识青年上山下乡也同时结束。

(第四编第五章《人民政府》,第442页)

1969—1970年,动员城市知识青年和居民到农村插队落户,东山区人口复减。70年代后期,大批下放知青、职工、城市居民回城,加上一部分郊区农民因征用土地进城,区人口再增。 (第六编第一章《人口》,第694页)

《广州市越秀区志》

广州市越秀区地方志编纂委员会编,广东人民出版社2000年

(1976年)9月3日,全市40万群众欢送知识青年上山下乡。区在人民公园门口设分会场。 (《大事记》,第30页)

1963年,开始动员知识青年上山下乡,同时安排留城及回城知识青年就业。"文化大革命"期间安置劳动就业,主要靠动员知识青年上山下乡。由于知识青年上山下乡政策的调整以及有关政策的落实,1978年底有待业人员1.2万人,至1981年增至有66 250人。

(第九编第六章《劳动管理》,第403页)

从 1988 年开始全面实施对待业职工的管理。……

待业人员包括：学校毕业生、退学学生、待业职工、个体歇业人员、解除劳教和刑满释放人员、知青回城人员、落实政策回城人员、征地无补偿农民转城市居民人员和农户随迁进城以及其他按规定进城入户的人员，在劳动年龄界限内，身体健康，有劳动能力的，到所在街劳动部门办理待业登记和领取待业证。 （第九编第六章《劳动管理》，第 405 页）

第六节　知识青年上山下乡

从 1963 年开始，越秀区开展了有计划有组织地动员知识青年和城市闲散劳动力上山下乡运动，到 1979 年底，越秀区共动员知识青年上山下乡 23 682 人。1979 年以后，安置知青工作主要放在办好知青农场上，把知青上山下乡纳入劳动就业的轨道。1980 年，越秀区由纸行街办事处、越秀区住宅建设公司、越秀区工业局 3 个单位办起了知青农场，共安置了知识青年 99 人，并采用"归口包干"的办法安置历年下乡的知青回城工作。1980—1983 年，越秀区抓紧做好安置知青的扫尾工作，除 102 名已和当地农民结婚及已在当地安排了适当工作的知青尚在农场和农村外，其余 9 744 名知青都通过招工、办理困退、病退等各种渠道，先后抽调回城安排了工作或自谋职业。

1973 年后，每年都按下乡知青人数派出政治思想好、作风正派、身体条件好、有一定工作能力的干部按比例到安置点担任知青下乡带队工作，协助当地做好下乡知青的安置教育、管理、培养工作。1973—1980 年，共派出下乡带队干部 311 人（见表 9-6-6-1）。其中，中共越秀区委副部长、科长，街、局、处副主任以上干部 15 人。

表 9-6-6-1　越秀区上山下乡带队干部人数统计表

年　份	人　数	年　份	人　数
1973 年	13 人	1977 年	67 人（一人连任）
1974 年	16 人	1978 年	47 人（三人连任）
1975 年	56 人	1979 年	33 人（二人连任）
1976 年	78 人	1980 年	2 人
		合　计	312 人

1985 年 1 月 1 日，越秀区知识青年上山下乡办公室正式撤销，历时十多年的知识青年上山下乡工作全面结束。 （第九编第六章《劳动管理》，第 413—414 页）

1973 年 9 月，区革命委员会撤销四大组。按工作需要恢复设置委、办、科、室，同时恢复区公安分局。所设委、办、科、室如下：

区革委会办公室、计划生产办公室、文教办公室、外事办公室、财贸办公室、爱国卫生运动委员会办公室、计划生育委员会办公室、人民防空领导小组办公室、劳动科、民政科、知识青年上山下乡办公室、文化科、财政局、工商局、工业局。

（第十一编第二章《人民政府（人民委员会）》，第 494 页）

1963—1965 年，又先后动员了一批知识青年到宝安插队和到平沙农场、光明农场、海南岛农场（1969 年改为广州军区生产建设兵团，1974 年，归属广东省农垦局）参加农业生产。仅到海南岛参加生产的知识青年就有 297 人。　（第十一编第二章《人民政府（人民委员会）》，第 502 页）

1968 年，各街道动员 1966 年、1967 年、1968 年等三届中学毕业生及社会青年、闲散劳动力到农村去。到 1977 年底共动员了 23 682 人到海南岛和广东省内各农场、林场及各公社插队落户。1973 年后，每年都派干部到安置点担任知识青年上山下乡的带队工作，协助当地做好下乡知青的安置、教育、管理工作。　（第十一编第二章《人民政府（人民委员会）》，第 503 页）

《广州市海珠区志》

广州市海珠区地方志编纂委员会编，广东人民出版社 2000 年

(1963 年)10 月 7 日，区组织知识青年 625 人到中山县港口、横栏公社插队务农。

（《大事记》，第 25 页）

是年，区组织动员 1 932 人离开广州市，下乡支援农业。　（《大事记》，第 25 页）

是年(1964 年)，区组织知识青年上山下乡 1 956 人，超额完成市下达的 1 614 人的任务。

（《大事记》，第 25 页）

(1965 年)5 月 24 日至 6 月底，全区 1 262 名青年分别到海南岛、从化、增城、恩平县务农，超额完成市下达的 1 255 名青年下乡的任务。　（《大事记》，第 25 页）

(1973 年)10 月 26 日，区召开欢送首批应届中学毕业生上山下乡大会。

（《大事记》，第 29 页）

(1974 年)3 月 13 日，区 10 万人欢送知识青年上山下乡。　（《大事记》，第 29 页）

"文化大革命"期间，大批干部、知识分子下放农村，知识青年上山下乡，以及搞备战实行人口疏散政策，导致大量人口迁出。　（第二篇第一章《人口状况》，第 77 页）

"文化大革命"期间,从1968年开始动员知识青年上山下乡插队劳动。1979年中共中央发出《关于统筹安置城镇待业青年的决定》,开始全面落实知识青年回城政策,区劳动部门采取带动劳动招工指标回抽安置,办理"困退"等方法,至1981年,共回抽插队知识青年1177人。1979—1990年还按有关劳动政策规定,审批办理退休顶替招工共5477人。

(第十篇第二章《劳动》,第346页)

1973—1979年,撤销办事组、政工组、生产组、保卫组。按照中共海珠区委、区革命委员会两大序列分别恢复设立部、委、办、局、科等工作机构。海珠区革命委员会在这段时期先后恢复和新成立的直属机构有办公室、公安分局、教育局、环境卫生管理局、卫生局、工商局、民政局、侨务科、文化科、劳动局、房地产管理局、城建局、工业局、财政(税务)局、文教办公室、财贸办公室、知识青年上山下乡办公室······

(第十二篇第二章《人民政府》,第413页)

1980年,······知识青年上山下乡办公室并入劳动局。

(第十二篇第二章《人民政府》,第414页)

《广州市白云区志》

广州市白云区地方志编纂委员会编,广东人民出版社2001年

1962—1966年,全区共动员了1758名青年上山下乡务农。

(第十二篇第四章《劳动管理》,第500页)

"文化大革命"开始以后,劳动管理完全处于瘫痪状态,大批初、高中毕业生面临升学和就业问题。根据中共中央关于"面向农村、面向边疆,面向工矿、面向基层"的号召,1968年,全区动员了3600名青年到农村去,1969年动员了2100人下乡,1970年又有800人下乡。从60年代起至1978年共16年中,全区共有2.58万名青年下乡务农,其中到外地务农的有7600多人,全区农村和区属农场共安置了本区和广州市的知识青年3.1万多名。1964—1966年,区内的农村和农场总共安置了本区和广州市的知识青年3091人。1978年起,不再安排知识青年上山下乡。至1980年,全区共解决了3万多名务农青年回城。

(第十二篇第四章《劳动管理》,第500页)

1968年3月成立了郊区革命委员会,下设政工组、办事组、生产组和保卫组,对党政工作实行统一领导,取代了原郊区党委和郊区人民委员会的职能。主要政务有:反对派性活动,促进大联合;安置下乡知识青年;兴建大型水利工程;大搞农田基本建设,推动农业机械

化。1973年3月,撤销"四大组",逐步恢复郊区各部委办局等工作机构。

(第十六篇第一章《区级政府机构》,第643页)

1956年,团中央提出青年团应在垦荒中起突击队作用的号召,郊区的董志伟、张群英等5位优秀青年团员发起了组织"广州青年志愿垦荒队"倡议书,随后郊区共有227名团员青年响应号召,到海南岛参加垦荒。　　　　　(第十九篇第三章《共青团》,第706页)

1964年推行"两种教育制度",要求农村生产大队都有小学,公社都有初中,全区中小学有较大发展,计有公办教师3254人。1966年为了补充小学教师之不足,从农村知识青年和上山下乡知识青年中挑选了359人,经短期培训后分配到各小学任教师。

(第二十五篇第四章《教育管理》,第861页)

《花县志》

花县地方志编纂委员会编,广东人民出版社1995年

(1965年)9月13日,广州市第一批上山下乡知识青年分散安排到各公社、队落户。12月,成立县知识青年上山下乡安置办公室。　　　　　　　(《大事记》,第47页)

建国后,由于参军、军人转业、工作调动、学习、婚嫁、知识青年插队、务工经商、到国外或港澳定居等原因,人口机械变动量较大。……1962—1970年,花县接收外地知识青年插队共2.69万余人。1971—1980年间,这些知青大部分返回城市工作。

(第三编第一章《变动与分布》,第145页)

1968—1977年间,全县组织城镇初、高中毕业生1832人下乡务农……

(第二十六编第一章《劳动管理》,第703页)

1963—1965年9月,花县先后接收了广州市上山下乡知识青年1178名,安置于新华公社大陵和赤坭公社蓝田、新村、巴江、白坭等大队插队落户。1965年9月13日,广州市近千名知识青年分配到花县洪秀全果肥农场务农(1968年秋,解散果肥场,知识青年安置到各公社插队落户)。1965年12月,花县成立上山下乡知识青年安置领导小组,下设办公室,负责安置知识青年上山下乡。1966年"文化大革命"开始后,动员知识青年上山下乡工作停顿。1968年12月12日,毛泽东关于"知识青年到农村去,接受贫下中农的再教育,很有必要"的讲话发表,知识青年上山下乡工作重新开展。1963—1978年,花县共接收省、市及花县上山

下乡知识青年 18 737 人,其中花县知青 1 832 人。

知识青年上山下乡,安置形式以分散插队落户为主,部分安置于集体场、队,有的定点下乡或投亲靠友。根据 1973 年广东省财政厅、省革委会知青安置办公室《关于知识青年下乡安置经费使用、管理办法》规定,城镇知识青年到农村插队和回乡落户口的,每人补助 480 元;农村、圩镇非农业户口的知识青年到社队插队落户的,每人补助 400 元。1973—1981 年,县知青办拨给各公社、场、镇的知青安置经费共 1 119.75 万元。全县建知青住房 6 543 间,总面积 105 561 平方米,创办知青农场、知青队共 18 个。

从 1971 年起,每年招工、招生、征兵都从上山下乡知识青年中挑选。到 1980 年底,大部分知青已陆续安置回城。1981 年,少数仍留农村的未婚知青,由原动员下乡单位收回安置。下乡后已婚的 130 多名女知青,由县公安部门将他们及其子女的户口转为非农业户口,在当地单位安排工作。一些年纪较大扎根农村的,则补贴知青安家费。每招用一名已婚知青的国营单位,补贴 300 元,集体企业补贴 1 000 元。领取工商牌照自谋职业的知青,每人补 800 元作就业安置费。到 1981 年 8 月,历时 10 多年的上山下乡知青安置工作结束。

(第二十六编第一章《劳动管理》,第 704—705 页)

《从化县志》

从化县地方志编纂委员会编,广东人民出版社 1994 年

(1968 年)12 月 9 日,县首批城镇知识青年 150 多名被安排到农村插队落户,参加农业生产劳动,接受贫下中农"再教育","走与工农相结合的道路"。　　(《大事记》,第 66 页)

1971 年至 1972 年,从农村青年、下乡知识青年、民办教师中选拔吸收了 598 人,补充人民公社和乡镇教师队伍。　　(第十九篇第一章《干部》,第 636 页)

60 年代末至 70 年代末,县内一方面通过安排城镇知识青年上山下乡到农村插队落户的办法解决劳动就业,另一方面又通过招收上山下乡知识青年回城工作的办法安排劳动就业。　　(第十九篇第六章《劳动就业》,第 652 页)

1965 年至 1978 年,安排城镇待业青年就业的途径有两条:其一是安排待业青年到县内农场、林场、果场或农村插队务农,这时期全县共安排待业青年上山下乡 3 657 人;其二是通过招工的形式安排就业。这一时期,全县共招收新工人 2 318 人(不含招收复退军人数),其中从城镇待业青年中招收的有 1 882 人,从上山下乡 2 年以上的知识青年中招收的有 1 775 人。　　(第十九篇第六章《劳动就业》,第 652 页)

第二节　知识青年上山下乡

1965年至1978年,从化县共安置广州市和县内各镇知识青年2.43万人上山下乡。至1981年止,全县安置知识青年上山下乡共耗资988.4万元,共安置上山下乡知识青年回城就业2.41万人。

一、上山下乡安置

1964年9月30日,县人委发出《关于认真做好安置知识青年插队工作的通知》,1965年,县成立知识青年上山下乡安置领导小组,下设办公室负责接收、安置广州及县内城镇户口的知识青年上山下乡的工作。当年,全县共安置知识青年1818人上山下乡。安置形式主要有4种:一是安排到生产队,二是安排到独立核算的知识青年队,三是安排到公社、大队办的农场、林场,四是安排到县属国营农场、林场、渔场、果场。上山下乡的知识青年的劳动报酬与所在单位的职工或社员相同。1975年,全县共接收上山下乡知识青年7238人,是历年接收知识青年上山下乡人数最多的一年。1965年至1978年,全县先后接收安置上山下乡知识青年2.43万人。其中广州市二轻局、机电局、财政局、造纸厂、广州军区、广东省军区等30个单位的干部、职工子女2.17万人,县内城镇居民及国家机关、企事业单位干部、职工子女2505人。先后安置到县属国营九里步(东方红)果场、高埗菜场、县农业科学研究所、县良种场、县食品公司鸡场、县鱼苗场等单位共1379人;安置到各公社、大队办的知青农场共4938人,分散到全县12个公社211个大队插队落户的共1.8万人。

知识青年上山下乡安置经费由国家统一拨给。安置费曾作过几次调整。1973年,安置一个广州知识青年,补助440元;安置一个从化知识青年,补助472元。1974年调整为:县内知识青年安置到农、林场的补助390元,安置到农村插队的补助470元;广州知识青年安置到农场、林场的补助370元,安置到农村插队的补助450元,回原籍插队的补助20元。1978年又再次调整为凡安排到农村插队的补助580元。1965年至1981年,全县共开支安置费988.4万元,平均每个知识青年的安置费约为406元。

二、管　　理

县内知识青年上山下乡的管理教育工作,分为两个阶段。第一阶段,1965年至1972年,主要由知识青年所在单位派员管理。第二阶段,1973年至1981年,改由知识青年家属单位派员协助知识青年所在单位管理。从1974年开始,各公社、大队经常在节、假日召开上山下乡知识青年座谈会、联欢会,各知识青年父母所在的单位也经常组织慰问活动。1969年开始,贯彻落实上山下乡知识青年的政策,上山下乡的知青逐年陆续按政策回城安排工作。至1984年,通过招收工人、招收干部、参加人民解放军、升学读中专、大学等形式离开农村的知识青年共24086人,其中广州来的知识青年绝大部分被招回广州工作。

(第十九篇第六章《劳动就业》,第652—653页)

1968 年 10 月,县革委在七星岗开办"五·七"干校,有 600 多名干部职工下放到干校劳动。12 月,全县城镇首批 150 名知识青年"上山下乡",到农村插队落户。

(第二十篇第一章《中国共产党从化县地方组织》,第 672 页)

《新丰县志》

新丰县地方志编纂委员会编,广东人民出版社 1998 年

1969 年至 1970 年,中央强调"抓革命,促生产"和对"文化大革命"初期被清退的干部、职工给予落实政策,收回工作。同时又按计划招收一批职工充实县三间重点厂(造纸、水泥、木器厂),其中 1970 年招收 500 名,1971 年招收 450 名,共 950 名。大多数是城镇待业青年、下乡知识青年、农村应届高中毕业生。此外,还安置复退军人约 700 名,其中调入韶关近 500 名,调入其他地区 100 名。

(第十七卷第二章《职工管理》,第 434 页)

第二节　知青安置

"文化大革命"期间,毛泽东提出"知识青年到农村去,接受贫下中农的再教育"。1968 年广州有 10 名知青到本县插队落户,与农民同吃、同住、同劳动。1973 年 6 月县革委会成立"知识青年上山下乡领导小组",下设办公室,各公社相继设立相应机构,配备专职人员负责此项工作。

1968 年至 1977 年,本县安置上山下乡知识青年共 4 678 名,其中广州 3 861 名、本县 817 名。从 1973 年开始,对知识青年的安置,改变以往与农民实行"三同"的做法,采取到社队或国营办的农、林、牧场劳动或集体插队落户。为适应知识青年锻炼的需要,全县办起知青场 88 个,其中县办 5 个、公社办 8 个、大队办 75 个。同时建有知青房屋 1 288 间,总建筑面积 18 670 平方米。在知识青年上山下乡期间,国家拨给本县知青经费达 230 多万元。

1978 年,各级政府停止动员知识青年上山下乡。广州市的知青绝大多数先后返回广州安排就业。本县知青于 1979 年底全部安排就业完毕。知识青年上山下乡工作至此宣告结束。

新丰县安置知识青年上山下乡统计表

地区＼年度	1968 至 1972	1973	1974	1975	1976	1977	合计
广州	561	600		2 700			3 861
新丰		257	135		183	242	817
合计	561	857	135	2 700	183	242	4 678

(第十七卷第二章《职工管理》,第 435—436 页)

《龙门县志》

龙门县地方志办公室编,新华出版社 1995 年

(1968 年)4 月 14 日,县革委下设四大组:办事组、政工组、生产组、保卫组。

开始接收安置上山下乡知识青年。到 1977 年,共接收安置广州市、汕头地区 12 082 人。

(《大事记》,第 23 页)

(1973 年 10 月)龙门县知识青年办公室成立。 (《大事记》,第 26 页)

1963 年秋,动员城镇青年上山下乡,赴国营油田林场 30 多人;龙城镇丫髻山菜林场 70 多人。 (第二十五编第二章《劳动》,第 576 页)

1968 年 11 月—1978 年,知识青年上山下乡,全县动员各圩镇 1 887 人、接收广州市 8 919 人、潮阳县 1 303 人、其他 12 人,总人数 12 121 人。安置在 12 个公社 105 个大队 867 个生产队以及县属 9 个农、林场,1 个镇办果林场和各社办的 34 个知青场。国家财政共拨给 671 万元安置费,建住房 6 914 间。 (第二十五编第二章《劳动》,第 577 页)

《增城县志》

增城市地方志编纂委员会编,广东人民出版社 1995 年

(1965 年)2 月 23 日,成立县安置城市下乡知识青年领导小组办公室,负责接收安置知识青年上山下乡工作。 (《大事记》,第 33 页)

第二节 知识青年"上山下乡"与安置

增城县自 1963 年起,把新塘、仙村、石滩等圩镇一些待业青年安置到农村生产队插队落户。1966 年,响应中央关于"知识青年上山下乡,接受贫下中农再教育"的号召,全县有 1 200 多名城镇知识青年(简称"知青")安排到农村落户。1967—1969 年,城镇应届初、高中毕业生一般都安排上山下乡落户。当时,增城县被列为省、市安置上山下乡知青的重点县之一,先后有广州和汕头市的知青下放到县内农村。至 1979 年,全县农村共接收各地上山下乡的知青共 28 228 人(其中:广州市 22 591 人、汕头市 1 452 人、县内的 4 185 人),计安置在全县 5 个国营农、林场的 503 人,在公社、生产大队所办农林场的 7 033 人,在生产队落户的 20 692 人。为解决上山下乡知青住房和生活方面的困难,除农村公社、生产队腾出房屋外,

省、市、县政府共拨给 954 万多元,建房量 8 811 间,共 145 308 平方米。

1979 年。按国务院通知,停止知青上山下乡,并对已下放在农村的知青逐步安排回城镇就业。至 1988 年底,除有 2 人自愿留在农村落户、有 1 581 人已升入大、中专学校就读外,其余全部安排回城镇就业。 (卷二十四第一章《劳动管理》,第 650 页)

《番禺县志》

番禺市地方志办公室编,广东人民出版社 1995 年

是月(1961 年 9 月),首批广州知识青年 284 人到珠江农场务农。嗣后,续来 11 批,共 2 888 人。 (《大事记》,第 63 页)

(1964 年)11 月 10 日,全县已接收安置上山下乡知识青年 1 237 人,其中来自广州市 1 198 人、县内 39 人。 (《大事记》,第 65 页)

是年(1968 年),动员县内知识青年下乡插队,接收安置佛山、广州市下放的知识青年。 (《大事记》,第 68 页)

(1977 年)10 月 11 日,傍晚,钟村石壁农场插队知识青年过江往腰鼓农场看电影途中,因渡艇超载,遇浪翻沉,艇上 28 人全部落水,溺毙知青 10 人(9 女 1 男)。 (《大事记》,第 72 页)

第三节 知识青年下乡及就业安置

县安排知识青年下乡始于 1957 年。1964 年,下乡青年有 1 237 人,其中广州青年 1 198 人,县内青年 39 人;1965 年 1 270 人;1966 年 131 人(其中广州 5 人)。

1968 年底,动员知青上山下乡工作重新开展,要求 1966 年至 1968 年的三届高、初中毕业生全部下乡务农,仅 60 天时间,安置了县内知青 4 395 人,外地知青 3 833 人。1969 年下乡知青 2 450 人(其中县内知青 294 人)。

1973 年起动员下乡的对象范围逐渐缩小,如病、残者,独生子女,已有子女下乡,家中只留一子女者,身边只有一个子女的中国籍外侨子女,均不再动员下乡。至 1978 年,全县务农知青有 23 000 多人,社办农场、国营农场和农村社队,接收知青都达到饱和状态,而当时城镇企业,由于生产发展,出现劳动力不足,为解决这一矛盾,广州市知青工作会议提出:"公社圩镇知青一般不再动员上山下乡,县城镇可继续动员上山下乡,也可走'五·七'道路,由当地县委决定。"从 1979 年始,县动员知青下乡工作已全部停止。

全县自1964年至1984年7月共安排下乡知青34 396人。从1978年12月经县委批准城镇下乡知青分期分批回城镇工作,到1984年离开农村的知青共34 394人,其中招工23 136人,升学1 225人,参军297人,已婚在当地转居民的402人,回城8 069人,经批准出国、往港澳或外逃、死亡等共1 265人。

1985年12月,撤销"县知识青年上山下乡工作办公室",一切业务、档案、资料、经费和物资移交县劳动局,并负责处理有关遗留问题。　　（第十九编第一章《劳动就业》,第663页）

《海口市志》

海口市地方志编纂委员会编,方志出版社2005年

(1968年)11月7日,首批广州上山下乡知识青年923人抵海口。(《大事记》,第58页)

(1969年)1月10日,海口市数万人欢送第一批街道青年、居民543人到农村人民公社落户。　　　　　　　　　　　　　　　　　　　　　　　　(《大事记》,第58页)

(1976年)8月3日,本年度首批应届中学毕业生1 300多人上山下乡。(《大事记》,第61页)

1970—1976年,主要解决知青就业。1978年后,知青回城人数猛增,达到79 492人,市劳动部门和工商行政管理部门支持回城知青从事个体经济,广开就业门路。

(第二十六编第二章《人力资源管理》,第1640页)

第三节　知识青年上山下乡

1962—1964年,海口市在精减职工和压缩城市人口的同时,由中学和街道组织动员483名未升学的毕业生和社会青年、闲散人员到农村社队和松涛水库、文昌、琼海养殖场入户。1965年,市委副书记张开泰、市委宣传部部长李放邨分别向800多名街道青年和1 000多名应届中学毕业生作上山下乡动员报告。全市动员2批279人下乡,比海南区分配给海口市130人下乡安置任务超额完成214%。其中到儋县那大公社240人、市郊海秀公社39人。在知青下乡的当天,全市人民热烈欢送,各商店门口都用红纸张贴"热烈欢送我市知识青年下乡,参加社会主义建设"标语,主要街道还张挂巨幅横额,工人文化宫门前还张贴下乡知青光荣榜。知青抵达儋县时,当地组织党政干部和群众2 000多人到车站欢迎,少先队员为下乡知青戴光荣花,盛况空前。

1966年10月6日,市人民委员会发出《关于迅速动员组织城市知识青年下乡的通知》。但由于"文化大革命"已开始,到11月,仅有77名知青和社会青年上山下乡,其中69名到儋

县南丰人民公社,8名到市郊海秀人民公社插队落户。

1966—1968年毕业的大批初中、高中毕业生响应毛泽东主席发出的"知识青年到农村去,接受贫下中农的再教育很有必要"的号召,全市又掀起上山下乡热潮,以中学为单位组织动员,利用进驻学校的大批工人宣传队,做思想政治工作,动员毕业生上山下乡。1968年、1969年,共动员6404名知识青年和社会闲散人员上山下乡。其中1968年8月,850名到海南、海口5所"五七"干校,200多人到各县国营农场,900多人到各县农村社队落户,市劳动大学等16所半工读学校1250名毕业、未毕业生除已在城市分配工作的外,822名上山下乡到海南农垦15个农场落户。

1970—1972年,共动员2919名知识青年上山下乡,除个别回乡外,到海南、海口市5所"五七"干校的知识青年2885人。

1973年,有不少地区的知识青年生活发生困难,市委实行机关包干,定点挂钩,集中安置,将中学生的分配、组织动员上山下乡工作由学校负责改为学生家长单位负责,按系统归口组织上山下乡。至1974年底,两年共动员1569名知青下乡,其中农村插队1500人。

1975年6月9日,市革命委员会发出《关于认真做好我市1975年知识青年上山下乡动员安置工作的通知》,7月15日,海口地区召开知识青年上山下乡动员大会,当年有3947名应届(历届)毕业生上山下乡,超额完成海南区下达的3600名动员任务。

1976—1979年,共动员5727名知识青年上山下乡。其中1979年按上级指示,调整了政策,缩小上山下乡范围,共动员801名知青上山下乡,占14%。

1970—1975年,有部分知青参军和作为工农兵学员被保送入大专院校,有些知青由于生活困难而倒流回城。1980年,除少数在当地就业或当领导干部者外,均已陆续返城。当时海口地区的招工指标有限,不能满足知青就业要求,各部门广开就业门路,想方设法安排好回城知青。劳动部门采取以下措施:①整顿和扩大市服务行业,增加商业网点;②扩大城市建设队伍和交通运输业;③扩大和发展街道工业;④扩大城镇的厂外加工和传统产品生产;⑤城市有计划地招收知青;⑥采取多种形式如补习学校、夜校等,让他们继续学习。80年代末,回城知青90%谋到了职业,其中大多数为个体户。

(第二十六编第二章《人力资源管理》,第1646—1647年)

《汕头市志》

《汕头市志》编纂委员会编,新华出版社1999年

(1965年4月)27日—5月1日,汕头地区城镇上山下乡知识青年积极分子代表会在汕头市召开。从1964年9月至是年9月,全区共有8200多名城镇知识青年分别到国营农(林)场、人民公社插场插队落户。 (《大事记》,第一册第177页)

(1968 年)8 月 13 日,620 多名"倒流"回汕的上山下乡知青被劝阻返回海南、韶关、惠阳、海丰、陆丰等地。 (《大事记》,第一册第 183 页)

(11 月)22 日,汕头市 6 万多人隆重集会欢送首批中学毕业生 700 多人上山下乡。此后汕头市许多知识青年在这股风潮的鼓动下,自愿或不自愿地一批批涌到农村,接受"贫下中农的再教育"。12 月 21 日,市又有 1 000 多知青上山下乡。 (《大事记》,第一册第 184 页)

(1969 年 7 月)23 日,《汕头日报》讯,汕头市应届初、高中毕业生和知识青年,到本月止,有 2 000 多人到海南岛安家落户。 (《大事记》,第一册第 185 页)

是年(1978 年)统计,从 1964—1978 年,全市上山下乡知识青年总人数为 31 829 人,其中安排在国营农场 14 878 人,到集体场和插队的 16 951 人,1972—1979 年底已回城的有 20 600人。 (《大事记》,第一册第 199 页)

潮汕知识青年(下简称"知青")上山下乡,始于 1964 年 8 月,至 1980 年 9 月结束。

1968 年 11 月,根据中共中央指示,全区开始动员中学毕业生和城镇青年上山下乡。同年 12 月,毛泽东发出"知识青年到农村去"的号召,促使全区知青上山下乡高潮的形成。一批批青年离城到海南岛等地农场和各地农村插队落户。至 1973 年 4 月,全区上山下乡的知青达 20 余万。1978 年以后,大部分上山下乡的青年返回汕头或各地城镇。

(卷九第二章《青少年团体》,第一册第 776 页)

1964 年以后团组织动员知识青年上山下乡,走与工农兵相结合的道路,到农村接受贫下中农再教育,走又红又专道路。 (卷九第二章《青少年团体》,第一册第 783—784 页)

1974—1977 年,全区审结刑事案 3 326 宗,其中普通刑事案占 85.42%,反革命案占 14.58%。重点打击杀人、放火、投毒、重大破坏事故、破坏上山下乡知青和组织偷引渡案。严惩要犯、惯犯、教唆犯、集团案首犯。 (卷十三第二章《刑事审判》,第一册第 1014 页)

1964 年待业人数成为中华人民共和国成立以来的第一个高峰期。为了解决城镇劳动者就业问题,中共汕头市委和市政府把生产和就业工作一起抓,扩大就业门路,除从国营和县以上集体安排就业外,还大力扶持发展街道和工业生产组(社),提倡发展家庭副业,动员待业青年上山下乡以及组织生产服务队等临时性工作,至 1965 年末大部分待业人员和新成长的劳动力才得到安置。"文化大革命"使社会经济生活和劳动工作受到严重的干扰和破坏,"上山下乡"成为城镇待业青年和高、初中毕业生的主要去路。从 1968 年 12 月 21 日毛泽东发出"知识青年到农村去,接受贫下中农的再教育,很有必要"的指示以后,1969—1972年形成了上山下乡的高潮。至1978年12月这10年间,汕头地区上山下乡的城镇青年和成户居民计23.3万人,其中10.8万人安置到海南、湛江、肇庆、韶关、惠州等地农场,12.5万人安置在区内各地农村。

"文化大革命"结束后,大批下乡青年返回城镇,待业人数剧增。1977年汕头市待业人员总数达5.2万人,待业率高达12.7%,形成第二次待业高峰。1979年起,随着改革、开放政策的执行和汕头市经济特区的创建,汕头地区及各县、市采取大力发展城镇、街道各种集体经济和适当发展个体经济的积极措施,以各种形式共安置城镇待业人员27万人,才使全社会关注的"就业难"问题基本解决。　　　　　　　(卷十六《概况》,第一册第1171—1172页)

1971—1976年,全市自然增长劳动力58 155人,加上1970年末遗留待业人员9 476人,一共有待业人员67 631人。同期动员上山下乡9 124人,安置在本市就业24 353人(全民12 238、集体12 115)其中招下乡知青1 963人。至1976年末实存待业人员36 099人。一方面社会青年大量待业,一方面服务行业大量缺人,如理发、缝纫。形成"有人无事做,有事无人做,人人想国营,个个等分配"局面。1977年,十年动乱结束,大批上山下乡知识青年返回汕头,使全市待业人数继续上升,社会待业问题日益严重。1979年底,全市各类待业人员增至5.2万人,其中除2.2万人从事各种临时性工作外,迫切要求就业的有3万人,待业率高达12.7%,达到建国以来第二次待业高峰。

(卷十六第一章《劳动就业》,第一册第1177页)

1975年后,国营企业受招工指标限制、劳力不足,因此私自雇用临时工的情况严重。1977年根据省革委会6号文对临时工、合同工、发包工进行了清理整顿。凡未经劳动局指令自行从农村招用的人员一律清退回农村;招用倒流回城知青或上山下乡对象的一律辞退;使用其他城镇社会劳动力,未经批准的原则上也予清退,因生产确实需要,给予补办手续。

(卷十六第一章《劳动就业》,第一册第1181页)

第三节　知识青年上山下乡

知识青年上山下乡,是在特定的历史条件下产生和发展起来的,是同我国社会主义革命和建设事业联系在一起的。

汕头地区知识青年上山下乡工作,始于1964年8月,至1980年9月结束,16年时间,动员组织了城镇知识青年25.2万多名(其中汕头市区3.18万多名)下乡,耗资近3 000万人民币。

1963年底,广东省人民委员会编制了"1964年城镇下乡人员安置计划(草案)"。下达汕头专区的动员安置任务8 000人。至1964年10月6日,潮州镇首次欢送199名城市知识青年分别到凤凰、铁铺等公社插队落户,揭开了我区动员城市知识青年上山下乡,参加农业生产建设的序幕。截至1964年底,全区共动员组织了3 910名城市青年和闲散劳力下乡务农,其中有2 629人分别到本专区农村的73个公社,82个大队,289个队插队落户,有263名安置本专区8个县农场,还有1 018人调到外地英德、潼湖、连平、三水等农场。1965到1966年的两年中,汕头专区又动员组织了15 248人下乡,除继续在本地区各地公社、生产队、新建场安置外,还新开辟了韶关、湛江、海南等地的农林场,作为汕头地区下乡知青的安置点。至1967年底,汕头地区共动员组织了19 158名城市知青和闲散劳动力上山下乡,其中安置在本地区内10 782人,安置在外地的农林场8 376人。

1968年12月—1978年12月,先后动员组织了城镇知识青年和成户居民232 842人下乡插队落户,其中有107 624人安置到海南、湛江、韶关、肇庆、惠阳等地国营农、林、茶场及农业社队,有125 218人安置在本地区的各地农村,有15万名是属青年,其中汕头市区约18 000多名。

1970年下半年起,汕头专区各地工矿企业,根据生产需要,从社会上招用和吸收了一部分职工,仅汕头市区在1970年下半年至1973年上半年,从市区应届高、初中毕业生和青年中就招工9 000多人,由于这一情况的出现,使动员知识青年上山下乡工作碰到了新矛盾,据汕头地区革命委员会知识青年上山下乡工作办公室1974年4月关于"知识青年上山下乡工作回潮情况"报告称:由于1970—1973年在城镇应届高初中毕业生中招工,使知识青年上山下乡工作出现了思想回潮,行动倒退的现象,整个工作从高到低,汕头市区在1973年仅动员400多人下乡,而以各种理由抽调回城的下乡知青共有1 157人。潮安县原是上山下乡先进县,近年来也倒退了,另外,全区还有3 000多名下乡知青没有得到批准而私自离开农村,呆在城里不走。汕头地区人多地少,历来就是一个相当突出的问题,每年大批的动员组织知青下乡,加剧了农村住房、耕地、粮食供给等方面的矛盾。据有关资料透露,在下乡知青中,有20—30%的人粮食无法自给,50%住房没有得到妥善解决,导致"文化大革命"期间,大批青年涌回城市参加造反、请愿。1978年底,陆丰、惠来、潮阳、饶平、揭阳等地知青安置点还出现了下乡知青闹事、集体上访、要求招工回城和解决生活问题的情况。

1973年8月,中共广东省委根据中共中央规定:(1)病残不能参加农业劳动的,(2)独生子女,(3)多子女身边只有一个子女的,(4)中国籍的外国子女不动员上山下乡;矿山井下、野外勘探、森林采伐、盐场等行业的职工退休时,可由子女顶替等规定。在城镇知青上山下乡的主要形式上,提倡在有条件的地方积极创办以下乡知识青年为主,由带队干部和部分贫下中农参加的集体所有制农场。据此,汕头地区于1973年11月在东山湖干校,试办了第一个知识青年集体所有制农场,以后,全区相继办起了带有行业、战线特点的集体所有制青年农场393个,自1973年以后,这些青年农场安置了本地区61%的下乡知青。1975年10月,把招收和抽调下乡知青列入了全民所有制和集体所有制单位用工的年度计划。以后每年都进行有组织,有计划的从下乡知青中招收工人,另外还有一大批知青通过"病退"、"困退"等途径经知青办公室批准回城。据统计,截至1978年底止,全区共有20多万名下乡知青被批准离开农村,使地区内实存在农村的下乡知青仅有33 628人。

1979年1月,经汕头地区革命委员会决定,几年内,县的城镇中学毕业生,原则上不继续动员上山下乡,汕头市中学毕业生,要按照四个面向(即升学、支援边疆建设、上山下乡、城镇招工)的原则,切实的规划安排好。同时,继续做好下乡知青的招调工作,采取战线包干,归口安排,适当搭配的办法,解决下乡知青回城安置问题。至1980年9月,又有18 860名下乡知青得到了合理的安置。

此后,汕头地区尚留在农村的1万多名下乡知青,由劳动局每半年的城镇就业指标中,继续予以统筹解决,从而使历时16年的知识青年上山下乡工作也告结束。

(卷十六第一章《劳动就业》,第一册第1181—1182页)

1960—1983年主要是安置复退军人、城镇待业人员、大中专毕业生、征地农转工、上山下乡知青等。 (卷十六第二章《劳动计划管理》,第一册第1185—1186页)

1984年,汕头市教育系统在全市新聘了聘用制教师166名,全市银行系统招聘合同制干部120人。1984年底,从农村不脱产基层干部、复员退伍军人及回乡知识青年中择优聘用了525名合同制干部。聘用后分别担任区、镇机关的农、林、渔、司法、资料、青年、妇女、计划生育及文化站等专职干部。 (卷十七第二章《人事管理》,第一册第1229页)

城镇青年就业经费,1962年称作城市人口下乡安置费,1974年改称城镇人口下乡经费,1982年始称城镇青年就业经费。汕头地方财政1964年起才有这项支出,截至1987年末累计支出3 601.9万元,其中1964—1965年支出233.8万元,主要用于城镇闲散劳力安置于农场、林场和农村生产队的补助。"文化大革命"时期,全地区有大批城市知识青年、社会青年和闲散劳力上山下乡。 (卷五十八第三章《财政支出》,第三册第1078—1079页)

1971—1972年汕头地区实行"定收定支,收支包干,保证上缴,结余留用"的体制,1973年,采取"定收定支,总额分成,超收奖励,节余留用"的体制。收入实行总额分成。预算支出,除小型农田水利,支援农村人民公社支出,基本建设投资,流动资金,特大自然灾害救济款,城市人口上山下乡安置费等,由上级拨专款外,其余各项支出参与总额分成。超收部分50%留地方,50%上交省。年终结余,除国家统一规定的专款结转项目外,留归地方统筹使用,短收和超支地方自求平衡。 (卷五十八第四章《财政管理》,第三册第1092页)

地方财政支出按指标包干。除了基本建设投资、流动资金、小型农田水利及防汛岁修，支援农村人民公社支出，城镇知青下乡补助费，自然灾害救济费列作专款，由地区掌握拨款，其余各项支出参与收入分成。　　　　　　　　　　（卷五十八第四章《财政管理》，第三册第1092页）

《湛江市志》

湛江市地方志编纂委员会编，中华书局2004年

（1965年）6月30日，湛江市召开下乡回乡参加农业生产劳动知识青年积极分子和应届毕业生代表会议，于7月3日结束。参加会议代表400多人，其中300多人是下乡回乡知识青年积极分子。　　　　　　　　　　　　　　　　　　　　　　（《大事记》，第118页）

（1968年）11月，湛江市区中学毕业生1 700人奔赴农村农场落户。同月，广州市首批到湛江地区的上山下乡知识青年900多人抵湛。　　　　　　　（《大事记》，第125页）

（1969年）8月1日，湛江市革委会上山下乡工作领导小组成立。接着，掀起上山下乡高潮。至9月初旬，市区有4 161名66、67、68、69届中学毕业生和1 861名社会青年、闲散居民到农村、农场落户，超过了过去6年动员下乡人数的两倍。　　（《大事记》，第126页）

1968年11月，湛江市区高中毕业生1 700多人、广州市高中毕业生900多人上山下乡，分赴雷州半岛各生产建设兵团（今国营农场），以后逐年增加。广州、汕头、湛江、茂名等市的大量知青奔向雷州半岛的乡村、农场"插队落户"，各县、镇、公社的知青也纷纷下乡，形成一股洪流，1971年高峰期，全市有上山下乡知青20万人。

1971—1973年，每年下乡知青基本上保持在1万人左右；而知青被招工、招兵和病退返城的数量极少，占全部知青的4%左右。1975年以后，下乡势头有所减弱。1977年秋，最后一批知青下乡，全市不足5 000人；是年底，知青开始大规模返城，有的考取了大专院校，有的当兵，有的进工厂当工人等等。1980年底，几乎全部离开了农场、农村，剩下的极少数。

（第三篇第一章《人口变动》，第302—303页）

60年代（农垦局）的主要职能部门有行政办公室、机关分党委、计划科、财务科、特林科、农牧科、供应科、人事科、保卫科、劳薪科、机务科、工业科、基建科、卫生科、总务股等。以及农垦报社、农垦工会办事处。生产建设兵团时期，各师部设有司令部（下辖参谋科、管理科），政治部（下辖组织科、宣传科、干部科、文教科、保卫科及知青办等），生产部（下辖生产计划科、基建机务科、劳动工资科等），后勤部（下辖财务科、供应科、卫生科）；还有警卫、通讯、运输、宣传等队（排）。　　　　　　　　　　（第十四篇第三章《农垦管理》，第984—985页）

若干年份湛江市财政支出表（一）　　　　　　　　　　　　　　　　　　　　　　　　　　单位：万元

科目名称	1952 年		1957 年		1962 年		1965 年		1970 年	
	全市	其中：市级	全市	其中：市级	全市	其中：市级	全市	其中：市级	全市	其中：市级
......										
城镇知青就业费							26	16	38	20
......										
支出合计	747	345	2 046	624	3 019	1 255	3 294	1 604	5 047	2 511

附注：(1) 全市合计栏是包括徐闻、海康、遂溪、廉江、吴川和湛江市区数字。其中市级栏包括湛江市的霞山、赤坎、坡头、郊区及原专区级与雷东县数字。

(2) 历年因预算科目变动，其数字并入相似科目中去，如52—61年自然灾害救济支出并在社会福利救济费项下反映。

若干年份湛江市财政支出表（二）　　　　　　　　　　　　　　　　　　　　　　　　　　单位：万元

科目名称	1975 年		1978 年		1980 年		1985 年		1990 年	
	全市	其中：市级	全市	其中：市级	全市	其中：市级	全市	其中：市级	全市	其中：市级
......										
城镇知青就业经费	312	157	69	33	38	18	17	12		
......										
支出合计	8 673	5 404	9 865	4 591	11 728	5 023	24 334	12 143	50 082	30 872

（第十八篇第一章《财政》，第 1093—1094 页）

　　1973 年 11 月 30 日，成立市知识青年上山下乡办公室，在市劳动局内办公。1974 年 2 月，"知青办"从劳动局分出，1978 年 5 月 25 日，划归市委领导。1981 年 6 月 3 日，市劳动局与市知青办合并办公，两个牌子、一套人员，设秘书、工资、调配、培训、劳保、安置等 6 个科。

（第二十四篇第二章《劳动》，第 1472—1473 页）

　　为缓和城镇劳动就业矛盾，60 年代初，动员知识青年上山下乡。1977—1979 年，上山下乡的知识青年纷纷回城，就业安置成为一个严峻的社会问题。

（第二十四篇第二章《劳动》，第 1473 页）

　　1966—1969 年，除按政策安置复退军人、大中专毕业生和半工半读的学生外，未向社会招工。1970—1978 年，实行群众推荐，民主评议，知青办和劳动部门审批的招工办法，招工范围是复退军人、按政策留城的初、高中毕业生、上山下乡两年以上的知青和征地农民。

（第二十四篇第二章《劳动》，第 1474 页）

1978 年后，集体经济蓬勃发展。1979 年，市成立劳动就业领导小组，具体制定扶持集体经济的政策，从资金、场地、税收、货源供应、工龄计算等给予优惠，同时拨出专款，建造店铺，提供给小集体企业经营。1980—1981 年，市人民银行为民办小集体经济发放低息贷款109.9 万元，税务部门对以安置待业青年为主的民办小集体企业，减免工商所得税的期限，由 1 年改为 3 年。一批以安置待业人员为主的、经济上独立核算、自负盈亏、按劳分配、民主管理的集体企业相继诞生，尤以企业举办劳动服务公司为最突出，把本单位回城知青和待业多年的职工子女组织起来发展第三产业，从事各种服务劳动。

（第二十四篇第二章《劳动》，第 1475 页）

知识青年上山下乡，是在一定历史条件下产生和发展起来的，并作为一个历史时期的就业方针和就业形式。60 年代初，在精简职工和压缩城镇人口的同时，动员一部分城镇知青和社会闲散人员下到农村或农场。1968 年，全市开始大规模组织、动员知识青年上山下乡，到 1980 年 6 月，市区先后组织了 2.48 万名知识青年上山下乡。这些下乡知青，除个别回原籍落户外，大部分安置在海南、海康、徐闻、化州等地的生产建设兵团和湛江市郊区的湖光、麻章、东山、民安等地。1978 年，改变对城镇中学毕业生以上山下乡为主"一刀切"的做法，逐步缩小上山下乡范围。1979 年，市郊各公社圩镇和县城的非农业人口的中学毕业生，不再列入上山下乡范围。1980 年 7 月后，市区也不再动员知青上山下乡。知青回城的安置，从 1971 年开始，凡上山下乡知青享受招工、招生、参军待遇。1979 年，凡用工地点在湛江市的单位招工，全部从湛江市下乡的知青中招收，同时优先照顾 1972 年前上山下乡、计划生育（2 个子女）和还有 3 个以上的子女在乡的下乡知青。在国营农、林、茶场的知青，可办理困退、病退和顶替商调。据 1978 年统计，湛江市区在下乡知青中招工 4 991 人，办理病退 885人，困退 1 210 人，其他回城 7 245 人，尚有在乡知青 1.01 万人。1979 年起，调整上山下乡政策，各战线、单位所办的农场逐步撤销，对上山下乡未婚知青，实行归口包干，一律由城镇动员单位收回，有指标的全部招工，没招工指标的，通过举办劳动服务公司解决，个别办理困退回城待业；对已婚的知青，就地就近安置到公社厂场，或招工回城，或困退回城。1979 年，全市从农村招收或调动知青 2 071 人，其中农垦调动 895 人。

（第二十四篇第二章《劳动》，第 1476 页）

技工学校招生，是根据国家下达的招生计划，按照有关规定进行的。1964 年、1965 年，技校主要招收城镇户口的初中应届毕业生和待业青年，学制 3 年。招生办法是自愿报名，参加全省统一文化考核，按分数择优录取。1973—1976 年，招生对象是经过一、二年劳动锻炼,年龄在 18—25 岁以内,具有初中文化程度以上的在职徒工、上山下乡知青和农村回乡青年,其中 1974 年工厂徒工与上山下乡知青、回乡知青按 2：7：1 的比例招收。1975—1976 年,技校只从上山下乡和回乡的知青中招生,招生办法是自愿报名,群众推荐,领导批准,学校复审;招生名额与推荐名额为 1：2。1977 年,恢复高考制度,技校与大中专学校统一招生,实行文化考核,择优录取。招生对象是具有初中文化程度,身体健康,16—23 周岁,未婚的城镇在职职工、待业青年和上山下乡知青。1979 年,技校不招收初中毕业生。1980 年,广东省改革技校招生办法,由劳动部门单独招生。同年 5 月,市成立技校招生办公室,由市劳动局和各技校抽人组成,招生对象与 1979 年大致相同,但全民和大集体职工、国营农林茶场知青不能报考。招生办法是全省统一考试,市组织阅卷,根据省下达的招生计划和考生成绩,划出最低录取分数线,在政治思想品德考察和体验合格的基础上,参照学生志愿顺序,择优录取。

(第二十四篇第二章《劳动》,第 1483 页)

《茂名市志》

茂名市地方志编纂委员会编,生活·读书·新知三联书店 1997 年

  1971 年,茂名市城区 39 521 人。从 1962 年到 1972 年 11 年间,年平均出生率达 36.44‰,形成解放后第二个生育高峰期。期间,年平均净迁移率茂名市 0.41%,茂名市和四县不到 0.01%。1972 年,城市下乡知青回城,当年城区 49 750 人,茂名市 312 558 人,茂名市和四县 3 701 381 人,茂名市、茂名市和四县比 1961 年分别增加 5.33 万人和 91.7 万人,年均分别增长 1.7% 和 2.6%。

(第十章《人口变动》,第 114 页)

  1979 年 11 月,市物资局成立物资综合公司,后改为知青店,属集体所有制。

(第七十三章《生产资料物资管理》,第 972 页)

  1968 年,茂名市首批知识青年上山下乡,相应成立茂名市知识青年上山下乡办公室,隶属市革命委员会生产组。1970 年 4 月,四县的劳动科先后与民政科合并,称县革命委员会民政办公室。1972 年 7 月,恢复茂名市劳动局,下设调配科、工资科、劳保科,定编 12 人,主管职工调配、工资管理、劳动就业、安全生产、劳动保护、职业技术培训等工作。市知识青年上山下乡办公室升格为副处级,设宣传教育科、动员安置科,定编 4 人。9 月与市劳动局合并办公,受市劳动局领导,实行两个牌子,一套人马,统一领导,分线管理。……1981 年初,知识青年上山下乡工作结束,市知青办撤销,工作人员并入市劳动局,设劳动力管理科,处理上山下乡知识青年的扫尾工作和市内闲散劳动力管理工作,原劳动力管理所撤销。

(第九十六章《劳动管理》,第 1269—1270 页)

"文化大革命"中期,市和四县有3万多名城镇知识青年上山下乡,插队落户,同时从农村招收28 255名农民进城,形成城乡劳动力大对流。……1977至1978年,大批下乡知青陆续回城,城市就业压力很大,由知青家长所在的部门对返城知青实行包干安排。这时全民所有制企业固定工的指标有所限制,便采取以集体所有制职工指标,将870名返城知青安排到全民所有制单位混岗作业,占全民所有制职工的2%。　　　（第九十六章《劳动管理》,第1272页）

"文化大革命"开始不久,就业安置工作停顿。1968年,动员1966年至1968年毕业的中学生2 603人上山下乡。城市企业则从农村青年中招收3 280人(包括退伍军人)进城就业,使劳动就业工作复杂化。1976年始,茂名市采取发展集体所有制企业等措施开拓就业门路。1978年,贯彻国务院《关于工人退休退职的暂行办法》,各行各业的工人甚至干部实行子女顶替的办法,部分青年得到安置。同年开始,招收劳动力,要由市劳动局组织统考,在身体健康、政治表现好的前提下按考试成绩从高到低录用。1979年,茂名市安置劳动力1 298人,其中,城镇待业的519人,回城知青325人,复退军人125人,离退休退职职工子女顶替的215人,农村劳动力114人,尚有待业人员285人。市和四县安置劳动力6 494人,其中城镇待业的2 598人,回城知青1 623人,复退军人600人,离退休退职职工子女顶替的1 075人,农村劳动力598人,尚有待业人员1 425人。

（第十九编第二章《劳动管理》,第1276页）

1958年至1988年,市区共安置待业人员77 702人,其中城镇待业人员32 634人,复退军人4 650人,回城知青4 813人,毕业生24 000人,离退休退职职工子女顶替2 160人,农村劳动力9 445人。全市安置待业人员19 438人,其中城镇待业人员15 550人,复退军人1 900人,农村劳动力1 988人,城镇待业人员尚有600人。1949年至1988年,全市共安置待业人员406 457人,其中城镇失业待业人员182 906人,复退军人18 910人,回城知青28 451人,毕业生126 000人,离退休退职职工子女顶替的12 194人,农村劳动力37 996人。

（第十九编第二章《劳动管理》,第1276页）

(1969年)8月24日茂名市第二批知识青年186人上山下乡到海南岛国营农场落户。

（《大事记》,第1975页）

《佛山市志》

佛山市地方志编纂委员会编,广东人民出版社1994年

(1962年)8月23日,市300多名应届高中毕业生赴宝安县插队落户。

（第一卷《大事记》,第90页）

（1968 年）10 月 13 日，市革委会发出《佛山市 1968 年动员中学毕业生、社会青年上山下乡参加农村社会主义建设的工作计划》（首批为 500 多名高、初中毕业生去斗门县、番禺县、南海县九江等地）。 （第一卷《大事记》，第 100 页）

（1970 年）10 月 28 日—11 月 1 日，市革委会召开知青家长、贫下中农、上山下乡知识青年活学活用毛泽东思想经验交流大会。 （第一卷《大事记》，第 102 页）

（1971 年）9 月 2 日，市革委会知青办公室印发《佛山市几年来动员知识青年上山下乡工作情况汇报》。《汇报》称：自 1968 年以来全市共动员 12 000 多名知青上山下乡。

（第一卷《大事记》，第 103 页）

（1973 年）6 月 20 日，市委成立知识青年上山下乡工作领导小组，霍桐任组长。

（第一卷《大事记》，第 105 页）

（1975 年）8 月 22 日，召开本市 1975 年首批 800 多名知识青年上山下乡欢送大会。

（第一卷《大事记》，第 107 页）

近年来，大龄青年婚姻问题，已引起社会上的关注。据有关部门初步分析，造成大龄青年婚姻困难的原因是多方面的，其中：(1)"文化大革命"时"上山下乡"的知识青年回城后，年龄已大，仍未有对象，又未有事业基础。 （第二卷第三篇第一章《人口》，第 226 页）

1953—1995 年佛山市录用干部情况

年份	人数　来源　分布	工人	农民	复退军人	待业人员	不包分配的各类毕业生	上山下乡知青	其他人员	合计
				······					
1966—1971	合计	7		52			1		60
	行政			8			1		9
	企事业	7		44					51
1972	合计	14	7	4			4	36	65
	行政	7		4			4		15
	企事业	7	7					36	50

年份 \ 分布 \ 人数 \ 来源	工人	农民	复退军人	待业人员	不包分配的各类毕业生	上山下乡知青	其他人员	合计
					······			
1979 合计	150	8				4	8	170
1979 行政	35	5				3	2	45
1979 企业	68						4	72
1979 事业	47	3				1	2	53
					······			

（第三卷第七篇第一章《人事》，第 546—547 页）

　　"文化大革命"期间,市劳动局被撤销(1972 年 9 月恢复),由于大量高、初中毕业生上山下乡,导致全市的劳动力短缺。市有关部门除了招收符合留城条件的知识青年和复退军人外,还于 1972 年开始陆续招收下乡满两年以上的知识青年 2 万多人回城工作。

（第三卷第七篇第二章《劳动管理》，第 571 页）

　　知识青年上山下乡始于 1962 年,到 1980 年结束,历时 18 年。全市共有知识青年 2.7 万多人上山下乡。

　　1962 年,为了减轻城市就业压力,曾动员应届高、初中毕业生及社会青年赴农村插队落户,响应并下乡的有 3 096 人。"文化大革命"期间,响应毛泽东主席关于"动员知识青年上山下乡,接受贫下中农再教育"的号召,有大量知识青年上山下乡。1968—1972 年,全市有 13 068 名 66 届、67 届、68 届毕业生下乡。1972 年,下乡知识青年分别安置在湛江农垦局、英德茶场、径口农场等 15 个省属国营农场和佛山地区辖下的南海、番禺、斗门、台山、开平、恩平等 11 个县的农村社队。

　　1973 年,佛山市与高鹤县挂钩,集中安置知识青年。1973 年以来,在高鹤县先后办起了 70 多个农场,180 多个知青集体户,安置知识青年近 8 000 名。

　　1977 年,为减轻高鹤县安置知青的压力,有关部门将部分知识青年安置在市郊农场及社队。1977 年以前,知识青年下乡经费标准是:到公社集体插队和在国营农场里务农的,人均补助 250 元;到新建社队插队的每人补助 380 元;回乡投亲靠友的每人补助 50 元。这些经费主要用于知识青年安家、口粮、农具购置等方面的补助。1978 年后,知识青年下乡经费改为由国家一次性拨给 480 元,实拨到公社 440 元,包括:建房费 260 元,下乡第一年生活补助费(含参加合作医疗费)100 元及购置工具费 80 元。

1979 年,不再安置知识青年到市外,而是集中安置在市郊农村的知青农场,实行统一管理。

1980 年,根据国务院知青办公室[1980]2 号文精神,本市停止动员知识青年上山下乡。

佛山市知识青年上山下乡情况表

年份	1962—1967	1968	1969	1970	1971	1972	1973	1974	1975	1976	1977—1979	合计
人数	3 096	3 554	4 649	2 482	954	1 429	555	909	3 556	3 060	3 260	27 448
安置地点及人数	斗门县 4 417 人,三水县 991 人,高鹤县 3 972 人,番禺县 2 045 人,南海县 344 人,市郊区 2 790 人,台山县 394 人,开平县 97 人,恩平县 496 人,宝安县 736 人,湛江农垦局 2 691 人,海南农垦局 38 人,英德茶场 607 人,仁化大岭 108 人,乐昌安口 50 人,四会大旺农场 363 人,公社圩镇 55 人,投亲靠友 1 431 人。											

注:知识青年主要安置地点的合计人数,不是佛山市历年来上山下乡的合计人数,两者统计数字不等。

在知识青年上山下乡的同时,也有部分知识青年陆续被招回城工作。1972 年,有关部门将招工指标分配到各系统部门,然后由这些部门派人到农村知青点招工。当年招收下乡两年以上的知识青年 1 472 人回城工作。

1974 年,有关部门采取优先招收下乡时间长、家庭有实际困难的知识青年回城工作和积极办理伤病知识青年回城。凡有 3 个子女下乡、2 个子女到农垦兵团的家庭,均容许办理一个子女回城。1977 年以后,放宽了照顾政策,凡是有 2 个子女以上(含有 2 个)下乡插队的家庭可办理一个回城,到农垦兵团农场的全部照顾。1978 年底止,办理 1975 年 10 月以前下乡的知青回城人数共 1.9 万多人,均及时安排了工作。

1979 年,2.5 万多名 1976 年以前和 1977 年间下到高鹤县的知识青年(少数在当地结婚、升学、参军者除外)回城工作。　　(第三卷第七篇第二章《劳动管理》,第 571—573 页)

市区第一批上山下乡的知识青年 250 人于(1966 年)9 月 25 日赴斗门军垦农场。1966—1974 年,市上山下乡的知识青年有 17 628 人。

(第三卷第九篇第二章《"文化大革命"时期的主要政事》,第 676 页)

建国后,佛山市财政支出,按其性质,分为如下 5 类。

(1)经济建设支出。包括企业投资、企业挖潜改造资金、简易建筑费、科学技术三项费用、农林水气象事业费、支援农村生产支出、工业交通等部门事业费、城市维护费、城镇知识青年上山下乡和就业经费等。　　(第五卷第十篇第一章《财政》,第 1641 页)

项 目 \ 年份	合计	1964	1965	1966	1968	1969	1970	1971	1972	1973
合　计	39 149	599	520	546	418	581	998	513	782	682
一、经济建设	18 921	330	236	259	179	305	754	235	475	355
9. 城市青年就业费	364	1	1	1	5	15	14	1	15	14
二、文教科卫	11 397	170	166	180	132	141	135	144	166	188
三、行政管理费	6 191	77	77	83	81	117	87	110	117	111
四、抚恤救济费	1 210	15	17	18	19	17	21	23	24	27
五、其他支出	1 179	7	24	6	7	1	1	1		1
六、1950—1952年支出	251									
上解支出	151 065	3 022	3 417	3 450	2 305	4 541	5 017	5 093	4 011	5 219

年份 \ 合计	1974	1975	1976	1977	1978	1979	1980	1981	1982	1983	1984	1985
合　计	797	1 232	1 118	1 239	2 042	1 870	2 255	2 268	2 072	3 465	3 860	7 373
一、经济建设	434	850	711	803	1 499	1 168	1 363	1 252	912	1 047	1 024	3 177
9. 城市青年就业费	5	3	9	63	19	1	24	75	26	24	45	3
二、文教科卫	210	229	253	265	316	411	525	641	743	1 455	1 590	2 302
三、行政管理费	122	114	109	124	150	211	269	282	323	787	1 003	1 078
四、抚恤救济费	28	34	36	40	46	60	61	66	69	103	129	142
五、其他支出	3	5	9	7	31	20	37	27	25	73	114	674
六、1950—1952年支出												
上解支出	5 632	6 639	6 262	6 619	7 837	7 066	7 987	8 078	8 988	9 770	9 777	8 861

(第五卷第十篇第一章《财政》,第 1642—1644 页)

《江门市志》

江门市地方志编纂委员会编,广东人民出版社 1998 年

(1968 年)4 月,江门市安置知识青年上山下乡领导小组成立。　　(《大事记》,第 52 页)

---

① 本表内容为节选。——编者注

是年,市组织 1966—1968 年三届中学毕业生共 3 809 人,分 4 批到三水、开平、新会等县农村插队落户。 (《大事记》,第 53 页)

是年(1969 年),市按政策规定,经过评议,安置 791 名知识青年到农村插队落户。1970—1977 年,知识青年上山下乡的政策不变,全市共有 11 091 名知识青年安置到农村或农场落户。 (《大事记》,第 53 页)

解放后,随着社会主义制度的建立、完善,经济日益发展,人民生活不断提高;江门政区扩大,行政建置升格,人口迅速增长。人口状况大体分为三个时期:

……

第二时期,1960—1976 年,为人口增长缓慢期。……1968 年起,知识青年上山下乡,战备疏散,城市人口减少 7 652 人。 (第三卷概述,第 146 页)

1968 年始,知识青年上山下乡。1970 年实行战备疏散,部分人口迁往农村或回原籍;1968—1970 年,机械减少 7 652 人。1972 年,上山下乡知识青年开始迁回市区。1977 年 9 月,郊区进一步扩大,随地域划入 10 538 户、48 727 人;1978 年后,下乡知识青年和"文化大革命"中被压缩外迁人口按照政策大量迁返。1972—1982 年,机械增加 14 351 人,年均增加 1 304 人。 (第三卷第一章《人口规模》,第 155 页)

1975 年底,市商业局在近郊白沙大队的龙湾开办畜牧实验场,占地面积 2.67 万平方米。安置商业、供销系统的下乡知青 100 多人。实验场以种水稻、养鸡、养猪为主,兼有制衣、木器加工等副业。 (第十六卷第四章《商办工、副业》,第 499 页)

1964—1968 年,用于知识青年上山下乡的安置费共 14.99 万元。1969 年始,城市知识青年上山下乡人数逐年增多,费用不断增大。1969—1979 年,用于城市人口下乡安置费共 179.49 万元。

1980 年始,落实知青政策,大量知识青年被招工回城,当年财政借给有关安置单位生产资金共 33.66 万元,用于帮助回城知青解决就业问题。1982 年,城市人口下乡安置费改为城镇青年就业经费。1985 年始,城镇青年就业经费主要用于待业青年的培训。1980—1987 年,用于城镇青年就业经费共 209.61 万元。1962—1987 年,用于城市人口下乡安置费合计 406.89 万元,占同期其他支出的 8.07%。

(第二十四卷第四章《财政支出》,第 691 页)

1953—1987 年江门市其他支出统计表

单位：万元

年 度	合 计	计划生育	下乡安置	人民防空	其 他
		......			
1962	21.51		2.43	0.75	18.33
1963	8.82		0.37	0.37	8.08
1964	9.72	0.44	3.15	0.66	5.47
1965	16.70	0.70	5.31	0.62	10.07
1966	16.02	1.43	1.72	0.42	12.45
1967	5.00	0.82	0.31	0.53	3.34
1968	9.84		4.50		5.34
1969	6.47		3.81		2.66
1970	25.65		23.58		2.07
1971	6.66	0.59	2.83		3.24
1972	97.83	1.31	5.45	89.11	1.96
1973	93.73	1.85	13.47	76.62	1.79
1974	132.98	3.15	8.09	113.78	7.96
1975	96.17	4.40	17.18	71.48	3.11
1976	104.64	3.30	47.37	46.07	7.90
1977	97.64	3.10	24.45	66.00	4.09
1978	87.30	3.60	7.71	52.00	23.99
1979	122.04	6.70	25.55	56.30	33.49
1980	117.25	6.41	35.06	21.22	54.56
1981	63.51	10.38	3.15	20.88	29.10
1982	122.07	11.78	51.00	21.70	37.59
1983	228.80	32.11	52.20	22.20	122.29
1984	252.93	61.50	58.20	21.20	112.03
1985	483.31	64.57	2.60		416.14
1986	1 254.00	43.80	3.90		1 206.30
1987	1 558.00	68.20	3.50		1 486.30

（第二十四卷第四章《财政支出》，第 691—692 页）

　　1981 年 1 月始，贯彻国务院《关于调整农村社队企业工商税收负担的若干规定》，对符合规定的农村社、队企业减免部分工商税和工商所得税。1980—1982 年，批准免税的安置知青企业共 28 家,其中企业办 10 家、区办 10 家、机关事业单位办 7 家、集体办 1 家。

(第二十五卷第三章《税收减免》,第 729 页)

1973 年,市革委正式撤销四大组及属下办公室,重新设立两委(市委、市革委)办公室、工交办公室、财贸办公室、文教办公室(稍后改为科教办公室)和计划委员会,并对一些市级办事机构作了重新调整和组建:……仍保留的机构有农村工作小组、体育运动委员会、知青办和人民防空委员会办公室;信访室划归市委办公室,改称信访接待组。市革委共有机构 30 个。

(第三十二卷第三章《人民政府》,第 938 页)

1980 年,市政府设立物价局、对外经济工作委员会和广播事业局;复设统计局和编制委员会;人事局与市委组织部分署办公;农业办公室复称农林水办公室;外事处复名为外事办公室,仍与侨务办公室合署办公;撤销知青办。机构增至 45 个。

(第三十二卷第三章《人民政府》,第 938 页)

1973 年 1 月,改设市民政局,编制 7 人,主管优抚、救济、复退军人安置、知识青年上山下乡、街政管理、殡葬改革等。 (第三十五卷第一章《管理机构》,第 1019 页)

1963 年 12 月,佛山地委下达市行政编制 485 人,省编制委员会增加市编制 48 人,共 533 人。由省定编的有 197 人,其中编制 183 人移交省公安厅管理,劳动介绍所 8 人,侨汇物资管理 3 人,知青安置办公室 2 人,机要译电员 1 人。其余编制内 336 人由市编委安排,超编所需经费由地方财政列支。 (第三十七卷第七章《编制管理》,第 1085 页)

1983 年 6 月,江门市劳动局职权范围扩大至市属县、区。局机关设置人事科、计划调配科、工资福利科、劳动保护科、技术培训科、知青工作科、锅炉压力容器安全监察科,下辖劳动服务公司、社会劳动保险公司、劳动就业中心、锅炉压力容器检验所。

(第三十八卷第一章《管理机构》,第 1089 页)

1968 年开始,实行知识青年上山下乡的政策,城市劳动力向农村转移。1970 年末,全市就业人数共 45 502 人,比 1965 年增加 4.57%。

1972—1978 年,回城待业知识青年逐年增加,就业出现困难。为开创就业门路,办起 74 个街道生产服务组,缓解劳动就业矛盾。1978 年末,就业人数共 80 618 人,比 1970 年增加 77.17%。 (第三十八卷第二章《劳动力安置》,第 1090 页)

1978 年 12 月中共十一届三中全会召开后,江门市委、市政府对有关侨改户、历史案件、侨房等侨务政策进行深入检查,全面落实。至 1987 年,……并为 154 名归侨、侨眷子女解决了就业安排和知青回城定居……

(第四十三卷《华侨、港澳同胞·概述》,第 1215 页)

1978 年中共十一届三中全会召开后,进一步落实侨务政策,……至 1987 年 9 月,市区共清理归侨、侨眷档案 742 份,对需要落实政策的 364 人逐一给予解决。其中平反"文革三案"85 宗,……并为"文化大革命"期间上山下乡的 129 名归侨中学毕业生安排回城定居及就业。

(第四十三卷第四章《落实政策》,1223 页)

1977 年 2 月 1 日,市教育局发出《关于江门市中小学课程改革的意见》,规定中学课程有政治、语文、数学、物理、化学、外语、历史、地理、体育、文艺和农业知识,可在高年级增设某些专业课或专业班,也可开设半工(农)半读性质的课程,以适应毕业生上山下乡的需要。

(第四十六卷第五章《普通中等教育》,第 1275 页)

第二节　知识青年安置

一、上　山　下　乡

1963 年,市人委继续执行调整经济的方针,安排社会知识青年 255 人到四会农场落户。1964—1966 年,共有 519 名知识青年下乡插队。

1968 年,江门市设立安置知识青年上山下乡领导小组,下设办公室,配备专职干部 15 名负责具体工作。是年,动员 1966—1968 年毕业的中学生(简称"三届生")3 809 人,分 4 批到三水、开平、新会等县农村插队落户。

1969 年,规定除知识青年本人有严重疾病,或是家庭唯一劳动力,或家庭有特殊困难非留城不可外,其余一律安排下乡落户。是年有 791 人安置于农村。1970—1977 年,共有 11 091 人分别到斗门、台山、开平、新会 4 县及市郊农村插队。1978 年调整知识青年下乡政策:多留城、少下乡,插队安排于市郊区,由各系统在郊区自办"知青"农场。1978—1979 年,开办"知青"农场 27 个,安置知识青年 988 人。

二、回　城　安　置

1970 年,市区劳动力短缺,经佛山地区革命委员会同意,将 1968 年下乡的部分"三届生"618 人迁回市区安排工作,1973 年,再迁回 175 人安置于市区。

1974—1978 年,需回城市安置的知识青年逐渐增多。5 年共 7 457 人迁返,其中招工回城 4 244 人,招生回城 203 人,病残回城 1 510 人,特殊回城 617 人,顶职回城 883 人。

1979 年,根据中央和省委关于安排知识青年就业的指示,本着"国家关心,负责到底"的精神,将 1972 年前下乡的知识青年 4 402 人优先安排回城。1980 年迁回 1 921 人,年末留在农村只有 96 人。

1981—1985 年,陆续将 67 人迁回城市。1987 年末,下乡知识青年仍在农村的只有 29 人。

(第三十八卷第二章《劳动力安置》,第 1090—1091 页)

"文化大革命"初期,全市各级团组织停止活动。1969 年基层团组织恢复活动后,协助有关部门开展知识青年上山下乡的宣传教育工作,动员 791 名知识青年到农村插队落户。

(第三十九卷第二章《青少年团体》,第 1115 页)

《韶关市志》

韶关市地方志编纂委员会编,中华书局 2001 年

(1968 年)9 月 3 日,韶关专区革命委员会决定,将全区各县、市 66、67、68 届的城镇高、初中毕业生,有组织、有计划地安置到农村安家落户,走与工农群众相结合的道路。

(《大事记》,第 88 页)

(1973 年)7 月 16 日,韶关地区革委会、韶关市革委会联合召开知识青年上山下乡动员大会。随后有 4 900 多名知识青年上山下乡。
(《大事记》,第 93 页)

1981 年 5 月,地区知识青年上山下乡工作办公室(成立于 1973 年)并入地区劳动局。同时增设劳力科,负责处理知青回城安置的收尾工作。合并后全局干部、职工 31 人。

(卷十二第三章《劳动管理》,第 1405 页)

1966 年至 1970 年第三个 5 年计划期间,单位使用临时工由劳动服务站介绍安排,国家招工均招固定工。招工对象是城镇待业人员和复退军人。1971 年开始招收劳动锻炼满两年以上的上山下乡知青。……

1971 年第四个五年计划开始,招工除继续招收城镇待业人员外,开始招收劳动锻炼满两年以上的下乡知青。1974 年为促进知识青年上山下乡,招工限于招收下乡知青,不招回、留城知青。1976 年为控制城镇人口增加,全民或集体所有单位招工主要从回、留城知青中招收,劳动力资源不足时经省劳动局批准才可从下乡知青中招工。1978 年招工取消上述限制。1979 年,对招收固定工制度进行了初步改革。从城镇和下乡知青中招工实行"公开报名,德、智、体全面考核,择优录用"的办法。1983 年下半年开始,用工实行劳动合同制,当年招收劳动合同制工人 2 414 人。

从 1971 年至 1987 年 17 年间,全民所有制单位从城乡社会上招收正式工(不含职工子女顶替等)193 329 人,其中从城镇招工 99 969 人,从上山下乡知青中招工 32 119 人……

(卷十二第三章《劳动管理》,第 1406—1407 页)

国营农、林、茶、渔、牧场(简称"五场")招工,列入国家招工计划。主要招收"五场"职工子女、部分职工的农村家属、上山下乡知识青年、街道居民、归国华侨。

1962年至1964年,国营农、林、茶场安置城镇居民和归侨1 117人,其中安置归侨84人。1971至1980年,安置下乡知识青年19 237人。

(卷十二第三章《劳动管理》,第1407页)

1964年,全区开始动员城镇知识青年上山下乡。"文化大革命"期间,贯彻中央关于"知识青年上山下乡接受贫下中农再教育"的指示,地、县(市)两级均成立知青安置办,后改称知识青年上山下乡工作办公室(简称知青办)。至1976年,全区上山下乡知识青年43 000多人,分别下放到地区境内各农场、林场、茶场。亦有下乡插队落户,或创办知青农场进行安置。初期的安置费,一次过每人210元,后增加到300元至450元不等,知青上山下乡后,有些不安心于生产,相继倒流回城。"文化大革命"后,停止下放,陆续回城安置就业,1971年至1987年,招工安置上山下乡知青34 236人。 (卷十二第三章《劳动管理》,第1408页)

从1977年始,贯彻省劳动工作会议精神,全面清退计划外用工。清退的重点是来自农村的劳动力。清退的原则是:……5.倒流回城的知青或上山下乡对象;……

(卷十二第三章《劳动管理》,第1414页)

1968年,毛泽东发出"知识青年上山下乡到农村去"的指示后,地区和各县(市)革委会相继成立知青安置办,后改称知识青年上山下乡办公室(简称知青办)。每年9至10月为"知青下放月",分期分批把城镇知识青年(主要是中学应届毕业生)下放农村生产队落户或到农、林、场插场劳动生产。有的还专门办了知青农场,安置下乡知青。1968年10月15日,市区首批知青上山下乡2 000多人,分别下放到连山、连县、仁化、南雄、乐昌等5个县的农村插队、插场,落户劳动。到1975年,全区共下放知青43 600多人。"文化大革命"结束后,绝大部分知青都回城安置了工作。 (卷十三第五章《建国后政治运动概略》,第1617页)

《曲江县志》

广东省曲江县地方志编纂委员会编,中华书局1999年

是年(1968年)冬,曲江县农村安置上山下乡知识青年1 500人。(《大事记》,第37页)

大规模城镇知识青年上山下乡、接受贫下中农再教育的运动是从1968年开始,至1978年结束。全县共接收安置上山下乡知识青年9 101人

上山下乡采取四种形式：(1)到国营农、林、牧、渔、茶场；(2)到集体农、林、茶场；(3)集体到生产队插队落户；(4)分散插队落户或投亲靠友落户。1968 年 10 月至 1969 年上半年，第一、二批到本县农村去的城镇知识青年 1 644 人(其中：广州 345 人，韶关市 422 人，本县 877人)。1970 年至 1971 年，只接收外地知识青年 75 名以及从广州战备疏散人员中年满 16 周岁转为下乡的知识青年 76 人。1972 年停止一年。1973 年，接收安置 509 人，1974 年接收安置 708 人，1975 年安置 3 313 人，1976 年安置 1 402 人，1977 年安置 1 371 人，1978 年仅安置 3 人。据统计自 1968 年至 1978 年，国家共拨给本县知识青年安置经费 369.4 万元。

从 1971 年开始，有计划地对下乡满两年以上的知识青年进行招工，安排工作。到 1982年止，全县除 6 名已在农村结婚安家和 2 名表现不好、难以安排工作的知青以外，其余全部得到妥善安置。

(第三编第十二章《人事劳动》，第 711—712 页)

《曲江县志(1979—2000)》

韶关市曲江区地方志编纂委员会编，方志出版社 2011 年

(1980 年)10 月 16 日至 17 日，县革委召开全县劳动就业工作会议。会议联系曲江实际，讨论研究了进一步抓好劳动就业工作的指导方针和具体措施。全县有待业青年 5 045人(包括社会闲散劳力、上山下乡知青和 1980 年应届毕业生)，经各方努力至召开这次会议为止，已安排就业 2 927 人，占总待业人数的 58%。

(《大事记》，第 11 页)

1979 年，全县共有上山下乡知青及城镇待业人员 4 137 人，但韶关市下达给曲江县招工指标仅 350 名，待业人数与就业人数差距相当大。在这种情况下，根据市委和县委指示精神，曲江县采用了推荐加考试的方法，择优录取部分待业人员。全县设立 19 个考场，把招工指标按 6：4 比例(下乡知青占 60%、城镇待业青年占 40%)，分配到各乡镇录取。1980 年，中央召开全国劳动工作会议，提出了"在国家统筹规划和指导下，实行劳动部门介绍就业，自愿组织起来就业和自谋职业相结合"的方针，逐步推行公开招工，择优录取的办法。从这年开始至 1983 年底止，曲江县基本解决了全县上山下乡知识青年及城镇部分待业青年的安置。

(第十五篇第三章《劳动保障》，第 683 页)

《乐昌县志》

乐昌县地方志编纂委员会编，广东人民出版社 1994 年

(1956 年)3 月 1 日，共青团乐昌县委组织垦荒队上山下乡，有 63 名知识青年到沿溪山

落户,垦荒种茶;另52名知识青年组成"青年志愿垦荒队"到安口落户。

(《大事记》,第24—25页)

(1968年)12月,全县300名知识青年上山下乡,到农村落户。 《大事记》,第33页)

1980年11月,取消县革命委员会,成立县人民政府,下设县人民政府办公室、经济委员会、计划委员会、财贸委员会、城乡建设委员会、农业委员会、对外经济委员会、科学技术委员会、文教办公室、体育运动委员会、计划生育委员会、信访科、侨务办公室、教育局、卫生局、工交办公室、基本建设委员会、农林水办公室、行政科、知青办⋯⋯等54个单位。

(卷十五第二章《解放后行政机构》,第370页)

至1976年10月,县革命委员会下设的工作机构有38个,设:⋯⋯知识青年上山下乡工作办公室、供销合作社、中国人民银行乐昌支行,中国人民建设银行乐昌县支行。

(卷十五第二章《解放后行政机构》,第373页)

知识青年安置

1955年12月,中央发出关于广大知识青年应当到农村去的号召,县农业局、共青团乐昌县委组织发动城关、坪石镇的城镇知识青年到农村安家落户。是年底,由52人组成的青年垦荒队到安口农场落户,种茶种桑。1956年3月7日,又有64人组成青年垦荒队,到九峰沿溪山落户,建立茶庄,从事茶叶生产。

1966年初,乐昌县接收汕头、佛山市下乡知识青年138名,安置到安口农场50名,东风果场59名,沿溪山茶场29名。

"文化大革命"期间,根据中央指示,凡初中毕业未升高中、高中毕业未升大学的城镇学生(包括部分厂矿企业的临时工、学徒工)均动员到农村参加劳动,接受贫下中农再教育。1968年,知识青年主要安置在山区插队落户。1973年后,改分散插队为适当集中,由动员单位与接受单位挂钩,自办知青点,如农场、林场、茶场、渔牧场等。至1977年,全县共动员城镇知识青年下乡6 703人,接收广州市、汕头市、佛山市、韶关市等外地知识青年707人。

从1969年8月起,通过企业单位招工、大中专院校招生、应征入伍等途径,逐步安置下乡回城知识青年。至1977年,知识青年被招收为工人的6 590人,录取入学196人,应征入伍的299人,吸收国家干部的14人。1978年,停止动员知识青年上山下乡,对仍在农村的知识青年办理回城就业。至1983年,全县下乡知识青年全部安置完毕。

(卷十九第二章《劳动》,第411—412页)

由于"文化大革命"连续四年停止招工和上山下乡城镇知识青年逐步回城等原因,城镇待业青年逐年增加。到 1979 年末,全县有 3 199 名城镇青年待业。中共十一届三中全会以后,贯彻"劳动部门介绍就业,自愿、组织起来就业与自谋职业相结合"的劳动就业方针,采取多种形式安排就业。1980 年 9 月,县政府批准成立县劳动服务公司,负责组织和指导劳动就业。

(卷十九第二章《劳动》,第 412 页)

《乐昌市志(1988—2000)》

乐昌市地方志编纂委员会编,广东人民出版社 2010 年

1988 年,在企业新招工人中继续推行劳动合同制,兴办劳动就业服务机构,调节社会劳动力供需关系,改革劳动就业制度。通过贯彻中共中央制定的"三结合"(劳动部门介绍就业、自愿组织起来就业、自谋职业相结合)就业方针,扶持发展城镇、集体和个体经济,广开门路,解决多年积累的城镇待业人员和下乡知青回城安置问题。劳动就业由过去的全民单位招工,转变为全民、集体、个体经济多种渠道就业。

(第五篇第二章《劳动》,第 234 页)

1994 年,全市开展回乡知青和应届初、高中毕业生的职业技术教育。……1996 年,全市有 8 756 名在乡知青先后参加各类技术培训,学会了 1 至 2 门实用技术。为回乡青年和应届初中毕业生开展实用技术培训,市成教办先后选编了《茶叶的栽培与制作》、《黄烟的栽培与烘烤》、《种桑养蚕》、《快速养猪和猪病防治》、《应用文写作》等 5 种实用技术教材,发行量近 10 万册。

(第十八篇第一章《教育》,第 702 页)

《仁化县志》

仁化县志编纂委员会,(内部刊行)1992 年

是月(1968 年 10 月)11 日,县动员了 1966、1968 两届初、高中毕业生 170 人,社会青年 115 人,上山下乡、插队落户"接受贫下中农再教育"。

(《大事记》,第 34 页)

1966 年初,重点在生产第一线、要害部门、薄弱环节发展党员。农村主要是贫下中农中的"五好社员",机关主要是职工、农业技术人员、医务员、教员中的"五好职工"或先进工作者,并注重在青壮年尤其在知识青年中发展。

(卷十五第一章《中国共产党仁化县委员会》,第 385 页)

1961 年至 1982 年,主要以推荐转干的方式录用干部。……录用主要对象:以工代干人

员、"四清运动政治学徒"以及复员退伍军人、上山下乡知识青年、工人、农民、中学毕业生。

（卷二十第一章《干部管理》，第497页）

第二节 知青安置

　　1965年至1973年间，到仁化"上山下乡"插队落户的知识青年共4 650人。其中：广州知青200人；韶关知青200人；仁化知识青年4 250人。分别分配到县属各公社、镇、大队、生产队，国营农、林场，鸡、鱼、采育场，电站、社队集体厂、场等落户，此外，投亲靠友落户的2人，到生产建设兵团落户的27人。

　　1973年，成立县"上山下乡知识青年安置办公室"，通过招工、征兵、转干和保荐到大、中专院校读书等多途径安置了知青1 000多人。广州知青由省收回。至同年末，全县仍有下乡知青800多人在农村。同时，还继续动员城镇知青上山下乡。1979年至1987年间，试行将城镇知青分配到各机关单位待业，经过数年的锻炼，至1987年大部分待业人员都被单位招收录用。对原在农村落户的知青，也作了招工等妥善安置。

（卷二十第二章《劳动管理》，第505页）

《仁化县志（1979—2000）》

仁化县地方志编纂委员会编，广东人民出版社2009年

　　1978年县革命委员会直属工作部门有：县革委办公室、行政科、工业局、科技局、交通局、农业局、基建局、水利电力局、林业森工局、物资局、商业局、二轻工业局、农机局、畜牧水产局、工商局、劳动局、上山下乡知识青年工作办公室、公安局、民政局、文化局、教育局、卫生局、粮食局、财政局、税务局、社队企业管理局、科教办公室、计划生育办公室、财贸办公室、农林水办公室、计划委员会、体育运动委员会、供销合作总社。

（第七篇第一章《政府机构》，第211—212页）

　　1979年5月，县劳动局、县知青办合署办公，为两个牌子，一套班子，隶属县计委领导。1984年5月，撤销知青办。
（第七篇第五章《劳动社保》，第234页）

　　经济建设支出包括基本建设支出、国有企业挖潜改造资金、简易建筑费、科技三项费用、农林水利气象事业费、支援农村生产和农业综合开发支出、工业交通商业（流通）部门事业费、城市维护费、城镇青年上山下乡（1980年前）和就业经费、1979年以后配合改革进程的政策性补贴（如国有企业计划亏损补贴和煤炭差价补贴，均不列支，而在当年预算收入中冲减）等支出。

（第二十三篇第一章《财政》，第732页）

《南雄县志》

南雄县地方志编纂委员会,广东人民出版社1991年

是年(1969年),动员大批城市知识青年上山下乡。到1977年,全县农村接收知青4 942人,内含广州市知青273人,韶关市知青119人。　　　　　　　　　　(《大事记》,第44页)

1964年至1977年底止,贯彻中央关于知识青年上山下乡接受贫下中农再教育的号召,动员城镇年满17岁以上的知识青年到农村去。全县上山下乡知识青年4 550人,分别下放在山门林场、泷头林场、帽子峰林场、钟鼓岩茶场、梅花水库鱼苗场、主田林场、县苗圃场、县黄烟试验站、县农科所以及24个公社88个生产队。上山下乡青年安置费1973年以前一次过每人210元,1973年增至450元,另每月每人生活费8至12元。知识青年上山下乡后,许多不安心生产劳动,不少倒流回城市。1977年停止下放,陆续回城安置就业。

　　　　　　　　　　　　　　　　(第二编第十九章《劳动　工资》,第459页)

《始兴县志》

始兴县志办公室编,广东人民出版社1997年

(1975年)8月16日,第二批知识青年300多人分别下放河口林场、刘张家林场、县农科所劳动。　　　　　　　　　　　　　　　　　　　(《大事记》,第30页)

1978年至1980年,国民经济调整改革、整顿提高后,工商企业稳步发展。为了解决企业劳力不足的问题,又从上山下乡知识青年中招收了1 009人为职工,并安排了少数退休职工的子女顶替。　　　　　　　　　(第二十四卷第二章《劳动管理》,第690页)

1968年,毛泽东发出知识青年到农村去接受贫下中农再教育很有必要的指示后,始兴县即开始组织知识青年上山下乡。全县第一批知识青年上山下乡共37人,到刘张家山林场。接着广州市三十四、三十八、三十九中学等121名学生、社会知青94人及县内知识青年积极响应上山下乡的号召,陆续分到县围溪农场、农科所、林科所、龙斗畲、河口林场等单位,共1 057人。1970年始兴县革委会文件规定,1968年上山下乡知青每人拨给安置经费228元;1969年上山下乡知青每人拨给安置经费210元。

1980年以后,对上山下乡的知识青年进行了统筹安排,通过企业单位招工,大、中专院校的招生,应征入伍等途径,逐步安置下乡知识青年回城就业。至1988年,统筹安排招工补员到各企事业单位的有1 009人;因父母退休顶替得到就业的有4人;录取大、中专院校及

参加中国人民解放军的有 39 人;因婚嫁、疾病迁往外地的有 5 人。至 1988 年底,全县上山下乡知识青年已基本安置就业完毕。　　　　　　　　(第二十四卷第二章《劳动管理》,第 691 页)

《翁源县志》

翁源县地方志编纂委员会编,广东人民出版社 1997 年

是年(1969 年),动员并组织知识青年上山下乡,接受贫下中农再教育。

(《大事记》,第 50 页)

《佛冈县志》

佛冈市地方志编纂委员会编,(内部刊行)2001 年

1977—1978 年,县味精厂、玻璃厂、石英粉厂、汽车修理厂等企业相继上马,加上大量"知青"回城镇,两年中新增职工 1 691 人。　　　　　(第十六编第三章《工人》,第 639 页)

知识青年上山下乡安置

1968 年,佛冈县接纳上山下乡知识青年 210 名,其中,广州市知青 193 名,县内知青 17 名。1972 年接纳知青 256 名。至 1977 年,共接纳知青 1 345 名。其中,男 740 名,女 605 名;广州市知青 1 060 名,县内知青 285 名,其他区县知青 2 名。1980 年起,根据上级指示精神,停止动员城镇知青上山下乡,要求做好原有知青的安置、教育工作。各批知青到佛冈后,分别安排在国营林场,社队农、林、茶场工作或分散在农村插队。佛冈县按照国家规定标准发给知青生活补助,社队建造知青房舍累计 2 008 间,总面积 1.93 万平方米。

1978—1982 年,在佛冈的上山下乡知识青年离开农村共 2 003 名,其中,招工 1 091 名,招生 126 名,征兵 41 名,提拔为国家干部 1 名,按政策照顾回城 429 名,批准出国 68 名,去港澳 18 名,死亡 1 名,其他原因离开农村 228 名。　　　(第十六编第三章《工人》,第 643 页)

《英德县志》

英德县地方志编纂委员会编,广东人民出版社 2006 年

1968—1977 年推行城镇知识青年到农村插队落户或到农林场劳动。中共十一届三中全会后,停止知识青年上山下乡,大批青年回到城镇,加上平反冤假错案和落实知识分子政策,农业人口转为非农业人口 14 125 人。通过劳动部门介绍就业、自愿组织起来就业和自

谋职业的"三结合"办法,到 1986 年底,全县共安置城镇待业青年 24 835 人。其中安置在全民所有制和县集体所有单位的 6 831 人,占 27.5%;安排在乡镇企业的 7 155 人,占 28.8%;从事个体经济的 6 064 人,占 24.4%;由劳动服务公司和街道办事处组织从事临时性工作的 4 786 人,占 19.3%。以后,每年都安排待业青年就业,劳动局 1993 年统计,共安排 327 095 人次就业。

(第三编第七章《人事　劳动》,第 637 页)

《清远县志》

清远市地方志编纂办公室编,(内部刊行)1995 年

是月(1969 年 7 月),本县自去冬以来安置到农村的城镇居民、知识青年共 1 992 人,另有广州市和外地知青 1 167 人被安置到本县农村,加上"文化大革命"以前已安置到农村的城镇知识青年,共有 4 657 人。

(《大事记》,第 48 页)

上山下乡知识青年的安置

本县知识青年上山下乡插队落户,从 1964 年 1 月开始,至 1978 年 12 月止,共 14 219 人,其中本县城镇知识青年 7 746 人,广州市及外地城镇知识青年 6 473 人。

根据招工政策规定,有计划地统筹招收其就业。到 1983 年止,本县下乡、回乡知识青年已绝大部分先后迁离农村,其中招工的有 10 847 人;招生的有 767 人(包括录取到大、中专院校);参军的有 96 人。

(卷二十一第一章《劳动就业》,第 753 页)

《阳山县志》

阳山县地方志编纂委员会编,中华书局 2003 年

(1968 年)11 月,广州市广雅中学 28 名知青到新圩公社上山下乡插队落户。

冬至翌年 5 月,华南工学院 1 000 多名学生,到黎埠等 12 个公社接受贫下中农"再教育"。

(《大事记》,第 42 页)

(1969 年)2 月 14 日,《人民日报》发表"我们也有两只手,不在城里吃闲饭"一文后,阳山县动员 61 户 225 名城镇居民到农村落户。至 6 月,全县动员到农村落户的知识青年 542 人,接收广州知青 32 人。此外,安置一批知识青年到海南岛生产建设兵团参加建设。

(《大事记》,第 42 页)

知识青年接受"再教育"。1968 年 10 月,县革委会政工组将 50 名连州师范毕业分配工

作的新教师安排到青莲公社柳塘大队（艰苦山区）接受"再教育"，让他们与贫下中农"同吃、同住、同劳动"（简称"三同"），磨炼思想。同年 11 月，广州市广雅中学 28 名知识青年到新圩公社插队落户。1969 年 2 月，县内 61 户城镇居民 225 人，响应"不在城里吃闲饭"号召到农村落户。同年 5 月，华南工学院 500 名学生到县内 12 个公社接受贫下中农"再教育"。同年 6 月，接收广州知识青年 32 人、动员县内城镇知识青年 542 人到农村落户。1973 年 6 月，县革委会成立知识青年上山下乡领导小组，至 1976 年，全县共安排五批 633 名城镇知识青年分别到黄坌林场、秤架采育场、苗圃场、大禾岗农业示范场接受锻炼。

（卷二十一第二章《历次重大政治运动》，第 839 页）

1969 年起，根据上级有关精神，开始安排上山下乡知识青年工作。据统计，1969—1977 年，共有上山下乡知青 1 604 人，除 108 人在广州军区所属农场外，其余均在县属农林场、苗圃场及部分公社林场。至 1979 年，把 1 496 名上山下乡知青全部安排就业，其中 1979 年最后一批上山下乡知青 536 人（全民所有制 248 人，计划内临时工 213 人（1981 年全部转为固定工），集体所有制单位职工 69 人，参军 6 人）。 （卷二十四第一章《劳动》，第 884 页）

《连山壮族瑶族自治县志》

连山壮族瑶族自治县志编纂委员会编，三联书店 1997 年

（1968 年）冬，本县城镇知识青年（高中毕业生）50 多人被动员去太保百丈、旺洞插队落户。

（《大事记》，第 33—34 页）

（1969 年）3 月 19 日，韶关地区第二批知识青年 19 人来县，全部安排到大富公社农村落户。

（《大事记》，第 34 页）

（1974 年）10 月 4 日，以本县应届高、初中毕业生为主的知识青年 144 人到大旭大田冲办"知青"场。

（《大事记》，第 36 页）

1965 年，由民政部门接收来自广州、汕头、揭西等地的知识青年 850 人，全部安排到县内开办的省属农林场，其中安置禾洞农场 500 人，东风农场 200 人，上帅农场 150 人。

1968 年，由于"文化大革命"将中小学学制由十二年改为九年，大学又不招生，使大批城镇初、高中"毕业生"提前进入社会，而工厂因搞政治运动也不招工，城镇待业青年骤增，无法就业，都被动员去上山下乡。是年，由民政部门接收韶关地区首批下放知识青年 541 人，分别安排到太保、永和、永丰、福堂、小三江等公社部分生产大队、生产队插队落户。1969 年又

接收安置韶关地区知识青年 19 人到大富公社农村插队落户。1973 年改变安置形式,采取集中安置,至 1974 年又先后动员本县知识青年 225 人上山下乡,其中 81 人到大富创办"五四"茶场,144 人到三水公社大田冲建立大旭知青连。1975 至 1977 年又先后集中县内知识青年 472 人上山下乡,其中到福堂六芦知青场 18 人,到大富"五四"茶场 68 人,到禾洞农场 50 人,到连山林场 50 人。至 1978 年全县共安置县内外"知青"分散到农村插队落户或集中办场总人数 2 680 人,其中县内"知青"1 270 人,外地"知青"1 410 人。期间全县曾为知识青年上山下乡建造住房及购置生产、生活用具等拨出安置费 107 万元。知识青年在农村插队劳动与当地群众同工同酬。 (卷二十第二章《安置优抚》,第 598 页)

《连南瑶族自治县志》

连南县志办公室编,广东人民出版社 1996 年

是年(1968 年),第一批知识青年上山下乡。 (《大事记》,第 39 页)

(1969 年)11 月 18 日至 22 日,县召开上山下乡知识青年、社队代表活学活用毛泽东思想经验交流大会,纪念毛泽东"关于知识青年到农村去"的指示发表一周年。 (《大事记》,第 40 页)

1950 年 3 月,北江人民行政督察专员公署委派成崇正率领 16 名干部到连南工作,成为本县首批干部队伍。以后,随着建设事业的发展,干部数量逐年增加,到 1988 年,全县干部总数达 3 564 人。这些干部的主要来源:……二是吸收录用。历年来,从农村基层干部、复员退伍军人、城乡知识青年和工人中加以培养和考察,陆续吸收一部分为国家干部。 (第十六篇第三章《政府机构》,第 503 页)

1968 年至 1977 年底,贯彻中央关于知识青年上山下乡接受贫下中农再教育的指示,动员城镇年满 17 岁以上的知识青年到农村去。全县先后有上山下乡知识青年 1 172 人,分别下放在九寨、白芒、寨岗公社及板洞林场等地。上山下乡知青安置费每人 220 元,办知青场的每人 480 元,另每人每月生活费 8 元。在形式上先相对集中到生产队插队落户劳动,后以大队办知青场,集中劳动。1978 年停止下放,并陆续回城安置就业。 (第十九篇第五章《劳动就业》,第 559 页)

本县劳动安置对象主要有城镇待业人员、精简压缩人员、上山下乡知识青年及复员退伍军人……

上山下乡知识青年安置。1968年至1969年,动员组织城镇知识青年下乡插队落户与农民三同(同吃、同住、同劳动)108人。1970年至1977年动员组织城镇知识青年集中插队,插场及机关挂钩办场等形式安排务农996人。1978年,根据中共中央和国务院指示精神,停止动员城镇知识青年上山下乡。并通过顶替其父母病退、困退及征兵、招生、招工、招干等途径安置上山下乡知识青年。至1982年底止,全部安置完毕。

(第十九篇第五章《劳动就业》,第560页)

《连县志》

广东省连县县志编写委员会编,(内部刊行)1985年

(1968年)11月,全县各机关单位及城镇居民,热烈响应毛主席"关于知识青年上山下乡,接收贫下中农再教育"的伟大号召,踊跃报名。首批上山下乡知识青年1 000名(韶关地区分配的任务);本县有动员1 500名下乡,这批知识青年是1966年至68年高、中应届毕业生和社会青年,分别安置到东陂、西岸、星子公社插队落户。 (第八编《大事记》,第460页)

《乳源瑶族自治县志》

乳源瑶族自治县地方志编纂委员会编,广东人民出版社1997年

是月(1966年2月),汕头知识青年106人,上山下乡到乳源县示范农场,4月,转到洛阳经济作物场。 (《大事记》,第31页)

(1968年)11月20日起,广州、韶关、乳源的知识青年600多人,陆续上山下乡到县各公社插队"落户"。 (《大事记》,第32页)

1969年始,安置城镇知识青年上山下乡,至1975年,全县安置到农村的知识青年1 602人。两三年后知青陆续回城安置,至1979年,全部安置完毕。

(卷二十三第一章《劳动》,第581页)

《惠州市志》

惠州市地方志编纂委员会编,中华书局2008年

1963年9月,惠阳专署劳动局成立,各县人民政府成立劳动科(后改称劳动局)。1964

年下半年起,开始动员和组织大批城市知识青年和闲散劳动力下乡插队务农,试图在农村寻找安置城市剩余劳动力的途径。惠阳专署及所属各县(市)都设立了知识青年上山下乡工作办公室。1965年,全专区开始推行"亦工亦农"新的劳动制度。

......

"文化大革命"期间,原先被动员下乡的知识青年中一部分倒流回城,惠阳、惠东、宝安等沿海县及专署所在地惠州,一度出现知青"逃港风";另一方面,驻惠的地、县(市)各级企业为了维持生产的需要,却又招进了大批农村青年,一度形成了城乡劳动力"大对流"的怪现象,劳动计划全面失控。

1976年10月"文化大革命"结束后,惠阳地区于1977年冬贯彻中共中央关于"停止动员知识青年下乡插队务农"的通知精神,原下乡落户的城市人口开始陆续回城。1972年前下乡的"老知青"被列入招工安置范围,惠阳地区城市待业人员就业方向由农村转向城市。

(第二十九编《劳动和社会保障》,第2511—2512页)

1964年开始,惠阳专区动员和组织大批城市知识青年(简称"知青")和闲散劳动人员下乡参加农业生产。当年,全专区安置城市下乡青年9 000人,其中来自广州6 300人,来自汕头700人,其余2 000人由惠阳专区所属各城镇自己动员安置。因城市劳动力向农村转移,一度导致城市劳动力短缺。1978年,惠阳地区停止动员知识青年上山下乡。

1972—1978年,回城待业知识青年逐年增加,城市就业出现困难,就业安置政策有改变。根据中共广东省委1974年关于"同意在不超过工资总额和职工人数的情况下,从经过两年以上劳动锻炼的下乡知青中挑选一批人补充职工队伍"的指示,惠阳专区规定下乡满两年以上的知识青年可列入招工范围。1978年惠州市(今惠城区)从知青中招工777人,是该市1972年以来从知青中招工人数最多的一年。

(第二十九编第二章《劳动就业》,第2520—2521页)

第三节　城镇知识青年上山下乡
一、动　员　对　象

从1964年开始,惠阳专区动员城镇知识青年上山下乡。动员对象为家在城镇的18周岁以上的不能升学的历届、应届中、小学毕业生,凡拥有非农业人口2 000人以上的集镇,均列入动员范围。1966年,根据广东省人民委员会颁布的《广东省动员和组织城市知识青年上山下乡参加农村社会主义建设工作条例(试行草案)》的规定,将动员对象的年龄改为年满16周岁以上不能升学的毕业生。1968年10月以后,非农业人口1 500人以上的城镇也列入动员范围。1972年7月起,惠阳地区贯彻执行广东省革命委员会生产组颁发的《关于1972年动员城镇知识青年上山下乡的通知》,根据国家有关规定,除国家计划继续升学、患严重疾病或残疾者,独生子女、多子女家庭身边只有一个子女以及家庭有特殊困难的不作为动员上山下乡对象以外，其余都动员上山下乡。1968—1972 年，惠州市（今惠城区）6 616 名下乡知青中绝大部分是"文化大革命"期间的 1966 年、1967 年、1968 年的中学毕业生（俗称"老三届"）。1973 年 8 月后，全地区知青的留城面适当扩大：中国籍的外国人子女不动员上山下乡；矿山井下、野外勘探、森林采伐、林场等行业的职工退休时，可由其子女顶替；补充减员或按国家计划增加工人时，可以从本单位符合条件的职工子女中招收。

根据省统一安排，惠阳地区除安置本区知青外，还接收安置广州、汕头两市的部分知青。至 1977 年末，今惠州市辖区接收安置知青 60 156 人，其中：原惠州市（今惠城区）接收安置 10 600 人；惠阳县接收安置 13 820 人，其中广州、汕头、惠州 3 地 3 173 人；惠东县接收安置 8 072 人，其中广州 1 426 人，汕头 1 722 人；博罗县接收安置 15 543 人，其中广州 11 700 人，汕头 980 人；龙门县接收安置 12 121 人，其中广州 8 919 人，汕头潮阳 1 303 人。

1978 年，惠阳地区停止动员知识青年上山下乡。

二、插队安置

1964 年初，惠阳地区下乡知青的安置主要以插队、插场形式，实行分散安置。插队安置点，多选择地多人少、生产潜力较大、社员收入水平较高、群众基础较好、领导力量较强的社队。惠州市（今惠城区）下乡知青主要分布在惠阳、博罗、惠州市郊的部分农村及杨村柑桔场等地插队落户。惠阳县 1964—1965 年所接收的广州、汕头知青，分别安置在陈江、潼湖两个公社及澳头珍珠养殖场、潼湖农场两个国营场的 8 个生产队插队。博罗县下乡知青主要到县花果场及附城（今罗阳）、湖镇两个公社插队务农，其所接收的广州知青则安排在龙溪、园洲、铁场（今石湾）、附城（今罗阳）等 4 个公社插队落户。龙门县下乡知青主要安置在该县 12 个公社 105 个大队 867 个生产队以及县属 9 个农、林场，1 个镇办果林场和各社办的 34 个知青场。1968 年 10 月后，响应毛泽东主席关于"知识青年到农村去，接受贫下中农再教育"的号召，惠阳专区知青上山下乡出现高潮。当年惠阳专区知青下乡人数 10 166 人，同时接收安置广州知识青年 11 142 人。下乡知青多分散安置在所在县（市）范围内的一些社队或果林场插队。惠州市（今惠城区）一部分知青被安置在广东湛江军垦场。1973 年后，惠阳地区知青上山下乡不再安排零星插队，而集中安置在所在县（市）的农（林）场，或由机关各系统归口包干，集中安置在各系统自办的农（林）场，派出专职干部带队，实行统一管理。

三、知青工作、生活状况

惠阳地区动员城镇知识青年上山下乡，在"文化大革命"前，作为解决劳动就业的一条出路，对于减轻城镇就业压力，确实曾起过一定的作用。"文化大革命"开始后，原先作为劳动就业安置形式的知青上山下乡，被卷进这场"政治大革命"的漩涡。1968 年 12 月后，知青上山下乡的性质已由原先的劳动就业成了"接受再教育"的形式。惠阳地区知青上山下乡动员组织时"一刀切"、"一锅端"，下乡人数众多，缺乏总体规划，管理不善，加之从上到下受"左"的路线影响，严重干扰了知青上山下乡工作。同时，一些地方不断发生侵犯知青权益的违法犯罪案件。1968—1972 年间惠东县发生侵犯知青权益案件 70 宗，其中强奸女知青 11 宗，迫害知青 2 宗,贪污、挪用、私分、转移知青经费 43 宗,涉及金额 3 万多元。司法部门均分别对有关案件进行了严肃查处。1971 年底,惠州市(今惠城区)倒流回城和逃港的知青达 4 700多人。至 1978 年末,惠阳县倒流回城知青 781 人,逃港知青 1 113 人。惠东县照顾回城4 284 人。博罗县倒流回城 1 818 人,外逃知青 499 人。1973 年,惠阳地区插队知青中,生活能够自给或大部分自给的约占 60—70%,生活不能自给的约占 30% 多(1965 年省人委规定,知青生活自给标准为每人一年总收入 120 元以上)。

惠阳地区广大上山下乡知青中,也有一部分人在农村中得到锻炼成长。1973 年 2 月,惠阳县 7 740 名上山下乡知青中,被推荐上大学 13 人,参军 37 人,担任大队、生产队干部233 人,教师 87 人,提拔担任公社(场)一级领导干部职务的 25 人,被吸收为中共党员、共青团员的 484 人,被各级评为积极分子的 1 048 人。

上山下乡知青安置费标准,在 1973 年前,惠州市(今惠城区)和惠阳县一样,每人一次过200 元;惠东县的标准每人 260 元,国家负责半年粮食供应,后由插队所在生产队分配口粮。1973 年后,惠阳县规定:凡是落户集体场(队)每人 480 元,国营农、林、牧场,每人 400 元,跨公社插队每人 400 元,就地(即本公社范围内)插队则作适当补助;知青在所在生产队单身劳动,每月口粮平均低于 45 斤(稻谷)原粮者,由国家统销补助其不足部分。在知青上山下乡工作中,惠阳地区各级政府都耗费了一大笔财力。1968—1978 年,惠州市(今惠城区)用去知青安置费 161.9 万元。惠阳县政府共拨放安置费 552.8 万元。龙门县共拨给安置费 671万元。

惠阳地区上山下乡知青回城安置政策 1972 年开始松动,凡下乡满两年以上的知青被列入招工范围。惠州市(今惠城区)1978 年知青招工 777 人,1979 年招工 1 083 人。惠东县至1979 年底共招 2 470 人。1980 年开始,惠阳地区对上山下乡知青采取先回城恢复户口,后安置就业的政策,各地下乡知青陆续迁离农村,回城复户。1982 年,惠阳地区以及各县(市)的知识青年上山下乡工作办公室均与当地同级劳动部门合并办公。

(第二十九编第二章《劳动就业》,第 2524—2526 页)

知识青年上山下乡 1968 年 10 月中旬—11 月下旬,惠阳专区有惠州城镇知识青年10 166 人上山下乡"接受贫下中农再教育",占原动员计划 13 886 人的 73.2%。同时,接收安置广州知识青年到惠阳专区 1 142 人。12 月 27 日,惠阳专区革委会根据毛泽东"知识青年到农村去,接受贫下中农再教育,很有必要"的指示,在全区各中学进一步动员、组织学生上山下乡。1969 年 5 月 27 日—6 月 3 日,惠阳专区革委会在龙门县召开知识青年下乡工作现场会议。

1970 年 12 月 7—14 日,惠阳地区召开上山下乡知识青年活学活用毛泽东思想经验交流会,总结交流下乡知青在农村实践中活学活用毛泽东思想、接受贫下中农再教育的经验,并授予 5 个上山下乡知青小组和 18 名知青以"先进集体"和"活学活用毛泽东思想积极分子"称号。

1973年5月29日,惠阳地区革委会成立惠阳地区知识青年上山下乡工作领导小组,6月7—13日,召开第二届上山下乡知识青年代表大会,总结了惠阳地区两年来知青上山下乡的工作成绩,交流经验,表彰先进。到会代表还向全区上山下乡知识青年发出倡议书。1968—1978年,惠阳地(专)区动员安置上山下乡知识青年73 482人,接收广州、汕头、佛山等地安置40 525人。 （第三十六编《党政要事纪略》,第2845页）

"文化大革命"期间,上山下乡的女知识青年成为强奸犯罪的主要侵害对象。1968—1973年,全区发生强奸、奸污女知青案86件。 （第四十六编第三章《打击刑事犯罪》,第3367页）

"文化大革命"后期,惠阳专区偷渡人数大幅度上升,其中以上山下乡知识青年为多。1971年春季全区有1 120人偷渡,其中知青862人,占77％。惠阳、东莞、博罗等县的偷渡外逃人员中,知青占80％。广东省委发出紧急通知,要求坚决遏止偷渡风,但收效不大。1970年全区偷渡3 993人,1971年上升至8 575人,全区13个县(市)都有人参加偷渡。东莞、宝安、惠阳等县占全区偷渡总数80.5％。1971年出现偷渡逃港高潮的原因,一是当时流传"国务院与英国达成协议1971年7月1日前逃港者,英当局全部接受"等谣言;二是逃港人员往内地寄信,进行煽动;三是有的地方对知青"同工不同酬"甚至贪污知青的安置费,知青生活条件艰苦。 （第四十六编第八章《公安边防》,第3411页）

1971年9月28—29日,惠阳地区革委会在惠州召开惠阳等县革委会主任和保卫组长紧急会议,研究惠阳地区刹住偷渡外逃风的对策,要求将下乡知青组成"青年小组"进行管理。同时,组织护桥队、护船队,加强值班巡逻,严格管理船只。加强对"五类分子"(即地主分子、富农分子、反革命分子、坏分子、右派分子)和其他危险人物的监改控制,防止偷渡外逃。

惠阳地区公安处为防止偷渡情况进一步恶化,加强对群众特别是对下乡知青和社会青年的教育,落实知青政策,明确宣布凡偷渡外逃回归人员不作港、澳同胞或华侨对待。对返乡探亲的偷渡外逃人员依据"过去从宽,今后从严"的原则进行处理,对1967年后偷渡的人员,回乡后原则上不许再次出境。 （第四十六编第八章《公安边防》,第3412页）

《惠州市劳动志》

尹兰河、蓝兆浪编著,中山大学出版社1992年

1965年,惠州在局部范围动员了406名城市知识青年下乡务农,这是在严格禁止个体

自谋职业,堵塞了城市就业渠道后,另辟就业途径的尝试。1968—1977 年连续 10 年大规模动员知青上山下乡,让知青到农村接受贫下中农再教育,锻炼成为合格的无产阶级革命事业的接班人;在这个指导思想下,一方面动员大批知青上山下乡,……从 1968—1972 年共下乡 7 025 人(含 1965 年 409 人),分布在惠阳、博罗、惠州市郊等地农村和广东省博罗杨村桔场、湛江军垦场。知青安置采取分散插队的方式,1973—1977 年,前一阶段集中安置在市郊各类原有或新办的农场,由市属各有关系统派干部带队。后一阶段的安置方式虽有改善,但终究未解决知青渴望回城安排工作的问题。倒流回城和逃港现象随伴于知青上山下乡过程的始终。

1. 下乡安置 1968—1972 年安置上山下乡的知识青年中。安置在广东湛江军垦场 542 人,广东博罗杨村柑桔场 367 人,惠州市属农(林)场 428 人。其余的散布于市郊区公社、惠阳、博罗等地农村生产队。安置在农(林)场的知青享受农(林)场职工待遇。安置在农村生产队,如家庭生活困难者,由动员下乡单位筹款购买被帐铁桶等生活必需品,另每人拨给安置费 200 元交生产队代置房舍、厨具。5 年共计用去安置费 46.9 万元。1973—1977 年不再搞插队安置,集中安置在市属原有农(林)场,或由各系统集体安置在市郊自办农场,派专职干部带队管理。1978 年下乡安置 1 人,连续 10 年的动员下乡工作实际上已经停止。1973 至 1979 年,安置和补助费共 115 万元。

2. 回城安置 1965—1970 年下乡安置累计已达 6 203 人,经正常途径回城 89 人;1971 年底在农村人数 1 334 人,仅为应留人数的 21.64%,倒流回城和逃港人数几近应留人数的 80%。

1972 年就业安置政策略有改变。下乡两年以上的知青被列入招工范围,但知青安置占招工比例很少。同留城人员安置的比例,1978 年前,最高是 1977 年,24:100,最低是 1976 年 2:100。1978 年知青招工 777 人,同留城安置的比例是 36:100,是 1972 年以来知青招工人数最多,比例最高的一年。1979 年招工 1083 人,同留城安置之比是 33:100。随着改革开放政策的实施,就业门路的开拓,1980 开始对下乡知识青年采取先回城恢复户口后安置就业的政策。1982 年知青安置办公室同劳动局合并办公,1983 年,9 名早在农村成家立室的知青复户回城。至此,1965—1978 年上山下乡,而本人又提出回城要求的知识青年已全部离开农村。

(第三章《劳动就业》,第 34—35 页)

《博罗县志》

博罗县地方志编纂委员会编,中华书局出版社 2001 年

此后(1961 年后),由于城镇待业青年不断增加,加上"文化大革命"的影响,安排就业更加困难,1964 年开始动员组织城镇知识青年和社会上的闲散人员,上山下乡插队落户,以缓

解劳动就业矛盾。

知识青年安置　随着城镇人口的不断增长，无法安排就业，学校毕业的知识青年，根据中央统一部署，动员城镇知识青年上山下乡、插队落户，参加农业劳动，接受贫下中农再教育。1964年全县下乡的知青234人，分别安置到县花果场、附城公社的云步、长贵、新结等大队，湖镇公社的和睦、邹村大队。同年将广州市下乡知青1027人，安置到龙溪、园洲、铁场、附城公社等27个大队152个生产队和县示范农场。随后每年都有接收安置广州、汕头、惠州市和外省市县投亲靠友的下乡知青。到1978年3月止，全县共接收安置上山下乡知青15 543人（其中县内2 157人），分布在全县21个公社280个大队，和罗浮山、梅花、象头山、汤泉、显岗、稿树下等林场。

从1972年开始，按照国家的方针政策规定，推荐保送一批政治觉悟高、思想进步、工作积极的知青到中等专业学校和大专院校读书；分期分批推荐招工、招干和参军；帮助部分符合出国、出港条件的出国、出港；有些知青因身体不好，不适宜农村劳动的则照顾回城复户。至1979年，惠州市和县内下乡知青，通过上述途径已全部回城就业。广州和汕头市的下乡知青，也与原地劳动部门联系，解决了回城就业问题，最后剩下352人未回城的，也由公安、粮食部门给予非农业户口、供应商品粮以及安排在乡镇企业工作。

博罗县上山下乡知识青年安置情况表

知青来源	安置总人数	其				中					
		招工	招生	招干	征兵	照顾回城	出国	犯罪判刑	外逃	死亡	仍在乡
广州市	11 700	9 325	253	8	5	1 282	57	12	420	8	330
汕头市	980	458	13	2		457	2	1	37	0	10
惠州市	586	475	22	1	3	56		2	21	1	5
外　地	120	112				8					
县　内	2 157	2 001	102		7	15	2	2	21		7
合　计	15 543	12 371	390	11	15	1 818	61	17	499	9	352

待业安置　1979年后，学校毕业生不断增加，大批待业青年有待安置。由于国营、集体单位的招工有限，各级政府、劳动部门和各有关部门，乘改革开放的有利时机，广开就业门路，采取各项措施，从多方面安排就业：一是发展"三来一补"企业，二是发展街道办、乡镇办集体企业，三是兴办知青厂、场，四是各系统的待业青年由本系统根据实际情况灵活多样，进行安置，五是自谋职业，工商部门给予支持，发展零售商店和服务行业的个体经济，六是1982年原县劳动管理总站与知青服务公司合并成立博罗县劳动服务公司。1981年至1990年，全县安排就业人员共有45 864人。

博罗县各个时期待业安置情况表

年　份	安置总人数	安置去向						说　　明
		县内	惠州	广州	汕头	深圳	珠海	
1953—1957	5 432	5 432						
1958—1965	10 501	10 501						
1966—1970	2 578	2 578						1971—1980 年惠州、广州、汕头安置数全是知青安置数
1971—1975	7 388	4 392	125	2 610	261			
1976—1980	13 021	3 644	386	8 320	671			
1981—1985	21 343	7 541				13 470	332	
1986—1990	24 521	12 938	1 100	3 100		6 947	436	

（第十九篇第二章《劳动》，第 559—560 页）

"文化大革命"期间，教师备受冲击。推行公办教师回原籍工作等政策，教师不足，由民办教师或知青顶替，造成教师素质和数量严重下降。（第二十二篇第六章《师资》，第 604 页）

《河源县志》

河源县地方志编纂委员会编，广东人民出版社 2000 年

1966—1976 年"文化大革命"时期，劳动就业渠道被堵塞，待业者与日俱增，县城知识青年和部分城镇居民一批一批被送到农村劳动（即"上山下乡"）。……1978 年起，大量的下乡知识青年、居民回城，就业压力骤增，至 1979 年，本县共有待业人员 1.10 万人，成为严重的社会问题。

（第二十三篇第一章《劳动》，第 758 页）

本县知识青年上山下乡始于 1965 年，当年 236 名城镇知识青年分赴全县各公社，插到各生产队安家落户。1966 年又下去 314 人。1967 年因"文化大革命"影响，没有组织知识青年上山下乡。1968 年，毛泽东发出了"知识青年到农村去"的指示，大规模的上山下乡即继续开展。1968—1969 年，上山下乡知青 1 200 人。同时分赴农村的还有城镇闲散无业居民或因战略疏散的人员 893 户，4 063 人，这些居民都是举家搬迁，直插农村生产队，与农民一齐参加生产劳动，分配劳动成果。知青则多数（除个别随户插队外）安插在各公社林场、农科站及县属各系统在农村设置的知青场、知青点，集体生活。当时比较大型的知青场、点有：致富青年林场、新丰江农场、桂山林场、二轻系统黄田知青场、城镇岩前知青场、白田知青场、双下知青场、高埔岗知青农场、新天农科站知青场、船塘大坪知青场、火甲岭知青场等。随着每年知青下乡人数的不断增加，这些知青场的人数逐年增多。少则 100 几十人，多则 200—

300 人。1971 年，县成立知识青年上山下乡安置工作办公室（简称"知青办"），专门负责知识青年上山下乡安置工作。那时每年城镇高、初中毕业生，除升学、残疾及个别独生子女外，全都要上山下乡，直至 1978 年才停止。上山下乡知识青年人数总计 4 458 人。

从 1974 年起，根据上级指示精神，逐年有部分知青因招干、招工、升学、参军等被安置。至 1977 年，约有 1 500 名知青离开农村或知青场。1978 年，上级指示青年要全部回收安置。知青办与劳动局合署办公，给仍留农村或知青场点的 3 000 多知青办理户口回城、工作安置等工作。至 1980 年底，除 46 名特殊情况（死亡、失踪、判刑等）外，知青全部回收完毕，知青办至此撤销。战略疏散等举家插队的居民近 4 000 人，也同时全部回收。

河源县历年上山下乡及回城安置情况统计表

年　　度	上山下乡数（人）		年　　度	回城安置数（人）	
	知　青	居　民		知　青	居　民
1965	236		1974	208	
1966	314		1975	316	
1967			1976	584	
1968—1969	1 241	3 863	1977	453	
			1978	1 086	
1970—1972	760		1979	955	2 643
			1980	580	1 209
1973	338		合　计	4 412	3 852
1974	384		备	一、知青中有 46 名因特殊情况未回收。	
1975	630				
1976	393			二、居民数因生死对比及特殊情况回收相差 11 人。	
1977	157		注		
合　计	4 458				

（第二十三篇第一章《劳动》，第 760—761 页）

《连平县志》

连平县地方志编纂委员会编，中华书局 2001 年

（1968 年）11 月，县组织知识青年上山下乡。城镇干部、职工把自己初中、高中毕业的子女送到农村、林场去"接受贫下中农再教育"。仅忠信公社到农村安家落户的知识青年就有 715 人。

（《大事记》，第 28 页）

"文化大革命"期间,动员大批城镇知识青年上山下乡,到农村插队落户。据县劳动局统计,从1968—1976年,全县上山下乡到农村生产队或国营农林场从事生产劳动的城镇青年有3 019人。

1977年,开始调整知识青年上山下乡政策,原上山下乡的知识青年逐渐从农村安置到城镇企、事业单位工作。 （第十七篇第三章《劳动就业》,第382页）

同年(1981年),县"上山下乡知识青年安置办公室"被取消,上山下乡知识青年的安置工作改由县劳动服务公司负责。 （第十七篇第三章《劳动就业》,第383页）

《和平县志》

和平县地方志编纂委员会编,广东人民出版社1999年

是年(1965年),动员知识青年上山下乡"接受再教育",自后每年一批,至1977年3月,全县共有1 346位知青"上山下乡"。另外,广州、汕头两地共有733位知青到本县插队落户。

（《大事记》,第24—25页）

1965年为贯彻执行中央"知识青年到农村去,接受贫下中农再教育"的指示,县成立"知识青年上山下乡办公室",动员城镇知识青年上山下乡,到农村插队落户。至1977年3月,共有知识青年2 079人,到本县4个林、茶场和17个公社插队落户,其中广州、汕头地区到本县农村落户的知青733人。1978年10月,停止动员知识青年上山下乡,并开始安置知青就业。当年12月,成立县"知识青年上山下乡安置工作办公室",简称县知青办,陆续安置知青到各企、事业单位工作。来自广州、汕头地区的知青,也先后接通知回原地区安置。到1982年,本县的下乡知青,已全部安置完毕。县知青办撤销。

（第十九编第一章《劳动》,第524页）

《龙川县志》

龙川县地方志编纂委员会编,广东人民出版社1994年

(1965年)3月16日,第一批120名城镇知识青年上山下乡,奔赴农业生产第一线。

（《大事记》,第27页）

(1968年)10月,响应毛泽东主席"知识青年到农村去"的号召,广州等市及县内知识青年上山下乡,接受贫下中农再教育。至1977年,全县上山下乡知识青年3 226人,插队落户

278 户、929 人。1974 年至 1983 年,对上山下乡和插队落户的知识青年分批收回城镇安置,共安排 4 146 人。

(《大事记》,第 28 页)

(1969 年)10 月 26 日,县革委组织召开上山下乡知识青年活学活用毛泽东思想经验交流大会。

(《大事记》,第 29 页)

(1977 年)3 月 5 日,国营红星林场二队发生山林火灾,烧毁山林面积 5 000 多亩,本场职工邓旭凡和知识青年徐宝华、江伟雄、秦东伟、叶国强在扑救山火战斗中壮烈牺牲。

(《大事记》,第 32 页)

1964 年后,中学毕业生不能升学的不断增多,加上"文化大革命"的影响,城镇待业人员激增。1968 年冬开始动员城镇知识青年和社会待业人员上山下乡,从事农业生产劳动,从而减轻了城镇就业的压力。至 1977 年共组织城镇知青 3 226 人到农村参加农业生产,其中插队落户的 920 人。

(卷九第一章《劳动》,第 161 页)

1981 年 3 月成立县劳动服务公司,负责组织、培训、输送、调节社会劳动力。同时,广开门路,妥善安置城镇待业人员。至 1983 年安排知识青年回城镇就业 4 146 人。同年底,全县全民所有制单位职工增至 22 042 人,集体职工由 1976 年的 2 562 人增至 4 731 人。

(卷九第一章《劳动》,第 161 页)

《紫金县志》

紫金县地方志编纂委员会编,广东人民出版社 1994 年

(1968 年)12 月,贯彻毛泽东主席关于"知识青年到农村去"的号召,全县先后有 2 591 名知青"上山下乡"插队落户。

(《大事记》,第 36—37 页)

1962 年,县示范农场与县农业科学研究所(简称农科所,1961 年成立)合并,更名为紫金县良种繁育示范场,……1970 年,改称"五·七"农场。1973 年,接收县城"上山下乡"知识青年 50 多名参加生产劳动。

(第五篇第一章《农业生产关系变革》,第 208 页)

为响应国家关于"我们也有一双手,不在城里吃闲饭"的号召,1965 年 3 月 17 日,本县第一批知识青年(以下简称知青)56 人上山下乡,插队落户到古竹四维大队。1966 年 3 月,第二批 50 人,插队落户到古竹楂岭大队。同年 8 月,第三批 35 人,插队落户到好义鹿塘大

队。1966年冬,上山下乡的知青倒流回城搞"文化大革命"。1968年,毛泽东发出知识青年到农村去,接受贫下中农再教育的指示。从此,城镇知青大规模插队落户到农村。先后有广州知青397人、汕头知青219人来本县插队落户。1971年,成立紫金县知识青年上山下乡安置工作办公室(简称县知青办)。1978年,知青上山下乡停止。1979年,上级要求全部收回安排工作。同年,县知青办与县劳动局合署办公。到1985年底,除有特殊情况的37人外,已收回安置的共3170人。其中,政府每人发给就业费300元自谋职业的有217人;县劳动局推荐安排到韶关钢铁厂、乐昌水电安装总公司、广州变电站等部门工作的760人;回广州、汕头原籍和本县内安排工作的1813人;参加中国人民解放军的330人;考入大、中专学校的50人。至此,上山下乡知青安置工作结束。县知青办撤销。

紫金县历年城镇知识青年上山下乡及收回安置统计表

年　　度	上山下乡数	年　　度	安置人数
1965	56	1976	47
1966	85	1977	265
1968	616	1978	336
1969	342	1979	425
1970	410	1980	619
1972	323	1981	650
1973	457	1982	350
1974	353	1983	283
1975	487	1984	120
1976	310	1985	745
1977	113		
合　计	3 207	合　计	3 170

(第十九篇第一章《队伍》,第628—629页)

(农机学校)原名紫金县工业学校,创办于1969年冬,校址在县城秋江路原蚕种场(县变电站上侧),利用原有厂房为课室、宿舍,床板、桌凳由各公社捐赠。学校以培训各公社企业技术人员和农机员为宗旨。招收对象是高、初中毕业的知青,各公社按分配名额推荐入学,免收学费,并发给每人每月少量生活补贴。学制1年,毕业后,社来社去,不包分配。第一期,招小水电管理员、手扶拖拉机驾驶员各1班,学员共100人;有教师3人,财务、炊事员各1人,另请各厂技术人员10多人为兼职教师。课程有政治、机电、农业机械等,教材由教师自编。实行边学习、边实践的教学方法,既请工人师傅上课,也到各厂跟班劳动,有时还到农村去实习。1年后,学校改招半年制的短训班。到1973年止,共办7期,培训学员540余人。学校由县工业主管部门领导,并负责办学经费。

(第二十二篇第二章《学校教育》,第709页)

《惠东县志》

《惠东县志》编纂委员会编,中华书局 2003 年

(1968 年)秋,动员 8 072 名城镇知识青年上山下乡,到农村插队落户。

12 月 20 日,平海公社巽寮大队干部和知青 6 人,驾驶木船到稔山接 2 名广州插队知青,归途中突遇暴风雨袭击而翻船,致使 8 人遇难。 　　　　　　　　(《大事记》,第 43 页)

(1969 年)10 月 20 日,惠东县组成汕头知青接待组,到汕头接回安置在惠东插队落户的知识青年共 2 965 人。 　　　　　　　　　　　　　　(《大事记》,第 44 页)

(1970 年)1 月,惠东县知识青年上山下乡办公室(下称知青办)成立,专职管理全县上山下乡知识青年的安置工作。1980 年 7 月,县知青办与县劳动局合并,知青安置工作由劳动局负责。 　　　　　　　　　　　　　　　　　　(《大事记》,第 44 页)

(1973 年 3 月)至 6 月 10 日,全县安排插队落户的知识青年共 5 723 人,其中广州市 1 428 人,汕头市 2 038 人,县内 2 257 人,分布在全县 18 个公社。 　　(《大事记》,第 46 页)

1968 年底,中共中央主席毛泽东发出"知识青年到农村去,接受贫下中农再教育,很有必要"的号召,全县迅速掀起知识青年(以下简称"知青")上山下乡的热潮。除松坑、石塘、铁涌、巽寮等 4 个圩镇居民未达到 1 500 人的圩镇外,其余圩镇凡符合条件的知青均到农村插队落户。1968—1977 年,全县共有上山下乡插队落户知青 8 072 人,其中县内城镇插队知青 4 454 人,接受外地知青 3 618 人,其中广州知青 1 426 人,汕头知青 1 722 人,其他地区知青 470 人。为做好上山下乡知青的协调管理工作,1970 年 1 月,县革委会成立了惠东县知识青年上山下乡办公室,具体负责知识青年上山下乡的安置工作。1978 年,全国知识青年上山下乡工作会议后,县革委采取切实措施做好上山下乡知识青年回城安置工作,至 1981 年底,共安置了 7 444 名知青回城,另有 628 人自动回城。

1968—1981 年惠东县上山下乡知识青年回城安置情况统计表

安置类别	招工	招生	征兵	提拔国家干部	就地转为集体所有制工人	按政策照顾回城	批准出国	其他	合计
安置人数	2 406	243	207	62	2	4 284	54	186	7 444
占　％	32.32	3.26	2.78	0.83	0.03	57.55	0.73	2.5	100

(第二十四篇第一章《干部职工队伍》,第 678 页)

《宝安县志》

宝安县地方志编纂委员会编,广东人民出版社1997年

建国后,宝安县招工分为两个时期:第一时期1950—1982年,接收安置部队复员军人、上山下乡知识青年、越南归侨。据统计,接收安置部队复员军人5 738人,1962—1972年接收广州、佛山、惠阳、汕头等地区知识青年安置在农场、林场、茶场共2 000人。

（第二篇第十六章《劳动工资》,第496页）

《东莞市志》

东莞市地方志编纂委员会编,广东人民出版社1995年

是月(1969年1月),县革委会对上山下乡青年进行慰问,全县共有务农青年15 341人,其中广州知青6 989人。 （《大事记》,第38页）

(1971年)6月27日,全县从上山下乡知识青年中招收1 130名工人。

（《大事记》,第39页）

(1973年)6月4日,东莞县知识青年上山下乡工作领导小组成立。

（《大事记》,第41页）

(1974年)9月20日,莞城地区召开知识青年上山下乡动员大会,各界群众共2万人参加。 （《大事记》,第41页）

(1975年)8月20日,莞城地区举行3万人集会,欢送莞城首批750名知青到农村务农。

（《大事记》,第42页）

建国后,东莞财政支出,按性质和用途可分为四大类:

一、经济建设类。包括企业挖潜改造资金、简易建筑费、科技三项费用以及农、林、水、气象事业费、城市维护费和城镇知识青年上山下乡安置费等。……

（第十二编第一章《财政》,第674页）

1981—1983 年农业税一定三年不变基础数

单位:公斤

公社	1980年计征总税额	各项减免照顾数				减免后全年应征任务			全年代金、幼牛数	
		知青减免	苗圃照顾	花生地照顾	合计	正税	附加10%	合计	全年交代金(折合)	全年幼牛头数
合 计	42 174 328.5	49 303.5	4 675.5	718 704	772 683	41 401 645.5	4 140 165	45 541 810.5	2 687 875	3 174
中 堂	2 351 526.5					2 351 526.5	235 152.5	2 586 679	26 196	147
望牛墩	1 331 622.5					1 331 622.5	133 162	1 464 784.5		66
道 滘	3 083 204.5	13 120.5			13 120.5	3 070 084	307 008.5	3 377 092.5	1 319	51
麻 涌	2 996 888					2 996 888	299 689	3 296 577	214 987.5	57
万 江	1 956 955.5					1 956 955.5	195 695.5	2 152 651	41 351.5	130
虎 门	2 611 651.5	6 586.5		55 136.5	61 723	2 549 928.5	254 993	2 804 921.5	123 858.5	411
长 安	1 709 178.5			16 195	16 195	1 692 983.5	169 298.5	1 862 282		196
厚 街	2 361 955.5	2 344.5		67 726.5	70 071	2 291 884.5	229 188.5	2 521 073	631 243.5	213
沙 田	2 731 146.5					2 731 146.5	273 114.5	3 004 261		17
篁 村	991 159.5		428.5	31 304	31 732.5	959 427	95 942.5	1 055 369.5	46 906	104
附 城	1 590 246.5	92	1 233	39 270	40 595	1 549 651.5	154 965	1 704 616.5	123 177.5	174
寮 步	1 954 801			52 245	52 245	1 902 556	190 255.5	2 092 811.5	49 080.5	164
大岭山	847 959.5		20	28 650	28 670	819 289.5	81 929	901 218.5	1 900.5	125
大 朗	1 761 132.5		1 653	55 152	56 805	1 704 327.5	170 433	1 874 760.5	503 723	82
黄 江	586 261	3 693	907.5	30 495	35 095.5	551 165.5	55 116.5	606 282	879.5	47
樟木头	343 145.5	1 550.5		18 185	19 735.5	323 410	32 341	355 751	18 678.5	17

公社	1980年计证总税额	各项减免照顾数				减免后全年应征任务			全年代金(折谷)	全年幼牛头数
		知青减免	苗圃照顾	花生地照顾	合计	正税	附加10%	合计	全年交代金(折谷)	
清溪	920 263.5		162.5	26 705	26 867.5	893 396	89 339.5	982 735.5	36 853.5	16
塘厦	1 251 739.5	7 009.5		46 700	53 709.5	1 198 030	119 803	1 317 833	12 920.5	31
凤岗	599 661			19 185	19 185	580 476	58 047.5	638 523.5		74
谢岗	480 113.5			18 695	18 695	461 418.5	46 142	507 560.5	5 489	187
常平	1 704 965.5	620.5		43 210	43 830.5	1 661 135	166 113.5	1 827 248.5	8 048	12
桥头	757 130		121	36 473	36 594	720 536	72 053.5	792 589.5	5 661	241
横沥	723 678.5	1 026		2 4110	25 136	698 542.5	69 854.5	768 397	4 048.5	26
东坑	646 863.5			14 623	14 623	632 240.5	63 224	695 464.5	153 429	16
企石	718 448.5		150	36 955	37 105	681 343.5	68 134.5	749 478	264 467	100
石排	1 143 578.5			32 470	32 470	1 111 108.5	111 111	1 222 219.5	7 215	123
茶山	1 019 201			25 219	25 219	993 982	99 398	1 093 380	21 047	136
石碣	1 409 735.5	1 141			1 141	1 408 594.5	140 859.5	1 549 454	62 593	169
高埗	1 276 376.5					1 276 376.5	127 637.5	1 404 014		21
莞城	235 386.5	4 221.5			4 221.5	231 165	23 116.5	254 281.5	254 282.5	21
石龙	64 523	1 029.5			1 029.5	63 493.5	6 349.5	69 838.5	60 862.5	121
黄旗林场	6 998.5	4 371			4 371	2 627.5	263	2 890	2 890	
同沙林场	4 333.5					4 333.5	433.5	4 767	4 767	
果林科所	2 497.5	2 497.5			2 497.5					

（第十二编 第二章《税收》，第688页）

1968 年 3 月，民政局被撤销。1973 年 3 月复置，负责优抚、救济、复退烟人安置、老区建设、"知青"上山下乡安置、结婚登记、殡葬改革、收容遣送等方面的行政管理，以发挥社会保障作用。　　　　　　　　　　　　　　　（第十八编《人事　劳动　民政》，第 941 页）

1966 年，"文化大革命"开始，劳动科、劳动服务站相继被砸。"上山下乡"代替了就业安置，近万名城镇待业人员未能就业。

1974 年，实行在国家计划指导下的统包统配制度。由于就业门路不多，至 1978 年，全县尚有近万名城镇青年（含应届和历届初、高中毕业生）未能得到就业安置。历年城镇上山下乡知识青年还有不少人等待回城就业，因而形成建国以来第二次全国性的待业高峰期。

　　……

1979 年起至 1987 年止，先后安排 7 万多名城镇青年（包括历年上山下乡知识青年）就业，其中 1981 年前每年安排 1 万多名待业青年就业。1982 年以后，做到当年新增待业青年当年安排，较好地解决了城镇青年的就业问题。　　　（第十八编第三章《劳动就业》第 950 页）

安置知识青年（下简称知青）上山下乡工作，始于 1962 年，当时主要是接收来自广州市及其他地方的一些社会知青。1968 年，知青上山下乡逐渐形成高潮。1968—1972 年，全县动员安置了包括大学生和初、高中毕业生、社会待业青年以及工龄未满三年的临时工、季节工等知识青年 26 141 人（含广州市及外地知青 15 393 人）。安置上山下乡知青工作持续到 1980 年，共安置 46 758 人（其中广州及外地知青 22 417 人）。安置地遍及全县各地农村。安置经费开支标准是每动员 1 人下乡拨给单位动员费 20 元；拨给接收单位的安置费，每安置 1 人，1964 年为 180 元，1968 年增至 280 元，1970 年为 430 元至 480 元。个别知青务农期间有特殊困难的，可申请补助，一般在 30—80 元幅度内审批。

由于知青上山下乡务农，对艰苦的生活环境和繁重的体力劳动短期内难以适应，农活不熟悉，日劳动工分一般低于农村劳动力的平均水平，收入少，难以糊口。个别地方的干部对知青持冷淡的态度，采取出勤一天给一天粮食的办法。为此，县规定对上山下乡知青给予必要的照顾。1.知青的日劳动工分保证不低于八分半；相当于当地中等劳动力的收入水平；2.下乡两年内，其口粮由国家供应；3.所在生产队为其购置基本生产工具及生活用品、学习用品；4.拨专款给接收社队、场（点）修建宿舍，解决知青的住宿问题。

1973 年以后，为解决插队知青的生活困难，安置去向可到国营、集体农场及各系统、各单位自办的厂场。

1970 年起，对知青实行统一推荐招工。县根据各企业需要用工人数，下达指标到各公社，由公社推荐，不分知青来源，统一安排到用工单位。同时，每年均有知青回城、升学、参军。

几个主要年份知识青年离开农村情况表

年　份	招工	回城	升学	参军	逃港
1972 年前	1 839	435	44	121	2 312
1973	2 129	573	38	159	1 812
1974	2 731	814	317	201	67
1975	4 071	632	169	148	184
1976	2 636	167	25	66	94
1977	950	400	49	26	73
1978	1 763	901	187	157	136
1979	2 551	791	38	32	49
1980	2 468	351	1	2	175

1978—1980 年停止动员上山下乡,开始安排知青回城复户。1980 年,全县尚有在乡知青 1 337 人(其中属广州及外地的 330 人),本县的,由原动员单位安排就业;来自广州的,由原动员单位逐步安排招工或复户回城;来自外省、外县市的,部分因病申请病退回原动员地,部分则安排就地招工。至 1983 年,全县仅剩 2 名来自广州、自愿放弃招工的在乡知青,经申请,批准在本地永久落户。　　　　　　　　　　　(第十八编第三章《劳动就业》,第 951—952 页)

1980 年后,停止办理城镇知识青年上山下乡工作。国家拿出部分资金作为就业扶持资金(无息贷款),扶持城镇一些企业扩大和发展生产,扩大就业门路,以解决城镇青年就业和上山下乡知识青年回城就业。　　　　　　(第十八编第三章《劳动就业》,第 955—956 页)

劳动服务公司(服务站)的建立,对沟通企业用工和城镇待业人员之间的渠道,安排农村富余劳力的转移,拓展劳务市场收到积极效果。公司建立后,首先抓了安排全县历年遗留下来的城镇待业青年和回城"知青"的工作,至 1987 年,安置就业 66 000 人;其次指导农村富余劳力外出做临时工。从 70 年代中期到 80 年代初,每年输出 3 至 4 万名农村富余劳力到广州、深圳、宝安、惠州、湖南、上海等地做工和搞副业。

(第十八编第三章《劳动就业》,第 956 页)

户口迁移。1971—1981 年迁出县外 160 723 人,其中包括广州及外地到东莞上山下乡的知识青年回城 15 393 人(除极个别自愿留在当地落户外,均先后回城);外县迁入 119 709 人,对比减少 41 014 人。　　　　　　　　(第二十五编第一章《人口》,第 1307 页)

同年(1976 年)10 月 26—30 日,文化部门举办了全县上山下乡知识青年业余文艺调演大会。　　　　　　　　　　　　　　　(第二十二编第一章《文学艺术》,第 1129 页)

《梅州市志》

梅州市地方志编纂委员会编,广东人民出版社 1999 年

(1964 年)11 月,按国家规定的范围,全区首批 820 名城镇知识青年上山下乡,到农村插队落户。 (《大事记》,第 115 页)

(1968 年)贯彻毛泽东主席关于"知识青年到农村去"的指示,全区共有 4 535 人到农村插队落户。翌年冬,又有一批知青到海南岛各农场落户。 (《大事记》,第 120 页)

(1969 年)5 月,专区 7 县选派上山下乡和回乡知识青年先进代表 115 人,组成代表团,赴广州参加广东省"上山下乡,回乡知识青年活学活用毛泽东思想经验交流大会"。

(《大事记》,第 120 页)

"文化大革命"期间,城镇知识青年上山下乡到农村,而厂矿企业需要的劳动力又从农村招收,形成劳动力对流。1977—1990 年,全市从农村复员退伍军人、上山下乡知识青年、征地农民、农村青年中,招收 22 643 人。 (第七篇第三章《劳动》,第 620 页)

从 1965 年 7 月开始,根据中共中央、国务院《关于动员和组织城市知识青年参加农村社会主义建设的决定(草案)》精神,全市进行动员组织本地区的城镇知识青年上山下乡。至 1966 年底,全市 7 个县共动员安置 1 755 名城镇知识青年上山下乡。1968 年,扩大城镇知识青年上山下乡的范围,明确规定动员的对象:(1)1969 年城镇应届中学毕业生,1966 年、1967 年、1968 年三届应下乡而未下乡的中学毕业生。(2)1968 年以前中学毕业,1969 年已达到 16 周岁的知识青年。(3)城镇居民和社会闲散人员。成户上山下乡的,每户要有一定的劳动力。

安置形式有插队、插场两种,以插队为主。1968—1972 年,全地区动员 9 412 名知识青年上山下乡,另外接收安置外地 2 333 名知识青年上山下乡。从 1973—1978 年,全地区共安置下乡知青 13 223 人,其中接收外地回原籍的知青 310 人。

从 1979 年起,执行中共中央关于"小集镇和一般县非农业人口的中学毕业生,不再列入上山下乡范围,由本地或本系统自行安排"的规定,城镇知识青年实行就地安置,不再上山下乡。 (第七篇第三章《劳动》,第 621 页)

《梅县志》

梅县地方志编纂委员会编,广东人民出版社 1994 年

(1964 年)3 月,梅县动员 509 名城镇知识青年上山下乡参加农业生产。(《大事记》,第 57 页)

是年(1968年),动员2 081名城镇知识青年上山下乡,到农村插队落户。

(《大事记》,第60页)

1964年3月,中央提出动员城镇青年参加农村社会主义建设。是年9月,梅县动员城镇知识青年509人上山下乡,到劳动大学、梅南林场、县农科站、上官塘农场、三角农场和农村插队落户,以及回原籍参加农业生产。上山下乡知识青年,每人均由政府发给安置费。从1964年开始,除1971年、1972年城镇应届高、初中毕业生,根据国家需要当年安排工作外,至1978年,全县知识青年上山下乡共有9 750人(1979年起停止动员知识青年上山下乡)。其中安置到国营场的有2 852人(包括到海南农场1 067人),安置到集体场、社队场的4 220人,回原籍落户2 678人。政府共拨出安置费306万多元和木材530立方米、钢材15吨、水泥200吨,用于建筑厂房、住房,购买生产工具和其他生活用品。对上山下乡的知识青年,从1970年开始,县劳动部门根据国家需要,通过企业单位招工、大中专院校招生、应征参军入伍、顶替吸收为固定工等途径,逐步收回安置工作。至1980年,除部分在海南的双职工户仍留在海南及出国的2人、死亡的7人以外,已全部安排就业。其中县内安排的有5 786人(全民单位3 221人、集体单位2 565人),外地招工2 843人(全民2 258人、集体585人),升学331人,参军251人,顶替111人。　　　(第十五篇第三章《劳动工资》,第608页)

"文化大革命"期间,全县有8 000多名城镇知识青年上山下乡,而企业又从农村招收4 666名农民(含退伍军人)进城,形成城乡劳动力对流。后来,上山下乡知青分批由国家统筹安排工作,企业单位私招乱雇和计划外使用的临时工,则采取精简压缩和清退。

(第十五篇第三章《劳动工资》,第609页)

1968年10月,梅县开始贯彻毛泽东主席关于下放干部的"五·七"指示和"知识青年到农村去"的号召,县革委在蓬岗开办"五·七"干校,县直机关206名干部下放到干校劳动,动员城市圩镇2 081名知识青年"上山下乡",分别到农村插队落户或投亲靠友,参加农业生产劳动。　　　(第十六篇第一章《中国共产党》,第678页)

《梅县志》

《梅县志》编纂委员会编,广东人民出版社2010年

城镇上山下乡知识青年安置。1979年,梅县贯彻执行中共中央关于"小集镇和一般县非农业人口的中学毕业生,不再列入上山下乡范围,由本地或本系统自行安排"的规定,城镇知识青年不再上山下乡,均实行就地安置。至1980年底,梅县历年下乡知青总数9 750人

中,安排工作 8 629 人,占下乡知青总人数的 88.5%,其中县内安排工作 5 786 人(全民单位 3 221 人,集体单位 2 565 人),外地招工 2 843 人。此外,还有历年升学 331 人,参军 251 人,顶替(父母退休或死亡)招工 111 人,出国 2 人,死亡 7 人,另有部分在海南国营农场的双职工户仍留在海南。其他未安排的,办理回城后纳入城镇待业人员管理安置。至此,全县上山下乡知青统筹安排完毕。 （第十篇第二章《劳动》,第 248 页）

《平远县志》

平远县志编委会编,广东人民出版社 1993 年

　　"文化大革命"期间,逐年安置一批知识青年到农村、国营农场和林果场去。1963—1988 年,安置经费支出 72.65 万元,共安置了 5 967 人,其中职工 443 人,知识青年 1 865 人,其他人员 3 659 人。 （第十一篇第一章《财政》,第 307 页）

　　2. 上山下乡知识青年的安置。

　　1964 年,开始动员城镇知识青年上山下乡。1968 年 12 月,毛泽东发出"知识青年到农村去"的号召,平远成立"平远县安置办公室"。1972 年,改称"平远县上山下乡知识青年办公室",负责知识青年的动员安置。至 1977 年全县动员上山下乡知青 1 157 人,接收广州、潮州、兴宁等地到平远落户的知青 686 人。先后共安置 1 843 人,其中到国营农林场 842 人、集体单位 129 人、分散插队 646 人、回原籍安排 226 人。

　　1969 年开始,分期分批安排就业,前后招工 990 人、学校招生 108 人、应征入伍 116 人、回城待业 500 人,到 1981 年,全县上山下乡知识青年全部安置了工作。

（第十八编第二章《劳动人事》,第 473 页）

　　知识青年王钢平被评为省新长征突击手,并出席了全国第十二次团代表大会。

（第十九编第二章《群众团体》,第 500 页）

《大埔县志》

大埔县地方志编纂委员会,广东人民出版社 1992 年

　　(1964 年)10 月 30 日,首批城镇知识青年上山下乡,到长治公社农村插队落户。至 1978 年停止动员城镇知识青年上山下乡。 （《大事记》,第 31 页）

　　1976 年 10 月,设 7 个办公室:县委县革委办公室、工交办公室、农林水办公室、财贸办公室、科教办公室、计划生育办公室、知识青年上山下乡办公室;2 个委员会:县计划委员会、

体育运动委员会；24 个局级机构：……　　　（第十七篇第二章《政府机构》，第 405—406 页）

安置上山下乡知识青年

1964 年 3 月，中共中央提出动员城镇知识青年参加农村社会主义建设。10 月，茶阳公社街道城镇 20 名知识青年首批上山下乡到长治公社蓝田大队插队落户，至 12 月底止，全县共动员 267 名知识青年上山下乡。1969 年，大量动员城镇知识青年上山下乡和支援海南建设。至 1978 年止，全县共有 2 823 名知识青年上山下乡。其中到海南、湛江生产建设兵团 379 名，到本县各公社大队或回原籍插队落户 1 373 名，到国营农、林、茶场 1 071 名。全县建立 28 个"知青"点，分布在 15 个公社，44 个大队，7 个国营农林场。

1964 年至 1978 年，上级曾拨出"知青"经费 78.98 万元，建造房屋 229 间 4 750 平方米，购置一批生活、生产用具。

从 1972 年起，通过企业单位招工、大中专院校招生、应征入伍、转干等途径，使上山下乡知识青年逐步得到安置。至 1980 年底，全县 2 823 名知识青年中，安置就业 2 514 人，回城恢复非农户口 279 人，与农村青年结婚要求长期务农而领取安家补助费（每人 300 元）28 人，另 2 人因病致残移交民政部门转为社会救济对象，按月发给生活费。从 1980 年起，到海南、湛江各农场的大埔县知识青年，也采用招工、调工的办法，逐步解决他们的就业问题。

（第二十一篇第二章《劳动就业》，第 480 页）

"文化大革命"开始后，由于"左倾"错误的影响，编制委员会被撤销，用人计划又失去控制。一方面安排 2 823 名知识青年上山下乡，另方面却招收 1 078 名农民进城做工，形成劳动力的对流。　　　（第二十一篇第二章《劳动就业》，第 483 页）

《丰顺县志》

丰顺县县志编纂委员会编，广东人民出版社 1995 年

是年（1964 年），开始动员城镇知识青年到农村落户，至 1977 年止，共有 2 777 人上山下乡，其中 412 人到海南、湛江生产建设兵团。至 1980 年，大部分下乡知识青年回城安置工作。　　　（《大事记》，第 43 页）

1967—1978 年，经济建设支出年平 184.2 万元，比 1961—1966 年平 65 万元增长 183.4％。现货增加城镇青年上山下乡费、科技费、国营企业流动资金拨款、挖潜改造资金拨款、简易建筑费等项目。

1979 年，进行一系列改革。1980 年，基本建设拨款改为贷款。1982 年，科技费用自行解决，财政不再拨款；城镇青年上山下乡费改为回乡就业费。

（第三篇第十三章《财政　税收》，第 473 页）

1964年，丰顺县设立知识青年上山下乡办公室，具体负责城镇知青上山下乡及定居后的各项事务。至70年代末，上山下乡知青大多已返回原籍或安置工作，机构也于1980年撤销。

（第三篇第十七章《劳动　工资》，第559页）

知识青年的安置

1964年，中共中央、国务院颁发《关于动员和组织城市知识青年参加社会主义建设的决定（草案）》，1968年12月22日《人民日报》发表毛泽东关于"知识青年到农村去"的语录。丰顺县同全国各地一样，把此项工作作为一项政治任务，动员城镇知识青年下乡。全县先后下乡人数共2 777人，其中到县属农林茶场的有1 124人，到社队农林场的有813人，到生产队落户的有428人，到海南岛建设兵团的有412人。在这一城镇人口倒流农村的过程中，自愿坚持在农村落户的为数不多。70年代末，下乡知识青年陆续回城，重新安置，至1980年基本安置完毕。重新安置的情况如下：历年招工1 516人；考入学校学习214人；参军113人；提拔为干部2人；批准回城入户344人；出国5人；坚持在农村落户的3人；因病退等原因先期返回原籍的共565人。此外，死亡4人，外逃11人。

（第三篇第十七章《劳动　工资》，第560页）

50—60年代，本县劳动计划管理曾出现两次严重失调……，另一次为1966—1967年"文化大革命"初期，一方面动员城镇知识青年2 777人上山下乡，而另一方面又从农村大量招工。……本县1973—1987年职工吸收情况见下表。

丰顺县1973—1987年职工吸收情况表 单位：人

年度	合计	来自城镇居民	来自农村	复退转业军人安置	大中院校毕业生	临时工转正	落实政策照顾安排	离退休顶替	上山下乡知青安置	其他来源
1973	152	—	1	17	17	—	—	2	104	11
1974	333	2	37	2	7	—	107	21	139	18
1975	479	4	98	14	69	—	37	52	193	12
1976	45	—	—	45	—	—	—	—	—	—
1977	429	7	73	7	102	1	—	60	130	49
1978	796	136	173	106	76	41	58	38	109	59
1979	1 578	229	322	58	102	16	265	316	157	113
1980	36	—	—	36	—	—	—	—	—	—
1981	1 545	486	315	108	192	93	18	232	88	13

……

（第三篇第十七章《劳动　工资》，第562—563页）

1980 年,埔寨农场职工控告该场党委书记林某非法拘禁本场职工,调戏侮辱女知青。法纪检察科两次组织人力前往调查取证,询问了 149 个知识青年、知情人及受害者,查清了林某的犯罪事实。1983 年 11 月 30 日,经梅县地区检察分院批准依法逮捕,县法院判处案犯有期徒刑 6 年。

(第三篇第十七章《劳动　工资》,第 563 页)

《五华县志》

五华县地方志编纂委员会,广东人民出版社 1991 年

(1964 年)县知识青年上山下乡领导小组成立。动员城镇知识青年 40 人下乡。到 1978 年共动员 1 497 人到国营或集体农林场和生产队插队落户。1979 年改为安置城镇就业。

(《大事记》,第 37 页)

城镇知识青年安置

1. 上山下乡

建国后,初、高中毕业生安排参军、进工厂、参加手工业生产合作社和支援粤北、新疆等地的社会主义建设。1963 年,华城、水寨、安流 3 镇的部分知青安排到郭田农场落户,参加农业生产劳动。1964 年 6 月起,动员知青上山下乡务农,县政府设知识青年上山下乡工作办公室管理这一工作。到 1978 年止,共安置上山下乡的知青 1 929 人。其中县动员安置 1 311 人,到海南、湛江参加生产建设兵团的 186 人,接收广州等地知青在本县安置 432 人。县动员安置的有 4 种去向:到国营农林渔果场 876 人;到集体农林场(周江杨梅坑、华城天吊嶂、梅林大峉、龙村综合场)103 人;到小都增大集体插队 16 人;分散插队(含单身插队、成户插队、回原籍、投亲靠友等)316 人。分布在全县各区。国家对上山下乡知青给予精神上、经济上、物质上的支持,省府每年下拨安置费,作补助知青生产、生活的资金。1965—1980 年共拨经费 620 020 元。省拨的建材指标计有木材 244.74 立方米,水泥 1 315 吨、钢材 1 500 吨,各单位捐赠手扶拖拉机 3 辆,碾米机、脱粒机、锄头等农具 461 件,书籍 2 500 册、收扩音机 4 台、乐器 40 多件。

2. 安排就业

1975 年前,上山下乡的知青,只有少数被招工、推荐升学或参军。此后,秉着“国家关心,负责到底”的精神,对他们作了妥善安排,平均每年有 200 多人回城就业,1981 年底全部安排完毕。计:招工 1 242 人,升学 211 人,参军 104 人,照顾回城的 105 人,安家在农林场 12 人,回原籍 9 人,返外地安置 170 人,其他 76 人。1982 年 3 月,知青办公室并入劳动局。

　……

1964—1978 年城镇知识青年上山下乡安置情况表

单位:人

年份	安置总人数	本地动员安置									接受外地安置						动员到外地安置
		小计	国营场	集体场	集体插队	成户插队	分散插队	回原籍	投亲靠友	公社以下圩镇	小计	插场	成户插队	单身插队	回原籍	投亲靠友	
合计	1 929	1 311	876	103	16	173	35	25	56	27	432	74	57	41	77	183	186
1964	40	40	10	4	16		10										
1965—1969.3	442	258				168	23		44	23	114	74				40	70
1969.4—12	170	6					1		5		116		36	25		55	48
1970	185	8	2						6		114		21	16		77	63
1971	19	8	1			5	1		1		11					11	
1972	64	63	48					11		4							1
1973	164	160	136	22				2			2				2		2
1974	239	184	180	2				2			54				54		1
1975	194	182	145	31				6			12				12		
1976	210	202	167	21				4			8				8		
1977	195	194	181	13							1				1		
1978	7	6	6														1

(第三编第四章《政府》,第 414—415 页)

《兴宁县志》

兴宁县志编修委员会,广东人民出版社 1992 年

(1968 年)冬,贯彻毛泽东主席关于知识青年到农村去的指示,本县有 929 名城市(含圩镇)青年到农村插队落户。翌年冬又有 817 名知青到海南岛各农场落户。至 1978 年上山下乡知青合计 4 854 人。

(《大事记》,第 51 页)

1980 年以来,贯彻落实中共十一届三中全会精神,拨乱反正,甄别冤假错案、知识青年回城就业、照顾台湾眷属就业、离退休干部职工子女照顾顶替工作等,至 1985 年全县非农供粮人口增至 110 358 人,比 1979 年增加 43 205 人,增长 64.3%,平均每年递增 8.7%。

(卷二第八篇第四章《粮油购销》,第 363 页)

同年(1950年)12月,兴宁县人民政府设立劳动科,翌年并入民政局,1959年复设。1965年改称劳动局并成立兴宁县知识青年上山下乡办公室,安排知识青年上山下乡及司理回城安置事宜。"文化大革命"开始至1974年,有关劳动业务由兴宁县革命委员会生产组负责。1974年复设劳动局。1980年,劳动局和知识青年上山下乡办公室合并,一套人员两块牌子。

(卷二第十一篇《劳动工资》,第471页)

建国后的36年间,通过政府劳动、人事部门,在本县安排或输送外地的职工比较大批的有:1956年输送知识青年支援兄弟省、区社会主义建设3 500人;"文化大革命"期间,知识青年回城就业4 854人;80年代初安排城市待业人员8 523人;安置复员退伍军人6 492人。

(卷二第十一篇第一章《劳动就业》,第472页)

同年(1956年),响应中共兴宁县委提出移民垦荒号召,志愿参加在县属罗浮浮西乡和惠阳县龙岗办集体农场的第一批团员青年179人;参加第二批垦荒生产的团员青年1 180人。

(卷三第十篇第三章《青少年组织》,第623页)

《澄海县志》

澄海县地方志编纂委员会编,广东人民出版社1992年

(1968年)11月,开始动员知识青年上山下乡。至翌年6月,全县上山下乡知识青年1 261人,后来大部分迁回。

(卷一《大事记》,第58页)

知识青年上山下乡 知识青年上山下乡始于1964年,止于1977年,除了1967年外,每年都动员了大批城镇知识青年到县内外农村插队落户。1964年第一次动员,安排插队在县内坝头公社的头份、洲畔、涂池、十五乡公社的新楼、西浦以及陆丰县的湖陂农场。1965年以后,安置的方向实行内外结合,以外为主,除少数安置在县白沙农场外,其余分别到惠阳、海南、韶关、肇庆等地,总计有1 323人。

1968年12月,贯彻毛泽东关于"知识青年到农村去,接受贫下中农的再教育,很有必要"的指示,上山下乡高潮再度掀起。至1974年,下乡知青分别到县内及海南岛各地农村插队,部分则安置于县属国营农场、韶关的英德茶场、陆丰的南告水库等,总计有3 635人。1975年至1977年,是动员上山下乡的最后三年,人数达到2 800人。连续几批分别安置到雷州林业局所属林场、佛山平沙农场、惠阳博罗柑桔场、韶关英德黄陂茶场以及县内的在城(城关)、东里、坝头、上华、隆都、十五乡等公社的集体农场。在长达14年的上山下乡工作中,澄海县安置知青人数共计7 763人,其中县内2 823人,县外4 940人。

1964 年至 1981 年 18 年中,国家共拨出专项知青经费 146.68 万元,用于帮助知青修建房屋的钢材 32.85 吨,木材 928.8 立方米,水泥 327 吨,修建知青住房 415 间,总面积 5 448 平方米。

知识青年上山下乡是一定时期和一定历史条件下的产物,客观上难免地带来一些问题和矛盾。县人民政府依据中央和省的有关规定和政策,千方百计予以具体解决。从 1973 年至 1985 年,经批准回城重新待业的知青 2 576 人,占全部下乡知青总数的 34.68％。1978 年 12 月后根据中共中央 74 号文件批转的《全国知识青年上山下乡工作会议纪要》精神,全县从 1979 年开始,先后对知青作了 3 次较大的招调。截至 1983 年止,招调回城安排的知青共达 2 759 人,占下乡总人数的 37.15％,其中安排为国营职工 290 人,集体职工 2 469 人。

澄海县 1964 年至 1977 年知识青年上山下乡情况表 　　　　单位:人

年度	上山下乡人数总计	其中											
		县　内				县　外							
		小计	国营场	集体场	插队	小计	惠阳	佛山	韶关	肇庆	汕头	湛江	海南
1964	192	59			59	133	133						
1965	628					628	236			92			300
1966	503	35	35			468				300	168		
1967													
1968	427	427	110		317								
1969	1 878	725			725	1 153			253				900
1970	707	7			7	700							700
1971	222	116	113		3	106							106
1972	160	160	156		4								
1973	127	127	121		6								
1974	114	5	1		4	109	109						
1975	1 848	1 048	285	725	38	800						800	
1976	837	96		65	31	741	200	449	92				
1977	120	18	5		13	102				102			
合计	7 763	2 823	826	790	1 207	4 940	678	449	447	392	168	800	2 006

注:农村社会青年和复退军人参加海南、湛江两地生产建设兵团总人数 7 889 人,不列入本表。

(卷二十四第一章《劳动》,第 616—617 页)

年度	安置人数	安置在国营单位						安置在集体单位						调出县外	其他
		小计	其中					小计	其中						
			招工	顶职	退伍军人	下乡知青	落实政策		招工	顶职	退伍军人	下乡知青	落实政策		
合计	72 738	9 716	2 721	4 338	1 584	290	783	20 840	15 377	2 513	377	2 469	104	2 314	39 868
					......										
1971	880	129	8		78	43		200	200					329	222
1972	399	3	2		1			75	75					161	160
1973	362	103	8	60	3		32	259	259						
1974	341	206	2	100	12		92	21					21		114
1975	2 750	244	12	79	50		103	658	334		92	232			1 848
1976	1 890	213	11	122	65		15	840	330	156	64	290			837
1977	786	152	4	96	40	11	1	527	377	126	18	6			107
1978	1 036	240	25	151	19	32	13	628	408	132		88			168
1979	10 071	1 003	134	372	27	72	398	4 896	3 865	382	5	561	83		4 172
1980	10 698	846	44	585	60	132	25	3 801	2 969	576	21	235			6 051
1981	9 765	974	245	453	212		64	4 150	2 775	464	49	862			4 641
1982	4 884	620	61	541	18			1 197	803	193	6	195			3 067
1983	6 635	1 514	45	1 426	36		7	1 824	1 462	358	4				3 297
1984	3 687	465	307	29	120		9	84	20	32	32			419	2 719
1985	3 291	467	66	316	61		24	667	577	74	16			480	1 677

注："其他"包括街道办、群众自办、生产自救、小商小贩、上山下乡等。

（卷二十四第一章《劳动》，第 618—619 页）

《潮州市志》

潮州市地方志编纂委员会编，广东人民出版社 1995 年

　　(1968 年)10 月 27 日，潮安县"文革"期间首批知识青年上山下乡，分赴县内红山、顶湖山等地方。

（《大事记》，第 119 页）

潮州市（潮安县）历年经济建设费类支出统计表

单位：万元

年度	合计	基本建设投资			城建教育及其他	企业挖潜改造资金及简易建筑费	科技三项费用	流动资金	农林水气等部门事业费	支援农村生产支出	工交商等部门事业费	城市维护费	人口下乡和城镇青年就业经费	本类合计占预算内财政支出的比重（%）
		小计	工业	农林水										
合计	19 782.56	3 309.63	1 683.94	553.54	1 072.15	2 338.46	347.62	1 295.01	4 844.74	1 438.06	206.54	5 350.68	651.82	28.4
1964	109.27						10.51		80.25	3.00	1.03	7.00	7.48	19.00
1965	135.57						6.95	28.00	60.94			31.06	8.62	22.98
1966	145.55					9.22	9.26	46.80	42.62			29.44	8.21	21.68
1967	76.90					0.37	20.74	6.30	19.98			29.20	0.31	12.40
1968	89.54						2.30	27.00	31.98			21.40	6.86	16.16
1969	344.85	146.95	124.00	18.95	4.00		1.24	45.00	39.32	5.00		20.67	86.67	39.49
1970	283.87	59.41	49.01	3.10	7.30		13.00	51.50	93.35			24.64	41.97	34.77
1971	242.24	25.45	17.90	3.05	4.50	9.01	26.08	55.00	84.72	4.00		27.84	10.14	29.49
1972	233.21	39.31	35.01	1.50	2.80	24.00	53.60	32.00	30.42	10.40		30.00	13.48	26.36
1973	192.88					33.71	5.95	41.00	60.54	12.00		35.11	4.57	21.56
1974	319.69	45.50	19.00	26.50		43.60	5.02	78.30	77.10	20.84		30.20	19.13	27.87
1975	389.23					34.00	13.62	57.00	108.90	27.00		37.10	111.60	32.09

| 年度 | 合计 | 基本建设投资 | | | | 企业挖潜改造资金及简易建筑费 | 科技三项费用 | 流动资金 | 农林水气等部门事业费 | 支援农村生产支出 | 工交商等部门事业费 | 城市维护费 | 人口下乡和城镇青年就业经费 | 本类合计占预算内财政支出的比重(%) |
		小计	工业	农林水	城建教育及其他									
1976	340.38					32.00	21.62	82.00	97.78	25.60	0.30	35.00	46.08	28.71
1977	277.60					10.00	7.23	64.00	99.24	36.50	0.45	24.15	36.03	24.13
1978	579.09					116.60	5.40	98.50	225.78	65.50	0.60	43.37	23.34	36.17
1979	663.09					152.50	5.55	127.50	257.03	17.18	1.11	85.26	16.96	34.92
1980	713.19	30.00			30.00	122.10	6.20	122.00	249.81	46.60	6.23	82.42	47.83	30.62
1981	727.70	50.00			50.00	114.49	21.00	42.00	253.47	43.53	11.85	119.83	71.53	27.54
1982	902.02	50.00			50.00	165.90	8.00	72.00	341.52	54.54	15.98	158.08	36.00	28.43
1983	856.59	50.00			50.00	93.70	9.20	30.00	346.73	55.06	15.40	210.50	46.00	25.27
1984	834.15	50.00			50.00	137.10	3.00		343.14	67.80	22.28	210.83		24.82
1985	1 042.90	290.00			290.00	113.82			314.39	29.98	29.73	264.98		21.32
1986	1 994.21	473.67			473.67	362.88	10.00		315.50	75.80	33.40	721.96	1.00	26.79
1987	2 498.69					289.16	20.00		429.47	256.24	28.71	1 475.11		35.89
1988	3 026.99					474.30	35.00		539.23	363.99	23.15	1 583.32	8.00	43.48

城市人口下乡和城镇青年就业经费

1964—1988 年,城市人口下乡和城镇青年就业的经费支出共 651.82 万元,占财政总支出的 0.93%。1979 年以后上山下乡知青陆续回城,同时由于潮州城区是个有着 10 多万人口的城市,每年都有一批青年待业,因此,1980 年起,财政局设置扶持就业生产周转金,与劳动局共同管理使用。至 1988 年,该项周转金余额达 178.8 万元。

(卷十编第五十七章《财政》,第 893 页)

《饶平县志》

饶平县地方志编纂委员会编,广东人民出版社 1994 年

是年(1964 年),县首批城镇知识青年 140 人上山下乡。其中到新安林场落户 30 人,到柘林水产养殖场落户 110 人。　　　　　　　　　　　　　　(《大事记》,第 64—65 页)

(1968 年)11 月,知识青年上山下乡形成高潮。至是月 11 日止,全县及汕头市知识青年到新安林场和联饶公社等地插队落户的达 1 174 人。　　　　　　　(《大事记》,第 68 页)

(1973 年)7 月 12 日,成立县知识青年上山下乡领导小组。　　　　(《大事记》,第 71 页)

一、上 山 下 乡

知识青年(下称知青)上山下乡始于 1964 年,是年第一批知青 110 人到柘林水产养殖场。1965 年成立县知青安置办公室,组织三饶镇一批知青到燕坑农场、柘林镇一批知青到姑蔡农场、黄冈镇一批知青到麻寮场和东风埭农场,参加农业生产。是年,全县共组织知青上山下乡 790 人。1966 年知青到农村插队 60 人,到集体农场 100 人。1968 年 12 月,毛泽东发出"知识青年到农村去"的号召后,知青上山下乡声势浩大。同年 12 月 28 日在县城小公园召开欢送大会,共安置上山下乡知青 1 744 人(其中本县 755 人,汕头市来的 989 人),到各公社插队 1 268 人,到各集体农场 476 人。1969 年再到农村插队 226 人。1973 年至 1977 年,每年均安置一批知青上山下乡。从 1964 年起至 1977 年止,全县知青上山下乡总数 5 608 人,其中属本县的 4 516 人,属汕头市来的 1 092 人。到农村插队 2 356 人,到集体农场 3 252 人,分布全县 72 个点。上山下乡知青待遇,除粮食以场工标准供应外,每人每月发给工资 16 元至 20 元。部分插队知青实行按劳取酬。

二、招 工 安 置

本县于 1973 年开始对上山下乡知青招、调部分回城安置工作。此后逐年陆续办理。至 1978 年 11 月止,在上山下乡知识青年中征兵入伍的 112 人,被各专业学校招生的 197 人,

吸收为国营职工的 165 人,集体职工 864 人,共 1 338 人。因病回城 19 人,转点 49 人。1979 年,对历年因病回城知青给予照顾安置,并对下乡知青继续招工安排。至 1981 年全县知青安置工作全部完成。全县知青历年上山下乡开支经费和就业安置业务费(含盖房、购床铺、桌椅)总共开支 360 万元,拨出木材 470 多立方米。 （第二十三篇第二章《劳动就业》,第 788 页)

《南澳县志》

南澳县地方志编纂委员会编,中华书局 2000 年

(1965 年)7 月 20 日,全县先后动员组织了 3 批城镇青年和闲散劳力共 50 人,分别到深澳人民公社青澳生产大队、后兰生产队及黄花山林场附属生产队插队落户。 （《大事记》,第 53 页)

(1974 年)12 月 22 日晚,南澳县革委会召开"纪念毛泽东主席'12•22'指示发表 6 周年,热烈庆祝知识青年光荣上山下乡大会"。全县又有 60 名知识青年上山下乡。

（《大事记》,第 59 页)

(1979 年)3 月 30—4 月 1 日,该县召开知识青年积极分子代表会议,表彰 2 个先进单位和 12 名先进个人。会议给全县知识青年发出《倡议书》。 （《大事记》,第 61 页)

1965 年开始,南澳县开始组织知识青年下乡参加生产劳动。其粮食供应,起初实行"以工带粮",口粮与劳动工分挂钩,每月的主杂粮不足 15 公斤。1973 年,按省委 51 号文规定精神,知青的口粮标准应不低于单身劳力的供应标准,每月定为不低于 22.5 公斤。

（第十四篇第三章《粮油购销》,第 392 页)

1965 年开始,县劳动部门把城镇待业人员安置到国营、集体企事业单位当临时工,或从事个体手工业生产。1966 年以后,新成长的劳动力(主要是城镇高、初中未能升学的毕业生),其就业的出路,通过上山下乡解决。

1978 年起,县劳动部门通过多种渠道、采取多种形式,广开生产和就业的门路,让知识青年分期分批回城安置。 （第二十一篇第一章《劳动》,第 576 页)

1964 年,城镇知识青年上山下乡,参加农业生产。凡年满 16—26 周岁的应(历)届初、高中毕业生,除部分继续升学的初中毕业生、独生子女、跟随父母身边的那个子女和有严重疾病、精神病、残疾的子女,可照顾留城外,其余都应上山下乡。是年,县安排 370 多名知识青年到九溪澳、黄花山林场、深澳围海工程等(含竹仔篮)参加生产劳动。

1971年,根据广东省革命委员会生产组《关于从上山下乡知识青年中招收部分工人的通知》精神,南澳县开始从下农村的知识青年中招工。

1978—1981年,县分期分批回收知识青年回城安置。至1982年止,在县内上山下乡的知识青年全部回城作了安置。　　　　　　　　　　　　　　(第二十一篇第一章《劳动》,第576页)

《潮阳县志》

潮阳市地方志编纂委员会编,广东人民出版社1997年

(1969年)11月23日,县革委会发出关于战略疏散城镇人口上山下乡的通知:凡初、高中毕业生,年满16岁的社会青年,无职业居民,不符合社会主义方向的企业人员和家属等,均应上山下乡;在"文化大革命"期间借"造反"为名,倒流回城镇非法入户或已安排工作的一律无效,应全部回农村。

11月28日,县革委会发出关于上山下乡、移民安置任务的通知:第一批迁移到陆丰县12万人,重点放在棉城、城郊和沿海人多地少的平原地区;春节前要完成5万人(实际上没法完成)。同时遣送棉城、达濠、海门的黑五类(地主分子、富农分子、反革命分子、坏分子、右派分子)分子5 279人到县内其他人民公社。　　　　　　　(《大事记》,第85—86页)

是年(1974年),全县累计有550名知识青年上山下乡,比上级下达的任务超额50名。

(《大事记》,第89页)

1966年以后,新成长的劳动力,主要是城镇高、初中未能升学的毕业生,就业的出路靠上山下乡解决。1978年起,采取多渠道、多形式、广开生产和就业门路,是年全县招工703人,其中知识青年回城安置253人,城镇待业人员450人。1979年,全县招工6 149人,其中知识青年回城安置1 133人,城镇待业人员5 016人。1980年,全县安排就业6 550人,至年底全县还有待业人员12 016人。　　　　　　(第二十四编第一章《劳动》,第762页)

知识青年上山下乡及回城安置。1964年,中央、广东省先后下达文件,提出在今后一个相当长的时期内,为城镇知识青年开辟一条广阔就业门路——上山下乡,参加农业生产。凡年满16—26周岁的应(历)届初高中毕业生,除部分初中毕业生继续升学和符合规定(即独生子女、多子女但身边只有一个子女和严重疾病、神经病、残疾的子女)可照顾留城外,都应上山下乡。是年7月,县首批安排城镇应届未能升学的高、初中毕业生和社会青年66人到县梅花农场参加农业生产。至1977年,全县共动员13 767人上山下乡。其中:安置在县内农场和农业队、渔业队、盐业队插队的共3 714人,调往惠阳、韶关、海南、佛山、肇庆等地及

英德茶场和广州军区生产建设兵团安置的共 10 053 人。

知识青年上山下乡的安置形式因地因人制宜,在生产建设兵团、国营农场的以建制编制形式;在农村插队的以"青年小组"集体安置为主,还有回老家单身或立户等形式。1974 年 9 月县革委会知识青年上山下乡办公室制订《关于知识青年上山下乡安置和物资的使用管理办法》,规定安置费标准:到农村插队、建立集体所有制农、林、茶场(队)和回农村老家落户的每人补助 480 元;跨社队插队落户以及到地方国营农林场的每人补助 400 元;就地务农、转为农业户口的,在生产、生活费用方面给予适当补助。安置费主要用于建房,部分用于购置生产、生活用具和下乡第一年的生活补助。其口粮第一年按人月 17.5 公斤大米指标由国家供应,劳动粮、自留地等与当地社员享受同等待遇。第二年起参加集体分配。坚持在农村正常出勤而月均口粮低于 22.5 公斤原粮的则从统销粮中予以补足。食油、食肉第一年按当地非农业人口标准供应;第二年起按农业人口待遇处理。

1971 年根据广东省革命委员会生产组《关于从上山下乡知识青年中招收部分工人的通知》精神,县开始在县内插队的知识青年中招工。以后每年根据用工单位的需要,有计划地在县内插队知识青年中招工,至 1977 年共招收 468 名。

1975 年 3 月 12—16 日召开县知识青年工作先进集体、积极分子代表大会。有 32 个先进单位代表、129 名积极分子出席,会议选出郭棉柳、李海娃、谢奕亮、李树林、郑锦妹、郑定震于 7 月 27 日赴省出席广东省知识青年积极分子代表大会。1976 年 12 月还组织知识青年工作干部和知识青年代表共 77 人赴揭西县南山、揭阳地都等社、场参观学习。1977 年 12 月,县再次召开上山下乡知识青年先进集体、积极分子代表大会。有 34 个先进单位代表和 81 名积极分子出席会议。是月,知识青年郭婵贞被选为出席广东省第五届人民代表大会代表。

1978—1984 年,是回收知识青年回城安置工作较集中的阶段。被招生入学的 800 人,应征入伍的 1 800 人,因病或生产、生活有困难被批准回城安置的 3 937 人,招工 1 501 人。至 1980 年在县内上山下乡的知识青年全部收回安置。1983 年开始转入对上山下乡到省内各国营农、林、茶场的本县知识青年招调回城安置就业。至 1985 年共安置 2 241 人,尚有 2 937 人因在当地成家、就业等原因,未回收安置。

1964—1977 年潮阳县知识青年上山下乡情况表 单位:人、万元

年份	合计	县 内					县 外								安置费
		小计	插农业队	国营农场	插渔盐队	回乡(原籍农村)	小计	惠阳地区	韶关地区	海南行政区	佛山地区	肇庆地区	英德茶场	广州军区生产建设兵团	
1964	227	66		66			161	161							1.19
1965	1 768	994	55		939		774	590					184		31.96
1966	870	200	200				670		359		311				16.52
1967	508	508	494			14									0.06

年份	合计	县内					县外								安置费
		小计	插农业队	国营农场	插渔盐队	回乡(原籍农村)	小计	惠阳地区	韶关地区	海南行政区	佛山地区	肇庆地区	英德茶场	广州军区生产建设兵团	
1968															6.13
1969	3 972						3 972	1 789						2 183	16.78
1970	2 569	35				35	2 534	237						2 297	26.52
1971	314	50	50				264						209	55	25.27
1972	168	111	50			61	57					57			2.0
1973	393	337	92	243		2	56					56			10.77
1974	582	581	373	42	166		1				1				27.52
1975	610	610	610												33.48
1976	1 437	30		30			1 407	7			306	410	684		21.96
1977	349	192	192				157					157			15.05
1978~ 1983															113.53

（第二十四编第一章《劳动》，第 762—763 页）

《潮阳大事记》

中共汕头市潮阳区委党史研究室等编，汕头大学出版社 2005 年

　　1968 至 1977 年，是知识青年上山下乡的高潮阶段。1968 年 12 月 22 日，《人民日报》发表了中共中央主席毛泽东关于"知识青年到农村去，接受贫下中农的再教育，很有必要，要说服城里干部和其他人，把自己的初中、高中、大学毕业的子女送到乡下去，来一个动员，各地农村的同志应当欢迎他们去"的指示，全县掀起知识青年上山下乡的热潮。1969 年动员知识青年和社会青年共 3 972 人下乡，其中到惠阳地区 1 789 人，到广州军区生产建设兵团 2 183 人。以后，每年都动员知识青年上山下乡。1977 年 1 月，是最后一批，仅 349 人。1964—1977 年，全县动员上山下乡的知识青年、社会青年共计 13 767 人，其中县内安插 3 714 人，到惠阳、韶关、海南、佛山、肇庆等地及英德茶场、广州军区生产建设兵团共计 10 053 人。这期间，上级有关部门拨给本县知青安置费共计 235.39 万元。

　　知青的安置形式，因地因人制宜。在生产建设兵团或国营农场，按其建制编制；插队知青则有立户的、单身的、集中的多种形式，以"青年小组"集体安置为主。

　　1974 年 9 月，县知青安置办公室制订《关于知识青年上山下乡安置经费和物资的使用

管理办法》,规定知青下乡安置经费标准:到农村插队、建立集体所有制的农、林、茶场(队)或回农村老家落户每人补助 480 元;公社(镇)的知青跨社队插队落户(包括回老家的)每人补助 400 元;到地方国营农林场的每人补助 400 元;就地务农、转为农业户口的,在生产、生活费用方面给予适当补助。安置经费主要用于建房、购置生产、生活用具和下乡第一年的生活补助。

下乡知青口粮,第一年按每人月 17.5 公斤大米的指标由国家供应,第一年除基本口粮不参加分配外,其他劳动粮、自留地等与当地社员享受同等待遇。第二年起参加集体分配。坚持在农村,有正常出勤的,每月口粮水平低于 22.5 公斤原粮者,则由国家给予补助;食油、食肉第一年按当地非农业人口标准由国家供应,第二年起按农业人口待遇。

从 1971 年起,上山下乡的知识青年通过国家招生、征兵、招工等渠道调离农村,相当一部分因病或生产、生活困难被批准回城,至 1986 年,下乡县内的知青全部作了妥善安置,下乡县外各地的知青因自找职业、就地安置或出境出国等原因尚有 2 937 人没有回到潮阳。知识青年上山下乡工作作为在特定历史条件下的产物载入了史册。

(《知识青年上山下乡》,第 261 页)

《惠来县志》

广东惠来县志办编著,新华出版社 2002 年

是月(1968 年 11 月),动员 1966—1968 年三届属于城镇非农业户口的高、初中毕业生 2 791 人上山下乡,在 1968 年前,还组织社会青年 1 136 人到海南岛各农场安家落户。

(《大事记》,第 34 页)

知识青年上山下乡及回城安置。惠来县的知识青年上山下乡工作,历经两个时期:

1964—1976 年是动员安置阶段。全县共动员安置 22 532 人,其中往海南、湛江 2 476 人,县内成户 15 812 人,单身知青安置 4 244 人。

1978—1984 年是回城安置阶段。从 1971 年开始,有少数知青因招工、招生、征兵等离开农村,至 1978 年落实政策,始有大批知青接受回城安置。

1964 年 8 月,成立"惠来县人民委员会安置城镇下乡青年领导小组",下设办公室(简称"安置办"),设于劳动科内,负责动员和安置工作。安置对象为年满 16 周岁的城镇知青(初、高中毕业生)、社会闲散劳力、退役军人及成户。形式上采取集体办场、城镇和农村挂钩、插国营农场、插队下海(插渔业队)、投亲靠友、回乡等,分布于县内 20 个公社场,92 个大队,及海南、湛江、韶关等地。下乡知青创办了杜猴寮场、山栗场、大湖山场、虎头岩场、前锋场、红岗场。对于知青的经费使用和费用补贴,1968 年后规定,成户下乡的每人补贴 160 元,单人

下乡、投亲靠友的每人补贴 220 人，新建场、下海的每人补贴 370 元。

1971 年开始，惠来在各安置点的下乡知青，部分通过招工、招生、征兵和病退等形式陆续调离农村。到 1975 年离开农村人数 564 人，其中招工 319 人，招生 79 人，其他形式 166 人。1976 年离开农村有 550 人，1977 年离开农村有 600 人。1978—1984 年为知青回城安置阶段，1978 年安置知青 88 人，1979 年 1 300 人，以后陆续回城安置。同时还做好外地青年到惠来参加建设的安置工作。1968 年接受汕头高中毕业生 200 人，安置在鳌江公社参加鳌江虎仔水库建设。

1984 年，"安置办"撤销，有关知青工作归劳动局管理。知识青年所到之处，都为当地的经济建设做出了应有的贡献。 　　　　　　　　　（第十八编第四章《劳动管理》，第 552 页）

《海丰县志》

海丰县地方志编委会编，广东人民出版社 2005 年

是月(1968 年 11 月)，汕头、红草、马宫、海城等地知识青年 400 多人到赤石公社各生产队落户，从事农业生产。汕头、普宁、海城等地知识青年 450 多人，到鹅埠公社各生产队插队落户；梅陇等地知青到黄羌公社插队落户。 　　　　　　　　（《大事记》，第 48 页）

(1973 年)7 月 26 日，贯彻中央 21 号文件，保护"知青"(知识青年)，打击奸污、迫害上山下乡知识青年的犯罪活动。据揭露查清，全县奸污下乡知青案件 14 宗，受害者 15 人，作案成员 14 人(其中国家干部 8 人，大小队干部 3 人，群众 3 人)；逼婚、诱奸女知青 4 宗；杀害知青 1 宗。犯罪者均受到严惩。 　　　　　　　　　　　　（《大事记》，第 51 页）

(1979 年)4 月 29 日—5 月 2 日，县召开共青团海丰县第七次代表大会。革命老前辈李思贤、黎连平，下乡知青、扎根农村 11 年的黄秀梅(女)应邀参加。 　　（《大事记》，第 54 页）

1965—1974 年，对社会集团购买力的管理有所放松，支出不断增大，主要用于维修、添置"文化大革命"时期被红卫兵砸烂的学校教学设备及上山下乡知识青年的安置支出。

（卷二十第一章《财政》，第 611 页）

城镇知识青年(以下简称知青)上山下乡，作为劳动就业道路之一，是在一定的历史条件下产生发展起来的。

1956 年 10 月，海丰知青共 85 人(其中男 80 人，女 5 人；属高中生 7 人，初中生 78 人)到新疆，支援祖国边疆的建设。1962—1965 年有知青到本县莲花山五狮垭、可塘金钱埔、海城

赤山、圆墩林场及海岛参加农村的社会主义建设。1968年12月至1972年底，全县先后动员组织下乡人员和接受安置广州、汕头等地的下乡知青和成户居民3.85万人，其中知青2904人，安排下乡插队落户。全县接受安置的有赤石、鹅埠、公平、黄羌、海城、可塘、联安、陶河、梅陇、莲花山等公社和圆墩林场、西坑林场、公平水库、青年水库等单位的73个大队，357个生产队。

1971年1月—12月，全县先后两次动员去海南岛生产建设兵团的知青共有1260人。

从1973年开始，知青下乡由领导干部带队，到指定农场参加建设。全县按系统设置的农场有党政、工交、财贸、科教农场和公社（镇）的农林场。至1978年12月，上山下乡到各农场的知青1667人（其中县公平农场接受安置汕头工交和二轻知青349人）。从1968—1978年的十年中，海丰县安置的下乡知青和各种居民共42214人，其中知青6571人，各种居民（包括广州、汕头和本县）35643人。国家给了不少财力物力，总共下拨经费373.5万元，其中知青经费238.6万元。还有如下指标：布票9917公尺，木材1351立方米，钢材45吨，水泥795吨，玻璃29箱。各知青场累计建房1317间28848平方米。尽管如此，上山下乡知青中仍然存在不少这样和那样的问题，不能完全妥善解决。1978年12月12日，中共中央批转《全国知识青年工作会议纪要》和《关于解决知识青年上山下乡若干问题的试行规定》，文件要求各级党委积极稳妥地统筹解决好知识青年问题。1980年12月，海丰县委决定，县知青办公室与县劳动局合并，尚在农村中的知青，由劳动局在每年的城镇就业指标中继续统筹解决。至此，知识青年上山下乡工作结束。

海丰县知识青年上山下乡分布情况表

单位：人

知青点名称	合计人数	其中		备 注
		集体场	插队	
县公平农场	349	349		安置汕头工交、二轻知青
县圆墩林场	102	101	1	本县知青
县西坑林场	52	52		本县知青
县苗圃场	52	52		本县农口系统子女
县良种场	33	33		本县农口系统子女
县水产小漠林场	111	111		县水产系统子女、公社1人
县海水养殖场	57	57		县水产系统子女
西闸农场	5	5		县机关子女
工交青年农场	199	199		县工交系统子女
财贸青年农场	174	174		县财贸系统子女
科教青年农场	157	157		县文教卫生系统子女
海城镇五七农场	469	465	4	镇街道青年

知青点名称	合计人数	其 中		备 注
		集体场	插队	
海城合作场	12	12		镇合作商店子女
海城搬运农场	6	6		搬运职工子女
汕尾镇农场	371	371		镇子女、分明热场、芦列坑
汕尾搬运农场	77	77		搬运子女、牛脚仑
梅陇镇农场	49	49		镇子女
梅陇公社农场	147	27	120	插队为汕头知青
公平镇农场	46	46		镇子女
公平公社农场	62	38	24	插队为汕头知青、汕尾知青
公平水库	6	4	2	本县知青
鹅埠公社农场	131	56	75	插队为海城镇知青
赤石公社农场	107	21	86	插队主要为汕头知青
鲘门公社农场	37	35	2	公社知青
马宫青年盐场	45	45		马宫知青
东风公社农场	32	31	1	公社知青（即红草）
东涌公社农场	18	14	4	公社知青
捷胜公社农场	31	30	1	公社知青
田墘公社农场	18	14	4	公社知青
遮浪公社林场	30	30		公社知青
向阳公社农场	67	47	20	公社知青
陶河公社农场	40	30	10	公社知青
联安公社	46	1	45	插队为汕头知青
城东公社	74	16	58	公社知青
莲花山公社综合场	149	107	42	插队为汕头、海城知青
可塘公社农场	102	23	79	插队为汕头知青
平东公社青年场	122	89	33	插队为汕头、汕尾知青
香洲公社农场	15	14	1	公社知青
青年水库	6	4	2	海城知青
总计	3 614	2 962	652	

说明：① 本表以1978年在乡知识青年统计。

② 1972年以前下乡知青为插队；1973年下乡知青为集体场；集体场中有极少数插队知青迁入。

（卷二十八第一章《劳动管理》，第864—866页）

《普宁县志》

普宁市地方志编纂委员会编，广东人民出版社1995年

(1964年)8月24日，普宁县安置城镇青年下乡领导小组成立。11月4日，首批17名知识青年下到云落、梅林果林场劳动。　　　　　　　　　　　　　　(《大事记》，第24页)

1964—1977年，全县先后动员城镇知识青年1 850人分别到三坑农场、乌石农场、大坪农场、云落农场、英歌山农场等地落户，1977年以后分批回城镇就业。

（第三编第三章《人口变动》，第106页）

1964—1978年，全县城镇知识青年上山下乡劳动共6 727人。其中1964年、1965年共98人到韶关连山劳动大学、普宁县的汤头农场、云落崩坎果林场、梅林果林场和回乡插队劳动；1968年，城镇知识青年539人到县三坑、乌石、大池、红星等农场及回乡插队劳动；1969—1971年，有2 673人到广州军区生产建设兵团（海南岛各国营农场）参加社会主义建设，854人回农村插队；1972年、1976年分别有72人、560人到英德茶场劳动。

1976年，县开始收回安置上山下乡知识青年。至1982年收回安置于县城的有767人，其中来自海南岛农场和茶场351人、英德茶场151人、县内农场265人。

（第十九编第二章《工人》，第479页）

《揭西县志》

揭西县志办公室编，广东人民出版社1994年

(1964年)年底，首批城镇知识青年和闲散劳动力上山下乡到灰寨、五经富等人民公社插队务农。　　　　　　　　　　　　　　　　　(第二篇《大事记》，第31页)

(1968年)11月，县革命委员会动员知识青年到农村插队落户，"接收贫下中农的再教育"。　　　　　　　　　　　　　　　　　(第二篇《大事记》，第33页)

卫生学校　创建于1970年8月，设在河婆镇大山下，由县卫生行政部门主办，培训本县初级卫生人员。从开办至1977年，采取"群众推荐，大队党支部批准，公社党委审查"的办法，招收各生产队的男女知青。本系统的在职初级人员，由单位推荐，卫生局审查后入学。学制一般为一年，结业后回本大队任赤脚医生或回原单位工作。7年间共培训赤脚医生479

名,在职人员 56 名。……

（第七篇第一章《教育》,第 511 页）

知识青年上山下乡

1964 年 10 月,揭阳县安置办公室动员榕城镇社会青年 60 人、棉湖镇社会青年 108 人,于 11 月分别安置到坪上、灰寨、京溪园公社的员田、坪上、南洋、大鹿 4 个大队插队落户。1965 年,县安置城镇下乡青年办公室,动员河婆镇 30 人、棉湖镇 20 人,到河婆莲花山林场、棉湖东坑场务农。1968 年,全年知识青年上山下乡形成高潮。城镇初、高中毕业生 524 人（其中汕头市 192 人）,被安置到上砂、良田、龙潭、南山、灰寨、京溪园、五经富、凤江、钱坑等公社和北山林场、天宝堂林场务农。同时,还接受了来自广州、上海、汕头等大、中城市在揭西有亲戚关系的插队知青 25 人。1968 年至 1972 年,按照上级关于支援边疆生产建设的指示,全县先后动员各公社（镇）的复员退伍军人、知识青年和社会青年共 4 784 人,到海南、英德等地参加生产建设兵团。1973 年,除特殊情况（病残不能参加农业劳动者、独生子女、多子女只留一个在身边）外,其余的城镇知识青年都动员上山下乡。同年 10 月,县委采取系统包干、定点挂钩的办法,把知青集中安置到县、社国营或集体农、林、茶场务农。1974 年后,学习湖南省株州市的经验,逐步建立起知青的生产、生活、学习基地。1978 年,全县上山下乡知识青年 2 234 人,被安置在县内 18 个公社（镇）的 31 个集体和 6 个县属国营农、林、茶场劳动。1979 年,停止动员知识青年上山下乡。1980 年,县知识青年上山下乡办公室与劳动局共同负责上山下乡知识青年的回城安置工作。至 1982 年,上山下乡知识青年回城安置工作基本结束。

（第八篇第二章《劳动人事》,第 600—601 页）

1979 年,劳动就业工作的主要任务是统筹解决“文化大革命”期间,大量城镇待业青年、知识青年的就业安置问题。　　　　　　　　　　（第八篇第二章《劳动人事》,第 601 页）

《揭阳县志》

揭阳县志编纂委员会编,广东人民出版社 1993 年

(1964 年)11 月,首批城镇知识青年和闲散劳动力响应“上山下乡”号召,到县内灰寨、五经富、越都、玉湖等农村人民公社插队务农。“文化大革命”后,陆续回城镇安排工作。

（《大事记》,第 50 页）

(1968 年)12 月 24 日,全面动员城镇 1966—1968 年高中、初中毕业生一些社会知识青年“上山下乡”,安排到县内各安置点,“接收贫下中农再教育”,以后陆续回城镇安排工作。

（《大事记》,第 52 页）

（1972 年）秋，高等学校恢复招生（从 1966 年起已停止招生六年）。此后，揭阳每年分到的新生名额 50 人，从有二年以上实践经验的工农兵中选拔，不进行文化考试，不招收应届中学毕业生。

（《大事记》，第 54 页）

（1974 年）6 月，在榕城召开揭阳县上山下乡知识青年先进分子代表大会。

（《大事记》，第 54 页）

解放后，揭阳县人口流动状况主要是国内迁移，迁出多于迁入。30 多年来，有组织的规模较大的向国内各地迁移有以下几宗：(1)移民支援边疆建设。……1956 年又先后调出知识青年 1 540 人建设青海、新疆；……(3)知识青年上山下乡。1964—1977 年，到海南、英德、博罗、四会、连县等地参加建设的达 6 069 人。这些人除部分被当地或外地招生、招工、应征入伍外，后来多数回县就业。……

（第一篇第四章《人口》，第 78 页）

知识青年上山下乡

1964 年 9 月 16 日，揭阳县人民委员会根据中央和省人民政府有关决定精神，作出了《关于做好安置城镇下乡青年工作的决定》，并成立揭阳县人民委员会安置城镇下乡青年领导小组及其办公室，着手开展工作。这次下乡的对象为年满 16 周岁的城镇青年，包括学生、复员退伍军人、城镇闲散劳动力以及这些人员的家属，其中以知识青年为主。安置形式主要是插队落户。当时，汕头专区下达揭阳县的 1 000 名任务，县分配给榕城镇 650 名和棉湖镇 350 名。1964 年 11 月，县城首批知识青年先后下乡到县内的灰寨、五经富、地都、玉湖等 5 个公社 8 个大队 181 个生产队插队落户。1965 年下半年，动员的地区扩大至曲溪、砲台、新亨三个圩镇，安置去向则延伸至县外的海南岭头农场、四会大旺农场、韶关杨梅林场等。

"文化大革命"初期，动员知识青年下乡的工作暂停。1968 年 10 月，知识青年下乡工作又进入高潮。下乡对象主要为 1966、1967、1968 三年的高、初中毕业生（除少数初中毕业生升学外）和城镇非农业人口的社会青年。安置去向及形式是县内成组插队、投靠亲友等；县外则到广州军区生产建设兵团及省内各国营农场、茶场等。同年 11 月 24 日，城镇知识青年共 168 人下乡在本县境内。翌年 1 月，有 500 多名知识青年到英德茶场安家落户。同年 11 月，又有一批知识青年往广州军区生产建设兵团第一至第十师（驻海南、湛江地区）参加社会主义生产建设。此后，每年都动员知识青年上山下乡，县外主要去向是省内韶关天井山林场、英德茶场、雷州林场等国营农场、茶场；县内则有县林场、龙尾林场、榕城赤山场等。1977 年 12 月，最后一批下乡知识青年到英德茶场等地。至此，揭阳县知识青年上山下乡参加生产劳动的工作结束（见表 19—2）。

表 19-2　揭阳县历年安置知识青年上山下乡情况表　　　　　　单位:人

年度	合计	本县内安置						调外地安置							
		小计	国营场	集体场	插队	回乡	三种人转知青待遇	小计	回乡	肇庆地区	韶关地区	英德茶场	惠阳地区	兵团	省外
1964	275	275			275										
1965	980	230			222	8		750			542			208	
1966	118	44			44			74		74					
1968	1 597	1 597			1 437	160									
1969	2 687	106				106		2 581				509	239	1 813	
1970	938	146			98	48		792						792	
1971	316							316						316	
1972	91	63					63	28				28			
1973	219	165	11	154				54	2			52			
1974	765	764	1	763				1	1						
1975	836	733	1	729			3	103	2	101					
1976	1 173	20	1	16			3	1 153	10	76		576	490		1
1977	434	217	1	115	100	1		217			41	170			6
合计	10 429	4 360	15	1 777	2 176	329	63	6 069	15	292	542	1 335	729	3 149	7

1971 年至 1978 年,上山下乡的知识青年中,除少数回原籍就业外,被征兵调离农村落户点的有 132 人;被招生的有 252 人;因病或生产、生活困难被批准回城的有 3 790 人,其中下乡县内的 599 人。

1979 年至 1980 年初,根据上级关于"统筹解决好知识青年问题"的指示,对下乡在县内的知识青年 4 360 人(含汕头市部分在本县插队的知识青年以及外地区、外省投亲靠友在本县的知青)中,尚未调离农村的,全部招工,解决就业问题。1983 年 5 月,又根据县委、县人民政府指示,县"知青办"组织人力,分别到海南、韶关、肇庆等地 73 个国营农、林、茶场,对揭籍知青全面登记造册,共 877 人,加上外县女知青与本县知青结婚者 101 人,合计 978 人。同年 8 月 22 日,县"知青办"向县人民政府提出《关于解决我县在场知识青年办法》的报告,确定招调对象条件是:未婚男女知青、丧偶男女知青、妻子在本县或在外县的男知青、丈夫在本县的女知青、夫妻同场同属本县的知青、夫妻同场男方属本县的知青和女方属外县的知青。后因县机构改革关系,延至 1985 年初,陆续调回本县安排工作的 433 人。至此,尚有 528 人不符合招调条件,未被收回。　　　　　　　(第十九篇第二章《劳动管理》,第 510—511 页)

1979 年,吸收回城的下乡知识青年,考核合格的社会医生和中医学徒,全县医疗卫生人员增至 2 088 人,计:中医药人员 510 人,西医和其他人员 1 578 人。

(第二十八篇第六章《医疗卫生队伍》,第 710 页)

《南海县志》

南海市地方志编纂委员会编，中华书局 2000 年

(1975 年)9 月 12—15 日，县委首次召开上山下乡知识青年先进集体和积极分子代表大会，总结全县知识青年上山下乡工作，交流经验，表彰先进。　　（第二卷《大事记》，第 48 页）

1964 年开始动员知识青年(简称知青)上山下乡，首批 312 名知青以小组形式分配到小塘、丹灶、罗村、西樵、九江、和顺等公社及狮山林场插队落户。1968 年 12 月，响应领袖毛泽东关于"动员知识青年到农村去，接受贫下中农的再教育"的号召，动员、组织了 1966 年至 1968 年初、高中毕业生共 2 000 多人下乡。同时还接收安置外县(市)知青 2 500 人。其后，逐年递减，1972 年降至 1 500 人，1977 年仅为 200 人(详见表 12-5-4)。到 1978 年停止时，一共安置上山下乡知青 17 720 人，其中属本县知青 7 508 人，外地知青 9 812 人，动员本地知青到外地安置 400 人。安置途径主要是到生产队和农、林场插队。此外，先后办了知青农场 14 个。动员到外地安置的，主要是到海南岛的生产建设兵团和斗门县红旗农场。

1978 年中共中央指示有计划地安置知青回城就业。南海县办理此事至 1982 年底基本结束。按政策属办理范围的知青对象总计 16 812 人，除已犯罪判刑，或非法出境 177 人和其他已经因故离开农村 1 714 人不用办理外，招为工人 6 500 人、招为学生 400 人、征兵入伍 20 人、提为干部 1 人、照顾回大中城市的 1 500 人、就地转为居民户口，吃商品粮的 6 500 人。仍留在农村的尚有 20 人。招工以后，1985 年起按省文件精神，将下乡时间也作连续工龄计算。历年知青安置情况见表 12-5-4。

表 12-5-4　1964—1977 年南海县各个时期知青上山下乡安置情况一览表　　单位：人

| 年份 | 安置总数 | 其中 | | | 年份 | 安置总数 | 其中 | | |
		本县知青	外地知青	外地安置			本县知青	外地知青	外地安置
累计	17 720	7 508	9 812	400	1972	1 500	500	1 000	
1964	312	312			1973	1 650	500	1 000	150
1968	4 500	2 000	2 500		1974	1 008	196	812	
1969	3 500	1 500	2 000		1975	500	500		
1970	2 500	1 000	1 500		1976	300	300		
1971	1 750	500	1 000	250	1977	200	200		

注：外地安置指本县知青到外地的安置，其去向 1971 年为海南生产建设兵团，1973 年为斗门红旗农场。

（第十二卷第五章《劳动管理》，第 388—389 页）

知青经费　包括城市人员遣散回乡安置费。1964 年始有支出，1968 年开始组织大批知识青年上山下乡，为第一个高潮，1974 年为第二个高潮，1979 年转为回城就业，1980 年出现高潮，1984 年就业安置基本结束。　　（第十九卷第一章《财政》，第 821 页）

单位:万元

1950—1990年南海县财政预算内支出分类统计表

| 年度 | 财政总支出 | 上解支出 | 地方支出 | 其中 | | | | | | | | | | 预算周转金 |
				经济建设投资	支农资金	农林水事业费	科教文卫事业费	行政管理费	抚恤社会救济	城市维护费	知青下乡就业金	价格补贴	其他支出	
1964	4 165.6	3 715.9	444.7	47.5	3.0	62.3	214.1	82.6	11.5		2.0		21.7	5.0
1965	3 857.6	3 460.5	397.1	39.4		40.2	209.0	78.4	10.2		2.7		17.2	
1966	3 963.2	3 547.1	416.1	33.2	4.8	47.5	220.2	84.2	10.6		2.5		13.1	
1967	3 459.2	3 058.0	401.2	17.0	2.3	32.4	241.7	86.0	9.4		0.4		12.0	
1968	3 654.9	3 220.8	434.1	32.5	8.0	43.6	208.1	74.2	11.7		35.2		20.8	
1969	4 145.9	3 569.3	576.6	89.7	20.0	11.9	204.7	128.5	11.8		102.1		7.9	
1970	4 405.0	3 947.8	457.2	70.0		37.9	215.2	100.9	18.4		10.6		4.2	
1971	4 603.1	4 172.3	430.8	44.9	10.0	20.7	234.5	105.7	17.0	0.4	4.0		3.6	
1972	4 634.4	4 050.0	584.4	155.2	10.0	21.9	247.7	121.1	20.0		4.2		4.3	
1973	5 612.6	4 932.2	680.4	140.6	28.8	66.8	262.2	140.6	19.0	3.8	14.4		4.2	
1974	6 139.1	5 339.3	799.8	132.7	21.0	66.5	298.2	139.5	19.0	6.0	91.8		25.1	
1975	6 225.7	5 513.9	711.8	31.2	18.0	87.8	339.3	136.9	38.7	5.0	45.5		9.4	
1976	6 595.1	5 776.5	818.6	155.9	19.0	78.0	334.7	130.7	24.4	6.5	60.7		8.7	
1977	6 580.9	5 647.0	933.9	243.0	6.0	116.5	339.8	144.9	27.4	8.0	42.0		6.3	
1978	8 136.2	6 699.5	1 436.7	478.7	102.2	137.1	426.6	189.8	31.2	8.6	11.3		51.2	

| 年度 | 财政总支出 | 上解支出 | 地方支出 | 其中 | | | | | | | | | | | 预算周转金 |
				经济建设投资	支农资金	农林水事业费	科教文卫事业费	行政管理费	抚恤社会救济	城市维护费	知青下乡就业金	价格补贴	其他支出	
1979	7 746.4	6 360.1	1 386.3	267.3	91.3	201.5	520.3	197.4	45.6	7.0	32.6		23.3	
1980	8 513.3	6 647.7	1 805.6	267.4	128.9	222.8	736.9	229.5	38.7	70.0	51.1		60.3	60
1981	8 424.3	6 440.8	1 983.5	256.2	110.1	216.4	904.9	209.5	46.0	132.8	35.1		72.5	
1982	9 621.8	7 304.0	2 317.8	314.0	144.2	205.7	1 028.9	252.0	51.9	161.1	15.7		144.3	
1983	10 583.7	7 690.8	2 852.9	208.1	173.6	218.8	1 270.0	302.8	74.0	196.3	9.9		399.4	40
1984	11 382.4	8 167.6	3 214.8	166.6	131.4	238.2	1 514.4	460.1	98.7	368.8	1.0		235.6	
1985	13 700.2	7 374.2	6226.0	174.4	90.4	366.4	2 333.4	499.7	143.2	697.0	0.5	141.0	1 180.0	100
1986	19 683.7	8 231.8	11 301.9	1 343.0	411.5	544.4	3 909.7	716.8	222.7	1 595.0	0.6	867.9	1 690.3	150
1987	22 274.8	10 249.3	11 780.5	1 072.0	326.0	621.7	4 628.9	752.3	202.9	1 493.1	0.7	809.1	1 873.8	245
1988	31 610.1	11 497.1	19 913.0	2 240.9	688.1	1 170.5	5 698.1	1 185.0	347.3	3 208.2		770.8	4 604.1	200
1989	35 483.8	13 226.0	22 057.8	2 524.7	803.8	1 867.5	7 971.9	1 598.0	368.6	3 270.3	0.3	1 602.3	2 052.4	200
1990	42 043.7	17 518.6	24 525.1	3 659.5	1 044.5	1 660.1	7 328.7	2 193.8	385.3	4 247.9		1 336.3	2 669.0	

（第十九卷第一章《财政》，第 822—823 页）

《三水县志》

三水县地方志编纂委员会,广东人民出版社 1995 年

(1968 年 10 月)29 日,西南镇动员 357 名知识青年上山下乡,"接受贫下中农再教育"。

(《大事记》,第 82 页)

(1977 年)1 月,县法院在西南镇召开万人大会,宣判强奸多名女知青的原乐平公社知青办干部禤祖光死刑。

(《大事记》,第 85 页)

是年(1981 年),下乡知识青年回城安置工作基本结束。历年来,县属圩镇及广州、江门等市知识青年到县内农村插队落户务农,累计达 31 524 人(含迳口农场 3 143 人)。

(《大事记》,第 88 页)

1976 年 10 月后,上山下乡知识青年逐步安排回原地,1978—1981 年人口净迁出为 11 299 人,外迁人口中知识青年占大多数,工作调动、婚姻、服兵役而外迁的只占少数。

(第三编第一章《人口发展》,第 193 页)

1968 年 10 月,成立"三水县革命委员会知识青年参加农村社会主义建设办公室"(简称知青办),负责分配知识青年上山下乡事宜。

1972 年,恢复三水县劳动局。1973 年,知青工作划归劳动局管理,成立"三水县革命委员会知识青年上山下乡安置领导小组"及其"办公室"。办公室设在劳动局内,由 1 名副局长兼办公室主任。12 月,办公室从劳动局分出,成为正式建制。

1981 年,知青上山下乡工作结束,"知青办"并入劳动局,合并后仍保留"知青办"牌子,至 10 月撤销。劳动局增设知青工作股,负责结束工作。

(第十五编第四章《劳动力管理》,第 795 页)

"文化大革命"的十年

此时期,劳动部门陷于瘫痪,城镇就业矛盾重重。为减轻劳动就业压力,采取了"动员"知识青年上山下乡,搞所谓"接受贫下中农再教育"。于是安排大量应届和历届高、初中毕业生社会青年上山下乡去。这样一来,城镇的劳动力又不足,出现工矿企业、国营农(茶)场严重缺乏劳动力的情况。为缓解这方面的矛盾,招收留城的知青和复员退伍军人,但仍不足。1973 年起陆续招回下乡满两年以上的知青回城工作,还从农村招工 2 000 多名。一方面调派大量城镇知识青年上山下乡,另方面大批从农村招收劳动力,人为地把劳动就业搞得既复杂

又矛盾,随之出现家庭、婚姻等问题的悲剧。这些矛盾到 1980 年后才基本理顺。

(第十五编第四章《劳动力管理》,第 796 页)

知识青年上山下乡始于 1964 年,到 1981 年上半年结束。18 年间,全县共安置城镇知青下乡务农 31 524 人,其中县内知青近 5 000 人。

1964 年冬,在政府"支援农村、支援边疆、我们也有两只手,不在城里吃闲饭"的号召下,西南镇 148 名应届高中初中毕业生和闲散青年到白坭、金本公社、县农科所农场插队务农。

1965 年冬,西南镇 101 名知青到乐平公社插队务农。

"文化大革命"开始后,由于大学不招生,工厂不招工,商业处于停滞状态,城市初、高中毕业生既不能升学,也无法分配工作。因此,1968 年 12 月,毛泽东主席发出"知识青年到农村去,接受贫下中农的再教育,很有必要"的号召后,全国迅速形成知青上山下乡高潮,大批青年在政府动员及强制措施下到农村务农。是年,全县城镇动员了 758 名知青插队务农,并安置 4 241 名广州、佛山、江门的知青和全国各地回原籍的知青。接着,在 1969、1971、1972 的几年中,又继续动员、安置了 1 000 多名知青插队务农。

1973—1977 年,知青下乡务农达到高潮,县内实行凡年满 17 周岁以上的青年(除独生子女或身边只有一个子女和病残者外)都要上山下乡,几年间共安置了广州、佛山等市下乡知青 8 186 人,县城、圩镇下乡知青 3 016 人。全县先后办起 57 个知青场、林场;还以生产队为单位,将 3 273 名知青组成了 470 户知青集体户。

1981 年上半年,知青上山下乡已基本停止,并分期分批抽调知青回城。全县绝大多数知青于 1980 年底前陆续回城安置。1981 年上半年全部知青(除已在农村(场)结婚留在当地的外)回城工作。其间,有 105 名知青加入了中国共产党,有 2 556 名加入了共青团,有 164 名被选拔进入了各级领导班子。大多数知青经过上山下乡,得到了锻炼,为祖国的建设作出了贡献。但大批知识青年在青春年华失去在学校接受正规教育的机会,造成人才生长的断层,给国家的现代化建设带来长远的困难;国家、企事业单位、家长和负责安排知青的生产队也为此加重了负担。　　(第二十三编第三章《青、少年组织》,第 1062—1063 页)

《顺德县志》

顺德市地方志编纂委员会编,中华书局 1996 年

是年(1964 年),开始动员城市知识青年上山下乡,本县 475 名应届毕业生和社会青年被安置到大良、桂洲、伦教、龙江等地。

(《大事记》,第 62 页)

(1968 年)10 月 16 日,城镇知识青年、社会青年 8 682 人被动员到农村、农场落户务农。

(《大事记》,第 64 页)

是年(1978年)起,不再动员知识青年上山下乡。 （《大事记》,第68页)

1964年起,执行中共中央指示,动员城镇辍学的应届初、高中毕业生和社会青年(统称"知识青年",简称"知青")下乡插队务农。1964—1965年,共有475名"知青"到农村或农场落户。1966年"文化大革命"运动开始后,因行政机构瘫痪而中断。1968年"革命委员会"成立后,设"知识青年上山下乡工作办公室",与城乡各级行政机构协同开展此项工作,除政策规定的四种人(病、残者,独生子女,已有子女下乡、家中只留一个子女者,中国籍外国人子女)外,凡是应届初、高中毕业生和年满16周岁的社会青年均属下乡对象。至1972年底,先后安插8 964人到县内农村、农场,2 110人到海南、湛江的农场,85人到三水县迳口农场。同时按政策规定,接收从外省市回原籍落户务农的"知青"2 800人。1973—1977年,按照中共中央关于"知青"问题"统筹解决"的精神,实行集体安插为主,先后安插4 890人到地方国营顺峰山、朝阳农场和27个集体所有制农场。对于已落户农村、劳动收入不能维持生活的"知青",发放"统筹解决"经费67万元,其中19.78万元用于生活困难补助,47.22万元用于建房补助。1970—1978年,17 547名"知青"陆续通过招工、招生的途径获准回城。1978年起不再安插"知青"下乡。尚留在农村的3 000名"知青",亦相继在1981年底前恢复城镇户口,给予就业安置。 (第十六编第一章《劳动就业》,第803页)

1975年12月,全县196个大队完成了从中农划出下中农的工作,新划为下中农的有2 634户,会员发展到20.06万人。县贫下中农协会开展政治思想教育,掀起学习毛泽东著作的热潮,参与管理学校、商店、合作医疗、科技、财务和知识青年的再教育等工作,推动农村"斗、批、改"和"农业学大寨",大搞农田基本建设、落实扶贫工作。

(第十六编第一章《劳动就业》,第864页)

《中山市志》
中山市地方志编纂委员会编,广东人民出版社1997年

(1968年)秋,1966—1968届初、高中毕业生离校,中学恢复招生,学校调整布局。原来公办15个初中点分为23个点,做到社社有初中点。

10月,全县开始组织城镇知识青年、闲散人员上山下乡,到农村落户。至1978年,下乡知识青年达15 309人,其中到县内农村落户的12 479人,到外地落户的2 830人。另接收外地来县落户的知识青年6 993人。 (《大事记》,第59页)

同年(1978年),下乡知识青年开始分批回城工作。至1985年,回城人数达20 953人。

(《大事记》,第63页)

1964 年成立"中山县人民委员会安置城市下乡青年领导小组",下设办公室。1968 年成立"中山县上山下乡工作领导小组",下设"中山县革命委员会知识青年参加社会主义建设办公室"。1973 年 11 月改名为"中共中山县委知识青年上山下乡工作领导小组",下设"中山县革命委员会知识青年上山下乡工作办公室"。1981 年 4 月,县知青办与县劳动局合署办公。

本县 1957 年开始接收城镇下乡知青。1968 年 10 月开始在全县范围内,有计划地组织城镇知识青年和闲散人员下乡务农,1978 年底停止动员上山下乡。在此期间,一共动员安置知识青年 22 302 人,其中安置本市知青 12 479 人,动员到外地安置 2 830 人。

上山下乡知识青年动员安置情况统计表 单位:人

年 份	安置总人数	安置本市人数	接收安置外县市人数		动员到外地安置人数
			合计	其中接收广州市人数	
总 计	22 302	12 479	6 993	6 248	2 830
1968 年前	2 646	168	2 478	2 473	
1968	8 568	3 829	4 091	3 537	648
1969	697	161	112		424
1970	1 199	106	56	17	1 037
1971	584	1	4	1	579
1972	679	521	16		142
1973	308	291	17	17	
1974	676	676			
1975	2 375	2 237	138	134	
1976	2 322	2 279	43	39	
1977	1 740	1 710	30	24	
1978	508	500	8	6	

接收安置的形式主要分插队安置和农、林、茶场安置两种。全县先后办有国营农林场 5 个,镇办林场 3 个,战线(局)办知青场 12 个,社办农林茶场 9 个,共接收安置 4 306 人。插队有集体和分散插队(包括投亲靠友),全市先后有 25 个公社 390 个大队(农科站)接收安置了 15 166 人。动员到外地安置主要是到海南生产建设兵团、红旗农场和到高鹤、番禺等县插队。

（第九编第一章《劳动》,第 439—440 页）

《珠海市志》

珠海市地方志编纂委员会编,珠海出版社 2001 年

(1968 年)12 月,全县组织干部下放,知识青年上山下乡。至次年 5 月,全县下放干部

1 100 人，知青到农村安家落户 1 700 人。　　　　（《大事记·中华人民共和国时期》，第 22 页）

1972 年，县委信访组接待处理群众来信来访，主要处理文化大革命前和文化大革命期间受处理及"一打三反"运动所受处分人员提出的申诉、干部退职、工资福利、调动就业、出嫁女粮食和户口迁移、知识青年上山下乡等问题。至 1978 年底，每年信访量为 300—500 件。

（第二十编第一章《中国共产党珠海地方组织》，第 662 页）

1979 年，为了适应全党工作重点转移的需要，贯彻执行国民经济调整、整顿、改革、提高的方针，珠海市编制了三年劳动力安排计划，积极做好招工和内部调剂工作，并对招工办法初步改革，实行招工考核制度，在统一考核的基础上，对下列对象统筹安排：(1)一对夫妻只生两个子女没有就业的，优先录取一名；(2)1972 年以前上山下乡的知青优先录取；(3)一户有两个子女以上下乡尚未招过工的知青，优先录用一名；(4)根据海岛地理条件和师资缺乏、文化水平较低的实际情况，采用下达指标到公社，然后按招工条件推荐招收。是年共安置 2 455 人，安置率 79％。　　　　　　　（第二十三编第一章《劳动》，第 712 页）

"文化大革命"期间，县革命委员会发文大办小学附设初中班、社社办完全中学，教师的需求量激增，主要靠大量的民办教师来补充，由社队或厂场从当地工农兵及上山下乡知青中指派人员担任。　　　　　　　　　　　　（第二十七编第五章《教师队伍》，第 822 页）

《斗门县志》

斗门县地方志编纂委员会编，中华书局 2001 年

是年(1977 年)，在斗门上山下乡的知识青年，分期分批办理手续回城。

（《大事记》，第 27 页）

1973 年 3 月，成立县劳动局，内设劳动股、知青股(又称知青办公室)、编制共 8 人。……1976 年 7 月，劳动局划出知青办。（第十一篇第三章《劳动管理》，第 476—477 页）

第十一节　知　青　管　理
一、管　理　机　构

1968 年，成立"知识青年参加农村社会主义建设领导小组"，下设办公室，隶属县革委会生产组民政组领导。1976 年 7 月，斗门县革命委员会知识青年上山下乡工作办公室脱离劳动局独立办公，科级建制，工作人员 9 人。同年各公社和场镇相继成立对口机构，配备 1 名专职人员。

1981 年 10 月,县知青办公室与县劳动局再次合署办公,1981 年 10 月,知青管理机构撤销。

二、接 收 安 置

1961 年,中山县国营平沙农场接收首批广州知识青年参加劳动,到 1968 年,累计斗门县接收上山下乡知青 6 047 人。1967 至 1978 年累计全县接收、安置知青 22 899 人(含红旗、平沙),其中安置县内知青 895 人,接收安置县外知青 22 004 人。1968 至 1980 年,下拨给上山下乡知青各项经费 347.119 8 万元,由 1974 年开始,采取统筹办法解决知青生活困难问题。至 1980 年止,分配知青建房的建筑材料,计有木材 2 376 立方米,钢材 82.66 吨,水泥 967 吨。共建成知青住房 3 255 间,合计建筑面积为 48 241 平方米。

三、去 留 动 向

1974 年,知青开始分期分批离开农村。1980 年底,累计全县离开农村的知青 22 886 人。其去向如下:(一)企事业单位招工 9 997 人;(二)推荐上中专大学 600 人;(三)参军 168 人;(四)招为干部 2 人;(五)按政策照顾回城 8 211 人;(六)获准申请出港澳及国外居留 33 人;(七)偷渡出境 256 人;(八)因犯罪被判刑 46 人;(九)因故死亡 84 人;(十)因疾病、结婚等原因离开农村 3 489 人。此外,因年龄大,文化低,难以安排就业,只转为统销粮而无工作安排,仍在农村务农者 13 人,其中乾务 2 人,斗门 1 人,五山 2 人,泥湾 2 人,白蕉 6 人。

斗门县知青来源情况表 单位:人

| 年份 | 知青人数总计 | 县内小计 | 县外小计 | 其 中 | | | | | | | | | |
				广州	佛山	江门	新会	中山	信宜	汕头	韶关	吴川	县外市迁入
1968 年前	6 047	29	6 018	5 089	550	/	25	334	/	/	/	/	20
1968 年	2 761	163	2 598	1 047	1 574	/	4	/	/	/	/	/	/
1969	1 792	57	1 735	608	1 123	/	/	/	/	/	/	/	4
1970	315	/	315	/	315	/	/	/	/	/	/	/	/
1971	1 049	2	1 047	250	652	99	/	/	/	/	/	/	46
1972	/	/	/	/	/	/	/	/	/	/	/	/	/
1973	1 109	50	1 059	576	/	483	/	/	/	/	/	/	/
1974	1 513	138	1 375	240	352	783	/	/	/	/	/	/	/
1975	4 030	107	3 923	9	1	2 286	2	1	352	250	430	591	1
1976	2 522	188	2 334	2	3	1 445		1	/	874	/	/	9
1977	1 721	158	1 563	/	/	1 554	1	1	/	/	/	/	8
1978	40	3	37	2	/	4	1	1	/	/	/	/	29
累计	22 899	895	22 004	7 823	4 543	6 654	29	341	352	1 124	430	591	117

年份	1968年前	1968	1969	1970	1971	1972	1973	1974	1975	1976	1977	1978	合计
平　沙	4 942	671	136		2		576	592	1 623	874			9 416
红　旗	146	49	5	150	241						4		595
上　横	4	239	231		101		69	120	210	147	235		1 357
西安大沙场	168	104	240		104		90	76	181	134	10		1 107
六　乡	48	90	214	154	91		24	68	345	155	268		1 457
斗　门	149	225	197	7	88		46	67	106	137	189		1 211
五　山	1	451	121		82			150	337	232	217	24	1 615
乾　务	63	426	218	4	82		53	119	221	172	177	12	1 547
坭　湾	5	141	187		122		99	85	199	91	185		1 114
黄　金	1								9	6			16
白藤农场	220	18	14					9	84	57	5	1	408
白　蕉	300	330	229		134		63	173	293	294	309		2 125
井　岸		1			2		71	45	144	86	92	1	442
白藤湖		16					5		232				253
其　他							13	9		46	137	30	1	236

说明："其他"是指鱼苗场、林场、农科所等单位。

（第十一篇第三章《劳动管理》，第485—487页）

1975至1980年举办中师班，招收高中毕业生和上山下乡知青，按中等师范教材进行教学，教学形式为全日制。开设中师、师专函授教育。函授教育学制一般是3年。中师函授课程有语文基础知识、文选与写作、教育学、数学、历史、地理、生物、心理学、教材教法；师专函授有中文、数学、化学、政治、广播英语等专业。业余函授，学员多数是在职教师，采取平时函授、假日面授的办法，招生对象是初中、高中或同等学历的在职小学、初中教师。参加全日制或函授制的人员都必须通过统考择优入学，完成各科学习任务，经考核合格，发给大、中专证书。此外还举办各类短训班。　　　　　　　（第十四篇第一章《教育》，第639页）

1972年6月，撤销"四大组"、"八大站"，恢复委、办、科、局建制。行政机构有文教办公室、侨务办公室、计划委员会、文化局、公安局、民政局、经济委员会、财贸办公室、外贸局。其中计划委员会下属机构有：劳动局、物资局、基建局、上山下乡知识青年办公室；总共35个单位，干部451人。　　　　　　（第十七篇第一章《行政机关》，第784页）

1982年撤销知青办；改基建局为建设委员会。　　（第十七篇第一章《行政机关》，第784页）

"文化大革命"时期,取消管理委员会,设革命委员会,称公社、镇、农场、大队革命委员会,生产队革命领导小组。公社设主任 1 人,副主任 2 至 3 人,机构有:公社办公室、生产办、财粮办、计划生育办、上山下乡知青办、文教办、民政办、公安派出所、文化站、武装部等。

(第十七篇第一章《行政机关》,第 788 页)

《新会县志》

新会县地方志编纂委员会编,广东人民出版社 1995 年

1973 年 6 月,县计劳办公室与县知识青年上山下乡办公室合并。1974 年 1 月,重新成立劳动局。1985 年,下设县劳动保险公司。 (第二篇第一章《经济综述》,第 263 页)

沙堆区南坑林场 1977 年冬,由公社把沙东沙西两个大队的偏远山地划出建成知青林场。建场时有知青 60 人,山地 13 000 亩,经 10 年努力,全面绿化荒山。现有竹子 310 亩,果树 93 亩,茶园 78 亩,苗圃 50 亩,高山混交林 10 000 亩。 (第二篇第三章《林业》,第 331 页)

1968 年 9 月,设立县革命委员会办事组,负责处理日常工作及群众来访、侨务、知青等工作。 (第六篇第五章《华侨、港澳同胞事务》,第 1095 页)

《开平县志》

开平市地方志办公室编,中华书局 2002 年

(1964 年)10 月中旬,县首次动员城镇青年下乡务农。全县有城镇知识青年和社会青年 1 056 名,报名下乡的有 740 名,经批准的 300 名。 (《大事记》,第 79 页)

(1965 年)5 月 19 日,县召开农村知识青年和应届高初中毕业生代表会议。会议中心是树立青年上山下乡榜样,对应届高初中毕业生进行劳动教育和前途教育。

(《大事记》,第 79 页)

(1966 年)11 月 5 日,三埠镇集会欢送一批知识青年下乡务农。 (《大事记》,第 81 页)

(1968 年)11 月 7 日,江门市首批上山下乡知识青年 120 多人到沙塘公社落户。

11 月 10 日晚上,县城 1 万多军民集会,欢送三埠镇首批知识青年 640 多人奔赴赤水公社落户。 (《大事记》,第 86 页)

（1970 年）6 月 16 日，广州市上山下乡知识青年 100 人到大沙公社（70 人）、月山公社（30 人）落户。 （《大事记》，第 87 页）

（1974 年）11 月下旬，三埠镇红卫果场被评为省先进知青场。该场设于梁金山斗米岭，共有知青 243 人，该场年产柑橙 30 多万斤。 （《大事记》，第 91 页）

（1975 年）1 月 25 日，县革委会春节期间拥军优属和慰问上山下乡知识青年慰问团，分五个分团分头出发慰问。 （《大事记》，第 91 页）

同年（1968 年）12 月 21 日起，根据"知识青年到农村去"号召，组织大批知识青年上山下乡，或到农村插队安家落户，或到农场参加生产劳动。
（第二十二编第一章《中国共产党开平地方组织》，第 1054—1055 页）

1968 年 10 月 20 日，县民政科与县劳动局、侨务科、统计局、知识青年上山下乡安置办公室、退伍军人接待安置办公室合并成立县社会福利服务站。
（第二十八编《民政·概况》，第 1321 页）

开平县的劳动管理，服务范围包括安置失业者、劳动力调整和改革、劳动保险、劳动保护、安全生产、安排知识青年上山下乡和回城就业等。
（第二十九编《人事、劳动·概况》，第 1357 页）

1979 年，大量的在历次政治运动中受错误处理的人员、"战备疏散人员"、"文化大革命"时期被错误处理人员、回城的上山下乡知识青年、因疾病和困难退休回城人员等等，均需劳动部门安排工作。县劳动部门经请示中共开平县委会同意，采取"分线负责、条块结合、平衡调整"的原则进行安置。全县共安置上述人员 1 930 人，其中集体所有制职工 1 432 人。
（第二十九编第二章《劳动管理》，第 1375 页）

1954 年，劳动部门开始进行城镇初、高中毕业生的就业安置工作。是年，共动员 120 名考不上高一级学校的应届毕业生回乡务农。
1957 年，团县委组织 73 名知识青年到东山乡茅坪开办青年集体农庄。
（第二十九编第二章《劳动管理》，第 1378 页）

1978 年中共十一届三中全会以后，由于结束了知识青年上山下乡的做法而每年约有 900 多名高初中应届毕业生需要安置，加上回城知识青年和落实政策回城入户的人员等共约 3 000 多人等待安置,出现了建国以来就业安置任务最艰巨的时期。为此,县贯彻中共中央(1980 年)提出的"三结合"劳动就业方针,一方面在国营、县属集体单位的临时工中压缩农民工以安置回城知青及城镇待业人员,一方面大力发展区镇企业和街道小集体企业以组织、安置回城知青及城镇待业人员生产自救和就业。1981 年 4 月,县劳动管理总站改称为县劳动服务公司,各公社劳动管理站改为劳动服务站,以利开展工作。自此之后,为确保掌握待业人员就业情况,县劳动服务公司经过调查、登记、核实后给待业人员发放《待业证》3 850 个,以作各种工作安排和招工招生的依据。

(第二十九编第二章《劳动管理》,第 1378—1379 页)

1980 年,根据省劳动局《对当前工作工资中若干问题的处理》,对全县 27 个工资标准比较低的企业单位一级工资达不到 30 元的,全部改按 30 元发给,月增加工资共 4 306 元,对全县 589 名企业学徒,按文件规定和学徒时间生活待遇分别由第一年 20 元提高到 30 元,月增加金额 2 356 元。在这基础上,还对 6 408 名试用工办理了改按现任工种相似一、二级工资标准来发放工资,月增加金额 19 220 元;对上山下乡知识青年三级和三级以下调动工作的职工,也按文件规定办理了工资待遇。   (第二十九编第三章《工资管理》,第 1390 页)

《大沙区志》

开平市地方志办公室、开平市大沙镇政府编,1994 年

(1964 年)10 月,三埠镇首批知青到大沙务农,公社党委安置他们到林场落户。

(《大事记》,第 19 页)

(1970 年)6 月,70 多名广州知青到大沙落户。   (《大事记》,第 23 页)

《台山县志》

台山县地方志编纂委员会,广东人民出版社 1998 年

(1976 年)10 月 26 日至 29 日,台山县召开上山下乡知识青年先进集体和积极分子代表大会,出席代表 600 人。   (《事纪略》,第 25 页)

县劳动局在首先安排留城待业青年的基础上,会同县知识青年上山下乡办公室,为 1972 年前和 1973 年后下乡的知识青年全部办理回城。至 1981 年 6 月,安置回城就业的知识青年共 9 219 人。   (第十一篇第一章《劳动》,第 200 页)

《恩平县志》

恩平县地方志编纂委员会办公室编，方志出版社 2004 年

(1968 年)广州市、佛山市的 2 600 多名知识青年，分批到本县各公社生产队插队落户，"接受贫下中农的再教育"。至"文化大革命"结束后，这些人才陆续迁回原城市。

(《大事记》，第 49 页)

(1973 年)10 月 20 日，恩城镇首批上山下乡的 80 多名知识青年，赴县青年林果场接受再教育。

(《大事记》，第 53 页)

中共十一届三中全会以后，国家实行改革开放，工商企业迅速发展。县人民政府积极扶持和帮助发展城乡集体经济和个体经济，鼓励待业青年组织起来，广开门路，自谋职业。1979—1985 年，就业人数 12 148 人，其中，……招回上山下乡知识青年 215 人……

(第四十五章《劳动》，第 671 页)

《海南省志·人口志》

海南省地方史志办公室编，南海出版公司 1994 年

1973 年海南上山下乡知识青年人数　　　　　　　　　单位:人

地　区	知　青　人　数			知青回城人数
	合　计	迁往城镇	迁往乡村	
海　口	1 798	—	1 798	101
琼　山	204	—	204	93
文　昌	71	—	71	12
琼　海	78	23	55	3
万　宁	90	—	90	1
定　安	134	26	108	—
屯　昌	103		103	—
澄　迈	457	—	457	—
临　高	55	2	53	—
儋　县	381	—	381	6
琼　中	87	17	70	—

地 区	知 青 人 数			知青回城人数
	合　计	迁往城镇	迁往乡村	
保　亭	123	54	69	3
陵　水	156	—	156	—
乐　东	104	36	68	2
东　方	194	5	189	8
崖　县	115	92	23	—

（第三章《海南人口变动》，第 45 页）

《海南省志·政府志》

海南省史志工作办公室编，南海出版公司 2003 年

　　1969 年 4 月 26 日至 5 月 9 日，召开海南区第一届活学活用毛泽东思想积极分子和先进单位代表大会，……全区有 8 700 名工人毛泽东思想宣传队队员登上上层建筑斗、批、改的政治舞台，2.4 万名机关干部下放到"五·七"干校和生产队参加劳动锻炼，2.3 万名知识青年到农场、农村安家落户，3.68 万名工农毛泽东思想宣传队，到农村参加斗、批、改，全区中小学校实行了贫下中农管理学校。　　　　　（第四编第二章《施政纪要》，第 147 页）

《海南省志·共产党志》

海南省地方志办公室编，南海出版公司 2005 年

　　1956 年，随着社会主义改造和社会主义建设的需要，以及海南事业的发展，特别是农垦事业的发展，全国各地的转业复员军人、知识青年、城镇职工以及归国华侨多次成批地移入海南各国营农场。　　　　　　　　　　　（第一章《组织建设》，第 84—85 页）

《海南省志·审判志》

海南省地方志办公室编，南海出版公司 2006 年

　　法院恢复后，海南各级人民法院执行广东省第二次全省民事审判工作会议精神，……执

行了处理婚姻案件的 6 条标准：

......

6. 上山下乡知识青年，在农村结婚后，因调回城市提出离婚的，除个别有正当理由，查明感情完全破裂可准予离婚外，一般不要轻易判离婚。

（第四编第三章《中华人民共和国成立后的民事审判》，第 247 页）

《海南省志·农业志》

海南省地方史志办公室编，南海出版公司 1997 年

同日（1966 年 3 月 25 日），汕头专区前来海南参加农业建设的知识青年首批 320 多人抵达海口。
（《附录》，第 417 页）

《海南省志·农垦志》

王法仁主编，海南摄影美术出版社 1996 年

1974 年 10 月恢复农垦体制后成立的广东省海南农垦局和广东省通什农垦局，机构规格为副厅级，两个局机关内部均设处。其中：

广东省海南农垦局（海南农垦农工商联合企业公司）行政系统下设：办公室、生产处、农牧处、科技处、人事劳动处（同时挂"知识青年上山下乡工作办公室"牌子）......
（第一章《行政体制》，第 23 页）

广东省通什农垦局（通什农垦农工商联合企业公司）行政系统下设：办公室、生产处、科技处（1979 年新设，1985 年与生产处合并，1986 年再恢复）、人事劳动处（同时挂"知识青年上山下乡工作办公室"牌子）......
（第一章《行政体制》，第 23 页）

农垦所需职工主要由国家分配解决，也有部分由农垦招聘雇用（经政府批准）。包括......有作为国家任务接收安排的城镇知识青年和难民、难侨以及安排农垦职工子弟就业等。

......

3. 城镇知青：1964 年至 1975 年，接收安置来自广州、湛江、佛山、梅县、韶关、汕头、海口等地区及其他省市的知识青年（部分为社会青年），累计约 10 万人，其中 1968 年至 1971 年 8.95 万人。1976 年后，根据国家政策，大部分知青已调回原籍工作。

......

至 1988 年,在垦区职工总数 46.37 万人(不含临时工)中,……城镇知青 0.44 万人,占 0.97%……

（第二章《土地　人口》,第 73—75 页）

生产建设兵团时期,主要是在上山下乡知识青年和复员退伍军人中发展党员。

（第十一章《党群工作》,第 518 页）

这一时期(1969 年 4 月—1974 年 9 月),随着生产建设规模的扩大和职工人数的增加,先后从工人中提拔干部 1.26 万人,其中从上山下乡知识青年中提拔的有 6 240 人。

（第十一章《党群工作》,第 523 页）

1969 年至 1974 年……这一时期,还对近 10 万名上山下乡知识青年职工进行艰苦奋斗教育和革命传统教育,引导知识青年走与工农相结合道路,使他们在艰苦的生活、紧张的劳动和复杂的斗争中得到锻炼。　　　（第十一章《党群工作》,第 537 页）

60 年代末至 70 年代初,大批知识青年参加农垦建设,垦区共青团组织和团员队伍迅速扩大。到 1974 年,垦区共有团工委 113 个,团支部 3 247 个,团员 5.76 万人。

……1980 年,垦区共有团工委 110 个,团总支 320 个,团支部 3 601 个,团员 4.19 万人(其中女团员 2 万人),团员占青年总人数的 33.3%,专职团干部 198 人。这一时期团员减少的主要原因是部分知识青年调回城镇工作,部分考进大专院校读书。

（第十一章《党群工作》,第 556 页）

60 年代末,随着大批知识青年参加农垦建设,垦区各级共青团工作的重点主要是协助党组织做好团结、教育上山下乡知识青年工作,通过组织青年参加"农业学大寨"和"工业学大庆"的群众运动,使广大青年在艰苦的生活和复杂的斗争中锻炼成长。1969 年至 1975 年,在垦区近 10 万知识青年中,先后加入中国共产党的有 2 587 人,加入共青团的有 3.01 万人,提拔担任干部工作的 6 240 人,其中场级干部 63 人,区科级干部 93 人;在割胶工人中知识青年占 60%;有 7 个单位和 25 名个人分别被海南农垦局授予上山下乡知识青年先进集体和积极分子称号,有 3 个青年民兵突击队被授予海南区农业学大寨红旗单位、先进单位称号。1970 年 6 月 28 日,东岭农场女知青胡志红、程容明、谢红军为保护该场水电站大坝安全,与特大洪水搏斗而壮烈牺牲,国家民政部批准为革命烈士。

（第十一章《党群工作》,第 557—558 页）

70 年代初农垦曾培养一批上山下乡来到农场的知识青年担任教师,1976 年后大批知青回原籍工作,一时学校师资紧张。　　　（第十二章《社会工作》,第 563 页）

(1965年)6月6日,自5月25日以来,广州市知识青年建设海南先遣队共1 004人分4批到海南,分别在岭头、白马岭、通什、白沙、石碌等农(茶)场落户。　　（《附录》,第630页）

(1965年)冬季,广州、汕头、佛山、海口、湛江等地大批城镇知识青年,响应毛泽东主席关于"知识青年到农村去,接受贫下中农再教育"的号召,到海南参加农垦建设。至1971年底,全垦区共接收上山下乡知识青年(含部分社会青年)8.95万人。

（《附录》,第633页）

《海南省志·财政税务志》

海南省地方志办公室编,海南出版社2009年

城镇青年就业经费

城镇青年就业经费包括:大中城市和小城镇部分职工、青年学生、复员退伍军人及其家属,到国营农垦、林业、水产养殖企业和农村人民公社生产队安家落户经费,和知识青年回城就业经费。

1962年为贯彻国民经济调整的方针,精减城市人口,将精减人员和城镇待业知识青年动员安置到农、牧、渔场、林场和下放农村插队,财政支出相应增设城市人口下乡经费,用于精减职工工资补贴、城镇知识青年生活补贴、动员费和基本建设费用。

1964年,安置工作以组织城镇知识上山下乡为主。同年,海南执行《广东省城镇下乡插队青年和闲散劳力安置经费开支标准、范围及管理办法》规定,并制定《城市下乡青年安置经费管理暂行规定》。对家在大城市和小城镇的青年学生、闲散劳动力和复员退伍军人以及他们的家属到国营农场、林业、水产养殖企业和农村人民公社生产队参加生产建设的人员给予安置费。开支标准和项目:

插场安置费。按每人计算,农场安置学生364元,安置闲散劳动力304元;林场安置学生872元,安置闲散劳动力872元;水产养殖场安置学生567元,安置闲散劳动力545元。具体分配为,学生生活补助每人每月11元;建房费每人5平方米(农林场每平方米30元,渔场40元);工资周转金农林场每人每月28元、渔场30元;小农具购置费,农场每人12元、林场每人20元、渔场每人15元;家具补充费,每人10元;旅运费,每人20元,还有新建、扩建所需的基本建设投资和生产周转流动资金(以上除生活补助发放给个人外,其余6项由安置单位掌握使用。)

插队安置费。按插队人数平均每人180元的标准计算,开支项目有住房修建费、生活补助费(口粮补助每人每月5—6元)、小农具购置费以及运旅费等。安置费专款专用。

单位:元

项　目	农　垦		林　业		水　产		人民公社插队	
	学生	闲散劳动力	学生	闲散劳动力	学生	闲散劳动力	本区安置	跨区安置
按每个劳动力平均定额	364	304	872	872	567	545		
按人口平均定额							180	185
工资周转金	40	112	540	672	190	300		
学生生活补助费	132		132		132			
建房费	150	150	150	150	200	200		
小农具购置费	12	12	20	20	15	15		
旅运费	20	20	20	20	20	20	20	25
家居补充	10	10	10	10	10	10		

　　……1969年,在"知识青年到农村去,接受贫下中农再教育,很有必要"的路线指引下,连同当时的干部下放、城市居民下农村,形成了上山下乡的高潮。财政支出中相应增设城镇人口下乡补助费,单身插队的平均每人250元,成户插队的平均每人150元,久居城镇回原籍农村的平均每人50元。

　　1973年,根据海南行政区革命委员会《关于知识青年上山下乡若干问题的规定草案》,提高了下乡知识青年安置经费,平均每人补助500元,其中,跨县(市)插队、回老家落户、到集体所有制场(队)的,每人补助510元;在本县(市)的,每人补助490元;到生产建设兵团和国营农场的每人补助400元,其中建房费160—220元,生活补助费120—220元,知青下乡第一年每人每月补助10元。1977年修订知青下乡经费标准,规定不分本县或跨县,统一按500元执行。其中,建房补助200元,生活补助180元,知青下乡第一年,每月仍补助10元。另增加第二年每月补助3元,第三年每月补助2元;农、灶、家具补助60元;学习费10元;医疗费10元;宣传动员费15元;特殊困难补助费15元;由县(市)知青办统一掌握机动经费10元。

　　1974年,海南行政区知识青年上山下乡本地区动员安置人数为3 536人,补助经费1 546 680元;接受外地人员10人,安置经费4 500元;鼓励海南知识青年到外地就业有26人,安置经费520元;按标准提留材料学习费24 822元。海南黎族苗族自治州本地区安置人员2 490人,安置费1 099 460元;接收外来人员2人,支出900元;动员到外省的有83人,按每人20元标准,支出1 660元;学习材料费17 444元。1975年,海南到国营农林场、集体插队、办集体所有制场队以及务农的知识青年有7 129名,安排到外地207名。

　　1979年,海南根据国务院颁发的《关于知识青年上山下乡若干问题的试行规定》,对有关条文提出调整,逐步缩小上山下乡范围。对城镇中学毕业生,实行"四个面向"(进学校、上山下乡、支援边疆、城镇安排);对矿山、林区、分布在农村有安置条件的企事业等非农业人口的中学毕业生自行安置。对去集体所有制知青场、队和知青点的,每人经费600元,除建房费由200元提高到300元外,余均按1977年规定执行。同年,还对城镇知识青年安置费开支范围增加扶持生产资金项目。

1980年,知识青年不再上山下乡,并在两年内把在乡青年妥善安排完毕。

(第二编第一章《经济建设费》,第361—363页)

《海南铁矿志(1939—1983)》

《海南铁矿志》编辑委员会编,(内部刊行)1984年

劳动服务公司原系知青安置办公室,成立于1975年。当时的主要任务是组织、动员、安置知青上山下乡。从1971年开始办起了2个知青农场,到1974年止,先后安置知青330多人。但是,由于待业青年逐年增多,每年新增加毕业生300至500人,已办的两个知青农场无法容纳。1978年后,我矿下乡在十月田和白山马农场的职工子弟按政策分批全部回矿。据1978年底统计,全矿知识青年达1 700多人。为了矿的安定团结和减少家长的后顾之忧,安置劳动待业成了海南铁矿迫切需要解决的一大课题。

(第三十六章《生活福利系统》,第188页)

公司现有全民职工194人(其中正、副科级干部11人,干部60人,工人134人),退休人员69人,知青1 968人,农场场员(劳动力)1 444人;……

1979年至1983年,全公司完成农工商副总产值累计达2 448.3万元,知青利润总额4 724万元,为进一步扩大再生产打下了基础。随着生产的发展和经济效益的逐步提高,知青的收入也在稳步提高,劳保福利有了初步改善。全公司知青的人月平均工资从1979年的47元提高到1983年的60元,年平均增长6.3%。(第三十六章《生活福利系统》,第188页)

我矿从1964年开始办起了第一个农场,到目前已发展到有七个家属、知青农场,公司下设农业部,具体负责抓农场的生产和组织领导工作。

(第三十六章《生活福利系统》,第188页)

劳动服务公司于1979年7月31日成立,现有人数5 505人,其中职工192人,退休人员69人,知青1 868人,农业人数3 142人,种橡胶人数234人。四年来共安置知青3 231人。

目前,公司办有捡矿点、民建队、木工厂、商店、饮食店和7个农场(其中二个橡胶场、一个知青场)。……

项目 年度	产　　量				工农商副 总产值 （万元）	公司利润 （万元）
	成品铁矿 （吨）	铜矿石 （吨）	粮　食 （斤）	蔬　菜 （斤）		
1979	71 936		1 416 503	1 731 000	89.44	64.7
1980	138 532.5	4 436.7	1 624 213	1 245 498	488.97	121
1981	151 204	4 851.1	1 576 017	1 341 443	500.21	112.7
1982	140 928	3 064.6	1 761 543	1 448 700	670.31	122.1
1983	146 826	1 446.1	1 688 606	1 494 531	699.5	51.9
合　计	649 426.5	13 798.5	8 066 882	7 261 172	2 448.43	472.4

项目 年度	分　配　情　况				历年知 青安置 情况	橡胶种植	
	知青平均工资	农　场				面积 （亩）	种植 （株）
		劳动现金	劳动粮食	人均粮食			
1979	47.82 元/人月	393.53 元/人年	467 斤/人年	402 斤/人年	1 918 人		
1980	59.21 元/人月	533.90 元/人年	549 斤/人年	426 斤/人年	214 人		
1981	59.41 元/人月	613.56 元/人年	570 斤/人年	443 斤/人年	483 人	2 366	92 345
1982	59.70 元/人月	630 元/人年	839 斤/人年	464 斤/人年	247 人	2 542	97 338
1983	60 元/人元	665 元/人年	814 斤/人年	274 斤/人年	369 人	575.5	22 261
合　计					3 231 人	5 483.5	211 944

（第三十六章《生活福利系统》，第 190 页）

《琼山县志》

琼山市地方志编纂委员会编，中华书局 1999 年

（1968 年）11 月 23 日，琼山县第一批城镇知识青年上山下乡。　（《大事记》，第 48 页）

12 月 21 日，广东省潮安县上山下乡知识青年和城镇无业居民 315 名，分别到红旗、谭文、演丰、大坡、甲子、旧州 6 个公社插队落户。　（《大事记》，第 48 页）

是年（1969 年），全县 33 名上山下乡、回乡知识青年出席广东省知识青年活学活用毛泽东思想积极分子代表大会。　（《大事记》，第 49 页）

(1970 年)10 月,在红城召开琼山县上山下乡知识青年、居民暨回乡知识青年第二届活学活用毛泽东思想经验交流大会。 (《大事记》,第 49 页)

1968 年 10 月,根据毛主席的指示,开始动员城镇知识青年上山下乡接受贫下中农再教育。至 1978 年,全县城镇上山下乡的知青达 2 670 人,还有县外、省外到琼山县落户的知青 1 576 人,共计 4 246 人。1978 年 5 月,县革委会决定停止动员城镇知识青年上山下乡。

1971 年起,通过企业单位招工、大中专院校招生、应征入伍、转干等途径,逐步安置下乡知识青年。招工对象要经过两年劳动锻炼、群众推荐、民主评议、领导审批等程序,当年全县共招下乡知青 36 人。当时,一面安置,一面动员城镇知识青年下乡。1978 年 12 月以后贯彻国务院关于"统筹兼顾,全面安排"的方针,对回城知青等人员的就业进行安排。至 1979 年底,共安置下乡知青 1 501 人就业(主要安置在农垦系统农场、茶场),尚有 2 745 人仍在农村插队。1981 年起,根据不同情况,陆续安置尚在农村插队的知青就业,整个安置工作至 1982 年结束。此间,安置所有插队知青就业,其中大部分由国家安置,小部分自谋职业。县劳动部门安置就业 460 人。 (第二十篇第二章《劳动》,第 661—662 页)

由于上山下乡的城镇知识青年逐渐回城和"文化大革命"期间就业门路减少等原因,至 1978 年,全县约有 1 494 名城镇人员待业,此后每年都有新的城镇待业人员。

(第二十篇第二章《劳动》,第 662 页)

《文昌县志》

文昌市地方志编纂委员会编,方志出版社 2000 年

(1977 年)7 月 21 日,召开全县上山下乡知识青年农业学大寨先进单位、积极分子代表大会。 (《大事记》,第 32 页)

1968 年成立文昌县知识青年上山下乡办公室,配备 3 名工作人员。1981 年撤消文昌县知识青年上山下乡办公室,有关知识青年上山下乡业务划归县劳动局管理。

1968 年 12 月,开始接收安置知识青年上山下乡。从 1968 至 1977 年,共接收安置知识青年 10 批 3 400 名,分别到国营农场、林场、社队集体农场和农村生产队(插队)劳动。对上山下乡的知识青年,每人一次过拨给下乡补助费 150 元。1978 年后,不再动员知青上山下乡。至 1984 年,原在农村、农场的知青,除少数留在原单位外,97%已回城,通过各种渠道就业。

文昌县历年知识青年上山下乡情况统计表

年度	下乡知识青年（人）	安置情况（人）				调离农村(场)知青（人）	调离去向								年底在林场人数
		插队	回老家	国营农林牧渔茶场	集体所有制场队		招工	招生	征兵	按政策照顾回城	批准出国	批准出港澳	顶替	其他	
1968	296	190	7		99										
1969	365	260	5		100										
1970	284	182	2		100	225	210	10	5						
1971	298	96	2		200	250	205	3	2	10			30		
1972	359	20	9	230	100	280	243	10	5		2		20		
1973	364	30	2	290	42	290	260	15		3	1		5		
1974	356	25	3	210	118	225	210	5	4	1		1	4		
1975	360	15	5	204	136	290	210	10	3	20	2	5	40		
1976	350	10	8	178	154	250	210	8	6	5	2	4	15		
1977	368	30	4	163	171	250	200	15	5	10			20		
1978						250	150	17		25	1	2	50		
1979						260	150	25	5	26	2	2	50		
1980						300	150	20	10	30	1	3	60	26	
1981						284	150	25	8	30	1		50	20	
1982						150	80	5	5	20			40		
合计	3 400	858	47	1 275	1 220	3 304	2 428	168	69	180	12	17	384	46	96

（第十八编第一章《劳动　人事》，第 574 页）

1961—1963 年，对青年团员进行形势教育、社会主义教育和劳动光荣教育，发动和组织知识青年上山下乡，全县有 5 400 多名知识青年回农村参加生产劳动。

（第二十七编第四章《青少年组织》，第 829 页）

《定安县志》

海南省定安县地方志编纂委员会编，海南出版社 2007 年

（1968 年）全县城镇知识青年 132 名，广州市知青 17 名，海口市知青 134 名，分别安置在龙州西岸，仙沟桐卷，定安春内、深田、多益，居丁坡村，佳笼，黄竹石龙，龙门先锋等 6 个公社 9 个大队插队落户。

（《大事记》，第 49 页）

1965 年 11 月至 1971 年，全县录用干部 402 人，其中从工人中吸收 4 人，从农民中吸收 121 人，军队转业 2 人，复员军人 46 人，知青转干 5 人，大中专毕业生 162 人，集体所有制单位转入 62 人。

1977 年，录用干部 21 人，其中从农民积极分子中吸收 2 人，从知识青年中吸收 1 人，大专院校毕业生 8 人，中专毕业生 2 人，集体所有制单位转入 3 人，其他 5 人（含落实政策收回人员）。

(第十六编第一章《人事》，第 594 页)

1965 年，县政府号召知识青年上山下乡。从定城组织 65 名城镇知识青年到龙门经济场务农。1968 年全国掀起上山下乡高潮，县革委会动员县里的 132 名知青下乡，还接收广州市 17 名知青，海口市 134 名知青分别安置在全县 6 个公社 9 个大队插队落户（龙州公社西岸大队，仙沟公社桐卷大队，定安公社春内、深田、多益大队，居丁公社坡村、佳笼大队，黄竹公社石龙大队，龙门公社先锋大队）。1970 年接收汕头市知青 18 名，分别安置在新竹、龙州、居丁和定安等公社农场。1971 年，从定城、龙门墟动员 61 名知识青年到海南国营红岛、岭脚热带作物场。1972 年动员 100 名知青安置到县国营红卫、东方红农场、"五七"干校、石墨矿和定城"五七"农场。1973—1976 年，县城和各墟镇共动员 1 630 名知青，以及接收海口市 211 名知青安置到全县 31 个知青安置点（新竹公社"五七"农场、禄地大队农场、卜优大队农场，龙州公社茶场、西岸大队农场、秀龙坑大队农场、翁郭大队农场，定安公社农场，仙沟公社农场、桐卷大队农场，永丰公社军坡岭农场，黄竹公社农场、白塘大队农场、石龙大队农场、周公大队农场，龙门公社经济场、大山大队农场、双塘大队农场、英湖大队农场、英湖青年队，岭口公社农场、枫坡农场、翰林大队农场、深水大队农场，龙塘公社石八场，九所公社农场，雷鸣公社美染农场、耽干村青年户等）。知识青年上山下乡的最后一批是 1977 年，共安置 212 名知青到国营金鸡岭农场及县地方红卫、东方红等农场。

1972 年，国家给每个知青一次性拨给补助费 220 元。1973 年起每人拨补 440 元。1974 年 9 月，县组织 3 个调查组 7 人，分别深入各公社大队，调查到农村插队的单身知青 452 人的生产、生活和疾病问题，进行统筹解决，共拨出统筹经费 37 500 元。1972—1977 年，全县累计拨给经费 667 200 元，拨建房木材 506 立方米。

1968—1977 年，全县上山下乡知青 15 人光荣加入了中国共产党，158 人加入共青团，321 人曾担任农村（农场）理论辅导员、农业技术员、民办教师、拖拉机手、会计员、保管员等。1977 年 12 月，经海南区党委批准，借用毛秀娃等 100 名知青到牛路岭水电工程指挥部参加劳动，都在那里转正为固定工。1978 年后停止知青上山下乡。至 1990 年，全县上山下乡知青除部分被招工或升学离开农村外，其他的基本回城安排或自找工作，未回城的少量知青，也成为地方国营农场的骨干力量。

(第十六编第二章《劳动管理》，第 603—604 页)

《琼海县志》

琼海市地方志编纂委员会编著，广东科技出版社 1995 年

1980 年，在农村基层干部、回乡知识青年、退伍军人中，录用 66 人为公社干部。

（卷十七第一章《人事》，第 541 页）

1963 年，本县开始动员知青上山下乡。同时，接受安置海口、汕头、府城等外地知青，安排到海藻场、石壁公社"五四"农场、嘉积镇雨松农场等地落户。1964 年，县成立知青办公室，配员 4 名，专司知青安置工作。1968 年，掀起知青上山下乡高潮。至 1973 年底，全县 8 个社队农场和 323 个生产队，接受安置上山下乡知青 2 276 人。1963—1979 年，全县动员 4 028 名知青上山下乡，同时接受安置外地知青 2 633 名。发放（含回乡知青）安置费 81 万元。

从 1971 年开始，一面继续动员城镇知青上山下乡，一面做好安置就业工作。主要从招工、招生、参军中逐步安排解决。对申请终身务农的知青，每人补助安家费 600 元，住房有困难的，补助建房费 500 元；并允许 1 名 15 周岁以下的子女办农转非户口。1980 年，贯彻中共广东省委《关于统筹解决下乡知青回城入户口的通知》，全面开展办理知青回城工作。除极少数自愿留在农村（场）的外，本地和外地知青 6 661 人均分期分批办理回城手续，从多方面逐步进行安置就业。至 1984 年，知青安置工作结束。

（卷十七第二章《劳动》，第 547—548 页）

（1972 年）1 月，开始实行知识青年上山下乡插队落户，接受"贫下中农再教育"。

（志余第六辑《大事纪略》，第 962 页）

《万宁县志》

万宁县地方志编纂委员会编，南海出版公司 1994 年

12 月 21 日，县接收第一批从广州来的上山下乡知识青年，安置在长安公社的福田生产队插队落户，接受贫下中农的"再教育"。随后本县城镇知识青年也安排到六连、田新知青农场劳动。

（《大事记》，第 38 页）

（1957 年）当年团县委组织团员青年学习团中央给奔赴农业战线的团员和青年的一封信，发动城镇青年职工、青年干部和知识青年奔赴农业生产第一线。

1964 年，团县委组织全县团员青年广泛开展"向雷锋同志学习"和学习解放军、学习

大庆的活动。1965年,继续组织城镇青年上山下乡。

（卷二十九第四章《青少年组织》,第484页）

第二节　知识青年上山下乡

　　"文革"期间,城镇的初、高中毕业生,90％都要上山下乡。1968年,县成立了知识青年上山下乡办公室。当年接纳广州、汕头等地区第一批下乡知青698人,分别安置到长安、大茂社队插队。1972至1977年,建立了茄新、六连、莲花、三星等大队和大茂、山根、龙滚、东和公社农场以及六连林场9个知青点,其中茄新、六连、莲花、三星4个知青点实行独立核算。70年代,本县共安排上山下乡知青788人。

　　下乡插队的知青按国家规定每人一次过拨给下乡费480元。1978年,按中共中央、国务院的指示精神,全部撤销知青点,让上山下乡知青办理回城待业。此后高、初中毕业生不再上山下乡。

（卷三十一第一章《劳动管理》,第497页）

《屯昌县志》

《屯昌县志》编纂委员会编,方志出版社2007年

　　(1973年)12月26日,成立县知识青年上山下乡办公室,至1981年止,屯昌和外地来上山下乡的知识青年有3 488名。

（《大事记》,第31页）

　　(1974年)9月,召开全县上山下乡知识青年先进代表大会,到会代表向上山下乡知识青年提出"安心场队、扎根农村"的倡议。

（《大事记》,第32页）

　　(1975年)5月31日,木色水库上山下乡知识青年牟海滨为制止坏人在水库炸鱼行为,翻船牺牲。事后,中共屯昌县委向全县人民发出"学习牟海滨"的号召。

（《大事记》,第32页）

　　1970—1975年,(屯昌)接收安置海口、广州、汕头等地知识青年1 488人。1968—1977年,6个国营农场接收安置广州、汕头、湛江、海口等地知识青年4 045人。

（第三编第一章《人口发展与分布》,第126页）

　　1972年开始大量招收职工,当年就招收3 926人,其中新增固定职工2 634人,主要对象是上山下乡知青、退伍兵、退休干部职工子女、城镇待业青年、部队转业干部家属。

（第十九编第三章《劳动管理》,第508页）

第三节　知识青年上山下乡安置

1968年12月22日，毛泽东主席发出"知识青年到农村去，接受贫下中农的再教育"号召，城市知识青年开始上山下乡，至1980年，全县共接收上山下乡的城镇知识青年3 488人，其中广州市231人，汕头128人，海口市1 570人，本县1 760人，安置到11个公社农场和县办的知青场、县"五七"场、洪涛坡农场、乌坡药材场、公路林场、雷公滩水库、高坡一水库、县农科所、县油茶研究所、木色水库、黄竹岭林场等单位。1981年后，知识青年停止上山下乡，同时通过招干、招工、升学、参军、顶替等途径回城，"文化大革命"结束后知青成批回城，至1981年底止上山下乡知青已全部回城。

知青回城后，待业人数猛增，为了解决这批人员就业问题，政府通过多种渠道安置，不能安排就业的鼓励他当个体户。从1980—1998年，全县共安置城镇待业人员2 990人，其中全民所有制企业、事业、服务行业等单位906人，集体所有制企业、服务行业等单位584人，当个体户1 500人。

（第十九编第三章《劳动管理》，第512页）

《儋县志》

儋县志编纂委员会编，新华出版社1997年

（1971年）7月15日，县革命委员会发出通知，动员本县知识青年、城镇青年上山下乡。安置人数1 762人，其中就地插队1 246人，安置海口、汕头等地知青500人，海南"五·七"干校15人。

（《大事记》，第35页）

1965年，上级开始号召知识青年上山下乡。当时知青下乡人数不多。1968—1972年，全县上山下乡的青年有2 118人，其中1972年安置广州、汕头、海口等地知青1 868人（分布在那大公社及地方东方红、南辰、东风、番加农场），安置本县知青250人；1973年安置外地知青168人，本县知青417人；1974年安置外地知青49人，本县知青598人；1975年安置外地知青3人，本县知青783人；1976年安置外地知青6人，本县知青689人；1977年安置知青508人；1978年安置知青6人。10年共接收安置上山下乡知青5 345人，其中广州、汕头、海口等知青2 094人，本县知青3 251人。

据统计，至1977年，上山下乡知青已有133人光荣加入了中国共产党，有1 207人加入共青团，有204人参加各级领导班子，还有402人任了农村理论辅导员、农业技术员、民办教师、赤脚医生、拖拉机手、会计员、保管员等，成了农村三大革命运动的骨干力量。历年来全县为上山下乡知青建房1 146间、27 540平方米，解决了2 476人的住房问题。1978年后无知青上山下乡。至1990年全县上山下乡知青基本回城安排工作。未回城的少量知青，也成为地方国营农场的骨干力量。

（卷廿七第二章《劳动人事》，第699页）

《临高县志》

《临高县志》编委会编，广东人民出版社1990年

是年（1968年），组织知识青年上山下乡劳动。到1979年，全县共接收下乡知识青年4 313人。其中县内2 051人，广州、汕头、海口等地2 262人。　　　　　　（《大事记》，第28页）

1971年，开始从上山下乡知识青年中招工，招工对象要经过2年锻炼，群众推荐，民主评议，领导审批。全县招工114人，其中本县10人，海南区直属机关84人，汕头14人，广州4人，海口市2人。

1975年6月，本县招收集体所有制职工300人，其中留城知青40人，上山下乡和回乡知青150人，农村退伍军人110人。……

1980—1982年，贯彻了中共中央（1980）64号文件提出的"由劳动部门介绍就业，自愿组织起来和自谋职业相结合"的方针，广开就业门路，安排就业人员2 816人，其中临时工转为固定工830人，退休顶替161人，下乡知青309人，退伍转业军人291人，从农村招收486人，其他人员739人。　　　　　（第三十三章《人事　劳动》，第309—310页）

1968年，本县首批接收广州知青48人和县城机关知青128人上山下乡，到农村插队落户。1971—1972年，广州军区生产建设兵团和地方国营农场开始招收职工，本县先后动员195名知青到海南木排热作农场、白沙县卫星农场和国营红华农场落户。

1973年，安置知青的办法采取集中安置，重点到社、队农场组建集体户，不搞分散插队。到1976年，有4 313名知青，分别到全县15个公社农场和19个生产大队农场落户，兴办38个知青点。国家给全县的知青经费141.78万元，兴建房屋3 057平方米。

为了做好知青安置工作，1974年8月22日召开了临高县第一届上山下乡知识青年先进集体代表大会。出席代表169人，其中知青代表102人，家长代表17人，贫下中农代表30人，其他代表20人。大会选出6名知青代表出席了广东省知青先代会。1977年8月21日，召开了临高县第二届知青先代会，出席代表386人，列席代表50人，会议选出知青代表47人，参加海南区知青先代会。

1979年止，全县共安置知青4 313人，其中广州地区48人，汕头地区1 002人，海口1 205人，本县2 057人，其他7人。知识青年在县各级党委和政府的关怀下，有71人入党，1 300人入团，459人参加各级领导班子，161人应征入伍，281人被推荐和考入大中专院校。

（第三十三章《人事　劳动》，第310—311页）

《保亭县志》

保亭黎族苗族自治县地方志编纂委员会编，南海出版公司 1997 年

（1973 年）7 月 7 日，县成立知识青年上山下乡工作小组。同时将知青办公室改为县知青安置办公室。 　　　　　　　　　　　　　　　　　　（《大事记》，第 21 页）

1972 年，开始从上山下乡知识青年中招工，招工对象要经过 2—3 年的锻炼，群众推荐，民主评议，领导审批。 　　　　　　　　　　　（第二编第七章《人事劳动》，第 139 页）

《白沙县志》

海南省白沙黎族自治县地方志编纂委员会编，南海出版公司 1992 年

（1966 年）12 月 24 日，白沙县接收汕头市一批上山下乡知识青年共 300 名，安置到各集体所有制的社办农场和县武装大队落户。 　　　　　　　　（《大事记》，第 23 页）

是年（1973 年），白沙县第一次动员应届初高中城镇毕业生 105 人上山下乡到县知青农场落户。 　　　　　　　　　　　　　　　　　　（《大事记》，第 26 页）

（1982 年）12 月，县人事部门吸收 10 名有工作经验、德才兼备的退伍军人、回乡知识青年和个别"以工代干"人员为国家干部。 　　　　　　　　（《大事记》，第 30 页）

1973 年为安置上山下乡知识青年，正式命名为地方国营白沙县青年农场。
　　　　　　　　　　　　　　　　（第二编第七章《热带作物》，第 105 页）

1979 年，全县招工 302 人，其中回城青年 156 人，当年退伍军人 12 人，落实政策安置 80 人。 　　　　　　　　　　　　（第三编第三十一章《劳动人事》，第 233 页）

《琼中县志》

琼中黎族苗族自治县地方志办公室编，海南摄影美术出版社 1995 年

是年（1956 年），本县从汉区招来 120 名知识青年分配各农业合作社当会计。

　　　　　　　　　　　　　　　　　　　　　（《大事记》，第 26 页）

5 月 26 日—6 月 6 日,岭头茶场、白马岭茶场接受广州知识青年建设海南先遣队前来落户。

（《大事记》,第 37 页）

"文化大革命"初期,大批知识青年上山下乡插队劳动。1972 年后,陆续收回县安排工作,至 1978 年,安置 731 人(含临时工转固定工人数)。（第十五编第二章《劳动》,第 571 页）

"文化大革命"期间,各类学校增多,上面分配来的教师供不应求。民办和代课教师迅速增加。这些人皆为回乡知识青年,未经过专业训练,素质较差。

（第十七编第一章《教育》,第 619 页）

《陵水县志》

陵水黎族自治县地方志编纂委员会编,方志出版社 2007 年

(1974 年)6 月 11—12 日,陵水县革委会召开上山下乡知识青年先进分子经验交流大会。出席代表 80 人,其中妇女代表 32 人。会议总结交流经验,表彰先进。

（《大事记》,第 57 页）

8 月,在县委的重视下,陵水县创办一个比较大的知识青年甘蔗场(陵水县旧机场),开荒种植甘蔗 1 500 亩。

（《大事记》,第 57 页）

(1976 年)4 月 20—25 日,陵水县第二次上山下乡知识青年先进单位、积极分子代表大会在陵城镇召开。出席代表 127 人。选出 22 名积极分子参加海南区知识青年积极分子代表会议。

（《大事记》,第 58 页）

(1977 年)7 月 20 日,陵水县第三次上山下乡知识青年先进集体、积极分子代表大会在陵城镇召开。出席代表 154 人。大会交流经验,表彰三个先进单位和 25 名先进个人。

（《大事记》,第 59 页）

1971 年,开始招收上山下乡知识青年回城当工人,被招收对象还须经群众推荐,经两年劳动锻炼和单位审批,才能成为正式工人。是年全县招收工人 91 人。1975 年 6 月,全县招收集体所有制工人 240 人,其中留城知青 32 人,上山下乡和回乡知青 120 人,农村退伍军人 88 人。

（第九编第二章《劳动管理》,第 278 页）

1980—1982 年，贯彻执行中共中央[1980]64 号文件关于"由劳动部门介绍就业，自愿组织起来和自谋职业相结合"的方针，广开门路，安排就业 2 252 人，其中……下乡知青 247 人……
(第九编第二章《劳动管理》，第 279 页)

1971—1977 年，经海南黎族苗族自治州劳动主管部门批准，共招收工人 318 人，其中留城知识青年 32 人，上山下乡和回乡知青 120 人……(第九编第二章《劳动管理》，第 279 页)

《三亚市志》

三亚市地方志编纂委员会编，中华书局 2001 年

(1970 年 4 月)1 日，崖县第一批知识青年上山下乡。　　　　(《大事记》，第 61 页)

是月(1974 年 6 月)，召开"崖县上山下乡知识青年先进集体和先进个人代表会议"，代表 134 人。会议内容：总结经验，表扬先进，做好对青年再教育。　　(《大事记》，第 64 页)

知识青年安置

70 年代全县共接收外地知青共 1 504 人，本县城镇知青上山下乡 2 887 人。1971 年起，通过招工、顶替、大中专院校(包括技工学校)的招生、应征入伍等途径，逐年安置下乡知识青年的就业。至 70 年代末，参军的 139 人，升学的 34 人，被招干的 15 人。1978 年 10 月，国务院规定县以下的城镇知识青年不再列入上山下乡的范围。此后大批知青回城。至 80 年代初，全县有 272 名知青回原派遣地潮安县安置，剩余的 127 名由本县安置。其中，有 3 名下乡知青与当地农民结婚，留居农村，县政府按规定发给其一次性的补助。此间有 235 名县籍下乡知识青年回城自谋职业。有 327 名下到国营农、林场的知青，就场转为工人。

(第二十一编第二章《劳动管理》，第 682 页)

《乐东县志》

海南省乐东黎族自治县地方志编纂委员会编，新华出版社 2001 年

知识青年安置　1966 年，乐东县与有关单位搞好岛外知识青年来国营农场(当时称广州军区生产建设兵团)落户的工作。1970 年和 1971 年，各级革委会有计划安排一批城镇初高中毕业青年，在所在地街道企业或社队企业工作。1972 年 10 月，原海南黎族苗族自治州组织一批知识青年到乐东县番阳公社农场(1986 年划归通什市)、三平公社头塘大队农场、洋老农场和抱由公社综合农场落户；11 月，乐东县组织第一批知识青年上山下乡。1973 年

8月,乐东县成立知识青年上山下乡领导小组(后改为知识青年上山下乡工作办公室),负责在全县范围内有计划地组织动员城镇知识青年(包括城镇闲散劳力)上山下乡参加农业生产劳动。年底,组织第二批知识青年到石门牧场、大安水库、石门铅锌矿、三八场和扫水菜场落户。1974年8月,组织第三批知识青年到县经济作物场、尖峰腰果场、卡法岭林场落户。到1978年,全县11个国营单位(卡法林场、长茅水库、大安水库、石门牧场、县经济作物场、尖峰腰果场、抱由林场、南丰畜牧场、农科所、石门铅锌矿、佛罗林场)和2个集体单位(三八场、扫水菜场),均有乐东县知识青年落户,人数共有1932人。1974年以后,上山下乡的知识青年,具有两年工龄的开始被招工、招干、招考和应征参军。全县至1982年底,有1900人分别以参军、招工、招干、升学、顶替、病退等原因返回城镇。乐东县上山下乡知识青年安置如下表:

上山下乡知识青年安置表

年份	上山下乡人数	撤离人数	其中招工	年份	上山下乡人数	撤离人数	其中招工
1972	203	—	—	1978	5	387	252
1973	196	—	—	1979	—	446	328
1974	447	—	—	1980	—	371	204
1975	503	178	94	1981	—	156	6
1976	444	196	122	1982	—	43	3
1977	337	98	76				

(卷十六第二章《劳动管理》,第558—559页)

《昌江县志》

海南省昌江黎族自治县地方志编纂委员会编,新华出版社1998年

(1969年)4月,县200多名知识青年开始"上山下乡"接受贫下中农再教育。

(卷首《大事记》,第47页)

70年代初,本县开办10多间厂矿,劳动力多从农村招收,口粮自理。至1975年前后相继……下马后,工人大部分由劳动局安排到其他厂矿就业。属知青上山下乡的则按政策批准回城工作,属自理口粮的用工则回原籍务农。 (卷三十三第二章《劳动就业》,第779页)

1969年,大批城镇知识青年响应毛主席关于"知识青年到农村去,接受贫下中农的再教育"号召,县革委会成立了知识青年上山下乡安置小组,下设安置办公室。除动员本县知识

青年上山下乡外,还接收了从潮汕地区来本县落户的青年(其中一部分是城镇居民)共1 721人。全县在11个乡镇设有知青点23个,对在农村落户的知识青年,在生活上给予适当的照顾。单身插队的每人补助230元,全家插队的平均每人补助160元,供应半价粮30市斤、食油4两,大多数知青安排住瓦房。在近2 000名知青中,根据当时招工招干的条件,1972年有21人被吸收为干部、教师和工人。1973年至1980年,逐步落实党中央对上山下乡知识青年的政策,小部分安排在当地就业,大部分返回原籍,恢复城镇户口,自谋职业。至1980年止,全县上山下乡的知识青年全部安置完毕。　　(卷三十三第二章《劳动就业》,第780页)

《廉江县志》

廉江市地方志编纂委员会编,广东人民出版社1995年

是月(1964年7月),县知识青年上山下乡工作办公室成立。在此前后,安铺镇先后组织600多名知识青年到安铺青年农场(今"五·七"乡)参加生产劳动。(《大事记》,第38页)

是年(1977年)底止,本县共有13批8 469名知识青年到海南和湛江地区部分县的农场、农村插队。1978年后,"上山下乡知识青年"陆续回县安排工作。　　(《大事记》,第47页)

从1964年起,县人民政府采取灵活方针和多种渠道的安置政策,除劳动部门招工安置外,还鼓励自愿组合,组办集体所有制工业、服务业和商业,提倡从事家庭副业和自谋职业,并于1964年至1965年动员近千人上山下乡,缓和了待业人员不能就业的矛盾。1966年至1976年,由于"文化大革命"十年动乱,国民经济受到损失,劳动就业实行"统包统配"等原因,加上一面动员城镇知识青年上山下乡,一面又从社会吸收一批青年到机关、企事业单位工作,致使城镇大批高中、初中毕业生不能及时升学和就业,长期处于待业的状态。1978年至1979年,大批上山下乡知识青年回城等待就业。1979年底统计,全县共有城镇待业人员8 338人。此时,劳动就业已成为一个相当严重的社会问题。1980年以后,县人民政府采取劳动部门介绍就业、自愿组织起来就业和自谋职业相结合的方针,扩大生产,发展经济,扶持集体企业,广开劳动就业门路,使劳动就业工作出现了新局面。

(第六编第二章《劳动就业》,第713—714页)

第四节　城镇知识青年安置

1964年6月,县成立知识青年上山下乡安置办公室,开始在全县范围内有组织有计划地动员城镇知识青年上山下乡插场、插队。当年,本县动员第一批知识青年676人下乡,安置在安铺知青场参加劳动。1965年至1966年,又动员839人分别到阳春、雷州林场等地插

队。1968年,大量知识青年上山下乡,全县1072名知识青年分别到廉江和海南等地生产建设兵团(即农场)、海康、遂溪和廉江等地农村插队。此后,城镇每年都有一批知识青年上山下乡。自1964年至1977年,全县先后动员13批8417人上山下乡,安排在海南、湛江等地部分县的农林场和农村参加生产劳动。1978年后,县革委会决定不再动员知识青年上山下乡。

从1971年起,通过企事业单位招工、大中专院校招生、应征入伍、转干等途径,逐步安置下乡知识青年。当时,一面安置一面动员知识青年上山下乡,故至1978年,下乡在本县和外县农村的3971名知识青年中,仍有2324人在农村参加生产劳动。1978年起,对下乡知识青年(不含下到农林场的),分别以下面不同情况予以安置:提倡自谋职业,对有专长的知识青年,支持他们就近开业;协助做好顶替招工;就近安排已有配偶的知识青年在乡镇企业单位;统筹安置在国营、集体企业;下乡知识青年参军从部队退伍后,由劳动部门安置就业;下乡在外县的知识青年,原则上由该县负责安置,对无法招工就业的,均允许回城待业;对到来本县农村(回原籍插队或因战备疏散、结婚而来)的广西、四川和广州市等地的城镇知识青年,除病退、困退、顶职等回去外,其余的本县予以安置就业。经采取上述措施后,1983年,全县下乡知识青年基本安置完毕。　　　　　　　(第六编第二章《劳动就业》,第714—715页)

本县烈属、军属和残废军人享受人民群众优待,各个时期不同。……1982年开始,实行现金优待,……

凡从国家机关、团体、企事业单位和集体所有制单位应征入伍的,实行按其本人月工资额的二分之一(低于20元的则按20元)发给其家属,由原工作单位在工资科目内列支。

知识青年应征服役的,在原应征入伍的城镇、街道举办的生产服务单位收入或其他收入中解决,按每月20元发给其家属。　　　　　　　　(第六编第三章《民政事业》,第721页)

《廉江县劳动志》

《廉江县劳动志》编写小组编纂,广东科技出版社1991年

1964年国务院《关于动员和组织城市知识青年参加农村社会主义建设的决定》下达时,本县动员了第一批"知青"676人下乡,安置在安铺青年农场等地劳动。

1965年,动员"知青"289人下乡。其中有236人到阳春林场插队,有53人到外县插队。1966年,动员"知青"550人到雷州林场插队。1968年,全县进行大动员,"知青"下乡形成高潮。对不愿下乡的实行"三不"(不招工,不招兵,不供粮)的强制方法。结果,这一年动员了1072人下乡。其中到生产建设兵团的有471人,本县各公社、大队插队的42人,到海康、遂溪农场插队的有535人,到海南农场的5人。此后,每年都进行动员,年年城镇都有一批"知

青"到农场插队或到农村落户。1964—1977年,先后动员了13批,共8 469人上山下乡。

另外,1965—1970年,本县还接收省、市等地到廉江县插队落户的"知青"52人,并分别安置在"东升"、"黎明"、"晨光"等国营农场。

1978年后,本县城镇非农业人口的中学毕业生则不再动员上山下乡。

(第二章《劳动就业》,第25页)

"知青"下乡安置形式有2种:一是分散回乡,主要是回原籍,家中有直系亲属的,则直接到所在生产队安家落户;二是集体下乡插队落户。

为了加强"知青"工作的领导和管理,县委成立"知青"领导小组和"知青"办公室;各公社由副书记为首组成"知青"领导小组;有"知青"插队的大队党支部成立"知青"领导小组和设有"知青"带班人;下乡"知青"均划分"知青"小组,有正副组长,加强对"知青"领导和管理。

下乡"知青"的生活,每年由省按下乡人数拨下安置经费。1970年安置经费标准为:单身插队的每人230元;成户插队的,每人160元。1968—1970年省拨下安置经费合计为25 878.98元。这笔经费使用是:需新建住房的"知青",县按每人220元拨下公社。其中:建房费140元,生活费40元,农具费20元,家具费20元。除生活费发给个人外,其余的由大队统一掌握。省拨下的安置经费标准逐年有所提高。1968年,单身插队的安置经费标准是每人每年175元,到1975年则提高到每人每年480元。其他建房所需木材、水泥等材料,由省、市列入计划下达。

1973年后,下乡"知青"粮油供应标准是:第一年每人每月17.5公斤粮,250克花生油,由国家统销供应。一年后,粮油则参加集体分配。如果正常出勤,而所在公社、大队口粮水平低于22.5公斤原粮的,由国家统销补足。

(第二章《劳动就业》,第26页)

从1971年起,根据国家招工政策规定,每年均有计划地招收"知青"回城就业。据统计,全县历年下乡知识青年共8 469人(表2-4),到1985年,除参军、升学外,其余全部招收回城就业;对已婚的插队知识青年,则就地就近安排在公社厂场企业单位,或招工回城。

表2-4 历年下乡知青情况表

单位:人

年度	下乡人数	其 中		
		廉江县	湛江市	广州市
总计	8 469	8 417		52
1964	676	676		
1965	289	289		
1966	550	498		52
1967				
1968	1 072	1 072		
1969	828	828		

年度	下乡人数	其　　中		
		廉江县	湛江市	广州市
1970	971	971		
1971	339	339		
1972	164	164		
1973	409	409		
1974	487	487		
1975	840	840		
1976	577	577		
1977	1 267	1 267		

（第二章《劳动就业》，第 27 页）

《化州县志》

化州市地方志编纂委员会编，广东人民出版社 1996 年

是月（1964 年 8 月），成立化州县城镇下乡人员安置领导小组，动员和安置 200 名知识青年下乡参加农业生产。　　　　　　　　　　　　（《大事记》，第 60 页）

（1969 年）8 月 17 日，成立化州县动员安置知青上山下乡领导小组，各公社也成立相应机构，动员、组织城镇知识青年到农村、工厂、国营农林场和海南国营农场插队落户。此后，多次动员。至 1977 年底，共有 3 216 人上山下乡。1979 年至 1980 年，绝大部分知青回城安排就业。　　　　　　　　　　　　　　　　　　　　（《大事记》，第 65 页）

是月（1973 年 8 月），广州军区生产建设兵团八师九团（今红峰农场）上山下乡知识青年十三连指导员谢康莲（女）被选为中共第十次全国代表大会代表，赴京出席"十大"。

　　　　　　　　　　　　　　　　　　　　　　　　　　　　（《大事记》，第 68 页）

是月（1976 年 3 月），在官桥公社水口水库办知识青年农场，安排部分城镇知青劳动就业。　　　　　　　　　　　　　　　　　　　　　　　　（《大事记》，第 70 页）

（1977 年）6 月，安置回城知识青年 400 人劳动就业。　　（《大事记》，第 71 页）

1969 年，中央决定组建广州军区生产建设兵团，化州垦区编为兵团第八师。各农场均

编为团,改农垦企业为军事建制。此后两三年间,接收了上山下乡知识青年4 132名和吸收复退军人1 096名,扩大了兵团(农垦)队伍。 (第七篇《农垦》,第304页)

60年代末,大规模动员城镇知识青年上山下乡,县劳动部门安排就业的不多。其时,主要是安排城镇复退军人及部分留城、回城知青就业。……至70年代末,大批上山下乡知青回城,再加上"文化大革命"以来劳动就业门路被阻塞,以致城镇待业人员激增。为解决就业问题,县劳动部门打破以往的"统包统配"方法,贯彻执行"在国家统筹规划指导下,实行劳动部门介绍就业,自愿组织起来就业和自谋职业"的就业方针,实行国营、集体、个体、私营多渠道安排就业。据统计,1979—1981年,全县通过多种渠道安排回城知青2 100人就业,城镇待业青年7 833人就业,共9 933人。 (第二十一篇第二章《劳动》,第736页)

1978年中共十一届三中全会后,落实下乡知青政策,大量安排回城知青及城镇待业青年就业,职工队伍迅速扩大,至1981年,全县有职工29 735人,其中全民所有制职工21 429人,集体所有制职工8 306人。 (第二十一篇第二章《劳动》,第737页)

《高州县志》

高州市地方志编纂委员会编,中华书局2006年

(1964年)9月22日,县城镇第一批知识青年110人下乡插队落户欢送大会在县城召开。从1964—1978年全县上山下乡插场插队的知识青年共5 580人。1967年11月,高州县上山下乡知识青年安置办公室成立。到1982年12月,全县上山下乡知识青年都招收回城镇安置就业。 (《大事记》,第68页)

(1970年)6—7月,县动员知识青年到海南岛插队落户。 (《大事记》,第71页)

(1975年)6月16—19日,全县青少年学雷锋、知识青年上山下乡先进单位积极分子代表大会在县城召开,出席代表650人。 (《大事记》,第74页)

1969—1970年用于干部下放劳动经费71.1万元,城镇知识青年上山下乡经费112.2万元。 (第十篇第一章《财政》,第1040—1041页)

1964—1978年,每年动员一批"知青"上山下乡,插队插场(生产队、国营或集体的农、林、牧、渔、茶场)。1964年9月22日,在县城召开7千多人的欢送大会,欢送高州县第一批

知识青年下乡插队。这批下乡插队共 120 人,其中高中生 23 人,初中生 67 人,高小生 15 人,初小生 15 人,分别到石鼓、祥山、南塘、顿梭四个公社插队。此后,年年都动员知识青年上山下乡,插队插场"落户"。除在高州县插队插场外,还动员大批"知青"到湛江地区和海南行政区的农、林、牧、渔、茶场插场"落户"。1964—1978 年,全县动员了 5 581 名"知青"上山下乡插队插场。

1972 年开始,对上山下乡"知青"根据招工、招生政策规定,每年都有计划地招收部分"知青"回城就业或升学。1982 年 12 月,把下乡插队最后仍在农村的 7 名"知青"招收到企事业单位工作。至此,所有的下乡插队"知青"除参军、升学、出国者外,全部回城就业或待业。

1980 年,随着知识青年上山下乡政策的调整,城镇待业人员急剧上升,全县城镇待业人员由上年的 1 151 人猛增到 3 530 人,增加 2 倍多。为适应新的情况,1980 年底,成立了高州县劳动服务公司,组织、指导全县的城镇就业工作。

(第十四篇第二章《劳动》,第 1261—1262 页)

1964—1978 年高州县知识青年上山下乡人数一览表

年份	人数	年份	人数
合计	5 581	1971	141
1964	146	1972	152
1965	98	1973	437
1966	291	1974	270
1967		1975	978
1968	441	1976	637
1969	892	1977	552
1970	537	1978	9

(第十四篇第二章《劳动》,第 1263 页)

《信宜县志》

信宜县地方志编纂委员会编,广东人民出版社 1993 年

(1955 年)12 月下旬,全县 1 998 名青年移居徐闻县垦荒。　　　　(《大事记》,第 44 页)

11 月 2 日,县革委会决定,……工农兵进学校讲课,重新组织教师队伍;教师不足,从复退军人、知识青年、学习毛泽东著作辅导员中选用,师资质量严重下降。1966 年到 1968 年

初,高中毕业的 16—25 周岁而无固定职业的城镇户口青年,全部上山下乡,插队落户,接受所谓"再教育"。(《大事记》,第 53 页)

1973 年 6 月,成立信宜县劳动局,主管职工调配、工资管理、劳动就业、安全生产、劳动保险、职业技术培训、上山下乡知识青年安置以及劳务输出等工作。

(第二编第二十二章《劳动　工资》,第 617 页)

"文化大革命"期间,实行"统包统配"的劳动政策,就业门路越走越窄,城镇大批知识青年就业问题难以解决,于是从 1968 年开始,采取上山下乡的办法解决待业青年的就业出路,至 1978 年,全县上山下乡知识青年达 3 742 人。这些人,从 1979 年起陆续安置回工矿企业单位,至 1982 年,已基本安置妥当。　(第二编第二十二章《劳动　工资》,第 619—620 页)

《阳春县志》

阳春市地方史志办公室编,广东人民出版社 1996 年

(1968 年)11 月 20 日,本县首批上山下乡的高、初中毕业生 130 人,到国营三叶农场"安家落户"。12 月 31 日,又一批知识青年 256 人下放农村。至次年统计,全县接受安置省、地区和本县知识青年下乡共 1 279 人。(《大事记》,第 55 页)

1964 年 8 月至 1965 年 8 月,本县接收安置湛江地区、廉江县上山下乡知识青年 311 人,其中湛江地区 37 人,廉江县 274 人。

1968 年 11 月 20 日,执行毛泽东"知识青年到农村去,接受贫下中农再教育,很有必要"的指示,本县首批上山下乡的高、初中毕业生 130 人,分到三叶农场安家落户。1968—1977 年的 10 年中,全县安置上山下乡知识青年 11 171 人,其中本县 8 476 人,广州市 2 515 人,湛江市 180 人等。这几批外地知识青年到 1980 年底,先后由原动员上山下乡的劳动部门、知青部门和本县劳动部门招收安置为全民所有制或集体所有制工人。　(第十编第四章《劳动》,第 700 页)

《阳江县志》

阳江市地方志编纂委员会编,广东人民出版社 2000 年

是年(1978 年),知识青年上山下乡结束。从 1964 年起至 1978 年止,全县上山下乡知识青年共1.260 3 万人,另安置广州、湛江、佛山等地知识青年 1 520 人。1979 年起逐步回城,至 1983 年止,除 10 名外,其余均已回城安置就业。(《大事记》,第 98 页)

1968 年毛泽东主席发出"知识青年到农村去,接受贫下中农再教育,很有必要"的指示后,知识青年上山下乡从一般号召,转变为"文化大革命"的政治运动。到 1978 年全县上山下乡知识青年达 1.2 万多人。 （第二十八编第六章《"文化大革命"》,第 735 页）

1964 年开始动员城镇知识青年上山下乡,"文化大革命"期间,……知识青年继续上山下乡。 （第三十三编第二章《劳动就业与管理》,第 817 页）

知识青年上山下乡安置

从 1964 年开始,至"文化大革命"期间,在"接受贫下中农再教育"的名义下,这项工作被作为政治运动来搞。从 1964 年起至 1978 年止,全县共动员上山下乡知识青年 1.260 3 万人。其中到海南农场林场 2 100 人,到本县农场 2 944 人,到本县农村插队 7 539 人,回父母原籍(外县)插队 20 人。另广州、湛江到阳江县农村插队的有 1 520 人。安置经费,1965 年插队每人平均 382.20 元,新建队每人平均 380 元,成户插队每人 150 元,1973 年结算发下公社的每人 450 元,使插队青年生产费用得到解决,生活困难得到补助。

1979 年实行新的就业政策后,上山下乡知识青年得到回城安置,至 1983 年止,除 10 名知青农村安家落户不要求回城安置外,其余均已回城安置就业。

（第三十三编第二章《劳动就业与管理》,第 819 页）

《电白县志》

广东省电白县地方志编纂委员会编,中华书局 2000 年

(1964 年)7 月 22 日,湛江专区在水东镇召开城镇工作和知识青年下乡安置工作会议,由地委副书记冯志仁主持,共 181 人参加,历时 5 天。 （《大事记》,第 74 页）

是年(1965 年),全县有 185 名城镇知识青年下乡插队务农。 （《大事记》,第 76 页）

是年(1968 年),知识青年大规模上山下乡。水东、博贺、电城、沙琅四镇社会青年 131 人及年内初、高中毕业生 300 人都先后被动员上山下乡。同时接收安排广州知青 500 人。

（《大事记》,第 80 页）

(1969 年)4 月,小良公社白沙大队回乡知识青年、造林绿化积极分子王美季出席中共第九次全国代表大会。 （《大事记》,第 80—81 页）

是月（1973年8月），小良公社回乡知识青年、造林模范王美季被选为中共第十届中央候补委员。

（《大事记》，第84页）

1978年后，大批上山下乡知识青年陆续回城工作。

（第三篇第十四章《劳动 工资》，第620页）

1964年1月16日，中共中央、国务院发布"关于动员和组织城市知识青年参加农村社会主义建设的决定"，电白县开始动员城镇知识青年到农村人民公社的生产队去落户。至1966年，从水东、电城、博贺、沙琅4个镇动员城镇知青405人，分别安置到马踏、电城、大榜、沙琅4个人民公社农场和91个生产队插队落户。

1968年12月22日，毛主席发出"知识青年到农村去，接受贫下中农再教育，很有必要"的指示，县再次掀起轰轰烈烈的下乡插队高潮。动员回城知青回原落户生产队坚持"抓革命，促生产"，并将下乡插队对象由原来的初、高中毕业生扩大到城镇闲散居民，插队范围扩大到国营农、林、茶场等单位。1968年有428名知青到国营曙光农场和水丰农场插队；1969年有166名知青到海南岛白沙县卫星农场、昌江县文河农场、东方县广坝农场插队；1970年有90名知青到广东省生产建设兵团第九师第八团和第九团插队；1971年有202人到阳江县阳江茶场和生产建设兵团第八师第八、九团插队；1972年有79人分别到电白县文锋农场和电城镇镇办知青场插队。

1973年8月，贯彻省委"关于《广东知识青年上山下乡初步规划和实施办法》的通知"精神。县委、县政府规定，凡城镇户口的高中、初中毕业生和无职业的社会青年，除因病残不能参加农业生产劳动的、独生子女的、多子女身边只留一个子女的外，均为下乡对象，凡未经批准留城的，不经过上山下乡锻炼的青年，不能分配工作。从此，全县各单位和公社迅速行动起来，大搞知青点、队建设。1973—1977年，办了工交、财贸、文教、卫生、水电、林业等8个县直机关知青场和23个人民公社（镇）知青场，共接纳安置下乡知青3 087人。1978年后，城镇知青下乡插队停止。

下乡、回乡知识青年到农村或农场安置以后，县根据上级招工政策规定，每年均有计划地统筹招收知青就业，也推荐部分知青上大学深造。1978年，由县劳动局、知青办、经委、财办等单位抽调有关人员组成知青安置领导小组，对上山下乡知青作善后处理工作，至1982年，全县有近4 000名下乡、回乡知青回城安置就业。随后，其农村户口的子女及配偶也相继迁离农村，回原户籍地入户。

（第三篇第十四章《劳动 工资》，第622页）

60年代后期，群众来信来访的主要内容是"文化大革命"派性斗争中伤残人员的生活安置、揭发滥用国家财产和知识青年上山下乡所遇到的困难等。1968年接待来信来访99件（次）。

（第四篇第一章《政党》，第660页）

《吴川县志》

《吴川市地方志》编纂委员会编，中华书局 2001 年

吴川县的财政预算支出，按不同性质及其用途分为四大类：(1)经济建设费类，包括企业投资、企业挖潜改造资金、简易建筑费、科技三项费用、农林水利气象事业费、支援农村生产支出、工业交通等部门事业费、城市维护费、城镇知识青年上山下乡和就业经费等。

（第十一编第一章《财政》，第 554 页）

1981 年，把知识青年上山下乡安置办公室工作，并入劳动局管理。

（第十七编第二章《劳动》，第 762 页）

知识青年安置

（一）上山下乡　根据 1964 年 1 月 16 日，中共中央、国务院《关于动员和组织城镇知识青年参加农村社会主义建设的规定》，本县及时成立知识青年上山下乡安置办公室，对城镇未分配工作的高中、初中毕业生和无职业社会青年，有计划地组织分配到本县和外县的农、林、果、渔、茶场和农业生产合作社、队，参加生产劳动。

1966 年"文化大革命"开始，上山下乡的知识青年大部分回城"闹革命"。1967 年插场、插队、落户工作暂时停止。1968—1970 年恢复知识青年上山下乡。1971 年，城镇高中、初中毕业生实行统一招工，统一分配，插场、插队、落户工作又停止。1972—1978 年又恢复知识青年上山下乡。

据统计，1964—1978 年，知识青年安置本县插场、插队的有 2 079 人；安置外县插场、插队的有 3 266 人；回家乡插队落户的有 258 人；外省转入本县农场的有 5 人。全县历年安置经费共拨款 95 290 元，帮助上山下乡知识青年建房 600 多间。

1964—1978 年吴川县城镇知识青年上山下乡安置情况表　　　　单位：人

年份	总计	本县安置			外　县　安　置								回归家乡插队
		国营农林场	集体知青场	农村插队	海南农场	湛江农垦场	湛江林场	雷州林场	斗门平沙农场	遂溪干校	徐闻插队	遂溪插队	
合计	5 603	763	963	353	554	678	473	460	587	45	345	124	258
1964	469	85	75	90		219							
1965	101	44		57									
1966	535	27						118		45	345		
1968	252			10				242					
1969	107			9	98								

年份	总计	本县安置			外县安置								回归家乡插队
		国营农林场	集体知青场	农村插队	海南农场	湛江农垦场	湛江林场	雷州林场	斗门平沙农场	遂溪干校	徐闻插队	遂溪插队	
1970	739			44	456		115					124	
1972	163						163						
1973	550	272	49	4			125		100				
1974	211		162	5			40						
1975	933	1	21	104					587				200
1976	517		2	22		459							34
1977	931	239	654	8			30						
1978	95	95											

1964—1978年吴川县知识青年上山下乡安置经费表　　　　单位:元

年　份	总　计	下放农、林场安置费	下放农业生产社、队安置费
合计	952 590	892 670	89 920
1964	89 985	25 500	64 485
1965	24 376	10 350	14 386
1966	39 439	28 390	11 049
1967	4 220	4 220	
1969	7 470	7 470	
1970	15 000	15 000	
1971	8 553	8 553	
1972	3 244	3 244	
1973	34 170	34 170	
1974	184 830	184 830	
1975	70 000	70 000	
1976	43 700	43 700	
1977	349 900	349 900	
1978	77 343	77 343	

　　（二）回城安置　城镇知识青年上山下乡后,在参加农村劳动期间,其中在本县场队参军的有79人,考进大中专院校学习的有83人,死亡的有7人。本县根据上级招工政策,每年都有计划地招收他们回城就业。到1987年止,绝大部分知识青年都已迁离农村,通过招

工、补员、升学、参军等途径,安排他们就业,并鼓励从事个体工商业经营,还在可能范围内解决他们经济上的困难。1979—1986 年,全县共拨出知识青年就业经费 462 400 元,就业贷款 47 500 元。

1979—1986 年吴川县知识青年回城就业经费情况　　　　　　　单位:元

年 份	就业经费	年 度	就业经费
合计	462 400	1983	93 500
1979	23 900	1984	108 500
1980	41 500	1985	21 000
1981	82 500	1986	9 000
1982	82 500		

(第十七编第二章《劳动》,第 765—767 页)

1958 年,受"大跃进"影响,教育事业超越客观条件发展,中小学教职员人数猛增,极大部份从社会闲散劳动力和回乡、下乡知识青年吸收。　　(第十九编第一章《教育》,第 879 页)

《徐闻县志》

徐闻县志编纂委员会编,广东人民出版社 2000 年

(1969 年)4 月,农垦系统改组为生产建设兵团,徐闻农垦隶属于生产建设兵团 7 师。

(《大事记》,第 34 页)

(1972 年)6 月 22 日,成立徐闻县知识青年上山下乡领导小组。　　(《大事记》,第 35 页)

1964 年县成立城镇下乡人员安置办公室,开始在全县范围内有计划、有组织地动员城镇待业人员和知青上山下乡务农。至 1977 年止,动员和安置城镇 17 岁以上的知青 4 772 人到农村或农场落户,其中徐闻县下乡插队落户知青 3 193 人,信宜县到徐闻落户的知青 389 人,吴川县到徐闻落户的知青 365 人,湛江市到徐闻插队落户的知青 315 人,广州市到徐闻插队的知青 112 人。

城镇知青下乡务农,其安置形式有 4 种:一是到国营农场、林场落户,共安置 509 人;二是建立知青点,全县建 31 个点,集体安置 2 186 人;三是建立知青小组,共安置 954 人;四是分散插队,共安置 1 123 人。分散插队的多为徐闻籍知青。1974 年,县下拨安置费共 484 940 元,并拨建筑材料为下乡知青建房。下乡知青每月每人生活费 8—12 元。多数下乡

知青能积极参加生产劳动,为建设社会主义新农村作出了贡献,但有不少人不安心在农村,陆续倒流回城市。1977年城镇知青停止下乡。

1972年县开始对下乡知青进行统筹安排。1982年末,下乡知青基本迁离农村,其去向主要是:一、录取于大中专院校的共176人,占下乡总人数的3.70%;二、参加中国人民解放军的共250人,占5.20%;三、因招工、婚嫁等原因迁往外地的共1 229人,多为外地知青,占25.80%;四、安排到县全民或集体所有制单位工作的共2 244人,占44.90%;五、病退884人和尚未安排工作的89人,占20.40%。

70年代末至80年代初,由于下乡知青倒流回城,劳动就业问题成为当时突出的社会问题。为解决这个问题,1979年起对原统筹统配的劳动就业制度进行改革,实行"三结合"的就业方针,即在国家统筹和指导下,由劳动部门介绍就业,自愿组织起来就业和自谋职业相结合的劳动就业方针。1980年全县待业人员累计5 022人。

(第二十三章《劳动工资》,第501—502页)

1974年,增设知识青年上山下乡办公室、糖业生产办公室,复置工商管理局。

……

1981年1月,撤销上山下乡知识青年办公室。

(第二十五章《地方国家行政机关》,第531页)

几个年份徐闻县人民政府机构设置一览表①

时　间	名　称	组织机构及直属部门
1974年	革命委员会	县委、县革委办公室(内设秘书组、调查组、行政组)、工交办公室、财贸办公室、农林水办公室(内设资料组、经营管理组)、计划委员会(内设计划组、统计组、物价组、基建组)、科教办公室、公安局、民政局、物资局、劳动局、工业局、手工业局、交通局、邮电局、商业局、财政局、粮食局、外贸局、工商行政管理局、农业局、农机局、水产局、林业局、水电局、教育局、卫生局、文化局、科技局、体育运动委员会、侨务办公室、公路工区、上山下乡知识青年办公室、糖业生产办公室。

(第二十五章《地方国家行政机关》,第532页)

1972年至1982年安排下乡知识青年2 144人到全民所有制和集体所有制单位工作,后有一批转为国家干部。
(第三十一章《人事》,第626页)

杨　懂　1954年2月生,徐闻县徐城镇人。1972年4月在徐闻中学加入中国共产党。

---

① 本表内容为节选。——编者注

3955

同年 8 月高中毕业后,响应党关于知识青年上山下乡的号召,到五七农场工作,任过农场第二作业区团支部书记、第三作业区革委会副主任、党支部副书记,曾被评为农场生产标兵、县先进工作者,并被推荐为湛江地区知识青年代表,参加地区春节慰问团和先进事迹巡回报告团。

(第四十八章《人物》,第 927 页)

《海康县志》

雷州市地方志编纂委员会编,中华书局 2005 年

　　(1957 年)5 月 30 日,县委召开全县学生代表会议,有 136 名中小学生代表和部分班主任、学生家长以及社会知识青年应邀参加,会议内容是动员毕业后考不上高一级学校,回乡参加生产劳动。会后,一部分毕业生由于对党关于中学毕业生回乡参加生产劳动政策不理解,包围县报社,造成较大影响。

(《大事记》,第 55 页)

　　(1968 年)11 月 2 日,海康县首批中学生 129 人奔赴农村和农场落户。

(《大事记》,第 64 页)

　　(1974 年)9 月,国务院、中央军委决定撤销生产建设兵团制,海康县属国营农场恢复农垦系统建制,归粤西农垦局管辖。　　　　　　　　　　　　(《大事记》,第 67 页)

　　(1977 年)11 月 10 日,恢复中断了 11 年之久的全国高等院校及中专招生考试,报名工作当日开始。全县包括各国营农场上山下乡知识青年在内的历届中学毕业生近 2 万人踊跃报名。

　　12 月 11 日,"文化大革命"后的首次高等院校考试当日举行,海康县共设 4 个考场,包括各农场知青、历届中学毕业生近 2 万名参加了考试。　　　(《大事记》,第 68 页)

　　1966—1976 年,由于"文化大革命",国民经济遭受严重挫折,加上县内人口自然增长率过高,经济结构、所有制结构、教育结构不合理、劳动就业实行"统包统配"等原因,使城镇中大批高、初中毕业生不能升学或就业,长期处于待业状态。为缓和城镇劳动就业矛盾,中共海康县委、县人民政府根据中央政策、实施行政命令,将一批初中、高中毕业生和无业或待业青年安排上山下乡。但到 1979 年,大量的上山下乡知识青年回城,城镇就业矛盾激化。1980 年后,由于贯彻"在国家统筹规划和指导下,实行劳动部门介绍就业,自愿组织起来就业和自谋职业相结合"的方针,实行"改革、开放、搞活",县内积极发展第三产业,使全县劳动就业状况大为好转。　　　　　　　　　(卷二十四第一章《劳动管理》,第 775 页)

1970—1978年，实行"群众推荐、民主评议、知青办和劳动部门审查批准"的招工方法。主要招收复退军人，按政策留城的初、高中毕业生、劳动锻炼2年以上的上山下乡知识青年和被征地农民。……1980年后，"实行招工考核，择优录用"的招工方法。主要招收城镇待业人员，上山下乡知识青年、城镇复退军人，并按实际情况，上山下乡知识青年、城镇退伍兵、落实政策人员、国家抚养的城镇孤儿，可以免文化考试。

（卷二十四第一章《劳动管理》，第776页）

《遂溪县志》

遂溪县地方志编纂委员会编，中华书局2003年

（1956年）3月24日，沈勤、谢锦香等7位青年在岭北创办遂溪县第一个农庄——青年集体农庄，1959年停办。　　　　　　　　　　　　　　　　（《大事记》，第42页）

（1968年）11月下旬，遂溪首批"知识青年"243人上山下乡，到农场或农村插队落户。以后每年都有"知青"上山下乡，至1977年结束。　　　　　　（《大事记》，第50页）

1966—1976年"文化大革命"时期，财政开支逐年增大。1968年以后，增加城镇知识青年下乡支出和下放干部经费支出两项。　　　（第十三篇第一章《财政》，第524页）

全县国家机关、全民及集体所有制企事业单位招工，是按国民经济发展需要，每年按市下达指标由县统一招收。招收对象主要是城镇待业青年、复员退伍军人、上山下乡知识青年等，有时招收部分农民、离退休职工子女等。　　　（第十七篇第二章《劳动》，第679页）

1980年，重点招收城镇的下乡知识青年和待业人员，共招收全民所有制职工1 475人。

（第十七篇第二章《劳动》，第679页）

单位补充自然减员（以下简称补员）包括顶职补充、无顶职补充和其他减员补充3种。补员对象各时期有不同规定，主要是城乡知识青年以及已在单位工作的临时工、合同工、技术骨干、特殊工种人员等，年龄一般为16—25周岁，从事繁重工作及炊事工作者可适当放宽。补员原则是减一补一，先减后补，当年有效，过期不补。　　（第十七篇第二章《劳动》，第681页）

1979年后，因城镇待业人员增多，除特殊情况外，空额指标限于招收城镇行业青年和上山下乡知识青年。　　　　　　　　　　　　（第十七篇第二章《劳动》，第681页）

遂溪县 1968 年开始有知识青年上山下乡。1968—1971 年,全县知识青年到农村插队落户共 402 人,到生产建设兵团(后改为国营农场)共 410 人(其中到海南的 210 人,到县内生产建设兵团的 200 人)。这段时间还接收广州、湛江、茂名、吴川、廉江等市县知识青年到遂溪县农村插队落户,共 800 人,分别安置在洋青、城月、岭北、建新、北坡等公社。

1974—1977 年,全县知识青年安置到县内社、队办的"知青"场、点 1 100 人,另有 260 人安置到国营农、林、渔、牧场(其中到省属雷州林业局 60 人,到县属"四场"的 200 人)。这段时间湛江地区直属单位还与遂溪县社队挂钩,在建新、岭北、城月、洋青、附城等公社办"知青"场点,共安置 600 人。

1971—1981 年,知识青年中招工(包括外地来招工)1 705 人,招兵 204 人,大中专院校招生 92 人。另外,因病回城 405 人,其中从国营农林渔牧场回城的 102 人,从"知青"场点和农村插队回城的 303 人。

1980 年起,知识青年由上山下乡改为在城镇、郊区兴办"知青"企业,即知青厂(场)和"知青"店,如药店、副食店、粮食服务店、酿酒厂等。

1981—1988 年,全县共安置知识青年待业人员 1 043 人。

(第十七篇第二章《劳动》,第 684 页)

(从农民中招工)招收对象主要是回乡知识青年、复员退伍军人和一部分农民。条件为年龄 16—25 周岁,初中以上文化等,搬运、炊事、矿山、井下等特殊工种可适当放宽。

1955 年前,从农民中招工不多。

1957—1960 年,从农民中招工 8 215 人。

1964 年,从农村招收一批社会主义教育运动工作队队员,主要是回乡知识青年和复员退伍军人,共 175 人。运动结束时只留下 151 人,后来全部安排当职工,1980 年全部转为国家干部。

(第十七篇第二章《劳动》,第 684 页)

《肇庆市志》

肇庆市地方志编纂委员会编,广东人民出版社 1999 年

(1968 年 10 月)27 日,肇庆市应届高、初中毕业生誓师"上山下乡"。

(《大事记》,第 67 页)

是月(1973 年 10 月),肇庆市又有 386 名知识青年下乡。安排在市郊蓝塘"五七"干校(包括马头岗)、星湖、鼎湖、外坑等集体知青农场。

(《大事记》,第 71 页)

《高要县志》

高要县地方志编纂委员会，广东人民出版社1996年

是年(1964年)，本县开始安置城镇知识青年上山下乡务农。首批来自肇庆、罗定县的城镇知青共130人，到永安、广利公社插队务农。　　　　　　　　　　（《大事记》，第39页）

是年(1966年)开始，本县城镇的高中毕业生大多数被分批下放到农村插队落户，后广州大批知青下放到本县农村，从事农业劳动。　　　　　　　　（《大事记》，第40页）

(1973年)9月1日，成立"高要县知识青年上山下乡工作办公室"(简称县知青办)，主要任务是做好知青安置、教育、管理工作。1977年起停止知青上山下乡务农。1980年撤销"县知青办"。　　　　　　　　　　　　　　　　　　　　（《大事记》，第44页）

1976年10月28日，鉴于"四人帮"的干扰破坏和唐山大地震的严重影响，以及连续九个月的生产下降与不断扩大的财政赤字，中央发出了《关于冻结各单位存款的紧急通知》，规定从1976年10月底起，各机关、团体、学校、企事业单位的经费与资金结余款，除去计划内未完成工程拨款、企业流动资金、本年提取的大修理资金与更新改造资金、本年安排的技术措施费、农田水利、优抚救济、知青上山下乡经费外，一律按银行帐面数字进行冻结。

（第二编第十四章《财税》，第428—429页）

1964年，本县开始动员城镇知识青年上山下乡。当年，安置首批来自肇庆市、罗定县和本县城镇的知识青年130人到农村插队。1968年，毛泽东发出"关于知识青年到农村去"的指示后，全县共安置2510名知识青年到农村插队。到1978年底，全县累计安置城镇知识青年10515人，分布在县内22个公社，尤以永安、金利、广利、沙浦、蚬岗等公社为多。主要采取两种形式"安置"，一是分散插队务农，二是集体安置在大队、公社办的知青农、林、茶场。

从1972年开始，知识青年陆续回城就业、升学、参军。是年，安排招工1054人，招生40人，征兵2人。到1985年，本县"上山下乡"知识青年大部分已安排就业，其中：外地招工5170人，本县招工2410人，征兵65人，回城就业1367人。　　（第三编第二十三章《人事　劳动》，第610页）

《怀集县志》

怀集县地方志编纂委员会编，广东人民出版社1993年

是年(1964年)，开始动员城镇知识青年上山下乡务农。1965年开始安置：本县知青30

人,接收安置汕头地区知青 342 人;1969—1977 年安置本县知青 1 626 人,接收安置广州知青 1 461 人,还安置其他地方回乡的知青 40 人。 （《大事记》,第 27 页）

《四会县志》

四会县地方志编纂委员会编,广东人民出版社 1996 年

是年(1966 年),本县贯彻毛泽东主席关于"知识青年到农村去,大有作为"的指示,首批 172 名知识青年上山下乡插队落户。 （《大事记》,第 40 页）

(1970 年)6 月 27 日,县首届上山下乡知识青年代表会议在县城召开。

（《大事记》,第 42 页）

1966 年"文化大革命"初期,团的活动停止。1972 年,进行"开门整团",并恢复活动。当时,主要是引导团员、青年投身到"工业学大庆"和"农业学大寨"运动中去。同时,还动员团员和知识青年上山下乡,到农村去锻炼。 （第十八编第三章《群众团体》,第 582 页）

1968 年,县成立上山下乡知识青年工作办公室(简称知青办),编制 3 人,后增至 8 人,并在清塘、下茆、迳口、石狗四个公社和大旺、大兴、白石塘三个农(果)场配备专职管理干部,负责知青工作。 （第十九编第三章《工人》,第 667 页）

第二节　知识青年安置

建国后,人民政府多次动员城镇知识青年及社会无业青年,上山下乡参加劳动。1957 年,本县有 10 名城镇知识青年到下茆公社楼脚大队落户,锻炼两年后,陆续安排到县农业技术学校学习或安置在县城单位工作。1964 年,四会镇动员 40 名知识青年下乡到大沙公社大坈大队横塞生产队插队落户。1966 年,全县有 172 名知识青年(其中接收汕头市 120 名知识青年)被安置到清塘公社芙蓉大队和大旺柑桔场劳动。至 1977 年本县先后动员 2 099 名知识青年到农村去,连同接收广州、佛山、肇庆、广西等地共 10 723 名知识青年,安置到 14 个公社 150 个大队 864 个生产队及 52 个知青农场劳动。知识青年上山下乡由学校、街道办事处(居委会)和各行业系统归口动员。安置形式及生活安排:一是回原籍或投亲靠友;二是分散插队落户与贫下中农同住、同生活、同劳动(三同);三是组织知青小组或集体户;四是办知青场有组织地进行劳动和生活。1971 年开始逐步招收知青回城就业,原则上是从那里来回那里去,由回城有关部门给予安排就业。直到 1983 年,全县(含外地)知识青年已全部安排回城就业(个别与当地农民结婚也作了就地安排就业)。

四会县上山下乡知识青年基本情况统计表

年份	动员接收安置总人数	安置人数								其中回老家
		小计	本县动员安置	接收外地安置						
				广州	汕头	肇庆	佛山	回乡	战备疏散人员转知青	
1957	10	10	10							
1966	172	172	52		120					
1968	1 155	1 155	380	770		5				
1969	877	872	387	336		106	16	27		5
1970	1 337	1 334	379	911		8	15	21		3
1971	649	645	237	383				25		4
1972	923	921	126	762			5	28		2
1973	854	851	98	707				19	27	3
1974	1 615	1 615	125	1 422				16	52	
1975	2 283	2 283	177	2 035				23	48	
1976	601	601	85	496				20		
1977	247	247	43	204						

（第二十一编第六章《劳动就业》，第 683—684 页）

《新兴县志》

新兴县地方志编纂委员会编，广东人民出版社 1993 年

是年（1968 年）冬至次年春，一批广州市和本县城镇知识青年先后到农村社队插队落户或到国营林场参加劳动。 　　　　　　　　　　　　　　　（《大事记》，第 38 页）

1968 年 4 月 14 日，县革委会内设政工组、办事组、生产组、保卫组，取代原县委、县人委内各工作机构职权。……

生产组内设生产办公室知青办公室、迁安办公室、计划办公室、民政组，主管工农业生产、财贸、金融、科研、计划、民政等业务。

（第三编第二十四章《地方国家行政机关》，第 453 页）

1964 年 6 月，设立县知识青年上山下乡安置领导小组（1968 年 6 月改为知识青年上山下乡办公室），负责对 16 周岁以上的知识青年和城镇闲散青年上山下乡参加劳动生产的组

织、动员、安置业务。1981年2月撤销机构,业务并入县劳动局。

(第三编第二十六章《劳动》,第468页)

在1966年至1976年的十年"文化大革命"时期,全县共接收安置5 600多名知识青年上山下乡参加生产劳动,而在同一时期内,县内各厂矿企业单位则向农村招收民工共3 600人,造成城乡劳力倒流,企业工人队伍素质下降。　(第三编第二十六章《劳动》,第469页)

1956年1月,组织城镇青年志愿垦荒队60人到稔村区(现水台乡)良田乡垦荒扩种。

1968—1978年,共接收安置城镇知识青年5 665人。其中本县1 829人,广州3 712人,其他124人。分别安置在水台、稔村、车岗、东成、里洞、环城6个公社农村和县岩头林场、水台林场、合河水库林场、县农科所、林科所、甘蔗场、畜牧场、天堂柑桔场落户,参加生产劳动。上述人员,至1985年,回城就业、升学、参军共5 626人。

(第三编第二十六章《劳动》,第470页)

《新兴县政协志》

中国人民政治协商会议广东省新兴县委员会政协志编纂小组编,(内部刊行)1988年

第一届委员会委员名录①

界别	姓名	性别	年龄	籍贯	原工作单位及职务	是否中共党员
中国共产党	郑文	男	53	广东佛岗	县知青办主任	党员

(第二章《全体委员会》,第60页)

《云浮县志》

云浮县地方志编纂委员会编,广东人民出版社1995年

1972年从工人中吸收干部34名,从贫下中农中吸收干部40名,从上山下乡知青中吸收干部1名。　　　　(第二十二篇第一章《干部》,第616页)

第二节　知识青年安置

50年代至60年代初,主要是学校把毕业学生推荐到用人单位工作。1964年本县开始

---

① 本表内容为节选。——编者注

动员城镇知识青年(简称知青)上山下乡。当年 11 月,本县首批 34 名知青到杨柳公社石巷大队插队,参加集体生产劳动。1968 年,毛泽东发出关于"知识青年到农村去"的指示以后,云城镇的知青大部分到附城、六都、腰古等公社插队落户;其他公社包括外地回本社的知青,安排到本社靠近圩镇的生产队;广州市、肇庆市到本县的知青安排到仙菊林场和红卫、杨柳、腰古、思劳、安塘等公社。1968 年至 1972 年,全县动员知青上山下乡共 564 人,其中安排到农村插队 533 人,安排到国营农林场 31 人。1973 年后,本县知青主要安排到迳尾青年场、朝阳水果场,部分安排到国营农林场(大云雾林场、苗圃场、农科所、林科所)。1973 年至 1977 年,动员知青上山下乡共 778 人,其中插队 33 人,安排到国营农林场 116 人,安排到知青场 629 人。上山下乡知青大部分经过两三年劳动锻炼,经公社、县知识青年上山下乡工作办公室推荐,由劳动部门安排到各企业、事业单位工作。1980 年,全县所有上山下乡知青均回城安排了工作。

(第二十二篇第六章《劳动就业》,第 633—634 页)

《罗定县志》

罗定县地方志编纂委员会编,广东人民出版社 1994 年

上山下乡知识青年安置

1964 年,本县开始动员城镇知识青年上山下乡。次年,首批知青 150 人分别安排到高要县永安公社插队和到本县水升平水库、林场落户。此后,逐年均有知识青年上山下乡,主要去向是安排到湛江的新华、五星、前进三个军垦农场和县内的国营或县社办的林场、农场、茶场以及到农村插队等,到 1972 年,本县上山下乡知青为 834 人。1974—1975 年,知识青年上山下乡达到高峰期,这两年上山下乡的知青,分别为 701 人和 691 人。这个时期的主要去向,大部分安排到县内的连州硫铁矿、罗平农场、飞马林场、龙埔林场和水土保持站等厂场,也有一部分安排到农村插队。1965—1977 年,全县上山下乡知识青年共 3 338 人。其中有从广州等地回本县插队的知青 52 人。1978 年,知识青年停止上山下乡。

1967 年开始,上山下乡的知识青年,由县逐步安置就业。主要是通过国营企业和集体单位招工,以及招生、参军、提干和按政策回城等途径给予安置。至 1972 年,共安置 265 人。其中属招工的 202 人,招生的 18 人,参军的 4 人,按政策回城的 21 人,其他安置的 20 人。1973 年后,安置额逐年增多,至 1978 年,共安置 1 741 人,其中属招工的 1 398 人,招生的 200 人,参军的 92 人,按政策回城的 36 人,提干的 1 人,其他安置的 14 人。1979—1981 年,共安置了 1 270 人。至此,本县知识青年安置工作基本完毕。其余有少数在矿、场以及在农村结婚落户的知识青年在当地矿、场、队落户;到县外上山下乡的知青,如已在所在场、队结婚的,由当地有关部门负责安置。

全县上山下乡知识青年安置情况

年　份	安置总人数	其　　　　中					
		招工	招生	参军	提干	按政策回城	其他
1967—1972	265	202	18	4		21	20
1973	116	81	20	1		10	4
1974	209	178	15	1		11	4
1975	534	493	36	4		1	
1976	97	84		11	1		1
1977	357	305	47			2	3
1978	428	257	82	75		12	2
1979	1 199	547	16	9	47		580
1980	35	28				6	1
1981	36	31	1			3	1
合计	3 276	2 206	235	105	48	66	616

（第十九篇第二章《劳动管理》，第 505—506 页）

《德庆县志》

德庆县地方志编纂委员会，广东人民出版社 1996 年

是年（1964 年），组织城镇知识青年上山下乡务农。以后多年持续，至 1978 年停止，1979 年回原籍复户。　　　　　　　　　　　　　　　　　（《大事记》，第 54 页）

（1966 年）3 月 20 日，潮安县庵埠镇知识青年 143 人到县金山茶场、莫村公社林场、新圩水保站落户。至 1979 年 12 月回籍复户。　　　　　　　（《大事记》，第 55 页）

1964 年开始动员知识青年上山下乡参加生产劳动，至 1977 年，全县知识青年上山下乡人数 1 729 人。

1969 年起，支农工厂逐步建成，分批安排下乡知识青年回城学工就业。1977 年下半年，城镇知青停止下乡，县劳动局设社会劳力管理总站，公社设劳力管理分站，管理待业知青就业事务。1979 年，下乡知青全部回城，城镇待业人员增多，县社会劳力管理总站改为县劳动服务公司，处理劳务。随着中共十一届三中全会后改革开放政策的实行，国营、集体企事业进一步发展，乡镇企业、合资企业、部门办企业和个体经济的兴起，增加了就业的机会，基本安置了回城复户的上山下乡知识青年，还解决了部分待业人员的就业。

（第二十一章《人事劳动》，第 531 页）

知识青年上山下乡

根据中共中央、国务院《关于动员和组织城市知识青年参加农村社会主义建设的决定（草案）》精神，德庆县于1964年—1977年组织知识青年上山下乡，到农、林、茶场和人民公社生产队务农。1964年至1965年，德城镇有91名知青到马圩、官圩两地务农。1966年有潮州庵埠镇143名知青到金山茶场、象牙山林场、富石林场和悦城火箭林场务农。1968年—1969年有德城知青193名到新圩、官圩、马圩、高良、莫村、悦城等地务农。1969年11月，有德城镇知青50名到广州军区生产建设兵团务农。1970年有广西、肇庆知青143名及广州知青344名来新圩、官圩、永丰、凤村、高良、回龙、马圩等社队及农科所务农。1973年有德城镇知青202名到冲源水库、黄铜降水库、林科所及莫村、播植、古有等地务农。1974年有德城镇知青348名到黄铜降水库、冲源水库、金林水库、农科所、林科所、金山茶场及莫村、永丰、凤村、马圩等地务农。1975年有德城知青301人到农科所、林科所、水土保持站、金林水库、富石林场及部分公社务农。1976年有德城镇知青277名到农科所、林科所、金林水库、冲源水库、黄铜降水库及"五七"干校务农。1977年有德城镇知青267名到金山茶场、林科所、农科所、冲源水库务农。

1974年11月，务农知青开始分批到工厂学工，到农村路线教育工作队参加社会锻炼，并有少数招工回城。1979年，上山下乡知青回原城镇复户，除部分自愿居留农村之外，都分别安排到全民或集体所有制单位就业，到1984年，上山下乡回城知青全部安排完毕。

（第二十一章《人事劳动》，第532页）

建国后县内重大体育比赛①

时　　间	地点	运动会（竞赛）名称
1976年5月	德城	县第一届上山下乡知识青年运动会
1978年1月	德城	县第二届上山下乡知识青年运动会

（第三十章《体育》，第685页）

《封开县志》

封开县地方志编纂委员会编，广东人民出版社1998年

（1969年）7月，县成立上山下乡知识青年工作办公室。1981年撤并入县劳动局。

（《大事记》，第50页）

---

① 下表内容为节选。——编者注

3965

（1970 年）12 月 3 日，县革委会决定，对广州来县插队落户的知识青年每人每月发给伙食费 8 元，粮油由国家供应到 1971 年 7 月 15 日（以后由生产队供应）。同时供应杉木 50 立方米、松杂木 40 立方米、水泥 16 吨、玻璃 28 箱、铁钉 250 公斤，给他们集体建房，解决住宿问题。
（《大事记》，第 50 页）

50 年代至 70 年代，人口迁移多属工作调动，解决夫妻两地分居和随迁家属，高等院校学生入学或毕业分配，招收职工、军人复员转业或应征入伍，以及知识青年上山下乡等。其中，1963 年人口迁出为历年之最，达 6 390 人。
（第三篇第三章《人口构成》，第 155 页）

1964—1976 年，动员组织 2 280 名城镇知识青年上山下乡（小部分组织到外县），分别到县内 13 个公社及 6 个农、林、茶、果场劳动。1978 年劳动部门对下乡回城知识青年，全部安排就业。
（第四篇第三章《人民经济生活》，第 188 页）

"文化大革命"前的 1964 年，县政府曾动员组织城镇知识青年上山下乡，首批 10 名青年到封川公社胜利大队桐油塱生产队务农。

"文化大革命"开始后，把知识青年上山下乡，接受贫下中农再教育，作为社会改革的一项重大政策，规定城镇青年中学毕业后，全部上山下乡当农民。截至 1977 年，全县组织知识青年上山下乡 2 280 人，还接收一批大中城市的知识青年，大多数到县内 13 个公社 6 个农、林、茶、果场，小部分在农村插队。还有 90 人到外县上山下乡。他们下乡后，在生产、生活以及婚姻家庭等方面，都遇到不少难以解决的困难，接收单位也增加不少额外负担。1978 年后不再实施上山下乡政策，劳动部门逐步安置或介绍上山下乡知青回城就业。到 1981 年，全部安置完毕。
（第二十二篇第二章《中华人民共和国成立后》，第 563—564 页）

《高明县志》

高明县地方志编纂委员会编，广东人民出版社 1995 年

是年（1969 年），开始动员、组织知识青年上山下乡，"接受贫下中农的再教育"。
（《大事记》，第 81 页）

是年（1977 年），对上山下乡知识青年收回城镇安置。
（《大事记》，第 85 页）

1966 年起，继续贯彻"统筹兼顾，全面安排"的方针，招收部分城镇应届初、高中毕业生及精简下放回农村的职工和下乡"知青"、退伍军人就业，到 1972 年，共安排 3 255 人。
（第二十三篇第三章《劳动就业》，第 446 页）

第八章 "知青"工作

1964年,国务院《关于动员和组织城市知识青年参加农村社会主义建设的决定》下达之后,同年10月,成立了高鹤县人民委员会安置城镇下乡青年领导小组,动员城镇青年下乡务农。1965年4月16日,沙坪镇首批"知青"51名到三洲公社铁岗大队落户。6月21日,广州市第一批下乡"知青"108人到三洲公社尼教大队插队落户。1968年12月,毛泽东发出"知识青年到农村去,接受贫下中农的再教育,很有必要"的指示后,广州、江门、肇庆、佛山等城市都先后动员了大批"知青"到高鹤县插队落户。从1968—1978年,高鹤县共接收安置省、市、县的下乡、回乡"知青"共14 972人(高明片占10 500人)。其中广州市5 284人,佛山市7 100人,其他市、县2 588人。

安置形式有两种:一是回乡投亲的,就直接安排到其亲属所在生产队安家落户;二是集体下乡的,则到指定生产队插队落户。

1969—1980年,县先后拨给"知青"安置费、生活补助费共552.21万元;另拨给杉材102立方米,杂木342立方米为他们解决住房问题。至1974年,给"知青"建房共2 596间。

1971年,开始安排下乡"知青"回城。到1980年12月,除特殊原因自动留下者(198名)外,已全部回城。1982年,对留下的"知青"就地安排就业,其中安排到县属集体企业就业的127名,做临工的11人。1983—1986年,进一步落实"知青"政策,对留下的"知青"及其居住在农村的配偶,均根据"农转非"的精神,办理非农业人口户口。至此,"知青"的安置工作已告完成。

(第二十三篇第八章《"知青"工作》,第459页)

1969年,县革委会调整机构,设置:……(4)生产组:下设生产组办公室、计划劳动办公室、科学技术研究办公室、卫生办公室、"知青"办公室。

(第二十六篇第二章《地方国家行政机关》,第508页)

《鹤山县志》

鹤山县县志编纂委员会编,广东人民出版社2001年

(1955年)6月,县首届知识青年代表会议在沙坪召开,总结知识青年回乡务农经验,表彰先进知识青年。 (《大事记》,第52页)

是年(1967年),全县有城镇知识青年200人到农村落户,广州、佛山等外地"知青"600人到本县农村落户。 (《大事记》,第62页)

(1968年)8月,全县开展"知识青年到农村去"全面大动员,对象是城镇闲散青年、初、高

中毕业生,至 1972 年底,全县共动员 294 人到农村务农,接收县外知青 5 638 人到本县农村插队落户。 (《大事记》,第 63 页)

是年(1969 年),在城镇开展动员组织知识青年上山下乡,"接受贫下中农再教育"。

(《大事记》,第 63 页)

(1973 年)1 月 11 日到 17 日,本县组织慰问团,下乡慰问上山下乡的知识青年。

(《大事记》,第 65 页)

7 月 11 日,县知识青年上山下乡工作领导小组成立。　　　(《大事记》,第 65 页)

是年(1976 年),全县出现下乡务农的知识青年回城大招工,到是年底,全县已有 6 006 人通过招生、招工、参军等各种途径被分配回城,到 1980 年除个别外,分配到本县下乡知青已全部回城。 (《大事记》,第 67 页)

1963 年,根据佛山地区安置工作会议的精神,本县于 2 月 21 日,在沙坪镇开展动员城镇知识青年下乡务农的工作。

1964 年 10 月,成立县安置城镇下乡青年领导组。翌年 2 月,由县总工会、县团委、沙坪镇政府及各有关单位组成工作组,动员、安排知识青年下乡插队。同年 4 月 16 日沙坪镇首批"知青"51 名到三洲公社铁岗大队落户。

到 1967 年底,全县共接收、安置下乡务农知识青年 602 人。1973 年中央"知青"工作会议后,推广株州经验,提倡"县市挂钩、厂社挂钩;定点接收、集体安置"的做法。本县与佛山市挂钩后,重点接收来自佛山市的下乡"知青"。至 1978 年高鹤县接收、安置下乡知青共17 342 人,其中本县知青 2 370 人。接收安置下乡知青的县、社、队场共 81 个,办集体插队知青户 120 个。

1978 年,根据上级的有关指示文件,本县停止组织、接收知识青年下乡的工作。原下乡落户、插队劳动及安排在农、林场的知识青年分别通过招工、参军、升学、转干、或在下乡期间因特殊情况回城(即因病或家庭困难申请得到批准回城的)等途径回城安置工作或回城待业,到 1980 年底,除了在农村已结婚的女知青有些就地转非(即恢复享受国家粮食供应、入当地圩镇户口的待遇),统由下乡所属的公社企业安排工作外,其余的全部回城。

1967—1980 年,县先后拨给"知青"安置款共 552.21 万元及木材一批等解决"知青"住房困难。 (第十七篇第二章《劳动管理》,第 481 页)

《粤西农垦志》

粤西农垦志编纂委员会编,广东人民出版社1993年

(1968年)10月16日,湛江地区革委会向农垦下达,分配知识青年到农场的通知。

从1968年冬至1974年,垦区共接纳安置了来自广州、佛山、江门、汕头、中山、湛江及垦区各县城中学的3.5万余名知识青年。到达农场的时间多为1968年冬至1970年,后于1978年至1980年已相继返回原居住城市,仅有极个别的定居在农场。

(《大事记》,第16—17页)

1972年,珠江电影制片厂到八师九团(红峰农场)13连拍摄《一代新人在成长》记录片,该连指导员谢康莲(湛江市女知识青年)于1973年出席了党的第十次代表大会;在此之前,1971年2月24日,八师党委曾作出《关于向谢康莲同志学习的决定》;1972年3月2日,又曾作出《深入学习谢康莲的决定》。谢康莲后任八师九团副政委、新华农场副场长、农垦一机械厂副厂长等职。

(《大事记》,第17页)

70年代中后期,城市知识青年先后回城。据1987年底统计,尚留在农场继续工作的有1 432人。

(第三章《职工队伍与人口》,第62页)

据1983年末统计,当年全部职工152 954人中,有复退转业军人13 195人(包括职工子女参军回来),并村农民6 512人(指集体转全民的社队),水库移民18 848人,民工和各地农民48 955人(指农垦初建时招来的临时工,以及各地零星吸收的),城镇居民5 709人(其中上山下乡知青2 249人)……

(第三章《职工队伍与人口》,第62页)

60年代末到70年代初,35 000名知识青年先后从城市来到兵团。做好知识青年的工作,是这个时期思想政治工作突出的任务。各级党组织除生活上关心照顾他们健康成长外,还着重组织他们学习毛主席著作,引导他们走同工农相结合的道路,在阶级斗争、生产斗争、科学实验三大革命运动中锻炼成长。1973年,为贯彻党中央关于知识青年工作的指示,兵团7师、8师、9师组织了383个工作组检查知识青年工作,解决知识青年生活、学习和工作中的实际问题,知识青年的思想觉悟和生产技能提高很快,在生产和各项工作中发挥了作用。据兵团8师1973年统计:全师知识青年11 982人中,入党438人、入团3 902人、任连队干部585人、任教师646人、任班长1 647人、任卫生员367人、任文书324人。有的还成为党、团组织领导成员,其中团党委委员7人、党支部委员72人、团工委委员91人、团支部委员653人。女知识青年谢康莲被任命为8师9团副政治委员,被选为出席党的"十大"代

表。在农垦(兵团)工作、学习、生活近10年的广州等城市知识青年,于70年代后期陆续回城后,仍然眷恋农场,80年代中期以来他们经常组团(几十人或上百人)回场探望。

(第二十章《政治与文化工作》,第231页)

垦区的文化工作和体育工作由工会和宣传部门共同管理。垦区创建伊始,以林二师宣传队为骨干,组成一支专业与业余相结合的文艺队伍。兵团时期,知识青年成为文艺、体育队伍的骨干力量。知识青年回城后,垦区仍保持专业与业余相结合,以业余为主的文艺、体育队伍。

(第二十章《政治与文化工作》,第240页)

《西江林业局志》

《西江林业局志》编纂领导小组,1996年

(1966年)3月3日,汕头地区澄海县知识青年300人上山下乡到金鸡坑、象牙山、悦城、高要林场。

(《大事记》,第9—10页)

(1968年)11月17日,肇庆市第一批知识青年184人上山下乡到西江、大沥、通门、平岗林场。

(《大事记》,第10页)

是年(1973年),广州市以及郁南、云浮、德庆、新兴、高要县知识青年189人上山下乡到通门、西江、悦城、仙菊、高要、象牙山、良洞迳林场。

(《大事记》,第11页)

是年(1974年),郁南、封开、德庆、云浮、新兴、高要县和广州市知识青年461人上山下乡到通门、西江、大沥、平岗、富石、象牙山、仙菊、良洞迳、高要林场。

(《大事记》,第12页)

(1975年)8月,吴惠娥等10位知识青年,出席广东省上山下乡知识青年代表大会。

(《大事记》,第12页)

是年,广州市知识青年649人上山下乡到西江、通门、富石、象牙山、悦城、仙菊、高要和良洞迳林场。

(《大事记》,第12页)

(1976年)5月,黄荣南等8名知识青年,出席肇庆市上山下乡知识青年先进代表大会。

(《大事记》,第13页)

8月,西江林场管理局组织文艺宣传队40余人,参加广东省国营林场知识青年业余文艺调演,荣获第二名。省革委副主任林李明、梁秀珍在省委会议室接见参演队员。

(《大事记》,第13页)

10月,吕丽文等15名知识青年,出席肇庆地区上山下乡知识青年先进代表大会。

(《大事记》,第13页)

是年,广州市、汕头地区潮阳县知识青年446人上山下乡到西江、大沥、通门、平岗、富石、象牙山、悦城、仙菊、高要和良洞迳林场。　　　　(《大事记》,第13页)

1965—1976年,各林场很重视知青工作,针对知青特点,组织学习毛泽东著作,做思想政治工作。西江林管局每年在肇庆市召开知青代表大会,总结交流知青工作经验,表彰先进人物。广大知识青年经过多年锻炼,茁壮成长,在生产中发挥骨干作用,为林场生产建设作出贡献。其中加入中国共产党的34人,加入共青团753人,担任工区队长62人,班组长134人,辅导员146人,"赤脚医生"46人,工青妇干部、广播员82人。有33人次先后出席广东省、肇庆地区知识青年先进代表大会。　　(第十二章《科技与教育》,第139—140页)

60年代,接纳上山下乡知识青年对林区文体活动起到很大促进作用。

(第十二章《科技与教育》,第142页)

1977年,西江林管局组织篮球、乒乓球、象棋队参加肇庆地区举办的"知青"运动会,知青邓业章获象棋第二名。　　　　(第十二章《科技与教育》,第143页)

广西壮族自治区

《广西通志·政府志》

广西壮族自治区地方志编纂委员会编，广西人民出版社 1998 年

(1969 年起)广大中学毕业生积极走与工农相结合的道路，全自治区有 40 多万知识青年上山下乡。 （第四篇第五章《自治区第四届人民政府（革命委员会）施政纪略》，第 359 页）

"文化大革命"期间每年的信访量，除 1974、1975 年每年达 2.8 万多件次以外，其余年份均在 1.4 万至 1.9 万件次左右。来信来访反映的主要问题：申诉"文化大革命"以来受判刑、扣减工资问题；要求落实党的干部政策、知识分子政策问题；知识青年上山下乡政策落实和城市居民下乡要求回城问题…… （第四篇第十一章《信访工作》，第 443—444 页）

《广西通志·共青团志》

广西壮族自治区地方志编纂委员会编，广西人民出版社 2002 年

1956 年 1 月，团省委、省民主青联与南宁、桂林、柳州、梧州四市团委、青联动员组织有 200 多名城市青年参加广西青年志愿垦荒队。5 月 4 日，在南宁召开欢送大会，团省委副书记韩秉文在会上讲了话。中共广西省委副书记肖一舟参加了欢送会并作了重要指示。青年志愿垦荒队队长梁丽华代表全体垦荒队员在会上宣读向党团组织和全省青年的保证书。团省委副书记、省民主青联筹委会主任潘古代表团省委授给队旗。1 月 5 日，青年垦荒队向垦荒地进发。 （第三篇第一章《广西青年联合会》，第 72 页）

1973 年 5 月 31 日，共青团广西壮族自治区第五届委员会成立后，团区委积极慎重地开展发展团员工作，把在三大革命运动（即生产斗争、阶级斗争、科学实验）中涌现出来的先进青年吸收到团内来，同时注意在上山下乡知识青年和中学生中发展团员。

（第四篇第一章《组织建设》，第 102 页）

1955 年冬，南宁市郊区和街道青年谢居芬、黄志武、曾祖富、梁积雄、刘生发、梁翠英等 6 位青年，受到北京市青年志愿到祖国边疆开垦荒地的影响，积极响应团中央的号召，于 1955 年 12 月 3 日向团省委写了组织青年垦荒的申请书，青年团广西省委接受了他们的建议，计划在 1956 年春耕前组织全省第一支青年志愿垦荒队，人数 150 人。消息传出后，广西桂、柳、邕、梧 4 市的青年欢欣鼓舞，纷纷要求参加，截至 1955 年 12 月 18 日止，青年志愿报名的达 5 248 人，直接向团省委要求垦荒的农村青年也有 374 人。团省委根据各地青年要求垦荒的积极性和可能的条件，以 4 市青年为主，组成第一支青年志愿垦荒队，人数扩大为 204

名(实际人数为 203 名),并决定于 1956 年 1 月 2 日在南宁市集中,5 日向荒地出发。全省许多机关、工厂、学校的青年热烈开展加班劳动和开展收旧利废活动,加上捐献稿酬、薪金,为垦荒队筹募垦荒所需费用 12.5 万多元,牛 5 头,双轮双铧犁 2 架及修理工具一套,药品、图书和日用品一批。1955 年 12 月 15 日,省青年志愿垦荒队先遣队到达荒地——邕宁县坛洛区定顿乡,这里是一片一望无边的荒野。他们受到当地群众热烈欢迎,该区 1 200 多名青年男女参与义务劳动,修建搭盖垦荒队营房,用牛车运来了 9 000 多把茅草,1 000 多条竹子,400 多条木料,另外还有 600 多个小伙子用 3 天时间帮助挖地、铲草、搬木搭房,星期天有当地的坛洛、定顿、富庶 3 个小学的少先队员到荒地营区开展义务劳动。

桂林、柳州和梧州 3 市垦荒队员离家时,均受到当地党组织和团员青年的热烈欢送,元月 4 日晚青年团广西省委和团南宁市委在省人民大礼堂召开隆重欢送大会。中共广西省委副书记、副省长肖一舟致欢送词,团省委副书记韩秉文在会上讲话,团省委副书记潘古给垦荒队授旗。会上,还有专程来邕参加欢送会的玉林县城隆乡青年开荒突击队队长梁新发,他代表来自 5 个县的青年生产队、青年开荒突击队向全省青年宣读《从四面八方向荒地进军!》倡议书。元月 5 日早晨,垦荒队离开南宁奔赴目的地——邕宁坛洛区定顿乡。省青年垦荒队垦荒近 3 年时间,人数发展到 242 人,他们在当地党团组织的领导下,生产情况和队员思想情况一般是好的,他们共开垦荒地 3 700 亩(包括拖拉机代开的 1 000 亩,农民赠送 400 亩在内),种上了各种农作物,1957 年以种植木薯、甘蔗为主,开始建立了养猪、养羊、养鸡和木薯加工等副业生产,生产上取得了一定成绩。两年多来共投资 16 万元(其中向银行贷款 4 万元)。因受天旱影响,1956 年收成不太好,也发生过队员中少数人动摇逃跑情况。在生产实践中,每个垦荒队员都学会了一两项农业生产技术。在生产发展的同时,荒地上的基本建设也得到相应的发展。1958 年 3 月,省青年垦荒队改制为国营青年农场。同年 11 月,国营金光农场接管青年农场,改称金光农场青年分场(今称金光实业总公司青年工区)。青年农场职工转移到武鸣县太平乡开采锰矿。1959 年 4 月,又调到南宁矿务局屯里煤矿当工人。

广西省青年志愿垦荒队建立后,带动了宜山马王青年志愿垦荒队、容县青年志愿垦荒队、平乐青年志愿垦荒队、百色青年志愿垦荒队和柳江县青年志愿垦荒队的建立。团宜山地工委组织的马王青年垦荒队,于 1956 年 2 月底成立,当时有队员 143 人,后来增至 214 人,包括壮、汉、苗、仫佬 4 个民族青年,他们绝大部分来自金城江、宜山、长安、环江、柳江等地的街道青年,开垦荒地 1 981 亩,种下水稻、甘蔗、木薯等 8 种作物,饲养了猪、羊等 10 种畜禽,并组织人力烧砖瓦和石灰。到年底 9 个月时间收入 4.3 万多元。该垦荒队 1963 年 9 月解散。容县地工委组织的贵县青年垦荒队(当时名叫贵县青年集体农庄),人数为 150 人,于 1956 年 2 月 27 日到达荒地。当时垦荒队要求每个队员在今年春开荒种植 10 亩荒地。由于该队选择的垦荒地地势太狭,而且干旱,无发展前途,便于 1957 年三四月间宣布解散,垦荒队员的安排一部分人留在贵县西江农场当工人,一部分人到省青年垦荒队,一部分人回家参加合作社生产。团平乐地工委办的平乐青年垦荒队,人数为 1 000 人,由于垦荒队选择的荒地不适当，组织过于庞大，管不过来，成立后约半年时间，宣布解散，一部分人到平桂矿当工人，一部分人回家生产。团百色地工委办的青年垦荒队约半年时间，便转换为农业社畜牧队。柳江县青年垦荒队队员48人，创办后约半年时间便合并到宜山地区的马王青年垦荒队里。各地处理青年垦荒队都事先请示了当地的党政部门同意，在队中做了充分的反复的思想工作，并在自愿的基础上使每个队员得到适当的安排。

1956年上半年，团广西省委为使全省青年垦荒工作得到全面开展，又发出"关于组织青年开展近距离开荒的通知"，要求全省各级团委，动员和组织青年积极寻找荒源，投入近距离开荒活动。各地团组织接通知后即迅速传达贯彻，行动最快的是扶绥县巴盆乡两个农业社的青年生产队，不到一个月，带头开垦荒地34亩，推动了全乡18个农业社的青年投入开荒行动，共开荒土地近200亩。据全省22个县不完全统计，1956年共有6880名青年组成564个队(组)投入近距离开荒，共开垦荒地近3.4万亩。1959年，忻城县城厢公社团委积极组织青年带头突击近距离开荒扩种，该公社板河大队团支部根据公社团委要求，于10月20日组织青年突击队，团支书任队长，带领88个青年到离大队六里远的麦洞开荒扩种，125个社员也参加了突击队，突击5天共开荒727亩，其中青年开得341亩，全部种上小麦。10月22日，公社党委在那里召开了现场会，会后全公社掀起了近距离开荒高潮。贵县城镇团组织根据团区委(广西省于1958年3月5日改为广西壮族自治区，团省委也改称共青团广西壮族自治区委员会，简称共青团广西区委或团区委)的开展近距离开荒的通知精神，于1959年组织青年近距离开荒，以街道的富业场和企业为基础单位，创办15个自负盈亏的副业、企业垦荒场，安置了331个城镇青年，在离城八九里的地方进行垦荒，共开垦低畦地1200亩，全种上玉米、红薯、蔬菜，还搞了养猪业，除了自给外，剩余产品供应市场。据1962年的调查统计，15个副业垦荒场的收入均达到自给，效益好的场还有盈余。如永明副业垦荒场，每人月工资为：1960年22元、1961年31元、1962年55元，还积累1.3万元，由于收入不错，生活过得好，青年人安心生产。

从1955年冬至1957年的垦荒活动中，全广西各级团组织共发动组织青年开展远、近距离开荒活动，总人数为16.22万人，开荒总面积为51万多亩，占全广西垦荒总面积309万亩的1/6。

1962年夏天，团区委根据自治区党委的指示和团中央三届七中全会精神，为解决安置好城镇知识青年参加农业生产问题，创办了南宁先锋青年农场。该场于1962年8月正式成立，成立时，接收了自治区科委南宁植物园耕地100亩，荒地约100亩；接收邕宁吴圩铁厂耕地100亩，荒山700多亩。在国家扶助下集体经营、自负盈亏。青年工人边劳动、边学习，自带伙食和零用钱参加生产。该场开始时有场员60人，后来发展到242人，均为南宁市的高初中的毕业生。在农场内办有大专班、中专班，请广西农学院的教师授课，边学习边劳动(1987年5月，自治区教育委员会确认该场的大专班、中专班合法、有效，并补发了毕业文凭)。建场后两个月，该场即实现蔬菜自给，4个月实现伙食费自给。1年后开垦种植面积近

100 亩,有耕牛 11 头,马 1 匹,山羊 6 只,存栏大小猪 18 头,鹅 5 只,尚有基建现金 1 万多元。最多时,该场养猪 200 多头,羊 120 只,牛 30 头,耕作面积 450 多亩,盈余 7 万多元。团区委办小农场的消息传开后,各地效仿办起不少自负盈亏的垦荒小农场。据统计,1962 年秋后办这类小农场的有桂林、柳州、宜山、昭平等 7 个市县。办得最好的是宜山、昭平两县。宜山青年农场,有场员 64 名,农忙集中搞农业,农闲抽部分人搞副业,办场后 3 个月就能费用自给。头一年收入粮食 6 000 公斤,现金 1.2 万元。从 1962 年 12 月起实行每人每月发给伙食费和津贴费 10 元—20 元不等。该场 1964 年 9 月获得丰收,上半年种下农作物 185 亩,已收 126 亩,粮食 1.3 万多公斤,平均每人有粮 200 多公斤,农产品折成现金 1 750 多元,养猪 33 头,已出售和宰杀 7 头,得现金 1 750 多元,农副产品收入 300 多元,锰矿石收入 3 800 元,上半年共收现金 6 580 元(包括产品在内),平均每人产值 100 多元。昭平县城厢镇青年农场于 1962 年 11 月创办,有城镇知识青年 65 人,开垦耕地 120 亩(其中水田 60 亩,旱地 60 亩),经过了 1 年零 8 个月的奋斗,实现了粮食和伙食费自给。上半年种水稻 60 亩,实收面积 42 亩,共收干谷 7 500 公斤,除留种 625 公斤,饲料粮 1 220 公斤外,尚余 5 500 多公斤。从 1964 年 8 月起,取消国家粮食定量供应,上半年现金收入 1 775 元,每人每月平均发 4 至 5 元工资(伙食费不计在内)。团组织开办小农场得到自治区党委的重视和肯定,1965 年 7 月,团区委书记孙鸿泉陪同自治区党委书记安平生视察先锋青年农场。安平生要求把农场办成一个培养骨干的农场,每年派出若干骨干到外地创办几个同样性质的青年农场。当年秋天,团区委即从先锋青年农场派出 7 位骨干,到来宾县的荒地创办青年农场。可惜不久便发生"文化大革命",该青年农场没办成功。　　(第四篇第四章《青农工作》,第 219—221 页)

第三节　知识青年上山下乡工作

基本过程

　　广西开展知识青年上山下乡,最初是由团省委号召和组织的一种发挥知识青年作用的形式之一。1956 年以团省委名义组织了两批。第一批是从南宁、柳州、桂林、梧州 4 个城市的街道和郊区以及贵县发动组织的广西青年志愿垦荒队,共 282 人。第二批是 1956 年合作化高潮时动员南宁、梧州、柳州和桂林等 4 个城市的高小、初中毕业生到百色少数民族山区生产队担任合作社的会计和记分员,计有 498 人。

　　20 世纪 60 年代初在精减职工和压缩城市人口当中,南宁、柳州、桂林、梧州 4 市于 1962 年至 1963 年先后动员 5 000 名知识青年到国营农、林、牧、渔场工作。

　　1963 年 7 月 5 日至 12 日,团区委召开全自治区农村知识青年积极分子大会,534 人参加,他们绝大多数是近两三年回乡劳动的高、初中毕业生。会议期间,自治区党委第一书记韦国清、书记伍晋南、团中央青农部副部长邢崇智等出席大会并讲话。自治区党委宣传部、农村部、自治区教育厅、文化局和区科委的负责人向大会作关于国际形势、农村工作、农村业余教育、业余文化和普及科学技术的报告和讲话。团区委向大会做了报告。会议认为:从农村社会主义建设来看,发展农业生产,逐步实现农业的科技改革,人民公社的经营管理都需要知识青年,在当前,他们是农业战线上的一支生力军,在今后,学习和推广新的技术,掌握新的农业机具,也不能离开他们。要做好知识青年的工作。大会以后,广西各级团组织积极地加强农村知识青年的工作。主要有:团的干部加强领导,开展调查研究,及时向中共组织反映情况,提出建议,加强同各有关方面的联系。农村团组织在加强知识青年的思想工作的同时,对他们生产和生活上的困难给予帮助解决,对他们学习政策时事、文化技术、开展文体活动等合理的要求,尽可能给予满足。如组织文化班、俱乐部、图书室、技术学习小组、科学研究小组、宣传队、读报组等。建立回乡毕业生与母校的联系制度,学校关心回乡学生的情况,有的还把做出成绩的学生请回学校作报告,谈体会,组织学生互访等。

1964 年,按照中共中央、国务院《关于动员和组织城市知识青年参加农村社会主义建设的决定(草案)》精神,自治区党委、自治区人民委员会决定,动员知识青年上山下乡。动员对象是历届应届高、初中毕业生,年龄在 16 周岁以上的城镇待业青年和社会闲散人员。先在宜山县庆远镇搞试点,然后铺开。至 1966 年,全自治区城镇知识青年上山下乡总数达 4.5 万多人。

1965 年 7 月 9 日至 15 日,团区委召开全自治区第二次下乡回乡知识青年积极分子大会,到会代表 552 人,在他们当中回乡知识青年占大多数,下乡插队插场的占三分之一。会议期间,团区委领导作报告,自治区党委、自治区人民委员会领导,以及中共各地市委书记,接见到会积极分子,自治区党委书记伍晋南、安平生到会讲话。

1966 年下半年至 1968 年夏季,由于受“文化大革命”的影响,学校基本停课,大学不招生,工厂也基本不招工。大量的高、初中毕业生留在城镇无事可干。1968 年,中共中央、国务院和毛泽东主席要求“知识青年到农村去”。广西各地进一步掀起知识青年上山下乡的高潮。1967 年至 1969 年的高中毕业生和不能升学的初中毕业生,全部动员上山下乡,这个时期,全自治区城镇知识青年上山下乡 10.4 万多人。此时,团区委由于“文化大革命”的影响处于瘫痪状态,广西壮族自治区革命委员会成立专门部门负责知识青年上山下乡工作。

1973 年 5 月,共青团广西壮族自治区第五次代表大会召开,大会把协助政府部门动员知识青年上山下乡和对知识青年进行教育作为团组织的重要任务。当时,正逢国家调整国民经济,减少了城市招工,上山下乡又成为安置城镇知识青年的主要方向。1973 年 8 月,全自治区又掀起上山下乡新高潮。

1974 年,将过去由学校负责组织分配学生上山下乡改由学生家长单位组织分配。1975年,南宁市革命委员会规定各单位已招收使用的符合上山下乡条件的知识青年,一律停止使用,动员他们上山下乡;清退单位负责通知他们回其父母所在单位参加上山下乡学习班。1970 年至 1977 年,全自治区动员城镇知识青年上山下乡共 28.9 万多人。

1976 年 7 月 2 日,团区委与自治区教育局联合发出《关于纪念毛主席“八一八”检阅红卫兵十周年的通知》,要求各级团组织在活动中,总结“红卫兵”运动的所谓新鲜经验,“踊跃上山下乡，扎根农村干革命。"

1978年12月，中共中央批转《全国知识青年上山下乡工作会议纪要》及《国务院关于知识青年上山下乡若干问题的试行规定》，对上山下乡政策作重大调整，一是缩小上山下乡范围，明确有条件解决就业问题的城镇，可以不动员上山下乡，需要下乡的采取举办农林场的办法，不采用插队办法；二是逐步解决已下乡插队的知识青年的有关问题。在国营农场中的青年，采取稳定的方针，但有困难的可商调回城。从此，广西基本停止动员上山下乡。

1962年至1979年，全自治区城镇知识青年上山下乡43.9万多人。

安置办法

组织青年志愿垦荒队和近距离开荒（详见本志第四篇第四章第一节）

下乡、回乡安置　1955年至1957年农村合作化高潮中，广西农村各地需要大量的有文化的青年。1956年，团省委在南宁、柳州、梧州、桂林4市和较大的镇，动员组织498名高小、初中毕业生到百色专区9个少数民族县生产队担任会计、记分员。另外，动员由农村入城就读的不能升学的中小学毕业生回乡参加农业生产，担任记工员、出纳或者会计。1964年至1977年，城镇知识青年的农村原籍有亲人，本人要求回乡的。经接收县知识青年上山下乡办公室同意，可以回乡落户，参加农业生产。全自治区这个时期回乡知识青年共2 731人，其中到外省（自治区）的1 470人。另外还接收外省（自治区）回广西落户的126人。回乡知识青年的住房由其原籍亲人解决，粮油供应与下乡插队知识青年待遇一样；回乡所需路费，本人支付有困难的从所得50元补助费开支，跨省路费，凭票实报实销。

农林渔场安置　1962年，在调整国民经济、大办农业中，广西知识青年响应中共中央的号召，有组织、有计划地奔赴全自治区各地农林渔场参加社会主义建设。从1962年开始，先后安置到先锋农场、伶俐"五四"青年农场、明山茶场、高峰林场、七坡林场、大王滩水库渔场、田阳种渔场等单位。1962年至1979年共安置插场知识青年2.6万多人。到农林场的知识青年按照广西壮族自治区的规定：属于农林场工人的知识青年，自到场工作之日起，享受所在场固定工人的劳保福利待遇。

插队安置　城镇知识青年上山下乡的主要方式是到人民公社插队。1962年至1979年，全自治区知识青年插队的共有40.8万人，占城镇知识青年上山下乡总人数的92.94%。其中一部分由动员地区自己安置，一部分由自治区指定的地区安置。全自治区插队知识青年分布在83个县市，746个人民公社，4 822个生产大队，3万多个生产队。知识青年下乡插队的地点，多数是公社生产队领导班子较强、生产潜力较大、田地多、劳动力少、水利过关、生活水平较高的社队。也有一段时间强调去困难较多的社队插队。插队知识青年较多的社队在党支部和革委会的领导下，建立有干部、贫下中农和知识青年代表参加的"三结合"小组，是共青团员的，参加所在生产队的团小组。从1972年起，知识青年下乡插队还实行带队干部制度，由动员城镇按每100人配备1名带队干部，带队时间1年—3年，分批轮换。

建知识青年农场　在组织城镇知识青年插队的同时，各地还试办了一些独立核算、属于集体所有制性质的知识青年农场（队）。这些知青场（队）享受国家给予的优惠政策，3 年内不纳税、不交利润、不负担农产品统购任务。1975 年至 1979 年，全自治区开办的知青农场（队）安置知识青年 5 100 多人。

生产师安置　广西利用原农垦部门开办的橡胶农场创办生产师，交由部队管理。1971 年后全自治区安置到生产师的知识青年有 1.1 万人，在生产师享受农林场职工待遇。

调离农村

随着国民经济的发展和社会主义建设事业的需要，上山下乡知识青年经过一段时间锻炼后，逐步调离农村。一是被推荐上大学，二是参加中国人民解放军，三是被招收到国家机关、企事业单位工作，四是被提拔为各级机关干部。除此以外，对因病残不能参加农业生产劳动的知识青年，经县以上医院证明，与有关城市联系回原动员城市。少数因家庭实际困难的知识青年，经本人申请，动员城市提出意见，与安置县协商后收回原动员城市。据统计，1974 年至 1979 年，调离农村的上山下乡知识青年共 33.7 万多人。其中：升入各类学校 7 263 人，参军 6 084 人，被招进国家机关、企事业单位当工人 21 万多人，被提拔为各级干部 1 594 人，因病、因家庭实际困难而收回原动员城市 10 万多人。

1979 年底，上山下乡的知识青年基本上返回原动员城市安排就业或待业，少数仍留在农村的，本着"国家关心，负责到底"的精神，就地安排了有固定工资收入的工作，有困难还给予一次性生活补助，补助金额在 100 至 500 元幅度之内。1980 年 9 月以后，全自治区各级知识青年上山下乡办公室陆续合并到各级劳动部门，在劳动部门设待业安置处（科、股），继续做好知识青年上山下乡的善后工作。1980 年 11 月，自治区召开全区安置就业工作座谈会，要求拓宽就业门路，采取多种形式解决回城知识青年就业问题，具体措施是：全民单位和集体单位招工；组织回城知识青年办集体企业或从事个体劳动；一时安排就业有困难的，也暂回城待业。

回乡创业

20 世纪 90 年代，团区委提出知识青年回乡创业的口号，号召家在农村的初中高中毕业生、职业中学学生回乡创业，发挥青年生力军作用。

全自治区各级团组织响应团区委的号召，首先是开展创业教育。对于职业中学学生，通过思想教育、典型宣传、创业技能培训等多种形式，对他们进行回乡创业教育，引导他们克服"厌学厌农"的悲观情绪，树立回乡创业的理想，增强他们回乡创业的意识、能力和自豪感。推行技能培训工作与学校劳动技术课教学相结合，与农业部门"绿色证书制度"相衔接，使技能培训逐步规范化。对于普通中学即将毕业的高、初中学生，则是争取农业、科技等部门和学校的支持，开设农村实用技术培训课，协助有条件的学校创办回乡创业教育实践基地，使他们在校期间能够掌握 1 门—2 门以上农业实用技术，为回乡创业打下基础。

其次是推荐大中专毕业生回乡挂任村干部。各县、乡团组织配合当地党政部门，推荐大中专毕业生回乡挂任村干部，既解决就业问题，又可通过这种形式改变村级干部的文化和年龄结构。

第三是举办村级后备干部素质培训班。各地团组织配合党委组织部门，在职业中学当中选拔优秀学生作为村级后备干部，开办培训班进行培养，为农村储备新生力量。

第四是组建"经纪人"网络。组织回乡知识青年利用所学知识寻找市场信息，为农民提供产供销服务，促进农业产业化的发展。

第五是与各有关部门合作，为即将回乡的知识青年创业提供实习条件。如玉林市的容县建立果树种植基地，兴业县建立家禽养殖基地，玉州区建立冬菜种植基地等，让在校的中学生每周分批前往实习；对已回乡的知识青年给予足够的关注，如掌握回乡青年的分布、流向和创业情况，了解他们的所需、所求，及时解决一些力所能及的问题；每年还表彰一批"杰出青年农民"和"青年星火带头人"；等等。

1999年3月18日，团区委确定全自治区农村学生回乡创业重点实施单位：容县等5个县(市)为广西农村学生回乡创业重点实施县。容县职业中等专业学校等4个学校为广西农村学生回乡创业重点实施学校。玉林市福锦管理区沙田镇青少年实践教育基地为广西农村学生回乡创业教育基地。

3月18—19日，团区委、自治区基层党组织建设办公室、广西学联在玉林召开广西农村学生回乡创业现场推进会，160多人参加。 　　(第四篇第五章《青农工作》，第250—254页)

1979年9月，团中央命名表彰全国155个新长征突击手(队)，广西1个青年先进集体被树为标兵，即靖西县龙邦公社龙邦大队团支部。同时，有37个青年先进集体被评为全国新长征突击队，即：苍梧县共青林场、平南县大新公社大新大队七一青年农科组、武宣县通挽公社尚满大队第八队青年农科组、共青团柳州市委员会、共青团柳州铁路局委员会、来宾县凤凰知识青年队团总支…… 　　(第五篇第二章《解放后先进集体后先进个人》，第316页)

(1963年)7月5日—12日共青团广西区委召开全自治区"农村知识青年积极分子大会"，出席大会有534人，绝大部分是近两年回乡的高小、初中毕业生。

(《大事纪略》，第347页)

《广西通志·妇联志》

广西壮族自治区地方志编纂委员会编，广西人民出版社1998年

在此(1973年7月)前后，广西工农业妇女主要参加了"工业学大庆"和"农业学大寨"运动，另外据自治区妇女"五大"工作报告统计，至1973年有8万多名女知识青年"上山下乡、接受贫下中农再教育"。 　　(第二篇第三章《当代妇女运动》，第103页)

1978年9月8日至17日，中国妇女第四次全国代表大会在北京召开，广西有正式代表52名、特邀代表1名出席。……

特邀代表为：田　克　自治区知识青年上山下乡办公室主任

（第三篇第二章《解放后妇女组织》，第131页）

"妇女之家"于1985年由部分地区妇联率先创办，……"妇女之家"的老师和管理人员，一般都是选用一些有文化知识和技术专长的人来担任，如教师、回乡知识青年等。

（第四篇第一章《宣传教育工作》，第154页）

1965年7月10日，自治区召开自治区第二次下乡回乡知识青年积极分子大会，有176名女代表出席会议。　　　　　　　（《大事纪略（1912—1995）》，第309页）

（1975年）12月底，据统计全广西有上山下乡女知识青年1.9万多名。

（《大事纪略（1912—1995年）》，第311页）

《广西通志·经济总志》

广西壮族自治区地方志编纂委员会编，广西人民出版社1998年

当1961年执行国民经济调整方针时，首要的措施就是精简职工和减少城镇人口。同时，号召城镇不升学需要就业的青年学生和城镇闲散劳动力上山下乡……

1966年开始"文化大革命"之后，有两年多大中专学生没有毕业分配，企事业单位也基本停止招工。为了解决这些人的就业问题，号召城镇"知识青年上山下乡，到农村去，接受贫下中农的再教育"，从1967年至1979年，全自治区上山下乡知识青年共39.9万人，先后由财政拨给安置经费1.48万元。[①]

1979年改革开放以后，不再动员城镇知识青年上山下乡，由城镇就地安排就业。同时，对原来已上山下乡的知青逐步返城镇重新安排就业。1979年，全自治区城镇待业人员累计达32.25万人，加上已下乡需要返城安排的知青40多万人，待安排就业的人员高达70多万人。　　　　　　　（第八篇第九章《劳动就业和劳动保险》，第320页）

1975年，全自治区办起176所"七·二一"大学，从工农兵中选拔7 000多人进入本区的高等学校，有20多万名乡村卫生员，已有31.4万知识青年上山下乡。

（第九篇第三章《计划编制和执行》，第352页）

---

① "1.48万元"疑文字有误。——编者注

（六五期间要）发挥农村能工巧匠、生产能手、知识青年和复员退伍军人的特长，支持他们发展各种农村工副业和建立技术服务组织。　　　　　　　　　　（《附录》，第387页）

计划五年内，全区新成长的城镇非农业人口劳动力，加上五五期末剩下的待业人员共需安置60.5万人。国家下达六五期间的增人指标只有20万人。因此，城镇待业人员主要靠大力发展集体经济，以及发展个体经济和举办知青场队进行安置。　　（《附录》，第399页）

《广西通志·财政志》

广西壮族自治区地方志编纂委员会编，广西人民出版社1995年

1981年，对城镇上山下乡知识青年所办企业，免税5年。

（第四篇第二章《工商各税》，第163页）

（1987年）扩大征收范围：凡在1983年以来从未开征能源交通基金的城乡集体企业（包括城镇合作商店、运输合作社、街道企业、知青办企业和乡、村办的乡镇集体企业农村信用合作社及经工商行政管理部门批准的其他城乡集体企业）……这些缴纳单位，均按规定缴纳能源交通基金。　　　　　　　　　　　　　　（第四篇第四章《两项基金》，第210页）

第二节　城镇知识青年就业经费

1962—1963年，广西安置城市精简职工、学生和闲散人员共5 642人，到自治区内各农、林、渔场参加劳动生产，进场后即作为固定工人。经费开支508.75万元，其中基本建设72万元，事业费（包括用作流动资金）436.75万元。1964年，自治区全面铺开插队（城镇知识青年到农村生产队落户）工作，当年安置知识青年近2万人。财政预算设立城镇人口下乡安置支出，当年开支298万元。主要用于插队知青修建房屋、生活补助费、购置生产工具、旅费及添置生活用具等。补助标准：四市每人平均150元，6个专区每人平均135元。1965年，对下乡知青和回乡人员的补助标准：单身插队每人220元，成户插队每人160元，单独建队每人400元，回乡每人平均50元。"文化大革命"头三年（1966—1968年），下乡插队的人数不多，每年开支仅一二百万元，主要是解决老插青的生活困难。1969年，开支标准改为：单身插队每人230元，成户插队每人160元，回乡标准不变。此项经费拨给所在生产队统筹安排，不发给本人。这一年全自治区开展"斗、批、改"，大中专学校停止招生，几年的中学毕业生加上城市的部分知青需要安置，下乡插队的人数猛增到14.5万人，支出2 452万元。

1973年全自治区安置42 981人。补助标准提高为：到农村插队和到集体所有制场、队的，每人补助480元，到生产建设部队和国营农、林、牧、渔场的，每人补助400元。全年经费

开支 1 211.3 万元。

1976 年起,对县以上管理知青上山下乡工作的部门,财政上专门安排"城镇知识青年上山下乡工作业务费"(简称知青工作业务费)。

1979 年,知青经费的使用管理办法有新的变动,一是扩大了使用范围,不仅用于安置费,还可以用作扶持生产资金和业务费。二是标准提高:(一)到国营农、林、牧、渔场和到机关、学校、部队、企事业单位的农、林、牧、副、渔业基地的,每人补助 400 元,由单位包干使用;(二)到集体所有制知青场、队和知青点的,每人补助 580 元;(三)在安置费中,除过去已规定的可用于补助建房、农具、家具、生活、医疗、学习材料、旅运费和其他费用外,对安置到离家单程超过 500公里的知青,未婚的每 2 年补助 1 次探亲路费,已婚的补助 3 次探望父母的路费;(四)已婚知青住房没有解决的,应尽先从知青空房中解决,确实解决不了的,每人补助建房费 300 元。

1980 年起,城镇知青基本上不再下乡插队,以前年度下乡的知青大部分陆续回城。据1980 年底统计,全自治区老知青仍在农村的仅有 867 人。

1980 年以后,各地成立了劳动服务公司,知青基本在城市就地安置就业,知青经费作为安置城镇待业青年就业的补助费,主要用于支持安置城镇待业青年而新办的集体企事业和职业补习学校。

1964—1991 年广西城镇知识青年就业经费支出情况表　　　　单位:万元

年度	支出数	安置人数	培训人数	年度	支出数	安置人数	培训人数
1964	298			1979	584.8	476	
1965	436			1980	1 041	10 913	
1966	294.5			1981	1 656	72 605	3 954
1967	130.4			1982	2 134	69 315	17 084
1968	137.1	84 337		1983	801	31 098	30 200
1969	2 452	145 299		1984	1 172	39 112	17 408
1970	1 002.6	37 662		1985	698	94 900	27 600
1971	952.9	29 871		1986	861	110 100	46 200
1972	335.8	15 887		1987	653	120 900	52 500
1973	1 211.3	42 981		1988	750	128 100	71 400
1974	2 453.1	54 376		1989	533	120 800	84 900
1975	1 902.9	38 229		1990	588	123 700	143 400
1976	1 787.5	51 216		1991	707	152 800	142 300
1977	2 345.6	45 894		合计	29 083.3	1 620 805	636 946
1978	1 164.8	234					

(第五篇第五章《支援不发达地区等几类支出》,第 300—302 页)

1976 年 10 月，为平衡财政收支，稳定市场物价，中共中央决定冻结各单位的存款。自治区革委会 11 月 4 日发出通知进行贯彻。按中央规定，各机关、团体、学校、企业、事业单位，1976 年 10 月底各项经费和资金的结余存款（包括预算外资金和县、区以上所属集体企业的资金），除去计划内和未完工程基本建设拨款，企业流动资金，当年提取的大修理基金和更新改造资金，1976 年安排的技术措施费、农田水利、优抚救济、知识青年上山下乡经费，以及 11、12 两月的人员经费外，其余的资金一律按银行帐面数字冻结。

（第八篇第三章《预算管理》，第 408—409 页）

《广西通志·金融志》

广西壮族自治区编纂委员会编，广西人民出版社 1994 年

中共十一届三中全会以后，全自治区各地新办一批集体企业，银行按照"区别对待，择优扶植"和"以销定贷"的原则，对经营管理好的企业，予以优先支持，对待业知识青年兴办的集体工业的贷款给予利率优惠。 （第四篇第二章《工业贷款》，第 166 页）

80 年代，进一步放宽贷款政策，对回城知识青年兴办的集体商业，在贷款上给予两年优惠利率照顾。 （第四篇第三章《商业贷款》，第 173 页）

对于 1980 年以来，为安置城镇知识青年所组织的集体商业企业或合作店（组）在开办后两年之内给予利率优惠。 （第五篇第九章《农村工商业贷款》，第 244 页）

《广西通志·公安志》

广西壮族自治区地方志编纂委员会编，广西人民出版社 2002 年

1956 年 2 月，公安部决定，刑事案件实行全国统一的立案标准……上述案类管辖和立案标准沿用到 1979 年。在此期间，由广西增加的迫害上山下乡知识青年案在 1973 年立项，1978 年撤销。 （第六篇第一章《机构、管辖》，第 288 页）

1977 年至 1979 年破案查获的作案成员 42 025 名，属地、富、反、坏分子 316 名，占作案成员总数的 0.75%；惯盗惯窃、劳改释放人员、在逃案犯 11 425 名，占总数的 27.2%；工人、农民、居民、学生等共 30 284 名，占总数 72.05%，其中社会青少年、下乡知识青年、在校学生 25 180 名，占总数的 59.9%。 （第六篇第二章《案件、作案成员构成》，第 294 页）

1978 年 8 月,广西政法干校附设公安中专班从参加全自治区招生统考的上山下乡、回乡的高中毕业生中招生 205 名,11 月开学,学制 2 年,学生享受人民助学金。

(第十九篇第三章《学历教育》,第 857 页)

(1973 年)7 月 2 日至 23 日,全区第七次公安会议在南宁召开,传达学习第十六次全国公安会议精神,继续深入开展批林整风,部署保护上山下乡知识青年,执行毛主席关于"废除法西斯式的审查方式"等批示,加强公安工作。自治区党委第一书记、自治区革委会主任韦国清和区党委副书记、区革委会副主任刘重桂到会讲了话。 (《大事纪略》,第 961—962 页)

《广西通志·审判志》

广西壮族自治区地方志编纂委员会编,广西人民出版社 2000 年

从 1973 年开始,强奸、轮奸、奸污摧残迫害上山下乡知识青年案件比较突出,为了保证知识青年上山下乡,各级人民法院根据上级的指示,抓紧审理摧残迫害上山下乡知识青年的案件,对那些罪行严重,情节恶劣,民愤大的犯罪分子予以严惩。1973 年至 1977 年,全自治区法院共审结强奸、轮奸、奸污、迫害上山下乡知识青年案件 842 件,判处案犯 865 名。其中判处死刑,立即执行×名;死刑,缓期 2 年执行×名;有期徒刑 857 名。大张旗鼓地进行公开宣判。如宾阳县李××,北海市梁××,柳州市熊××强奸上山下乡知识青年案,该 3 名罪犯经南宁地区、钦州地区中级人民法院和柳州市人民法院审理,认为构成了强奸罪,而且强奸人数多,手段恶劣,情节特别严重,决定判处死刑。经广西壮族自治区高级人民法院复核,并报请中共广西区党委批准,于 1973 年 9 月 25 日分别在宾阳、柳州、北海召开群众大会公开宣判后,押赴刑场执行枪决,震动很大,使摧残迫害上山下乡知识青年的案件得到了有效遏制。

(第四篇第二章《中华人民共和国时期刑事审判》,第 203—204 页)

《广西通志·科学技术协会志》

广西壮族自治区地方志编纂委员会编,广西人民出版社 1996 年

灵川县湖田乡回乡知识青年刘佩龙,1983 年在县科协的支持下,创办了湖田业余农校,学员不仅来自湖田和灵川,还有来自来宾、阳朔。(第三编第六章《科技培训与职称评定》,第 151 页)

1963 年 6 月,自治区科协和自治区团委联合发出《关于组织回乡知识青年学习科学技术与开展科普活动的通知》,各地纷纷建立以青年为骨干力量的科研小组,创办试验基地,开展科学实验。

(第三编第八章《普及农业先进技术》,第 159 页)

从 1983 年起,广西农村出现了由农村专业户、科技致富能手、知识青年为核心的自愿组成的各种专业技术研究会。 （第三编第八章《普及农业先进技术》,第 160 页）

金城江铁路知青水泥厂 1980 年创建时年产普通水泥 4 000—5 000 吨,以后逐年扩大生产,1985 年达到 1.5 万吨。……1988 年新建机械立窑两座开始试生产,仅 7—9 月生产水泥 9 100 吨,烘干系统建成配套后,可达年产 4.5 万吨的水平。 （第四篇第三章《技术咨询服务》,第 204 页）

(1963 年)6 月,自治区团委、科协联合发出《关于组织回乡知识青年学习科学技术与开展科普活动的通知》,要求各级共青团和科协组织教育回乡知识青年热爱农业,学习农业科技知识,开展农业科学技术普及工作。 （《大事纪略》,第 272 页）

《广西通志·文化志》

广西壮族自治区地方志编纂委员会编,广西人民出版社 1999 年

《主课》 独幕话剧,1973 年杨令燕（满族）、田芬根据莫之棪小说《三画老贫农》改编,广西话剧团排演此剧参加 1974 年全国部分省、市、自治区文艺调演。

剧本通过生产队的种猪被毒死的事件,表现了生产队长韦春松把阶级斗争作为对青年教育的一门主课,引导下乡知识青年向阶级敌人作斗争,从而坚定了他们扎根农村干革命的决心。 （第一编第三章《其他流行剧种》,第 35 页）

《主课》 广西电影译制片厂摄制,根据同名独幕话剧集体改编,广布道尔基导演,丹森尼玛、蒙雄强摄影,写农村的现实生活给插队知识青年李敏上了一堂阶级斗争教育课。该厂根据自治区领导多次指示要积极创造条件准备拍摄故事片的要求,于 1974 年 5 月决定拍摄此片,经报请自治区文化局和中共自治区党委先后批准,并拨给摄制经费 40 万元。该片于 1975 年 9 月开拍,1976 年 3 月停机。4 月,自治区党委审查通过;5 月和 12 月,两次送国务院文化组审查,终获通过,1977 年春节在全国上映。摄制单位署名广西电影学习班。是为解放以来广西拍摄的第一部故事片。 （第四编第一章《制片》,第 187 页）

《广西通志·文学艺术志》

广西壮族自治区地方志编纂委员会编,广西人民出版社 2002 年

《遥远的桄榔树》原载于 1981 年 11 月号《广西文学》。小说叙写当了记者的"我"回

到当年插队的地方采访县教育系统优秀民办教师甜妹。而甜妹是"我"插队时住家的女儿，那时我们产生过爱情。过去甜妹家穷，又认为是女的，父亲不同意她继续读高中，是"我"做她父亲的思想工作，才同意了。甜妹对"我"十分感激，认为"我"有恩于她。两人的感情就渐渐拉近了。那年生产队推荐知青上大学时，原是推荐甜妹的，甜妹却将仅有的这一个名额让给了"我"，临走，甜妹送给"我"一包桄榔粉。

（第一篇第三章《解放后文学创作》，第 61 页）

《广西通志·广播电视志》

广西壮族自治区地方志编纂委员会编，广西人民出版社 2000 年

1964 年 5 月 11 日开办《农村俱乐部》，作为电台的重点节目之一。……播出过的节目，……有配合知识青年上山下乡参加农业生产、歌颂知识青年上山下乡的新人新事文艺专题，有中国打下美国侵略者 U—2 飞机、歌颂中国人民解放军胜利的文艺专题，有宣传越南人民抗美救国斗争和中国人民援越抗美的文艺专题，还有介绍广西各剧种、剧目和播送优秀革命歌曲等等。

（第一篇第二章《广西人民广播电台》，第 55 页）

广西电视台建成播出到 1995 年经历三个阶段。1970 年至 1978 年是自力更生、艰苦创业阶段。首先是自力更生培养专业人才，以部分广播电视技术人员为骨干带领一批高中毕业的插队知识青年和复员退伍军人组成的 35 人队伍，边学习、边工作和送中央以及兄弟省、市电视台培训，培养成为初步熟悉电视业务的队伍。

（第三篇第一章《广西电视台》，第 146 页）

1974 年 6 月 13 日第一次播出的节目内容是请上山下乡知识青年蔡碟球讲他在农村插队的经历和感受，还播出过《草棚大学育新人》、《扎根农村干革命，铁心务农永向前》等电视讲话。

（第三篇第一章《广西电视台》，第 167 页）

(1964 年)11 月 13 日《今冬明春报道意见》中，提出……教育方面的报道要大力宣传半工半读、半耕半读教育制度和国家办学、群众办学相结合的两条腿走路的方针，报道回乡知识青年和城市青年下乡健康成长的典型。 （第七篇第二章《宣传管理》，第 397 页）

70 年代初，由于广播电视事业的迅速发展，自治区级广播电视部门从社会上招收了部分高中毕业的下乡插队的知识青年和从其他部门调到广播电视队伍中的文化不高的职工，70 年代末，广播电视部门有计划地送他们到广西大学等大专院校脱产学习，或批准他们半

脱产读电视大学,用业余时间读函授大学等,逐步提高文化水平。

(第七篇第三章《人事管理》,第 425 页)

《广西通志·出版志》

广西壮族自治区地方志编纂委员会编,广西人民出版社 1999 年

1976 年又招收了 25 名在农村插队锻炼的知识青年,从文化、教育部门调进 30 多名各类专业人员。　　　　　　　　　　　　(第二篇第二章《图书出版队伍》,第 132 页)

1977 年,广西人民出版社招收 10 余名插队知识青年补充校对队伍。先分送到广西师范学院、广西民族学院脱产学习 3 年,结业后又分批到广西民族印刷厂排字车间实习半年,熟识排印业务后再从事校对工作。　　　　　　(第二篇第三章《编辑出版》,第 157 页)

《广西通志·民政志》

广西壮族自治区地方志编纂委员会编,广西人民出版社 1996 年

1969 年至 1972 年,在国家号召知识青年上山下乡,干部下放劳动的形势下,自治区革命委员会规定,入伍前是学生、社会青年或企业合同工、临时工的城镇退伍军人,应动员、组织其上山下乡,到农村插队落户,如国家建设和劳动计划许可方可安排。

(第三编第一章《复员退伍军人安置》,第 70 页)

1964 年至 1965 年,各城市动员组织城市知识青年和闲散劳动力下乡上山。动员的对象以南宁、桂林、柳州、梧州 4 个市的知识青年为主,适当照顾较大的圩镇知识青年和闲散人员。下乡知青为年满 16 周岁以上,身体健康,没有固定职业,能够做到自食其力的人员。

(第五篇第二章《贫困户救济》,第 128 页)

《广西通志·人口志》

广西壮族自治区地方志编纂委员会编,广西人民出版社 1993 年

1963—1966 年有 35 457 名城镇知识青年上山下乡,平均每年 8 864 人;1967—1972 年有 169 287 名知识青年上山下乡,平均每年 28 215 人;1973—1976 年城镇知识青年上山下乡的人数为 165 920 人,平均每年为 41 480 人;1977 年为 45 880 人;1978 年人数较少,仅有

190 名。从 1963 年到 1978 年,城镇知识青年上山下乡总人数达 416 734 人。

1963—1978 年广西市镇知识青年上山下乡情况表　　　　　　　单位:人

年　份	市镇知识青年下乡人数	年　份	市镇知识青年下乡人数
1963	5 856	1973	42 666
1964	6 200	1974	53 809
1965	14 429	1975	38 229
1966	8 972	1976	31 216
1967—1969	104 619	1977	45 880
1970	26 613	1978	190
1971	24 745		
1972	13 310	合计	416 734

注:据《中国人口·广西分册》第 146 页。1967—1969 年为 3 年合计数。

（第二篇第三章《人口迁移变动》,第 78 页）

《广西通志·劳动志》

广西壮族自治区地方志编纂委员会编,广西人民出版社 1996 年

在"文化大革命"动乱的影响下,学校不招生,工厂不从城镇招工,城镇中一批进入劳动年龄的高、初中毕业生滞留在城里无事可做,加重了劳动就业的压力。如何安排好这批劳动力,成为当时的紧迫任务。1967 年,自治区党委按照中央的部署,组织动员城镇中年满 16 岁以上的高、初中毕业生和无固定职业的社会闲散劳动力上山下乡插队、插场,参加农业生产和接受贫下中农再教育。据统计,1967 年至 1979 年,全自治区先后上山下乡的人员计达 39.43 万人。起初是试图用动员城镇知识青年上山下乡的办法缓解城市就业的压力,后来变成一种政治教育运动,所有城镇中的高、初中毕业生,都要上山下乡接受再教育。城市工矿企业招工,规定招收的对象必须是贫下中农子弟和由贫下中农推荐经过下乡锻炼 1 年至 2 年以上的插队知识青年。城乡劳动力对流也由此产生。　　　　　　（《概述》,第 4 页）

调整城镇知识青年上山下乡政策:遵照中央指示,从 1979 年开始,不动员或少动员城镇知识青年上山下乡,由城镇就地安置。对已上山下乡插队、插场的知识青年,逐步通过招工、招干、招生和征兵等办法调离农村,回城安置。据统计,1979 年至 1990 年,返回城镇安置的上山下乡知识青年人数达 337 825 人。　　　　　　（《概述》,第 6 页）

"文化大革命"的 10 年间。全自治区城镇有 31.10 万知识青年上山下乡,暂时缓解了城镇劳动就业的压力。1976 年 10 月,粉碎"四人帮"。在这以后的两年,由于"左"的思想尚未

消除,劳动就业仍很困难。全自治区知识青年仍上山下乡插队,1977年有4.57万人,1978年有0.02万人。

中共十一届三中全会以后,经过拨乱反正,国家调整了城镇知识青年上山下乡政策,广西从1979年开始不再动员城镇知识青年上山下乡,原上山下乡的城镇知识青年也逐步返回城镇安置。据1979年统计,当年广西城镇待业人数高达30多万人。为解决这批人的就业问题,自治区党委和人民政府决定设立各级各类劳动服务公司,加强对待业人员的管理、教育,广开就业门路,并贯彻"在国家统筹规划和指导下,实行劳动部门介绍就业,自愿组织起来就业和自谋职业相结合"的方针,改革劳动就业制度,多渠道安置待业人员。

(第一篇《劳动就业》,第11—12页)

1958年至1978年,是国民经济处于高度集中统一的计划经济时期。……在城镇就业难的情况下,只好动员城镇知识青年上山下乡。1958年至1978年全自治区先后动员42.65万城镇知识青年上山下乡插队、插场。   (第一篇第三章《1958年至1978年就业安置》,第22页)

1966年5月至1968年夏季,学校停课、工厂生产陷于停顿或半停顿状态,生产秩序混乱,企事业单位停止招工,城镇大批青年学生无事干,积聚着大量的待业人员。为缓解城镇劳动就业的压力,只好恢复已停止的上山下乡工作,动员和组织1966年至1968年初、高中毕业生到农村人民公社插队。毛泽东主席于1968年12月发出"知识青年到农村去,接受贫下中农的再教育"的号召,知识青年上山下乡形成高潮。从1967年至1969年,全自治区知识青年上山下乡共10.46万人。

……

1973年,按照全国计划会议精神,广西决定两年内基本不招工,安置城镇劳动力的出路只有再次转向组织知识青年上山下乡,当年全自治区下乡插队共4.07万人。

在"文化大革命"期间,一方面城镇大批知识青年上山下乡,另一方面城镇又从农村招用大批工人。据统计,1966年至1976年,全自治区城镇知识青年上山下乡31.1万人,城镇全民所有制单位又从农村招用16.99万人,形成了城乡劳动力大对流,给城镇劳动力就业工作造成了严重困难。   (第一篇第三章《1958年至1978年就业安置》,第23页)

1977年全自治区城镇知识青年动员上山下乡插队有4.57万人。1978年初,全自治区按政策留城、回城的知识青年等待安置的有1.5万人。

(第一篇第四章《改革开放时期就业安置》,第24页)

1978年12月,国务院召开了全国知识青年上山下乡工作会议,总结了上山下乡工作的经验教训,调整了上山下乡政策。1979年2月,自治区革命委员会召开自治区知识青年上山下乡工作会议,贯彻了全国知识青年上山下乡工作会议的精神,从广西实际情况出发,决定3年内城镇中学毕业生少下乡或不下乡,留在城镇安置就业,原来上山下乡的知识青年,逐步返回城镇安排就业。1979年,全自治区城镇积聚的待业人员总数高达30多万人,城镇劳动就业工作面临沉重的压力,南宁、桂林、柳州、梧州等4个自治区辖市尤为明显。如南宁市,1979年初,待业人员达48 568人(其中:1977年以前插队青年回城的11 386人,历届留城的知识青年10 831人,25岁以下的闲散劳动力9 242人),待业率大大高于常年。

形成城镇劳动就业沉重压力的原因是多方面的,……四是城乡劳动力大对流,增加了城镇劳动力安置就业的困难。"大跃进"及"文化大革命"时期,发生了两次城乡劳动力大对流。农村劳动力大量进城后,挤占了城镇劳动力的就业岗位,加上上山下乡的城镇知识青年回城,加剧了城镇的就业压力。　　　(第一篇第四章《改革开放时期就业安置》,第24—25页)

柳州市在全民所有制单位广泛兴办集体企业,安排一大批知识青年就业。促进了柳州市的经济发展。南宁市破开围墙办商业网点,安置各单位的知识青年,对繁荣市场、搞活流通起了很大推动作用。　　　(第一篇第四章《改革开放时期就业安置》,第25页)

三、支持发展集体经济和个体经济,给予优惠政策。……

1. 在税收上给予优惠。1981年,自治区人民政府规定:城镇待业知青新办的集体企业从投产之日起免征工商所得税3年,从事劳务、服务、修理的免征工商税3年;……

2. 资金上给予扶持。为扶持城镇知识青年组织起来就业和自谋职业,将原用于知识青年上山下乡的安置经费,改为城镇安置就业的基金使用。兴办集体企业自筹资金有困难的,由各级财政给予扶持,银行给予低息贷款,允许开户和办理托收承付业务。自治区财政每年拨给一定的安置经费。

……　　　　　　　　　　　　　(第一篇第四章《改革开放时期就业安置》,第26页)

改革开放以后,劳动就业的主要成果有:

1. 平抑了1979年的待业高峰,使"文化大革命"期间积累下来的30多万下乡回城知识青年得到了妥善安置。城镇待业率由1979年的6.4%,下降到1982年的3.3%,提前3年完成了中共中央、国务院要求在1985年基本上解决回城知识青年安置的任务。

(第一篇第四章《改革开放时期就业安置》,第28页)

第五章　城镇知识青年上山下乡

广西城镇知识青年上山下乡,早在50年代中期就已经开始,到70年代末期,经历了4

个阶段。第一阶段是 1955 年至 1957 年,由于城市人口不断增加和教育事业的发展,中小学毕业生,除了部分升学和就业外,尚有部分在家待业。随着农业合作化高潮的到来,农村需要有文化的青年,这个阶段重点动员从农村到城市就读的中学毕业生回乡参加农业生产。部分家居城镇的毕业生,也响应共青团省委的号召,自愿下乡支援农业合作化。第二阶段是1962 年至 1966 年,有计划有组织地动员知识青年上山下乡。自治区成立安置城市知识青年上山下乡领导小组,由自治区农业办公室主任冯寿天任领导小组组长,下设办公室,编制15 人,统一领导全自治区城镇知识青年和其他社会闲散劳动力下乡、回乡安置工作。第三阶段是 1966 年下半年至 1977 年,这个阶段的动员口号是:"知识青年到农村去,接受贫下中农再教育"。1968 年,自治区革委会决定,将安置城市知识青年下乡办公室改为安置业务组,在自治区革委会生产指挥组领导下,开展知识青年上山下乡工作。后来安置业务组又改为安置小组,转由自治区革委会政工组领导。1973 年 8 月,自治区党委决定,重新成立自治区知识青年上山下乡领导小组,由自治区党委书记乔晓光兼任领导小组长,下设办公室,潘古任办公室主任,阮兆江、夏敬雄、田克、任树人任副主任。第四阶段是 1978 年至 1979 年,根据全国知识青年上山下乡工作会议精神,调整政策,将知识青年下乡插队,改为留城镇安置;对老插青本着"国家关心、负责到底"的精神,通过各种渠道,将他们安置好。

第一节 动　　员

1955 年,毛泽东主席在《农村社会主义高潮》一书的按语中号召:一切可以到农村中去工作的这样的知识分子,应当高兴到那里去,农村是一个广阔的天地,在那里是大有作为的。1956 年 1 月,中共中央政治局在《1956 年到 1967 年全国农业发展纲要(草案)》中提出:"城镇中、小学生毕业的青年除了能够在城市升学、就业以外,应当积极响应国家的号召,下乡上山去参加农业生产,参加社会主义建设的伟大事业。"广西开展知识青年上山下乡工作,原先由共青团组织主办,由团委号召,自愿报名,志愿上山下乡参加社会主义农村建设,后来在精减职工和压缩城市人口当中,南宁、柳州、桂林、梧州 4 市于 1962 年至 1963 年先后动员5 000 名知识青年到国营农、林、牧、渔场插场。

1964 年,按照中共中央、国务院发出的《关于动员和组织城市知识青年参加农村社会主义建设的决定(草案)》精神,自治区党委、自治区人民委员会决定,在全自治区动员知识青年上山下乡。动员对象是历届应届高初中毕业生,年龄在 16 周岁以上的城镇待业青年和社会闲散人员。先在宜山县庆远镇搞试点,然后铺开。1962 年至 1966 年,全自治区城镇知识青年上山下乡人数达 4.55 万人。

1966 年下半年至 1968 年夏季,由于受"文化大革命"动乱的影响,学校基本停课,大学不招生,工厂也基本不招工。大量的高初中毕业生留在城镇无事干。1968 年 4 月,中共中央、国务院批示山东省革命委员会《关于大专院校毕业生分配工作报告》中提出:"毕业生分配是个普遍问题,不仅有大学,而且有中小学。"要求各省(市)"面向农村,面向边疆,面向工矿,面向基层,对大、中、小学一切学龄已到毕业期限的学生一律作出适当安排,做好分配工作。"同年12月22日,《人民日报》发表了毛泽东主席"知识青年到农村去接受贫下中农的再教育,很有必要,要说服城里干部和其他人,把自己初中、高中、大学毕业的子女,送到乡下去,来一个动员"的指示。广西各地进一步掀起知识青年上山下乡的高潮。各级党委、政府,各部门和街道居民委员会的基层干部全面开展工作,对符合上山下乡条件的城镇知识青年,分工负责,落实到人,逐人逐户摸清情况,做好思想动员工作。人民公社一级非农业人口符合上山下乡条件的知识青年也动员下乡,由县统一组织与安排。1967年至1969年,高中毕业生和不能升学的初中毕业生,全部动员上山下乡,全自治区城镇知识青年上山下乡共10.46万人。

1973年调整国民经济,减少了城市招工,上山下乡又成为安置城镇知识青年的主要方向。1973年8月,全自治区又掀起了上山下乡的新高潮。动员对象,除升学、病残、独生子女、多子女身边只有一个子女的,外国血统的中国籍公民的子女,华侨学生不动员上山下乡外,其他年满16周岁的城镇中学毕业生及社会青年均动员上山下乡。南宁、桂林、柳州、梧州4市除在市郊区安排一部分外,其余安排到自治区指定的县农村。北海、凭祥2市由所在地区统一安排。各县均由本县自行安排,个别安排有困难的,由地区调整解决。驻军和中央、自治区管理的厂矿、交通等企业事业单位的知识青年,由所在地市统一安排。

1974年,将过去由学校负责组织分配中学生上山下乡改由学生家长单位负责,按系统按街道与社队挂钩,然后归口动员,组织下乡插队。1975年,为了促进、巩固知识青年上山下乡工作的开展,有些城市规定国家机关、企事业单位不得招用符合上山下乡条件的知识青年。如南宁市革命委员会规定各单位已招收使用的符合上山下乡条件的知识青年的,一律停止使用,动员他们上山下乡;清退单位并负责通知他们回其父母所在单位参加上山下乡学习班。从1970年至1977年,全自治区动员城镇知识青年上山下乡共28.90万人。

1978年12月,中共中央批发了《全国知识青年上山下乡工作会议纪要》及《国务院关于知识青年上山下乡若干问题的试行规定》,对上山下乡政策作了重大调整,一是缩小上山下乡范围,明确有条件解决就业问题的城镇,可以不动员上山下乡,需要下乡的采取举办农林场的办法,不采用插队办法;二是逐步解决已下乡插队的知识青年的有关问题。在国营农场中的青年,采取稳定的方针,但有困难的可商调回城。中共中央、国务院作出上述决定后,广西基本停止动员上山下乡。

从1962年至1979年,全自治区城镇知识青年上山下乡,共43.98万人。

第二节 安 置

城镇知识青年上山下乡,主要安置方式有:一是到农林渔场;二是到公社生产队插队;三是回原籍农村;四是到生产师。

农林渔场安置

1962年,在调整国民经济、大办农业中,广西知识青年响应党中央的号召,有组织、有计划地奔赴全自治区各地农林渔场参加社会主义建设,从1962年开始,先后安置到先锋农场、伶俐"五四"青年农场、虎邱"五四"分场、瑶山农场、香仲岭农场、灵山华山农场、来宾县迁江农场、大明山茶场、三门江林场、界牌林场、维都林场、高峰林场、七坡林场、示范林场、大青山林场、国光林场、博白林场、大瑶山林场、昌墩林场、象州林场、大王滩水库渔场、那沙水库养渔场、田阳种渔场等单位。从1962年至1979年共安置插场知识青年2.60万人。在农林场的知识青年享受场内工人同等待遇。

自治区革命委员会于1974年10月发出的对安置到农、林场的知识青年待遇问题,桂革发(1974)142号文件中明确规定:属农林场工人的知识青年,自到场工作之日起,即是各场固定工人,享受所在场固定工人的劳保福利待遇;工作满1年后,定为一级工,未定级前每月发给生活费20元;实行学徒制工种的按学徒工的规定执行。农林渔场安置经费标准:1964年中发(1964)359号文件规定,农场增补安置费每人400元,扩建、新建的安置每人900元。1964年12月财政部、林业部规定:林场增补安置的每人1 050元,扩建、新建的安置每人1 150元。1966年至1972年,农林场新建、扩建安置费减为每人500元,老场增补安置费减为每人250元。

在组织城镇知识青年插场的同时,各地还试办了一些独立核算属于集体所有制性质的知识青年农场(队)。这些知青场(队)享受国家给予的优惠政策,3年内不纳税、不交利润、不负担农产品统购任务。全自治区从1974年至1979年开办的知青农场(队)安置知识青年0.51万人。如1965年8月,天峨县六排镇30名知识青年,安营扎寨于六排公社一处海拔1 000多米的荒山,艰苦创业开办拉岩茶场,因地制宜,发展生产,到1973年上半年,在20多个山头开荒种植茶叶200多亩,油茶450亩,杉树林2 400多亩,果树100亩,造田改田42亩,造地300多亩,还试种人参、天麻等药材30多种;养有耕牛25头、马2匹、猪22头、羊200多只;1972年,粮食总产量达15万公斤,做到粮食基本自给,每个劳动日分值为0.65元;每个知识青年都有分红,全年最高的达到120元;全场还盖瓦房43间,基本上解决了住房问题。至1973年6月,到该场落户的知识青年增到122人。

插队安置

城镇知识青年上山下乡主要方式是到人民公社插队。1962年至1979年,全自治区知识青年插队的共有40.87万人,占城镇知识青年上山下乡总人数的92.93%。其中一部分由动员地区自己安置,一部分由自治区指定的地区安置。南宁市到南宁地区、百色地区;桂林市到桂林地区;柳州市到柳州地区、河池地区;梧州市到梧州地区。知识青年10人至20人为一小组,集体插入人民公社生产队,全自治区插队知识青年分布在83个县市,746个人民公社,4 822个生产大队,30 591个生产队。

知识青年下乡插队的地点,多数是公社生产队领导班子较强、生产潜力较大、田地多、劳动力少,水利过关、生活水平较高的社队。也有一段时间强调去困难较多的社队插队。插队知识青年较多的社队在党支部和革委会的领导下,建立有干部、贫下中农和知识青年代表参加的"三结合"小组,对知识青年实施管理教育工作,做到政治上有人抓,生产上有人教,生活上有人管。知识青年下乡插队还实行带队干部制度,1972年起由动员城镇按每100人配备

1名带队干部。带队时间1—3年,分批轮换。1977年是全自治区在乡带队干部最多的一年,共1 584人,带队干部占在乡知识青年的0.8%。

城镇知识青年上山下乡插队经费由国家财政统一拨款。安置插队经费标准:1963年每人补助100元;1964年改为185元;1965年又改为单人插队230元,成户下乡的每人160元;1973年,每人增加到480元(包含建房费、生活费、旅运费、医疗补助费等等)。

城镇知识青年下乡插队,1973年国家规定拨给每人建房费200元,面积为10平方米(包括集体厨房和洗澡房)。开始时生产队来不及建新住房的,暂时采取借、挤、让等办法解决,随后利用国家拨给的安置经费和各种建筑材料建新房。根据统计,1974年至1979年,全自治区为插队知识青年建住房共98 362间,面积1 142 083平方米,大部分的插队知识青年住上了新房。但住房问题仍未得到完全解决,还有一部分下乡插队知识青年借用民房和公房居住。

城镇知识青年下乡插队的粮油标准与所在生产队成年劳动力实际吃粮吃油水平相同,头一年或到第二年夏粮分配以前,由国家供应,每人每月大米20公斤,食油0.25公斤,供应到参加集体分配接上新粮、油时为止。如集体分配因种种原因仍不能自给,生产队又无力解决,国家还适当延长供应时间,但一般不超过3年。

下乡插队的城镇知识青年,医疗费按每人5元一次性拨给(统一使用)。插队到实行了合作医疗的社、队的与社员一样参加合作医疗,所需医疗费,下乡1年内从安置经费开支。

城镇知识青年下乡插队,与当地社员一样分得同等数量、质量的自留地和饲料地。

1974年至1979年广西由国家供应木材建知青房情况

年 份	国家分配木材指标数 (立方米)	实际供应木材数 (立方米)	建　　房	
			间　　数	平方米数
1974	22 000	35 983	28 390	335 317
1975	12 000	29 987	25 932	370 144
1976	14 000	38 227	15 110	237 738
1977	11 000	33 271	15 229	175 723
1978	12 000	7 360	13 566	21 666
1979	18 000		135	1 495
合 计	89 000	144 828	98 362	1 142 083

回乡安置

1955年至1957年的农村合作化高潮,广西农村各地需要大量的有文化的青年,发展农村经济,建设社会主义的新农村。因此动员由农村入城就读的不能升学的中小学毕业生回乡参加农业生产,并给新生的农业合作社担任记工员、出纳、会计。

1964年至1977年,城镇知识青年农村原籍有亲人,本人要求回乡,经接收县知识青年上山下乡办公室同意,可以回乡落户参加农业生产。全自治区回乡知识青年共2 731人,其中到外省(自治区)的1 470人。另外还接收外省(自治区)回广西落户的126人。回乡知识青年的住房由其原籍亲人解决。粮油供应与下乡插队知识青年一样待遇;回乡所需路费,本人支付有困难的从所得 50 元补助费开支,跨省路费,凭票实报实销。

生产师安置

广西利用原农垦部门开办的橡胶农场创办生产师,交由部队管理。1971 年后全自治区安置到生产师的知识青年有 1.1 万人,在生产师享受农林场职工待遇。

1962 年至 1979 年广西知识青年上山下乡人数   单位:万人

年　　份	知青上山下乡人数合计	插　　队	集体场队	国营农林渔场
1962—1966	4.55	4.05		0.50
1967—1968	1.78	1.78		
1969	8.68	8.68		
1970	2.66	2.66		
1971	1.98	1.19		0.79
1972	1.33	1.33		
1973	4.07	3.83		0.24
1974	5.38	4.20	0.16	1.02
1975	3.80	3.67	0.08	0.05
1976	5.11	4.98	0.13	
1977	4.57	4.48	0.09	
1978	0.02	0.02		
1979	0.05		0.05	
总　　计	43.98	40.87	0.51	2.6

注:1.插队含回乡(省内外)数 2 731 人;2.国营农林场含生产师数 11 000 人。

上述安置城镇知识青年上山下乡的经费来源于国家财政拨款,列入地方预算管理,专款专用,不与地方预算的分成收入挂钩。从 1962 年至 1979 年中央拨给广西专款 16 888.8 万元,实际支出 14 827.2 万元(其中:建房费 6 681.9 万元,生活费 5 695.3 万元,其它 2 450 万元)。

广西知青经费拨付使用情况   单位:万元

年　　份	实拨经费数	实际支出数	建　房	生　活	其　它
1962—1972	5 089.0	3 657.0	1 460.0	1 930.0	267.0
1973	2 042.3	863.9	381.2	290.0	192.7
1974	2 508.0	2 164.6	962.9	689.6	512.1
1975	1 822.6	1 989.1	953.4	663.5	372.2
1976	2 562.1	1 868.0	770.9	643.8	453.3
1977	2 306.3	2 190.6	1 065.3	697.1	428.2

年　份	实拨经费数	实际支出数	建　房	生　活	其　它
1978	120.8	1 507.9	932.3	398.8	176.8
1979	437.7	586.1	155.9	382.5	47.7
合　计	16 888.8	14 827.2	6 681.9	5 695.3	2 450

第三节　调离农村

随着国民经济的发展和社会主义建设事业的需要,上山下乡知识青年经过一段时间锻炼后,逐步调离农村。一是推荐上大学,二是参加中国人民解放军,三是招收到国家机关、企事业单位工作,四是提拔为各级机关干部。除此之外,对因病残不能参加农业生产劳动的知识青年,经县以上医院证明,与有关城市联系回原动员城市;少数因家庭实际困难的知识青年,经本人申请,动员城市提出意见,与安置县协商后收回原城市。据统计,全自治区从1974 年至 1979 年调离农村的上山下乡知识青年共 337 825 名。其中:升入各类学校 17 263名,参军 6 084 名,招进国家机关、企事业单位当工人 210 508 名,被提为各级干部 1 594 名,因病、因家庭实际困难而收回原动员城市 102 376 名。

1979 年底,原上山下乡的知识青年基本上返回原动员城市安排就业或待业,少数仍留在农村的,本着"国家关心,负责到底"的精神,就地安排了有固定工资收入的工作,有困难的还给予一次性生活补助,补助金额在 100 至 500 元幅度之内。1980 年 9 月以后,全自治区各级知识青年上山下乡办公室陆续合并到各级劳动部门,在劳动部门设待业安置处(科、股),继续做好知识青年上山下乡的善后工作。1980 年 11 月,自治区召开全自治区安置就业工作座谈会,要求拓宽就业门路,采取多种形式解决回城知识青年就业问题,具体措施是:全民单位和集体单位招工;组织回城知识青年办集体企业或从事个体劳动;一时安排就业有困难的,也暂回城待业。

1974 年至 1979 年广西上山下乡知识青年调离农村人数　　　单位:人

年　度	知青调离人数合计	招　生	参　军	招　工	提　干	其　他
1974	27 445	2 461	161	21 373	73	3 377
1975	59 354	3 771	64	52 029	911	2 579
1976	31 520	382	643	28 135	364	1 996
1977	28 035	780	264	17 638	182	9 171
1978	62 605	9 869	4 952	37 333	64	10 387
1979	128 866			54 000		74 866
总　计	337 825	17 263	6 084	210 508	1 594	102 376

(第一篇第五章《城镇知识青年上山下乡》,第 32—38 页)

1966年至1976年"文化大革命"期间,劳动力管理工作遭受严重挫折。亦工亦农制度被迫停止实行,劳动计划一度失去控制,以致造成1970年至1972年职工人数、工资总额和吃商品粮人口的"三个突破"。同时,各项奖惩制度和管理制度遭到破坏,职工劳动纪律松懈,企业劳动生产率低下,城镇社会劳动力难以安置。于是,动员大批知识青年上山下乡。

（第二篇《劳动力管理》,第41页）

1979年,按照国务院的要求,大量清退亦工亦农人员,共9.43万人。清退后的岗位,安置回城的上山下乡知识青年7.82万人。 （第二篇第二章《劳动制度》,第73页）

"文化大革命"开始后,国民经济遭受严重破坏,许多工厂停产"闹革命",生产秩序混乱,企业不招工。1969年以后,生产秩序稍有好转,企业事业单位又开始招工。自治区革命委员会于1969年7月作出规定,企、事业单位招收工人的对象是家居城镇的本年度应届高初中毕业生和复员军人、家居农村的贫下中农子女以及下乡插队1年以上经贫下中农推荐的符合条件的知识青年。招工的条件是:学习毛主席著作比较好,出身成份好,政治历史清楚,身体健康,年龄在16至22周岁以内（复员军人放宽至25周岁）。……1973年,根据自治区革命委员会的决定,全自治区除煤炭企业外,停止从社会上招收新职工。1974年又恢复招工,招收对象为经过劳动锻炼1年以上的插队知青和按政策留城的城镇高初中毕业生。招收年龄,学徒为16至22周岁,普通工放宽至35周岁。

（第二篇第二章《劳动制度》,第78页）

1980年6月,自治区人民政府批转自治区计委、劳动局《关于改进企业编制定员管理工作的报告》,对企业编制定员工作作出规定……同年12月,自治区劳动局制定《企业管理人员和服务人员配备比例的意见》,对企业管理人员和服务人员的配备标准及企业人员的分类作了具体规定。

……

按照工作性质和劳动岗位,企业人员划分为生产人员、非生产人员和其他人员。

……

其他人员:……⑥其他脱产人员:包括知青带队干部、派往家属公社、农场、工厂工作的国家固定职工,以及脱离生产（工作）岗位连续时间在6个月以上的人员。

（第二篇第三章《劳动定员定额和劳动组织》,第91—93页）

1957年,广西技校开始招收学生。招生对象有10类:下放干部（1957年至1960年）;工厂学徒（1957年至1960年、1975年至1976年）;城镇高小毕业生（1957年至1960年）;城镇初中毕业生（1957年至1990年）;城镇高中毕业生（1961年至1990年）;上山下乡知识青年

（1978年至1981年）；家居城镇的复退军人（1978年至1981年）……招生对象必须思想品德好。其年龄，一般为14周岁至23周岁，复退军人、下放干部适当放宽。其婚姻状况，50年代和60年代，婚否不限；70年代和80年代，要求未婚。录取对象必须身体健康。

（第三篇第一章《技工学校培训》，第142页）

全民所有制企业属1978年底以前参加工作的固定职工，未列入1981年调整工资范围、属于1978年底以前参加工作的中、小学校和医疗卫生单位的部分固定职工；1971年12月31日以前参加工作的计划内长期临时工，上山下乡插队满5年以上的原城镇知识青年，……符合这次升级条件的，一般升1级。　　（第四篇第一章《工资制度》，第211页）

安排工作后的城镇上山下乡知识青年

1979年5月，自治区根据国务院《关于知识青年上山下乡若干问题的试行规定》，对上山下乡知识青年参加工作后的工资待遇作了补充规定。见表4-43。

表4-43　1979年制定的上山下乡知识青年参加工作后工资待遇表

工资待遇 学徒期限 下乡年限 ＼ 工作年限	第一年		第二年		第三年	
	3年	2年	3年	2年	3年	2年
下乡满2年以上	学徒第二年待遇	学徒第二年待遇	学徒第三年待遇	学徒第二年待遇	一级工待遇	一级工待遇
下乡满3年以上	学徒第三年待遇	学徒第二年待遇	一级工待遇	一级工待遇		
下乡满5年以上	一级工待遇					

注：实行3年学徒制的满4年定级；实行2年学徒制的满3年定级。

城镇知识青年参加生产服务合作组织工作后又被招工的工资待遇，按自治区劳动局1982年3月规定执行。分配当学徒，工种技术对口的，其在生产服务合作组织的工作时间可以顶学徒期年限，学徒期满后按规定转正定级；工种技术不对口的，学徒期从招收到全民所有制单位之日算起，参照下乡知识青年招工后的工资待遇，把参加生产服务合作组织的时间视同下乡时间确定其学徒期间待遇。招收为熟练工，工种技术对口的，熟练期从参加生产服务合作组织之日算起，熟练期满后定级；工种技术不对口的，熟练期从招收到全民所有制单位之日算起，熟练期满后定级。招收为普通工的，参加生产服务合作组织的时间已满两年的，直接定为二级或"相似"二级；不满两年的，按本单位工人一级或"相似"一级工资标准执行；待满两年后再定级。

（第四篇第三章《工资待遇》，第245—246页）

1964年至1969年(自治区劳动局)代管的挂靠单位有自治区知识青年上山下乡领导小组办公室。

(第七篇第一章《自治区(省)级机构》,第369页)

中共十一届三中全会以后,广西壮族自治区革命委员会于1980年更名为广西壮族自治区人民政府,自治区革命委员会劳动局更名为自治区劳动局。同年,原自治区知识青年上山下乡领导小组办公室并入自治区劳动局,增设安置就业处。

(第七篇第一章《自治区(省)级机构自治区劳动局》,第370页)

1980年,各市知识青年上山下乡安置办公室并入市劳动局。

(第七篇第二章《地市县级及基层机构》,第374页)

1980年,县知识青年上山下乡安置办公室并入县(自治县、市)劳动局,劳动局干部编制也随之增加。

(第七篇第二章《地市县级及基层机构》,第374页)

《广西通志·人事志》

广西壮族自治区地方志编纂委员会编,广西人民出版社1998年

从1972年起,吸收录用干部工作步入正常,各地、各部门使用干部自然减员指标,按照毛泽东主席培养无产阶级革命事业接班人的五项条件,由基层党支部推荐,从工人、贫下中农、上山下乡知识青年中吸收录用干部,重点解决新建、扩建机构和干部缺额较大的厂矿、财贸、农、林、水等企、事业单位,以及农村基层组织对干部的需求。

(第三篇第一章《吸收录用制度》,第77页)

1972年以后,吸收录用干部工作步入正常。……是年,全自治区共吸收录用干部11 579名。其中,从工人中吸收7 611名;从农民中录用3 052名;从知识青年中录用643名;从复员军人中录用273名。……

1976年,各地使用干部自然减员指标吸收录用干部13 198名。其中,从工人中吸收5 970名;从贫下中农中录用5 747名;从上山下乡知识青年中录用354名;从复员退伍军人中录用1 127名;要求具有初中以上文化程度,年龄一般在25岁以下。……

1977年,各地、市和自治区各厅、局使用干部自然减员指标,从具有初、高中文化程度,年龄在25岁以下,有培养前途的工人、贫下中农、插队知识青年和其他劳动者中吸收录用干部11 940名。……从上山下乡知识青年中录用干部,要经过2年以上的劳动锻炼。

1978年，全自治区共吸收录用干部5 400名。其中农、林、水、科研单位及其他科研部门吸收录用干部2 000名；主要从已回农村的"社来社去"大中专毕业生、有实践经验的工人、贫下中农、复员退伍军人和知识青年中择优录用。要求政治历史清楚，身体健康，具有高中以上文化程度，能刻苦钻研科学技术，有培养前途，能全心全意为人民服务。……

1979年，为了加强少数民族自治县、边境县、山区县的干部队伍建设和充实基层厂矿、农场中小学的师资力量，全自治区共吸收录用干部10 893名。其中，从国家不包分配的"社来社去"大中专毕业生中择优录用干部7 187名。要求在校学习成绩好，愿意用自己的专长为人民服务，服从组织分配；23个山区县从上山下乡知识青年、复员军人、大队干部中录用干部1 200名，要求工作积极肯干，有一定的文化程度和培养前途，年龄一般在30岁左右，身体健康。公安系统从应届高中毕业生和同等学历的上山下乡知识青年、复员军人中录用边防干警1 302名，要求反应敏捷，身体无明显特征，身高160公分以上，年龄17至22岁的未婚青年。

1980年以后，……各县为补充干部自然减员造成的干部缺额，从当地"社来社去"的大中专毕业生和复员军人、回乡知识青年，大队干部中录用干部13 632名，要求具有高中以上文化程度，年龄30岁左右，身体健康。……

1984年，全自治区共吸收录用干部18 368名。其中，……为了加强少数民族乡镇的共青团、妇联、武装等部门的干部队伍，解决少数民族乡镇的干部缺额问题，各地、市、县从具有高中毕业或相当高中毕业文化程度，年龄在25岁以下的回乡知识青年和30岁以下的生产队、大队干部、复员军人、乡镇企业和个体联营企业的管理人员中录用干部2 808名……

1988年，自治区检察院、法院、司法、公安4个系统从全民所有制、集体所有制单位的工人和乡镇聘用制干部、城镇待业青年、回农村劳动2年以上的知识青年或工作1年以上的保安人员中吸收录用干部2 000名，要求作风正派，遵纪守法，思想品质好，志愿献身于政法事业，高中毕业以上文化程度或同等学历，年龄一般18岁至25岁，工人或"五大"毕业生的年龄放宽到30岁，机警敏捷，体型端正，男性身高162厘米，女性身高155厘米（公安男性身高165厘米，女性身高157厘米）以上，双眼裸眼视力0.5以上（公安1.0以上），无残疾、无色盲、无色弱、两耳无重听……

（第四篇第一章《吸收录用制度》，第79—83页）

1978年规定，退休职工家庭生活确实有困难或多子女上山下乡、就业子女少，原则上可以招收其1名符合招工条件的子女参加工作。招收的子女，可以是按政策留城的知识青年、上山下乡知识青年或城镇应届高中毕业生。退休职工本人户口迁回农村的，也可以招收他们在农村的1名符合招工条件的子女参加工作。

（第十四篇第二章《退休》，第306页）

（1984年）12月，部分乡镇机关补充工作人员试行聘用制（少数民族地区除外）。聘用的对象是农村中的大队干部、复员军人、回乡知识青年、乡镇以及个体联营企业的管理人员。要求具有高中毕业以上文化程度,年龄在 35 岁以下,身体健康。经过文化考试和德、智、体全面考核合格后,由县以上人事部门批准聘用。双方签订聘用合同,聘期为 3 年。在聘期间,不转户口,保留其责任田,粮油供应享受国家差价补贴,工资福利及其他待遇与本单位同级干部一样。

(《大事纪略》,第 331 页)

关于工龄津贴的计算办法

凡上年参加工作的(无论何月)均从下年一月一日起按一年计发工龄津贴。

一九六二年至"文化大革命"期间,由国家统一组织下乡插队的知识青年,其在农村参加劳动的时间,可与参加工作后的时间合并计算为连续工龄(参加工作时间可从下乡插队之日起计算,回城待分配的时间,不计算工龄)。

(《附录》,第 363 页)

《广西通志·工商行政管理志》

广西壮族自治区地方志编纂委员会编,广西人民出版社 1995 年

1976 年打倒"四人帮"后,极左流毒未肃清。对个体工商业仍继续严格限制,工商登记发照工作仍未恢复,年底持照个体工商业人数减至 1 500 人,1977 年再减到 1 200 人。大批下放农村的个体工商业者和下乡知识青年倒流回城镇谋职业,从事手工业或小商小贩,因户口迁不回城镇,工商行政管理部门不予登记发照,只好搞"地下"经营,市场上无证摊贩、无证手工业日渐增多,管不胜管。

(第四篇第一章《个体工商业管理》,第 95 页)

《广西通志·海关志》

广西壮族自治区地方志编纂委员会编,广西人民出版社 1997 年

1978 年,国务院下达南宁关增加 56 人的工人编制指标,充实边境支关工作。年内,南宁关分别在邕宁、大新、崇左、凭祥 4 地招收下乡插队知青和待业知识青年 50 人,并举办培训班培训。年底前南宁关实有人数 160 人,不含培训学员。

(第二篇第二章《干部队伍》,第 129 页)

1978 年至 1984 年从下乡知识青年和社会待业高中毕业生中连续选录了 3 批新干部计 160 多人。每批进行为期半年的培训,内容有政治、业务和英语。结束后分赴广州、黄埔、拱北、北海、梧州海关实习 1 年。

(第二篇第二章《干部队伍》,第 134 页)

《广西通志·有色金属工业志》

广西壮族自治区地方志编纂委员会编，广西人民出版社1994年

1964—1978年，动员城镇、厂矿企业事业单位初高中毕业生上山下乡，1979年后逐步收回城镇安排工作。　　　　　　　　　　　　（第八篇第五章《劳动管理》，第352页）

《广西通志·纺织工业志》

广西壮族自治区地方志编纂委员会编，广西人民出版社2000年

当年（1979年）贵县人民政府为解决插队落户的知识青年回城就业问题，决定在贵城镇兴建1座缫丝厂，建厂投资75.1万元。　　　　　　（第五篇第一章《建设》，第151页）

从1959年7月1日投产至1988年，柳州市针织总厂已发展成为具有5个分厂，6个车间，1个知青厂，1个服务公司，1个海燕开发贸易公司，24个科室部门的国有大二型企业，是国家二级企业。　　　　　　　　　　　　（第七篇第五章《重点企业》，第237页）

《广西通志·二轻工业志》

广西壮族自治区地方志编纂委员会编，广西人民出版社2003年

从"文化大革命"时期开始，二轻(手)工业系统，通过劳动部门批准，从到农村插队抽回城市的知识青年，照顾留城的知识青年，部队复员军人及随军家属，大中专及技工学校毕业生中，吸收劳动力。对自然减员部分，仍然由职工子女顶替。在生产技术需要的情况下，也从外系统调进了一些职工。　　　　　　　（第三篇第五章《劳动管理》，第226页）

《广西通志·建筑材料工业志》

广西壮族自治区地方志编纂委员会编，广西人民出版社2005年

1970年，工程开工后，陆续从市"五·七"干校、柳州水泥厂和其他单位调来一些干部和工程技术人员。生产工人主要来自3个方面：从自治区交通厅工程局第四工程队调来148名，招收插队知青100多名，接纳复退军人19名。到1970年上半年，全厂职工350人，按生产需要分批派往玉林地区北流水泥厂培训。　（第三篇第一章《主要企业》，第120—121页）

《广西通志·农业志》

广西壮族自治区地方志编纂委员会编，广西人民出版社 1995 年

1972 年至 1979 年，广西为加快甘蔗生产基地建设和农田基本建设的速度，73 个县及 4 个自治区辖市相继成立了机耕队，职工除从农机系统及其他系统调入外，先后两次在社会上招收新工人（主要是城镇插队知识青年）计 1 000 名，还招收亦工亦农机手 1 343 人（主要来自农村）。 （第二篇第二章《劳动管理》，第 809 页）

《广西通志·农垦志》

广西壮族自治区地方志编纂委员会编，广西人民出版社 1998 年

同年（1979 年）9 月，自治区农垦局组建土壤普查办公室，并从本系统抽调科技人员、场领导、知识青年共 250 名。 （第二篇第二章《调查规划设计》，第 49 页）

特别是 1971、1973 年，接收了大批知识青年参加农垦建设，建立生产师，职工、队伍由 1970 年的 4.46 万人增至 1973 年的 8.77 万人，增长将近 1 倍。

（第六篇第二章《服务业　建筑业》，第 177 页）

1970 年冬成立生产师后，1971 年先后招收两批城市高、初中毕业生和上山下乡知识青年 1.4 万多人参加农垦事业，从中挑选一批文化素质较好的充实教师队伍，缓解了师资紧张局面；但教师队伍的素质仍然较低，具有中师学历的教师占极少数。

（第九篇第一章《教育》，第 222 页）

1970 年冬成立生产师后，1971 年先后两批吸收城镇到农村插队的知识青年和南宁、柳州、桂林、梧州 4 市应届高中、初中毕业生共 14 374 人参加农场，职工人数增至 6.04 万人。

（第十篇第一章《管理机构和职工队伍》，第 246 页）

70 年代末开始，参加农场的知识青年陆续返回城市，到 1985 年统计，留在广西农垦系统的知识青年仅有 2 800 人（约占知识青年总数的 12.6％），先后返回城市就业的知识青年将近 2 万人。 （第十篇第一章《管理机构和职工队伍》，第 246 页）

广西农垦职工来自全国四面八方，职工籍贯除西藏、青海外，遍及全国各省、市、自治区。数量较多的主要是广西当地农民；系统内的职工子弟；自治区内主要城市和农场附近城镇知

识青年和多次安置的归侨、难侨以及部队转业复员(退伍)军人。

(第十篇第一章《管理机构和职工队伍》,第 246 页)

招收知识青年 (1)1958 年新建茂青等 22 个农场,招收各场附近的城镇社会青年约 1 万多人(含部分农村农民)。(2)1971 年 2—7 月,生产师所属各橡胶场先后两批招收知识青年 14 374 人。(3)1974 年 7—9 月,良丰、红河、西江、良圻、新光、垌美等农场招收当地县(市)的高中、初中应届毕业生 1 842 人。(4)1975—1976 年,有 27 个农场招收当地中小城镇到农村插队知识青年 5 306 人。

(第十篇第一章《管理机构和职工队伍》,第 247 页)

1971 年吸收的大批知识青年的工资一律定为月工资 18 元,且多年不变,故 1971—1973 年全系统职工平均工资水平也偏低,比 60 年代后期明显下降,而老工人(指 50 年代参加工作的工人)的工资水平,经 1956 年和 1963 年提级后,则略有提高。

(第十篇第一章《管理机构和职工队伍》,第 248 页)

1977 年 12 月,在北京召开了全国国营农场工作会议。《全国国营农场工作会议纪要》中指出:国营农场的职工包括国家计划分配在农场工作的城镇知识青年、农场职工的成年子女都是国家职工。自治区农垦局在贯彻这个会议精神时,提出了⋯⋯按国家计划安排的城镇知识青年和 18 岁以上符合职工条件的农场职工子女都转为固定工人。

(第十篇第二章《经营管理》,第 259—260 页)

(1971 年)2 月 27 日至 7 月 25 日根据广西壮族自治区党委核心小组的批示,广西军区生产师从南宁、玉林、钦州专区共接收了插队知识青年 3 938 名。其中:玉林专区 1 500 名,南宁专区 1 501 名,钦州专区 937 名。

7 月 29 日至 12 月 31 日,根据自治区党委指示,广西军区生产师派出四个工作组(281 人)到南宁、柳州、桂林、梧州 4 个市共招收 10 436 名初、高中应届毕业生参加生产师。其中南宁 2 029 名,柳州 3 814 名,桂林 2 593 名,梧州 2 000 名。

(《大事纪略》,第 322 页)

(1973 年)9 月,广西军区生产师派出干部 45 人,组成 4 个工作组赴南宁、柳州、桂林、梧州 4 市,动员倒流城市的知识青年归队,共召开座谈会 408 次,参加座谈会 1 238 人,家访 396 户,接待来访 604 人。截至 10 月 31 日,已归队 891 人,有各种原因不能归队的 223 人,尚有 1 528 人未归队。

(《大事纪略》,第 323 页)

《广西通志·土地志》

广西壮族自治区地方志编纂委员会编,广西人民出版社2002年

1971年至1974年,由广西林业勘测设计大队组织各地市县林业技术干部和知识青年,采用"双重抽样"调查方法,得出各类林地面积:林业用地1 313.91万公顷,占全自治区土地总面积55.51%,其中有林地551.07万公顷,占全自治区土地总面积的23.29%;疏林地113.60万公顷,占4.80%。　　　　　　　(第一篇第三章《林地,牧草地》,第75页)

《广西通志·粮食志》

广西壮族自治区地方志编纂委员会编,广西人民出版社1994年

1966年、1967年,定量供应人口逐年上升,1967年达282.05万人。1967年下半年,大批城镇知识青年上山下乡和干部下放后,城镇定量供应人口再次逐年下降,1968年降为277.97万人,1969年又降至266.99万人,2年累计减少18.06万人,定量口粮供应也从1966年的47 030万公斤降至1969年的45 629万公斤。

(第二篇第二章《市镇粮食供应》,第59页)

建校初期(广西粮食技工学校,1978年建立),学校规模为300人,学制2年,招生对象主要是高中毕业生或相当于高中毕业文化程度的按政策留城知识青年,家居城镇的应届高中毕业生和上山下乡知识青年,从高考统考中录取。从1981年起,技工学校招生与高考招生分开,实行单独统考录取新生。　　　　　(第九篇第二章《队伍建设》,第310页)

《广西通志·供销合作社志》

广西壮族自治区地方志编纂委员会编,广西人民出版社1996年

1974年自治区计委下达文件,要求用废钢铁、废锅铁生产铁锅,用广西煤进行焦化和熔铁试验。并要求改进铁、鼎锅的供应办法,即民用铁、鼎锅除新立户、插队知识青年、集体生产用锅可凭大队证明供应外,其它一律交旧换新。　　(第三篇第五章《日用杂品》,第163页)

1966年,(恭城县虎尾园艺场)开始养蚕,同时更名为"虎尾桑蚕场",接收城镇上山下乡知识青年进场劳动,靠国家拨款维持生活,无经济效益,成为县人民政府老大难单位。

(第四篇第三章《种植养殖业》,第230页)

《广西通志·交通志》

广西壮族自治区地方志编纂委员会编，广西人民出版社 1996 年

1975 年至 1977 年，广西交通局工程公司承建防城港码头，培训各类工程机械驾驶员 500 人次，每期全脱产学习为半年，学员来源均为全自治区各地上山下乡知识青年。

（第五篇第二章《教育》，第 403 页）

《广西通志·邮电志》

广西壮族自治区地方志编纂委员会编，广西人民出版社 1994 年

"文化大革命"开始后，邮电通信的正常营业受到冲击。1968 年，全自治区函件业务量降至 4 481 万件。1969 年，知识青年"上山下乡"，函件业务量增到 5 244 万件。1970 年全自治区收寄函件总数 5 738 万件。1978 年 7 870 万件，年平均增长率 4.1%。

（第二篇第三章《邮政业务》，第 116—117 页）

1968 年，因"文化大革命"的动乱，包件业务从上年的 66.1 万件降至 54 万件，下降 18.3%。1969 年，知识青年上山下乡，干部下放劳动，收寄包件总数上升到 89.1 万件。从 1960 年至 1969 年，全自治区包件每年平均增长为 0.27%。

（第二篇第三章《邮政业务》，第 125 页）

1980 年初，上山下乡知识青年和下放劳动的干部分批回城工作，邮寄生活用品的包裹逐渐减少。

（第二篇第三章《邮政业务》，第 125 页）

《广西通志·大事记》

广西壮族自治区地方志编纂委员会编，广西人民出版社 1998 年

(1964 年 11 月)23 日，《广西日报》报告：全自治区已有 4 700 名城镇知识青年上山下乡。他们大部分是没有升学的应届高中毕业生和初中毕业生，一部分是散居城市的知识青年，大部分到农村人民公社集体插队，小部分到林、农场。

（第 373 页）

(1965 年 7 月)9 日，自治区第二次下乡回乡知识青年积极分子大会在南宁开幕。会议要求坚定地走与工农相结合的道路，为社会主义新农村贡献力量。

（第 376 页）

（1968年7月）3日，中共中央、国务院、中央军委、中央文化革命小组发布《关于解决广西"文化大革命"问题的布告》（简称《七·三布告》）。主要内容是：……5.一切外地人员和倒流城市的上山下乡青年，应当立即返回本地区、本单位；……（第391页）

（1969年3月9日）《广西日报》报道：自治区各地响应毛泽东主席关于"知识青年到农村去"的号召，掀起了到农村插队落户的高潮。几年来共有20多万人先后下到农村。

（第394—395页）

（1970年1月）20日，自治区首届上山下乡知识青年学习毛泽东著作积极分子代表大会在南宁召开。到会代表1 500多人。会议指出，一年来全区上山下乡知识青年达11万多人，相当于"文化大革命"前上山下乡总人数的3倍多。（第398页）

（1972年6月）13日，《广西日报》报道：广西大学、广西农学院、广西医学院、广西中医学院、广西民族学院、广西师范学院、广西艺术学院、桂林医专、百色医专等9所高等学校，从6月中旬起开始秋季招生。外省市的一些高等院校在广西秋季招生也同时进行。招生对象是：有一定文化程度，有2年以上实践经验，身体健康的工人、贫下中农、解放军战士、复退军人、干部、医务人员、教师和上山下乡、回乡知识青年。（第408页）

（1973年7月）18日，自治区革委会发出《关于选派带队干部做好知识青年上山下乡工作的通知》。要求原则上100名左右知识青年配备1名干部。带队干部的任务是：在当地党委的统一领导下，协助做好上山下乡知识青年的工作；及时向有关部门汇报和解决上山下乡工作中的问题；经常与知识青年的家长取得联系，共同做好思想教育工作。

（第413页）

（8月）14日至29日，自治区知识青年上山下乡工作会议在南宁召开。会议指出，全区已有20万城镇知识青年上山下乡，并涌现了大批先进集体和先进人物。会议检查了存在问题，制定了统筹解决的措施。要求各级党组织和各个部门，要关心和解决知识青年生活方面的实际问题，使他们在广阔天地里茁壮成长。（第413页）

27日，自治区党委转发自治区革委会《关于贯彻执行〈中共中央转发国务院关于全国知识青年上山下乡工作会议的报告〉的措施》，提出要狠抓知识青年上山下乡中的两条路线斗争，批判"读书做官"、"下乡镀金"、"变相劳改"等谬论，大力加强对上山下乡知识青年的培养教育，并切实解决上山下乡知识青年生活方面的实际困难。（第414页）

（1974 年 1 月）28 日，自治区党委批转《关于知识青年上山下乡动员工作情况和今后意见的报告》。《报告》说，1973 年全自治区下乡知识青年 40 672 名，占应动员下乡数的 70.5％。《报告》要求结合社会主义教育运动，继续深入做好动员工作，统筹解决好下乡知识青年的生活困难问题，并结合他们的思想实际经常进行阶级教育、革命传统教育和理想前途教育。 （第 417 页）

（6 月）11 日至 17 日，自治区上山下乡知识青年积极分子代表大会在南宁召开。参加大会代表 1 153 人。会议以"批林批孔"为纲，总结交流知青同旧的传统观念决裂，坚持在农村干革命的经验。大会通过给全区上山下乡知识青年的《倡议书》，号召知识青年扎根农村干一辈子革命，把自己锻炼成为无产阶级革命事业的接班人。 （第 419 页）

（1976 年 6 月）21 日，自治区上山下乡知识青年积极分子代表大会在南宁开幕。出席大会 1 356 人。至此，全区已有 33 万知识青年上山下乡。会议要求热情支持知识青年扎根农村干革命，以实际行动回击所谓"右倾翻案风"。 （第 432 页）

（1979 年 2 月）15 日至 20 日，自治区革委会在南宁召开全区知识青年上山下乡工作会议，贯彻全国知识青年上山下乡工作会议精神。会议确定从广西的实际情况出发，3 年内城镇中学毕业生少下乡或不下乡，留在城镇安置就业。原已下乡的知识青年，各地要本着"国家关心，负责到底"的精神，逐步返回城镇安排就业。 （第 448 页）

（9 月）25 日，自治区党委批转自治区党委宣传部等 8 个单位的报告，要求加强对青少年进行社会主义教育，民主与法制教育，共产主义道德品质教育，为四个现代化献身教育。要广开门路，认真解决按政策留城回城青年和社会待业青年的就业问题；要大力恢复和办好青少年课余、工余活动场所，积极开展业余文化活动。 （第 452 页）

（1980 年 1 月）21 日，自治区党委批转《全区知青工作会议纪要》。《纪要》提出，对城镇高中毕业生的分配，要实行城乡两个方面广开门路，统筹安排的原则。 （第 455 页）

《广西通志·附录》

广西壮族自治区地方志编纂委员会编，广西人民出版社 2006 年

（1972 年以来）在毛泽东思想哺育下，广大中学毕业生积极走与工农相结合的道路，全区有 40 多万知识青年上山下乡干革命。 （《政治、军事·历年政府工作报告》，第 274 页）

（三）评工记分必须坚持政治挂帅思想领先的原则，反对"工分挂帅"、"物质刺激"。大寨评工记分的办法是把政治工作与经济工作结合起来，定期对社员进行社会主义教育的好办法，要积极地逐步地推广。……要坚持男女同工同酬，插队知青和其他社员同工同酬。

（《经济·农业学大寨》，第 493 页）

《广西教育改革志》

广西壮族自治区教育厅，广西师范大学出版社 2003 年

在教育领域，开展了多种变革。主要有：

一是组织师生上山下乡，接受再教育。1969 年春天，广西中等以上学校组织师生到农村接受半年左右的再教育。初中、高中毕业生上山下乡。

（第二篇第二章《教育改革的主要历程》，第 32 页）

1978 年，根据教育部的意见，规定中等专业学校一般招收应届初中毕业生和具有初中毕业文化程度的工人、农民及上山下乡回乡知识青年，年龄在 18 岁左右。

（第五篇第一章《中等专业学校》，第 145 页）

《南宁市志·综合卷》

南宁市地方志编纂委员会编，广西人民出版社 1998 年

（1965 年）7 月 28 日，上午，南宁市 500 多名街道知识青年前往来宾参加农业生产。

（《大事记》，第 79 页）

（1968 年）12 月 31 日，南宁市 13 万军民集会欢送知识青年 6 000 多人上山下乡，到农村安家落户。

（《大事记》，第 83 页）

1980 年 3 月，市园林局决定以邕武造林分站为基地，筹办自负盈亏、独立核算集体性质的知青竹子苗圃，安排市园林系统的知识青年就业。……1981 年 7 月，经市人民政府同意成立竹子公园筹备处，原知青苗圃拨归公园筹备处，部分知识青年安排到市园林劳动服务公司或调去其他单位。

（园林志第一章《公园》，第 736—737 页）

《南宁市志·政治卷》

南宁市地方志编纂委员会编，广西人民出版社 1998 年

根据"知识青年到农村去"的指示，仅 1968—1970 年就动员 325 名青年教师和 2 万多名学生上山下乡。

（中国共产党志第三章《重大活动纪略》，第 37 页）

南宁市人民政府工作机构沿革表（1950.1—1994.12）

时　间	工 作 机 构		
	总数（个）	名　称	
		………	
市革命委员会 （1968.4—1980.6）	5—58	革委办事组、政工组、生产组、保卫组、五七干校、市委市革委办公室、人防战备办公室、政法办公室、工交办公室（经济委员会）、电子工业办公室、环保办公室（环保局）、财贸办公室、农业办公室、文教办公室、侨务委员会办公室、计划生育办公室、知识青年上山下乡办公室……		
市人民政府 （1980.6—1994.12）	58—74	政府办公室、体制改革委员会办公室（经济研究中心）、人民防空办公室、外事办公室、经济协作办公室、财贸办公室、侨务办公室、地方志编纂办公室、知识青年安置办公室……		

（人民政府志第一章《人民政府机构》，第 221—222 页）

1967 年至 1973 年 9 月，南宁市公检法军管会审结强奸犯罪案 48 件。1973 年后，出现强奸、轮奸、奸污和迫害上山下乡知识青年案件，严重影响上山下乡政策的贯彻执行。1973 年 10 月至 1979 年，市人民法院审结强奸案 294 件、309 人。其中：判处死刑、死缓、无期徒刑共 16 人，5 年以上有期徒刑 146 人，5 年以下有期徒刑及其他各种刑罚 147 人。1974—1978 年，共受理强奸、轮奸上山下乡知识青年案 32 件、32 人。其中：判处死缓 1 人，5 年以上有期徒刑 17 人，5 年以下有期徒刑及其他各种刑罚 14 人。

（审判志第二章《刑事案件审判》，第 509 页）

1984 年后，人事制度改革的主要内容是：……乡镇机关和农林系统事业单位补充干部实行聘用合同制度，通过考试、考核，从农村的复员退伍军人、回乡知青、村干部中择优录用；调剂人才余缺，开展人才交流活动。　　　　（《编制人事志·概述》，第 633 页）

1973 年 10 月，根据上级指示，撤销市革委会办事组、政工组、生产指挥组、人民保卫组。设立市委市革委会办公室、市委组织部、市委宣传部、市委统一战线工作部、市委审干办公

室、市计划委员会、市基本建设委员会、市编制委员会办公室、市革委会工交办公室、农业办公室、财贸办公室、政法办公室、冶金机械工业局、建筑工程局、水利电力局、税务局、工商行政管理局、档案局、公安局、知识青年上山下乡工作办公室等20个工作机构。

（编制人事志第一章《编制定员》，第636页）

1984—1990年，根据自治区人事厅下达的聘用制干部指标和《乡镇招收干部实行聘用制若干问题的暂行规定》，南宁市乡镇机关、事业单位从优秀复员退伍军人、回乡知识青年、村干部中聘用1386人为聘用制干部，其中：乡镇机关849人，乡镇企、事业单位537人。

（编制人事志第二章《干部队伍》，第643页）

1972年，根据南宁市教育事业发展的需要和师资紧缺的情况，中共南宁市委决定从回乡知识青年和插队知识青年中选拔部分优秀知识青年，到南宁师范学校进行短期培训，充实中小学教师队伍。是年底，从参加短期培训的学员中选择211人分配到南宁市（含郊区）的中小学担任教师工作。　（编制人事志第二章《干部队伍》，第644页）

1969—1977年，全市共动员城市知识青年上山下乡78 801人。1970—1972年，从农村招收劳动力1万多名，形成城乡劳动力对流。

1978年中共十一届三中全会后，国家调整知识青年上山下乡政策，大批上山下乡知识青年返城，初中、高中毕业生不再上山下乡。1979年初，全市有待业人员48 118人，其中插队返城知识青年11 386人，历年积压待业人员36 732人，使劳动就业成为一个十分突出的社会问题。　　　　　　　　　　　　　　　　　（《劳动志·概述》，第678页）

1969—1977年，全市动员知识青年78 801人上山下乡，缓解了城市的就业压力。1978年后，按照"三结合"的就业方针，广开生产门路，开拓多种就业渠道，安置了历年积压的上山下乡知识青年和城镇新增长劳动力。　（劳动志第一章《劳动就业》，第679页）

1969年，南宁市动员知识青年上山下乡和招工同时进行，是年安排6 445人就业，其中国营单位招工1 484人。1970—1977年，招收工人实行群众推荐、民主评议、组织考核、择优录用的原则，招工对象是城镇复员退伍军人，按政策批准留城和上山下乡锻炼两年以上的知识青年，招收学徒工的年龄在16周岁至25周岁，普工可到30岁。

（劳动志第一章《劳动就业》，第680页）

1973年，调整国民经济，上山下乡成为知识青年安置的主要途径，是年安排就业5 198人，其中国营单位招工228人。　（劳动志第一章《劳动就业》，第680页）

4014

国营企业和区县以上集体所有制企业职工因工死亡、退休、退职三种原因出现缺额,从社会上招收新工人补充,补充自然减员包括缺员补充和顶员补充。缺员补充的对象是退休、退职、死亡职工的家属及子女;按政策批准留城、回城的知识青年和经过上山下乡锻炼两年以上的知识青年;应届中学毕业生、农村回乡知识青年;已在单位工作或生产的临时工、合同工;年龄在 16 周岁至 25 周岁,从事搬运、装卸、清洁、炊事、环卫等普通工种的年龄可适当放宽。

（劳动志第一章《劳动就业》,第 681 页）

国营农场、林场、牧场、渔场(以下简称"四场")增加职工同其他工业企业一样,纳入国家劳动计划和劳动管理。……1962 年,在调整国民经济、大办农业中,有组织有计划地动员和组织知识青年和复员退伍军人到"四场"工作。1974 年,"四场"职工达 6 403 人。

1975 年后,组织知识青年和复员退伍军人到"四场"工作减少。"四场"职工扩员以自然增长为主。……1985 年,在"四场"工作的上山下乡知识青年的配偶招收为固定工 52 人。

（劳动志第一章《劳动就业》,第 681 页）

知识青年农场安置

1980 年,全市先后举办知识青年农场 15 个,拥有耕地面积 1 452 亩,园林面积 480 亩,养殖面积 152 亩,固定资产 1 167 345 元,流动资金 511 594 元,从业人员 2 337 人。1981 年,知识青年农场生产粮食 46 025 公斤,蔬菜 9 250 公斤,水果 6 184 公斤,肉、蛋、鱼等副食品 1 374.5 公斤。

市政府有关部门对知识青年农场,在资金、物资等方面给予支持。知识青年上山下乡办公室按进场人数拨给每人安置经费 580 元,共使用安置经费 135.5 万元。劳动部门规定,在农场工作的知识青年可以参加国营企业招工。1985 年后农场大都解体,人员基本招工安置。

（劳动志第一章《劳动就业》,第 682 页）

第四节　知识青年上山下乡

动员安置

1960 年,压缩城市人口,精简职工,首批动员 41 名社会青年到国营农场、林场工作。1962 年,动员 250 名应届初中、高中毕业生到教学农场、先锋农场工作。1963 年,动员 1 683 名知识青年到"四场"工作。

1964 年 1 月,按照中共中央、国务院颁发的《关于动员和组织城市知识青年参加农村社会主义建设的决定(草案)》,中共南宁市委成立市安置领导小组,组织动员青年上山下乡,规定年龄在 16 周岁至 25 周岁的高小毕业以上文化程度的知识青年和年龄在 40 周岁以下的社会闲散劳动力,身体健康,政治历史清楚,均属上山下乡对象。是年,有 1 658 人上山下乡,其中到郊区农村插队的有 1 340 人。

1965年，全市有2 062人上山下乡，其中有知识青年500多人到广西来宾县建立长岭人民公社。1966年，全市动员289人上山下乡，其中回乡人员157人。1966年下半年至1968年夏季，学校停课，大学不招生，工厂基本不招工，上山下乡处于停顿状况。1968年12月22日，《人民日报》发表毛泽东主席有关知识青年到农村去的指示后，全市动员知识青年上山下乡的工作全面展开。1969年，共动员39 022人上山下乡，其中：到市郊插队的4 879人，到外地插队的26 212人，整户下放插队的7 931人。

1973年，上山下乡成为新成长劳动力安置的主要途径。动员对象除升学、病残、独生子女、多子女身边只有1个子女的以及中国籍的外国人子女、华侨学生外，凡年满16周岁的中学毕业生及社会青年均动员上山下乡。除在市郊区农村安排一部分外，其余均安置到南宁地区和百色地区。知识青年5人至10人为小组，集体插入人民公社生产队。知识青年下乡插队，多安置在那些领导班子较强、生产潜力较大、田地多劳动力少、水利过关、生活水平较高的社队，也有一些知识青年安置在困难较多的社队。插队知识青年较多的社队在党支部领导下，建立有干部、贫下中农和知识青年代表参加的"三结合"小组，对知识青年实施管理教育工作。1973年，为做好安置工作，实行干部带队制度，由行业系统按100个下乡知识青年配备1个国家干部带队。全市抽调干部121人，带队时间一般是1年或3年，分批轮换。1974年，由学校负责组织分配中学生上山下乡改由学生家长单位负责动员组织，按系统按街道与农村社队挂钩，组织下乡插队。1975年，市革命委员会规定：各单位已招收使用的上山下乡知识青年，一律停止使用，动员他们上山下乡。1970—1977年，全市共动员39 779人上山下乡。

1978年12月，根据《全国知识青年上山下乡工作会议纪要》及《国务院关于知识青年上山下乡若干问题的试行规定》的精神，南宁市不再动员和组织知识青年上山下乡。

安置经费

1963年，南宁市人民委员会规定：凡到农、林、牧、渔场去的人员，原来有工作的头三个月按原来工资发，三个月以后按"四场"规定的工资发。到"四场"前未有工作的人员，按照"四场"有关规定发给工资。到农村插队的，每人按195元的安置经费包干使用，以解决吃、住问题及购置生产工具、学习用具等。具体规定：房屋修建，插队人员15人以上可修建简易平房，造价每人平均不超过75元，房屋所有权属下乡人员所有；生活补贴费，每人每年78元，其中：第一季度每月8元，第二季度每月7元，第三季度每月6元，第四季度每月5元；生产资料每人15元；生活费用每人20元；其他费用，去插场插队车旅费实报实销；零用费每人每月1元；医药费每人每月2元。

1966年，安置经费在不突破中央规定的标准下，凡新建队和集体所有制的农、林、牧、渔场，做到"一年半自给，两年全自给"；插队"一年自给，两年有余，三年有家底"。是年，新建队的单身每人400元，插场单身每人300元，集体插队单身每人300元，单身投亲插队230元，成户插队每人160元，回乡居民每人50元。

1968—1972年,南宁市上山下乡安置经费标准是:单身插队每人230元,成户插队每人160元,插场每人160元,郊区非农业人口就地转农每人补助50元。到省外插队单身每人25元,成户每人15元,回原籍投亲每人50元。各项经费开支,由各级组织拨给生产队统筹安排。

1973年后,上山下乡经费比以前有所提高。下乡插队,或回农村老家插队,或集体建场者,每人补助470元,到郊区各公社插队的230元;到国营"四场"去的,每人补助20元。经费使用安排:建房费200元,主要用于购买木材、砖瓦等;生活费160元,可分3年补助:第1年8个月,第2年6个月,第3年4个月,每个月8元左右;农具费30元左右,购置炊具40元左右;学习、医疗补助费各10元左右。

1978年12月7日,自治区革命委员会规定:从1979年起,到国营农、林、牧、副、渔业基地和"五七"干校的,每人补助400元;到集体所有制知青场、队和知青点的,每人补助580元;下乡到单程超过500公里地区的知识青年,未婚的每两年补助一次性探亲路费,已婚的每3年补助一次探亲路费;在农村结婚安家的下乡知青,其住房应先从知青空房中调剂,解决不了的,每人补助建房费300元,由知青部门统一掌握使用。1964—1977年,南宁市知青安置经费共支出2 117.9万元。　　　　　　　　　(劳动志第一章《劳动就业》,第683—684页)

1983年10月,根据国务院批转劳动人事部《关于1983年企业调整工资和改革工资制度问题的报告》要求,对企业、事业单位职工工资进行调整。……调整工资的职工范围是:1978年底以前参加工作的固定工;1971年底前参加工作的计划内长期临时工;上山下乡插队满2年以上的原城镇知识青年;1983年9月30日前已是国家正式职工;1981年已升一级工资的中年知识分子及当年未列入调资范围的1978年底前参加工作的教育、卫生系统的部分职工。全市有165个单位62 926人调整工资,月增资总额46.71万元,人均月增资7.42元。

　　　　　　　　　　　　　　(劳动志第二章《工资　保险　福利》,第691—692页)

1982年前(南宁市技工学校)还招收上山下乡知识青年。考生年龄在不同时期有所不同。1978—1985年,招收具有高中文化程度的青年,学制两年,年龄在16周岁至22周岁,上山下乡知识青年放宽到24周岁。1985年后,招生对象主要是初中毕业生,年龄15周岁至18周岁,学制2年至3年。要求未婚,身体健康。招收技工学员,经过严格的文化考试、身体检查和政治审查。　　　　　　　(劳动志第四章《职业技术培训》,第712页)

1980年11月,南宁市委知青上山下乡办公室并入市劳动局。

　　　　　　　　　　　　　　　　　　　　　　(劳动志第五章《劳动管理》,第717页)

60年代,华侨为了学习祖国的历史和文化,将子女送回祖国升学读书。1964年在学校学习的归侨青年学生(简称"侨青")下乡劳动锻炼。60年代末,又有不少归侨、侨眷或子女,被下放到农村插队。1978年后,陆续给下乡插队和到农场、林场劳动的知识青年安排了工作。"侨青"由于亲人旅居国外,国内无家,依旧留在农村或农场,不能回城安置,在国外造成不良影响。南宁市侨务办公室根据国务院侨务办公室的有关文件规定,于1985年初至1989年3月回收安置"侨青"在南宁工作的70户、95人,"侨青"回收安置工作基本完成。

(侨务志第三章《管理》,第757页)

60年代,主要受理在社会主义教育(四清)运动、返乡复退军人、精减机构职工下放、动员城市居民下乡、知识青年上山下乡、"文化大革命"中人民来信来访反映的问题和意见。

(《信访志·概述》,第761页)

1951—1989年,查办信访案件的主要范围有:1.农村中粮食统购统销;2.公私合营以及"三反"、"五反"运动;3.反右派斗争问题;4.社会主义教育运动;5."文化大革命";6.上山下乡以及历史遗留下来的冤假错案等。

从1989年6月起,市信访局列入查办范围的信访案件包括7个方面:……4.历史上遗留下来带普遍性、群体性的问题以及落实各项政策中的突出问题。有平反冤假错案、精简下放、上山下乡知识青年回城、落实私房改造政策、处理"文化大革命"遗留问题等。

(信访志第四章《信访查办》,第768—769页)

《南宁市志·经济卷》

南宁市地方志编纂委员会编,广西人民出版社1998年

南宁市粉末冶金制造工业开始于1966年,由广西机械工业厅和南宁市共同投资30万元,在市标准件厂筹建粉末冶金车间。1969年,粉末冶金车间从标准件厂分出……1970年在郊区招收1批插队知识青年,全厂职工达到124人。

(机械冶金工业志第一章《机械工业》,上册第20页)

"文化大革命"中,(市机械系统)从上山下乡的知识青年中招收一批高初中毕业生进厂。

(机械冶金工业志第三章《管理》,上册第33页)

1975年3月至1978年,市中药厂先后从上山下乡知识青年和留城知识青年中招收200名正式职工。

(化学医药工业志第四章《管理》,第190页)

1982年,市二经局所属的南宁市日用化工厂为解决回城知青的就业困难,从江苏购进10台横机设立南宁市毛织用品厂。

(纺织工业志第二章《丝绢 毛麻》,上册第303页)

郊区社队工业企业,大多数属于厂社(大队)挂钩支农点、知青点扶持办起来的。1979年城市工业调整,原来市手扶拖拉机厂、钢精厂、机械厂等企业加工的零部件近600万元任务缩减,中小农机具计划外生产饱和,8个公社农械厂没有生产任务,原计划城市工业逐步扩散1000万元产品的任务终止,知青点收缩,城市支援农业办企业减少。

(《乡镇企业志·概述》,上册第659页)

是年(1965年),该场职工及到柳沙安家落户的360多名南宁知识青年,开辟了长2公里的柳沙公路,与自治区干部疗养院(今自治区江滨医院)相接,直通市区的柳(沙)新(兴)大道,路旁植上芒果、木菠萝等绿化树。 (农工商联合志第五章《管理》,上册第709—710页)

1966年底撤销白鹤塘农场,罗文园艺场成为劳改教养单位。1970年初,将劳改人员及刑满留场就业的人员遣送他处,另从市区招收2000多名农村、城镇社会青年及插队知识青年进场当农业工人,该场由南宁市农林局管辖,易名为南宁市跃进农场。

(农业商联合志第五章《管理》,上册第710页)

城镇青年就业经费

1962—1963年,安置城市闲散人员到农林场就业,支出4万元。1964年、1965年安排知识青年到农村插队落户,开支45万元。1969年,安排因"文化大革命"而滞留城市的多届中学毕业生上山下乡插队落户,支出124万元。1962—1990年共支出2264万元,其中1962—1978年用于知识青年到农村插队落户支出902万元,占39.84%;1979—1990年用于插队知识青年回城和城镇青年就业支出1362万元,占60.16%。

(财政志第三章《解放后财政支出》,下册第327页)

1981—1983年,市知识青年上山下乡安置办公室通过市人民银行把拨款变为贷款,向指定单位发放委托贷款418万元,组织工商服务点104个,安置知识青年3000多人就业。

(金融志第九章《信托》,下册第502页)

70年代后期,市五金公司吸收部分上山下乡知识青年建立"知青店",属集体所有制性质,经营五交化商品零售。 (商业志第二章《日用工业品购销》,第558页)

南宁市供销合作社(简称"市社")系统职工从50年代办社到90年代,其来源主要的有几方面:……有国家安置的上山下乡插队的知识青年……

(供销合作社志第一章《供销合作社》,第611页)

1974年，调整全市投递网路，在不增加人员和设备的情况下，延伸农村投递路线63公里，增加投递点84个，农村生产队直投面由原来的72％增至85％，知识青年上山下乡点直投面由原来的71.6％增至80.9％。 （邮政志第二章《邮件处理》，第1006页）

1973—1979年，业务增长需要，每年都有招收工人指标，招收主要对象为上山下乡知识青年，少数为年届退休职工子女顶补。 （邮政志第五章《企业管理》，第1023页）

《南宁市志·文化卷》
南宁市地方志编纂委员会编，广西人民出版社1998年

（1985年市教育系统幼儿园）该园原有任课教师都是从农村抽调并经短期培训的插队知青。 （教育志第二章《幼儿教育》，第17页）

解放后档案是市档案馆馆藏档案的主体。……其中文书档案：至1990年共收藏22 639卷，长度442.65米。……各项中心工作档案，主要内容有南宁市贯彻《婚姻法》、"大跃进"、人民公社、大办钢铁、大办粮食、整风整社、社会主义教育、知识青年上山下乡、工业学大庆、农业学大寨、抗震救灾、落实政策、平反冤假错案、处理"文化大革命"遗留问题、打击经济犯罪、体制改革等中心工作所形成的文件材料。（档案志第二章《档案收集与保管》，第286页）

《南宁市公安志》
南宁市公安局史志办公室编，广西人民出版社1997年

（1970年）3月15日，市革委会在朝阳广场召开批斗大会，批斗从农村倒流回南宁破坏上山下乡的国民党上校军官曾耀源、苏建侯等9名反革命分子和坏分子。大会批斗后，又先后9次在16个单位巡回批斗。 （《大事记》，第30页）

《南宁市江南区志》
南宁市江南区地方志编纂委员会编，广西人民出版社2008年

（1968年）12月31日，南宁市知识青年共6 000多人（含今江南区知青）上山下乡，到农村安家落户。 （《大事记》，第16页）

1979 年底至 1980 年初，大量上山下乡知识青年返城，就业形势十分严峻。公司（劳动服务公司）投资 10 多万元，建起门面 50 多间，安排知青就业。

（第二十五章《人事　劳动　社会保障》，第 400 页）

《南宁市郊区志》

南宁市郊区地方志编纂委员会编，方志出版社 2004 年

（1971 年）1 月—2 月，郊区成立知识青年上山下乡安置办公室（简称"知青办"）。

（《大事记》，第 22 页）

知识青年安置　**上山下乡**　1960 年，南宁市动员 41 名社会青年到郊区辖区内的国营农、林场工作。1964 年，共青团广西区委和共青团南宁市委分别在郊区的那洪公社群益大队和明秀公社虎邱大队范围的下马厂创办"先锋"和"五四"青年农场，安排 250 名高、初中毕业生从事农业生产。郊区区公所从广东请来潮汕老农作技术指导，还拨给一些农机具和化肥，支持青年农场生产。当年，市内有 1 340 人到郊区农村社队插队落户。

1966 年"文化大革命"期间，学校停课，大学不招生，工厂基本不招工，上山下乡处于停顿状况。1968 年 12 月 22 日《人民日报》发表毛泽东主席关于知识青年到农村去的指示后，南宁市动员知识青年上山下乡的工作全面展开。1969 年，到郊区插队的知青有 4 879 人，1971 年郊区成立知识青年上山下乡安置办公室（简称"知青办"），加强对知识青年上山下乡工作的领导和管理。

1973 年，上山下乡成为新增长劳动力安置的主要途径。除升学、病残、独生子女、多子女但身边只有 1 名子女的外，凡年满 16 周岁的中学毕业生及社会青年均动员上山下乡。知识青年 5 人—10 人为 1 个小组，插入人民公社生产队。知识青年下乡插队，多安置在那些领导班子较强、生产潜力较大、田地多、劳动力少、水利过关、生活水平较高的社队，也有一些知识青年安置在困难较多的社队。1973 年，为做好安置工作，实行干部带队制度，由行业系统按 100 名下乡知识青年配备 1 名国家干部带队。带队时间一般是 1 年或 3 年，分批轮换。1974 年，由学校负责组织分配中学生上山下乡改为学生家长单位负责动员组织，按系统、按街道与农村社队挂钩，组织下乡插队。至 1977 年，先后安排到郊区插队青年累计 22 180 人。

知青经费　1963 年，市人委规定，凡到农场、林场、牧场、渔场（简称"四场"）去的人员，原来有工作的前 3 个月按原来工资发，3 个月以后按"四场"规定的工资发放。到"四场"前未有工作的人员，按照"四场"有关规定发给工资。到农村插队的，每人按 195 元安置经费包干使用，以解决吃、住及购置生产工具、学习用具问题。具体规定：房屋修建，插队人员 15 人以上可修建简易平房，造价每人平均不超过 75 元，房屋所有权属下乡人员所有；生活补贴

费,每人每年78元,其中:第一季度每月8元;第二季度每月7元;第三季度每月6元;第四季度每月5元。生产资料费每人15元;生活费用每人20元;其他费用,去插队插场差旅费实报实销;零用费每人每月1元;医药费每人每月2元。

1966年,凡新建队和集体所有制的农、林、牧、渔场,做到"一年半自给,两年全自给";插队"一年自给,两年有余,三年有家底"。是年,国家对上山下乡知青人员的经费补助为:新建队的单身每人400元,插场单身每人300元,集体插队单身每人300元,单身投亲插队230元,成户插队每人160元,回乡居民每人50元。

1968年—1972年,南宁市上山下乡安置经费标准是:单身插队每人230元,成户插队每人160元,插场每人160元,郊区非农业人口就地转农每人补助50元。各项经费开支,由各级组织拨给生产队统筹安排。

1973年,上山下乡经费比以前有所提高。下乡插队或回农村老家插队,或集体建场者,每人补助470元;到郊区各公社插队,每人补助230元;到国营"四场"去的,每人补助20元。经费使用安排:建房费200元,主要用于购买木材、砖瓦等。生活费160元可分3年补助;第一年8个月,第二年6个月,第三年4个月,每人每月8元左右;农具费30元左右,购置炊具40元左右,学习、医疗补助费10元左右。

回城安置 1970年以后,一面继续动员知识青年上山下乡,一面通过招工、招干、升学、参军等方法安置插队知识青年。至1978年,共安置16 765人,尚有在乡插队知识青年5 415人。此后,停止动员城镇知识青年上山下乡,同时继续采取各种措施,加快下乡知识青年回城安置工作,至1979年,全郊区下乡知识青年基本安置完毕。

(第三十章《劳动 人事 编制》,第655页)

1973年12月,撤销4大组,革委会下设办公室、知识青年上山下乡安置办公室、经营管理科、工业科、农业科、蔬菜科、畜牧水产科、统计财务科、文教科、卫生科、民政科、公安分局。1975年2月,郊区革委会与市农业办公室合署办公,实行一套人员两块牌子,郊区机关人员编制81名。1976年5月,郊区革委会与市农业办公室分开。郊区党委设办公室、组织部、宣传部3个工作机构。郊区革委会下设民政科、文教科、卫生科、知青办、财务科、蔬菜科、工业科7个工作机构。

(第三十章《劳动 人事 编制》,第669页)

《柳州市志(第一卷)》

柳州市地方志编纂委员会编,广西人民出版社1998年

1978—1992年,"文化大革命"结束后,经过拨乱反正,落实党的各项政策,大批知识青年和落实政策人员回到城市,特别是1978年以来,各项事业恢复、发展较快。

(人口志第一章《人口数量》,第189页)

1967—1970 年,"文化大革命"进入所谓"斗、批、改"阶段,动员知识青年上山下乡,计1.98 万人。

1971—1978 年,人口迁入量又开始回升。原上山下乡知青陆续回城。

(人口志第二章《人口变动》,第 196 页)

1963—1977 年柳州市城区知识青年上山下乡情况表

单位:人

年　份	城区知识青年下乡人数	年　份	城区知识青年下乡人数
1963	850	1972	1 182
1964	1 315	1973	4 348
1965	1 600	1974	4 870
1966	200	1975	2 494
1967—1969	17 443	1976	8 556
1970	2 321	1977	5 557
1971	4 339		

注:据柳州市劳动局知青办公室统计资料整理。

(人口志第二章《人口变动》,第 198 页)

《柳州市志(第二卷)》

柳州市地方志编纂委员会编,广西人民出版社 2003 年

1983 年,柳州机电工业职工队伍总人数 33 115 人。……这期间职工来源是上山下乡青年、社会青年和国家统一安排的复员转业军人及统一分配的技校中专毕业生。

(机电工业志第九章《机构与管理》,第 130 页)

70 年代中、后期,冶金企业根据市劳动部门下达的指标,招收城镇和上山下乡的高、初中毕业生。新职工进厂必须经三级(厂、车间、班组)培训才能上岗。

(冶金工业志第三章《管理》,第 235 页)

20 世纪 80 年代后,随着改革开放的不断深入,化工制药工业的职工队伍建设得到加强,职工队伍扩大。企业根据生产经营需要,在大量招收返城知识青年、吸收技校生、职高生的同时,招收了一批大中专毕业生,职工文化技术培训工作也有所加强。

(化工制药工业志第十章《管理》,第 590 页)

1979 年 9 月柳北区政府设立后,街道工业由区劳动服务公司和生活服务公司管理。劳动服务公司主要管理原有的街道工业,生活服务公司主要管理 1979 年"知青"大返城后由"知青"新办的各类小型街道企业。 (城区工业志第一章《柳北区工业》,第 718 页)

1978 年以后,对部分上山下乡的回城青年,安排做计划外用工。

(城区工业志第一章《柳北区工业》,第 718 页)

《柳州市志(第三卷)》

柳州市地方志编纂委员会编,广西人民出版社 2000 年

插队知青带队干部补助,按每人每月 20 公斤(粮食)补足其差额。

(粮油志第一章《购销》第 409 页)

《柳州市志(第四卷)》

柳州市地方志编纂委员会编,广西人民出版社 2001 年

1969 年,知识青年"上山下乡",干部下放到农村劳动,个人交寄的零星物品包裹激增,当年的业务量达到 9 万余件。

1970—1979 年,包件业务量在 10—13 万件升降。80 年代初,"上山下乡"的知识青年及下放干部大部分回城,用户邮寄生活用品的包裹减少,业务量变化不大。

(邮电志第二章《邮政通信》,第 302 页)

其它支出包括国防战备支出、人民防空支出、"五七"干校支出、干部下放支出、知识青年上山下乡支出、"四清"运动支出、"文化大革命"支出、落实政策和"处理文革遗留问题"支出、地方外事支出、财政贴息支出、少数民族地区补助支出和其它杂项支出。1950—1992 年累计支出 20 940.8 万元,占财政总支出的 8.50%。 (财政志第二章《财政支出》,第 429 页)

城镇人口下乡安置费

主要包括扶持生产资金、安置费、就业费、业务费和其它费用,1961—1992 年共支出 1 301.6 万元。其中 1980 年以前支出是下乡费用,按人头补给一定费用。1980 年以后支出的是回城市后的生活安置费和就业补助费,支出最多的是 1981 年,高达 261.4 万元,主要是用于安置大批回城的下乡青年和城市待业青年。1980—1992 年共支出就业补助费 1 134.2 万元。

(财政志第二章《财政支出》,第 430 页)

1981年,对城镇集体企业改按8级超额累进税率征收,解决了合作商店税负重于其它集体企业的问题;对个体户,比照集体企业税负,分行业核定所得税负担率,随同工商税合并征收。规定对城镇"上山下乡"知识青年所办企业免税5年。

（税务志第三章《所得税类》,第503页）

1990年,对市劳动服务公司1984—1989年经营情况进行财经法纪审计,发现该公司违反财经法纪金额达260多万元。主要问题:挪用"知青"安置费给个人使用,做钢材、棉花生意,造成资金难以收回72万元。 （审计志第二章《国家审计》,第661页）

1973年12月,市革委在撤销四大组建制、调整恢复各有关委、办、局设置的同时,恢复市计划委员会,下设秘书科、综合计划科、工业计划科、社队企业科、统计科、物价科、供产销平衡办公室和增产节约办公室,配工作人员42人。同时,归口市计委管理的部门有市物资局、市劳动局、市计划生育办公室和市知识青年上山下乡办公室（后改为市知识青年安置办公室）。 （计划志第一章《机构与管理》,第676页）

《柳州市志（第五卷）》

柳州市地方志编纂委员会编,广西人民出版社2001年

1954年,发动青年支援市大桥园艺场建设千亩果园。1957年,协助中共柳州市委和市政府,动员知识青年赴市郊农业社落户,从事农业生产。同年8月,首批9名知识青年到市郊静蓝农业社落户。1963年8月6日,96名知识青年到来宾维都林场安家落户,有30多名到玉林六万林场落户。1964年11月,全市共有1 315名知识青年到来宾、鹿寨插队。1973年,又有6 600多名知青下乡插队。 （群众团体志第二章《青少年团体》,第217页）

1964年（劳动局）负责动员知识青年上山下乡等工作。1973年1月复设。1980年11月,市知识青年上山下乡办公室与劳动局合并,一套人员,对外挂两块牌子。

（政府志第三章《市人民政府机构设置》,第381页）

（1973年）同年9月,为了加强对知识青年"上山下乡"工作的领导,成立柳州市知识青年上山下乡工作办公室,方明高、黄均胜任办公室副主任。

（政府志第三章《市人民政府机构设置》,第393页）

1962年2月起,开始有组织有计划地动员知识青年上山下乡,至1965年,动员安置到

农、林场和农村参加农业生产的知识青年有 5 840 人。至 1978 年,全市先后安置 5.3 万多名知识青年到农村人民公社插队及农、林场参加农业生产。1979 年以后,改为城镇就地安置,已下乡的知识青年,逐步回城就业。 （《劳动人事志·概述》,第 552 页）

1958—1978 年,国家实行集中统一的计划经济,劳动就业实行"统包统配"的制度,就业渠道单一且狭窄。在城镇就业难的情况下,动员知识青年上山下乡。

（劳动人事志第一章《劳动管理》,第 555 页）

1962 年起,开始有组织有计划地动员城镇不能升学而需就业的青年学生和闲散劳动力到农村插队落户。1962 年 2 月,中共柳州市委批转市劳动局、共青团市委《关于动员街道青年到国营农场参加劳动生产的意见》,至 1964 年第一季度,动员到农、林场参加农业生产的青年学生和街道闲散人员共 1 265 人。中共柳州市委成立市知识青年上山下乡安置领导小组,负责全市知识青年和街道社会青年上山下乡安置工作,面向农村开辟就业门路。1964年 7 月至 1965 年末,全市上山下乡知识青年 2 078 人(1964 年 1 315 人,1965 年 763 人),其中到鹿寨县、来宾县插队、插场 862 人,到市郊区插队 1 216 人。

（劳动人事志第一章《劳动管理》,第 557 页）

"文化大革命"时期

1966—1968 年,柳州市高中毕业生和不能升学的初中毕业生,全部动员上山下乡。1968 年 12 月 7 日,柳州市革命委员会设立市知识青年上山下乡安置小组,1969 年,全市上山下乡知识青年 17 443 人,其中,到柳州地区各县插队 11 762 人,到河池地区环江、罗城、河池、宜山 4 县插队 2 750 人,到市郊区插队 2 931 人。此外,全市上山下乡城镇社会青年 9 000 余人。1970 年 9 月,全市又有知识青年 2 321 人上山下乡,其中到柳州地区插队 1 831人,到河池地区插队 150 人,到市郊区插队 340 人。凡上山下乡知识青年,均按自治区革委会的规定,每人发给生产工具、家具和生活补贴 230 元(回原籍插队为 50 元),另对生活困难的给予棉衣、蚊帐、棉被、被套等困难补助,补助面为下乡人数 30%。1971 年,按照自治区革委会的指示,为加强边防建设和扩大橡胶生产,号召全市高中、初中应届毕业生参加广西生产师,到合浦生产师三团 2 259 人,到陆川生产师六团 1 072 人,到那坡县平孟山区生产师直属营 1 008 人。全市参加生产师知识青年合计 4 339 人,其中男 1 954 人,女 2 385 人。1972年,全市继续动员知识青年上山下乡,到柳州地区、河池地区各县和市郊区插队的共 1 182人。1969 年 8 月后,全市企业恢复生产,劳动力需求增加,恢复招收新职工。1969—1972年,全市高中毕业生和不能升学的初中毕业生,除上山下乡插队和参加生产师外,其余安排到各企业、事业单位和市郊国营大桥、鹧鸪江等园艺场就业。

1973 年调整国民经济,减少城市招工,全市每年新增劳动力的出路,再次转向以知识青

4026

年上山下乡为主。从 1973 年起,下乡插队的每人补助 480 元,其中建房费 200 元,生活补助 190 元,其余为家具费、农具费、运旅费、医疗费等,并由国家供应建房木材每人 0.5 立方米。11—12 月,全市共有 4 348 人分两批上山下乡,其中到柳州地区各县插队 3 900 人,到郊区插队 448 人。全市知识青年,除独生子女、多子女身边只有一个子女、中国籍外国人子女以及经体检证实病残不能参加农业劳动的以外,一律动员上山下乡(上述 4 种人已下乡插队的,可以回城)。1974 年起,知识青年上山下乡工作将过去由学校负责动员改由家长单位负责,实行单位与社队挂钩,归口动员。1975 年又规定全市各单位用工不得使用上山下乡对象的知识青年。

1973—1977 年,全市上山下乡知识青年共 25 825 人。其中,1973 年上山下乡知识青年人数占应届中学毕业生总数的 79%,1974 年占 96%,1975 年达 98%。1978 年,中共中央、国务院对知识青年上山下乡政策作重大调整,明确有条件解决就业问题的城镇,可以不动员上山下乡。从当年起,柳州市停止动员知识青年上山下乡。1973—1977 年,全市国营和集体所有制企业新增职工 27 999 人。其中国营企业从农村招收固定工 15 529 人,招工数约为同期上山下乡知识青年数的 60.13%,实际上从农村招收的固定工中,上山下乡知识青年只占 11 010 人,其余 4 519 人为农民。一方面,市内知识青年就业难,大批动员上山下乡;另一方面又从农村中大量招用农民,形成城乡劳动力大对流,给全市劳动就业造成困难。

1973—1977 年柳州市新增职工人数统计表　　　　　　　　　单位:人

项　目＼年　份	1973	1974	1975	1976	1977	合　计	备　注
合　计	256	3 496	7 928	12 106	4 213	27 999	
(一)国营企业新增固定工	256	2 617	6 578	10 090	2 113	21 654	
1. 从农村招收		2 000	4 940	7 767	822	15 529	
其中　招收上山下乡知青		1 550	3 200	5 700	560	11 010	
其中　招收农民		450	1 740	2 067	262	4 519	
2. 从城内招收留城知青		226	891	1 479	543	3 139	
3. 统一分配的复员、退伍军人	199	76	176	248	90	789	
4. 其他	57	315	571	596	658	2 197	包括技工学校毕业生和国营农林场户口在场子女
(二)大集体所有制企业新增职工		879	1 350	1 502	2 100	5 831	

项 目 \ 年 份	1973	1974	1975	1976	1977	合 计	备 注
其中:留城知青					538		
(三)小集体所有制企业新增职工				514		514	
其中:留城知青				234		234	

1964—1977 年,全市上山下乡知识青年合计 53 188 人。其中参加广西生产师的 4 339 人。1974 年 10 月起,按自治区革委会规定,参加生产师的知识青年享受林场正式职工待遇成为固定职工。其余到各县和郊区插队的,通过招工回城,推荐上中专、大学读书或参军等途径大部分陆续离开农村。属于独生子女、多子女身边无人、中国籍外国人子女或病残不能参加农业生产劳动的经批准回城待业。至 1979 年 4 月,尚留在农村插队的知识青年 10 031 人,其中柳州地区各县 5 846 人,市郊区 4 185 人。

1964—1977 年柳州市知识青年上山下乡人数统计表　　　　　　　单位:人

年 份	上山下乡人数	其 中			
		郊 区	柳州地区	河池地区	生产师
1964—1965	2 078	1 216	862		
1969	17 443	2 931	11 762	2 750	
1970	2 321	340	1 831	150	
1971	4 339				4 339
1972	1 182	261	735	186	
1973	4 348	448	3 900		
1974	4 870	1 567	3 303		
1975	2 494	1 394	1 100		
1976	8 556	2 531	6 025		
1977	5 557	2 419	3 138		
合 计	53 188	13 107	32 656	3 086	4 339

(劳动人事志第一章《劳动管理》,第 557—560 页)

1979 年 4 月 25 日,柳州市召开知识青年上山下乡工作会议,决定把历年仍留在农村插队的知识青年 10 031 人,全部返城安排就业。1979 年,除国营企业招工及补充自然减员(即子女顶职)共安排 3 500 人就业,升学到大、中专院校 1 590 人外,全市积累的待业青年达 29 028 人,其中收回城内的插队知青 7 373 人,历年按政策批准留城、回城知青 2 778 人,

1978 年高、初中毕业生 8 281 人,1979 年高、初中毕业生 6 561 人,历年未下乡的知青和社会青年 4 035 人。（劳动人事志第一章《劳动管理》,第 560 页）

1980 年 8 月,中共柳州市委召开全市劳动就业会议,规定不论大集体企业、小集体企业,统称集体企业,集体所有制职工与全民所有制职工政治上一视同仁,知青集体企业一律免税 3 年。（劳动人事志第一章《劳动管理》,第 560 页）

1980 年 7 月,市革命委员会制定《关于举办知青农场若干问题暂行规定》,至 1982 年末,全市共举办农工商一体化知识青年农场 25 个,安排待业青年 6 571 人。此后,随着生产的发展,知识青年农场大都转变为集体所有制工厂或商业企业。（劳动人事志第一章《劳动管理》,第 561 页）

1979—1983 年,全市除全民所有制单位招工外,其他渠道共安排就业 75 620 人,提前完成中共中央、国务院要求在 1985 年基本完成回城知识青年安置的任务。（劳动人事志第一章《劳动管理》,第 561 页）

1987 年 2 月,根据市政府制定的《柳州市关于干部、工人调配的若干规定》,从市外(含柳铁、柳地、部队、民航和驻柳的中央属、自治区属单位)调入干部、工人,一律由市人事局、市劳动局根据控制城市人口、合理流向、适当照顾家庭困难以及有利于从自治区外引进科技人才的原则,按条件审批办理。市教育局、市卫生局不再办理市外调配手续。所规定的干部、工人调入柳州市的条件主要有:……国营农、林场工人中的上山下乡知青,配偶在市内,为解决夫妻分居,可调入集体所有制单位。（劳动人事志第一章《劳动管理》,第 572 页）

根据国务院批转国家劳动人事部《关于 1983 年企业调整工资和改革工资制度问题的报告》,1983 年 5 月至 1984 年 10 月,按照"两挂钩"、"一浮动"、"调改结合"的原则,调整企业工资。……全民所有制企业属 1978 年底以前参加工作的固定职工,未列入 1981 年调整工资范围、属于 1978 年底以前参加工作的中、小学校和医疗卫生单位的固定职工,1971 年 12 月 31 日以前参加工作的计划内长期临时工,上山下乡插队满 5 年以上的原城镇知识青年,1982 年 10 月 1 日以后调到国家机关、事业单位未参加调整工资的职工,以及 1978 年底前回国,由国家发生活费到 1979 年才安排工作的难侨和因组织原因推迟到 1979 年分配的 1978 届大、中专毕业生,符合这次升级条件的,一般升 1 级。（劳动人事志第二章《工资福利与保险》,第 589 页）

1980 年 11 月,柳州市知识青年上山下乡办公室并入市劳动局,工作人员增至 41 人,对外仍挂知识青年上山下乡办公室牌子。（劳动人事志第六章《机构》,第 637 页）

柳州市劳动就业管理处　　1982 年 7 月成立,原名柳州市劳动服务公司。1984 年 11 月定编制 35 人,其主要任务是综合管理全市企业、事业单位举办的以安排知识青年就业为目的的劳动服务公司,扶持其发展生产,拓宽就业渠道⋯⋯　　（劳动人事志第六章《机构》,第 639 页）

1975 年 4—6 月,市公安局开展破案战役,重点打击秘密组织反革命集团、阴谋爆炸、暗害的反坏分子、敌特分子和盗窃、抢劫、强奸、流氓团伙以及摧残、迫害"上山下乡"知识青年、拐卖妇女儿童的重大犯罪分子。　　（公安志第三章《打击刑事犯罪》,第 707—708 页）

《柳州市志(第六卷)》

柳州市地方志编纂委员会编,广西人民出版社 1999 年

(1970 年)初中毕业生由各校经过政审（家庭成份为首要条件）、成绩考查和身体健康检查,有选择地推荐 40％的学生升入高中,其余"上山下乡"参加农业生产劳动。

（教育志第四章《中学教育》,第 43 页）

1972 年,接收市"共大"的中师班学生,其入学时是本市具有初、高中文化程度的工人、农民、复员军人、上山下乡知识青年,毕业后由市教育局分配到市区小学和初中工作。

（教育志第五章《中等专(职)业教育》,第 63 页）

1970 年,全市教育盲目大发展,中、小学师资严重不足。根据市革命委员会决定,抽调工人担任专职教师,组织工农业余讲师团,参与学校教学,从市直机关"干宣队"中抽调干部任教,从复员军人中抽调 50—80 人到学校充实教师队伍,选拔插队知识青年经过短期培训后担任教师。　　（教育志第八章《教师》,第 96 页）

1966 年 5 月"文化大革命"开始后,农村体育活动基本处于停顿状态。70 年代初,各公社、大队为下乡知识青年兴建篮球场,举办篮球、游泳、爬山等项目比赛,农村体育活动曾一度活跃起来。　　（体育志第一章《群众体育》,第 720 页）

《柳州市志(第七卷)》

柳州市地方志编纂委员会编,广西人民出版社 2003 年

(1957 年)8 月 10 日,首批 9 名知识青年到市郊静兰农业社落户。

（《大事记》,第 458 页）

（1962 年 2 月）开始动员城市知识青年上山下乡，至 1965 年，动员、安置到农林场和农村参加农业生产的知识青年达 5 840 人。 （《大事记》，第 469 页）

（1963 年 8 月）市内 168 名知识青年分赴来宾维都林场及三门江林场参加劳动生产、安家落户。 （《大事记》，第 472 页）

本年，精简市属企业职工 2 257 人，压缩工厂 33 家，减少城市人口 13 252 人；动员 850 名知识青年"上山下乡"安家落户。 （《大事记》，第 473 页）

（1969 年）1 月 23 日，柳州 10 万军民集会欢送柳州市和柳铁"文化大革命"以来第二批 1.4 万多名知识青年"上山下乡"，到农村"接受贫下中农的再教育"。 （《大事记》，第 482 页）

（1971 年）6 月 8 日，市第一届"上山下乡"知识青年活学活用毛泽东思想积极分子代表大会召开。 （《大事记》，第 485 页）

（1972 年）2 月 8 日，8 名"知青"在市"共大"学习结业分配到环卫处工作，开创"知青"当环卫工人先例。 （《大事记》，第 486 页）

（1974 年）5 月 25—29 日，市上山下乡知识青年积极分子代表大会召开。大会表彰 31 个先进集体和 81 名积极分子，并选举出席自治区上山下乡知识青年积极分子代表大会的代表。 （《大事记》，第 488 页）

（1979 年）4 月 25—26 日，中共市委召开知识青年上山下乡工作会议，研究制定统筹解决"知青"就业问题方案、措施。至 11 月底，"知青"回城安置工作基本完成。 （《大事记》，第 493 页）

《柳北区志》

柳州市柳北区地方志编纂委员会编，（内部刊行）1994 年

1964 年动员青年上山下乡，至 1977 年逐步吸收部分上山下乡青年到工矿、农场就业。1978 年以后，尚留在农村的城市青年，都收回安排做计划外用工；刚从学校毕业的青年，除部分升学、参军外，部分等待就业。 （第十二章《劳动人事》，第 147 页）

《柳州市柳南区志》

柳州市柳南区地方志编纂委员会编,广西人民出版社1997年

（1967年）12月30日,柳州市和柳州铁路局首批知识青年5 000多人,下放农村插队。

（《大事记》,第13页）

《桂林市志》

桂林市志编纂委员会编写,中华书局1997年

（1958年）1月12日,首批干部、知识青年800多人下放到郊区安家落户。

（《大事记》,第84页）

（1962年）9月24日,市皎霞青年农场成立。应届中学毕业生和社会青年100多人到农业战线、到郊区安家落户。　　　　　　　　　　　　　　　　（《大事记》,第87页）

（1963年）8月16日,历届及应届中学毕业生、街道青年到黄冕林场、高峰林场、香泉农场及来宾农场等处安家落户。　　　　　　　　　　　　　　（《大事记》,第87页）

12月31日,朝阳青年农场成立。　　　　　　　　　　　　（《大事记》,第87页）

（1968年）9月13日,市和郊区安置办公室联合举办"知识青年毛泽东思想学习班"。

（《大事记》,第91页）

（1969年）2月3日,欢送首批知识青年（部分中学毕业生）到农村安家落户,原市直机关部分干部到农村"接受贫下中农再教育"。　　　　　　　　（《大事记》,第91页）

1976年粉碎"四人帮"后,市委在干部工作中开始拨乱反正,坚持老、中、青三结合原则和无产阶级革命事业接班人5条标准,从工人、贫下中农及知青中培养选拔青年干部。

（中国共产党志第三章《组织建设》,第326页）

1960年全市青年学生掀起办工厂、农场热潮。

（群众团体志第五章《学生团体》,第558页）

50 年代后期,桂林市中学毕业生下乡接受教育和锻炼。1958 年 1 月 10 日,有 400 名高、初中毕业生到郊区农村安家落户当农民。1968 年 12 月,全市中学毕业生遵照毛泽东主席"知识青年到农村去,接受贫下中农的再教育,很有必要"的指示,踊跃上山下乡,插队落户。1973 年 4 月统计,全市先后有 1.76 万名中学毕业生到农村参加农业生产。1976 年全市上山下乡学生数为 4 396 人,1977 年为 4 642 人。1977 年 7 月 16 日,团市委举行全市应届高中毕业生上山下乡誓师大会,有 4 000 人参加。

(群众团体志第五章《学生团体》,第 558 页)

1975 年 12 月,市火葬场在兴安县招插队知识青年 12 名(7 男 5 女)当工人。

(民政志第五章《民政管理》,第 982 页)

从 1962 年起,开始有组织、有计划地动员知识青年上山下乡,到 1965 年,动员知识青年到国营农、林、渔场插场和到农村插队的 2 200 多人。……1969—1978 年动员 3.5 万名城镇知识青年上山下乡。

粉碎"四人帮"后,劳动工作出现了崭新的局面。1978 年,国家调整知识青年上山下乡政策,城镇高、初中毕业生和社会青年不再动员上山下乡,大批下乡青年返城。同年末,全市待业青年达 2.35 万人,就业问题已成为突出的社会问题。1980 年,中共桂林市委、市人民政府为了做好就业安置,决定成立和健全劳动就业领导小组,组建劳动服务公司,根据风景游览城市和历史文化名城的特点,调整产业结构,发展以旅游业为导向的第三产业,扶持劳动服务企业和乡镇企业,发展个体经营,广开就业门路。(《劳动志·概述》,第 1031—1032 页)

"五五"计划时期(1976—1980 年)

第五个五年计划时期,大批下乡青年回城就业。到 1980 年末,职工人数 118 840 人,比 1975 年增加 23 668 人,增长 24.86%。 （劳动志第一章《职工队伍》,第 1034 页）

1967—1969 年,工厂生产陷入停顿或半停顿状态,除新建单位补充少量劳动力和安置复员退伍军人外,基本上停止从社会上招工,城市高、初中毕业生和社会青年被动员上山下乡。1970 年恢复招工,招收应届高、初中毕业生和下乡知识青年,对原精减还乡户口在指定招工地区而又符合招工条件的职工,可优先考虑。当年共招收全民所有制固定工 5 916 人。

(劳动志第二章《劳动就业》,第 1039 页)

由于超计划增加职工过多,1972 年全国出现职工人数、工资总额、粮食销售"三突破",市革委会决定立即停止从社会上招工。1974 年根据国民经济发展的需要,恢复招工。学徒工年龄规定 16—22 周岁,插队知青和复员退伍军人年龄放宽到 24 周岁;按政策收回城的下乡知青,在招工时给予照顾;对应下乡而未下乡的高、初中毕业生,无故退学的学生以及不服从分配、自动离职、闹退职回家的人员,一律不予招收。招收按政策留城的高、初中毕业生和社会青年,由家长单位归口按招工条件审查推荐;无固定工作的街道居民,由街道、人民公社逐级审查推荐;招收下乡知青,先由生产队的贫下中农、知青小组按条件评选提名,经大队、公社革委会逐级审查推荐,后由市劳动局根据各招工单位的工作性质、特点统筹安排。"四五"计划期间共招收全民固定工 11 410 人(不包括临时工转正)。招收县以上集体所有制单位工人 1 135 人。

(劳动志第二章《劳动就业》,第 1039—1040 页)

1978 年对上山下乡知识青年参军退伍后,由原插队的县、市接收安置,特殊情况者,可到其父母所在地安置。

(劳动志第二章《劳动就业》,第 1042 页)

第六节　城镇知识青年上山下乡

桂林市从 1957 年开始就有知识青年上山下乡,当时是自愿报名随下放干部一起到市郊区插队务农。到 1958 年,正式到郊区插队落户的下乡知识青年有 210 人。1962 年市郊区建立了以下乡知识青年为主的青年皎霞农场。1963—1965 年,全市共批准 2 534 名城镇知识青年到郊区二塘、大河等公社,香冲岭、皎霞、红河、朝阳等农场,高峰、黄冕等林场和罗锦渔场参加生产劳动。

1966 年夏至 1968 年,学校停课,大学不招生,工厂也基本不招工,这三年全市高、初中毕业生 1 万多人。全市经有组织、有计划、有步骤地做政治思想发动工作,并采取措施,实行层层落实,分工包干,共动员 11 331 名知识青年上山下乡。这项工作持续到 1978 年。1958—1978 年间,桂林市共动员 37 989 名知识青年到郊区、桂林地区各县农村和农场去务农。其中办理了 801 名知识青年回原籍落户。

1978 年,对下乡知识青年采取统筹兼顾,有计划、有步骤地收回城镇安排工作。除历年经招工、参军、升学和按政策收回的以外,1978 年底在桂林地区各县和市郊区的下乡知青(不包括国营农林场及生产师)尚有 8 525 人。1979 年全市共举办了 326 个独立核算、自负盈亏的小集体企业,安排回城知识青年 7 928 人,余下的 579 人也于 1980 年收回城市安置。

(劳动志第二章《劳动就业》,第 1042—1043 页)

1979 年,大批知识青年返回城市。历、应届知识青年要求就业的人数增多。为缓解就业压力,根据中央"先培训,后就业"的方针,市劳动、教育部门和社会团体、企事业单位,兴办各类就业前培训点和培训中心,开展定向和不定向培训。参加培训的人员,自愿报名,费用自理。培训班对学员进行政治思想教育和技术操作、安全规则、业务知识的传授,以技能训练为主。然后到对口企业或用工单位实习。培训时间一般 3—6 个月,较复杂的工种为 1

年。培训期满,考试合格,发给结业证书,择优推荐就业。

(劳动志第四章《职业技术培训》,第 1048 页)

1980 年 12 月,市知识青年上山下乡工作办公室与市劳动局合并,对外挂 2 个牌子。

(劳动志第八章《机构》,第 1080 页)

1976 年,市农机局在各公社招收一批复员退伍军人、大队干部和回乡知青为农机管理工部,郊区 8 个公社都建立农机管理站。每个公社配 2—3 人,并对其进行专业培训。

(农业机械志第三章《服务、管理》,第 2016 页)

1969 年,知识青年上山下乡,干部去"五七"干校,个人交寄的零星物品包裹增多,是年包裹业务量比上年增加 65.2%。 (邮电志第二章《邮政通信》,第 2304 页)

1979 年以后,按照中央提出的"解放思想,放宽政策,广开就业门路,鼓励和扶植个体经济适当发展"的方针,动员待业知识青年和社会闲散人员破除陈旧观念,自谋职业,为社会生产和生活服务。1980 年,市区经登记注册的个体工商业 1 212 户,1 251 人,其中待业知识青年 213 人,社会闲散人员 217 人,其它 821 人。

(工商行政管理志第一章《企业登记管理》,第 2506 页)

1965 年,市教育局于市幼儿师范旧址开办桂林市师范学校,当年招收师范班新生 100 人,小学教师培训班学员 50 人。1966 年学校停止招生。1971 年,该校借桂林民族师范校舍和师资力量,从农村招收 96 名知识青年和复员军人,学习一年结业。1972 年从应届高中毕业生中招收 150 人。 (教育志第五章《中等职业技术教育》,第 2625 页)

1979 年,为了加快农村扫盲进度,郊区 8 个公社均配备 2—4 名扫盲专干,并从回乡知识青年、农村干部、群众中选拔 1 400 人担任业余教员,实行责任制,层层包干,分类指导,集中突破,分批脱盲。 (教育志第七章《成人教育》,第 2634 页)

《梧州市志·综合卷》

梧州市地方志编纂委员会编,广西人民出版社 2000 年

(1969 年)2 月,1966—1968 年三届高中毕业生和年满 16 周岁以上的初中毕业生,绝大部分到农村插队落户。 (《大事记》,第 67 页)

是年,市革委会安置办公室先后动员组织 3 批知识青年和城镇闲散居民或无固定职业居民 5 045 人到农村安家落户。 （《大事记》,第 67 页）

(1979 年)7 月 7 日,已办户口回梧州城的插青有 3 571 人,占在农村插队知识青年 4 214 的 84.7%。 （《大事记》,第 70 页）

1973 年(抚冲苗圃)改为梧州市园艺场,仍属市园林处管理。由梧州市下乡知识青年办公室陆续安排城区知识青年插场劳动,从事林果生产。1980 年 5 月市园艺场撤销,成立市园林场,属市城建局直接领导,但仍作为市的一个知青点。1983 年始撤销市园林场,恢复原建制,归市园林处管辖。 （园林绿化志第一章《城区绿化》）

《梧州市志·经济卷》
梧州市地方志编纂委员会编,广西人民出版社 2000 年

1979 年 4 月,市委确定在市西郊红岭路(位于平浪村公路中段)灯盏山一带筹建市园艺场,办场时接收市上山下乡知识青年留下的二层砖木结构房屋一座,面积 390 平方米,柑橙树 800 株,三华李树 200 株。 （林业志第五章《管理》,第 1299 页）

1980—1984 年,自治区对梧州市实行"划分收支,定额上交,分级包干,一定五年"的体制。自治区确定市的收支包干范围为:……属市级的工交商部门事业费,……知青工作业务费,行政管理费,其他支出中的工商管理事业费、财务费、统计业务费、农业税征收费、兵役征集费、犯人给养及看守所修缮费均列入市支出包干范围。 （财政志第五章《财政管理》,第 1956—1957 页）

《梧州市志·政治卷》
梧州市地方志编纂委员会编,广西人民出版社 2000 年

70 年代,为响应毛泽东主席关于知识青年上山下乡的号召,各校团组织普遍举办了应届毕业生团员学习班,开展谈心、家访,做个别深入细致思想动员工作,广大知青纷纷告别城市上山下乡。 （群众团体志第二章《青年团体》,第 2593 页）

1979 年起,全市上山下乡插队的 2 万余城市知识青年陆续回城。市革委会按照多渠道组织就业的方针,动员各单位兴办集体经济,发展个体经济,大批回城知识青年的工作和生活都得到安排,保持了社会稳定。 （政府志第三章《市人民政府》,第 2832 页）

1966—1976年,"文化大革命"期间,个体经济被取消,多种形式的就业渠道堵塞,城市新成长的劳动力无法安排,先后动员1.8万多名城镇知识青年"上山下乡";同时,又从农村招收7500多名农民进城当工人,造成城乡劳动力大对流。 (《劳动志·概述》,第2931页)

1957—1965年,劳动就业工作重点转向城镇新成长劳动力的安排方面。为克服国民经济调整和精减职工给城镇就业安置工作带来的困难,这一时期劳动就业实行城乡并举、统筹安排的方针,在城市街道组织集体所有制的手工业、商业、服务业,适当提倡从事各种家庭副业和自谋职业,并动员一部分城市青年到市机关、系统办的农牧场和到市郊区、外地农林场参加农业生产。……1978年,城镇知识青年不再动员下乡,大批插队知青陆续收回城镇,劳动就业矛盾突出。1980年成立梧州市劳动就业工作领导小组,贯彻"三结合"劳动就业方针,实行多渠道就业,开始改变城镇待业人员由政府包下来安排工作的做法。同年9月,梧州市劳动服务公司成立,对社会待业青年进行登记、建卡、统计并实行"待业证"制度。1981年11月,市人民政府召开梧州市发展集体和个体经济安置城镇青年就业先进表彰大会,表彰劳动就业先进单位38个,先进个人284人,推动了全市劳动就业工作。1980—1985年,通过各种渠道安置下乡返城知青和社会待业青年共3.14万人,使一度十分严重的城市青年待业问题逐步得到缓解。 (劳动志第一章《劳动就业》,第2932页)

1969年生产秩序稍有好转,大批招工恢复。至1978年,全市全民和集体所有制企事业单位共招收工人2.8万多人。其中,从留城人员中招收1.23万人,从插队知青中招收7685人,从农村招收农民8059人。这一时期招工对象是:经过两年以上劳动锻炼的下乡知识青年及一定数量的农村青年、家居城镇的复员退伍军人以及批准留城的知识青年。招收条件是:本人历史清楚,政治思想好,身体健康,学徒工16岁至22周岁,普通工在35岁以内。招收办法:农村招收由生产队贫下中农推荐,大队提出意见,报当地招工办审批;市区招收由市劳动局统一政审,体检和分配。新招收的工人实行3个月的试用期,试用期内发现不符合招工条件,可以辞退。 (劳动志第一章《劳动就业》,第2933页)

1969—1992年全民所有制单位招工情况表 单位:人

年 度	招 收 工 人 总 数			招 工 对 象		
	合 计	其中:补充减员	其中:市属单位	城镇待业人员	下乡插青	农 民
1969	2 183		1 577	1 376	212	595
……						
1974	421		287	153	212	56
1975	2 526	1 233	2 275	261	2 165	100
1976	3 982	531	3 633	412	1 066	2 504

年　度	招　收　工　人　总　数			招　工　对　象		
	合　计	其中:补充减员	其中:市属单位	城镇待业人员	下乡插青	农　民
1977	989	198	676	561	351	77
1978	743	350	600	190	500	53
1979	3 591	1 734	2 341	3 260	212	119
1980	3 792	1 742	3 036	3 439	12	341
	……					
总　计	51 097	14 592	43 712	38 066	4 730	8 301

(劳动志第一章《劳动就业》,第 2934 页)

1974—1992 年集体所有制单位招工情况表　　　　　单位:人

年　度	招　收　工　人　总　数			招　工　对　象		
	合　计	新增招工	补充减员	城镇待业人员	上山下乡知青	农　民
1974	196	196		196		
1975	2 114	800	1 314	1 072	1 032	10
1976	2 115	1 000	1 115	836	570	709
1977	1 412	1 200	212	951	288	173
1978	2 296	1 150	1 146	726	1 289	281
1979	2 058	1 139	919	1 217	753	88
1980	896	561	335	802	42	52
1981	518	84	434	498	2	18
1982	818	296	522	589	106	123
	……					
总　计	20 408	12 702	7 706	13 209	4 082	3 117

(劳动志第一章《劳动就业》,第 2935 页)

第二节　知识青年上山下乡

　　1957 年,响应国家各行各业都要支援农业的号召,梧州市开始动员城市知识青年下乡。当年全市动员 600 多名高小文化以上的社会知识青年到郊区和广西农业厅所属的西江、五星、三星、广福等农场参加农业生产。1958 年,动员 260 名高小毕业以上文化的社会青年到广西茂青、西江、源头农场参加农业生产。

1963 年，城镇劳动就业实行城乡并举方针，为减轻城市就业压力，动员 396 名初高中应届毕业生到贺县、容县、市郊区林场、农场参加农业生产。1964 年，梧州市安置城市下乡青年领导小组成立，开始有组织、有计划动员城市知识青年下乡。当年，动员 435 名知青到市郊区和苍梧县大坡插队，在市太和冲开办一所半耕半读学校，招收 35 名应届高中毕业生入学。

1966 年"文化大革命"开始，知识青年下乡工作暂时停止。1968 年，贯彻城市劳动力安置"四个面向"（即面向农村、面向边疆、面向工矿、面向基层）的方针，成立梧州市招生安置办公室，恢复中断了两年的知识青年下乡工作。1969—1970 年，全市先后组织 1966—1968 年三届初、高中毕业生和社会青年 6 404 人，分 4 批赴苍梧、藤县、蒙山、贺县、钟山、昭平、富川 7 个县和市郊区农村插队，部分返原籍农村"投亲靠友"。1971 年，组织 2 003 名初高中毕业生到广西军区生产师 5 团（在广西博白县）和直属 5 营（在广西北流县）参加林业生产。

1973 年，国家提出统筹解决有关下乡知识青年问题的具体政策。同年 10 月，成立梧州市知识青年上山下乡领导小组，下设办公室。病残知识青年、独生子女、身边只有一个子女、中国籍外国人子女、华侨学生不再动员上山下乡。同时，选派国家干部下乡带队，提高下乡知识青年建房费和生活补助费标准，使下乡知识青年在农村的一些具体困难得到一定程度解决。1974 年，梧州市学习湖南株洲经验，对知识青年上山下乡实行城乡结合、厂社挂钩，按系或单位对口安置的办法，并制定《梧州市 1974 年至 1980 年城乡结合、厂社挂钩、对口安置知识青年规划方案》。该方案将知识青年下乡插队地点从过去的 8 个点（市郊区和梧州地区 7 个县）缩小为 3 个点（市郊区、苍梧县、藤县），1974—1977 年，全市下乡插队的 9 032 名知青均按照上述方案实施。1975 年，梧州市革命委员会发出《关于彻底清理上山下乡对象和做好动员知识青年上山下乡工作的通知》，全市开展清理上山下乡对象的工作。清理的做法是：由市革委会派出宣传队，先在各街道调查，经街道群众评议后并征求家长单位意见，由街道居委会张榜公布名单，属上山下乡对象即动员下乡，已招工的一律清退，动员下乡。1973—1978 年，市知识青年上山下乡办公室办理独生子女留城的 598 人，身边只有 1 名子女而留城的 311 人，特殊困难留城 795 人，外国人子女留城的 6 人，因病残留城 1 690 人，因病返城插青 508 人，选派 115 名国家干部担任带队工作。通过劳动部门，500 多名属独生子女和家庭特殊困难的知识青年从广西生产师调回市安排工作。

1978 年，国家调整知识青年上山下乡政策，1979 年，梧州市不再安排城市中学毕业生到农村插队，而改为动员一部分中学毕业生到市园艺场、养猪场、养鸡场参加劳动，并拨出建房费 14 万元，扶持基金 10 万元，办了两个知青场队，建成知青住房 2 228 平方米。1980 年安排 210 名高中毕业生到抚冲园艺场劳动；1981 年，安排 44 名初高中毕业生到鸡场劳动。1982 年起，全市不再安排知识青年到农林场参加劳动。1964—1981 年若干年份，全市累计下乡知识青年 2.05 万人，其中，插队占 86.6%，到农场占 11.9%，回原籍农村的占 1.5%。

1964—1981 年若干年份知识青年上山下乡人数统计表　　　　　单位：人

年　份	人　数	年　份	人　数	年　份	人　数
1964	435	1973	1 665	1978	22
1969	5 413	1974	2 377	1980	210
1970	991	1975	1 413	1981	44
1971	2 384	1976	3 081	合计	20 538
1972	342	1977	2 161		

1964—1981 年若干年份知识青年上山下乡安置去向人数表　　　　　单位：人

合计	市郊	苍梧	藤县	贺县	蒙山	昭平	钟山	富川	生产师	林场	回原籍
20 538	4 550	5 232	4 083	1 056	691	766	1 082	285	2 003	458	332

（劳动志第一章《劳动就业》，第 2937—2938 页）

下乡知识青年安置

1964—1981 年，梧州市共有 2.05 万名知识青年到农村或农场参加农业生产。1972 年起，有部分知识青年通过招工、招生、参军等渠道离开农村。1979 年，尚在农村插队的 4 300 多名知识青年全部回收梧州市安置。到生产师和返原籍农村的 2 000 多名知识青年，也陆续调回梧州市。至 1982 年，梧州市到农村、农场插队的知识青年，除少数已在当地招工安排或与当地农民结婚而就地安排就业外，已全部返回梧州市安置。对回收安置知识青年，国家规定其下乡插队时间计算为连续工龄，工资待遇也给予照顾。

（劳动志第一章《劳动就业》，第 2939 页）

1979 年，梧州市不再安排城市知识青年下乡，在农村插队知识青年收回城市安置。至年底，全市待业人员 1.19 万多人。其中有知识青年 8 000 多人。为解决大量城市知识青年就业问题，国家实行多渠道就业政策，市革委会把发展集体经济组织作为安置待业青年的主要渠道。在巩固发展原有集体经济组织的同时，发动社会多方协力，创办以安置待业青年为主的劳动就业服务企业。　　　　　（劳动志第一章《劳动就业》，第 2939 页）

1980 年 9 月，梧州市知识青年上山下乡办公室并入梧州市劳动局。

（劳动志第五章《机构》，第 2969 页）

1973 年以后，又出现了强奸、轮奸、诱奸迫害上山下乡知识青年的案件。1973—1977 年，梧州市人民法院审结强奸知青案件 65 件。　　（审判志第二章《刑事审判》，第 3122 页）

《梧州市志·文化卷》

梧州市地方志编纂委员会编，广西人民出版社2000年

1971年8月，梧州师范学校接受市下达任务，负责培训从复、退军人，下乡插队青年中吸收进来的115名为中小学教师，11月结业分配各校工作。

（教育志第九章《教师》，第3253页）

《梧州市郊区志》

梧州市长洲区地方志编纂委员会编，广西人民出版社2008年

1969—1978年，市全民和集体所有制企事业单位大量招收工人，除招收留城人员外，对经过两年以上劳动锻炼的下乡知识青年及农村青年也作为招工对象。招收条件是：本人历史清楚，政治思想好，身体健康，学徒工招收16岁至22周岁青年，普通工年龄放宽为35岁以内。招收办法：农村青年由生产队贫下中农会议推荐，大队提出意见，报当地招工办公室审批。新招收的工人实行3个月的试用期，试用期内发现不符合招工条件，可以辞退。10年间，市企事业单位在郊区农村招收就业的下乡知识青年和农民青年共7 000多人，其中下乡知识青年4 550人，青年农民2 500人。

（第二十三章《人事　劳动》，第426页）

《南宁地区志》

崇左市地方志编纂委员会编，广西人民出版社2009年

上山下乡人员安置

1960年，南宁专区开始安置城镇待业知识青年到农村插队落户。至1978年，南宁地区共安置知识青年及接收外地、市知识青年共114 903人。安置分布在地区内14个县（市）141个公社2 052个生产队（组）。1964年10月12日，成立南宁专员公署安置领导小组，下设安置办公室，负责安置、教育和管理工作。各县（市）、公社也成立相应机构。1973年10月，成立南宁地区知识青年上山下乡工作办公室，专门负责城镇初中、高中毕业生和城镇闲散人员及下放内迁人员的安置、教育及管理。1978年10月，国务院"关于城镇知识青年不再上山下乡插队落户"的通知下发后，对原已上山下乡的青年进行统筹安置。1979年3月，全国知识青年上山下乡工作会议要求，3年内城镇中学毕业生少下乡或不下乡，留在城镇安置就业。原来上山下乡的知识青年，逐步返回城镇安排就业。全地区需安排就业的待业青年有35 005人。1979年底累计，南宁地区安置知识青年和城镇居民191 379人，接收外地、

市知青和城市居民 76 477 人到辖区内插队落户。被安置到农村插队落户的知识青年、城镇居民及各类人员，按不同的标准给予经费补助，全地区从 1963 年—1980 年，政府支付上山下乡知识青年、城镇居民及各类人员安置经费 4 878.5 万元。至 1982 年底共安置上山下乡知识青年就业 34 318 人。在政府的指导下，由各企事业单位、街道、居民委员会组织采取"自愿组合、自筹资金、自找场地、自找门路、自负盈亏"的办法安置待业人员。1979 年—1992 年，全地区共拨 536.3 万元作安置待业人员的就业经费，拨 102 万元用于扶持知青开办各种集体企业，并给予适当减免税款等优惠政策。　　　（第八编第一章《劳动》，第 225 页）

城镇知青安置费

从 1964 年起，知青插队工作开始，是年开支知青经费 2.23 万元，1965 年开支 14.28 万元。1969 年下乡插队的人数猛增，是年支出 437.83 万元。开支标准：单身插队，每人 230 元，成户插队每人 160 元，回乡的每人 50 元。以后补助标准有所提高，到农村插队和到集体所有制场、队插队的，每人补助 480 元，到生产建设部队的国营农、林、牧、渔场插队的，每人补助 400 元。1970 年—1979 年，城镇知青安置费支出 1 255.51 万元。1980 年 10 月起，扶持知青就业的集体企事业经费，采用委托银行用贷款的形式，由银行负责代理发放和收回。银行按发放贷款金额的 0.5% 收取代办费，代办费由财政负担。1980 年—1984 年，全地区支出知青安置费 449.67 万元。1986 年起，原委托银行发放或知青就业安置主管部门发放的，用于扶持生产的知青安置费改为财政周转金，由各级财政部门负责发放和回收。1985 年—1993 年，城镇知青安置费支出 462.8 万元，1994 年以后，不再有这项支出。

（第二十编第一章《财政》，第 633 页）

《邕宁县志》

广西壮族自治区邕宁县志编纂委员会编，中国城市出版社 1995 年

(1964 年)6 月，邕宁县开始动员非农业人口的高、初中应届毕业生下乡插队。

（《大事记》，第 18 页）

(1965 年)12 月，继续动员非农业人口的应届高初中毕业生下乡插队。

（《大事记》，第 19 页）

(1976 年)4 月 28 日—5 月 2 日，第三届上山下乡知识青年积极分子大会在县城举行。

（《大事记》，第 22 页）

顶补工 1978年以后,城镇知识青年停止上山下乡插队,陆续回城。因此,回城"插青"和城镇待业青年就以计划外顶补工形式安排就业,以代替被辞退的亦工亦农人员。1980年底共有顶补工354人。1981年后,这些顶补工逐步转为固定工。

(第四编第六章《劳动、人事》,第231页)

知识青年下乡安置 1964年起,动员城镇知识青年上山下乡到农村插队。至1979年,全县共安置知青插队15 472人,其中家在县内3 473人,来自南宁市11 996人,来自外省市3人,知青安置经费549.73万元。1970年以后,一面继续动员知识青年上山下乡,一面通过招工、招干、升学、参军等方法安置插队知识青年。至1978年,共安置7 461人,尚有在乡插队知识青年8 011人。此后,停止动员城镇知识青年上山下乡,同时继续采取各种措施,加快下乡知识青年回城安置工作,至1979年,全县下乡知识青年基本安置完毕。

(第四编第六章《劳动、人事》,第233页)

1978年以后,由于停止动员城镇知识青年上山下乡,同时,插队回城知识青年亟需安置,根据中央提出的"广开就业门路,实行劳动部门介绍就业,自愿组织起来就业和个体自谋职业"的"三就业"方针,1979年7月成立了县劳动服务公司,负责城镇待业人员的安置工作。随后,各公社和较大的厂矿企业也相继成立劳动服务公司(站)26个,经济核算单位142个。其中副食品加工点9个,商业日杂组36个,饮食服务组87个,装卸、搬运队组3个,知青农场1个,修理业6个,共安置待业人员1 605人,占当年待业人员数3 549人的45.2%。另外,清理计划外用工中的农村劳动力,安排顶岗工354人,临时工850人,个体自谋职业225人,待业人员总就业率达85.4%。 (第四编第六章《劳动、人事》,第234页)

《武鸣县志》

武鸣县志编纂委员会编,广西人民出版社1998年

(1964年)下半年,首批60个城镇知识青年上山下乡。1969年1月成立"知识青年上山下乡安置办公室",专门办理知青上山下乡安置工作。到1977年,总共安置5 857人。1978年停止此项工作,到1980年累计支出经费260.78万元。 (《大事记》,第29页)

朝燕林场 位于县境内西北部,跨越府城、仙湖、锣圩等3个乡镇。1957年12月,由南宁地区林业设计队设计,在国有荒山划定场界面积8.4万亩。总场部设在府城乡东北部的朝燕,故名朝燕林场。当年遣派15名干部职工上山建场。以后,陆续从农村招收一批青年积极分子当工人。1974年接收100多名城镇知识青年进场;1978年又安置从越

南归国的华侨 800 余人。　　　　　　　　　　（第六篇第四章《林政管理》,第 227 页）

知识青年安置

　　上山下乡　1964 年,城镇知识青年开始上山下乡插队 60 人。1969 年元月成立县知识青年上山下乡安置办公室(简称知青办),加强对知识青年上山下乡工作的领导和管理,当年知识青年插队 1 474 人,财政拨款安置经费 60.14 万元。1977 年知识青年插队 1 056 人。1978 年起,停止进行。1964—1977 年上山下乡城镇知识青年共 5 857 人。1964—1980 年共支出安置经费 260.78 万元。

　　回城安置　上山下乡知识青年由于招工、提干、升学等原因离队回城,由县知青办安置。1970—1977 年,回城人数 2 394 人。1978 年后,按照党的有关政策规定,上山下乡的城镇知识青年和到农村参加农业生产的城镇居民陆续回城安置,由县委和县人民政府统筹安排,当年安置 1 256 人。1979—1981 年共安置 2 154 人。1981 年,尚有 53 人因已在农村或农、林场结婚,本人自愿留在农村而不回城市。　　（第二十二篇第一章《劳动管理》,第 677 页）

《马山县志》

马山县志编纂委员会编,民族出版社 1997 年

　　(1969 年)1 月 14 日,南宁市三中应届毕业生 239 人和市七·三公社街道青年 140 人,本县街道居民 271 户 852 人,分别到乔利、林圩、周鹿、永州、州圩、贡川等公社插队落户。

　　　　　　　　　　　　　　　　　　　　　　　　　　　　（《大事记》,第 19 页）

　　60、70 年代,劳动就业渠道,除劳动部门协助县内外有关单位招收工人外,主要是组织城镇居民以及知识青年(简称知青)到农村生产队插队落户,称"上山下乡"。1969 年 1 月,南宁三中应届毕业生 239 人和南宁"七·三"公社街道青年 140 人以及马山街道居民 271 户,852 人,分别到乔利、林圩、周鹿、州圩、永州、贡川等公社插队落户。7 月,马山第一批城镇知青 187 人分别到城厢、乔利、林圩等公社插队落户。至 1977 年,全县安置知识青年"上山下乡"2 135 人(其中到林场 183 人),安置街道居民 357 户,1 214 人到农村落户。1973 年开始,在插队知青中招工、招干。1978 年后,逐步收回安排就业或自谋职业。到 1979 年末安置就业 1 394 人。

　　70 年代,火电厂、红旗水电站、水泥厂、糖厂等相继建成投产,加上 1970 年和 1976 年招收家居城镇的复员退伍军人,按政策允许留城的中学毕业生及招收经"上山下乡"劳动锻炼的知识青年和回乡青年,到 1976 年底,全县全民所有制固定工增至 2 607 人。

　　　　　　　　　　　　　　　　　　　　　　　（《劳动人事志·劳动》,第 278 页）

年度	总支出额	预算内支出额	其中:										预算外支出额
			工业投资	流动资金	科技经费	支农经费	城镇维护费	文教卫生经费	优抚救济费	知青安排经费	行政管理费	其他支出经费	
						......							
1966	237.1	233.8	3.4		0.4	43.0		78.2	25.7	1.4	66.0	15.7	3.3
1967	271.7	267.3	3.4		1.5	64.5		83.9	27.9	0.5	67.9	17.7	4.4
1968	223.8	218.9			1.9	41.5		83.9	15.7	0.7	59.2	16.0	4.9
1969	371.0	320.5	63.2			43.9		86.9	29.0	11.0	65.2	21.3	50.5
1970	281.5	247.4	3.3	3.0	1.2	69.9		84.4	20.7	5.9	47.1	11.9	34.1
1971	415.3	322.0	23.0	7.0	5.0	107.6		91.2	16.2	3.5	59.0	9.5	93.3
1972	603.5	504.3	77.3		0.6	160.7		163.6	15.7	2.9	75.6	7.9	99.2
1973	451.3	389.1	4.5		0.3	137.3		152.4	12.5	3.0	71.0	8.1	62.2
1974	507.1	408.4	8.4	18.4	0.5	112.5		173.4	13.9	10.2	64.4	6.7	98.7
1975	455.9	405.9	30.4	12.6	0.6	83.2		180.9	14.2	2.8	71.6	9.6	50.0
1976	479.7	438.4	16.7	43.5	0.6	71.2		190.7	16.0	5.8	68.2	25.7	41.3
1977	505.6	460.6	19.1	4.0	0.6	88.7		201.6	26.2	9.1	75.9	35.4	45.0
1978	592.7	559.9	33.3	6.0	0.3	159.4		245.0	15.3	8.3	80.6	11.7	32.8
1979	699.5	656.5	36.3	4.0	2.7	163.2		267.5	47.8	3.5	102.4	29.1	43.0
1980	790.3	751.7	37.7	0.5	2.2	176.5		324.1	40.2	5.0	120.2	45.3	38.6
1981	844.5	809.8	39.5	2.0	1.3	181.8	3.9	351.5	45.9	0.5	122.3	61.1	34.7
1982	774.2	736.1	2.0		2.6	92.7		390.3	50.8	3.8	125.3	68.6	38.1
1983	1 074.6	1 051.6	64.1	10.0	2.9	129.5	6.2	442.1	64.0	5.2	159.9	167.7	23.0
1984	1 521.3	1 493.2	96.3	15.0	2.9	101.9	9.8	628.9	84.1	0.1	245.7	308.5	28.1
1985	1 864.3	1 862.4	155.3		2.4	83.4	38.8	751.7	209.1	1.1	238.3	382.3	1.9
1986	2 418.19	2 099.49	31.90		1.54	150.92	74.0	919.03	154.40	3.1	292.65	471.95	318.7
1987	2 755.72	2 193.72	52.30		1.92	183.45	13.14	1 014.36	145.02	4.2	361.91	417.42	562.0
1988	3 027.65	2 280.05	333.0		4.22	177.95	18.95	1 115.50	120.12	3.2	440.40	66.71	747.6
合计	23 527.96	21 036.36	1 233.9	126.0	38.18	3 151.12	164.99	8 809.39	1 411.04	94.8	3 699.86	2 307.08	2 491.6
各项支出占总支出	100%	89.4	5.8	0.6	0.2	15.0	0.8	41.9	6.7	0.4	17.6	11.0	10.6

(《财政志·解放后财政志》,第 542—543 页)

《上林县志》

上林县志编纂委员会编，广西人民出版社1989年

1968年至1972年，南宁市知识青年到本县白圩、澄泰公社插队落户，共1543名；1968年至1977年，本县城镇知识青年分别到白圩、澄泰、大丰、巷贤、三里、西燕、镇圩等公社插队落户，共1129名。 （《大事记》，第18页）

1962年至1963年学校进行调整，将259名小学教师分两批解职回乡生产，由于教师不足，又另招收回乡知识青年130人培训2个月后补充缺额。

（第五篇第一章《教育》，第430页）

《宾阳县志》

宾阳县志编纂委员会编，广西人民出版社1987年

同年（1964年），城镇知识青年第一批到武陵、古辣公社插队落户。

（《大事记》，第11页）

1969年，受理来信1198件，来访978人次，主要是到农村落户的一些城镇居民、知识青年要求回城；精简下放，退职回乡的一些干部、工人要求复职复工等问题。

（第二篇第十六章《民政·信访》，第143页）

1969年，新建扩建企业增多，8月从家居城镇的应届高中、初中毕业生、农村的贫下中农子女、城镇下放农村劳动1年以上的知识青年中招收工人，年底，全县固定工人增到11468人。1976年贯彻"统筹兼顾，适当安排"的方针，首先招用家居城镇的复员退伍军人和按政策允许留城的中学毕业生，其次招收经2年以上劳动锻炼的上山下乡知识青年，以及一定数量的农村复退军人和经过2年以上劳动的回乡知识青年，对革命烈士和因工死亡职工的子女，在同等条件下，优先招用。 （第二篇第十七章《劳动·人事》，第145页）

1964年至1977年，先动员上山下乡参加农业生产劳动，后逐步吸收到厂矿、农场当工人。1978年后，不再实行上山下乡，尚在农村插队的，原则上都收回安排做计划外用工。

（第二篇第十七章《劳动·人事》，第146页）

《横县县志》

横县县志编纂委员会编,广西人民出版社 1989 年

同年(1969 年),全县城镇知识青年大批下乡插队,(计到 1977 年止共 4 600 多名)。

(《大事记》,第 20 页)

同年(1973 年),全县城镇知识青年下乡插队均回城就业安置完毕,计全民所有制招干招工 3 983 人,大集体单位招工 680 人,个体自谋职业 27 人。　　(《大事记》,第 23 页)

1972 年至 1977 年从工人、农民、退伍军人、上山下乡知识青年的党员中吸收 933 名干部。　　(第三编第十五章《人民政府》,第 152 页)

1984 年,受理来信 3 286 件,来访 1 027 人次,结案 3 276 件,结案率 99.7%,反映的问题主要是 60 年代初期被下放城镇居民以及上山下乡插队的知识青年,要求恢复城镇户口和粮食关系;……　　(第三编第十九章《民政·信访》,第 181 页)

《扶绥县志》

扶绥县志编纂委员会编,广西人民出版社 1989 年

(1974 年)7 月,上山下乡插队和回乡知识青年,选出代表出席自治区知识青年积极分子代表大会。　　(《大事记》,第 22 页)

1968 年 3 月,劳动管理由县革委会政工组群工小组办理。当时,由于城镇知识青年、居民下放农村劳动人数日多,县革委会办事组专设知青小组,负责上山下乡知识青年及城镇下放居民的管理工作。……1981 年 5 月,因上山下乡知识青年和城镇下放居民已基本撤回城镇安排就业,知青办公室并入劳动局。　　(《劳动人事志·劳动管理》,第 343 页)

知识青年上山下乡及城镇居民下放管理

1965 年 8 月 3 日,扶绥动员第一批知识青年 53 人,到扶南公社充禾大队分散插队落户。同年 10 月 30 日,下乡知识青年集中到岜围(地名)建场,名为"扶绥县岜围知识青年农场"。农场借用原农校房地,有水田 150 亩,耕牛 6 头;同时一边生产,一边自制砖瓦盖房560 平方米。1966 年,知青 30 人分两批安置到扶南公社茶柳生产队插队。1967 年,岜围知青场生产稻谷 87 448 斤,玉米 1 188 斤,全年粮食收入 10 370 元,副业收入 1 756 元,总收入

12 126 元,工分值 0.95 元,除每人每月口粮留足 60 斤外,还卖给国家余粮 44 666 斤。

1969 年下半年,南宁市下放插队知识青年 1 371 人,居民 676 户 1 497 人;县内下乡插队知识青年 1 186 人,下乡居民 396 户 1 409 人。全部 5 463 人,分别到全县 10 个公社 67 个大队 421 个生产队插队落户。

1973 年,岜围知青农场改名为"扶绥县岜围知识青年大队",归扶南公社管辖。计有住队知青 162 人,水田 210 亩,畲地 100 亩;除按工分计酬外,国家每月每人补助生活费 10 元。1974 年至 1978 年,知青大队卖给国家粮食 52 万斤,花生 0.85 万斤,生猪 287 头,鸡、鸭、鹅 1 025 只;公共积累 0.5 万元,储备粮 5.8 万斤;口粮每人每年 720 斤,平均工分值 0.85 元,有的年度达 1.11 元。同一时期,为了解决全县插队青年住房问题,由国家投资,生产队投工,建筑知青住房 1 084 间,14 992 平方米;由国家投工投料建筑 2 391 间,6 536 平方米。

1979 年,按照"统筹兼顾,全面安排"方针,对下乡知青采取集中安置,不搞分散插队。到 1980 年底,对 1965 年后上山下乡知识青年及城镇居民,进行了适当安排。其中安排当工人 2 316 人,上大中专学校 196 人,吸收为国家干部 39 人,参军 171 人。居民则从哪里来,回哪里去。1981 年,按中央提出"自谋职业、自找出路、独立核算、自负盈亏"原则,城镇知识青年除少数升学外,采取自由组织,自愿结合,自筹资金办法,举办集体服务行业。另外,有些安排作顶岗位计划外用工、临时工、季节工,余下的安排到岜围知青大队。1982 年后,岜围知青大队逐渐解体,人员分散,自谋出路。 (《劳动人事志·劳动管理》,第 345 页)

《崇左县志》

崇左县志编纂委员会编,广西人民出版社 1994 年

1973 年 10 月,撤销县革委 4 组,设立:……知识青年上山下乡办公室、科技局、文化局、教育局、卫生局、体育运动委员会、计划生育领导小组办公室。

(第三篇第五章《人民政府》,第 625 页)

1964 年 8 月,太平镇首批初、高中毕业生 40 人,响应党的号召,到濑湍公社六京大队插队务农,"接受贫下中农再教育"。此后,城镇待业知识青年(简称知青),主要到农村插队务农。至 1966 年,全县有 208 名城镇知青到农村插队务农。1969 年至 1977 年,又有 2 019 人,分 9 批,到 8 个公社 37 个大队的 38 个生产队和 2 个国营林场落户,参加农林业生产。为做好城镇插队知青管理及安置工作,1964 年县成立知青安置办公室(又称知识青年上山下乡工作办公室)。1968 年 3 月,业务归县革委生产组劳动安置小组负责。1973 年恢复,1983 年撤销。

从 1974 年开始,陆续在插队知青中招工。1979 年以后,大批安置插队知青回城镇工

作。至 1985 年,共安置了 1 347 人,其中本县国营和集体企事业单位招工 79 人,县外各企事业单位招工 1 100 人,安排计划外顶岗工人 168 人;另被录用为国家干部 32 人,参军、上大学 14 人。

(第三篇第十章《劳动　人事》,第 672 页)

其中,(1985 年)当年新增加的干部 189 人(国家统一分配的大专毕业生 12 人、中专毕业生 55 人,从工人中吸收 41 人,从农民中吸收 69 人,从知青中吸收 12 人)。

(第三篇第十章《劳动　人事》,第 675 页)

《宁明县志》

宁明县志编纂委员会编,中央民族学院出版社 1988 年

(1968 年)12 月至 1972 年,全县下放居民、知识青年 8 193 人。　　(《大事记》,第 17 页)

《龙州县志》

龙州县地方志编纂委员会编,广西人民出版社 1993 年

是月(1968 年 10 月),动员下放城镇居民。至 1969 年初,本县先后共有 873 户,3 006 人,另有南宁市居民、知识青年共 334 户,975 人,下放到本县农村插队落户,参加农业生产。

(《大事记》,第 25 页)

12 月,县革委会设置知识青年上山下乡工作办公室,开始动员城镇知识青年上山下乡插队落户。至 1977 年,全县先后动员到农村插队的知识青年达 5 305 人。

(《大事记》,第 25 页)

知识青年上山下乡办公室　1973 年在县革委办事组设安置小组,1974 年 2 月改名知识青年上山下乡办公室,配员 5 人。1982 年 10 月裁撤,由县劳动局司理其业务。

(政权、政协志第五章《人民政府》,第 236 页)

1954 年以后,随着经济建设的发展,厂矿企业逐步增多,劳动就业也逐年增多,就业渠道除安排到国营、集体企业外,还有知青下乡插队和少部分个体开业等。至 1974 年,全县安排劳动就业共 2 096 人。1974 年至 1979 年,主要安排城镇知识青年上山下乡和新建扩建企事业单位招工招干,以及年老干部职工退休后子女顶替等。这 5 年,全县安排劳动就业共 3 334 人。

(劳动人事志第一章《劳动》,第 375 页)

《大新县志》

广西壮族自治区大新县志编纂委员会编，上海古籍出版社 1989 年

（1969 年）10 月，南宁首批上山下乡知识青年 1 030 人到本县桃城、恩城、太平、榄圩等公社插队落户。　　　　　　　　　　　　　　　　　　　　（《大事记》，第 14 页）

知识青年"上山下乡"　　1969 年 10 月，南宁首批上山下乡知识青年 1 030 人到本县农村插队。随后，本县也先后把城镇非农业人口的高中、初中毕业的知识青年共 1 949 人放到农村插队，接受所谓"贫下中农再教育"。他们被分别安排在太平公社的公益、后益、中军、左安、安平、新立、车站大队，恩城公社的陆榜、恩城、新圩、维新大队，榄圩公社的先明、先力、荣圩、仁合大队，桃城公社的桃城大队等地插队落户。县成立知青办公室专门管理，公社、大队、生产队也有人负责。由国家拨出钱、粮补助知青生活，后还拨款建"知青楼"。1977年后才逐步把插队知青抽回城镇安排工作。

（第三编第四十章《重大政治运动》，第 337—338 页）

《天等县志》

天等县志编纂委员会编，广西人民出版社 1991 年

（1969 年）2 月，组织第一批知识青年到都康公社多律生产队插队落户。至 1977 年 8 月22 日，共插队 10 批 555 名，分别到龙茗公社的桥皮、益山、进宁大队和进结公社的高州等大队。后陆续收回安置。　　　　　　　　　　　　　　　　　　　（《大事记》，第 17 页）

1973 年至 1985 年，新吸收干部 3 091 人，其中从农村吸收 819 人（含民办教师转公办、安置社会闲散科技人员）。以工代干转干 424 人，知识青年 17 人，复员退伍军人 28 人，落实政策回收的干部 293 人。　　　　　　　　　（《劳动人事志·职工队伍》，第 139 页）

在"知识青年上山下乡"号召提出后，1969 年全县知识青年 550 多人分 10 批到农村落户，参加农业生产，"接受贫下中农的再教育"。党的十一届三中全会后，工商业、饮食服务业、公用事业、手工业和个体商贩等集体经济和个体经济得到恢复和发展，到农村落户的知识青年于 1978 年 7 月至 1979 年 8 月分批收回城镇就业，计分配在企事业单位和集体单位824 人。　　　　　　　　　　　　　　　　（《劳动人事志·劳动安置》，第 146 页）

《河池市志》

河池市志编纂委员会编，广西人民出版社 1996 年

(1964 年)7 月 20 日，河池县首批知识青年 50 人到融安县贝江河林场落户。

(《大事记》，第 17 页)

1969 年开始回收精简人员，安置退伍军人及插队知青。

(第二十五篇第二章《工人》，第 844 页)

1959 年至 1966 年，主要招收吃商品粮的城镇青年和下乡插队两年以上知识青年，同时招收按政策留城的待业青年，以及符合条件顶替的退休职工子女(限一名)，1978 年至 1980 年，主要招收回城知识青年和城镇待业青年，招收符合顶替条件的退休职工子女。但对新招收工人必须实行德、智、体全面考核。　(第二十五篇第二章《工人》，第 847 页)

知青安置　1964 年，动员城镇知识青年上山下乡插队、插场，参加农业劳动生产，接受贫下中农教育，当年河池首批 50 名到大苗山久江林场插场落户，1965 年第二批 58 名到九浪农场插场。1969 年柳州市 150 名知青来县插队落户。自 1964 年至 1978 年底，全县到农村插队知青 5 460 人，与贫下中农同吃、同住、同劳动，年终按工分结算计酬。经几年锻炼后，通过招工、招生、参军途径，逐步解决安置问题。至 1975 年 7 月底止，经鉴定推荐，有 897 名获招工进厂、26 人升高中、65 人入大中专院校、11 人参军、61 人迁往外地、73 人因病残或特殊困难回城安排。1980 年元月即全部回城镇安置就业，就业总数 5 190 人，入国营、大集体企业的 3 796 人，升学的 439 人，参军的 71 人。其余的组织起来开办集体企业、或摆摊设点自谋职业，资金则由银行提供无息或低息贷款，在农村结婚的则安排到社、镇集体企业为工人，其子女即转为非农业人口。1978 年贯彻中共中央 47 号文件，不再动员知识青下乡插队。

(第二十五篇第二章《工人》，第 848—849 页)

《环江毛南族自治县志》

环江毛南族自治县志编纂委员会编，广西人民出版社 2002 年

(1969 年)1 月，先后有本县和外县籍的城镇知识青年 612 名到县内农村插队落户，接受贫下中农"再教育"，为环江县知青"上山下乡"之始。　(《大事记》，第 22 页)

10 月，柳州一批高、初中毕业生来到城管、水源、洛阳、大安等公社插队落户，接受贫下

中农再教育。 （《大事记》，第22页）

　　"文化大革命"期间，设置环江县知识青年上山下乡工作办公室，与劳动局合署办公。1980年根据中发〔1980〕64号文件精神，撤销环江县知识青年上山下乡工作办公室，成立环江县劳动服务公司，开始配有专职干部，后配有正、副经理和工作人员若干人。

（第七编第二十六章《劳动　人事》，第405页）

　　上山下乡知识青年安置　1969年，初中以上毕业年满17岁的城镇青年，响应党的号召到农村去插队落户。当年，全县有环江县籍和外县籍的知识青年612名（男309名，女303名）下到农村参加农业生产。到1978年底止，10年间，全县先后接纳下乡插队的知识青年共3 054名。由上级拨款给他们修建住宅、购买农具和家具。第一年发给生活费（1969年每月发伙食费9元），以后自食其力，跟社员一样，按工分所得参加生产队现金、实物分配。大部分安排在交通方便、产粮区的城关镇、城管、水源、洛阳、川山、大安等公社。在劳动中，有的知识青年被评为"五好"社员，有的入党入团，有的被提拔为国家干部。根据国民经济的发展和知青下乡锻炼情况，又逐年收回一批知青安排到企事业单位和国家机关当工人、干部。据统计，1971年收回的有353人，1973年收回27人，1974年收回440人，1975年收回466人，1976年收回375人，1977年收回80人，1978年收回692人，1979年收回221人，1980年收回385人，10年间共计收回3 039人。尚有15人在农村落户。

（第七编第二十六章《劳动　人事》，第407—408页）

　　1978年十一届三中全会后，干部来源的面比过去较宽，除大中专毕业生分配外，还有从大队干部、复员退伍军人、回乡知识青年、待业青年、社来社去中专毕业生、民办老师、赤脚医生、国家工人、闲散科技人员中选拔。　（第七编第二十六章《劳动　人事》，第415页）

　　1980年，在录用补充山区县干部100名中，属中等专业学校"社来社去"毕业生6名，复员退伍军人39名，高中毕业回乡知识青年33名，大队干部22名。其中男83名，女17名。年龄在20岁以下的有6名，21岁至25岁的有59名，26岁至30岁的有31名，31岁至33岁的有4名。共产党员58名，共青团员34名，非党团8名。壮族87名，毛南族12名，瑶族1名。录用干部的质量有所提高。党团员92名，占92%；高中及其以上文化程度86名，占86%；年龄在30岁以下96名，占96%。

（第七编第二十六章《劳动　人事》，第415—416页）

　　1974年接收知青106名，设置赖峒造林站。　（第八编第二十九章《林业》，第494页）

《罗城仫佬族自治县志》

罗城仫佬族自治县志编纂委员会编,广西人民出版社 1993 年

同年(1968 年)至 1969 年,本县、柳州市居民 80 户 246 人,知识青年 921 人到农村插队落户。

(《大事记》,第 18 页)

1968 年至 1969 年柳州市知识青年、居民迁入罗城 1 108 人。

(第四篇第一章《人口》,第 103—104 页)

1964 年县组织知识青年 196 人到龙岸茶叶场插队。1968 年至 1969 年,继续动员城镇居民 22 户 77 人上山下乡。同年还接收柳州市知识青年 921 人,居民 48 户 187 人,由县外转回县内农村投靠亲友 49 户 154 人均到农村安家落户。1974 年到青明山林场插队的知识青年 162 人,其中女 79 人。1975 年中央冶金部七冶指挥部知识青年 653 人到县内农村插队。从 1969 年至 1977 年,知识青年到农村插队落户总共 4 200 人,分别在 63 个大队 315 个生产队。国家拨给插队知识青年和居民补助费达 1 034 700 元,其中单身知识青年每人 230 元,成户居民每人 130 元,投靠亲友的每人 50 元。购买木材 1 820 立方米,建房 1 762 间,发给棉布 3 806 米。以解决他们生产和生活上遇到的困难。

1975 年根据上级指示,始办下放居民回收手续。1978 年办插队知识青年回收手续,1979 年大部分插队知识青年回城镇安置就业。1982 年下放的居民全部回城安置。

(第七篇第二章《劳动》,第 191 页)

《都安瑶族自治县志》

都安瑶族自治县志编纂委员会编,广西人民出版社 1993 年

知识青年安置 1969 年 7 月至 1978 年,全县城镇知识青年"上山下乡"3 013 人,分布在全县 22 个公社,340 个生产队。1971 年 7 月开始对锻炼两年以上的知识青年进行安置(主要是通过企事业单位招工、大中专院校招生、征兵入伍、转干等途径逐步调配安排就业),至 1978 年,尚余 415 人在农村,1981 年至 1985 年陆续招回城镇安排在国营、集体企业单位就业。同时,还采取按系统安置就业的办法,包干安置本系统的下乡青年,对无归属单位的下乡知青,则由劳动部门统一调配。

(第二十三篇第一章《劳动管理》,第 614 页)

《巴马瑶族自治县志》

巴马瑶族自治县县志编纂委员会编，广西人民出版社 2003 年

同月（1973 年 7 月）23 日，为贯彻毛泽东主席"知识青年上山下乡，接受贫下中农再教育"的指示，县成立知识青年上山下乡领导小组。　　　　　　　　　（《大事记》，第 19 页）

1978 年招收插队知识青年 70 名为集体所有制固定工，分配到国营企业单位。

（第十一篇第一章《劳动》，第 276 页）

1978 年中共十一届三中全会以后，工厂企业有所发展，又安置知识青年和复员退伍军人就业，国营企业工人人数增长较快。　　　　（第十一篇第一章《劳动》，第 277 页）

1965 年县组织 45 名城镇待业青年到那桃公社的生产队直接"插队落户"。

1969 年起，每年有高中、初中毕业生和城镇待业青年响应党的号召上山下乡，到农村或林场插队、插场，安家落户。插场、插队的知识青年的户口、粮食关系一律由城镇转到落户所在地，实行同工同酬。至 1977 年，全县先后到农村插队的知识青年有 519 人。插队知识青年主要安置在所略、羌圩、甲篆、那桃、城关等公社（乡镇）的大队（村）生产队（村民小组）。到定马林场插场知识青年有 79 人。1978 年起知识青年上山下乡一律停止。

从 1978 年 1 月起，县劳动局每年按计划安排一批插队知识青年回城镇，到企事业单位工作，至 1981 年，被招为全民所有制职工的有 21 人、集体所有制职工 7 人、参军 5 人、升学 21 人。同年 5 月，县设立劳动服务公司，负责介绍城镇非农业人口就业，进行职业培训等工作。　　　　　　　　　　（第十一篇第一章《劳动》，第 277—278 页）

1975 年，除了国家分配的大、中专毕业生外，又从工人、农民、复退军人、上山下乡知识青年中吸收干部，全县干部总数为 2 416 人。　　（第十一篇第二章《人事》，第 283 页）

《东兰县志》

东兰县志编纂委员会编，广西人民出版社 1994 年

（1972 年）8 月，县委成立知识青年上山下乡领导小组，下设"知青"办公室。

（《大事记》，第 16 页）

"文化大革命"中，执行知识青年"上山下乡"政策，全县共有 600 多名城镇待业知识青年

被分期分批送到农村组队或插队落户。粉碎"四人帮"后,这批上山下乡知识青年通过多种渠道,先后全部得到回收安置。 （第三编第十章《劳动　人事》,第 191 页）

70 年代,除了农村青年和复退军人,也招收回乡知识青年和表现好的上山下乡知识青年,主要分配到县内新办的钢精厂、制药厂、氮肥厂、玻璃厂、印刷厂等企业工作。1978 年后,重点安置上山下乡回城知识青年和城镇待业青年。1979 年后,为提高工人素质,废除学徒制。招收新工人先进行文化考试,考试合格者选送自治区内各种技工学校进行就业前技术培训,毕业后直接吸收为技术工人。至 1985 年,通过文化考试,共选送城镇待业青年和回乡知识青年 192 人进到各种技工学校学习。 （第三编第十章《劳动　人事》,第 192 页）

《凤山县志》

凤山县志编纂委员会编,广西人民出版社 2008 年

1977 年招收一批退伍军人、回乡知识青年和上山下乡知识青年为全民所有制职工。1978 年后,主要从城镇待业青年、复员退伍军人、应(历)届高(初)中毕业生中招收工人。

（第三篇第十章《劳动　人事》,第 497 页）

知识青年安置　1969—1978 年,全县城镇知识青年上山下乡 96 人(简称知青),重点分布在城厢公社松仁大队、长洲公社长洲大队以及乔音公社仙里大队。1971 年开始,逐步对锻炼 2 年以上的知青进行安置,主要是通过企事业单位招工、大中专院校招生、征兵入伍、转干等途径逐步调配安排就业。至 1978 年,96 名知青已全部安排完毕。

（第三篇第十章《劳动　人事》,第 497 页）

《天峨县志》

天峨县志编纂委员会编,广西人民出版社 1994 年

(1969 年)2 月,城镇知识青年开始上山下乡到农村安家落户,接受"再教育",第一批到拉岩茶场落户。同时把一批出生于地主、富农家庭的教师遣回原籍或调到县内大队级小学,靠拿工分吃饭。 （《大事记》,第 16 页）

(1974 年)4 月,县召开上山下乡知识青年积极分子代表大会。 （《大事记》,第 17 页）

知青安置　1968 年底根据毛泽东"知识青年到农村去,接受贫下中农的再教育,很有必

要"的指示,动员城镇初、高中毕业的青年下乡上山,1969 年 2 月后,上山下乡知青先后到拉岩、都隆、纳州、尧山、都楼、纳合、塘英、上福等大队插队落户,至 1977 年,下乡上山的城镇青年 388 人(包括南丹大厂下乡知青)。1971 年后,通过招工、招干、高等院校和中等专业学校招生、参军等途径,安置了部分下乡上山知识青年就业。到 1977 年,已安置 245 人。1978 年停止城镇青年下乡上山,对仍在农村的 143 名城镇知青原则上收回安排就业,当年安置 100 名。1979 年至 1980 年共安置 43 名,至此,县内下乡上山知青已安置完毕。

(第二篇第九章《劳动　人事》,第 149 页)

　　1979 年以后,从农村回乡知识青年、民办教师、复员退伍军人、村干部中招收干部 706 名。
(第三篇第九章《劳动　人事》,第 150 页)

　　集体造林　集体造林最早始于 1966 年,六排公社在拉岩大队纳平至兴龙坳兴办茶场。1969 年,40 多名上山下乡知识青年到该场种植茶叶、杉木、桐果等近 300 亩。从 60 年代末到 80 年代初,乡镇集体造林累计 8 170 亩。　　(第四篇第八章《林业　特产》,第 263 页)

《南丹县志》

广西壮族自治区南丹县地方志编纂委员会编,广西人民出版社 1994 年

　　1976 年,全县新吸收接纳干部 180 名,其中大中专毕业生 101 人,军队转业干部 6 人,复员退伍军人 23 人,工人转干 25 人,从社会上吸收 15 人,从上山下乡知青中吸收 4 人,其他来源 6 人。1986 年全县新吸收接纳干部 73 人,其中大中专毕业 53 人,军队转业干部 3 人,从工人中吸收 8 人,从社会上吸收 7 人,从知青中吸收 1 人,其他来源 1 人。

(人事劳动志第一章《干部》,第 709—710 页)

　　1976 年,由于招回 60 年代被精简下放的人员和招收部分上山下乡知识青年,因此,当年共安置 2 043 人,其中固定工 1 643 人,亦工亦农 400 人。

(人事劳动志第三章《工人》,第 717 页)

知识青年上山下乡

　　为了响应毛泽东主席关于"知识青年到农村去,接受贫下中农再教育很有必要"的号召,1969 年南丹县成立知识青年上山下乡办公室,负责知青的安插管理工作。1969 年至 1977 年 8 月,全县共有 3 635 名历届、应届高中毕业生及社会待业人员先后到罗富、车河、小场、城关、六寨、瑶寨、芒场、月里、里湖、八圩乡插队落户。其中有 343 名知青到山口林场劳动。

知青在下乡落户时,政府均要解决其住宿、炊具、农具等问题,人均约耗资1 000余元。历年来共建知青房1 000间,11 823.6平方米。从1972年到1978年,陆续在上山下乡知青中招工2 017人,分别安置在厂、场、矿山等国营或集体单位工作,另有1 618名知青通过招干、参军,因病回城乡或转到外地安置等不同渠道先后离开农村。1980年初撤销"知识青年上山下乡办公室"。知青全部离开农村后,知青房屋由生产队占用。

(人事劳动志第三章《工人》,第718页)

1976年至1978年,农民教育以办政治文化夜校为主要形式,采取广西统编的《政治文化夜校课本》,政治、文化、农技教育并重,不是文盲的也要参加学习。教员由当地小学教师、知识青年或有文化的队干兼任。

(教育志第七章《成人教育》,第752页)

《柳州地区志》

柳州地区地方志编纂委员会编,广西人民出版社2000年

1974年,柳州地区重申家禽蛋品派购政策,规定忻城、来宾、象州、武宣等县农村,除五保户、单身户以及插队的知识青年以外,每户每年交售活鸡2羽、鲜蛋1公斤,其它县仍按原规定执行。

(商业志第二章《商业购销》,第325页)

1974年,自治区要求利用废钢铁生产铁锅,新立户、下农村插队知识青年所需铁锅、鼎锅,凭生产大队证明供应,除此外,交旧烂锅换新锅。

(供销合作志第二章《商业购销》,第375页)

柳州地区革命委员会(1968.8—1978.5)

第一行:办公室、公安处、战备办公室、民政局、劳动局、知青办公室、计划委员会、基建局、物资局、工交办公室、重工业局、轻工业局、燃化局、交通局、农业办公室、农业局、森工局

第二行:农机局、水电局、水产局、财贸办公室、财政局、粮食局、商业局、工商局、外贸局、科技局、文教卫办公室、教育局、文化局、卫生局、计划生育办公室、体育运动委员会

(人大、政府、政协志第二章《政府》,第486页)

1970 年以后,地区及所属县陆续兴办国有、集体企业,主要从上山下乡知识青年中招收职工。 （劳动人事志第一章《劳动》,第 542 页）

"知青"插队农村　1964 年 9 月,根据中共中央关于动员城市知识青年参加农村社会主义建设的决定精神,动员城镇知识青年、应届高初中毕业生 1 354 人到来宾、鹿寨县农村插队,100人到融水县贝江林场插场。1969 年,按照毛泽东同志提出"知识青年到农村去,接受贫下中农再教育,很有必要"。动员 1966—1968 年应届高初中毕业生 16 646 人到农村。同年,柳州市安置到地区所属各县农村插队 11 089 人。1970 年以后,应届高初中毕业生中,除政策规定可留在父母身边的子女、病残不能参加农业劳动外,都动员他们插队落户。1970—1973 年,共安置11 752 人;1974—1977 年共安置 21 008 人;1978 年安置 14 人。1979 年后停止插队。

若干年度知识青年上山下乡情况

年度	上山下乡人数	安置去向		年度	上山下乡人数	安置去向		年度	上山下乡人数	安置去向	
		插队	插场			插队	插场			插队	插场
1964	1 454	1 354	100	1971	1 384	1 384		1977	6 897	6 897	
1966	1 555	1 528	27	1 973	5 773	5 773					
1969	27 735	27 144	591	1975	4 101	4 101					

（劳动人事志第一章《劳动》,第 543 页）

1984 年 4 月,地区知青办以贷款和集资的形式,分别开办地区华侨印刷厂和地区华侨纸制品厂,安置 30 多名待业青年。　（台湾、华侨、宗教事务志第二章《侨务》,第 566 页）

1976 年 9 月 25—29 日,召开贫协第一届委员会第二次全体委员(扩大)会议,107 人出席。会议交流开展贫协工作经验,讨论通过《充分发挥贫下中农在农村中"顶梁柱"作用》的决议,提出进一步加强贫协的思想、组织建设,树立贫下中农阶级优势,发挥贫协组织在"农业学大寨"、普及大寨县群众运动中的战斗作用;进一步做好财务、商业、信用社、学校、农村医疗卫生和对上山下乡知识青年再教育的监督和管理工作。　（党派社团志第四章《农民团体》,第 575 页）

(1964 年)9 月,城镇知识青年、应届高初中毕业生 1 354 人到农村插队。

（《大事记》,第 726 页）

《柳城县志》

柳城县志编辑委员会编,广州出版社 1992 年

(1964 年)9 月,首批知识青年到大仁山、上碑、倒水、龙岩插队落户。至 1977 年停止执行知识青年上山下乡插队落户政策时,全县共有4700名知识青年下乡插队落户。

(《大事记》,第24页)

各级贫管会和贫管小组对404所中小学、137家商店、91所合作医疗室实行管理,有393个再教育小组对插队知识青年进行再教育。 (第十四篇第四章《群众团体》,第276页)

第三节　知识青年上山下乡

1964年,开始动员城镇知识青年上山下乡,但本县尚未实施。次年,首批安置县城和柳州地市知识青年100人,到农村插队落户。1966年开展“文化大革命”后,知识青年上山下乡采取政治运动的形式,每年作一次安置。1970年,下乡插队的人员,由县城的知识青年扩大到全县属于城镇户口的知识青年。1971年,对1970至1971年城镇初高中毕业生实行统一招工,下乡插队人员相对减少。1973年,下乡插队人员以城镇中学毕业生为主,插队落户的形式由分散改为相对集中,并可到生产建设兵团和农场、农科所安家落户。1975至1977年,知识青年上山下乡,采取大批插队,集中安置,建立知青点或厂社挂钩等方法。这3年本县下乡插队人员有1344人,占历年下乡插队总人数的53.97%。1977年12月,县革命委员会决定,停止动员城镇知识青年上山下乡。同年,全县下乡插队人员累计5890人,其中接收安置柳州地市知识青年3400人。

自1978年起,开始有少量下乡插队人员回城就业。至1977年,累计有1099人返回城镇。1978年下乡插队人员回城2536人,1979年回城2015人。至1980年底,累计回城5850人,并通过招工、招干、大专院校招生、应征入伍和自谋职业等途径,在城镇安置就业。

柳城县1965至1977年城镇知识青年下乡插队人数　　　　　　　单位:人

年度	本县知青	柳州等地市知青	年度	本县知青	柳州等地市知青
1965	40	60	1972	130	150
1966	60	80	1973	150	180
1967	80	100	1974	116	311
1968	120	180	1975	408	345
1969	200	300	1976	500	710
1970	100	150	1977	436	654
1971	150	180			

(第十八篇第五章《劳动就业》,第334—335页)

《融水苗族自治县志》

广西融水苗族自治县志编纂委员会编，生活·读书·新知三联书店1998年

（1969年）1月，柳州市高初中毕业生20多人到融水县农村插队落户。

2月7日，全县高初中毕业生下乡插队落户。 　　　　　　　　　（《大事记》，第36页）

1972年以后，干部增长速度较快，到1980年底，全县干部队伍已达4 323人，9年间净增2 476人。除正常接收大中专毕业生，安置军队转业干部和从工人、农民、复员退伍军人及上山下乡知识青年中吸收外，还吸收安排了101名"社来社去"大中专毕业生。

（第十六篇第一章《人事》，第476页）

进入70年代后，因国家下达的招工指标很少，工业生产发展又急需用工，于是在农村招收了一批计划内临时工和合同工，而此时全县动员高、初中毕业生和城镇闲散人员上山下乡，形成了城乡劳动力倒流。 　　　　（第十六篇第二章《劳动就业》，第481页）

第二节　知识青年上山下乡

60年代初，党中央和毛泽东主席向全国城镇知识青年发出"面向工矿、面向农村，面向基层，上山下乡"参加农业生产建设的号召。县于1964年成立安置办公室，开始动员城镇知识青年上山下乡。是年，全县上山知青121人，其中接收金城江镇知青50人，全部安插到国营贝江河林场。1965年，县组织第二批知识青年上山下乡，140名知青到农村插队落户，81名知青到来宾凤凰林场参加林业生产，这批知青主要来自县直机关、融水镇、和睦镇、三防镇高、初中毕业生和社会知识青年。

1966年"文化大革命"开始，当年下乡插队10人。1968年毛泽东主席发出"知识青年到农村去，接受贫下中农的再教育"的号召，全县掀起上山下乡的高潮。县安置办公室改称"知识青年上山下乡办公室"（简称知青办）。1969年初，凡符合下乡插队的对象，全部动员下乡插队，共组织了1 750名知青及城镇闲散劳力和无固定职业的劳力到农村安家落户。除平原四乡镇外，山区的四荣、三防、汪洞、洞头、大浪、拱洞、大年、中寨等乡镇，也动员了部分知识青年插队，同时接收柳州市知青137人。此后一直至1977年，应届高、初中毕业生，离校后即到农村插队落户。从1964至1977年，全县上山下乡共4 905人。当时国家对下乡插队的知青，在建房、生活、生产工具和医药等方面，都给予一定的扶助和补助。具体标准是：每名知青补助建房费90元，工具费10元，床板一副，半年内由国家按每月19公斤大米指标供应，发给生活费9元。对少数家庭困难的知青国家还酌情给予蚊帐、被子等物质补助。1969至1977年间，全县用于安置插队知青的经费为10万余元。

1970 年,由于县内工业生产的发展,急需增加劳动力,部分在农村表现好的知青开始抽调进厂当工人,以后每年都有知青抽调回城安排工作。1978 年,根据中央关于"调整知青政策,逐步缩小下乡的范围,今后不再搞插队"的精神,初、高中毕业生不再实行下乡插队,原知青带队干部撤离了知青点。1979 年 6—7 月,县有关部门积极解决尚在农村的 1 400 名知青的安置问题,除 5 名女知青在农村结婚安家外,一次性完成了知青回城的安置任务。

(第十六篇第二章《劳动就业》,第 483—484 页)

《融安县志》

融安县志编纂委员会编,广西人民出版社 1996 年

(1968 年)4 月,县直机关、城镇街道知识青年首批下放农村插队落户。至 1974 年 7 月,全县下放到农村插队落户的青年 2 037 人。至 1979 年 12 月全部收回安置就业。

(《大事记》,第 27 页)

1965 年,知识青年开始上山下乡务农,至 1974 年全县上山下乡插队务农的知识青年就达 3 424 人。1975 年以后,陆续收回城镇安排,分别到国家机关、国营或集体企业事业单位就业。

(第二篇第二十章《劳动　人事》,第 161 页)

《三江侗族自治县志》

三江侗族自治县志编纂委员会编,中央民族学院出版社 1992 年

(1970 年)1 月,柳州市上山下乡知识青年首批到三江,分别在斗江公社的牙林,周牙插队劳动。

(《大事记》,第 20 页)

1967 年至 1974 年,主要招收农村知识青年和下乡锻炼 2 年以上的城镇上山下乡知识青年及留城青年。从 1979 年起,主要招收回城知识青年和城镇待业青年。1980 年,贯彻国务院 1978 年《关于工人退休、退职的暂行办法》和国务院 1978 年《关于安置老弱病残干部的暂行办法》精神,工人和干部退休后,招其 1 名符合条件的子女参加工作,但必须进行文化考试,择优录取。1986 年 10 月,根据国务院《关于改革劳动制度四个规定的通知》精神,废除"子女顶替"制度和内部招收职工子女的办法,凡社会招工一律执行劳动合同制。

(劳动人事志第二章《劳动管理》,第 607 页)

《鹿寨县志》

鹿寨地方志编纂委员会编,广西人民出版社1996年

是年(1974年),开始办理上山下乡知识青年回城手续。 （《大事记》,第18页）

自实行"城市知识青年上山下乡,接受贫下中农再教育"的政策后,各城市、城镇下乡落户的青年共10 960人,至1979年已有10 945人回城安置。 （第三篇第二章《生产力》,第66页）

其他支出,包括民兵建设费、城市知识青年下乡插队及就业费、少数民族地区补助费、人民防空费、支前费、人口抽样调查费、村干部补助费、价格补贴等项。1952年至1965年支出年均5.82万元。1966年至1987年支出年均120.46万元,其中城市知识青年下乡插队经费及就业经费支出465.18万元。 （第九篇第一章《财政》,第247页）

同年(1978年)12月12日起参军的下乡知识青年,复员退伍后不再回农村插队,原则上由其父母所在地分配工作。 （第十五篇第一章《民政》,第435页）

1964年下半年,鹿寨县动员和安排首批城镇知识青年458人(其中柳州市"知青"243人),到城关公社新胜大队插队落户,组成"知青"新建队。1965年到农村插队知青175人。1966年增多,安排398人,分别到城关、城镇、雒容、黄冕等4个公社11个生产大队43个生产小队落户,另外,单独由插青组成2个新建队,3个集体林场,1个国营附属林场。1967年至1971年,共安置知青2 845人。1972至1973年,大批动员和组织知青上山下乡,两年共安排1 112人。1973年11月21日,成立县知青办公室、加强对知青上山下乡工作领导。此后,知青到农村插队落户逐年增多,至1978年底,全县共有知青6 235人,分布在12个公社106个生产大队657个知青点上。 （第十六篇第一章《劳动管理》,第447页）

1974年开始办理知青回城手续。批准回城主要对象是患病或因工负伤致残、不能参加农业生产劳动或自理有困难者。1974年至1977年,共办理回城303人。1979年9月,县革委发出鹿革字(1979)42号《关于插队知青回城的通知》,开始大批办理插队知青回城就业或待业手续,当年共批准知青回城2 543人,其中县属单位1 162人、次年又批准知青回城3 374人,其中县属1 513人。至此全县只有15名知青未回城。

插队知青回城后,大部分安排在全民所有制企业工作,少部分安排做临时工,个别自谋职业。至1979年底共安排县属知青回城就业2 506人。当时由于多种原因,尚有169人未能安排工作。

1979 年后,不再安排城镇知识青年上山下乡、待业青年通过招考、顶职、招工及参军等途径获得就业、暂无工作者可自谋职业或在家待业。

(第十六篇第一章《劳动管理》,第 449 页)

1984 年县劳动服务公司成立后,首先抓城镇待业青年就业指导,职业介绍及技术培训等项工作。其次组织知青开办有指导性的就业网点,指导企事业单位建立以安置待业知青为主体的集体经济。该公司还在距县城 5 公里的东郊,建立一个"知青"农场。近年每年可安置 60 多名待业青年,扩大了就业安置门路。 (第十六篇第一章《劳动管理》,第 449 页)

1971 年,自治区、地区一些工业企业扩大生产规模,需增加工人,当年外地共到鹿寨县招工千余人,为此,成立县招工办公室,与招工单位组成工作队,深入各公社,统一政审,统一体检、统一分配。主要对象是上山下乡知识青年和农村中复员退伍军人。

(第十六篇第一章《劳动管理》,第 450 页)

1972 年至 1980 年,每年均有新招干部。干部总人数由 1 852 人增至 4 258 人,净增2 406 人。主要从工人、农村贫下中农、复员退伍军人、上山下乡知识青年中吸收录用,安置军队转业干部和大中专毕业生。 (第十篇第二章《人事管理》,第 454 页)

1966 年 5 月后,受"文化大革命"冲击,教学秩序混乱,连续 3 年停止招生,1968 年底,在校高初中学生全部毕业。农业人口学生回乡参加生产劳动;城镇人口学生则下乡插队落户。

(第十九篇第一章《普通教育》,第 550 页)

1970 年春夏,学习江西教育革命经验,以鹿寨中学的校舍、设备、师资为基础,创办共产主义劳动大学,6 月 20 日成立学校革委会。开设医务、师范、种植、养殖等专业,学生来源主要从上山下乡、回乡知识青年中选拔,德智体全面衡量,把政治表现、路线觉悟放在首位,年龄 15 至 25 岁,未婚,具有相当于初中文化程度。招生时废除考试制度,采取自愿报名,生产队推荐,大队审查,公社批准,学校发录取通知书办法。学生入学后实行半工半读,"即不但学文,也要学工、学农、学军,也要批判资产阶级"。(第十九篇第二章《专业教育》,第 554 页)

《金秀瑶族自治县志》

金秀瑶族自治县志编纂委员会编,中央民族学院出版社 1992 年

1972 年至 1977 年,对新选拔的干部强调必须经过农村锻炼。至 1977 年,共从农村回

乡知识青年、上山下乡知识青年和"社来社去"（从哪里到校读书，毕业后回哪里去）的大中专生中选拔干部447人；部分靠造反起家的人被吸收进干部队伍，甚至个别严重违法乱纪的人还被提拔到领导岗位。

（政治篇第十三章《劳动　人事》，第416页）

1978年，对168名尚属"亦工亦农"人员及56名知识青年计划外顶补工进行清理，共辞退216人。其余转为固定工或提拔为干部。

1979年贯彻"统筹兼顾、择优录用"的方针，国营企业从上山下乡插队知识青年、按政策留城的待业人员及大集体工人中招收固定工84人。

（政治篇第十三章《劳动　人事》，第419页）

1969年至1977年，城镇知识青年上山下乡参加农业生产劳动，经锻炼后逐步吸收到厂场就业。1978年除尚在农村插队的外，不再动员知识青年上山下乡；对尚在农村插队的，原则上收回城镇由劳动部门安置。至1980年底，上山下乡知识青年313人全部安置完毕。

（政治篇第十三章《劳动　人事》，第419页）

《象州县志》

象州县志编纂委员会编，知识出版社1994年

解放后，人口的迁移变动，主要体现为婚嫁、工作调动、征兵、军人复退役、转业、招工、招干、招生、城市知识青年插队、大中专院校毕业生分配等入出迁移。人口迁移的特点是迁出多于移入。

（第三篇第二章《人口变动》，第125—126页）

县内较集中的招工大致分为4个阶段：1964年，仅限于从城镇闲散人员中招收工人，不招农业人口；1971年，招收"活学活用"毛主席著作，出身成分好，政治历史清楚，身体健康的复员退伍军人，城镇应届高、初中毕业生，经劳动锻炼1年以上的上山下乡知识青年，农村贫下中农子女及革命烈士家属等；1979年，全民所有制单位均招收上山下乡和按政策留城、回城的知识青年，不足时可在城镇应届高、初中毕业生中招收，需进行文化考试；1984年，招工条件是：拥护中国共产党，热爱社会主义祖国，热爱劳动，政治思想好，身体健康，年龄适当，具有初中以上文化程度的未婚青年。

（第十九篇第一章《劳动管理》，第524页）

上山下乡知识青年安置

象州县于1964年开始动员组织城镇知识青年上山下乡插队，首批50人。1967—1968

年,上山下乡工作停顿。1969—1978 年,全县共组织 4 706 人上山下乡插队(含柳州市知青到象州插队人数)。

历年招工时,已安排部分插队青年进厂工作。1979 年 4 月起,大批回收插队青年回城安排工作。同年 12 月,回收工作全部结束。当年县内共有插队青年 1 048 名,其中柳州知识青年 185 名,由柳州市安排回收;象州县除少数已在农村结婚成家的知识青年暂不回收,共回收插队知识青年 761 人,分别安置到 53 个国营、集体单位。

(第十九篇第一章《劳动管理》,第 525—526 页)

《武宣县志》

武宣县志编纂委员会编,广西人民出版社 1995 年

(1969 年)9 月,动员城镇知识青年上山下乡插队,接受贫下中农再教育,共 403 人;组织城镇居民下乡插队,参加农业生产,共 189 户 1 188 人。1977 年后逐步收回。

(《大事记》,第 18 页)

插队知识青年安置

1965 年,武宣县根据中共中央、国务院《关于动员和组织城镇知识青年参加农村社会主义建设的决定(草案)》精神,于 7 月和 9 月分两批,动员城镇知识青年 127 人(非农业)到黄茆公社尚文大队的 16 个生产队插队落户,参加农业生产。此后,城镇知识青年不断被安排到各公社生产队、六峰山林场、黄茆竹种场、国营武宣农场、县园艺场、樟村良种繁殖场和县外的来宾良江林场、来宾华侨农场、柳城华侨农场插队(场)落户。1972 年,还动员部分城镇居民全家到农村落户。

1969 年,接收来自柳州市的知识青年 495 人,居民 26 户(16 周岁以上 108 人),到黄茆、三里等插队。至 1977 年,全县共接收柳州插队知识青年 856 人,南宁市 1 人。至 1978 年,全县共有城镇插队知识青年 4 394 人,城镇插队居民 191 户。

城镇知识青年到农村插队,由国家发给棉被、蚊帐、铁桶和劳动工具,并兴建住房,此外,国家每月给每名插队知识青年发 12—15 元伙食补助费。1965 年至 1978 年,全县共开支插青安置经费 115.9 万多元。

根据中共中央中发〔1978〕74 号文件和自治区党委的指示精神,从 1979 年 2 月起,开始分批将插队知识青年收回城镇安置,至 1981 年 5 月止,回收安置完毕,全县合计收回插队知识青年 3 029 人,其中男 1 138 人,女 1 891 人。根据国家劳动人事部门的规定,城镇知识青年插队期间,可作其本人工龄计算。

(第十四篇第一章《劳动管理》,第 503 页)

《柳江县志》

柳江县志编纂委员会编，广西人民出版社1991年

（1979年）年底统计，从1969年到1978年底，知识青年下乡插队、插场共达8 419人，连同1965年插队、插场人数共8 836人（已收回安置8 834人）。 （《大事记》，第26页）

第二章　知识青年上山下乡

1963年7月，柳江县安置88个知识青年到各生产队落户劳动，当时是和精简的城镇居民一起下去的。正式动员知识青年上山下乡是从1965年开始，当年有知识青年下乡插队、插场共417人。

1978年9月9日统计，1964—1978年，全县知识青年上山下乡有4 413人，其中柳州市区来的3 493人，本县920人，分布在9个公社636个生产队和百朋园艺场、根林林场、拉堡林场、国营三伯岭林场，龙汗岭林场。其中10人以上为小组的134个队1 533人占总数34.5％，3至9人的415个队2 787人，1至2人的67个队93人。办集体户266户、养猪16头、养鸡415只、种试验田32亩、建房2 201间。

知识青年上山下乡情况表

年份	合计	其中柳州外地（包括内蒙、上海）	本县
1972年底前	369	44	325
1973	40	24	16
1974	438	401	37
1975	747	616	131
1976	1 509	1 302	207
1977	1 307	1 106	201
1978	3		3
总计	4 413	3 493	920

从1971年开始陆续回收上山下乡知识青年。1974年调离农村590人，1975年调离农村891人，1976年425人，1978年1 781人，四年合计3 687人，1976年至1980年除有2人已落户结婚定居外已全部回收。

1976年6月30日统计回收情况

年份	回收合计	其中	招工	上大学	参军	提干
1973年前	289		282	3	4	
1973年	29		22	3	3	1
1974年	635		624	11		
1975年	875		850	19	1	5
1976上半年	86		86			
总计	1 914		1 864	36	8	6

1976 年 6 月 30 日统计,知识青年下乡期间入党 78 人、入团 986 人、任公社委员以上 8 人、任大队主任 4 人、任生产队干 157 人、民办教师 108 人、赤脚医生 44 人、理论辅导员 271 人、农机手 395 人、文艺宣传员 298 人、幼托老师 44 人。

若干年度国家拨插青安置费

单位:万元

年份	数额	年份	数额
1969 年	29.905	1976 年	39.688 4
1970 年	11.537	1977 年	60.636 1
1973 年	15.48	1978 年	48.901 2
1974 年	39.404 9	1979 年	1.864 8
1975 年	31.761 4	合计	279.178 8

几个年度国家投资给知青建房情况

单位:间

年份	住房	伙房	澡房
1972 年前	522	72	14
1973	172	33	15
1974	367	59	47
1975	341	72	42
1976	262	55	50
1977	290	53	60
1978	346	35	36
合计	2 300	379	264

(第七篇第二章《知识青年上山下乡》,第 186—188 页)

《来宾县志》

来宾县志编纂委员会编,知识出版社 1994 年

知青安置 城镇知识青年(以下简称知青)"上山下乡"插队落户,始于 1964 年下半年。首批知青下乡落户,除县人外,还有柳州市、柳州铁路局属单位共 560 多人。他们被安排到桥巩公社桥巩、高槐大队(今桥巩乡桥巩、高槐村公所)当农民。此后除 1966—1968 年、1971 年、1972 年无知青上山下乡外,县先后分 9 批接收安置知青。有到生产队落户的,有自办农场、林场(队)的。人员除县人外,来自南宁市、柳州市、柳州铁路局的居多。此外,还接收安置来自柳城、武宣、融水等县知青和城镇其他人员 1 806 人及南宁、柳州市民 150 户 581 人到生产队落户。自 1964—1977 年,全县共接收安置知青和市民 8 852 人(其中县人 2 067 人),分布在 21 个公社和 60 个大队 506 个生产队。1973 年,中央规定上山下乡人员的补助费标准,每名下乡知青补助 480 元。1974—1977 年,全县开支补助费共 255.64 万多元。1978 年冬,上山下乡运动终止。原已安置的上山下乡人员,除个别人留下外,绝大多数已自发回城或通过招工、招干、升学、参军等各种渠道离开农村。

(第三篇第三十三章《劳动 人事》,第 433—435 页)

1968 年底所有在校学生不管毕业与否全部"毕业"离校。农业户口的回乡务农,城镇非农业户口的"上山下乡"插队,"接受贫下中学再教育"。

（第四篇第四十一章《教育》,第 498 页）

(1965 年)9—10 月县先后接收安置南宁、柳州市(含柳州铁路局)和柳城、武宣、融水等市县知识青年和城镇居民共 1 806 人到县插队落户。自 1964—1977 年,全县先后接收安置知青和市民 8 852 人。（《大事记》,第 655 页）

《合山市志》

合山市志编纂委员会编,广西人民出版社 1998 年

合山市成立后干部主要来源:从来宾县机关和原北泗公社的机关干部以及厂矿场干部中调入;为照顾夫妻两地分居困难从外地调入和落实政策回收人员;从农民、工人、知识青年、复员退伍军人中通过考试择优录用;从大中专院校毕业分配来的毕业生。

（第四篇第三十四章《劳动人事》,第 331 页）

1976 年贯彻"统筹兼顾,适当安排"的方针,招用城镇的复员退伍军人和政策允许留城的中学毕业生。同时招收一定数量的农村复员退伍军人和回乡知识青年,共 602 人。1979 年开始,实行招工考试(城镇待业青年才能报考),按指标择优录用。

（第四篇第三十四章《劳动人事》,第 333 页）

1964—1977 年,对城镇待业的知识青年,先动员上山下乡参加农业生产,接受"贫下中农再教育",后逐步招收到企事业单位当工人。合山电厂 1974—1977 年共招收工人 1 039 人。1978 年后,"上山下乡"运动停止,原则上都收回安排作计划外用工。

（第四篇第三十四章《劳动人事》,第 334 页）

《忻城县志》

忻城县志编纂委员会编,广西人民出版社 1997 年

(1970 年)12 月统计,全县有 389 名城镇知识青年(含柳州市来 86 名),分别到 6 个公社,14 个大队,103 个生产队"插队落户","接受贫下中农的再教育"。（《大事记》,第 28 页）

1966 年 1—4 月,在"四清"工作队、上山下乡知识青年、复员军人中共招收 460 人为国

家干部,分别分配到各企、事业单位和党、政机关单位工作,是解放后吸收干部最多的一年。

(第二十二篇第一章《编制管理》,第672页)

上山下乡知识青年安置

遵照毛泽东主席关于"知识青年到农村去,接受贫下中农再教育,很有必要"的号召,中共忻城县委员会于1966年成立忻城县安置城镇下乡青年领导小组。1973年成立忻城县知识青年上山下乡办公室(简称知青办),加强城镇非农业人口知识青年上山下乡插队落户工作的领导。凡非农业城镇户口中的初中、高中毕业生、除录取大、中专院校学生和每户留1人在父母身边外,其余均属下乡插队对象。1973年冬开始至1977年止,全县共有1541名城镇知识青年分别到7个公社121个生产队插队落户,劳动锻炼。

1974年根据上级有关文件规定精神,因病或因公致伤的插队知识青年,经县知青办和县公安局审批,给予办理回城手续的共有52名。1979年陆续回城,并通过招工、招干等渠道招收为厂矿企事业单位工人1381人,国家干部109人,录取大中院校就读升学19人,应征入伍当兵11人,自谋职业21人。至此,上山下乡知识青年安置工作结束。

(第二十二篇第三章《劳动就业》,第678页)

1970年,公社办高中、大队小学附设初中班,全县共81人由初中教师升为高中教师,占高中教师总数的50.6%;全县有152人由小学教师提升为初中教师,占初中教师总数的68%。由于盲目办学,中小学教师缺额很大,由大队推荐回乡知识青年充任中小学民办教师,全县共500多人。教师队伍数量激增,但文化素质偏低。 (第二十四篇第六章《教师》,第740页)

《临桂县志》

《临桂县志》编纂委员会编,方志出版社1996年

(1969年)2月,桂林地、市及县内知识青年开始到农村插队落户。1974年后陆续收回城镇安排就业。 (《大事记》,第28页)

解放后,由于吸收干部、招工、参军、升学、工作调动、婚嫁等原因,1954—1990年有记载的34年中(缺1967—1969年数字),共迁入155121人,平均每年4562.38人;迁出197884人,平均每年5820.12人,33年中净迁出42763人。1954—1956年,因吸收干部、招工、参军等原因净迁出11331人。1960年经济困难,部分人员外出谋生,当年净迁出3532人。1962年经济开始恢复,当年净迁入3053人。1979年落实政策,原到农村插队落户的知青和城镇居民返回城镇,当年净迁出2173人。 (第三篇第一章《人口》,第106页)

1974 年 10 月,从全县各圩镇下放的知青中招收新工人 52 名。1990 年,全场职工 57 人。

(第六篇第五章《林场》,第 203 页)

1970 年 2 月上旬至 9 月上旬,县根据中共中央 2 月 5 日指示精神,开展"一打三反"运动(亦称"二·五"运动)。在运动中,……查拉拢腐蚀干部、破坏新生革命委员会和破坏知青下乡工作。

(第十九篇第一章《中国共产党地方组织》,第 492 页)

1969 年 1 月,成立上山下乡安置办公室。 (第二十一篇第三章《人民政府》,第 544 页)

1975 年,贯彻"统筹兼顾,适当安排"方针,首先招用城镇退伍军人和按政策允许留城的中学毕业生,其次是招用插队两年以上知青及少量农村退伍军人。1978 年后,主要从城镇待业青年中招收工人。

(第二十三篇第一章《劳动管理》,第 575 页)

50 年代至 60 年代初,城镇非农业人口待业青年主要由劳动部门介绍到全民和集体企事业单位当工人,一部分自己组织服务性行业就业。1965 年,县内始有 50 名城镇待业青年到农村插队。1974 年,开始招收 64 名插队两年以上的知青当工人。1976 年,招收 536 人。1978 年后不再组织城镇知青插队。1979 年,收回城镇插队知青 982 人,当年安置就业 599 人。1980 年,贯彻"由劳动部门介绍就业,组织起来就业和自谋职业"的多渠道就业方针,广开门路安排待业青年就业。至 1990 年,全县共安置 12 673 名待业青年就业。

1969 年后,桂林市知识青年 3 200 多人来临桂插队,多集中在庙头、四塘、两江、茶洞、渡头、会仙等地。1974 年后陆续返城。 (第二十三篇第一章《劳动管理》,第 576 页)

《灵川县志》

灵川县地方志编纂委员会编,广西人民出版社 1997 年

(1969 年)2 月 9 日,桂林市知识青年 1 460 人被下放到灵川农村插队,接受贫下中农"再教育"。至 1977 年全县下放知青到农村插队 7 302 人,其中地、市知青 5 618 人。至 1979 年 4 月已先后回城。 (《大事记》,第 23 页)

知青安置

1969 年 2 月,桂林知青(多为广西师大附中、桂林市一中、二中的学生)56 人首批下放潭下镇农村插队。(通称"知青下放"或"插队")。1969 年,灵川开始大批知青下放农村插队,由县革委政工组安置小组负责安置工作。1973 年设上山下乡知识青年安置办公室(简称"知青办")。1981 年 5 月,"知青办"业务由劳动局管理。1969 年至 1979 年 4 月,全县各公

社共接收安置插队知青 7 302 人,其中从桂林市、县外下放或回老家插队的有 5 618 人。在插队期间,知青中除了选干 7 人,招工 2 937 人,参军 138 人,大中专招生入学 494 人。有 84 名在农村加入中国共产党,1 803 名加入共青团。2 名插队知青与农村青年结婚未回城外;其余的知青于 1976 年粉碎"四人帮"后至 1979 年 5 月底以前陆续收归回城。并解决其遗留问题。 （第十七篇第二章《劳动人事》,第 695 页）

《兴安县志》

兴安县地方志编纂委员会编,广西人民出版社 2002 年

　　1964 年,县内开始组织部分城镇待业青年去农村插队落户,参加农业生产。1969 年后,城镇非农业人口中不能升学的初中毕业生和全部高中毕业生,除了身体有病和独生子女外,都到农村插队落户。国家按每人 200 元的安置费拨给生产队,每个插队青年由国家先供应 2 年粮食,2 年后在生产队参加分粮。1964—1977 年,全县先后有 3 387 名城镇青年到农村插队落户。这一期间被招收为工人的有 2 503 人,其中全民所有制工人 2 249 人,集体所有制工人 254 人。1978 年,不再实行下乡落户,尚在农村的 1 382 人,原则上都收回城镇安排一定工作。当年县劳动局成立下属劳动服务公司,组织和指导待业青年就业,包括办理待业登记、颁发待业证、组织技术培训、参加招收合同制工人的考试等。1978—1979 年,安排到全民所有制单位工作的 671 人,到集体单位的 235 人。1980—1990 年,全县城镇待业青年招收为全民和集体单位固定工和合同制工人的 3 529 人。1964—1990 年,国家用于城镇青年下乡、回城及待业安置费达 179 万多元。　　（第二篇第十八章《劳动人事》,第 191 页）

《资源县志》

广西壮族自治区资源县志编纂委员会编,广西人民出版社 1998 年

　　(1969 年)冬,第一批城镇知识青年 180 人下放农村插队,接受贫下中农再教育。至 1977 年全县共下放知识青年 798 人。　　（《大事记》,第 17 页）

县人民政府各委、室、科、局机构沿革表

······	
上山下乡知识青年办公室	1973 年 10 月设立,1981 年 12 月撤销。
······	

（政治篇第十三章《县人民政府》,第 149 页）

1968 年后由于"文化大革命"的冲击,许多学校停办,大批学龄青年被过早地推向社会、而企业又无甚发展,用工不多。当时,初中毕业以上的知识青年下放农村,称"接受贫下中农再教育",成为主要安置途径。1969 下放知识青年 180 人,到 1977 年的 9 年中,全县共下放 798 人。1978 年停止下放。根据上级指示,从 1979 年起,下放农村插队的知识青年将陆续回城,到 1980 年底全部办理完毕,并都适当安排在城镇就业。

(政治篇第二十三章《劳动人事》,第 200 页)

城镇青年就业经费,1978 年前主要用于城镇知青下乡的生活费、生产、建房、困难补助等,从 1979 年开始该项经费主要用于城镇青年就业补助、扶持生产、就业培训、业务等支出。

本县该项经费支出始于 1965 年(1964 年预算虽有安排,但决算未支出),至 1990 年全县 26 年该项经费总支出 67.08 万元。其中 1965 年至 1978 年的总支出额为 28.51 万元;1979 年至 1990 年的总支出额为 38.57 万元。

1968 年前,县财政预算内该项支出极少,4 年共支出 340 元;1969 年,为了进一步贯彻中共中央关于"知识青年到农村去,接受贫下中农再教育"的指示,县财政城镇青年就业补助费支出 12.37 万元,用于下乡知青建房补助以及随职工下去的家属补助费用;当年年底,县知青下乡人数达 500 余人(包括随职工下去的家属)。1974 年,根据自治区知青办、区财政局(1974)财农事字第 11 号《关于下达下放居民生活困难补助费的通知》,县财政在 1974、1975 两年中共拨付下放居民生活困难补助费 4 万余元,同时还拨给 1972 年前下乡知青的建房费 5 万余元。

中共十一届三中全会以后,开始通过招工等方式回收插队知青。

(经济篇第四十四章《财政》,第 469 页)

《全州县志》

全州县志编纂委员会编,广西人民出版社 1998 年

1979 年由于插队青年大批回城,当年冬开始对亦工亦农工进行清退。1980 年底全部清退完。

(第二十三卷第四章《劳动》,第 694 页)

知识青年上山下乡

始于 1964 年,县成立"安置城镇闲散劳动力领导小组",下设办公室处理具体业务。1968 年改为"安置小组"。1973 年 10 月改称"全州县知识青年上山下乡办公室"。主管动员安置城镇知识青年上山下乡工作。知识青年凡年满 16 周岁以上不符合留城条件的高、初中毕业生,安插到县办农场、林场、落户,亦有少数到乡村亲友家落户。

1964 年,首批下乡知青 129 人,分布在田心、白石、岩泉 3 个小公社(今才湾乡境),26 个生产队和一个果园场。

1968 年 12 月,毛泽东主席发表"知识青年到农村去,接受贫下中农再教育,很有必要"的指示后,知识青年下乡形成高潮。1969 年插队知青最多。1977 年知青上山下乡工作结束。全县知识青年先后下乡共 6 964 人,安置经费 185.61 万元,平均每人 266.53 元。1974 年下乡知识青年开始回城镇安置就业。当年调回 438 人,其中招工 347 人,参军 2 人,招生 37 人,提干 1 人,其他 51 人。到 1979 年,大部分安置就业。1987 年县劳动局将少数下乡知青已全部安置到国家机关,企事业单位工作。 (第二十三卷第四章《劳动》,第 695 页)

《灌阳县志》

灌阳县志编委办公室编,新华出版社 1995 年

(1969 年)2 月 2 日,县革委生产指挥组批准全县首批 64 名知识青年到农村插队落户,每人每月由国家补助生活费 8 元。 (《大事记》,第 24 页)

(1974 年)5 月 17 日,全县首届上山下乡知识青年积极分子代表大会在县城召开,出席代表 135 人。 (《大事记》,第 25 页)

80 年代,录用干部对象大部分是工人中的"以工代干"人员和知识青年。1981 年吸收录用干部 121 人,其中工人 61 人、农民 27 人、知青 30 人、其他 3 人。在吸收录用干部的过程中,县委、县人民政府十分注重吸收少数民族干部。

(第三编第三十六章《劳动 人事》,第 487 页)

从 1984 年开始,对县内干部吸收录用制度进行改革,吸收录用乡镇干部一律推行聘用制,部分企事业单位也采用聘用制。聘用的对象主要是基层村干部、复员退伍军人、国家承认学历的五大(电大、业大、职大、函大、夜大)毕业生、自学成材人员,以及高中毕业后回农村参加两年以上生产的知识青年和城镇待业青年等。聘用的原则是公开报名、统一文化考试,进行德、智、体全面考核,择优聘用。 (第三编第三十六章《劳动 人事》,第 487 页)

《恭城县志》

恭城瑶族自治县地方志编纂委员会编,广西人民出版社 1992 年

1964 年起,逐年下放知识青年上山下乡,到 1977 年,全县共下放知青 4 077 人。1979

年以后,招工、升学、参军、批准回城 4 044 人,在农村安家落户的只有 33 人。

(第十二篇第七章《劳动人事》,第 338 页)

《平乐县志》

平乐县地方志编纂委员会编,方志出版社 1995 年

(1969 年)1 月 27 日,动员城镇非农业人口的知识青年上山下乡接受贫下中农再教育。平乐镇第一批动员到农村插队的有 310 名。同时桂林市分到平乐县插队知青 312 人,并于 2 月 1 日下到各公社。

(《大事记》,第 18 页)

附 平乐县上山下乡知识青年情况

1965 年 8 月 16 日,县内动员 82 名知识青年到阳安区双合插队。

"文化大革命"期间,劳动就业的多种渠道被阻塞,待业者与日俱增。毛泽东主席号召:"知识青年到农村去,接受贫下中农的再教育"。知识青年一批一批下放农村和广运林场劳动。1969—1977 年,县内知识青年下放劳动 7 210 人。1969 年桂林市四中 23 人,桂林市工艺美术学校 289 人下放到平乐农村劳动。

知识青年到农村劳动一段时间后,通过劳动部门和知识青年上山下乡工作办公室逐步回收安排就业。1979 年底前安排到县外就业的 3 615 人,县内企事业单位就业 1 587 人,参军 40 人,升大、中专学校的 113 人,因病批准回城的 32 人。余下的 1 773 人,除少数在农村结婚安家落户外,1979 年县知识青年上山下乡工作办公室协同县劳动部门作一次性收回安排就业的有 1 723 人。

(第三篇第十章《劳动人事》,第 521 页)

《阳朔县志》

阳朔县志编纂委员会编,广西人民出版社 1988 年

1963 年春,全县第一批知识青年 23 人到农村插队落户。

1969 年后陆续在全县范围内动员城镇知识青年下乡务农。本年有知识青年 508 人到农村插队落户。

......

1972 年 5 月,从下乡知识青年中招收第一批工人 210 名。1974 年后陆续对下乡知识青年回收安置,至 1980 年 2 月,除 6 名知青已在农村安家落户外,其余 4 787 人均回城安排了工作,其中有的当了干部,有的被招收为全民所有制或集体所有制工人。

(第四编第三十七章《劳动人事》,第 304 页)

《荔浦县志》

荔浦县地方志编纂委员会编,生活·读书·新知三联书店1996年

(1969年)1月24日,县革委发出《关于组织动员城镇知识青年上山下乡的通知》。县城和区、镇非农业人口绝大多数青年都下放至农村接受贫下中农再教育。　　(《大事记》,第21页)

1970年,从农村青年、城镇高、初中应届毕业生、下乡上山锻炼一年以上的知识青年中招收全民所有制工人587人。是年,全民所有制单位职工有5 346人。1975年增至6 307人。1976年至1978年,按"统筹兼顾,适当安排"的方针,在城镇高、初中毕业生、插队知识青年、烈士及因公牺牲的职工子女中招收工人1 171人。同时,1978年劳动人事部门又安置了知识青年、待业人员及回收精简职工385人。时有全民所有制职工8 856人,集体所有制职工4 231人,分别比1965年增长86.55%和104.89%。

1979年实行退休职工子女顶替、继续录用知识青年,是年招收557人,职工子女顶职300人。　　　　　　　　　　　　　　　(第十八编第一章《劳动管理》,第728页)

1970年根据需要,从农村青年、城镇高、初中应届毕业生、下乡锻炼一年以上的知识青年中招收587人,是年全县有国家固定工人3 997人。1976年至1978年新建扩建企业增多,从复退军人、家居城镇的高、初中毕业生、城镇下放农村插队的知识青年、烈士及因公牺牲的职工子女中招收工人1 171人。1978年底,全县固定职工增到7 188人。1979年,实行退休职工子女顶职,1980年招收557人,顶职的300人。是年底,全县固定工人增到8 310人,超过了1960年的水平。　　　　　　　　(第十八编第一章《劳动管理》,第728页)

《永福县志》

永福县志编纂委员会编,新华出版社1996年

(1967年)3月30日,县公安局宣布:永福县"上山下乡知青造反团"为非法组织,并勒令其首要分子到公安局自首。　　　　　　　　　　　(《大事记》,第31页)

(1969年)2月5日,桂林市900多名知识青年到永福县各公社插队落户。

(《大事记》,第33页)

7月9日永福县首届上山下乡知识青年活学活用毛泽东思想积极分子代表会开幕。历时5天,与会知青250人,家长和单位代表300人。　　　　(《大事记》,第33页)

1989 年对到农村插队的知识青年与当地青年结婚并养育了子女,返城后其子女不能同时落户的问题进行研究,决定给 43 名知青及家属 66 人落实了城镇户口。

(第十六编第二章《信访》,第 652 页)

1974 年设劳动局,主要负责安置城镇待业人员,招收录用、调配厂矿工人,检查督促厂矿企业劳动保护措施的实施,1978 年兼管上山下乡知识青年的安置等。

(第十六编第三章《劳动》,第 652—653 页)

第二节　知识青年上山下乡

1964 年,永福县第一批知识青年和社会青年及一些工商户到农村插队落户。

1969 年 2 月,永福县开始接收桂林市首批下放的知识青年 900 多人(也有成户下放的),全县农村到 1976 年底止,共接收下放"知青"和城镇居民 4 590 人,其中桂林市"知青" 2 940 人,共用去安置费 1 815 929 元,这些下放人员,从 1972 年起,陆续由生产队、大队、公社推荐为国家工人,有的被吸收为国家干部。余下的一直到 1978 底才全部返回城镇工作。

(第十六编第三章《劳动》,第 653 页)

《龙胜县志》

龙胜县志编纂委员会编,汉语大词典出版社 1992 年

1976 年贯彻"统筹兼顾,适当安排"的方针,首先招用家居城镇的复员退伍军人,其次招收经两年以上劳动锻炼的上山下乡知识青年以及农村复退军人,再次招收经两年以上劳动的回乡知识青年。对革命烈士和因公死亡的职工子女,在同等条件下优先招用。至 1978 年底止,国家固定工增至 2 130 人。　　　　　(政治篇第十章《劳动　人事》,第 390 页)

1968 年至 1970 年,动员待业青年上山下乡参加农业生产的 81 人。1971 年开始逐步吸收参加劳动两年以上的青年到工矿和事业单位当工人。自 1971 年以来,边继续动员知青下乡,边吸收回城当工人。1978 年以后,不再实行上山下乡,从学校毕业的中学生,除少部分升学、参军外,大部分就业。　　　　　(政治篇第十章《劳动　人事》,第 391 页)

《苍梧县志》

苍梧县志编纂委员会编,广西人民出版社 1997 年

(1964 年)8 月,梧州市有 150 名知识青年到县大坡区插队落户。 (《大事记》,第 46 页)

（1965年）8月，有梧州市知识青年140名，到大坡区插队落户。 　（《大事记》，第46页）

1973年9月成立"上山下乡知识青年安置办公室"，负责知青的安置、培训、管理等工作。1980年，上山下乡知识青年基本已回城镇就业，"知青办"并入劳动局，以后有关上山下乡知青问题由劳动局办理。 　　　（第二十三篇第一章《劳动管理》，第583页）

附：知识青年上山下乡

1964年，梧州市第一批上山下乡知识青年（以下简称知青）98人到县内大坡公社插队落户。1965年，县内城镇知识青年陆续到各公社农村插队落户。至1972年，到全县各公社插队知青5 445人。1973年9月，县成立"上山下乡知识青年安置办公室"，负责上山下乡知青的安排管理等工作，并在县城、公社、大队各级举办知青培训班，提高知青的政治思想觉悟。至1978年，全县共接收安置插队知青9 713人，其中梧州市知青5 815人，县内知青3 898人，分布在县内2个林场、14个公社、99个大队、508个生产队。共下拨知青经费225.15万元，用于知青生活补助、教育培训等。各级共举办知青培训班69期，受训人数3 999人次，占插队知青的41.17％。同年，上山下乡知识青年陆续回城镇安排工作（梧州市知青回梧州安置）。至1979年，除少数知青在农村结婚安家落户外，其余基本已回城镇安排工作，其中吸收为国家干部31人，输送到大中专院校读书99人，应征入伍20人，招为国家工人3 252人。 　　　　（第二十三篇第一章《劳动管理》，第585页）

1962年县师范停办后，教师来源主要是招收社会青年或上山下乡知识青年作为民办教师。1972年，县师范恢复，主要招收民办教师进修，毕业后转为公办教师，回原校任教。 　　　　　　（第二十五篇第五章《教师》，第642页）

《钟山县志》

《钟山县志》编纂委员会编，广西人民出版社1995年

同年（1969年），县贯彻毛主席关于"知识分子到农村去"的号召，县城，平桂矿区，梧州市的知识青年，分期分批到各公社大队插队落户。 　　　　　（《大事记》，第33页）

安置插青就业　1965年10月开始安排城镇知识青年到农村插队落户。到1966年，上山下乡插队的知识青年（简称插青）达180多人。1969年是高峰期，这一年就有1 671名知青到农村插队，1970年有861名，1973年有990名，1974年有741名，1975年有772名，1976年和1977年共有1 343名，1978年有2名。该年调整了知青上山下乡的政策，不再安

排知青插队。从 1965 年至 1978 年,全县有插青 6 687 名。县革委为了安置好这批插青的工作,从 1970 年起开始在插青中招工、提干、招生。1970 年和 1971 年,有 6 名插青上大、中专学校读书,有 710 人招为工人,13 人参军,78 人当民办教师。1972 年至 1973 年有 21 人提干,79 人升大中专学校读书,11 人参军,113 人当工人。1974 年提干 6 人,进大中专学校读书 27 人,参军 3 人,招工 318 人。1975 年升大学 15 人,提干 14 人,招工 1 209 人。1976 年至 1977 年招工、提干、升学、参军的插青达 1 358 人。1978 年提干 1 人,升学 118 人,参军 100 人,招工 729 人。1979 年,在农村的插青全部回城,其中大部分在当年或 1980 年招为工人,尚余下 200 多人为待业人员。 （第三篇第三十七章《劳动人事》,第 557—558 页）

《铺门镇志》

铺门镇人民政府镇志编纂办公室编,广西人民出版社 1992 年

（1970 年)冬,梧州、八步、水岩坝等地知识青年 150 多人,响应毛主席"上山下乡"的号召,到本社河东、河南、中华、龙桂、六合、南华、铺门、兴合、安乐、上洞等大队的生产队安家落户。后来他们有的招为职工、干部,有的与本社青年结成伴侣。其余的至 1980 年,全部撤离农村,回归原籍。 （《大事记》,第 21 页）

《岑溪市志》

岑溪市志编纂委员会编,广西人民出版社 1996 年

同日(1969 年 3 月 11 日),全县的城镇居民、知识青年 1 900 多人到农村安家落户。 （《大事记》,第 25 页）

（1974 年)11 月 25 日,成立中共岑溪县委知识青年上山下乡领导小组。 （《大事记》,第 28 页）

解放后财政支出逐年增加。自 50 年代开始,至 60 年代初,逐步形成预算内支出和预算外支出两条渠道。

预算内支出 按其性质和用途分为五大类:一是经济建设费类,包括企业投资、企业挖潜改造资金、简易建筑费、科技三项费用、农林水利气象事业费、支援农业生产支出、工交事业费、城市维护费、城镇知识青年上山下乡和就业经费;……

（第十四编第一章《财政》,第 438 页）

第二节　城镇知识青年上山下乡

1965年9月,县内首批城镇知识青年103人上山下乡。1968年至1977年,每年都安置一批城镇知识青年上山下乡。10年间,共安置1 311名城镇知识青年上山下乡(含东南金矿河三矿安置到县上山下乡的78人)。其中动员回原籍所在生产队劳动的223人,安插到县内16个公社77个大队168个生产队劳动的894人,安置到农林场劳动的173人,回外省原籍安置的3人。此外,还接收从县外返回县原籍插队的知识青年15人。

农林场安置

1965年上山下乡的知识青年,有30人由自治区农垦局安置,其余73人先安置到当时的岑溪县社会主义建设学校学习5个月,学习期间半天劳动,半天学习。到1966年2月,全部安置到岑溪县友谊茶园,到1969年2月,因茶园收入甚微,在场的知识青年生活难以为继,就全部动员到县内插队劳动。1974年,岑溪县七坪林场、紫胶林场各安置知识青年50人到场劳动。当年的12月28日,按自治区革委《关于安置到国营农、林场知识青年定级的通知》精神,这两个林场的知识青年从到场工作之日起,即为林场的固定工人。

插队

1969年开始安置知识青年插到生产条件和生活水平较好的农村生产队劳动。1969年至1971年插队的知识青年基本上是单身插队,单独立户,因为大部分知识青年不习惯强度较高的农业劳动,再加上部分知识青年自理能力较差,所以有1/3多的插队知识青年生活不能自给。从1972年开始,组织知识青年集体插队,县知青办公室拨出专款在知识青年所插的生产队建住房,各主管战线派干部1—2人作带队,管理知识青年的生活和学习。到1977年,全县在13个公社24个生产大队的81个生产队建起知识青年插队点73个。

回乡

知识青年原籍生产队有亲人的,在自愿的原则下,可回到原籍所在地生产队劳动。1966年安置到友谊茶园的知识青年即有2人回到原籍所在地生产队劳动。此后每年都有部分上山下乡的知识青年回到原籍所在的生产队劳动。部分集体插队的知识青年也在征得亲人同意时改为回乡劳动。

知识青年安置经费

为了解决上山下乡知识青年的生活困难,县财政对每个上山下乡的知识青年发一次性的安置费。1969年3月以前的上山下乡知识青年,成户插队的每人发安置费160元,单身插队的每人发220元,单独建队的每人发400元;回乡的每人发50元。1969年4月以后上山下乡知识青年,成户插队的,每人发安置费130元,单身插队的每人发230元,回乡的每人发50元。从1974年开始,集体插队的上山下乡知识青年一次拨给建房补助费200元,由所在的公社掌握使用。所有上山下乡的知识青年,第一个年度内,每人每月发给生活补助费9元,供应粮食(大米指标)20公斤,食油0.25公斤。1965年至1977年间,全县共拨知识青年上山下乡经费84.14万元。

上山下乡的知识青年在农村参加劳动,大多能经受繁重的劳动磨炼。1972 年,在当时的上山下乡知识青年中,有 5 人加入中国共产党,50 人加入共青团,1 人参加县革委领导班子,38 人担任农村生产大队或生产队领导,15 人被推荐当民办教师。到 1976 年,有 17 人加入中国共产党,356 人加入共青团,有 1 人参加县委、革委领导班子,有 3 人参加部委办或公社领导班子,6 人担任农村生产大队干部,298 人担任农村生产队干部,34 人当民办教师。随着工业建设和各项事业的发展,从 1972 年起,每年抽调部分上山下乡知识青年回城镇安排就业。到 1977 年,共安排上山下乡知识青年 664 人回城镇就业,另外有 48 人被推荐到大中专院校读书,11 人参加中国人民解放军。1979 年起,全县的城镇知识青年不再安排上山下乡,过去上山下乡的知识青年也分期分批安排回城镇就业,到 1981 年年底,余下 16 名上山下乡的知识青年自谋职业,县对这些自谋职业的上山下乡知识青年每人一次性发补助费 200 元。

(第二十三编第一章《劳动》,第 718—719 页)

《藤县志》

藤县志编纂委员会编,广西人民出版社 1996 年

同年(1965 年),首批城镇知识青年 278 人下乡插队落户。 　　(《大事记》,第 18 页)

安置插青　1965 年安置 278 名城镇知识青年上山下乡到南安区古祀、大罗、孔良公社插队务农,以后每年分批下乡,至 1977 年全县安置 3 296 人。同期,接收安置梧州市 4 274 人和东南金矿 404 人,安置城镇居民到农村落户 1 271 人。1977 年规定发给每个下乡知识青年一次性安家费 300 元和 3 年生活补助费:第一年月 10 元,共 120 元;第二年月 2 元,共 24 元;第三年月 1 元,共 12 元。1965～1978 年共支 275 万元,人均 350 元。县和公社及当地生产队还从资金、材料和劳力等方面帮助插队青年集体建房。居民安置,1969 年 3 月以前全户插队落户每人 160 元,1969 年 4 月 1 日后每人 130 元。1979 年,到农村落户的城镇居民已全部回收。至 1985 年,插队知识青年通过招工、招干、参军、升学及原市、县单位回收安置 7 941 人,插队期间因病和意外事故死亡 22 人,留农村仅梧州市知青 1 人。

(第八篇第一章《劳动》,第 218 页)

《蒙山县志》

蒙山县志编纂委员会编,广西人民出版社 1993 年

(1969 年)2 月 2 日,"文革"中第一批本县知识青年下农村插队,至 1974 年,全县共有 202 名知青下乡插队落户。

4 日,梧州市第一批知识青年来蒙山县插队落户,至 1974 年,共有 662 名知识青年来蒙山插队。

(《大事记》,第 27—28 页)

是年(1968 年)12 月,毛泽东主席发出"知识青年到农村去,接受贫下中农再教育,很有必要"的号召,县成立知识青年上山下乡工作办公室(简称知青办,下同)。全县掀起轰轰烈烈的知识青年上山下乡高潮。1969 年,安置了复员退伍军人 81 人到各厂为骨干。1970 年、1971 年共安置 72 人。到 1977 年,先后有知识青年 961 人(含梧州等地来蒙知青 357 人)到县内农村插队落户,参加农业生产,"接受贫下中农再教育"。1978 年起执行国务院(1978)104 号文件精神,工人退休、退职,家庭生活确有困难的,或子女上山下乡多就业少的,原则上可招收其一名符合招工条件的子女参加工作。是年,到农村插队落户的知青分批回城就业,共计安置就业 524 人,其中有 26 人被推荐到大中专院校读书,有 108 人到企业单位工作,有 318 人安置在机关行政、企事业和集体单位工作。……1979 年,上山下乡知识青年安置工作基本结束,县知青办撤销。

(《劳动人事志·劳动力管理》,第 203 页)

《昭平县志》

昭平县志编纂委员会编,广西人民出版社 1992 年

(1969 年)2 月 4 日,梧州市首批知识青年 500 多人到县插队落户。

(《大事记》,第 28 页)

1969 年 2 月,各中学毕业生上山下乡,红卫兵组织遂散。

(第三篇第七章《群众团体》,第 156 页)

1965 年安排 38 名知识青年到梧州地区信都农场和县知青农场。1969 年后接收梧州市知青 501 人,古袍金矿知青 280 人,外省(含回县)知青 26 人,以及每年从学校毕业的城镇青年,均安排在 11 个公社、193 个生产队插队务农。1974 年安置知青 150 人到大脑山林场和富罗林场。至 1977 年,共安排插青 1 899 人。县知青由县财政按每人 480 元作生活费及购置农具费下拨,共开支 55.33 万元,其中 1972 年拨 15.85 万元,1973 年至 1977 年拨出 39.48 万元。

根据上级对知青回城安置的政策,从 1970 年开始逐步安排知青回城。外地的知青大部分回原籍安排就业,县内的 1 097 人也全部给予安置。1978 年一年时间就安置 387 人,1980 年基本安排完毕。其中升学 113 人,参军 44 人,招干 38 人,招工 1 478 人,迁回原籍安排工作的 222 人,违法送劳改及正常死亡的各 2 人。 (第六篇第一章《劳动》,第 186—187 页)

《玉林市志》

玉林市志编纂委员会编,广西人民出版社 1993 年

(1965 年)8 月 16 日,县城 159 名知识青年到樟木区罗冲公社落户务农。

(《大事记》,第 38 页)

(1969 年)2 月 3 日,县城万人集会欢送城区知识青年和居民 970 多人到农村插队落户。

(《大事记》,第 42 页)

(1974 年)5 月 27 日,县召开上山下乡知识青年积极分子代表大会,会期 6 天。选举产生出席自治区上山下乡积极分子代表大会代表。　　　　　　(《大事记》,第 44 页)

1964 年起增加城镇人口下乡及就业费支出,当年此项支出达 1.6 万元。……

1971 年经济建设支出 391.66 万元,其中基本建设支出 124.7 万元、五小企业挖潜补助费 6.7 万元、科技三项费用 5 万元、流动资金支出 15 万元、工商邮电支出 9.4 万元、城市维护费支出 21.1 万元、城镇人口下乡及就业费 4.7 万元、农业支出 174.5 万元、单列新产品试制费 9 万元。

(第十七编第一章《财政》,第 676—677 页)

1954 年至 1990 年共安排军队转业干部 870 人,城镇复员退伍军人 106 人,合计 976 人,占同期增加干部数的 5.96%。5、从社会吸收,其中包括闲散科技人员、插队青年、社会知识青年等。

(第二十二编第一章《人事管理》,第 841 页)

50 年代,国营企业招收一批城乡知识青年为固定工。60 年代至 70 年代,主要从城镇非农人口中招工,但有些年份也招收在农村插队知识青年和社会知识青年。

(第二十二编第二章《劳动管理》,第 851 页)

城镇知识青年下乡插队与安置

　　从 1962 年开始,玉林县陆续有城镇知识青年响应中共中央的号召,到农村插队落户。到 1978 年 10 月,共有 13 批,9 000 多人,到成均、仁东、新桥等 14 个公社的部分生产队,从事农业生产。县人民政府多次拨出专款,给插队青年购置农具和生产用具,对插队初期的生活困难者发放困难补助费,并为插队青年建造住房,对决心在农村扎根落户成家的人发给安置费。从 1963 年起,每年都有经过两年劳动锻炼的插队知识青年通过升学、参军、招工等方式离开农村。1978 年奉命停止城镇知识青年下乡插队,并全部回收。到 1979 年回收工作

结束,共回收 7 893 人,全部得到安置,其中招工 6 775 人,占安置总数的 85.84％;升学 514 人,占 6.51％;参军 204 人,占 2.58％;招干 7 人,占 0.09％;其他类 393 人,占 4.98％。

(第二十二编第二章《劳动管理》,第 852 页)

1978 年至 1980 年,由于下乡插队知识青年回收,加上城镇不能升学的高初中毕业生,每年增加待业人员超过 1 800 人。　　　　　　(第二十二编第二章《劳动管理》,第 853 页)

《玉林市教育志》

玉林市教育委员会编,广西人民出版社 1996 年

(1957 年)第一批知识青年上山下乡,到六万山插队,安家落户。　(《大事记》,第 19 页)

《桂平县志》

《桂平县志》编纂委员会编,广西人民出版社 1991 年

第三节　知识青年及城镇居民下放安置

1965 年,根据中共中央、国务院《关于动员和组织城市知识青年参加农村社会主义建设的决定(草案)》,桂平城区动员、组织 400 名高初中毕业知识青年到附城公社大起、永培两个大队插队,参加农业生产劳动。1968 年起,县城和各公社都动员、组织知识青年到农村插队落户,每年一批。至 1977 年,共有插队知识青年 8 137 人。1969—1971 年还动员、组织 6 204 名城镇居民举家迁到农村落户当农民。为此,国家支出安置经费累计 320 万元。这些插队知识青年、城镇居民除少部分于 1977 年底前招工、参军、升学而离开农村外,大部分于 1978 年后返回城镇就业。至 1987 年底,总共安置 28 004 名城镇知青、居民就业,其中安置到全民所有制单位 2 576 人,集体所有制单位 6 052 人,私营经济单位 11 016 人,自谋职业 8 360 人。　　　　　　　　　　　　　　(第二十编第一章《劳动管理》,第 602 页)

《平南县志》

平南县志编纂委员会编,广西人民出版社 1993 年

(1964 年)9 月,非农业户知识青年开始下乡插队,平南镇 30 多人到七里围、旺占垌落户,参加农业生产劳动。　　　　　　　　　　　　　　　　　　(《大事记》,第 37 页)

(1969 年)5 月,丹竹镇进行改造。全镇 2 555 人,其中劳力 1 130 人,安置到农村落户 520 人,留镇 2 035 人。其中劳力 690 人,编为镇大队,下分农业、园艺、商业、手工 4 队,农闲 分行业工作,农忙集中搞农业。这一经验,迅速向全县集镇推广。到 9 月,全县集镇下放农 村安家的 2 400 人(主要是知识青年和专政对象),办农场一大批。县开支经费 397 968 元, 占县财政年支出 6.8%。

(《大事记》,第 39—40 页)

是年(1978 年)开始,陆续回收上山下乡插队的非农业户青年,有计划地安排他们劳动 就业。

(《大事记》,第 42 页)

"文化大革命"期间,又从农村干部、复员退伍军人、上山下乡知识青年、支援三线建设的 积极分子和"以工代干"的工人中吸收录用了一批干部,加强和充实基层。到 1978 年,全县 干部增加到 7 381 人(1978 年后干部统计包括教师)。

(人事劳动篇第一章《人事管理》,第 613 页)

1978 年贯彻执行国务院颁发《工人退休、退职暂行办法》,工人退休、退职后,家庭生活 确有困难的,或多子女上山下乡,子女就业少的,原则上可以招收其 1 名符合招工条件的子 女参加工作。

(人事劳动篇第二章《劳动管理》,第 621 页)

第三节　知识青年就业安置

平南县自 1964 年起开始动员城镇知识青年上山下乡,1969 年初更大批动员城镇知识 青年到农村插队务农,至 1978 年,全县共动员城镇知识青年到农村落户有 4 368 人。除县 属内,另接收冶金部(六岑金矿)外地知识青年 38 人。全部分布在县内 104 个大队,384 个 生产小队和两个青年农场。到 1979 年 10 月,县革命委员会停止动员城镇知识青年上山 下乡。

1971 年起,陆续通过企业、厂矿等单位招工、大专院校招生、应征入伍、转干等途径,逐 步安置下乡知识青年。但在安置过程中,仍继续动员城镇知识青年下乡,故至 1979 年尚有 知识青年 2 231 人在农村。1981 年起,分别不同情况,逐步安置就业:全民所有制单位招收 新工人时,在考分上,优先照顾下乡知识青年。集体单位招工时,对本系统的下乡知识青年 包干安置就业,无归属单位的,由劳动部门统招统配,年龄放宽到 35 周岁;下乡知识青年参 军从部队复员、退伍后,由劳动部门安置就业;对无法招工就业的,均允许回城待业;并提倡 知识青年自谋职业,支持他们就近开业,同时帮助解决部分资金和减免税收等措施,其本人 户口转为居民户口;女知识青年的农民配偶可顶替招工,1981 年全县顶替招工 12 人;对丧 失劳动力的知识青年,拨给一次性补助;对少数犯罪判刑或劳动教养的知识青年,刑期满后, 一般不再回农村,原则上从那里来回那里去待业安置。经采取上述各项措施,至 1984 年,全县下乡知识青年全部安置结束。

在"文化大革命"期间,由于上山下乡的城镇知识青年部分回城"闹革命",加上党政机关、学校、企事业单位和厂矿等单位都处于瘫痪状态,对于就业门路严重阻塞,至1979年,全县约有4 376名城镇人员待业。1979年开始,改革劳动就业制度。到1984年,全县通过全民、集体企业招工和补员,劳动服务公司和城镇街道、乡镇企业的安置,扶持待业人员个体开业,大、中专和技校招生等途径,共安置城镇待业青年10 339人。是年,第一次实现当年安置人数超过上年结转待业人数,提前一年完成安排待业任务,到1985年以前基本上解决好历年积累下来的待业青年的就业老大难问题。

(人事劳动篇第二章《劳动管理》,第624—625页)

《容县志》

容县志编纂委员会编,广西人民出版社1993年

(1965年)春,毛泽东提出:农村是广阔的天地,城镇知识青年到农村去。6月,县成立安置办公室,动员城镇待业青年上山下乡插队劳动。容县第一批下去105人,其中去浪水林场30人,到石寨公社插队75人,由国家发给农具和炊具,经济困难户还发给被帐。中共十一届三中全会后,历次上山下乡插队青年,陆续分批回城安排工作。　　（《大事记》,第24页)

(1972年)大批城镇青年上山下乡,到农村插队落户,回乡青年踊跃投身于"6927"铁路工程、枝柳铁路工程第三线建设。　　（第二十一篇第三章《青年组织》,第710页)

知识青年上山下乡办公室:1973年设立,1980年撤销。

（第二十二篇第三章《人民政府》,第751页)

1960年,国家对国民经济实行调整,精简国营企业和事业单位的人员。此后,城镇待业青年由劳动部门安排在街道手工业、服务行业、个体手工业和个体商贩,1965年县组织75名城镇待业青年集体插队到石寨乡合柳村务农。1966年"文化大革命"开始,受左倾思想影响,个体小商贩、集体企业都被视为资本主义而不给营业,待业知识青年与日俱增。此间,党号召知识青年上山下乡。1973年县设立知识青年上山下乡办公室,负责组织安排城镇待业青年到农村或林场插队插场安家落户。至1977年8月,全县先后到农村插队的知识青年有2 778人(其中包括回农村老家务农的819人),到林场插场的280人。插队知识青年主要安置在12个乡,78个村,260个生产队。较集中于城厢、石寨、十里、县底、石头和容城镇。插场的知识青年多集中于浪水林场。1978年,知识青年上山下乡停止。

党的十一届三中全会后，党中央、国务院调整了城镇知识青年上山下乡政策。全民所有制和集体所有制的企事业单位，主要向上山下乡知识青年招工。此后，县劳动局每年都安排一批插队插场的知识青年回城镇到企事业单位工作。仅 1979 年上半年，调离农村的知青就有 145 人。其中招为全民所有制的职工 27 人，集体所有制的职工 79 人，回收 22 人，参军 11人，升学 6 人。至 1980 年上山下乡的知青，除个别已结婚自愿在农村安家落户外，其余都以招工、招干、参军、上大学等途径全部离开农村，作了妥善安置。

（第二十四篇第一章《劳动管理》，第 788 页）

《北流县志》

北流县志编纂委员会编，广西人民出版社 1993 年

是年(1965 年)，108 名城镇知识青年到农村插队，称为"接受贫下中农再教育"，至 1977年止，全县下乡上山插队知识青年共 2 553 名。（《大事记》，第 39 页）

1990 年县人民政府直属机构沿革一览表

机构名称	沿　　　　革
……	……
知识青年上山下乡工作办公室	1973 年 10 月设，1980 年 11 月撤销。
……	……

（第六篇第四章《人民政府》，第 260 页）

下放居民和插队知青安置

1965 年至 1977 年，全县共下放知识青年 2 727 人到农村插队；1966 年至 1972 年下放城镇居民 120 户 353 人到农村落户。1975 年根据自治区指示，开始办理下放居民回收，至 1979 年末，已全部回收城镇，并已安排部分就业。下放插队的知识青年，从 1971 年起各单位招工、推荐上大学和参军已先走一部分，对尚留农村的插队知识青年，从 1978 年起办理回收，至 1986年末，已全部回收完毕，并基本安排了就业。（第九篇第二章《劳动管理》，第 340 页）

其他经济建设支出　其他经济建设支出主要有：交通支出、城市维护及建设支出、城镇人口下乡安置及知识青年插队经费支出等。(1)交通支出：从 1950 年至 1990 年共支出 415.5 万元，占县财政总支出的 0.8%；(2)城市维护及建设支出：从 1950 年至 1990 年共支出 600 万元，占县财政总支出的 1.1%；(3)城镇人口下乡安置及知识青年下乡插队就业支出：从 1965 年起把城镇部分居民安置在农村就业，从 1974 年起城镇知识青年下乡插队，前后共计支出插队

安置费 157.6 万元,占县财政总支出的 0.3%。 （第二十一篇第一章《财政》,第 746 页）

从 1956 年起,县内始办民办小学,1957 年始办民办初中,至 1965 年,全县还有耕读小学教师 930 人,农业中学教师 306 人。这些教师大部分为回乡的中学和小学毕业生。

"文化大革命"中,由于盲目发展中小学校,教师数量不足,只好安排大量退伍军人、上山下乡和回乡知识青年担任教师,致使师资质量下降。至 1976 年,初中和小学民办教师的数量都超过公办教师,高中的民办教师也占总数的 20%。据 1977 年对全县教师考核统计,30% 的高中教师和 70% 的初中教师不胜任;不胜任语文科的小学公办教师占 3.72%,民办教师占 26%,不胜任数学科的小学公办教师占 3.16%,民办占 16.9%。

（第二十四篇第六章《师资队伍》,第 852—853 页）

《陆川县志》

陆川县志编纂委员会编,广西人民出版社 1993 年

同月（1968 年 12 月）,1 759 名知识青年上山下乡插队落户。 （《大事记》,第 27 页）

1968 年,全县下放知识青年到农村插队 1 759 人。（第三篇第三章《计划生育》,第 132 页）

1968 年根据上级的指示,动员、组织城镇高初中毕业知识青年上山下乡到农村插队,插队人数有:1968 年冬 1 759 人,1970 年 78 人,1972 年 49 人,1974 年 228 人,1976 年 136 人,1977 年 282 人,10 年共 4 090 人（其中外地转入 839 人）。随着社会主义事业的发展,这些插队知青从 1973 年起,通过招工、招生、参军、招干等,离开农村外,大部分于 1978 年后返回城镇安排就业。 （第十篇第一章《劳动管理》,第 309 页）

1984 年 12 月通过自愿报名,统一文化考试,组织考核,择优招聘部分农村和城镇待业知识青年为合同制干部。一次共录用了 21 人,其中安排在县团委 1 人,各乡、镇 20 人。

（第十篇第二章《人事管理》,第 316 页）

《博白县志》

博白县志编纂委员会编,广西人民出版社 1994 年。

同年（1975 年）,动员和组织博白县城区（博白镇）403 名知识青年上山下乡插队,县财政拨给专项经费 18.42 万元。 （《大事记》,第 38 页）

1962 年 9 月,经中南局批准,自治区林业厅决定在博白县建设南方坑木基地,县委同意把三育等 9 个县办林场无偿划给自治区管辖,成立国营博白林场,以原来 9 个林场为分场,总场设在亚山清湖坡。林场总面积 140.52 万亩,从南宁、玉林、容县等地吸收了一批知识青年到林场当工人,全场干部 63 人,工人 844 人。　　　　　　　(卷四第五章《林场》,第 214 页)

　　同年(1968 年)12 月,中央人民广播电台播放毛主席关于"知识青年到农村去,接受贫下中农再教育"的指示后,县革委会及公社、镇革委会动员组织城镇居民及知识青年到农村安家落户,至 1970 年 6 月 26 日,全县城镇居民和知识青年到农村安家落户的 551 户 1 937 人。以后继续组织知识青年上山下乡。1975 年县委贯彻区党委关于落实政策工作会议精神,陆续将到农村安家落户的城镇居民及知识青年收回城镇安排工作。到 1979 年 5 月 28 日,共收回 842 户 2 391 人。　　　　(卷十五第一章《中国共产党博白地方组织》,第 618—619 页)

县政府办事机构撤销状况

名　　称	起　止　沿　革
……	
知识青年上山下乡工作办公室	1973 年 10 月设县革命知识青年上山下乡工作办公室、1980 年 12 月并入劳动局
……	

(卷十六第四章《县人民政府》,第 679 页)

　　知识青年安置　1963 年,开始动员城镇知识青年上山下乡,当年上山下乡 96 人。1965 年大量动员城镇知识青年下乡,这一年有 110 人下乡。1969 年又下乡 154 人。至 1977 年全县共有 2 948 名知识青年上山下乡。1978 年,知识青年上山下乡暂缓下来。

　　知识青年经两年上山下乡锻炼后,可以参加企业招工、大中专院校招生、应征入伍参军等。此外,还鼓励知识青年扎根农村务农,改变农村面貌。如在农村务农的,每人补助安置费 230 元。1973 年增加到 480 元。在农村结婚的还另给建房费 300 元。据统计,从 1965—1978 年,知识青年中有 40 人参军,7 人转为国家干部,125 人上大中专院校和技校。在乡已婚的共有 22 人。

　　知识青年参军退伍后,由政府安置就业,劳动部门招工对知识青年优先照顾,年龄并放宽到 35 岁。从 1974 年至 1980 年全县共招收安置知识青年 1 923 人。通过广开就业门路和多渠道的接收安置,至 1980 年,除在农村安家落户者外,上山下乡的知识青年基本上全部回城安置完毕。　　　　　　(卷十八第一章《劳动管理》,第 721—722 页)

公社把指标分配给在各项工作中表现突出的、阶级成份好的农村知识青年,退伍军人和城镇待业青年也适当分配一些招工指标,但大多数城镇青年必须上山下乡锻炼两年以上才能参加招工。最后经劳动部门批准。至 1978 年全县共招工人 5 259 人。1979 年招工实行公开招考,考试内容为政治、语文和数学,依照考分的高低顺序,并结合政治审查进行录取,当年招工 881 人。招工对象主要是城镇待业青年和上山下乡的城镇知识青年。至 80 年代末,根据工作岗位的需要,亦适当招收农村知识青年和退伍军人。 (卷十八第一章《劳动管理》,第 723 页)

《贵港市志》

贵港市地方志编纂委员会编,广西人民出版社 1993 年

是年(1964 年),贵县第一批 205 名知识青年到附城、石卡乡插队。至 1977 年,全县共有 12 396 人上山下乡,其中知青 9 410 人,城镇居民 2 986 人。 (《大事记》,第 33 页)

是年(1978 年),回收安置上山下乡知识青年 4 356 人到厂矿等企事业单位工作。此后,陆续回收安置。 (《大事记》,第 40 页)

1973 年县革委撤销部(组);恢复委、办、局机构。设立公安局、民政局、劳动局、农业局、林业局、文化局、教育局、财政局、税务局、物资局、手工业公社企业管理局、科技局、知识青年上山下乡办公室、计生办、卫生局、商业局、粮食局、外贸局、工业局、交通局、农机局、水电局、政法办公室、工交办公室、农办室、财办室、计划委员会、城建办公室等共 28 个委办局。

(《政权、政协志・人民政府》,第 222 页)

1974 年根据广西区革委和国家计委文件精神,招工主要从贫下中农子女和上山下乡锻炼两年以上的城镇青年中招收。1976 年以后控制从农民中招工,主要招收留城中学毕业生和劳动锻炼两年以上的上山下乡知识青年。1979 年开始实行德智体全面考核,主要招收留城和上山下乡返城的城镇青年及城镇高初中毕业生、严格控制从农业人口中招工。

(《劳动人事志・劳动管理》,第 349 页)

1. 上山下乡

1962 年以前城镇待业青年主要由劳动部门介绍到全民或集体企业当工人。1962 年全国开始组织知识青年上山下乡。1964 年贵县第一批 205 名知识青年到附城东北、石卡陆村插队。1965、1966 年又分别有 117 人和 101 人上山下乡。1967、1968 年因"文化大革命"进入高潮而停止。1969、1970 年又分别有 2 864 人及 2 987 人上山下乡。至 1977 年全县共有

12 396 人上山下乡,其中知识青年 9 410 人,城镇居民 2 986 人;到生产队插队的 10 815 人,到农、林场的 1 036 人,回原籍(指原籍在外县的)生产队落户的 545 人。1978 年上山下乡运动停止。

2. 回收安置上山下乡人员

1966 年开始,国家招工、征兵都在上山下乡的知识青年中吸收一部分。1970 年后又有部分知青被贫下中农推荐上大学。1978 年上山下乡运动停止后,开始大量回收安置上山下乡人员。1978 年回收安置 4 356 人,1979 年回收安置 4 735 人。回收人员绝大部分安排到厂矿等企事业单位做工人,小部分年老体弱者回原户口所在乡镇为居民。至 1980 年全市回收安置结束。

《劳动人事志·劳动管理》,第 350 页

1953—1989 年度粮食分项销售表(7—6 月)① 贸易粮/万公斤

数字 项目 年度	1974	1975	1976	1977	1978
总计	2 216	2 417	2 616	3 128	3 388
一、非农业	1 448	1 487	1 546	2 090	1 688
1. 定量口粮	1 122	1 139	1 156	1 252	1 289
2. 定量外补助	31	29	36	27	39
3. 行业用粮	203	221	259	709	256
4. 事业用粮	59	64	49	54	48
5. 饲料	31	31	43	45	53
6. 粮票(卡)					
7. 其它	2	3	3	3	3
二、农业	768	930	1 070	1 038	1 700
1. 农村统销	420	406	691	452	484
2. 甘蔗基地				222	830
3. 蔬菜			41	40	14
4. 知识青年上山下乡	17	25	14	14	2
5. 民工补助	49	47	66	38	107
6. 种子	42	232	16	5	10
7. 奖售粮	150	134	130	164	202
8. 饲料			13	12	
9. 中学生及其它	90	86	99	91	51

《粮油志·粮油购销》,第 729 页

---

① 本表内容为节选。——编者注

1975年,在"五·七"劳校基础上办成"五·七"大学。当年有 18 个班,811 人,教职工 89 人。招生对象为各公社生产队保送的知识青年或生产队骨干,学历有高小、初中、高中,文化程度不等。培养农业社生产队农业技术人员。开课专业有甘蔗、玉米、水稻、生物防治、农机、兽医等。学生来校由生产队记工分,国家补助每人每月 5 元—7 元,学习完毕,经考试合格后学校发给结业证书。该校办学时间虽不长,但重视理论与实践相结合,实行教学、生产、科研相结合,对促进全县农业生产的发展起了积极的作用。1978 年停办。

(《教育志·专业教育》,第 944 页)

1964 和 1965 年,大办耕读小学和农业中学,新吸收一批回乡知识青年任教。

(《教育志·教师队伍》,第 952 页)

《北海市志》

北海市地方志编纂委员会编,广西人民出版社 2002 年

1969 年,知识青年上山下乡,干部下放,使用函件较多,是年,收寄函件共 90.78 万件。

(第十三篇第二章《邮政通信》,第 579 页)

1972—1979 年(商业系统)招收大批上山下乡回城的知识青年和部分知识青年。

(第十五篇第四章《管理》,第 769 页)

1972 年 1 月 24 日,市人防办向上级汇报统计:已疏散到农村的有 1 044 人,其中上山下乡知识青年 600 人,调整商业网点,下放财贸职工 236 人,下放医务人员 52 人。

(第二十四篇第六章《人民防空》,第 1257 页)

1964 年开始,动员城镇知识青年上山下乡。至 1977 年北海市动员上山下乡知识青年 11 141 人,实际安置经费 316.399 万元。　(第二十五篇第一章《劳动》,第 1260 页)

1964 年,北海市开始动员城镇知识青年到农村插队。"文化大革命"10 年期间,城镇劳动力就业受阻,尤其是 1966—1968 年对 3 届城镇中学毕业生采取"一刀切"的做法,全部动员上山下乡,又从农村中招收农村青年(包括复退军人)进工厂,因而城乡劳动力倒流,城镇就业矛盾日益复杂化。到 1980 年底,全市 35 岁以下的待业青年高达 4 192 人,其中男性 1 962 人,女性 2 230 人,这批待业人员中,属下乡回迁待业的 582 人,历届中学毕业生 2 637 人,社会青年 197 人,应届毕业生 775 人。　(第二十五篇第一章《劳动》,第 1261 页)

知识青年安置 1964年,北海成立安置城市下乡青年领导小组办公室,首批动员未能升学、就业的知识青年上山下乡,当年共安排504人下乡,其中市郊平阳等5个大队安置328人,其余的安置到牛尾岭水库及农场。1965年安排501名知青下乡,大部分安置在农场。1969年,下乡知青1163人,分别安置在郊区6个渔农公社29个大队。1970年北海下乡知青2135人,其中在市郊插队的2071人,到外地插队的64人。1975年起,机关、乡镇、街道有计划地与社队挂钩,建立知青点,安置下乡知识青年。是年,全市有218个单位与市郊26个农业大队的287个生产队挂钩作为安置点。

1964—1977年,北海市先后动员11141名城镇知识青年上山下乡,其中到外地下乡的1273人,在市郊下乡的9868人。

为了解决城镇上山下乡知识青年的生活、住房、学习、工作上的具体困难,1964—1977年,国家共拨给北海市安置城镇知识青年上山下乡专项经费316.399万元。

1964年,北海市政府开始实行对上山下乡知识青年逐年返回城镇安排就业政策。当年被招工招干,批准回迁的知青54人。至1979年止,下乡到北海市郊农村的城镇知识青年共7542名先后回城并安排就业。其中招工招干7191人,参军9人,升学102人,迁回城镇安排就业209人。最后剩余的2329人中,由各行业办"小集体"安排1209人就业。

1964—1979年市郊安置下乡知识青年变动情况统计表

年度	下乡人数	变动情况								年终累计实有人数	其中	
		招工招干人数	回迁人数	升学人数	参军人数	结婚迁往外地	劳动改造人数	死亡人数	合计		男	女
1964	504	50	4						54	450		
1965	501	59	15		1		1		76	875		
1966	395	125	6			1	1	1	134	1 136		
1969	1 163		12		1			1	14	2 285		
1970	2 071	591	4			1	1	1	598	3 758		
1971	609	1 174					1	1	1 176	3 191	1 750	1 441
1972	689	634	9	12	1		1		657	3 223	1 772	1 451
1973	420		16	16	1		2	3	38	3 605	1 982	1 623
1974	437	887	24	15	1		2	2	931	3 111	1 745	1 366
1975	540	622	20	16	1	1	3	2	665	2 986	1 598	1 388
1976	1 404		21	22	1		3	1				
1977	1 135	2 370	20	21	2		1		2 520			
1978	3		58							3 008	1 641	1 367
1979		679							679	2 329	1 120	1 209
合计	9 871	7 191	209	102	9	3	16	12	7 542	2 329		全部回迁

注:1977年招工招干人数和变动情况合计数含1976年、1978年。

1966—1974 年若干年份到市外上山下乡知青变动情况统计表

年度	人数	变动情况					年度	人数	变动情况				
		招工招干人数	回迁人数	升学	参军	死亡			招工招干人数	回迁人数	升学	参军	死亡
1966	102	93	6			3	1974	905	789	97	5	3	1
1970	64	63	1										
1973	202	195	3	2	2		合计	1 273	1 140	107	7	5	4

（第二十五篇第一章《劳动》，第 1263—1264 页）

　　1969 年的招工对象是家居城镇的该年度应届高、初中毕业生、复员军人、家居农村的贫下中农子女和下乡插队一年以上，经贫下中农推荐的知识青年。从 1970—1972 年三年中全民所有制单位招工达 6 266 人。由于职工人数失控，1973 年停止招工一年。1974 年又恢复招工，招工的主要对象是经过下乡劳动一年以上的插队知识青年和按照政策留城的高、初中毕业生。

（第二十五篇第一章《劳动》，第 1271 页）

　　1982 年，北海市人民政府成立了复员退伍军人和军队离退休干部安置领导小组，……复退军人的安置工作仍坚持贯彻执行"从哪里来，回哪里去"的原则。农村户籍的复员退伍军人，属于无依无靠的单身汉和病残的，均给予适当的照顾，安排到社、队企业事业单位工作。城镇户籍的复员退伍军人，入伍时是正式工（含学徒工）的，回原单位复工复职；家庭变迁人员和入伍前是知识青年插队的复退军人，安排到父母所在单位或所在地区工作；大专院校毕业生和城镇非农业人口的复员退伍军人，均及时分配工作。　　（第二十五篇第三章《民政》，第 1316 页）

　　据劳动部门统计，1964 年全市有闲散人员 3 645 人，安置 1 504 人（包括国营企业、集体企业、"知青"上山下乡），安排临时工和季节工 1 077 人，尚有 1 064 人未能安置而使部分家庭生活困难。

（第二十五篇第二章《民政》，第 1319 页）

　　1971—1976 年，北海市按上级要求，每年都从有实践经验的优秀青年工人、农民、解放军、下乡知识青年和民办教师中挑选一些政治条件好的保送到大专院校深造，这就是"文化大革命"后期出现的"工农兵大学生"。　　（第二十七篇第四章《中学教育》，第 1389 页）

　　1965 年以后，大批城市知识青年到渔农村插队，农渔村体育活动相当活跃。1969—1972 年，以下乡知识青年为主体组成的西塘、高德公社男子篮球队，多次战胜湛江、钦州地区的县级篮球队。

（第二十九篇第二章《体育》，第 1524 页）

《钦州市志》

钦州市地方志编纂委员会编，广西人民出版社2000年

1978年，由于上山下乡知识青年大批回城安置，遂对亦工亦农人员进行全面清退，1980年后不再从农村招用亦工亦农人员。（劳动人事志第二章《劳动管理》，第977页）

1978年开始，由于大批上山下乡知识青年和下放参加农业生产的城镇居民陆续回城等待安置，至1979年，全县已有11 006名城镇青年待业，就业形势趋于紧张。为了搞好就业安置工作，1979年7月成立县劳动服务公司（隶属劳动局领导），负责城镇社会劳动力的安置管理工作。劳动服务公司成立后，贯彻执行中共中央、国务院关于"劳动部门介绍就业，自愿组织起来就业和自谋职业相结合"的就业方针，通过多种途径、多种形式组织和指导劳动就业。1979—1984年，通过办工商企业，扶持个体开业等途径，共安置城镇待业人员18 579人，解决了历年积累下来的待业青年就业问题。（劳动人事志第二章《劳动管理》，第978页）

第二节　城镇知识青年上山下乡

钦州市（县）城镇知识青年上山下乡务农，从1964年开始。至1966年，下乡人数达1 321人。1969年，根据毛泽东主席关于"知识青年到农村去，接受贫下中农再教育"的指示精神，动员城镇未能升学的初、高中毕业生响应党的号召，到农村去插队落户。1973年，为了加强对知识青年上山下乡工作的领导和管理，成立县知识青年上山下乡工作办公室。1967—1974年全县下乡的知识青年达9 536人，占应下乡知识青年的97％以上；城镇闲散人员下乡共1 653人（其中外县人口81人）。1975—1977年，全县下乡的知识青年有2 722人。1978年，下乡的知识青年有3人。安置下乡的知识青年中，由组织直接安置到农村生产队插队的有10 360人，个人自行选点插队的314人。安置到茶、林场（那丽茶场、三十六曲林场、平吉紫胶场、东风林场、大垌农场及巴载场、那雾岭茶场、大寺望海岭农场、大直农场、黄屋屯大荫农场、钦州镇茶场、小董母鸡顶茶场）的341人。安置经费：1964—1966年平均每人189元；1967—1972年平均每人230元；1973年以后平均每人480元，其中建房费200元，生活补助费190元，购置农具费45元，宣传费20元，学习费5元，医疗补助费5元，机动费15元。从1964—1978年止，全县知识青年上山下乡人数达13 582人，安置经费328.6万元。1979年安排城镇知识青年上山下乡工作停止进行。

上山下乡知识青年由于招工、提干、升学等原因而离开生产队和农林场的计有：1974年，被招收为工人410人，升学46人，提干1人，参军4人，病退1人，死亡1人；1975年，招工638人，升学47人，提干7人，参军4人，病退3人；1976年，招工257人，升学6人，提干5人，参军9人，死亡1人；1977年，招工256人，升学52人，提干3人，参军44人，病退7人；

1978年,招工68人,升学267人,提干5人,参军237人,病退17人;1979年,招工1147人,升学9人,提干16人,参军27人,病退80人。

1978—1979年,按照党的有关政策规定,大批上山下乡的城镇知识青年和参加农业生产的城镇居民陆续回城安置。在党和政府的统筹安排下,1979—1984年,全市共安置上山下乡知识青年10 860人。
（劳动人事志第二章《劳动管理》,第979—980页）

《钦州市教育志》

钦州市教育志编纂委员会编,广西人民出版社2000年

（1968年）城镇中学的初、高中毕业生首次大批到农村生产队插队落户,接受贫下中农的再教育。
（《教育大事记》,第16页）

（1958年）提出"多、快、好、省办教育"的口号,教育事业发展很快,增办一批中、小学,造成师资不足,于是从回乡知识青年中大量招收民办教师。灵山县当年就招收民办教师524人,请代课教师73人。
（《教育大事记》,第14页）

"文化大革命"期间,取消招生文化考试制度,改为"自愿报名,群众推荐,领导批准,学校复审"的招生办法。有2年以上实践经验、相当于初中毕业文化水平的工农知识青年和复退军人,先由工农推荐,公社、县批准选送入学。
（第六章《中等职业教育》,第240页）

"文化大革命"开始后,学校停课"闹革命",中师停止招生。直至1970年中师才恢复招生。招收努力学习毛泽东思想,身体健康,具有初中文化程度以上,年龄20岁左右的民办、代课教师和上山下乡知识青年、回乡知识青年、复退军人。取消文化考试,采取"自愿报名、群众推荐、领导批准、学校复审"的招生办法。
（第八章《中等师范教育》,第262页）

《灵山县志》

灵山县志编纂委员会编,广西人民出版社2000年

（1969年）1月6日,"文化大革命"以来,县内第一批知识青年48人到陆屋公社插队落户。
（《大事记》,第36页）

（1973年）7月,灵山县知识青年上山下乡工作办公室成立。1978年12月撤销。
（《大事记》,第37页）

1964 年起,灵山县开始动员城镇知识青年上山下乡。当年有 55 名城镇知识青年分 2 批到那隆公社高埠大队安家落户。1969—1977 年,动员安排城镇知识青年上山下乡,成为当时政府一项专门工作。1973 年,县革命委员会成立县知识青年上山下乡工作办公室,负责知识青年上山下乡的日常工作。这期间,年满 16 周岁,初中或高中毕业的城镇青年,除少数按政策规定留城就业外,绝大多数被安置到农村"插队"。1974 年,全县有"插队"知识青年共 1 481 名,其中三隆公社 298 名,陆屋公社 402 名,那隆公社 137 名,八一茶场 65 名,五·七农场 89 名,华山农场 257 名,陆屋茶场 115 名,新光农场 118 名。1979 年城镇"插队"知识青年陆续回城。到 1984 年,通过全民、集体企业招工、补员或招干、升学多种途径,基本解决了全县下乡知识青年回城安置问题。

(人事、劳动、编制志第二章《工人》,第 374 页)

据 1965 年统计,全县 1 485 名中小学教师,其中,回乡知识青年占 9.19%,民办教师增到 793 人。　　　　　　　　　　　　　　　　　(教育志第八章《教师队伍》,第 1074 页)

《浦北县志》

浦北县志编纂委员会编,广西人民出版社 1994 年

同年(1964 年)秋,今县内第一批知识青年 93 人上山下乡,分别到小江山鸡麓、张黄禾仓水竹场、大成等处安家落户。　　　　　　　　　　　　　　　(《大事记》,第 14 页)

(1974 年)10 月 13 日,由基层干部、贫下中农和回乡知识青年共 2 万多人,组成普查规划工作队。开始在全县范围开展以水、土、肥为内容的农田基本建设普查规划工作,历时 8 个多月。　　　　　　　　　　　　　　　　　　　　　　(《大事记》,第 18 页)

1952—1990 年,全县有三次人口迁移大变动,……其三是 1971 年,浦北民兵到融水、三江等地支援三线建设,与当地妇女通婚迁回,以及广西生产建设兵团在张黄东方农场设立生产师,一批城市知青到农场就业。　　　　　　　　　(第三篇第二章《人口变动》,第 123 页)

由于下乡青年回城安置和城镇待业青年需要就业,1979 年停止招用亦工亦农,并有计划地逐年压缩。　　　　　　　　　　　　　　　　　　(第九篇第二章《工人》,第 271 页)

第一节　知青安置

1964 年下半年开始组织城镇知识青年上山下乡,当时与合浦同属一个县。根据广东省

湛江地区知识青年上山下乡工作会议精神,凡是非农业人口在二千人以上的城镇,都要动员和组织知识青年上山下乡参加农业劳动。县内小江镇和张黄镇属动员知青下乡范围。安置形式:以到农村插队劳动为主;辅以到国营和集体农林场插场;有条件的也可单独建立知青场队,还有投亲靠友等。第一年下乡93人,分别到小江镇山鸡麓和张黄镇禾仓水竹场插场落户。1965年继续动员上山下乡,1966—1968年没有集体组织上山下乡,只有少数人从外县市回原籍插队。1968年12月毛主席发表"知识青年到农村去,接受贫下中农再教育,很有必要"的指示后,1969年组织城镇知识青年上山下乡形成高潮。动员上山下乡的范围逐步扩大,直至发展到凡属非农业户口的知识青年,除按政策留父母身边的子女外,都要动员上山下乡进行劳动锻炼。1978年,根据中共中央发布(1978)74号文件精神:"城镇中学生的分配,实行四个面向(进学校、上山下乡、支援边疆、城镇安排)……矿山、林区、分布在农村有安置条件的企事业单位、小集镇、一般县城等单位和地区非农业户口的中学毕业生,列入上山下乡范围,由本系统或本地区自行安排……"据此,1978年停止组织上山下乡工作。

1964—1977年城镇知识青年上山下乡人数统计表

年　度	人数(人)	年　度	人数(人)	年　度	人数(人)
1964	93	1969	235	1974	565
1965	63	1970	284	1975	258
1966	3	1971	175	1976	390
1967	1	1972	169	1977	417
1968	21	1973	472	总计	3 146

知识青年上山下乡,经过劳动锻炼两年的知青,根据国家建设需要,大部分已被招工安置到工矿和企事业单位工作。至1978年,还有需要回城安置的上山下乡知青974人。经过几年的努力,像动员知识青年上山下乡那样,积极搞好安置工作,到1982年已基本完成安置任务。但由于各种原因,据统计,1990年尚有157人回城后自谋职业或闲居城镇。

第二节　待　业　安　置

全县由组织知青上山下乡转到城镇就地安置就业,是一项艰巨而繁重的任务。1979年回城下乡知青急需安置计有974人,历年积存的闲散劳力和1978年的中学毕业生共2 753人。每年中学毕业生,除升学、参军外,每年约有400—500人成为社会劳动力。几年来县内十分重视这件事,大力宣传和贯彻中央关于劳动就业的"三结合"方针,教育群众,转变就业观念,引导待业青年,逐步做到有业便就,有工就做,服从安排。同时,广开就业门路,发动和扶持待业青年组织起来就业和自谋职业,举办各种类型的集体经济活动和服务行业。下乡知青到各种小集体就业和自谋职业,还制订计算工龄的优惠政策。大力发动和鼓励各系统、各单位,从实际出发,找场地,出资金,本着扶上马,送一程的办法,安排本单位的待业青年。企业初办期间除税收优惠照顾外,劳动局还发放 41 万元扶持 15 个单位发展企业,当年就安排 332 人就业。在上级指导和扶持下,经过几年的努力,下乡知青基本安置完毕;各年度中学毕业生,大部分先后也得到就业安置。据 1979—1988 年统计,共安置下乡回城知青和待业青年 10 833 人次。平均每年安置就业达 1 083 人次。

1979—1990 年安置就业人员统计表

年度	上年结转人数	本年新增人数	本年度待业总人数	本年度安置总人数	安置去向								
					城镇街建办集体	全民办集体	劳司	群众办集体	知青场队	招工顶补	个体劳动者	临时工半年以上	社队企业
1980	2 547	650	3 197	1 209	639					548	22		
1981	1 988	761	2 749	1 495	407	110		38	100	347	170	323	
1982	125	850	2 104	1 202	725	166	7	64		119	121		
1983	902	999	1 901	1 308	459	65	10	26	23	111	515	99	
1984	593	1 128	1 721	1 052	140	82	18	8		89	511	138	66
1985	669	898	1 567	1 106	183	101	19	79		153	289	190	92
1986	461	838	1 299	1 077	126	50	11	36		128	151	421	154
1987	222	958	1 178	1 024	151	35		42	207	96	382	111	
1988	154	1 265	1 419	1 360	38	407	5	11		237	74	432	156
1989	59	1 495	1 554	1 252	88	264		150		132	182	180	276
1990	302	1 404	1 705	1 444	15	17	50	11		270	221	831	29
合计				13 529	2 951	1 297	120	465	123	2 341	2 352	2 996	884

说明:1.1980 年数字含 1979 年度数字。2.除国营和大集体招工顶补人数是固定的,其他安置去向是有变动的,带有人次性质。

(第九篇第五章《劳动就业》,第 287—288 页)

《合浦县志》

合浦县志编纂委员会编,广西人民出版社 1994 年

"文化大革命"期间,企业管理混乱,工厂停产"闹革命",招工就业停止了;1977 年以后上山下乡知识青年和落户农村的城镇居民相继回城又积聚了大批的待业人员。

(第二篇第十八章《劳动管理》,第 194 页)

知识青年安置

1964 年初成立中共合浦县委知识青年上山下乡领导小组办公室(简称"知青办"),首批

动员城镇知识青年上山下乡,当年共安排514人,其中314人安排到国营农场,26人安排到集体林场。1966年又安排350人上山下乡。1975年起,按机关战线、系统、乡镇、街道有计划地与社队挂钩,建立知青点,安置下乡知识青年。1964—1977年,先后动员了10794名城镇知识青年上山下乡参加生产劳动。

为了解决城镇上山下乡知识青年的生活、住房、学习、工作上的具体困难,1965—1977年,国家共拨给合浦县安置城镇知识青年上山下乡专项经费213.72万元。

1966年开始,合浦县政府对上山下乡的知识青年和下放到农村的城镇居民逐年返迁城镇安排就业。1971年,由贫下中农推荐,有关部门批准,少数知识青年被招工回城安排工作。至1979年4月,下放在全县农村的城镇知识青年共有10483名先后回城并安排就业。其中招工5174人,参军246人,考上中专、大学613人,按政策回城安排工作的551人,其余3901人也回迁城镇就业。 　　　　　　　　　　(第二篇第十八章《劳动管理》,第195页)

《上思县志》

上思县志编纂委员会编,广西人民出版社2000年

(1970年)8月,北海市知识青年第一批64人到县农村插队;同月,上海市知青8人到广元大队那布生产队插队。 　　　　　　　　　　　　　　　　(《大事记》,第20页)

1968年4月,人事科和劳动科分别属于县革委政工组和生产指挥组。由于城镇知识青年插队,居民下放农村劳动人数日多,1969年县革委知青办公室,负责上山下乡知识青年及城镇下放居民的管理工作。1972年和1979年分别恢复成立县革委劳动科和人事科,1980年改为劳动局、人事局。1981年3月成立县劳动服务公司。同年上山下乡知识青年和城镇居民已基本回城镇安排就业,知青办公室并入劳动局。

　　　　　　　　　　　　　　　　(第三十七章《人事劳动》,第485页)

《百色市志》

百色市志编纂委员会编,广西人民出版社1993年

(1969年)3月26日,南宁知识青年800多人到百色县插队,同月县组织大中专毕业生142人到生产队插队。 　　　　　　　　　　　　　　　(《大事记》,第19页)

1963年始,动员知识青年到农村插队落户。至1964年,全县共有146人下乡落户。1972年始,陆续招收新职工,至1975年,新增固定职工1353人,其中从城镇招收14人,占

1.03％,从农村招收(包括插队知青182人)334人,占24.69％;新增临时职工1 238人,其中从农村招收1 197人,占96.69％;新增临时职工1 238人,其中从农村招收1 197人,占96.69％,从城镇招收41人,占3.31％。1978年始,插队的知识青年大批返城,待业人员猛增,有关部门挖掘潜力,安置返城知青就业。1979年一年,计安置城镇返城知青及其他待业人员2 527人。1981年至1984年,有55个单位组织待业人员开办知青小集体,共安置知识青年724人。

(第二十三篇第八十五章《劳动》,第640—641页)

《凌云县志》

凌云县志编纂委员会编,广西人民出版社2007年

(1969年)3月18日,县安排知识青年、居民插队落户共1 160人。其中南宁知青150人,百色居民750人,凌云知青80人,凌云居民180人。

(《大事记》,第43页)

(1973年)7月,设立县民政劳动局、科学技术局和县知识青年上山下乡领导小组。

(《大事记》,第46页)

(1977年)10月31日—11月4日,学习《毛泽东选集》第五卷经验交流会、民兵工作“三落实”、知识青年积极分子先进代表大会在县城召开。

(《大事记》,第49页)

1972—1975年,按照地区下达指标,在凌云县招收工人358人(其中轮换工146人),在招收工人数中下乡知识青年102人、社会青年186人、复退军人7人,分别安排在县内粮油、商业部门和其他企事业单位,有部分工人输往东笋煤矿等外地厂矿企业。……至1975年止,在凌云农村的下乡知识青年共有577人(男312人,女265人),在每年的招工中,都优先安排下乡知识青年,逐年解决其就业问题,直至全部妥善安排完毕。

(第二十二篇第一章《劳动》,第658页)

《田阳县志》

田阳县志编纂委员会编,广西人民出版社1999年

(1967年)12月28日,县成立城镇知识青年上山下乡工作领导小组。

(《大事记》,第18页)

(1968年)11月,来自南宁、百色、巴马等地的知识青年、城镇居民1 150名到县内农村

插队落户。

同月,县内首批高中毕业生 164 人被下到那塘大队 5 个生产队插队落户。

1968—1975 年,全县有 3 112 名城镇知识青年上山下乡插队落户。

(《大事记》,第 19 页)

(1968 年)11 月,县内高中毕业生 164 人到农村插队落户,这是全县第一批"上山下乡"的知识青年。(第三篇第二章《解放后重大政事》,第 473 页)

(田阳第六届团代会)1972 年 6 月 17—19 日在县城召开。出席大会代表 410 人,其中男 277 人,女 133 人;团员 325 人,党员 85 人;工人 67 人,农民 252 人,解放军 5 人,红卫兵 16 人,插队知识青年 5 人,党政干部 41 人,其他 24 人。

(第三篇第四章《群众团体》,第 491 页)

1975 年,县革命委员会设主任 1 人,副主任 13 人。工作机构有:办公室、计划委员会、编制委员会、体育运动委员会、农业办公室、财贸办公室、多种经营办公室、工业交通办公室、上山下乡知识青年工作办公室……(第三篇第九章《县人民政府》,第 529 页)

"文化大革命"期间,1971 年从工人、农民和上山下乡插队的知识青年吸收 147 名为干部,加上大中专毕业生和军队转业干部的分配,1976 年干部总数达 3 398 人。

(第三篇第十三章《人事劳动》,第 555 页)

1968 年人民政府动员城镇知识青年"上山下乡"插队落户以后,城镇人口待业增多,招工的主要对象是插队知识青年和城镇待业青年,从农民中招工的较少(一般占 25%)。

(第三篇第十三章《人事劳动》,第 560 页)

1964 年,县劳动工资科设安置办公室,负责安置城镇待业人员的就业工作。同年,田阳县开始动员城镇待业知识青年下农村,到农场安家落户,参加生产。1968 年县人民政府动员城镇知识青年"上山下乡"插队落户以后,直至 1977 年,年年动员和安置城镇知识青年下乡插队。1973 年,县人民政府专设"上山下乡知识青年工作办公室"(简称:知青办),自治区人民政府知青办每年拨给知青安置费,用于知青建房费用和生活补助费。下乡插队的知识青年,到农村头 6 个月,伙食由国家安置费开支,每人每月 20 元,1981 年,县知青办撤销。

全县城镇知识青年下乡插队,1964 年 54 名,1965 年 76 名,1968 年,除安置县内知识青年外,还接收安置南宁市、百色市的知识青年。下乡插队知识青年,分布在田州、百育、二塘、那满、那坡 5 个乡镇、34 个村(原大队)234 个村民小组(原生产队)。至 1977 年止,共有下乡插队知识青年 4 069 人。其中田阳县知识青年 2 734 人,南宁市知识青年 1 051 人、百色市知识青年 284 人。与此相应,国家机关事业、企业单位招工用人,重点面向下乡插队知识青年。至 1982 年底,共安置下乡插队知识青年回城工作(包括招收干部、工人)的 4 010 人,至此,全县在农村的下乡插队知识青年全部返城。

1978 年停止动员城镇知识青年下乡插队。　　(第三篇第十三章《人事劳动》,第 562 页)

《田东县志》

田东县志编纂委员会编,广西人民出版社 1998 年

1979 年由于城镇待业人员逐步增多,上山下乡知识青年大批回城,有些厂矿、企业关、停、并、转,人员过剩,对"亦工亦农"的人员实行清退。至年底,全县共清退"亦工亦农"工人 285 人。后根据各用人单位所需人员情况,上报劳动部门,由县劳动局再根据上级下达招工指标及条件,通过政审、考核、体检手续,选送符合条件的待业人员和上山下乡知识青年,到各个用工单位就业。　　(第二十篇第三章《培训》,第 620 页)

第四节　劳动就业

知识青年上山下乡和城镇居民下放到农村落户,全县于 1964 年开始实行。

1973 年,田东县革命委员会成立"田东县知识青年安置办公室",配备正副主任及办事人员共 5 人。

至 1979 年,全县先后安置从南宁、百色、外地回原籍及县内知识青年和居民共 5 566 人,其中居民整户到农村插队的有 385 户,1 892 人,安排在合恒、祥周、林逢、思林、作登、印茶、朔良、义圩 8 个公社的 35 个大队,202 个生产队和 4 场(国营林场)插队落户。

1981 年知识青年安置办公室和劳动局合并。同年秋,成立田东县劳动服务公司。属县劳动局的二层机构,负责介绍劳动就业、输送临时工,组织生产性服务,进行就业培训等工作。

为了鼓励和支持知识青年到农村插队落户,国家财政部门拨给田东县知青安置费用共 148.35 万元,主要用于修建知识青年插队的房屋、购买生产用品、生产工具、生活困难补贴的开支。

1978 年,根据自治区革命委员会指示,知识青年上山下乡插队落户工作停止进行,同时,逐步收回到农村插队落户的城镇居民。1979 年底,下放的居民全部收回城镇。至 1980 年止,在田东县插队落户的知识青年基本收回城市安排工作和生活。

田东知青落户经费开支情况表

年　度	插队人数	共拨经费（元）	开支情况			附　注
			用于建房	用于生活	用于生产工具	
1964 至 1972	373	566 090				
1973	516	233 680	103 200	98 040	32 440	
1974	534	247 680	171 962	109 527	78 358	追加 3 万元
1975	245	70 000	76 204	55 848	16 287	追加 10 万元
1976	314	134 715	21 908	45 599	26 139	
1977	226	124 342	50 157	25 819	26 039	

（第二十篇第五章《工资福利》，第 630 页）

《德保县志》

德保县志编纂委员会编，广西人民出版社 1998 年

同年（1969 年），县革委动员城镇居民、知识青年共 1 040 人分别到东关区的百盛、马安，燕峒区的太平，龙光区的龙球、大旺、大省，马隘区的年钮等公社落户。（《大事记》，第 20 页）

（1974 年）6 月 26 日，召开上山下乡知识青年积极分子代表大会，会期 4 天。到会代表 267 人。
（《大事记》，第 21 页）

"文化大革命"期间，主要从上山下乡锻炼两年以上的城镇知识青年和农村贫下中农子女中招收。"文化大革命"结束后，逐步控制招收农村中农民子女，主要招收留城中学毕业生和上山下乡知识青年。1979 年以后，实行考试招工，德智体全面考核，主要招收留城和上山下乡返城的知识青年及城镇中学毕业生，至 1981 年共招收全民所有制固定工 670 人。1982 年以后改革用工制度，基本停止招收固定工。　（第二篇第八章《劳动　人事》，第 400 页）

上山下乡　1964 年前县内城镇知识青年和待业人员主要由劳动部门安置到企业单位就业，1965 年德保县首批 50 名知识青年到东关、马安公社插队。1966 年至 1968 年，由于"文化大革命"运动而停止。1969 年恢复，城镇知识青年和居民 1 040 人到东关、燕峒、龙光、马隘等公社插队落户。1970 年至 1977 年，除城镇居民及其子女上山下乡外，县委县革委发动干部职工子女到农村插队，共有 1 171 人上山下乡。1978 年停止上山下乡。

1966 年起，通过征兵、招工、招生等途径，安置上山下乡的知识青年和城镇居民，至 1984 年全部安置。
（第二篇第八章《劳动　人事》，第 401 页）

《靖西县志》

靖西县县志编纂委员会编，广西人民出版社 2000 年

同月（1971 年 8 月），城镇初高中毕业生除升学和不满 16 周岁者外，被动员到农村插队落户。1976 年取消这一规定。 （《大事记》，第 39 页）

（1973 年）11 月，靖西县知识青年上山下乡工作办公室成立，后并入劳动局。

本年，靖西县知青农场建立，址在化峒公社七联大队上峒屯，1980 年停办。

（《大事记》，第 40 页）

1964 年 5 月至 1977 年，贯彻"知识青年上山下乡接受贫下中农再教育"的指示，先后动员 1 923 名知识青年到湖润等地农村插队落户。中共十一届三中全会以后，随着经济体制改革的深入发展，国营工商业，集体和个体商贩及手工业、饮食服务业迅速恢复和发展，到农村插队落户的城镇知识青年才陆续返城安排就业。

（第三篇第三十五章《劳动 人事》，第 513 页）

从 1979 年始，为安置返城知青就业，清退部分亦工亦农工。

（第三篇第三十五章《劳动 人事》，第 514 页）

《那坡县志》

那坡县志编纂委员会编，广西人民出版社 2002 年

1968 年至 1971 年，知识青年上山下乡，接受贫下中农再教育，到县内入户的有来自百色、柳州、梧州等城市知识青年 200 余人，至 1980 年底按有关政策规定陆续返回原籍。

（第二篇第一章《人口》，第 98 页）

1971 年以后至 1979 年，招收固定工均由上级劳动部门下达招收指标才能招用。招收对象，复员退伍军人；家居城镇的应届初、高中毕业生；经过劳动锻炼一年以上的上山下乡插队知识青年；户口在本单位的矿山、森工、地质勘探单位符合招工条件的职工子女；农村贫下中农子女等。在"文化大革命"后期，即 1976 年后基本上都招收上山下乡知识青年和复退军人为固定工。1979 年，自治区劳动局和百色地区劳动局下达给国营平孟农场招收 150 名固定工时，首先是招收户口已迁入农场并符合招收条件的职工家属 67 名，不足部分可招收回乡知识青年。

（第四篇第十五章《劳动 人事》，第 492 页）

《西林县志》

西林县地方志编纂委员会编,广西人民出版社 2006 年

(1968 年)年内,全县共接收大中专学生、上山下乡知识青年 622 人,其中大专毕业生 19 人,中专毕业生 138 人,县外来的上山下乡知识青年 234 人,县内中学毕业生 241 人,先后安排到各公社各大队插队劳动。 (《大事记》,第 23 页)

(1970 年)7 月,县革委会成立"5.16"领导小组办公室,负责在干部和插队青年中进行清查"5.16"反革命阴谋集团工作。在清查中,被立案审查 3 人。 (《大事记》,第 24 页)

知青接受再教育

1968 年 12 月,百色镇首批知识青年 237 人到西林,被分配到那劳、西平两公社插队落户;1969 年 3 月,南宁市知识青年 137 人到西林,安排到那佐、西平、古障等公社插队落户。至 1972 年,西林县共接收 7 批插队落户知识青年共 632 人,其中百色知青 240 人(分 2 批来)、南宁知青 346 人(分 5 批来),县内知青 46 人,先后分配到全县 6 个公社 27 个大队安家落户。县革委会设立知识青年安置办公室,负责接待和安置知青。

1973 年,县将"五·七"干校改为知青农场,专安排县内初中、高中毕业生到农场劳动。同年,县劳动部门开始对插队一年以上的知青进行招工,首批安排有 288 人,先后分配在教育战线和商业部门。此后,逐年对插队落户知青进行招工招干和应征参军入伍。1978 年以后,插队知青全部得到就业安置。 (第三篇第二章《解放后重大政事》,第 576 页)

1973 年 11 月,撤销"四大组"工作机构,逐步恢复"文化大革命"以前各委、办、局工作机构。此后,逐步形成政务、计划、工交、财贸、农业、文教、司法等工作系统。政务系统:1973 年 11 月,恢复设立民政局、劳动局,增设知识青年上山下乡办公室(简称知青办),1975 年建立档案局。 (第三篇第七章《人民政府》,第 644 页)

西林县人民政府工作机构沿革表

时 间	机构名称	所属工作机构名称	备 注
		……	
1973.12—1980.12	西林县革命委员会	办公室 农办室 财办室 知青办 计委 体委 民政局 财政局 档案局 物资局 邮电局 工业局 交通局 商业局 粮食局 外贸局 农业局 林业局 农机局 文化局 教育局 卫生局 科技局 水电局 劳动局 人事局 公安局 工交办 政法办 人民银行 增产节约办	撤销原四大组工作机构
		……	

(第三篇第七章《人民政府》,第 648 页)

1966 年以后,大、中专毕业生到县内工作越来越多,同时西林籍干部数量也逐年增多。1970 年以后,逐步招收农村大队(村)干部和插队知识青年。

(第三篇第十章《人事　劳动　编制》,第 692 页)

　　1970 年,县城至各公社(乡、镇)的公路修通,新建的工厂、企业增多,县内逐步招收新职工,对贫下中农子女、城镇下放农村劳动一年以上的知识青年优先照顾招收。1972 年,共招收新职工 185 人,其中插队青年 88 人,主要安置在文教、商业系统。1976 年,招用工人优先照顾复员退伍军人和劳动锻炼 2 年以上的知识青年,对革命烈属和因公死亡的职工子女在同等条件下优先安排。1978 年起,实行考试考核招工制度,只招收城镇待业青年,年内招工46 人。

(第三篇第十章《人事　劳动　编制》,第 695 页)

　　知青安置　1968 年初,毛泽东主席发出"知识青年到农村去"的指示,动员城镇知识青年上山下乡,插队落户,接受贫下中农再教育。同年,县成立"知识青年安置办公室"。12 月,百色镇(后改市)首批知识青年 237 人来到西林插队落户。1969 年 3 月,南宁市知识青年 137 人到西林插队。1968—1972 年,全县共接收 7 批插队落户知识青年 632 人。其中百色镇知青 240 人(分 2 批来)南宁知青 346 人(分 5 批来),县内知青 46 人。先后分配到全县6 个公社 27 个大队安家落户,其中分配到古障公社 133 人,马蚌公社 69 人,那劳公社 60人,那佐公社 141 人,西平公社 77 人,八达公社 152 人。外来知青中有 6 人是印度尼西亚华侨,2 人是缅甸华侨,分别安排在古障和土黄大队插队。此外,还有百色镇居民 3 户 7 人到西林落户(安排在八达大队),接受贫下中农监督劳动。知青到农村安家落户后,上级随即拨下知青安置费,1968—1972 年共拨 14.3 万元,每人每年安置费指标 205—230 元。知青到农村头 6 个月伙食由国家统一开支,每月供给伙食费 8—10 元,6 个月以后按劳动工分参加生产队分配。

　　1970 年,开始对劳动锻炼一年以上的青年招工,1972 年招工 88 人,主要安置在教育和商业系统。1973 年,县成立知识青年上山下乡领导小组,领导小组组长由县革委会一名副主任兼任,下设办公室(简称"知青办")。同年,在斗米村成立知识青年农场,安置县内高初中毕业生入场劳动。1977 年,知青农场在场青年 92 人,分 10 个班劳动,年内参加劳动最多的达 186 天(周艳),每天工分值为 0.70 元,参加劳动最少的 24 天。1978 年后,停止知识青年下农村插队落户,并在农村插队劳动的知青中,回收部分安排为计划用工,年内全县回城插青有 57 人,先后安置 51 人。刚从学校毕业的知识青年,除升学、参军外,大部分等待就业。1981 年,"知青办"并入劳动局办公。1982 年 9 月,县成立劳动服务公司,负责安置待业青年就业,年内有 25 名待业知青被招为合同工。此后,全县农村已不存在下乡插队知识青年。

(第三篇第十章《人事　劳动　编制》,第 697—698 页)

"文化大革命"期间,民办学校发展快,师资缺乏,又吸收了一批插队知识青年为中小学教师,使教师队伍更扩大。

(第五篇第一章《教育》,第 853 页)

1969 年 10 月,县毛泽东思想文艺宣传队改称西林县文艺宣传队,同时调整和充实人员,先后从机关干部和插队知青中吸收一批人员。1972 年,人员增加到 29 人。

(第五篇第四章《文化艺术》,第 932 页)

《隆林各族自治县志》

隆林各族自治县地方志编纂委员会编,广西人民出版社 2002 年

70 年代,因为除县内各经济部门招用工人以外,每年上级还下达指标为县外兄弟厂矿、企业单位招工。所以这一时期招收的工人最多。主要是招收上山下乡知识青年、复员退伍军人、城镇非农业人口和部分农村农业人口。招工办法是:县根据地区计划、劳动部门每次下达的招工指标,把指标分配到各公社(乡政府),各公社再把指标分到大队(村),由大队推荐报公社,公社初步审查后报送县革命委员会进行政治审查和体格检查。合格者按计划统一分配到用工单位。这一时期全县统一招收工人 3 439 人(县内分配的 2 233 人,往县外输送的 1 206 人),其中上山下乡知识青年 910 人,占招工总数 26.46%;复员退伍军人 200 人,占总数 5.82%;城镇非农业人口 600 人,占总数 17.45%;农村农业人口 1 729 人,占总数 50.28%。此外,全县从农业人口中统一招收亦工亦农 2 030 人,季节工 735 人,临时(轮换)工 340 人。

(第十章《劳动　人事　编制》,第 583 页)

《田林县志》

田林县地方志编纂委员会编,广西人民出版社 1996 年

(1968 年)12 月 6 日,第一批知识青年 117 人插队。到 1977 年止,先后有百色、南宁、县内的 1 248 名知识青年下乡插队,由县知识青年安置办公室安置在潞城、旧州、八桂、定安、那比、百乐、板桃等公社的 28 个大队、66 个生产小队。1979 年全部回城。

(《大事记》,第 23 页)

(1973 年 9 月)29 日,县知识青年上山下乡领导小组办公室成立。(《大事记》,第 25 页)

(1978 年 3 月)6 日下午,潞城公社营盘大队营盘生产队用中型拖拉机欢送一名新兵入伍,拖斗内坐有插队知识青年、学生、生产队干部、社员、小孩共 24 人。由于机手罗志恒无证

驾驶,高速开车,拖拉机行至色八线 96 公里＋950 米处时,翻下 12 米深的河边,除 1 名新兵、2 名插队知识青年和一个小孩未受伤外,当场死亡 1 人,重伤 3 人,中等伤 8 人,轻伤 9 人。

(《大事记》,第 27 页)

1970 年,新建扩建厂矿企业增多,从城镇待业青年、贫下中农子女,城镇下放农村劳动 1 年以上的知识青年中招收工人,年底有全民所有制工业企业工人 292 人。1976 年贯彻"统筹兼顾,适当安排"的方针,优先招收家居城镇的复员退伍军人和按政策允许留城的中学毕业生,其次招收经过 2 年以上劳动锻炼的回乡知识青年。对革命烈士和因工死亡的职工的子女,在同等条件下,优先招用,全年共招用 212 人。从 1979 年起,除退休工人可以由 1 名子女顶替外,其余实行考试考核招工,只招城镇待业青年,按控制指标择优录用。当年招收 103 人。

(第十四篇第六章《劳动 人事》,第 629 页)

1964—1977 年先动员上山下乡参加农业生产劳动,后逐步吸收到工厂、农场或事业单位当工人。1978 年后不再实行上山下乡制度,对还在农村插队的非农业人口的知识青年,都收回安排做计划外用工。刚从普通中学毕业的青年,除升学、参军外,大部分等待就业。

(第十四篇第六章《劳动 人事》,第 630 页)